新・コンメンタール
憲法
［第2版］

木下智史・只野雅人［編］

日本評論社

i

改訂版のためのはしがき

　『新・コンメンタール憲法』の刊行から４年が経った。

　条文の内容を解説する地味な内容の本ではあるが、好意的に受け止められたのは、編者としても嬉しい。当初は、法律を学ぶ学生を主な読者として想定していたが、憲法への関心が高い市民の間でも本書が活用されているとの声を聞く。インターネットを通じたウェブ版の利用も徐々に広がっている。

　初版のまえがきで、コンメンタールには、それが編まれた時点における憲法の規範的意味を明らかにする機能があると述べた。憲法の規範的意味は、決して制定時点で固定されているものではなく、その後の憲法の運用のなかでその内容が変化し、豊かになっていくものである。こうした見地にたって、本書では、憲法の各条文の解説にあたって、現時点における通説的理解、判例上の理解にとどまらず、条文の成り立ち、歴史的経緯、そして実際上の運用についても、できるだけ触れるよう努めている。

　本書は、集団的自衛権行使を容認する安全保障法制の国会審議とそれに反対する市民の運動の高揚のなかで出版された。それから４年。今度はその安全保障法制を追認する憲法９条改正の方針を内閣総理大臣が公言するという状況が「ありふれた日常」になりつつある。かつて憲法９条の下で課されていた歯止めをなし崩しにする軍事力の拡大も進行している。「安倍一強」や「官邸主導」という言葉で語られる統治機関のありようの変動も顕著である。さらに、天皇の生前退位というこれまで多くの人が想定していなかった事態も現出している。こうしためまぐるしく変動する政治のありようを精確に把握するために、憲法の各条文の意味、それぞれの構造について、その歴史的経緯を踏まえた、きちんとした知識をもつ必要性はますます高まっている。

　各執筆者には、それぞれ多忙ななか、短い準備期間に情報の更新だけでなく、新たな問題についての言及も増やしていただき、今回の改訂によって、憲法の

百科全書としての機能を十分果たすものとなった。初版からお世話になっている日本評論社の武田彩さんに加え、今回から有安香央理さんにも行き届いたお世話をいただいた。記して謝意を表したい。

2019 年 5 月

編者　木下智史
　　　只野雅人

はじめに

　本書は、書籍版（「新・コンメンタール」）とウェブ版（「インターネットコンメンタール」）とで提供される新しいコンメンタールシリーズの憲法編として企画されたものである（なお、電子書籍版も刊行予定）。

　法律を学び、使いこなす上で、条文の内容の理解が重要なことはいまさら繰り返すまでもない。しかし、とりわけ憲法に関しては、条文に立ち返って考えることがしばしば軽視されがちである。たしかに、条文の数が少なく、それぞれが比較的簡潔に記されている憲法においては、判例や実際の慣行による内容の具体化が重要な位置を占める。しかし、憲法の規範的意味を明らかにする原点が条文にあることは間違いがない。

　かなり学習の進んだ法科大学院の学生のなかにも、違憲審査基準の区別や違憲審査の方法論については詳しく知っていても、憲法条文の意味について、満足な解答のできない者も多い。憲法を苦手としている学生は、もういちど、条文の意味内容についての理解を軸に勉強し直してみると、理解が整理されるかもしれない。憲法条文の趣旨と基本的意味内容について、簡潔に解説するコンメンタールは、学習上も有用である。

　これまで、日本国憲法に関する、いくつかの優れたコンメンタールが編まれてきた。それらは、それぞれが編まれた時点における憲法の規範的意味を明らかにする機能を担ってきたといえる。本書の特色は、判例の参照だけにとどまらず、国会図書館のウェブサイトや国会の議事録サイトに掲載されている豊富な一次資料を活用して、歴史的資料や国会における答弁を参照し、憲法の各条文の趣旨・規範的意味内容をも明らかにしたところにある。本書のウェブ版では、インターネット上で閲覧されるという特色を活かして、これらの資料に直接アクセスすることも可能となっているので、是非あわせて利用いただきたい（詳細は次頁参照）。

本書は、折しも、第二次安倍晋三内閣による集団的自衛権の行使解禁をめざす動きによって、憲法の規範性そのものがないがしろにされようとする、緊迫した状況のなかで編まれた。集団的自衛権の行使の解禁の是非をめぐってなされた議論のなかでも、憲法9条の歴史的位置づけや条文の基本的意味を置き去りにした主張が横行している。安全保障問題のように、その賛否がはげしく争われる問題を考察するうえでも、条文の規範的意味とその歴史的背景についての最低限の理解がふまえられるべきものであろう。このところの政治の動きのなかで、あらためて日本国憲法が何を語っているかに興味をもった人々にも、ぜひ本書の各条文の解説をお読みいただき、憲法規範の意味を考えてほしい。

コンメンタールには、多くの著者による分担執筆のものも多いが、内容・形式に一貫性をもたせるため本書はあえて4名の執筆者に限定した。当然、それぞれの執筆分担は多くなったが、各執筆者の努力と編集者の励ましとサポートにより予定どおり出版できることとなった。日本評論社の串崎浩、武田彩両氏には企画から原稿の点検に至るまで、細やかな配慮をいただいた。記して謝意を表したい。

2015 年 8 月

編者　木下智史

只野雅人

「インターネットコンメンタール憲法」のご案内

株式会社　日本評論社

1　ウェブ版の特徴

　本コンメンタールは、従来の逐条解説書と異なり、ウェブ版を同時提供し、書籍とあわせて利用できるという特徴があります。

　このウェブ版は、本書と同様の解説のほかに次のような機能を備えております。

(1)　解説中に指示される「条文」、「判例」にはリンクがはられており、最新の法改正をふまえた条文と判例全文を参照することができます。

(2)　条文に関しては、「憲法のほかの条文」は、同じデータベース内の「条文、および解説」を参照することができます（異なる法分野の条文については条文全文を参照できます）。

(3)　判例に関しては、「判例全文」、「判例に関する情報（審級情報、判例要旨、評釈論文情報など）」も同時に参照することができます。

　書籍とあわせての利用により、条文趣旨だけでなく判例を含め、より深く理解することが可能となります。

2　インターネット版との共存で常に最新情報を提供

　法改正が頻繁に行われる近時、より早く、より正確な条文理解が必要とされています。「インターネットコンメンタール」との共存により、最新の情報を織り込んだ改訂を行う予定です。

【「インターネットコンメンタール」】の内容、利用方法に関するお問い合わせ
　株式会社日本評論社　第1編集部　inkom@nippyo.co.jp

※　料金・利用方法などに関して
　株式会社TKC　リーガルデータベース営業本部　lexcenter@tkc.co.jp

目次

改訂版のためのはしがき　i
はじめに　iii
「インターネットコンメンタール憲法」のご案内　v
凡例　xi

憲法とは　1

制定過程　5

上諭　14

前文　16

第1章　天皇　27

第1条　（天皇の「象徴」たる地位・国民主権）　29
第2条　（皇位の継承）　34
第3条　（天皇の国事行為に対する内閣の助言と承認）　38
第4条　（天皇の権能の限界、天皇の国事行為の委任）　42
第5条　（摂政）　45
第6条　（天皇による内閣総理大臣・最高裁判所長官の任命）　48
第7条　（天皇の国事行為）　51
第8条　（皇室の財産授受）　63

第2章　戦争の放棄　66

第9条　（戦争の放棄・戦力の不保持・交戦権の否認）　96

第3章　国民の権利及び義務　111

第10条　（国民の要件）　136
第11条　（基本的人権の固有性・不可侵性・普遍性）　142
第12条　（憲法上の自由・権利保持の責任と濫用禁止）　145
第13条　（個人の尊重・幸福追求権・公共の福祉）　148
第14条　（法の下の平等、貴族制度の廃止、栄典の授与の制約）　161
第15条　（公務員の選定罷免権、全体の奉仕者としての公務員、
　　　　　普通選挙・投票の秘密）　175
第16条　（請願権）　187
第17条　（国および公共団体の賠償責任）　190
第18条　（奴隷的拘束および苦役からの自由）　194
第19条　（思想および良心の自由）　198

第 20 条　（信教の自由、政教分離）……………………………………… 208

第 21 条　（集会・結社・表現の自由、通信の秘密）……………………… 226

第 22 条　（居住・移転および職業選択の自由、外国移住および国籍
　　　　　　離脱の自由）………………………………………………… 276

第 23 条　（学問の自由）………………………………………………… 295

第 24 条　（家庭生活における個人の尊厳と両性の平等）……………… 301

第 25 条　（生存権の保障、社会福祉・社会保障・公衆衛生の増進）…… 309

第 26 条　（教育を受ける権利・教育を受けさせる義務）……………… 322

第 27 条　（勤労の権利及び義務、勤労条件の法定、児童酷使の禁止）… 333

第 28 条　（労働基本権の保障）………………………………………… 340

第 29 条　（財産権）……………………………………………………… 354

第 30 条　（納税の義務）………………………………………………… 368

第 31 条　（適正手続の保障）…………………………………………… 370

第 32 条　（裁判を受ける権利）………………………………………… 379

第 33 条　（逮捕の要件）………………………………………………… 385

第 34 条　（抑留・拘禁の要件、不法拘禁に対する保障）……………… 391

第 35 条　（住居侵入・捜索・押収に対する保障）……………………… 397

第 36 条　（拷問及び残虐刑の禁止）…………………………………… 404

第 37 条　（刑事被告人の権利）………………………………………… 407

第 38 条　（不利益な供述の強要禁止、自白の証拠能力・証明力）……… 415

第 39 条　（遡及処罰の禁止、一事不再理）…………………………… 423

第 40 条　（刑事補償）…………………………………………………… 428

第 4 章　国会 ……………………………………………………………… 432

第 41 条　（国会の地位、立法権）……………………………………… 440

第 42 条　（両院制）……………………………………………………… 451

第 43 条　（両議院の組織）……………………………………………… 459

第 44 条　（国会議員・選挙人の資格）………………………………… 469

第 45 条　（衆議院議員の任期）………………………………………… 485

第 46 条　（参議院議員の任期）………………………………………… 486

第 47 条　（選挙に関する事項）………………………………………… 488

第 48 条　（両議院議員の兼職禁止）…………………………………… 499

第 49 条　（議員の歳費）………………………………………………… 499

第 50 条　（議員の不逮捕特権）………………………………………… 501

第 51 条　（議員の免責特権）…………………………………………… 504

第 52 条　（常会）………………………………………………………… 507

第 53 条　（臨時会）……………………………………………………… 511

第 54 条　（衆議院解散後の選挙と特別会、参議院の緊急集合）……… 513

第 55 条　（議員の資格争訟）……………………………………………… 515
第 56 条　（議院の定足数、議決）………………………………………… 518
第 57 条　（会議の公開、秘密会、会議録の公表、表決の記載）……… 522
第 58 条　（役員の選任、議院規則、議員の懲罰）……………………… 525
第 59 条　（法律案の可決、衆議院の優越）……………………………… 529
第 60 条　（衆議院の予算先議、衆議院の優越）………………………… 535
第 61 条　（条約承認についての衆議院の優越）………………………… 538
第 62 条　（議院の国政調査権）…………………………………………… 539
第 63 条　（大臣の議院への出席）………………………………………… 547
第 64 条　（弾劾裁判所）…………………………………………………… 550

第 5 章　内閣……………………………………………………………… 552

第 65 条　（行政権）………………………………………………………… 559
第 66 条　（内閣の組織、文民、連帯責任）……………………………… 567
第 67 条　（内閣総理大臣の指名、衆議院の優越）……………………… 576
第 68 条　（内閣総理大臣による国務大臣の任免）……………………… 579
第 69 条　（内閣不信任、衆議院の解散）………………………………… 581
第 70 条　（内閣総理大臣の欠缺、新国会召集と内閣総辞職）………… 588
第 71 条　（総辞職後の内閣の職務）……………………………………… 591
第 72 条　（内閣総理大臣の職務）………………………………………… 592
第 73 条　（内閣の職務）…………………………………………………… 596
第 74 条　（法律・政令への署名、連署）………………………………… 608
第 75 条　（国務大臣の訴追への同意）…………………………………… 609

第 6 章　司法……………………………………………………………… 612

第 76 条　（司法権、特別裁判所の禁止、裁判官の独立）……………… 614
第 77 条　（最高裁判所の規則制定権）…………………………………… 631
第 78 条　（裁判官の身分保障）…………………………………………… 637
第 79 条　（最高裁判所の構成、最高裁判所の裁判官の身分）………… 643
第 80 条　（下級裁判所の裁判官の任命及び身分）……………………… 653
第 81 条　（違憲審査権）…………………………………………………… 660
第 82 条　（裁判の公開）…………………………………………………… 675

第 7 章　財政……………………………………………………………… 686

第 83 条　（財政処理についての国会の議決）…………………………… 688
第 84 条　（租税法律主義）………………………………………………… 691
第 85 条　（国費の支出・国の債務負担についての国会の議決）……… 696
第 86 条　（予算）…………………………………………………………… 698

第87条　（予備費）‥‥‥‥‥‥‥‥‥‥‥‥‥‥‥‥‥‥‥‥‥ 707

第88条　（皇室財産の国有、皇室費用の予算計上と国会の議決）‥‥‥ 709

第89条　（公の財産の支出・利用の制限）‥‥‥‥‥‥‥‥‥‥‥ 711

第90条　（会計検査院の決算検査、国会の決算審査）‥‥‥‥‥‥ 719

第91条　（内閣の財政状況報告）‥‥‥‥‥‥‥‥‥‥‥‥‥‥‥ 723

第8章　地方自治 ‥‥‥‥‥‥‥‥‥‥‥‥‥‥‥‥‥‥‥‥‥ 725

第92条　（地方自治の基本原則）‥‥‥‥‥‥‥‥‥‥‥‥‥‥‥ 728

第93条　（地方公共団体の組織・構成原理）‥‥‥‥‥‥‥‥‥‥ 736

第94条　（地方公共団体の権能）‥‥‥‥‥‥‥‥‥‥‥‥‥‥‥ 745

第95条　（地方特別法の住民投票）‥‥‥‥‥‥‥‥‥‥‥‥‥‥ 754

第9章　改正 ‥‥‥‥‥‥‥‥‥‥‥‥‥‥‥‥‥‥‥‥‥‥‥ 759

第96条　（憲法改正の手続）‥‥‥‥‥‥‥‥‥‥‥‥‥‥‥‥‥ 763

第10章　最高法規 ‥‥‥‥‥‥‥‥‥‥‥‥‥‥‥‥‥‥‥‥ 773

第97条　（基本的人権の本質）‥‥‥‥‥‥‥‥‥‥‥‥‥‥‥‥ 776

第98条　（憲法の最高法規性、条約及び国際法規の遵守）‥‥‥‥‥ 777

第99条　（公務員の憲法尊重擁護義務）‥‥‥‥‥‥‥‥‥‥‥‥ 783

第11章　補則 ‥‥‥‥‥‥‥‥‥‥‥‥‥‥‥‥‥‥‥‥‥‥ 786

第100条　（憲法施行期日、準備手続）‥‥‥‥‥‥‥‥‥‥‥‥‥ 786

第101条　（経過規定1　参議院未成立の間の国会）‥‥‥‥‥‥‥ 787

第102条　（経過規定2　第1期参議院議員の任期）‥‥‥‥‥‥‥ 787

第103条　（経過規定3　憲法施行時の公務員の地位）‥‥‥‥‥‥ 788

重要用語索引　*791*

判例索引　*807*

執筆者一覧　*821*

凡例

▼条文

条文の見出しは、執筆者によりつけられたものである。

以下については略記した。

▼法令名等

憲	日本国憲法（憲法）
明憲	大日本帝国憲法（明治憲法）
GHQ 草案	GHQ 草案 1946 年 2 月 13 日（マッカーサー草案）
刑	刑法
民	民法
刑訴	刑事訴訟法（刑訴法）
民訴	民事訴訟法
PKO	国際連合平和維持活動等に対する協力に関する法律（PKO 等協力法）
安保約	日本国とアメリカ合衆国との間の安全保障条約（日米安全保障条約）
育児介護	育児休業、介護休業等育児又は家族介護を行う労働者の福祉に関する法律（育児・介護休業法）
恩赦	恩赦法
改正手続	日本国憲法の改正手続に関する法律（憲法改正手続法）
家事手	家事事件手続法
家審	家事審判法
学教	学校教育法
河	河川法
感染症	感染症の予防及び感染症の患者に対する医療に関する法律（感染症法）
議院証言	議院における証人の宣誓及び証言等に関する法律
義務教	義務教育諸学校における教育の政治的中立の確保に関する臨時措置法
教基	教育基本法
行政情報公開	行政機関の保有する情報の公開に関する法律（情報公開法）

行政協定	日本国とアメリカ合衆国との間の安全保障条約第三条に基く行政協定（日米行政協定）
行訴	行政事件訴訟法
区画整理	土地区画整理法
刑事収容施設・被収容者法	刑事収容施設及び被収容者等の処遇に関する法律
警職	警察官職務執行法
刑訴規	刑事訴訟規則
刑訴記録	刑事確定訴訟記録法
刑訴費	刑事訴訟費用等に関する法律（刑訴費用法）
刑特	日本国とアメリカ合衆国との間の相互協力及び安全保障条約第6条に基づく施設及び区域並びに日本国における合衆国軍隊の地位に関する協定の実施に伴う刑事特別法（日米地位協定）
刑補	刑事補償法
建基	建築基準法
検察	検察庁法
公証人	公証人法
雇均	雇用の分野における男女の均等な機会及び待遇の確保等に関する法律（男女雇用機会均等法）
国財	国有財産法
国事代行	国事行為の臨時代行に関する法律
国籍	国籍法
国組	国家行政組織法
国賠	国家賠償法（国賠法）
国会	国会法
国旗国歌	国旗及び国歌に関する法律（国旗国歌法）
国公	国家公務員法（国公法）
雇保	雇用保険法
裁	裁判所法
財	財政法
災害基	災害対策基本法
最裁審査	最高裁判所裁判官国民審査法
裁弾	裁判官弾劾法
裁判員法	裁判員の参加する刑事裁判に関する法律
裁判迅速化	裁判の迅速化に関する法律

参規	参議院規則
自衛	自衛隊法
私学	私立学校法
自治	地方自治法
児福	児童福祉法
司法書士	司法書士法
社福	社会福祉法
衆規	衆議院規則
住民台帳	住民基本台帳法
重要影響	重要影響事態に際して我が国の平和及び安全を確保するための措置に関する法律（重要影響事態法）
周辺事態	周辺事態に際して我が国の平和及び安全を確保するための措置に関する法律（周辺事態法）
少年	少年法
所税	所得税法
新安保約	日本国とアメリカ合衆国との間の相互協力及び安全保障条約（新日米安保条約）
人訴	人事訴訟法
人保	人身保護法
人保規	人身保護規則
請願	請願法
政資	政治資金規正法
精神保健	精神保健及び精神障害者福祉に関する法律
生保	生活保護法
団体規制	無差別大量殺人行為を行った団体の規制に関する法律
地公	地方公務員法
地税	地方税法
駐軍特措	日本国とアメリカ合衆国との間の相互協力及び安全保障条約第六条に基づく施設及び区域並びに日本国における合衆国軍隊の地位に関する協定の実施に伴う土地等の使用等に関する特別措置法（駐留軍用地特別措置法）
著作	著作権法
典	皇室典範
道	道路法

都計	都市計画法
土地収用	土地収用法
特許	特許法
独禁	私的独占の禁止及び公正取引の確保に関する法律（独占禁止法）
内閣	内閣法
内閣府	内閣府設置法
成田新法	成田国際空港の安全確保に関する緊急措置法
日銀	日本銀行法
破防	破壊活動防止法
非訟	非訟事件手続法
風俗	風俗営業等の規制及び業務の適正化等に関する法律（風俗営業法）
弁護士	弁護士法
法税	法人税法
法廷秩序	法廷等の秩序維持に関する法律
民訴規	民事訴訟規則
民調	民事調停法
薬機	医薬品、医療機器等の品質、有効性及び安全性の確保等に関する法律（薬機法）
薬事	薬事法
労基	労働基準法
労組	労働組合法
労調	労働関係調整法

▼判例集

刑録	大審院刑事判決録（東京法学院，中央大学）
民集	大審院民事判例集（大審院判例審査会，法曹会）、最高裁判所民事判例集（判例調査会）
刑集	大審院刑事判例集（大審院判例審査会，法曹会）、最高裁判所刑事判例集（判例調査会）
集民	最高裁判所裁判集民事
集刑	最高裁判所裁判集刑事
行集	行政事件裁判例集（法曹会）
高民	高等裁判所民事判例集（判例調査会）
高刑	高等裁判所刑事判例集（判例調査会）
東高刑時報	東京高等裁判所（刑事）判決時報（東京高等裁判所調査室）
下民	下級裁判所民事裁判例集（法曹会）
下刑	下級裁判所刑事裁判例集（法曹会）
裁時	裁判所時報（法曹会，最高裁事務総局編）
訟月	訟務月報（法務省訟務局）
労民	労働関係民事裁判例集（法曹会）
判時	判例時報（判例時報社）
判タ	判例タイムズ（判例タイムズ社）
判自	判例地方自治（ぎょうせい）
労判	労働判例（産業労働調査所）

▼文献

芦部・憲法	芦部信喜著・高橋和之（補訂）『憲法（第7版）』岩波書店、2019年
芦部・注釈1	芦部信喜（監修）、野中俊彦＝江橋崇＝高見勝利＝戸松秀典＝高橋和之＝浦部法穂（編）『注釈憲法1　総説・上論・題名・前文・第1条〜第9条』有斐閣、2000年
浦部・教室	浦部法穂『憲法学教室（第3版）』日本評論社、2016年
清宮・憲法1	清宮四郎『憲法1　第3版』有斐閣、1979年
佐藤幸・憲法	佐藤幸治『日本国憲法論　法学叢書7』成文堂、2011年

佐藤功・注釈上	佐藤功『ポケット注釈全書・憲法（上）　新版』有斐閣、1983 年
佐藤功・注釈下	佐藤功『ポケット注釈全書・憲法（下）　新版』有斐閣、1984 年
渋谷・憲法	渋谷秀樹『憲法（第 3 版）』有斐閣、2017 年
新基本コンメ	芹沢斉＝市川正人＝阪口正二郎編『新基本法コンメンタール憲法（別冊法学セミナー no. 210）』日本評論社、2011 年
答弁集	浅野一郎＝杉原泰雄監修『憲法答弁集（1947 - 1999）』信山社出版、2003 年
高橋・立憲主義	高橋和之『立憲主義と日本国憲法（第 4 版）』有斐閣、2017 年
辻村・憲法	辻村みよ子『憲法（第 6 版）』日本評論社、2018 年
野中ほか・憲法 1	野中俊彦＝中村睦男＝高橋和之＝高見勝利『憲法 1（第 5 版）』有斐閣、2012 年
野中ほか・憲法 2	野中俊彦＝中村睦男＝高橋和之＝高見勝利『憲法 2（第 5 版）』有斐閣、2012 年
長谷部・憲法	長谷部恭男『憲法（第 7 版）　新法学ライブラリ 2』新世社、2018 年
長谷部編・注釈 2	長谷部恭男編『注釈日本国憲法（2）——10 条～24 条（有斐閣コンメンタール）』有斐閣、2017 年
樋口・憲法	樋口陽一『憲法（第 3 版）』創文社、2007 年
樋口ほか・注解 1	樋口陽一＝中村睦男＝佐藤幸治＝浦部法穂『憲法 1：前文・第 1 条～第 20 条（注解法律学全集）』青林書院、1994 年
樋口ほか・注解 2	樋口陽一＝中村睦男＝佐藤幸治＝浦部法穂『憲法 2：第 21 条～第 40 条（注解法律学全集）』青林書院、1997 年
樋口ほか・注解 3	樋口陽一＝中村睦男＝佐藤幸治＝浦部法穂『憲法 3：第 41 条～第 75 条（注解法律学全集）』青林書院、1998 年
樋口ほか・注解 4	樋口陽一＝中村睦男＝佐藤幸治＝浦部法穂『憲法 4：第 76 条～第 103 条（注解法律学全集）』青林書院、2004 年
法協・註解上	法学協会編『註解日本国憲法　上巻　改訂版』有斐閣、1953 年
法協・註解下	法学協会編『註解日本国憲法　下巻　改訂版』有斐閣、1954 年
松井・憲法	松井茂記『日本国憲法（第 3 版）』有斐閣、2007 年
宮沢・憲法 2	宮沢俊義『憲法 2　新版』有斐閣、1971 年

宮沢・全訂	宮沢俊義（著）・芦部信喜（補訂）『全訂 日本国憲法』日本評論社、1978 年
毛利ほか・憲法1	毛利透＝小泉良幸＝淺野博宣＝松本哲治『憲法 I 総論・統治（第 2 版）（LEGAL QUEST）』有斐閣、2017 年
毛利ほか・憲法2	毛利透＝小泉良幸＝淺野博宣＝松本哲治『憲法 II 人権（第 2 版）（LEGAL QUEST）』有斐閣、2017 年
渡辺ほか・憲法1	渡辺康行＝宍戸常寿＝松本和彦＝工藤達朗『憲法 1 基本権』日本評論社、2016 年
憲法百選1	長谷部恭男＝石川健治＝宍戸常寿編「憲法判例百選 I（第 6 版）（別冊ジュリスト 217）」
憲法百選2	長谷部恭男＝石川健治＝宍戸常寿編「憲法判例百選 II（第 6 版）（別冊ジュリスト 218）」

▼雑誌等

公法	公法研究（日本公法学会、有斐閣）
ジュリ	ジュリスト（有斐閣）
曹時	法曹時報（法曹会）
法教	法学教室（有斐閣）
法時	法律時報（日本評論社）
法セ	法学セミナー（日本評論社）

憲法とは

I 憲法

1 憲法

　「憲法」は、英語・フランス語のconstitution、ドイツ語のVerfassungの訳語として用いられてきた。「憲法」の語は、民法、刑法などと同様に、一般に「法」（実定法）の意味を含み、実定憲法あるいは成文化された憲法典を指すものとして、用いられることが多い。

　constitutionあるいはVerfassungには本来、構成、組織といった意味がある。それゆえconstitutionは、公権力の組織、あるいはその態様といった意味でも、用いられてきた。公権力の組織にかかわる法という意味で、constitutional law, law of the constitutionという表現がなされる場合もある。日本でも、とくに後者を指すものとして「**憲法律**」「**憲法法**」の語が用いられることもある。しかし、constitutionとconstitutional law双方を包含するものとして、「憲法」の語が用いられるのが一般的である。

2 形式的意味と実質的意味

(1) 形式的意味の憲法

(i) 憲法という法形式の存否

　憲法の概念をめぐっては、形式的意味と実質的意味が区別される。

　形式面から憲法を捉える場合、憲法あるいはそれに類する名称をもった法規範が成文化された形で存在するかどうかが、まずは問われることになる。多くの場合、憲法（Constitution）が名称として用いられるが、ドイツでは憲法ではなく、基本法（Grundgesetz）の名称が用いられている。

　文書化された憲法を**成文憲法**、文書化されていない憲法を**不文憲法**と呼ぶ。成文憲法が法典（憲法典）として統一されている場合には**成典憲法**と呼ばれる。今日、多くの憲法は、成文憲法・成典憲法である。一方、よく知られるように、イギリスは成文の憲法典をもたない。イギリスでは、形式的意味の憲法に相当するものが、法律など成文化された規範として、あるいは不文の慣習（習律）として、存在している。

　成文憲法あるいは憲法典が存在する国家でも、形式的意味の憲法が複合的に構成される場合がある。1982年カナダ憲法法（Constitution Act）は、憲法法をも含む1982年カナダ法、憲法法の別表が掲げる諸法令、およびそれらの改正が、カナダ憲法を構成する（52条）としている（ただし、カナダ憲法はこれらの成文法源には限られない）。また、フランス第五共和国憲法は、前文において、「1946年憲法前文で確認された1789年宣言が定める人権及び国民主権の原理、

さらに2004年環境憲章が定める権利と義務に対する愛着」を宣言しており、列挙された文書もまた憲法規範としての効力を有する（憲法ブロック）ものとされている[1]。

(ii) 最高法規

成文憲法には、通例、**最高法規**として、他の国内法令に優位する効力が認められる。日本国憲法もまた、最高法規としての性格を備えている（憲98条1項）。最高法規としての効力を担保するために、議会の多数により可決される法律よりも厳格な改正手続が置かれるのが一般的である。通常の法律と同様の手続で改正が可能な憲法を**軟性憲法**と呼び、それよりも厳格な改正手続を置いた憲法を**硬性憲法**と呼ぶ。議会の特別多数（5分の3、3分の2など）による議決、国民投票による承認、あるいは連邦国家の場合には一定数の州の承認など、改正要件の仕組みや加重の程度は、憲法によってさまざまである（→憲96条・98条1項）。

最高法規としての性格を憲法に付与するのは、人権保障や統治の基本的な構造など、議会の多数のみによって変更するのがふさわしくないと考えられる内容が規定されているからである。それゆえ形式の面のみならずその内容にも着目して、実質的な意味からも、憲法を捉える必要がある。

(2) **実質的意味の憲法**

(i) 固有の意味の憲法

その内容に着目した場合、憲法は、公権力の組織や国家の基本的政治体制を定めた法、などと定義される。この意味の憲法は、**固有の意味の憲法**とも呼ばれる。固有の意味の憲法は、体制や形態はさまざまであるが、国家には当然に存在しているものである。国家と国民との関係、とりわけ国民の基本的な権利・自由（人権、基本権）も今日では、憲法の主要な規律事項である。基本的な権利・自由を最高法規として保障している点を捉えて、憲法は**自由の基礎法**であるといわれることもある。

形式的意味の憲法の中に、実質的意味の憲法とは一見無関係に見える内容が規定されることもある。よく知られるのは、1973年に改正される以前のスイス連邦憲法に置かれていた、「出血前に前もって麻酔をなさずに動物を屠殺することは、いずれの屠殺の方法でも、いずれの動物にでも、例外なくこれを禁止する」（25条2項）との規定である。人民発案の手続で設けられたこの規定は、動物愛護を内容とするようにみえるが、ユダヤ教の宗教的慣行を禁じる意味をもつものであった。この点からすると、必ずしも実質的意味の憲法と無関係で

---

[1] 諸外国の憲法については、初宿正典＝辻村みよ子編『新解説世界憲法集（第4版）』（三省堂、2017年）を参照。カナダ憲法については、松井茂記『カナダの憲法』（岩波書店、2012年）23頁以下、フランス憲法については、辻村みよ子＝糠塚康江『フランス憲法入門』（三省堂、2012年）157頁以下を参照。

あるということはできない（樋口・憲法6頁）。

　公権力の組織や国家の基本的政治体制を定めた法は通例、統一的に成文化されている。しかし、成文化されない例もある。成文憲法典をもたないイギリスでは、マグナ・カルタ、権利請願、権利章典、王位継承法など、実質的意味の憲法を構成するさまざまな宣言・法令が、歴史的に制定されてきた。裁判所の判例や成文化されない慣習（**習律**、convention）も、実質的意味の憲法を構成する。

　成文の憲法典をもつ国においても、実質的意味の憲法を広義に捉えれば、そのすべてが形式的意味の憲法に規定されているわけではない。実質的意味の憲法は、広義には、「憲法典のみならず、他の成文・不文の法源によっても構成される」[※2]のである。日本の場合も、公職選挙法、国会法・両議院規則、内閣法、裁判所法、財政法、地方自治法、皇室典範など、憲法の規定を具体化し、いわば制度としての憲法を形づくるさまざまな法令が存在している。さらに、憲法やその下で制定・執行される法令をめぐる裁判所（とくに終審としての最高裁判所）の判例もまた、実質的意味の憲法の重要な規定要因となる。実質的意味の憲法を捉えようとするならば、憲法典以外の「成文・不文の法源」にも着目する必要があろう。

(ii)　立憲的意味の憲法

　固有の意味の憲法の概念は、公権力の組織や国家の基本的政治体制を定めた法としての側面に着目するものであるが、その内容や形態は国家によってさまざまである。たとえば独裁的な政治体制の下でも、固有の意味の憲法は存在する。

　一方、今日、憲法という場合、特定の内容を備えた固有の意味の憲法が想定されるのが通例である。**近代的意味の憲法**あるいは**立憲的意味の憲法**と呼ばれる実質的意味の憲法が、今日ではとくに重要な意味をもっている。「個人の権利・自由を確保するために国家権力を制限する」（芦部・憲法13頁）という考え方を立憲主義と呼び、**立憲主義**に基づく憲法を、近代的意味あるいは立憲的意味の憲法と呼ぶ。1789年のフランス人権宣言（「人及び市民の権利宣言」）16条が、「権利の保障が確保されず、権力の分立が定められていない社会は、すべて憲法を持たない」と規定したことはよく知られている。日本国憲法もまた、近代的意味、立憲的意味の憲法である。

　このように、公権力を制限するという側面からみると、憲法は**制限規範**であるということができる。一方、憲法には同時に、公権力を組織し、その行使に正統性を付与するという、**授権規範**としての側面もある。もっとも、最高法規としての憲法が授権した限度でのみ公権力の行使は許容されるのであるから、授権規範としての側面と制限規範としての側面は、表裏の関係にあるというこ

[※2]　小嶋和司『憲法学講話』（有斐閣、1982年）18頁。

ともできよう。立憲主義の観点からとりわけ重視されるのは、制限規範としての側面である（高橋・立憲主義16頁）。

II　日本国憲法

　現在の憲法の名称は、「日本国憲法」である。戦前の憲法の名称は、「大日本帝国憲法」であった。「日本国憲法」は、「日本国」が現在の国家の正式な呼称であることをも示している（佐藤功・注釈上11頁）。

　日本国憲法は、形式的には、大日本帝国憲法の改正手続を経て成立した。しかし、基本原理が天皇主権から国民主権へと180度転換し、規定もすべて一新されており、実質的には全く新たな憲法の制定であった（→上諭）。

（只野雅人）

制定過程　5

制定過程

I　日本国憲法の制定過程

1　大日本帝国憲法の特色

　大日本帝国憲法は、1889（明治22）年に公布され、1890（明治23）年に施行された。

　大日本帝国憲法は、日本の富国強兵を実現し、西欧列強諸国と伍するために、統治体制の近代化を図ろうとする試みの1つであった。明治維新後の「立憲政体」をいかなるものとするかについて、政府内外において様々な構想が存在した。明治政府は、モデルとしてプロイセンの立憲君主制を選択し、伊藤博文らをヨーロッパに派遣した後、憲法典の起草にとりかかった。

　大日本帝国憲法1条が「大日本帝国ハ万世一系ノ天皇之ヲ統治ス」と規定する通り、天皇は、統治権を有する主権者であった。そして、天皇主権の根拠は、憲法に付された上諭が「国家統治ノ大権ハ朕カ之ヲ祖宗ニ承ケテ之ヲ子孫ニ伝フル所ナリ」と述べるように、天孫降臨神話に基づき、天皇の祖先、皇祖皇宗から国家統治権が受け継がれたことによるものとされた。

　大日本帝国憲法は、権力分立と議会制を確立し、国民の権利を保障する近代的意味での憲法の形式を整えていた。しかし、権力分立とはいっても、「**統治権ヲ総攬**」（明憲4条）する天皇の有する立法権について帝国議会が「協賛」し（明憲5条）、行政権行使にあたって国務大臣が天皇を「輔弼」し（明憲55条）、司法権については裁判官が「天皇ノ名ニ於テ」行う（明憲57条1項）というように、各国家機関が天皇の権力行使を補佐するという建前が採られた。また、国民の権利保障についても、人であるがゆえに保障される「人権」として保障されたものではなく、天皇が臣下に与えた「臣民ノ権利」とされ、その保障の内容も「法律ノ留保」の下、法律の枠内での保障にとどまった。さらに、天皇には、非常時において戒厳を宣告し（明憲14条）、法律に代わる緊急勅令を発し（明憲8条1項）、緊急財産処分を行う（明憲70条1項）などの**非常大権**が認められ、非常大権による国民の権利制限も認められる（明憲31条）など、立憲主義の例外が広く認められる余地を残していた。

2　大日本帝国憲法の二面性と立憲主義の崩壊

　大日本帝国憲法には、国家権力の行使が憲法に基づいて行われるべきとする立憲主義的側面と天皇は絶対的な存在であるとする「神権的絶対主義」[※1]の側面が同居するという二面性があった。そして、たび重なる戦争とその中で台頭

[※1]　宮沢俊義『憲法（全書）（改訂5版）』（有斐閣、1952年）27頁。

6 制定過程

した軍国主義が後者の側面を肥大化させ、立憲主義的側面を呑み込んでいった。

神権的絶対主義が立憲主義を呑み込む象徴的事件となったのは、「**統帥権の独立**」問題と**天皇機関説事件**であった。

大日本帝国憲法11条は、「天皇ハ陸海軍ヲ統帥ス」と定め、統帥権を天皇の大権の1つとして規定した。総帥権とは、軍隊の指揮、軍隊の内部編成等、戦闘作戦のため軍を統轄して活動させる権限をいう。軍の統帥が具体的な作戦行動にかかわるという性質上、統帥権については、国務大臣の補弼を受けないとされた。

1932（昭和7）年の5.15事件以降、政治的発言力を増した軍部は、大日本帝国憲法12条に規定された「陸海軍ノ編制及常備兵額ヲ定」める権限についても統帥権に含まれると主張し、軍縮条約の締結や予算編成について内閣が決定することを「統帥権の干犯」として非難するようになる。

また、ほぼ同時期の、1935（昭和10）年には、国家法人説に基づいて、天皇を1つの国家機関であると説明する立憲主義的学派の見解を「不敬」であると非難する天皇機関説事件が起こった。事件は、立憲主義的学派の中心であった美濃部達吉の著作の発禁処分、美濃部の貴族院議員辞職、不敬罪による起訴にまで至った。内閣は、天皇機関説事件を受けて、「国体明徴の声明」を発し、天皇機関説を「国体に悖り、その本義をあやまるのはなはだしきもの」と非難した。こうして、大日本帝国憲法の立憲主義的解釈は、「国禁の説」とされた。

その後、2.26事件（1936（昭和11）年）、日中戦争開戦（1937（昭和12）年）と、内外で軍国主義がエスカレートし、やがて太平洋戦争開戦前の1940（昭和15）年になると、すべての政党は解散して「大政翼賛会」を結成し、議会制は事実上終焉した。それとともに、日本社会もさらなる全体主義化を強めることになる。

3 ポツダム宣言受諾と「国体」護持

日本は、1937（昭和12）年の日中戦争に引き続き、1941（昭和16）年にはアメリカ、イギリス等にも宣戦を布告し、太平洋戦争に突入した。しかし、1945（昭和20）年には日本の敗戦は決定的となった。

1945（昭和20）年7月26日に、アメリカ、イギリス、中華民国が日本に対して降伏の条件を示した「ポツダム宣言」を発表した。当初、日本政府は「黙殺するのみ」（鈴木貫太郎首相）と応答し、あくまで本土決戦を目指す構えをみせた。これは、日本政府が、降伏後も、「国体」、すなわち天皇主権に基づく国家体制を守ることに、最後までこだわったからである。

ポツダム宣言には、日本降伏の条件として、(a)「日本国政府ハ日本国国民ノ間ニ於ケル民主主義的傾向ノ復活強化ニ対スル一切ノ障礙ヲ除去スベシ」（宣言10項）、(b)「前記諸目的ガ達成セラレ且日本国国民ノ自由ニ表明セル意思ニ従ヒ平和的傾向ヲ有シ且責任アル政府ガ樹立セラルルニ於テハ聯合国ノ占領軍ハ直

ニ日本国ヨリ撤収セラルベシ」（宣言12項）などの内容が含まれており、これらが天皇主権を否定することになるのではないかと懸念された。ポツダム宣言受諾を決断した8月10日段階においても、日本政府は、「右宣言ハ天皇ノ国家統治ノ大権（Prerogatives of His Majesty as a sovereign ruler）ヲ変更スルノ要求ヲ包含シ居ラザルコトノ了解ノ下ニ受諾ス。帝国政府ハ右了解ニシテ誤リナキヤヲ信ジ本件ニ関スル明確ナル意向ガ速ニ表示セラレンコトヲ切望ス」との留保を付していた。これに対するアメリカ国務長官バーンズの回答は、「降伏ノ時ヨリ天皇及日本国政府ノ国家統治ノ権限ハ降伏条項ノ実施ノ為其ノ必要ト認ムル措置ヲ執ル連合国最高司令官ノ制限ノ下ニ置カルル（subject to）モノトス。日本国ノ最終ノ政治形態ハポツダム宣言ニ遵ヒ日本国国民ノ自由ニ表明スル意思ニ依リ決定セラルベキモノトス」というものであり、客観的には、それまでの国家体制の維持はおよそ不可能とみるべきであった。しかし、降伏に反対する軍部を抑えるためにも、日本政府は、降伏後の国家体制のあり方をあいまいにしたまま、「終戦」工作を進めた。結局、日本側は「茲ニ国体ヲ護持シ得テ」（終戦の詔勅※2）との認識の基に「終戦」を迎えたのであり、このことが大日本帝国憲法改正の必要性、そしてその内容をめぐる日本政府と占領軍側との認識のズレにつながっていく。

4　日本占領政策と憲法改正※3

　日本の占領政策実施を中心的に担ったのは、連合国軍最高司令官に任命されたアメリカ陸軍元帥ダグラス・マッカーサーと彼が率いる連合国軍最高司令官総司令部（GHQ）であった。マッカーサーは、アメリカ本国からの指示に従いつつも、独自の視点から日本の占領政策を進めていく。マッカーサー、そしてアメリカ政府は、日本の軍国主義の復活を阻止するためには、日本の民主化が必要であり、そのためには憲法改正が不可欠であるとの認識を強めていった※4。

　マッカーサーは、占領政策実施を本格化させようとした1945（昭和20）年10月4日、東久邇内閣の国務大臣であった近衛文麿に憲法改正の着手を促した※5。近衛は、直ちに元京都帝国大学教授佐々木惣一に委嘱して憲法改正草案の起草に着手した。

　※2　全文は、http://www.ndl.go.jp/constitution/shiryo/01/017/017tx.html　参照。
　※3　日本国憲法制定過程に関しては、国立国会図書館に充実した資料と解説のページが開設されている。http://www.ndl.go.jp/constitution。
　※4　国務・陸・海軍三省調整委員会（SWNCC）極東小委員会「日本の統治体制の改革」（1945（昭和20）年10月8日）http://www.ndl.go.jp/constitution/shiryo/01/028/028_001r.html。
　※5　マッカーサーと近衛の会談記録は、http://www.ndl.go.jp/constitution/shiryo/01/025_1/025_1tx.html　参照。

8 制定過程

ところが、近衛がマッカーサーと会談した同日に、マッカーサーは、「自由の指令」（「政治的、公民的及び宗教的自由に対する制限の除去の件（覚書）」）を発し、治安維持法などの廃止や政治犯の釈放などを政府に命じ、これにより、東久邇内閣は総辞職に追い込まれた。内閣の一員としての地位を失った近衛は、内大臣御用掛として憲法草案起草にあたったが、憲法改正の発議は国務大臣の輔弼事項と考えられており、国務大臣でない近衛が憲法改正にかかわることに対しては、内外から厳しい批判が起こった。マッカーサーも近衛の憲法起草作業は占領軍の意思とは無関係であるとの声明を発表し、孤立した近衛による憲法改正案（『帝国憲法ノ改正ニ関シ考査シテ得タル結果ノ要綱』）は、1945（昭和20）年11月22日に天皇に提出されたものの、日の目をみないまま歴史の中に封印された（近衛に対しては戦争犯罪人容疑のため逮捕状が出され、近衛は出頭予定日の12月16日に自害した）。

東久邇内閣の後に成立した幣原内閣に対しても、マッカーサーは憲法改正の必要性を説いた※6。幣原内閣は、憲法改正の必要性には懐疑的であったものの、松本烝治国務大臣を委員長とする憲法問題調査委員会（松本委員会）を設置して、憲法改正案の起草にあたらせた※7。

松本は、1945（昭和20）年12月に、帝国議会において憲法改正作業の内容について問われた際、(a)天皇による統治権の総攬という原則を変更しないこと、(b)議会の議決を要する事項を拡大し、天皇の大権事項を削減すること、(c)国務大臣の輔弼の範囲を拡大すること、(d)人民の権利・自由を拡充し、議会の制定する立法によらずに、権利・自由を制限できないようにすること、という松本四原則を明らかにした。ここから、松本委員会が、「国体」を変更しないことを前提に憲法改正案を作成していたことがわかる。

5　松本委員会草案のスクープとGHQによる憲法起草作業

1946（昭和21）年2月1日に毎日新聞が、松本委員会の憲法改正草案の内容をスクープした※8。その内容は、(a)日本国を君主国とした上で、天皇は、「君主にして此の憲法の条規に依り統治権を行ふ」ものとされ、(b)「天皇は其の行為に附責に任ずることなし」として天皇の無答責を定めるなど、大日本帝国憲法の基本原則を維持しつつ、(c)統帥権、戒厳の宣告権限の削減、緊急勅令発令にあたって「帝国議会審議委員会」の関与を認めるなど、天皇の大権を一定程度

※6　幣原首相とマッカーサーとの会談記録については、http://www.ndl.go.jp/constitution/shiryo/01/033/033tx.html　参照。

※7　松本委員会は、発足当初の「趣旨」によれば、「直ニ改正案ノ起草ニ当ラウト云フ考ハナイ」として、憲法改正について消極的であった。http://www.ndl.go.jp/constitution/shiryo/01/039a/039atx.html　参照。

※8　http://www.ndl.go.jp/constitution/shiryo/03/070/070tx.html。

限定し、⒟帝国議会の権限を強め、⒠平等の保障など、臣民の権利保障を拡充することなどを含むものであった。

実際のところ、スクープされた松本委員会の憲法草案は、多くの条項が「現状」とされるなど、大日本帝国憲法の部分修正に過ぎないものであった。GHQ民政局長ホイットニーは、この草案を「きわめて保守的なもの」と評価し、マッカーサー宛てのメモにおいて、日本政府が「受け入れがたい」草案を正式に提出した後にゼロから作り直させるよりも、それに先立って、方向性を示すほうが戦略上優れていると進言した※9。

マッカーサーは、松本委員会の作成する憲法草案では、到底、占領目的が達成できないと判断し、日本政府による憲法改正作業を待つことをやめ、2月3日に、GHQ民政局のメンバーに憲法改正案の起草を命じた。その際、憲法改正作業において譲ることのできない点として、以下の3点を挙げた。

⒜ 世襲制の天皇が、「国の元首の地位（at the head of the state）」※10に置かれるとともに、天皇の職務および権能は、憲法に基づき行使され、憲法の定めるところにより、国民の基本的意思に対して責任を負うこと。

⒝ 国家の主権的権利としての戦争は、紛争解決のための手段としての戦争だけでなく、自己の安全を保持するための手段としての戦争も放棄され、日本陸海空軍は許されず、交戦者としての権利も与えられないこと。

⒞ 日本の封建制度は、廃止され、華族の権利は、現在生存する者一代以上に及ばず、華族の授与は、政治的権力を含まないこと。

「**マッカーサー・ノート**」※11と呼ばれる、この三原則には、マッカーサーの憲法改正についての基本的な姿勢が明瞭に現れている。それは、天皇制度を存続させつつ、日本が再び軍国主義化するとの懸念を生じさせないように、日本の新しい統治体制を構築することである。自衛戦争の放棄までを含む徹底した日本の非軍事化は、天皇制度存続のための「避雷針」として考案されたのである。

マッカーサーが憲法改正作業を急いだのは、1945年12月にモスクワで開かれた、アメリカ、イギリス、ソ連三国の外相会談において、日本の占領政策についての正規の決定機関である極東委員会の設置が合意され、その第1回会合が1946年2月26日に開催されることが決定していたためである。極東委員会の活動開始以降は、憲法改正のような重大な占領政策の実施には、極東委員会の承認が必要となり、それまでのように連合国最高司令官の独断で進めることはできなくなる。とりわけ極東委員会には、ソ連など、天皇の戦争責任追及について強硬な姿勢をとる国が含まれており、マッカーサーの考える、天皇制度を存

※9　http://www.ndl.go.jp/constitution/shiryo/03/071/071_004r.html。

※10　ここにいう"at the head of the state"の意味については、憲法1条（→第1章1条Ⅲ4）の解説参照。

※11　http://www.ndl.go.jp/constitution/shiryo/03/072/072tx.html。

10 制定過程

続した日本の統治体制の変革の実現は困難となるおそれがあった[12]。

　GHQ民政局のスタッフは、いくつかのセクションに分かれて起草作業を行い、10日間ほどで草案の形が整った[13]。憲法改正案の起草にあたっては、それまでに発表されていたさまざまな改正案も参照された。とりわけ鈴木安蔵らの憲法研究会による憲法改正案については、起草作業にあたった民政局員の1人、ラウエルが、国民主権の明記、差別禁止、労働者保護など「極めてリベラルな規定」を含む点を高く評価している[14]。

　GHQにより作成された憲法草案（**GHQ草案**（「**マッカーサー草案**」とも呼ばれる））[15]は、2月12日に確定し、翌13日に外相官邸において、吉田外務大臣、松本国務大臣に手交された。GHQ内で憲法草案の起草作業が進んでいることを知らなかった日本政府側は、松本委員会の草案が拒否され、GHQが自ら憲法草案を作成したという事実に衝撃を受けた。この会談に臨んだ民政局長ホイットニーは、日本政府側に対し、天皇の戦争犯罪人訴追要求を阻止するための最高司令官の努力にも限界があり、「この新憲法の諸条項をあなた方が受け入れることにより、天皇は実際上攻撃されなくなるであろう」と述べたとされる[16]。他方、松本の手記では、ホイットニーは、「天皇ノ身体（person of the Emperor）ノ保障ヲ為スコト能ワズ」と述べたとされる[17]。

　日本政府は、若干の抵抗を試みたが、GHQの意向の固いことを悟り、2月26日の閣議において、GHQ草案に基づいて憲法改正案を作成することを決定する。松本国務大臣と内閣法制局の佐藤達夫第一部長、入江俊郎次長によって草案起草作業が行われ、3月2日にGHQ側に「3月2日案」[18]を提出し、3月4日から5日にかけての長時間にわたる協議を経て、「3月5日案」[19]が閣議決定された。

---

[12] GHQ民政局長ホイットニーは、最高司令官が有する、日本の憲法改正についての決定権限が極東委員会の発足により大きく制約されることを指摘していた。http://www.ndl.go.jp/constitution/shiryo/03/069/069tx.html。

[13] 民生部内の小委員会でまとめられた草案の変遷について、http://www.ndl.go.jp/constitution/shiryo/03/147shoshi.html　参照。

[14] ラウエル「私的グループによる憲法改正草案（憲法研究会案）に対する所見」（1946（昭和21）年1月11日）http://www.ndl.go.jp/constitution/shiryo/03/060/060tx.html。

[15] 原文はhttp://www.ndl.go.jp/constitution/shiryo/03/076a_e/076a_etx.html、和訳はhttp://www.ndl.go.jp/constitution/shiryo/03/076/076tx.html。

[16] 1946（昭和21）年2月13日会談記録。http://www.ndl.go.jp/constitution/shiryo/03/077/077tx.html。

[17] 松本国務大臣のメモ　http://www.ndl.go.jp/constitution/shiryo/03/002_4/002_4_001r.html。

[18] http://www.ndl.go.jp/constitution/shiryo/03/088/088tx.html。

[19] http://www.ndl.go.jp/constitution/shiryo/03/091/091tx.html。

「3月5日案」は、「憲法改正草案要綱」※20として発表され、国民は初めて新しい憲法の内容を目にすることができた。その後、ひらがな口語体によって憲法草案を作成する方針が決定され、作家の山本有三の協力を得て、4月17日に「日本国憲法」という表題を付した「憲法改正草案」※21が発表された。

憲法改正草案は、大日本帝国憲法73条の改正手続にのっとって、審議されるものとされ、枢密院への諮詢・可決を経て、帝国憲法改正案として帝国議会に提出された。衆議院は、以下のような修正を加えた上で、賛成421反対8で、8月24日に可決した。

(a)前文と1条に「国民主権」を明記すること、(b)9条1項に「日本国民は、正義と秩序を基調とする国際平和を誠実に希求し」という一節を加えた上で、2項冒頭に、「前項の目的を達するため」を付加すること（いわゆる「芦田修正」）、(c)国民の要件（10条）、国家賠償請求権（17条）、「健康で文化的な最低限度の生活を営む権利を有する」(25条) 規定、納税の義務（30条）、刑事補償請求権（40条）を加えること、(d)選挙人資格の平等に関する44条ただし書に「教育、財産又は収入」を加えること、(e)内閣総理大臣および国務大臣の過半数が国会議員から選ばれるべきとすること（67・68条）、(f)最高法規の条項に条約遵守義務を追加すること。

帝国憲法改正案は、貴族院に送付され、普通選挙の明文化(15条)、国務大臣についての文民条項（66条）、両院協議会の規定（59条）などを加えて、10月6日に起立多数で可決された（佐々木惣一議員、澤田牛麿議員は反対討論を行った）。その後、貴族院での修正点について衆議院で再可決し、枢密院での可決を経て、10月29日に天皇が裁可し、11月3日に公布された。日本国憲法の施行は、憲法100条1項に基づいて、6か月後の5月3日とされた。

II　日本国憲法制定過程をめぐる論点

1　「押しつけ憲法」論

日本国憲法の制定過程について、それを非難する立場から一貫して主張されているのが、日本国憲法は、占領軍によって押しつけられたものであるとの認識である。なかにはこうした認識に基づいて、日本国憲法を無効とする見解もある。

しかし、Iで説明した制定過程を子細にみれば、日本国民の自律的な判断が喪失された状態で日本国憲法が制定されたとはいえないことは明らかである。日本国憲法の原案がGHQによって作成されたことは事実であるが、日本政府は、自らの判断でそれを受け入れ、政府案として発表したのである。また、帝

※20 http://www.ndl.go.jp/constitution/shiryo/03/093/093tx.html。

※21 http://www.ndl.go.jp/constitution/shiryo/03/109/109tx.html。

国議会において少数ながら反対する議員もいたように、帝国議会で否決することも可能であった。

占領軍による憲法草案作成は、たしかに異常な事態には違いない。しかし、マッカーサーは、当初、日本政府の手による草案作成を促していたのであって、国際世論の動向を読み切れず、大日本帝国憲法の部分修正でポツダム宣言の実施を乗り切ることができると楽観的に考えていた当時の日本政府とその関係者が、占領軍による憲法草案の起草という事態を招いたともいえる。

1946（昭和21）年2月13日のGHQ草案手交の場で、ホイットニー民政局長が「天皇ノ身体ノ保障」に言及したことを「脅迫」とみる主張もある。しかし、これは当時各国で高まっていた天皇の戦争責任追及を指しており、天皇の戦争犯罪人追及を回避し、天皇制度を維持するための政治的判断として、日本政府がGHQ草案を採用したということに過ぎない。

日本国憲法が無効であることの論拠として、ハーグ陸戦法規43条がもち出されることがある。同条は、「国ノ権力カ事実上占領者ノ手ニ移リタル上ハ、占領者ハ、絶対的ノ支障ナキ限、占領地ノ現行法律ヲ尊重シテ、成ルヘク公共ノ秩序及生活ヲ回復確保スル為施シ得ヘキ一切ノ手段ヲ尽スヘシ」と定める。

しかし、この条項は、交戦中の占領軍に関して適用されるルールであり、ポツダム宣言を受諾して戦争状態を終結した後の占領においては、適用されない。また、ポツダム宣言は、一般法たる陸戦法規に対する特別法であり、陸戦法規に優先して適用される[22]。

2　大日本帝国憲法との法的連続性

Ⅰにおいてみたように、日本国憲法は大日本帝国憲法73条の規定に則り、大日本帝国憲法の改正として成立した。これは、大日本帝国憲法との法的連続性を保つために選択された方法であった。これに対して、旧体制からの切断を強調する鈴木安蔵らは、憲法制定会議の設置を主張していた。

大日本帝国憲法から日本国憲法への変更を「憲法改正」とみるかどうかは、**憲法改正の限界**に関する見解の違いにより異なる（→憲96条）。

憲法改正無限界論の立場は、憲法改正手続を経て行われれば、すべて改正とみて差し支えないとするので、日本国憲法も大日本帝国憲法の改正とみることができることになる。

しかし、憲法改正には限界があるとの立場からは、主権の変更のような憲法の正当性にかかわる大きな変更は憲法改正手続に則って行われたとしても改正の限界を超えるとされる。大日本帝国憲法と日本国憲法との間には、天皇主権から国民主権への変更が行われており、日本国憲法は憲法改正の限界を超えた新たな憲法の制定ということになる。

---

[22] 芦部信喜『憲法学Ⅰ：憲法総論』（有斐閣、1992年）187頁。

3　八月革命説

　翻って考えると、「日本国国民ノ自由ニ表明セル意思ニ従ヒ平和的傾向ヲ有シ且責任アル政府ガ樹立セラル」という内容のポツダム宣言を受諾した時点で、日本は、国民主権に立脚する憲法を制定する義務を負っていたともいえる。また、ポツダム宣言受諾が国民主権の確立要求の承認だとすると、同宣言受諾後の大日本帝国憲法の効力自体も疑問とされることになる。

　宮沢俊義は、日本がポツダム宣言を受諾した1945（昭和20）年8月14日の時点（終戦の詔勅は8月15日）において、日本政治の根本的建前が神権主義的天皇制から国民主権主義に変わり、「法的な意味での革命」が起こったとみる[23]。しかし、これによって大日本帝国憲法が廃止されたわけではなく、新しい根本的建前である国民主権主義に抵触しない限りで、大日本帝国憲法の各条項が効力をもち続けたとする。大日本帝国憲法73条の改正規定も、議員の発案権が認められ、議会の修正権の限界がなくなり、天皇の裁可や貴族院の議決が実質的な拘束力を失うなどの変容を被ったが、憲法改正の手続を定めた規定としては有効性をもった、とされる。

　八月革命説は、大日本帝国憲法73条の「改正」手続を用いて、国民主権に立脚する日本国憲法を「制定」することを正当化しつつ、同時に、「国体」変更の有無をあいまいにする主張に対して論理的反駁を加える巧みな議論であった。

　しかし、八月革命説にはさまざまな角度から批判も寄せられている[24]。まず、ポツダム宣言の受諾が直ちに国民主権の確立を意味し得るのかについて、ポツダム宣言12項を文字通り読めば、国民の意思が自由に表明される手続を求めているに過ぎないとの見解が対置されている。ポツダム宣言の受諾が、国民主権に基づく憲法の制定を求めているとしても、それは日本政府に将来的な「債務」を負わせたに過ぎないとの理解も有力である。

　また、ポツダム宣言受諾が日本の主権変更をもたらすとする点については、国際法優位の一元説を前提にしなければ成立しないとの批判もある。国際法・国内法二元説に立つとすれば、国際法であるポツダム宣言の受諾は、国内法の手続に従って国民主権を樹立する国際法上の義務を日本政府に負わせたに過ぎないことになる。

　さらに、ポツダム宣言の受諾がもたらしたのは、実際には連合国による占領であり、そこでは国民主権の成立を語ることはできないとの批判もある。

（木下智史）

---

[23]　宮沢俊義『憲法の原理』（岩波書店、1967年）375頁以下。
[24]　八月革命説をめぐる議論については、日比野勤「現行憲法成立の法理」大石眞＝石川健治編『憲法学の争点』（有斐閣、2008年）10頁以下参照。

上諭

朕は、日本国民の総意に基いて、新日本建設の礎が、定まるに至つたことを、深くよろこび、枢密顧問の諮詢及び帝国憲法第七十三条による帝国議会の議決を経た帝国憲法の改正を裁可し、ここにこれを公布せしめる。
御名御璽
昭和21年11月3日

Ⅰ　上諭の意義

旧公式令（明40勅令6）3条は、「帝國憲法ノ改正ハ上諭ヲ附シテ之ヲ公布ス。前項ノ上諭ニハ樞密顧問ノ諮詢及帝國憲法第七十三條ニ依ル帝國議會ノ議決ヲ經タル旨ヲ記載シ親署ノ後御璽ヲ鈐シ内閣總理大臣年月日ヲ記入シ他ノ國務各大臣ト倶ニ之ニ副署ス」と定めていた。日本国憲法の制定過程において説明したように（→制定過程Ⅱ2）、日本国憲法は、大日本帝国憲法の改正案として成立したため、公式令に従って上諭が付された。

　上諭とは、日本国憲法下における公布文と同様、成文法の前書きであり、法典の構成要素ではない。大日本帝国憲法には、告文と憲法制定勅語が付され、憲法の表題の後ろに「上諭」が付されている。大日本帝国憲法の上諭は、大日本帝国憲法の由来、憲法の目的・基本原理、憲法改正の方法、臣民の憲法遵守義務、効力発生期日等を示しており、その位置からみても、憲法の一部であり、日本国憲法でいえば前文に相当する。

Ⅱ　上諭の内容

1　「朕は、……公布せしめる」

　大日本帝国憲法時代は、天皇の一人称は、中国の天子にならい、「朕」であった。現在、天皇は一人称として「私」を用いるようになっている。また、現在の公布文は、主語がなく、「○○法をここに公布する」というものになっている。

2　「日本国民の総意に基いて」

　日本国憲法が国民の主権的意思に基づいて制定されたこと、すなわち民定憲法であることを示している（佐藤功・注釈上2頁）。

3 「新日本建設の礎が、定まるに至つたことを、深くよろこび」

憲法が第二次世界大戦後の新しい日本の基礎となるべきことを示している。公布文たる上諭にこのような天皇の感想を付すことは異例であるが、天皇が実質的にこの憲法の制定に関与しなかったことを示すものと解することもできる（佐藤功・注釈上5頁）。

4 「枢密顧問の諮詢」

「枢密顧問」とは、大日本帝国憲法56条に基づいて「天皇ノ諮詢ニ応ヘ重要ノ国務ヲ審議」するために設置された合議制機関である。枢密院官制6条2号は、「憲法ノ改正又ハ憲法ニ附属スル法律ノ改正ニ関スル草案」を枢密院の所掌事務としていた。

「諮詢」とは、意見を聞くことであり、天皇は枢密院の意見に拘束されるものではないが、実際には政府を拘束する力をもっていた。

5 「帝国憲法第73条による帝国議会の議決を経た帝国憲法の改正」

先にみた通り、日本国憲法は大日本帝国憲法73条に則り、大日本帝国憲法の改正として成立した。

大日本帝国憲法73条の手続とは、勅命により改正案を帝国議会の議に付し、両議院において、総員の3分の2以上の出席の下で審議され、出席議員の3分の2以上の賛成が得られた場合に成立するというものであった。

6 「裁可」

「裁可」とは、大日本帝国憲法下において、天皇が立法について承認することを意味した（明憲6条）。欽定憲法である大日本帝国憲法の改正であるため、天皇の裁可が形式的に必要とされたものである。

7 「公布」

公布は、一般に、成立した法令を公表して、一般国民に周知する作用をいう。日本国憲法の公布は、1946（昭和21）年11月3日になされた。

公布は、旧公式令12条以来、官報をもって行うこととされている。

8 「御名御璽」

「御名」とは、天皇の名前であり、日本国憲法原文には「裕仁」と記されている。天皇の名前を明示することは、「恐れ多い」という理由であろうが、天皇の神格化が否定された後にも維持すべき慣行とは思われない（宮沢・全訂27頁）。

「御璽」とは、天皇の印章であり、「天皇御璽」と彫られている。

(木下智史)

前文

　日本国民は、正当に選挙された国会における代表者を通じて行動し、われらとわれらの子孫のために、諸国民との協和による成果と、わが国全土にわたつて自由のもたらす恵沢を確保し、政府の行為によつて再び戦争の惨禍が起ることのないやうにすることを決意し、ここに主権が国民に存することを宣言し、この憲法を確定する。そもそも国政は、国民の厳粛な信託によるものであつて、その権威は国民に由来し、その権力は国民の代表者がこれを行使し、その福利は国民がこれを享受する。これは人類普遍の原理であり、この憲法は、かかる原理に基くものである。われらは、これに反する一切の憲法、法令及び詔勅を排除する。

　日本国民は、恒久の平和を念願し、人間相互の関係を支配する崇高な理想を深く自覚するのであつて、平和を愛する諸国民の公正と信義に信頼して、われらの安全と生存を保持しようと決意した。われらは、平和を維持し、専制と隷従、圧迫と偏狭を地上から永遠に除去しようと努めてゐる国際社会において、名誉ある地位を占めたいと思ふ。われらは、全世界の国民が、ひとしく恐怖と欠乏から免かれ、平和のうちに生存する権利を有することを確認する。

　われらは、いづれの国家も、自国のことのみに専念して他国を無視してはならないのであつて、政治道徳の法則は、普遍的なものであり、この法則に従ふことは、自国の主権を維持し、他国と対等関係に立たうとする各国の責務であると信ずる。

　日本国民は、国家の名誉にかけ、全力をあげてこの崇高な理想と目的を達成することを誓ふ。

I　前文の趣旨および性格

1　前文の趣旨

　日本国憲法には前文が付されている。比較法的にもほとんどの国の憲法典に前文が付されているが、その内容はさまざまであり、制定の由来を示しただけのものもあれば、権利章典等の合憲性ブロックと呼ばれる諸規範の所在を示したフランス第五共和国憲法のような例もある。大日本帝国憲法の前文は制定経緯のみを示した比較的簡潔なものであったが、日本国憲法の前文はより詳細に、制定経緯およびこの憲法の基本原理について述べている。

2　概要

　前文は4つの段落で構成されている。第1段落では日本国憲法制定の趣旨および国民主権・人権の尊重・平和主義等の基本原理が概括的に示されている。第2段落には平和主義の原理が、第3段落には国際協調主義がそれぞれ個別に示される。第4段落は、第1段落から第3段落に掲げた理想と目的を達成する決意を日本国民が内外に示す趣旨の一文からなっている。

　なお、前文はGHQ草案の時点から内容上の修正はほとんどなされていない。

3　法的性格

　前文の法的性格について、一般的には、政治的宣言あるいは歴史的記述にとどまり法規範性を有しないとする否定説と法規範性を認める肯定説とが存在する。しかし、日本国憲法の前文に関しては、前述のような性格から一定の法規範性を認める点では学説は一致している。すなわち、本文とともに憲法典の一部を構成し、本文と同様に憲法上の国家諸機関とそれらの作用に対して多かれ少なかれ拘束力を有するとする点で、基本的な差はない（野中ほか・憲法1・69頁〔高見勝利〕）。

　しかし、さらに進んで、前文が裁判所において執行され得る裁判規範性を有するかについては議論が分かれる。否定説は、法規範であっても裁判規範性を有しないものがある（統治組織に関する規定など）ことを前提に、前文は憲法の原理を抽象的に示したものであり具体性を欠くこと、前文に示された原理は本文の各条項に具体化されており裁判所が具体的判断基準として用いるのは具体化された各条項であること、などをその理由とする。

　肯定説は、前文の抽象性は相対的なものであること、前文に裁判規範性を認める例が比較法的には存在することなどを根拠に、否定説を批判する。肯定説がこうした立場をとるのは、前文中に明記され、かつ、本文中の各条項には明確な規定のない**「平和のうちに生存する権利」**の裁判上の取扱いと密接にかかわっている。少数ながら、下級裁判所には前文に裁判規範性を認めた例も存在する（札幌地判1973（昭48）・9・7行集27巻8号1385頁、名古屋高判2008（平20）・4・17判時2056号74頁、岡山地判2009（平21）・2・24判時2046号124頁など）。

　なお、否定説であっても、前文が憲法典の一部を構成しその基本原理を示したものである以上、各条項はそれに従って解釈すべきという意味において解釈基準となることは肯定される。最高裁判所は憲法9条解釈の文脈で「前文及び98条2項の国際協調主義の精神と相まって、わが憲法の特色である平和主義を具体化した規定である」と述べたことがあり、この立場に立っていると思われる（最大判1959（昭34）・12・16刑集13巻13号3225頁）。

18 前文

II 「日本国民は……この憲法を確定する」

1 第1段落第1文の趣旨

第1段落第1文は、「日本国民」が「この憲法を確定する」としており、日本国憲法が制定された経緯を述べている。これが憲法制定権力の所在を表し、日本国憲法が民定憲法であることを示していると解することに異論はない。また、この文の英訳は「We, the Japanese people」で始まっており、「We, the people」で始まるアメリカ合衆国憲法の影響がみてとれる。

ただし、実際の憲法制定経緯からすると、日本国憲法は厳密な意味での民定憲法といえるか疑問を呈する向きもある。上諭に示されるように、日本国憲法は大日本帝国憲法の改正として天皇の発議により、帝国議会の議決のみによって成立したものだからである（→制定過程・上諭）。したがって、これは歴史的事実の記述ではなく、憲法制定権力の所在を示し、日本が日本国憲法の制定に際し国民主権の立場を採用したことを示すものと解すべきである。

それと同時に、一般的には、この文には日本国憲法の採用する基本原理が示されていると解されている。基本原理に何を含ませるかは論者によって異なるが、国民主権・基本的人権の尊重・平和主義の3つとするのが通説的見解である（法協・註解上44頁）。ただし、この文はあくまで憲法制定の由来のみを示したものであって、ここから代議制民主主義原理等を宣言したものと読むべきではないとする説も少数ながら存在する（佐藤功・注釈上14頁）。この立場によれば、本文中にいう「正当に選挙された国会における代表者を通じて行動し」とは、この憲法が帝国議会（貴族院は公選ではないため「正当に選挙された」とはいい得ないが、第90回帝国議会において貴族院は衆議院の意思に反した行動をしなかったため、この帝国議会を「正当に選挙された」国会とみなす）を通じて制定されたことを指す（佐藤功・注釈上14〜15頁）。

2 「正当に選挙された国会における代表者を通じて行動し」

「正当に選挙された国会における代表者を通じて行動し」とは、前述の少数説を除き、主権者たる国民は、正当に選挙された国会議員を通じて、いわば間接に国政に参与することを原則したものと解する（宮沢・全訂32頁）。この代表民主制の原理は、第1段落の第2文からも読みとることができる。

3 「政府の行為によつて再び戦争の惨禍が起ることのないやうにすることを決意し」

前文は「政府の行為」によって「戦争の惨禍が起る」とする。ここでいう「政府」とは行政府を指す狭義のものではなく、立法府や司法府をも含む統治機関全体を含む広義のものを指すと解される。すなわち、主権者たる国民との対比において、その信託に基づいて国政を行う国家機関全体を指しており、その政

府に戦争の惨禍を起こさせないようにすることを、国民が決意する、という論理構造になっている。

ここで示された考え方は、第2段落の平和主義原理と結びついている。

4　「主権が国民に存することを宣言し」

「主権」とは、国政の最終的決定権限を指す。大日本帝国憲法の下では、主権は天皇にあると解されていた。これに対し前文中のこの文言は、日本国憲法がその考え方を放棄し国民主権を採用したことを明言するものと解される。

国民主権の具体的な内容をめぐる学説の対立については、憲法1条・第4章の前注の解説参照（→憲1条・第4章〔前注〕Ⅱ）。

Ⅲ　「そもそも国政は……国民がこれを享受する」

1　第1段落第2文の趣旨

第1段落第2文は、国民主権を受けて、民主主義の原理を示したものと解される。

2　「国民の厳粛な信託」

第2文は、国政が「国民の厳粛な信託」に基づくと定める。ここにはロックの信託理論の影響がみてとれる。すなわち、統治権は国民から信託されたものであり、統治者はその信託の目的に拘束されるという考え方である。

3　「権威は国民に由来し……国民がこれを享受する」

この文が、アメリカ合衆国の民主主義思想に大きな影響を与えたエイブラハム・リンカーンのゲティスバーグ演説（1863年）における「government of the people, by the people, for the people」というフレーズと類似性をもつことは明らかである。なお、ゲティスバーグ演説における「of the people」の解釈については「people」を統治の主体と捉える説と目的物と捉える説とがあるが（宮沢・全訂37〜38頁）、後者の場合にはこの文言は国民主権の原理を表すものではないことになる。しかし、ゲティスバーグ演説とは異なり、この箇所に相当するGHQ草案（GHQ草案前文）の文言は「authority for which is derived from the people」となっており、少なくとも日本国憲法に関する限り、この箇所を「権威は国民に由来する」こと、すなわち国民の政治を表したものと捉えることには合理性がある。

また、「権力は国民の代表者がこれを行使し」とされており、ここから代表民主制の原理が導き出される。

Ⅳ　「これは人類普遍の原理……に基くものである」

1　第1段落第3文の趣旨

　第1段落第3文は、第2文を受け、その内容を「人類普遍の原理」すなわち自然法的原理と位置づけた上で、日本国憲法がそれらの諸原理に基づくものであることを明記する。これは、大日本帝国憲法が国体という特殊な原理を基礎原理としていたことを否定する趣旨と解される（佐藤功・注釈上17～18頁）。

2　「これ」

　第3文冒頭の「これ」、すなわち人類普遍の原理と目されるものは何かについては、文の構造上直前の第2文に示された内容、すなわち国民主権原理および民主主義原理を指すと解する（宮沢・全訂38～39頁）のが一般的である。しかし、第2文の趣旨からみて平和主義をも人類普遍の原理であるとしているものと解する説もある（佐藤功・注釈上18頁）。これは次に述べる憲法改正の限界とかかわる。

Ⅴ　「われらは、これに反する一切の憲法、法令及び詔勅を排除する」

1　第1段落第4文の趣旨

　第1段落第4文は、第3文までの規定を受け、それに反する憲法、法令および詔勅を排除することを定める。憲法に反する法令が効力をもたないことは憲法98条1項でも定められているが（憲98条1項）、この規定の固有の意味は、これに反する憲法をも排除することを述べている点にある。すなわち、憲法の改正によってこれに反する規定を盛り込むことをも否定しているのであり、憲法改正の限界を示しているように読める。

　通説である**憲法改正限界説**に立つ論者は、その根拠をここに求める。なお、**憲法改正無限界説**に立つ論者は、改正限界条項それ自体を改正することによって結果的にすべての条項を改正することができると解するため、第4文による限定を改正を限界づけるものとは捉えない。

　ただし、憲法改正限界説に立ったとしても、実際に国民投票を含む憲法96条の手続を経て、主権者である国民によって承認された憲法改正を裁判所が事後的に審査することは現実的には想定しがたく[1]、結局のところ改正限界規定は実質的には国会と有権者に対する警告の意味をもつにとどまる（新基本コンメ13頁〔赤坂正浩〕）。

---

[1]　工藤達朗『憲法学研究』（尚学社、2009年）223頁。

2 「これに反する」

憲法改正限界説に立つ場合、憲法のどの条項が改正限界にあたるかが問題となる。本条は「これ」に反する憲法を排除すると述べており、ここでいう「これ」とは、直接的には第3文中の「人類普遍の原理」を指す（宮沢・全訂38～39頁）。よって、通説に立てば国民主権および代表制民主主義がそれに相当する。

しかし、学説は、必ずしも憲法改正の限界を国民主権および代表制民主主義のみと捉えているわけではない。前述のように、第3文中の「人類普遍の原理」に平和主義が含まれるとする説（佐藤功・注釈上18頁）や、第2文がロックの影響を受けていることを重視し、「人類普遍の原理」に人権尊重原理も含まれると解する説もある（樋口ほか・注解1・23～24頁〔樋口陽一〕）。また、憲法改正の限界はある憲法の基礎に存する原理そのものを否定することをその「改正」によってなし得るかという問題として考えるべきであって、単に「これに」の文字のみから論ずべきではないとして、過度の法実証主義的解釈を否定する者もいる（佐藤功・注釈上18頁）。

また、前述のような諸原理を改正限界と捉えたとしても、具体的にどの条文にどういった改正を加えたら改正限界を超えるかについては明白ではなく、解釈が分かれるところである。とくに、憲法9条2項が改正限界となるか否かは長く争点となってきた。

VI 「日本国民は、恒久の平和を念願し……安全と生存を保持しようと決意した」

1 第2段落第1文の趣旨

第2段落は全体として平和主義原理について述べているが、なかでも第1文は、憲法9条が戦争の放棄・戦力の不保持を定めていることとの関係で、日本国憲法がそれらに代わる安全と生存を保持する手段として「平和を愛する諸国民の公正と信義に信頼」することを掲げる（→憲9条）。

2 「平和を愛する諸国民の公正と信義に信頼して」

「平和を愛する諸国民の公正と信義」とは、日本が非武装を定める平和国家となれば他国によって安全を脅かされることはないという国際社会への信頼を意味する。これに関しては、そのリアリティが早くから批判された。すなわち、国際社会の現実において頼りになるものではないという批判や、独立国である以上他国民の善意に信頼して自らの安全と生存を保持しようというのは不当であり無責任であるとの批判である。また、信頼に足らない国家群が現に存在することを強調し、その侵略に対処するためには、特定の国家と軍事同盟的な関係に立つこともできるとする見解も唱えられた。しかし、逆に、この文が武力

と戦争によってではなく、ひとえに平和を愛する諸国民の公正と信義に信頼することで自国の安全と生存を維持しようと決意したものであることを強調し、自衛のための戦争・軍備は無論のこと、前述のような同盟関係を肯定するような解釈は到底認められないとする（佐藤功・注釈上24頁）有力な反論も存在する（→憲9条）。

3 「決意した」

「決意した」とは、日本国民が敗戦・ポツダム宣言受諾によって受動的にやむを得ず戦争を放棄し軍備を保持しないことを決意したのではなく、積極的に、自ら進んでなした決意であることを示した（佐藤功・注釈上24頁）ものと解される。

Ⅶ 「われらは、平和を維持し……占めたいと思ふ」

第2段落第2文の趣旨は、日本国憲法の制定時点において、世界各国が平和的・民主的な国際社会の実現に努力しつつあるとし、世界各国にさきがけて平和主義に徹底することをもって「名誉ある地位」を占めたいとの意思を示したものと解される（佐藤功・注釈上24〜25頁）。平和的手段による国際の平和および安全の維持と人権保障を基本原理とする国際連合憲章は、日本国憲法制定よりも一足早い1945年に発効しており、第2文は国際社会のこうした動きを念頭に置いたものであろう。

また、他国への信頼をうたう第1文は消極的・受動的ともとれるのに対し、第2文は積極的に平和を維持することを述べており、ここから日本の国家に対して積極的・能動的な平和政策・平和外交の展開を要請するものと捉える見方も有力である（樋口ほか・注解1・35頁〔樋口陽一〕）。

Ⅷ 「われらは……平和のうちに生存する権利を有することを確認する」

1 第2段落第3文の趣旨

第2段落第3文は、全世界の国民が、恐怖と欠乏から免れ平和のうちに生存する権利を有する、と述べる。この規定といわゆる**平和的生存権**との関係が、前文の解釈における今日の最大の対立点といっても過言ではない。

2 「恐怖と欠乏から免かれ」

「恐怖と欠乏から免かれ」とは、恐怖と欠乏からの自由を意味する。これは1941年に第二次世界大戦後の国際秩序のあり方について英米が合意・調印した大西洋憲章が「一切ノ国ノ一切ノ人類カ恐怖及欠乏ヨリ解放セラレ其ノ生ヲ全ウスルヲ得ルコトヲ確実ナラシムヘキ平和カ確立セラルルコトヲ希望ス」（大西

洋憲章6条）※2としていることに由来するものと解される（宮沢・全訂40頁）。

3 「平和のうちに生存する権利」

(1) 「平和のうちに生存する権利」の権利性

第3文は「平和のうちに生存する権利」について言及する。この「平和のうちに生存する権利」という文言は、憲法制定当初には平和主義を表したものと捉えられていたが、後に、これを人権として捉えようとする見方が登場してくる。今日では、日本国憲法が何らかの形で人権として「平和のうちに生存する権利」すなわち平和的生存権を保障しているとの見方が通説的見解となっている。しかし、その内容・性質や根拠は論者によって異なる。

(2) 基底的・理念的権利としての平和的生存権

「恐怖と欠乏から免かれ」「平和のうちに生存する」ことは、「全世界の国民」にとってすべての人権の基礎となる前提条件である。しかし、これは一国のみで実現できるものではなく、平和への国際的な取り組みによって初めて実現し得る権利であり、理念的権利と捉えられる。第3文が全世界の国民の平和的生存権をうたっているのは、この意味と捉えられる。この点について、異論はほぼない。

(3) 日本国民に保障された権利としての平和的生存権

さらに進んで、平和的生存権を日本国民の個々人に具体的な権利を保障したものと捉えられるかについて、学説は分かれる。かつては、平和的生存権はあくまで理念的な権利にとどまり、裁判所で執行可能な具体的権利性をもつものではないと捉える説が多数であった。その理由としては、前文の裁判規範性それ自体に否定的であり、かつ、憲法第3章で保障された人権の中に「平和的生存権」が含まれないこと、内容の抽象性などが挙げられる。この説に立った場合、第3文の定める平和的生存権は実定法上の権利ではなく、憲法における各種の基本的人権条項の解釈の指針として用いられるべきもの（佐藤功・注釈上31頁）とされる。

これに対し、近年では、平和的生存権に具体的権利性を認める説が有力になってきている。ただし、その条文上の根拠は必ずしもこの前文の文言のみに限られない。学説は、前文に主たる根拠を求める説※3、憲法9条を人権規定と捉える説（浦部・教室427～429頁）、憲法13条の幸福追求権を媒介として法的権利性を発揮すると考える説※4、前文・憲法9条・人権規定全体から成立すると

※2 大西洋憲章 http://www.ndl.go.jp/constitution/etc/j07.html。

※3 山内敏弘『平和憲法の理論』（日本評論社、1992年）270頁、浦田一郎『現代の平和主義と立憲主義』（日本評論社、1995年）108頁。

※4 久田栄正「平和的生存権」ジュリ606号（1976年）28頁。

する説※5などが併存している。

平和的生存権に具体的権利性を認める場合、その内容としては、憲法9条違反の国家行為によって生命・自由を脅かされない権利、あるいは、政府の戦争行為によって殺されない・殺さない権利と解するのが一般的である（例外的に、憲法9条を根拠として平和的生存権を認める説には、権利の内容として憲法9条違反のない状態の下で生存することを挙げ、憲法9条違反の国家行為があればその取消し等を求める原告適格を有するとするものもある（浦部・教室428～429頁）。

(4) 判例

最高裁判所は、これまで、平和的生存権の裁判規範性を認めたことはない。百里基地訴訟において最高裁判所は、平和とは「理念ないし目的としての抽象的概念であって、それ自体が独立して、具体的訴訟において私法上の行為の効力の判断基準になるものとはいえ」ないとしており（最三小判1989（平1）・6・20民集43巻6号385頁）、裁判規範性を否定したものと解される。

しかし、下級裁判所レベルでは少数ながら平和的生存権の裁判規範性を認めた判決も存在する。自衛隊基地建設に伴う森林法上の保安林指定解除処分の適法性が争われた長沼ナイキ事件第一審判決では、札幌地方裁判所は、保安林制度の目的を「地域住民の『平和のうちに生存する権利』（憲法前文）すなわち平和的生存権を保護しようとしているもの」とした上で「被告のなんらかの森林法上の処分によりその地域住民の右にいう平和的生存権が侵害され、また侵害される危険がある限り、その地域住民にはその処分の瑕疵を争う法律上の利益がある」として、前文を根拠に地域住民の平和的生存権を肯定した（札幌地判1973（昭48）・9・7行集27巻8号1385頁）。

また、近年では、自衛隊イラク派遣訴訟において名古屋高等裁判所が、法規範性を有する憲法前文が平和のうちに生存する権利を明言していること、憲法9条が戦争を放棄し、憲法13条が人格権を保障し、憲法第3章で個別の人権が規定されていることを挙げた上で「平和的生存権は、憲法上の法的な権利として認められ」「裁判所に対してその保護・救済を求め法的強制措置の発動を請求し得るという意味における具体的権利性が肯定される場合がある」と明確に述べた（名古屋高判2008（平20）・4・17判時2056号74頁）。ここでは、平和的生存権の例として、憲法9条に違反する国家行為により個人の生命等が危機にさらされたり、憲法9条に反する行為への協力を強制されたりした場合には、当該違憲行為の差止請求や損害賠償請求ができるとされている。また、同じく岡山地方裁判所は「平和的生存権は、日本国憲法上の基本的人権であり、裁判所が法令審査権を行使するに当たり、本文と同様に拠るべき裁判規範性を有するというべき」とし、さらにそれは「規範的、機能的には、徴兵拒絶権、良心的兵

※5 深瀬忠一『戦争放棄と平和的生存権』（岩波書店、1987年）227頁。

役拒絶権、軍需労働拒絶権等の自由権的基本権として存在し、また、これらが具体的に侵害された場合等においては、不法行為法における被侵害利益としての適格性があり、損害賠償請求ができることも認められるというべき」として権利の具体的内容に踏み込んだ議論を行っている（岡山地判2009（平21）・2・24判時2046号124頁）。自衛隊イラク派遣に関するこれら2つの判決は、いずれも当該事件の当事者については平和的生存権侵害を認めたものではないが、学説の展開を踏まえた裁判所の新たな動きとして注目に値する。

Ⅸ　「われらは、いづれの国家も……各国の責務であると信ずる」

1　第3段落の趣旨

　第3段落は、他国との共存の必要性と政治道徳の普遍性をうたい、主権国家として**国際協調主義**の立場に立つことを定める。国際協調主義は憲法98条2項によって具体化されている（→憲98条）。

2　「自国のことのみに専念して他国を無視してはならない」

　第3段落では、すべての国は「自国のことのみに専念して他国を無視してはならない」と述べており、他国との共存の必要性を強調している。なお、いわゆる非武装中立主義は自国本位の立場でこの段落に反するものであり、自由国家群との集団安全保障体制に積極的に参加することがこの文言に合致するとの解釈に対しては、この段落の本来の意味を誤解している（佐藤功・注釈上31頁）との強い批判が存在する。

3　「政治道徳の法則は、普遍的なものであり」

　第3段落では、政治道徳の法則は普遍的なものだ、と述べられている。これは、前後の文脈から「他国との平和共存を国際社会の普遍的原理と宣言」（新基本コンメ8頁〔赤坂正浩〕）したものと解するものもあるが、より一般的に、日本が独善的に主権を唱えることなく普遍的な政治法則に従うべきことを示したものと捉える（宮沢・全訂40頁）見方もある。文言は必ずしも明確ではないが、第3段落全体の趣旨が他国との共存の必要性を強調していることから、少なくとも、他国との平和共存を妨げるような、日本のみに妥当する固有の政治道徳に従うことを否定するものであることは確かであろう。

4　「自国の主権を維持し、他国と対等関係に立たうとする各国の責務」

　ここでいう「主権」は、第1段落第1文における「主権」とは異なり、対外的独立を意味する。第3段落は全体として、他国と共存しながら普遍的な政治道徳に則って活動することが独立国家の責務であると述べている。偏狭な国家主権万能主義をとらないからといって独立国としての実質は損なわれないことを

示している（佐藤功・注釈上32頁）。なお、日本国憲法が制定された時点では日本はこの意味での「主権」を失った状態であったが、1952（昭和27）年のサンフランシスコ平和条約の発効により日本の対外的主権は回復した。

1990年代以降、政府は武力の行使を伴わない国際的な平和維持活動に自衛隊を参加させるにあたり、この国際協調主義を根拠に、憲法の趣旨に適合しこそすれ違反するものではない、と説明を行っている。しかし、第3段落の国際協調主義は第2段落の平和主義と密接に結びついたものであることには留意が必要である。

X　「日本国民は……達成することを誓ふ」

第4段落は、第1段落ないし第3段落の内容を受けて、この憲法の基本理念を尊重し実現することを主権者の名において宣言している。

（大河内美紀）

第1章　天皇

〔前注〕

Ⅰ　天皇

　日本の歴史上、天皇はさまざまな権限、機能を担わされてきた。本章は、日本国憲法が天皇という機関に担わせた権限と機能を規定する。国民主権に立脚する憲法の第1章に天皇に関する規定が置かれているのはふさわしくないとの指摘もあるが、大日本帝国憲法の第1章が天皇に関する章であったこととの対比で、その憲法上の位置づけの違いを明確にしようとしたものと理解すべきであろう。

Ⅱ　大日本帝国憲法における天皇

　天皇中心の政治（王政）への「復古」が徳川幕藩体制打倒のイデオロギーとなった以上、明治維新後の国家体制は天皇中心のものとならざるを得なかった。
　大日本帝国憲法は、神である天皇の祖先、「皇祖皇宗」に誓う「告文」が付されていることからも明らかなように、天皇が「朕カ祖宗ニ承クルノ大権」（憲法発布勅語）に基づいて制定した欽定憲法であった（→制定過程Ⅰ1）。
　大日本帝国憲法における天皇は、「大日本帝国ハ万世一系ノ天皇之ヲ統治ス」（明憲1条）とあるように、世襲に基づいて主権者としての地位を有していた。天皇は、「統治権ヲ総攬」する者（明憲4条）として、「帝国議会ノ協賛」を得て立法権を行使し（明憲5条）、国務各大臣の輔弼を受けて行政権を行使し（明憲55条）、司法権の行使も「天皇ノ名ニ於テ」行われた（明憲57条）。さらに、天皇は、陸海軍に対する統帥権をもち（明憲11条）、「元首」として対外的に国家を代表した（明憲4条）。
　他方で、国民は、天皇の「忠良ナル臣民ノ子孫」（憲法発布勅語）、すなわち臣下の地位にあり、その憲法上の権利保障は、「法律ノ範囲内ニ於テ」という限定が付され、恩恵的・限定的なものにとどまった。
　天皇が、その権限を「此ノ憲法ノ条規ニ依リ」行使するものとされていた（明憲4条）点で、大日本帝国憲法は立憲主義の原則に則っていたものの、天皇は、帝国議会の議決を経ずに立法をなし得る緊急勅令（明憲8条）、「戒厳」の宣告（明憲14条）等の広範な非常大権を有し、かつ軍の統帥・編成に対する立憲的制約が欠けていたことが、対外戦争の拡大とともに、立憲主義を掘り崩す要因となった（→制定過程Ⅰ2）。

28 第1章 天皇〔前注〕

Ⅲ 憲法制定過程における天皇条項

第二次世界大戦における敗色が濃厚となった段階で、日本政府が最後までこ
だわったのは、敗戦が天皇中心の国家体制＝「国体」にもたらす影響であった。
1945（昭和20）年7月にアメリカ、イギリス、ソ連首脳が日本の降伏条件とし
て合意したポツダム宣言を受諾するにあたって、日本政府はなお、同宣言の受
諾が天皇の地位に影響を及ぼさないとの確約を取り付けようとしたが、アメリ
カ国務長官バーンズは、天皇と日本政府の権限が降伏条件実施のために連合国
最高司令官の下に置かれること、日本の政治形態は最終的には日本国民の自由
に表明された意思によって決定されることを回答した[1]（→制定過程Ⅰ3）。
天皇の終戦の詔勅に「朕ハ茲ニ国体ヲ護持シ得テ」とあるように、日本政府は、
敗戦によって直ちに大日本帝国憲法を変革する必要はないとの認識であったが、
連合国内では、日本の根本的な政治変革は不可欠であり、天皇の戦争責任を追
及すべきとの世論が強まっていた。連合国軍最高司令官マッカーサーは、こう
した国際世論を背景に、日本政府に憲法の抜本的改正を迫ったが、他方で、日
本統治の安定のために天皇制度がもつ効用についても意識しており、天皇の戦
争犯罪追求や天皇制度そのものの廃止を回避しようとした。
1946（昭和21）年2月に、連合国軍最高司令官総司令部（GHQ）内で憲法改
正草案を作成することが決定された際にマッカーサーから示された覚え書き
（マッカーサー・ノート）において、天皇から政治的権力を失わせた上で制度と
しては存続するとの方針が示された。それが日本国憲法における「象徴天皇制」
の原型となった（→制定過程Ⅰ5）。

Ⅳ 日本国憲法下の天皇

日本国憲法下での天皇は、かつての権威主義的なイメージから大衆的なイ
メージに脱却しようと、全国行幸やスポーツ観戦、そして「皇太子のご成婚」
等のキャンペーンをくり広げ、国民への定着を図った。
他方で、大日本帝国憲法における天皇の活動との連続性を維持しようとする
動きも強く、国会開会式における「おことば」や外国使節との応接における「元
首」扱いなど憲法違反の疑いの強い慣行も続いている（→憲4条Ⅱ3・憲7条
Ⅷ6）。とりわけ昭和天皇の死去に伴う葬儀とそれに引き続く新天皇即位にあ

---

[1] 「降伏ノ時ヨリ天皇及日本国政府ノ国家統治ノ権限ハ降伏条項ノ実施ノ為其ノ必要
ト認ムル措置ヲ執ル連合国最高司令官ノ制限ノ下ニ置カルルモノトス（subject to）日本
国ノ最終ノ政治形態ハポツダム宣言ニ遵ヒ日本国国民ノ自由ニ表明スル意思ニ依リ決定
セラルベキモノトス」（1945（昭和20）年8月11日）http://www.ndl.go.jp/constitution/
shiryo/01/010shoshi.html。

たっては、大日本帝国憲法下での儀式様式が、憲法体制の根本的な変革を踏まえずに無批判に継承され、2019（平成31／令和1）年の天皇の代替わりにあたっても基本的に踏襲されようとしている（→憲7条XIII 3）。

　先の天皇（明仁）は、皇太子時代から「親しみやすさ」を印象づけつつ、戦没者の慰霊と災害被災者への見舞いを積極的に自らの「公務」として課し、それらを通じて国民の幅広い支持を得ることに成功した。しかし、自らの高齢化により「公務」負担がこなせなくなる不安から、皇室典範が想定していなかった生前退位を切望するようになった。国会は、天皇の「お気持ちを理解し、これに共感している」として、2017（平成29）年に「天皇の退位等に関する皇室典範特例法」を制定し、天皇の生前退位と皇太子の即位を認めた。こうした動きは、かつて一種の「身分」であった天皇が、しだいに「職務」と化したことを象徴するものといえる。天皇制度が「職務」化することは、天皇の地位を世襲に依らしめることや「皇族」に属する人びとに対する種々の特権と制約の正当性を揺るがすことになる。そして、皇位継承者の減少によって天皇制度存続そのものが脅かされつつある。日本国憲法の天皇制度は、静かに大きな転機を迎えつつあるのかもしれない。

（木下智史）

（天皇の「象徴」たる地位・国民主権）
第1条　天皇は、日本国の象徴であり日本国民統合の象徴であつて、この地位は、主権の存する日本国民の総意に基く。

I　本条の趣旨

　本条は、大日本帝国憲法1条の「大日本帝国ハ万世一系ノ天皇之ヲ統治ス」に対応する条文として、日本国憲法における天皇の地位とその地位の根拠を明らかにしたものである。大日本帝国憲法において、天皇は国を統治する主権者であり、その根拠は日本という国が「天孫降臨」によって太古の昔より天皇の治める国であったとの神話に求められた。神権主義的な天皇制からの根本的な転換を図った本条は、天皇を「象徴」とし、国民が主権者であることを宣言した。

　GHQによる憲法草案起草作業開始にあたって、マッカーサーが民政局員に示した、いわゆるマッカーサー・ノート[※2]においては、「天皇が日本の国の元首の地位にある（Emperor is at the head of the state.）」こと、その権限行使が「憲法に従い、憲法に規定された人民の基本的意思に責任を負うものとする（His duties and powers will be exercised in accordance with the Constitution

---

[※2]　http://www.ndl.go.jp/constitution/shiryo/03/072shoshi.html。

and responsive to the basic will of the people as provided therein.）」ことが示されていた。日本政府は、憲法の中に国民主権を明示することに対して強い抵抗を示し、「国民の至高の総意」（内閣草案※3）などの言葉で置きかえようとしたが、極東委員会が国民主権の明確化を求めた※4こともあって、衆議院の審議過程で現在のような表現に改められた。

Ⅱ　「天皇」

　ここにいう「天皇」とは、国家機関としての天皇を意味する。大日本帝国憲法において天皇であった昭和天皇裕仁が日本国憲法における最初の天皇となり、人的連続性のゆえに、日本国憲法における天皇制度の創設の意義があいまいになったことは否めない。以下の個別的争点を検討する上でも、日本国憲法における天皇という制度を、大日本帝国憲法下の天皇と連続性を有するものとみるか、日本国憲法における天皇は大日本帝国憲法におけるそれとは断絶しており、新たに創設されたものとみるかが基本的な対立軸となる。

Ⅲ　「日本国の象徴であり日本国民統合の象徴」

1　「象徴」の意味
　「象徴」については、「抽象的・無形的・非感覚的なものを具体的・有形的・感覚的なものによって具象化する作用ないしはその媒介物を意味する」とされ（芦部・憲法45頁）、鳩が平和を象徴するなどの例が挙げられてきた。この意味によれば、抽象的な「日本国」「日本国民統合」というものが具体的な天皇という人物によって表されていることになる。「象徴」は、「代表」と異なり、ある者の行為の効果が他の者に帰属することはなく、「表される」という意味は社会心理的なものであるとされる。国王を国家の「象徴」として表すことは、イギリスのウエストミンスター憲章（1931年）やスペイン憲法（1978年）にもみられる。
　本条をめぐっては、天皇が「象徴」であることから何らかの権限や法的効果を導き出すことができるかが問題となってきた。具体的には、天皇が「象徴」であることによって、憲法に定められた国事行為以外の行為（「象徴としての公的行為」）をなし得るかという問題（→憲4条Ⅱ3）と、「象徴」による積極的な統合機能を認めるかという問題が議論されてきた。

※3　帝国憲法改正案　http://www.ndl.go.jp/constitution/shiryo/04/117/117tx.html。
※4　極東委員会「日本の新憲法についての基本原則」http://www.ndl.go.jp/constitution/shiryo/04/120/120tx.html。

2　天皇制度の連続性と「象徴」

　天皇が「象徴」であることについて、およそ国王は国家の統治権（の一部）を有するとともに、国家の象徴としての機能を果たしており、日本国憲法において天皇が「象徴」であるのは、天皇が「国政に関する権能を有しない」（憲4条1項）とされ統治権を失ったため、象徴としての側面のみが顕現したとの理解が有力である（芦部・憲法46頁、宮沢・全訂51頁、渋谷・憲法55頁）。しかし、この見解は、大日本帝国憲法下における天皇と日本国憲法におけるそれとを連続的に捉えており、憲法上明文で否定されていない限り、天皇は大日本帝国憲法下で有していた権限を果たし得るとの理解に結びつきやすい。

3　天皇制度の断絶と「象徴」

　日本国憲法における国民主権への転換を徹底する立場からは、日本国憲法における天皇制度は、新たに創設されたものと捉えるべきであると説かれる（高橋・立憲主義44頁、松井・憲法263頁）。この立場からすれば、天皇の「象徴」性とは、君主制国家において君主が果たす象徴性とは別個のものであり、かつて天皇が有していたような「元首」や「統治権の総攬者」としての地位をもたず、天皇は実質的な政治権力を行使してはならないことを明らかにしたものと捉えられる（野中ほか・憲法1・102頁〔高橋和之〕、辻村・憲法46頁）。

　近年、先の天皇（明仁）が戦没者に対する慰霊や災害被災者に対する慰問を積極的に行っていることを念頭に、天皇が「多数派から見捨てられた（と感じる）者たちの情念を慰撫する役割を果たしている」と評価し、それを、議会によって「代表」されない「一般意志」を表彰する存在としての天皇（尾高朝雄）という見方と結びつける、新たな「象徴」性の理解もある（西村裕一「情念の行方──象徴・代表・天皇制」論究ジュリ13号（2015年）100頁以下）。しかし、将来の天皇がその「象徴」性を先の天皇と同様のあり方で活用する保障はどこにもない。そして、天皇の行動をあくまでも「内閣の助言と承認」の下に置き、かつ天皇に「国政に関する権能を有しない」とする憲法規範と「象徴」性の積極的な位置づけを整合的に捉え得るかは、なお疑問とされるだろう。

4　「象徴」と元首との違い

　日本国憲法における天皇が、大日本帝国憲法下の天皇とはその性格を根本的に異にするとすれば、もはや天皇を大日本帝国憲法下のように、「国ノ元首ニシテ統治権ヲ総攬スル」存在とはいえなくなる。本来、「元首」であるためには、対内的には、少なくとも行政権を担当し、対外的には、国を代表することができなければならないが、現代では、一定の対外的な代表権を有していれば「元首」と呼び得るとの見解もある。

　日本国憲法における天皇は、「国政に関する権能を有しない」が、他方で、「大使及び公使の信任状の認証」（憲7条5号）や「外交文書の認証」（憲7条8

号）、「外国の大使及び公使の接受」（憲7条9号）などの外交に関わる儀礼を担っており、政府は諸外国に大使の信任状の宛先を天皇とするよう慣例的に求めてきた。こうした外交上の慣行は、たしかに天皇を「元首」として扱うものといえるが、問題はそれが日本国憲法の定める天皇制度としてふさわしいものといえるかという点である。

憲法の定める国事行為に（儀礼的なものとはいえ）外交関係にかかわる行為が多く含まれ、天皇の地位が世襲であることから、天皇が「国際的に元首として扱われる余地があることは否定できない」との見方もある（佐藤幸・憲法512頁）。しかし、「象徴」の意味について、天皇が「統治権ノ総攬者」でも「元首」でもなくなった存在となったことを示す言葉と解するならば、天皇に対外的な代表性をもたせるような外交上の慣行自体が日本国憲法の象徴天皇制のあり方にふさわしくないものということができ、憲法のあり方にふさわしくない慣行を基に、天皇を「元首」と呼ぶことは本末転倒というべきである。

なお、先に触れたマッカーサー・ノートが、天皇について「at the head of the state」と記していたことを、天皇が「元首」と考えられていたという根拠とする見解もある。しかし、同ノートに基づいて作成された憲法草案における天皇は、「象徴」とされ、統治権も対外的な代表権も失っていたのであるから、そこでの"head"は、法的意味での「元首」を意味するものとはいえず、そもそも「元首」と訳すのは誤解を招くとの指摘もある（芦部・注釈1・126頁〔横田耕一〕）。

5 「象徴」であることの効果

天皇が「象徴」とされたことに何らかの積極的意味をもたせる立場からは、かつての不敬罪※5に近い、「象徴侮辱罪」の法定すら可能との主張もみられたが、今日ではそれを支持する見解はほとんどみられない。ただし、「象徴」とされたものが人格であることから、その地位にある者は象徴にふさわしい行動を要請され、その役割にふさわしい処遇がなされなければならないとの主張もある（佐藤幸・憲法507頁）。

昭和天皇の回復を願う記帳所の設置費用を県が支出したことについての不当利得返還請求が住民訴訟において争われた事件において、最高裁は、「天皇が日本国の象徴であり日本国民統合の象徴であることにかんがみ、天皇には民事

※5 旧刑法74条1項は「天皇……ニ対シ不敬ノ行為アリタル者ハ3月以上5年以下ノ懲役ニ処ス」と定めていた。天皇を批判したプラカードを持参して集会に参加した者が不敬罪に問われた事件において、最高裁は、実体審理を行わないまま憲法公布による大赦令により免訴の判決を下した（最大判1948（昭23）・5・26刑集2巻6号529頁）。なお、不敬罪の規定は1947（昭和22）年刑法改正により削除されたが、ポツダム宣言の受諾とその後の戦後改革の中で失効したとの見解が有力である（石村修・憲法百選2・355頁）。

裁判権が及ばないものと解するのが相当」とした（最二小判1989（平1）・11・20民集43巻10号1160頁）。比較的詳しく理由づけを論じた控訴審判決（東京高判1989（平1）・7・19民集43巻10号1167頁）は、天皇が私法上の行為をなし得るとしつつも、民事裁判権が及ぶとすると、「被告適格を有し、また証人となる義務を負担することになる」ことが、象徴たる「天皇の憲法上の地位とは全くそぐわない」と説明していた。本条の「象徴」という文言だけから、民事裁判権からの除外を説明することには困難があり、何らかの実質的理由と法的根拠が示される必要があろう。最高裁は、民事責任について何も語っていないが、仮に民事責任の免責まで認めるとすれば、大日本帝国憲法において「神聖不可侵」とされた天皇にすら認められなかった効果を「象徴」という地位から導き出していると批判される※6。

　天皇の刑事責任に関しては、摂政および国事行為代行者が刑事訴追を受けないとされていることからみて（典21条、国事代行6条）、刑事責任を追及されることはないものと考えられている。ただし、その根拠は、大日本帝国憲法のような「神聖不可侵」性ではなく、憲法の定める国事行為の遂行を妨げないことに求められるべきである※7。

6　「日本国の象徴」と「日本国民統合の象徴」

　なお、「日本国の象徴」と「日本国民統合の象徴」について、かつては日本国と日本国民を分けて考える学説もあったが、「日本国民が統合したものが日本国」（宮沢・全訂52頁）であるとみることができるのであり、今日では、両者の区別に実益がないことに異論はみられない。

　また、日本国民「統合」と記されていることから、本条を天皇が積極的に国民の統合作用を果たすことを求めていると解する立場もあったが、日本国民が（日本国に）統合されている状態を天皇が象徴しているにとどまり、ここから新たな天皇の権限や機能が導かれると解することはできない（樋口ほか・注解1・63頁〔樋口陽一〕）。

Ⅳ　「主権の存する日本国民の総意に基づく」

1　「主権の存する日本国民」

　ここにいう「主権」とは、国家の最高意思の決定権を指す（「主権」の意味については第4章　国会〔前注〕Ⅱ1(1)を参照）。日本国憲法が、天皇が主権者であった大日本帝国憲法と異なる主権原理に立つことを明確にしている。

　先に述べたように、象徴となった天皇はもはや君主ではないことから「国民」

　※6　日比野勤・重判解〔平成元年度〕15頁。
　※7　水島朝穂・憲法百選2（第5版）371頁。

から天皇を除外する必要はなくなったとの見解もある（芦部・注釈1・147頁
〔横田耕一〕）。しかし、学説の多数は、天皇が歴史的に国民と対抗する関係
にあったことから、天皇は、本条にいう「国民」には含まれず、皇位継承者と
その家族である皇族も「国民」には含まれないと捉える（樋口ほか・注解1・
59頁〔樋口陽一〕、新基本コンメ17頁〔芹沢斉〕）。

2　国民の「総意」

　天皇の象徴たる地位は、国民主権に立脚する日本国憲法の下で定められてい
るのであるから、その地位が主権者たる国民の意思に基づいていることは当然
のことである。天皇の地位を定める本条において、国民主権を明示することに
は、憲法の変更に伴う主権原理の転換をより明確に表明する意図があったと思
われる。そして、この規定によって、天皇の地位は、不可変更的なものではな
くなり、国民の意思により可変的なものとなったことが明らかにされた（芦
部・憲法44頁）。
　ここで、「総意」という言葉が用いられている点について、たとえばルソー
流の「一般意志」といった意味のように、「国民の個別意思の単なる集合では
なく、その全体としての合理的意思と考えらるべき」との理解もある（佐藤功・
注釈上42頁）。しかし、「総意」は、先に紹介した本条をめぐるGHQと日本政府
とのやりとりの中で、日本政府が主権という言葉の使用を嫌い「国民の至高の
総意」などの文言が用いられた名残であり、特別な意味をもたせる必要はない
（芦部・注釈1・148頁〔横田耕一〕、新基本コンメ17頁〔芹沢斉〕）。

3　「その地位」

　ここにいう「地位」は、天皇という国家機関のあり方一般を指すとの見解が
支配的であるが（宮沢・全訂53頁）、天皇が象徴であるという地位を指すと解す
る説もある（佐藤幸・憲法507頁）。後者の説は、国家機関としての天皇のあり
方は、個別的な憲法の規定によって規定されるものであり、本条の「その地位」
の意味するところは、日本国憲法の定める「象徴たる地位」にとどまると理解
する。ただし、象徴たる地位の内容は、結局、他の個別条文により定められて
いるのであるから、両者の違いは大きなものではないと考えられる。

（木下智史）

（皇位の継承）
第2条　皇位は、世襲のものであつて、国会の議決した皇室典範の定める
ところにより、これを継承する。

I　本条の趣旨

　本条は、天皇の地位の継承が世襲によってなされることを定めるとともに、継承の詳細について、国会の議決による皇室典範によって定めることを明らかにする。大日本帝国憲法2条も「皇位ハ皇室典範ノ定ムル所ニ依リ皇男子孫之ヲ継承ス」と定めていたが、そこにいう旧皇室典範は、「皇室の家法」※8とされ、その制定・改正には帝国議会の関与が許されなかった（明憲74条1項）。本条が、皇位継承のあり方について国会が定めるところによるとしたことは、天皇の地位を「国民の総意に基づく」ものとしたことの具体化といえる。

　しかし、世襲制は、特定の系統の者を特権的に扱うものであり、個人の尊重を基本原理とする日本国憲法全体の精神と根本的に矛盾する。他方で、男系男子のみに皇位継承を認めるという皇室典範の定めに固執する限り、皇位継承者の断絶の危機に直面することとなる。

II　皇位の世襲

　「皇位」とは、国家機関としての天皇の地位を指す。「世襲」とは、ある地位につく資格が、一定の血統に属する者にのみ認められることをいう。ある国家機関につく資格を特定の血統に属する者に限定することは、憲法14条1項の法の下の平等、門地による差別の禁止に抵触するが、日本国憲法は、皇位の継承に関しては、法の下の平等の原則の憲法上の例外として認めたものと解される。

III　皇室典範

　皇室典範は、皇位継承の原因、継承者の資格と順序等について定める。日本国憲法における皇室典範は、「国会の議決した」ものであることが求められているに過ぎないが、国会制定法の形式が採られた。具体的に「世襲」によって誰がどのように皇位を継承するかは、国会の立法裁量に委ねられている。ただ、現行皇室典範は、その内容の多くを旧皇室典範から引き継いでいるため、大日本帝国憲法下における天皇制との連続性を色濃く残すものとなっている。

1　皇位継承の資格・順序

　皇室典範1条は、皇位継承資格者を「皇統に属する男系の男子」に限定している。これは、大日本帝国憲法が皇位継承者を「皇男子孫」と定め、旧皇室典範も「男系ノ男子」としていたことを引き継ぐものである。ここから、女子や

※8　伊藤博文（宮沢俊義校註）『憲法義解』（岩波書店、1940年）127頁。

女系の皇族には皇位継承資格がないこととなる。これをもって女性皇族への差別[9]あるいは「合理的理由のない差別的取り扱い」（辻村・憲法167頁）となるとの見解がある。また、もともと旧皇室典範が男子長系主義を定めたのが、天皇は統帥権をもつ軍の最高指揮官であったためであることを指摘しつつ、日本国憲法の天皇制度を大日本帝国憲法下の天皇と切り離して捉える立場から、女性の皇位継承を認めない点について、旧憲法の天皇観を引き継ぐものとして、「1条違反というべき」とする見解もある（松井・憲法267頁）。

これに対して、憲法自体が世襲に基づく皇位継承という平等原則から逸脱する特権的制度を容認した以上、平等を語ることはできないとする見解もある（浦部・教室526頁）。

多数説は、皇室典範の改正により女性天皇や女系への皇位継承を認めることも可能と解するが、日本国憲法における天皇の地位が伝統的に継承されてきたものであることを強調して、憲法改正または国民投票による場合は別として、皇室典範改正によって女性・女系の天皇を認めることはできないとの見解もある（渋谷・憲法56頁）。

小泉首相の私的諮問機関「皇室典範に関する有識者懇談会」は、2005（平成17）年に、「安定的な皇位の継承」のため、皇位継承資格者を「女子や女系の皇族に拡大することが適当」とする報告書を提出している[10]。

なお、皇位継承順位について、皇室典範2条は、皇長子、皇長孫という直系を優先する方式を採用しており、その順序を変更するには皇室会議の議を経る必要がある（典3条）。

2 皇位継承の原因

皇室典範4条は、天皇の即位を「天皇が崩じた」ときに限定している。皇室典範の改正によって、**生前退位**を認めることも可能であり、戦後、昭和天皇の戦争責任との関わりで退位が論じられた。そして、実際、歴史上、天皇の譲位は数多くの例があること、皇位継承者の個人の自由を尊重する観点、天皇の責任追及の手段の必要性、そして天皇が高齢となったり不治の病に冒されたりする可能性を指摘して、退位制度を設けることが望ましいとの見解も主張されてきた。これに対して、生前退位を認めることは、天皇を政治的・党派的対立に巻き込むおそれがあり、譲位した上皇の影響力濫用のおそれもあり、象徴としての天皇にふさわしくないこと、天皇の高齢化や疾患に対しては摂政を置くことができるとの生前退位反対論もあった（樋口ほか・注解1・74頁〔樋口陽一〕）。

また、近年、公権力の担当者が自己の良心に反してでも憲法の拘束に服さな

---

[9] 横田耕一『憲法と天皇制』（岩波書店、1990年）112頁。

[10] http://www.kantei.go.jp/jp/singi/kousitu/houkoku/houkoku.html#hajimeni。

ければならないことを正当化するには、「公権力担当者の当該官職としての在職が何らかの意味での自由意思にもとづくこと」が条件となるとの観点から、天皇の世襲制に対する根本的疑問が提起されている（蟻川恒正「立憲主義のゲーム」ジュリ1289号（2005年）74頁）。

先の天皇（明仁）が高齢による「公務」負担の困難さを表明したことをきっかけとして、国会は、2017（平成29）年に「天皇の退位等に関する皇室典範特例法」を制定し、天皇の生前退位と皇太子の即位を認めた。同法附則1条に基づく政令の定め（「天皇の退位等に関する皇室典範特例法の施行期日を定める政令」）に従い、2019（平成31）年4月30日をもって天皇（明仁）は退位し「上皇」となり、皇太子（徳仁）が天皇に即位することとなった。

皇室典範3条は、「皇嗣に、精神若しくは身体の不治の重患があり、又は重大な事故があるとき」に皇室会議の議を経て、皇位継承順位の変更を認める。これは、摂政の就任順位を定める要件（「精神若しくは身体の重患」〔典18条〕）と比べ回復不能であることを強調する定めとなっている。これは皇位の継承順位の変更は極めて例外的な場合にしか認められず、精神・身体の疾患の場合であっても治癒の可能性があれば順位の変更は認められないとの趣旨である（横田耕一「『皇室典範』私注・上」法時61巻1号78頁）。

なお、皇位継承順位の変更事由のうち、「重大な事故」とは、「皇嗣たるに相応しくない非行があったとき」と解されている（同）。皇位継承にあたっての自由意思性を強調する上記の主張からは、「重大な事故」に皇爾が皇位の継承を拒否した場合が含まれるとの理解もありうる（園部逸男『皇室法概論──皇室制度の法理と運用』（第一法規、2002年）57〜58頁）。

3 皇位継承の儀式

皇位の継承は「直ちに」行われる（典4条）。皇室典範は、皇位継承儀式として、「即位の礼」を行うこと（典24条）、天皇が崩じた時に「大喪の礼」を行うこと（典25条）を定める。1989（平成1）年1月に昭和天皇が死去した際には、これらの儀式に加え、「剣璽等承継の議」、「即位後朝見の儀」、大嘗祭等、皇室典範にも根拠のない数々の皇位継承儀式が大日本帝国憲法下の旧登極令に則った形式で行われ、国民主権や政教分離との関係で重大な問題を生じさせた（→7条XIII）。

なお、元号法に基づき、皇位の継承に伴い、**元号**が改められる。「一世一元」制度は、沿革的にも、原理的にも天皇主権と結びついており、象徴天皇制にふさわしくないと批判されている（佐藤功・注釈上51頁）。

4 皇族

天皇、皇位継承者とその家族は、皇族となり、「皇室」を形成する。皇位継承が世襲により行われる以上、天皇の親族を一般国民とは異なる地位に置く必

要がある。皇族の範囲は皇室典範5条・6条により定められている※11。天皇・皇族は養子をとることができず（典9条）、皇族となるのはもっぱら出生および婚姻による。皇族女子が、天皇・皇族以外の者と婚姻した場合（典12条）、皇族以外の女子で親王妃・王妃となった者が離婚した場合（典14条3項）と夫を失い皇族にとどまることを希望しない場合（典14条1項）、皇族を離れる親王または王の妃ならびに直系卑属とその妃も皇族から離れる（典13条）。皇族のうち、女子である内親王、三世以下の嫡男系子孫である王、女王は、15才以上であれば自らの意思に基づき皇室会議の議を経て皇族を離脱できる（典11条1項）。皇太子・皇太孫以外の親王、内親王、王、女王については、「やむを得ない特別の事情」があるときは皇室会議の議により皇族を離脱させることもできる（典11条2項）。

（木下智史）

（天皇の国事行為に対する内閣の助言と承認）
第3条　天皇の国事に関するすべての行為には、内閣の助言と承認を必要とし、内閣が、その責任を負ふ。

I　本条の趣旨

本条は、天皇の行う国事行為をすべて内閣のコントロールの下に置くこととするものである。天皇が「国政に関する権能を有しない」と定めた憲法4条と相まって、日本国憲法の定める象徴天皇制度の核心的内容を形成するものである。

君主制国家においては、君主の行為について大臣が助言を行う大臣助言制がとられるが、議会の権限が強まるとともに、大臣の選任に議会が関与するようになると、大臣助言制は、君主の実質的判断権を骨抜きにし、議会が行政権行使に関与する梃子となった。大日本帝国憲法55条1項は、「国務各大臣ハ天皇ヲ輔弼シ其ノ責ニ任ス」と定め、大臣助言制をとったものと解されたが、天皇の権限行使の絶対性を信ずる論者の中には、天皇は大臣の輔弼に拘束されないとの見解※12もあった。また、大日本帝国憲法における大臣補弼制は、すべての天皇の行為に対して適用があったわけではなく、統帥大権（明憲11条）などには及ばないという限界があった。

本条は、国家機関としての天皇のすべての行為（それが、憲法上規定された

※11　現在の皇族については、宮内庁ウェブページ（http://www.kunaicho.go.jp/about/kosei/koseizu.html）参照。
※12　上杉慎吉『帝国憲法述義』（有斐閣書房、1915年）659頁。

国事行為に限られるかどうかは争いがある。→憲4条Ⅱ3）について、天皇が実質的な決定を行ったり、自発的に活動することを認めず、内閣の同意の下に行われるとの原則を規定したものである。

本条における「内閣の助言と承認」については、GHQ草案においては、「advise and consent of the Cabinet」とされていたものを、日本政府側が、当初、「輔弼」（3月2日案）、「輔弼賛同」（憲法改正草案要綱）など、大日本帝国憲法と同様の表現にとどめようとし、総司令部側がそれを認めず、現在の表現となった。

Ⅱ 「助言と承認」の性格

日本国憲法における内閣の「助言と承認」を**大臣助言制**の1つと捉えるかどうかは、日本国憲法の天皇制度を大日本帝国憲法の延長線上に捉えるか、それとも日本国憲法において創設されたものと捉えるのかという基本的認識にかかわる。

本条を大臣助言制の表れとみる立場は、天皇の国事行為には本来的には実質的決定権も含まれているが、内閣の助言と承認において実質的決定がなされる結果、天皇の実質的決定権が失われて、天皇が「ロボット的存在」化するとの構成をとる（宮沢・全訂74頁）。

これに対して、日本国憲法の天皇制度は戦前の天皇制から断絶されたものであることを強調する立場は、日本国憲法における天皇は、「国政に関する権能を有しない」（憲4条）と規定され、何ら政治的権限をもたないという意味での「象徴」（憲1条）であるから、内閣総理大臣の任命や国会の召集などの重大な政治的意味をもつ「国事行為」について、もともと実質的決定権を想定することはできないと考える（芦部・注釈1・197〜198頁〔浦部法穂〕）。実際、天皇の国事行為とされている行為は、条文上、その根拠が不明確な「衆議院を解散すること」（憲7条3号。→憲7条Ⅵ）を除いて（臨時会を除く国会の召集の実質的決定権者についても争いがある。→憲7条Ⅴ2）、他の国家機関が実質的に決定することが明らかである。ここから、この立場は、内閣の助言と承認の中に実質的決定権を読み込むまでもなく、国事行為はすべて形式的・儀礼的行為であると解する。

国家機関としての天皇の行為をすべて内閣の同意の下で行わせることとした本条の趣旨からして、天皇は内閣の助言と承認に反して行動することはできないと考えられる。仮に天皇が内閣の助言と承認に従わず、国事行為がなされない事態が生じた場合（天皇が内閣の助言と承認を待たず自発的に行動しても、当該国事行為の効力が発生しないだけである）どうなるかは、そうした事態が生ずることが想定できないとしてこれまで議論がなされてきていない。しかし、たとえば、国会が内閣総理大臣を指名して、天皇が任命行為を長期にわたって

怠る事態となれば、不正常ではあるが、指名を受けた総理大臣候補が職務を行わざるを得なくなると思われる。憲法のさまざまな権限行使の中で、天皇の国事行為のもつ意味はそれほど大きくないからである。こうした事態に至ることは、天皇制度の存続を危うくするものであり、天皇としては内閣の助言と承認に従わざるを得ないことになろう。

Ⅲ 「国事に関するすべての行為」

憲法4条によれば、国家機関としての天皇は、「国事に関する行為」しかなし得ない。したがって、本条を文字通り解する限り、国家機関としての天皇のなし得る行為についてはすべて内閣の助言と承認がなければならないことになる。

1 助言と承認を必要とする国事行為の範囲

しかし、国事行為のなかには内閣の助言と承認を必要としないものもあるとの見解もある（宮沢・全訂61〜62頁）。この見解は、本条の「助言と承認」の本質を、基本的に、大臣助言制の具体化として捉え、たとえば、内閣総理大臣の任命（憲6条1項）が実質的には国会による指名を形式的に追認するに過ぎないように、そもそも憲法上、内閣以外の機関により実質的決定がなされる場合には、新たに内閣の助言と承認を求めることは「無意味であり」必要ないと主張する（このほか、国務大臣の任免の認証（憲7条5号）についても、内閣の助言と承認は必要ないこととなる）。また、最高裁長官の任命（憲6条2項）、恩赦の認証のように、内閣が実質的に決定し得る事項についても、内閣の実質的判断権の根拠は他の規定に求められるのであるから（憲73条）、それを「助言と承認」という形で行う必要はないことになる（新基本コンメ30頁〔山元一〕）。

しかし、日本国憲法の構造上、天皇の国事行為については、ほとんどの項目が他の国家機関による実質的決定を追認するものとなっており、前述の立場では、本条がわざわざ「すべての」という表現をとっているにもかかわらず、実際に、内閣の助言と承認を必要とする国事行為は、実質的判断権の根拠が不明確な「衆議院の解散」くらいしかなくなってしまう。また、憲法4条により「国政に関する権能を有しない」と明示されている天皇の行為について、いったんは実質的判断権が天皇にあるように想定すること自体、日本国憲法の構造に整合的であるとも思えない。したがって、天皇の国事行為は、もともと形式的・儀礼的行為であると解すべきであり、憲法上、実質的決定機関が別に定められている国事行為であっても、なお内閣の助言と承認は必要と解すべきである（佐藤幸・憲法516頁、松井・憲法269頁）。

1947（昭和22）年に片山総理大臣が平野力三農林大臣を罷免した際に、内閣の助言と承認なしに、天皇の認証がなされたと非難された。これに対して、内閣として持ち回り閣議による承認を行ったという説明がなされたことから、仮

に内閣総理大臣が実質的決定権を有する国務大臣の任免であっても、天皇の国事行為にあたって内閣の助言と承認が必要であるとの立場がとられたと考えられる。

2 「公的行為」の助言と承認

通説および実務は、天皇が国事行為以外の「公的行為」を行うことも認める。本条をいわゆる大臣助言制の延長線上で捉える立場からは、「公的行為」に関する天皇の実質的決定権を奪うために、「公的行為」に対しても内閣の助言と承認が必要とされることになる。国事行為について、もともと実質的決定権を含まない形式的儀礼的行為と捉える立場も、もともと天皇は自発的に行為できないとの原則から出発するのであるから、「公的行為」について内閣の助言と承認を必要とすると解することとなる。

3 「国事行為の委任」にあたっての助言と承認

国事行為を委任することも、国事行為に準ずる、憲法上規定された天皇の行為であり、委任にあたって内閣の助言と承認が必要であると解することには異論をみない。

Ⅳ 「内閣の助言と承認」

1 「助言」と「承認」の意味

本条にいう「助言と承認」については、かつての大臣補弼制と違い、内閣の閣議決定による必要がある。そこで、事前の「助言」と事後の「承認」という二段階を踏む必要があるのか、それとも全体として内閣の同意があればよいのかが争われた。

国政に関する権能を有しない天皇が、国事行為を自らの発意で行うことはあり得ず、内閣の同意に基づいて行為すべきであるというのが本条の趣旨である。とすれば、全体として、内閣の同意があれば、必ずしも、「助言」と「承認」の二段階を踏む必要はない（宮沢・全訂68頁）。

いわゆる「抜き打ち解散」（1952（昭和27）年）の効力が争われた**苫米地事件**において、東京地裁判決（東京地判1953（昭28）・10・19行集4巻10号2540頁）は、「助言」と「承認」の二段階の閣議決定が必要であるとの前提に立ち、解散詔書案等について全閣僚による閣議決定がなされなかったため、有効な「助言」がなされなかったとして解散を無効とした（控訴審（東京高判1954（昭29）・9・22行集5巻9号2181頁）は、有効な「助言と承認」があったとした）。最高裁（最大判1960（昭35）・6・8民集14巻7号1206頁）は、いわゆる「統治行為」論に基づいて憲法違反の判断を回避し、内閣の助言と承認についていかなる立場をとるのか明らかにしなかった（→憲76条Ⅱ2(3)(iv)）。

2　助言と承認の時期

助言と承認を別々に行うとする立場においては、助言が当該行為に先立って行われることとなるが、助言と承認を一体のものとみる立場に立っても、天皇の国事行為に内閣の同意を要するとする本条の趣旨からして、当該国事行為の事前に行われるべきとされる（長谷部・憲法76頁）。

Ⅴ　「内閣が、その責任を負う」

国事行為が実質的決定権を含むものと解する立場によれば、内閣が助言と承認を通じて実質的決定を行うことになるので、その責任は当然、内閣が負うことになる。国事行為を形式的・儀礼的行為と解する立場に立つ場合にあっても、天皇は国事行為を自らの意思に基づいて行うことができないのであるから、その行為の責任は、助言と承認を行った内閣にあることになる。

ここにいう「責任」とは、内閣の国会に対する政治責任であり、内閣が連帯して負うもの（憲66条3項）と考えられる。すなわち国事行為をめぐって問題が起きた場合、内閣は国会にその経緯を説明する義務を負い、国会の信任を失えば総辞職することになる。

本条が、国事行為について内閣に責任があるとしたことは、天皇が責任を負わないことを意味する。しかし、これは、国事行為の実施について、内閣が実質的決定権を有することの結果であって、大日本帝国憲法3条が「天皇ハ神聖ニシテ侵スヘカラス」と定めたような天皇の神格性に基づくものでないことは当然である。

（木下智史）

> **（天皇の権能の限界、天皇の国事行為の委任）**
> **第4条**　①　天皇は、この憲法の定める国事に関する行為のみを行ひ、国政に関する権能を有しない。
> ②　天皇は、法律の定めるところにより、その国事に関する行為を委任することができる。

Ⅰ　本条の趣旨

大日本帝国憲法4条は、天皇が「国ノ元首ニシテ統治権ヲ総攬」すると定め、対外的・対内的に最高権力者であることを明確にしていた。本条は、天皇の権限が憲法の定める、形式的・儀礼的行為である国事行為のみに限定され、かつ政治的権力を有しないことを明示することで、日本国憲法の天皇制度、すなわち天皇が「象徴」であることの実質を明らかにしている。

Ⅱ 「この憲法の定める国事に関する行為」

1 国事行為の内容と性格
「国事」とは、広く国家に関係する事柄を指すが、本条は、そこに「この憲法の定める」という限定を付しているため、本条にいう「国事に関する行為」とは、憲法6条・7条において明文で規定されている行為を指す。また、本条後段で天皇は「国政に関する権能を有しない」とされているので、天皇の国事行為は、政治的な意味をもたない形式的・儀礼的行為でなければならない。
天皇の国事行為が、なぜ形式的・儀礼的行為と評価されるのかについて、憲法に規定された行為を3つの類型に分類して説明がなされる。第1の類型は、外国の大使・公使の接受(憲7条9号)、儀式を行うこと(憲7条10号)のように、行為自体が儀礼的な事実行為である。第2の類型は、天皇が「認証」を行うことを明示しているものである。認証とは、一定の行為が正当性をもつことを証明する形式的行為のことである(憲7条5号・6号・8号)。第3の類型は、内閣総理大臣や最高裁判所長官の任命(憲6条1項・2項)や国会の召集(憲7条2号)、衆議院の解散(憲7条3号)、のように、憲法上、他の国家機関により実質的決定がなされるため、天皇の行為が形式的・儀礼的なものになると解されるものである(→憲7条Ⅴ・Ⅵ、69条Ⅳ3)

2 国事行為と「国政に関する権能」との違い
GHQ草案の本条に該当する条文は、「国事行為」を"state function"、「国政に関する権能」を"governmental power"としていた。前者が、「国家機関としての機能」を意味し、後者が「統治権限」を指すとすると、天皇は、国家機関として一定の機能を果たすが、統治権限を行使することはないということになる。ここからも、天皇の行う国事行為は、非政治的な形式的・儀礼的行為ということになる。

3 国事行為以外の行為の可否
本条は、国家機関としての天皇がなし得る行為を、憲法が定める「国事に関する行為」のみに限定しているが、現実には、天皇は、諸外国の訪問、各種行事への出席、国会開会式での「おことば」など、国事行為以外の「公式行事」を数多く行っており、これらの「**公的行為**」の憲法上の根拠、そして、それらに内閣の助言と承認が必要かが問題となってきた。
まず、国家機関として天皇がなし得る行為は、本条の定める通り、憲法上規定された国事行為に限られるとの学説がある(松井・憲法273頁)。これによれば、現在行われている天皇の「公的行為」のうち、国事行為として説明できないものはすべて憲法上許されない行為となる。
これに対して、天皇は、憲法の定める国事行為以外にも「公的行為」をなし

得るという説は、その根拠をめぐって大まかに3つに分かれる。

(a) 象徴的行為説

憲法1条の「象徴」という言葉に「公的行為」の根拠を求めるものであり、「人間象徴が認められる以上、それが象徴として、何らかの行為をなすことは当然考えられる」（清宮・憲法1・155頁）、「天皇に象徴としての地位が認められている限り、象徴としての色彩を帯びる行為が事実として行われることを否定するのは困難である」（長谷部・憲法81頁）と説く。しかし、「象徴」という言葉に積極的な意味をもたせるかどうかは、日本国憲法の天皇制度の根幹にかかわり、安易に、「象徴にふさわしい行為」を認めてしまうことは、天皇制度の転換の意味を不明確にしてしまうおそれがある。

(b) 公人としての行為説

「象徴」という言葉に依拠せずに、現状で行われている天皇の「公的行為」を、天皇が公人として行う社交的・儀礼的行為として認めるものである（佐藤幸・憲法522頁）。たしかに、内閣総理大臣は憲法に規定された権限行使以外に、数多くの公務をこなすが、それらはまさに公人であることから期待されるところである。しかし、天皇は、本条により憲法上その行為を限定されているのであり、広範な活動を期待される内閣総理大臣と同視できるのか疑問が残る。

(c) 準国事行為説

(a)(b)の説が、いずれも本条の「国事に関する行為のみ」という明確な限定を無視してしまうのに対して、天皇が憲法上規定された国事行為のみを行うとの前提に立ちつつ、たとえば、国会開会式における「おことば」を「儀式を行うこと」（憲7条10号）に含めるなど、個々の国事行為の範囲を広く解釈し、現状との乖離をできるだけなくそうとする立場である（宮沢・全訂84頁、140頁）。しかし、国会開会は、国会の意思によって行うものであり、天皇自らが主宰する「儀式」とは性格が大きく異なり、その解釈に無理があると批判される。

天皇が国事行為以外の「公的行為」をなし得るとする、以上のいずれの見解にあっても、その「公的行為」が政治的なものであってはならず、かつ、内閣の助言と承認の下で行わなければならないことについては異論がない。

なお、本条は、国家機関としての天皇に関する条文であり、私人としての天皇が私的行為を行うことは当然である。

Ⅲ 「国政に関する権能を有しない」

国政に関する権能とは、「国の政治上の機能または国の政治に実質的影響を与える機能」（佐藤功・注釈上59頁）、すなわち、統治的権力のことである（→Ⅱ2）。この一節は、大日本帝国憲法における「統治権の総攬者」としての天皇を明確に否定したものである。

IV 「国事に関する行為を委任することができる」

　大日本帝国憲法においては、天皇の権限の代行は、摂政によって行われることとなっていたが（明憲17条2項）、本条は、天皇が一時的に国事行為を行う権限を他に委任し得ることを定め、誰に委任するか、いかなる場合に委任し得るか等については、法律で定めることとしている。

　憲法5条の規定する摂政は、天皇の権限すべてに関する法定代理であり、天皇が未成年の場合（典16条1項）と、天皇が長期にわたって職務を行うことができないとき（皇室典範（典16条2項）は、「精神若しくは身体の重患又は重大な事故」とする）に置かれるのに対し、国事行為の委任は、比較的短期の病気、海外旅行などの際に行われ、国事行為の一部についての委任もできる点が異なっている（→憲5条III）。

　ここで、委任とは、天皇の意思に基づいて、国事行為の全部または一部を他の者に行わせることであり、委任を受けた者による行為は、天皇の行為としての効果をもつ。本条に基づく国事行為の委任も、他の国事行為と同様、内閣の助言と承認の下で行われるべき点に異論はない（→憲3条III 3）。

　本条に基づいて、「国事行為の臨時代行に関する法律」（昭39法83）が制定されている。同法によれば、天皇に「精神若しくは身体の疾患又は事故があるとき」であって、「摂政を置くべき場合を除」く場合に、摂政となるべき順位にあたる皇族に、内閣の助言と承認により、国事行為を臨時に代行させることができると定める（国事代行2条1項）。

　天皇は、先に述べたように、国事行為以外の「公的行為」も行うが、臨時代行者は国事行為を行うことで「象徴」となるわけではなく、委任の範囲で行動するものであり、「公的行為」を行うことはできないと解する見解がある一方（樋口ほか・注解1・90頁〔樋口陽一〕）、「公人としての行為」として一定の公的行為をなし得るとの見解もある（新基本コンメ35頁〔山元一〕）。実際には、臨時代行者が国会開会式で「おことば」を述べたり（1987（昭和62）年11月の第110回国会臨時会など）、「名代」として外国訪問に出た実例がある。

（木下智史）

（摂政）
第5条　皇室典範の定めるところにより摂政を置くときは、摂政は、天皇の名でその国事に関する行為を行ふ。この場合には、前条第1項の規定を準用する。

46 第5条（摂政）

I 本条の趣旨

本条は、**摂政**について定める。大日本帝国憲法17条は、1項で「摂政ヲ置クハ皇室典範ノ定ムル所ニ依ル」、2項で「摂政ハ天皇ノ名ニ於テ大権ヲ行フ」と定めていたが、本条もこれと同様の内容を規定する。

II 皇室典範

摂政を置く場合、摂政の就任順位等は、皇室典範によって定められる。日本国憲法における皇室典範は、大日本帝国憲法下におけるそれと異なり、国会の定める一箇の法律であるが（→憲2条Ⅲ）、摂政のあり方がすべて国会の立法裁量に委ねられると考えるべきではなく、日本国憲法の天皇制度のありように沿った形で定められなければならないことは当然である。

III 摂政

摂政とは、天皇が国家機関として行うべき国事行為を自ら行うことができない場合の法定代理機関である。国政に関する権能を有しないとされる天皇の職務を代行する機関の名称として、「摂政」という語をあてるのは不適当ではあるが、GHQ草案以来、英文でも"regency"という用語があてられており、日本国憲法が天皇という制度を残した歴史性によるものといえよう。

1 摂政が置かれる場合と摂政就任の順位

皇室典範16条によれば、天皇が「成年に達しないとき」（典16条1項）、または、「精神若しくは身体の重患又は重大な事故により」国事行為を自ら行うことのできない場合（同条2項）に、摂政を置くこととされており、後者の場合の判断は、皇室会議が認定する（典16条2項）。このうち「精神若しくは身体の重患」は、心身の疾患により職務に耐えられない場合を指すが、「重大な事故」については、「天皇の失踪あるいは戦争中の捕虜」といった政府答弁（1972（昭和47）・3・30〔第68回国会・衆議院内閣委員会会議録〕第6号47頁〔宇佐美毅宮内庁長官〕）もあるように、疾患以外の理由により長期にわたって国事行為を行うことのできない場合を指すと解される。なお、こうした職務行使不能の場合に加え、内閣の助言どおりに国事行為を行わなかった場合も「重大な事故」に含まれるとの指摘もある（横田耕一「『皇室典範』私注・下の1」法時61巻3号50頁）。

また、摂政には、成年に達した皇族のうち、(a)皇太子または皇太孫、(b)親王および王、(c)皇后、(d)皇太后、(e)太皇太后、(f)内親王および女王の順で、(b)については皇位継承順位に従い、(f)については皇位継承順位に準じて就任する

とされている（典17条2項）。

「精神若しくは身体」の故障（典16条2項）の解消により摂政を廃するときも、置く場合と同様、皇室会議の議を経て行われる（典20条）。

2　摂政の権限

摂政は、天皇の法定代理として憲法の定める国事行為を行うのは当然であるが、臨時代行者と同様、それ以外の「公的行為」もなし得るかが問題となる。ここでも、摂政は象徴としての地位をもたないため、「象徴としての行為」を認める立場からは国事行為以外の行為はできないこととなるが、「公的行為」という行為類型を認めておきながら、摂政にそれを禁止するのは、「現実問題として均衡を失する」として、摂政による「公的行為」を認める見解もある（樋口ほか・注釈1・93頁〔樋口陽一〕）。

なお、皇室典範21条は、「摂政は、その在任中、訴追されない。但し、これがため、訴追の権利は、害されない」と定める。これは、天皇が刑事訴追されないことの効果が、その在任中に限り法定代理たる摂政にも及ぶことを示したものである。

Ⅲ　「天皇の名でその国事に関する行為を行ふ」

「天皇の名で」国事行為を行うとは、天皇に代わって摂政が行った国事行為が天皇の行った場合と同様の効果をもつことを意味する。摂政の行う行為も、天皇による場合と同様、内閣の助言と承認の下で行われる。

Ⅳ　「前条第1項の規定を準用する」

本条後段は、摂政が国事行為を行うに際して、憲法4条1項を準用すると定める。しかし、天皇の法定代理である摂政が、天皇の権限を超えることはあり得ず、国政に関する権能を有しないことは当然ともいえる。また、天皇が国事行為を行うにあたって内閣の助言と承認を要すると定める憲法3条の準用を明示しないこととの関係も判然としない。さらに、憲法4条2項の準用が明示されていないため、摂政は国事行為を委任し得ないとの理解も可能となる（法協・註解上146頁）。しかし、摂政がその権能の一部を委任する必要が生ずることを否定できないであろう（宮沢・全訂94頁）。

多数説は、本条後段が憲法4条1項を準用すると述べるのは、摂政も「国政に関する権能を有しない」ことを強調する趣旨であると解し、天皇の国事行為に関する他の条項も当然に摂政に準用されると解している（宮沢・全訂95頁）。

これに対して、本条後段の趣旨を、摂政が国事行為のみを行うことを定め、国事行為以外の「公人的行為」をなし得ないと解する見解もある（野中ほか・

憲法1・135頁〔高橋和之〕）。しかし、天皇については、「国事に関する行為のみ」をいう文言にもかかわらず「公的行為」を行うことを認めつつ、摂政についてのみ「公的行為」を否定できるのかは明らかでないとも批判される（芦部・注釈1・239頁〔戸松秀典〕）。

（木下智史）

（天皇による内閣総理大臣・最高裁判所長官の任命）
第6条 ① 天皇は、国会の指名に基いて、内閣総理大臣を任命する。
② 天皇は、内閣の指名に基いて、最高裁判所の長たる裁判官を任命する。

I　本条の趣旨

　本条は、天皇の権限として、**内閣総理大臣の任命**と**最高裁判所長官の任命**を定め、憲法7条とあわせて、天皇の国事行為を具体的に示した規定である。なぜ国事行為を列挙した憲法7条とは別に、内閣総理大臣の任命と最高裁判所長官の任命が規定されたのかについては、その重要性によるものとの理解が一般的である。

　GHQ草案（5条）では、内閣総理大臣について、「天皇ハ国会ノ指名スル者」を任命することとされており、最高裁判所長官については、他の裁判官と区別されることなく内閣が任命するものとされていた（71条）。その後、衆議院の審議の中で、「三権分立の精神に照して、司法権が立法、行政と同等の重要性を持ち、随て其の長たるものが内閣総理大臣と略略同様の地位を占めることを明かにせんとしたもの」との理由で、天皇が最高裁判所長官を任命することとなった[13]。

　本条の条文からも明らかなように、内閣総理大臣の実質的決定は国会の指名により行われ、また、最高裁判所長官の実質的決定は内閣の指名によって行われる。したがって、天皇の任命は形式的なものにとどまる。ただし、憲法制定時の政府答弁は、内閣総理大臣の任命にあたっての内閣の助言と承認について、単なる形式的手続ではなく、「議会のその動きが完全に適法に行われ」たことについて、「確かに責任を持って申し上げる」という一定の実質的判断権を含むものと解していた[14]。

---

[13] 1946（昭和21）・8・24〔第90回帝国議会・衆議院議事速記録〕第35号503頁〔芦田均〕。

[14] 1946（昭和21）・7・13〔第90回帝国議会・衆議院帝国憲法改正案委員会議録〕第12回200頁〔金森徳次郎国務大臣〕。

行政権の長と司法権の長をとくに天皇の任命によるものと定めたのは、「第三者的地位にある天皇」による任命職とすることで、それぞれ国会と内閣からの独立性を、形の上だけでも、示そうとしたものと解されている（宮沢・全訂101頁、芦部・注釈1・250頁〔岩間昭道〕）。これに対して、天皇の象徴的地位を強調する見地から、憲法が内閣総理大臣の任命を天皇の行為としたことを通じて、天皇が「象徴として機能するための『場』」を提供したとみる見解もある（野中ほか・憲法1・125頁〔高橋和之〕）。

Ⅱ　内閣総理大臣の任命

1　内閣総理大臣の任命

　内閣総理大臣は、国会において国会議員の中から指名される（憲67条1項）。国会による指名の議決が行われると、その旨が衆議院議長により、内閣を通じて天皇に奏上される（国会65条2項）。

　任命とは、本来、公務員を選任する実質的決定であり（独任制機関の場合の選任を「任命」といい、合議制機関の選任を「選挙」というのが通例である）、本来的に儀礼的行為である「認証」とは異なる。憲法においても、他の箇所では実質的な選任行為の意味で用いられているが（たとえば、内閣による裁判官の任命）、本条においては、他の機関による実質的決定が行われるため形式的な行為と化している。

　本条は、内閣総理大臣の任命について規定し、罷免について述べるところはない。内閣総理大臣は新たな総理大臣が天皇により任命された時点で、自動的にその職を失うから、天皇による儀礼的行為の必要はない。

2　内閣の助言と承認

　本条にいう「任命」が他の機関による実質的決定を受けた形式的・儀礼的行為であるとすると、憲法3条にいう内閣の助言と承認は必要か（→憲3条Ⅲ）。

　「内閣の助言と承認」に内閣による実質的決定権を含める結果、天皇の国事行為が形式的・儀礼的なものとなると解する立場からすると、すでに他の機関により実質的決定がなされている場合には、改めて内閣が助言と承認を通じて決定を行う必要はなく、もともと形式的・儀礼的行為と化しているので、助言と承認は「無意味な手続」であり、必要ないということになる（宮沢・全訂97頁）。

　しかし、天皇の国事行為はそもそも形式的・儀礼的行為であり、内閣の助言と承認は、形式的・儀礼的行為である国事行為について付加された要件であると解すれば、本条の定める任命にあたっても内閣の助言と承認が必要とされることになる（樋口ほか・注解1・96頁〔樋口陽一〕）。これに対しては、前者の立場から、内閣が助言と承認手続を通じて、新たに指名された内閣総理大臣の

任命の時期を恣意的に操作することが可能となるとの批判がなされる（宮沢・全訂98頁）。こうした恣意的操作の危険性は、内閣の助言と承認に一定の実質的決定権を読み込むがゆえに生ずるが、国事行為をそもそも形式的・儀礼的行為と解する立場は、その助言と承認についても形式的手続と解するのであり、そうした前提に立てば内閣は前述のような操作をすることができないことになる。

実務上は、衆議院議長からの奏上文案について閣議で承認するという形で、内閣としての助言と承認が行われている。

Ⅲ　「最高裁判所の長たる裁判官」の任命

1　最高裁判所長官の任命

本条にいう「最高裁判所の長たる裁判官」とは、最高裁判所長官（以下、最高裁長官という）のことである（裁5条1項）。最高裁長官については、内閣が指名し、天皇がそれに従って任命する。ここでも実質的な選任は、内閣の指名段階で行われており、内閣総理大臣の場合と同様、天皇の任命は形式的・儀礼的なものにとどまる。

内閣総理大臣の場合と同様、本条が規定するのは、任命だけであって、罷免について述べるところはない。最高裁長官がその地位を失うのは、任意の辞職のほか、職務不能の裁判（憲78条）、公の弾劾（憲78条）、国民審査による罷免（憲79条2・3項）、定年（憲79条5項）による場合があるが、いずれもその効果の発生に天皇の行為は要しないと解される（芦部・注釈1・254頁〔岩間昭道〕）。

2　内閣の助言と承認

最高裁長官の任命に関する内閣の助言と承認が必要かという問題は、最高裁長官の指名を行うのが内閣であるため、内閣総理大臣の任命よりもその位置づけに困難を伴う。

内閣の助言と承認の存在理由を内閣の実質的決定権に求める立場に立てば、すでに長官の指名において内閣が実質的決定権を行使していることから、そこに内閣の助言と承認も含まれていることになる（宮沢・全訂101頁）。

国事行為に対する内閣の助言と承認を、形式的・儀礼的行為に対する形式的な手続を課しているに過ぎないと解する立場にあっては、あくまでも長官の指名と任命のための助言と承認は別の行為であるとして、内閣の助言と承認を要するとも解し得る。しかし、あらためて内閣の助言と承認を経るのは煩瑣であるとして、便宜上それを不要とする見解が多数である（法協・註解上98頁、樋口ほか・注解1・97頁〔樋口陽一〕）。

（木下智史）

（天皇の国事行為）
第7条　天皇は、内閣の助言と承認により、国民のために、左の国事に関する行為を行ふ。
一　憲法改正、法律、政令及び条約を公布すること。
二　国会を召集すること。
三　衆議院を解散すること。
四　国会議員の総選挙の施行を公示すること。
五　国務大臣及び法律の定めるその他の官吏の任免並びに全権委任状及び大使及び公使の信任状を認証すること。
六　大赦、特赦、減刑、刑の執行の免除及び復権を認証すること。
七　栄典を授与すること。
八　批准書及び法律の定めるその他の外交文書を認証すること。
九　外国の大使及び公使を接受すること。
十　儀式を行ふこと。

I　本条の趣旨

　本条は前条と並んで、憲法4条で天皇の権限とされた国事行為の具体的内容を列挙したものである。憲法4条1項が「国事に関する行為のみ」との限定を行っていることから、国事行為は本条と憲法6条に列挙されたものに限定されると解されている。

　本条は、日本国憲法の規定する象徴天皇制が天皇にどのような機能を負わせているのかを具体的に知る手がかりになる。本条各号に列挙された行為の多くが、大日本帝国憲法において統治権の総攬者たる天皇の大権事項とされていた事項であり、本条がそれらを形式的・儀礼的行為として規定することで、日本国憲法の「象徴としての天皇」の機能を具体的に示している。すなわち、表面的には、天皇は、大日本帝国憲法時代と同様の行為をしているようにみえながらも、実質的決定権を失い、形式的・儀礼的な行為をなすだけの存在となったことが明らかとなる。

　具体的には、天皇の「文武官ヲ任免」（明憲10条）する任官大権が、内閣総理大臣と最高裁長官の任命（憲6条）、国務大臣および法律の定める官吏の任免の認証（本条5号）に、「法律ヲ裁可シ其ノ公布及執行ヲ命ス」（明憲6条）との立法大権が、憲法改正、法律、政令、条約の公布（本条1号）に、「帝国議会ヲ召集シ其ノ開会閉会停会及衆議院ノ解散ヲ命ス」（明憲7条）との議会大権が、国会の召集（本条2号）と衆議院の解散（本条3号）に、栄誉大権（明憲15条）・恩赦大権（明憲16条）が大赦・特赦・減刑・刑の執行の免除および復権の認証（本条6号）と栄典の授与（本条7号）に、天皇が元首として有していた外交大

権・条約締結権（明憲13条）は、批准書その他の外交文書の認証（本条8号）と全権委任状・信任状の認証（本条5号）、大使・公使の接受（本条9号）となった。

Ⅱ　「内閣の助言と承認により」

国事行為にあたっての内閣の助言と承認については、憲法3条の解説参照（→憲3条Ⅳ）。

Ⅲ　「国民のために」国事行為を行う

本条が、天皇が国事行為を行うにあたって、「国民のために」とわざわざ述べたのは、大日本帝国憲法下においては、いずれも統治権の総攬者でありかつ国の元首として行っていた行為を、日本国憲法下においては、主権者国民の意思に基づいて行っていることを強調する趣旨と解される（樋口ほか・注解1・99頁〔樋口陽一〕）。GHQ草案の原文（6条）では、“on behalf of the people”という言葉があてられており、もともと、天皇が国民を代表して儀礼的な行為をとり行うという趣旨であったと思われる（→憲4条Ⅱ）。

Ⅳ　「憲法改正、法律、政令及び条約」の「公布」

1　「公布」の意義

ここに列挙された国法形式は、いずれも憲法上の規定に基づき、各国家機関により確定的に成立する。憲法改正は、国会の両議院の総議員の3分の2以上の多数により発議し、国民投票において過半数の賛成を得られたとき（憲96条1項）、法律は、原則として、両議院で可決したとき（憲59条1項）に成立し、政令は内閣による制定により成立する（憲73条6号）。条約は、事前または事後の国会の承認を得て、内閣が締結することにより成立する（憲73条3号・憲61条）。

公布は、すでに成立した国法を国民一般に周知させる表示行為であり、効力発生要件と解される※15。これは、法令の適用を受ける国民にその内容を周知

※15　「成文の法令が一般的に国民に対し、現実にその拘束力を発動する（施行せられる）ためには、その法令の内容が一般国民の知りうべき状態に置かれることを前提要件とするものであること、またわが国においては、明治初年以来、法令の内容を一般国民の知りうべき状態に置く方法として法令公布の制度を採用し、これを法令施行の前提要件とし、そしてその公布の方法は、多年官報によることに定められて来たが、公式令廃止後も、原則としては官報によつてなされるものと解するを相当とすることは、当裁判所の判例とするところである」（最大判1958（昭33）・10・15刑集12巻14号3313頁）。

する手続をとることが望ましいからであり、本条が規定していない法形式については、国民の権利義務にかかわるものは公布手続がとられる（最高裁判所規則については最高裁判所が官報を以て公布し（裁判所公文方式規則（昭22最高裁規1））、条例については地方公共団体の長（自治16条2項）が公布する）。

　大日本帝国憲法における天皇の裁可とは異なり、公布が法律の成否を左右するわけではないが、効力発生にかかわる手続であることから公布の有無・時期を天皇は実質的に判断することができない。憲法改正については、憲法が「天皇は、国民の名で、この憲法と一体を成すものとして、直ちにこれを公布する」（憲96条2項）と規定しており、遅滞なく公布することが義務づけられている。法律については、国会法が、法律成立後、内閣を通じて奏上し、「奏上の日から30日以内にこれを公布しなければならない」と定める（国会66条）。政令や条約については、憲法・法律に公布の時期の定めはない。

2　公布の実質的決定権

　公布の時期についての具体的判断は内閣が助言と承認の中で行うこととなるが、助言と承認の中に一定の実質的判断権を含む立場にあっても、国会単独立法原則（→憲41条Ⅳ2）から、内閣が恣意的に公布時期を左右することは許されず、成立後、速やかに公布手続をとることが要請される（芦部・注釈1・279頁〔芹沢斉〕）。

3　公布の方式

　公布の方式としては、法令の正文を官報に掲載するという方式が採られている。公布にあたっては、公布文（「○○法をここに公布する」）と内閣総理大臣の副書が付される。

　実際に公布があったのはいつの時点を指すのかが争われた事件において、最高裁は、「当時一般の希望者が右官報を閲覧し又は購入しようとすればそれをなし得た」最初の時点であるとした（最大判1958（昭33）・10・15刑集12巻14号3313頁）。

Ⅴ　「国会を召集すること」

1　国会の「召集」の意義

　日本の国会は、会期制を採用しており（→憲52条以下）、会期を開始させることを「召集」という。

2　国会召集の実質的決定権

　国会の召集は、国会の活動を開始させる重要な事項であり、「国政に関する権能を有しない」とされる日本国憲法下での天皇が実質的な判断権を有しない

のは当然である。憲法上、臨時会に関してのみ、内閣が召集することが明文で定められ（憲53条）、常会、特別会については規定がないが、内閣が国会の召集を実質的に決定し得ることには異論がない。ただし、天皇の国事行為に対する内閣の助言と承認の性格についての理解の違いから（→憲3条Ⅲ）、その実質的判断の根拠について、内閣の助言と承認の中に含まれていると考えるか（佐藤功・注釈上82頁）、憲法53条の類推により導き出されるかが分かれる。後者は、憲法53条について、臨時会は、開会について最も裁量が大きいため、内閣が召集について判断し得ることを確認的に規定したと解する（樋口ほか・注解1・104頁〔樋口陽一〕）。

なお、参議院の緊急集会については、天皇による召集という手続をとらず、内閣が召集する（憲54条2項）。

3　国会召集の方式

国会法は、「国会の召集詔書は、集会の期日を定めて、これを公布する」（国会1条1項）と定め、常会の召集詔書のみ、開会の10日前までに公布するよう求める（国会1条2項）。詔書には、会の種類に応じ、憲法上の条文（憲7条とともに、常会であれば憲52条、臨時会であれば憲53条、特別会であれば憲54条）、国会法の条文を掲示した上、期日と「東京に召集する」旨が記される。

Ⅵ　「衆議院を解散すること」

1　衆議院の解散の意義

衆議院の解散とは、衆議院議員全員の地位を任期満了前に一斉に失わせる作用である。

2　衆議院解散の実質的決定権

大日本帝国憲法においては、天皇が議会大権の行使として衆議院の解散をなし得たが、日本国憲法の下では、天皇は他の機関の実質的決定を待って解散について形式的にそれを公示するにとどまる。

衆議院の解散の実質的決定権の所在について、それが内閣にあることには異論がないが、その根拠を憲法のどこに求めるかについて、次の(a)～(d)のように意見が分かれている（→憲69条Ⅳ2）。

(a) 69条説

憲法69条のみに内閣による解散権の根拠を求める見解である。この立場によると、憲法69条が規定するように、衆議院が内閣不信任を決議（もしくは信任案を否決）した場合のみ内閣は衆議院を解散し得ることになる。日本国憲法施行後第1回目の衆議院解散（1948（昭和23）年12月）は、この立場に基づいて（GHQがこの立場を支持したため）、与野党の協議によって内閣不信任案を可

決して行われた（そのため「馴れ合い解散」と呼ばれた）。

(b)　7条説

　本条に内閣の衆議院解散権の根拠を求める見解は、天皇の国事行為についての内閣の助言と承認に、実質的決定権を含める立場に立つ（宮沢・全訂115頁、芦部・憲法50頁）（→憲3条Ⅱ）。この立場によると、衆議院解散は内閣不信任の場合に限定されないこととなる。吉田内閣による戦後第2回目の衆議院解散（1952（昭和27）年8月「抜き打ち解散」）は、この立場に基づいて行われた。

(c)　制度説

　天皇の国事行為に対する内閣の助言と承認について、あくまでも形式的・儀礼的行為に対する形式的手続とみる立場に立つと、解散の実質的決定権の根拠を憲法7条以外に求めなければならない。そこで、日本国憲法の採用する権力分立・議院内閣制から内閣の衆議院解散権が導き出されるとの考え（制度説（原理説））が唱えられている（佐藤幸・憲法478頁、長谷部・憲法401頁）。

(d)　65条説

　憲法65条の「行政権」について、国家の統治作用から立法・司法を除いたものを指すとの控除説に立った上で、衆議院の解散が立法作用でも司法作用でもないことから、内閣の衆議院解散権を憲法65条から導き出せるとの学説もある。

　実務上は、戦後第2回目の衆議院解散以降、憲法7条に基づいて内閣が自由に衆議院を解散できるとの運用が行われている。議会の解散は、かつては、民選議会に対する君主側の攻撃という性格をもっていたが、現代の議会制民主主義においては、議会と内閣との対立を国民の審判により解消するという機能が重視されるようになってきている。衆議院の解散の実質的決定権の憲法上の根拠は、天皇の国事行為に対する内閣の助言と承認の性格の理解に加え、衆議院の解散を内閣不信任の場合に限定することが、日本国憲法の統治構造の理解に適合的かどうかによって見解が分かれる。

3　衆議院解散の方式

　天皇による衆議院の解散は、解散詔書の形で示され、内閣から衆議院議長に伝達され、議長が本会議場で読み上げる形で公示される。日本国憲法施行後第1回目の解散の詔書には、「衆議院に於て内閣不信任決議を可決した。因って日本国憲法69条及び第7条により、衆議院を解散する」とあったが、第2回目の解散以来、「日本国憲法第7条により、衆議院を解散する。」となり、内閣不信任決議による解散であっても、憲法7条のみが掲げられるようになっている。

Ⅶ　「国会議員の総選挙の施行を公示すること」

1　「国会議員の総選挙」の意義

　一般に、「総選挙」とは、議会の議員全体の交代のための選挙を意味し、日

56　第7条（天皇の国事行為）

本国憲法の下では、衆議院議員について、任期満了および衆議院解散によって行われる選挙（公職選挙法では、「衆議院議員の……総選挙」という（公選31条））、そして、参議院議員について3年ごとに半数ごと任期満了に伴い行われる選挙（公職選挙法上、「通常選挙」という（公選32条））とを指す。国会議員の補欠選挙や再選挙（公選33条の2）は、「総選挙」には含まれない。

2　「総選挙の施行の公示」

　「選挙の施行」とは、一定の期日に選挙を行うことであり、憲法上は、衆議院の解散があった場合、解散の日から40日以内に総選挙を行うことが定められている（憲54条1項）。国会議員の任期満了に伴う選挙については、任期が終わる日の30日前以内に行う（公選31条1項、ただし、その日が国会（参議院）開会中もしくは国会（参議院）閉会日から23日以内のときは、国会閉会後24日から30日以内に行う（公選31条2項・32条2項））。

　この日程の範囲でいつを選挙の施行日とするかは、明文の規定はないが、内閣が判断するとされている。一方、内閣の助言と承認に実質的決定権を含めない立場は、憲法73条1項1号の「法律を誠実に執行する」ことに、内閣の決定権の憲法上の根拠を求める（芦部・注釈1・299頁〔芹沢斉〕）。

　選挙の施行の「公示」とは、総選挙の施行する期日を公に表示することである。公職選挙法は、衆議院議員総選挙については、選挙日の遅くとも12日前までに（公選31条4項）、参議院通常選挙については、選挙日の遅くとも17日前までに（公選32条3項）公示することとしている。

　総選挙以外の選挙期日の告知は、告示と呼ばれる（公選33条5項、33条の2第8項）。

3　総選挙の施行の公示の方式

　公示の方式は、詔書の形で行われる。

Ⅷ　「国務大臣及び法律の定めるその他の官吏の任免並びに全権委任状及び大使及び公使の信任状を認証すること」

1　「認証」の意義

　「認証」とは、一般には、一定の行為、文書の作成・記載等について、正式の機関が正当な手続を経て行ったことの公証を意味する。本条5号における国務大臣の任免は内閣総理大臣の権限であり（憲68条1項・2項）、法律の定めるその他の官吏の任免は内閣の権限（憲73条4号）、全権委任状や大使・公使の信任状を発するのも内閣の外交権限に属する（憲73条2号）。したがって、本条5号における「認証」は、すでに実質的に決定された行為・文書を権威あるものとするための形式的・儀礼的行為ということになる（本条の他の号における「認

証」も同様)。

　本条5号の認証について、形式的・儀礼的行為であることには異論がないが、認証なしでも、各行為・文書が有効に成立すると考えるか（宮沢・全訂131頁)、形式的な効力発生要件であると考えるかの対立がある。後者の立場によっても、天皇は、各機関による実質的決定に従い、内閣の助言と承認を経て速やかに認証を行わなければならないので、議論の実益はそれほど大きくない。しかし、認証を効力発生要件と捉えることは、国政に関する権能を有しない、象徴としての天皇にふさわしくないように思われる（樋口ほか・注解1・301頁〔芹沢斉〕）。

2　「国務大臣及び法律の定めるその他の官吏」

　国務大臣については、内閣法（内閣2条)、国家行政組織法（国組5条「各省大臣」)、内閣府設置法（内閣府9条「特命担当大臣」）に定めがある。

　憲法における「官吏」（本条5号・憲73条4号）は、広義の公務員のうち、国の事務を専務として行う、国務を総理する内閣に属する者を指す。その任免が天皇の国事行為たる認証にかかるものを「認証官」といい、現在、最高裁判所判事（裁39条3項)、高等裁判所長官（裁40条2項)、検事総長、次長検事および検事長（検察15条1項)、検査官（会計検査院法4条4項)、人事官（国公5条2項)、宮内庁長官および侍従長（宮内庁法8条2項・宮内庁法10条2項)、特命全権大使および特命全権公使(外務公務員法8条1項)、公正取引委員会委員長(独禁29条3項）がそれに含まれる。

3　「国務大臣…その他の官吏の任免」

　国務大臣の任免は、内閣総理大臣が行う（憲68条1項・2項)。「その他の官吏」の任免は、法律の定めるところに従い、内閣または内閣総理大臣が行う。任免に関しては、前述の機関により実質的決定がなされ、本条の定める「認証」はそれを形式的・儀礼的に公示する作用に過ぎない。

4　「全権委任状」

　全権委任状とは、特定の条約を締結するための外交交渉にあたっての権限を公証する書面である。全権委任状を発するのは、外交関係を処理し条約締結権を有する（憲73条2号・3号）内閣の権限であり、「全権」とはいっても、実際には、内閣の訓令に服する。

5　「大使・公使の信任状」

　大使とは、特命全権大使、公使は特命全権公使のことをいい、それぞれ外交使節の第1順位、第2順位に位置する特別職の公務員である。

　信任状とは、特定の者を外交使節として派遣する旨を記した文書である。信

任状は、接受国に対して宛てられ、大使・公使は接受国に到着するとそれを提出し、受理されて接受が正式に始まる。信任状を発することも、内閣の外交関係に関する権限に含まれる。

6 認証の方式

　国務大臣その他の官吏の任免の認証は、認証書をもって行われる。その形式は、氏名の後に、「（官名）に任命する」と記し、日付、内閣と内閣印、天皇の名と御璽が付されている。これでは、内閣と天皇のいずれが任命したのかが明確でないと批判される。

　さらに問題が多いのが、全権委任状、信任状の書式であり、文面があたかも天皇が発した文書のようになっており※16、内閣総理大臣と外務大臣の氏名の前に、天皇の名と御璽が記される。これでは、外交関係において天皇が日本を代表する元首のような印象を与えてしまうおそれがある。

Ⅸ　「大赦、特赦、減刑、刑の執行の免除及び復権を認証すること」

1 恩赦の意義

　本条6号の列挙する「大赦、特赦、減刑、刑の執行の免除及び復権」は、恩赦の種類である。恩赦とは、司法機関以外の国家機関が裁判所の言い渡した刑の効果を変更し、または特定の罪の公訴権を消滅させる行為である。恩赦は、伝統的に君主が慶事にあたって民衆に恩情を示す行為として行われてきた。大日本帝国憲法16条は、「天皇ハ大赦特赦減刑及復権ヲ命ス」と定め、恩赦は栄典の授与と並ぶ天皇大権の1つであった。

　恩赦は、司法権の行使の結果を変更するものであり、権力分立原則の例外的制度である。ただし、刑罰が厳し過ぎる場合や刑罰法規が妥当性を失った場合などに、有罪確定後であっても柔軟な対応を可能とする効果もある（刑法200条の尊属殺人重罰規定が違憲とされた際に、有罪確定者に対して恩赦が行われた）。日本国憲法は、恩赦を内閣の権限とし（憲73条7号）、天皇はそれを形式

　※16　たとえば、サンフランシスコ講和会議に出席する吉田茂全権大使の全権委任状は、以下の通りであった。
「日本国天皇裕仁は、この書を見る各位に宣示する。
日本国政府は、昭和26年9月4日からアメリカ合衆国サン・フランシスコ市において開催される平和条約に署名するための国際会議における日本国全権委員として吉田茂（以下5名略）を任命し、この会議に参加する諸国の全権委員とともに、各別に、又は共同して、議事に参加し、且つ、この会議において作成せられるすべての国際的文書に署名調印する全権を与える。これらの文書は、国会の承認を経て批准するため、日本国政府に提出せられるべきものとする。ここに、日本国憲法の規定に従い、これを認証し、その証拠として、親しく名を署し、璽を鈐せしめる。昭和　年　月　日」

的・儀礼的行為として認証することとなった。

2 恩赦の種類

　大日本帝国憲法の下にあっては、恩赦は恩赦令により定められていたが、日本国憲法下では恩赦法（昭22法20）に具体的な規定がある。恩赦は、政令に基づき一般的に行われるもの（大赦、減刑、復権）と、特定の者に対して個別的に行われるもの(特赦、刑の執行の免除、減刑、復権)とに分けられる。後者は、中央更生保護審査会の申出に基づいて行われる（恩赦12条）。恩赦の具体的種類は次の(a)〜(e)の5つである。

(a)　大赦

　政令で罪の種類を定めて、その罪に対する刑罰権を消滅させるもの（恩赦2条）。大赦のあった場合、有罪の言渡しを受けた者について言渡の効力が失われ、その罪についての公訴権が消滅する（恩赦3条）。

(b)　特赦

　有罪の言渡しを受けた特定の者について有罪の言渡しの効力を失わせるもの（恩赦4条・5条）。

(c)　減刑

　判決で刑の言渡しを受けた者に対して、政令で罪もしくは刑の種類を定め（一般減刑）、もしくは特定の者に対して（特別減刑）刑を減軽する措置（恩赦6条）。

(d)　刑の執行の免除

　刑の言渡しを受けた特定の者に対して、判決で確定した刑の執行のみを免除するもの（恩赦8条）。刑の言渡しの効力はなくならない。

(e)　復権

　有罪の言渡しを受けたため法令の定めるところにより資格を喪失し、または停止された者に対して、資格を回復する措置（恩赦9条・10条1項）。

3 恩赦の認証の方式

　恩赦の認証は、政令で行われる場合は、政令の公布文という形で認証が行われる。個別の恩赦の場合は、対象者に恩赦状が交付されるが、そこには天皇の認証についての記述はない。

X 「栄典を授与すること」

1 栄典の意義

　栄典とは、特定の者を表彰するために与えられる特別の地位または栄誉ないし褒章をいう。栄典の授与も、伝統的な君主の権能の1つであり、明治維新以来、華族に対する爵位による格付け、褒章制度、「武功抜群ナル者」に対する

金鵄勲章など各種の勲章制度も創設された。大日本帝国憲法15条も、「天皇ハ爵位勲章及其ノ他ノ栄典ヲ授与ス」と定め、栄典授与は天皇の大権の1つであった。

日本国憲法は、法の下の平等を定め（憲14条1項）、栄典には特権が伴わず、栄典の効力がそれを授与される一代限りにとどまること（憲14条3項）を定めた。これに伴い、勲章もいったんは文化勲章を除いて廃止された。その後、政府は、1955（昭和30）年に「褒章条例」（明14太政官布告63）を改正して政令とし、1963（昭和38）年以降、年2回の叙勲をするようになった。2003（平成15）年11月3日以降、勲等は廃止され、叙勲は勲章の授与を意味するようになった。

2　栄典の授与の決定権

栄典は、恩赦の認証と異なり、本条の規定上、天皇が授与することとされているが、国事行為である以上、もちろん内閣の助言と承認を必要とする。内閣と助言と承認に実質的決定権を読み込む立場は、栄典の授与についての実質的判断について、内閣による助言と承認の過程で行われると解する（宮沢・全訂138頁）。これに対して、内閣の助言と承認を、形式的・儀礼的行為に対する手続に過ぎないと解する立場は、栄典授与が伝統的に君主の権能であり、現在では行政権として行われるのが一般的であることから、栄典授与の決定権を「行政権」（憲65条）および「一般行政事務」（憲73条）として位置づける（樋口ほか・注解1・127頁〔樋口陽一〕）。

なお、本条7号の規定は、天皇以外の機関が栄典を授与することを否定するものではなく、内閣総理大臣が授与する内閣総理大臣顕彰や国民栄誉賞がある。

3　栄典制度の法的根拠

1で述べたように、現在の栄典制度については、1952（昭和27）年に栄典法の制定が不成立に終わったため、法律上の根拠がないまま運用されており、勅令である文化勲章令、太政官布告を政令化した褒章条例等を、その根拠としている。栄典は、特定の者に特別の利益を与えるものであり、法律の留保原則からみて、栄典の種類、要件については法律で定めるべきものと解される（宮沢・全訂136頁、樋口ほか・注解1・127頁〔樋口陽一〕）。

XI　「批准書及び法律の定めるその他の外交文書を認証すること」

1　「批准書」および「その他の外交文書」の意義

「批准」とは、署名された国際条約に同意を与えてその効力を確定させる行為をいい、「批准書」は、条約に対する同意を示す文書である。条約には、全権委員の署名により成立するものと、署名に加えて批准が行われることにより成立するものがあり、後者については、当事国間で、批准書の交換・寄託が行

われて初めて、条約が成立する。

　「外交文書」とは、広く外交関係の中で作成される文書を指すが、本条8号は、全権委任状、大使・公使の信任状（本条5号）、条約の批准書を除いた外交文書のうち、天皇の認証の対象となるものを法律に委ねている。具体的には、大使および公使の解任状（外務公務員法9条）、領事の委任状、外国領事の許可状（外国の領事官に交付する認可状）がそれにあたる。

2　批准書・その他の外交文書にかかわる権限

　条約の批准やその他の外交文書の作成については、外交関係を処理する権能（憲73条2号）と条約締結権（憲73条3号）を有する内閣が実質的決定権を有する。

3　「認証」の意義

　認証の意義については、本条6号の解説（→Ⅷ1）参照。

4　批准書・その他の外交文書の認証の方式

　実例においては、本条5号の全権委任状等の場合と同様、あたかも天皇が発した文書のような体裁をとっており、天皇が対外的に国を代表する存在のような印象を与えているという問題点が指摘される（芦部・注釈1・316頁〔芹沢斉〕）。

Ⅻ　「外国の大使及び公使を接受すること」

1　大使・公使の「接受」の意義

　「接受」とは、外国の大使・公使を接見する儀礼的行為を指す。外国の大使・公使等の外交使節が赴任した際に提出する信任状を受け、アグレマン（agreement）を与えて外交使節として異議なく受け入れると表明すること[17]は、内閣の外交関係の処理権限（憲73条2号）にあたり、国政に関する権能を有しない天皇が行うことはできないはずである。

2　接受の実例における天皇の「元首」化

　しかし、実例においては、外国の外交使節の信任状は、天皇を宛名として発せられるとの慣行が続いており、天皇による接受が外交使節の受入れを意味するような扱いとなっている。これは、事実上、対外的に日本を代表する存在として天皇を扱っていることの反映であり、日本国憲法の国民主権原理、象徴天

---

[17] 外交関係に関するウィーン条約（1964年発効）4条1項「派遣国は、自国が使節団の長として接受国に派遣しようとする者について接受国のアグレマンが与えられていることを確認しなければならない。」

皇制度の正確な理解に基づくものとはいいがたい（佐藤功・注釈上100頁）。

XⅢ　「儀式を行ふこと」

1　「儀式」の意義

　天皇は、伝統的にさまざまな儀式を行ってきた。連合国側が新しい憲法の下で天皇に期待したのも、儀礼的な役割を果たすことであったと考えられ、天皇が行うすべての国事行為が儀礼的なものであることを強調するため、本条10号に該当する条文は、当初、GHQ内部では、「Performance of other ceremonial functions.」とされていた[18]。しかし、GHQ草案では、Perform appropriate ceremonial functions.となり（6条）、政府草案となる過程で「適当なる」の語が落とされた。

　本条10号が規定する「儀式」とは、公的な性格をもつ儀式であり、天皇家の私的な儀式を含まない。天皇が私事として伝統的な宗教的儀式を行うことは憲法の政教分離原則に抵触しないが、公的儀式は宗教的色彩をもつものであってはならない。また、天皇が国政に関する権能を有しないことから、政治的色彩をもつものであってもならない。

2　「儀式を行ふ」の意義

　本号にいう「儀式を行ふ」の意味については、天皇が主体となって催すもののみを指すのか（芦部・注釈1・321頁〔芹沢斉〕、新基本コンメ43頁〔山元一〕）、他の機関が催す儀式に参列することを含む（宮沢・全訂140頁）のかの対立がある。文言に忠実に解する限り、前者のように解される。

　後者の立場は、国事行為としての「儀式を行ふ」の内容を膨らませて、いわゆる「公的行為」を含ませようとする趣旨から主張されている（高橋・立憲主義46頁）。また、天皇が国会開会式において「おことば」を述べることなどの行為を、本条10号を根拠に正当化しようとするものもある（宮沢・全訂141頁）。しかし、政治の場である国会の開会式において、天皇が何がしかの所感を述べることは、多かれ少なかれ政治的な意味をもたされることとなり、憲法4条1項に抵触し、この点からも「儀式を行ふ」に含めることは妥当ではない。

3　天皇代替わりの儀式の問題性

　天皇にかかわる儀式の問題性が集約的に示されたのが、1989（昭和64）年1月7日の昭和天皇死去に伴う葬儀と新天皇即位にかかわる諸儀式のありようであった。いずれの儀式も、基本的には、大日本帝国憲法下の旧登極令に定める式次第を踏襲し、新旧2つの憲法における天皇制度の断絶は、ほとんど省みら

---

[18]　針生誠吉・横田耕一『国民主権と天皇制』（法律文化社、1983年）208頁。

第 8 条（皇室の財産授受）　63

れることはなかった。

　たとえば、昭和天皇死去後に行われた「剣璽等承継の儀」と「即位後朝見の儀」は、本条10号を根拠に、国事行為として行われたが、式次第は、旧登極令の定める「剣璽渡御ノ儀」と「践祚後朝見ノ儀」に即したものであった。それらは、神話に基づく神権主義的天皇制下の儀式にふさわしいものであり、国民主権に立脚する日本国憲法に整合的なものとはいえない。また、同年2月24日においては、国事行為としての「大喪の礼」と皇室祭祀としての「葬場殿の議」が連続的に行われ、政教分離原則との関係があいまいにされた。さらに、新天皇即位に伴って1990（平成2）年11月に行われた**大嘗祭**は、本来、皇室の宗教的儀式であり、国事行為とすることが困難であると政府も認めたにもかかわらず、「公的性格」があるとされ[19]、莫大な公費（宮廷費）が使われ、ここでも政教分離原則は後退を余儀なくされた。

　上記の問題点は、2019（平成31／令和1）年の天皇の代替わりにおいて、再び繰り返されようとしている。

（木下智史）

（皇室の財産授受）
第8条　皇室に財産を譲り渡し、又は皇室が、財産を譲り受け、若しくは賜与することは、国会の議決に基かなければならない。

I　本条の趣旨

　大日本帝国憲法下においては、皇室財政は皇室自律主義の下、帝国議会による統制を受けず、皇室は膨大な財産を保有していた。

---

[19]　「大嘗祭は、前記のとおり、収穫儀礼に根ざしたものであり、伝統的皇位継承儀式という性格を持つものであるが、その中核は、天皇が皇祖及び天神地祇に対し、安寧と五穀豊穣などを感謝されるとともに、国家・国民のために安寧と五穀豊穣などを祈念される儀式であり、この趣旨・形式等からして、宗教上の儀式としての性格を有すると見られることは否定することができず、また、その態様においても、国がその内容に立ち入ることにはなじまない性格の儀式であるから、大嘗祭を国事行為として行うことは困難であると考える。……大嘗祭を皇室の行事として行う場合、大嘗祭は、前記のとおり、皇位が世襲であることに伴う、一世に一度の極めて重要な伝統的皇位継承儀式であるから、皇位の世襲制をとる我が国の憲法の下においては、その儀式について国としても深い関心を持ち、その挙行を可能にする手だてを講ずることは当然と考えられる。その意味において、大嘗祭は、公的性格があり、大嘗祭の費用を宮廷費から支出することが相当であると考える」（1989（平成1）年12月21日閣議口頭了解「『即位の礼』・大嘗祭の挙行等について」）。

日本国憲法は、**皇室財産**をすべて国有財産に組み込むとともに（→憲88条）、その財産管理につき、国会によるコントロールの下に置くこととした。本条は、**皇室の財産授受**につき国会が関与することにより、皇室の財産が蓄積されたり、財産授受を通じて皇室が特定の者と結びつくことを避けようとしたものである。

Ⅱ　皇室の財産授受

1　「皇室」の意義
「皇室」とは、天皇と皇族を指す（→憲2条Ⅲ4）。私人としての天皇と皇族は、私法上の能力を有するが、本条はその財産取引に関して、特別の制約を課すものである。

2　「皇室に財産を譲り渡し」・「皇室が、財産を譲り受け」・「賜与」
「財産」とは、あらゆる種類の財産を指し、物権、債権、無体財産権を問わない。
(a)「皇室に財産を譲り渡し」とは、皇室外の者から皇室への財産の移転を意味し、(b)「皇室が、財産を譲り受け」も同じことを、皇室の側から述べたものである。これらは有償・無償を問わず、国会の議決の対象となると考えられる。
これに対して、(c)「賜与」とは、皇室から皇室外の者への財産の贈与を指す。ここから、皇室から皇室外への有償の財産移転には国会の議決を不要とする考え方もある。しかし、本条の趣旨の1つに、皇室財産の管理の透明化があり、その点では、有償・無償を問わず、皇室の財産授受を国会のコントロールの下に置く必要があり、皇室からの有償の財産移転についても国会議決を要すると解すべきである（芦部・注釈1・335頁〔高橋和之〕）。
本条の規制対象は、いずれも皇室と外部の者との財産授受であり、皇室内部の財産の授受は、その射程の範囲外である。

Ⅲ　国会の議決

「国会の議決」には、衆参両院の一致した議決を要し、衆議院の優越のルールの適用はない。国会の議決が得られなければ、皇室の財産に関する法律行為は有効性をもたない。
実例では、「日本国憲法第8条の規定による議決案」として、内閣が議院に提出している。
個々の財産授受について、個別の国会議決を要するか、ある程度、包括的な国会議決も許されるかにつき、本条の趣旨を空文化する一般的・包括的な国会議決は許されないが、国会によるコントロールが機能しているかぎり、一定の限度内の財産授受であれば個別の議決は必要ないと考えられている（樋口ほ

か・注解1・135頁〔樋口陽一〕、新基本コンメ45頁〔芹沢斉〕）。皇室経済法は、相当の対価による売買等通常の私的経済行為、外国交流のための儀礼上の贈答、公共のためになす遺贈または遺産の賜与、年間に一定の価額内の財産の賜与または譲受については、「その度ごとに国会の議決を経なくても」よいとしている（皇室経済法2条）。「一定の価額」については皇室経済法施行法（昭22法113）が定める。実例としては、1959（昭和34）年の皇太子結婚や1993（平成5）年の皇太子結婚に際してのお祝い、1990（平成2）年の現天皇の即位にあたっての贈答に関して国会議決がなされた例がある。

（木下智史）

第2章　戦争の放棄

〔前注〕

I　日本国憲法の特色としての平和主義

　日本国憲法は、日本の軍国主義化と侵略戦争の末に迎えた敗戦、連合国による占領という歴史的経緯の中で制定された。憲法の制定は、常に何がしかの歴史的使命を背負って行われるが、日本国憲法の場合、日本が再び軍国主義と他国への侵略をくり返さないようにすることが主要な使命であったことは疑いがない。

　このことは、憲法前文が、「日本国民」の名において、「政府の行為によつて再び戦争の惨禍が起こることのないやうにすることを決意」したことを、憲法制定の動機として述べ、それに加えて、「平和を維持し、専制と隷従、圧迫と偏狭を地上から永遠に除去しようと努めてゐる国際社会において、名誉ある地位を占め」ることを国家目標として掲げ、さらに、「全世界の国民」に対して、「平和のうちに生存する権利を有すること」をうたっていることからも明らかである。本章は、前文に述べられた国家目標の具体化であり、日本国憲法の一大特色をなすものである。

II　憲法における平和主義の系譜

　国家にとって、戦争は伝統的に重要な機能の1つであったが、同時に、戦争が国民の権利を侵害するばかりでなく、立憲主義体制そのものを掘り崩す危険性を有することも広く認識されてきた。近代的憲法の中には、戦争自体を否定しないまでも、軍の活動に制約を加える規定を盛り込む例が早い段階からみられた。イギリスの権利章典（1689年）が、「平時において、国会の承認なくして国内で常備軍を徴集し維持すること」を禁じ（第2部第6項）、アメリカ合衆国憲法修正3条が「平時においては、所有者の承諾なしに、何人の家屋にも兵士を宿営させてはならない」と定めるのはその例である。

　憲法の中に戦争の放棄を盛り込んだのは、日本国憲法が最初ではない。早い例として、フランスの1791年憲法における、「フランス国民は、征服を行う目的でいかなる戦争を企図することをも放棄し、かつ、その武力をいかなる人民の自由に対しても使用しない」（第6篇1項）という侵略戦争の放棄を定める規定がある。フランスの1848年憲法、ブラジルの1891年憲法などがその後に続いた。そして、人類史上、未曾有の戦争被害をもたらした第一次世界大戦後の1928年には、国際条約としての不戦条約（ケロッグ・ブリアン条約）が60か国

以上の賛同により成立した。不戦条約1条は、「締約国ハ、国際紛争解決ノ為戦争ニ訴フルコトヲ非トシ、且其ノ相互ノ関係ニ於テ国家ノ政策ノ手段トシテノ戦争ヲ抛棄スルコトヲ各自ノ人民ノ名ニ於テ厳粛ニ宣言ス」とし、締約国が相互に侵略戦争を放棄することを約した。

　しかし、不戦条約は、第一次世界大戦をさらに上回る戦争被害とジェノサイドなどの深刻な人権侵害をもたらし、核兵器による被害まで生み出した第二次世界大戦を防ぐことはできなかった。この経験を受け、戦後、国際社会は、戦争を一般的に違法化した上で、国際連合を結成した。国際連合憲章（1945年10月）は、「国際の平和と安全の維持」を国際連合の目的とし（憲章1条）、加盟国に紛争の平和的解決を義務づけるとともに（憲章2条3項）、国際関係における「武力による威嚇又は武力の行使」を禁じ（憲章2条4項）、安全保障理事会を中心とする集団的安全保障によって戦争抑止を図ろうとした。

　第二次世界大戦後制定された各国の憲法には、大戦への反省から国家の戦争権限を制限するものが多くみられる。しかし、これらの憲法規定のほとんどは、依然として侵略戦争の禁止にとどまっている（1946年のフランス第四共和国憲法前文（「征服を目的とする戦争」の放棄）、1947年のイタリア共和国憲法11条（「他国民の自由を侵害する手段および国際紛争を解決する手段」としての戦争の否認）、1949年のドイツ基本法26条1項（「侵略戦争の遂行を準備する行為」等の処罰）など）。

　日本国憲法は、侵略戦争の禁止にとどまらず、戦争の手段である「一切の戦力」保持の禁止まで進んでおり、憲法における戦争権限規制規定の系譜の中でも画期をなす。

Ⅲ　戦後日本政治と日本国憲法9条

　憲法9条は、戦後日本政治の中で常に重要な争点であり続けてきた。

1　占領期における「再軍備」

　日本国憲法が施行された1947（昭和22）年、日本は連合国の占領下にあった。ポツダム宣言の実施に伴い旧帝国陸海軍は武装解除されており、この時点では、憲法9条との矛盾はなかったが、東西冷戦の緊張が高まるとともに、憲法9条の規範内容を掘り崩そうとする現実政治の動きが激しさを増し、ついには憲法9条の明文改訂を求める声まで出されるようになる。

(1)　警察予備隊の設置

　1950年に勃発した朝鮮戦争に応戦するため、日本に駐留していた米軍の多くは朝鮮半島に派遣されることとなり、GHQは手薄となる日本本土の防衛のため警察予備隊の創設を日本政府に要求した。政府は、ポツダム宣言を執行する

68　第2章　戦争の放棄〔前注〕

ための政令※1の1つとして、警察予備隊令（昭25政令260）を定め、75,000名からなる警察予備隊が発足した。警察予備隊は、「わが国の平和と秩序を維持し、公共の福祉を保障するのに必要な限度内で、国家地方警察及び自治体警察の警察力を補う」（（旧）警察予備隊令1条）ものとされ、あくまでも「警察力」の一部と位置づけられた。吉田首相も警察予備隊の目的について、「全然治安維持であります。」「いかにして現在の治安を維持するかというところに、全然その主要な目的があるのであります。従って、その性格は軍隊ではない」と述べ、憲法9条とはかかわりがないとの立場をとった※2。

(2)　警察予備隊訴訟

　これに対して、社会党左派の鈴木茂三郎が原告となり、警察予備隊の設置ならびに維持に関する一切の行為の無効確認を最高裁に求めた、いわゆる警察予備隊訴訟が提起された。しかし、最高裁は、「具体的事件を離れて抽象的に法律命令等の合憲性を判断する権限」を有しないと述べて、訴えを不適法なものとして却下した（最大判1952（昭27）・10・8民集6巻9号783頁）。

2　日米安保体制の確立

(1)　日本の主権回復と保安隊の発足

　1952（昭和27）年4月28日の**サンフランシスコ平和条約**（日本国との平和条約）の発効により、日本は占領から脱し独立することとなった。ポツダム政令に基づいて設置された警察予備隊も改組の必要に迫られ、同年7月に保安庁法に基づく保安隊（陸上を担当）と警備隊（海上を担当）が発足した。保安隊・警備隊は、「わが国の平和と秩序を維持し、人命及び財産を保護するため、特別の必要がある場合において行動する部隊」（（旧）保安庁法4条）であり、政府は、「警察上の組織」として正当化したが、実質的には、もはや治安の維持＝警察の範疇に収まらない活動の質を備えていた。

(2)　日米安保条約の締結

　サンフランシスコ平和条約と同日に、旧日米安全保障条約（正式名称は、「日本国とアメリカ合衆国との間の安全保障条約」）が発効した※3。これにより、独立後も、日本は、引き続きアメリカ軍が日本各地に駐留することを認め

※1　もともとは緊急勅令「ポツダム宣言ノ受諾ニ伴ヒ発スル命令ニ関スル件」（昭20勅令542）により政府に法律に代わる命令を制定できることが授権されたが、日本国憲法施行後も、「日本国憲法施行の際現に効力を有する命令の規定の効力等に関する法律」によって、この勅令の有効性は維持された。

※2　1950（昭和25）・7・29（第8回国会・衆議院会議録）第10号165頁。

※3　条約全文は、日本政治・国際関係データベース（東京大学東洋文化研究所田中明彦研究室）http://www.ioc.u-tokyo.ac.jp/~worldjpn/documents/texts/docs/19510908.T2J.html　参照。

る※4とともに、「直接及び間接の侵略に対する自国の防衛のため漸増的に自ら責任を負うこと」を条約上約束し、再軍備の強化を義務づけられることとなった。

独立によって日本国憲法が文字通りの最高法規の地位を獲得した以上、政府は、保安隊および駐留米軍の存在が憲法9条に違反しないことを説明する必要に迫られた。そこで示されたのが、吉田茂内閣による「戦力に関する統一見解」（1952（昭和27）年11月）※5である。そこでは、憲法9条2項が保持を禁ずる「戦力」について、「近代戦争遂行に役立つ程度の装備編成を備えるもの」とい

※4　「平和条約及びこの条約の効力発生と同時に、アメリカ合衆国の陸軍、空軍及び海軍を日本国内及びその附近に配備する権利を、日本国は、許与し、アメリカ合衆国は、これを受諾する。この軍隊は、極東における国際の平和と安全の維持に寄与し、並びに、一又は二以上の外部の国による教唆又は干渉によつて引き起された日本国における大規模の内乱及び騒じよう鎮圧するため日本国政府の明示の要請に応じて与えられる援助を含めて、外部からの武力攻撃に対する日本国の安全に寄与するために使用することができる」（（旧）日米安全保障条約1条）

※5　「一　憲法9条2項は、侵略の目的たると自衛の目的たるとを問わず「戦力」の保持を禁止している。

　一　右にいう「戦力」とは、近代戦争遂行に役立つ程度の装備編成を備えるものをいう。

　一　「戦力」の基準は、その国のおかれた時間的、空間的環境で具体的に判断せねばならない。

　一　「陸海空軍」とは、戦争目的のために装備編成された組織体をいい、「その他の戦力」とは、本来は戦争目的を有せずとも実質的にはこれに役立ち得る実力を備えたものをいう。

　一　「戦力」とは、人的、物的に組織された総合力である。したがって単なる兵器そのものは戦力の構成要素ではあるが、「戦力」そのものではない。兵器製造工場のごときも無論同様である。

　一　憲法9条2項にいう「保持」とは、いうまでもなくわが国が保持の主体たることを示す。米国駐留軍は、わが国を守るために米国の保持する軍隊であるから、憲法9条の関するところではない。

　一　「戦力」に至らざる程度の実力を保持し、これを直接侵略防衛の用に供することは違憲ではない。このことは有事の際、国警〔国家地方警察〕の部隊が防衛にあたるのと理論上同一である。

　一　保安隊および警備隊は戦力ではない。これらは保安庁法4条に明らかなごとく「わが国の平和と秩序を維持し、人命及び財産を保護するため、特別の必要がある場合において行動する部隊」であり、その本質は警察上の組織である。したがって、戦争を目的として組織されたものではないから、軍隊でないことは明らかである。また客観的にこれを見ても保安隊等の装備編成は決して近代戦を有効に遂行し得る程度のものではないから、憲法の「戦力」には該当しない」（朝日新聞1952（昭和27）年11月26日付）。

　ただし、この「統一見解」が国会において示されたことはない（阪田雅裕編著『政府の憲法解釈』（有斐閣、2013年）8頁注1参照）。

70　第2章　戦争の放棄〔前注〕

う量的な基準と、「戦争目的」で設置された組織体かどうかという目的による基準、そして、「保持」の主体が日本かどうかという基準が設定され、保安隊は、量的な基準と目的による基準を満たさず、駐留米軍は、日本が保持する軍隊でないという理由で、憲法9条に違反しないとされた。

(3) 砂川事件

　米軍立川基地の拡張工事に対する抗議運動参加者による基地内への立ち入りが「(旧) 日本国とアメリカ合衆国との間の安全保障条約第3条に基く行政協定に伴う刑事特別法」違反に問われた砂川事件において、刑事特別法の根拠である旧日米安保条約に基づくアメリカ軍の駐留の合憲性が争点となった。

　第一審判決（東京地判1959（昭34）・3・30下刑1巻3号776頁）は、憲法9条について、自衛のための戦争および自衛のための戦力の保持も禁じていると解した上で、アメリカ軍の日本駐留は、「わが国の要請とそれに対する施設、区域の提供、費用の分担その他の協力があつて始めて可能となるものである」から、国がアメリカ軍の駐留を許容している行為は、憲法9条2項前段で禁じられた「戦力の保持」にあたると判示した。

　検察側の跳躍上告を受けた最高裁大法廷（最大判1959（昭34）・12・16刑集13巻13号3225頁）は、憲法9条の下でも「主権国として持つ固有の自衛権は何ら否定されたものではなく、わが憲法の平和主義は決して無防備、無抵抗を定めたものではない」と述べた上で、「自国の平和と安全を維持しその存立を全うするために必要な自衛のための措置」として他国に安全保障を求めることも、憲法9条が禁じているとは解されないとした。そして、憲法9条2項前段が「戦力の不保持」を定めたのは、日本が侵略戦争を引き起こすことのないようにすることにあることからすれば、憲法9条2項が「その保持を禁止した戦力」とは、「わが国がその主体となつてこれに指揮権、管理権を行使し得る戦力をいうものであり」、「外国の軍隊は、たとえそれがわが国に駐留するとしても、ここにいう戦力には該当しない」として、駐留米軍は憲法9条2項前段が禁ずる「戦力」にはあたらないとされた。

　ただし、駐留米軍が「戦力」に該当しないとしても、旧日米安保条約に基づくアメリカ軍の駐留が憲法9条の趣旨に違反しないかどうかは、なお問題となる。なぜなら旧日米安保条約は、「極東の平和と安全のため」にアメリカ軍の日本駐留を認めており、駐留米軍を「自衛のための措置」といい切れるか疑問があり得るからである。

　判決は、ここで、旧日米安保条約が「主権国としてのわが国の存立の基礎に極めて重大な関係をもつ高度の政治性を有するもの」であることを指摘して、「その内容が違憲なりや否やの法的判断は、その条約を締結した内閣およびこれを承認した国会の高度の政治的ないし自由裁量的判断と表裏をなす点がすくなくなく」、「右違憲なりや否やの法的判断は、純司法的機能をその使命とする司法裁判所の審査には、原則としてなじまない性質のものであり、従つて、一

見極めて明白に違憲無効であると認められない限りは、裁判所の司法審査権の範囲外」であると述べた。これは、いわゆる**統治行為論**に基づいて、安保条約の合憲性に関する憲法判断を回避したものである（→76条Ⅲ2(3)(v)）※6。

3　自衛隊の発足

　1954（昭和29）年、日本政府は、アメリカとの間で相互防衛援助協定※7を締結した。これは、アメリカが経済援助と武器供与を同盟国に行う際に、相手国の防衛努力義務を課すことを定めた相互安全保障法（Mutual Security Act）に基づくものであり、日本は「自国の防衛力及び自由世界の防衛力の発展及び維持に寄与し、自国の防衛能力の増強に必要となることがあるすべての合理的な措置を執」ることとなった（協定8条）。その具体化として、政府は保安隊を改組し、国土の防衛を任務とする自衛隊を発足させることとした。

(1)　自衛隊法

　自衛隊は、「我が国の平和と独立を守り、国の安全を保つため、直接侵略及び間接侵略に対し我が国を防衛すること」を主たる任務として発足した（(旧)自衛3条）。「国土防衛」を任務とする自衛隊を、もはや「警察力」として説明することはできず、政府は、国家の**自衛権**を行使するための「**自衛力**」という概念に基づいて、その合憲性を弁証していくことになる。自衛隊発足にあたって新たに表明された政府の統一見解※8によれば、「憲法は自衛権を否定していない。自衛権は国が独立国である以上、その国が当然に保有する権利であ」り、

※6　奥野健一・高橋潔裁判官の意見は、「極東の平和と安全が日本の平和と安全と極めて密接不可分の関係を有するものであるから、同時に日本の平和と安全をも脅かすものであり、従ってかかる米国軍隊の行動はわが国の平和と安全をも保障するものであるとの議論も成立し得る」として、在日米軍が「極東の平和と安全」のために活動することも、日本にとっての自衛といい得るとする。

※7　日本国とアメリカ合衆国との間の相互防衛援助協定（昭29・5・1条約6号）http://www.mod.go.jp/j/presiding/treaty/sougo/sougo.pdf。

※8　1954（昭和29）年12月22日、衆議院予算委員会において大村清一防衛庁長官により示された統一見解は、以下のようなものであった（1954（昭和29）・12・22〔第21回国会・衆議院予算委員会議録〕第2号1頁〔大村清一防衛庁長官〕（答弁集102））。
「第1に、憲法は自衛権を否定していない。
　2．他国からの侵略に対し自衛のため実力で抗争するということは、国際紛争解決のための戦争等の放棄とは別問題で、憲法の否定するところではない。
　3．自衛隊のような、自衛のための任務をもち、その目的のため必要な相当の範囲の実力部隊を設けることは憲法9条の違反ではない。
　4．外国からの侵略に対処する任務をもつものを軍隊というならば、自衛隊も軍隊といいうる。しかし、そうであるからといって憲法に違反するものではない。
　5．自衛隊は違憲ではないが、憲法9条についてはいろいろ世上に誤解もあるので、機会を見て、憲法改正を考えたい。」

憲法は「自国に対して武力攻撃が加えられた場合に、国土を防衛する手段として武力を行使すること」は憲法に違反せず、「その目的のため必要相当な範囲の実力部隊を設けること」も憲法に違反しないとされた。

(2) 自衛力論の採用とその限界

戦争の記憶が未だ生々しい中、自衛のためとはいえ軍事組織を設立することには強い警戒感が存在した。また、再軍備に賛成する政党間にも対立があり、最終的に、政府は、自衛の目的であれば「戦力」を保有できるという憲法9条2項解釈ではなく、「戦力」はたとえ自衛目的のものであっても保持することができないが、「戦力」に至らない「自衛力」は保持できるとの論理を採用した。このため、自衛隊が保有する軍備、軍事行動の範囲には、以下のように、常に「自衛のための必要最小限度」という限定がついてまわることになった。

(i) 自衛権発動の要件

まず、自衛隊の軍事活動については、個別的自衛権の行使に厳密に限定され、(a)わが国に対する急迫不正の侵害があること、(b)ほかに全くこれを防衛する手段がないこと、(c)「必要な限度にとどめられること」という3要件がすべて満たされなければならず、したがって先制攻撃は許されないとされた[9]。

(ii) 集団的自衛権行使の禁止

(i)の自衛権発動の要件を前提にする以上、自国に対する武力攻撃がないにもかかわらず、他国への攻撃を自らの安全に対する脅威とみなして軍事行動をとるという**集団的自衛権**も行使できないとされた[10]。

(iii) 装備の限定

自衛隊の装備も、自衛のための必要最小限度の範囲に限られ、長距離弾道ミサイル、長距離爆撃機、攻撃用空母等、もっぱら対外攻撃用の装備をもつことはできないとされた[11]。

(iv) 活動範囲の限定

自衛隊の活動範囲も日本の領域内とそれに接続する公海・公空上に限定された。この趣旨を徹底するため、参議院は、自衛隊設立にあたって、自衛隊が「*海外派兵をせざること*」を決議した[12]。

---

[9] 1969（昭和44）・3・10〔第61回国会・参議院予算委員会議録〕第9号14頁〔高辻正巳内閣法制局長官〕（答弁集107）、1956（昭和31）・3・6〔第24回国会・参議院内閣委員会議録〕第11号1頁〔船田中国務大臣〕（答弁集105）。

[10] 自衛隊発足当時の政府側答弁として、たとえば、1959（昭和34）・9・1〔第32回国会・衆院外務委員会議録〕第4号5頁〔高橋通敏外務省条約局長〕（答弁集137）。

[11] たとえば、1978（昭和53）・2・13〔第84回国会・衆院予算委員会議録〕第11号37頁〔伊藤圭一防衛庁防衛局長〕（答弁集75）など。

[12] 「本院は、自衛隊の創設に際し、現行憲法の条章と、わが国の熾烈なる平和愛好精神に照し、海外出動はこれを行わないことを、茲に更めて確認する。右決議する」(1954（昭和29）・6・2〔第19回国会・参議院本会議録〕第57号1267頁)。

(3) 1950年代第一次改憲ブーム

自由党鳩山派、改進党などの保守政党にとっては、占領終了は「自主憲法」制定の好機と捉えられ、後に「第一次改憲ブーム」と呼ばれるように、1954（昭和29）年から1955（昭和30）年にかけて多くの改憲案が発表された。この段階における改憲の目標の1つは、再軍備のための憲法9条の改正であり、改憲案は、共通して自衛のための戦力保持を明確化しようとした[13]。

4　日米安保条約改定反対運動と憲法9条の定着

(1)　岸内閣の改憲へのシナリオ

公職追放が解除されるや「自主憲法」制定を目標に政治活動を再開した岸信介は、1957（昭和32）年12月に石橋湛山が病のため内閣総理大臣の職を辞すると、その後継者として内閣を引き継いだ。岸は、旧日米安保条約を対等な双務的軍事同盟に改定することを梃子に憲法改正を実現するとの戦略の下、アメリカとの協議を進めたが、同時に、憲法9条の下で可能な軍事力強化をぎりぎりまで

---

[13] たとえば、1954（昭和29）年9月13日に発表された改進党憲法調査会の「現行憲法の問題点の概要並びに各部会報告」と題する文書には以下のように記されていた。

「第二　戦争放棄

　改進党は現憲法下でも自衛のための戦力の保持は許されると解しているが、反対説もあるから、この点を明らかにする必要がある。即ち国権の発動たる戦争と武力による威嚇又は武力の行使は、国際紛争の解決の手段としては永久に放棄するが、国家の独立と自由を防衛するため、陸海空軍その他の戦力を保持する旨を規定する。

　なおこれと同時に軍閥の発生を予防し、国会の軍に対する優位を確保するため必要な規制を憲法上明文化する。国会が国権の最高機関である以上軍の最高指揮権は憲法上、国会に属すると解しなければならぬ。しかして内閣総理大臣は、国会の授権により国防会議の補佐の下にこれを行使するものとするとの建前をとろうとする意見が強い。」（渡辺治『憲法改正の争点』（旬報社、2002年）495頁）。

　また、同年11月5日に自由党憲法調査会が発表した「日本国憲法改正要綱」は、以下のように述べていた。

「国の安全と防衛

　1．「国の安全と防衛」に関する1章を設け、戦争放棄は前文中に宣明すると共に、国力が応じた最少限度の軍隊を設置し得るものとする。

　2．軍の最高指揮権は内閣を代表して内閣総理大臣におき、国防会議、軍の編成、維持、戦争並びに非常事態の宣言、軍事特別裁判所、軍人の政治不干与並びに権利義務の特例等軍事に関する最少限の規定を設ける。

　3．国防に協力する国民の義務並びに戦争又は非常事態下における国民の権利義務の特例については別途考慮する。」（渡辺治・前掲書504頁）。

追求しようとした※14。

　しかし、岸首相の思惑とは逆に、旧日米安保条約の改定は国民による激しい反対運動にさらされ、岸は、条約改定案の自然成立を見届けて、1960（昭和35）年6月23日、辞意を表明し、同年7月15日、岸内閣は総辞職した。

（2）新安保条約

（ⅰ）米軍基地の提供

　改定された日米安保条約（正式名称は、「日本国とアメリカ合衆国との間の相互協力及び安全保障条約」※15）は、日本国内の「施設及び区域」をアメリカ軍が引き続き使用することを認めたが（日米安全保障条約6条）、在日米軍の目的は、「日本国の安全に寄与」するためだけではなく、「極東における国際の平和及び安全の維持に寄与する」ものとされた※16。アメリカがベトナムをはじめとして、世界各地で軍事介入を強める中、日米安保条約は、日本をアメリカの行う戦争に巻き込むものと批判された。

　そこで、岸首相は、アメリカ国務長官ハーターとの間で「条約第6条の実施に関する交換公文」※17を交わし、「日本国から行なわれる戦闘作戦行動のための基地としての日本国内の施設及び区域の使用」については、日本政府との**事前協議**の対象となるとされた。しかし、ベトナム戦争時を含め、現在に至るまで、数多くの戦闘部隊が在日米軍基地から出撃しているにもかかわらず、一度も事前協議が行われた形跡がなく、交換公文による歯止めは空文化しているとも指摘される。

　また、1954（昭和29）年にアメリカがビキニ環礁で行った水爆実験により漁船乗組員が被爆した事件（第五福竜丸事件）をきっかけに、**核兵器に反対する**

※14 たとえば、岸首相は、核兵器の保有について、「いわゆる核兵器と名前がつくものは全部憲法違反だという御説もあるようでありますけれども、……憲法の解釈論としては正しくないのじゃないか」と述べ、「自衛権を裏づけるに必要な最小限度の実力であれば、……たとえ核兵器と名がつくものであっても持ち得る」と答弁した（1957（昭和32）・5・7〔第26回国会・参議院予算委員会議録〕第24号13頁、21頁〔岸信介内閣総理大臣〕。

※15 http://www.mofa.go.jp/mofaj/area/usa/hosho/jyoyaku.html。

※16 「極東」について、岸内閣の政府統一見解（1960（昭和35）年2月26日　http://www.mofa.go.jp/mofaj/area/usa/hosho/qa/03_2.html）は、一応、「フィリピン以北並びに日本及びその周辺の地域であって、韓国及び中華民国の支配下にある地域もこれに含まれている」と定義したが、他方で、「この区域に対して武力攻撃が行われ、あるいは、この区域の安全が周辺地域に起こった事情のため脅威されるような場合、米国がこれに対処するため執ることのある行動の範囲は、その攻撃又は脅威の性質いかんにかかるのであって、必ずしも前記の区域に局限されるわけではない」としており、在日米軍の行動範囲は事実上無制限なものとも解される。

※17 http://www.mofa.go.jp/mofaj/area/usa/hosho/pdfs/jyoyaku_k_02.pdf。

運動が高揚し、在日米軍基地に核兵器が持ち込まれる危険性やアメリカの原子力潜水艦の放射漏れ事故への懸念が広がった。交換公文では、合衆国軍隊の「装備における重要な変更」も事前協議の対象とされ、「装備における重要な変更」とは核兵器の配備・持込みを指すと説明された[18]。しかし、後に、核兵器の「配備」に至らない、「持込み」は事前協議の対象としないとの密約があったことが明らかとなっている[19]。

(ⅱ) 共同対処行動

　日米安保条約5条は、「各締約国は、日本国の施政の下にある領域における、いずれか一方に対する武力攻撃が、自国の平和及び安全を危うくするものであることを認め、自国の憲法上の規定及び手続に従つて共通の危険に対処するように行動する」と定める。これによれば、日本の領域内であれば、「いずれか一方」、すなわちアメリカ軍に対してだけ軍事攻撃がなされた場合であっても、日本は「自国の平和と安全を脅かすもの」とみなして、アメリカ軍と共同で軍事行動を行うことになる。

　在日米軍基地に対して攻撃が加えられた場合には、「日本の領土、領空を侵犯する」こととなり、自衛隊は「自衛のために」行動すると説明できる[20]。しかし、アメリカ軍は、日本の自衛権行為の要件が満たされない場合でも軍事行

---

[18] この点は、従来、以下のような「藤山外務大臣とマッカーサー駐日大使との口頭了解」(1968(昭和43)年4月25日に国会提出)によって確認されていると説明されてきた(1969(昭和44)・3・14(第61回国会・衆議院外務委員会議録)第5号16頁〔愛知揆一外務大臣〕)。
「日本政府は、次のような場合に日米安保条約上の事前協議が行なわれるものと了解している。
一　「配置における重要な変更」の場合　陸上部隊の場合は一個師団程度、空軍の場合はこれに相当するもの、海軍の場合は一機動部隊程度の配置
二　「装備における重要な変更」の場合　核弾頭及び中・長距離ミサイルの持込み並びにそれらの基地の建設
三　わが国から行なわれる戦闘作戦行動(条約第5条に基づいて行なわれるものを除く。)のための基地としての日本国内の施設・区域の使用)」
　しかし、2010(平成22)年の外交文書公開において、こうした「口頭了解」はなく、1968(昭和43)年に架空の文書が作られたことが判明した。外務省調査チーム「いわゆる「密約」問題に関する調査報告書」(2010(平成22)年3月5日)によれば、「藤山外務大臣とマッカーサー駐日大使との間で作成された『討議の記録』の写しと思われる文書二件(英文のみ)が発見された。」とされる(2頁)。http://www.mofa.go.jp/mofaj/gaiko/mitsuyaku/pdfs/hokoku_naibu.pdf。
[19] 「密約」問題に関する調査結果報告の際に公開された文書(http://www.ioc.u-tokyo.ac.jp/~worldjpn/documents/texts/JPUS/19680127.O1J.html)参照。
[20] 1959(昭和34)・8・1〔第32回国会・参議院内閣委員会議録〕第2号16頁〔赤城宗徳防衛庁長官〕(答弁集111)。

動をとり得るのであって、在日米軍が日本の領域内で戦闘行動に入れば、自衛隊は、自衛権行使の要件を満たさないまま軍事行動をとらざるを得なくなる危険もある。

(iii) 高度経済成長と第一次改憲ブームの挫折

岸内閣退陣の後を受けた池田勇人内閣は、高度経済成長路線を優先し、1950年代の第一次改憲ブームは終息に向かった。1960年代から1970年代にかけては、ベトナム戦争への日本の関与や、米軍による軍事行動や核兵器の持込みに対して、事前協議制が機能し得るのかが国会で厳しく追及されるなど、総じて、平和主義からの逸脱を制御しようとする方向での議論が進展した。1967（昭和42）年4月には、佐藤栄作首相が、紛争当事国への武器輸出等を禁ずる武器禁輸三原則[21]を表明し、同年12月には、小笠原諸島が返還されるのを前に、日本に核兵器が持ち込まれないことを強調して非核三原則を提唱した[22]。また、1976（昭和51）年には、三木武夫内閣において、軍事費をGNP1％以内にとどめることが閣議決定された[23]。

(3) 自衛隊裁判

1960年代から1970年代にかけて、各地で自衛隊の違憲性を問う裁判が提起された。

(i) 恵庭事件

北海道恵庭町（現・恵庭市）の自衛隊基地で行われる演習の射撃音に悩まされた酪農家が自衛隊基地内の演習用通信線を切断して、自衛隊法121条（防衛用器物損壊）違反の罪に問われた。札幌地裁（札幌地判1967（昭42）・3・29下刑9巻3号359頁）は、自衛隊の合憲性の問題についての判断を回避し、被告人の行為が自衛隊法121条の構成要件に該当しないとだけ判示して無罪とした（→81条Ⅳ3(2)）。

(ii) 長沼ナイキ基地訴訟

北海道夕張郡長沼町に航空自衛隊の地対空ミサイル基地を建設するため、農

---

[21] http://www.mofa.go.jp/mofaj/gaiko/arms/mine/sanngen.html　1967（昭和42）・4・21〔第55回国会・衆議院決算委員会会議録〕第5号10頁〔佐藤栄作総理大臣〕。

[22] 佐藤首相は、小笠原の返還にあたって核兵器が持ち込まれることはないことを強調し、「本土としては、私どもは核の三原則、核を製造せず、核を持たない、持ち込みを許さない、これははっきり言っている」と述べた（1967（昭和42）・12・11〔第57回国会・衆議院予算委員会会議録〕第2号18頁〔佐藤栄作内閣総理大臣〕）。なお、同原則は、沖縄返還にあたっても政府によって確認され、後の国会決議（1971（昭和46）年11月24日）により「国是」とされた。

[23] 閣議決定の文面は、「防衛力整備の実施に当たっては、当面、各年度の防衛関係経費の総額が当該年度の国民総生産の100分の1に相当する額を超えないことをめどとしてこれを行うものとする。」というものであった（1976（昭和51）年11月5日）。http://www.cas.go.jp/jp/gaiyou/jimu/taikou/7_toumen_boueiryoku.pdf。

林大臣が森林法に基づく保安林指定解除処分を行ったことに対して、住民が処分取消訴訟を提起した。第一審札幌地裁（札幌地判1973（昭48）・9・7行集27巻8号1385頁）は、自衛隊を憲法9条2項にいう「戦力」に該当するとして憲法違反の判断を示したが、控訴審判決（札幌高判1976（昭51）・8・5行集27巻8号1175頁）は、憲法9条2項が自衛のための「戦力」の保持まで禁じているかどうかは一義的に明確でなく、自衛隊が一見明白に侵略的なものとはいい得ない以上、自衛隊が憲法9条2項に違反するかどうかは裁判所が審査し得ない統治行為にあたるとした。最高裁判決（最一小判1982（昭57）・9・9民集36巻9号1679頁）は、代替施設の設置により保安林指定解除処分の取消しを争う訴えの利益がなくなったとして、訴えを却下した。

(iii) **百里基地訴訟**

茨城県小川町の航空自衛隊百里基地建設予定地について、土地所有者が基地建設に反対する元町長との売買契約を解除して防衛施設庁に譲渡したため、元町長側が自衛隊建設のための土地売買契約は無効である等として争った。第一審水戸地裁（水戸地判1977（昭52）・2・17訟月23巻2号255頁）は、自衛隊が侵略的戦争遂行能力を有する組織かどうかは一見明白であるとはいえず、自衛隊が憲法9条に反するかどうかは統治行為として裁判所の審査権の範囲外であるとした。控訴審判決（東京高判1981（昭56）・7・7訟月27巻10号1862頁）と最高裁判決（最三小判1989（平1）・6・20民集43巻6号385頁）は、土地売買契約のような私法上の行為には憲法9条は直接適用されないとして、売買契約等を有効とした（→98条Ⅵ）。

5　日米防衛協力のための指針（ガイドライン）による日米安保体制強化

ベトナム戦争後、アメリカは国家財政危機にみまわれ、国防負担を軽減するために、同盟国の軍事的分担を増大させる方針を強めた。また、日本側も、ベトナム戦争後、アメリカがアジアへの関与に消極的になることをおそれ、軍事的結び付きを強化する必要を感じていた。

(1) **1978年ガイドライン**

1978（昭和53）年に福田赳夫内閣は、アメリカとの間で「日米防衛協力のための指針」（1978年ガイドライン）※24を締結した。これは、日米安保条約5条の定める日米の共同対処行動を具体化するものであり、そのための法整備を進めようとしたことが、日米安保体制と憲法9条との緊張関係を高めた。

1978年ガイドラインは、日本が引き続きアメリカ軍に「施設及び区域」の使用を認める見返りに、アメリカが「核の傘」とその軍事力により日本への侵略を未然に防ぐことを確認した。その上で、1978年ガイドラインは、「日本に対する武力攻撃がなされた場合に共同対処行動を円滑に実施し得るよう、作戦、

※24 http://www.mod.go.jp/j/approach/anpo/shishin/sisin78.html。

情報、後方支援等の分野における自衛隊と米軍との間の協力態勢の整備に努める。」として、共同作戦計画の研究、共同演習・共同訓練の実施、情報の円滑な交換のための体制・通信連絡体系の整備、補給・輸送・整備・施設の相互運用のための調整、武力攻撃が行われるおそれのある場合の作戦準備のための共通の基準の作成、武力攻撃がなされた場合の自衛隊とアメリカ軍との役割分担等の協力関係の強化を宣言した。また、「極東における事態で日本の安全に重要な影響を与える場合」における日本による便宜供与のあり方についても研究の必要性を説いた。

(2) 有事法制研究とシーレーン防衛

　1978年ガイドラインの具体化として、政府内で有事法制についての研究が進められた。また、自衛隊とアメリカ軍による大規模な合同軍事演習がくり返されるようになり、1980（昭和55）年には、アメリカ、カナダ、オーストラリア、ニュージーランドによる環太平洋合同演習に海上自衛隊が参加するようになった。そして、1981（昭和56）年5月には、鈴木善幸首相が、エネルギー・食料等の海上輸送ルート「シーレーン」の防衛にあたることをアメリカに向けて表明した。鈴木首相は、1,000海里もの補給路を日本の防衛圏と宣言したが、政府は、公海上を航行する日本船舶の護衛は、憲法上許されており※25、日本が武力攻撃を受けている場合に、日本に物資を輸送する第三国の船舶への攻撃排除も個別的自衛権に含まれると説明した※26。アメリカ海軍との共同軍事行動を具体化する装備として、1978（昭和53）年からF-15戦闘機と対潜哨戒機P-3Cが導入されたが、政府は、いずれについても「他国に侵略的、攻撃的脅威を与えるものではない」もので、憲法が禁じている「戦力」には該当しないと答弁した※27。

　アメリカ軍との共同軍事行動の具体化にあたって、自衛隊によるアメリカ艦船防衛の可否も問題となった。政府は、日本に対する武力攻撃がなされた場合に、来援しているアメリカ軍艦を護衛することは、公海上であっても個別的自衛権の範囲内であるとした※28。

　中曽根康弘内閣の時代になると、日米の軍事協力はさらにエスカレートした。1983（昭和58）年、中曽根首相は、米ソ戦争の際には、日本本土をソ連のバックファイヤー戦闘機を阻止するための「不沈空母」化し、自衛隊は対馬・津軽・

※25 1980（昭和55）・11・4〔第93回国会・衆議院内閣委員会議録〕第7号28頁〔鈴木善幸総理大臣〕（答弁集133）。

※26 1983（昭和58）・3・15〔第98国会・参議院予算委員会議録〕第6号2頁〔内閣統一見解〕（答弁集134）。

※27 1978（昭和53）・2・14〔第84回国会・衆議院予算委員会議録〕第12号6頁〔金丸信防衛庁長官〕（答弁集86）。

※28 1983（昭和58）・3・24〔第98回国会・参議院内閣委員会議録〕第5号27頁〔夏目春雄防衛庁防衛局長〕（答弁集147）。

宗谷の三海峡を封鎖するとまで宣言した。また、中曽根内閣はアメリカ向けの武器技術提供を解禁して武器禁輸三原則を緩和する（1983（昭和58）年）とともに、防衛費をGNP1％以内とするとの三木内閣時代の閣議決定を覆した（1986（昭和61）年）。

6　湾岸戦争を契機とする自衛隊海外派遣の動き

　1989年の「ベルリンの壁」崩壊に象徴されるように、東欧社会主義政権が次々に倒れ、長く日米両国の「仮想敵」であったソビエト連邦も、1991年に解体した。こうして、戦後世界を枠づけてきた冷戦構造自体が姿を消した。しかし、冷戦構造の終焉は、世界平和をもたらさず、地域紛争やテロリズムが世界の安定を脅かすようになった。

　イラクによるクウェート侵攻に対して、1991年1月、アメリカを中心とする多国籍軍がイラクに宣戦を布告し、湾岸戦争が始まった。日本政府は、自衛隊法100条の5を根拠に、難民輸送のための自衛隊機派遣を決定する[※29]とともに、多国籍軍の活動に総額130億ドルもの拠出を行った。しかし、アメリカが「目に見える形での貢献」を求めているとの声に押され、海部俊樹内閣は、「人的貢献」として、「国際連合の決議等に基づき行われる国際の平和及び安全の維持又は回復を図るための活動等」に自衛隊の部隊等を派遣するための国際平和協力法案を国会に提出した。しかし、同法案は、野党の厳しい反対に合い与党内からも反対が出て廃案となった。代わって、政府は、戦闘終結後、旧自衛隊法99条に基づいて、ペルシャ湾の機雷除去のため自衛隊の掃海艇を派遣した[※30]。

[※29] この時、外国にいる日本国民の保護を自衛隊がなし得るかとの議論が国会でなされ、内閣法制局は、自衛権発動の3要件を満たす必要があると回答している（1991（平成3）・3・13〔第120回国会・衆議院安全保障特別委員会議録〕第5号21頁〔大森政輔内閣法制局第一部長〕（答弁集120））。なお、これより以前に、海外邦人救出のため自衛隊機を派遣できるかが国会で議論になった折り、内閣法制局は、当該国の承認を得た上で、武力行使を目的にしないで派遣することは憲法上可能と答えている（1980（昭和55）・10・28〔第93回国会・衆議院内閣委員会議録〕第5号27頁〔味村治内閣法制局第一部長〕（答弁集131））。

[※30] イラク・イラン戦争にあたって中曽根首相は、イランがペルシャ湾に敷設した機雷を自衛隊により掃海させようとした。内閣答弁書は、公海上に遺棄された機雷の除去は武力の行使にあたらないと述べている（1987（昭和62）・9・29〔第109回国会・参議院議員黒柳明君提出ペルシャ湾の安全航行確保問題に関する質問に対する答弁書〕第12号〔中曽根康弘〕（答弁集135））。ただし、武力行使の一環として敷設された外国の機雷の除去は武力行使にあたり、憲法上許されないとされる（1997（平成9）・6・16〔第140回国会・参議院内閣委員会議録〕第14号3頁〔大森政輔内閣法制局長官〕（答弁集136））。

80 第2章 戦争の放棄〔前注〕

7 国連平和維持活動（PKO）への自衛隊参加

(1) 「国際貢献」論

湾岸戦争終結後、資金援助にとどまった日本政府の対応を否定的に評価する風潮が高まり、憲法9条が日本の「国際貢献」を妨げているとの主張がなされるようになった。「国政貢献」をより積極的に行うために憲法9条を改正するとの主張は、1990年代の改憲ブームの基調となった[31]。

(2) PKO等協力法

冷戦後、国連による積極的な平和構築の方法として、「平和維持活動（Peace Keeping Operations[32]）」と呼ばれる実践が活発に行われるようになってきた。PKOは、国連憲章第7章に規定された軍事的強制措置が機能しなかった下で、停戦監視や選挙監視などの実績を積み重ねてきた。政府は、自衛隊等を国際連合の平和維持活動のほか、人道的な国際救援活動、国際的な選挙監視活動に参加させることを可能にするため、1992（平成4）年に「国際連合平和維持活動等に対する協力に関する法律」（PKO等協力法）を制定した。

PKOは、国連憲章上の明文の根拠なしに、具体的実践として積み重ねられてきたものであるため、その態様には、中立的で平和的なものから強制的に紛争を鎮めようとするもの（平和維持軍（PKF）といわれる）まで大きな差異がある。PKOへの自衛隊派遣が、憲法9条の禁ずる「武力の行使」にあたらないことを確保するため、PKO等協力法は、(a)紛争当事国の停戦合意、(b)自衛隊が参加する活動についての受け入れ国の同意、(c)活動の中立性、(d)(a)～(c)の条件が満たされない場合の撤退、(e)武器使用を必要最小限度とすること、とのPKO五原則を規定し、当初、停戦・武装解除の監視、緩衝地帯での駐留・巡回など、武力を伴う活動は凍結された（2001（平成13）年に解除）。

政府は、かねてから、国連憲章第7章に基づく軍事的強制措置として武力行使を行う国連軍に自衛隊が参加することは憲法上許されないとしてきてい

---

[31] たとえば、1994（平成6）年11月に発表された読売新聞「憲法改正試案」は、「国際協力」という章を置き、以下のような条文を定めていた。

「第12条（理念）　日本国は、地球上から、軍事紛争、自然災害、環境破壊、特定地域での経済的欠乏及び地域的な無秩序によって生じる人類の災禍が除去されることを希求する。

第13条（国際活動への参加）　前条の理念に基づき、日本国は、確立された国際的機構の活動に、積極的に協力する。必要な場合には、公務員を派遣し、平和の維持及び促進並びに人道的支援の活動に、自衛のための組織の一部を提供することができる。」（渡辺・前掲※13書・161頁）。

[32] 国連によると、1948年に安全保障理事会が中東に派遣した停戦監視団がPKOの始まりとされ、冷戦終結後の1989年から1994年までの期間には20の新規活動に急増した。https://www.un.org/en/peacekeeping/operations/surge.shtml。

る※33。政府は、当初、PKO等協力法に基づく武器の使用について、あくまでも「我が国要員等の生命、身体の防護のために必要最小限のものに限られ」、「自己保存のための自然権的権利というべきものであるから、そのために必要な最小限の『武器の使用』は、憲法第9条第1項で禁止された『武力の行使』にはあたらない」と説明した※34。しかし、1998（平成10）年法改正により武器使用が原則として上官の命令によることとなり、2001（平成13）年法改正により、「自己又は自己と共に現場に所在する我が国要員」に加え、「その職務を行うに伴い自己の管理に入った者」も武器使用による防衛対象とされた。こうして、PKOに派遣された自衛隊員による武器使用を「自己保存」として説明することは困難になっている。

PKO等協力法に基づいて、日本は2015（平成27）年までに13のPKO、5つの人道的救援活動、13の国際的選挙監視活動に参加した※35。2006（平成18）年の自衛隊法改正により、「国際連合を中心とした国際平和のための取り組みへの寄与その他の国際協力の推進を通じて我が国を含む国際社会の平和及び安全の維持に資する活動」が、自衛隊の付随的任務から本来任務に含められている（自衛3条2項2号）。

8 「安保再定義」と有事法制の整備
(1) 日米安保体制の「再定義」

冷戦時代の産物である日米安保体制は、ソ連の崩壊とともにその存在意義を失うはずのものであった。しかし、日米両政府にとって、日米安保体制はいまや動かすことのできない所与の前提であり、新たな存在理由が模索されることとなった。

1993年に北朝鮮による核兵器開発や中距離ミサイルの発射実験により東アジアの軍事的緊張が高まったことを契機に、ソ連による侵攻を想定した日本有事よりも朝鮮半島における有事が現実性を増したとの議論が活発化した。アメリカは、1995年の「東アジア戦略報告」において、アジア・太平洋地域の経済的・戦略的重要性が確認されたことを受けて、日米軍事同盟の再構築に乗り出し、

※33 たとえば、1980（昭和55）・10・28〔第93回国会・衆議院議員稲葉誠一君提出自衛隊の海外派兵・日米安保条約等の問題に関する質問に対する答弁書〕第6号（答弁集185）。
※34 1991（平成3）・9・25〔第121回国会・衆議院国際平和協力等に関する特別委員会議録〕第3号3頁〔工藤敦夫内閣法制局長官〕（答弁集195）。1991（平成3）年11月18日に衆議院国際平和協力特別委員会で示された内閣統一見解においては、PKO要員の武器使用について、「自己保存のための自然権的権利というべきものであるから、そのために必要な最小限の『武器の使用』は、憲法第9条第1項で禁止された『武力の行使』にはあたらない」とされた（1991（平成3）・11・18〔第122回国会・衆議院国際平和協力等に関する特別委員会議録〕第3号19頁）（答弁集197）。
※35 http://www.mofa.go.jp/mofaj/gaiko/pko/kyoryokuhou.html。

82　第2章　戦争の放棄〔前注〕

1996（平成8）年にクリントン大統領と橋本龍太郎首相は「日米安全保障共同宣言」※36を発表した。同宣言は、日米安保体制の重要性を再確認した上で、日米安保体制の対象を、地域的な安全保障さらには地球規模の安全保障にも拡大すること、それにあわせて「防衛協力のための指針」を見直すことを明らかにした。

(2)　1997年ガイドライン

　「日米安保共同宣言」を受けて、1997（平成9）年には、日米の防衛関係首脳間で新しい「日米防衛協力のための指針」（1997年ガイドライン）が合意された※37。1997年ガイドラインの特徴は、「日本に対する武力攻撃に対する共同対処」のあり方をさらに具体化するとともに、「日本周辺地域における事態で日本の平和と安全に重要な影響を与える場合（周辺事態）」について詳細な協力体制を明記したことにある。そこでは、日本の領域外で発生するアメリカの軍事行動に対して、日本の後方支援機能を強化することが目指されていた。

(3)　周辺事態法

　1999（平成11）年には、1997年ガイドラインの具体化として、「周辺事態に際して我が国の平和及び安全を確保するための措置に関する法律」（周辺事態法）が制定された。「周辺事態」とは、「そのまま放置すれば我が国に対する直接の武力攻撃に至るおそれのある事態等我が国周辺の地域における我が国の平和及び安全に重要な影響を与える事態」（周辺事態1条）とされ、未だ日本に対する武力攻撃や武力攻撃のおそれが生ずるに至らない状態である。同法は、「周辺事態」にあたって、日本が「後方地域支援」（アメリカ軍に対する物品・役務の提供等）、「後方地域捜索救援活動」（戦闘行為で遭難した戦闘員の捜索・救助）、「船舶検査活動」等を行うことを可能とした（周辺事態2条1項）。

　周辺事態法の定める後方支援等は、戦闘行為に不可欠な、いわゆる「兵站」であるが、「周辺事態」は日本の個別的自衛権発動の要件を満たしていない。そこで、周辺事態法は、諸活動の行われる「後方地域」を、「我が国領域並びに現に戦闘行為が行われておらず、かつ、そこで実施される活動の期間を通じて戦闘行為が行われることがないと認められる我が国周辺の公海（海洋法に関する国際連合条約に規定する排他的経済水域を含む。以下同じ。）及びその上空の範囲」（周辺事態3条1項3号）と定め、政府は、「後方支援活動」が武力行使とは一線を画しており、憲法9条に違反しない、と説明した※38。

　しかし、「周辺事態」とは、政府によると、「地理的概念ではなく、事態の性質に着目した概念」であり、特定の事態がこれに該当するか否かは「事態の態様、

───────────────────

※36　http://www.mofa.go.jp/mofaj/area/usa/hosho/sengen.html。

※37　http://www.mofa.go.jp/mofaj/area/usa/hosho/kyoryoku.html。

※38　1999（平成11）・4・23〔第145国会・衆議院日米防衛協力のための指針特別委員会会議録〕第11号26頁〔高村正彦外務大臣〕（答弁集169）。

規模等を総合的に勘案して日米両国が各々主体的に判断するもの」※39とされ、日本の領域にとどまらないばかりか、「極東」という日米安保条約上の範囲すら超えるおそれもある※40。

　2000（平成12）年には、周辺事態法2条1項に定められた「船舶検査活動」を具体化するため、「周辺事態に際して実施する船舶検査活動に関する法律」（船舶検査法）も制定された。船舶検査法は、周辺事態にあたって、国連安全保障理事会の決議または船舶の旗国の同意に基づいて、船舶（軍艦等を除く）の積荷・目的地を確認したり、必要に応じて目的地・目的港・航路の変更を求めるものであり（周辺事態に際して実施する船舶検査活動に関する法律2条）、戦時国際法上、「臨検」と呼ばれる行為を可能とする。被制裁国の船舶に対して臨検を行おうとすれば、武力による抵抗も予想され、武力紛争に発展するおそれもある。

(4) 武力攻撃事態法

　2003（平成15）年6月には、1978年ガイドライン以来の懸案であった日本有事に対応するための「武力攻撃事態等における我が国の平和と独立並びに国及び国民の安全の確保に関する法律」（武力攻撃事態法）が成立した。ここでも、テロリズムの脅威、核ミサイル問題や「不審船」騒ぎなど、北朝鮮の脅威が最大限利用された。

(i) 武力攻撃事態と予測事態

　武力攻撃事態法は、「武力攻撃が発生した事態又は武力攻撃が発生する明白な危険が切迫していると認められるに至った事態」を**「武力攻撃事態」**と呼び、政府機関、地方公共団体、指定公共機関とされた公益企業等、そして国民に至るさまざまなレベルでの「対処措置」＝動員体制の決定手続を定める。加えて、「武力攻撃事態には至っていないが、事態が緊迫し、武力攻撃が予測されるに至った事態」である**「武力攻撃予測事態」**という前段階についても、一定の有事体制をとり得ることを定めている（武力攻撃事態3条2項）。

　「武力攻撃事態」の具体的なケースとして、政府は、答弁書（2004（平成16）年3月19日提出）の中で、「現時点においては、航空機や船舶により地上部隊が上陸する攻撃、ゲリラや特殊部隊による攻撃、弾道ミサイル攻撃、航空機による攻撃等を想定している」としている。

※39　たとえば、1997（平成9）・12・2〔第141回国会衆議院本会議議録〕16号11頁〔橋本龍太郎総理大臣〕。

※40　ただし、政府は、国会答弁の中で、「周辺事態が我が国の平和と安全に重要な影響を与える事態である以上、このような事態が生起する地域にはおのずと限界があり、例えば中東やインド洋上で生起することは、現実の問題として想定されない」とし、一定の地理的限定をせざるを得なかった（2000（平成12）・11・14〔第150回国会・衆議院安全保障委員会議録〕第4号25頁〔首藤新吾防衛庁防衛局長〕）。

84 第2章 戦争の放棄〔前注〕

(ii) 緊急対処事態

　武力攻撃事態法は、また、国家による武力行使とは異なるテロリズムを念頭に、「武力攻撃の手段に準ずる手段を用いて多数の人を殺傷する行為が発生した事態又は当該行為が発生する明白な危険が切迫していると認められるに至った事態で、国家として緊急に対処することが必要なもの」として「緊急対処事態」という状況も想定している（武力攻撃事態25条1項）。

　「緊急対処事態」の具体的な類型としては、(a)原子力発電所、石油コンビナート等、危険性を内在する物質を有する施設等に対する攻撃が行われる事態、(b)大規模集客施設や駅など多数の人が集合する施設および、新幹線の大量輸送機関等に対する攻撃が行われる事態、(c)放射性物質や生物・化学性物質で、多数の人を殺傷する特性を有する物質等による攻撃が行われる事態、(d)航空機の乗っ取りなど、破壊の手段として交通機関を用いた攻撃が行われる事態の4類型が想定されている[41]。

(iii) 地方公共団体と国民の有事体制への組み込み

　武力攻撃事態、緊急対処事態においては、政府の定めた「対処基本方針」（緊急対処事態においては、「対処方針」）に従い、国の機関はもちろん、地方公共団体、「指定公共機関」に含まれるライフラインを担当する公益事業等には、「必要な措置を実施する責務」が課せられ（武力攻撃事態5条・6条）、国民も協力が求められる（武力攻撃事態8条）。

　2004（平成16）年には、武力攻撃事態における国民の避難・保護のあり方を定める「武力攻撃事態等における国民の保護のための措置に関する法律」（国民保護法）[42]、アメリカ軍との連携を円滑にし、自衛隊の物品・役務の提供、土地の使用等を認める「武力攻撃事態等におけるアメリカ合衆国の軍隊の行動に伴い我が国が実施する措置に関する法律」、港湾施設、飛行場施設、道路、海域、空域及び電波の利用の確保等について定める「武力攻撃事態等における特定公共施設等の利用に関する法律」、領海とその周辺における外国軍用品の輸送を規制するための臨検等を定めた「武力攻撃事態における外国軍用品等の海上輸送の規制に関する法律」（外国軍用品等海上輸送規制法）も制定され、政府の長年の懸案であった有事法制が一応の整備をみた。

　有事法制整備とともに、国の統治システムにおける軍事の比重が高まり、総

---

[41] 2004（平成16）・5・12日〔第159国会・衆議院武力攻撃事態等への対処に関する特別委員会議録〕第14号8頁〔井上喜一国務大臣〕。

[42] 武力攻撃事態等における国民の保護のための措置に関する法律32条に基づいて、内閣により「国民の保護に関する基本方針」が定められ（http://www.kokuminhogo.go.jp/pdf/shishin260509.pdf（2005（平成17）年3月25日決定、2014（平成26）年5月9日改訂））、武力攻撃事態等における国民の保護のための措置に関する法律34条に基づく各都道府県の国民保護計画も定められている（http://www.kokuminhogo.go.jp/torikumi/kankeikikan.html）。

理府（内閣府）の外局であった防衛庁が、2007（平成19）年には、内閣の一角を占める防衛省に昇格した。

9 反テロ戦争と自衛隊海外派遣の拡大

21世紀の世界は、「テロとの闘い」という新しい形の「戦争」に直面することとなった。

2001年9月11日にアメリカ各地で同時多発的に発生したテロ事件は、アメリカのみならず世界に衝撃を与えた。アメリカとイギリス・フランス等の同盟国は、テロリストをかくまったとして、アフガニスタンのタリバン政権に対する軍事攻撃を決定した。

(1) テロ対策特別措置法

NATO諸国は、集団的自衛権に基づいて、アメリカのアフガニスタン攻撃に軍事協力したが、中東での紛争は、日米安保条約、周辺事態法の想定外の紛争であり、政府は、「国際的テロリズムの防止及び根絶」という新たな理由づけの下で、アメリカ軍への協力を行うとの方針をとった。2001（平成13）年11月に制定された「平成13年9月11日のアメリカ合衆国において発生したテロリストによる攻撃等に対応して行われる国際連合憲章の目的達成のための諸外国の活動に対して我が国が実施する措置及び関連する国際連合決議等に基づく人道的措置に関する特別措置法」（テロ対策特別措置法）※43は、政府が、テロ対策のために、「協力支援活動（諸外国の軍隊に対する物品・役務の提供、便宜の供与等）」、「捜索救助活動（遭難した戦闘参加者の捜索・救助）」、「被災民救援活動（被災民救援のための生活関連物資の輸送、医療等の活動）」等をなし得ると定める。ただし、実際に、日本がテロ対策特別措置法に基づいて行った活動の中心は、インド洋において、アフガニスタンでの戦闘に参加するアメリカをはじめとする各国軍艦に給油することであった（「テロ対策特措法に基づく対応措置に関する基本計画」（2001（平成13）年11月16日閣議決定）※44参照）。

日本国外で、軍事作戦に直接参加する軍艦の燃料を補給することは、憲法で禁じられた集団的自衛権の行使にあたる疑いが強いと批判された。これに対し、テロ対策特別措置法は、各種の対応措置が、「我が国領域及び現に戦闘行為（国際的な武力紛争の一環として行われる人を殺傷し又は物を破壊する行為をいう。以下同じ）が行われておらず、かつ、そこで実施される活動の期間を通じて戦闘行為が行われることがないと認められる」公海、外国の領域で行われるとの限定を加えた（テロ対応特措2条3項）。そして、政府は、給油等の活動は、「それ自体としては憲法の禁ずる武力の行使に当たらない活動であり」、また、「その活動地域はいわゆる『非戦闘地域』であることなどから、他国の武力行使と

※43 http://www.cas.go.jp/jp/hourei/houritu/tero_h.html。
※44 http://www.kantei.go.jp/jp/singi/anpo/kakugi/040423keikaku.html。

86 第2章 戦争の放棄〔前注〕

一体化するとの問題を生ずることはない」との理由から、憲法には違反しない
と説明した※45。

なお、テロ対策特別措置法は2年間の時限立法であり、数次の延長をくり返
した後、2007（平成19）年11月に失効した。インド洋における外国軍艦への給
油活動を継続するため、2008（平成20）年1月に「テロ対策海上阻止活動に対
する補給支援活動の実施に関する特別措置法」が施行されたが、同法も2010（平
成22）年1月に失効し、自衛隊はインド洋から撤収した。

（2）イラク特別措置法

アメリカのG.W.ブッシュ政権は、イラクのフセイン政権が国際テロ組織アル
カイーダとつながりをもち、また、核・化学兵器等の大量破壊兵器を保有する
疑いがあるとして厳しく非難した。そして、2003年3月、イラクが大量破壊兵
器についての査察に応じないことを理由に、アメリカは、国連安全保障理事会
の決議を経ないまま、イギリス、オーストラリアなどとともに、イラクに対す
る軍事攻撃に踏み切り、5月にはフセイン政権を崩壊させた。

日本の小泉首相は、アメリカによるイラク攻撃を支持するとの見解を発表す
るとともに、2003（平成15）年7月「イラクにおける人道復興支援活動及び安
全確保支援活動の実施に関する特別措置法」（イラク特別措置法）※46に基づいて、
自衛隊を派遣した。イラク特別措置法は、「イラクの国家の再建を通じて我が
国を含む国際社会の平和及び安全の確保に資することを目的」として実施され
る「対応措置」として、「人道復興支援活動」（住民の救援、被害の復旧等）と
「安全確保支援活動」（国連加盟国がイラク国内における安全・安定を回復する
ために行う活動の支援）を行うことを定めた（イラク特別措置法2条）。

イラク特別措置法に基づき、陸上自衛隊が南部の都市サマーワで、「人道復
興支援活動」として、給水、医療支援、学校道路の補修を行い、航空自衛隊は、
クウェートとイラクの空港との間の物資の輸送を行ったが、その中には、人道
復興支援物資の輸送のほか、「安全確保支援活動」としての多国籍軍の兵士・
物資の輸送も含まれていた。内閣の定めた「基本計画」※47を受けて防衛庁が定
めた「実施要領」によれば、「物品の輸送に際しては、武器（弾薬を含む。）
の輸送を行わない」とされていたが、兵士の携行する武器・弾薬は輸送の対象
となった※48。

※45 2005（平成17）・10・17〔第163国会・衆議院国際テロリズムの防止及び我が国の協
力支援活動並びにイラク人道復興支援活動等に関する特別委員会議録〕第3号3頁〔町
村信孝外務大臣〕。

※46 http://www.kantei.go.jp/jp/houan/2003/iraq/030613iraq.html。

※47 http://www.kantei.go.jp/jp/fukkosien/iraq/031209kihon.pdf。

※48 2008（平成20）・12・26〔第170会国会・参議院議員喜納昌吉君提出航空自衛隊のイ
ラク派遣に関する質問に対する答弁書〕第136号。

自衛隊の派遣は、戦闘終結後に行われたものの、イラク国内では武装勢力が
テロ活動を活発に行っており、自衛隊が武力攻撃の対象となることが懸念され
た。また、「安全確保支援活動」は、外国軍の兵士・物資の輸送という兵站活
動にほかならず、ここでも、憲法の禁ずる集団的自衛権の行使にならないかが
問題となった。政府は、イラク特別措置法に基づく「対応措置」は、(a)「我が
国として憲法の禁ずる武力の行使を行わず」、(b)「我が国の活動が他国の武力の
行使と一体化しない」ことを基本としており、自衛隊は、「当該多国籍軍の司
令官の指揮下に入り、その一員として行動する」ものではないので、武力の行
使と一体化することはないことを理由に、憲法に違反しないとした※49。

これに対して、自衛隊のイラク派遣差止め等を求めた事件について、名古屋
高裁※50は、各請求は斥けたものの、自衛隊のイラクへの派遣が憲法9条1項に
違反するものであったと述べた。判決は、イラク国内において、依然として
「国際的な武力紛争」が行われており、とりわけ首都バクダッドは、イラク特別
措置法にいう「戦闘地域」にあたると認定し、航空自衛隊が多国籍軍の武装し
た兵員をバグダッド空港に輸送していることは、「多国籍軍との密接な連携の
下で、多国籍軍と武装勢力との間で戦闘行為がなされている地域と地理的に近
接した場所において、対武装勢力の戦闘要員を含むと推認される多国籍軍の武
装兵員を定期的かつ確実に輸送しているものであるということができ、現代戦
において輸送等の補給活動もまた戦闘行為の重要な要素であるといえることを
考慮すれば、多国籍軍の戦闘行為にとって必要不可欠な軍事上の後方支援を
行っている」との認識を示し、自衛隊のイラクでの活動について、「他国によ
る武力行使と一体化した行動であって、自らも武力の行使を行ったと評価を受
けざるを得ない行動」と評価した。

なお、イラク特別措置法は4年間の時限立法として制定され、2007（平成19）
年6月に2年間再延長された後、2009（平成21）年8月に失効し、自衛隊は撤収
した。

(3) 海賊対処法

ソマリア近海で海賊が横行し、日本の民間船舶にも脅威となってきたことを
受けて、政府は、2009（平成21）年に自衛隊法82条の「海上警備行動」として、
海上自衛隊の護衛艦を派遣することを決定した※51。しかし、「海上警備行動」
が国外での活動を想定したものかどうか疑いもあり、そこでの武器の使用につ
いても明確でなかったため、政府は、同年6月に「海賊行為の処罰及び海賊行

※49 2004（平成16）・6・22〔第159回国会・衆議院議員長妻昭君提出自衛隊の多国籍軍
参加に関する質問に対する答弁書〕第184号。

※50 名古屋高判2008（平20）・4・17裁判所ウェブサイト。

※51 「海上における警備行動に係る内閣総理大臣の承認について」（閣議決定）http://
www.kantei.go.jp/jp/tyoukanpress/rireki/2009/03/13siryou2.pdf。

為への対処に関する法律」（海賊対処法）を成立させた。

海賊対処法は、防衛大臣が内閣総理大臣の承認を得て、海上自衛隊に「海賊対処行動」を命ずることができるものとした（海賊対処法7条）。海賊対処法は、海賊行為の対象を、「航行中の他の船舶」に対する強取、運航支配、財物の強取、人質にする行為などとし、日本船籍の船舶に対する海賊行為に限定せず、武器使用の範囲も、警察官職務執行法7条以外の場合を超えて、海賊船を停止させるために必要な場合にも拡大した（海賊対処法6条）。

海賊対処法に基づく自衛隊艦船の派遣について、政府は、「国連海洋法条約によって許される範囲内で我が国の管轄権、具体的に申し上げれば我が国の統治権能の一部であります警察権」であると説明する※52が、他国籍の船舶の護衛やそのための武器使用を警察権の行使によって説明することは困難であり、現地に派遣された他国の軍艦との共同行動のあり方によっては、集団的自衛権行使に至るおそれもある。

10　安倍内閣による憲法9条の限界突破の試み

以上みてきたように、1954（昭和29）年の自衛隊発足時から今日まで、政府は、国家には「固有の自衛権」があるとの理由づけに基づいて、軍事力の保持とその運用の拡大を図ってきたが、そこには、個別的自衛権であるがゆえの限界もあった。まず、武力行使は自衛権発動の3要件を満たさなければならないため、集団的自衛権は行使できず、自衛隊が武力行使を目的に海外に出動することも許されない。また、アメリカ軍への補給など後方支援は、非戦闘地域において、武力行使と一線を画して行わなければならず、海外に派遣された自衛隊の武器の使用は自己とその周囲の者の防護のために限定されてきた。

(1)　安倍内閣による集団的自衛権についての政府解釈見直しの動き

(i)　第一次安倍内閣による集団的自衛権行使容認の動き

安倍晋三は、「戦後レジーム」の骨格である日本国憲法の改正に取り組む意欲を公言するとともに、かねてから政府の憲法解釈の変更による集団的自衛権の行使解禁を唱えてきており、2006（平成18）年に首相の座につくと、さっそく「安全保障の法的基盤の再構築に関する懇談会」（「安保法制懇」、座長は柳井俊二元駐米大使）を立ち上げ、憲法解釈の変更による集団的自衛権行使解禁を目指した。

※52　2009（平成21）・6・4〔第171回国会・参議院外交防衛委員会議録〕第16号29頁〔横畠裕介内閣法制局第二部長〕。

安保法制懇の2008年報告書（2008（平成20）年６月24日）※53は、日本を取り
まく「安全保障上の脅威が多様化」し、「安全保障問題に対する国際社会とし
ての共同対処の動き」が強まっているとして、集団的自衛権行使を解禁するた
め、これまでの政府の憲法解釈を改めることを提言した※54。その具体的な内
容は、自衛権発動の要件から「我が国に対する急迫不正の侵害」を外し、個別
的・集団的自衛権の行使や国連の集団的安全保障への参加、そして「国際的な
平和活動」に伴う武力の行使は、憲法９条１項が禁ずる「国際紛争を解決する手
段としての武力の行使」に該当しないとするなど、これまで国会答弁等によっ
て積み重ねられてきた武力行使に対する制約をほぼ全面的に解除するもので
あった。

(ⅱ)　2014年安保法制懇報告書

　2012（平成24）年12月に政権復帰した安倍晋三は、2013（平成25）年２月に
安保法制懇の活動を再開させ、集団的自衛権行使容認に向けての動きを強めた。

　2014（平成26）年５月15日に公表された安保法制懇の報告書※55は、「我が国
を取り巻く安全保障環境は、一層厳しさを増している」との「現状認識」を出
発点に、2008年報告書が扱った４類型以外の事例についても検討を進め、(a)日

※53　http://www.kantei.go.jp/jp/singi/anzenhosyou/houkokusho.pdf。

　なお、安倍首相が懇談会に対して問題意識として提示したケースは、以下の４類型で
ある。

「１．共同訓練などで公海上において、我が国自衛隊の艦船が米軍の艦船と近くで行動
している場合に、米軍の艦船が攻撃されても我が国自衛隊の艦船は何もできないという
状況が生じてよいのか。

　２．同盟国である米国が弾道ミサイルによって甚大な被害を被るようなことがあれば、
我が国自身の防衛に深刻な影響を及ぼすことも間違いない。それにもかかわらず、技術
的な問題は別として、仮に米国に向かうかもしれない弾道ミサイルをレーダーで捕捉し
た場合でも、我が国は迎撃できないという状況が生じてよいのか。

　３．国際的な平和活動における武器使用の問題である。例えば、同じPKO等の活動
に従事している他国の部隊又は隊員が攻撃を受けている場合に、その部隊又は隊員を救
援するため、その場所まで駆け付けて、要すれば武器を使用して仲間を助けることは当
然可能とされている。我が国の要員だけそれはできないという状況が生じてよいのか。

　４．同じPKO等に参加している他国の活動を支援するためのいわゆる「後方支援」の
問題がある。補給、輸送、医療等、それ自体は武力の行使に当たらない活動については、
「武力の行使と一体化」しないという条件が課されてきた。このような「後方支援」の
あり方についてもこれまでどおりでよいのか。」（「報告書４頁」）

※54　報告書は、憲法９条１項が「個別的自衛権はもとより、集団的自衛権の行使や国連
の集団安全保障への参加を禁ずるものではないと読むのが素直な文理解釈」であり、２
項は「第１項の禁じていない個別的・集団的自衛権の行使や国連の集団安全保障への参
加のための軍事力を保持することまでも禁じたものではないと読むべき」であるとする。

※55　http://www.kantei.go.jp/jp/singi/anzenhosyou2/dai7/houkoku.pdf。

本近隣で発生した有事に際しての船舶の臨検や米艦の防護、(b)アメリカが武力攻撃を受けた場合の軍事的支援、(c)日本船舶の航行に支障をきたす海域での機雷除去、(d)イラクのクウェート侵攻のような国際秩序の維持に重大な影響を及ぼす武力攻撃に対する国連の決定に基づく多国籍軍の活動への参加、(e)日本領海で潜行する外国籍潜水艦の強制排除、(f)海上保安庁等が速やかに対処することが困難な海域や離島等において武装集団が不法行為を行う場合を列挙して、自衛隊が武力を行使する可能性の拡大を探った。これらの事例は、いずれも日本に対する武力攻撃が行われていない状況であり、(a)～(d)について自衛隊の活動を認めるためには、集団的自衛権の行使を解禁し、自衛隊による後方支援は「戦闘地域から一線を画した場所」で行われなければならないとの原則や、「他国の武力行使と一体化してはならない」との原則を覆さなければならない。また、(e)(f)については、自衛隊が治安維持において果たす役割を拡大し、先制的に武力を行使することを認めようとするものである。

　報告書は、こうした武力行使を正当化するための「あるべき憲法解釈」と称して、憲法9条の下でも、「必要最少限度の自衛権の行使」の中に集団的自衛権の行使が含まれること、国連の集団的安全保障への参加は、憲法9条1項が禁止する「我が国が当事国である国際紛争を解決する手段としての武力の行使」にあたらないこと、それ自体は武力の行使にあたらない補給、輸送などの後方支援は「武力の行使と一体化」しても許されるべきこと、PKOにおける武器使用は「武力の行使」にあたらないこと、在外自国民の保護・救出のための武器の使用も「武力の行使」にあたらないこと、自国民の保護・救出にあたらない海賊への対処など国際的な治安協力についても「武力の行使」にあたらないこと、武力攻撃に至らない侵害に対しても自衛隊の必要最小限度の行動は容認されるべきことを述べ連ねる。

　安保法制懇の報告書は、憲法9条による制約を、日本自らが侵略戦争を行うことに狭く限定することにより、想定し得る限りの軍事行動を丸ごと容認することを目指したものであり、事実上、憲法9条の規範的意味を喪失させようとするものである。

(iii)　集団的自衛権行使容認閣議決定

　安倍首相は、安保法制懇報告書が公表されるとすぐに記者会見を行い、集団的自衛権の行使を容認するための閣議決定を行う旨を宣言した。その後、政権与党である自由民主党と公明党との協議が行われた後、2014（平成26）年7月1日に「国の存立を全うし、国民を守るための切れ目のない安全保障法制の整備について」と題する閣議決定を発表した※56。同決定は、「現在の安全保障環境に照らして慎重に検討した結果、我が国に対する武力攻撃が発生した場合のみならず、我が国と密接な関係にある他国に対する武力攻撃が発生し、これによ

※56　http://www.cas.go.jp/jp/gaiyou/jimu/pdf/anpohosei.pdf。

り我が国の存立が脅かされ、国民の生命、自由及び幸福追求の権利が根底から覆される明白な危険がある場合において、これを排除し、我が国の存立を全うし、国民を守るために他に適当な手段がないときに、必要最小限度の実力を行使することは、従来の政府見解の基本的な論理に基づく自衛のための措置として、憲法上許容されると考えるべきであると判断するに至った」と宣言した。

この閣議決定は、政府が、戦後一貫して、憲法9条の下では許されないとしてきた集団的自衛権の行使を容認する重大な変更であった。しかも、その必要性の根拠である「我が国を取り巻く安全保障環境の変化」の実質があいまいな上、従来の政府解釈（1972（昭和47）年の政府見解※57が集団的自衛権行使容認の根拠として持ち出されたものの、その政府見解の趣旨は、集団的自衛権の行使が自衛の必要最小限度を超え、憲法上許されないとするものであった。）との整合性もまともな検証に耐えられないものであり、平和主義の危機であると同時に、立憲主義の危機をもたらすものでもあった※58。

閣議決定において具体的に「容認」されたのは、(a)「離島の周辺地域等にお

※57 「憲法は、第9条において、同条にいわゆる戦争を放棄し、いわゆる戦力の保持を禁止しているが、前文において『全世界の国民が……平和のうちに生存する権利を有する』ことを確認し、また、第13条において『生命、自由及び幸福追求に対する国民の権利については、……国政の上で、最大の尊重を必要とする』旨を定めていることからも、わが国がみずからの存立を全うし国民が平和のうちに生存することまでも放棄していないことは明らかであって、自国の平和と安全を維持しその存立を全うするために必要な自衛の措置をとることを禁じているとはとうてい解されない。

しかしながら、だからといって、平和主義をその基本原則とする憲法が、右にいう自衛のための措置を無制限に認めているとは解されないのであって、それは、あくまで外国の武力攻撃によって国民の生命、自由及び幸福追求の権利が根底からくつがえされるという急迫、不正の事態に対処し、国民のこれらの権利を守るための止むを得ない措置としてはじめて容認されるものであるから、その措置は、右の事態を排除するためとられるべき必要最小限度の範囲にとどまるべきものである。

そうだとすれば、わが憲法の下で武力行使を行うことが許されるのは、わが国に対する急迫、不正の侵害に対処する場合に限られるのであって、したがって、他国に加えられた武力攻撃を阻止することをその内容とするいわゆる集団的自衛権の行使は、憲法上許されないといわざるを得ない。」(1972（昭和47）・10・14参議院決算委員会提出資料)

※58 なお、安全保障法制の合憲性をめぐる議論の過程で、砂川事件最高裁判決（→2(3)）が集団的自衛権行使を容認する根拠として持ち出されるようになった。しかし、同判決は、あくまでも個別的自衛権の行使のあり方として、駐留米軍による防衛という手段を採ることが憲法9条2項により禁じられないことを判示したにとどまる。同判決の多数意見が、旧日米安保条約について、「一見極めて明白に違憲無効であると認められない」と述べて、明確に合憲と宣言できなかったのは、同条約に基づく駐留米軍の活動目的が「極東の平和と安全」にあり、日本防衛に限定されていなかったことによる。すなわち、同判決は、日本への武力攻撃に対する自衛措置以外については、憲法9条のもとで認められる自衛権の範囲に含まれないことを示唆していると読むべきである。

いて外部から武力攻撃に至らない侵害が発生し、近傍に警察力が存在しない場合や警察機関が直ちに対応できない場合」における自衛隊の出動、(b)「我が国の防衛に資する活動に現に従事する米軍部隊」の「武器等を防護するための」武器の使用、(c)他国が「現に戦闘行為を行っている現場」ではない場所で実施する補給、輸送などのわが国の支援活動、(d)PKOなどにおける、いわゆる「駆け付け警護」としての武器使用および「任務遂行のための武器使用」、領域国の同意に基づく邦人救出などにおける武器使用などであり、安保法制懇報告書からみれば「限定」されてはいるが、日本が武力攻撃を受けていないにもかかわらず、自衛隊が軍事行動に参加できるようにしていることには変わりがない。

(iv)　2015年ガイドライン改訂

　安倍内閣は、集団的自衛権行使解禁を具体化するため、2015（平成27）年4月27日、アメリカとの間で「日米防衛協力の指針」を18年ぶりに改訂した※59。これは、集団的自衛権行使の解禁を打ち出した閣議決定以来のスローガンである「切れ目のない」形での平和と安全の確保をうたい文句に、日米の軍事的共同体制を平時まで拡大し、自衛隊による米軍支援の対象を世界規模に拡大するものである。

　すなわち、第1に、哨戒や訓練などの平時からの日米の軍事協力体制の構築を強化し、武力攻撃に至らない事態、いわゆる「グレーゾーン」における日米の役割分担と協力体制を明確にし、尖閣諸島を念頭に、水陸両用部隊の設置など島嶼部への侵攻の対応を明記した。第2に、集団的自衛権行使の解禁を前提に、日本が武力攻撃を受けていない場合であっても、第三国への武力攻撃に際して、装備品の防護、捜索・救難、ミサイル迎撃、機雷掃海、後方支援について日本がアメリカに協力することも打ち出している。

(v)　**安全保障法制整備**

　安倍内閣は、閣議決定により解禁した集団的自衛権行使を具体化するため、2015（平成27）年、「我が国及び国際社会の平和及び安全の確保に資するための自衛隊法等の一部を改正する法律」（平和安全法制整備法）、「国際平和共同対処事態に際して我が国が実施する諸外国の軍隊等に対する協力支援活動等に関する法律」（国際平和支援法）を成立させた。

　「平和安全法制整備法」は、自衛隊法のほか10もの法律を集団的自衛権の行使を可能とするために変更するものである。まず、これまでの「周辺事態」という概念の範囲を拡大した、「我が国の平和及び安全に重要な影響を与える事態」（「重要影響事態」）を新たに設定し、米軍のみならずそれ以外の国の軍隊にも、武器・弾薬の提供を含む「後方支援」を行うことおよび船舶の臨検を行うことを可能とした。

　また、同法は、武力攻撃事態法を改め、日本に武力攻撃が発生していない場

※59 http://www.mod.go.jp/j/approach/anpo/shishin/pdf/shishin_20150427j.pdf。

合であっても、「我が国と密接な関係にある他国に対する武力攻撃が発生し、これにより我が国の存立が脅かされ、国民の生命、自由及び幸福追求の権利が根底から覆される明白な危険がある」場合（「存立危機事態」）においても、自衛隊による武力の行使を可能とした。

さらに、自衛隊法を改めて、在外邦人救出のために自衛隊が出動することを可能としたほか、共同訓練など自衛隊と連携して活動している米軍等の部隊の武器等を防護するために自衛官が武器を使用できるようにしている。

そして、同法は、これまでのPKO等協力法の枠組みを外れて、自衛隊が他国軍やNGOの防禦のために武力を行使する「駆けつけ警護」、治安維持のために行う「安全確保業務」を可能とし、隊員による武器使用の範囲も、自己の生命の保全を超えて、任務遂行に必要な場合に拡大した。

「国際平和支援法」は、(a)「国際社会の平和及び安全を脅かす事態であって、(b)その脅威を除去するために国際社会が国際連合憲章の目的に従い共同して対処する活動を行い、(c)我が国が国際社会の一員としてこれに主体的かつ積極的に寄与する必要があるもの」という要件を満たす場合であれば、国連が武力行使を容認していない、いわゆる「有志連合」的多国籍軍に対しても、日本が物品の支援、捜索救助、船舶検査などの軍事協力を行えるようにするものである。

これらの一連の安全保障法制により、日本が武力紛争に参加する範囲は格段に拡大した。2016（平成28）年11月に、南スーダンの国連平和維持活動（PKO）に派遣された陸上自衛隊の部隊に「駆け付け警護」と「宿営地の共同防衛」の実施任務を付与されるなど、安全保障法制に基づく自衛隊の任務拡大と武力行使に発展するおそれは、現実のものとなりつつある。

自衛隊の任務を定めた自衛隊3条から「直接侵略又は間接侵略に対し」という一節が削除されたことに象徴されるように、自衛隊は、これまでの個別的自衛権に基づく存立根拠から大きく外れた存在となった。しかし、他方で、「存立危機事態」の定義にみられるように、憲法9条は、自衛隊の軍事行動の拡大に対して、依然として重要な障壁であり続けている。

Ⅳ　憲法9条の規範性をめぐる議論

憲法9条は、一切の戦力をもたないと定めた、憲法史上、画期的な条文であり、そのゆえに、Ⅲでみたように、現実政治の中で常にその拘束を外そうとの動きにさらされてきた。そうした中で、これまで学界においても、憲法9条の規範性に関するさまざまな議論がなされてきた。

1　政治的マニフェスト論

英米法学者高柳賢三は、憲法9条2項のいう「戦力を保持しない」というのは「ナンセンス」であり、「非合理的なリトリカルな表現としか受取れない」と非

94 第2章 戦争の放棄〔前注〕

難し、かつ、「交戦権の否認」についても、「ナンセンス」と切り捨てる。その上で、憲法には、「政治的マニフェスト、理想の表現、信仰の告白と見られる多くの条文を見いだす」ことができることからすれば、2項も「『平和への意志』を表わした修辞的表現でかざられた国際政治的マニフェストにすぎぬ」ものと捉えるべきであり、「第2項の一々の字句からはなんら法的効果は発生しない」と主張した※60。

憲法といえども法規範であることには変わりがなく、ある憲法条文について法的効果を認めないとするためには、その条文の目的・性格・内容について慎重に検討する必要がある。高柳が憲法9条2項を「政治的マニフェスト」と解する根拠は、彼自身が自衛権の放棄をナンセンスと感ずるということでしかなく、憲法条文の法的効果を否定する論拠としては不十分というべきである。

2 政治的規範論

伊藤正己は、憲法9条について、裁判所による違憲審査権行使にあたっての基準、すなわち裁判規範としては機能しないと主張する。伊藤は、先の政治的マニフェスト論とは異なり、憲法9条の法規範性を認めるものの、「法令や政治の行為が本条違反か否かは、主として、国会、選挙その他政治的な場において検討され決定される」※61と主張する。これは、憲法9条をもっぱら政治部門における行為規範として理解するものである。

たしかに、憲法規範の中には、主に政治部門間での責任追及の中で用いられるものがある。ただし、憲法9条がこれまで主に政治の場で議論されてきたというだけでは、憲法9条の裁判規範性自体を否定する根拠にはならない。砂川事件最高裁判決も、憲法9条の判断自体を違憲審査の対象から外すとの立場をとっていない（→Ⅲ2(3)）。

3 憲法変遷論

G.イエリネックは、憲法変動の一種として、成文憲法の条文と矛盾する憲法実例が行われ、正規の憲法改正手続を経ることなく、憲法条文の意味を変更する効果を発生させることがあると論じた。橋本公亘は、1980（昭和55）年に出版した著書において、それまでの立場を変更し、憲法9条が自衛のための戦力も保持することはできないとする従来の通説は、憲法制定当時の規範的意味を正しく捉えていたが、その後の国際情勢の変化と国民意識の変化により、憲法9条の意味が変化し、自衛のための戦力の保持が認められるようになったと主

※60 高柳賢三「平和・九條・再軍備」ジュリ25号（1953年）2頁以下、5頁。
※61 伊藤正己『憲法（第3版）』（弘文堂、1995年）167～169頁。

張した※62。

しかし、憲法変遷を、憲法現象の認識として社会学的に捉えるのではなく、法解釈的に捉えることには、違憲の憲法実例を安易に合法化し、憲法の規範性を損なう危険性をもつものとして否定的に捉える見解も多い。橋本が挙げる憲法9条の規範的意味の変遷の根拠には、そもそも「自衛のための戦力」と「自衛のための必要最小限度の実力」との混同もみられ、それほど客観的かつ強固なものとはいえず、むしろ橋本自身が説を改めたとするべきではなかったかとの批判がなされる。

4　穏和な平和主義

　長谷部恭男は、憲法9条2項について、一切の「戦力」の保持を許さないとの解釈を貫くと、日本の防衛手段として、群民蜂起・パルチザン戦による人民の武力抗争か、非暴力不服従しか手段がなくなるが、前者はそれ自体、戦闘員と非戦闘員との区別を不明確にする「際限なき地獄」に導くことになり、後者については、「血みどろの圧政」にあっても「道徳的に正しい選択であるがゆえに」絶対平和主義を貫くという「善き生」の観念を各人に強制することになり、公共の事柄に関する理性的な解決と比較不能で多様な価値観の共存を両立させようとする「立憲主義」に反する結果となると指摘する。ここから長谷部は、憲法9条を「立憲主義」に適合するように解釈するには、戦争放棄・戦力不保持という規範を、裁量の余地のない「準則（rule）」ではなく、抽象的な目標・原則を示した「原理（principle）」として捉え、「自衛のための最低限の実力組織を保持することを完全には否定しない」という立場が選択されるべきと主張する※63。

　長谷部の主張は、全面的な戦力不保持論のもつ問題点を、立憲主義という原理的視点から照射したものであり、現状の前に憲法9条の規範性を骨抜きにしようとする、これまでの議論とは一線を画する。ただ、「自衛のための最低限度の実力組織」の保持について積極的に正統性を認めることは、結局は、軍事力の抑止力論を前提とすることになり、「軍の否定」という前提のもとで国の安全保障政策に対して加えられてきた制約に比して、結局は、「国家の非合理的活動に対する自己拘束」としての憲法9条の規範性を大きく減殺するおそれがあるとの指摘もある※64。

※62　橋本公亘『日本国憲法』（有斐閣、1980年）439頁、同「憲法第9条」ジュリ812号（1984年）12頁以下。

※63　長谷部恭男『憲法と平和を問いなおす』（筑摩書房、2004年）160〜174頁。

※64　青井美帆「9条・平和主義と自衛隊」安西文雄ほか『憲法学の現代的論点（第2版）』（有斐閣、2009年）83頁以下、109頁、愛敬浩二『改憲問題』（筑摩書房、2006年）152〜154頁。

96 第9条（戦争の放棄・戦力の不保持・交戦権の否認）

　憲法9条の規範内容と自衛隊の存在との矛盾について、「立憲主義の精神が摩滅していく危険に恒常的に直面している」との危機感が表明されるが（高橋・立憲主義69頁）、Ⅲで述べた日本の安全保障政策をめぐる経緯が示しているように、憲法9条がまったく規範性を失ったわけではなく、自衛隊の装備・活動範囲に対してなお重大な制約を加えている。だからこそ自衛隊の存在を「憲法上位置付ける」といったレトリックによって、憲法9条による制約を骨抜きにしようとする動きも絶えない※65。しかし、現状を追認して憲法と自衛隊の存在という現実を一致させたとしても、次の瞬間には自衛隊の軍事活動の拡大にとって憲法が再び桎梏となる可能性は高い。軍事力に憲法上の統制を加えようとした憲法9条の内容がこうして無限後退していくことを「立憲主義」の実現と評価することはできないであろう。

（木下智史）

（戦争の放棄・戦力の不保持・交戦権の否認）
第9条　①　日本国民は、正義と秩序を基調とする国際平和を誠実に希求し、国権の発動たる戦争と、武力による威嚇又は武力の行使は、国際紛争を解決する手段としては、永久にこれを放棄する。
②　前項の目的を達するため、陸海空軍その他の戦力は、これを保持しない。国の交戦権は、これを認めない。

Ⅰ　本条の趣旨

　本条の歴史的意義については、本章〔前注〕参照。

Ⅱ　本条の制定過程

1　本条制定の背景

　大日本帝国憲法は、戦争権限に対する憲法上の制約がきわめて弱く、天皇の

※65　「自衛隊の存在を憲法上にしっかりと位置づけ、『自衛隊が違憲かもしれない』などの議論が生まれる余地をなくすべきである」との安倍晋三首相の提唱（2017（平成29）年5月3日）に応えて、自由民主党は、2018（平成30）年3月の党大会において、憲法9条について現行の1項・2項を保持したままで、「第9条の2　1項　前条の規定は、我が国の平和と独立を守り、国及び国民の安全を保つために必要な自衛の措置をとることを妨げず、そのための実力組織として、法律の定めるところにより、内閣の首長たる内閣総理大臣を最高の指揮監督者とする自衛隊を保持する。
第2項　自衛隊の行動は、法律の定めるところにより、国会の承認その他の統制に服する。」との条文を付け加えるとの改正案を取りまとめた。

統帥大権は「独立」したものとされ、帝国議会による協賛や国務大臣の補弼を受けない無制約の権限とみなされていた。ワシントン軍縮条約の締結が「統帥権の干犯」との非難を受けたように、天皇の戦争権限の拡大解釈が立憲主義の枠組みをも侵蝕し、国外における侵略戦争と国内における人権抑圧への歯止めを失わせた（→制定過程Ｉ２）。

　戦後日本が、その出発点において、平和主義を理念に掲げたのは、平和こそ、肉親を戦争で失い、空襲により焦土と化した国土を前にした多くの国民にとっての切実な願いであったと同時に、日本の軍国主義により大きな犠牲を被った国際社会の意思でもあったからである。日本が降伏にあたって受諾したポツダム宣言は、「無責任ナル軍国主義力世界ヨリ駆逐セラルルニ至ル迄ハ平和、安全及正義ノ新秩序力生シ得サル」との認識に基づいて、日本占領の目的を「平和的傾向ヲ有シ且責任アル政府」の樹立に置いていた。

　日本占領を担った連合国軍最高司令官マッカーサーに伝達された、アメリカ国務・陸軍・海軍三省調整委員会（SWNCC）による対日方針（SWNCC150/4/A）1946（昭和21）年９月22日）※66も、「日本が再び米国の脅威となり、世界の平和および安全の脅威とならざることを確実にし、民主的かつ平和的な政府をできるだけ早く樹立させること」を目指していた。

　マッカーサーは、戦後日本社会の安定のため天皇制度を存続させることを選択したが、日本軍国主義の復活をおそれる他の連合国や国際世論に向けて、日本が平和国家として再出発することをアピールする必要性を感じており、平和主義条項は天皇制度存続のための、いわば「避雷針」となった。

2　GHQ草案における戦争放棄条項

　総司令部が自ら憲法草案を作成する際に、マッカーサーが示した三原則（マッカーサー・ノート）※67は、天皇制度の存続に続いて、以下のように記していた。

　「国権の発動たる戦争は、廃止する。日本は、紛争解決のための手段としての戦争、さらに自己の安全を保持するための手段としての戦争をも放棄する。日本は、その防衛と保護を、今や世界を動かしつつある崇高な理想に委ねる。日本が陸海空軍をもつ権能は、将来も与えられることはなく、交戦権が日本軍に与えられることもない。」

　ここにすでに現在の憲法９条の原型をみることができるが、「自己の安全を保持するための手段としての戦争」すなわち自衛戦争をも放棄する内容であった点が注目される。

　この原則は、総司令部の憲法草案作りの過程で、いったんは前文の中に組み

※66　http://www.ndl.go.jp/constitution/shiryo/01/022/022tx.html。

※67　http://www.ndl.go.jp/constitution/shiryo/03/072/072tx.html。

98　第9条（戦争の放棄・戦力の不保持・交戦権の否認）

込まれたが、平和主義をより強調したいマッカーサーの意向を受け、1条に移され[68]、さらに、第2章として規定されることになった。1946（昭和21）年2月13日に日本政府側に示されたGHQ草案8条として規定されたのは、以下のような条文であった[69]。

「国民ノ一主権トシテノ戦争ハ之ヲ廃止ス他ノ国民トノ紛争解決ノ手段トシテノ武力ノ威嚇又ハ使用ハ永久ニ之ヲ廃棄ス陸軍、海軍、空軍又ハ其ノ他ノ戦力ハ決シテ許諾セラルルコト無カルヘク又交戦状態ノ権利ハ決シテ国家ニ授与セラルルコト無カルヘシ」

ここでは、自衛戦争放棄の文言はなくなり、「戦争」と「武力による威嚇または武力の行使」が区別され、後者は「他の国との紛争解決手段としては」という限定付きの放棄となった。

3　憲法改正草案における戦争放棄条項

その後、憲法草案は、日本政府とGHQとの間のやり取りによって何回か修正が加えられた。枢密院の諮詢を経て帝国議会に提出された「憲法改正草案」において、戦争放棄条項は、「国の主権の発動たる戦争と、武力による威嚇又は武力の行使は、他国との間の紛争の解決の手段としては、永久にこれを抛棄する。陸海空軍その他の戦力の保持は、許されない。国の交戦権は、認められない」となっていた。

ここでは、「他国との間の紛争の解決の手段としては」という限定が、先のGHQ草案とは異なり、戦争と武力の威嚇・行使の両方にかかるようになっている。

4　帝国議会の審議

帝国議会の審議においては、「他国との間の紛争」が「国際紛争」に置き換えられたほか、衆議院憲法改正小委員会委員長であった芦田均の主張により、それまで前文の中にあった「正義と秩序とを基調とする国際平和を誠実に希求し」という一節が1項に加えられ、2項の始めに「前項の目的を達するため」という一節が挿入された[70]。「前項の目的を達するため」との文言については、

---

[68] http://www.ndl.go.jp/constitution/shiryo/03/147/147tx.html。

[69] http://www.ndl.go.jp/constitution/shiryo/03/076/076tx.html。

[70] 芦田は、もともと1項と2項とを入れ替え、次のように改める試案を提示していた1946（昭和21）・7・29〔第90回帝国議会・衆議院帝国憲法改正委員小委員会会議録第4号3頁〕。

「日本国民は、正義と秩序とを基調とする国際平和を誠実に希求し、陸海空軍その他の戦力を保持せず、国の交戦権を否認することを声明する。

　前項の目的を達するため国権の発動たる戦争と武力による威嚇又は武力の行使は、国際紛争を解決する手段としては、永久にこれを放棄する。」

後に、芦田が自衛のための軍隊を保有できるようにするため挿入したと述べたことから、解釈上、重要な意味をもつこととなった[71]。

また、憲法9条が自衛権を放棄したものかどうかについて、日本共産党の野坂参三議員が侵略戦争と自衛戦争を区別すべきであると主張したのに対し、吉田首相は、「正當防衛權を認むることが偶々戦争を誘発する所以であると思ふ」と答えている[72]。そして、別の質問者に対しても、「戦争抛棄に関する本案の規定は、直接には自衛権を否定はして居りませぬが、第9条第2項に於て一切の軍備と国の交戦権を認めない結果、自衛権の発動としての戦争も、又交戦権も抛棄したものであります」と明言している[73]。ここで吉田は、憲法9条2項の戦力の不保持と交戦権の否認を、自衛のためのものも含めた全面的なものと理解していた。

その後も、政府は、一貫して、「前項の目的を達するため」という一節について、「正義と秩序を基調とする国際平和を誠実に希求」することまで含めた、9条1項の「全体の趣旨」を受けたものと解し[74]、「戦力」の保持を全面的に禁止したとの立場をとっている。

Ⅲ　戦争の放棄

1　放棄の主体──「日本国民」

本条1項は、「日本国民」を「戦争を放棄する」主体として語っている。GHQ草案を始め、当初の憲法草案の段階では、主語は明示されておらず、帝国議会の審議過程で「日本国民」という主語が挿入された。前文の主語が「日本国民」であることとあわせて、結果として、平和主義に対する国民の強いコミットメントを示すものとなっている。ただし、ここでの「日本国民」は、「国権の発

---

[71]　※70で述べたように、芦田がもともと1項と2項とを入れ替えるとの提案を行っていたことや、芦田の主張の根拠とされた日記の記述が後に改ざんであったことが露見したため、提案当時の芦田の本当の意図については不明である。連合国の対日政策の最高決定機関である極東委員会は、以前から、大臣を文民とする旨の規定を明示するよう改めて求めていたが（「日本の新憲法についての基本原則」(1946 (昭和21) 年7月2日決定) http://www.ndl.go.jp/constitution/shiryo/04/120shoshi.html)、憲法9条2項についての修正を受けて、1946 (昭和21) 年9月21日の第27回会合において、改めて「文民条項」の挿入を要求した (http://www.ndl.go.jp/constitution/shiryo/04/126shoshi.html)。
[72]　1946 (昭和21)・6・28〔第90回帝国議会・衆議院議事速記録〕第8号14頁。
[73]　1946 (昭和21)・6・26〔第90回帝国議会・衆議院議事速記録〕第6号3頁〔吉田茂総理大臣〕。
[74]　たとえば、1955 (昭和30)・7・28〔第22回国会・参議院内閣委員会議録〕第36号25頁〔林修三内閣法制局長官〕(答弁集172)、1973 (昭和48)・9・13〔第71回国会・参議院内閣委員会議録〕第27号7頁〔角田礼次郎内閣法制局第一部長〕(答弁集51) など。

動たる戦争」を放棄している主体であることから、一人ひとりの国民という意味ではなく、主権者としての国民、すなわち日本国と同義と解すべきである。かつて、国民が義勇兵として他国の戦争に参加することを本条が禁じているか問題となったことがあるが、本条は一人ひとりの国民の行為を禁止する規定ではないと考えられる※75。

2 戦争放棄の動機──「正義と秩序を基調とする国際平和を誠実に希求」

ここで「国際平和」に「正義と秩序を基調とする」という一節を冠したのは、「平和」を単なる「戦争の不在」と捉えるのではなく、「正義と秩序」によって平和が実現することを目標としていることを示すものである（宮沢・全訂159頁）。

3 放棄の対象

(1) 「国権の発動たる戦争」

「国権の発動たる」とは、国家意思の発動、主権の発動を意味し、「戦争」とは、宣戦布告・最後通牒の形で明示的な開戦の意思を示す国家間の武力紛争、すなわち、国際法上の（戦時国際法が適用される）戦争を意味する（宮沢・全訂159頁）。戦争は、そもそも国家主権の行使として行われるのであるから、「国権の発動たる戦争」は、二重表現ではあるが、戦争が伝統的に主権国家に固有の権利として観念されてきたことを受けて、そうした観念を拒否することを明らかにしたものである（佐藤功・注釈上111頁）。以下の「武力の行使」「武力による威嚇」も、国家の行為としての武力攻撃・威嚇を禁止する趣旨と解される※76。

第二次世界大戦後の国際法においては、戦争は一般に違法化され、国連憲章上も「戦争」という言葉は使われていない。本条もこうした動向を受けて、「戦争」の放棄だけにとどまらず、「武力の行使」「武力による威嚇」の放棄を規定している※77。

(2) 「武力の行使」

「武力の行使」は、「戦争」の要件を備えない戦闘行為、すなわち、「実質的意味の戦争」を指す（芦部・憲法57頁）。戦前の日本が「満州事変」「上海事変」

※75 1951（昭和26）・10・29〔第12回国会・参議院平和条約及び日米安全保障条約特別委員会議録〕第5号14頁〔大橋武夫法務総裁〕（答弁集209）。

※76 2004（平成16）・6・3〔第159回国会・参議院イラク人道復興支援活動等及び武力攻撃事態等への対処に関する特別委員会議録〕第15号23頁〔秋山収内閣法制局長官〕。

※77 重要影響事態法3条1項2号等で、「戦闘行為」について「国際的な武力紛争の一環として行われる人を殺傷し又は物を破壊する行為」と定義しているが、「戦争」と「武力の行使」をあわせたものが「戦闘行為」ということができる。阪田雅裕編著『政府の憲法解釈』（有斐閣、2013年）18頁。

など、形式的な「戦争」の要件を備えない戦闘をくり返して、全面的な戦争に突入していった歴史をくり返さないために、放棄の対象を拡大したものである。

(3) 「武力による威嚇」

何らかの要求を実現するために、武力の行使の可能性を示すことを「武力による威嚇」という。1915（大正4）年に日本が中国に対して「対華21か条」を要求し、最後通牒を突きつけてその受諾を迫ったことがその典型とされる。「武力による威嚇」は、その行使につながる可能性が高いことから、放棄の対象に含まれたと考えられる。

先に述べたように、本条が、「戦争」と並んで「武力の行使」「武力による威嚇」を加えたのは、「戦争」の放棄だけでは不十分であるからであり、三者を区別することには実益はない。ただし、後に述べる、「国際紛争を解決する手段としては」という一節が、「国権の発動たる戦争」のみにかかり、「武力の行使」・「威嚇」にはかからないとする見解においては、戦争と武力の行使との違いは重要な意味をもつ。

(4) 「武力」と「戦力」の異同

本条1項にいう「武力」と本条2項で保持が禁じられた「戦力」との関係について、両者を同じと解する考え方と「武力」は「戦力」よりも広いと解する考え方がある。もっとも、1項は「武力」の行使自体を禁じているので、この区別の実益は、「国際紛争を解決する手段として」という一節が「武力の行使」「威嚇」のみにかかるとの立場をとる場合（4(c)）を別として、それほど大きくない。「武力の行使」は実質的には「戦争」にほかならず、「武力による威嚇」が威嚇としての意味を持つためには、「武力」は「戦力」と同等のものでなければならないとの理由から前者の見解が有力である（宮沢・全訂160頁、佐藤功・注釈上113頁）。

4　放棄の条件——「国際紛争を解決する手段として」

本条1項は、戦争・武力の行使・武力による威嚇を、「国際紛争を解決する手段として」放棄する。この一節が、放棄についての条件を加えたものと解するかどうかで、次の(a)〜(c)に学説が分かれる。

(a)　限定放棄説

今日の国際法上の原則は、国際紛争を平和的手段によって解決すべきものとしていることから、「国際紛争を解決する手段」としての「戦争」は、侵略的な意図をもったものと解されること（佐藤功・注釈上114頁）、「国際紛争を解決する手段としての戦争」という文言は、1928年の不戦条約が「國際紛争解決ノ為戦争ニ訴フルコト」と「國家ノ政策ノ手段トシテノ戦争」を「拠棄スル」

（不戦条約1条）として侵略戦争を放棄していた[78]のと同義であるとの理解に基づいて、本条1項は侵略のための戦争、武力の行使・威嚇のみを放棄し、自衛のための戦争、武力の行使・威嚇は放棄していないと解する（法協・註解上213頁、毛利ほか・憲法1・135頁〔毛利透〕）。

(b) 全面放棄説

日本国憲法は、不戦条約が防ぐことのできなかった第二次世界大戦を経て制定されたのであるから、本条の「国際紛争を解決する手段として」という一節を、不戦条約と同義に解する必然性はないともいえる。また、実際問題として、自衛のための戦争と侵略のための戦争との区別は不可能であり、ほとんどの戦争が自衛のためとの口実によって行われることから、自衛のための戦争を認めることは、結局のところ、戦争放棄の意義を失わせかねない。以上の認識に基づいて、本条1項は自衛戦争も含め、全面的に戦争、武力の行使・威嚇を放棄したものと解する（宮沢・全訂163～64頁）。

(c) 戦争／武力の行使分離説

憲法の英訳（The Japanese people forever renounce war as a sovereign right of the nation and the threat or use of force as means of settling international disputes.）および、GHQ草案（War as a sovereign right of the nation is abolished. The threat or use of force is forever renounced as a means for settling disputes with any other nations.）をみると、「国際紛争を解決する手段として」という一節が「武力の行使または武力による威嚇」のみにかかっていることを根拠として、本条1項は「戦争」については自衛のためのものも含めて全面的に放棄したが、「武力の行使」・「威嚇」に関しては、「国際紛争を解決する手段として」のもの、すなわち侵略目的のためのもののみを放棄したと解する考え方である（佐藤幸・憲法94頁）。

この考え方に対しては、「戦争」と「武力の行使」との区別が困難であること、英訳はともかく憲法正文の解釈としては無理があるとの批判がある。

政府は、本条1項に関しては、(a)限定放棄説の立場をとっている[79]。また、最高裁も砂川事件判決（→本章〔前注〕Ⅲ2(3)）において、「同条1項において永久に放棄することを定めたいわゆる侵略戦争」と述べており、本条1項に関しては限定放棄説の立場をとっているとみられる。

---

[78] 東京大学東洋文化研究所　田中明彦研究室　http://www.ioc.u-tokyo.ac.jp/~worldjpn/documents/texts/docs/19280827.T1J.html。

[79] 「一、戦争と武力の威嚇、武力の行使が放棄されるのは、『国際紛争を解決する手段としては』ということである。二、他国から武力攻撃があった場合に、武力攻撃そのものを阻止することは、自己防衛そのものであって、国際紛争を解決することとは本質が違う」1954（昭和29）・12・22〔第21回国会・衆議院予算委員会議録〕第2号1頁〔大村清一防衛庁長官〕（浦田一郎編『政府の憲法9条解釈──内閣法制局資料と解説』（信山社、2013年）15頁）。

第9条（戦争の放棄・戦力の不保持・交戦権の否認）　103

5　「国際紛争」の意味

　また、ここにいう「国際紛争」の意味については、憲法草案の段階においては、「他国との間の紛争」とされており、国家間での対立のみを指すようにもみえるが、政府解釈は、より広く解しており、「紛争の当事者が国家である場合に限らず、例えば国家以外のものが当事者である場合でありましても、それが地域住民を一定の範囲で支配している場合でありますとか、またはその支配を目指しているような場合にも、その紛争が国際紛争と言える場合もあるものと考えております」としている※80。これによれば、「国際紛争」とは、「国又は国に準ずる組織の間において生ずる武力を用いた争い」ということとされ、国際紛争の当事者となる「国に準ずる組織」には、「一定の政治的な主張を有し、相応の組織や軍事的実力を有するもの」であることが必要とされる※81。具体例として、イラクの武装勢力について、「フセイン政権の再興を目指し米英軍に抵抗活動を続けるフセイン政権の残党」は「国または国に準ずる組織」に該当すると答弁されたことがある※82。

　なお、「国際紛争を解決する手段としての戦争」の放棄とかかわって問題となるのが、日本が国連憲章第7章42条に基づく集団的安全保障としての「国連軍」に参加し得るかという点である。政府は、憲法9条の下で許容される武力行使は、自衛権に基づくものに限定されると解しており、「当該『国連軍』の目的・任務が武力行使を伴うものであれば、自衛隊がこれに参加することは憲法上許されない」との立場をとっている※83。（いわゆる「国連平和維持活動（PKO）」と憲法9条との関係については、本章〔前注〕（→本章〔前注〕Ⅲ7）参照※84）。

※80　1998（平成10）・5・14〔第142回国会・衆議院安全保障委員会議録〕第10号5頁〔秋山収内閣法制局第一部長〕（答弁集45）（阪田雅裕編著『政府の憲法解釈』（有斐閣、2013年）20頁）。

※81　2003（平成15）・7・10〔第156回国会・参議院外交防衛委員会議録〕第15号30頁〔秋山収内閣法制局長官〕（阪田雅裕編著『政府の憲法解釈』（有斐閣、2013年）21頁）。

※82　2003（平成15）・7・2〔第156回国会・衆議院イラク特別委員会議録〕第7号4頁〔石破茂防衛庁長官〕（阪田雅裕編著『政府の憲法解釈』（有斐閣、2013年）21頁）。

※83　1980（昭和55）・10・30〔93回衆・本会議録〕稲葉誠一議員提出自衛隊の海外派兵・日米安保条約等の問題に関する質問主意書に対する答弁書（10月28日提出）〔答弁集185〕）。

※84　なお、安倍晋三首相が集団的自衛権の行使容認のために設置した諮問機関、「安全保障の法的基盤の再構築に関する懇談会」の報告書（平成26（2014）年5月15日）は、憲法9条1項について、「自衛のための武力の行使は禁じられておらず、また国連PKO等や集団安全保障措置への参加といった国際法上合法的な活動への憲法上の制約はない」との立場を表明している。

104　第9条（戦争の放棄・戦力の不保持・交戦権の否認）

6　「永久にこれを放棄する」と憲法改正の限界

　本条において、「永久に」放棄すると定めたことが憲法改正の限界となるか
が議論された。「永久に」とは、国家の永遠の方針として戦争放棄を定めたこ
とを意味し、改正手続によっても変更できないという見解もあった※85。

　多数説は「永久に」という文言だけを根拠にして本条1項が憲法改正の限界
を形成するとは考えないが（宮沢・全訂165頁）、平和主義が日本国憲法の基本
原理を構成するがゆえに、その根本的な変更は（変更の程度にもよるが）、憲法
としての同一性を失わせ、論理的に不可能であると考える（芦部・注釈1・397
頁〔高見勝利〕）。

7　「放棄する」

　国家による戦争は長く国家固有の権利と考えられてきたことから、ここでは
国の意思として、そうした権利を否認することを宣言したものである。

Ⅳ　戦力の不保持

　戦争放棄について憲法で定めた例は、先に挙げたように、日本国憲法以外に
も存在したが、軍備の否定に関する規定はあまり例がなく、本条2項の戦力不
保持の規定こそ、日本国憲法の特色というべきである。ただし、憲法の条項が
非武装を定めていると文字通り解することを現実政治は許さず、政府は、**自衛
権**に基づく「**自衛力**」を有するとの立場をとってきた。

1　戦力の不保持の条件？──「前項の目的を達するため」

　本条2項冒頭の「前項の目的を達するため」という一節は、憲法草案を審議
していた衆議院小委員会において、芦田均委員長の発案で挿入されたため、
「**芦田修正**」と呼ばれる。この芦田修正の「前項の目的」をいかに解するかに
よって、以下の(a)(b)に見解が分かれる。

(a)　限定不保持説

　本条1項を侵略目的の戦争・武力行使のみを放棄した規定と解した（限定放
棄説）上で、「前項の目的」とは、侵略戦争・侵略のための武力行使を放棄す
るという目的を意味し、本条2項前段は侵略のための戦力を保持しないことを
定めたものであり、自衛のための戦力保持は禁じられていないと解する。

　この見解は、芦田が、後に憲法調査会において、「『前項の目的を達するた
め』という字句を挿入することによって、原案では無条件に戦力を保持しない
とあったものが一定の条件の下に武力を持たない」ことになったと述べたこと
や、芦田修正を受けて、GHQや極東委員会が国務大臣の「文民」条項の必要性

───────────
※85　鵜飼信成『憲法』（岩波書店、1956年）25頁。

を強調するようになったことを根拠とする。

この考え方に対しては、芦田の主観的意図は憲法条項の解釈の決定的な根拠とはならず、むしろ委員長として述べた、「戦争拠棄、軍備撤退ヲ決意スルニ至ツタ動機ガ、専ラ人類ノ和協、世界平和ノ念願ニ出発スル趣旨ヲ明カニセントシタ」との趣旨が「前項の目的を達するため」の客観的な意味として捉えられるべきであること、GHQ、極東委員会の対応も、修正に対する1つの理解を示すものではあっても、条文解釈にとって決定的な意味をもつものではないこと、自衛のための「戦力」と侵略のための「戦力」の区別は困難であり、通常の戦力は自衛のために保持されるものである以上、自衛のための「戦力」の保持を認めれば、本条項の画期的意味が大きく減殺されてしまうこと（芦部・憲法58頁）、仮に自衛のための「戦力」保持が認められるとすると、その発動・統率に関する規定が憲法の他の条文の中に全くみられないことと整合性がとれないこと（佐藤功・注釈上117頁）などの難点が指摘されている。

(b) 全面不保持説

この立場は、「前項の目的」について、限定不保持説のように限定的に捉えず、戦争放棄規定が設けられるに至った目的、すなわち「正義と秩序に基づく国際平和を誠実に希求」する目的と捉える。したがって、「前項の目的を達するため」との文言に、保持しない「戦力」を限定する効果をもたせず、本条2項前段を、自衛のためのものも含めて一切の「戦力」を保持しない規定と解する（宮沢・全訂166頁）。その根拠としては、装備に関わる「戦力」については、目的をもって行われる行為である「戦争」と異なり自衛のためのものと侵略のためのものとの区別は不可能であり、自衛のための戦力は侵略にも用いられ得る（浦部・435頁）からである。

(b)の立場については、1項で自衛のための戦争を容認しつつ、2項で、一切の「戦力」をもたず、「交戦権」も否認することで、結果として、自衛のための戦争も不可能となるというのは、立法技術として「いかにも拙劣な規定であるの批判もありえよう」との指摘もある（佐藤・94頁）。しかし、自衛のための戦争を容認した不戦条約により阻止し得なかった第二次世界大戦に対する反省に立って9条が制定されたという経緯を踏まえれば、侵略戦争の放棄という目的（1項）を実効的に実現する手段として、全面的な「戦力」の不保持と「交戦権」の否認（2項）が定められたという説明も可能であろう[86]。

---

[86] 木庭顕『憲法9条へのカタバシス』（みすず書房、2018年）39頁以下（ただし、1項で認められるのは、「占有侵害を実力で阻止すること」にとどまると解する）。

106　第9条（戦争の放棄・戦力の不保持・交戦権の否認）

　政府見解は、一貫して(b)の立場をとり、あらゆる「戦力」を保持できない結果、自衛のための戦争の遂行も不可能となるとの見解を採っている※87。また、長沼ナイキ基地訴訟第一審判決（札幌地判1973（昭48）・9・7行集27巻8号1385頁）もこの立場をとった※88。

2　「陸海空軍その他の戦力」

　「戦力」の英訳語、"war potential"は、戦争に役立つあらゆる能力・資源を想起させるが、ここで、「陸海空軍」と例示されているように、本条2項前段にいう「戦力」が軍隊・軍備を指すことには異論がない。軍隊とは、外敵に対して敵対行為を行うことを任務とする組織であり、同じく武器を使用し得る組織である警察が、国内の治安維持を目的とし、厳格な比例原則に基づいてのみ武器の使用が正当化されるのとは性格を異にしている。そして、その設置目的ばかりでなく、「その実力がその目的遂行に必要かつ十分な限度を超えたものである場合」も、もはや警察力ではなく「戦力」であるとの指摘もある（佐藤功・注釈上119頁）。

　先に述べたように（→本章〔前注〕Ⅲ1(1)）、政府は警察と軍隊との目的の区別に基づいて、警察予備隊の設置を正当化した。

　「戦力」の意味については、「戦力の不保持」が完全な非武装を意味するのか、「戦力」に至らない一定の軍事力の保持は認められるのか、そして、国家の自衛権との関係をめぐって、以下の(a)～(d)の見解の対立がある。

(a)　「自衛のための戦力」説

　「前項の目的を達するため」という一節について、侵略のための戦争放棄という「目的」に限定して解する限定不保持説の立場からは、本条2項前段にお

※87　「しからば政府の説はどうでありますかというと、いま申し上げたように、『国際紛争を解決する手段としては、』ということばだけにアクセントを置く説ではありませんで、『正義と秩序を基調とする国際平和を誠実に希求し、』ということまで含めて、全体の9条1項の趣旨、そういうものにアクセントを置いているということになるわけであります」（昭和48（1973）・9・13〔第71回国会・参議院内閣委員会議録〕第27号17頁〔角田礼次郎内閣法制局第一部長〕（答弁集51）。

※88　「『前項の目的を達成するため』の『前項の目的』とは、第1項を規定するに至つた基本精神、つまり同項を定めるに至つた目的である『日本国民は、正義と秩序を基調とする国際平和を誠実に希求（する）』という目的を指す。この『前項の目的』なる文言を、たんに第1項の『国際紛争を解決する手段として』のみに限定して、そのための戦争、すなわち、不法な戦争、侵略戦争の放棄のみの目的と解すべきではない。なぜなら、それは、前記した憲法前文の趣旨に合致しないばかりか、後記するように、現行憲法の成立の歴史的経緯にも反し、しかも、本項の交戦権放棄の規定にも抵触するものであり、かつ、現行憲法には宣戦、講和などの戦争行為に関するいっさいの規定を置いていないことからも明らかである。」

いて「自衛のための戦力」の保持は禁じられないということになる。百里基地訴訟第一審判決（水戸地判1977（昭52）・2・17訟月23巻2号255頁）が、本条2項前段について、「第1項の戦争放棄等の宣言を実質的に保障する目的のもとに設けられたもの、換言すれば『前項の目的』とは第1項全体の趣旨を受けて侵略戦争と侵略的な武力による威嚇ないしその行使に供しうる一切の戦力の保持を禁止したものと解するのが相当であ」ると述べるのは、この立場によるものと思われる。

(b) 自衛力説

　本条2項の「戦力の不保持」について、侵略的なものに限定せず、全面的に「戦力」は保持しないものと解しつつ、国家固有の自衛権に基づき、自衛のための必要最小限度の実力は、「戦力」に該当せず、保持が認められるとの立場である。政府は、自衛隊の発足以来、この立場をとってきている（→本章〔前注〕Ⅲ3）。また、「戦力」を「近代戦争遂行能力」と定義して、保安隊を合憲とした吉田内閣時代の「戦力に関する統一見解」（→本章〔前注〕Ⅲ2(2)）も、「戦力」に至らないレベルの軍事組織を保有することは許されるという点で、自衛力説と同一の発想に立つものといえる。

　自衛力説に対しては、「自衛力」と「戦力」との区別は困難であり、結局は、本条2項のいう「戦力の不保持」の意味を空洞化してしまうこと（佐藤功・注釈上126頁）、国家を自然人と同様に「固有の権利」をもつものと解することはできず、あくまでも憲法によって付与された権限のみをもつものとすれば、自衛権の根拠は憲法内在的に求められなければならないことが指摘されてきた。

　たしかに、国連憲章51条は、国連の集団的安全保障に基づく措置がとられるまでの間、加盟国に対して個別的自衛権・集団的自衛権の行使を容認するが、これらは条約上の権利であって、国家固有の権利とはいえないし、憲法上行使できない権利を条約によって付与されたところで、憲法が条約に優先する効力を有するのであるから、国家は条約上の権利を行使することはできない[89]。

　他方、国家の自衛権の根拠を憲法13条や憲法前文の「平和のうちに生存する権利」に求める見解もある。国民の生命・財産を保護することが国家の任務であることは疑いがないが、そうした国家の任務も憲法の枠内で行使されるべきであり、「戦力の不保持」という憲法上の規範を破ることはできないというべきであり、軍事力の行使が国民の生命、財産の保護の手段として適切かが問われる。

　政府は、自衛権を行使するための必要最小限度の実力（「自衛力」または「防衛力」）を保持することは、本条2項前段によっても禁じられていないとして、

---

[89] 政府もこのように解して集団的自衛権の行使は許されないと解してきた。1954（昭和29）・6・3〔第19回国会・衆議院外務委員会議録〕第57号4頁〔下田武三外務省条約局長〕参照。

自衛隊を設立させた。ただし、「自衛力」は、「戦力」に至らない範囲で認められるとの建前をとったため、政府見解においても装備・運用にさまざまな制約が付されることとなった（→本章〔前注〕Ⅲ3(2)）。

(c) 「武力なき自衛権」説

「戦力の不保持」を軍事力一般をもたないことと捉えると、日本国は、自衛権を有するとしても、本条2項前段により軍事力をもって自衛権を行使することはできないということになる。砂川事件第一審判決（東京地判1959（昭34）・3・30下刑1巻3号776頁）がこの立場をとり、「同条は、自衛権を否定するものではないが、侵略的戦争は勿論のこと、自衛のための戦力を用いる戦争及び自衛のための戦力の保持をも許さないとするものであ」ると述べた。また、長沼ナイキ基地訴訟第一審判決（前掲1(b)）も、「現行憲法が、以上のように、その前文および第9条において、いっさいの戦力および軍備をもつことを禁止したとしても、このことは、わが国が、独立の主権国として、その固有の自衛権自体までも放棄したものと解すべきでないことは当然である……。しかし、自衛権を保有し、これを行使することは、ただちに軍事力による自衛に直結しなければならないものではない」と述べ、非軍事的な自衛権行使の方法として、外交交渉、警察による危急の事態の排除、群民蜂起、侵略国国民の財産没収、侵略国国民の国外追放などを挙げた。

(d) 自衛権放棄説

自衛権行使は必然的に武力の行使と結びつくものであるとの理解からは、本条2項前段により全面的に「戦力」を保持できない以上、自衛権自体が放棄されていると解される[90]。(c)と(d)は、自衛権の概念についての理解の違いに基づくものであり、ともに本条2項が一切の軍事力の保持を許さないと解する点では一致している。

3 「保持しない」

「保持」そのものの意味については争いがないが、日米安全保障条約に基づくアメリカ軍の駐留を「戦力の保持」といい得るかについて、砂川事件第一審判決（前掲2(c)）が、基地の提供という日本側の作為に着目して「戦力の保持」にあたるとしたのに対し、政府見解（→本章〔前注〕Ⅲ2(2)）ならびに砂川事件最高裁判決（→本章〔前注〕Ⅲ2(3)）はともに、日本に在日米軍の指揮権がないことをもって「保持」にあたらないとしている。

---

[90] 山内敏弘『平和憲法の理論』（日本評論社、1992年）236～238頁。

V　交戦権の否認

本条2項後段の「交戦権の否認」については、前段の「前項の目的を達するため」のような一節が加えられていないため、侵略目的・自衛目的で区別することができない（樋口ほか・注釈1・167頁〔樋口陽一〕、野中ほか・憲法・181頁〔高見勝利〕など）。「交戦権」の意味をめぐっては、以下の(a)(b)の見解がある。

(a)　「戦争を行う権利そのもの」とみる説

本条2項後段は、戦争・武力の行使を全面的に放棄したことを確認するために、文字通り「戦争を行う権利」を認めない趣旨の規定と解する。

(b)　「交戦国として国際法上認められている権利」とみる説

国際法上の「交戦権」の用法に従い、交戦国としての権利を否認した規定と解する見解である（佐藤功・注釈上135頁、芦部・67頁）。自衛戦争あるいは自衛のための武力行使、自衛力に基づく戦闘行為を認める立場からは、「交戦権」を(a)のように解することはできない。そこで、本条2項後段を、戦時国際法上認められている第三国の船舶の臨検などの権利を行使できないと解する。これでは、戦闘行為をしながら国際法上認められた権利を行使できないという一見奇妙な結論のようにみえるが、自衛権の行使は、「戦争行為」に至らない範囲でしか認められないとの立場と解するべきである（佐藤功・注釈上136頁）。

政府見解は、本条2項後段について「前項の目的を達するため」の限定は及ばないとして、全面的な「交戦権」の否認と捉えつつ、「交戦権」の内容については、「交戦国が国際法上有する種々の権利の総称であって、相手国兵力の殺傷及び破壊、相手国の領土の占領、そこにおける占領行政、中立国船舶の臨検、敵性船舶の拿捕等を行うことを含むもの」と述べ、(b)の立場をとることを明らかにしている[91]。ただし、政府は、自衛権の行使は、「交戦権の行使とは別のものである」と考えており、相手国の領土の占領や占領行政などが、「自衛のための必要最小限度を超えるもの」となるとしている[92]。

自衛戦争・自衛のための武力行使も認めない立場において、「交戦権」を(b)のように解することも可能である。その場合、本条2項後段は、戦争や武力の行使をしないことを別の形で確認したことになる。

なお、国際法上の交戦国の権利が認められないことは、戦闘員が捕虜となっ

---

[91]　1980（昭和55）・10・28〔第93回国会・衆議院議員稲葉誠一君提出自衛隊の海外派兵・日米安保条約等の問題に関する質問に対する答弁書〕第6号〔鈴木善幸〕（阪田雅裕編著『政府の憲法解釈』（有斐閣、2013年）46頁）。

[92]　1985（昭和60）・9・27〔第102回国会・衆議院議員森清君提出憲法第九条の解釈に関する質問に対する答弁書〕第47号〔中曽根康弘〕（阪田雅裕編著『政府の憲法解釈』（有斐閣、2013年）47頁）。

110 第9条（戦争の放棄・戦力の不保持・交戦権の否認）

たときの待遇の保障（1949年8月12日のジュネーブ条約7条）などを受けられないのではないかという問題もしばしば語られる。しかし、捕虜の人道的待遇は、戦時国際法というよりは国際人道法上の保障であり、国家は、交戦権に基づかなくとも、そのような権利を要求できると解される（佐藤功・注釈上136頁）。

（木下智史）

第3章　国民の権利及び義務〔前注〕　*111*

第3章　国民の権利及び義務

〔前注〕

I　本章の意義

　本章の表題「国民の権利及び義務」は、大日本帝国憲法第2章の「臣民権利義務」にならったものだが、そこに含まれる権利保障の数が増加しているだけでなく、その保障の意義・内容も大きく異なる。

II　基本的人権の系譜と意義

1　基本的人権保障の系譜
(1)　基本的人権の淵源
　国家権力の行使を制限する方法として、一定の権利を保障するという形式が採用されるようになった淵源は、イギリスの諸侯が国王ジョンに、裁判によらなければ生命、自由、財産を奪われないことなどを約束させたマグナ・カルタ（1215年）に遡る。イギリスにおいては、17世紀に、国王と議会の対立が激化する中、マグナ・カルタは自由人の権利を定めたコモンローの一部として再解釈され、清教徒革命期の権利請願（1628年）、名誉革命期の権利章典（1689年）を通じて、権利の内容、そして権利の享有者も拡大していった。
(2)　自然権論と社会契約説
　国王の臣民としての身分に基づく権利を、人には生まれながらに備わった自然権があるとの思想と結びつけたのは、ジョン・ロックをはじめとする社会契約説の主張者たちである。ロックによれば、社会の成立以前の「自然状態」において、人は生まれながらにして自然権を有しており、それをよりよく保障するために人々が契約によって作り上げ、統治権を信託したのが政府であるとされた。
(3)　憲法における基本的人権保障
　社会契約説に立つ人権保障は、アメリカ大陸において成文憲法の形をとって現れた。1776年にヴァージニア議会において憲法の一部として採択されたヴァージニア権利章典は、「すべて人は、生まれながらに等しく自由かつ独立であり、一定の生来の権利を有する」（1条）と明確に述べ、政府の統治権の根拠についても「すべての権力は、人民に存し、従って人民にその根源を発するものである。統治に当たる者（magistrates）は、人民の受託者であり僕であって、常に人民に対して責に任ずるものとする」（2条）と社会契約説立場を鮮明にしていた。この発想は、同じ年に採択されたアメリカ独立宣言の以下のよう

な表現に引き継がれた。

「われわれは、自明の真理として、すべての人は平等に造られ、造物主によって、一定の奪い難い天賦の権利を附与され、その中に生命、自由および幸福の追求の含まれることを信ずる。また、これらの権利を確保するために人類の間に政府が組織されたこと、そしてその正当な権力は被治者の同意に由来するものであることを信ずる。」

フランス革命の成果として採択された1789年の「人及び市民の権利宣言」においても、「人は、自由、かつ権利において平等なものとして生まれ、かつ生存する」（人及び市民の権利宣言1条）と、人には生来の権利が備わっているとの前提が述べられ、かつ「あらゆる政治的団結の目的は、人の消滅することのない自然権を保全することにある」（2条）との社会契約説的原則が確認された。そして、「権利の保障が確保されず、権力分立が定められていない全ての社会は憲法を有しない」（16条）との言葉に象徴されるように、これ以降、国民の権利保障を規定することが近代的憲法の必要条件とされるようになった。

2　基本的人権保障の拡大

(1)　基本的人権保障の地理的拡大

19世紀に入ると、他のヨーロッパ各国も近代的憲法を制定するに至ったが、君主制が維持されたドイツでは、憲法上の権利保障も君主が付与するとの建前が採られ、1850年のプロイセン憲法における権利保障は、「プロイセン人の権利」として規定された。

(2)　大日本帝国憲法における人権保障

1889（明治22）年、プロイセン憲法の強い影響を受けて制定された大日本帝国憲法における権利保障は、「朕ハ我カ臣民ノ権利及財産ノ安全ヲ貴重シ及之ヲ保護シ此ノ憲法及法律ノ範囲内ニ於テ其ノ享有ヲ完全ナラシムヘキコトヲ宣言ス」（上諭）とあるように、あくまでも天皇が認めた「臣民ノ権利」にとどまり、「法律ノ範囲内」との制限付きの保障であった。しかし、憲法制定にあたって、枢密院議長伊藤博文が語ったとされる、「抑憲法ヲ創設スルノ精神ハ、第一君権ヲ制限シ第二臣民ノ権利ヲ保護スルニアリ」との言葉をみれば、近代的憲法の権利保障の精神が日本においても受容されていたことがわかる。

ただし、大日本帝国憲法における権利保障は、帝国議会による立法による侵害に対抗し得ず、帝国議会の権限も天皇の非常大権による制約付きのものであった。人権保障の最後の砦というべき司法についてもその独立性が不十分であるなど、重大な限界を抱えており、国民の思想統制や刑事手続における拷問、長期にわたる拘禁などに対する十分な歯止めとならなかった。

(3)　基本的人権の現代的展開

自然権思想に基づいて憲法に規定された権利は、国家に対して不干渉を求める自由権が中心であったが、20世紀に入って制定された憲法においては、資本

主義経済の進展によって生ずる貧富の差などのひずみから「人間らしい生活」を回復するため国家に積極的な役割を果たすよう求める**社会権**規定が盛り込まれるようになる。ドイツのワイマール憲法（1919年）は、その嚆矢として知られ、「経済生活の秩序は、すべての者に人間たるに値する生活を保障することを目的とする正義の原則に適合しなければならない」（151条1項）などの規定を含んでいた。

　さらに、ロシア革命を経て採択された「勤労し搾取されている人民の権利宣言」（1918年）は、ブルジョワジーによる勤労者の搾取をなくすため生産手段の社会化を目指し、土地の私有制廃止、農園、工場、銀行等の国有化等を打ち出すとともに、労働者・農民・兵士の代表によるソビエトへの権力集中を呼びかけた。同年に制定されたロシア社会主義連邦ソビエト共和国憲法における権利保障は、表現の自由や集会の自由の「現実的な保障」をうたい（14条・15条）、それらの自由行使のための物質的・技術的手段を国家が提供することを保障した。もっとも、国家による権利・自由の実質的実現の試みは、肥大化した国家権力がかえって憲法上の権利保障の核というべき市民的自由の抑圧をもたらすというジレンマも現出させた。

(4)　基本的人権の国際的保障

　第二次世界大戦後、憲法に基づく基本的人権の保障は、新たに独立したアジア・アフリカ諸国に拡大した。それとともに、基本的人権は人類の普遍的価値となり、国際条約に基づいて保障されるようにもなった。第二次世界大戦後の国際社会の出発点となった国際連合憲章（1945年）の前文は、「基本的人権と人間の尊厳及び価値と男女及び大小各国の同権とに関する信念」を確認することから説き起こしている。そして、1948年には世界人権宣言が国連総会で採択され、1966年には締約国を拘束する国際条約として、「経済的、社会的及び文化的権利に関する国際規約」（いわゆる「A規約」）と「市民的及び政治的権利に関する国際規約」（いわゆる「B規約」）の2つの国際人権規約が採択された（1976年発効）。国際人権規約は、従来の基本的人権の保障に加えて、労働条件、文化、家族に関する権利を詳細に保障するほか、「民族自決の権利」や「天然の資源や富を自由に処分する権利」など、植民地支配から独立した諸民族の権利の保障まで及んでいる。また、国際人権規約は、A規約に関して「経済的、社会的及び文化的権利に関する委員会」に対する国家報告制度、B規約に関して国家報告、国家間通報制度、個人通報制度を設けて、より実効性のある人権保障となるための仕組みも設けている。

　国際連合は、国際人権規約のほかにも、個別の人権課題に対応して、ジェノサイド禁止条約（1951年発効）、難民の地位に関する条約（難民条約）（1954年発効）、人種差別撤廃条約（1969年発効）、女性差別撤廃条約（1981年発効）、子どもの権利条約（1990年発効）などを採択してきている。これらの人権条約は、たとえば、難民条約批准に伴って、社会保障関係法の国籍条項が撤廃されるな

114 第3章 国民の権利及び義務〔前注〕

ど、日本の国内法にも大きな影響を与えている。

　また、ヨーロッパ、南北アメリカ、イスラム圏といった地域的な人権保障の取り組みも、第二次世界大戦後、活性化している。中でもヨーロッパ人権条約（1953年発効）は、条約の実効化のために設置されたヨーロッパ人権裁判所の活動を通じ、ヨーロッパ各国の人権保障に多大の影響を与えている。

3　日本国憲法における人権保障

　日本国憲法における人権保障は、憲法97条が「この憲法が日本国民に保障する基本的人権は、人類の多年にわたる自由獲得の努力の成果」であると述べるように、前述の基本的人権の系譜の中に自らを位置づけ、人には生まれながらにして固有の権利が備わっているとの前提から出発している。そして、その保障内容は、20世紀における人権内容の展開を踏まえて、生存権の保障を含む社会権規定を盛り込み、かつ、戦前における人権侵害の経験への反省から、刑事手続に関する権利保障を詳細に規定している。

Ⅲ　基本的人権の類型

1　人権類型化の意義と限界

　Ⅱにおいて歴史的に振り返ったように、基本的人権といわれるものは、その時代に応じて内容を変化させてきた。したがって、今日、基本的人権といわれるものの中には、その権利の性質、その歴史的背景が異なるものが含まれている。基本的人権をめぐる諸問題を考察する上では、これらの性質の違いを踏まえる必要があり、そのためにさまざまな類型化が試みられてきた。ただし、類型化は、個々の人権の多面的な性格の一面に着目したものであり、単純化による限界があることにも留意しなければならない。

2　基本的人権と「憲法上の権利」との関係

　日本国憲法は、本章の表題において「国民の権利」の語を用い、憲法11条・97条においては、「基本的人権」という言葉を用いる。日本国憲法が保障する権利と、先に論じてきた系譜の中に位置づけられる基本的人権の概念とはいかなる関係に立つのかをめぐってさまざまな理解がある（→3(1)・憲11条Ⅲ・Ⅳ）。

3　基本的人権類型化の試み

(1)　「人権」と「憲法上の権利」

　日本国憲法が保障する権利の中には、自然権に淵源をもち、人が人であるがゆえに認められる「（基本的）人権」と、憲法が国民に対して保障した権利（「憲法上の権利」）がある。人権は、自然人であれば国籍を問わず保障されるのに対し、憲法上の権利は基本的に国民が享有するといった区別や、自然権に淵源を

もつ人権は私人間においても効力をもつが、憲法上の権利であれば、その効力は対国家に限られるといった区別が論じられる。

(2) 国家と国民との関係に基づく分類

講学上かねてから参照されてきたのが、G.イエリネックの公権体系に基づく分類である。イエリネックは、国民が国家に対して有する地位を積極的地位／消極的地位／能動的地位／受動的地位に分類し、それぞれの地位に応じて、**請求権／自由権／参政権／義務**に分類し得ると論じた。イエリネックの時代には知られていなかった社会権をどう位置づけるかといった難点を抱えながらも、現在も多くの体系書がこの分類論に基づいている。

(3) 前国家的権利／後国家的権利

人が人であるがゆえに認められる（狭義の）人権と憲法が国民に保障した権利との分類は、しばしば、前者を、国家の存在を前提としない前国家的権利と呼び、後者を国家の存在があって初めて認められる後国家的権利と呼ぶ分類論としても語られる。しかし、そもそも「人」の権利が析出されたのは近代集権国家の誕生によるものであって[1]、その意味では、狭義の人権も国家権力の存在を前提とする。したがって、「前国家的」権利とは自然権を淵源とする権利であることの別言と捉えるべきである。「後国家的」権利には、社会権などの国家に対する請求権のほかに参政権などが含まれるが、そこには性格の大きく異なる諸権利が包含されることになり、この概念の有効性は限定的である。

(4) 自由権／社会権

社会権とは、20世紀に至って実定憲法上の権利として規定されるようになってきた、社会保障受給権、労働者の権利などを、国家による社会関係への介入を通じて実現する権利である。19世紀に制定された近代的憲法が保障する権利の中心的な部分は、国家の干渉から国民の自由を防御するための自由権が中心であったことから、社会権登場後の人権保障の歴史的流れを、「自由権から社会権へ」として特徴づける議論も有力であった。ただし、社会権に分類される権利にも、自由権としての側面が認められるものがあるなど、複合的性格をもつことがあり、憲法の保障する権利を単純に自由権と社会権とに二分することはできず、人権の分類論としてはやはり限界をもっている。

(5) プロセス的権利／非プロセス的権利

松井茂記は、憲法の目的が実体的価値の実現ではなく、民主主義な統治プロセスの保障にあるとの理解から、憲法の保障する権利を、民主主義プロセスの保障にとって不可欠の権利である「プロセス的権利」と、それ以外の「非プロセス的権利」に二分する。松井によれば、市民が政治に参加し、代表者を通じて国政に関する決定を行う「政治参加のプロセス」と国政に関する決定を執行するプロセス（それらをあわせて「政府のプロセス」という）について、国会

---

[1] 樋口陽一『国法学——人権原論（補訂）』（有斐閣、2007年）17頁。

116　第3章　国民の権利及び義務〔前注〕

や内閣という政治部門を信頼することはできないので、プロセス的権利の保障については積極的な司法審査が行われる必要があるが、非プロセス的権利の実現は政治部門に委ねられており、司法審査は限定的なものとなる（松井・憲法115頁）。

　松井の主張は、権利の実体的価値の高低に基づく通説的**「二重の基準」論**を批判して、民主主義的プロセスに不可欠な権利かどうかによって、積極的な違憲審査が要請される権利とそうでない権利との差別化を図ろうとする試みである。松井の主張に対しては、民主主義的プロセスの保障だけが憲法の目的といえるかどうか、日本国憲法の想定する民主主義を、「多元的な集団の交渉と取引のフォーラム」という「プリュラリズム」的に捉えるべきかについても異論がある上、プライバシーの権利がプロセス的権利とされるなど、権利の分類のあり方にもやや強引な点がみられるところが難点として指摘されている。

(6)　**切り札としての権利／公共の福祉に基づいて保障される権利**

　長谷部恭男は、憲法上保障されている権利の中に、個人の自律的な決定権に基づき、たとえ多数の意思に反しても尊重されるべき、「『切り札』としての権利」と、メディアの報道の自由のように、言論・情報の多様性に資するといった「社会公共の利益のために保障されている権利（「公共の福祉に基づいて保障される権利」）」があると説く。

　長谷部による憲法上の権利の区分も、多数決によっても制限し得ない権利の範囲を確定しようとするものではあるが、松井と異なり、人の自律的決定については比較不能であり、個人の人格が根源的な平等性をもつ以上、少数であるからといって否定されるべきではないとのリベラリズムを基底にもつ（長谷部・憲法112～114頁）。

　長谷部の人権論、とりわけ「公共の福祉に基づいて保障される権利」の概念については、「公共の福祉」はあくまでも人権に対立する価値であり、公益を促進することを根拠とする権利を憲法上の権利として承認することはできないとの批判がある。

Ⅳ　憲法上の権利の享有主体（人権享有主体性）

　本章の表題は、「国民の権利及び義務」となっており、また、憲法が国家と国民との関係に関する基本法であるとの性格をもつことからも、国民が本章に規定する諸権利の主体であることには疑いがない。それでは、国民以外の者は憲法上の権利の享有主体となり得るかが「人権享有主体性」の名の下に問題とされてきた。先にも述べたように、人権は「人が人であるがゆえに有する権利」であるから、「人権」の享有主体が人であることは自明であり、実際に問われるべきは、「憲法上の権利」の享有主体の範囲である。

第3章 国民の権利及び義務〔前注〕 *117*

1 国民

「国民」とは、日本国籍を有する者のことである。国籍の付与については、憲法10条が「日本国民たる要件は、法律でこれを定める」と規定している（→憲10条）。

なお、**未成年者**について、憲法上の権利の享有の有無が論じられることがあるが、日本国民である未成年者が憲法上の権利を享有し得るのは当然である。未成年者であるがゆえに選挙権が制限されるのは、憲法が「成年者」による選挙を予定しているからであり（憲15条3項）、未成年者の健全な成長のために**「限定的なパターナリスティックな制約」**が認められるのも（→憲13条Ⅴ1）、未成年者の特質に応じた自由の制約であって、憲法上の権利の享有主体性の問題とは異なる。

2 外国人

(1) 外国人の憲法上の権利享有に関する学説

(i) 保障否定説／保障肯定説

「外国人」とは、日本国籍を有しない者であり、国民に対して保障した憲法上の権利を外国人が享有しないことは明らかなように思える。ここから、憲法上の権利の外国人による享有を認めないとする保障否定説、あるいは、外国人と国民との本質的な違いを前提としつつ外国人に対する積極的な人権保障のために、憲法上の人権規定が準用されると説く準用説も主張された。しかし、憲法上規定された権利の多くは、人であるがゆえに保障される人権に淵源をもっており、外国人も人である以上、人権の性質を有する憲法上の権利については享有し得るはずである。ここから、憲法上の権利のうち「人権」としての性質をもつものについては、外国人も憲法上の権利を享有するとする保障肯定説が支配的となった。判例も、「いやしくも人たることにより当然享有する人権は不法入国者と雖もこれを有するものと認むべき」として、外国人が「人権」を享有することを早くから肯定している（最二小判1950（昭25）・12・28民集4巻12号683頁）。

(ii) 保障の範囲に関する基準

外国人の享有し得る憲法上の権利の範囲について、かつては各条項の主語が「国民」となっていれば外国人は享有せず、「何人」となっていれば外国人も享有するとの文言説が唱えられた。しかし、憲法の起草段階で主語が意識的に選択されたとはいえず、現に憲法22条2項が「何人」にも「国籍を離脱する自由」を保障していることからも、文言を決め手にはできない。

学説上は、「およそ人たる以上享有すべき性質の基本的人権」といえるかどうかによって、外国人への保障の有無を判断する権利性質説がほぼ異論なく受け入れられている（佐藤功・注釈上228頁、芦部・憲法92頁）。

判例も、マクリーン事件判決（最大判1978（昭53）・10・4民集32巻7号1223

頁）において、「憲法第3章の諸規定による基本的人権の保障は、権利の性質上日本国民のみをその対象としていると解されるものを除き、わが国に在留する外国人に対しても等しく及ぶものと解すべき」と述べて、権利性質説に立つことを確認した。

(iii) 外国人の種別

　「外国人」と一口にいっても、日本とのかかわり方の程度はさまざまであり、憲法上の権利を保障する必要性もその程度によって異なる。そこで、権利の性質以外に、外国人を、「定住外国人」、難民、一般外国人に分け、その区分に応じて、憲法上の権利の享有の範囲・程度を決定するとの主張も有力になされている（芦部・憲法92頁）。「**定住外国人**」とは、日本に生活の本拠があり、その生活実態からみて国籍国を含むどの国よりも日本と深く結びついている外国人をいい、具体的には、永住権を有する外国人がそれにあたる。中でも、サンフランシスコ平和条約の発効（1952（昭和27）年4月28日）により、日本国籍を失った旧植民地出身者とその子孫については、典型的な「定住外国人」として日本国民に準ずる権利保障が認められるべきとの見解が唱えられている（浦部・教室65〜66頁）。もっとも、「定住外国人」か否かの基準は不明確であり、むしろ永住権をもつ者には、「永住市民権」を認めて、国民に準ずる地位を認めるべきとの主張もある（辻村・憲法（第4版）133頁）。

　また、「難民」は、政治的や宗教的な理由などで、国籍国からの離脱を余儀なくされた人々であり、国際的に難民条約によって各締約国に保護が義務づけられている。

(2)　外国人が享有し得ない憲法上の権利

　権利性質説に基づくと、外国人が享有し得ない権利の範囲は、「権利の性質上日本国民のみをその対象としている」かどうかにより決せられることになる。先に述べたところからは、人が人であるがゆえに保障されるべき「人権」であれば外国人も享有することとなり、外国人が享有し得ないのは、「人権」とはいえない憲法上の権利ということになるようにも思われるが、実際には、それほど単純に割り切ることはできない。

　自由権は、典型的な「人権」として、外国人も享有できる権利ということになるが、最高裁は、政治活動の自由について、「わが国の政治的意思決定又はその実施に影響を及ぼす活動等外国人の地位にかんがみこれを認めることが相当でないと解されるものを除き、その保障が及ぶ」と述べ、国民主権原理から一定の制約を受けるとの理解を示している（マクリーン事件判決（→(1)(ii)））。

　また、国務請求権の1つ、国家賠償請求権については、国家賠償法6条において、外国人の国籍国における賠償請求権の保障に応じて請求を認める相互主義が採用されている。国家賠償請求権の後国家的権利としての性格に基づいて違憲とまではいえないとの見解もあるが（佐藤幸・憲法359頁）、その合憲性を疑問視する見解もある（宮沢・憲法2・456頁）。

第3章　国民の権利及び義務〔前注〕　*119*

他方、参政権、社会権、入国の自由、**公務就任権**については、外国人の享有が否定されてきた。しかし、近年、国際的な人権保障の要請の高まりに応じて、以下のとおり、享有できない権利の範囲と程度について、具体的に限定する傾向にある。

(i)　参政権

参政権は、「国民固有の権利」（憲15条1項）として、外国人が享有し得ない典型的な権利とされてきた。しかし、ヨーロッパ連合内では、一定の定住期間を経た者について地方参政権の行使が認められており、カテゴリカルに外国人の参政権享有を否定するべきではないとの見方も有力となっている。

日本においても、外国人に参政権を認めることは、国民による政治的意思決定という意味での国民主権原理に反するとして否定的に解する見解が支配的である。しかし、外国人も日本国民と同様、納税者であり、社会・公共サービスのあり方に関心を抱くことは当然であり、国民主権という抽象的かつ多義的な原理によって外国人の政治参加を排除できるとすることには疑問が呈されてきた。たとえば、「少なくとも民主主義の観念と結びついた『国民主権』の原理の根底にあるのは、一国の政治のあり方はそれに関心をもたざるをえないすべての人の意思に基づいて決定されるべきだとする考え方である」との認識に基づいて、国民主権にいう「国民」は国籍保有者に限られず、日本に生活の本拠を置く定住外国人については、参政権の保障が及ぶとの見解もある（浦部・教室66頁）。

最高裁は、「公務員を選定罷免する権利を保障した憲法15条1項の規定は、権利の性質上日本国民のみをその対象とし、右規定による権利の保障は、我が国に在留する外国人には及ばない」と述べている（最三小判1995（平7）・2・28民集49巻2号639頁）。しかし、同判決は、「我が国に在留する外国人のうちでも永住者等であってその居住する区域の地方公共団体と特段に緊密な関係を持つに至ったと認められるものについて、その意思を日常生活に密接な関連を有する地方公共団体の公共的事務の処理に反映させるべく、法律をもって、地方公共団体の長、その議会の議員等に対する選挙権を付与する措置を講ずることは、憲法上禁止されているものではない」と述べ、地方公共団体の長や議会の選挙において投票する権利を法律により外国人に付与することが憲法上禁止されているわけではないと述べた。

この判決を踏まえて、外国人の参政権保障の意味について、国政選挙と地方公共団体レベルの選挙とを区別して考えるべきこと、外国人に対する選挙権保障の具体的あり方に応じて、享有について法律の定めが必要となることから、法律によって付与することの「禁止」、法律によって付与することの「許容」、法律によって付与することの「要請」のいずれを意味するのかを明確にする必要があることが認識されるようになった。

(a)　国会議員選挙

まず、国会議員を選出する国政選挙については、国家意思の形成への直接的関与であり国民主権原理から法律で外国人に選挙権を付与することが禁止されていると解する見解が支配的である。

(b) 地方公共団体における選挙

かつては、地方公共団体における選挙権についても、国会議員選挙と同様、外国人は享有し得ないとの見解が支配的であったが、地方公共団体の運営については、住民自治の原理に基づいて行われることが要請され、憲法93条2項が「住民」による直接選挙を規定していることもあり、法律によって永住者等の一定の外国人に選挙権を付与することは憲法も禁じていないと解する見解が有力となっている（芦部・憲法92頁、佐藤幸・憲法145～146頁）。先に挙げた1995（平成7）年の最高裁判決も、地方公共団体における選挙について許容説を採ったものと理解できる（ただし、同判決は、憲法93条2項の「住民」について、「地方公共団体の区域内に住所を有する日本国民を意味する」と解している）。

(ii) 社会権

社会権は、「人間らしい生存」の保障のため国家に対して作為を求める権利であり、かつては国籍国に保障を求めるべきとして、外国人の享有を否定的に解する見解が支配的であった（宮沢・憲法2・242頁（ただし、無国籍人については、国民に準じて、社会権の享有を認める））。しかし、国際的な人権保障の進展により、社会保障の領域においても内外人を平等に扱うべきとの観念が広がり（国際人権規約A規約2条2項）、1951年に採択された難民条約は、社会保障に関する内外人平等を明確に規定した[2]。日本は難民条約を1981（昭和56）年に批准し、それに伴って、生活保護を除く国民健康保険、国民年金などの社会保障制度における国籍条項が撤廃された[3]。学説においても、社会保障について、社会構成員の権利として定住外国人も対象とすべきと主張する見解が主張されるようになっている[4]。

---

[2] 第23条【公的扶助】 締約国は、合法的にその領域内に滞在する難民に対し、公的扶助及び公的援助に関し、自国民に与える待遇と同一の待遇を与える。

第24条【労働法制及び社会保障】 1 締約国は、合法的にその領域内に滞在する難民に対し、次の事項に関し、自国民に与える待遇と同一の待遇を与える。

(a) 報酬（家族手当がその一部を成すときは、これを含む）、労働時間、時間外労働、有給休暇、家内労働についての制限、雇用についての最低年齢、見習及び訓練、女子及び年少者の労働並びに団体交渉の利益の享受にかかわる事項であって、法令の規律を受けるものまたは行政機関の管理のもとにあるもの。

(b) 社会保障（業務災害、職業病、母性、疾病、廃疾、老齢、死亡、失業、家族的責任その他国内法令により社会保障制度の対象とされている給付事由に関する法規）。ただし、次の措置をとることを妨げるものではない。（以下略）

最高裁は、いわゆる塩見訴訟判決（最一小判1989（平1）・3・2訟月35巻9号1754頁）において、国民年金法の国籍条項について憲法25条・14条違反の主張を斥けたが、その理由づけは、外国人による社会権の享有を原理的に斥けるものではなく、「限られた財源の下で福祉的給付を行うに当たり、自国民を在留外国人より優先的に扱うことも、許される」という立法裁量論によるものであった。

(iii) 公務就任資格

公務員に就任する資格についても、被選挙権が、選挙権と同様に外国人に認められないことの延長線上で、外国人には認められないとされてきた。内閣法制局も、「公務員に関する当然の法理として、公権力の行使または国家意思の形成への参画に携わる公務員になるためには、日本国籍を必要とする」という見解（1953（昭和28）年3月25日付内閣総理大臣官房総務課長宛内閣法制局第一部長回答）（いわゆる「当然の法理」）を維持してきており、それに基づいて、国家公務員を始めその他の公務員について、採用・昇進にあたっての「国籍条項」が存在する[5]。

公務員といっても、選挙で選ばれる首長や議員と一般職の公務員ではその性

---

[3] 1946（昭和21）年の旧生活保護法は、国籍条項がなく、保護が必要な外国人にも適用されていたが、1950（昭和25）年の新生活保護法において、その対象は国民とされた。そこで、1954（昭和29）年、厚生省より、日本国籍を離脱した在日韓国人・朝鮮人等、旧法で保護されていた対象者を保護し続けるため、（定住・非定住にかかわらず）生活に困窮する外国人登録をしている外国人に一般国民に準じて生活保護を適用しても構わないとの通知（1954（昭和29）・5・8社発第382号厚生省社会局長通知）が出された。しかし、生活保護の予算抑制と非定住外国人（短期滞在およびオーバーステイの外国人等）の増加に伴い、1990（平成2）年、厚生省より、生活保護対象外国人は定住者に限る、非定住外国人は、生活保護法の対象とならないと口頭で指示が出されている。最高裁は、「外国人は、行政庁の通達に基づく行政措置により事実上の保護の対象となり得るにとどまり、生活保護法に基づく保護の対象となるものではなく、同法に基づく受給権を有しない」と判示している（最二小判2014（平26）・7・18訟月61巻2号356頁）。

なお、生活保護法上の緊急医療費補助について、いくつかの地方公共団体が不法残留外国人にも適用する措置をとっていたが、最高裁は、不法残留外国人を保護対象としないとしても憲法25条・14条には違反しないとした（最三小判2001（平13）・9・25判時1768号47頁）。

[4] 大沼保昭「『外国人の人権』論再構成の試み」法学協会編『法学協会百周年記念論文集第2巻』（有斐閣、1983年）348頁。

[5] 人事院規則8-18第9条3号は、「日本の国籍を有しない者」について「採用試験を受けることができない」と定める。

格は大きく異なり、一般職公務員への就任は、むしろ職業選択の自由の1つとみるべきであり、参政権と同列に扱うべきではないと批判されている（高橋・立憲主義97頁）。

　最高裁は、東京都管理職試験に外国人の受験資格を認めなかった事件に関して、地方公務員のうち、「住民の権利義務を直接形成し、その範囲を確定するなどの公権力の行使に当たる行為を行い、若しくは普通地方公共団体の重要な施策に関する決定を行い、又はこれらに参画することを職務とするもの」（「公権力行使等地方公務員」）については、「国民主権の原理に基づき」、原則として、日本国籍を有する者が就任することが想定されているとした（最大判2005（平17）・1・26民集59巻1号128頁）。東京都の管理職については、必ずしもすべてが「公権力行使等地方公務員」には該当しなかったが、判決は、地方公共団体が公権力行使等地方公務員の職とそうでない職とを包含する「一体的な管理職の任用制度」を採用し、それに基づいて外国人に管理職への就任を認めないことも合理的な理由に基づく区別として憲法14条1項等に違反しないとした。

(ⅳ)　入国の自由・在留する権利

　「国際慣習法上、外国人の入国の許否は当該国家の自由裁量により決定し得るもの」（最大判1957（昭32）・6・19刑集11巻6号1663頁）とされていることから、外国人は「入国の自由」を享有しないと解されてきた。そして、「入国の自由」が認められないことの延長で、在留外国人には「在留する権利」もないとされており、**マクリーン事件**判決（→(1)(ⅱ)）においても、実際に行われた政治活動が憲法上の保障を受けるものとされたにもかかわらず、「在留期間中の憲法の基本的人権の保障を受ける行為を在留期間の更新の際に消極的な事情としてしんしゃくされないことまでの保障が与えられているものと解することはできない」として、在留期間更新不許可処分は取り消されなかった。

　さらに、「入国の自由」がないことから、在留外国人には、「再入国の自由」も保障されないとされ、一時的な海外旅行をする自由も認められない（森川キャサリーン事件判決・最一小判1992（平4）・11・16集民166号575頁）。しかし、生活基盤が日本にある定住外国人による再入国と新規の入国とを同一に扱うのは不合理であると長く批判されてきた。2009（平成21）年の出入国管理及び難民認定法の改正により「みなし再入国」制度が導入され（入管26条の2）、「在留カード」を有する在留外国人は1年以内の出国であれば、再入国許可が必要でなくなったが、再入国に許可が必要であるとの本質に変更はない。

　マクリーン事件判決（→(1)(ⅱ)）が、「外国人に対する憲法の基本的人権の保障は、右のような外国人在留制度のわく内で与えられているにすぎないもの」と明言しているように、在留する権利が保障されない以上、外国人にいくら憲法上の権利が保障されるとされても、結局は、権利保障が画餅に等しいものとなるおそれがある。

　こうした状況に対しては、まず、「入国する自由」がないことは承認される

第3章　国民の権利及び義務〔前注〕　*123*

としても、そこからストレートに、入国後に恣意的に在留資格を奪われてもよいことにはならないこと、外国人の在留資格・退去強制を決定するのは、国の機関としての法務大臣であり、その裁量権行使に逸脱・濫用がある場合には、処分が違法とされ得ることを指摘することができる。

　なお、外国人の「出国の自由」について、最高裁は、憲法22条2項の外国移住の自由として外国人にもその享有を認めている（最大判1957（昭32）・12・25刑集11巻14号3377頁）。ただし、旅券に証印を受けなければ出国できないとの旧出入国管理令25条2項の定めについて、最高裁は、「単に、出国の手続に関する措置を定めたもの」として法的な制限とはいえず、この手続により、事実上、出国が制約されることがあっても、出入国の公正な管理という公益により正当化されるとした。

3　法人

(1)　法人（団体）の憲法上の権利享有に関する学説

　法人は、自然人ではないため、「人権」を享有しない。ここから、法人の人権享有主体性を否定する見解も説かれる。

　もっとも、法人格を有する・有しないにかかわらず、団体は、人が何らかの目的をもって結成するものであり、団体の活動に憲法上の権利としての保護が与えられないとすると、団体構成員の権利の実現が果たされなくなる。また、現代社会において団体の活動が大きな役割を担っていることは否定できず、そうした団体の活動が憲法上の権利の保障の対象外とされ、国家権力の恣意的な規制の下に置かれることとなれば個人の自由の保障もおぼつかないであろう。こうして、法人（団体）の人権享有主体性を肯定する見解が多数を占めるようになった。

　最高裁も、**八幡製鉄政治献金事件**判決（最大判1970（昭45）・6・24民集24巻6号625頁）において、「憲法第3章に定める国民の権利および義務の各条項は、性質上可能なかぎり、内国の法人にも適用されるものと解すべきである」として、法人が政治活動の自由を享有することを肯定し、会社による政治献金の合法性を認めた。

　ただし、「人権享有主体性」といっても、法人が「人」でない以上、そこで問題となるのは、「憲法上の権利の享有」を指すと考えるべきである。また、憲法上の権利保障の有無が法政策上の観点から決せられる法人格の有無に左右されるべきではないから、団体一般について、その憲法上の権利享有を問題とすべきである。

　近年では、改めて団体に憲法上の権利を享有させる根拠が問い直され、団体の権利保障が構成員の利益に還元されることや団体が社会的実在性をもつことといった、従来の根拠づけ（芦部・憲法89頁）に疑問が呈されるようになっている。そこで、「団体には固有の人権主体性はなく、構成員の人権を代表して

主張することができるにすぎないと考えるべき」（高橋・立憲主義101頁）との見解や、団体の権利は、個人の自律的決定に基づく「切り札」としての権利とはいえず、個人の権利保障や社会全体の利益に役立つ限りで認められる「公共の福祉に基づいて保障される権利」であるとの見解が示されている（長谷部・憲法126頁）。

(2) 法人（団体）の享有しうる権利の範囲

団体の享有し得る憲法上の権利の範囲については、これまで、権利の性質に焦点をあて、人身の自由や生存権、選挙権などは享有し得ないとされてきた。しかし、報道機関が表現の自由を享有し、宗教団体が信教の自由を享有するからといって、会社が表現の自由や信教の自由を享有すべきことにはならないように、権利の性質だけで享有の有無を決することはできない。団体の憲法上の権利享有が構成員の権利の保障をより十全なものとすることにあることを踏まえれば、団体一般について、憲法上の権利の享有を問題とすることには無理があり、個々の憲法上の権利の性格のみならず、団体が結成された目的、団体の性格も考慮に入れる必要がある。

(3) 法人（団体）の権利の適用場面

団体が憲法上の権利を主張するのは、国家により団体の権利が制限される場合である。しかし、こうした事例は日本では顕在化せず、団体の活動が構成員の自由を侵害しないかがしばしば争われてきた。団体とその構成員との紛争は私人間の紛争であり、憲法上の権利保障は、少なくとも直接的には適用されないはずである。この点で、株主代表訴訟として提起された八幡製鉄政治献金事件判決（最大判1970（昭45）・6・24民集24巻6号625頁）における、「法人の人権享有主体性」についての先の言及（→⑴）は、事件の解決と直接に結びつかない傍論であったとみるべきであろう。

(4) 団体の活動と構成員の自由をめぐる事例

団体の活動と構成員の自由との対立が問題となった事例においては、いずれも民法34条にいう法人の「目的の範囲内」の活動といい得るかという争点の中で、団体と構成員の自由との調整が行われている。

(i) 国労広島地本事件

国鉄労働組合（国労）広島地方本部は、組合員に対して、(a)日本炭鉱労働組合支援のための資金、(b)国労の行った日米安保条約改定反対闘争に参加して不利益処分を受けた組合員の支援のための資金、(c)組合出身の候補者とその所属政党の選挙運動資金を、それぞれ臨時組合費として徴収することを決定した。これに反対する組合員が臨時組合費の納入義務の不存在を主張して争った事件において、最高裁は、組合の個々の活動が団体の目的の範囲内にあることを前提にしつつ、構成員に課された協力義務が「具体的な組合活動の内容・性質、これについて組合員に求められる協力の内容・程度・態様等を比較考量」して判断するとし、(a)(b)の徴収は許されるが、(c)の徴収は許されないとした（最三

小判1970（昭50）・11・28民集29巻10号1698頁）。

(ii) **南九州税理士会事件**

　税理士会は、税理士法に基づいて設立され、税理士の加入強制が法律で定められている。南九州税理士会は、税理士法改正を実現するための政界工作資金を捻出するため会員からの特別会費を徴収しようとした。これに反対して特別会費の納入を拒んだ会員に対する処分が争われた事件において、最高裁は、税理士会がその目的を法定され、加入強制団体でもあることを重視して、会の「目的の範囲内の活動」かどうかを厳格に判断すべきであると述べ、政治資金規正法上の「政治団体」たる税理士政治連盟への献金のための特別会費納入を義務づけることは、会員の思想・信条の自由との関係から許されないと判断した（最三小判1996（平8）・3・19民集50巻3号615頁）。

(iii) **群馬司法書士会事件**

　税理士会と同様、司法書士会も、法律に基づいて設立され、司法書士の加入が強制されている。群馬司法書士会が阪神・淡路大震災により被災した兵庫県司法書士会に対し3,000万円の復興支援拠出金を寄附することを決定し、会員から特別負担金を徴収するとしたことについて、最高裁は、他県の司法書士会の援助も司法書士会の目的の範囲内の行為といい得ること、登記申請事件1件あたり50円との負担金が公序良俗に反するほど過大なものとはいえないことを指摘して、会員の負担金支払い義務を肯定した（最一小判2002（平14）・4・25集民206号233頁）。

4　天皇・皇族

　天皇は、「国民」に含まれないとすれば（→憲1条Ⅳ1）、「国民の権利」を享有し得ない。天皇が、世襲制という平等な人間観とは異質の制度の下にあることを重視して、天皇が「国民」に含まれないとする見解も有力である（樋口ほか・注解1・183頁〔佐藤幸治〕、長谷部・憲法124頁）。

　他方で、日本国憲法においては、大日本帝国憲法のように、天皇・皇族と国民との区別は存在せず、天皇・皇族も人間であり、「人権」を享有し得るとの見解もある（芦部・憲法88頁、佐藤功・注釈上172頁）。

　前者の見解のように、天皇は「国民」でないという点から出発すると、原則として、天皇は憲法上の権利を享有しないこととはなるが、その地位の特殊性と矛盾しない限りで、人としての権利保障は準用される。

　後者の見解のように、天皇も日本国の構成員としての「国民」であるという点から出発すると、天皇も、憲法上の権利を保有し、その「象徴」としての特殊な地位による制約を受けると説明されることになる（宮沢・全訂31頁）。しかし、この立場は、国家の構成員としての「国民」（そこには天皇・皇族も含まれる）と、実定憲法上の地位としての「国民」とを混同しているとも批判される（高橋・立憲主義89頁）。

天皇と皇族を区別して、皇族については憲法上の権利を享有するとの見解もある（法協・註解上298頁）。しかし、皇族は、世襲の天皇制度を維持するために認められた特殊な集団であるとみれば、前者の見解に立つ限り、やはり「国民の権利」の享有主体とはならないこととなる。

Ⅴ 憲法上の権利の妥当範囲

1 私人間関係

憲法上の権利保障は、国家権力の行使を制限するために規定されたものである。ここから、憲法上の権利が私人間の関係にも妥当するのかという問題が**「人権の私人間効力」**論として、争われてきた。

憲法は、国家と国民との関係を規律する法であり、私人と私人との関係を直接、規律するものではないとの原則から、伝統的には、私人間の関係は、憲法の基本的人権の保障の範囲外であるとされてきた（無効力（適用）説）。

ただし、人が人であるがゆえに有する人権の侵害が問題となるのは、対国家関係に限られるわけではない。また、憲法による人権保障の歴史的経緯について説明したように（→Ⅱ1）、憲法上保障された権利と人権とは相当程度、重なりあう。私人による圧力で自由にものを言うことができない社会が表現の自由が十全に保障されているとはいいがたいように、私人間における人権侵害を放置したままでは、憲法で基本的人権の保障をうたった意味がなくなってしまう。こうした問題意識から、憲法学説は、憲法上の権利保障を私人関係にも及ぼすよう、様々な理論構成を試みてきた。

(1) 直接効力（適用）説

憲法が国家と国民との関係を規律するとの憲法観自体を転換して、憲法上の権利が「国民の政治・経済・社会の全生活分野にわたる客観的価値秩序」として、直接、私人間の関係も規律するという考え方である。しかし、私人間の関係を、国家対国民との関係と同じ基準で律することは、憲法上の権利として保障された自由を国民が守るべき義務に転化させる矛盾を生じさせ、私的自治の原則に基づいて自由に形成されるべき、私人間関係の特質を失わせる結果に陥るとの問題がある。

(2) 間接効力（適用）説

憲法は国家と国民との関係を規律する法であり、私人間関係は私法により規律されるとの原則を維持しつつ、憲法による基本的人権の保障の効果は、「私法の一般的条項を、憲法の趣旨をとり込んで解釈・適用すること」を通じ、私人間の行為を「間接的に」規律するとの考え方である（芦部・憲法112頁）。

間接効力説は、憲法と私法とがそれぞれ守備範囲を異にするとの原則的な立場を維持した上で、基本的人権保障の趣旨を具体的な法内容や法解釈に活かして、現実に妥当な解決策を探ることができる点で優れている。しかし、国会や

裁判所が基本的人権保障の趣旨をなぜ読み込むことができるのか（あるいは、読み込むべきなのか）について明確な説明を欠いていたことに加え、人権保障の趣旨を読み込む程度の効果のブレが大きくなり過ぎるという問題点を抱えていた。

(3) 基本的人権保障の趣旨の読み込みの説明

憲法による基本的人権の保障は、国家に国民の権利・自由を保護する「**基本権保護義務**」を負わせたと捉え、国家（裁判所）は、私人Aの自由を私人Bによる侵害から保護する義務を負うとともに、Bの自由を過剰に侵害しないようにしなければならない義務を負うため、私人間紛争において両方の義務の均衡点を探ることになると構成するとの見解がある[6]。

また、裁判所が紛争を解決するにあたっては、憲法の最高法規性により、下位法たる私法を「合憲限定解釈」する必要が生じ、これが私人間紛争の解決にあたって、裁判所が憲法上の権利保障に配慮すべき根拠となるとする見解もある[7]。

他方、アメリカにおける**ステイト・アクション理論**を参考に、憲法が適用されるのは「政府」の行為に限られるとの原則を維持しつつ、私人による人権侵害行為を容認する政府の行為についても憲法違反を主張し得るとの見解も唱えられている（松井・憲法331頁）。

(4) 新無効力説

憲法が国家と国民との関係というタテの関係を規律するものであるとの原則を維持する限り、私人間というヨコの関係を規律することにはならないとの認識から、「憲法上の人権」は国家を名宛人とするとの立場に回帰する見解も近時、有力となっている。この立場においては、私人間における自然権の保護は法律の制定により「法律上の人権」として裁判所により適用されることになる（高橋・立憲主義116～117頁）。

ただし、この見解も、私人間においても尊重されるべき自然権があることを認め、自然権の保障内容は法律によって定められ、裁判所の解釈・適用を通じて私人間の自然権保障が具体化されるとする。

以上のように、現在の学説は、憲法は直接、私人間の関係を規律しないとの原則的立場を維持しつつ、具体的問題の解決にあたって憲法上の権利保障の趣旨を読み込むことについてのより明確な理論構成を求めて議論がなされている。

(5) 判例の立場

最高裁は、初期の事件においては、「自己の自由なる意思により校内においては政治活動をしないことを条件として被上告人校に雇傭されたものである以上、右特約は有効であって、これをもって所論憲法または民法上の公序良俗に

※6　大石眞＝石川健治編『憲法の争点』（有斐閣、2008年）86頁〔小山剛〕。

※7　大石眞＝石川健治編『憲法の争点』（有斐閣、2008年）66頁〔君塚正臣〕。

違反した無効のものであるということはできない」と判示して、自由意思に基づく人権制約であれば問題とならないかのような姿勢を示した（十勝女子商業事件・最二小判1952（昭27）・2・22民集6巻2号258頁）※8。

しかし、その後、下級審レベルで、結婚退職制、出産退職制、男女別の退職年齢などを定めた企業の就業規則の効力を争う裁判が数多く提起され、不合理な差別を定めた就業規則は民法90条の定める公序良俗に反し無効となるとの判断が定着した（結婚退職制に関する住友セメント事件・東京地判1966（昭41）・12・20労民17巻6号1407頁、三井造船事件・大阪地判1971（昭46）・12・10労民22巻6号1163頁など）。

(i) **三菱樹脂事件**

入社試験において学生運動の経歴を秘匿したとして会社が本採用を拒否したことが憲法14条・19条に反すると主張された三菱樹脂事件判決（最大判1973（昭48）・12・12民集27巻11号1536頁）において、最高裁は、「憲法の右各規定は、同法第3章のその他の自由権的基本権の保障規定と同じく、国または公共団体の統治行動に対して個人の基本的な自由と平等を保障する目的に出たもので、もっぱら国または公共団体と個人との関係を規律するものであり、私人相互の関係を直接規律することを予定するものではない」と述べて、直接効力説を否定した※9。

その根拠として挙げられたのは、基本的人権が対国家的な権利として形成されてきたという歴史的沿革に加え、私人相互間の権利・自由の矛盾・対立の調整は、原則として私的自治に委ねられているという点であった。

ただし、最高裁も、個人の「基本的な自由や平等」に対する具体的な侵害の態様、程度が社会的に許容し得る限度を超えるときは、「これに対する立法措置によってその是正を図ることが可能であるし、また、場合によっては、私的自治に対する一般的制限規定である民法1条、90条や不法行為に関する諸規定等の適切な運用によって、一面で私的自治の原則を尊重しながら、他面で社会的許容性の限度を超える侵害に対し基本的な自由や平等の利益を保護し、その間の適切な調整を図る方途も存する」と述べ、私人間の関係における「人権」侵害について一定の場合には国家が介入する可能性を肯定している。

(ii) **昭和女子大事件**

※8 また、養子縁組に際して養親の家で宗教活動（稲荷教の祭祀）を行わないことを約束したところ、養子がそれを破ったため養子縁組みが解消された事例についても、最高裁（最一小判1967（昭42）・5・25民集21巻4号937頁）は、信教の自由の保障が「特定の場所で布教または祭祀を行なわないことを私人間で約束することを禁ずるものではない」と述べている。

※9 同判決は、「一方が他方に優越し、事実上後者が前者の意思に服従せざるをえない場合」に限定して、憲法上の人権の直接適用を認める見解も否定した。

学生が政治的な署名活動を行ったり政治団体に加入することを禁ずる私立大学の「学生要録」が憲法21条等に違反すると主張された事件についても、最高裁（最三小判1974（昭49）・7・19民集28巻5号790頁）は、先の三菱樹脂事件判決の判示を踏襲し、憲法上の権利条項が「私人相互間の関係について当然に適用ないし類推適用されるものでない」として、憲法違反の主張を斥けた。判決は、その上で、大学が学生の規律に関して有する包括的権能を強調して、学内および学外における学生の政治的活動に対して広範な制約を加えたとしても、「直ちに社会通念上学生の自由に対する不合理な制限であるということはできない」と判示した。

(iii) **日産自動車女子若年定年制事件**

定年年齢を男子60歳、女子55歳と定める就業規則の効力が争われた事件について、最高裁（最三小判1981（昭56）・3・24民集35巻2号300頁）は、通常の業務であれば男女を問わず60歳まで職務遂行能力に差はないとした原判決の認定を認めた。判決は、当該就業規則について、「専ら女子であることのみを理由として差別したことに帰着するものであり、性別のみによる不合理な差別を定めたものとして民法90条の規定により無効であると解するのが相当である（憲法14条1項、民法1条ノ2参照）。」と判示した。

(iv) 評価

以上の判例の私人間効力に関する立場について、間接効力説を採っていると解する見解（芦部・憲法113頁）と無効力説に立つとみる見解がある（高橋・立憲主義115頁）。裁判所は、実際の判断において、「社会的許容性の限度を超える」権利・自由の侵害かどうかという基準によって私人間における（広義の）人権侵害の主張を判断している[10]。事件処理にあたっては、「社会的許容性」の判断の中で、両当事者の主張する利益の性質、双方の利益の侵害の程度、当該私人関係の性格などが考慮されると考えられる。

2　特別の公法上の関係

刑事施設被収容関係（在監関係）、公務員関係等は、国民と国家との「一般権力関係」とは区別される**「特別権力関係」**にあたるとされてきた。特別権力関係とは、法律上の根拠または同意に基づいて、国家の特別の支配権に服する関係をいい、その関係の下では、法治主義が排除され、法律の個別的根拠なく、権利を制限することが可能であり、その制限について裁判所による救済を受けることができないとされた。

---

[10] たとえば、従業員の政党所属を上司が聞き出そうとした東京電力塩山営業所事件において、最高裁（最二小判1988（昭63）・2・5労判512号12頁）は、共産党員でない旨の書面交付を求めることを「社会的に許容し得る限界を超えて上告人の精神的自由を侵害した違法行為であるということはできない」と述べている。

130 第3章 国民の権利及び義務〔前注〕

しかし、日本国憲法の基本的人権の保障は、「個人の尊重」原理に基づいて（憲13条）、すべて国民に及ぶものであり（憲11条）、国家との関係でありながらその効力が及ばない領域というものを認めることはできない。また、国会を「唯一の立法機関」とし（憲41条）、すべての司法権を裁判所に委ねている（憲76条）ことからも、「特別権力関係」という観念をそのまま認めることはできない。かつて「特別権力関係」とされた刑事施設被収容関係と公務員関係では、その関係下に置かれた者の権利を制限する根拠や制限の内容も全く異なり、そもそも同列に説明しようとするところに無理がある。

刑事施設被収容関係、公務員関係には、それぞれ固有の基本的人権の制約原理が認められることを前提とした上で、それらを「特別の公法上の関係」と総称して論ぜられることもある。ただし、「特別の公法上の関係」であっても、私人間の関係のように憲法の基本的人権保障の効力が及ばないのではなく、それぞれの関係に内在する権利の制約原理があるということであり、「公共の福祉」と並ぶ、基本的人権の制約原理の1つとして論ずるべきである。

(1) 刑事収容施設被収容関係（在監関係）

(i) 被収容者の自由制限の根拠

被疑者、被告人、受刑者らの刑事収容施設被収容者（在監者）は、刑事手続に伴い刑事収容施設に勾留・拘禁され身体の自由が拘束される。憲法は、憲法31条以下に刑事手続に関する諸権利を保障していることから、刑事司法制度の存在を予定しており、刑事司法制度の運営に必要な限りで、憲法上の権利の制限も許されると考えられる。

刑事施設の被収容者には、未決拘禁者と受刑者が含まれるが、それぞれの拘禁目的（刑事収容施設及び被収容者等の処遇に関する法律は、未決拘禁者は、「逃走及び罪証の隠滅の防止」（31条）、受刑者は「改善更生の意欲の喚起及び社会生活に適応する能力の育成」（30条）、死刑囚は「心情の安定」（32条）を処遇の原則とする）に応じて、居住・移転の自由ほかの身体の自由が制限される。また、拘禁目的のため、身体の自由以外の自由が制約されることもある※11。

また、最高裁は、「監獄内においては、多数の被拘禁者を収容し、これを集団として管理するにあたり、その秩序を維持し、正常な状態を保持するよう配慮する必要がある。このためには、被拘禁者の身体の自由を拘束するだけでなく、右の目的に照らし、必要な限度において、被拘禁者のその他の自由に対し、合理的制限を加えることもやむをえない」として、施設の秩序維持・管理目的のために、身体の自由とそれ以外の自由（ここでは喫煙）を制約し得るとした

※11 たとえば、刑事収容施設及び被収容者等の処遇に関する法律は、受刑者について「矯正処遇の適切な実施に支障を生ずるおそれがあるとき」、未決拘禁者について「罪証の隠滅の結果を生ずるおそれがあるとき」に書籍の閲覧を制限し得ることを認める（刑事収容施設・被収容者法70条1項3号）。

第3章　国民の権利及び義務〔前注〕　*131*

（最大判1970（昭45）・9・16民集24巻10号1410頁）※12。

(ii)　被収容者の自由の制限の合理性判断

　最高裁は、喫煙の制約の合理性について、「制限の必要性の程度と制限される基本的人権の内容、これに加えられる具体的制限の態様との較量のうえに立って決せられるべき」とし、喫煙を許すことによる「罪証隠滅」、「火災発生」のおそれを理由に、規制の態様を問うことなく、簡単に合理性を認めた（最大判1970（昭45）・9・16民集24巻10号1410頁）。

　これに対し、新聞閲読の自由の制限が問題となった「よど号ハイジャック事件」記事抹消事件判決（最大判1983（昭58）・6・22民集37巻5号793頁）は、先の喫煙禁止の事件と同様の利益衡量基準によって合憲性を判断するとしながら、具体的な処分の判断にあたって、未決拘禁者に対する新聞閲読の自由の制限については、「真に必要と認められる限度にとどめられるべき」とし、制限の合理性について、「被拘禁者の性向、行状、監獄内の管理、保安の状況、当該新聞紙、図書等の内容その他の具体的事情のもとにおいて、その閲読を許すことにより監獄内の規律及び秩序の維持上放置することのできない程度の障害が生ずる相当の蓋然性があると認められることが必要であり、かつ、その場合においても、右の制限の程度は、右の障害発生の防止のために必要かつ合理的な範囲にとどまるべきもの」との厳格な判断基準を提示した。

　喫煙の自由に関する判断との姿勢の違いは、「制限される自由の内容及び性質」によるものと考えられる。

(iii)　法治主義の要請

　被収容者の喫煙に関して、最高裁は、法律上の根拠を欠くまま施行規則（監獄施規96条「在監者ニハ酒類又ハ煙草ヲ用ウルコトヲ許サス」）で禁止していたことをとりたてて問題としなかった。そこには、かつての特別権力関係論の影響をみることができるが、本来は、刑事収容施設被収容関係においても、法治主義が貫徹されるべきである。後に、最高裁は、被収容者に対し14歳未満の者との面会を全面的に禁じていた旧監獄法施行規則の規定につき、法律の委任の範囲を超えて、接見の自由を著しく制限することは許されないとした（最三小判1991（平3）・7・9民集45巻6号1049頁）。

(2)　公務員関係

(i)　公務員の権利制限の根拠

※12　刑事収容施設及び被収容者等の処遇に関する法律は、信書の検査・発受の禁止も定める（127～129条）が、信書の検査が被告人の防御権侵害となり得ることにつき、最二小判2003（平15）・9・5判時1850号61頁における大野・滝井裁判官反対意見参照。また、信書発信不許可処分に関して、最一小判2006（平18）・3・23判時1929号37頁は、刑務所内の規律および秩序の維持、受刑者の身柄の確保、受刑者の改善、更生の点において「放置することのできない程度の障害が生ずる相当のがい然性があるかどうか」について考慮しないでなされた点につき刑務所長の裁量権濫用を認めた。

132 第3章 国民の権利及び義務〔前注〕

　公務員関係は、基本的に雇用関係であり、公務員は他の労働者と同様、労働契約に基づく制約を受ける。ただし、公務員は、公務の遂行に携わり、議院内閣制の下で内閣総理大臣の指揮監督に服する「行政各部」（憲72条）を構成することから、他の労働者にはみられない制約に服する。日本国憲法が、公務員について「全体の奉仕者」（憲15条2項）であると定め、内閣の職務として、「法律の定める基準に従ひ、官吏に関する事務を掌理する」と定めている（憲73条4号）ことからみて、公務員関係について特別の規制をすることは憲法の予定するところといえる（これをもって「公務員関係の自律性」という概念が用いられることがある※13）。

(ii)　**公務員の「政治的行為」の禁止**

　国家公務員法102条1項は、一般職の公務員が政党・政治的目的のために寄附金を集めたりすることのほか、「人事院規則で定める政治的行為をしてはならない」と定め、それを受けて人事院規則14-7が、禁止される「政治的行為」を詳細に定めている。それは、勤務時間の内外、職場の施設を利用するかしないかも問わずに、公務員の全生活局面にわたって、ほぼ全面的に政治活動を禁ずるものとなっており、さらに国家公務員法110条1項19号により違反者に対して刑事罰を科している。

　他方、地方公務員法36条2項は、「特定の政党その他の政治的団体又は特定の内閣若しくは地方公共団体の執行機関を支持し、又はこれに反対する目的をもって、あるいは公の選挙又は投票において特定の人又は事件を支持し、又はこれに反対する目的をもって」行う、投票の勧誘、署名運動、寄附金の募集、ビラ貼りなどの「政治的行為」をしてはならないと定める（このほか、教育公務員特例法、自衛隊法、裁判所法等にも政治活動の制限規定がある）。

　国家公務員法・地方公務員法等が、公務員の政治活動を禁ずるのは、公務員が国会、内閣（地方議会、首長）の決定した政策を忠実に具体化するために職務を行うものでなければならないこと、政権や首長の交代にもかかわらず行政としての継続性を保つ必要があること、行政サービスが公共的性格をもち、平等に行われなければならないこと等によるものと考えられる。

　猿払事件第一審判決（旭川地判1968（昭43）・3・25下刑10巻3号293頁）は、公務員の「政治的行為」を禁止する理由が「職務の遂行にあたっては、厳に政治的に中立の立場を堅持し、いやしくも一部の階級若しくは一派の政党又は政治団体に偏することを許されない」ことにあるとした上で、「法の定めている制裁方法よりも、より狭い範囲の制裁方法があり、これによってもひとしく法目的を達成することができる場合には、法の定めている広い制裁方法は法目的達成の必要最小限度を超えたものとして、違憲となる場合がある」との厳格な判断基準を示した。そして、判決は、管理職でない現業公務員であって、その

※13　芦部信喜『憲法学II：人権総論』（有斐閣、1994年）259頁。

職務内容が機械的労務の提供にとどまる者が「勤務時間外に、国の施設を利用することなく、かつ職務を利用し、若しくはその公正を害する意図なしで行った」ポスター貼りに刑事罰を加えることは、必要最小限度を超えるものとして、適用違憲となるとした。

これに対し、同事件最高裁判決（最大判1974（昭49）・11・6刑集28巻9号393頁）は、人事院規則の定める広範な禁止を正当化するため、「行政の中立的運営が確保され、これに対する国民の信頼が維持されることは、憲法の要請にかなうものであり、公務員の政治的中立性が維持されることは、国民全体の重要な利益にほかならない」と少しずつ規制目的の設定を「行政の中立的運営」からずらしていき、「公務員の政治的中立性」自体を規制目的とした。最高裁は、公務員に禁止された「政治的行為」が「政治的意見表明そのもの」と「行動」との2つの側面を有しており、後者がもたらす弊害を除去するための規制を、表現の自由に対する間接的付随的規制であると位置づけ、(a)規制目的の正当性、(b)規制目的と規制手段との合理的関連性、(c)規制により得られる利益と失われる利益との衡量という基準に基づいて国家公務員法による「政治的行為」規制の合憲性を認めた。

もっとも、2012（平成24）年に下された**堀越事件**判決（最二小判2012（平24）・12・7刑集66巻12号1337頁）は、判例変更はしなかったものの、先の猿払事件最高裁判決のいう規制目的から、「公務員の政治的中立性」の部分を削除した。そのうえで、判決は、国家公務員法102条1項の禁止する「政治的行為」の対象を、「公務員の職務の遂行の政治的中立性を損なうおそれが、観念的なものにとどまらず、現実的に起こり得るものとして実質的に認められるもの」に限定した。

(iii) 裁判官の市民的自由の制約

裁判所法52条1項1号は、裁判官が在任中「積極的に政治運動をすること」を禁止する。最高裁は、この禁止を憲法21条1項に違反しないとし、組織的犯罪対策法案に反対する市民集会に出席し、職名を明らかにして「パネリストとしての発言は辞退する」旨の発言をした寺西判事補の行為について、「積極的に政治運動をすること」に該当するとして懲戒処分を支持した（最大決1998（平10）・12・1民集52巻9号1761頁）。

最高裁決定は、裁判官が「独立して中立・公正な立場に立ってその職務を行」うだけでなく、「外見的にも中立・公正を害さないように自律、自制すべきことが要請される」とした上で、裁判官に対する政治的行為禁止の要請が一般職の国家公務員に対するそれより強いとする。決定は、法の禁ずる「積極的な政治運動をすること」を、「組織的、計画的又は継続的な政治上の活動を能動的に行う行為であって、裁判官の独立及び中立・公正を害するおそれのあるもの」と定義した上で、その規制が「合理的で必要やむを得ない限度にとどまる」かどうかについては、猿払事件判決の判断枠組みによって、合憲の結論を導い

た。しかし、最高裁の「積極的な政治運動」の解釈に従ったとしても、寺西判事補の発言がそれに該当するかは疑わしい（同決定における尾崎、遠藤、元原、河合裁判官の反対意見参照）。

なお、最高裁は、裁判官がツイッターで、具体的な訴訟事件に関する投稿を行い、当事者の感情を傷つけたとされる事件について、戒告処分に付した（最大決2018（平30）・10・17裁時1710号１頁）。最高裁は、裁判所法49条が裁判官の懲戒事由として定める「品位を辱める行状」について、「職務上の行為であると、純然たる私的行為であるとを問わず、およそ裁判官に対する国民の信頼を損ね、又は裁判の公正を疑わせるような言動をいうものと解するのが相当である」と解し、「裁判官がその職務を行うについて、表面的かつ一方的な情報や理解のみに基づき予断をもって判断をするのではないかという疑念を国民に与える」とともに、「訴訟提起行為を一方的に不当とする認識ないし評価を示すことで、当該原告の感情を傷つけるもの」であり、「裁判官に対する国民の信頼を損ね、また裁判の公正を疑わせるものでもあるといわざるを得ない」と判断した。純然たる私的な表現活動について、不明確な基準のもとに懲戒処分を課すことには、不当に裁判官の私生活を拘束するものとの批判も強い。

(iv) 公務員の労働基本権制限

国家公務員法98条２項は、職員に対し、「同盟罷業、怠業その他の争議行為をなし、又は政府の活動能率を低下させる怠業的行為をしてはならない。」と規定し、地方公務員法37条１項も、「同盟罷業、怠業その他の争議行為をし、又は地方公共団体の機関の活動能率を低下させる怠業的行為をしてはならない。」と定める等、公務員の争議権の行使は全面的に禁止されている（→憲28条）。さらに、国家公務員法110条１項17号は、98条２項に違反する争議行為の「遂行を共謀し、そそのかし、若しくはあおり、又はこれらの行為を企てた者」に対して、「３年以下の懲役又は100万円以下の罰金」という刑事罰を科している。

しかし公務員も、労働の対価として報酬を受け取る「勤労者」（憲28条）であり、**争議権**について、すべての公務員について全面的に禁止されていることの合憲性が長く争われてきた（→憲28条Ⅶ１）。

初期の判例は、公務員の争議権の制限を「**公共の福祉**」や「**全体の奉仕者**」という憲法上の文言のみによって正当化しようとした（政令201号事件・最大判1953（昭28）・4・8刑集7巻4号775頁など）。やがて、郵便局職員のストライキに関する**全逓東京中郵事件**判決（最大判1966（昭41）・10・26刑集20巻8号901頁）は、より実質的な制限根拠を探究する姿勢に転換し、「全体の奉仕者」であることのみをもって、公務員に対して労働基本権をすべて否定するようなことは許されないとした上で、公務員の争議権行使によって脅かされる「国民生活全体の利益」の確保が規制目的であることを明らかにした。

全逓東京中郵事件判決は、公務員の労働基本権の制限について、「その担当

する職務の内容に応じて、私企業における労働者と異なる制約を内包しているにとどまる」とした上で、合憲性の判断基準として以下のような原則を示し、争議権行使に対する刑事処罰の対象を限定した。

(a) 「労働基本権を尊重確保する必要と国民生活全体の利益を維持増進する必要とを比較衡量」した上で、労働基本権の制約は、「合理性の認められる必要最小限度のものにとどめなければならない」こと。

(b) 労働基本権の制限は、その職務・業務の性質の公共性が強く、その停廃が国民生活全体の利益を害し、国民生活に重大な障害をもたらすおそれを避けるために必要やむを得ない場合に行われるべきこと。

(c) 労働基本権の制限違反に伴う不利益は、必要な限度を超えないよう十分配慮されねばならず、罷業・怠業に対する刑事罰は原則として課されるべきでないこと。

(d) 労働基本権制限にはそれに見合う代償措置が講ぜられるべきこと。

　全逓東京中郵事件判決の趣旨は、地方公務員に関する**東京都教組事件**判決（最大判1969（昭44）・4・2刑集23巻5号305頁）、国家公務員に関する**全司法仙台事件**判決（最大判1969（昭44）・4・2刑集23巻5号685頁）に引き継がれ、両判決は争議行為のあおり・そそのかしの処罰対象を限定的に解釈する立場をとった。

　これに対して、非現業の国家公務員によるストライキに関する**全農林警職法事件**判決（最大判1973（昭48）・4・25刑集27巻4号547頁）は、「公務員の職務の公共性と地位の特殊性」を強調し、公務の停廃が「国民全体の共同利益に重大な影響を及ぼす」ことに加え、「公務員は、公共の利益のために勤務するものであり、公務の円滑な運営のためには、その担当する職務内容の別なく、それぞれの職場においてその職責を果すことが必要不可欠」であるとして、争議権の行使そのものが「公務員の地位の特殊性と職務の公共性」と相容れないとした。そこで指摘された「公務員の地位の特殊性」とは、公務員の勤務条件が労使交渉によって決定されるのではなく、立法府によって政治的、財政的、社会的考慮等に基づいて決定され、同盟罷業等争議行為の圧力による強制を容認する余地は全く存しないこと（勤務条件の法定）、公務員のストライキには、企業経営の悪化による倒産のおそれなどがなく、市場の抑制力が働かないこと、作業所閉鎖（ロックアウト）など使用者側の対抗措置がないこと、他方で、労働基本権制限にみあう代償措置として、勤務条件に関する法律上の規定と人事行政機関として人事院が設置されていることであった。

　全農林警職法事件判決が全司法仙台事件判決を判例変更した後、岩手教組事件判決（最大判1976（昭51）・5・21刑集30巻5号1178頁）によって、東京都教組事件判決が判例変更され、全逓名古屋中郵事件判決（最大判1977（昭52）・5・4刑集31巻3号182頁）によって、全逓東京中郵事件判決が判例変更された。

(3) 在学関係ほか

136 第10条（国民の要件）

(i) 在学関係等の「特殊性」の喪失

　大日本帝国憲法下では、前述の関係以外にも、国公立学校の在学関係や国公立病院と患者との関係も、特別権力関係として論じられたが、これらについて、私立学校、私立病院との関係との違いはほとんどなく、現在では、その多くが民営化されていることから、別異に扱う実質的根拠を欠いている。

(ii) 大学内部の紛争と「部分社会」論

　在学関係に関する特別権力関係の残滓ともいうべきものが、国立大学の内部紛争について持ち出された「部分社会論」である※14（→憲76条Ⅱ2(3)(iv)）。

　最高裁は、富山大学における単位認定が争われた事件について、「一般市民社会の中にあってこれとは別個に自律的な法規範を有する特殊な部分社会における法律上の係争のごときは、それが一般市民法秩序と直接の関係を有しない内部的な問題にとどまる限り、その自主的、自律的な解決に委ねるのを適当とし、裁判所の司法審査の対象にはならない」との「部分社会」論を展開した。その上で、判決は、大学における単位認定について「学生が当該授業科目を履修し試験に合格したことを確認する教育上の措置であり、卒業の要件をなすものではあるが、当然に一般市民法秩序と直接の関係を有するものでないことは明らかである」から、特段の事情のない限り、司法審査の対象にはならないとした（最三小判1977（昭52）・3・15民集31巻2号234頁）。

　しかし、同日に下された、同じく富山大学の専攻科修了認定をめぐる裁判においては、最高裁は「実質的にみて、一般市民としての学生の国公立大学の利用を拒否することにほかならないものというべく、その意味において、学生が一般市民として有する公の施設を利用する権利を侵害するものである」から、司法審査の対象になると判断しており（最三小判1977（昭52）・3・15民集31巻2号280頁）、大学内のすべての紛争が司法審査の対象とならないわけではない。

　「基本的人権の限界」については憲法13条の解説（→憲13条Ⅴ）を参照。

（木下智史）

（国民の要件）
第10条　日本国民たる要件は、法律でこれを定める。

Ⅰ　本条の趣旨

　本条は、GHQ草案にも、内閣が提出した帝国憲法改正案にもみられず、衆

※14 実際に、富山大学事件第一審判決（富山地判1970（昭45）・6・6行集21巻6号871頁）は、大学の在学関係を特別権力関係にあたるとして、単位認定に関して司法権は及ばないと論じていた。

議院における修正によって加えられたものである。大日本帝国憲法18条が第2章の冒頭に、「日本臣民タルノ要件ハ法律ノ定ムル所ニ依ル」と定めていたことにならったものであろうが、日本国の構成員としての「国民」についての規定か、憲法第3章に定める権利の主体としての「国民」についての規定かが不明確であり、前者の趣旨であれば、憲法の冒頭に置かれるべきであったとも指摘される（法協・註解上311頁）。

Ⅱ　「日本国民たる要件」

　「国民たる要件」は、国籍を指し、「日本国民たる要件」とは、日本国籍の取得・喪失の要件を意味する。

　ほとんどの学説は、ここにいう「日本国民」を、日本国の構成員を指すと捉える（樋口ほか・注解1・200頁〔佐藤幸治〕）。ただし、憲法の他の「日本国民」に関する規定と区別せず、日本国籍を有する者として天皇も含ませる見解（宮沢・憲法2・259頁）、「主権を有する日本国民」（前文・1条）とは異なるものと解しつつ、天皇・皇族も含める見解（佐藤・注釈上162頁）との分岐がある。

　他方、本条について、憲法の制定により天皇・皇族と国民が分離された後の「日本国民」を論じており、天皇・皇族は含まれないと説く見解もある（高橋・立憲主義89頁）。このように、「憲法を確定」する「日本国民」と本条の「日本国民」とを区別する見解は、本条について、「法律制定以前に想定されている国民をいわば確認する規定」と解することを通じて、国籍要件設定に関する国会の立法裁量を限定しようとする意図に出たものである（諸外国が国籍決定の方法として採用している方式が、生地主義と血統主義である以上、日本国憲法においてもそのいずれかにより国民となりうる者が「憲法の想定する国民」であると解する。）。

　しかし、こうした見解に対しては、憲法制定以前に「日本国民」が存在し得るとの前提に無理があるとの指摘もある（長谷部編・注釈2・42頁〔長谷部恭男〕）。

Ⅲ　「法律でこれを定める」の意味

　本条は、**国籍**の取得・喪失の要件を国会制定法により定めることを規定する。具体的には、国籍法がそれにあたる。条約により領土の変更などを契機に国籍

の得喪が定められることがあり※15、支配的見解は、「国籍というものの性質に由来する当然の事理」として、条約によって国籍について定めることを禁ずる趣旨ではないと解するが（樋口ほか・注解1・201頁〔佐藤幸治〕、宮沢・全訂191頁）、国内法としての国籍の定めは法律の形式をとるべきとするのが条文の趣旨と思われる。

　従来、本条を根拠として、国籍に関する定めについて広い立法裁量が認められるとされてきた。しかし、憲法前文が「われら日本国民は、……憲法を確定する」と述べるように、「国民」は憲法を制定した主体＝主権者であり、国会が「国民」の範囲をどのようにでも定めることができるとすると、憲法により創設された一国家機関が主権者の範囲を定めることができることにもなりかねず、立法裁量には一定の限界があると解すべきである。

　最高裁も、「国籍の得喪に関する要件を定めるに当たってはそれぞれの国の歴史的事情、伝統、政治的、社会的及び経済的環境等、種々の要因を考慮する必要があることから、これをどのように定めるかについて、立法府の裁量判断にゆだねる趣旨のものであると解される」として立法裁量を認めつつ、「日本国籍の取得に関する法律の要件によって生じた区別が、合理的理由のない差別的取扱いとなるときは、憲法14条1項違反の問題を生ずることはいうまでもない」として、国籍に関する法律の定めが憲法違反となる可能性を承認した（最大判2008（平20）・6・4民集62巻6号1367頁）。

Ⅳ　国籍法の定め

1　国籍の取得

(1)　出生による取得（生来的取得）

　国籍法は、国籍取得の方法として、原則として、出生時における父母の血統によることとしている（国籍2条1項1号・2号）。例外的に、出生時に父母がともに知れないもしくは無国籍の場合、日本で出生したことにより国籍を取得する（国籍2条1項3号）。

(2)　届出による取得

　日本人の父・母により生後認知を受けた場合には、届出によって国籍を取得

※15　サンフランシスコ平和条約2条(a)(b)が、朝鮮の独立と台湾に関する権利・権原を放棄したことから、1952（昭和27）・4・19法務府民事甲第438号民事局長通達「平和条約の発効に伴う朝鮮人、台湾人等に関する国籍及び戸籍事務の処理」（http://c-faculty.chuo-u.ac.jp/~okuda/shiryoshu/showa27_tsutatu.html）が発出され、朝鮮人および台湾人は、内地に在住している者を含めてすべて日本の国籍を喪失するとされた。平和条約そのものは国籍に関する定めを含んでおらず、通達で国籍を喪失させたことには批判もある。最高裁は、最大判1961（昭36）・4・5民集15巻4号657頁において、サンフランシスコ平和条約2条(a)による韓国人の国籍喪失を認めた。

する（国籍3条1項）。

(3) 帰化による取得

外国人であった者は、法務大臣の許可を得て帰化による国籍取得ができる（国籍4条1項）。

2 国籍の喪失

(1) 他国の国籍取得による喪失

自らの意思で他国の国籍を取得した者は、日本国籍を失う（国籍11条1項）。また、他国の国籍を有する者は、届出により日本国籍を離脱することができる（国籍11条2項）。これは、憲法22条2項により保障された、「国籍離脱の自由」の具体化である。

(2) 国籍留保の懈怠による国籍喪失

他国で出生して同地の国籍を取得した日本国民が、3か月以内に日本国籍を留保する手続をとらないと、日本国籍を喪失する（国籍12条）。

(3) 国籍選択による国籍喪失

外国の国籍を有する日本国民は、重国籍となった時が20歳以前の場合は22歳に達するまで、20歳に達した後であればその時から2年以内に、いずれかの国籍を選択しなければならず（国籍14条1項）、国籍選択の催告を法務大臣より受けた後、1月以内に日本国籍を選択しなければ、国籍を失う（国籍15条3項）。

V 国籍法をめぐる憲法問題

1 父系優先血統主義の合憲性

1984（昭和59）年改正前の国籍法2条は、出生による国籍取得を「出生の時に父が日本国民であるとき」に限定する父系優先血統主義をとっていた。この定めが性別による差別を禁ずる憲法14条1項に違反するかが争われた事件において、東京地裁は、重国籍防止のための「必要性及び有用性」と補完的な簡易帰化制度の存在を併せ伴う限りにおいて、「立法目的との実質的均衡を欠くとまではいえ」ないとして合憲とした（東京地判1981（昭56）・3・30行集32巻3号469頁）。これに対し、東京高裁は、母が日本人である場合の国籍付与についての法の欠缺をどのように補うかについて、男女両系血統主義のほか生地主義などさまざまな方法が想定でき、「立法政策上複数の選択肢が考えられる場合には、そのいずれを選択するかは立法者に任せられるべきであり、条理の名によって裁判所が選択決定することは許されない」と述べ、平等違反に対する救済のあり方の観点から憲法14条1項違反の主張を斥けた（東京高判1982（昭57）・6・23行集33巻6号1367頁）。

本訴訟を通じて、父系優先血統主義への批判が高まり、1984（昭和59）年の国籍法改正により、前述の通り（→Ⅳ1(1)）、出生時に父母いずれかが日本国民

140 第10条（国民の要件）

である場合に日本国籍を取得し得る父母両系血統主義が採られることとなった。

2 認知の遡及効による国籍取得の可否

　子が日本国民の父から生後認知を受けた場合、出生時には父が日本国民であるとはいえないため、国籍法2条1号に基づく国籍取得はできない。しかし、民法784条によれば、認知の効力は出生時に遡及するとされていることから、認知の遡及効により国籍取得をなし得るかが争われた。

　最高裁は、「生来的な国籍の取得はできる限り子の出生時に確定的に決定されることが望ましい」との観点に立ち、出生の時点では認知されるかどうか未確定であるから、出生後の認知のみにより国籍の生来的取得を認めないことには合理性があるとして、憲法14条1項違反の主張を斥けた（最二小判2002（平14）・11・22判時1808号55頁）[16]。

3 準正による国籍取得と法の下の平等

　1984（昭和59）年の国籍法改正において、「父母の婚姻及びその認知により嫡出子たる身分を取得した子で20歳未満のもの（日本国民であつた者を除く。）は、認知をした父又は母が子の出生の時に日本国民であつた場合において、その父又は母が現に日本国民であるとき、又はその死亡の時に日本国民であつたときは、法務大臣に届け出ることによつて、日本の国籍を取得することができる」（国籍（2008（平成20）年改正前）3条1項）との規定が挿入された。

　日本人の親による生後認知を受けた非嫡出子のうち、父母の婚姻により嫡出子の地位を獲得した準正子のみ届出による国籍取得を認めることが法の下の平等に反しないかが争われた事件において、最高裁は、この規定を憲法14条1項に違反すると判示した（最大判2008（平20）・6・4民集62巻6号1367頁）。

　多数意見は、届出による国籍取得の対象を準正子に限定していることが「父母の婚姻により嫡出子たる身分を取得することによって、日本国民である父との生活の一体化が生じ、家族生活を通じた我が国社会との密接な結び付きが生ずること」との立法目的に基づくものとした。多数意見によれば、準正子のみに届出による国籍取得を認めることと、この立法目的は立法当時には一定の合理的関連性を有していたが、家族関係をめぐる社会状況の変化や海外の立法動向からみて、同じ非嫡出子の間で準正子とそうでない者との差別的取扱いをすることは、「立法目的との合理的関連性の認められる範囲を著しく超える手段」

---

[16] ただし、他の男と婚姻中であったため適法に胎児認知ができなかったというような「戸籍の記載上嫡出の推定がされなければ日本人である父により胎児認知がされたであろうと認めるべき特段の事情がある場合」には、胎児認知の場合に準じて、国籍法2条1号に基づく国籍の生来的取得を認めるべきとされた（最二小判1997（平9）・10・17民集51巻9号3925頁）。

として「不合理な差別を生じさせている」と断じた。

　注目されるのは、判決が、国籍法3条1項を憲法14条1項違反と判断した上で、日本人父から生後認知を受けたが、両親が婚姻していない子らに届出による国籍取得を認めたことである。届出による国籍取得を準正子に限定する規定を法の下の平等に反すると判断した場合、国籍法3条1項全体を無効として、非嫡出子には例外なく届出による国籍取得を認めないという「救済」もあり得た。しかし、判決は、準正子の届出による国籍取得をもすべて否定することは、「血統主義を補完するために出生後の国籍取得の制度を設けた同法の趣旨を没却するものであり、立法者の合理的意思として想定し難いものであって、採り得ない解釈である」として、これを斥け、日本人父より生後認知されたにとどまる子についても、届出により国籍を取得できることを認めた。

4　国籍留保手続と法の下の平等

　Ⅳ2⑵で説明したように、国籍法12条によれば、他国で出生し現地の国籍を取得した日本国民の子が3か月以内に国籍留保の手続をしないと、日本国籍を喪失する。日本国内で出生し外国籍も取得した日本国民の子は特段の手続なしに日本国籍を維持することができるのに比べ、国外で出生したという違いだけで、出生後3か月という短期間に父母等が国籍留保の意思表示をなさなければ国籍喪失という重大な事態を招くことについて、憲法14条1項・憲法13条に反するとの訴えが提起された。

　最高裁は、国籍法12条について、「合理的理由のない差別にはあたらない」との判断を示した（最三小判2015（平27）・3・10裁時1623号8頁）。最高裁は、同条の立法目的を「実体を伴わない形骸化した日本国籍の発生をできる限り防止するとともに、内国秩序等の観点からの弊害が指摘されている重国籍の発生をできる限り回避すること」にあるとし、そこには「合理的な根拠がある」とした。最高裁は、次に、出生の届出をすべき父母等に国籍留保の意思表示をさせることが、子と国との「密接な結びつきの徴表」とみることができること、国籍留保の「意思表示の方法や期間にも配慮がされている」こと、国籍留保の意思表示がなされなかった場合でも、日本に住所があれば20歳に達するまでに法務大臣に対する届出により国籍の再取得が可能なこと（国籍17条）を指摘して、「立法目的との関連において不合理なものとはいえず、立法府の合理的な裁量判断の範囲を超えるものということはできない」とした。

（木下智史）

142 第11条（基本的人権の固有性・不可侵性・普遍性）

第3章

（基本的人権の固有性・不可侵性・普遍性）
第11条　国民は、すべての基本的人権の享有を妨げられない。この憲法が国民に保障する基本的人権は、侵すことのできない永久の権利として、現在及び将来の国民に与へられる。

I　本条の趣旨

　本条は、憲法第3章の総則的規定として、日本国憲法が人として有する「基本的人権」の保障を任務とすることを宣言したものである。
　総司令部民政局内で憲法草案が作成される段階（GHQ原案）においては、人権（Civil Rights）の章に、総論部分（General）が置かれており[17]、法の下の平等の保障、公務員の選定罷免権、請願権、外国人の人権保障などと並んで、より抽象的な人権原理を表明する条項があった。そこには、(a)すべての国民が基本的人権を享有すること、(b)「他人の基本的人権の平等な享有と矛盾」する場合に基本的人権の享有も制約を受けること、(c)基本的人権が人類の多年にわたる自由獲得の努力の成果であること、(d)基本的人権が「現在および将来の世代に対し」与えられたものであること、(e)基本的人権を「永久に侵すべからざるものとする義務」、すなわち、それを擁護する義務を国民に課すものでもあること、といった内容が含まれていた。本条は、これらのうち、基本的人権の享有にかかわる(a)(d)を規定し、基本的人権享有に伴う責務に関する(b)(e)が憲法12条に規定され、(c)は憲法97条に規定されることとなった。
　芦部信喜は、本条をとりあげ、「**人権の固有性・不可侵性・普遍性**」が「最もよく具体化されている」と評価する（芦部・憲法80頁）。すなわち、基本的人権が「人間であることにより当然に有するとされる権利であること」（固有性）、「人権が、原則として、公権力によって侵されないということ」（不可侵性）、「人権は、人種、性、身分などの区別に関係なく、人間であることに基づいて当然に享有できる権利である」こと（普遍性）という日本国憲法の人権保障の本質が本条に込められている。
　なお、本条が単独で違憲判断の根拠とはならないことをもって、「プログラム規定」と解する見解がある[18]。しかし、本条が単独で違憲審査の根拠規定とならないのは、本条が抽象的な原則を示したからであって、法律による具体化を必要としているからではなく、こうした性格づけは不正確である（樋口ほか・注解1・237頁〔佐藤幸治〕）。

---

[17] Original Drafts of Committee Reports. http://www.ndl.go.jp/constitution/shiryo/03/147/147tx.html.
[18] 有倉遼吉編『判例コンメンタール1：憲法Ⅰ』（三省堂、1977年）101頁〔緒方章弘〕。

第 11 条（基本的人権の固有性・不可侵性・普遍性）　*143*

Ⅱ　「国民」

　本条にいう「国民」については、憲法第 3 章の表題と同様、広い意味での日
本国の構成員（天皇・皇族も含む）と解するか、天皇を除く狭い意味での「国
民」を指すと解するのかという対立があり得る（→本章〔前注〕Ⅳ 4 ）。

Ⅲ　「すべての基本的人権の享有を妨げられない」

　ここにいう「基本的人権」については、人であることにより当然認められる
古典的な（自由権を中心とした）人権のみを意味すると解する見解、憲法第 3
章で保障された権利をすべて含むとの見解（高橋・立憲主義78頁）、憲法上保障
された権利のうち、基本的人権にふさわしいものを指し、国家賠償請求と刑事
補償請求権を含まないとの見解（宮沢・全訂193頁、芦部・憲法82頁）が対立す
る（→11条Ⅱ）。
　本条にいう「基本的人権」という言葉が、「歴史的に成立している基本的人
権の観念を前提としている」（佐藤功・注釈上169頁）ことは当然であるが、本
条が、憲法第 3 章に規定する憲法上の権利が歴史的に確立してきた普遍的な
「基本的人権」の具体化であることを示す趣旨の規定であることからみて、限定
的な意味に解することは妥当でない。
　また、この一節は、国民が人であることによって無差別に基本的人権を享有
するという、人権の固有性を示したものと解される。すなわち、基本的人権は
（前述のいずれの立場によっても）人が人であるがゆえに当然に有する権利であ
るから、一部のみの権利だけを享有することはあり得ず、「すべての基本的人
権を享有」するのである。

Ⅳ　「この憲法が国民に保障する基本的人権」

　この一節は、日本国憲法が保障する権利がたまたま特定の憲法で保障された
権利ではなく、「憲法以前においてすでに成立しているものと考えられ」る、
普遍的な基本的人権を背景とするものであることを示している（宮沢・全訂194
頁）。

近年の憲法改正案の中には、憲法上保障された権利をあくまでも実定憲法の枠内にとどめようとしてか、天賦人権論を敵視するものがある※19。この一節は、日本国憲法が、こうした主張とは対極の立場に立脚し、「人類の多年にわたる自由獲得の努力の成果」である基本的人権を保障することを明らかにしたものである。

V　「侵すことのできない永久の権利として」

「侵すことのできない」との一節は、憲法上の権利が一切制限されることがないことを意味するのではなく、日本国憲法が保障する権利が普遍的な基本的人権であり、原則として、それを侵害することは許されないこと（不可侵性）を示している。「原則として侵害することが許されない」とは、基本的人権を制限する際には、公権力の側で制限する理由を立証する責任があり、かつ、その制限を必要最小限度にとどまるように努めなければならないことを意味する。

「永久の権利として」との一節は、日本国憲法の保障する基本的人権が、時代によって変化することのない普遍的な性格をもつことを強調したものである。

VI　「現在及び将来の国民に与へられる」

ここで「将来の国民」にも基本的人権の享有が保障されていることから、本条をもって、基本的人権の保障が憲法改正によっても変更できない改正の限界を示したとの理解がある（新基本コンメ93頁〔押久保倫夫〕、渋谷・憲法99頁）。

憲法改正の限界に関しては、それをどのような問題として捉えるかに関する位相のずれがある（→憲96条II 2）。憲法改正が可能かどうかという事実の問題ではなく、憲法としての同一性、法的連続性の有無に関する問題と解すると、仮に基本的人権の尊重を完全に放棄するような改正がなされたならば、日本国憲法との同一性は失われ、改正の限界を超えるといえるであろう。しかし、そこまでに至らない、個々の人権条項の変更であれば、憲法としての同一性が失われたとまではいえず、憲法改正の限界を超えたとはいえない。

たとえば、国家賠償請求権や刑事補償請求権を基本的人権に含めない見解は、これらの権利を改正手続により削除しても、憲法改正の限界を超えたとはいえ

※19　自由民主党が2012（平成24）年4月に発表した日本国憲法改正草案に関するQ&A（http://www.jimin.jp/policy/pamphlet/pdf/kenpou_qa.pdf）は、「現行憲法の規定の中には、西欧の天賦人権説に基づいて規定されていると思われるものが散見されることから、こうした規定は改める必要があると考えました。例えば、憲法11条の『基本的人権は、……現在及び将来の国民に与へられる』という規定は、『基本的人権は侵すことのできない永久の権利である』と改めました」と解説している（13頁）。

第12条（憲法上の自由・権利保持の責任と濫用禁止）　*145*

ないことをその理由とする（宮沢・憲法2・201頁）。しかし、先にも述べたように、**憲法改正の限界**を超えるような人権条項の変更は相当根本的なものに限られ、自然権的な人権の一条項が変更されたとしても、憲法改正の限界に触れるものとはいえない。したがって、憲法改正の限界と、個々の権利を基本的人権に含めるかどうかの問題は別次元の問題と理解すべきであろう。

（木下智史）

（憲法上の自由・権利保持の責任と濫用禁止）
第12条　この憲法が国民に保障する自由及び権利は、国民の不断の努力によつて、これを保持しなければならない。又、国民は、これを濫用してはならないのであつて、常に公共の福祉のためにこれを利用する責任を負ふ。

Ⅰ　本条の趣旨

　憲法11条の解説で触れたように（→憲11条Ⅰ）、本条は、GHQ原案においては、憲法11条・97条と一体であったが、草案作成段階で、国民の責務にかかわる部分が抜き出されたものである。GHQ原案における本条の前身は、「この憲法によって定められた自由、権利および機会は、国民の自律的（self-disciplined）協力によって保持される。したがって、これらの自由、権利および機会は、国民の側にこれに対応する義務、すなわち、その濫用を防止し常に共同の福祉（common welfare）のために用いる義務を生ぜしめる」[20]というものであった。これが、GHQ草案の段階では、「此ノ憲法ニ依リ宣言セラルル自由、権利及機会ハ人民ノ不断ノ監視ニ依リ確保セラルルモノニシテ人民ハ其ノ濫用ヲ防キ常ニ之ヲ共同ノ福祉（common good）ノ為ニ行使スル義務ヲ有ス」(草案11条)と変更された。次第にその色合いを薄めていったものの、人権の存在理由と限界が国民の自覚と共同の利益にあるとする一種の共同体主義的な人権観が表明されているところが注目される。

Ⅱ　「この憲法が国民に保障する自由及び権利」

　憲法11条の「この憲法が国民に保障する基本的人権」という一節とこの一節に違いがあるかどうかは、憲法が保障する「自由及び権利」と「基本的人権」との関係をどのように理解するのかという点にかかわる。
　本条の「この憲法が国民に保障する自由及び権利」は、憲法11条にいう「こ

---

[20] http://www.ndl.go.jp/constitution/shiryo/03/147/147tx.html。

の憲法が国民に保障する基本的人権」よりも広いとの見解が有力であり、たとえば、「33条以下の刑事訴追における諸種の具体的な権利・自由は、正当な手続による裁判を受けるという基本的人権から派生した技術的な権利・自由であって、基本的人権そのものではない」（佐藤功・注釈上182頁）という説明や、国家賠償請求権や刑事補償請求権について、「はたして『基本的人権』に含まれるといえるかどうか、疑わしい」（宮沢・全訂193頁）との指摘がある。

しかし、多くの学説はすでに、古典的な人権とはいえない参政権や社会権も基本的人権に含めているのであって、前述の権利だけをことさらに「基本的人権」から除外することには難点がある。また、憲法11条の解説において述べたように（→憲11条Ⅰ）、憲法11条と本条は、憲法第3章の総則的な規定として、もともと1つの条文として準備されたものであり、その対象を別異に捉える根拠も薄弱なように思われる。

Ⅲ　「国民の不断の努力によつて、これを保持しなければならない」

この一節は、法的な義務を定めたものではなく、憲法上保障された権利や自由が国民の歴史的な自由獲得のための闘いの中で確立したという事実を踏まえ、今後も不断の努力をもって次世代に引き継がなければならないことを宣言したものである。したがって、この一節は憲法97条と内容上、連結している（→憲97条）。

この一節は、憲法上保障された自由・権利の侵害発生を防止し、その侵害が発生した場合にはそれを匡正すべく努力するよう国民に呼びかけており、抵抗権の基礎づけとしても語られる（樋口ほか・註解1・241頁〔佐藤幸治〕）。

Ⅳ　「国民は、これを濫用してはならない」

この一節は、国民の憲法上の権利・自由が他者の権利を侵害するような形で行使されてはならないことを訓示的に述べたものであって、法的な義務を述べたものではないと解されている。

もっとも、この一節は、憲法上の権利・自由の限界として規定されており、同じく本条に規定されている「公共の福祉」との関係を明確にする上でも、「濫用してはならない」という意味をある程度明確にしておく必要がある。「濫用」の意味については、民法1条の「権利の濫用」と同趣旨であると解する見解が有力である（佐藤功・注釈上183頁）。しかし、民法上の「権利濫用」の内容は広く、意図的な加害行為（シカーネ）に限定されない傾向にあるから、単純に民法上の概念と同視することもできない。したがって、「濫用」の意味については、「権利や、自由を、憲法がそれらを保障した目的以外の目的のために使うこと」（宮沢・全訂196頁）との定義が議論の出発点とされるべきである。

第12条（憲法上の自由・権利保持の責任と濫用禁止）　*147*

日本国憲法が「権利・自由を保障した目的」は、「個人の尊重」にあり、もっぱら他者の人格を否定したり、もっぱら他者の権利侵害を目的とした権利・自由の行使が「濫用」にあたると考えることができる（他方で、結果として、他者の権利・利益を侵害することになることから生ずる制約が「公共の福祉」に基づく制約であると考えられる）。

初期の判例は、しばしば「各条文に制限の可能性を明示していると否とにかかわりなく、憲法12条、13条の規定からしてその濫用が禁止せられ、公共の福祉の制限の下に立つものであり、絶対無制限のものでない」（『チャタレイ夫人の恋人』事件・最大判1957（昭32）・3・13刑集11巻3号997頁））と述べて、本条を人権の一般的制限根拠を定めた条項として扱ってきたが、「濫用」について明確な定義を示したり、「公共の福祉」との関係について説明したことはない。

V　「公共の福祉のためにこれを利用する責任」

この一節は、「公共の福祉」に触れているが、当初のGHQ原案にみられるように、権利行使の目的を私的な利益追求ではなく「公共の利益」の追求に置くべきことをうたった共同体主義的人権観を示す条項のようにみえる。

もっとも、この一節を文字通り法的な義務を課したものと解すると、「公益を追求した人権行使」しか許されないこととなり、自律した個人の自由な人権行使を保障した日本国憲法の人権保障の精神と根本的に矛盾することとなる。こうして、ほとんどの学説は、「人権は、個人の自律的生に役立つために認められる権利であり、公共の福祉に役立つことを求められてはいない。」と解し（高橋・立憲主義124頁）、本条については、あくまでも「憲法の運用における道徳的指針を示すもの」と考えている（佐藤功・注釈上183頁）。

これに対し、長谷部恭男は、「個人の自律を保障する権利の範囲が、つねに公共の福祉によって支配され、画定されるという考え方は、憲法13条前段のいう『個人の尊重』の原理と真っ向から衝突する。」と述べ、本条にいう国民の「自由及び権利」は、「個人の尊重」から導かれる人権ではなく、「それが人権のより有効な保障に役立つから、あるいは、その保障がなんらかの公共の福祉の実現に役立つから」という理由で保障される、「手段的な権利」と理解すべきであると主張する（長谷部・憲法145頁）。これは、「公共の福祉のために利用する責任」に法的な意味を与えつつ、本条を、人権とは異なる「つねに公共の福祉のために利用されるべき」、「公共の福祉に基づいて保障される権利」を創設する根拠規定と捉えるものである。

（木下智史）

148 第13条（個人の尊重・幸福追求権・公共の福祉）

第3章

（個人の尊重・幸福追求権・公共の福祉）
第13条 すべて国民は、個人として尊重される。生命、自由及び幸福追求に対する国民の権利については、公共の福祉に反しない限り、立法その他の国政の上で、最大の尊重を必要とする。

Ⅰ 本条の趣旨

本条は、かつては、もっぱら「公共の福祉」による人権制限の根拠規定として参照されていたが、今日では、日本国憲法の基本原理である「個人の尊重」を宣言した規定であり、かつ、プライバシー等の明文上規定されていない権利を導き出す根拠規定として重要性を増している。

本条は、GHQ原案においては、「日本の封建制度は廃止されるべし。すべての日本国民はその人間であること故に（by virtue of their humanity）個人として尊重される。生命、自由、幸福追求に対する国民の権利は、一般の福祉の限度内において、すべての法、政府の行為における至高の考慮たるべし」[21]との規定であり、マッカーサー三原則の1つ、封建制度の廃止を含んでいた（→制定過程Ⅰ5）。この点はGHQ草案においても引き継がれたが[22]、日本政府側のまとめた3月2日案の段階で、現在のような形になった[23]。

Ⅱ 「すべて国民は、個人として尊重される」

「個人として尊重される」とは、「個人主義の原理を表明したもの」（宮沢・全訂197頁）と説明される。そこにいう「個人主義」とは、「一方において、他人の犠牲において自己の利益を主張しようとする利己主義に反対し、他方において、『全体』のためと称して個人を犠牲にしようとする全体主義を否定し、すべての人間を自主的な人格として平等に尊重しようとする」ものとされる（宮沢・全訂197頁）。すなわち、本条に込められた個人主義は、「お国のため」・「滅私奉公」というスローガンに象徴される、国家の存続のために個人の自由や生命すら犠牲にされたという戦前の全体主義に対する反省を踏まえ、国家の存

---

[21] http://www.ndl.go.jp/constitution/shiryo/03/147/147tx.html。

[22] 「第12条 日本国ノ封建制度ハ終止スヘシ。一切ノ日本人ハ其ノ人類タルコトニ依リ個人トシテ尊敬セラルヘシ。一般ノ福祉ノ限度内ニ於テ生命、自由及幸福探求ニ対スル其ノ権利ハ一切ノ法律及一切ノ政治的行為ノ至上考慮タルヘシ」（http://www.ndl.go.jp/constitution/shiryo/03/076/076tx.html）。

[23] 「第12条 凡テノ国民ハ個人トシテ尊重セラルベク、其ノ生命、自由及幸福ノ追求ニ対スル権利ハ公共ノ福祉ニ牴触セザル限立法其ノ他諸般ノ国政ノ上ニ於テ最大ノ考慮ヲ払ハルベシ」http://www.ndl.go.jp/constitution/shiryo/03/088/088tx.html。

立の目的を自律的な個人の存在に置く思想のあらわれということができる。

　本条に込められた個人主義の思想は、日本社会に根強く残る集団主義に対する批判的視座としても有効性をもつことが指摘されてきた。近代国家出現の過程における中間団体からの個人の解放というプロセスを追体験することの重要性を説く樋口陽一の問題提起[24]をきっかけに、憲法学の中にも無自覚なまま残存する集団主義的発想への批判的検証が行われるようになり、「法人の人権」論や私人間効力論といった憲法解釈論の見直しも進んだ。

　かつては、「**人間の尊厳**」の不可侵をうたったドイツ基本法1条と本条との類似性が強調されたが、「個人の尊重」と「人間の尊厳」には無視し得ない違いがあるとも指摘される。すなわち、「人間の尊厳」については、「『人間』は類概念としての意義をもち、それに一般的属性とされるものが結合すると、抽象的人間像が提示される。そしてそれが基本法1条1項において規範的に主張されると、現実の人間に対して評価的に機能し、尊厳主体限定の危険さえ生じる」との問題点が指摘されている（新基本コンメ101頁〔押久保倫夫〕）。

　本条の「個人の尊重原理」は、憲法および国法体系を貫く原則的規範であり、民法2条を始め、教育基本法（教基2条2号）など数多くの法律の中に具体化されている。

Ⅲ　前段と後段の関係

　本条の前段（「**個人の尊重**」）と後段（「**幸福追求権**」の保障）との関係については、前段の「個人の尊重」原理の具体化として、後段の「幸福追求権」の保障があると順接的に解する見解が支配的である。たとえば、「本条後段の『幸福追求権』は、前段の『個人の尊重』原理（客観的規範）を受けて、人格的生存にとって必要な利益を包括的に主観的権利として保障するもの」（樋口ほか・注解1・254頁〔佐藤幸治〕）、「後段は、前段の、すべての国民が個人として尊重されるということをもう一歩具体化した規定であり、……個人が『個人として尊重』されることから『生命、自由及び幸福追求に対する権利』をもつ」（高橋・立憲主義121頁）と説明される。

　しかし、前述の解釈は、「個人の尊重」に基づく権利が「公共の福祉」による制約に服することを認めることになるという難点をもつ。そこで、前段を「個人の尊重」原理の表明にとどまらず、「個人の尊重」を確保する上で不可欠な権利・自由を保障したものと解する見解も唱えられている。もっとも、前段から導かれる権利と後段から導かれる権利との区別が可能かどうか疑問とする指摘もある[25]。

---

[24]　樋口陽一『近代憲法学にとっての論理と価値』（日本評論社、1994年）172頁。
[25]　粕谷友介『憲法の解釈と憲法の変動』（有斐閣、1988年）84〜85頁。

また、長谷部恭男は、前段は、公共の福祉によっても制約できない、個人の自律の核心にかかわる「切り札」としての権利を保障したものであり、後段は、国政上の規律によって制約され得る「一般的な行動の自由」を保障したものと解する（長谷部・憲法147頁）。このような「一般的な行動の自由」を憲法が保障する意味は、長谷部によれば、国家権力が「公共の福祉」の範囲内で行使されることを確保するためとされる。

ただし、「個人の尊重」と「公共の福祉」との緊張関係は、「文言上『公共の福祉』を回避するということですまされる事柄ではないように思われる」（佐藤幸・憲法175頁）との指摘も正当であろう。

なお、基本的人権の保障と「公共の福祉」との関係について、権利そのものについては、「『何をしてもよい』ものとして、その意味で『一応のもの』（prima facie）として想定」しつつ、権利を「制限する論理を吟味することが主眼となる」アプローチである二段階画定論と、「権利そのものの根拠づけによって権利内容を定めようというアプローチ」である一段階画定論を対比して論ずる見解もある[26]。これらのアプローチには、権利の保障範囲を無限定に拡げるあまり核心的権利保障が疎かになる危険性と、憲法上の権利の保障範囲を限定し過ぎる結果、保障が無意味なものとなってしまう危険性があり、軽々に優劣を論じられない。このアプローチの違いは、具体的には、幸福追求権の内容をめぐる議論として現れる（→Ⅳ2）。

Ⅳ 「生命、自由及び幸福追求に対する国民の権利」

「生命、自由及び幸福追求」という言葉で、憲法の保障をする権利を代表させようとする発想は、J.ロックの「生命、自由及び財産（life, liberty and property）」に由来し、「幸福追求に対する権利」という表現は、ヴァージニア権利章典（1776年）、アメリカ独立宣言（1776年）にみられるものである。

「生命」、「自由」を求めるのが人間の本性であるように、「幸福追求」もまた人間性に由来するものである。そして、ここで保障されているのは、「幸福追求に対する権利」であって「幸福」そのものが保障されているわけではない。このことは、「幸福の内容は、あくまでも国民各個人が決めるべき事柄であって、公権力がかかわり合いをもつことを許されるのは、そのような幸福を追求する諸条件・手段についてのみである」（樋口ほか・注解1・256～257頁〔佐藤幸治〕）という趣旨として理解されるべきである。

1 幸福追求権の法的性格

「生命、幸福及び幸福追求に対する権利」（以下、「幸福追求権」という）に

---

[26] 樋口陽一『国法学——人権原論（補訂）』（有斐閣、2007年）191頁）。

ついては、具体的権利を定めたものではなく、「総ての権利及び自由の基礎たるべき各個人の人格を尊重することを、国政の基本として宣言して居る」ものと解する見解[27]や、憲法14条以下の権利を総体として示すものとの見解[28]もあった。

現在では、幸福追求権は、「個人の尊重」にとって必要な権利を包括的に保障したものであり、個別の権利保障に対して補充的に作用する、と考えられている。すなわち、個別の権利条項と幸福追求権の保障とは、特別法と一般法の関係に立ち、個別の権利条項において保障されていない権利・自由であっても「個人の尊重」にとって必要であれば、本条により保障されることになるのである。

判例も、京都府学連事件判決（最大判1969（昭44）・12・24刑集23巻12号1625頁）において、本条について、「国民の私生活上の自由が、警察権等の国家権力の行使に対しても保護されるべきことを規定している」と解して、本条が具体的な権利を導き出す根拠となり得ることを承認した。

2　幸福追求権の内容

幸福追求権の内容については、これまで、以下の2つの立場の対立が説かれてきた。

(a)　人格的利益説

幸福追求権として憲法上保護されるのは、「個人の人格的生存に不可欠な利益を内容とする権利の総体」と解するものである（芦部・憲法121頁）。「人格的生存」とは、人間が自律した個人として自分の生をまっとうすることであり、それこそが「幸福追求」という営為であるといえる。

(b)　一般的自由説

人格的利益説が、「人格的生存」や「人格的自律」という抽象的かつ不明確な基準によって憲法上の権利としての保障を限定することを批判し、人の行うあらゆる生活領域に関する行為の自由が幸福追求権として憲法上の保障を受けると考える見解である[29]。この考え方の背景には、人は自らの好むところに従って生きる自由があり、本人にとって重要と考える行為について憲法上の保障を否定するべきでないとの発想がある。

一般的自由説に対しては、犯罪行為までも（その制限が正当化されるとして

---

[27]　美濃部達吉『日本国憲法原論』（有斐閣、1948年）167頁）。

[28]　たとえば、賭博処罰の合憲性が争われた事件の最高裁判決（最大判1950（昭25）・11・22刑集4巻11号2380頁）における栗山裁判官の意見は、「憲法11条12条及び13条は「この憲法が保障する自由及び権利」の保障そのものではなく、保障は14条以下に列挙するものである」と述べていた。

[29]　戸波江二『憲法（新版）』（ぎょうせい、1998年）176頁以下。

も）いったんは憲法上の保護を与えることとなるのは、かえって憲法上の権利の正当性を疑わせることとならないか、憲法上の権利の対象が拡散し過ぎて（「人権のインフレ化」）、その保障が希薄化するのではないかなどの批判が出されている。

3　幸福追求権の具体的内容

幸福追求権に含まれる具体的権利として、学説・判例上承認されているものとしては、以下のものがある。

(1)　プライバシーの権利

(i)　プライバシーの権利の意義

プライバシーとは、もともと、興味本位でなされる、有名人の私生活ののぞき見・暴露を不法行為とするため考案された概念であり、当初は「放っておいてもらう権利」として構成された。しかし、その後の情報化社会の進展に応じ、個人に関する情報の収集・蓄積や利用をも統制する必要性が感じられるようになり、「自己に関する情報をコントロールする権利」と捉えるべきとの主張が有力となった（芦部・憲法124頁、佐藤幸・憲法182頁）。

(ii)　「プライバシーの権利」についての判例の流れ

(a)　『宴のあと』事件

日本において初めてプライバシーの権利の侵害が問題となったのは、三島由紀夫の小説『宴のあと』の記述をめぐる不法行為訴訟であった。東京地裁（東京地判1964（昭39）・9・28下民15巻9号2317頁）は、(ア)私生活上の事実または私生活上の事実らしく受け取られるおそれのある事実の公表、(イ)その事実が一般人の感受性を基準にすると公開を欲しないであろう事柄であること、(ウ)その事実が一般の人々に未だ知られておらず、公開によって実際に不快、不安の念を覚えたこと、という要件を示し、(エ)その事実の公表がもつ表現の自由の価値によって違法性が阻却されない限り、不法行為が成立すると判示した。

(b)　京都府学連事件

最高裁は、デモ行進参加者の容貌を警察官が撮影した京都府学連事件判決（最大判1969（昭44）・12・24刑集23巻12号1625頁）において、本条が「国民の私生活上の自由」について「警察権等の国家権力の行使に対しても保護されるべきことを規定している」とした上で、「個人の私生活上の自由の一つとして、何人も、その承諾なしに、みだりにその容ぼう・姿態を撮影されない自由を有する」と述べた（ただし、これを「肖像権」と称するかについては留保した）。その上で、判決は、本人の同意がなく、また令状なしに容貌等を撮影できるのは、(ア)「現に犯罪が行なわれもしくは行なわれたのち間がないと認められる場合」であって、(イ)「証拠保全の必要性および緊急性があり」、(ウ)「その撮影が一般的に許容される限度をこえない相当な方法をもって行なわれる」との要件すべてを満たした場合に限られるとした。

第13条（個人の尊重・幸福追求権・公共の福祉）　*153*

(c)　**指紋押なつ事件**

最高裁は、外国人登録法に基づく指紋押捺の強制の合憲性が争われた事件において、本条の保障する「私生活上の自由の一つとして、何人もみだりに指紋の押なつを強制されない自由を有する」ことから、国家機関が正当な理由もないのに指紋の押なつの強制をすることは本条の趣旨に反して許されない」と判示している（最三小判1995（平7）・12・15刑集49巻10号842頁）。最高裁は、「戸籍制度のない外国人の人物特定につき最も確実な制度」として立法目的に十分な合理性と必要性があり、かつ、押なつ強制の方法も、「一般的に許容される限度を超えない相当なものであった」として合憲としたが、指紋が「性質上万人不同性、終生不変性をもつので、採取された指紋の利用方法次第では個人の私生活あるいはプライバシーが侵害される危険性がある」ことを指摘していた。

(d)　**前科照会事件**

その後、最高裁は、**前科についてみだりに公開されない利益**があるとの判断を確立する。これらは、直接、本条について判断したわけではないが、場合によっては表現の自由を上回る価値を認めた点で、前科についてみだりに公開されない利益について、『宴のあと』事件におけるプライバシーに準ずる地位を認めたといえる。

京都市中京区長が弁護士からの照会に応じて個人の前科について伝達した事件について、最高裁（最三小判1981（昭56）・4・14民集35巻3号620頁）は、「前科等のある者もこれをみだりに公開されないという法律上の保護に値する利益を有する」とし、「市区町村長が漫然と弁護士会の照会に応じ、犯罪の種類、軽重を問わず、前科等のすべてを報告することは、公権力の違法な行使にあたる」と述べて、国家賠償請求を認めた。

(e)　**ノンフィクション『逆転』事件**

米軍占領下の沖縄で行われた陪審員裁判を題材としたノンフィクションの中で、有罪判決を受けた者の実名が記されていたことについて、最高裁（最三小判1994（平6）・2・8民集48巻2号149頁）は、「前科等にかかわる事実の公表によって、新しく形成している社会生活の平穏を害されその更生を妨げられない利益」があることを確認した。その上で、判決は、前科について実名を公表することが不法行為となるかどうかは、「その者のその後の生活状況のみならず、事件それ自体の歴史的又は社会的な意義、その当事者の重要性、その者の社会的活動及びその影響力について、その著作物の目的、性格等に照らした実名使用の意義及び必要性をも併せて判断すべきもので、その結果、前科等にかかわる事実を公表されない法的利益が優越するとされる場合には、その公表によって被った精神的苦痛の賠償を求めることができる」とした。

(f)　**早稲田大学江沢民講演会事件**

最高裁（最二小判2003（平15）・9・12民集57巻8号973頁）は、私立大学が講演会参加者の氏名・住所・電話番号について本人の同意を得ることなく、警察

に通報したことについて、不法行為にあたるとして賠償責任を認めた。判決は、仮にそれ自体は秘匿の必要性の高くない個人情報であっても、「自己が欲しない他者にはみだりにこれを開示されたくないと考えることは自然なことであり、そのことへの期待は保護されるべきものであるから、本件個人情報は、上告人らのプライバシーに係る情報として法的保護の対象となる」とした。

(g) 「住基ネット」事件

氏名・生年月日・性別・住民票コード等の本人確認情報を国・都道府県・市町村が共通して用いる「住民基本台帳ネットワーク」(住基ネット)について、最高裁(最一小判2008(平20)・3・6民集62巻3号665頁)は、本条に基づく「個人の私生活上の自由」の1つとして、「何人も、個人に関する情報をみだりに第三者に開示又は公表されない自由を有する」ことを確認した。もっとも、判決は、住基ネットが管理する情報が秘匿性の高いものといえないこと、法令等の根拠に基づき「住民サービスの向上及び行政事務の効率化という正当な行政目的の範囲内で行われている」こと、本人確認情報が外部に漏洩したり、法令の根拠を逸脱もしくは正当な行政目的の範囲を超えて情報が第三者に開示・利用される具体的な危険が生じていないことを指摘して、本条に違反しないと判示した。

(h) 情報化社会、監視社会と個人情報保護の課題

インターネットなどの通信技術の発達と情報処理機器の機能向上により、かつてないほど大量の個人情報が収集、流通、利用されるようになっており、そこでの個人情報の保護のあり方が模索されている。

2013(平成25)年に「行政手続における特定の個人を識別するための番号の利用等に関する法律」が成立し、いわゆる**マイナンバー制度**が租税や社会保障分野等に導入されるようになった。マイナンバー制度においては、住民票に記載されるすべての者は、各自個人番号が付与され、その番号が行政各分野における事務処理に利用される。マイナンバー制度の下では、行政各分野の情報が個人番号の下に一元的に集積・管理されることになり、個人情報の集積によるプライバシー侵害の危険や漏洩の危険性が問題視されている。

他方、街頭の各所に監視カメラが設置されるなど、治安目的での個人情報の収集も広く行われるようになった。そのなかで、特定宗教信者に関する情報を警察が収集したり[30]、自衛隊の情報保全隊が自衛隊に批判的な人々の情報を収集したりする(仙台高判2016(平28)・2・2判時2293号18頁)など、情報収集・監視が市民の活動の規制を目的に行われている実態が明らかになっている。

また、インターネット上にある自らの前科等の情報について削除を求めるという、いわゆる「忘れられる権利」の主張も提起されるようになってきている

---

[30] 警視庁がモスクの監視などイスラム教徒の情報を収集していた事件として、東京高判2015(平27)・4・14<LEX/DB25506287>。

第13条（個人の尊重・幸福追求権・公共の福祉）　*155*

（最高裁は、削除を命ずる仮処分の申立てを却下した。最三小決2017（平29）・
1・31民集71巻1号63頁）。

(2)　**人格権**

　人格権は、私法上、人の人格と結びつく非財産的利益として展開されてきた
ものであり（民710条参照）、名誉やプライバシー、生命・健康など、さまざま
な利益が含まれる。それらは、公権力により侵害されれば、個人の人格を否定
し、自律した個人の形成を阻害することとなるから、本条の保障する幸福追求
権の内容と重なることになる。ただし、人格権という概念自体が諸権利の総体
という性格をもっており、その内容は、上に論じたプライバシーおよび以下の
個別的な権利に解消される。

　なお、民法750条の定める夫婦同氏制度の合憲性が争われた事件において、
最高裁は、氏名が、「人が個人として尊重される基礎であり、その個人の人格
の象徴であって、人格権の一内容を構成する」と述べたが、氏に関しては、法
制度上、「社会の構成要素である家族の呼称」としての意義が与えられており、
氏が、親子関係など一定の身分関係を反映し、婚姻を含めた身分関係の変動に
伴って改められることがあり得ることは、その性質上予定されているといえる
ことから、婚姻の際に「氏の変更を強制されない自由」が憲法上の権利として
保障される人格権の一内容であるとはいえないと判示した（最大判2015（平27）・
12・16民集69巻8号2586頁）（→憲14条Ⅳ3(iii)、→24条Ⅱ2(3)）。

(3)　**名誉権**

　名誉権は、人の社会的評価を保護対象とする、人格権の代表的なものであり、
刑事・民事の名誉毀損に対する制裁を通じて救済されてきた。不当に社会的評
価が低下させられることは、その人の生き方を否定されることにつながり、自
律した「個人」としての生き方は、大きく損なわれる。北方ジャーナル事件判
決（最大判1986（昭61）・6・11民集40巻4号872頁）の中の、「人格権としての
個人の名誉の保護（憲法13条）」という一節は、私人間の紛争において、表現の
自由の対抗利益を強調するために述べられたものであるが、名誉が幸福追求権
の一部をなすことを判例が認めたものとみることができる。

(4)　**生命・健康**

　本条後段が「生命」を例示していることからも明らかなように、自律した「個
人」として生きるための前提として、生命・健康の維持が幸福追求権に含まれ
ることには異論がない[31]。

(5) 自己決定権

幸福追求権の核心は、自らの生き方にかかわる重要な私的事項について公権力から干渉されることなく決定できる権利、すなわち自己決定権にある。しかし、憲法上の権利の多くは、何らかの形で自己決定にかかわっており、本条によって保障されるべきものは、それらに吸収されない部分である。

本条により保障される自己決定権としては、(a)結婚、離婚、出産、避妊等、家族のあり方を決める自由、(b)医療拒否、尊厳死等の生命の処分を決める自由、(c)ライフスタイルの自由が挙げられる（芦部・憲法128頁）。

ただし、(a)の多くは、個別の権利規定である憲法24条により保障される権利として構成することもできる。

(b)についても「生命に対する権利」（→(4)）に含まれると説明する見解もある（松井・憲法594頁）。実例としては、輸血を拒否する「エホバの証人」信者の手術にあたって、医師が輸血の可能性について十分な説明を行わなかったことによって手術を受けるかどうかの意思決定を行う権利を侵害したとして不法行為責任を認めた最高裁判決（最三小判2000（平12）・2・29民集54巻2号582頁）がある。同判決は、輸血を伴う医療行為を拒否する権利を「人格権の一内容として尊重されなければならない」ものとし、生命の処分に関する自己決定が医師の救命義務に優先し得ることを明らかにした。

(c)には、服装・髪型など身なりに関する事項、趣味、喫煙・飲酒などの嗜好に関する事項などが含まれるが、はたしてそれらすべてが「人格的利益」と認められるか疑問もある（松井・憲法597頁）。

(6) 適正手続を受ける権利

不利益な処分を受けるにあたって、事前にどのような処分がなされるかを知らされ（告知）、自らの意見を聴取される（聴聞）ことは、「個人として尊重される」ための最低限の保障である。

適正手続の保障は、憲法31条が一般的に保障しているとの考え方もあるが、憲法31条を刑事手続に関する規定に限定して解する立場においては（→31条Ⅳ）、

※31 大阪空港訴訟控訴審判決（大阪高判1975（昭50）・11・27判時797号36頁）が、「個人の生命・身体の安全、精神的自由は、人間の存在に最も基本的なことがらであつて、法律上絶対的に保護されるべきものであることは疑いがなく、また、人間として生存する以上、平穏、自由で人間たる尊厳にふさわしい生活を営むことも、最大限度尊重されるべきものであつて、憲法13条はその趣旨に立脚するものであり、同25条も反面からこれを裏付けているものと解することができる。このような、個人の生命、身体、精神および生活に関する利益は、各人の人格に本質的なものであつて、その総体を人格権ということができ、このような人格権は何人もみだりにこれを侵害することは許されず、その侵害に対してはこれを排除する権能が認められなければならない」と述べたのは、生命・健康と人格権との関係を適確に説明している。

第13条（個人の尊重・幸福追求権・公共の福祉） *157*

行政手続における適正さの保障は本条の幸福追求権の守備範囲となる（佐藤幸・憲法192頁、高橋・立憲主義155頁）。

(7) **環境権**

環境権は、良好な環境を享受する権利である。しかし、そこにいう「環境」を自然的環境に限定するか、社会的・文化的環境まで含めるか、「享受」とはあくまでも消極的に侵害されないことを意味するか、より積極的に良好な環境作りを請求し得ることまで含むのか、内容が未だ不分明である。

環境権の主張に消極的な自由権としての側面と積極的な請求権の側面があることから、環境権は、本条と憲法25条の双方により保障されるとされてきた（浦部・教室262頁、渋谷・憲法287頁、辻村・憲法293頁）。ただし、環境権の主張の中の、自己の生命・健康にかかわるものについては、環境権という概念によらずとも、生命権、人格権として憲法上の保護の対象となし得る。また、良好な環境作りのための施策は、むしろ立法によって政策的に実現されるべきである（1993（平成5）年制定の「環境基本法」参照）。

(8) **その他の権利**

その他、公職就任権（樋口ほか・注解1・308頁〔佐藤幸治〕）、生命・身体について「特別犠牲を強制されない権利」（高橋・立憲主義155頁）などが幸福追求権として保障されると主張されている。

V 基本的人権の限界：「公共の福祉」

もともとGHQ草案においては、「公共の福祉」にあたる言葉は、"common good"（11条）、"general welfare"（12条・21条）、"public welfare"（27条）とそれぞれニュアンスの異なる用語が用いられていた。本条にあたるGHQ草案12条において用いられていた"general welfare"は、アメリカ合衆国憲法の前文と連邦議会の課税権限に関する条項（1条8節1項）にみられる。

「公共の福祉」の意味については、「社会的共同生活の利益」（佐藤功・注釈上199頁）、「個々の人間の個別的利益に対して、それを超え、ときにそれを制約する機能をもつ公共的利益」（宮沢・全訂198頁）などと説明されるが、それを単純に「全体の利益」「多数の利益」と解してしまえば、人が人であるがゆえに享受される基本的人権も多数決に服することとなってしまい、基本的人権保障の意味が失われてしまう。

1 「公共の福祉」の意味

「公共の福祉」に関して問題となったのは、(a)憲法12条・本条に規定された「公共の福祉」という概念が基本的人権の一般的制限根拠か、(b)憲法12条・本条の「公共の福祉」と憲法22条1項・29条2項の「公共の福祉」は同じか、(c)「公共の福祉」の内容は、人権相互間の調整という**内在的制約**に限られるか、それ

以外の**外在的制約**も含むかという点であった。

(1) 一元的外在的制約説

　初期の学説には、本条の文言通り、憲法の保障する権利は「公共の福祉に反しない限り」で保障されると解し、「公共の福祉」が基本的人権の一般的制限根拠であることを認めた上で、その内容について「公益」「公共の安寧秩序」などと同視し、とくに限定を設けないという態度をとるものがあった[32]。しかし、この立場は、法律で規定さえすれば憲法上の権利をいくらでも制約できるとされた「法律の留保」論と大差なくなると批判された。

(2) 内在／外在二元的制約説

　内在／外在二元的制約説は、一般的規定である憲法12条と本条は倫理的・訓示的規定であって法的効果をもたないとし、本条の「公共の福祉」は人権の一般的制約根拠とはなり得ないと解する。ここから、「公共の福祉」による制約を受けるのは、明文上、その旨が規定されている憲法22条1項の職業選択の自由、憲法29条の財産権という経済的自由権であり、結局、「公共の福祉」とは、経済的自由権に対する政策的な外在的制約ということになる（法協・註解上296〜297頁）。もっとも、この説にあっても、その他の権利も無制約ではなく、他人の権利を侵害してはならないとする内在的制約には服する。

　内在／外在二元的制約説に対しては、包括的基本権の根拠規定である本条を空文化する解釈は妥当でないと批判された。これを受けて、近年の二元的制約説は、憲法12条・本条について法的効力を有する規定と捉えつつ、憲法12条・本条の「公共の福祉」を内在的制約と解し、憲法22条1項・29条2項の「公共の福祉」を政策的制約と捉える（浦部・教室91頁）。ただし、この学説には、同じ「公共の福祉」を条文によって異なる意味のものとして解さなければならないという不自然さがつきまとう。

(3) 一元的内在的制約説

　宮沢俊義は、「公共の福祉」が人権の一般的制約根拠となることを承認し、かつすべての「公共の福祉」が同一内容のものであると解しながら、その内容を、「人権相互のあいだの矛盾・衝突を調整する原理としての実質的公平の原理」と解した。すなわち、基本的人権を平等に保障しようとすれば、各人の基本的人権の衝突の調整が必要となり、社会権の保障には、その本質上、必然的に各人の自由権に対する制約を伴う。それが「公共の福祉」の内容であると解するのである。こうして「公共の福祉」の意味は、自由権行使が他者の権利・利益を侵害する場合の制約（「自由国家的公共の福祉」）に限られず、社会権実現のための財産権制限などの「社会国家的公共の福祉」も含むものとされる（宮沢・憲法2・235〜236頁）。

(4) 内在的制約説への批判

---

[32] 美濃部・前掲[27]『日本国憲法原論』166頁。

一元的内在的制約説は、基本的人権の制約根拠を他者の基本的人権との矛盾・衝突の調整のみに認めることにより、抽象的な人権制約原理として肥大化しかねない「公共の福祉」の意味を限定するものとして、広い支持を得た。しかし、一元的内在的制約説は、基本的人権制約の可能性を、「他者加害」の場合に限定するがゆえに批判も受けている。

第1に、一元的内在的制約説によると、美観維持を目的とする屋外広告物規制、性道徳維持のためのわいせつ表現規制など、現実に存在する多くの規制を説明できないことになる。

第2に、一元的内在的制約説においては、青少年の健全な発達を目的として行われる種々の規制のような、パターナリズムに基づく規制を説明できない。近代立憲国家においては、国家が後見的に個人の選択・行為に干渉するパターナリズムは許されないが、自律的な人格への発達途上の青少年に関して、回復不能なほど重大な自己加害を防ぐために、一定程度の後見的干渉をすることは許されると考えられている（「限定されたパターナリスティックな制約」（佐藤幸・憲法135頁、高橋・立憲主義122頁））。

2 「公共の福祉」の再構成

以上の批判を踏まえ、「公共の福祉」を「人権と公共の利益との調整原理」として理解し、規制目的の正当性、重要性を個別的に判断するべきとの見解も出されている（松井・憲法351頁）。他方で、「公共の福祉」を憲法上の権利の限界と捉えるのではなく、国家権力・国家の権威の正当性根拠と捉え直そうとする見解もある（長谷部・憲法105頁）。

憲法12条・本条の条文内容からみて、「公共の福祉」が基本的人権の一般的な制約根拠として規定されたことは動かしがたい。ただし、「公共の福祉」は、それ自体として内容を確定することはできず、何が「公共の福祉」にあたり、それに基づく憲法上の権利の制約が正当化されるかは、権利の性質や国家活動の正当性も考慮しつつ個別的に検討されるべきことになる。「公共の福祉」の内容を内在的制約に限定せず、一定の類型化を試みるものとして、(a)人権と人権の衝突を調整する措置、(b)他人の人権を侵害する行為を禁止する措置、(c)他人の利益のために人権を制限する措置、(d)本人の利益のために本人の人権を制限する措置に分類する高橋和之の見解がある（高橋・立憲主義123頁）。

「公共の福祉」をめぐる見解の対立は、当初、大日本帝国憲法下における「法律の留保」論への反省や「公共の福祉」によってあらゆる人権制限を正当化しようとする判例の立場への批判的応接として、人権制限となり得る国家行為を限定するために論じられた。しかし、「公共の福祉」の内容を質的に制限する試みには限界があり、その後は、利益衡量論や違憲審査基準論など、人権制限立法の合憲性を判定する手法の探求に関心が移っていった。「公共の福祉」は、それ自体としては、基本的人権の制約を正当化するものではなく、「その正当

化事由は、各基本的人権の性質に応じて具体的に引き出さなければならない」とする見解（佐藤幸・憲法133頁）も、基本的人権制約の正当性の根拠を「公共の福祉」の意味の探究以外に求めようとする試みといえる。

3　判例における「公共の福祉」

　最高裁は、当初から「公共の福祉」を人権の一般的な制限根拠として援用し、かつ、その内容を明確化してきていない。たとえば、「同条（13条：筆者注）においては、公共の福祉という基本的原則に反する場合には、生命に対する国民の権利といえども立法上制限乃至剥奪されることを当然予想しているものといわねばならぬ」として死刑を正当化し（最大判1948（昭23）・3・12刑集2巻3号191頁）、表現の自由についても、「新憲法の下における言論の自由といえども、国民の無制約な恣意のまゝに許されるものではなく、常に公共の福祉によって調整されなければならぬ」と述べて、その制限を合憲としている（食糧緊急措置令違反被告事件・最大判1949（昭24）・5・18刑集3巻6号839頁）。

　「公共の福祉」の内容を限定しないという姿勢は、近年にいたっても一貫しており、集会の自由の制限が問題となった成田新法事件判決（最大判1992（平4）・7・1民集46巻5号437頁）においても、「集会の自由といえどもあらゆる場合に無制限に保障されなければならないものではなく、公共の福祉による必要かつ合理的な制限を受けることがあるのはいうまでもない」というように「公共の福祉」に関する言い回しにほとんど変化はみられない。

　要するに、最高裁は、「公共の福祉」の内容が、人権制約の合憲性の具体的判定にあたって、何らかの限定的機能を果たすことを期待していないということができる。代わって、最高裁が人権制限の合憲判定にあたって用いるのは、成田新法事件判決が先の引用に続けて述べたように、「このような自由に対する制限が必要かつ合理的なものとして是認されるかどうかは、制限が必要とされる程度と、制限される自由の内容及び性質、これに加えられる具体的制限の態様及び程度等を較量して決めるのが相当である」との利益衡量判断（比例原則）である。

VI　「立法その他の国政の上で、最大の尊重を必要とする」

　この一節は、立法、行政、司法を問わず、あらゆる国家活動において、幸福追求権に包摂される憲法上の権利・自由を最大限尊重しなければならないことを意味する。人権に対する過剰な制約を禁止しているという点で、この一節は**比例原則**の根拠となり得ると思われる（渋谷・憲法263頁）。

（木下智史）

第3章

（法の下の平等、貴族制度の廃止、栄典の授与の制約）
第14条 ①　すべて国民は、法の下に平等であつて、人種、信条、性別、社会的身分又は門地により、政治的、経済的又は社会的関係において、差別されない。
②　華族その他の貴族の制度は、これを認めない。
③　栄誉、勲章その他の栄典の授与は、いかなる特権も伴はない。栄典の授与は、現にこれを有し、又は将来これを受ける者の1代に限り、その効力を有する。

I　本条の趣旨

　憲法13条において宣明した個人主義の尊重は、一人ひとりの個人を平等に扱うことを要請する。大日本帝国憲法下においては、華族制度などの身分制が存続し、平等の実現がきわめて限定されていたことへの反省から、本条は単なる**法の下の平等**を宣言するにとどまらず、一定の事由に基づく差別禁止、貴族制度の廃絶、栄典に伴う特権の禁止など、相当詳細な規定となっている。
　平等の保障は、GHQ原案の段階から明文化されることが決定されていたが、当初は、「すべての自然人」に対する平等の保障として、外国人にも平等を及ぼすことが予定されており[33]、GHQ草案においてもこの点は維持されていた（GHQ草案13条）[34]。また、日本政府の手になる3月2日案の段階では、国民の平等の保障条項（3月2日案13条）とは別に、外国人の平等保障の条文（3月2日案14条）が付け加えられた[35]。3月5日案においては、外国人の平等条項は

---

[33] http://www.ndl.go.jp/constitution/shiryo/03/147/147tx.html。
[34] 「第13条　一切ノ自然人ハ法律上平等ナリ政治的、経済的又ハ社会ノ関係ニ於テ人種、信条、性別、社会的身分、階級又ハ国籍起源ノ如何ニ依リ如何ナル差別的ノ待遇モ許容又ハ黙認セラルルコト無カルヘシ
爾今以後何人モ貴族タルノ故ヲ以テ国又ハ地方ノ如何ナル政治的権力ヲモ有スルコト無カルヘシ
皇族ヲ除クノ外貴族ノ権利ハ現存ノ者ノ生存中ヲ限リ之ヲ廃止ス
栄誉、勲章又ハ其ノ他ノ優遇ノ授与ニハ何等ノ特権モ附随セサルヘシ又右ノ授与ハ現ニ之ヲ有スル又ハ将来之ヲ受クル個人ノ生存中ヲ限リ其ノ効力ヲ失フヘシ」http://www.ndl.go.jp/constitution/shiryo/03/076/076tx.html。
[35] 「第13条　凡テノ国民ハ法律ノ下ニ平等ニシテ、人種、信条、性別、社会上ノ身分又ハ門閥ニ依リ政治上、経済上又ハ社会上ノ関係ニ於テ差別セラルルコトナシ。
爵位、勲章其ノ他ノ栄典ハ特権ヲ伴フコトナシ。
第14条　外国人ハ均シク法律ノ保護ヲ受クルノ権利ヲ有ス。」http://www.ndl.go.jp/constitution/shiryo/03/088/088tx.html。

162　第14条（法の下の平等、貴族制度の廃止、栄典の授与の制約）

削除されたものの、代わって、「凡テノ自然人」に対し「其ノ日本国民デアルト否トヲ問ワズ」平等を保障する規定となり※36、国籍差別の禁止も盛り込まれた。3月6日の「憲法改正草案要綱」の段階でも「凡ソ人」を主体とする点は維持されており※37、法の下の平等の主体が「国民」とされたのは、4月17日発表の憲法改正草案になってからであった。このように、憲法の起草作業中、外国人の人権保障、とりわけ外国人に対する平等の保障が重要な争点として認識されていたことがわかる。

　また、差別禁止の個別事由も起草作業中に変遷を重ねた点である。人種、信条、性別、社会的身分までは、共通しているが、現在のような列挙事項に落ち着くまで、階級（caste）、出身国（national origin）、門閥、国籍など多様な事由が盛り込まれた。そこに共通してみられるのは、外国人の人権保障への関心とともに、身分制や自らの意思や努力によって変更不能な事由に基づく不合理な差別解消への意欲である。

Ⅱ　「すべて国民は」

　ここにいう「国民」に天皇、皇族が含まれるかの問題については、日本国憲法第3章についての解説参照（→本章〔前注〕Ⅳ4）。

　Ⅰで触れた経緯からわかるように、平等の保障を外国人にも及ぼすべきではないかとの見解も有力であったが、外国人と国民との間に本質的な差異があることから、本条の対象を日本国民に限定したものと思われる。

　しかし、「法の下の平等は本質上、普遍的な原理」であるから、外国人にも平等の保障を及ぼすべきとの主張は根強く主張され（宮沢・全訂205頁、佐藤功・注釈上227頁）、最高裁も、本条の趣旨が「特段の事情の認められない限り、外国人に対しても類推されるべき」ことを認めている（最大判1964（昭39）・11・18刑集18巻9号579頁）。

※36　「第13条　凡テノ自然人ハ其ノ日本国民タルト否トヲ問ハズ法律ノ下ニ平等ニシテ、人種、信条、性別、社会上ノ身分若ハ門閥又ハ国籍ニ依リ政治上、経済上又ハ社会上ノ関係ニ於テ差別セラルルコトナシ。」http://www.ndl.go.jp/constitution/shiryo/03/091/091tx.html。

※37　「第13条　凡ソ人ハ法ノ下ニ平等ニシテ人種、信条、性別、社会的の地位、又ハ門地ニ依リ政治的、経済的又ハ社会的関係ニ於テ差別ヲ受クルコトナキコト

将来何人ト雖モ華族タルノ故ヲ以テ国又ハ地方公共団体ニ於テ何等ノ政治的権力ヲモ有スルコトナク華族ノ地位ハ現存ノ者ノ生存中ニ限リ之ヲ認ムルコトトシ栄誉、勲章又ハ其ノ他ノ栄典ノ授与ニハ何等ノ特権ヲ伴フコトナク此等ノ栄典ノ授与ハ現ニ之ヲ有シ又ハ将来之ヲ受クル者ノ一代ニ限リ其ノ効力ヲ有スベキコト」http://www.ndl.go.jp/constitution/shiryo/03/093/093tx.html。

Ⅲ　「法の下に平等」

　「平等」とは、文字通り等しく取り扱うことを指すが、その意味をめぐっていくつかの対立がある。

1　法適用の平等か法内容の平等か
　「法の下に平等」の意味については、かつて、法律の適用の平等のみを意味し、法律の内容が平等であることまで要求しないとの立法者非拘束説が唱えられた。しかし、平等を実現するためには、法適用だけでは不十分であることが明らかであり、今日では、憲法14条が法律の内容が平等であることまで求める、立法者を拘束する規定である点について異論をみない。

2　絶対的（機械的）平等か相対的平等か
　平等については、一切の異なる処遇を禁止する絶対的平等という観念もあるが、人には置かれた状況、能力等に違いがあり、機械的に等しい取扱いを貫くことがかえって不合理な結果をもたらすこともある。したがって、本条1項にいう平等とは、合理的な理由があれば異なる取扱いも許されるとする相対的平等と解するのが一般的である。判例も、本条1項が「国民に対し絶対的な平等を保障したものではなく、差別すべき合理的な理由なくして差別することを禁止している趣旨と解すべき」であるから、「事柄の性質に即応して合理的と認められる差別的取扱をすること」は否定されないとの立場を一貫して維持している（最大判1964（昭39）・5・27民集18巻4号676頁）。

3　機会の平等か結果の平等か
　近代市民革命が封建的身分制を打破して勝ちとった平等とは、一人ひとりの人間を価値において等しいものとして認め、出発点において機会を平等に配分するという機会の平等であった。これに対して、各人に対する実際の配分を等しくする結果の平等を求める平等観もある。ただし、各人の努力のありようを無視して結果の平等の実現を追求することは、個人の自由意思に基づく努力を否定することともなる。日本国憲法の保障する「法の下の平等」は、各人が等しく「幸福追求に対する権利」を有することの保障であり、機会の平等の保障と捉えるべきである。

4　形式的平等か実質的平等か
　近代社会の基本的な平等観である機会の平等は、各人の身分・出自の違いを問わず、等しい存在として扱う形式的平等でもある。もっとも、資本主義社会において貧富の格差は拡大し、固定化する。そうした格差に目をつむって形式的に機会の平等だけを保障しようとしても、実質的には、機会は不平等にしか

164　第 14 条（法の下の平等、貴族制度の廃止、栄典の授与の制約）

提供されず公正な競争は実現できない。日本国憲法は、健康で文化的な生活の保障、教育を受ける権利の保障、勤労の権利などの社会権を保障し、各人の置かれた状況が自由な努力の足かせとならないように、実質的平等の保障に踏み込んでいる。

5　平等権と平等原則

　本条の保障する「法の下の平等」について、平等な処遇を受ける主観的権利を保障したものか、客観的な原則としての平等原則を定めたものかという議論がある。後者の見解によれば、「平等」とは、何らかの具体的利益と結びついて初めて意味をもち得るのであって、「平等」自体は無内容であり、「単一の権利概念として成り立ちうるようなものではない」と主張する（浦部・教室112頁）。

　不平等な取扱い自体が、「個人の尊重」原理に反するものであるから、平等という概念それ自体が、無内容なものということはできないであろう。また、不平等な取扱いは、何らかの実体的利益侵害を伴うことが通常であり、この議論の実益はそれほど明らかでない。他方で、平等権と理解すると、有利な取扱いを受けている者も法の下の平等違反を主張し得るとも説かれるが、現行訴訟制度の訴訟要件との関係から平等の性格を論ずるのも本末転倒であろう（渋谷・憲法202頁）。本条の「法の下の平等」は、権利としての平等権とともに、客観的法原則としての平等原則を含んでいると解する見解が支配的といえる（佐藤幸・憲法199頁）。

6　アファーマティブ・アクション

　形式的な平等の保障だけでは、経済的格差の是正には役立たず、かえって格差の固定化を招くこともあるとの問題意識から、歴史的に差別の対象となってきた、人種的少数者や女性を優先的に雇用したり、高等教育機関への入学を特別に認めたりする措置を積極的差別是正措置（アファーマティブ・アクション）という。日本では、とくに女性の社会進出をうながす積極的是正施策について、「ポジティブ・アクション」という用語が用いられることが多い。

　積極的差別是正措置をとることは、多数派や男性を意図的に不利に扱うことでもあり、逆差別なのではないかが問題となる。学説の中には、少数者を優遇するための措置であれば、違憲審査の厳格度を緩めてもよいとの主張もあるが（高橋・立憲主義167頁）、「弱者」への優遇策が偏見に基づくものであったり、かえって差別を固定化するものとなる危険性もあり、積極的な差別解消策を必要とする立法事実が十分に示され、その手段も立法目的と合理的な関連性を有するかどうか吟味される必要がある。

IV 「人種、信条、性別、社会的身分又は門地により……差別されない」

1 1項前段と後段との関係

本条1項は、前段で「法の下の平等」を宣言し、後段で、「人種、信条、性別、社会的身分又は門地」による「差別」を禁止する。この両者の関係については、両者を同一の内容を述べているとみる見解と異なる内容を述べたものとみる見解がある。

後者には、前段を法適用の平等と解した上で、後段列挙事項に基づく差別禁止については、絶対的平等を意味し立法者を拘束すると解する説がある。

また、平等原則と平等権との区別を前提とした上で、本条1項前段を、客観的な平等原則を定めたもの、後段を一定の事由による差別を受けないという平等権を保障したものと解する見解もある（辻村・憲法156頁）。

以上の区別論は、法適用の平等や絶対的平等など、平等概念の理解としても難点を抱えている上、同一の条文の中に異なる平等観を含ませているという点でも不自然な印象を免れない。1項前段と後段とは、一般原則とその具体的な内容と連続的に捉えるのが支配的な見解である（佐藤功・注釈上215頁）。

2 後段列挙事項は制限列挙か例示列挙か

「人種、信条、性別、社会的身分又は門地」が限定列挙か例示列挙かについては、後段列挙事項については絶対的平等が求められるとする見解、あるいは列挙事項に基づく差別は「疑わしい差別」として違憲性が推定されるとの見解に立つ論者が限定列挙と解してきた。しかし、列挙事項は疑わしい差別事由の代表的なものを例示したに過ぎないという理解も可能であり、後段列挙事項に何らかの効果をもたせることと制限列挙と解することには必然性はない。

不合理な差別となるのが、後段列挙事項の場合に限られるわけでもないから、例示的列挙と解するのが妥当であろう。判例も後段列挙事項を例示的なものと解している（最大判1964（昭39）・5・27民集18巻4号676頁）。

3 列挙事項の意味

先にも述べたように、判例は、1項後段列挙事項に特段の効果を認めていないが、後段列挙事項による差別は不合理な差別であることが推定されるとする見解もある（芦部・憲法134頁、樋口ほか・注解1・318頁〔浦部法穂〕）。こうした見解においては、それぞれの列挙事項の意味、そしてそれらがなぜ不合理な差別であることを推定させるのかの探求が必要となる。

(1) 個々の列挙事項の意味

(i) 人種

人種とは、人の人類学上の区別をいう。人種差別は世界各国で深刻な問題を生じさせてきた、悪質な差別の代表的なものであり、現在は、国際条約によっ

166 第14条（法の下の平等、貴族制度の廃止、栄典の授与の制約）

ても廃絶が求められている（人種差別撤廃条約（1969年発効）、日本は1995（平成7）年に加入）。また、民族は、人の文化的な違いに基づく区別であり、しばしば人種と同様に扱われ、差別と偏見の理由とされてきた。

人種は生まれながらにして決定されるものであり、自己の意思によって変更することはできない。生まれながらにして得た特性によって差別することは、一人ひとりが異なる個性をもつ個人を尊重するという憲法の理念に反するため、人種による差別は不合理なものと推定される。先に述べたように、民族は人種上の違いと結びつかないこともあるが、生育した社会的・文化的環境に規定される人のアイデンティティの1つであり、意思によって変更することは、不可能でないにしても極めて困難なことから、本条の「人種」に含めてもよいと思われる。

日本人は単一民族であるとの俗説に惑わされがちであるが、アイヌ民族に対する差別は、現在に至っても深刻な影響を及ぼしている。1899（明治32）年に制定された「北海道旧土人保護法」は、アイヌに土地を与えて、その生活を保護しようとしたものの、農業化を強制したことが、独自の文化を喪失させることとなった。1997（平成9）年には、「アイヌ文化の振興並びにアイヌの伝統等に関する知識の普及及び啓発に関する法律」が制定され、国や地方公共団体はアイヌ文化の振興、知識の普及・啓発に努める責務を負った。しかし、「アイヌ政策のあり方に関する有識者懇談会」報告書[38]（2009（平成21）年）が指摘するように、差別の影響は現在に至っても残っている。

(ii) **信条**

信条（creed）とは、もともと宗教的信仰を意味するものではあったが、現在においては、思想上の信念やより広く、ものの考え方も含むものと考えられている。信条による差別については、思想の自由の保障内容とも考えられるが（→憲19条Ⅲ3）、思想の自由の侵害が、しばしば特定の思想を有する者に対する差別的取扱いとしてなされることから、とくに本条1項後列列挙事項に明記されたものと思われる。とりわけ差別的取扱いが行われやすい労働関係については、労働基準法3条が思想・信条によって労働条件等を差別することを禁ずる。

国家公務員法38条5号が「日本国憲法又はその下に成立した政府を暴力で破壊することを主張する政党その他の団体を結成し、又はこれに加入した者」を公務員の欠格事由として挙げていることが、信条による差別の例として挙げられる。これについては、結社の結成・加入行為に着目した行為の規制と捉える見方（高橋・立憲主義162頁）や、「公務の本質に鑑みた例外」として正当化する見解（野中ほか・憲法1・294頁〔野中俊彦〕）があるが、憲法99条の定める

---

[38] アイヌ政策のあり方に関する有識者懇談会「報告書」（2009（平成21）年7月19日）
http://www.kantei.go.jp/jp/singi/ainu/dai10/siryou1.pdf。

公務員の憲法尊重擁護義務の具体化と捉えるべきものと思われる（渋谷・憲法333頁）。

　私人による信条に基づく差別としては、占領軍の指示の下に行われたレッドパージ、職場における思想差別・思想調査などがある（→憲19条Ⅲ3）。

(ⅲ)　**性別**

　「性別」とは、男女の生物学的・身体的性差を意味する。性差別も人類の歴史とともに存在し続けてきた典型的な差別であり、近年は、女性に対する不利な扱いの撤廃にとどまらず、性別に基づく役割分担についても潜在的な差別につながるとして見直しの動きが強まっている。

　国連においても、1979年に女性差別撤廃条約が採択され、人種差別と同様、国際人権法においても差別解消の取り組みが進められている。

　女性のみに6か月の**再婚禁止期間**を設けていた民法旧733条1項の規定についても、かつては父性推定重複の防止のための措置として問題視されなかったが、厳密に考えれば、婚姻成立から200日以降、婚姻解消から300日以内に出生した子に嫡出推定を働かせる民法772条2項の規定により、離婚から100日の再婚禁止期間を設ければ十分ということになる。

　最高裁は、1995（平成7）年に、民法旧733条1項を廃止しない立法不作為に対する国家賠償請求を斥けていたが（最三小判1995（平7）・12・5判時1563号81頁）、2016（平成28）年に100日を超える再婚禁止期間は合理的根拠を欠く男女差別として憲法14条1項に違反すると判示した（最大判2015（平27）・12・16民集69巻8号2427頁）。最高裁の多数意見は、婚姻・家族制度について立法裁量が認められるものの、婚姻の自由は、憲法24条1項の規定の趣旨に照らし，十分尊重に値すると述べた上で、100日以内の再婚禁止期間については、前婚と後婚における父性推定の重複の回避を合理的目的と認めた上で、合理的関連性も認められるとして、憲法14条1項に違反しないとした。しかし、100日を超える再婚禁止期間については、父性推定の重複の回避の手段としては正当化し得ないばかりでなく、再婚後に前夫の子が生まれる可能性をできるだけ少なくすることや再婚後に生まれる子の父子関係が争われる事態を減らすことという観点からの正当化も認められないとした。最高裁の多くの裁判官も、父性推定の重複の発生が稀なことを認めており、女性にのみ再婚禁止を課す制度自体の合憲性には依然として疑問も投げかけられている（→憲24条Ⅱ2(1)）。

　この判決を受けて、民法733条1項が改正され、女性の再婚禁止期間が100日に短縮されている。

　また、夫婦が同じ姓を名乗ることを求める民法750条の下で、ほとんど妻の側が姓の変更を余儀なくされていることの合憲性が争われた事件において、最高裁は、憲法14条1項違反の主張を斥けた（最大判2015（平27）・12・16民集69巻8号2586頁）。最高裁は、民法750条がいずれの氏を称するかを夫婦となろうとする者の間の協議に委ねていることを強調し，同条の定める**夫婦同氏制**それ

自体に男女間の形式的な不平等が存在するわけではないとした（→憲13条Ⅳ3
(2)、憲24条Ⅱ2(3)）。

私人間関係、とりわけ雇用関係においては、日本国憲法の下でも根強い女性
差別が残っていた（→本章〔前注〕Ⅴ1）。就業規則により定められた女性の結
婚退職制・出産退職制については、公序良俗違反とする判例が積み重ねられて
きた（東京地判1966（昭41）・12・20労民17巻6号1407頁など）。男女別定年制に
ついては、日産自動車事件判決（最三小判1981（昭56）・3・24民集35巻2号300
頁）が男女間における5歳の差についても「性別のみによる不合理な差別を定
めたもの」として、民法90条により無効とした。そして、現在は、男女雇用機
会均等法により、「退職の勧奨、定年及び解雇並びに労働契約の更新」について、
労働者の性別を理由とする差別的取扱いをすることが禁止されている（雇均6
条4号）。

入会部落の部落民以外の男性と婚姻した女子孫は離婚して旧姓に復しない限
り入会権者の資格を認めないとする慣習について、最高裁は、「専ら女子であ
ることのみを理由として女子を男子と差別したものというべきであり……性別
のみによる不合理な差別として民法90条の規定により無効である」とした（最
二小判2006（平18）・3・17民集60巻3号773頁）。

(iv)　社会的身分

「社会的身分」の意味をめぐっては、広義説と狭義説との対立がある。最も
広い理解によれば、社会的身分は「人が社会において継続的に占める地位」と
定義される（最大判1964（昭39）・5・27民集18巻4号676頁。ただし、高齢であ
ることは「社会的身分」にあたらないとした）。こうした広い意味での「社会的
身分」には、仕事上の職階など、およそ社会における地位がすべて含まれるが、
それらにかかわる別異の取扱いがすべて不合理な差別であるとの推定を受ける
とはいいがたい。

狭義説は、「出生によって決定される社会的な地位または身分」（宮沢・全訂
211頁）など、自らの能力や努力によってはいかんともしがたい社会的地位に限
定し、これに基づく別異取扱いを不合理な差別であると推定する。ただ、「社
会的身分」をこのように限定すると、非嫡出子などを除いて、「門地」や「華
族その他の貴族の制度」（本条2項）との違いがほとんどなくなるという難点も
ある。

尊属殺重罰規定（（旧）刑200条）に関して、社会的身分による差別にあたるとの主張もなされたが、最高裁は、それを否定している（最大判1950（昭25）・10・11刑集4巻10号2037頁）[39]。

(v) 門地

門地（family origin）とは、家系、血統、家柄を指す。大日本帝国憲法下において存在した華族・士族・平民の区別は、門地による差別の典型であり、個人の能力・努力とは無関係に人の地位を決定する非合理的な差別の典型である。現在も根強く残る「部落差別」も、門地による差別である。門地による特権的地位である「貴族制度」については、本条2項が明文で禁止する。また、本条3項が、栄典の授与について、「その一代に限り、効力を有する」とするのも、門地による特権付与を禁ずる趣旨である。

(2) 後段列挙事項による別異取扱いを厳格に審査すべきか

後段列挙事項に基づく別異取扱いは、歴史的に不合理な差別が行われてきた代表的事項であり、「民主主義の理念に照らし、原則として不合理なものである」から、「疑わしい区分」として、厳格に審査されると説く見解が有力である（芦部・136頁、佐藤幸・憲法論201頁、松井・憲法376頁）。

後段列挙事項のうち、信条を除く、人種、性別、門地は、出生によって決定され、「社会的身分」も狭義に解する限り、出生によるものということになる。出生によって決定され本人の意思や努力によってはいかんともしがたい事情に基づく差別は、個々人の実際の能力や努力の結果ではなく、もって生まれた属性に対する偏見に基づく不合理なものであることが多く、その必要性・合理性が厳格に審査される必要がある。ただし、出生によって決定される事情は、本条1項後段に列挙された事項に限定されない。したがって、本条1項後段列挙事項の意味は、出生により決定され本人の意思や努力ではいかんともしがたい事由を例示的に示し、そうした事由による差別の合憲性を厳格に審査すべきことを示しているものと解すべきである。

最高裁も、国籍法旧3条1項違憲判決において、「自らの意思や努力によっては変えることのできない」事由による区別に合理的な理由があるか否かについて、「慎重に検討することが必要」であると判示している（最大判2008（平20）・6・4民集62巻6号1367頁）。

---

[39] 判決は理由を明らかにしていないが、穂積裁判官は、「身分なるものは必ずしも特殊的確定的なるを要せず、時に随つて変転するものでもさしつかえない」として、尊属殺重罰規定が「社会的身分による差別」であると主張していた。他方、1973（昭和48）年の尊属殺重罰規定違憲判決（→Ⅳ1）における下田裁判官の反対意見は、「そもそも尊属・卑属のごとき親族内の身分関係は、同条にいう社会的身分に該当しない」と述べている。

V 「政治的、経済的又は社会的関係において、差別されない」

1 「政治的、経済的、社会的関係」の意味

　この一節は差別の対象を述べたものである。「政治的、経済的、社会的関係」とは、国民の活動全般にわたって差別が禁止される趣旨を述べたものであり、3つの「関係」を狭く限定して解する必要はないと考えられる。

　「政治的関係における差別」とは、選挙権や被選挙権の行使にかかわる差別が代表的なものである。

　「経済的関係における差別」とは、旧民法における妻の財産上の行為能力の制限のように、財産上の権利や経済活動を行う上での差別を指す。

　「社会的関係における差別」とは、国民の社会生活における差別を指し、私人間関係における差別が含まれるようにも思われるが、判例は、本条1項について私人間に直接適用がないと解している（三菱樹脂事件判決・最大判1973（昭48）・12・12民集27巻11号1536頁）。

2 「差別されない」の意味：差別的取扱いの合憲性審査の判断枠組み

　先に述べたように、憲法の定める平等とは絶対的平等ではないから、何らかの差別的扱いがあればすべてが憲法に違反するというわけではない。

(1)　立法目的の審査と立法手段の審査

　「合理的な根拠を欠く差別的取扱い」となるかどうかの判別方法について、最高裁は、尊属殺重罰規定（（旧）刑200条）を本条1項違反と判断するにあたって、刑法旧200条の立法目的には合理的根拠があるとしながらも、刑法旧200条の刑罰の定めが、「立法目的達成の手段として甚だしく均衡を失し、これを正当化しうべき根拠を見出しえないとき」にあたると判断した（最大判1973（昭48）・4・4刑集27巻3号265頁）。これは、立法目的と立法手段との「二段階審査」を提示したものと評価される（渡辺ほか・憲法1・137頁以下〔渡辺康行〕）。

(2)　立法目的と区別との関連性の審査

　他方、給与所得者が自営業者と比較して必要経費の算定や税の捕捉率において差別されていると主張されたサラリーマン税金訴訟判決（最大判1985（昭60）・3・27民集39巻2号247頁）において、最高裁は、「その立法目的が正当なものであり、かつ、当該立法において具体的に採用された区別の態様が右目的との関連で著しく不合理であることが明らかでない限り、その合理性を否定することができず」、本条1項に違反しないと判示した。これは、法の下の平等の審査において、立法目的と区別との合理的関連性の有無を、審査の厳格度に差異をもたせつつ判断するとの姿勢を明らかにしたものである。

(3)　目的の合理的根拠と区別と目的との合理的関連性

　そして、最高裁は、旧国籍法3条1項違憲判決（最大判2008（平20）・6・4民

第14条（法の下の平等、貴族制度の廃止、栄典の授与の制約）　*171*

集62巻6号1367頁）において、「区別をすることの立法目的に合理的な根拠が認められない場合、又はその具体的な区別と上記の立法目的との間に合理的関連性が認められない場合には、当該区別は、合理的な理由のない差別として」本条1項に違反すると述べた。以上の判例の流れの中で、立法目的の合理的根拠、区別と立法目的との間の合理的関連性によって、法の下の平等違反の有無を判断するとの判断枠組みが確立されたといえる。

VI　法の下の平等に関する具体的事例

1　尊属殺重罰規定

　刑法旧200条は、「自己又ハ配偶者ノ直系尊属ヲ殺シタル者ハ死刑又ハ無期懲役ニ処ス」と定めていた。尊属に対する殺人を一般の殺人（刑199条）よりも加重して処罰することが、本条1項に違反しないかが問題とされた。

　最高裁は、当初、尊属に対する罪を加重処罰すること（尊属傷害致死罪（（旧）刑205条2項））を合憲と解したが（最大判1950（昭25）・10・11刑集4巻10号2037頁）、1973（昭和48）年に判例を変更して、刑法旧200条を本条1項違反と判示した（最大判1973（昭48）・4・4刑集27巻3号265頁）。

　判決は、3つの意見に分かれた。多数意見は、刑法旧200条の立法目的を、「尊属に対する報恩尊重」にあるとし、「尊属の殺害は通常の殺人に比して一般に高度の社会的道義的非難を受けて然るべきである」として、このことをその処罰に反映させても、あながち不合理であるとはいえないとする。しかし、多数意見は、法定刑が「死刑若しくは無期懲役」に限定されていることから、2回の減刑を加えても懲役3年6月以下にはできず、いかに斟酌すべき情状があっても、刑の執行を猶予することができないことについて、「尊属に対する敬愛や報恩という自然的情愛ないし普遍的倫理の維持尊重の観点のみをもってしては、これにつき十分納得すべき説明がつきかねるところであり、合理的根拠に基づく差別的取扱いとして正当化することはとうていできない」として、本条1項違反と判示した。

　これに対し、田中二郎裁判官を始めとする5名の裁判官は、「尊属がただ尊属なるが故に特別の保護を受けるべきであるとか」、「卑属の尊属殺人はその背徳性が著しく、特に強い道義的非難に値するとかの理由によって、尊属殺人に関する特別の規定を設けること」自体が、大日本帝国憲法下の「家」制度と結びつく「一種の身分制道徳の見地に立つもの」であり、「個人の尊厳と人格的価値の平等を基本的な立脚点とする民主主義の理念と抵触するものとの疑いが極めて濃厚である」と主張した。これは、こうした立法目的自体が本条1項に違反するとの立場に立つものである。

　また、下田武三裁判官は、多数意見と同様に、尊属殺人罪の立法目的に合理的根拠があることを認めた上で、刑罰の程度についても立法裁量に属するとし

172 第14条（法の下の平等、貴族制度の廃止、栄典の授与の制約）

て、刑法旧200条を合憲とする反対意見を述べた。

多数意見の論理に従うと、尊属に対する犯罪について罪を加重することは、その程度が「極端」でない限り許されることになる。最高裁は、尊属傷害致死罪（無期または3年以上の懲役）について、「立法目的達成のため必要な限度を逸脱しているとは考えられない」として、合憲判断を示している（最一小判1974（昭49）・9・26刑集28巻6号329頁）。

尊属に対する罪の加重については、1995（平成7）年の刑法改正によりすべて削除された。

2　非嫡出子に対する差別

伝統的家族観から差別の対象となってきたのが、非嫡出子である。非嫡出子に対する差別として、長く争われてきたのは、非嫡出子の法定相続分を嫡出子のそれの2分の1と定める民法旧900条4号ただし書の合憲性である。

1995年決定（最大決1995（平7）・7・5民集49巻7号1789頁）の多数意見は、相続制度に広い立法裁量が認められることを前提に、法定相続分の規定が遺言による相続に対して補充的に機能するに過ぎないことを強調して、緩やかな違憲審査基準を設定した。そして、同決定は、日本が法律婚主義を採った以上、嫡出子と非嫡出子との間に別異の取扱いをするのはやむを得ず、非嫡出子の法定相続分を嫡出子の2分の1とすることも、「法律婚の尊重と非嫡出子の保護の調整」という立法理由の帰結として合理的な根拠を有するとした。

これに対し、中島敏次郎裁判官ほかの反対意見は、法定相続分の差別を単なる財産的利益の配分として捉えるのではなく、「被相続人の子供としては平等であるという個人の立場」に着目し、そこから「立法目的自体の合理性及びその手段との実質的関連性についてより強い合理性の存否が検討されるべきである」と主張する。そして、同反対意見は、出生について責任を負わない非嫡出子を差別することは、「法律婚の尊重・保護」という立法目的では正当化できず、さらに、法定相続分の差別が「非嫡出子を嫡出子に比べて劣るものとする観念が社会的に受容される余地をつくる重要な一原因」となっている以上、「非嫡出子の保護」という目的とも関連性を有しないと断じた。

1995年決定の後も、民法旧900条4号ただし書を違憲と判断する下級審の判断が相次ぎ、最高裁においても多くの反対意見が付されるという状態が続いた。また、法制審議会も数次にわたって非嫡出子の相続分差別撤廃を含む民法改正案をまとめた。

こうした状況の変化を受けて、最高裁大法廷は、全員一致で民法旧900条4号ただし書を違憲と判断する決定を下した（最大決2013（平25）・9・4民集67巻6号1320頁）。

最高裁は、日本国憲法施行以来の家族法制の変遷、諸外国における立法動向、家族をめぐる社会意識の変化を丹念に跡づけた上で、「家族という共同体の中

第14条（法の下の平等、貴族制度の廃止、栄典の授与の制約）　*173*

における個人の尊重がより明確に認識されてきた」と認定し、非嫡出子について、「父母が婚姻関係になかったという、子にとっては自ら選択ないし修正する余地のない事柄を理由としてその子に不利益を及ぼすことは許されず、子を個人として尊重し、その権利を保障すべきであるという考えが確立されてきている」とした。こうして、最高裁は、遅くとも、事件となった相続が行われた2001（平成13）年7月の段階においては、「嫡出子と嫡出でない子の法定相続分を区別する合理的な根拠は失われていた」と判示した（判決の「事実上の拘束力」について→憲81条Ⅳ4(2)(iii)）。

その他の家族関係における具体的事例については、Ⅳ3(1)(iii)参照。

3　条例による地域的格差

日本国憲法は、地方自治の具体化として、地方公共団体に条例制定権を認めている（→憲94条）。各地方公共団体が自主的に制定する条例により、地域間で取扱いの違いが生じる。最高裁は、売春防止条例について「憲法が各地方公共団体の条例制定権を認める以上、地域によって差別を生ずることは当然に予期される」として、本条1項に違反しないとした（最大判1958（昭33）・10・15刑集12巻14号3305号）。

4　国籍法と法の下の平等

国籍付与の要件と法の下の平等との関係については、憲法10条の解説参照（→憲10条Ⅴ）。

Ⅶ　「華族その他の貴族の制度は、これを認めない」

「華族」は、旧華族令（1884（明治17）年）によって確立された貴族制度であり、公爵・侯爵・伯爵・子爵・男爵の爵位は世襲され、公・侯爵は貴族院議員に就任し、伯・子・男爵は貴族院議員を互選するなどの特権を伴った[40]。

貴族は、一般に世襲の特権階級を指す。貴族制度は、本条1項にいう「門地による差別」であるが、華族制度が（名称を変えて）復活することのないように、改めてその廃止を明文で述べたものである。

皇族は、世襲の身分であり、天皇の地位につくことのできる者とその家族であるが、世襲の天皇制度を日本国憲法が認めており（→2条）、その制度を維持するために、本条2項の例外として、憲法が認めていると解されている。

---

[40] 他方、「士族」も平民から区別される世襲の身分ではあったが、何ら特権を伴うものではなかったため、「貴族」制とはいえない。しかし、家柄によって人を区別すること自体が憲法の法の下の平等の精神に反するとして、日本国憲法の施行に伴い、廃止された（佐藤功・注釈上219頁）。

Ⅷ　「栄誉、勲章その他の栄典の授与」

　「栄誉」とは、「国民栄誉賞（国民栄誉賞表彰規程（1977（昭52）・8・30内閣総理大臣決定）」など、公的に認められた名誉の表彰、「勲章」とは、文化勲章など、名誉を表彰するために公的に授与される賞牌をいう。いずれも「栄典」に含まれる（→憲法7条7号。ただし、「栄典」を与えるのは天皇だけに限らない）。

Ⅸ　「いかなる特権も伴はない」

　大日本帝国憲法下において、金鵄勲章など栄典の授与が天皇制下における国民の動員の道具として用いられたことの反省から、本条3項は「栄典の授与」と特権的地位の付与が結びつかないようにしている。
　「特権」とは、一般に他と区別された特別に有利な扱いや有利な地位をいう。栄誉や勲章の受賞者に報奨金等を支払うことについて、「民主主義社会における『栄典』の性質にふさわしくない特典」のみが禁じられるとされ、単なる経済的な利益は「特権」にあたらないとの見解もある（宮沢・全訂216～217頁）。しかし、経済的な利益についても、その内容、程度によっては「特権」にあたることもあると解すべきである（樋口ほか・注解1・331頁〔浦部法穂〕）。文化勲章受章者に対する年金支給については、本条3項との抵触を慮って、別に文化功労者年金法に基づいて行われることとされている（ただし、文化勲章と年金が連動していることには変わりがなく問題を回避できていない）。

Ⅹ　「栄典の授与は、現にこれを有し、又は将来これを受ける者の一代に限り、その効力を有する」

　栄典授与の効果が世襲のものとはならないことを定めたものである。栄典授与を世襲にすることは、新たな門地による差別を作り出すことになるため、禁じられたものである。
　「現に有」する栄典とは、日本国憲法施行当時に授与されていた栄典、「将来」とはそれ以降の栄典を指す。日本国憲法施行に伴い廃止された金鵄勲章などは、日本国憲法の趣旨とも反し、ここにいう「栄典」に含まれない。

（木下智史）

第15条（公務員の選定罷免権、全体の奉仕者としての公務員、普通選挙・投票の秘密）　*175*

（公務員の選定罷免権、全体の奉仕者としての公務員、普通選挙・投票の秘密）
第15条　①　公務員を選定し、及びこれを罷免することは、国民固有の権利である。
②　すべて公務員は、全体の奉仕者であつて、一部の奉仕者ではない。
③　公務員の選挙については、成年者による普通選挙を保障する。
④　すべて選挙における投票の秘密は、これを侵してはならない。選挙人は、その選択に関し公的にも私的にも責任を問はれない。

第3章

I　本条の趣旨

　大日本帝国憲法においては、選挙権についても、普通・秘密投票についても定めがなかった。また、大日本帝国憲法10条は、天皇が文武官を任命するとしていた。この文武官は、帝国議会議員や地方公共団体の吏員などを含まないなどの点で本条のいう公務員よりも範囲は狭いものであったが、その地位の究極の根拠は天皇の意思にあった（佐藤功・注釈上238頁以下）。本条はそれを否定し、公務員の選定・罷免を国民の参政権の1つとするものである。それだけでなく、国民主権原理の下における公務員は全体の奉仕者であるという基本的地位を明らかにし、公務員の選挙についての原則を示し、選挙人はその選択について責任を問われないことを保障している（樋口ほか・注解1・332頁〔中村睦男〕）。
　GHQ草案14条には、現在の1項・2項・4項があり、1項の前段として「国民は、政治および皇位の最終判定者である」という文言があったが、日本政府との折衝によって除かれ、その他の項については、一部言葉が変更され、段を分けられたりした。3項は、貴族院の審議の段階において新しく加えられたものである（樋口ほか・注解1・333頁〔中村睦男〕）。
　なお、投票価値の平等をめぐる問題については憲法14条Ⅳを参照、選挙運動をめぐる問題については憲法21条Ⅱ4⑽を参照。

Ⅱ　「公務員」

　本条にいう**「公務員」**とは、広く解され、国または公共団体の公務に参与することを職務とする者の総称で、国家公務員法および地方公務員法にいう一般職および特別職の公務員および地方公務員だけでなく、かつての三公社の職員や日本銀行の職員など準公務員といわれる者、国会議員・地方議会議員も含まれる（樋口ほか・注解1・333頁以下〔中村睦男〕）。

Ⅲ　「選定し、及びこれを罷免することは、国民固有の権利である」

1　選定・罷免

「**選定**」とは、ある人を一定の地位につける行為をいう。「選任」（憲58条1項）も同じ意味である。この選定は、単一の意思によって選定される任命と、多数の意思によって選定される選挙に大別される（宮沢・全訂218頁）。なお、選挙とは、有権者の集合体（選挙人団）によって国会議員等の公務を担当するもの（公務員という国家機関）を選定する集合的な行為であり、選挙権（投票権）とは、この行為に各有権者が一票を投ずることによって参加することのできる権利をいう（芦部・憲法271頁以下）。

「**罷免**」とは、公務員に対して、その意思にかかわらず、一方的にその公務員たる地位を奪うことである。国民が投票により、直接に公務員を罷免することはリコール（recall）とよばれる。現行法では、地方自治法（自治80条～84条）が定める議員や長に対する解職の請求に基づく投票がある。最高裁判所裁判官の任免に対する国民審査も解職制としての性格を有する（宮沢・全訂219頁）（→憲79条）。

2　国民固有の権利

「国民固有の権利」とは、国民が当然にもっているとされる権利、したがって、他人に譲り渡すことのできない権利のことである（宮沢・全訂219頁）。

「選定し、及びこれを罷免することは、国民固有の権利である」とは、あらゆる公務員の終局的な任免権が国民にあるという国民主権の原理を表明したもので、必ずしもすべての公務員を国民が直接に選定し、罷免すべきだとの意味を有するものではなく、「すべての公務員の選定・罷免は、直接または間接に、主権者たる国民の意思に依存するように、その手続が定められなければならないこと」を要請している（宮沢・全訂219頁）。最高裁も同様の見解を示している（最大判1949（昭24）・4・20民集3巻5号135頁）。

憲法は、国民が公務員を直接的に選定すべき場合（憲43条・93条2項）および罷免の権利の認められる場合（憲79条）について定めると当時に、内閣総理大臣、国務大臣、裁判官などについてそれぞれ独自の選定罷免権者を規定しており（憲6条・67条・68条・79条・80条）、憲法上明記された以外の場合について、国民の選定罷免権をいかに具体化するかは、公務の種類、性質を考慮して国会が決定すべきことである（佐藤幸・憲法381頁）。

ただ、国会議員の**罷免権**については、憲法は規定をもっていない。このことから、学説の一般は、憲法は国会議員について国民の罷免権を否定する趣旨と解している（樋口ほか・注解1・334頁〔中村睦男〕）。しかし、本条1項で「固有の権利」とされているのは、国民の当然もっている権利、したがって他人に譲り渡すことのできない権利を意味しているので、とくに一般意思の決定を担

第15条（公務員の選定罷免権、全体の奉仕者としての公務員、普通選挙・投票の秘密）　*177*

当する代表者である国会議員に対しては、国民に選定罷免権の行使の可能性を
たえず保障しておく必要があり、また、自己の意思に反する代表者さえも罷免
し得ない国民を国家意思の最高ないしは最終の決定者と呼ぶことは論理的に不
可能であるという国民主権の理解から、選挙区単位で議員を罷免することは法
律による具体化によって可能であるとする説がある[41]。

　なお、日本国籍をもたないが生活の本拠を日本に置く、いわゆる定住外国人
が、公務員の選定・罷免権、とくに選挙権を有するかについて、議論がなされ
てきた。最高裁は、国会議員の選挙権を有する者を国籍保有者に限っているこ
とは違憲ではないことはマクリーン事件判決（最大判1978（昭53）・10・4民集
32巻7号1223頁）に徴して明らかであるとしているが、地方参政権については、
法律で付与することは憲法上禁止されていないとしている（最三小判1995（平
7）・2・28民集49巻2号639頁）。このことについては、本章〔前注〕Ⅳ2(2)(ⅰ)参
照。

3　選挙権の法的性質

　公務員を「選定」する権利（→Ⅲ1）に含まれる選挙権の法的性格について
は争いがある。

　学説では、選挙権を個人的な権利とする権利説、選挙という公務を執行する
義務と解する公務説、選挙を国家機関の任命に参与する国家機能の行使として
捉え、選挙権を権限に伴う個人的請求権と解する権限説、選挙権を権利と同時
に公務と解する二元説に分類されるのが一般的である（樋口ほか・注解1・334
頁〔中村睦男〕）。この中で、選挙人は、一面において、選挙を通して、国政
について自己の意思を主張する機会を与えられていると同時に、他面において、
選挙人団という機関を構成して、公務員の選挙という公務に参加するものであ
り、前者の意味では参政の権利をもち、後者の意味では公務執行の義務をもつ
から、選挙権には、権利と義務との二重の性質があるものと認められるという
二元説が、選挙権の参政権的意義と選挙の制度的機能に着目し、選挙権の有す
る複雑な内容を包括的に説明し得ることから、現在の通説的地位を占める（樋
口ほか・注解1・335頁〔中村睦男〕）。つまり、選挙権が、公務員という国家
の機関を選定する権利であり、純粋な個人権とは異なった側面をもっているの
で、これに公務としての性格が付加され、両者の意味をあわせもつとするので
ある（芦部・憲法271頁）。これに対する最も有力な批判となっているのは権利
説である。**権利説**は、人民主権（プープル主権）を基礎にし、選挙人の資格要
件は、本来主権者としてのそれに一致するので、原則として主権行使に必要な
意思決定能力のみが要件とされるべきであるから、未成年者などのほかに受刑

---

[41] 杉原泰雄「国民主権と国民代表制の関係」奥平康弘・杉原泰雄編『憲法学4：統治
機構の基本問題1』（有斐閣、1976年）77頁以下。

者をも主権行使から排斥する公職選挙法の規定には問題が多いことを指摘し、投票価値の絶対的平等（1対1の原則）、棄権の自由、選挙運度の規制に対する立法裁量の否定を導き、二元説が選挙の公務的性格を認めることによって議員定数の不均衡、選挙人資格の欠格事由、選挙運動の制限に対する立法府の裁量を容認することを批判してきた。しかし、選挙権の公務的性格を否定して、選挙権の権利的性格だけを前提にした場合にも、立法府の裁量が直ちに否定されるわけではないのであるから、重要なことは、権利であるとの共通の前提の下に、その「公務」性の有無が争われる場合、そこでは、一体、具体的に何が主張されているのかを明らかにすることであるとされ、この視点から両説の対立を具体的にみてみると、その差は意外と小さいものであることが明らかになるとされる（野中ほか・憲法1・537頁〔高見勝利〕）。しかし、権利内容の理解や基礎理論が異なることは無視し得ず、たとえば、棄権の自由について、強制投票禁止は権利性からの論理的帰結となること、選挙活動の自由についても憲法21条論とは別に、主権者の選挙権や被選挙権（立候補権）の内容として捉えることが可能であることが指摘されている（辻村・憲法313頁）。

　最高裁は、選挙犯罪の処刑者の選挙権および被選挙権の停止を規定した公職選挙法252条を合憲とした判決（最大判1955（昭30）・2・9刑集9巻2号217頁）において、「公職の選挙権が国民の最も重要な基本的権利の一である」と述べた上で、「それだけに選挙の公正はあくまでも厳粛に保持されなければならないものであって、一旦選挙の公正を阻害し、選挙に関与せしめることが不適当と認められるものは、しばらく、被選挙権、選挙権の行使から遠ざけて選挙の公正を確保すると共に、本人の反省を促すことは相当であるからこれを以て不当に国民の参政権を奪うものとはいうべきではない」と判示し、選挙権が国民の最も重要な基本的権利の1つであることを認めると同時に、選挙の公正という観点から選挙権の制限を認めている。また、「選挙権は、国民の国政の参加の機会を保障する基本的権利として、議会制民主主義の根幹をなすものであ」る（最大判1976（昭51）・4・14民集30巻3号223頁、最大判2005（平17）・9・14民集59巻7号2087頁）とするとともに、衆議院の議員定数不均衡を違憲とした判決では、議員定数の配分の決定について「結局は、国会の具体的な決定したところがその裁量権の合理的な行使として是認されるかどうかによって決するほかな」いと、立法府の裁量権を認めている（最大判1976（昭51）・4・14民集30巻3号223頁）。

　前述の最高裁（最大判1955（昭30）・2・9刑集9巻2号217頁）の立場は、「選挙権が国民の最も重要な基本的権利の一である」とする判示部分から、権利説に立つものと解することも可能であるが、判決では「選挙の公正の確保」という選挙権行使の公務的制約の見地から選挙権の制限を理由づけているので、二元説の立場を採っていると解すべきであろうという評価もみられる（野中ほか・憲法1・540頁〔高見勝利〕）。しかし、二元説を採った判決かどうかは明

第15条（公務員の選定罷免権、全体の奉仕者としての公務員、普通選挙・投票の秘密）　*179*

らかではないという評価もある（芦部・憲法272頁）。

4　選挙権の行使の制限

　選挙権の行使については、法律でいくつかの制限が課されており、その合憲性が問題となってきた。

(1)　在外投票

　海外に居住する日本人は選挙権の要件（公選9条）を満たしていても、選挙人名簿に登載されないため、衆議院の小選挙区と参議院の選挙区選挙で選挙権が行使できなかったことなどが争われた**在外邦人選挙権訴訟**で、最高裁は、「自ら選挙の公正を害する行為をした者等の選挙権について一定の制限をすることは別として、国民の選挙権又はその行使を制限することは原則として許され」ないとし、「国民の選挙権又はその行使を制限するためには、そのような制限をすることがやむを得ないと認められる事由がなければならない」という厳しい判断基準を提示して、本件においてはそのような事由は存在しないとして、公職選挙法が、在外国民に前述の選挙権行使を認めないことは憲法15条1項等に違反するとした（最大判2005（平17）・9・14民集59巻7号2087頁）。この判決における立法不作為を理由とする国賠訴訟の判断枠組みについては憲法81条Ⅲ3参照。

(2)　在宅投票

　選挙人が疾病・負傷等のため、投票所に行けない場合に、不在者投票の一種として在宅投票制度がある。戦後当初は、重度身体障害に限らず、疾病等による在宅投票も認められていたが、1951（昭和26）年の統一地方選挙において在宅投票にまつわる大量の選挙違反が発生したことを理由として、1952（昭和27）年に在宅投票制度自体が廃止された。このことで1968（昭和43）年から1972（昭和47）年まで投票ができなかったことに対して国家賠償請求訴訟が提起され、**在宅投票制度**を復活させないことが立法の不作為として違憲であるかが争われたが、最高裁判所はこの不作為は国家賠償法1条1項の規定の適用上、違法の評価を受けないとした（最一小判1985（昭60）・11・21民集39巻7号1512頁）。立法不作為に対する違憲訴訟については憲法81条Ⅲ3参照。

　なお、1974（昭和49）年に、重度身体障害者に限定して在宅投票が復活した。2003（平成15）年7月にさらに公職選挙法が改正され、運動神経が侵されて体が不自由になる「筋萎縮性側索硬化症」（ALS）患者、両腕や目が不自由な在宅の身体障害者など（約13万人）に代筆投票が認められ、介護保険で最も症状が重い「要介護度5」に認定された在宅の寝たきり患者（約12万人）が郵便投票の対象に追加されることになった。

(3)　精神的原因による投票困難者

　精神的原因により投票所におもむくことが難しい人に対する立法不作為については、最高裁は、前述の（→(1)）在外邦人選挙権判決と同様の厳格な基準を

180 第 15 条（公務員の選定罷免権、全体の奉仕者としての公務員、普通選挙・投票の秘密）

採りつつ、「精神的原因による投票困難者は、身体に障害がある者のように、既存の公的な制度によって投票所に行くことの困難性に結び付くような判定を受けているものではない」と述べ、訴えを認めなかった（最一小判2006（平18）・7・13判時1946号41頁）。しかし、学説では、選挙権の内容を広く解して投票行為まで含める場合には、投票現場自署主義を採用しながら、投票現場に行けない有権者の投票手段を保障しないことが、選挙権の侵害や投票機会の平等原則違反を構成すると考えられるとされる（辻村・憲法320頁）。

5 選挙権の制限

選挙権それ自体の制限もなされており、その合憲性も争われている。

(1) 受刑者など

公職選挙法では、**受刑者**（ただし、執行猶予中の者を除く）、選挙犯罪による処刑者などは選挙権を有しない（公選11条）。前述の通り（→3）、最高裁は、公選法252条所定の選挙犯罪人は、いったん選挙の公正を阻害し、選挙に関与せしめることが不適当と認められるべきであるから、しばらく被選挙権、選挙権の行使から遠ざけて選挙の構成を確保するとともに、本人の反省を促すことは相当であると判示している（最大判1955（昭30）・2・9刑集9巻2号217頁）。学説上も、選挙権の公務としての特殊な性格に基づく必要最小限度の制限とみることができるという見解がある（芦部・憲法271頁）。しかし、最高裁が、すでにふれたように（→4(1)）、**在外邦人選挙権訴訟**判決（最大判2005（平17）・9・14民集59巻7号2087頁）で、選挙権の制限についても「やむを得ない事由」がなければならないとしており、受刑者につき、国にはその行使を現実に可能にするために所要の措置をとる責務があり、選挙の公正を確保しつつ刑務所内等に投票所等を設置することが事実上不能ないしいちじるしく困難であると認められない限り、彼らの選挙権を制限することは主権者たる国民の地位にから彼らを追放するものであり、憲法上許されないという見解もある（野中ほか・憲法1・541頁〔高見勝利〕）。また、選挙犯罪処刑者についても、選挙権が個人的権利だとする立場をとれば、他の憲法上の権利の制限の場合と同様、制約目的の憲法適合性が問題となるだけではなく、制約の手段・方法についても必要最小限のものであることが不可欠とされ、この人権規制の要件を充足しているか疑わしいという指摘もみられる[42]。下級審の判決では、既決受刑者の選挙権の制限について、最高裁の「やむを得ない事由」がなければならないという基準を適用して、違憲としたもの（大阪高判2013（平25）・9・27判時2234号29頁）と、在外邦人選挙権訴訟最高裁判決が資格制限の典型例として「自ら選挙制度を害する行為をした者」を例示していることに照らせば、同判決の射程外のものと位置づけることができるとして、受刑を終了するまでの制裁として

---

[42] 杉原泰雄『憲法Ⅱ：統治の機構』（有斐閣、1989年）189頁。

第15条（公務員の選定罷免権、全体の奉仕者としての公務員、普通選挙・投票の秘密）　*181*

受刑者の選挙権の行使を制限することに一定の正当性、合理性が認められるとして合憲としたものがある※43。

(2)　成年被後見人

成年被後見人の選挙権制限（（旧）公選11条1項1号）については、前述の（→4(1)）在外邦人選挙権訴訟最高裁判決の判断基準を援用して、違憲と判断した下級審判決がある（東京地判2013（平25）・3・14判時2178号3頁）。この判決は、選挙権の性格について、権利性と同時に公務性をあわせもつので、選挙権行使に「事理を弁識する能力」を求めるという立法目的自体には合理性があるが、民法は成年被後見人を「事理を弁識する能力を欠く者」とは位置づけておらず、成年後見人が当然に選挙権を行使する能力を欠くとはいえないことなどを理由としている。なお、旧公職選挙法11条1項1号は、その後、2013（平成25）年5月31日に削除された。

6　被選挙権

本条には、被選挙権という文言は見られないが、本条に関連して検討されることが多い。

(1)　被選挙権の内容・性質

被選挙権は、選挙され得る資格であって、選挙されることを主張し得る権利ではない（清宮・憲法1・142頁）というように権利ではなく資格であると解するのが従来の支配的見解であったが、今日では、立候補しかつ当選を条件として議員となることができる権利として、一般に憲法上の基本的権利であると解されている（樋口ほか・注解1・337頁〔中村睦男〕）。ただ、少数派の被選挙権が法律により不当に制限されることに対しては平等権、とくに選挙との関連では憲法44条が歯止めとなり、さらに選挙権は「誰に投票するも自由」な権利であるから、被選挙権の制限は選挙権の制限ともなるので、被選挙権を憲法上の権利と構成しなければ困ることはないという見解もある（高橋・立憲主義310頁）。

被選挙権の憲法上の根拠については、学説では、憲法13条の幸福追求権の内実をなすとする説（佐藤幸・憲法402頁）、憲法44条が選挙権と被選挙権を区別していないことを根拠とする説※44、選挙権と被選挙権を一体として捉えることによって本条1項に求める説※45などに分かれている（野中ほか・憲法1・543頁〔高見勝利〕）。

最高裁は、「被選挙権を有し、選挙に立候補しようとする者がその立候補について不当に制約を受けるようなことがあれば、そのことは、ひいては、選挙

※43　広島高判2017（平29）・12・20裁判所ウェブサイト。
※44　伊藤正己『憲法（第3版）』（弘文堂、1995年）111頁。
※45　奥平康弘『憲法Ⅲ：憲法が保障する権利』（有斐閣、1993年）400頁。

人の自由な意思の表明を阻害することになり、自由かつ公正な選挙の本旨に反することとならざるを得ない。この意味において、立候補の自由は、選挙権の自由な行使と表裏の関係にあり、自由かつ公正な選挙を維持するうえで、きわめて重要である。このような見地からいえば、被選挙権、特に立候補の自由は、憲法15条1項には、被選挙権者、特にその立候補の自由については、直接には規定していないが、これもまた同条同項の保障する重要な基本的人権の一つと解すべきである」としている（最大判1968（昭43）・12・4刑集22巻13号1425頁）。

(2) 被選挙権の制限

　この被選挙権の保障に関して、公職選挙法上のいわゆる**連座制**の規定（公選251条の2、251条の3）の合憲性が問題となるが、最高裁は、選挙の公明・適正というきわめて重要な法益の達成に必要かつ合理的な規制であるとした（最一小判1996（平8）・7・18判時1580号92頁など）。高額な供託金の制度については、合憲とする地裁判決もある（神戸地判1996（平8）・8・7判時1600号82頁）が、資金を欠く者に対し一定数有権者の署名などにより代替することを認めるなどの措置がとられなければ違憲の疑いが強いとする見解もある（高橋・立憲主義311頁）。選挙犯罪処刑者の被選挙権の制限については、5(1)参照。

　また、選挙事務関係者や多くの公務員については立候補が制限されているため（公選88条・89条、国公102条2項）、実際には、被選挙権が制限されているのと同じ結果になっていることも指摘されている（野中ほか・憲法1・544頁〔高見勝利〕）。自治体首長の再選回数制限が許されるかについても議論がされており、憲法の立憲主義・民主主義・憲法14条・15条・22条・92条・93条に違反するものではないという見解も出されている[46]。

7　公務就任権

　公務就任権という言葉も、本条にはみられないが、これも本条に関連して論じられることが多い。

　公務就任権とは、一般に、公務員となる権利、あるいは公務員となる資格ないし能力のことを意味し、広義の参政権に含めて考えられている（芦部・憲法270頁）。その具体的な根拠については、憲法15条1項とする説や憲法14条の「政治的関係において、差別されない」の規定の中に含まれていると解する説が少なくない（芦部・憲法270頁）が、職業選択の自由（憲22条）に含まれるとする説[47]、幸福追求権（憲13条）の補充対象とすべきとする見解（佐藤幸・憲法195頁）もある。

　ただ、公務にもさまざまな種類があり、国会議員などの政治的な政策決定に

---

[46]　首長の多選問題に関する調査研究会「報告書」（2007年5月）http://www.soumu.go.jp/main_sosiki/kenkyu/shuchou/pdf/070530_3.pdf。

[47]　阪本昌成『憲法理論Ⅱ』（成文堂、1993年）197頁。

第 15 条（公務員の選定罷免権、全体の奉仕者としての公務員、普通選挙・投票の秘密）　183

携わる公務員と執行を本務とする公務員（国公2条2項にいう一般職の公務員が中心）は、職務の性格を全く異にするから、両者を同じに扱うべきではなく、一般職に関しては、公務就任権は憲法上の権利の問題としては参政権ではなく職業選択の自由の問題と捉えることを指摘する見解がある（高橋・立憲主義97頁以下）。

　定住外国人の公務就任権、管理職への昇任をめぐる問題については本章〔前注〕Ⅳ2(2)(iii)参照。

Ⅳ　「全体の奉仕者」

　「全体の奉仕者」とは、国民全体の利益に仕える者の意味であり、これに対して「一部の奉仕者」とは、国民の一部（たとえば、ある職業に従事するグループ）の利益のみに仕える者の意味である（宮沢・全訂220頁）。

　このように公務員が全体の奉仕者であることが、公務員の人権制約の根拠となるかが争われ、とくに、政治活動の自由や労働基本権に関してそれが議論されてきた。

　まず、政党に加入し、または、そのために投票することは、公務員が全体の奉仕者であることと矛盾しない（宮沢・全訂220頁）。国家公務員法102条とそれに基づく人事院規則14-7が一般職の国家公務員の政治活動をほぼ全面的に禁止していることについて、最高裁は、全体の奉仕者であることを根拠に説明を加えることなく、公務員の人権制約を正当化したこともあったが（たとえば、最大判1958（昭33）・4・16刑集12巻6号942頁）、**猿払事件**判決（最大判1974（昭49）・11・6刑集28巻9号393頁）では、全体の奉仕者であることから、公務員の政治的中立性（行政の中立的運営）の要請を導き出し、それと「これに対する国民の信頼」を損なうおそれがあるかどうかを問題としている。詳細は、本章〔前注〕Ⅴ2(2)(ii)・憲法21条Ⅱ3(6)を参照。

　また、労働基本権、とくに、国家公務員法・地方公務員法等による争議行為の全面禁止についても、最高裁は、全体の奉仕者であることによる「なで切り論法」を採った判決もあったが（政令201号事件・最大判1953（昭28）・4・8刑集7巻4号775頁など）、**全農林警職法事件**判決（最大判1973（昭48）・4・25刑集27巻4号547頁）では、「公務員の地位の特殊性と職務の公共性」を強調しているものの、全体の奉仕者であることを根拠とすることは否定していない。詳細については、本章〔前注〕Ⅴ2(2)(iii)・憲法28条Ⅶ1参照。

　学説では、公務員の人権制約の根拠については、「全体の奉仕者」に求める見解もあるが、公務員の職務の性質（宮沢・全訂221頁）や、憲法が公務員関係の存在と自律性を憲法秩序の構成要素として認めていることに求める見解（芦部・憲法109頁）が有力になっている（→本章〔前注〕Ⅴ2(2)）。

V 「公務員の選挙については、成年者による普通選挙を保障する」

1 公務員の選挙

　本条における「公務員の選挙」は、文字通りすべての「選挙」を含むと解すべきではなく、「成年者による普通選挙」を保障する趣旨からいって、一般国民による選挙（公選）だけを意味する。憲法は、この意味の選挙として、国会議員の選挙（憲43条）、地方公共団体の長、その議会の議員の選挙（憲93条）を定め、本条3項にいう選挙はこれらの選挙を意味する。これ以外の選挙、たとえば、議会内部で行われる選挙（議長の選挙）などは、ここにいう選挙ではなく、成年者による普通選挙は保障される限りではない（宮沢・全訂223頁）。

2 成年者

　「成年者」とは、成年に達した者をいうが、本条3項は、成年が何年であるかは定めることはなく、別に法律の定めるところに委ねている（宮沢・全訂224頁）。民法では20歳となっているが、2007（平成19）年に制定された日本国憲法の改正手続に関する法律では投票権者を18歳以上としている（改正手続3条）ため、民法の成年を18歳とするかどうかも議論がなされてきたが、2018（平成30）年6月13日の民法改正で、2022（令和4）年4月1日から民法の成年年齢は18歳に引き下げられることになった。それに先立ち、2015（平成27）年6月17日に、選挙権年齢を18歳以上とするように公職選挙法等が改正され、2015（平成27）年6月19日に施行された。

3 普通選挙

　「普通選挙」とは、狭い意味では、選挙人の資格について、財産・納税のような経済的な要件を認めない選挙のことである。1925（大正14）年に25歳以上のすべての男子に選挙権が認められ、これは、この狭い意味での日本で初めての普通選挙であるといわれる。広い意味では、経済的な要件ではなくても、教育・信仰のような、国民たる資格と直接関係のない要件を認めない選挙のことである（宮沢・全訂224頁）、また、人種・信条・性別・教育なども含めて観念されている（樋口ほか・注解1・338頁〔中村睦男〕）。この意味での普通選挙は、男女問わずに選挙権が認められた1945（昭和20）年に実現し、その際、年齢資格が20歳以上に引き下げられた。憲法44条ただし書が、国会議員の選挙について、「人種、信条、性別、社会的身分、門地、教育、財産又は収入によって差別してはならない」と規定しているのは、この普通選挙の趣旨を具体化したものである（樋口ほか・注解1・338頁〔中村睦男〕）。この普通選挙の原則は、選挙の基本原則の1つである。

　なお、普通選挙の原則は、すべての成人に選挙権を与えることを要求するが、等しい選挙権を与えることまでも要求するものではなく、複数投票制や等級選

第15条（公務員の選定罷免権、全体の奉仕者としての公務員、普通選挙・投票の秘密）　185

挙は許されるとされ、これを否定したのが平等選挙の原則である（高橋・立憲主義305頁以下）。平等選挙については4(1)参照。

選挙権の要件としての国籍については III 2・本章〔前注〕IV 2(2)(i)参照。

4　選挙に関するその他の原則

憲法には明記されていないが、選挙に関するその他の原則として、平等選挙、自由選挙、直接選挙の原則がある。

(1)　平等選挙

平等選挙とは、選挙人の財産や社会的身分などによって1票のみをもつ者と2票以上の投票をする者を認める複数投票制や選挙人の財産や社会的身分などによって等級に分け、各等級別に選挙を行う等級選挙に相対するもので（樋口ほか・注解1・341頁〔中村睦男〕）、選挙権の価値は平等、すなわち1人1票を原則とする制度（公選36条）のことであるが、今日では、選挙権の数的平等の原則だけではなく、投票の価値的平等の要請をも含むものと解されている（芦部・憲法275頁）。議員定数の不均衡の問題については憲法14条IV参照。

(2)　自由選挙

自由選挙（任意投票制）とは、投票は義務ではなく、投票するかどうかは自由であり、棄権したとしても、罰金、公民権停止、氏名の公表などの制裁を受けない制度のことである（芦部・憲法275頁）。二元説（→III 3）の立場からは、選挙の公務性を考えると、正当な理由なしに棄権をした選挙人に制裁を加える強制投票制にも一理はあるが、棄権率の低下などは政治教育などによって望むべきであることが指摘されている（芦部・憲法275頁）。一方、権利説（→III 3）の立場からは、自由選挙は、憲法上の要請であるとされる（辻村・憲法318頁）。

(3)　直接選挙

直接選挙とは、選挙人が公務員を直接に選挙する制度をいう。直接選挙でない制度としては、選挙人がまず選挙委員を選び、その選挙委員が公務員を選挙する間接選挙制や、すでに選挙されて公職にある者が公務員を選挙する準間接選挙制（または複選制）が挙げられる（芦部・憲法276頁）。比例代表制が直接選挙の原則に反しないかについては憲法47条 III 2(4)・IV 2(2)参照。

VI　「投票の秘密」

「投票の秘密」とは、選挙において、投票が誰によって投ぜられたかを秘密として、投票者以外の者に知られないようにする原則のことであり、これは選挙人の自由な意思に基づく投票を確保する趣旨である（樋口ほか・注解1・346頁〔中村睦男〕）。この秘密投票の原則は、自由な選挙の確保にとって必要な選挙の基本原則の1つである。「これを侵してはならない」のであるから、あらゆる国家機関は、投票の秘密を侵すことが禁じられ、私的関係においても、侵

されないことを意味する。公職選挙法46条4項・52条・68条・226条2項・227条など参照。

　この投票の秘密に関しては、投票自書制が問題とされている。公選法は投票用紙に自書することを求めており（公選46条）、自書しない投票は無効となる（公選68条1項7号・2項7号・3項9号）。この制度は、筆跡によって秘密がもれる危険があるのみならず、無効投票の原因となる他事記載の可能性を増大させ、従来、判例上、自書・他事記載がきわめて寛大に解されているため、投票の個性が増大し、それだけ投票の秘密が制約される結果となっていることが指摘されている（野中ほか・憲法2・33頁〔高見勝利〕）。

　また、投票の帰属の取調べが許されるかも問題となり、最高裁は、選挙や当選の効力についての訴訟において不正投票が誰に対してなされたかは取り調べられてはならないと判示した（最三小判1948（昭23）・6・1民集2巻7号125頁、最一小判1950（昭25）・11・9民集4巻11号523頁）。しかし、傍論において、詐欺投票等の捜査・処罰のためには、投票者および被選挙人を明らかにする必要があるので投票の秘密は制約されると述べている（最三小判1948（昭23）・6・1民集2巻7号125頁）。このように最高裁が詐偽投票等の罪に関する刑事手続において帰属の取調べは許されるとすることに対しては、学説上は選挙の公正を理由に安易に投票の秘密を制約すべきではないとする見解の方が強い（高橋・立憲主義307頁）。

　なお、詐欺登録罪および詐欺投票罪の嫌疑で警察が投票用紙を押収し、指紋を検出したことについて、特定候補者と被疑者ではない選挙人らが国家賠償法に基づく損害賠償を請求した事件で、最高裁（最二小判1997（平9）・3・28判時1602号71頁）は、「本件差押さえ等の一連の捜査により上告人らの投票内容が外部に知られたとの事実はうかがえないのみならず、本件差押え等の一連の捜査は詐偽投票罪の被疑者らが投票した事実を裏付けるためにされたものであって、上告人らの投票内容を探索する目的でされたものではなく、また、押収した投票用紙の指紋との照合に使用された指紋には上告人らの指紋は含まれておらず、上告人らの投票内容が外部に知られるおそれもなかったのであるから、本件差押え等の一連の捜査が上告人らの投票の秘密を侵害したとも、これを侵害する現実的、具体的な危険を生じさせたともいうことはでき」ず、「上告人らは、投票の秘密に係る自己の法的利益を侵害されたということはできない」と判示した。この事件における福田博裁判官の補足意見は、選挙犯罪の捜査において投票の秘密を侵害するような捜査方法を採ることが許されるのはきわめて例外的な場合に限られるというべきであるとする。最高裁は、この訴えは、被疑者ではない選挙人らが提起したもので、法的な利益の侵害がないとして斥けたのであるが、本件では、特定候補者に投票されたすべての投票用紙が押収されており、押収された投票用紙が実際にどのように扱われるかはいわばブラックボックスであり、憲法上の条件的枠組みを示すべきであったという指摘

がある（佐藤幸・憲法405頁）。

Ⅶ　「公的にも私的にも責任を問はれない」

これは、選挙人の公私の無責任を定めることによって、投票の自由を保障しようとするものである（樋口ほか・注解1・346頁〔中村睦男〕）。

「公的」に「責任を問はれない」とは、投票に関し、国法上どのような不利益も受けないということである。制裁を受けたり、賠償責任を負わされることがないだけではなく、国家機関からの質問に答える等の義務を負わされることもないことを意味する（宮沢・全訂227頁）。

「私的」に「責任を問はれない」とは、投票内容を理由として不利益をもたらす内容の法律行為を一切無効であるとすることである（宮沢・全訂227頁）。私人が責任を問う場合、たとえば、投票内容を理由として、企業の使用者が投票者たる労働者を解雇したりしてはならないことをいう（佐藤功・注釈上262頁）。このことからすれば、本規定は、直接に私人間にも効力が及ぶことを定めている例とされることになる（佐藤功・注釈上262頁）。

（倉田原志）

> **（請願権）**
> **第16条**　何人も、損害の救済、公務員の罷免、法律、命令又は規則の制定、廃止又は改正その他の事項に関し、平穏に請願する権利を有し、何人も、かかる請願をしたためにいかなる差別待遇も受けない。

Ⅰ　本条の趣旨

請願権は、国民が政治に参加することのできなかった時代に、国民が自己の権利の確保を求める手段として発達してきた権利である（芦部・憲法266頁）。この権利を初めて成文化したとされるのは、1689年イギリスの権利章典であり（樋口ほか・注解1・351頁〔浦部法穂〕）、そこでは、「国王に請願することは臣民の権利であり、この請願をしたことを理由とする投獄又は訴追はすべて違法である」（権利章典第1部第5項）とされた。

大日本帝国憲法30条では、「日本臣民ハ相当ノ敬礼ヲ守リ別ニ定ムル所ノ規程ニ従ヒ請願ヲ為スコトヲ得」として、とくに天皇に対して請願をすることを認め（佐藤功・注釈上263頁）、また、大日本帝国憲法50条では「両議院ハ臣民ヨリ呈出スル請願書ヲ受クルコトヲ得」としていたものの、皇室典範および憲法の変更に関する請願や裁判に関与するような請願は旧請願令により許されず、あるいは皇室に対し不敬の語を用い、政府・議院に対し侮辱の語を用いた請願

は許されないなど、請願の内容や方法について厳しい制限が置かれていた（樋口ほか・注解1・352頁〔浦部法穂〕）。

日本国憲法は、本条において、広く、国および地方公共団体に対する請願権を保障する。現代では、国民主権に基づき、普通選挙、議会政治が確立し、政治的言論の自由が拡大してきたので、そのもともとの重要性は減少しているが、主権者の意思を国会や政府に直接伝達し、選挙以外の場で民意を国政に反映させ得る（樋口ほか・注解1・351頁〔浦部法穂〕）重要な権利として保障されたものである。

II 「請願する権利」

1 請願権の意義と性格

「請願」とは、国または地方公共団体のすべての機関に対して、その職務に関する事項について、希望・苦情・要請を申し出ることをいう（樋口ほか・注解1・352頁〔浦部法穂〕）。

この請願は権利として保障されているが、それはその受理を求める権利にとどまるとするのが一般的な理解である。したがって、請願権は、請願の内容について審理をし、何らかの判定・回答を求める権利を含まず、請願を受けた機関は、請願内容に応じた措置をとるべき義務を負うものではない。このことを請願法5条は、「官公署において、請願を受理し誠実に処理しなければならない」と定めている。

請願権の性格については、請願権は請願の受理という国務を請求する権利であるとして、受益権（国務請求権）の1つとする学説が支配的であったが、請願の受理を求めて恩恵的救済を期待するというよりも、前述の通り（→I）、主権者の意思を選挙以外の場で反映させる手段としての意味が重要になってきているので、今日では、参政権的機能を認めるのが通説となっている（新基本コンメ136頁〔宮地基〕）。

2 請願の方法・手続

請願の方法・手続については、一般の官公署に対しては**請願法**が定め、国会の各議院に対する請願は国会法79条〜82条、衆議院規則171条〜180条、参議院規則162条〜172条が定める。地方議会に対する請願は、地方自治法124条・125条が定める。

3 請願権の制限

小学校統廃合案に反対する署名簿と反対要望書の提出を受けた町長が、町職員に、署名者に対して戸別訪問をして聞き取り調査をさせたことが、請願権等を侵害するものであるとしてなされた国家賠償請求訴訟において、署名行為が

表現の自由と請願権によって保障されているとした上で、萎縮効果によって侵害を受けるものであるから厳格審査が要請されるとし、それを適用して、表現の自由と請願権を侵害するとした高裁判決（名古屋高判2012（平24）・4・27判時2178号23頁）がある。なお、この事件の地裁判決は、請願を受けた官公署等は誠実に処理する義務を負う（請願法5条）から、署名が真正であることなどを確認する限度で相当な調査を行うことは許されるが、本調査はそれを超え、不当な圧力を加えるものであったとし、損害賠償を一部認容した（岐阜地判2010（平22）・11・10判時2100号119頁）。最高裁は、町の上告理由の実質は事実誤認または単なる法令違反を主張するものであるとして上告を棄却した[48]。

Ⅲ　「何人も」

　請願ができるのは、日本国民のみならず、外国人も含むと解されている（宮沢・全訂228頁）。請願権は、権利の性質からして日本国民を対象とするものとは解されていないことによる。同様に、未成年者も請願権の権利主体である（新基本コンメ137頁〔宮地基〕）。また、ことの性質上、法人も含まれると解され（宮沢・全訂228頁）、請願法2条は法人も主体となることを予定している。請願法2条は、請願者の氏名（法人の場合はその名称）および住所（住所のない場合は居所）を記載し、文書でこれをしなければならないとする。

Ⅳ　「損害の救済、公務員の罷免、法律、命令又は規則の制定、廃止又は改正その他の事項」

　「損害」とは、主として、国もしくは地方公共団体またはその機関の行為に基づいて生じた損害を意味するが、さらに、その救済が国または地方公共団体の職務に属すると考えられるものを含む（宮沢・全訂228頁）。
　ここに列挙されているものに加えて、国または地方公共団体の機関の職務に関するすべての事項が含まれ（宮沢・全訂228頁）、本条が「損害の救済、公務員の罷免、法律、命令又は規則の制定、廃止又は改正その他の事項」とするのは例示に過ぎない（樋口ほか・注解1・352頁〔浦部法穂〕）。
　ただ、裁判に関する請願が許されるかについては、判決の変更や継続中の裁判事件に干渉する請願は確定判決の効力を覆し、司法権の独立を侵すものであるから許されないとする説（法協・註解上377頁）もある。しかし、本来、請願は希望の陳述に過ぎないものであり、また請願が確定判決の効力を覆すものではないことはいうまでもないことから、裁判に関係する事項についての請願を除外すべき理由はないとする説（佐藤功・注釈上263頁）が多数となっている。

---

[48] 最三小判2012（平24）・10・9<LEX/DB25482875>。

前述のように（→Ⅰ）、大日本帝国憲法時代には、旧請願令において、憲法ならびに皇室典範の改正および裁判に関する請願は禁止されたが、本条は請願事項を制限していない。請願法にも請願事項の制限は定められていない。ただし、請願は国または地方公共団体の機関に対してなされるものであるから、それらの機関の権限外の事項については請願できない（宮沢・全訂228頁）。

Ⅴ　「平穏に」

請願の態様については、大日本帝国憲法30条は「相当ノ敬礼ヲ守」るべきものとしていたが、本条では「平穏に」とのみ定める。暴力の行使や脅迫が許されないのは当然であるが、大衆的なデモ行進を背景とする請願につき、消極説[49]もあるが、一般には「平穏」な請願にあたると解されている（樋口ほか・注解１・352頁以下〔浦部法穂〕）。

Ⅵ　「差別待遇」

「差別待遇」を受けないとは、請願をしたことを理由として、国家権力による差別待遇が禁じられることに加え、私的にも差別待遇を禁ずるものと解されている（宮沢・全訂229頁）。請願法は「何人も、請願をしたためにいかなる差別待遇も受けない」とほぼ同様の規定をもつ（請願６条）。

（倉田原志）

（国および公共団体の賠償責任）
第17条　何人も、公務員の不法行為により、損害を受けたときは、法律の定めるところにより、国又は公共団体に、その賠償を求めることができる。

Ⅰ　本条の趣旨

大日本帝国憲法には本条にあたる規定はなく、大日本帝国憲法下においては、公権力の行使については、国は損害賠償責任を負わないという「国家無答責の法理」が妥当し、実務上も損害賠償請求が可能かどうか明確ではなかった（芦部・憲法269頁）。本条は、この国家無答責の法理を否定し、公権力の行使により生ずる損害について、正面から国または公共団体の賠償責任を認めたものである（新基本コンメ138頁〔渡辺康行〕）。なお、本条は、帝国憲法改正案（内

---

[49]　田上穣治『日本国憲法原論（新版）』（青林書院、1985年）168頁。

閣草案）にはなく、衆議院で加えられた規定である（宮沢・全訂232頁）。賠償請求権の具体的内容は、国家賠償法で定められている。

外国の憲法では、たとえば、ドイツ基本法34条は、「ある者が、その職務に属する公務を行うにあたって、第三者に対して負うその職務上の義務に違反したときは、その賠償責任は、原則として、この者を使用する国又は団体に属する。故意又は重大な過失があった場合には、求償を妨げない。右の損害賠償請求権及び求償について、通常裁判所で争う途は、排除されてはならない」と定める。

Ⅱ　本条の法的性格

本条は、「法律の定めるところにより」損害賠償を求めることができるとし、損害賠償請求権行使の要件を法律の定めに委ねている。本条は、本来、法律によって具体化されていることを予定しているのであって、本条の権利は本条のみを根拠として直ちに主張し得る権利ではない（佐藤功・注釈上281頁）。このことから本条をプログラム規定とするのが通説である（樋口ほか・注解1・358頁〔浦部法穂〕）。しかし、具体的権利でないことは本条の**賠償請求権**の権利性を否定するものではなく、抽象的権利であるとする見解（佐藤功・注釈上281頁）が有力になっている。

本条の保障を一般的に具体化する法律として**国家賠償法**が制定されており、また、日本国憲法施行以前から、少なくとも非権力的行政作用に関する限り、民法の不法行為規定の適用が肯定されていたので、直接本条に基づく賠償請求が可能か否かの議論は、憲法施行（1947（昭和22）年5月3日）後、国家賠償法施行（1947（昭和22）年10月27日）前における権力的作用に基づく国の責任をどう解するかに関して問題となる（樋口ほか・注解1・358頁以下〔浦部法穂〕）。責任否定説は、実施するための法律によって初めて実効性をもつのであるから法律が制定されるまでは賠償責任は認められないことなどを根拠とする※50。責任肯定説としては、本条の施行によって従来の国家無答責の原則が否定されたことを根拠に、憲法の趣旨を尊重して、民法の類推適用を認め得るとするもの（法協・註解上388頁）などがある。また、本条が「国家無答責の原則」を廃棄し、賠償を求めることができると定める以上、立法政策的に形成されるべき領域は別として、およそ国家賠償制度の核心にかかわる領域については、法律の定めがなくとも、直接本条によって賠償請求権が発生すると解すべきであり、国家賠償法施行前の事態については、民法の不法行為規定を適用ないし類推適用する道もあり得たはずであるという見解もある（佐藤幸・憲法357頁）。

※50　田中二郎『行政上の損害賠償及び損失補償（第7版）』（酒井書店、1966年）158頁。

Ⅲ 「何人も」

　外国人が含まれるかについては、損害賠償請求権の性質から、これが自然権的・前国家的権利たる性質をもつものではないので、必ずしも保障したものではないとする説（佐藤功・注釈上265頁）と、性質上日本国民のみを対象とするものとは解し得ないから、外国人にも当然保障が及ぶものとみなければならないという説が対立している（樋口ほか・注解1・361頁〔浦部法穂〕）。

　国家賠償法6条は、「この法律は、外国人が被害者である場合には、相互の保障があるときに限り、これを適用する」として、**相互保障主義**を採用していることがこの学説の対立に関連して問題とされている。本条は、「何人も」としているので、国賠法6条は本条の趣旨に適合しないきらいがあるということが指摘され（宮沢・全訂230頁）、外国人にも保障されるとすれば、国賠法6条は違憲としなければならないという見解（樋口ほか・注解1・361頁〔浦部法穂〕）、当該市民は本国法の不備のゆえに、現実に日本政府から被った損害をなぜ自分の負担として甘受しなければならないのかという疑念から違憲だとする見解[51]がある。一方、合憲とする立場は、賠償請求権は自然権的・前国家的権利たる性格を有するものではなく、「法律の定めるところにより」とあることから、本条に違反するものではないという見解（佐藤功・注釈上265頁）、「何人も」という表現は決め手にはならず、いわゆる前国家的権利とはいえないことも考慮すれば、違憲とまでは断じがたく、やむを得ない合理的規制として是認できる余地があろうとする見解（佐藤幸・憲法359頁）などがあり、合憲とする見解が一般的である（野中ほか・憲法1・555頁〔野中俊彦〕）。

Ⅳ 「公務員の不法行為」

　「公務員」については憲法15条Ⅱを参照。

　「不法行為」とは、広く違法な行為という意味で、必ずしも、民法にいう不法行為の意味ではない。「公務員の不法行為」とは、公務員の職務としてなされるすべての違法な行為のことである（宮沢・全訂230頁以下）。したがって、本条の不法行為は、権力的作用および非権力的作用についてなされたすべての場合を総称する（佐藤功・注釈上275頁）。

Ⅴ 「法律の定めるところにより」

　本条の不法行為の内容、損害の範囲、賠償責任の要件などが法律で定められるべきものとする趣旨である（宮沢・全訂231頁）。法律がなければ請求できな

---

[51] 奥平康弘『憲法Ⅲ：憲法が保障する権利』（有斐閣、1993年）393頁。

いかどうかという意味を含むかどうかについては、Ⅱ参照。

　一般法としては国家賠償法が1947（昭和22）年に制定されている（→Ⅵ2）。国家賠償法5条は、国または公共団体の賠償責任については、民法以外の他の法律に別段の定めがあるときは、その定めるところによるとし、郵便法（→Ⅵ3）、消防法などは、いずれも特別法として国家賠償法に優先する。

Ⅵ　「国又は公共団体に、その賠償を求めることができる」

1　賠償責任者

　賠償責任者は、不法行為を行った公務員の属する国または公共団体であることを示す。ここに「公共団体」とは、「地方公共団体」（憲92条）だけではなく、ひろくすべての公法人（公共組合・公庫・公共企業体）を含む。

　「公務員の不法行為」に基づく損害について、直接にその公務員個人に賠償を求めることができるかについては、本条は規定していない。国家賠償法は、「公務員に故意又は重大な過失があつたときは、国又は公共団体は、その公務員に対して求償権を有する」と定める（国賠1条2項）。

2　国家賠償法

　国家賠償法は、「国又は公共団体の公権力の行使に当る公務員が、その職務を行うについて、故意又は過失によつて違法に他人に損害を加えたときは、国又は公共団体が、これを賠償する責に任ずる」（国賠1条1項）と、本条にいう「不法行為」の内容を定め、その「場合において、公務員に故意又は重大な過失があつたときは、国又は公共団体は、その公務員に対して求償権を有する」（国賠1条2項）として、公務員に対する求償権の範囲を限定する。また、国賠法2条では、「公の営造物の設置又は管理に瑕疵があつたために他人に損害を生じたときは、国又は公共団体は、これを賠償する責に任ずる」としている。また、これら以外の原因によって生じた損害については民法の規定によることとしている（国賠4条）。

　国賠法1条1項の責任については、国の**自己責任説**（国・公共団体の責任をまさに国・公共団体の責任として理解する説）と**代位責任説**（本来公務員が負うべき責任を国・公共団体が公務員に代位して負うとする説）の対立があり、通説は、公務員の故意・過失による責任を前提に、その責任を国や公共団体が代位するという後者の代位責任説である（野中ほか・憲法1・554頁〔野中俊彦〕）。しかし、本条の定める国の国家賠償責任を国家活動の内包する危険に基づく責任と解するならば、本条は国の自己責任を定めたものと解さなければならないという見解も出されている（樋口ほか・注解1・360頁〔浦部法穂〕）。

　なお、国家賠償訴訟は、憲法訴訟として、立法不作為の違憲性を争ったり、事実行為の違憲性を争うためにも使われてきた。このことについては憲法81条

194 第18条（奴隷的拘束および苦役からの自由）

Ⅲ3など参照。

3 郵便法

国家賠償法に対して特別法である旧郵便法68条・73条は、郵便物の亡失・き損等について国が損害賠償する場合を、書留郵便の全部または一部を亡失し、またはき損したときなどに限定していた。これらによれば、書留郵便物としての特別送達が遅延しても国は責任を負わないことになっていた。このことが、本条違反でないかが争われた事件において、最高裁は、本条は立法府に対する白紙委任を認めているものではないとして、郵便法の当該規定の合憲性について、「当該行為の態様、これによって侵害される法的利益の種類及び侵害の程度、免責又は責任制限を認めることの合理性及び必要性を総合的に考慮して判断すべきである」として、責任制限の立法目的は、賠償責任が過大となり料金の値上げにつながることを防止することにあり、正当であるが、書留郵便物について郵便業務従事者が故意・重過失による損害を与えるなどということは例外的にしか起きないことであるからこのような場合にまで責任を制限しなければ立法目的を達成できないとはいえないので、合理性はないとした。また、特別送達については、軽過失による損害賠償責任を認めたとしても、立法目的の達成が阻害されることはないから、合理性、必要性があるということは困難であるとして違憲とした（**郵便法違憲判決**・最大判2002（平14）・9・11民集56巻7号1439頁）。なお、国会は、この違憲判決を受けて、2002（平成14）年11月27日に郵便法を改正した。

（倉田原志）

（奴隷的拘束および苦役からの自由）
第18条 何人も、いかなる奴隷的拘束も受けない。又、犯罪に因る処罰の場合を除いては、その意に反する苦役に服させられない。

Ⅰ 本条の趣旨

本条は、憲法13条前段で宣明された「個人の尊重」を具体化するため、人間性の全面的な否定である「奴隷的拘束」を絶対的に禁止する旨を定めたものである。

本条の言い回しは、アメリカ合衆国憲法修正13条1節（「奴隷またはその意に反する苦役は、当事者が適法に有罪判決を受けた犯罪に対する処刑の場合を除いては、合衆国またはその権限の及ぶいかなる場所においても存在してはならない」に由来するとされる。

日本にはアメリカ合衆国で問題とされたような人種に基づく奴隷制はなかっ

たが、「タコ部屋」・「監獄部屋」と称された北海道における囚人労働、細井和喜蔵『女工哀史』（1924年）や小林多喜二『蟹工船』（1929年）に描かれたような過酷な労働実態、さらには徴兵制による軍務の強制、徴用制による強制労働もあった。

　本条に該当する条文は、GHQ原案においては精神的自由権の保障の前に置かれていた※52が、日本政府側が起草した３月２日案では、人身の自由の保障規定の１つとされ※53、閣議決定された３月５日案の段階で、現在の位置に戻された。

Ⅱ　「何人も」

　先に述べたように（→本章〔前注〕Ⅳ2(1)(ii)）日本国憲法の人権保障規定においては、主体について、「国民」か「何人」かの使い分けはそれほど意識的に行われていない。ただし、本条が主体を「国民」に限定していないのは、奴隷的拘束という人権の重大な蹂躙の禁止がすべての人に普遍的に及ぼされるべきとの認識に基づくものである（佐藤功・注釈上284頁）。

Ⅲ　「奴隷的拘束」

　「奴隷的拘束」とは、「自由な人格者であることと両立しない程度に身体の自由が拘束されている状態」（宮沢・全訂233頁）を指す。具体的には、自由意思による行動を制限し、そこからの脱出を事実上不可能にしている状態を意味し、「苦役」と異なり、労働を伴うものに限定されない。

　奴隷的拘束については、例外なく絶対的に禁止される（高橋・立憲主義284頁）。奴隷的拘束の禁止は私人間にも直接的に効力を及ぼすと考えられている（長谷部・憲法259頁）・私人が奴隷的拘束をすることは、監禁罪で処罰され（刑220条）、私人間の契約によって奴隷的拘束を受けることを合意しても公序良俗違反（民90条）として無効となる。

　精神保健及び精神障害者福祉に関する法律29条～29条の５、麻薬及び向精神薬取締法58条の８～58条の12、感染症の予防及び感染症の患者に対する医療に関する法律19条～22条に基づいて行われる強制入院は、本人の保護と社会衛生上の見地からの高度の必要性と緊急性に基づく措置として、合理的な居住・移

※52　http://www.ndl.go.jp/constitution/shiryo/03/147/147tx.html.
※53　現行31条にあたる28条の後の29条として、以下の条文がある。
「第29条　凡テノ国民ハ種類ノ如何ヲ問ハズ其ノ意ニ反シテ役務ニ服セシメラルルコトナク、且刑罰ノ場合ヲ除クノ外苦役ヲ強制セラルルコトナシ。児童ノ虐使ハ之ヲ禁止ス。」http://www.ndl.go.jp/constitution/shiryo/03/088/088tx.html.

転の自由の制限とされている（→憲22条Ⅱ3(3)）。こうした強制入院は、本条の禁ずる「奴隷的拘束の禁止」との関係でも問題となり得る（長谷部編・注釈2・261頁〔長谷部恭男〕）。強制入院は、「自由な人格」の回復のための治療行為であり、その手続が十分に対象者の権利に配慮したものである限りで、「奴隷的拘束」にはあたらないと解される。

Ⅳ 「意に反する苦役に服させられない」

「意に反する苦役」とは、文字通りに解すると、自由意思に反して強制される過酷な労働であるが、「苦役」の意味をめぐって、見解が分かれる。

第1に、「苦役」の「苦」をとくに重視せず、自らの意思に反して課される労役（強制労働）を広く指すという理解がある（宮沢・全訂233頁、芦部・憲法252頁、長谷部・憲法259頁）。

第2に、「苦」役とされている点を重視して、客観的に苦痛を伴う労役の強制と解する見解もある（高橋・立憲主義284頁）。この立場からは、非常災害時の労役負担などは「苦役」にあたらないことになる（渡辺ほか・憲法1・318頁〔松本和彦〕）。本条の「苦役」について苦痛の要素を伴うものと解する論者は、苦役の禁止を絶対的な禁止と考える傾向にある。

第3に、「苦役」か否かを本人が主観的に「苦役」と認めるかどうかによって判断するとの立場からは、本条の禁止の対象は肉体労働に限られず、「強制労役のみならず、それをも含めて広く、『奴隷的拘束』にいたらない程度の一定の人格侵犯を伴う身体の自由の拘束を意味するものとしてとらえる」立場もある（樋口ほか・注解1・368頁〔浦部法穂〕）。この立場は、結局のところ、第1の立場と限りなく近接することになる。

私人による強制労働は、労働基準法（労基5条・117条）・職業安定法（職業安定法63条1号）で禁じられている。

Ⅴ 「犯罪に因る処罰の場合を除いては」

刑罰として課される懲役刑は、「刑事施設に拘置して所定の作業を行わせる」（刑12条2項）ものであり、また、罰金・過料を支払うことができないために課される労役場留置（刑18条4項）も、強制的に労務を強いることになるが、「犯罪に因る処罰」として、「意に反する苦役」の禁止の例外として、許される（最二小判1960（昭35）・3・25集刑132号739頁）。

しかし、刑罰に対する処罰であっても、「奴隷的拘束」に至るようなものは許されない。

なお、本条の保障する「奴隷的拘束」・「意に反する苦役」からの自由を実効的に保障する手段として、人身保護法は、「法律上正当な手続によらないで、

第18条（奴隷的拘束および苦役からの自由）　197

身体の自由を拘束されている者」は、裁判所に救済を請求し得ることを定めている（人保2条・4条）。

VI　「意に反する苦役」に関する具体的事例

1　国家作用への協力義務

　現行法制度上、いくつかの職業については「正当な理由なく」職務を拒むことを禁止しているが（公証人3条、弁護士24条ほか）、正当な理由があれば拒否できるのであるから、「意に反する」とまではいえない。

　また、非常災害時に、一定の職種の者あるいは附近に居住する者等に救援活動等が義務づけられることがある（災害基65条1項、災害救助法7条、消防法29条5項、道68条2項、河22条2項、水防法24条）。これらについては、「災害防止・被害者救済という限定された緊急目的のため必要不可欠で、かつ応急的一時的な措置」であるとして本条に違反しないとされている（佐藤幸・憲法329頁）。しかし、目的が緊急重大であれば業務従事命令も常に肯定されるとすると、本条の保障の意味が大きく失われる。一般人に対する従事義務に罰則が付されていない限りで、「意に反する」とまではいえないとする解釈が妥当である（樋口ほか・注解1・370頁〔浦部法穂〕）。また、災害救助法7条は、医療、土木建築工事または輸送関係者に対して救助に関する業務に従事させ得るとし、違反者に対する罰則を科しているが（災害救助法31条1号）、これも、その職業を選択したことに伴う義務とみることができ、「意に反する」とまではいえない。

　議院や法廷での証言、納税に伴う申告・届出・報告義務については、「意に反する苦役」を最広義に解しても、「自由の拘束」までには至らず、本条には反しないものと解される（樋口ほか・注解1・370頁〔浦部法穂〕）。最高裁は、所得税法の定める源泉徴収制度において徴税義務者が負う納税義務について、「苦役であり奴隷的拘束であると主張するのは明らかに誇張であつて、あたらないこと論をまたない」とした（最大判1962（昭37）・2・28刑集16巻2号212頁）。

2　裁判員制度

　裁判員法（裁判員の参加する刑事裁判に関する法律）は、国民の中からくじによる抽選、選任手続を経て裁判員に選ばれた者に対し、裁判員として刑事裁判に関与し、裁判官と共に公判廷で審理に臨み、評議において事実認定、法令の適用及び有罪の場合の刑の量定について意見を述べ、評決を行うことを求める。裁判員候補者が正当な理由なく裁判所に出頭しないとき、裁判員（補充裁判員）が正当な理由なく公判期日および公判準備に出頭しないときには過料が課される（裁判員法112条）。

　最高裁は、「司法権の行使に対する国民の参加という点で参政権と同様の権限を国民に付与するものであり、これを『苦役』ということは必ずしも適切で

198 第19条（思想および良心の自由）

はない」こと、辞退に柔軟な制度を設け、旅費・日当の支給など負担軽減のための措置がとられていることを指摘して、本条に違反しないと判示した（最大判2011（平23）・11・16刑集65巻8号1285頁）。

3 徴兵制

憲法9条2項が「一切の戦力」を保持しないと定めていることからすれば、日本国憲法の下では軍務は存在せず、軍務の強制である徴兵制もあり得ないことになる。しかし、政府解釈は、自衛のための必要最小限度での実力行使を認め、そのための組織としての自衛隊を設置している（→9条Ⅳ2）。

政府解釈によれば、「国民をして兵役に服する義務を強制的に負わせる国民皆兵制度」である徴兵制は、憲法9条に違反するものではないが、「我が憲法の秩序の下では、社会の構成員が社会生活を営むについて、公共の福祉に照らし当然に負担すべきものとして社会的に認められるようなものでないのに、兵役といわれる役務の提供を義務として課されるという点にその本質があり、平時であると有事であるとを問わず、憲法第13条、第18条などの規定の趣旨からみて、許容されるものではない」と解している[54]。

学説のほとんども徴兵制を「意に反する苦役」として許されないと解する（宮沢・全訂234頁、佐藤功・注釈上288頁、新基本コンメ143頁〔宮地基〕、芦部・憲法252頁）。

(木下智史)

（思想および良心の自由）
第19条　思想及び良心の自由は、これを侵してはならない。

Ⅰ　本条の趣旨

諸外国の憲法において、「思想の自由」を明文で保障することは稀である。しかし、大日本帝国憲法下の日本では、治安維持法等に基づく規制が「思想取締り」として猛威を奮い、国民から自由な思考自体を奪う結果をもたらした。そうした痛切な経験を踏まえ、日本社会の民主主義化には、思想の自由の確立が不可欠の一歩と考えられたことが[55]、思想の自由の明文による保障につな

---

[54] 1980（昭和55）・8・5〔第92回国会・衆議院議員稲葉誠一君提出徴兵制問題に関する質問に対する答弁書〕第4号〔鈴木善幸〕。

[55] 日本が戦争終結にあたって受諾したポツダム宣言10項は、「言論、宗教及思想ノ自由並ニ基本的人権ノ尊重ハ確立セラルベシ」と述べていた。http://www.ndl.go.jp/constitution/etc/j06.html。

がった。

日本国憲法における思想の自由の保障は、直接的には、ポツダム宣言10項「言論、宗教及思想ノ自由並ニ基本的人権ノ尊重ハ確立セラルヘシ」に由来する。そして、日本占領にあたって、思想の自由の確立を重要目標の1つとしていた総司令部は、1945（昭和20）年10月4日に「自由の指令」（「政治的、公民的及び宗教的自由に対する制限の除去の件（覚書）」）を発表し、政治犯の釈放、特別高等警察の廃止、治安維持法等、国民の言論の自由、思想の自由を制限する諸法令の撤廃を命じた。

憲法制定にあたっては、GHQ原案段階で、「思想及び良心の自由は侵してはならない」[56]との条文が現れており、その後の草案においてもそのまま維持された。

「思想及び良心の自由」は、信教の自由、学問の自由とともに内心の自由を保障する。信仰、学問に比べて、「思想及び良心」はより一般的な内容をもつと解すことができ、「精神的自由に関する基礎法」（佐藤幸・憲法216頁）、「精神的自由の原理的規定」（樋口ほか・注解1・374頁〔浦部法穂〕）としての地位を占める。

Ⅱ　「思想及び良心の自由」

1　「思想」と「良心」

「良心」は、内心における考え方ないし見方のうちで、倫理的な側面を有するもの、「思想」は、それ以外のものと一応区別しつつも（宮沢・全訂235頁）、両者は相互に重なる部分を含んでおり截然と区別することは難しく、かつ同一の条文における両者を区別する実益が乏しいとするのが支配的見解である（樋口ほか・注解1・376頁〔浦部法穂〕）。もっとも、謝罪広告の強制が「良心の自由」の問題であることは共通の認識であると思われ、思想と良心が同一でないことも確かである。

これに対して、欧米における"freedom of conscience"が「信仰選択の自由」を意味することから、「良心の自由」を「思想の自由」から区別し「信仰選択の自由」と理解する見解もある（謝罪広告事件判決・最大判1956（昭31）・7・4民集10巻7号785頁）における栗山裁判官補足意見）。しかし、この見解は必ずしも欧米における「良心の自由」理解を正確に反映しているともいえず（佐藤幸・憲法217頁）、憲法20条1項が信教の自由を明文で保障している以上、文言を離れて解釈する必然性に乏しい。

---

[56] http://www.ndl.go.jp/constitution/shiryo/03/147/147tx.html。

2 「思想・良心の自由」の内容をめぐる対立

(1) 信条説（人格的核心説）

　「思想・良心の自由」を、「信仰に準ずる世界観、主義、思想、主張を全人格的にもつこと」（佐藤幸・憲法217頁）と限定的に解する見解（信条説ないし人格核心説と呼ばれる）も有力に唱えられている。謝罪広告事件判決（前掲・最大判1956（昭31）・7・4）の田中耕太郎長官の補足意見は、一方で、良心の自由を信仰選択に限定する見解を斥けながら、「道徳的の反省とか誠実さというもの」を含まず、「世界観や主義や思想や主張をもつこと」の意であると主張した。

(2) 内心説

　上記の見解のように「思想・良心の自由」の意味を限定する見解に対し、「思想・良心の自由」について、「人の内心の（ものの考え方ないし見方の）自由」の保障（宮沢・全訂235頁）、「人の心の中におけるものの見方や考え方の自由を、一般的に保障したもの」と解する見解もある（浦部・教室131頁）。謝罪広告事件判決（前掲・最大判1956（昭31）・7・4）における藤田八郎裁判官の反対意見は、「良心の自由」について、「単に事物に関する是非弁別の内心的自由のみならず、かかる是非弁別の判断に関する事項を外部に表現するの自由並びに表現せざるの自由をも包含する」と述べて、「良心」を内心における考え方を広く含むものと解している。

　また、信条説が「思想及び良心」の内容として語ってきた、包括的教説の類は「思想」として、内心説が語ってきた、倫理的・道徳的な是非弁別の判断は「良心」として、ともに19条の保護対象とする見解もある（長谷部編・注釈2・267～268頁〔駒村圭吾〕）。

3 判例の立場

　最高裁は、謝罪広告事件判決（前掲・最大判1956（昭31）・7・4）において、「単に事態の真相を告白し陳謝の意を表明するに止まる程度のものにあっては、これが強制執行も代替作為として民訴733条の手続によることを得る」として本条違反の主張を斥けた。この判決には、先に挙げたように、「良心の自由」の内容をめぐって各裁判官のさまざまな個別意見が表明されたが、多数意見の立場が、「良心」について信条説に立って、謝罪広告の強制は「良心の自由」を侵害しないというものか、「良心の自由」は侵害されているが侵害の程度は軽く、正当化されるというものなのかは明確でない。

　この後の最高裁判決においても、「思想及び良心」について「基本的な発想」は、「田中補足意見に通ずるものと解される」との理解もあるが（高橋・立憲主義184頁）、それぞれの事件において「思想・良心の自由」侵害の主張を斥けた直接的理由が「思想及び良心」の内容理解にあるかどうか明らかとはいえない（後述の長野県勤務評定事件（Ⅲ2(1)）、ポスト・ノーティス事件（Ⅲ4(2)）

第19条（思想および良心の自由）　*201*

参照）。

Ⅲ　「侵してはならない」

　思想及び良心の自由の侵害は、1特定の思想の禁止もしくは思想の強制、2思想告白の強制・思想調査（その結果得られた情報の利用）、3特定の思想に基づく差別的取扱い、4思想に反する外部的行為の強制・禁止の場合に生ずる。思想及び良心の自由を「侵してはならない」とは、上記1〜4のような事態を発生させないことを意味する。

1　特定の思想の禁止もしくは思想の強制をしてはならない

　1は思想の自由の核心部分である。個々人が自由に思想形成をなし得るためには、国家が思想形成に干渉しないことの保障が必要となる。信教の自由の保障のために政教分離という制度が必要とされるように、国家が特定の思想を公定したり、禁止したりすること、国家が特定の思想やイデオロギーを大量に宣伝して国民の思考を統制しようとすることも本条に照らして許されない（佐藤幸・憲法221頁）。すなわち、政府がその圧倒的な情報発信能力をもって、対抗言論を埋没させるような情報操作を行うこと（「**政府言論**」（→憲21条Ⅱ2(5)））は、本条により禁止される（高橋・立憲主義189頁）。また、思想は、通常何らかの行為と結びついて発現するものであるから、特定の思想の強制・禁止の意図をもって、その思想と不可分に結びついた行為を強制したり禁止したりすることも本条に違反する。

　日本国憲法下においては、これまで、特定の思想を禁止したり、国家が特定の思想をもつよう強制したりすることはなかった。ただし、教育現場における「国旗」「国歌」の強制が国の教育政策に批判的な教員のあぶり出しに用いられたように、表面的には中立的な規制目的を掲げつつ、実際の動機は特定の思想の敵視に基づいていることもある。具体的な規制の違憲審査にあたっては、規制目的の精査と規制対象の選択の合理性の検証を通じて、特定思想の敵視に基づく規制でないかどうかを注意深く検証する必要がある。先の「国旗」「国歌」の強制にあたっては、知事や教育長が愛国心の涵養とそれに批判的な教員の排除が目的であることを公然と述べ、入学・卒業式の「実施方針」においても、式の進行の中で「国旗」「国歌」の扱いに重点を置いた異様に詳細な指示が定められていたことは、特定の思想の強制として行われたことを疑わせる。

2　思想告白の強制・思想調査をしてはならない

　「思想・良心の自由」は、特定の思想をもっているかいないかについて沈黙すること（「**沈黙の自由**」）の保障のほか、思想の有無を推知することや思想の有無について調査することの禁止を含む。反体制的な思想、多数者に敵視され

ている思想などは、それをもっていることが露見すれば、差別や偏見の対象となるおそれがある。自由な思想形成を保障するためには、思想の有無について他者に知られないことを厳重に保障する必要がある。

大阪市長が職員に対して「政治活動を行ったことがあるか」どうかなどを問うアンケートを実施したことは、単なる事実の調査のようにもみえるが、具体的な状況の下で特定の政党・政治家を支援する政治活動であることが明らかになってしまう場合には、この禁止に該当するおそれが強い[57]。

最高裁は、私人間の関係においては思想・良心の自由の保障は直接適用されず、企業の入社試験にあたって、入社希望者に学生運動参加歴についてたずねることも、直ちには禁止されないとする（三菱樹脂事件判決（→本章〔前注〕Ⅴ 1 ⑸(i)））。他方で、企業秘密を漏らした者の調査の一環として、企業が労働者の政党所属をたずねる場合には、必要性と合理性をもち、かつ強要にわたるものであってはならないとされている（東電塩山営業所事件判決・最二小判1988（昭63）・2・5労判512号12頁）。

判断の分かれ目となるのは、何をもって「思想」の告白というかという点であろう。三菱樹脂事件判決は、団体加入・学生運動参加の有無についてたずねることについて、「政治的思想、信条に全く関係のないものということはできない」としたが、判例の多くは、以下のように、思想と行動とを形式的に分離して本条の射程を狭く解する傾向にある。

(1) 長野勤務評定事件

長野県教育委員会が教員に対して、「学校の指導計画が適確に実施されるようにくふうしているか」、「分掌した校務を積極的に処理しているか」、「熱意をもって仕事にうちこんでいるか」等の自己観察の結果を記入するよう求めたことについて、最高裁は、「思想及び良心」の意味を狭く解し、「世界観、人生観、教育観等の表明を命じたものと解することはできない」とし、「内心的自由等に重大なかかわりを有するものと認めるべき合理的根拠はな」いと判示した（最一小判1972（昭47）・11・30民集26巻9号1746頁）。

(2) 麹町中学内申書事件

高校進学にあたって作成される内申書に学生運動への参加について記載されたこと（具体的には、「学校構内において、麹町中全共闘を名乗り、機関紙『砦』を発行したこと、ML派の集会に参加したこと」等）が問題となった麹町中学事件判決（最二小判1988（昭63）・7・15判時1287号65頁）においても、最高裁は、「思想、信条そのものを記載したものでないことは明らかであり、右の記載に係る外部的行為によっては上告人の思想、信条を了知し得るものではない」として、内申書の記載が思想を入学者選抜の資料として提供したことにはあたらないとした。

---

[57] 大阪地判2015（平27）・3・30裁判所ウェブサイト参照。

3 特定の思想をもっていることによる差別的取扱いをしてはならない

特定の思想に基づいて差別的取扱いがなされることと特定の思想を禁止することは、そうした思想を敵視しているという点で同じである。憲法14条1項後段が、明示的に「信条による差別」を禁止するのは（→14条Ⅳ3(ⅱ)）、**思想に基づく差別**が最も一般的な思想の自由の侵害形態であり、「危険思想」をもつ「主義者」に対する弾圧が、大日本帝国憲法下の日本において横行したことの反省に基づくものである。

国家によるあからさまな思想差別の事例としては、連合国の占領下に、最高司令官マッカーサーの指令に基づいた**レッドパージ**がある。政府は、マッカーサーからの書簡を受けて閣議決定により共産主義者の公職からの排除を決定し※58、官公庁や主要な民間企業から約40,000人が職を追われたといわれる。

最高裁は、民間企業からのレッドパージに関する事件について、一度は、「日本の国家機関及び国民が連合国最高司令官の発する一切の命令指示に誠実且つ迅速に服従する義務を有すること」を根拠に正当化したが（最大決1952（昭27）・4・2民集6巻4号387頁）、後に、解雇された従業員の具体的言動が企業破壊的であったためであるとして、思想に基づく解雇であることを否定した（最三小判1955（昭30）・11・22民集9巻12号1793頁）。最高裁は、思想に基づく解雇を正当化する一歩手前で踏みとどまったともいえるが、「企業破壊的」な言動の認定はきわめて一般的・抽象的であり、思想と外部的行為との密接な関係に目をつむっている点でも不当である。

また、日本型企業社会といわれる閉鎖的な職場環境の下で、思想に基づく差別が横行してきたことは公然の秘密である。長期間にわたって闘われたいくつかの裁判例では、思想差別の認定と損害賠償を認める判決が出ている（中部電力事件判決・名古屋地判1996（平8）・3・13判時1579号3頁参照）。

※58 閣議決定「共産主義者等の公職からの排除に関する件」（1950（昭和25）年9月5日）は、「共産主義者またはその同調者たる公務員で公務上の機密を漏洩し、公務の正常な運営を阻害する等秩序をみだし、またはみだす虞があると認められるものを、国家公務員法その他当該法規の規定に基き公職に必要な適格性を欠くものとして、その地位から除去する」と定めていた。https://rnavi.ndl.go.jp/politics/entry/bib01057.php。

4 思想及び良心に反する行為を強制してはならない

1に関して述べたように、思想の強制や禁止は、通常、**思想と不可分の行為の強制や禁止**の形態をとって行われる。したがって、思想の自由の保障を十全なものとするためには、特定の思想と不可分の行為の自由の保障（あるいは、思想に反する行為をなすべき義務からの免除[※59]）をも射程に入れる必要がある。

判例も、一定の行為の強制が「一般的、客観的に見て」、特定の「歴史観ないし世界観」もしくはその否定と「不可分に結び付くもの」である場合であれば、特定の思想の強制・禁止（前記1）と同視し得ることを認めている（**国歌起立斉唱命令事件**判決・最二小判2011（平23）・5・30民集65巻4号1780頁）。

もっとも、最高裁は、「国歌」の内容に批判的な音楽担当教員に対して入学式等の式典にあたって「国歌」のピアノ伴奏を命ずることは、「一般的にみて」、特定の歴史観・世界観と不可分に結び付くものとはいえないとして、思想及び良心の自由の侵害を認めなかった（最三小判2007（平19）・2・27民集61巻1号291頁）。また、教員が学校の式典で「国歌」を起立斉唱することについても、「一般的、客観的に見て、これらの式典における慣例上の儀礼的な所作としての性質を有するもの」であるとして、教員の「歴史観ないし世界観を否定することと不可分に結び付くものとはいえ」ないとされた（国歌起立斉唱命令事件判決・最二小判2011（平23）・5・30民集65巻4号1780頁）。

ただし、最高裁は、一連の判決において、国歌の起立斉唱を求める職務命令が、「一般的、客観的に見ても、国旗及び国歌に対する敬意の表明の要素を含む行為である」ことから、当該職務命令が「『日の丸』や『君が代』に対して経緯を表明することには応じ難いと考える者が、これに対する敬意の表明の要素を含む行為を求められること」は、「個人の歴史観ないし世界観に由来する行動（敬意の表明の拒否）と異なる外部的行為（敬意の表明の要素を含む行為）を求められることになり、その限りにおいて、その者の思想及び良心の自由についての間接的な制約となる面があること」を認めた（最一小判2011（平23）・6・6民集65巻4号1855頁、前記・最二小判2011（平23）・5・30、最三小判2011（平23）・6・14民集65巻4号2148頁）。

こうして、最高裁は、歴史観・世界観と「不可分に結びつく」外部的行為の強制が思想及び良心の自由の「直接的な制約」となること、歴史観・世界観に「由来する」外部的行為の強制が思想及び良心の自由の「間接的な制約」となり得ることを認めたことになる。しかし、そこでの「直接的な制約」は、一般的・客観的にみて、特定の歴史観・世界観とが「不可分に結びつく」ものでなけれ

[※59] 諸外国でみられる「良心的兵役拒否」は、戦闘を禁止する信念（多くは宗教上のものであるがそれに限られない）を尊重して、国民の義務である兵役の免除を認めるものである。たとえば、ドイツ基本法4条3項は、「何人も、その良心に反して、武器をもってする兵役を強制されてはならない」と定める。

第19条（思想および良心の自由）　205

ばならないため、はたしてそうした場合があり得るのかすらはっきりしない。また、「間接的な制約」についても、どのような場合がそれに当たるのかが明らかでない上、「職務命令の目的及び内容」と「制約の程度等」の総合的衡量に委ねられた。

　思想・良心の問題は時に社会の多数派と少数派で厳しい対立となることが多く、「思想及び良心の自由」の範囲を「一般的、客観的に見て」という観点という多数派の観点からばかり切り捨てると、自由の主張範囲が不当に狭められる危険性がある。そこで、本人の歴史観ないし世界観、信念が真摯なものであると客観的に認められ、行為が思想および良心の核心と少なくとも密接に関連する、真摯なものである場合には、「思想及び良心の自由」の保護範囲に含めて、その制約の合理性の検討に進むべきであるとの意見も示されている（国歌斉唱命令事件判決（前記・最一小判2011（平23）・6・6ほか）における宮川裁判官の反対意見参照）。

　仮に「一般的、客観的」という基準に拠ったとしても、「君が代」のピアノ伴奏拒否について、藤田宙靖裁判官が述べたように、それは「『君が代』の果たしてきた役割についての否定的評価」というよりは「公的儀式の場で、公的機関が、参加者にその意思に反してでも一律に行動すべく強制することに対する否定的評価（従って、また、このような行動に自分は参加してはならないという信念ないし信条）」と評価することも可能であった。すなわち、歴史観・世界観が一般的な評価・感情を超えて、具体的な行動のあり方と密接に結びつく可能性はあり、裁判所はその可能性の有無をきちんと評価する必要がある。

　また、公権力による外部的行為の強制や禁止が特定の思想を強制・禁止する目的でなされた場合や、「踏み絵」のように、公権力が外部的行為の強制を通じて思想の告白を迫る場合には、公権力の側が特定の思想と外部的行為との密接な関連性を認めているといえる。特定の思想の強制・禁止する目的に基づく措置は、そもそも正当な目的に基づくものとはいえないから、思想及び良心の自由に対する直接的な制約として、原則として違憲とされよう（長谷部編・注釈2・281頁〔駒村圭吾〕）。

(1)　謝罪広告の強制

　県知事選挙の相手方候補者が副知事在職中に汚職を行ったと政権放送等で述べたことが名誉毀損とされた事件で、名誉回復のための措置として、当該発言が「真実に相違して居り、貴下の名誉を傷けご迷惑をおかけしました。ここに陳謝の意を表します」との文面の謝罪広告の掲載を裁判所が命ずることが本条の保障する「良心の自由」を侵害すると主張された事件において、最高裁は、「単に事態の真相を告白し陳謝の意を表明するに止まる程度のもの」であれば、「倫理的な意思、良心の自由を侵害することを要求するものとは解せられない」として、憲法違反の主張を斥けた（**謝罪広告事件**・最大判1956（昭31）・7・4民集10巻7号785頁）。

先に述べたように（→Ⅱ2）、この判決については、「良心」の意味を信条説的に狭く捉えたとの理解もある。他方、内心説の立場からは、謝罪の強制は、「倫理的判断の強制」あるいは「特定の『思想』の強制」にあたると評価される（浦部・教室138〜139頁）。

内心に反する謝罪の表明については、憲法21条1項で保障される消極的表現の自由の侵害と捉えるべきとの見解も有力に唱えられてきた（佐藤幸・憲法219頁）。しかし、内心に反する意思表明の強制と、証言強制のように言いたくないことに対する強制一般とを同一視することは、問題を必ずしも正確に捉えることにはならない。内心に反する謝罪の公表は、一般的にみて、謝罪意思の表明とみなされる行為の強制とみることができるから、「思想及び良心」に反する行為の強制の一事例として扱うべきである（毛利ほか・憲法2・154頁〔小泉良幸〕）。

もっとも、内心に反して謝罪を強制することは、実際上、不可能である。民法723条に基づく謝罪を命じる判決は、あくまでも外形的な反省の意の表明を求めるだけであるから、問題は、代替執行として「謝罪」が表明されることの是非ということになる（入江裁判官は謝罪広告の強制執行は認められないとする）。ここでは、本人が思っていない内容が当人の名義で表明されるという、先の謝罪を命じる判決とは別個の問題が生じている※60。

(2) ポスト・ノーティスの強制

不当労働行為を行った使用者に対し労働委員会が命じた「当社団が行った次の行為は、神奈川県地方労働委員会により不当労働行為と認定されました。当社団は、ここに深く反省するとともに今後、再びかかる行為を繰り返さないことを誓約します」との文書の掲示を命ずるポスト・ノーティス命令について、最高裁は、「同種行為を繰り返さない旨の約束文言を強調する意味を有するにすぎない」として、本条違反の主張は前提を欠くと述べている（最三小判1990（平2）・3・6判時1357号144頁）。

(3) 国旗・国歌の教育現場における強制

1999（平成11）年に国旗国歌法（国旗及び国歌に関する法律）が制定された当時、政府関係者は、「国旗」「国歌」の法定は、国民に対する強制とは結びつかないとたびたび言明した。それにもかかわらず、同法制定後、東京都をはじ

※60 蟻川恒正「署名と主体」樋口陽一ほか編『国家と自由──憲法学の可能性』（日本評論社、2004年）114頁以下参照。最高裁裁判官の国民審査において、棄権する趣旨で何も記入しない投票も「罷免を可としない」票とみなされることが、思想及び良心の自由を侵害すると主張された事件において、最高裁は、最高裁裁判官の国民審査が解職制度であることから、罷免を可とする投票以外を「罷免を可としない票」として扱っても内心と矛盾する効果を発生させているわけではないとして、本条違反の主張を斥けた（最大判1952（昭27）・2・20民集6巻2号122頁）。そこでは、「意思に反する効果」の発生があれば、思想及び良心の自由の侵害となることが前提とされている。

めとする各地の教育現場で、「国旗」の掲揚、「国歌」の起立・斉唱の強制と、それに抵抗する教員の処分が相継いだ。

(i) 「国歌」ピアノ伴奏の強制

前述の通り、卒業式の「国歌」斉唱に際して音楽教師にピアノ伴奏を命ずる職務命令に関する事件について、最高裁は、「思想及び良心の自由」の侵害を認めなかった（最三小判2007（平19）・2・27民集61巻1号291頁）。

(ii) 「国歌」斉唱の強制

東京都立高校・中学校において、校長が入学式・卒業式において、「国旗」に向かって起立し「国歌」を斉唱することなどを命じた職務命令をめぐる事件について、最高裁は、先に述べたように、職務命令が教師の「歴史観ないし世界観それ自体を否定するものということはできない」として本条に違反するとの主張を斥けたものの、「思想及び良心の自由についての間接的な制約」であることを認めた（国歌斉唱命令事件判決・前記・最二小判2011（平23）・5・30ほか）。

判決は、間接的な制約の合憲性について、制約の必要性、制限される自由の内容及び性質そして制限の態様及び程度等を衡量するとの枠組みに基づいて合憲と判断した。ただし、その後の事件において、職務命令に違反する不起立行為に対して停職処分などの重い懲戒処分を下すことについて裁量権濫用となる可能性を示し、制裁のあり方について一定の歯止めをかけようとする判断も示している（最一小判2012（平24）・1・16判時2147号127頁）。

こうした最高裁の姿勢を受けて、下級審レベルでは、実質的な思想・信条への不利益扱いとならないよう、「国歌」の起立斉唱を命ずる職務命令に違反したというだけでは戒告処分以上の懲戒処分を認めない傾向もみられた[61]。しかし、最高裁は、退職後の再任用（再雇用・非常勤採用）に関しては、採用にあたっての裁量が広いことを強調し、国歌の起立斉唱を求める職務命令違反を理由に再任用等を拒否することを容認する姿勢を示した（最一小判2018（平30）・7・19裁時1704号4頁）。

(4) 加入強制団体における政治献金の強制

税理士会などの加入強制団体が、構成員に対して、特別会費などの名目で政党・政治家への献金を強制することも、内心に反する行為の強制にあたる。もっとも、団体の活動と構成員の自由との間の緊張関係は私人間の関係であって絶対的に構成員の自由が優先するとは限らない。団体による構成員の自由の制約が許されるかどうかは「会の目的の範囲内」の活動か否か（民34条）という枠組みの中で、活動の性質と会の目的との関係と協力義務の態様との相関関係により決定される（→本章〔前注〕IV 3(4)）。

（木下智史）

※61 たとえば、東京高判2015（平27）・12・4裁判所ウェブサイト。

208 第20条（信教の自由、政教分離）

（信教の自由、政教分離）
第20条 ① 信教の自由は、何人に対してもこれを保障する。いかなる宗教団体も、国から特権を受け、又は政治上の権力を行使してはならない。
② 何人も、宗教上の行為、祝典、儀式又は行事に参加することを強制されない。
③ 国及びその機関は、宗教教育その他いかなる宗教的活動もしてはならない。

I　本条の趣旨

　本条は、信教の自由の保障とともに、政教分離原則について規定する。

　信教の自由の保障は、宗教戦争に明け暮れた16世紀から17世紀にかけてのヨーロッパ、そして近代市民革命期における最重要テーマの1つであった。宗教上の対立が非和解的対立を生み、国家と宗教との結びつきが宗教弾圧を引き起こすとの苦い経験を踏まえて、近代国家樹立にあたって、宗教を私的な領域にとどめ、互いの信仰に寛容であること、国家と宗教とを分離することなどの原則が、各国の社会状況に応じた変異を含みながらも確立されることとなった。各人の内心における信仰が自由となったことは、広く精神活動の解放につながり、表現、思想、学問などの自由確立につながっていった。

　日本においては、「祭政一致」への復古を掲げて出発した明治政府が、天皇を中心とした国家を権威づけるものとして、神道を利用した。政府は、神仏分離令（1868（明治1）年）により神道の純化を図るとともに、国家祭祀を司る国家機関として神祇官を復活させた。一方で、徳川幕府によって禁圧されていたキリスト教については、明治維新後も1870年代初めまで禁止され続けた。

　大日本帝国憲法においては、信教の自由が明文で保障され、憲法上、表だった神道と国家との結びつきは避けられた。しかし、憲法に付された告文は、「皇朕レ謹ミ畏ミ皇祖皇宗ノ神霊ニ誥ケ白サク皇朕レ天壌無窮ノ宏謨ニ循ヒ惟神ノ宝祚ヲ承継シ」と始まり、天皇の統治権を神話に基礎づけており、大日本帝国憲法1条の「万世一系ノ天皇」という表現も神話に基づく歴史観を憲法にもち込むものであった。

　また、信教の自由の保障自体が、「安寧秩序ヲ妨ケス及臣民タルノ義務ニ背カサル限リ」（明憲28条）という制限付きのものであり、他の憲法上の権利と異なり、「法律の留保」が付されていなかったことも、法律によらなくても制限され得る根拠と解された。実際、「大本」「ひとのみち教団」など多くの宗教団体が、天皇の宗教的権威を否定する発言などを理由に、不敬罪と治安維持法を通じた取締りの対象となった。

第20条（信教の自由、政教分離）　209

　神道は、天皇の祖先を祀る宗教として、「国教」的な地位を与えられ、各地の神社は伊勢神宮を頂点とする「社格」によって格づけされ、公法人の地位を与えられ、神官には官吏の地位が与えられた。「神道は宗教に非ず」との公権解釈の下で、学校行事等を通じた児童・生徒の神社への参拝強制も行われた。こうした国家と神道との強い結びつきは、「**国家神道**」と呼ばれる。国家神道は、天皇を「現人神」と扱い、天皇に対する個人崇拝を強める作用を担うとともに、国のために戦死した者を神として祀る靖国神社に象徴されるように、国民を侵略戦争に駆り立てる精神的動員にも寄与した。

　アメリカを中心とする連合国は、日本軍国主義を生み出した土壌の1つに国家神道体制があるとの認識に立ち、それを打破することを占領政策の重要な柱とした。総司令部は、1945（昭和20）年12月15日に、「神道指令」[62]を発して、信教の自由の確立と国家・地方における神道からの分離を徹底し、国家神道体制の解体を図った。

　日本国憲法制定過程においては、GHQ原案の段階で、すでに現在の本条の条文に近い形が現れており[63]、以降の草案においてもほとんど変更はみられない。

II　信教の自由

1　信教の自由の保障（本条1項前段）

(1)　「宗教」の意味

　信教の自由とは、宗教を信仰することの自由であるが、「宗教」の意味をいかに捉えるかによって、信教の自由の保障範囲は広くも狭くもなる。広い定義の例として、「超自然的、超人間的本質（すなわち絶対者、造物主、至高の存在等、なかんずく神、仏、霊等）の存在を確信し、畏敬崇拝する心情と行為」とするものがある（津地鎮祭事件控訴審判決・名古屋高判1971（昭46）・5・14行集22巻5号680頁）。また、「信教の自由保障の趣旨からは、『宗教』の意味は広く理解されるべきであり、その人がそれを宗教だと理解していれば、それは宗教だと考えるべきであろう」（松井・憲法430頁）と、完全に主観的な判断に委ねる考え方もある。

　他方で、「宗教」の範囲が広がり過ぎると、政教分離原則に抵触する範囲が広くなり過ぎるとして、「信教の自由」条項の「宗教」については、上記の津地鎮祭事件名古屋高裁判決の広い定義を採用しつつ、「20条3項の政教分離条

---

[62]　「国家神道、神社神道ニ対スル政府ノ保証、支援、保全、監督並ニ弘布ノ廃止ニ関スル件（覚書）」http://www.mext.go.jp/b_menu/hakusho/html/others/detail/1317996.htm。

[63]　http://www.ndl.go.jp/constitution/shiryo/03/147/147tx.html。

項に言う『宗教』は、それよりも限定された狭い意味、たとえば、『何らかの固有の教義体系を備えた組織的背景をもつもの』の意に解するのが、妥当であろう」（芦部・憲法161頁）とする見解もある。

(2) 「信教の自由」

　信教の自由の保障内容には、(a)内心における信仰の自由、(b)宗教的行為・布教の自由、(c)宗教的結社の自由が含まれる。そして、(b)については、信仰に反する外部的行為を強制されない自由も保障範囲に含まれる（毛利ほか・憲法2・162頁〔小泉良幸〕）。

(a) 内心の信仰の自由

　本条1項が保障する信教の自由の核心は、内心における信仰の自由である。信仰の自由の保障には、(ア)国は特定の宗教の信仰を強制したり、禁止したりしてはならないこと、(イ)信仰の告白を強制してはならないこと、(ウ)特定の信仰をもつ／もたないによって差別的取扱いをしてはならないことの保障が含まれる。

(b) 宗教的行為・布教を行う自由

　宗教は、信者に、礼拝・儀式等の宗教的行為を行うことを求める。こうした宗教的行為を許さないことは、信仰を棄てるよう求めるに等しい。また、多くの宗教は、自らの信仰を他人に伝え、信仰を共有するよう働きかける作用（＝布教）を伴う（宗教上の教義を宣伝・普及する自由について、表現の自由の問題とする見解もある（芦部・憲法161頁））。宗教的行為の自由には、反面で、自らの信仰に反する行為を拒否する自由（消極的宗教的行為の自由）も含まれ、「宗教上の行為」等への参加を強制されないと定める本条2項は、消極的宗教的行為の自由を明文で保障するものである。

(c) 宗教的結社の自由

　信仰を同じくする者同士で宗教団体を結成し、宗教団体に加入することも信教の自由に含まれる。同時に、宗教団体への加入を強制されないことも消極的宗教的結社の自由として保障される。

(3) 「何人に対しても」

　憲法第3章に規定される権利・自由の保障は、「国民の権利」として保障されたものではあるが（→本章〔前注〕Ⅳ）、信教の自由は、いわゆる自然権的権利の1つであり、国籍を問わず万人に保障されるべき権利であることを強調するために、「何人に対しても」という文言が付されているとも解される（佐藤功・注釈上307頁）。

(4) 「保障する」

　内心における信仰について制約はあり得ないが、外部的な宗教的行為の自由については、思想及び良心の自由について論じたのと同様（→憲19条Ⅲ4）、特定の信仰を強制する目的若しくは宗教への敵意に基づく制約（直接的制約）と、宗教外の公共的目的に基づく一般的義務による制約（間接的制約）があり得る（長谷部編・注釈2・310頁〔駒村圭吾〕、毛利ほか・憲法2・162〜165頁〔小

泉良幸〕）（後者について「付随的規制」という語を当てる論者もある。高橋・
立憲主義193頁）。

　直接的制約は、原則として違憲とされる。後者については、一般的義務から
の宗教上の免除を認めることとなり、一律的な判断は困難であるが、規制に
よって得られる公共的利益と信教の自由に対する侵害の程度の具体的な衡量に
よって判断される傾向にある（→3）。

2　「宗教上の行為」等への参加強制禁止（本条2項）

　先に述べたように（→1(2)(b)）、本条2項が「宗教上の行為、祝典、儀式又は
行事」への参加強制を禁止するのは、消極的宗教的行為の自由を具体的な形で
保障したものである。本条1項の信教の自由の保障に加えて、本条2項におい
て、宗教行事等への参加強制禁止に関する条文を設けたのは、大日本帝国憲法
下で、宮中の公式行事が宗教行事として行われ、公務員や私人が参加を強制さ
れ、学校教育などを通じて神社参拝の強制が行われたことに対する反省に基づ
くものである。

(1)　「何人も」

　本条2項の主体が「何人も」とされている理由の1つは、本条1項と同様、消
極的な信教の自由の自然権的性格を強調しているものとみることができる。た
だし、先に述べた大日本帝国憲法下の状況を踏まえれば、公務員に対する強制
も許されない趣旨が込められたものと解することもできる（宮沢・憲法2・354
頁）。

(2)　「宗教上の行為、祝典、儀式又は行事」

　「宗教上の行為」とは、信仰の表明となる、あらゆる行為を指す。「宗教上
の……祝典」とは、宗教上の祝祭、「宗教上の……儀式」は、宗教上の教義に
基づく式典、「宗教上の……行事」は、定期的に行われる式典と、一応、区別
することもできるが、すべて「宗教上の行為」に含まれるとみることができる。

(3)　「宗教上の行為」（本条2項）と「宗教的活動」（本条3項）の異同

　本条2項の「宗教上の行為」と本条3項の「宗教的活動」は、言葉だけ捉えれ
ばどちらも同じようなことを指しているようにみえ、両者を同義に捉える見解
もある（佐藤功・注釈上313頁）[64]。

　もし、「宗教上の行為」と「宗教的活動」とを同じ意味と捉えると、国は、
本条3項により「宗教的活動」とともに、国民に参加を強制すべき「宗教上の
行為」も行えないことになる。とすれば、本条2項の存在理由は、私人による
「宗教上の行為」への参加を強制されないことを保障したに過ぎない規定という
ことになってしまう。

　津地鎮祭事件最高裁判決（最大判1977（昭52）・7・13民集31巻4号533頁）は、

---

[64] 芦部信喜編『憲法Ⅱ：人権1』（有斐閣、1978年）357頁〔種谷春洋〕。

「2項の宗教上の行為等は、必ずしもすべて3項の宗教的活動に含まれるという関係にあるものではなく、たとえ3項の宗教的活動に含まれないとされる宗教上の祝典、儀式、行事等であっても、宗教的信条に反するとしてこれに参加を拒否する者に対し国家が参加を強制すれば、右の者の信教の自由を侵害し、2項に違反することとなる」と述べる。このように、判例は、本条3項の「宗教的活動」を目的効果基準により限定されたものと捉える一方、本条2項の「宗教上の行為」には本条3項の「宗教的活動」にあたらないものも含むと解している。

3 信教の自由をめぐる具体的事例

(1) 加持祈祷事件

精神疾患患者の平癒を依頼された真言密教の行者が「狸憑き」を直すとして、いわゆる「線香護摩」による加持祈祷を行い、熱と煙で苦しむ被害者を殴打したりした結果、死にいたらしめた事件について、最高裁は傷害致死罪で有罪とした（最大判1963（昭38）・5・15刑集17巻4号302頁）。

判決は、仮に被告人の行為が「一種の宗教行為」としてなされたものであっても、「他人の生命、身体等に危害を及ぼす違法な有形力の行使に当るものであり、これにより被害者を死に致したものである以上、被告人の右行為が著しく反社会的なものであることは否定し得ない」と述べて、その処罰が憲法に違反するものではないとした。

(2) 牧会活動事件

学生運動にかかわって建造物侵入等の被疑者として警察が捜査していた高校生をかくまい、反省の場と機会を与え、「魂の救済」をしようとしたキリスト教牧師が犯人蔵匿罪（刑103条）に問われた事件について、裁判所は、正当行為にあたり無罪とした（神戸簡判1975（昭50）・2・20判時768号3頁）。

判決は、被告人が行った行為を、キリスト教の牧師にとって宗教上の職責である「牧会活動」であると認め、その目的が「魂への配慮に出た行為」であり、手段においても、少年らが牧会活動の結果、反省し任意に警察に出頭したことからみて相当性を有するものであったことを、正当行為と判断する上での決め手とした。

(3) 古都保存協力税事件

京都市が市内の社寺の拝観料に課税する条例を制定したところ、社寺側が拝観は宗教活動であり、それに課税することは信教の自由を侵害すると条例の差止めを請求した事件について、裁判所は、社寺側の請求を斥けた（京都地判1984（昭59）・3・30行集35巻3号353頁）。

判決は、拝観に対する課税の趣旨を「有償で行う文化財の観賞という客観的、外形的行為に着目し、そのような観賞者に対し、その者が文化財観賞の目的をもつか、信仰の目的をもつか、あるいは、これらを混在させているかといつた

観賞者の内心を問うことなく、一律に本税を課すことにしている」点を指摘して、宗教行為に課税するものではなく、かつ、課税額が僅少であって「信仰行為に抑止効果を及ぼし、これを結果的に制限するものでもない」と判断した。

(4)　「エホバの証人」剣道履修拒否事件

　神戸市高等専門学校は、体育の授業に剣道をとり入れていたところ、宗教団体「エホバの証人」の信者の学生が、格技である剣道を履修することは自らの宗教的信条に反するとして剣道実技の授業に参加しなかった。そのため、この学生は、必修科目である体育の単位を修得できず、留年を重ねて退学処分となった。

　最高裁は、校長による退学処分に裁量権の逸脱濫用があったとして取り消した（最二小判1996（平8）・3・8民集50巻3号469頁）。判決は、校長が学生の処遇に関して広い教育的裁量を有していることは認めながらも、退学処分が学生の身分を失わせる重大な措置であることに鑑み、「教育上やむを得ないと認められる場合」に限って退学処分を選択すべきであり、その要件の認定につき「特に慎重な配慮を要する」とした。その上で、判決は、剣道実技が高等専門学校の教育にとって必須のものであるとはいえないことに加え、学生による剣道の履修拒否が信仰の核心にかかわる真摯なものであったにもかかわらず、学校側が代替手段について真剣に検討せず退学処分をしたことが、「考慮すべきことを考慮しておらず、又は考慮された事実に対する評価が明確に合理性を欠き、その結果、社会観念上著しく妥当を欠く処分と評するほかはない」と判示した。

　判決は、剣道履修の強制について、「信仰上の教義に反する行動を命じたものではなく」、「信教の自由を直接的に制約するものとはいえない」ことは認めながらも、退学という「重大な不利益を避けるため」には、「剣道実技の履修という自己の信仰上の教義に反する行動を採ることを余儀なくさせられる」ことを信教の自由の制約と捉え、校長の裁量権行使にあたって信教の自由に対する負担をできる限り軽減する配慮義務を負わせた。

(5)　日曜参観事件

　公立小学校が日曜日を父母の授業参観のための授業日に設定したところ、キリスト教牧師の子が礼拝のため授業を欠席せざるを得なくなったとして損害賠償請求をした事件について、裁判所は請求を斥けた（東京地判1986（昭61）・3・20行集37巻3号347頁）。

　判決は、日曜日の午前中に授業参観を行う「公教育上の特別の必要性」があること、「国民の自由権といっても、それが内心にとどまるものではなく外形的行為となって現れる以上、法が許容する合理的根拠に基づく一定の制約を受けざるをえないこと」を指摘し、授業日の振替えにより、宗教教団の集会と抵触することになったとしても、「法はこれを合理的根拠に基づくやむをえない制約として容認している」と判示した。

214 第20条（信教の自由、政教分離）

Ⅲ 政教分離

　ヨーロッパ各国は、宗教戦争から脱却するため、国民に信教の自由を保障するとともに、何らかの形での国家と宗教との分離を図った。しかし、政教関係のありようは、国教を定めつつ他の宗教への寛容な姿勢を保つ国（イギリス）や、特定の宗教団体に特別の法的地位を付与しつつ、国家と教会の競合する問題について政教協定を結んで相互の独立と協調を確保しようとする国（ドイツ、イタリア）、国家と宗教を厳しく分離する国（アメリカ、フランス）など、各国の歴史・社会状況に応じて多様である。

　日本国憲法は、大日本帝国憲法下における国家神道体制に対する反省に基づき、詳細な政教分離に関する規定をもち、厳格な政教分離を定めている。

1 政教分離の意義

　国家と特定の宗教が結びつくと、他の宗教に対する弾圧など国民の信教の自由の侵害が起こりやすいことは歴史の教えるところである。政教分離は、国家と宗教とを分離して、国家をできる限り非宗教的な存在とし（**国家の非宗教性**）、間接的に信教の自由を保護しようとするものである。政教分離原則の下では、国家が宗教とかかわり合いをもつ場合でも、特定宗派を優遇したり、敵視したりすることは許されず、国家の施策を宗教的に中立なものに保たなければならない（**国家の宗教的中立性**）。

2 政教分離の法的性格

(1) 制度的保障としての政教分離

　主観的権利として信教の自由を保障するだけでなく、客観的な制度の保障として政教分離を定めることには、宗教が政治と結びつくことにより統治が宗教的中立性を失い、宗教的少数派の信仰に対する社会的な圧迫・干渉がなされることを予防し、宗教を通じた国民動員を防止するといった意義がある。

　判例も、政教分離原則を「制度的保障」と解し、「信教の自由そのものを直接保障するものではなく、国家と宗教との分離を制度として保障することにより、間接的に信教の自由の保障を確保しようとするものである」と述べている（津地鎮祭事件判決・最大判1977（昭52）・7・13民集31巻4号533頁参照）。

　ここにいう「制度として保障」するとの意味を、C.シュミットの「制度的（制度体）保障論」と結びつけて、「制度の中核的部分を害しない範囲で」国家と宗教とのかかわり合いを認める緩やかな政教分離につなげる考え方もある。しかし、制度としての保障と解することは、政教分離原則が主観的な権利保障でないという意味であって、政教分離を厳格に解するか、緩やかな分離と捉えるかという問題とは、本来、無関係である。政教分離を定める意義は、主観的な信教の自由侵害に至らない時点で、宗教と国家との結びつきを防ぐことで、自

由への侵害を未然に防ぐところにある。多くの学説は、政教分離原則を「制度」の保障と解しつつ、厳格な分離と解している（高橋・立憲主義196頁）。他方、政教分離違反に対する裁判上の救済を図るため、政教分離原則を、信教の自由に対する間接的な圧迫・干渉を排除するための主観的な政教分離を求める権利を保障したものと解する見解もある（浦部・教室148〜149頁）。

(2) 政教分離の裁判上の救済

　政教分離は制度的保障であり、その違反は主観的権利の侵害を発生させないと考えられているため、国家賠償請求などの主観訴訟では救済されない。最高裁は、内閣総理大臣が靖国神社を参拝したことに対する国家賠償請求について、「人が神社に参拝する行為自体は、他人の信仰生活等に対して圧迫、干渉を加えるような性質のものではないから、他人が特定の神社に参拝することによって、自己の心情ないし宗教上の感情が害されたとし、不快の念を抱いたとしても、これを被侵害利益として、直ちに損害賠償を求めることはできない」として、政教分離違反につき判断せずに請求を斥けている（最二小判2006（平18）・6・23判時1940号122頁）。

　これまでの政教分離違反事件は、地方自治法242条の2第1項所定の**住民訴訟**制度を使って争われてきた。しかし、国レベルでは、住民訴訟のような違法な財務会計上の行為を争う客観訴訟制度がないため、「公金検査請求訴訟」制度の創設を求める声もある※65。

3　政教分離原則の具体的内容

(1) 宗教団体への「特権」付与禁止（本条1項後段）

(i) 「いかなる宗教団体」

　宗教と公権力との関係の分離を図る趣旨から、法人格を有する宗教法人に限らず、広く宗教活動を目的とする団体をすべて含むと解される（宮沢・全訂239頁、佐藤功・注釈上307頁）。判例上、ここにいう「宗教団体」とは、89条前段における「宗教上の組織若しくは団体」と同様（→憲89条Ⅲ1）、「特定の宗教の信仰、礼拝又は普及等の宗教的活動を行うことを本来の目的とする組織ないし団体を指すもの」と解され（箕面忠魂碑訴訟最高裁判決（最三小判1993（平5）・2・16民集47巻3号1687頁）、宗教法人であれば、本条にいう「宗教団体」に当たることは明らかとされている。

(ii) 「国から」

　政教分離を徹底するためには、国による「特権」付与を禁ずるだけでは不十分であり、地方公共団体その他の公的機関を含む趣旨である（宮沢・全訂239頁）。

※65　日本弁護士連合会「公金検査請求訴訟制度の提言」（2005（平成17）年6月16日）参照。http://www.nichibenren.or.jp/library/ja/opinion/report/data/2005_41.pdf。

(2) 「特権」付与の禁止

「特権」とは、一般には認められない優遇的地位・利益を指す。特定の宗教団体を優遇する場合だけでなく、宗教団体一般を他の団体から区別して優遇することも特権付与にあたる（樋口ほか・注解1・396頁〔浦部法穂〕）。したがって、宗教団体に特別の補助金を与えることや、租税上の優遇措置を行うことは、特権付与として禁止される。

ただし、文化財保護のための補助金が文化財を保有する寺社に支給される場合や、公益法人に対する法人税等の免除措置（法税7条、所税11条1項、地税25条1項2号・地税296条1項2号・地税72条の5第1項2号）が宗教法人に及ぶ場合のように、宗教団体に対して有利な取扱いをする目的ではなく、一般的な施策としての利益供与が、結果として宗教団体に及ぶ場合は、本条1項の禁ずる特権付与にはあたらない（佐藤功・注釈上308頁）。

宗教団体が基盤となって設立された私立学校に対する助成（私学助成）についても、そこに学ぶ学生・生徒の教育を受ける権利を実質的に保障するための補助金が、結果として、宗教系私立学校に支給されるのであり、「特権付与」にはあたらないとされているが、その実態が宗教活動への助成とならないような制度上の手当が必要とも指摘されている（樋口ほか・注解1・396頁〔浦部法穂〕）（→憲89条Ⅳ4）。

かつて、「戦没者、国事に殉じた人の英霊に国民尊崇の念を表わし、儀式行事を行なうこと」を目的として、国・地方公共団体が靖国神社の財政の一部を負担することを内容とする「靖国神社法案」の制定が試みられたことがあった（1974（昭和49）年衆院可決後、廃案）。「神社」という名称をもつ施設が、慰霊のための儀式を行うことは、いくら「特定の教義をもち、信者の教化育成などの宗教活動をしてはならない」との条件が付されたとしても、宗教性を払拭することはできない。宗教性を有する特定の施設の運営費用を公費で負担することは、本条1項および憲法89条に違反する疑いが強い（佐藤功・注釈上320頁）。

(3) 宗教団体による「政治的権力」行使の禁止（本条1項後段）

「政治的権力」の意味については、(a)「国または地方公共団体に独占されている統治的権力」を指すとの見解（宮沢・全訂240頁）と、(b)「宗教団体が積極的な政治活動によって政治に強い影響を与えること」とみる見解[66]、そして(c)過去に国家神道が政治と結びついて、「軍国主義政策の宗教的基礎付けなどの機能」を営んだことを念頭に、「宗教団体が政治的権威の機能を営んではならない」という意味に解する見解（佐藤・注釈上308頁）が対立している。

(a)によれば、今日、宗教団体が課税権等の統治権を行使することはなく、本

---

[66] 田上穣治「宗教に関する憲法上の原則」清宮四郎・佐藤功編『憲法講座第2巻』（有斐閣、1963年）139頁）。

条1項は沿革的な意味しかもたない条文となる。

(b)の見解は、宗教団体による政治活動や宗教団体を支持母体とする政党の存在を否定する趣旨で唱えられている。しかし、日本国憲法の想定する民主主義が宗教団体による政治活動を敵視するものとは考えられない。

(c)の見解は、公式英文が「政治上の権力」に"political authority"をあてていることと符合し、かつ、日本国憲法が否定しようとした国家神道のあり方とも合致する。しかし、その禁止の内容が不明確な点が難点である。

(4) 国等の「宗教教育」・「宗教的活動」の禁止（本条3項）

(i) 「国及びその機関」

国家の非宗教性を実現するためには、中央政府のみが宗教から分離されるだけでは不十分であり、「国およびその機関」には、国の機関のみならず、地方公共団体とその機関も含まれる。

「その機関」に、国や地方公共団体が設置する公法人・営造物も含まれるかという問題がある。国家の非宗教性を徹底する観点からは、政教分離が求められる対象をできるだけ広く解するべきであり、これらも「その機関」に含まれると解される（宮沢・全訂241頁）。

(ii) 「宗教教育」

政教分離の目的の1つは、国民の信教の自由を十全に保障するため、国家が特定の宗教を公認することにより、国民の信仰選択に影響を及ぼすことを排除することにある。本規定により禁止される「宗教教育」とは、特定の宗教・教義によって子どもを教化し、信仰を誘導するようなものをいい、宗教に関する知識を一般的に提供するにとどまるものは、禁止されない。教育基本法が、「国及び地方公共団体が設置する学校は、特定の宗教のための宗教教育その他宗教的活動をしてはならない」（教基15条2項）と定める一方で、「宗教に関する寛容の態度、宗教に関する一般的な教養及び宗教の社会生活における地位は、教育上尊重されなければならない」（教基15条1項）と定めるのも同趣旨と解される。

(iii) 「その他いかなる宗教的活動もしてはならない」

国家が自ら「宗教的活動」をすることは、特定宗教の布教・宣伝をする場合はもちろん、宗教的儀式を主催したり後援したりする場合であっても、特定の宗教を公認し権威化する効果をもち、特定の宗教の信仰に国民を誘導することになる。

「宗教的活動」の意味については、学説上は、「宗教の宣伝を目的とするすべての活動」（宮沢・全訂241頁）ともされるが、積極的な教化活動に限定すべきではなく、祈祷・礼拝・祝典・儀式・行事など、「いっさいの宗教上の活動を含むもの」と広く解するのが多数である（樋口ほか・注解1・398頁〔浦部法穂〕）。しかし、判例は、これを目的効果基準によって限定する（→4(1)）。

もっとも、正月の門松のように、もともと宗教に起源をもつ行為であっても、

歴史とともに宗教との結びつきが薄れた習俗的行為は、それが挙行されても特定の宗教を公認する効果をもたないから、本規定による禁止対象とはならない（宮沢・全訂242頁）。

天皇が宮中で行う行事の中には、神道にのっとった宗教的儀式も多く、本条3項との抵触が問題となるが、私的行為として行う限りで許容されると解されている。ただし、宮内庁職員が宗教的行事への参加を義務づけられるとすれば、本条2項に抵触する（樋口ほか・注解1・131頁〔樋口陽一〕）。

昭和天皇の死去と新天皇即位のための儀式が宗教性を濃厚にもつにもかかわらず、公費が投入され、多数の公職者が参加したことは、国民主権の理念に反するものであったばかりでなく、政教分離原則の蹂躙というべき事態であった（→憲7条Ⅷ3）。

4　政教分離原則の判断基準

判例は、津地鎮祭事件判決（最大判1977（昭52）・7・13民集31巻4号533頁）以降、政教分離が問題となった事例のほとんどを本条3項の「宗教的活動」にあたるかどうかという枠組みの中で判断してきた。そして、そこで用いられてきた判断基準が、目的効果基準といわれるものである。

(1)　**目的効果基準**

(i)　本条3項の「宗教的活動」の限定

判例上の目的効果基準とは、本条3項により禁止される「宗教的活動」の意味について、宗教とのかかわり合いをもつすべての行為ではなく、「当該行為の目的が宗教的意義をもち、その効果が宗教に対する援助、助長、促進又は圧迫、干渉等になるような行為」と限定して解するものである。

(ii)　目的効果判断における考慮要素

ただし、目的効果基準といっても、実際には、「目的」と「効果」だけで判断されるわけではなく、津地鎮祭事件判決（→5(1)(i)）（前掲・最大判1977（昭52）・7・13）が明らかにしたように、(a)行為の行われる場所、(b)行為についての一般人の宗教的評価、(c)行為者の意図・目的・宗教的意識の有無・程度、(d)行為が一般人に与える効果・影響等の諸要素の総合判断により行われる。

(2)　**目的効果基準への批判**

目的効果基準に対しては、本条3項が「いかなる宗教的活動もしてはならない」と規定しているにもかかわらず、「相当とされる限度を超えるかかわり合い」のみを禁止するものと解することにより、原則と例外を逆転させ、政教分離原則を極めて緩やかに解することになるとの批判がある（愛媛玉串料訴訟判決における高橋裁判官の意見、尾崎裁判官の意見参照（→(3)(ii)））。

「目的」「効果」や各考慮要素の評価基準、そして、それぞれの関係も明確とはいえない。

「目的」判断において、行為者の主観的意図に焦点をあてると、愛媛玉串料

事件控訴審判決（高松高判1992（平4）・5・12行集43巻5号717頁）のように、何らかの世俗的目的を認定することで、政教分離原則をくぐり抜けることを許してしまう。他方で、箕面忠魂碑訴訟判決（最三小判1993（平5）・2・16民集47巻3号1687頁）は、「効果」判断において、「特定の宗教」の援助、助長、促進となるかを強調して、神式と仏式で毎年交互に慰霊祭を行うことについて、その宗教性を低く評価した。これについては、「政教分離原則を、単なる宗派間の中立性のみに限定する解釈を示している」（長谷部・憲法199頁）との批判がなされている。また、目的効果基準の源流たる、アメリカ合衆国判例上の**レモン・テスト**は、私学助成等の社会福祉政策の実現のため政教分離原則を緩和するべく考案されたものであって、地鎮祭事件のように、国などが自ら「宗教的活動」を行う場合を想定したものでないとの指摘もある[67]。

(3) 「宗教的活動」についてのその他の判断基準

(i) 行為の「宗教性」判断

　厳格な政教分離を唱える立場がかねてから主張してきたのは、本条3項の「宗教的活動」該当性を、その活動の「宗教性」の有無により判断するアプローチである。

　たとえば、津地鎮祭事件控訴審判決（名古屋高判1971（昭46）・5・14行集22巻5号680頁）は、地鎮祭が本条3項に違反する「宗教的活動」にあたるか、それとも宗教性の失われた習俗的行為かを判断するにあたって、(a)当該行為の主宰者が宗教家であるかどうか、(b)当該行為の順序作法（式次第）が宗教界で定められたものかどうか、(c)当該行為が一般人に違和感なく受け容れられる程度に普遍性を有するものかどうかによって決せられるべきとした。

　また、同事件最高裁判決（前掲・最大判1977（昭52）・7・13）における藤林長官ほかの反対意見も、本条3項違反の決め手を、儀式・行事等の「宗教性」の有無に求めている（浦部・教室151頁も同旨）。

(ii) 「宗教的活動」の原則的禁止

　国家と宗教との完全分離を原則とし、完全分離が不可能であり、かつ、分離に固執すると不合理な結果を招く場合に限って、国家と宗教とのかかわり合いが例外的に許容されるというアプローチも提唱されている（愛媛玉串料事件判決・最大判1997（平9）・4・2民集51巻4号1673頁）における高橋裁判官の意見、尾崎裁判官の意見）。

　このアプローチによれば、宗教とのかかわり合いをもつ施策がなされた場合、まず宗教性のない代替手段が存しないかどうかを検討し、それがあれば政教分離違反となる。宗教とのかかわり合いをもたなければその施策の目的を実現できない場合、施策の目的に含まれる法的価値・利益と信教の自由の保障との優

---

[67] 高柳信一「国家と宗教——津地鎮祭判決における目的効果論の検討」法セ増刊『思想・信仰と現代』（日本評論社、1977年）4〜9頁。

劣を判断し、「政教分離原則の除外例として特に許容するに値する高度な法的利益が明白に認められない限り」、政教分離違反とされる（前記・尾崎裁判官の意見）。

(iii) レモン・テスト

目的効果基準のアメリカ合衆国判例における源流であるレモン判決（Lemon v. Kurtzman, 403 U.S. 602 (1971)）の基準に回帰することで、政教分離判断を厳格化しようとする試みもなされている（芦部・憲法165〜166頁、松井・憲法436頁）。

レモン判決の基準とは、(a)世俗的な立法目的を有すること、(b)主要な効果が宗教の援助もしくは抑圧とならないこと、(c)政府と宗教との過度のかかわり合いを助長するものでないことという3つの要件を満たさない限り違憲とするものである。アメリカ合衆国最高裁は、同基準に基づき、宗教系私立学校における教師の給与に対して公的補助を行うことは、宗教団体に対する政府の継続的監視を生じさせることから、(c)に抵触するとして違憲とした。

日本の目的効果基準とレモン・テストとは、前者が諸要素の総合判断であるのに対して、後者はそれぞれが独立した要件であること、(c)の「過度のかかわり合い」のテストが宗教と公的機関との継続的関係やそれによってもたらされる政治的分裂に対する歯止めとして機能している点が異なる。

(iv) 目的効果基準の適用場面の使い分け

目的効果基準の適用場面を使い分けることにより、政教分離原則判断をより精緻なものとする試みもなされている。

高橋和之は、国等による「宗教的活動」が問題となる場面を、国等が自ら宗教的活動を行う直接的宗教的活動（津地鎮祭事件や首相の靖国神社参拝など）と、国等が私人の宗教を支援する宗教支援活動に分ける。そして、前者について、国等が非宗教的方法を用いることなしに目的が達成できない場合に限り、世俗的目的によるものとして正当化され、効果判断においては、当該活動が国と宗教との「象徴的結合のメッセージ」を伝達することにならないかが審査されるとする。他方、宗教支援活動については、国等が宗教を直接的に支援する場合（愛媛玉串料事件など）と付随的・間接的に支援する場合（私学助成など）に分けられ、前者は、国等による直接的宗教的活動と同様に審査されるのに対し、後者については、正当な世俗的目的が存在するため、宗教に対する不釣り合いな便宜供与の効果をもたらさないかだけが審査されることとなる（高橋・立憲主義199〜202頁）。

5　政教分離をめぐる具体的事例

(1)　国その他の機関による宗教的行事の挙行

(i)　**津地鎮祭事件**

三重県津市が、市体育館の建設のための起工式を、神職の主宰による神式地

鎮祭として挙行したことが本条3項・憲法89条に違反するとして、住民訴訟が提起された。

第一審（津地判1967（昭42）・3・16行集18巻3号246頁）は、地鎮祭を宗教性の失われた習俗的行事と解したが、控訴審（前掲・名古屋高判1971（昭46）・5・14）は、「宗教的活動」にあたるとして請求を認容した（→4(3)(i)）。

最高裁（前掲・最大判1977（昭52）・7・13）は、先に（→4(1)）で説明したように、目的効果基準に基づいて地鎮祭が「宗教的活動」に該当するかを判断した。

多数意見は、目的効果基準判断における考慮要素について、(b)「一般人の意識において、起工式にさしたる宗教的意義を認めず、建築着工に際しての慣習化した社会的儀礼として、世俗的な行事と評価しているものと考えられる」こと、(c)そうした一般人の意識を前提とすれば、「主催した津市の市長以下の関係者の意識においては、これを世俗的行事と評価し、これにさしたる宗教的意識を認めなかったものと考えられ」、「工事の円滑な進行をはかるため工事関係者の要請に応じ建築着工に際しての慣習化した社会的儀礼を行うという極めて世俗的な目的によるものであると考えられる」こと、そして、上記のような起工式に対する一般人の意識に徴すれば、(d)神式で起工式が行われても「それが参列者及び一般人の宗教的関心を特に高めることとなるものとは考えられ」ないことを指摘して、本条3項の「宗教的活動」には該当しないとした。

(ii) **自衛官合祀訴訟**

殉職した自衛官を、自衛隊地方連絡会と隊員のOB組織である隊友会が共同して県護国神社に合祀したことに対し、キリスト教信者であった殉職自衛官の妻が「宗教的人格権」侵害を主張して損害賠償を請求した。第一審（山口地判1979（昭54）・3・22判時921号44頁）は、合祀申請によって「静謐な宗教的環境のもとで信仰生活を送るべき法的利益」が侵害されたことを認め、国の機関たる自衛隊地方連絡会（地連）が合祀申請に関与したことを政教分離に反する違法性をもった行為にあたるとして、損害賠償請求を認容し、控訴審（広島高判1982（昭57）・6・1判時1046号3頁）も国の賠償責任を認めた。

しかし、最高裁（最大判1988（昭63）・6・1民集42巻5号277頁）は、原判決を破棄し請求を棄却した。多数意見は、合祀申請行為を、隊友会が単独でなしたものと認定し、自衛隊の関与をそこから切断した上で、地連職員の合祀申請における関与について、「宗教とのかかわり合いは間接的」であったと認定した。その上で、多数意見は、地連職員の「意図、目的も、合祀実現により自衛隊員の社会的地位の向上と士気の高揚を図ることにあったと推認され」、「その宗教的意識も希薄であった」ことから、「その行為の態様からして、国又はその機関として特定の宗教への関心を呼び起こし、あるいはこれを援助、助長、促進し、又は他の宗教に圧迫、干渉を加えるような効果をもつものと一般人から評価される行為とは認め難い」と述べて、政教分離違反にはあたらないとした。

また、多数意見は、合祀による宗教的人格権侵害の主張について、人が自己

の信仰生活の静謐を他者の宗教上の行為によって害されたという感情について法的救済を与えることが他者の信教の自由を妨げる結果になることを指摘して、「静謐な宗教的環境の下で信仰生活を送るべき利益なるものは、これを直ちに法的利益として認めることができない性質のものである」として、損害賠償請求を全面的に斥けた。

(iii) 愛媛玉串料事件

愛媛県が靖国神社の例大祭等に際し玉串料・献灯料を、県護国神社には慰霊大祭にあたって供物料を、それぞれ公金から支出したことに対する住民訴訟が提起された。第一審（松山地判1989（平1）・3・17行集40巻3号188頁）は、目的効果基準に基づいて違憲判断を示したものの、控訴審（高松高判1992（平4）・5・12行集43巻5号717頁）は、玉串料支出も社会的儀礼の範囲内であれば許され、かつ、知事は遺族援護行政の一環として支出したもので、深い宗教心に基づくものとはいえないなどとして、政教分離違反の主張を斥けた（→4(2)）。

最高裁（最大判1997（平9）・4・2民集51巻4号1673頁）は、玉串料の奉納が賽銭や葬儀の際の香典と比べて一般に宗教性の高いものと認識されていることを強調しつつ、次のように、目的効果基準における4つの考慮要素（→4(1)(ii)）を丁寧に検討し、玉串料奉納が「相当される限度を超える宗教とのかかわり合い」となると評価した。

(b)「行為」についての一般人の宗教的評価について：神社自体がその境内において挙行する恒例の重要な祭祀に際して玉串料等を奉納することは、津地鎮祭事件で問題となった起工式の場合とは異なり、「時代の推移によって既にその宗教的意義が希薄化し、慣習化した社会的儀礼にすぎないもの」になっているとはいえず、「一般人が本件の玉串料等の奉納を社会的儀礼の1つにすぎないと評価しているとは考え難い」。

(c)「行為者の意図・目的・宗教的意識」について：「そうであれば、玉串料等の奉納者においても、それが宗教的意義を有するものであるという意識を大なり小なり持たざるを得ない」、また、県が他の宗教団体の挙行する同種の儀式に対して同様の支出をしていないことからみて、「県が特定の宗教団体との間にのみ意識的に特別のかかわり合いを持ったことを否定することができない」。

(d)「行為が一般人に与える効果・影響」について：「地方公共団体が特定の宗教団体に対してのみ」「特別のかかわり合いを持つことは、一般人に対して、県が当該特定の宗教団体を特別に支援しており、それらの宗教団体が他の宗教団体とは異なる特別のものであるとの印象を与え、特定の宗教への関心を呼び起こす」。

判決が、「一般人に与える効果・影響」について、宗教団体について「特別のものであるとの印象」を与えることと定式化した点について、国の行為が特定の宗教を推奨するような効果をもつメッセージを発すること（国と特定宗教との象徴的結合）を禁ずる、アメリカ判例上の「エンドースメント・テスト」に

近い発想に基づくものとの評価もある（毛利ほか・憲法2・187頁〔小泉良幸〕）。

(2) 公務員による宗教行事参加

(i) 箕面慰霊祭訴訟

忠魂碑前で行われる、戦没者遺族会の主催する慰霊祭（毎年神式と仏式で交互に行われる）に市教育長らの公務員が出席したことに対する住民訴訟について、最高裁（最三小判1993（平5）・2・16民集47巻3号1687頁）は、慰霊祭への出席が公職にある者の社会的儀礼であることを強調して、目的効果基準に基づく簡単な理由づけにより政教分離に違反しないと判示した。

(ii) 知事による大嘗祭参列

昭和天皇死去に伴う天皇の代替わり行事、**大嘗祭**に知事が出席したことに対する住民訴訟について、最高裁（最一小判2002（平14）・7・11民集56巻6号1204頁）は、大嘗祭について、「天皇が皇祖及び天神地祇に対して安寧と五穀豊穣等を感謝するとともに国家や国民のために安寧と五穀豊穣等を祈念する儀式であり、神道施設が設置された大嘗宮において、神道の儀式にのっとり行われた」との事実を認定し、知事の参列・拝礼は「宗教とかかわり合い」をもつとしたが、参列の目的が、公職者としての「社会的儀礼を尽くす」ことにあったとして、目的効果基準に基づく簡単な理由づけで合憲の判断を示した。

(iii) 内閣総理大臣の靖国神社参拝

殉職軍人等の霊を祭神として祀る靖国神社については、日本の行った侵略戦争を正当化する試みの一環として、その国家護持や天皇・内閣総理大臣による「公式参拝」復活がたびたび試みられてきた。

中曽根康弘首相は、靖国神社公式参拝を合憲とする途をさぐるため、「閣僚の靖国神社参拝問題懇談会」を設置して検討させ、その「報告書」（1985（昭和60）年8月）[68]に基づいて、1985（昭和60）年8月15日、「公式参拝」を実行した。

中曽根首相が、公用車を用い、参拝において、「内閣総理大臣 中曽根康弘」と記帳し、本殿に昇殿した上で、黙祷した後に一礼するという方式で参拝し、公金から供花料を支出した「公式参拝」について、大阪高裁（大阪高判1992（平4）・7・30判時1434号38頁）は、宗教法人たる靖国神社への参拝行為が「外形的・客観的には、神社、神道とかかわりをもつ宗教的活動であるとの性格を否定することはできない」ことを重視し、本条3項・憲法89条に違反する「疑いがある」と認めた。ただし、参拝によって「法律上、保護された具体的な権利ないし法益の侵害を受けたことはない」として、国家賠償請求は棄却した。

岩手県議会が天皇、内閣総理大臣の靖国神社公式参拝を求める決議を行い、その決議に基づき県議会議長らへ出張手当が支払われたことの違法性が争われ

---

[68] http://www.ioc.u-tokyo.ac.jp/~worldjpn/documents/texts/JH/19850809.O1J.html。

224　第20条（信教の自由、政教分離）

た住民訴訟について、第一審（盛岡地判1987（昭62）・3・5判時1223号30頁）は、内閣総理大臣等といえども自己の信念に従って神社に参拝することは妨げられないとして、公式参拝も本条3項に違反しないとした。しかし、控訴審（仙台高判1991（平3）・1・10判時1370号3頁）は、住民訴訟の請求自体は斥けたものの、内閣総理大臣等による靖国神社公式参拝が「天皇、内閣総理大臣の靖國神社公式参拝は、その目的が宗教的意義をもち、その行為の態様からみて国又はその機関として特定の宗教への関心を呼び起こす行為というべき」であるとして、憲法20条3項に違反すると述べた。

　その後の首相の靖国神社参拝をめぐる裁判においても、下級審レベルでは参拝を政教分離違反と指摘する判断が示されてはいるが（福岡地判2004（平16）・4・7判時1859号125頁、大阪高判2005（平17）・9・30訟月52巻9号2979頁）、いずれも賠償の対象たる損害が認められないとして請求は棄却されている。

　最高裁も、内閣総理大臣による靖国神社参拝に対する国家賠償請求を認めていない（→Ⅲ2(2)）。

(3)　国その他の機関による宗教団体への公金支出・財産提供

(i)　**箕面忠魂碑訴訟**

　箕面市は、戦没者の慰霊のために作られた忠魂碑のための土地を無償で貸与してきたが、小学校用地の拡張に伴い、市の購入した土地に忠魂碑を移設・再建し、忠魂碑を管理する遺族会に無償貸与することとした。宗教施設たる忠魂碑の移設・再建費用を市が負担することは政教分離に反するとして住民が提起した住民訴訟について、第一審（大阪地判1982（昭57）・3・24判時1036号20頁）は、忠魂碑が「宗教上の観念に基づく礼拝の対象物となっており、宗教上の行為に利用される宗教施設」であると認定して、目的効果基準を厳格に適用し、本条3項・憲法89条に違反すると判示した。他方、控訴審（大阪高判1987（昭62）・7・16判時1237号3頁）は、箕面慰霊祭訴訟と併合した上で忠魂碑の宗教施設性を否定し、政教分離違反の主張を斥けた。

　最高裁（最三小判1993（平5）・2・16民集47巻3号1687頁）は、忠魂碑が「戦没者記念碑的な性格」をもち、特定の宗教とのかかわりは希薄であると認定し、移設の目的は小学校用地拡張に伴う「専ら世俗的なもの」であり、「その効果も、特定の宗教を援助、助長、促進し又は他の宗教に圧迫、干渉を加えるもの」ではないから、本条3項・憲法89条に違反しないとした。

(ii)　**空知太神社事件**

　砂川市は、空知太神社のために市有地を無償で使用させていた。市有地を宗教施設に無償で使用させることは、政教分離に反するとして提起された住民訴訟について、第一審（札幌地判2006（平18）・3・3民集64巻1号89頁）・控訴審（札幌高判2007（平19）・6・26民集64巻1号119頁）とも、目的効果基準に基づいて判断し、政教分離違反を認めた。これに対し、最高裁は、目的効果基準によることなく、憲法89条・本条1項後段に違反することを認めた（最大判2010（平

22）・1・20民集64巻1号1頁）。

多数意見は、主に憲法89条違反を問題としつつ、基本的な判断枠組みとしては、「公の財産の利用提供等における宗教とのかかわり合いが、我が国の社会的，文化的諸条件に照らし，信教の自由の保障の確保という制度の根本目的との関係で相当とされる限度を超えるものと認められる場合に、これを許さない」とする、これまでの判例と同様のアプローチによった。しかし、国公有地が無償で宗教的施設の敷地としての用に供されている状態が「相当とされる限度を超える」かどうかを判断するにあたっては、「当該宗教的施設の性格、当該土地が無償で当該施設の敷地としての用に供されるに至った経緯、当該無償提供の態様、これらに対する一般人の評価等，諸般の事情を考慮し、社会通念に照らして総合的に判断すべきもの」とした。

そのうえで、判決は、空知太神社が「神道の神社施設に当たるものと見るほかはない」こと、神社を管理する氏子集団は「宗教的行事等を行うことを主たる目的としている宗教団体」であり、憲法89条にいう「宗教上の組織若しくは団体」に該当すること、本件利用提供行為は，「市が、何らの対価を得ることなく本件各土地上に宗教的施設を設置させ、本件氏子集団においてこれを利用して宗教的活動を行うことを容易にさせているものといわざるを得ず、一般人の目から見て、市が特定の宗教に対して特別の便益を提供し、これを援助していると評価されてもやむを得ない」ことを指摘した。

こうして、判決は、神社への土地の提供行為が「憲法89条の禁止する公の財産の利用提供に当た」ると認定した上で、それが「ひいては憲法20条1項後段の禁止する宗教団体に対する特権の付与にも該当すると解するのが相当である」と述べた。これは、「相当とされる限度を超える」公の財産の宗教団体による利用が本条1項後段の禁ずる「特権付与」にあたるとの判断を示したものと解される。

ただし、判決は、神社の撤去を求めることは神社の氏子集団の信教の自由に重大な不利益を及ぼすことになるので、本件の土地利用提供行為の違憲性を解消するために「他に選択することのできる合理的で現実的な手段が存在する場合には」、神社施設の撤去及び土地明渡請求という手段を市が講じていないことが財産管理上直ちに違法の評価を受けることにはならないと指摘して、高裁に事件を差し戻した。

なお、最高裁は、宗教的施設への公有地の無償提供を解消する手段として町内会への無償譲渡や賃貸借契約への切り替えがなされた事件において、目的効果基準や空知太神社事件判決の判断枠組みによることなく、違憲性を解消するための手段としての妥当性を具体的に検討するアプローチをとっている（富平神社事件判決・最大判2010（平22）・1・20民集64巻1号128頁、空知太神社事件差戻し上告審判決・最一小判2012（平24）・2・16民集66巻2号673頁）。

（木下智史）

226　第21条（集会・結社・表現の自由、通信の秘密）

（集会・結社・表現の自由、通信の秘密）
第21条　①　集会、結社及び言論、出版その他一切の表現の自由は、これを保障する。
②　検閲は、これをしてはならない。通信の秘密は、これを侵してはならない。

I　本条の趣旨

　本条は、1項において、表現の自由とそれと密接に関連する集会の自由、結社の自由を保障するとともに、2項において、自由な表現活動を十全に保障するための制度として、検閲の禁止と通信の秘密の保障を定める。

　大日本帝国憲法下における表現の自由に対しては、治安警察法、治安維持法、不敬罪に代表されるように、さまざまな制約が課せられており、新聞、出版、映画に対する検閲も網羅的に行われていた。

　連合国による占領政策においても、表現の自由の保障は重要課題の1つであり、総司令部（GHQ）は、1945（昭和20）年10月4日にいわゆる「自由の指令（「政治的、公民的及び宗教的自由に対する制限の除去の件（覚書）」）」を発して、政治犯の釈放、治安維持法、治安警察法等の表現の自由を制約する法令の廃止、特高警察の廃止等を命じた。

　憲法草案作成にあたった総司令部内においては、当初、表現の自由に一定の制限があることを書き込むこととなっていたが[69]、最終的なGHQ草案の段階では、無条件の自由の保障となった。

　GHQ草案を受けて日本政府側が作成した3月2日案の段階では、表現の自由の保障や通信の秘密について、「安寧秩序ヲ妨ゲザル限ニ於テ」との限定が付され[70]、検閲についても法律の根拠のみを求める規定にいったん後退した。しかし、総司令部と日本政府との交渉を経た3月5日案においては、「集会、結社、言論及定期刊行物並ニ其ノ他一切ノ表現形式ノ自由ヲ保障ス検閲ハ之ヲ禁シ通信手段ノ秘密ハ之ヲ侵ス可カラス」と現在の条文に近い形に改められている。

　結社の自由については、条文上の位置に変遷がみられる。GHQ原案段階に

---

[69] http://www.ndl.go.jp/constitution/shiryo/03/147/147tx.html。

[70] 「第20条　凡テノ国民ハ安寧秩序ヲ妨ゲザル限ニ於テ言論、著作、出版、集会及結社ノ自由ヲ有ス。検閲ハ法律ノ特ニ定ムル場合ノ外之ヲ行フコトヲ得ズ。
第21条　凡テノ国民ハ信書其ノ他ノ通信ノ秘密ヲ侵サルルコトナシ。公共ノ安寧秩序ヲ保持スル為必要ナル処分ハ法律ノ定ムル所ニ依ル。」http://www.ndl.go.jp/constitution/shiryo/03/088/088tx.html。

おいては、社会経済的権利の項目の中に、労働組合結成権と区別することなく結社結成の自由が規定され[71]、GHQ草案においては、居住移転の自由の保障に含められた[72]。その後の政府案において、集会や表現の自由の保障に結社の自由が含められた。

Ⅱ　表現の自由

1　表現の自由保障の意義

　表現の自由とは、思考や知見など個人の精神活動を外部に表出させ、他人に伝達することが妨げられないことである。表現の自由保障の本質は、表出された思想や情報をめぐって人と人とのコミュニケーションが自由に行われることであり、そうした自由なコミュニケーションこそが、人民が自らの社会を統治する民主主義の基礎である。

　また、思想・思考は、自由な議論と相互批判の中で淘汰され、真実の発見に役立つとされる（「思想の自由市場」論）。さらに、自由な表現活動は、個人の人格形成と可能性を実現する機能（自己実現）があることも指摘される。

　このように、自由な表現活動が民主主義社会の維持発展に不可欠であること、「思想の自由市場」を通じた真実の発見、そして、個人の人格の発展に寄与することが、表現の自由の価値を基礎づけている点で学説は一致している（芦部・憲法180頁、浦部・教室157～158頁、佐藤幸・憲法249頁、長谷部編・注釈2・355～356頁〔阪口正二郎〕ほか）。

　判例においては、表現の自由の価値は以下のように国民主権・民主主義との関係において説明されている。

　「主権が国民に属する民主制国家は、その構成員である国民がおよそ一切の主義主張等を表明するとともにこれらの情報を相互に受領することができ、その中から自由な意思をもって自己が正当と信ずるものを採用することにより多数意見が形成され、かかる過程を通じて国政が決定されることをその存立の基礎としているのであるから、表現の自由、とりわけ、公共的事項に関する表現の自由は、特に重要な憲法上の権利として尊重されなければならない」（北方ジャーナル事件判決・最大判1986（昭61）・6・11民集40巻4号872頁）。

2　表現の自由の内容──「言論、出版その他一切の表現」

　「**言論**」は、口頭による表現、「**出版**」は書籍・雑誌・新聞等の印刷物によ

---

[71] http://www.ndl.go.jp/constitution/shiryo/03/147/147tx.html。

[72] 「第21条　結社、運動及住居選定ノ自由ハ一般ノ福祉ト抵触セサル範囲内ニ於テ何人ニモ之ヲ保障ス何人モ外国ニ移住シ又ハ国籍ヲ変更スル自由ヲ有ス」http://www.ndl.go.jp/constitution/shiryo/03/076/076tx.html。

228 第21条（集会・結社・表現の自由、通信の秘密）

る表現と分類できるが、本条は、「一切の表現の自由」を保障していることから、手段を問わず、およそ思想の表明及び情報の提供行為一般が制約を受けないことを保障しようとする趣旨と解される（佐藤功・注釈上324頁、佐藤幸・憲法248頁）。

メディアによる言論空間の支配が強まり、情報の「送り手」と「受け手」が固定化するなど、言論を取りまく環境が複雑化する中で、コミュニケーションを実効的に保障する必要性が高まり、現在では、表現の自由の内容はより広く捉えられ、以下にみるように、意見表明に限らず、事実・情報の提供も含み(1)、意見・情報の収集、さらにはそれらの受領も含む(2)、自由な情報流通プロセス全体の保障を含むようになっている（佐藤幸・憲法249頁、芦部・憲法181頁）。

(1) 報道の自由

表現の自由の対象について、「内心の思想を外に発表する自由」（宮沢・憲法2・361頁）と語られることもあったが、この論者自身が、事実の報道の自由が意見表明の自由と同様、民主主義社会の維持にとって必須のものであること、事実と意見表明との区別はしばしば困難であることを理由に、報道の自由も表現の自由に含まれると解していた（宮沢・憲法2・363頁）。日本国憲法が意見表明の自由と報道の自由との区別をしていないことなどからみても、両者の区別には根拠が乏しい。事実の報道の自由が本条1項の表現の自由の保障に含まれることには、今日では異論がない。

判例も、博多駅テレビ・フィルム事件決定（最大決1969（昭44）・11・26刑集23巻11号1490頁）において、「思想の表明の自由とならんで、事実の報道の自由は、表現の自由を規定した憲法21条の保障のもとにある」ことを明確にした。

(2) 知る自由・取材の自由

かつては、表現活動を自由にしておけば自動的に享受することのできた意見・情報の受領（知る自由）が、国家やメディアによる情報管理が進む中で、独自の保障を必要とするようになってきた。意見・情報の伝達は、それを受けとることにより初めて有意なものとなることから、意見・情報受領の自由（知る自由）も表現の自由の保障に含まれる（佐藤幸・憲法249頁）。

判例上も、新聞を閲読する自由について、思想の自由、表現の自由等の保障の「派生原理として当然に導かれる」とされている（よど号事件記事抹消事件判決・最大判1983（昭58）・6・22民集37巻5号793頁）。

また、メディアが国民に正確な情報を提供するためには、取材源にアクセスし情報を収集するための取材の自由をとくに保障する必要性も生ずる。学説は、取材が報道の不可欠の前提をなし、国民の知る権利を充たすためにも、取材の自由が本条1項の保障を受けることを肯定する（野中ほか・憲法1・392頁〔中村睦男〕ほか）。

判例も、報道のための取材の自由について、「憲法21条の精神に照らし、十

分尊重に値いする」としている（博多駅テレビフィルム事件決定・最大決1969（昭44）・11・26刑集23巻11号1490頁）（→Ⅲ2(2)参照）。

(3) 情報公開請求権

国民が主権者として、国家諸機関の運営を監視するためには、それらの機関が管理・保有しながら非公開とされている情報の公開を請求する権利（情報公開請求権）が認められる必要がある。情報公開請求権は、公権力の発動を請求する権利であり、表現の自由からは直接導き出すことはできず、法律・条例の根拠を必要とする。日本においても、各地の情報公開条例の制定の動きに促される形で、情報公開法（行政機関の保有する情報の公開に関する法律（1999（平成11）年））を始めとする情報公開制度の整備が進んだ。

(4) 反論権とアクセス権

メディアによる情報の寡占化により情報の多様性が失われる危険性も高まっている。こうした状況を背景に提唱されるようになってきたのが、反論権、アクセス権の主張である。反論権とは、メディアにより一方的に批判された側が反論の機会の提供をメディアに求める権利のことであり、アクセス権とは、より一般的に、メディアを利用して個人の見解を伝えてもらう権利を指す（芦部・憲法183頁）。反論権もアクセス権も、少数派の見解をメディアを通じて流通させ、言論空間を多様化させようとするところにねらいがある。

しかし、反論権やアクセス権の主張を実現しようとすれば、メディアは、自らが支持しない見解の発表や情報の流通に協力することを強いられ、紙面の編集権、放送の番組編成権を侵害されることになる。

サンケイ新聞が、日本共産党を批判する自由民主党の意見広告を掲載したことに対し、共産党の側は、本条から反論権が導かれるとの立場から、無料で反論文の紙面への掲載を求めた。最高裁は、本条1項から私人たる報道機関に対し反論文掲載を義務づける権利を導き出すことができないことに加え、反論権が認められると、新聞を発行・販売する者は「反論文の内容がその編集方針によれば掲載すべきでないものであっても、その掲載を強制されることになり、また、そのために本来ならば他に利用できたはずの紙面を割かなければならなくなる等の負担を強いられる」ことから、新聞発行者が公的事項に関する批判的記事の掲載を躊躇し、「憲法の保障する表現の自由を間接的に侵す危険」もあると指摘した（最二小判1987（昭62）・4・24民集41巻3号490頁）。

(5) 「政府言論」と表現の自由保障の意義

表現の自由の保障に関する従来の構図は、政府が市民の表現の自由を規制するというものであったが、近年、政府が自ら言論活動を行うこと（「**政府言論（government speech）**」）の問題性が認識されるようになってきた。政府・公的機関が市民に対して環境保護の必要性などを訴えることは日常的に行われている。しかし、かつて、政府の主導する「原子力の平和利用」キャンペーンが原子力発電推進の旗振り役を担ったように、本来、市民間の自由な言論活動の結

果、選択されるべき政策的課題が政府の広報活動の圧倒的な影響力により誘導されるとすれば、民主主義にとって由々しき事態である（→憲19条Ⅲ1）。

しかし、選挙において一定の政策を訴え、国民の多数の支持を得た政権がその政策の妥当性を広く知らせる活動を行うことは認められてよい。政府の広報活動が妥当でないと国民が判断すれば、民主主義のルートを通じて内容の変更、中止を求めることもできる。警戒すべきなのは、「政府言論」であることを明らかにしないで、言論空間を支配することである。ここから、合衆国最高裁は、「政府言論」の該当性に関して、(ア)政府が自らのメッセージを伝達する手段として用いてきた歴史的経緯、(イ)ある表現を政府のメッセージであると受け取るのが合理的といえるか、(ウ)政府がメッセージの選択を行っているかとの基準を提示している（Pleasant Grove City v. Summum, 555 U.S. 460 (2009)）。

また、政府がその圧倒的な資金力・影響力を行使して一定の見解に対する異論を許さないような状況を作り出すとすれば、それは国民を、いわば「囚われの聴衆」としてしまうことになる（佐藤幸・憲法222頁）。とりわけ教育の場では、こうした状況が出現しやすい。争いのある問題について、公権力が一方的見解を押しつけることは、思想及び良心の自由保障の観点からも問題がある（→19条Ⅲ1）。

他方、「政府言論」は、公権力が私人の表現を援助する文脈でも問題となる。政府が私人の手を借りて自らの広報活動を行うのであれば「政府言論」となり、私人が政府の施設・資金等を利用して自らの表現活動を行うのであれば、私人の表現活動となる。その場合の決め手は、表現の媒体の性格づけであり、アメリカにおいても、公園のモニュメントの建設、自動車プレートのデザインなどに関して、前記の基準の適用をめぐって争いがある。とりわけ、その媒体が「パブリック・フォーラム」の性格をもつ場合（あるいは施設が「公の施設」（地自法244条）とされる場合）（→3(7)）、公権力は原則として私人の利用を拒否できず、表現活動の内容や主体によって差別してはならない。

公権力による私人の表現活動の援助に関しては、公権力の側に一定の裁量があることは否定できないが、恣意的なものであってはならないことは当然である。文化的・芸術的表現活動の援助に関しては、その分野の専門家に決定権を委ねることで、表現活動に対する援助について政治的な介入や恣意的な判断が行われることを防ぐことができる（長谷部編・注釈2・353頁〔阪口正二郎〕）。

図書館職員が図書館の蔵書を個人的な評価に基づいて廃棄処分としたことについて、最高裁は、図書館が「図書の著作者にとって、その思想、意見等を公衆に伝達する公的な場」として機能していることを承認したうえで、職務上の義務違反だけでなく、著作者の人格的利益の侵害となると判示している（最一小判2005（平17）・7・14民集59巻6号1569頁）。そこには、図書に関する専門家がその専門性を発揮し得なかったところに職務上の義務違反を見出した判断をみることができる。

3　表現の自由の規制のあり方──「これを保障する」

　表現の自由の保障は、民主主義社会の維持に不可欠なものであり、人々が自由な表現活動を差し控える「萎縮効果」をできるだけなくすように、特別の保障のあり方が必要とされる。その代表的なものは、検閲・事前抑制の禁止であり、本条2項は「検閲の禁止」を明文化している。また、表現規制法規には明確性が要求され（明確性の原則）（→(2)）、過度に広汎な規制も許されない（→(3)）。表現内容の規制は、表現の多様性を損なうため原則的に許されず、限られたカテゴリーの表現についてのみ認められる（→(4)）。表現内容に中立的な規制についても、その規制はきわめて重要な利益を実現するための必要最小限度の規制であることが求められる。

(1)　検閲・事前抑制の禁止

　Ⅵを参照。

(2)　表現規制法規の明確性（漠然性ゆえに無効の法理）

(i)　明確性の意義

　およそ人の行為を規制する法はその規制内容が明確であることが望ましいが、憲法上、とくに法内容の明確性が要請されるのは、刑罰法規と表現規制法規である。

　表現規制法規が明確性を欠くと、表現活動を行う者は規制対象となるかならないかが判別できず、規制・処罰をおそれて表現活動を差し控えるという萎縮効果が生ずる。近年の学説は、ほぼ異論なく、表現規制法規には、文言の明確性が求められる（明確性の原則（理論））と主張する（芦部・憲法213頁、高橋・立憲主義211頁、佐藤幸・憲法259頁ほか）。

　表現規制法規の明確性が、しばしば「漠然性ゆえに無効の法理」とも呼ばれるのは、不明確な表現規制法規がもたらす萎縮効果を除去するため、法律の具体的な適用を問題とすることなく、法律の文言が明確かどうかを問う審査方法（文面審査）が採られるからである（浦部・教室103頁）。法律の具体的な適用を問題にしないとは、裁判当事者に適用される限りでは、法律の規制対象が明確であっても、不特定の第三者にとって不明確である可能性があれば、その法律は違憲無効となるという意味である（浦部・教室414頁）。

　しかし、法文の不明確性については、法文の過度の広汎性の場合（→(3)）とは異なり、第三者の権利の主張適格は認められないとの見解もある（長谷部・憲法209頁）。この見解は、法文の不明確性について、(ア)規制対象が法文からまったく読み取れない場合と、(イ)核心的な部分については規制対象が明確だが周辺部分が不明確な場合とに分け、(ア)の場合においては、自己にとっての不明確性を主張しているに過ぎず、(イ)の場合においては、規制対象の核心部分に当たる者が他者に適用される場合の法文の不明確性を主張できないと論ずる（長谷部編・注釈2・402頁〔阪口正二郎〕）。

　実際、徳島市公安条例事件（後掲・最大判1975（昭50）・9・10）について、

高辻裁判官の意見は、「交通秩序を維持すること」という条例の文言について「禁止される行為とそうでない行為との識別を可能ならしめる基準」を読み取ることは困難であると判断しながらも、典型的な交通秩序侵害行為である蛇行進を行った被告人の事案について、「その具体的事実に対する適用関係を超えて、他の事案についての適用関係一般にわたり、前記規定の罰則としての明確性の有無を論じて、その判断に及ぶべき理由はない。」と論じた。

法文の明確性が刑罰の対象となる行為をあらかじめ告知するという適正手続上の機能をもつことを重視すれば、十分な告知を受けている核心部分の違反者が法文の不明確性を主張しえないとの見解も理解できる。

しかし、(3)(ii)でみるように、法文の不明確性と過度の広汎性は、しばしば同一の法文について問題となる。また、徳島市公安条例事件判決（後掲・最大判1975（昭50）・9・10）における団藤裁判官の補足意見が指摘しているように、不明確な法文がもつ表現への萎縮効果を考慮するならば、仮に行為者本人が規制対象となることは明らかであっても、裁判所は法文の周辺部分の不明確性について判断をためらうべきではない。団藤裁判官は、徳島市公安条例事件の多数意見についても「実際にこうした萎縮的・抑止的作用が認定されえなかったことをあきらかにするもの」と評価した。

同じく法文の不明確さが争点の一つとなった札幌税関事件判決（後掲・最大判1984（昭59）・12・12）においても、最高裁は、「合憲的に規制しうる」猥褻な表現物の輸入が問題となった事案でありながら、「風俗を害すべき書籍、図画」という法文の明確性の問題を論じている。

(ii)　明確性の判断基準

徳島市公安条例事件判決（最大判1975（昭50）・9・10刑集29巻8号489頁）は、「ある刑罰法規があいまい不明確のゆえに憲法31条に違反するものと認めるべきかどうかは、通常の判断能力を有する一般人の理解において、具体的場合に当該行為がその適用を受けるものかどうかの判断を可能ならしめるような基準が読みとれるかどうかによってこれを決定すべきである」と述べた。この判示は、憲法31条の刑罰法規の明確性に関するものだが、同判決は表現規制法規の明確性に関するリーディング・ケースとも解されている（野中ほか・憲法1・361頁〔中村睦男〕）。

(3)　**表現規制法規の過度の広汎性**

(i)　過度の広汎性ゆえに無効の法理

過度に広汎な規制とは、合憲的に規制できる範囲を超えて規制対象が及んでいるものである。合憲的な規制範囲を超える規制範囲を含んだ法令は、本来規制してはならない表現を規制しているのであるから、憲法に違反することとなるのは当然である。過度に広汎な規制は、どのような自由についても生じ得るが、表現の自由については、「過度の広汎性ゆえに無効」といわれるように、具体的適用関係を離れた文面審査を行い得る（浦部・教室105頁）。これは、自

由に行われるべき表現活動への萎縮効果を避けるため、合憲的に規制し得る行為を行った者に対して、規制が憲法上許されない行為を行う第三者の権利を主張する適格を認めることを意味する。

最高裁は、広島市暴走族追放条例事件判決（最三小判2007（平19）・9・18刑集61巻6号601頁）において、「公共の場所において、当該場所の所有者又は管理者の承諾又は許可を得ないで、公衆に不安又は恐怖を覚えさせるような集又は集会を行うこと」を、「何人」に対しても禁ずる条例の規定の過度の広汎性の主張を正面から取りあげ、暴走族以外の者による集会まで規制対象とされるおそれがあるかどうかを検証した。最高裁は、条例の他の規定や施行規則の規定を総合して考察すれば、規制対象は、「本来的な意味における暴走族」および「その類似集団」による集会に限定できるとして、憲法違反の主張を斥けたが、その際、被告人自身が暴走族関係者であったことは考慮しないで条例についての憲法判断を行っており、いわゆる文面審査を行っている。

(ii) 不明確性と過度の広汎性の関係

法文の内容は明確であるが規制範囲が広汎に過ぎるというケースもあるので、法文の不明確性と過度の広汎性は区別することができる。ただし、表現規制法規の明確性が問題となっている場合でも、実際には過度の広汎性が問題となっていることが多い。

徳島市公安条例事件判決（前掲・最大判1975（昭50）・9・10）において「交通秩序を維持すること」という集団行進の制限事項の「明確性」が問題となったのも、集団行進は「交通秩序を必然的に何程か侵害する可能性を有することを免れない」ものであるから、「交通秩序を維持」するよう求めることが、平穏な集団行進も含めて集団行進を全面的に禁止するものと解されかねないからであった。判決は、条例が集団行進について届出制をとっていることを根拠に、「道路における集団行進等が一般的に秩序正しく平穏に行われる場合にこれに随伴する交通秩序阻害の程度を超えた、殊更な交通秩序の阻害をもたらすような行為を避止すべきことを命じているもの」と限定的に解して、本条1項に違反しないとした。

また、札幌税関訴訟判決（最大判1984（昭59）・12・12民集38巻12号1308頁）は、輸入禁制品たる「風俗を害する書籍、図画」の規定の「明確性」について、風俗に関する取締法規の変遷に触れながら、「風俗」とは「専ら性的風俗を意味し、右規定により輸入禁止の対象とされるのは猥褻な書籍、図画等に限られる」との限定解釈が可能な以上、本条1項に違反しないと判示した。

以上のように、不明確なゆえに過度に広汎な規制となっている法令は、限定解釈により規制対象を合憲な範囲内にとどめることができれば、憲法に違反しないことになる。

もっとも、表現規制法規について限定解釈を施すことによりかえって法令の明確性を損なうという問題も生じる。札幌税関訴訟判決（前掲）は、表現の自

由の規制立法について限定解釈が可能な場合とは、(a)その解釈により、規制の対象となるものとそうでないものとが明確に区別され、その解釈により、合憲的に規制し得るもののみが規制の対象となることが明らかにされ、(b)一般国民の理解において、具体的場合に当該表現物が規制の対象となるかどうかの判断を可能ならしめるような基準をその規定から読みとることができる場合であると述べている。

(4) 表現内容の規制と表現内容中立的規制

表現の自由の規制について、表現内容の規制と表現内容中立規制とに二分し、前者は後者に比べて厳格な違憲審査に服するとの見解が有力である（芦部・憲法203〜206頁、高橋・立憲主義226〜227頁、長谷部・憲法209〜210頁、毛利ほか・憲法2・218頁〔毛利透〕）。

表現内容の規制とは、表現の内容（メッセージ）が害悪を発生させるとの理由で規制するものである。これに対して、表現内容中立規制とは、表現の内容とはかかわりなく、ビラ配りや看板、拡声器を使った演説といった表現の態様がもたらす弊害を除去するために加えられる規制をいう。

表現内容の規制について、表現内容中立規制よりも厳格に違憲審査すべき理由としては、特定の表現内容を差別的に取り扱うことにより「思想の自由市場」をゆがめてしまうこと、表現内容が規制される際には、正当な規制目的が掲げられていたとしても、実際には特定の思想・見解に対する敵視に基づくものである危険性があることが指摘されてきた（高橋・立憲主義227頁）。しかし、表現内容の規制／表現内容中立規制の二分論には、前者の危険性を強調するあまり、後者の規制が表現の自由保障にとって深刻な影響をもち得ることから目を逸らさせる問題があることも指摘されてきた（佐藤幸・憲法261頁）。

(5) 表現内容の規制の区分

表現内容の規制の中には、表現内容が害悪を発生させることが明らかな低価値表現の規制、特定の題材・目的をもった表現を取りあげて規制する主題規制、特定の見解・立場を敵視してなされる見解規制という性格を異にする3種の規制が含まれているとされる（高橋・立憲主義227頁）。

表現内容の規制について厳格な違憲審査を唱える見解も、性表現、名誉毀損的表現などは、憎悪表現、営利的表現と並んで、「低い価値の表現」として、政治的表現などの「高い価値の表現」と区別していた（芦部・憲法204頁）。

(i) **低価値表現**

表現内容が害悪を発生させることが明らかな「低価値表現」には、犯罪行為のせん動、わいせつ、名誉毀損、プライバシー侵害などが含まれる。これらの言論については、未だに規制の正当性について争われているものもあるが、判例においては、その規制の必要性については正面から争われることはなく、規制の範囲が過剰に広いものとならないように適切に定義する**「定義づけ衡量」**と呼ばれる審査方法が採られる（高橋・立憲主義228頁、長谷部・憲法211頁以

第21条（集会・結社・表現の自由、通信の秘密）　235

下）。

(ii)　主題規制

　主題規制は、一定の題材に関する表現を取りあげて規制するものであり、主題の選定の仕方によっては、表現の多様性を損ない、民主主義にとって重大な悪影響をもちかねない。また、主題に基づく規制が、容易に観点に基づく規制として適用され得る点も指摘されている（長谷部・憲法210頁）。したがって、主題規制がなされている場合、他の表現の方法が開かれているか、そのカテゴリーの表現を他の表現から区別して規制する十分な理由があるかどうかが厳密に審査されなければならない。

(iii)　見解（観点）規制

　見解（観点）規制は、特定の見解・立場を取りあげて規制対象とするものであり（見解差別・観点差別とも呼ばれる）、思想の自由に反する規制として極めて厳格な審査が必要とされる（高橋・立憲主義227頁）。先に挙げた主題規制や、特定の主体による表現を取りあげて規制する場合も、実際には見解規制であることが疑われるので、それぞれの規制が見解規制でないかどうかが十分に精査されなければならない。

　泉佐野市民会館事件判決（最三小判1995（平7）・3・7民集49巻3号687頁）は、地方自治法244条3項の「公の施設」利用に関する「不当な差別的取扱い」の有無を判断する過程で、「本件不許可処分は、本件集会の目的やその実質上の主催者と目される中核派という団体の性格そのものを理由とするものではなく」と断っている。これは、見解規制が「不当な差別的取扱い」の典型例となることを示したものとみることができる。

(6)　「意見表明そのものの制約」／「表現の間接的・付随的制約」の区分論

　国家公務員法102条に基づく「政治的行為」の制限を本条1項に違反しないとした猿払事件判決（最大判1974（昭49）・11・6刑集28巻9号393頁）において、最高裁は、「意見表明そのものの制約をねらい」とする制約と「その行動のもたらす弊害の防止をねらいとして禁止する」制約を対比して、後者について、「単に行動の禁止に伴う限度での間接的、付随的な制約」に過ぎないから、表現の自由に対する制約の程度が低いとの判断を示した。

　この二分論は、学説のいう表現内容の規制／表現内容中立規制の二分論と似て非なるものであり、厳格に審査されるべき「意見表明そのものの制約」には、いわゆる見解規制しか含まれず、それ以外の「間接的、付随的規制」にはきわめてゆるやかな審査しか行われない。しかし、表現内容中立規制について指摘したように（→(4)）、表現手段のもたらす弊害を防止するための規制であっても、表現の自由保障に対して重大な影響をもつことがあり、この点を過小評価している点も問題である。

　また、この二分論は、国家公務員の「政治的行為」禁止を「間接的、付随的規制」に分類するために、行政の中立的運営およびこれに対する国民の信頼を

損なうおそれを、「行動のもたらす弊害」であるとみる。しかし、「行動のもたらす弊害」とは、デモ行進による交通秩序の乱れなど、本来は表現内容と無関係に生じる弊害をいう。公務員の「政治的行為」が行政の中立的運営およびこれに対する国民の信頼を損ねるのは、公務員が政治的意見を表明したために生じる弊害であるから、「行動のもたらす弊害」とするのは不自然である（毛利ほか・憲法2・222～223頁〔毛利透〕）。また、国家公務員法およびその委任を受けた人事院規則は、文書の発行、配布、著作等という基本的かつ中核的な政治的意見の表明それ自体を禁止しており、国家公務員が政治上の意見表明をする機会を全面的に封じるに近い。したがって、国家公務員法の「政治的行為」禁止は、「表現活動自体の直接の効果を対象とする典型的な直接規制」と評価すべきである（長谷部・憲法140頁）。

(7) パブリック・フォーラム論

　表現内容中立規制は、表現の手段が他人の権利と衝突したり、施設の本来の効用を妨げるといった理由で課される。こうした規制理由は、正当なものであるが、形式的に適用されると、表現活動の場が事実上失われるおそれもある。パブリック・フォーラム論は、道路や公園など、伝統的に表現活動や人々の意見交換の場となってきた施設については、所有者や管理者の財産権・管理権を制限して、表現の場を確保しようとするものである。

　学説上も、表現のための場・空間確保のために、パブリック・フォーラム論を導入しようという考え方が支配的である（高橋・立憲主義240頁、松井・憲法471頁、毛利ほか・憲法2・253頁〔毛利透〕ほか）。

　最高裁においては、駅構内におけるビラ配りが鉄道営業法35条違反と不退去罪（刑130条後段）に問われた吉祥寺駅前事件判決（最三小判1984（昭59）・12・18刑集38巻12号3026頁）における伊藤裁判官の補足意見が、以下のように、パブリック・フォーラム論に言及した。

　「一般公衆が自由に出入りできる場所は、それぞれその本来の利用目的を備えているが、それは同時に、表現のための場として役立つことが少なくない。道路、公園、広場などは、その例である。これを『パブリック・フォーラム』と呼ぶことができよう。このパブリック・フォーラムが表現の場所として用いられるときには、所有権や、本来の利用目的のための管理権に基づく制約を受けざるをえないとしても、その機能にかんがみ、表現の自由の保障を可能な限り配慮する必要があると考えられる。」

　パブリック・フォーラム論によれば、伝統的にパブリック・フォーラムとされてきた道路、公園について、その管理者は、できる限り集会・表現活動が可能となるよう配慮しなければならない。具体的には、道路であれば人・車両の円滑な通行、公園であれば市民の休息の場といった、「本来の利用目的」を理由に、集会・表現活動のための利用を全面的に拒否することは許されない（→ IV 2(3)）。

第21条（集会・結社・表現の自由、通信の秘密）　237

⑻　象徴的表現の規制

　象徴的表現とは、一定の思想・見解を、言葉や文字による表現ではなく、国旗の焼却など、思想・見解を象徴する行為によって、他者に伝達しようとするものである（毛利ほか・憲法2・205頁〔毛利透〕、渡辺ほか・憲法1・228頁〔宍戸常寿〕）。

　象徴的表現の制約が争われた例として、沖縄国体のソフトボール会場における「日の丸」焼却が器物損壊罪に問われた事件がある（福岡高那覇支判1995（平7）・10・26判時1555号140頁）。

　判決は、「象徴的表現行為」について、「通常の文字又は言語による表出方法に代えて、通常は表現としての意味を持たない行為によって自己の意思・感情等を表出すること」と定義し、⒜行為者が表出する主観的意図を有していること、⒝その表出を第三者（情報受領者）が表現としての意味をもつものと理解することを必要とする、とした。判決は、「象徴的表現行為」の処罰の可否について、当該処罰による規制の目的が自由な表現の抑圧に関係するもの（表現効果規制）か、それとも表現の抑圧に無関係なもの（非表現効果規制）かによって判断枠組みが異なり、前者の場合には、表現内容の規制として、いわゆる厳格な基準によって処罰の合憲性が判断され、後者の場合には、いわゆるオブライエン・テスト（㋐規制目的・対象が表現効果に向けられていないこと、㋑当該規制が重要であること、㋒当該規制が表現行為を不当に制約していないこと、㋓代替の表現手段があること）によって判断される、と述べた。ただし、判決は、問題とされた「日の丸」焼却が⒝の要件を満たすか疑問なことに加え、仮に「象徴的表現行為」といえたとしても、オブライエン・テストに基づいて判断する限り、器物損壊罪による処罰が表現行為を不当に規制することにはならないと判示した。

4　表現内容の規制の具体的問題

⑴　犯罪のせん動

　「せん動」とは、破壊活動防止法の定義によれば、「特定の行為を実行させる目的をもって、文書若しくは図画又は言動により、人に対し、その行為を実行する決意を生ぜしめ又は既に生じている決意を助長させるような勢のある刺激を与えること」とされる（破防4条2項）。破壊活動防止法38条・39条・40条が政治目的による内乱、騒乱、建造物放火、殺人、強盗などのせん動を処罰するほか、国税犯則取締法22条1項が税金不納のせん動の処罰規定をもつ。

　せん動罪の成立には、せん動を受けた者による犯罪行為遂行の意思や実行の着手も必要ないとされており[73]、犯罪行為との結び付きのきわめて弱い表現までが処罰対象となるおそれがある。

---

[73]　吉本徹也「最高裁判所判例解説　刑事編　平成2年度」132頁以下、140頁。

せん動罪の処罰対象となる表現を限定するために考案された基準が、「**明白かつ現在の危険**」基準である（高橋・立憲主義229頁など）。「明白かつ現在の危険」基準とは、⑴ある表現行為が近い将来、ある実質的害悪をひき起こす蓋然性が明白であること、⑵その実質的害悪がきわめて重大であり、その重大な害悪の発生が時間的に切迫していること、⑶当該規制手段が右害悪を避けるのに必要不可欠であること、により判断する基準とされている（芦部・憲法217頁）。

しかし、せん動と犯罪行為との因果関係の理解は、その時々の社会状況や判断する裁判官の主観に左右される（長谷部編・注釈2・364〜365頁〔阪口正二郎〕）。そこで、より客観的な判断基準として、⒜せん動の内容が直接的に犯罪行為を唱道しており、⒝せん動の結果、犯罪行為が行われる具体的危険があった場合にのみ、せん動を処罰し得るとする**ブランデンバーグ基準**が参照されるべきと主張されている（松井・憲法458頁、長谷部・憲法212頁）。

最高裁は、政府への米の供出を拒否するよう煽動した演説が食料緊急措置令違反に問われた事件（最大判1949（昭24）・5・18刑集3巻6号839頁）以来、犯罪行為のせん動を表現の自由の保障の範囲外と捉えてきた。

「沖縄反戦デー」において、中核派指導者が「自ら武装し、機動隊を殲滅せよ」「一切の建物を焼き尽くして渋谷大暴動を必ず実現する」などと演説したことが破壊活動防止法39条・40条違反に問われた事件について、東京高裁は、ブランデンバーグ基準に言及しつつ、せん動罪を抽象的危険犯と解することに対する批判的見解を示した（東京高判1987（昭62）・3・16判時1232号43頁）。しかし、最高裁は、破壊活動防止法上の「せん動」が「重大犯罪をひき起こす可能性のある社会的に危険な行為であるから、公共の福祉に反し、表現の自由の保護を受けるに値しないものとして、制限を受けるのはやむを得ない」とするばかりで、せん動罪の処罰対象を限定する方向性は示さなかった（最二小判1990（平2）・9・28刑集44巻6号463頁）。

(2)　わいせつ・性表現

わいせつを含む性表現は、表現自体が法益侵害を発生させるものとして、古くから規制対象とされてきたものである。もっとも、そもそも性道徳という保護法益が刑罰による保護に値するものか疑問がある上、何を「わいせつ」とするかの判断にあたっても判断者の主観性を排除することは困難である（浦部・教室178頁、高橋・立憲主義230頁）。また、何をわいせつとみるかの判断が時とともに変化することも否定できない（長谷部・憲法213頁）。わいせつな表現は、これまで、権力者や社会的常識を批判する手段としてもしばしば用いられてきた。わいせつ規制に名を借りた思想弾圧が行われないように、できるだけ客観的かつ限定的なわいせつ概念を構築する必要がある。

最高裁は、D.H.ロレンス著（伊藤整訳）『**チャタレイ夫人の恋人**』（小山書店、1950年）が刑法175条に反するかが争われた事件において、わいせつ文書の頒布販売を禁ずる刑法175条が本条1項に違反しないと判示した（最大判1957（昭

第21条（集会・結社・表現の自由、通信の秘密）　*239*

32）・3・13刑集11巻3号997頁）。多数意見は、まず、「わいせつ」の意味について、大審院以来の先例に従い、「徒らに性欲を興奮又は刺戟せしめ、且つ普通人の正常な性的差恥心を害し、善良な性的道義観念に反するものをいう」と定義し、同書における性描写が「相当大胆、微細、かつ写実的であ」り、「性行為の非公然性の原則に反」し、「社会通念上認容された限界を超えているもの」と判断した。

多数意見は、わいせつ判断にあたって、裁判官が行う法的判断であること、社会通念の変化にかかわらず性行為の非公然性の原則は維持されなければならないこと、作品の芸術性とわいせつ性は別次元の問題であり、芸術性が高いことによってわいせつ性が減退することはないこと（絶対的わいせつ概念）を指摘した。

絶対的わいせつ概念は、作品の中の一部にわいせつな部分があることにより作品全体をわいせつ文書としてしまい、わいせつを口実とした政治的見解や芸術作品の弾圧を可能にしてしまう。絶対的わいせつ概念に対しては、チャタレイ事件判決の真野裁判官の反対意見以来、作品のわいせつ性を、全体としてみて芸術性・思想性といった他の社会的価値によって埋め合わせができないかどうかによって判断すべきとの相対的わいせつ概念が対置されてきた。

最高裁は、マルキ・ド・サド著（澁澤龍彦訳）『**悪徳の栄え**』（現代思潮社、1959年）に関して、チャタレイ事件判決を参照して、「文書のもつ猥褻性によって侵害される法益と芸術的・思想的文書としてもつ公益性とを比較衡量して、猥褻罪の成否を決すべしとするような主張は、採用することができない」との立場を維持した（最大判1969（昭44）・10・15刑集23巻10号1239頁）。しかし、最高裁の中で相対的わいせつ概念の採用を主張する裁判官の数が増加したこともあってか、多数意見自身も、「文書がもつ芸術性・思想性が、文書の内容である性的描写による性的刺激を減少・緩和させて、刑法が処罰の対象とする程度以下に猥褻性を解消させる場合があることは考えられる」と、相対的わいせつ概念をとり入れたかのような一節を含んでいる。

そして、永井荷風の作とされる『**四畳半襖の下張**』（月刊誌『面白半分』1972年7月号掲載）について、最高裁は、「文書のわいせつ性の判断にあたっては、当該文書の性に関する露骨で詳細な描写叙述の程度とその手法、右描写叙述の文書全体に占める比重、文書に表現された思想等と右描写叙述との関連性、文書の構成や展開、さらには芸術性・思想性等による性的刺激の緩和の程度、これらの観点から該文書を全体としてみたときに、主として、読者の好色的興味にうったえるものと認められるか否かなどの諸点を検討することが必要」と述べて、明確に相対的わいせつ概念を採用するに至った（最二小判1980（昭55）・11・28刑集34巻6号433頁）。

こうした判例の展開により、刑法175条の処罰対象となる「わいせつ」文書の範囲は、「文書を全体としてみたときに、主として、読者の好色的興味にうっ

240 第21条（集会・結社・表現の自由、通信の秘密）

たえるものと認められる」ものに限定されたが、「わいせつ」概念の不明確性
の問題は依然として残る。

学説上は、「善良な性的道義観念」といったものが正当な規制目的といい得
るか疑問も呈されている。また、「わいせつ」規制の保護法益を「見たくない
人」や青少年の保護に置きかえたとしても、刑法175条はなお過度に広汎な規制
ではないかと批判する見解が有力である（毛利ほか・憲法2・228頁、浦部・教
室179頁、松井・憲法466頁）。

(3) 有害図書

都道府県のほとんどは、青少年保護条例によって、青少年の健全な育成を妨
げるおそれのある書籍を青少年に販売・頒布・貸し出しすることを禁止してい
る（たとえば、「東京都青少年の健全な育成に関する条例」は、「著しく性的感
情を刺激し、甚だしく残虐性を助長し、又は著しく自殺若しくは犯罪を誘発す
るものとして、東京都規則で定める基準に該当し、青少年の健全な成長を阻害
するおそれがあると認められるもの」の販売、頒布、貸し付けを禁じている（東
京都青少年の健全な育成に関する条例8条1項1号・9条1項））。

「有害図書」規制においては、わいせつに至らない性表現のほか、暴力的表
現など、法律上規制対象となっていない表現も規制対象とされているが、それ
らが青少年の健全な育成を妨げるとの明確な立法事実が示されているわけでは
ない。また、各条例は、青少年が「有害図書」に接しないように、自動販売機
での販売禁止などの販売方法の規制を行っており、これによって成人の入手が
困難になるという問題もある。

さらに、書籍の販売から「有害図書」指定までの間に青少年が手にする可能
性をなくすため、たとえば、「全裸若しくは半裸若しくはこれに近い状態での
卑わいな姿態又は性交若しくはこれに類する性行為を被写体とした写真又は描
写した絵で規則で定めるものを掲載する紙面のページ数」が全体の5分の1以上
を占めるなどの基準に該当する書籍等について、個別的に審査しないで「有害
図書」に指定する「包括指定」と呼ばれる方法が多用されており（たとえば、
三重県青少年健全育成条例12条3項1号）、検閲・事前抑制に該当するのではな
いかとの批判もある（樋口ほか・注解2・55頁〔浦部法穂〕）。

最高裁は、岐阜県青少年保護育成条例における「有害図書」の自動販売機に
よる販売禁止について、本条2項にいう「検閲」に該当せず、本条1項の表現の
自由の保障にも違反しないと判示した（最三小判1988（平1）・9・19刑集43巻8
号785頁）。

判決は、「条例の定めるような有害図書が一般に思慮分別の未熟な青少年の
性に関する価値観に悪い影響を及ぼし、性的な逸脱行為や残虐な行為を容認す
る風潮の助長につながるものであって、青少年の健全な育成に有害であること
は、既に社会共通の認識になっているといってよい」として規制の必要性を肯
定し、自動販売機による販売規制や包括指定についても規制の有効性を強調し

て、簡単に憲法違反の主張を斥けた。

伊藤裁判官は、同判決において、「表現が受け手として青少年にむけられる場合には、成人に対する表現の規制の場合のように、その制約の憲法適合性について厳格な基準が適用されないものと解するのが相当である」と判決の立場を補強した上で、成人の入手が全く閉ざされているとはいえないこと、包括指定の基準についても下位の諸法規によって基準の明確化が図られていることを指摘している。

(4) 児童ポルノ

「児童買春、児童ポルノに係る行為等の規制及び処罰並びに児童の保護等に関する法律」は、「児童ポルノ」（「児童を相手方とする又は児童による性交又は性交類似行為に係る児童の姿態」、「他人が児童の性器等を触る行為又は児童が他人の性器等を触る行為に係る児童の姿態であって性欲を興奮させ又は刺激するもの」、「衣服の全部又は一部を着けない児童の姿態であって殊更に児童の性的な部位（性器等若しくはその周辺部、臀部又は胸部をいう。）が露出され又は強調されているものであり、かつ性欲を興奮させ又は刺激するもの」を描写した写真、電磁的記録）の提供に対する処罰を定める（児童買春7条・2条3項）。

これは、児童に対する性的搾取、性的虐待を防止するために、わいせつに至らない表現物も規制対象とし、かつ頒布・販売以外の単なる「提供」をも処罰するものである（2014年の法改正により、児童ポルノを「自らの性的好奇心を満たす目的」で「所持」することも処罰対象となった（7条1項））。

最高裁は、「児童ポルノ」を提供する目的で製造・所持等をすることの処罰につき、簡単な理由づけで、本条に違反しないと判示している（最二小判2002（平14）・6・17集刑281号577頁）。

その作成段階で、児童に対する性的搾取・虐待が発生するような写真・映像による「児童ポルノ」については、規制を広く及ぼすことも正当化されよう。しかし、漫画やアニメによる描写については、児童の被害と直結せず、そこまで規制を及ぼすことは、表現の自由に対する過剰な規制と評価される（毛利ほか・憲法2・230頁〔毛利透〕）。

(5) 名誉毀損

名誉毀損は、表現内容が直接的に他者の社会的評価を低下させるという害悪を発生させるものであり、その規制は伝統的に認められてきた。もっとも、名誉毀損の処罰は、歴史的に、権力者に対する批判を封ずる手段としても利用されてきた。

刑法230条は、「公然と事実を摘示し、人の名誉を毀損した者は、その事実の有無にかかわらず、3年以下の懲役若しくは禁錮又は50万円以下の罰金に処する」と定める。この規定をそのまま適用すると、事実に基づく批判も処罰対象となってしまい、表現の自由の不当な制限となるおそれがある。

そこで、日本国憲法施行に伴う刑法改正において、刑法230条の2が付け加えられ、「公共の利害に関する事実に係り、かつ、その目的が専ら公益を図ることにあったと認める場合には、事実の真否を判断し、真実であることの証明があったときは、これを罰しない」（刑203条の2第1項）との免責事由が定められた。

名誉棄損として規制の対象となるか否かは、上記の免責事由の要件をめぐって争われることになる。

(i) 「公共の利害に関する事実」

刑法230条の2第2項において、「公訴が提起されるに至っていない人の犯罪行為に関する事実」が「公共の利害に関する事実」とみなされ、刑法230条の2第3項において、「公務員又は公選による公務員の候補者に関する事実に係る場合」についても、「公共の利害に関する事実」であることが前提とされていることから、「公共の利害に関する事実」とは、国や公共団体の運営にかかわる事実を広く指すものと考えられる。刑法学上も、「一般の多数人の利害に関するもの」と広く捉えられている[74]。しかし、「単に多くの人が関心を持つ事実としてルースに解すべきではなく、国民の間で議論されるべき事実」、すなわち「公衆の正当な関心事」に限定すべきとの見解もある（浦部・教室172頁）。

判例上、「私人の私生活上の行状であっても、そのたずさわる社会的活動の性質及びこれを通じて社会に及ぼす影響力の程度などのいかんによっては」、「公共の利害に関する事実」にあたる場合があると解されており、大宗教団体の幹部の行状に関する報道が「公共の利害に関する事実」にあたるとされた（**「月刊ペン」事件**判決・最一小判1981（昭56）・4・16刑集35巻3号84頁）。

(ii) 「専ら公益を図る目的」

条文上は、「専ら」という限定的な文言となっているが、主たる目的が公益目的であればよいと解されている（たとえば、東京高判2010（平22）・12・24東高刑時報61巻1〜12号344頁）。なお、「公務員又は公選による公務員の候補者に関する事実に係る場合」については、公益目的の要件を満たすことは前提とされている（刑法230条の2第3項）。ここから、「公共の利害に関する事実」を摘示する行為は、当然に「公益を図る目的」に出たものとみなされるべきであるとも主張される（浦部・教室173頁）。

(iii) 「真実であることの証明」

たとえば、政治家が汚職を行ったとの報道が名誉毀損に問われた場合を想定すればわかる通り、名誉毀損的表現を行った者が、真実の証明責任を果たすことは容易でない。真実であることの証明を被告人に負わせる状態は、表現の自由の保障にとって十分でない。

最高裁は、**「夕刊和歌山時事」事件**判決（最大判1969（昭44）・6・25刑集23巻

---

[74] 山口厚『刑法各論（補訂版）』（有斐閣、2005年）138頁。

7号975頁）において、「真実であることの証明がない場合でも、行為者がその事実を真実であると誤信し、その誤信したことについて、確実な資料、根拠に照らし相当の理由があるときは、犯罪の故意がなく、名誉毀損の罪は成立しないものと解するのが相当である」との判断を示した。これは、表現の自由の保障に配慮して、真実であることを信ずる「相当の理由」（誤信相当性）のある場合にも、名誉毀損の免責対象を拡大したものといえる。学説の中には、誤信相当性の立証を求めるだけでは、表現の自由の保障として十分ではないとして、公職者や公的人物に対する名誉棄損については、発言者が発言を虚偽であったことを知っていたか、その真実性を全く考慮しなかったという**「現実の悪意（現実的悪意）」**があったことを証明できない限り、名誉棄損は成立しないとすべきとの見解も有力である（松井・憲法462頁、浦部・教室174頁）。

　しかし、「現実の悪意」の基準の導入については、そもそも刑法230条の2の解釈として取り込むには無理がある上、日本とアメリカの法状況の違いや名誉の保護に欠ける結果になることの懸念から消極的な立場も示されている（芦部・憲法200頁、高橋・立憲主義233頁、長谷部・憲法157頁）。

　なお、判例上、民事不法行為としての名誉毀損についても、刑法230条の2の免責要件と、「夕刊和歌山時事」事件判決の法理が適用される（最一小判1966（昭41）・6・23民集20巻5号1118頁）。

(iv) 公正な論評の法理

　事実の摘示ではなく意見の表明により人の社会的評価が低下しても、刑法上の名誉毀損罪にはあたらないが、民法上の不法行為責任が問われることがある。こうした場合について、最高裁は、「公共の利害に関する事項について自由に批判、論評を行うことは、もとより表現の自由の行使として尊重されるべきものであり、その対象が公務員の地位における行動である場合には、右批判等により当該公務員の社会的評価が低下することがあっても、その目的が専ら公益を図るものであり、かつ、その前提としている事実が主要な点において真実であることの証明があったときは、人身攻撃に及ぶなど論評としての域を逸脱したものでない限り、名誉侵害の不法行為の違法性を欠く」と述べて、不法行為責任の範囲を限定した（最一小判1989（平1）・12・21民集43巻12号2252頁）。そして、論評の前提となる事実の真実性について、「行為者において右事実を真実と信ずるについて相当の理由があれば、その故意又は過失は否定される」と誤信相当性があれば不法行為責任が成立しないとしている（最三小判1997（平9）・9・9民集51巻8号3804頁）。

　学説上は、純粋な「評価的意見」については、名誉毀損は成立しないとの主張もある[75]。

(v) 配信サービスの抗弁

---

[75] 松井茂記『マスメディア法入門（第4版）』（日本評論社、2008年）128頁。

244 第 21 条（集会・結社・表現の自由、通信の秘密）

地方新聞社は、多くの報道材料を大手通信社からの配信に依存しており、独自の取材を行っていない。地方新聞社が通信社から配信された情報を信頼してそのまま報道したことが名誉毀損を生じた場合にも「相当の理由」があったとして免責を認めるのが、「配信サービスの抗弁」である。

最高裁は、通信社からの配信内容について、一般的に信頼性が高く誤信相当性が認められるとする「配信サービスの抗弁」は認めていない（最三小判2002（平14）・1・29民集56巻1号185頁）。ただし、最高裁は、「当該通信社と当該新聞社とが、記事の取材、作成、配信及び掲載という一連の過程において、報道主体としての一体性を有すると評価することができるときは、当該新聞社は、当該通信社を取材機関として利用し、取材を代行させたものとして、当該通信社の取材を当該新聞社の取材と同視することが相当であ」るとして、当該通信社が当該配信記事に摘示された事実について誤信相当性があれば、通信社の配信を受けた新聞社側にも誤信相当性があると判示している（最一小判2011（平23）・4・28民集65巻3号1499頁）。

(vi) **インターネットにおける名誉毀損**

インターネット上での表現による名誉毀損事例も増加している。既存メディアによる名誉毀損とは異なり、インターネットは双方向性があり、言論による対抗も可能であるから、名誉毀損の免責の範囲をより広く認めるべきとした判決例もみられる（東京高判2001（平13）・9・5判時1786号80頁）。

しかし、最高裁は、インターネット上の表現による名誉毀損について、「より緩やかな要件で同罪の成立を否定すべきものとは解されない」とした（最一小決2010（平22）・3・15刑集64巻2号1頁）。

インターネットにおける名誉毀損と従来型の名誉毀損とを区別しないとの最高裁に立場に対しては、「個人に広く表現の場を与える、インターネットの新たな媒体としての可能性を抑えてしまうもの」と危惧する見解もみられる（毛利ほか・憲法2・246頁〔毛利透〕）。

インターネット上の誹謗中傷には、匿名で行われるものも多いため、その責任追及のための手段の必要性が説かれてきた。他方、インターネット上で名誉毀損的な表現が行われた場合に、その発信者が利用したプロバイダも名誉毀損責任を問われることになると、プロバイダが責任追及を恐れて過剰に表現を規制する危険性があることも指摘されてきた。2001（平成13）年に制定された「特定電気通信役務提供者の損害賠償責任の制限及び発信者情報の開示に関する法律」（プロバイダ責任制限法）は、プロバイダが発信者の情報を被害者に開示し得る場合を規定する（4条）とともに、プロバイダが名誉毀損等について責任を負う場合を、権利侵害が生じていることを知っていたか、あるいは、知り得たはずだと認め得る相当の理由がある場合で、かつ、その送信を防止する措置を講ずることができたのにしなかったという場合に限定した（3条1項）。

(6) **プライバシー侵害**

第21条（集会・結社・表現の自由、通信の秘密）　245

　プライバシーが、憲法13条に規定する「幸福追求権」の一部をなし（→憲13条Ⅳ3(1)）、それを侵害する報道、表現が人格権を侵害する不法行為となることはすでに確立している。問題は、プライバシー保護の要請と表現の自由の保障との調整をどのように図るかというところにある。

　『宴のあと』事件判決（東京地判1964（昭39）・9・28下民15巻9号2317頁）は、(a)私生活上の事実または私生活上の事実らしく受け取られるおそれのある事実の公表、(b)その事実が一般人の感受性を基準にすると公開を欲しないであろうことがらであること、(c)その事実が一般の人々に未だ知られておらず、公開によって実際に不快、不安の念を覚えたこと、というプライバシー侵害についての要件を示した上で、プライバシー侵害が認められる場合でも「違法性阻却事由」として表現の自由との衡量が必要なことを示していた。

　ノンフィクションにおける前科の公開が問題となった『逆転』事件判決（最三小判1994（平6）・2・8民集48巻2号149頁）において、最高裁は、不法行為成立にあたって考慮されるべき要素として、「事件それ自体の歴史的又は社会的な意義、その当事者の重要性、その者の社会的活動及びその影響力について、その著作物の目的、性格等に照らした実名使用の意義及び必要性」を挙げた。これは、「前科をみだりに公開されない」との利益に対抗する表現の自由の価値を高める要素を具体的に示したものであり、プライバシー侵害にあたっても応用可能である。

　判例の流れを踏まえると、報道・表現によるプライバシー侵害が不法行為となるかの判断にあたっては、プライバシー侵害の程度とともに、事柄の社会的重要性、当事者の社会的地位を考慮して、「社会の正当な関心事」といえるかどうかを判断すべきことになる。

(7)　犯罪実名報道
　名誉毀損において触れたように、犯罪報道は「公共の利害に関する事実」であるとされる。一方、被疑者の実名を報道することは、本人だけでなく家族までも苦境に追い込むことになるし、無罪推定の原則をないがしろにして、えん罪の温床となるとして批判されてきた。
　ただし、実名報道の必要性を一般的には否定することはできず、判例上も、刑事事件に関する被疑者の実名報道自体を不法行為とする法理は確立していない。
　これに対し、少年法61条は、少年の犯した犯罪について推知報道を禁じており、この規定を根拠に、被告人である少年の実名報道の違法性を認めた例もある。「堺通り魔事件」第一審判決（大阪地判1999（平11）・6・9判時1679号54頁）は、少年法61条に違反する推知報道がすべて不法行為の対象となるわけではないとしつつ、「少年の有する利益の保護や少年の更生といった優越的な利益を上廻るような特段の公益上の必要性を図る目的があったか否か、手段・方法が右目的からみてやむを得ないと認められることが立証されない」限り、少

年の推知報道が不法行為を構成するとした。また、「長良川事件」控訴審判決（名古屋高判2000（平12）・6・29判時1736号35頁）は、少年法61条の保護法益に、名誉権、プライバシー権に加え、「健全に成長するためにより配慮した取扱いを受けるという基本的人権」があるとの理解の下に、少年法61条が本条に違反しないと判示した上で、「保護されるべき少年の権利ないし法的利益よりも、明らかに社会的利益を擁護する要請が強く優先されるべきであるなどの特段の事情が存する場合に限って違法性が阻却され、免責される」と、少年法61条違反の推知報道が免責される場合を厳しく限定した。

最高裁は、「長良川事件」に関して、推知報道にあたるかどうかについて、「不特定多数の一般人がその者を当該事件の本人であると推知することができるかどうか」によるべきであるとして、仮名を用いた当該報道記事について、推知報道に該当しないと判示した。（最二小判2003（平15）・3・14民集57巻3号229頁）。

学説上は、少年法61条について、「犯罪の軽重などに関係なく、犯罪に問われた未成年者の実名報道をすべて禁じるというのは、過度に広汎な規制である」との見解もある[76]。

(8) 差別的表現（ヘイト・スピーチ）

近年、日本においても、外国人に対して侮蔑的な言論を投げつける排外主義的な団体の活動が活発化している。

ヨーロッパ各国は、人種的偏見を助長するヘイト・スピーチに対して厳格な姿勢をとっており、ヘイト・スピーチの法的規制が進んでいる。また、日本も加盟する人種差別撤廃条約は、締約国に対して、差別的表現の刑事処罰を求めている[77]。しかし、日本政府は、「憲法の保障する集会、結社、表現の自由等を不当に委縮させることにならないか」などの懸念から、「人種差別の扇動」等についての刑事処罰を求める第4条(a)(b)については、留保を付している。

差別的表現に対する対応は、名誉毀損や実際の差別行為の禁止によって対応できるところも大きく、新たに差別的表現を規制する立法を制定するかどうかは慎重な考慮が必要である。学説上も、差別的表現の直接的規制には消極的な立場が示されているが（毛利ほか・憲法2・234〜236頁〔毛利透〕）、表現の自由の保障に留意しつつ、何らかの防止・救済措置を考案すべきとする見解もある（浦部・教室184頁、高橋・立憲主義238頁）。

---

[76] 松井茂記『マスメディア法入門（第4版）』153頁。

第21条（集会・結社・表現の自由、通信の秘密）　*247*

　朝鮮人学校に対する排外主義的団体による集団示威運動と妨害行為に対して、京都地裁は、名誉を毀損し業務を妨害する不法行為であり、かつ、人種差別撤廃条約にいう「人種差別」（「人種、皮膚の色、世系又は民族的若しくは種族的出身に基づくあらゆる区別、排除、制限又は優先であって、政治的、経済的、社会的、文化的その他のあらゆる公的生活の分野における平等の立場での人権及び基本的自由を認識し、享有し又は行使することを妨げ又は害する目的又は効果を有するもの」）にあたるとして、損害賠償とともに学校付近での集会、ビラまき等の差止めも認めた（京都地判2013（平25）・10・7判時2208号74頁、控訴審（大阪高判2014（平26）・7・8判時2232号34頁）、最高裁[78]も地裁判決を支持）。

　ヘイトスピーチの横行に対する対処を求められた国は、2016（平成28）年に「本邦外出身者に対する不当な差別的言動の解消に向けた取組の推進に関する法律」を定めた。同法は、国及び地方公共団体に対し、外国出身者及びその子孫に対する差別的言動の解消に向けた取組に関する施策の実施を求め（4条）、具体的な施策として、相談体制、教育、啓発活動等を規定する（5条〜7条）が、差別的言動の規制を定めるものではない。

---

[77]　人種差別撤廃条約4条は、以下のように定める。

第4条　締約国は、一の人種の優越性若しくは一の皮膚の色若しくは種族的出身の人の集団の優越性の思想若しくは理論に基づくあらゆる宣伝及び団体又は人種的憎悪及び人種差別（形態のいかんを問わない。）を正当化し若しくは助長することを企てるあらゆる宣伝及び団体を非難し、また、このような差別のあらゆる扇動又は行為を根絶することを目的とする迅速かつ積極的な措置をとることを約束する。このため、締約国は、世界人権宣言に具現された原則及び次条に明示的に定める権利に十分な考慮を払って、特に次のことを行う。

(a)　人種的優越又は憎悪に基づく思想のあらゆる流布、人種差別の扇動、いかなる人種若しくは皮膚の色若しくは種族的出身を異にする人の集団に対するものであるかを問わずすべての暴力行為又はその行為の扇動及び人種主義に基づく活動に対する資金援助を含むいかなる援助の提供も、法律で処罰すべき犯罪であることを宣言すること。

(b)　人種差別を助長し及び扇動する団体及び組織的宣伝活動その他のすべての宣伝活動を違法であるとして禁止するものとし、このような団体又は活動への参加が法律で処罰すべき犯罪であることを認めること。

(c)　国又は地方の公の当局又は機関が人種差別を助長し又は扇動することを認めないこと。

[78]　最三小決2014（平26）・12・9<LEX/DB25505638>。

(9) 誇大広告の規制

(i) 営利的表現の意義

　商品・サービスの宣伝は、「**営利的表現（言論）**」とも呼ばれる。営利的表現は、商業活動の一環として行われるため、かつては経済活動の自由の問題と考える見解もあった（最大判1961（昭36）・2・15刑集15巻2号347頁における垂水裁判官補足意見）。今日では、営利的表現は、経済活動の一環でもあるが表現活動としての性格も有するとの前提を共有しつつ、「表現の自由の重点は、自己統治の価値にあるから、営利的言論の自由の保障の程度は、非営利的言論の自由よりも低い」と解する立場（芦部・憲法201頁）と「営利広告も表現の自由の保障に含まれ一般の言論と同じ厳格な基準が適用される」との見解（浦部・教室167頁）が対立する。他方で、情報の受け手の表現の自由に役立つから、広告主にも表現の自由を認めるべきとする議論を批判し、営利的表現を経済的自由の問題と捉え直す見解も提出されている（高橋・立憲主義236頁）。

　商品やサービスの価値や価格に関する広告は、消費者に正確な情報を提供し、消費者の選択を可能にするものである限り、一概に価値が低いとはいえない。しかし、広告には、商業活動の一環であるという強い動機があるため萎縮効果が想定しがたいこと、思想と異なり虚偽かどうかの確定が客観的事実により容易に判断できることという特質がある（長谷部・憲法215頁）。

　営利的表現の規制としては、有害な広告の禁止（風俗16条など）、誇大広告の禁止（医薬品、医療機器等の品質、有効性及び安全性の確保等に関する法律66条、金融商品取引法37条2項など）、特定業種の広告規制（医療6条の5など）などがある。また、広告にあたって、消費者・顧客に必要な情報を提供するための表示義務が課されることもある（特定商取引11条、金融商品取引法37条1項など）。

(ii) 営利的表現の判断枠組み

　営利的表現については、社会的有用性が高い一方で、経済活動に奉仕する性格ももつことを勘案して、中間的な審査基準で判断すべきとの主張もある（毛利ほか・憲法2・239頁）。これに対し、アメリカ合衆国判例（Central Hudson Gas & Electric Corp. v. Public Service Commission of New York, 447 U.S.557 (1980)）を参考に、(a)合法的活動に関する真実で人を誤解させない表現であること、(b)規制利益が実質的であること、(c)規制手段が規制利益を直接促進すること、(d)規制利益を達成するのに必要以上に広汎な規制でないこと、との基準（セントラル・ハドソン・テスト）によって合憲性が審査されるべきとの見解も有力である（長谷部・憲法216頁、芦部・憲法202頁、渋谷・憲法376頁）。

最高裁は、施術者の氏名・住所、施術日・時間等の定められた事項以外の広告、とりわけ「施術者の技能、施術方法又は経歴に関する事項」の広告を禁ずる「あん摩師はり師きゅう師及び柔道整復師法」（現・あん摩マツサージ指圧師、はり師、きゅう師等に関する法律）7条の規定に関して、「無制限に許容するときは、患者を吸引しようとするためややもすれば虚偽誇大に流れ、一般大衆を惑わす虞があり、その結果適時適切な医療を受ける機会を失わせるような結果を招来することをおそれたため」の規制と捉えた上で、簡単に合憲と判断した（最大判1961（昭36）・2・15刑集15巻2号347頁）。

しかし、先の基準に照らしてみると、同法の規制は規制対象が真実の情報提供にまで及んでおり、本来、消費者が知るべき適応症の情報提供までも禁止する過剰な規制である（同判決における奥野裁判官少数意見参照）。

⑽　選挙運動規制

公職選挙法は、「選挙に関し、投票を得若しくは得しめ又は得しめない目的をもつて」行われる戸別訪問（公選138条1項）、「選挙運動のために使用する文書図画」の配布（公選142条）・掲示（公選143条）等について、詳細な制限規定を置いている。ビラの配布・掲示は典型的な表現活動ではあるが、公職選挙法上、「選挙運動」に分類されると、「選挙期間」外に行うことは「事前運動」とみなされて禁止され（公選129条）、「選挙期間」中は、配布するビラの種類、枚数（公選142条1項各号）、ポスターの数（公選144条1項）、街頭演説の方法（公選164条の5）、街頭宣伝の時間（公選164条の6）、使用する車両の台数・拡声器の数までが厳しく制限される（公選141条）。

民主主義過程に直結する、選挙にかかわる表現活動が「べからず選挙」と呼ばれるような厳しい制約下に置かれていることについて、学説は厳しく批判してきた（佐藤幸・憲法412頁、浦部・教室552頁、松井・憲法460頁など）。そもそも選挙運動を一般の政治活動から区別して詳細な規制を加えるという発想は、候補者を中心に選挙運動というプロセスを捉え、「主権者国民が選挙運動の主体ではなく、いわば「観客」の立場に置かれている」と批判される（高橋・立憲主義350頁）。

しかし、判例は、公職選挙法上の文書規制、事前運動の制限、戸別訪問禁止について、合憲判断をくり返してきている（文書規制については、最大判1955（昭30）・4・6刑集9巻4号819頁、最大判1955（昭30）・3・30刑集9巻3号635頁、事前運動については、最大判1969（昭44）・4・23刑集23巻4号235頁、戸別訪問については、最大判1950（昭25）・9・27刑集4巻9号1799頁など）。

判例によれば、公職選挙法が選挙運動を厳しく制限する目的、すなわち選挙運動を、通常の表現活動から区別して「主題規制」（→3⑸(b)）をする根拠は、「選挙運動に不当の競争を招き、これが為、却って選挙の自由公正を害し、その公明を保持し難い結果を来たすおそれがある」との「弊害」の除去にあるとされている（最大判1955（昭30）・4・6刑集9巻4号819頁）。しかし、選挙運動

250 第21条（集会・結社・表現の自由、通信の秘密）

すべてが不正の温床となるわけではなく、選挙運動の自由が「選挙の自由公正」を害するとの想定が現実性を欠くばかりか、選挙運動が活発に行われること自体を害悪とみなすことは、自由の行使自体を敵視する不当な規制目的とみることもできる。

最高裁の判例の中には、猿払事件最高裁判決（→3(6)）を参照しつつ、戸別訪問の禁止について、「意見表明そのものの制約を目的とするものではなく、意見表明の手段方法のもたらす弊害……の防止」を目的とする表現の自由に対する「間接的・付随的規制」であると類型づけた上で、目的の正当性、戸別訪問禁止と禁止目的との合理的な関連性、そして、戸別訪問の禁止によって失われる利益と禁止により得られる利益との利益衡量という枠組みによって、合憲判断を導くものもある（最二小判1981（昭56）・6・15刑集35巻4号205頁）。

これに対しては、戸別訪問禁止は、当選を目的に他者に働きかけるという表現活動の影響に着目した、「内容に着目しての規制といわざるをえない」との批判がなされている（佐藤幸・憲法414頁、長谷部・憲法347頁）。

他方、選挙運動に対し他の表現活動と区別して広範な規制を加えることについて、「あらゆる言論が必要最少限度の制約のもとに自由に競いあう場ではなく、各候補者は選挙の公正を確保するために定められたルールに従って運動するものと考えるべき」として合理化しようとする考え方がある（最三小判1981（昭56）・7・21刑集35巻5号568頁における伊藤裁判官の補足意見）。これは、選挙運動の制限を一種の「ゲームのルール」に準えて捉え、候補者間での平等が確保される限り、いかなる制約も許容されるというものである。しかし、この考え方は、多数者が自らに有利なルールを作りがちであるという現実的認識を欠いていることに加え、選挙運動に対する制約によって主権者たる国民が公職候補者に関する情報を得る機会を奪われているという観点を欠いている点で、選挙運動という表現の特性の捉え方を誤っていると批判される（浦部・教室552頁、毛利ほか・憲法2・401頁〔毛利透〕）。

5 表現内容中立規制の具体的問題
(1) 屋外広告物条例によるビラ貼りの規制

屋外広告物法は、都道府県の条例によって、「良好な景観又は風致を維持するために必要があると認めるとき」に、屋外広告物の表示や広告物の掲出を禁止し得ると定め（屋外広告物法3条1項）、これを受けて各都道府県は、屋外広告物条例を定めている。

これは、広告物の内容にかかわらず規制を加える表現内容中立規制ではあるが、ポスターの掲示や、以下で論ずるビラ配りは、メディアをもたない市民が利用し得る表現手段として重要な意義をもっており、これらの表現手段の規制については、規制の必要性と表現の場としての重要性との慎重な衡量が必要とされる（毛利ほか・憲法2・240頁〔毛利透〕）。

第21条（集会・結社・表現の自由、通信の秘密）　*251*

　最高裁は、屋外広告物条例によるビラ貼り・立て看板の規制について、「国民の文化的生活の向上を目途とする憲法の下においては、都市の美観風致を維持することは、公共の福祉を保持する所以であるから、この程度の規制は、公共の福祉のため、表現の自由に対し許された必要且つ合理的な制限と解することができる」との簡単な理由づけに基づいて合憲判断をくり返している（最大判1968（昭43）・12・18刑集22巻13号1549頁）。

　これに対して、大分県屋外広告物条例違反事件判決（最三小判1987（昭62）・3・3刑集41巻2号15頁）における伊藤裁判官の補足意見は、人目に付きやすい場所にビラ・ポスターを掲出する行為が意見や情報を他人に伝達する効果的な手段であること、そうした場所がパブリック・フォーラム（→3(7)）としての性格ももつことを指摘した上で、広告物の貼付されている場所の性質、周囲の状況、広告物の数量・形状や、掲出の仕方等を総合的に考慮し、「その地域の美観風致の侵害の程度と掲出された広告物にあらわれた表現のもつ価値とを比較衡量した結果、表現の価値の有する利益が美観風致の維持の利益に優越すると判断されるときに、本条例の定める刑事罰を科することは、適用において違憲となる」と適用違憲の可能性を示した。

　伊藤補足意見は、利益衡量によって合憲的な適用範囲の限定を図ろうとしたが、その利益衡量の基準はあいまいであり、結局は、やや大型のポスター2枚の掲出すら有罪とするものとなっている。他方、同じく利益衡量の方法によりながら、景観に対する侵害が軽微であることと、ビラ貼りが「主張や意見を伝達する方法として、最も重要な方法である」ことを強調して、可罰的違法性を欠くとした下級審判決（堺簡判1987（昭62）・5・20刑集46巻4号334頁など）もある。また、表現の自由の重大性に鑑み、規制が正当化される場合を、「或る地域ないし区域、場所、又は特定の物件が美そのものの表象として存在するか、若しくは美ないし美観に奉仕するものとして存在し、又は設置されている場合か、或いは少くともビラを貼ることにより、社会公共の美観を害される蓋然性が二義を許さない程度に、客観的に明らかに看取される場合のみ」に厳しく限定したうえで、屋外広告物条例の規制を必要最小限度を超え、本条に違反すると判示した下級審判決（枚方簡判1968（昭43）・10・9下刑10巻10号981頁）もある。

(2)　**軽犯罪法によるビラ貼り規制**

　屋外広告物条例が風致美観という公共的理由を根拠とするビラ貼りの規制であったのに対し、みだりに他人の家屋その他の工作物にはり札をすることを罰する軽犯罪法1条33号は、家屋所有者の財産権に基づくビラ貼りの規制である。

　ここでは、表現の自由と財産権とが衝突しているといえるが、ビラ貼りという表現手段の重要性から、当該財産の性質（パブリック・フォーラムの性質をもつ場所か否か）、当該財産の使用が制約される程度を慎重に見極める必要がある。

252　第21条（集会・結社・表現の自由、通信の秘密）

　しかし、最高裁は、「その手段が他人の財産権、管理権を不当に害するごときものは、もとより許されないところであるといわなければならない」との理由で規制を正当化している（最大判1970（昭45）・6・17刑集24巻6号280頁）。

　最高裁は、法のいう「みだりに」とは、「他人の家屋その他の工作物にはり札をするにつき、社会通念上正当な理由があると認められない場合」と解しており、他人の家屋等へのビラ貼りをすべて禁止し得る趣旨とは解していない。そもそも所有者、管理者の同意の下で行われるビラ貼りが処罰対象とならないことは当然である（佐藤幸・憲法274頁）。ビラ貼りの処罰を表現の自由に対する必要最小限度の制約にとどめるためには、他人の財産の価値を失わせるような著しい財産権、管理権の侵害といえる場合に限定すべきである。

(3)　道路における街頭演説等の規制

　道路における街頭演説については、旧道路交通取締法26条1項4号に基づき、「道路に人が集まり一般交通に著しい影響を及ぼすような行為」（「人寄せ」行為）の1つとして、所轄警察署長の許可を受ける必要があった。

　道路は、もちろん通行の場であるが、同時に、表現の自由保障の観点からは、「人々が集い意見を交換しあうことは、公共の場としての道路の本来の役割の1つと考えるべき」とも指摘される（毛利ほか・憲法2・242頁〔毛利透〕）。

　この許可制について、最高裁は、「場合によって道路交通の妨害となり、延いて、道路交通上の危険の発生、その他公共の安全を害するおそれがないでもない」（傍点筆者）という薄弱な理由に基づき、「その時、所、方法等」の合理的制限であるとして、本条に違反しないとした（最一小判1960（昭35）・3・3刑集14巻3号253頁）。この判決が、表現の自由に対する制約を必要最小限度に限定する考え方を採用していないことは明らかであろう。

　その後、制定された道路交通法は、「一般交通に著しい影響を及ぼすような通行の形態若しくは方法により道路を使用する行為」等について、所轄警察署長の許可を受けることを定めている（道交77条1項4号）。ただし、同法には、警察署長による不許可を、「許可に付された条件」によって「交通の妨害となるおそれがなくなると認められる場合」には「許可をしなければならない」と規定するなど（同条2項2号）、規制を必要最小限度にとどめようとする姿勢もみられる。

　道路は、本来、表現活動に開かれたパブリック・フォーラムの1つであり、原則として、自由な表現活動が保障されるべきである（→3(7)）。道交法による道路の使用許可も表現活動に対する事前の許可制として機能し得ることから、一般的に許可制とすること自体を疑問視する見解もある（浦部・教室187頁）。道路の使用許可を求めることがやむを得ないとしても、軽微な「妨害となるおそれ」を理由に道路の使用を不許可とすることはできず、少なくとも「道路の機能を著しく害する」、現実的な危険のある場合に限られると解すべきであろう（道路交通法による集団行進の規制について→Ⅳ3(2)）。

第21条（集会・結社・表現の自由、通信の秘密） *253*

(4) ビラ配布のための他人の土地への立入りと住居侵入罪

　集合住宅の郵便受けにビラを配布するポスティングが、刑法130条の住居侵入罪・不退去罪に問われることがある。住居侵入罪や不退去罪は、表現行為を直接制約することを目的とした規定でなく、法令の違憲性は問題とならないが、その適用のあり方によっては表現の自由に対する不当な制約となり得る。

　イラクへの自衛隊派遣に反対するビラを自衛隊官舎の郵便受けに投函した行為が住居侵入罪に問われた事件について、第一審判決（東京地八王子支判2004（平16）12・16判時1892号150頁）は、ビラの投函が本条1項の保障する政治的表現活動の一態様であり、「民主主義社会の根幹を成すものとして」、「いわゆる優越的地位が認められている」ことを指摘した上で、「法秩序全体の見地からして、刑事罰に処するに値する程度の違法性があるものとは認められない」として無罪とした。しかし、最高裁は、これを処罰することも本条1項に違反しないとした（最二小判2008（平20）・4・11刑集62巻5号1217頁）。判決は、集合住宅の各階にある各戸の玄関前まで立ち入った行為が刑法130条にいう「人の看守する邸宅」への「侵入」にあたると認定した上で、「思想を外部に発表するための手段であっても、その手段が他人の権利を不当に害するようなものは許され」ず、「たとえ表現の自由の行使のためとはいっても、このような場所に管理権者の意思に反して立ち入ることは、管理権者の管理権を侵害するのみならず、そこで私的生活を営む者の私生活の平穏を侵害するものといわざるを得ない」との理由で本条1項違反の主張を斥けた。

　また、民間の分譲マンションに立ち入り、各住戸のドアポストに共産党のビラを配布した事件においても、第一審判決（東京地判2006（平18）・8・28刑集63巻9号1846頁）が住居侵入罪を構成しないと判断し無罪としたのに対し、最高裁は、有罪とした。最高裁は、ビラ配布のための立入りが、マンションの共有部分を管理する管理組合の意思に反するものであったと認め、「たとえ表現の自由の行使のためとはいっても、そこに本件管理組合の意思に反して立ち入ることは、本件管理組合の管理権を侵害するのみならず、そこで私的生活を営む者の私生活の平穏を侵害するものといわざるを得ない」と述べて、住居侵入罪として処罰することが本条1項に違反しないとした（最二小判2009（平21）・11・30刑集63巻9号1765頁）。

　こうした事件においては、政治的な内容のビラがねらい撃ち的に起訴される傾向があり（浦部・教室186頁）、その恣意的な取締りが見解規制となる疑いも濃厚である。また、ビラの各戸への配布は、必然的に他人の土地・家屋への侵入を伴うものであり、形式的に住居侵入罪を適用すれば、すべての配布行為が刑事罰に問われることになる。表現の自由に対する制約を必要最小限度にとどめるためには、ビラ配布を拒否する居住者の意思が明確に示されており、ビラ配布が生活の平穏を著しく脅かす態様で行われた場合以外に刑事罰を適用することは違憲であると解するべきである。

Ⅲ　取材・報道の自由と放送の自由

1　取材・報道の自由保障の意義

　自由で独立した報道機関の存在は民主主義の維持にとって不可欠の存在である。国民がさまざまな情報を得るにあたって、報道機関の取材・報道が不可欠の機能を果たしており、そこから報道機関に特別の保護（メディアの特権）を与える必要が導かれる。他方で、報道機関の中でも放送は、その特別の影響力と、放送用周波数帯が限られており誰でも放送事業に参入できるわけではないという特殊な事情から、特別の制約に服するとされている（芦部・憲法191〜192頁）。

2　取材・報道の自由の内容

(1)　報道の自由

　事実の報道の自由についても、表現の自由保障が及ぶため（→Ⅱ2(1)）、原則として、制約は許されない。また、かつての新聞紙法のような検閲制度は、本条2項により絶対的に禁止される。

(2)　取材の自由

　取材の自由は、正確な報道がなされるために不可欠なものである。しかし、情報収集行為である取材の自由に表現の自由の保障が及ぶかについては、抵抗もあった。最高裁は、当初、表現の自由の保障の意義を「公の福祉に反しない限り、いいたいことはいわせなければならないということである」と捉え、「未だいいたいことの内容も定まらず、これからその内容を作り出すための取材」に関して、取材源秘匿までは認められないと述べていた（石井記者事件判決・最大判1952（昭27）・8・6刑集6巻8号974頁）。しかし、最高裁も、やがて「報道機関の報道が正しい内容をもつためには、報道の自由とともに、報道のための取材の自由も、憲法21条の精神に照らし、十分尊重に値いするものといわなければならない」と宣言するにいたった（博多駅テレビフィルム事件決定（最大決1969（昭44）・11・26刑集23巻11号1490頁）（→Ⅱ2(2)）。

　最高裁の「十分尊重に値する」との表現については、「憲法21条は目的・主体を問わず取材の自由を直接保障していない」と解する見解（渋谷・憲法356頁）もあるが、保障の程度はともかく、取材の自由が報道の自由の前提として憲法21条の保障の対象となることは否定されない（芦部・憲法187〜188頁、高橋・立憲主義221頁）。

3　取材・報道の自由に関する具体的問題

(1)　取材の自由と公務員の守秘義務違反そそのかし処罰

　取材の自由を直接的に制約する例として、公務員の守秘義務違反のそそのかしに対する処罰がある。国家公務員法100条は、「職務上知ることのできた秘

密」につき国家公務員に対して守秘義務を課し、国家公務員法111条は守秘義務違反に対する「そそのかし」を処罰対象としている。

沖縄返還にあたっての密約の存在を聞き出すために、新聞記者が親密な関係を利用して外務省秘書官に公電の持ち出しを依頼したことが国家公務員法111条違反に問われた**外務省公電漏洩事件（西山記者事件）**について、第一審判決は無罪としたが、最高裁は有罪とした。

第一審判決（東京地判1974（昭49）・1・31判時732号12頁）は、記者の行為が正当行為にあたるかどうかについて、(a)行為が報道機関としての公共的使命を全うする目的をもってなされたものであること、(b)具体的に用いられた手段方法が、(a)の目的を達成するために必要もしくはこれに通常随伴するものであり、社会通念上特段の非難を加えることができないこと、(c)その行為によってもたらされる利益がその行為の結果損なわれる利益と均衡を保ちまたはこれに優越していると認められること、という諸事情の総合的判断によるとした。そして、判決は、(c)の要素において、記事の内容が沖縄返還交渉に対する民主的コントロールを高めることを重視して、正当行為の成立を導いた。

これに対して、最高裁決定（最一小決1978（昭53）・5・31刑集32巻3号457頁）は、守秘義務違反の「そそのかし」に形式的に該当する取材行為が正当行為となる場合を、(a)行為が「真に報道の目的からでたもの」であり、(b)「その手段・方法が法秩序全体の精神に照らし相当なものとして社会観念上是認される」場合に限定し、報道によって得られる利益と失われる利益の衡量を要件としなかった。その上で、最高裁は、記者が女性秘書官との肉体関係を利用して文書を入手しようとしたという手段方法が、「人格の尊厳を著しく蹂躙するもの」であって、正当な取材活動の範囲を逸脱していると判示した。

⑵　特定秘密保護法による取材の自由の制限

2013（平成25）年に成立した特定秘密保護法（特定秘密の保護に関する法律）は、従来、国家公務員法上の守秘義務の対象であった秘密のうち、(a)防衛、(b)外交、(c)特定有害活動（スパイ活動）、(d)テロリズムの防止にかかわる情報で、「その漏えいが我が国の安全保障に著しい支障を及ぼすおそれがあるため、特に秘匿することが必要である」と認められたものを大臣等の「行政機関の長」が「特定秘密」として指定した上で（3条1項）、漏洩のおそれがないと適性評価によって判定された者のみがこれを取り扱うこととし（11条）、特定秘密を漏洩した者を重く処罰するようにしたものである（23条以下）。いったん「特定秘密」に指定された情報は、5年ごとに指定が更新され、内閣の承認があれば、最長60年まで延長され得る（4条）。

取材の自由にとって重大な問題は、「特定秘密」の対象が不明確なため広範な情報が指定されかねないこと、特定秘密の故意の漏えいに対する刑罰が、10年以下の懲役に大幅に引き上げられた上（23条1項）、漏えいの共謀、教唆、煽動まで処罰される（25条）ことである。

256 第21条（集会・結社・表現の自由、通信の秘密）

政府は、前述の外務省公電漏洩事件最高裁決定（→(2)）を参照して、「報道機関の通常の取材活動は正当業務行為に該当する」と述べている※79。しかし、何が「通常の取材活動」にあたるかは不明確であること、最高裁決定の基準は前述の通り取材の自由の保障にとって不十分であることから、報道機関側を萎縮させるおそれが強い。

(3) 法廷内の写真撮影禁止

刑事訴訟規則215条は、公判廷における写真撮影等にあたっては、「裁判所の許可」が必要としている。

無許可で公判中の写真撮影を行った記者が法廷等の秩序維持に関する法律違反で起訴された北海タイムズ事件について、最高裁（最大判1958（昭33）・2・17刑集12巻2号253頁）は、「公判廷の状況を一般に報道するための取材活動であっても、その活動が公判廷における審判の秩序を乱し被告人その他訴訟関係人の正当な利益を不当に害するがごときものは、もとより許されない」と述べて、写真撮影等の許可制を合憲とした。

公判の模様が自由に撮影されるとなれば、訴訟当事者の権利が侵害されたり、法廷が混乱するおそれは否定できず、裁判所の許可制の必要性は肯定される。しかし、取材の自由が「憲法21条の精神に照らし、十分尊重に値する」のであれば、「公正かつ円滑な訴訟の運営」のための必要最小限度の制約しか許されず、事件の状況によっては、写真撮影の禁止が「合理性を欠く措置」とされる可能性も認められるべきである。

(4) 法廷内のメモ

法廷における傍聴人の筆記行為（メモ）は、裁判長の法廷警察権（刑訴288条2項）に基づいて、司法記者クラブ所属の報道機関の記者のみに許されてきた。

この制限の合憲性が争点になったのが、**レペタ事件**である。この事件は、日本の法的規制を研究するために来日したワシントン州弁護士の資格を有するアメリカ人が、所得税法違反事件の公判を傍聴するにあたり、裁判長にメモをとることの許可を求めたが、これが許されなかったため、国家賠償を請求したものであった。

最高裁は、メモをとる行為が、本条1項の派生原理として認められる「情報を摂取する自由」の補助行為として憲法上尊重されるべきであること述べつつも、筆記行為の自由と本条1項に直接規定されている表現の自由との違いを強調して、その制約について、「表現の自由に制約を加える場合に一般に必要とされる厳格な基準が要求されるものではない」とした。そして、傍聴人のメモをとる行為が「法廷における公正かつ円滑な訴訟の運営」を妨げるときには制限または禁止されると可能性を認めながらも、そのような事態は「通常はあり

※79 内閣官房特定秘密保護法施行準備室「特定秘密の保護に関する法律Q&A」（2013年12月27日）http://www.cas.go.jp/jp/tokuteihimitsu/qa.pdf。

得ない」との認識を示して、特段の事情がない限り、メモをとる行為を「傍聴人の自由に委ねるべきである」と判示した。ただし、判決は、裁判長によるメモの禁止措置について、国家賠償法上の違法性を認めず、賠償請求を斥けている（最大判1989（平1）・3・8民集43巻2号89頁）。

なお、同判決は、裁判所が法廷警察権（法廷の秩序を維持するため相当な処分をする権限）の行使にあたって、司法記者クラブ所属の報道機関の記者のみにメモをとることを許可したことについては、「報道のための取材の自由に対する配慮」に基づく合理的な措置として、憲法14条1項に違反しないとした。

(5) 報道材料の押収・差押え

報道材料であるテレビ・フィルムやビデオテープが刑事事件における証拠として用いられると、それを用いた報道が妨げられるほか、取材源が明らかになり、取材対象者との信頼関係が失われ、将来の取材活動を困難にする。

報道材料の刑事手続における利用が初めて最高裁で争われたのは、**博多駅テレビ・フィルム事件**（最大決1969（昭44）・11・26刑集23巻11号1490頁）であった。博多駅構内で発生したデモ隊と警察官との衝突の中で発生した警察官による暴行が特別公務員暴行陵虐罪等にあたるかが争われた付審判請求手続における不可欠の証拠として、事件の模様を撮影していたテレビ局のフィルムの提出を裁判所が命じた。

最高裁は、(a)公正な刑事裁判を実現するための必要性と、(b)取材の自由が妨げられる程度、報道の自由に対する影響とを比較衡量するとの判断枠組みで提出命令の是非を判断した。(a)において検討されるのは、犯罪の性質、態様、軽重および取材したものの証拠としての価値であり、最高裁は、フィルムが罪責の有無の判定にとって「ほとんど必須のものと認められる状況にある」とした。他方、(b)について、最高裁は、フィルムがすでに放送済みの部分を含んでおり、「それが証拠として使用されることによって報道機関が蒙る不利益は、報道の自由そのものではなく、将来の取材の自由が妨げられるおそれがあるというにとどまる」ことを指摘して、フィルムの提出命令はやむを得ないものと判断した。

その後発生した日本テレビ事件で争われたのは、賄賂の受渡しを写した取材用ビデオテープに対する検察官の請求に基づく差押命令であった。最高裁（最二小決1989（平1）・1・30刑集43巻1号19頁）は、「適正迅速な捜査」が公正な刑事裁判の実現に不可欠の前提であるとして、博多駅テレビ・フィルム事件決定と同様の利益衡量の判断枠組みを用いた上で、ビデオテープの差押命令をやむを得ないものと認めた。

続くTBS事件においては、警察官の請求にかかる放送用ビデオテープの差押命令の可否が争われたが、ここでも、最高裁（最二小決1990（平2）・7・9刑集44巻5号421頁）は、「適正迅速な捜査の遂行のためやむを得ない」ものと判断した。

258 第21条（集会・結社・表現の自由、通信の秘密）

博多駅事件とその後の日本テレビ事件、TBS事件とでは、公正な刑事裁判の実現のために放送材料が必要とされている程度が大きく異なり、後者の最高裁決定においては、反対意見も表明されている（日本テレビ事件決定における島谷裁判官反対意見、TBS事件決定における奥野裁判官反対意見参照）。

(6) 証言強制と取材源の秘匿

報道機関の取材源秘匿は、取材対象者との信頼関係を維持するために必要な倫理的規範であるが、同時に、将来の取材を可能とするための必須の手段でもある。国家が取材源の開示を報道機関に求めることは、取材の自由に対して大きな支障を生ずるおそれがある。

民事訴訟法、刑事訴訟法ともに、一定の職業上の秘密について、法廷での証言拒否を認めているが、刑事訴訟法149条が特定の職業の職にある（あった）者について限定的に**証言拒否**を認めているのに対し、民事訴訟法197条1項3号は「技術又は職業の秘密に関する事項について尋問を受ける場合」について概括的に証言拒否を認めているという違いがある。これは、刑事訴訟がより実体的真実の追究に重きを置いていることの反映である。

民事裁判に関しては、最高裁は、「報道関係者の取材源は、一般に、それがみだりに開示されると、報道関係者と取材源となる者との間の信頼関係が損なわれ、将来にわたる自由で円滑な取材活動が妨げられることとなり、報道機関の業務に深刻な影響を与え以後その遂行が困難になると解されるので、取材源の秘密は職業の秘密に当たるというべきである」として、取材源が「職業の秘密」に該当すると認めている（NHK記者取材源開示拒否事件・最三小決2006（平18）・10・3民集60巻8号2647頁）。

その上で、最高裁は、「秘密の公表によって生ずる不利益と証言の拒絶によって犠牲になる真実発見及び裁判の公正との比較衡量により決せられる」との判断枠組みを設定し、その中で、(a)当該報道の内容・性質・その社会的な意義・価値、(b)当該取材の態様、(c)将来における同種の取材活動が妨げられることによって生ずる不利益の内容・程度、(d)当該民事事件の内容・性質・そのもつ社会的な意義・価値、(e)当該民事事件において当該証言を必要とする程度、(f)代替証拠の有無等の諸事情を考慮事項として挙げている。

刑事事件については、最高裁は、刑事訴訟法上の証言拒否の定めを限定列挙と解し、記者による証言拒否を認めていない（最大判1952（昭27）・8・6刑集6巻8号974頁）。しかし、刑事裁判についても、民事裁判と同様、多種多様なものがあり、そこにおける記者の証言の必要性も一様ではないから、一律に証言拒否を認めないことには疑問がある。

4 放送制度と放送の自由

(1) 放送制度の設計と放送と通信の融合

放送は、現代における情報伝達において極めて大きな地位を占めている。放

送制度のあり方は各国で様々であるが、日本の放送法は、受信料収入により運営される公共放送と広告料収入により運営される民間放送との二本立ての体制をとっている。今日、放送の分野においても、デジタル放送、ケーブルテレビの普及により多チャンネル化が進み、放送法制のあり方について新たな見直しも進んでいる。また、インターネットの普及とともに、インターネットを通じた放送番組配信など、放送と通信との区分も不明確になりつつある。

そこで、2010（平成22）年に放送法等の改正が行われ、「放送」の定義が従来の「無線通信の送信」から「電気通信の送信」に拡大されたうえで（放送法2条1号）、規制体系が放送法（コンテンツ規律）、電気通信事業法（伝送サービス規律）、電波法・有線電気通信法（伝送設備規律）の3つに集約された。

(2) NHK受信料制度の合憲性

公共放送を受信する受信設備設置者に日本放送協会との契約を義務づける放送法64条1項の規定の合憲性が争われた事件において、最高裁は、公共放送と民間放送の二本立ての体制が正当化されるとした上で、受信契約の締結義務について「必要かつ合理的な範囲内のものとして憲法上許容される」と判示した（最大判2017（平29）・12・6民集71巻10号1817頁）。

多数意見は、「放送の意義」について、「憲法21条が規定する表現の自由の保障の下で、国民の知る権利を実質的に充足し、健全な民主主義の発達に寄与するものとして、国民に広く普及されるべきものである。」との認識を述べた。その上で、多数意見は、公共放送事業者と民間放送事業者との「二本立て体制」が、放送法1条に述べられた、放送の国民への普及、放送による表現の自由の確保、健全な民主主義の発達という目的と、先に述べた、「放送の意義」にも資するものと位置付けた。公共放送の存在が正当化される以上、受信料の支払義務を受信契約により発生させるという仕組みは、公共放送が「受信設備設置者の理解を得て，その負担により支えられて存立することが期待される事業体であることに沿う」こと、契約内容が放送法上定められたNHKの目的にかなうものであること、かつ「受信契約の締結強制の趣旨に照らして適正なもので受信設備設置者間の公平が図られている」限りで強制が認められると解されるから、放送法の目的を達成するのに「必要かつ合理的な範囲内のもの」と判断されることとなった。

(3) 放送法に基づく放送の自由の制約

放送を通じた報道に関しては、放送法に基づいて特殊な規制がなされている。

(i) 公正原則

放送法4条1項は、放送事業者が番組編成にあたって以下の準則を守ることを求める。

(a)公安および善良な風俗を害しないこと、(b)政治的に公平であること、(c)報道は事実をまげないですること、(d)意見が対立している問題については、できるだけ多くの角度から論点を明らかにすること。

このうち(b)と(d)が「公正原則」と呼ばれる。

公正原則は、報道の内容について直接的に規制するものであり、表現の自由に対する制約としては異例である。放送に関してなぜこのような規制が許されるのかについて、従来、電波（周波数帯）の希少性と社会的影響力の大きさが根拠とされてきた。

電波の希少性に基づく根拠づけとは、放送用電波を混線なしに利用させるには、一定の限られた事業者に周波数帯の割り当てを行わなければならず、周波数帯を割り当てられた事業者はその特権的地位と引き替えに、広範な規制を受け入れる必要があるというものである。

社会的影響力の大きさに基づく根拠づけとは、放送が家庭に侵入し視聴者に与える影響力が大きいことから、一方的な内容に偏向することを避け、多様な見解を視聴者に提示することを求めるものである。

今日、放送技術の進展により電波の希少性の根拠が失われ、影響力の大きさも放送に限ったことではないとして、放送内容の規制に反対する見解もある（松井・憲法485頁）。また、公権力が放送内容に介入することに対して警戒的な見解もある（浦部・教室204〜205頁）。

しかし、「マスメディア」と呼ばれる報道機関が言論空間を支配し、その大部分が営利企業として運営されている現状を前提とするとき、その報道内容に対する何らかの統制が働かなければ社会の多数派に迎合する報道が少数者の見解を圧倒してしまうであろう。ただし、公正原則違反の報道に対する審査が恣意的になされたり、違反に対して厳しい制裁が課されるならば、報道の自由に対する萎縮効果はきわめて大きいものとなり、かえって制度創設の趣旨に反することなろう。

また、言論空間の自由とともにその多様性を確保する観点から、相対的に影響力の大きな放送メディアについて公正原則のような制約を加える一方で、印刷メディアである新聞・雑誌には統制を加えないという方法（部分規制）には合理性があるとの考えも有力である。ただし、その際にも、放送メディアと印刷メディアが一体とならないように、資本的・人的分離が必要とされている（長谷部・憲法226頁）。

(ii) **真実性の確保**

放送が国民の知る権利に奉仕するという公共的機能を担うためには、その内容の正確性も求められる。放送法9条は、放送事業者が「真実でない事項の放送」をし、その放送により権利の侵害を受けた本人またはその直接関係人から請求があったとき、放送事業者は、遅滞なく放送内容の真実性について調査し、真実でないことが判明した場合には、判明した日から2日以内に訂正または取消しの放送をしなければならない、と定める。

最高裁によれば、この訂正放送制度は、あくまでも放送内容の真実性を確保するための公法上の規制であって、権利侵害を受けた被害者が私法上の訂正放

送請求権を有するものではないと解されている（最一小判2004（平16）・11・25民集58巻8号2326頁）。

　放送事業者の放送は、国民の知る権利の保障のために特権的に認められたものであり、虚偽の放送を行う自由はないとも考えられる。しかし、名誉毀損の場合は、虚偽の報道であっても、「真実と誤信する相当の理由」のある場合には責任が問われないことに比べると、放送法の訂正放送制度は放送事業者に過重な負担を課しているようにもみえる。訂正放送制度は、あくまでも放送事業者の自主的な調査を促すものであり、その限りで合憲性が承認されよう。

Ⅳ　集会の自由

1　集会の自由の意義

　本条1項が、「言論、出版その他一切の表現の自由」と並んで、集会の自由を保障したのは、多数人が集合する集会が意見表明の手段として重要な位置を占めているからである。他方で、集会はまさにそれが多数人によるものであることによって、体制転覆の危険性が高いものとして、古今東西を問わず、国家権力の側から警戒の対象となってきた。

2　集会の自由の内容

(1)　「集会」の意味

　「集会」とは、一般に、多数人が共通の目的の下に集合することをいう（宮沢・全訂244頁）。学説の多数は、「共通の目的」の内容を限定せず、「政治・学問・芸術等」に関する目的も含ませる（芦部・憲法222頁、辻村・憲法222頁）。そして、本条1項の集会の「自由」とは、集会の開催、参加について公権力からの制約を受けないことを意味する。

(2)　集団行進の保障

　デモ行進・集団行進については、「動く集会」として集会の自由に含める考え方（佐藤功・注釈上323頁、高橋・立憲主義248頁、毛利ほか・憲法2・253頁〔毛利透〕）と、「その他一切の表現の自由」に含める見解（芦部・憲法225頁）がある。どちらによっても、集団行進の自由が本条1項により保障されるとの結論に違いはないが、多数人の集合という特性を共有していることからみて、集会の自由に含めるのが妥当である。

(3)　集会のための場所の利用

　集会・集団行進は、多数人が集合するという性質上、場所を必要とする。集会の自由が自由権にとどまる限り、集会の場所の提供を求める権利はそこに含まれないが、場所の利用を拒否することは集会の自由の実質的な否定につながることから、集会のための場所の恣意的な利用拒否を防ぐ法理が必要となる。

　たとえば、皇居前広場事件判決において、最高裁は、傍論ながら、集会の開

催によって公園自体が著しい損壊を受けること、長時間にわたり一般国民の公園としての本来の利用が全く阻害される等を理由としてなされた使用拒否処分を、「公園としての使命を達成せしめようとする立場に立つ」た処分と認めた（最大判1953（昭28）・12・23民集7巻13号1561頁）。集会に適した公園や道路にも市民の憩いの場、車両の通行といった、本来の利用目的があり、それを理由に集会・集団行進のための利用がすべて拒否されることにもなりかねない。

すでに述べたパブリック・フォーラム論（→Ⅱ3(7)）は、伝統的に集会・集団行進の場とされてきた公園・道路について、集会・集団行進のための利用も「本来の利用目的」の1つとして承認させようとする法理といえる。

また、皇居前広場や地方公共団体における「公の施設」（自治244条）のような公共用財産は、国民や住民の利用に開かれたものであり、「正当な理由」なく利用を拒否することは許されず、「不当な差別的取扱い」もしてはならない（自治244条2項・3項）。

最高裁は、公共用財産に関する前述の法理と集会の自由の保障とを接合し、集会の用に供する「公の施設」が設けられている場合、「管理者が正当な理由なくその利用を拒否するときは、憲法の保障する集会の自由の不当な制限につながる」と判示した（泉佐野市民会館事件判決・最三小判1995（平7）・3・7民集49巻3号687頁）。

3 集会の自由に関する具体的問題
(1) 公安条例

集会・集団行進の自由を直接的に制約するものとしては、多くの地方公共団体において制定されている公安条例がある。たとえば、東京都の「集会、集団行進及び集団示威運動に関する条例」は、「道路その他公共の場所で集会若しくは集団行進を行おうとするとき、又は場所のいかんを問わず集団示威運動を行おうとするときは、東京都公安委員会（以下「公安委員会」という。）の許可を受けなければならない」と定める（1条）。そして、公安委員会は、「集会、集団行進又は集団示威運動の実施が公共の安寧を保持する上に直接危険を及ぼすと明らかに認められる場合」には、許可しないことができる（3条1項）。

学説は、公安条例について、違憲性の疑いが濃いものとして厳しく批判してきた（浦部・教室192頁以下）。終戦直後の労働運動の活発化を押さえ込むために占領軍の指示に基づいて各地で制定されたという経緯からもわかるように、公安条例の制定目的自体が、反体制的な集団行動を対象とした治安対策にあり、憲法19条・本条1項により禁止される見解規制にあたる可能性が強い。条例の目的を、公衆による道路・公園等の利用との調節、あるいは集会の重複・競合による混乱回避にあるとして救済しようとする試みもあるが（芦部・憲法226頁）、前者の目的とすれば、制定の経緯や「公共の安全」・「公共の安寧」への危険という不許可要件との整合性がとれず、さらに道路交通法上の道路の使用許

可制度との競合も問題となる。また、道路・公園利用の調節が条例の目的であれば、公安条例のほとんどが、学校行事や冠婚葬祭等の行進を規制対象から外していることの説明がつかなくなるし、規制手段は届出制で十分であることとなる（浦部・教室193頁）。

そもそも、公安委員会による事前の許可制という手段を文字通りとれば、表現活動に対する事前抑制に該当することになる。「公共の安全」「公共の安寧」といった不明確な不許可要件をもって、事前に集会・集団行進の許可を求めることは恣意的な運用のおそれが極めて高く、市民の表現活動に対する萎縮効果も大きい。

最高裁は、**新潟県公安条例事件**判決（最大判1954（昭29）・11・24刑集8巻11号1866頁）において、「行列行進又は公衆の集団示威運動は、……本来国民の自由とするところ」との前提に立ち、「単なる届出制を定めることは格別、そうでなく一般的な許可制を定めてこれを事前に抑制することは、憲法の趣旨に反し許されない」と明言した。ただし、同判決は、「特定の場所又は方法につき、合理的かつ明確な基準の下」であれば、許可制・禁止条件付きの届出制を定め得るとし、「公共の安全に対し明らかな差迫つた危険を及ぼすことが予見されるとき」に不許可または禁止することもできるとする。

新潟県公安条例事件判決が求めた許可基準の明確性・厳格性の要件をそのまま適用する限り、各地の公安条例について合憲の結論を導くことは難しい（京都市条例を本条1項違反とした京都地判1967（昭42）・2・23判時480号3頁参照）。

その後の**東京都公安条例事件**判決（最大判1960（昭35）・7・20刑集14巻9号1243頁）において、最高裁は、60年安保闘争直後という時代性もあり、集会・集団行進が「時に昂奮、激昂の渦中に巻きこまれ、甚だしい場合には一瞬にして暴徒と化」すという危険性を内包するものとの認識に基づいて、許可・不許可の判断を行う公安委員会の裁量を広く認めることで、性急に合憲の結論を下している。こうした判断には、「集団行動をする者はみな潜在的暴徒として扱われてもやむをえないというような立場が、今日維持できるとは到底思えない。」との指摘もなされている（毛利ほか・憲法2・260頁〔毛利透〕）。ただし、判決は、「この許可制はその実質において届出制とことなるところがない」とも述べて、新潟県公安条例事件判決の法理を継承する姿勢も示している。

届出制を採る徳島市公安条例の合憲性が問題となった事件では、「交通秩序を維持すること」という要件の明確性（→Ⅱ3(2)）が争われたほか、条例と道路交通法との競合が条例制定権の限界との関係（→憲94条）で問題となった（**徳島市公安条例事件**判決・最大判1975（昭50）・9・10刑集29巻8号489頁）。

(2) **道路交通法による集団行進の規制**

道路交通法77条1項4号は、「一般交通に著しい影響を及ぼすような通行の形態若しくは方法により道路を使用する行為又は道路に人が集まり一般交通に著

しい影響を及ぼすような行為で、公安委員会が、その土地の道路又は交通の状況により、道路における危険を防止し、その他交通の安全と円滑を図るため必要と認めて定めたもの」について、所轄警察署長の許可を受けなければならないと定める（→Ⅱ5(3)）。

この規制は、「交通の安全と円滑」を目的とした、表現内容中立規制と評価できる。しかし、目的達成のためには、届出制でも十分ではないかとも指摘されている（浦部・教室195頁）。

アメリカの原子力空母エンタープライズの佐世保入港に反対する学生らが、所轄警察署長の許可なく集団示威行進を行ったとして起訴された事件において、最高裁は、道路交通法上の上記許可制が本条に違反しないと判示した（最三小判1982（昭57）・11・16民集36巻11号908頁）。

最高裁は、道路交通法77条3項によれば、警察署長の条件付与によっては「一般交通の用に供せられるべき道路の機能を著しく害する」事態の発生を阻止できないと予測される場合に限って道路使用を不許可にできることを指摘して、道路交通法の道路使用許可の規制対象が不明確とはいえないと述べた。

(3) いわゆる「成田新法」

「新東京国際空港の安全確保に関する緊急措置法」（現在は、「成田国際空港の安全確保に関する緊急措置法」、いわゆる「成田新法」）は、空港付近の「規制区域」内に所在する建築物その他の工作物が「多数の暴力主義的破壊活動者の集合の用」に「供されるおそれ」のある場合に、国土交通大臣が当該工作物の利用禁止を命ずることができると定めていた（(旧) 3条1項1号）。

最高裁（最大判1992（平4）・7・1民集46巻5号437頁）は、この制限が集会の自由の制約にあたるとした上で、法2条2項にいう、「暴力的破壊活動等を行い、又は行うおそれがあると認められる者」という文言を「暴力主義的破壊活動を現に行っている者又はこれを行う蓋然性の高い者」に限定し、さらに、法3条1項にいう工作物が禁止対象行為の用に供される蓋然性についても「現に供され、又は供される蓋然性が高いと認めるとき」に限定した。こうした限定解釈を施した上で、判決は、規制の目的が航空機の航行の安全、空港を利用する乗客等の生命、身体の安全の確保という「国家的、社会経済的、公益的、人道的見地から極めて強く要請される」利益であるのに比して、制約されるのが「多数の暴力主義的破壊活動者が当該工作物を集合の用に供する利益」に過ぎないとの利益衡量に基づいて、集会のための工作物利用禁止命令を「必要かつ合理的なもの」であると認め、本条1項に違反しないと判示した。

同法の規制目的の必要性については承認されようが、規制対象の限定の程度、規制手段の選択についてもっと吟味がなされるべきではなかったかとも指摘されている（渋谷・憲法458頁）。

(4) 広島市暴走族追放条例

広島市暴走族追放条例は、「何人も、次に掲げる行為をしてはならない」と

の定めの中に、「公共の場所において、当該場所の所有者又は管理者の承諾を得ないで、公衆に不安又は恐怖を覚えさせるようない集又は集会を行うこと」を掲げ（16条1項1号）、この行為が「本市の管理する公共の場所において、特異な服装をし、顔面の全部若しくは一部を覆い隠し、円陣を組み、又は旗を立てる等威勢を示すことにより行われたとき」には、当該行為の中止または退去を命ずることができると定める（17条）。

　最高裁（最三小判2007（平19）・9・18刑集61巻6号601頁）は、「何人も」という文言の過度の広汎性について判断し（→Ⅱ3(3)(i)）、条例の規制対象は、「暴走行為を目的として結成された集団である本来的な意味における暴走族」と「社会通念上これと同視することができる集団」に限られると解した。その上で、多数意見は、規制目的の正当性、弊害防止手段としての合理性、規制によって得られる利益と失われる利益との均衡の観点に照らし、本条1項・憲法31条に違反するとまではいえないと判示している。

　もっとも、本条例の適用対象が「本来的な意味における暴走族」とそれに同視できる集団に限定し得るかは争いのあるところである（藤田宙靖裁判官反対意見・田原裁判官反対意見参照）。

(5)　集会のための公共施設の利用

　先に述べたように、集会・集団行進には多数人が集合する場所が必要であり、場所の利用制限が実質的に集会の自由の制約となり得る。

　メーデー集会のための皇居前広場の使用許可申請が拒否された事件について、最高裁（最大判1953（昭28）・12・23民集7巻13号1561頁）は、係争中に開催予定日が徒過したため、不許可処分取消しに関する訴えの利益を喪失したとして訴えを却下した。判決は、「なお、念のため」として不許可処分の適否について傍論を付し、「公園としての使命を達成せしめようとする立場に立っ」た処分であれば、「管理権の適正な運用を誤ったものとは認められない」と述べ、集会のための公園利用の重要性を全く考慮に入れなかった。

　これに対し、**泉佐野市民会館事件**判決（最三小判1995（平7）・3・7民集49巻3号687頁）は、前述したように（→2(3)）、地方自治法上の「公の施設」である市民会館の利用拒否が憲法上の集会の自由の侵害となり得ることを指摘して、使用不許可の場合を厳格に限定した。すなわち、判決は、使用不許可事由である「公の秩序をみだすおそれがある場合」という条例の文言を、集会の自由を保障することの重要性よりも、集会が開かれることによって、人の生命、身体または財産が侵害され、公共の安全が損なわれる危険を回避、防止することの必要性が優越する場合に限定し、さらに、その危険性の程度を、「明らかな差し迫った危険の発生」が、客観的な事実に照らして具体的に予見される場合でなければならないとした。

　また、同判決は、「集会の目的や集会を主催する団体の性格そのものを理由として、使用を許可せず、あるいは不当に差別的に取り扱うことは許されな

266 第21条（集会・結社・表現の自由、通信の秘密）

い」として施設利用の許否にあたっての見解規制の禁止を明示した上で（→Ⅱ3
(5)(c)）、いわゆる「敵対的聴衆の法理」を初めて打ち出した。

「**敵対的聴衆（敵意ある聴衆）の法理**」とは、「主催者が集会を平穏に行お
うとしているのに、その集会の目的や主催者の思想、信条に反対する他のグ
ループ等がこれを実力で阻止し、妨害しようとして紛争を起こすおそれがある
ことを理由に公の施設の利用を拒むことは、憲法21条の趣旨に反する」という
ものである。これは、平穏な集会を暴力で妨害しようとする者の存在を理由に、
集会のための会場使用を不許可とすれば、会場管理者が結果として妨害者に加
担することになってしまうことを問題とするものである。

「敵対的聴衆の法理」によれば、平穏な集会に対する暴力的な妨害のおそれ
があるときは、会場管理者はまず警察力等をもって妨害者の排除を行うことを
優先すべきであり、警察力等による妨害者の排除が不可能な場合に限って、会
場の使用を拒否できるとされる。

もっとも、同判決は、結果として、「敵対的聴衆の法理」を適用せず、使用
不許可処分を支持した。それは、敵対的聴衆による妨害を理由とする使用不許
可のケースではあったものの、主催者自身も、敵対するグループに対する暴力
的襲撃をくり返しており、「平穏な主催者」という「敵対的聴衆の法理」の要
件を欠いたからである。

これに対し、上尾市福祉会館事件判決（最二小判1996（平8）・3・15民集50巻
3号549頁）は、「敵対的聴衆の法理」を実際に適用し、「警察の警備等によって
もなお混乱を防止することができないなど特別な事情がある場合」にあたらな
かったとして、使用不許可処分を違法とした。

Ⅴ　結社の自由

1　結社の自由の意義

身分制に基づく中世の社会から近代社会に移行するにあたって、中間団体の
解体が必要であったこともあり、結社の自由は、初期の近代立憲主義の諸憲法
においては、明文上規定されることはなかった。しかし、高度に組織化された
社会において、一人ひとりの個人の力はあまりに弱く、労働組合や自発的団体
の結成によって、市民が自らの権利・自由を守る必要性が認識され、今日の多
くの憲法、人権宣言が結社の自由を規定するようになってきている。

ただし、諸団体の活動と個人の自由が常に順接的関係にある必然性はなく、
とりわけ集団主義的傾向の強い日本社会において、団体の自由の承認が個人の
自由の抑圧につながりかねない点には留意が必要である[80]。

---

[80]　樋口陽一『国法学　人権原論（法律学大系）（補訂版）』（有斐閣、2007年）9頁以下
参照。

2 「結社」の「自由」

「結社」とは、「一定目的のためにする多数人の結合」とされる（宮沢・全訂245頁）。結社は、集会と異なり、持続的に多数の者が団体を結成し、それを通じて活動するものである。結社を結成することにより、人は同じ目的を共有する他者と協力して、より有効に目的を達成することができる。

結社は、政治的なものに限られず、会社や労働組合など経済活動にかかわるものや、文化サークルなど多様なものを含み得る。目的のいかんを問わず、本条の「結社」に含まれるとするのが多数である（佐藤功・注釈上324頁、佐藤幸・憲法292頁）。しかし、本条が表現の自由を保障した規定であることを重視して、ここで保障された「結社」から営利目的の団体を除外する見解（高橋・立憲主義252頁、樋口ほか・注釈2・39頁〔浦部法穂〕）、表現活動のために結成された団体に限定するとの見解もある（毛利ほか・憲法2・260頁）。本条1項によって保障される結社の自由について、表現活動を目的とした結社に限定すると、経済活動を目的とした団体結成は憲法22条1項、労働組合は憲法28条、それ以外の団体結成は憲法13条により保障されることとなる。

結社の「自由」とは、団体の結成、加入、運営について、公権力から干渉を受けないことの保障を意味する。団体に加入しないという消極的結社の自由も、結社の自由に含まれる。

3 結社の自由についての具体的問題

(1) 破壊活動防止法による解散命令

破壊活動防止法は、公安審査委員会が、「団体の活動として暴力主義的破壊活動を行つた団体に対して、当該団体が継続又は反覆して将来さらに団体の活動として暴力主義的破壊活動を行う明らかなおそれがあると認めるに足りる十分な理由があるとき」に、集会、集団示威運動、集団行進、機関紙の印刷・頒布等の活動制限処分をなし得ると定める（破防5条1項）。そして、活動制限処分によっては、そのおそれを有効に除去することができないと認められるときには、公安審査委員会は、団体の解散の指定を行うこともできる（破防7条）。

破壊活動防止法は、冷戦期に、共産主義政党の弾圧を目的に制定された治安立法であり、反体制的な政党・団体をねらい撃ちにした見解規制の法律との疑いも強い。また、「暴力主義的破壊活動」は、内乱、外患誘致等の行為のほか、「政治上の主義若しくは施策を推進し、支持し、又はこれに反対する目的をもって」騒乱、放火、激発物破裂、汽車・電車の転覆、殺人等の行為を行うことを指す（破防4条1項1号・2号）と定義されるところ、「政治上の主義」等の目的をもって行われる犯罪行為を特別に規制対象とすることは、主題規制としても、その妥当性が問題となる。とりわけ、「暴力主義的破壊活動」の防止を超えて、団体の解散の指定により結社の自由の直接的規制に及んでいることは、到底必要最小限度の規制とはいえない。

破壊活動防止法に基づく団体活動の制限、団体解散命令は長く適用がなされず、1995（平成7）年にオウム真理教に対して解散請求がなされたが、1997（平成9）年1月31日、公安審査委員会は請求に理由がないとして棄却した。

破壊活動防止法に基づいて、公安調査庁が設置され、「暴力的破壊主義活動を行う疑いのある団体に対する調査を行い、規制請求をするための証拠等の収集」を行っており（法27条）、これも、団体としての活動の重大な干渉となり得る。調査対象団体の中には、右翼団体や在日朝鮮人総連合会、日本共産党などが含まれている[81]。

(2)　いわゆる「団体規制法」による観察処分

「無差別大量殺人行為を行った団体の規制に関する法律」は、「その団体の役職員又は構成員が当該団体の活動として無差別大量殺人行為を行った団体」であって、「当該無差別大量殺人行為の首謀者が当該団体の活動に影響力を有していること」等の要件を満たした場合に、公安調査庁長官の観察処分に付し（団体規制法5条1項）、役職者・構成員の住所・氏名等の提出（団体規制法5条2項）と公安調査官の立入り検査等の調査を受けさせることを定める（団体規制法14条）。

この法律に基づいてオウム真理教の後継団体とされる「アレフ」などが観察処分の対象となっている（たとえば、東京地判2001（平13）・6・13判時1755号3頁参照）。観察処分は、破壊活動防止法の活動規制や解散指定と比較すればゆるやかな規制といえるが、団体の構成員の氏名を明らかにしたり、団体内部の様子を公権力が調査することは、団体への加入を萎縮させることとなり、結社の自由の制約にあたる。調査の方法・範囲が必要最小限度を超えていないかが厳密に検証される必要がある。

(3)政治資金規正法による「政治団体」の規制

政治資金規正法は、「政治団体」（政資3条1項）や政治家の政治資金の収支の公開等を定める。しかし、同法は、政党や政治家の政治資金管理団体以外の「政治上の主義若しくは施策を推進し、支持し、又はこれに反対することを本来の目的とする団体」（政資3条1項1号）も規制の対象とし、総務大臣への届出を義務付け（政資6条）、毎年の会計報告も義務づける（政資12条）。

こうした規制は、政党・政治家の資金収支の透明化という目的を超えて、市民の政治活動を広く監視の対象におくものであり、多くの政治団体の活動に必要以上の干渉を加えるものと批判されている（毛利ほか・憲法2・262～263頁〔毛利透〕）。

---

[81] 1982（昭57）・4・1〔第93回国会・参議院法務委員会会議録〕第6号4頁〔鎌田好夫公安調査庁長官〕。

第21条（集会・結社・表現の自由、通信の秘密）　269

Ⅵ　検閲・事前抑制の禁止

1　表現に対する事前抑制の問題性

　表現が受け手に到達前に規制を受ける事前抑制（ここでは、狭義の検閲を含む広い概念として、「事前抑制」を用いる）は、表現活動のもたらす影響を封じ込める最も「有効な」手段として古今東西の専制的権力者により「活用」されてきた。

　事前抑制がなされると、表現の内容が受け手に伝わらないため、何が規制の対象となったか明らかにならず、表現を行おうとする側を疑心暗鬼に陥らせ、表現をためらわせる効果（**萎縮効果**）を強くもつ。また、規制する側に濫用があっても、規制された対象が表に出ないため批判が困難である。

2　「検閲」の禁止

(1)　本条1項と2項前段との関係

　「検閲」とは、一般に、表現の許可制を意味し、表現の事前抑制の典型である。本条1項の表現の自由の保障に加えて、本条2項前段でわざわざ検閲の禁止を明記したことの意味については、表現の自由の保障には事前抑制の禁止原則が含まれると解されていることから、見解の対立がある。

　1つは、「検閲」と事前抑制とを区別せず、本条2項は事前抑制の禁止原則を再言して強調していると解する見解である（芦部・憲法207頁）。もう1つは、本条2項における「検閲」の禁止は、一般的な事前抑制の禁止原則と異なる内容をもつものと解する見解である（佐藤幸・憲法256頁、毛利ほか・憲法2・212頁〔毛利透〕、浦部・教室162頁）。

　前者の見解では、本条2項前段の意味がほとんどなくなってしまう。判例も、本条2項にいう「検閲」の禁止を本条1項に含まれる「事前抑制禁止の原則」と区別し、「検閲」を絶対的に禁止する趣旨と解している（札幌税関訴訟判決・最大判1984（昭59）・12・12民集38巻12号1308頁）。

(2)　検閲の概念

　「検閲」概念については、(a)検閲の主体を、公権力一般と捉えるか、行政権に限定するか、(b)検閲の対象を、広く表現内容とするか、思想内容に限定するか、(c)規制の時期を、表現物の発表前の規制に限定するか、発表後の規制によって入手が困難となった場合を含めるか、(d)規制の効果を発表禁止とするか、内容審査とするか、そして、(e)検閲禁止の意味を絶対的禁止と解するか、例外的に許される場合があると解するかをめぐって、さまざまな見解が表明されてきた。

　先の**札幌税関訴訟**判決は、「検閲」について、「行政権が主体となって、思想内容等の表現物を対象とし、その全部又は一部の発表の禁止を目的とし、対象とされる一定の表現物につき網羅的一般的に、発表前にその内容を審査した上、

不適当と認めるものの発表を禁止することを特質として備えるもの」と定義した。

判例の「検閲」概念については狭過ぎるとの批判が強い（佐藤幸・憲法257頁、浦部・教室164頁、毛利ほか・憲法2・213頁〔毛利透〕）。とりわけ、「発表禁止を目的として、網羅的一般的に審査する」ことまでを検閲の定義にもち込むと、大日本帝国憲法下の新聞紙法、出版法、映画法などによる検閲制以外には「検閲」はあり得ないことになってしまう（高橋・立憲主義225頁）。

(3) 事前抑制禁止原則

本条2項の検閲禁止を、本条1項の表現の自由保障の内容としての事前抑制禁止から区別されたものと捉えると、検閲とは異なる事前抑制の内容を別個に明らかにする必要がある。

事前抑制については、検閲よりも広く、「表現行為がなされるに先立ち公権力が何らかの方法で抑制すること、および実質的にこれと同視できるような影響を表現行為に及ぼす規制的方法」と捉えられ、例外的に許容される余地もあるとされる（佐藤幸・憲法256頁）。

判例も、事前抑制について、「表現行為に対する事前抑制は、新聞、雑誌その他の出版物や放送等の表現物がその自由市場に出る前に抑止してその内容を読者ないし聴視者の側に到達させる途を閉ざし又はその到達を遅らせてその意義を失わせ、公の批判の機会を減少させるもの」と捉えている（**北方ジャーナル事件**判決・最大判1986（昭61）・6・11民集40巻4号872頁）。

事前抑制についても、規制機関による濫用のおそれと表現主体の側への萎縮効果という問題点がつきまとう。判例も、「事前抑制たることの性質上、予測に基づくものとならざるをえないこと等から事後制裁の場合よりも広汎にわたり易く、濫用の虞があるうえ、実際上の抑止的効果が事後制裁の場合より大きいと考えられる」と指摘する（前掲・北方ジャーナル事件判決）。

逆にいえば、表現内容の審査を伴わず、規制の要件が裁量の余地を残さないほどに厳格に限定されており、かつ規制の基準が明確であって、萎縮効果を生じないような事前抑制であれば、例外的に許されることになる（浦部・教室165頁）。ここから判例は、事前抑制は「厳格かつ明確な要件のもとにおいてのみ許容されうる」とする（前掲・北方ジャーナル事件判決）。

3 検閲・事前抑制の禁止に関する具体的事例

(1) 税関検査

外国から貨物を輸入しようとするときには、税関長に申告し必要な検査（税関検査）を経て許可を受けなければならず（関税67条）、税関検査においては、関税の賦課徴収とともに輸入禁制品に該当しないかどうかが検査される。

最高裁は、札幌税関事件判決（最大判1984（昭59）・12・12民集38巻12号1308頁）において、税関検査の結果、書籍等が「公安または風俗を害する」とされ

ると、国内においては、表現物に表された思想内容等に接する機会を奪われ、表現の自由保障に伴う知る自由が制限されることを認め、「税関検査が表現の事前規制たる側面を有することを否定することはできない」と認めたものの、「検閲」を前述（→2(2)）のように狭く解した上で、本条2項前段により禁じられた「検閲」には該当しないとした。

　判決は、税関検査の対象となる書籍等が「海外においては既に発表済み」であることから「事前に発表を一切禁止する」ものといえないこと、税関検査の効果が輸入できないというだけで、発表の機会を全面的に奪うものでないことに加え、税関検査が関税徴収手続の一環として行われていることから、「思想内容等それ自体を網羅的に審査し規制することを目的とするものではない」こと、税関長の判断が最終的なものでなく、司法審査の途が開かれていることを指摘している。

　この判断に対しては、思想内容の網羅的チェックを目的とするものでなくても、思想内容の審査が可能であれば思想抑圧のおそれは存在すること、思想内容の審査を独自の使命とする機関によらなければ思想抑圧の危険性がないとはいえないこと、事後的な司法審査が認められることは表現の事前規制が許される根拠とならないことなどが指摘されている（毛利ほか・憲法2・213頁〔毛利透〕）。

(2)　裁判所による出版の事前差止め

　名誉毀損、プライバシー侵害の書籍、雑誌等の出版に対して、裁判所が出版の差止めを命ずることがある。とりわけプライバシーを侵害する報道がなされてしまうと事後的救済は困難であり、出版の事前差し止めは有効な救済手段である。

(i)　北方ジャーナル事件

　最高裁は、北海道知事選挙候補予定者に関する雑誌記事が名誉毀損にあたるとして出版を差し止める仮処分が下された北方ジャーナル事件判決において、仮処分としてなされた出版差止めが本条に違反しないと判示した（最大判1986（昭61）・6・11民集40巻4号872頁）。

　判決は、札幌税関訴訟判決の「検閲」の定義（→2(2)）を引用して、裁判所による出版差止めが本条2項前段の「検閲」に該当しないとした。判決は、仮処分による差止めが、口頭弁論や当事者の審尋を経ることなく下され得る簡略な手続によるものであることに加え、裁判所が行う作用ではあっても、中立的な立場で紛争解決を行うわけではない「非訟的な要素」をもっていることを認めながらも、「個別的な私人間の紛争について、司法裁判所により、当事者の申請に基づき差止請求権等の私法上の被保全権利の存否、保全の必要性の有無を審理判断して発せられるもの」であることを「検閲」に該当しない実質的理由として示している。

　また、判決は、本条1項に含まれる事前抑制禁止の原則について、先にみた

ように（→2⑶）、「厳格かつ明確な要件」の下でのみ許容されるとした上で、「その表現内容が真実でなく、又はそれが専ら公益を図る目的のものではないことが明白であって、かつ、被害者が重大にして著しく回復困難な損害を被る虞があるとき」という加重された要件を満たす名誉毀損的表現であれば、出版の事前差止めを認めても、本条1項に違反しないとした。

同時に、判決は、出版の事前差止めを命ずる仮処分命令を発するにあたって、「口頭弁論又は債務者の審尋を行い、表現内容の真実性等の主張立証の機会を与えることを原則とすべきものと解するのが相当である」として、一定の手続保障も図っている。

もっとも、判決は、「口頭弁論を開き又は債務者の審尋を行うまでもなく、債権者の提出した資料によって、その表現内容が真実でなく、又はそれが専ら公益を図る目的のものではないことが明白であり、かつ、債権者が重大にして著しく回復困難な損害を被る虞があると認められるとき」は、口頭弁論または債務者の審尋を経ないで差止めの仮処分命令を発することもできるとし、当該事件における仮処分は本条1項に違反しないとした。

事前抑制が表現の自由にとってもたらす深刻な影響に鑑みると、最高裁の多数意見が設定した事前抑制の要件が「厳格かつ明確」といえるのか疑問もあり、最高裁においても、「現実の悪意」の基準など、より厳格な要件を提示する意見が出されている（谷口裁判官の意見参照）。

(ⅱ)　**プライバシー侵害を理由とする出版差止め**

プライバシー侵害を理由とした出版差止めのケースとしては、著名政治家の長女の離婚報道に関して週刊誌の発行差止めが求められた事件がある。

第一審は、北方ジャーナル事件判決を参照しながら、当該出版物が公共の利害に関する事項にかかるものといえるかどうか、「専ら公益を図る目的のものでないこと」が明白であって、かつ、「被害者が重大にして著しく回復困難な損害を被るおそれがある」といえるかどうかを検討し、当該表現行為の価値が被害者のプライバシーに劣後することが明らかであるかという判断基準を設定した上で出版差止めの仮処分を認めた（東京地決2004（平16）・3・19判時1865号18頁）。

しかし、抗告審は、同様の基準によりながら、離婚報道が「重大な著しく回復困難な被害を被らせるおそれがある」とまではいえないとして差止め請求を認めなかった（東京高決2004（平16）・3・31判時1865号12頁）。

⑶　**教科書検定**

学校教育法は、小学校、中学校、高等学校、特殊学校等において、「文部科学大臣の検定を経た教科用図書又は文部科学省が著作の名義を有する教科用図書を使用しなければならない」と定める（学教34条1項・62条・70条・82条）。

教科書検定制度については、歴史や公民の教科書について、政権政党の見解に反する記述をねらい撃ちにした恣意的な検定が行われていると批判されてき

た。

歴史学者家永三郎氏の執筆した歴史教科書が検定不合格とされたことの取消訴訟において、国家による教育内容決定の可否とともに（→26条）、教科書検定の「検閲」該当性が争われた。

下級審判決の中には、本条2項前段で禁じられた「検閲」について、「公権力によって外に発表されるべき思想の内容を予じめ審査し、不適当と認めるときは、その発表を禁止するいわゆる事前審査」と解した上で、教科書検定の過程で執筆者の思想審査が行われたとして「検閲」にあたるとした判決もあった（東京地判1970（昭45）・7・17行集21巻7号別冊1頁）。しかし、最高裁は、教科書検定制度の「検閲」該当性を否定している（最三小判1993（平5）・3・16民集47号5号3483頁）。

最高裁は、札幌税関訴訟判決の「検閲」概念を参照し（→2(2)）、教科書検定に不合格となっても、教科書としての使用が認められないだけで、「一般図書としての発行を何ら妨げるものではなく、発表禁止目的や発表前の審査などの特質がない」ことから、本条2項前段の禁ずる「検閲」には該当しないとしている。

Ⅶ　通信の秘密

1　「通信の秘密」の意義

通信の秘密の保障は、私的な通信の保護を通じたプライバシー保護という機能をもつ（佐藤功・注釈上382頁）。そればかりでなく、通信は、非公開の形で主張や情報の伝達をするものである。このように、通信の自由を保障することは、社会全体として情報の自由な流通を確保するという意味で、一般的な表現の自由保障の機能と共通することから、表現の自由の保障規定である本条に位置づけられているのである（芦部・憲法230頁、新基本コンメ198頁〔市川正人〕）。

2　通信の秘密の内容

(1)　「通信の秘密」

「通信の秘密」とは、特定の相手方に向けられた手紙、電話、電信、電子メールなど非公開のコミュニケーションについて、公権力および第三者が内容を閲覧・傍受してはならないことを意味する。秘密の対象は、通信の内容に限られず、発信者・受信者の氏名、発信の日時さらには発信の回数、通信の有無にも及ぶ（芦部・憲法230頁、高橋・立憲主義256頁、樋口ほか・注解2・85頁〔浦部法穂〕）。通信の秘密の保障は、通信の自由を前提とするから、通信の授受を公権力が妨害・干渉することも禁じられる。

(2)　「侵してはならない」

「侵してはならない」の意味については、(a)公権力が積極的に通信の内容を調査しないことと、(b)通信事業者が職務上知り得た「通信」に関する情報の漏洩を防止することの両者が含まれる（佐藤幸・憲法321〜322頁、浦部・教室208頁）。

「通信の秘密」についても、一定の内在的制約に服すると考えられている（樋口ほか・注解2・86頁〔浦部法穂〕）。しかし、「通信の秘密」の例外は、やむを得ない利益を達成するために必要最小限度の範囲に厳密に限定されている必要がある。

3　通信の秘密についての具体的問題

(1)　郵便物の開披・差押え

破産法上、裁判所は、破産者に宛てた郵便物等を破産管財人に配達するよう嘱託することができ（81条1項）、破産管財人はこの郵便物を開いて見ることができる（82条1項）。破産者の財産管理のために必要な措置といえるが、すべての郵便物について破産管財人が開披できるとするのは「広汎に過ぎる」との批判もある（新基本コンメ198頁〔市川正人〕）。

刑事訴訟法100条1項は、「裁判所は、被告人から発し、又は被告人に対して発した郵便物、信書便物又は電信に関する書類で法令の規定に基づき通信事務を取り扱う者が保管し、又は所持するものを差し押え、又は提出させることができる」と定める。この規定は、被告人が発受する郵便物全体を押収できるように解することができ、通常の差押えが「証拠物又は没収すべき物と思料するもの」に限定されており（刑訴法99条1項）、刑訴法100条2項が、1項に該当しない郵便物等については、「被告事件に関係があると認めるに足りる状況のあるもの」に限っていることと比べても明らかに広範に過ぎると指摘されている（高橋・立憲主義257頁）。

(2)　刑事施設被収容者の信書の検査・発受の禁止

刑事施設被収容者の信書の発受についても、刑事施設の長による検査が行われる。検査の範囲は、受刑者については、「矯正処遇の適切な実施その他の理由により必要があると認める場合」（刑事収容施設・被収容者法127条1項）という一応の限定も課されてはいるが、結局は、一般的に検査を容認するものとなっており、必要最小限度にとどまっているとはいいがたい。

また、被収容者の信書の発受により、「刑事施設の規律及び秩序を害し、又は受刑者の矯正処遇の適切な実施に支障を生ずるおそれがある者」については発受の禁止が行われ（刑事収容施設・被収容者法128条）、検査の結果、内容に問題がある場合には発受の差止め、該当箇所の削除・抹消も行われる（刑事収容施設・被収容者法129条、他の被収容者にも準用）。刑事収容施設という性格上、こうした制限にもやむを得ない面もあるが、具体的な処分について必要最小限度にとどまっているかどうか厳密に検証されなければならない（毛利ほ

か・憲法2・265頁〔毛利透〕）。

　最高裁は、死刑確定者が死刑制度の是非に関する新聞社宛ての投稿を発信したが拘置所長が不許可としたことの合憲性が争われた事件において、信書発信の拒否を「拘置所長の裁量にゆだねられている」として、簡単に合憲としている（最二小判1999（平11）・2・26判時1682号12頁）。これには、河合裁判官が、判断の合理性を示す具体的な主張・立証がなされず、裁判所も何らの認定・判断をしていないことを批判する反対意見を述べている。

(3)　通信傍受

　刑事手続における電話盗聴については、「通信の秘密」を侵すだけでなく、憲法35条の捜索・押収についての令状主義の保障との関係でも問題となる（→憲35条）。

　最高裁は、通信の傍受を認める法律が制定されていない段階で、電話の傍受を検証令状に基づいて行った事件について、(a)「重大な犯罪に係る被疑事件」であること、(b)「被疑者が罪を犯したと疑うに足りる十分な理由」があること、(c)「当該電話により被疑事実に関連する通話の行われる蓋然性がある」こと、(d)「電話傍受以外の方法によってはその罪に関する重要かつ必要な証拠を得ることが著しく困難である」などの事情が存する場合において、「電話傍受により侵害される利益の内容、程度を慎重に考慮した上で、なお電話傍受を行うことが犯罪の捜査上真にやむを得ないと認められるときには、法律の定める手続に従ってこれを行うことも憲法上許されると解するのが相当である」と判示した（最三小判1999（平11）・12・16刑集53巻9号1327頁）。

　1999（平成11）年に制定された「犯罪捜査のための通信傍受に関する法律」は、薬物関係犯罪、銃器関係犯罪、集団密航、組織的殺人について、「当該犯罪の実行に関連する事項を内容とする通信が行われると疑うに足りる状況があり、かつ、他の方法によっては、犯人を特定し、又は犯行の状況若しくは内容を明らかにすることが著しく困難であるとき」に、裁判官の発する傍受令状に基づいて、通信傍受を行うことを認めている（通信傍受3条1項）。傍受令状には、被疑者の氏名、被疑事実の要旨、罪名、罰条、傍受すべき通信、傍受の実施の対象とすべき通信手段、傍受の実施の方法および場所、傍受ができる期間、傍受の実施に関する条件、有効期間等が記載され（通信傍受6条）、傍受にあたっては立会人を置く（通信傍受12条）などの措置も施された。しかし、適用の段階において、捜査上必要な通話だけに傍受が限定されているのかという根本的な問題が残っている（浦部・教室190頁）。

　なお、2016（平成28）年に、傍受の対象となる犯罪を拡大し、傍受にあたっての立会人を不要とし、捜査機関の施設でも傍受を可能とするように通信傍受法が改められた。通信傍受のあり方についての検証のないまま適用範囲の拡大が認められたことには疑問が呈されている（高橋・立憲主義258頁）。

（木下智史）

276 第22条（居住・移転および職業選択の自由、外国移住および国籍離脱の自由）

（居住・移転および職業選択の自由、外国移住および国籍離脱の自由）
第22条 ① 何人も、公共の福祉に反しない限り、居住、移転及び職業選択の自由を有する。
② 何人も、外国に移住し、又は国籍を離脱する自由を侵されない。

I 本条の趣旨

本条は、居住・移転、海外への移住・国籍離脱といった人の移動にかかわる自由の保障と、職業選択の自由という経済活動の自由の保障を定める。今日では、性格を大きく異にするように思われる2種類の自由が1つの条文に書き込まれた理由は、経済活動の自由の成立にとって、人の移動の自由の確立が必要であったとの歴史的な事情によるものとされる（芦部・憲法239頁、浦部・教室242頁）。

ただし、職業選択の自由という形で、経済活動の自由を保障する例は多くない。移動の自由と職業選択の自由を結びつけて規定した例として、ワイマール憲法111条（「すべてのドイツ人は、全ライヒ内において移住の自由を有する。各人は、ライヒの任意の場所に滞在し、かつ、定住し、土地を取得し、および各種の職業部門（Nahrungszweig）に従事する権利を有する。その制限にはライヒの法律を必要とする」）がある。

大日本帝国憲法は、「法律ノ範囲内ニ於テ居住及移転ノ自由」を保障していたが（明憲22条）、職業選択の自由の規定を欠いていた。伊藤博文は、『憲法義解』において、「凡そ日本臣民たる者は帝国領内に於て何れの地を問はず、定住し、借住し、寄留し、及営業するの自由あらしめたり。而して憲法に其の自由を制限するは必ず法律に由り、行政処分の外に在ることを掲げたるは、此れを貴重するの意を明にするなり」[※82]と述べて、居住及移転の自由の保障が営業の自由も含むとの理解をしていた。しかし、こうした理解は、学説においても一般的にならず、大審院は、「帝国憲法第22条ハ居住及移転ノ自由ヲ認メタルニ止マリ命令ヲ以テ営業ニ関スル取締ノ規定ヲ設ケ又法律ノ認ムル範囲ニ於テ之ニ関スル罰則ヲ設クルコトヲ得サルモノト為スノ規定ニ非サル」と判示して、これを否定した（大判1916（大5）・11・15刑録22輯27巻1774頁）。

日本国憲法の制定過程における経済的自由権の規定には変遷がみられる。GHQ原案段階では、経済活動の自由の保障は、「生産活動により生計を営む権利」、財産権、契約の保護などに分かれており[※83]、最終的なGHQ草案において、「職業ノ選択」（GHQ草案22条）と「財産ヲ所有スル権利」（GHQ草案27条）に

[※82] 伊藤博文（宮沢俊義校註）『憲法義解』（岩波書店、1940年）52頁。
[※83] http://www.ndl.go.jp/constitution/shiryo/03/147/147tx.html。

第22条（居住・移転および職業選択の自由、外国移住および国籍離脱の自由）　*277*

まとめられた。ただし、この段階では、「職業ノ選択」は、「運動及住居選定ノ自由」（GHQ草案21条）とは別に、「学究上ノ自由」の保障と同じ条文（GHQ草案22条）に含まれていた[84]。日本政府による3月5日案の段階になって、現在の条文と同じ形となっている。

Ⅱ　居住・移転の自由

1　居住・移転の自由の意義

　Ⅰでも述べたように、居住・移転の自由は、歴史的に自由な経済活動の基盤を形成した。しかし、今日、居住・移転の自由を保障する意義は、自分の好むところに居住して暮らしを営むところにあり、人身の自由としての側面をもち、人格的価値とも結びつき（浦部・教室243頁）、さらには、知的な接触の機会を得ることを通じて精神的自由ともかかわる（芦部・憲法239頁）。

　居住・移転の否定が人格権の否定につながることは、居住・移転の自由を文字通り剥奪するものであった、ハンセン氏病患者に対する「強制隔離」について、熊本地裁判決（熊本地判2001（平13）・5・11判時1748号30頁）が、次のように述べたことからも明らかになろう。

　「この居住・移転の自由は、経済的自由の一環をなすものであるとともに、奴隷的拘束等の禁止を定めた憲法18条よりも広い意味での人身の自由としての側面を持つ。のみならず、自己の選択するところに従い社会の様々な事物に触れ、人と接しコミュニケートすることは、人が人として生存する上で決定的重要性を有することであって、居住・移転の自由は、これに不可欠の前提というべきものである。」

　「新法の隔離規定によってもたらされる人権の制限は、居住・移転の自由という枠内で的確に把握し得るものではない。ハンセン病患者の隔離は、通常極めて長期間にわたるが、たとえ数年程度に終わる場合であっても、当該患者の人生に決定的に重大な影響を与える。ある者は、学業の中断を余儀なくされ、ある者は、職を失い、あるいは思い描いていた職業に就く機会を奪われ、ある者は、結婚し、家庭を築き、子供を産み育てる機会を失い、あるいは家族との触れ合いの中で人生を送ることを著しく制限される。その影響の現れ方は、その患者ごとに様々であるが、いずれにしても、人として当然に持っているはずの人生のありとあらゆる発展可能性が大きく損なわれるのであり、その人権の制限は、人としての社会生活全般にわたるものである。このような人権制限の実態は、単に居住・移転の自由の制限ということで正当には評価し尽くせず、より広く憲法13条に根拠を有する人格権そのものに対するものととらえるのが相当である。」

---

[84]　http://www.ndl.go.jp/constitution/shiryo/03/076/076tx.html。

2 居住・移転の自由の内容

(1) 「何人も」

憲法第3章で保障される権利の主体については、本章前注参照（→本章〔前注〕Ⅳ）。

本条2項にいう国籍離脱の自由についても、「何人も」という言葉が用いられていることが、外国人にも「国籍離脱」を認めるように解され得るため、日本国憲法が「何人も」と「国民は」の使い分けについて意識的でないことの根拠として参照される。

(2) 「公共の福祉に反しない限り」

「公共の福祉」の意味については、憲法13条の解説参照（→憲13条Ⅴ）。

経済的自由権については、内在的制約としての他者加害原理に基づく規制だけではなく、経済的弱者保護のための社会経済政策的規制にも服すると解する立場からは、本条の「公共の福祉」は、憲法12条・13条の「公共の福祉」とは異なり、「社会権の実現ないし経済的・社会的弱者の保護」のための「政策的制約」を意味すると解することになる（浦部・教室91頁）。

居住・移転の自由についても、他の経済的自由と同様、「資本主義社会の弊害を是正するための社会経済政策的な観点からの制限」を認める見解もある（佐藤功・注釈上387頁）。また、居住・移転の自由が経済的自由の側面をもつ場合とそうでない場合に分けて、後者の場合には、精神的自由に近い基準で判断すべきとの見解もある（樋口ほか・注解2・106頁〔中村睦男〕）。しかし、居住・移転の自由については、沿革的には経済的自由との結びつきが強いとはいえ、今日では人身の自由としての性格が強く、原則として、内在的制約にしか服さないと考えるべきである（佐藤幸・憲法297頁）。

(3) 「居住、移転」の自由

「居住」の自由は、定住の場所である住所または一時的な滞在地である居所を決定する自由であり、「移転」の自由は、その住所または居所を変更する自由である（宮沢・全訂253頁）。両者は表裏一体の関係にある。

(4) 旅行の自由

居住・移転の自由は、前述の意味から、ある程度継続して住居を定め、あるいはそこから移転することを内容としているが、一時的な移動（旅行）の自由を含むかが問題となる。

しかし、居住・移転の自由が人身の自由としての側面や知見を広めるという機能をもつことに鑑み、現在は、旅行の自由も居住・移転の自由の内容に含める見解が支配的である（宮沢・憲法2・388頁、芦部・憲法239頁）。

(5) 海外旅行の自由

海外旅行の自由については、「外国に移住」することも海外渡航の一種と考え得るとして、本条2項の「外国移住の自由」に含まれるとの理解が通説であり（芦部・憲法240頁、佐藤幸・憲法298頁）、判例もそのように解している（帆

第22条（居住・移転および職業選択の自由、外国移住および国籍離脱の自由） *279*

足計事件判決・最大判1958（昭33）・9・10民集12巻13号1969頁）。

　これに対して、一時的な旅行の自由が居住・移転の自由に含まれる以上、一次的な海外旅行の自由も本条1項により保障されるとの見解もある（最三小判1985（昭60）・1・22民集39巻1号1頁における伊藤裁判官補足意見）。また、帆足計事件判決の田中・下飯坂裁判官の補足意見は、憲法13条の幸福追求権に憲法上の根拠を求めている。

　こうした見解の対立の実益はそれほどないようにも思えるが、伊藤補足意見が指摘するように、本条1項の居住・移転の自由には、「公共の福祉」による制限が付されているのに対し、本条2項の外国移住・国籍離脱にはそうした制限が課せられていないことから、本条2項の自由はより自然権的な権利であるとも理解できる。海外旅行は、旅券に記されているように、日本国の保護の下に外国を訪問するものであり、純粋な自由とはいえず、「公共の福祉」による制限が組み込まれた、本条1項上の自由と理解すべきとの主張もなされている（長谷部・憲法258頁）。

3　居住・移転の自由をめぐる具体的問題

(1)　刑罰としての懲役刑・禁錮刑による刑事施設への拘禁

　刑法12条2項・13条2項は、それぞれ懲役刑・禁錮刑について、「刑事施設に拘置」すると定める。また、刑法18条は、罰金・科料を完納できない者を「労役場に留置」することを定めている。

　これらは、憲法が刑罰制度を予定し（憲31条）、一般予防・特別予防上の観点から正当化され得る限り、内在的制約として正当化されよう。

(2)　夫婦の同居義務、親権者による子の居所指定

　民法は、家族としての義務から夫婦の同居義務（民752条）や、親権者による子の居所指定権（民821条）を定めている。これらも、憲法が家族制度の存在を承認しており（憲24条2項）、家族関係を維持するために必要な措置として正当化されよう。

(3)　感染症患者や精神障害者の強制入院・隔離

　「感染症の予防及び感染症の患者に対する医療に関する法律（感染症法）」は、都道府県知事が、感染症のまん延を防止する必要があると認めるときには、当該感染症の患者に対して指定医療機関への入院を勧告することができ（感染症19条1項）、勧告に従わないときは入院させることができると定める（感染症19条3項）。

　こうした措置は、本人の保護と社会衛生上の見地からなされる制約であり、「自由を制限しないときに生ずる害悪の発生の蓋然性が高く、制約の緊急性と必要性を認めるに足りるもの」として、合憲と解されている（樋口ほか・注解2・106頁〔中村睦男〕）。加えて、現在の感染症法は、かつての伝染病予防法などと比べて、強制入院などの措置について、「感染症の発生を予防し、又は

そのまん延を防止するため必要な最小限度のものでなければならない」（感染症22条の2）と明文でうたわれるなど、患者の権利に一定配慮されたものとなっている。

「精神保健及び精神障害者福祉に関する法律」は、都道府県知事が、精神障害者について、医師の診断を経た上で、「医療及び保護のために入院させなければその精神障害のために自身を傷つけ又は他人に害を及ぼすおそれがあると認めたとき」に、国等の設置した精神科病院または指定病院に入院させることができる、と定める（精神保健29条）。また、医療保護入院についても、「家族等」の同意があれば本人の同意なく入院させることができる（精神保健33条1項）。

措置入院等は、単なる居住・移転の自由の侵害にとどまらず、強制的に治療を施すという点で、自己決定権の侵害でもあり、厳しい実体的・手続的要件が課される必要がある。

(4) 都会地転入抑制法

終戦直後、「都会地における人口の過度の集中に因る窮迫した住宅、雇用及び食糧の事情並びに災害に対処するため、必要な転入の制限をすること」を目的に、1948（昭和23）年1月1日から12月31日までの限時法として、転入先の市町村長または区長の承認を受けた者を除いて、所定の地域内に転入することを禁止した。当時の切迫した社会・経済情勢からして「やむにやまれぬ必要不可欠」ともいえる立法目的を達成するための緊急避難的な措置として、やむを得ない手段であったと評価されている（樋口ほか・注解2・107頁〔中村睦男〕）※85。

(5) 破産者の居住地制限

破産法37条1項は、破産者について裁判所の許可を得なければ、その居住地を離れることはできないと定める。これは、破産者が財産状態に関する説明義務を果たすための措置と考えられている。

(6) 住民基本台帳法による住所変更届出義務

住民基本台帳法は、住民が住所を変更したときに届出をすることを義務づけ（住民台帳22条〜24条）、届出義務違反に対して過料を課す（52条2項）。これは、居住・移転を直接制限するものではなく、届出義務自体の負担も軽微であり、本条1項に違反しないと考えられる。

オウム真理教によるテロ事件の後、その後継団体の信者に対する転入届の受理を拒否する事件が各地で起こった。宗教団体アレフの信者に対して、名古屋市中区区長が転居届を受理しなかった事件について、名古屋地裁は違法な処分であったとして、国家賠償請求を認めた（名古屋地判2001（平13）・12・12判時1776号10頁）。判決は、理由の中で、「そもそも、市町村長が、住民基本台帳に

※85 芦部信喜『憲法学Ⅲ人権各論1（増補版）』（有斐閣、2000年）567頁。

関し、住民から事実関係に合致した届出がなされた場合であっても、なお、公共の福祉等、居住の実体に関する要素以外の事情を考慮して届出の受理、不受理を決することができるといった内容の規定は法には全く存在せず、かえって、上記のとおり法が住民基本台帳の内容を住民の居住実体に合致させることを目指していることからすれば、市町村の区域内に居住の実体を有する者が事実関係に合致した転居届を提出した場合、市町村長は直ちにこれを受理した上、遅滞なく住民基本台帳に当該届出に係る記載をなすべきであって、反対運動の存在等の事情を考慮して届出を不受理とすることができる根拠を見い出せない」と述べている。

(7) 自衛官に対する居住地の指定

　自衛官は、「防衛大臣が指定する場所に居住しなければならない」とされる（自衛55条）。自ら選択した職業である、自衛官としての任務との合理性が認められる限りで、合憲と解される（野中ほか・憲法1・461頁〔高見勝利〕）。

(8) 災害対策基本法による警戒区域への立ち入り制限

　災害対策基本法は、災害の発生（または発生のおそれ）により「人の生命又は身体に対する危険を防止するため特に必要があると認めるとき」に、市町村長が「警戒区域」を設定し、立ち入りを禁ずることを認め（災害基63条1項）、違反者には罰則も課される（災害基116条2号）。福島第一原子力発電所の事故後、発電所から20キロメートルの範囲が、原子力災害対策基本法28条2項に基づく「警戒区域」に設定され、立ち入りが禁止された。これらも生命・身体に対する危険を避けるための内在的制約として正当化され得るであろう。

III　職業選択の自由

1　職業選択の自由の意義

　どのような職業を選択するかは、経済活動の出発点である。職業選択は、経済的な利得と結びつくが、個人がどのような生き方をするかという選択ともかかわる。最高裁も、「職業は、人が自己の生計を維持するためにする継続的活動であるとともに、分業社会においては、これを通じて社会の存続と発展に寄与する社会的機能分担の活動たる性質を有し、各人が自己のもつ個性を全うすべき場として、個人の人格的価値とも不可分の関連を有するものである」（薬局開設距離制限事件判決・最大判1975（昭50）・4・30民集29巻4号572頁）と述べて、職業選択が個人の人格的価値と深いかかわりをもつことを強調している。

2　職業選択の自由の内容

(1)　「職業選択」の自由

　職業選択の自由とは、職業の開始、継続、停止について干渉を受けないことをいう。

282 第22条（居住・移転および職業選択の自由、外国移住および国籍離脱の自由）

(2) 営業の自由

　営利を目的とした経済活動である「営業の自由」は、選択した職業に継続して従事することでもあり、職業選択の自由の延長である。したがって、営業の自由も本条1項により保障されると考えられる（佐藤功・注釈上388頁、芦部・憲法233頁、佐藤幸・憲法300頁、長谷部・憲法241頁）（以下では、職業選択の自由には職業遂行の自由も含むとの見地に立ち、双方をあわせて「職業の自由」として論ずる）。

　他方で、営業の自由は、とりわけ農業や個人営業の場合などにおいて、自己の財産の自由な使用収益という側面ももつ。ここから営業の自由の根拠を憲法22条1項の職業選択の自由と憲法29条の財産権の保障に求める見解もある（浦部・教室238頁）。

　なお、憲法22条1項に基づく職業遂行の自由と憲法29条の財産権行使以外に、「営業の自由」という概念を持ち出す必要があるかどうか疑問視する見解もある（高橋・立憲主義261頁）。

　最高裁は、薬局開設距離制限事件判決（最大判1975（昭50）・4・30民集29巻4号572頁）において、「職業は、ひとりその選択、すなわち職業の開始、継続、廃止において自由であるばかりでなく、選択した職業の遂行自体、すなわちその職業活動の内容、態様においても、原則として自由であることが要請されるのであり、したがって、右規定は、狭義における職業選択の自由のみならず、職業活動の自由の保障をも包含しているものと解すべき」と述べて、営業の自由を職業選択の自由の延長線上に捉えて憲法上の保障を及ぼした。

　営業の自由については、歴史的には、ギルド等による営業独占からの国家による解放を求める「公序」であったとの経済史学からの指摘がある[86]。この指摘は、独占企業を含めた経済主体一般の「国家からの自由」として営業の自由を捉える思考に対する批判につながる。

　解釈論としては、営業の自由を「公序」と捉えることには無理があると指摘される（高橋・立憲主義262頁）。上記の指摘は、一口に「営業の自由」といっても、独占企業体の営業活動と、独占企業の経営を制限することによって初めて営業が可能となる小規模・個人企業者のそれとを一概に論ずることの問題性を衝くものとして受け止めるべきであろう。

3 職業の自由の規制の種類

　職業の自由の規制は、規制があくまでも例外にとどまる精神活動の自由に比べ、規制の目的、規制の態様も多様である。

---

[86] 岡田与好『経済的自由主義——資本主義と自由』（東京大学出版会、1987年）、中島茂樹「『営業の自由』論争」法律時報臨時増刊『憲法30年の理論と展望』（日本評論社、1977年）334頁以下参照。

第22条（居住・移転および職業選択の自由、外国移住および国籍離脱の自由）　*283*

(1)　規制の目的

　経済活動の自由の規制目的には、大別すると、**消極目的規制（警察目的規制）**と**積極目的規制（政策的規制）**がある（佐藤功・注釈上390頁、芦部・憲法234頁、高橋・立憲主義266頁、浦部・教室239～241頁）。前者は、国民の健康への危害を防止するための医薬品規制や食品規制、善良な風俗を維持するための風俗営業規制など、自由な経済活動が社会公共の安全と秩序の維持に対して弊害をもたらすことに着目して、その弊害の発生の防止・弊害の除去を目的とするものである。後者は、日本国憲法が社会権を保障するなど福祉国家的理想に立っていることに鑑み、経済的弱者の保護や市場における競争制限など経済活動の調和的発展を図る目的でなされるものである。

　最高裁は、小売市場開設にあたっての距離制限の合憲性が争われた**小売市場事件**判決（最大判1972（昭47）・11・22刑集26巻9号586頁）において、職業の自由の規制に、積極目的規制が含まれることを以下のように説明した。

　「憲法は、全体として、福祉国家的理想のもとに、社会経済の均衡のとれた調和的発展を企図しており、その見地から、すべての国民にいわゆる生存権を保障し、その一環として、国民の勤労権を保障する等、経済的劣位に立つ者に対する適切な保護政策を要請していることは明らかである。このような点を総合的に考察すると、憲法は、国の責務として積極的な社会経済政策の実施を予定しているものということができ、個人の経済活動の自由に関する限り、個人の精神的自由等に関する場合と異なつて、右社会経済政策の実施の一手段として、これに一定の合理的規制措置を講ずることは、もともと、憲法が予定し、かつ、許容するところと解するのが相当であり、国は、積極的に、国民経済の健全な発達と国民生活の安定を期し、もつて社会経済全体の均衡のとれた調和的発展を図るために、立法により、個人の経済活動に対し、一定の規制措置を講ずることも、それが右目的達成のために必要かつ合理的な範囲にとどまる限り、許されるべきであって、決して、憲法の禁ずるところではない」。

(2)　規制の態様

　職業の自由の規制態様は、多様であるが、開業自体の規制と職業遂行上の規制に分けることができる。前者は、いわば職業選択の予防的規制であり、狭義の職業選択の自由の制約であって、職業遂行上の規制よりも、制約の程度は強い。

(i)　開業自体の規制

(a)　禁止

　管理売春のように、反社会性が強い事業については、国家が一切の活動を認めず「禁止」される。

(b)　独占

　かつてのたばこ事業や郵便事業のように、国家の財政上の必要性や公益上の理由から国家（国営企業）に独占的な営業を認め、その他の者が事業を行うこ

とを禁ずる「独占」が行われることもある。

(c) 特許

電気・ガスなど、国民の生活に必須の公共財を提供する公益事業や鉄道・バスなどの運送事業については、事業者に地域独占を認めた上で、価格やサービスの提供についての規制を行う手法もとられる。

(d) 許可

国民の自由を法令により一般的に禁止した上で、一定の要件を満たした者について個別的に解除する行政行為を許可といい、食堂・風俗営業の営業許可など、職業の規制について広く行われている。

許可制の目的は多様であり、(ア)国民の安全・健康への危害の防止・社会秩序の維持のための消極的（警察的）目的によるもの（薬機法（医薬品、医療機器等の品質、有効性及び安全性の確保等に関する法律）、食品衛生法、風俗営業法（風俗営業等の規制及び業務の適正化等に関する法律）など）のほか、いわゆる積極目的に分類される、(イ)供給過剰の防止（石油業法、航空機製造事業法など）、(ウ)税収確保（酒税法など）、(エ)経済的弱者の保護（小売調整特別措置法など）がある。

(e) 資格制

試験などにより付与された一定の資格を有する者についてのみ職業への参加を認めるものである。資格制は、許可制の一種であるが、許可条件が職業を行う上で必要な知識・技能を有することを確保するために設定された各種の資格である点に特色がある。

(f) 届出制

開業自体を規制するのではなく、事業についての実態を把握するため、事業を行おうとする者について一定事項を通知するよう求めるものである（旅行業・美容業など）。

(ii) 職業遂行上の規制

職業遂行上の規制は無数にある。たとえば、薬機法は、医薬品の情報提供（薬機36条の10）など）や販売方法の規制（薬機37条など）、医薬品の取扱い（薬機44条～48条）を定め、食品衛生法は、食品等の衛生管理のための規制（食品衛生法48条など）、食品衛生上の危害を除去するための措置（食品衛生法54条）、営業停止等（食品衛生法55条）などを定める。

4 職業の自由規制についての判断枠組み

(1) 規制目的二分論

最高裁は、小売市場事件判決（最大判1972（昭47）・11・22刑集26巻9号586頁）において、「積極的な社会経済的政策の実施」にあたって、立法府の裁量的判断が必要なことを強調し、裁判所は、「立法府がその裁量権を逸脱し、当該法的規制措置が著しく不合理であることの明白である場合に限って、これを

違憲として、その効力を否定することができる」とのきわめて緩やかな違憲審査基準を示した。

他方で、**薬局距離制限事件**判決（最大判1975（昭50）・4・30民集29巻4号572頁）において、最高裁は、薬局開設許可に関する距離制限の合憲性判断にあたって、「一般に許可制は、単なる職業活動の内容及び態様に対する規制を超えて、狭義における職業の選択の自由そのものに制約を課するもので、職業の自由に対する強力な制限であるから、その合憲性を肯定しうるためには、原則として、重要な公共の利益のために必要かつ合理的な措置であることを要し、また、それが社会政策ないしは経済政策上の積極的な目的のための措置ではなく、自由な職業活動が社会公共に対してもたらす弊害を防止するための消極的、警察的措置である場合には、許可制に比べて職業の自由に対するよりゆるやかな制限である職業活動の内容及び態様に対する規制によっては右の目的を十分に達成することができないと認められることを要するもの、というべきである」と述べた。

これは、消極目的規制に基づく職業の自由に対する許可制が合憲となるためには、原則として、(a)規制目的が重要な公共の利益を実現するための必要かつ合理的なものであり、かつ(b)より緩やかな規制手段によっては規制目的が十分に達成できない場合に限られることを明らかにしたものと読める。

この2つの判決について、開設許可にあたって同じ距離制限が課されていながら、最高裁は、積極目的規制の場合は、「著しく不合理であることが明白である」場合に限って違憲とするというきわめて緩やかな審査基準を用い、消極目的規制の場合は、「より制限的でない規制手段によっては規制目的が十分達成できない」と認められない限り違憲とするという厳格な審査基準を用いたと理解された（芦部・憲法235頁、野中ほか・憲法1・475頁〔高見勝利〕、高橋・立憲主義268頁、佐藤幸・憲法302頁）。この判断枠組みは「規制目的二分論（目的二分論）」と呼ばれることとなった。

(2) 判例の展開

最高裁は、薬局開設距離制限事件判決以降、職業の自由に関して違憲判決は下していないが、公衆浴場開設の距離制限（→5(1)）、たばこ小売販売業の許可制（→5(4)）、生糸の輸入制限（→5(10)）など、経済的弱者の保護といい得る事例について、小売市場事件判決の「著しく不合理であることの明白である場合に限って」違憲とするとのフレーズを用いて、合憲判断を示している。

しかし、共有林の分割制限を違憲と判断した森林法事件判決（最大判1987（昭62）・4・22民集41巻3号408頁）が、規制目的二分論を採用しなかったことから、最高裁は二分論を放棄したのではないかとの観測も示されている。

(3) 規制目的二分論に対する批判と再構成

規制目的二分論に対しては、すべての経済規制を、規制目的によって二分することはできないのではないか、消極目的規制について積極目的規制よりも厳

格に審査する根拠が明らかではない、立法者は緩やかな違憲審査が行われるように常になんらかの積極目的を掲げるようになるのではないかなどの批判が寄せられてきた（毛利ほか・憲法2・282頁〔松本哲治〕、長谷部編・注釈2・469〜470頁〔宍戸常寿〕）。

これに対して、様々な形で規制目的二分論を再構成する試みもなされている。

まず、規制目的だけで違憲審査の厳格度が決定されるべきでなく、同じ消極目的規制であっても新規参入の制限か営業活動の制限かといった態様の違いや資格・試験といった能力に基づく条件か自己の力では如何ともしがたいような規制かによって違憲審査の厳格度に区別をつけるべきことは共通の認識となっている（芦部・憲法237頁）。

また、積極目的規制について緩やかな違憲審査しか行われないことについて、経済的弱者の保護や経済の調和的発展のための経済規制については、規制目的や規制手段の選択について立法裁量が広く、裁判所がその妥当性を審査する能力にも限界があることが指摘される（高橋・立憲主義269頁）。これに対して、消極目的規制については、現に生じている（あるいは必ず生ずるであろう）害悪の除去のための規制であり、裁判所が立法事実に基づく審査をする上で能力上の障害はないとされる（毛利ほか・憲法2・282頁〔松本哲治〕）。

他方で、消極目的規制について厳格な違憲審査がなされるべき理由づけとして、消極目的規制は、（薬局設立距離制限事件がそうであったように）国民一般の福祉に貢献する規制であることを標榜しつつ、実際には特定の業界の保護立法であるおそれがあるからこそ、裁判所が目的と手段との関連性を立ち入って審査する必要があるとの説明もなされている（長谷部・憲法254頁）。この立場によれば、積極目的規制については、国会が正面から特定の業界の保護をうたって法律を制定しており、規制を国会における利害調整の結果とみなすことができるから、裁判所が立ち入った審査をなす必要はないとされる。

規制目的二分論に代えて、職業選択の自由の制限か職業遂行の自由の制限か、そして、職業選択の自由の制限理由が、自らの意思と能力によって左右できない客観的制限（開設距離制限など）か、職業を行う上での個人的な資質や能力を要求する主観的制限（資格制など）かによって、審査密度の厳密度を変えるとの判断手法も提示されている（渡辺ほか・憲法1・334〜336頁〔宍戸常寿〕）。

5 職業の自由に関する具体的問題

(1) 公衆浴場開設にあたっての距離制限

早い時期に、職業の自由の制約が問題となったのは、公衆浴場開設にあたっての距離制限であった。

公衆浴場法は、浴場開設にあたって都道府県知事の許可を得るものとし（公衆浴場法2条1項）、知事は「配置の適正を欠くと認める場合」には許可しないことができると定めている（2条2項）。具体的な許可基準については、法の委

第 22 条（居住・移転および職業選択の自由、外国移住および国籍離脱の自由）　*287*

任（2条3項）を受けた条例により既存の公衆浴場との距離制限が定められている。

　最高裁は、1955（昭和30）年の大法廷判決（最大判1955（昭30）・1・26刑集9巻1号89頁）において、前述の規定が本条1項に反するとの主張を斥けた。判決は、公衆浴場を自由な設立に任せれば偏在および濫立を招き、その濫立が、浴場の過当競争を生み、経営を困難にし、「ひいて浴場の衛生設備の低下等好ましからざる影響を来たすおそれなきを保し難い」との因果関係に基づいて、規制の合憲性を認めた。

　薬局開設距離制限事件判決（最大判1975（昭50）・4・30民集29巻4号572頁）が、「競争の激化→経営の不安定→法規違反」という因果関係に合理的根拠がないと判示した後、公衆浴場開設の距離制限について、最高裁がどのような判断を示すかが注目された。

　第二小法廷判決（最二小判1989（平1）・1・20刑集43巻1号1頁）は、公衆浴場開設の距離制限の目的を「公衆浴場業者が経営の困難から廃業や転業をすることを防止し、健全で安定した経営を行えるように種々の立法上の手段をとり、国民の保健福祉を維持すること」という積極目的規制と捉えた。その上で、判決は、小売市場事件判決（最大判1972（昭47）・11・22刑集26巻9号586頁）を引用した上で、「立法府のとった手段がその裁量権を逸脱し、著しく不合理であることの明白な場合に限り、これを違憲とすべき」との、規制目的二分論にのっとった基準を用いて、合憲の判断を下した。

　他方、第三小法廷判決（最三小判1989（平1）・3・7判時1308号111頁）は、規制目的の中に、「国民保健及び環境、衛生の確保」に加え、「公衆浴場が自家風呂を持たない国民にとって日常生活上必要不可欠な厚生施設であり、入浴料金が物価統制令により低額に統制されていること」という視点を加え、「自家風呂の普及に伴い公衆浴場業の経営が困難になっていること」といった状況も勘案している。判決は、規制目的二分論に基づく審査基準を用いず、「目的を達成するための必要かつ合理的な範囲内の手段」として合憲判断を下した。

　最高裁の判断枠組みが一貫しないことについては、最高裁が規制目的二分論を維持すべきかについて動揺しているとの見方や、公衆浴場の距離制限の目的の中に消極目的と積極目的とが混在していることに理由を求めるもの（渡辺ほか・憲法1・332〜333頁〔宍戸常寿〕）もある。

　ただし、公衆浴場は、自家風呂をもたない利用者の便宜のため、料金が公定されており、「当該役務のもつ高度の公共性にかんがみ、その適正な提供の確保のために、法令によって、提供すべき役務の内容及び対価等を厳格に規制するとともに、更に役務の提供自体を提供者に義務づける等のつよい規制を施す反面、これとの均衡上、役務提供者に対してある種の独占的地位を与え、その経営の安定をはかる措置がとられる場合」（薬局開設距離制限事件判決）という、小売市場とも薬局とも異なる別個のカテゴリーにあたるとみることもできる

288　第22条（居住・移転および職業選択の自由、外国移住および国籍離脱の自由）

（毛利ほか・憲法2・285頁〔松本哲治〕）。

(2)　小売市場開設にあたっての距離制限

　小売商業調整特別措置法は、政令で指定される市の区域において小売市場（1つの建物が10以上の野菜、生鮮魚介類を扱う50平方メートル未満の店舗の用に供されるもの）開設のために建物を譲渡・貸付けすることを都道府県知事の許可の下に置き（3条1項）、許可基準の1つとして、「過当競争防止」を定めている（5条1号）。大阪府は、許可基準内規において法の定める「過当競争防止」の具体的内容として、小売市場間の距離を700メートル以上とする旨を定めていた。

　最高裁（最大判1972（昭47）・11・22刑集26巻9号586頁）は、先に触れたように（→3(1)）、日本国憲法が「国の責務として積極的な社会経済政策の実施を予定している」とした上で、そうした積極目的規制については、立法裁量を尊重する必要があることを説いた。その上で、小売商業調整特別措置法所定の小売市場の許可規制について、「一般消費者の利益を犠牲にして、小売商に対し積極的に流通市場における独占的利益を付与するためのものでないこと」と規制対象が限定されていることを指摘しつつ、「国が社会経済の調和的発展を企図するという観点から中小企業保護政策の一方策としてとった措置ということができ、その目的において、一応の合理性を認めることができないわけではなく、また、その規制の手段・態様においても、それが著しく不合理であることが明白であるとは認められない」と判示した。

(3)　薬局開設にあたっての距離制限

　旧薬事法は、都道府県知事による薬局開設の許可にあたって、薬局の構造設備、配置すべき薬剤師の数などの条件に加え、設置の場所が適正を欠くと認められる場合に不許可とし得ると定めていた。旧薬事法の委任を受けた広島県条例は、薬局配置の基準として、既設の薬局からおおむね100メートルの距離が保たれていることを求めていた。

　最高裁は、先に述べたように（→4(1)）、薬局開設の許可条件の合憲性につき、(a)「重要な公共の利益」のための、(b)「必要かつ合理的な措置であること」、(c)それが消極目的規制である場合には、(d)「許可制に比べて職業の自由に対するよりゆるやかな制限である職業活動の内容及び態様に対する規制によっては右の目的を十分に達成することができないと認められることを要する」との基準を提示した上で、本条1項違反の主張を認めた（最大判1975（昭50）・4・30民集29巻4号572頁）。

　判決は、薬局開設の距離制限の目的について、薬局等の乱設による過当競争のために一部業者に経営の不安定を生じ、その結果、施設の欠陥等による不良医薬品の供給の危険が生じるのを防止することにあると認定し、その目的は、「主として国民の生命及び健康に対する危険の防止という消極的、警察的目的のための規制措置」であるとした上で（(c)）、それ自体は、重要な利益であると

第22条（居住・移転および職業選択の自由、外国移住および国籍離脱の自由）　289

認めた（（a））。

しかし、規制の必要性と合理性について、判決は、開設の距離制限が開業そのものの断念につながり得る、職業の自由に対する重大な制限であることから、「国民の保健上の必要がないとはいえない」という程度の必要性では足らず、「このような制限を施さなければ右措置による職業の自由の制約と均衡を失しない程度において国民の保健に対する危険を生じさせるおそれのあることが、合理的に認められることを必要とする」との厳しい基準を設定した。

そして、判決は、国側が主張する「競争の激化→経営の不安定→不良医薬品の供給の危険」という因果関係について、「単なる観念上の想定にすぎず、確実な根拠に基づく合理的な判断とは認めがたい」と断じ、規制の必要性と合理性を欠くとした（（b））。

判決は、さらに、不良医薬品の供給については、供給業務に対する規制や監督の励行等によって防止しきれないような相当の危険性があるとはいえず、また、医薬品の乱売の危険に対しては、誇大広告の規制のほか一般消費者に対する啓蒙の強化という方法もあり、薬局等の業務執行に対する規制によるだけでは規制目的を達することができないとはいえないと指摘している（（d））。

(4)　製造たばこ小売販売業の適正配置

たばこ事業法22条1項は、当分の間、製造たばこの小売販売業者につき、財務大臣の許可制の下に置き、たばこ事業法23条3号は「営業所の位置が製造たばこの小売販売を業として行うのに不適当である場合」を不許可条件の1つとしている。

最高裁（最二小判1993（平5）・6・25訟月40巻5号1089頁）は、製造たばこ小売販売業に零細業者が多く、身体障害者が小売人の指定に際して配慮されてきたことを指摘した上で、製造たばこの小売販売業に対する適正配置規制は、小売人の保護という目的のために「必要かつ合理的な範囲にとどまるものであって、これが著しく不合理であることが明白であるとは認め難い」と判示した。

本規制は、典型的な経済的弱者保護を目的とする規制であり、判決が参照する小売市場事件判決（最大判1972（昭47）・11・22刑集26巻9号586頁）の直系に属する事件であったといえる。

(5)　酒類販売免許制

酒税法は、酒税の納税者を酒類製造者とし（酒税法6条1項）（これを「蔵出し方式」という）、製造者による納税を確実にするため、酒類販売業者を税務署長の免許を得た者に限定し（酒税法9条1項）、「経営の基礎が薄弱であると認められる場合」（酒税法10条10号）や「酒類の需給の均衡を維持する必要があるため……酒類の販売業免許を与えることが適当でないと認められる場合」（酒税法10条11号）などが酒類販売業免許を与えない事由とされている（「奇想天外な制度」とも批判される。毛利ほか・憲法2・286頁〔松本哲治〕）。

10号要件の合憲性が争われた事件について、最高裁（最三小判1992（平4）・

12・15民集46巻9号2829頁）は、薬局開設距離制限事件判決（最大判1975（昭50）・4・30民集29巻4号572頁）に従い、許可制について「原則として、重要な公共の利益のために必要かつ合理的な措置であることを要する」との原則から出発する。しかし、判決は、本規制が税の賦課徴収にかかわることから、総合的な政策的判断、専門技術的な判断が必要なことを説き、「租税の適正かつ確実な賦課徴収を図るという国家の財政目的のための職業の許可制による規制については、その必要性と合理性についての立法府の判断が、右の政策的、技術的な裁量の範囲を逸脱するもので、著しく不合理なものでない限り、これを憲法22条1項の規定に違反するものということはできない」との緩やかな審査基準を設定した。そして、判決は、「酒類販売業について免許制度を存置しておくことの必要性及び合理性については、議論の余地があることは否定できない」ことは認めながらも、酒類の賦課徴収に関する仕組みがいまだに合理性を失っているとはいえないとして、結局は、合憲と判断した。その後、最高裁は、11号要件についても同様の理由付けで合憲としている（最一小判1998（平10）・7・16訟月45巻4号807頁）。

(6) 医業類似行為禁止

　旧あん摩師、はり師、きゆう師及び柔道整復師法は、医師やあん摩師の資格をもたない者が業として「医業類似行為」をすることを禁止し（12条）、違反者に罰金を科していた。「HS式無熱高周波療法」と称する施術を施していたことにより、同法違反で起訴された被告人は、同療法が人体に害を与えることはなく、職業選択の自由により保障されていると主張した。

　最高裁は、「医業類似行為を業とすることが公共の福祉に反するのは、かかる業務行為が人の健康に害を及ぼす虞があるからである」と述べた上で、法が禁止処罰し得るのも「人の健康に害を及ぼす虞のある業務行為に限局する趣旨と解しなければならない」として、被告人の行った療法が人の健康に害を及ぼすおそれがあるか否か判断せずに有罪とした原判決を破棄、差し戻した（最大判1960（昭35）・1・27刑集14巻1号33頁）。

　本判決は、初期の最高裁判決の中では珍しく、法令の規制対象を限定し、職業の自由の制約を必要最小限にとどめたようにみえる。しかし、仮に同療法が無害なものであったとしても、同療法に依存した患者が、本来受けるべき医療を受ける機会を逸してしまう危険があり、結局、「人の健康に害を及ぼす虞」があったとの見解も有力である（石坂裁判官の反対意見参照）。

(7) 歯科技工士の業務制限

　歯科技工士法20条は、「歯科技工士は、その業務を行うに当つては、印象採得、咬合採得、試適、装着その他歯科医師が行うのでなければ衛生上危害を生ずるおそれのある行為をしてはならない」と定め、歯科医師法17条は、「歯科医師」以外の者が「歯科医業」を行うことを禁止する。業として義歯の印象採得、咬合採得などを行った歯科技工士が歯科医師法違反に問われたところ、そもそ

第22条（居住・移転および職業選択の自由、外国移住および国籍離脱の自由）　*291*

も義歯は使用者自ら「試適嵌入」を行い得るものであり、歯科技工士がこれを行っても、保健衛生上有害な行為とはいえないと主張した。

最高裁は、簡単な理由づけながら、義歯の「試適嵌入」を行う上でも、「患者の口腔を診察した上、施術の適否を判断し、患部に即応する適正な処置を施すことを必要とするものであり、その施術の如何によつては、右法条にいわゆる患者の保健衛生上危害を生ずるのおそれがないわけではない」と述べて、規制の合憲性を支持した（最大判1959（昭34）・7・8刑集13巻7号1132頁）。

(8)　タクシー事業免許制

道路運送法は、災害のため緊急を要するとき、登録された特定非営利活動法人による場合、国土交通大臣（旧運輸大臣）の許可を受けた場合以外、自家用自動車（事業用自動車以外の自動車をいう）を有償で運送の用に供してはならないと定める（道路運送法78条（（旧）101条1項））。

法定の除外事由もなく、運輸大臣の許可もなく、自家用自動車を用いて有償の運送（いわゆる「白タク」行為）を行ったとして起訴された被告人が、旧道路運送法101条1項が本条1項に違反すると主張した事件について、最高裁は、前述の規制を「公共の福祉の確保のために必要な制限」であり本条1項に違反しないとした（最大判1963（昭38）・12・4刑集17巻12号2434頁）。

最高裁は、自動車運送事業について免許制を採ることが、「道路運送事業の適正な運営及び公正な競争」の確保と「道路運送に関する秩序を確立することにより道路運送の総合的な発達」という道路運送法の目的に沿うものであるとした上で、自家用自動車の有償運送行為が無免許営業に発展する危険性が高く、放任すれば、「免許制度は崩れ去るおそれがある」と論じた。

判決の論理に対しては、自動車運送事業の免許制と自家用自動車の有償運送行為禁止との関係が明らかでないこと、そもそもタクシー事業の免許制の目的が、弊害除去のための消極目的か、社会経済政策上の積極目的か明らかでないなどの批判がある[87]。

(9)　司法書士業務資格制

旧司法書士法19条1項（（現）司法書士73条1項）は、司法書士の業務を定める旧司法書士法2条（（現）司法書士3条）と相まって、司法書士の資格をもつ者以外が登記代理業務を業として行うことを禁止していた。

行政書士が他人の代理として商業登記を業として行ったとして起訴された事件において、最高裁（最三小判2000（平12）・2・8刑集54巻2号1頁）は、この規制の合憲性を認めた。ただし、判決は、その理由として、先の歯科技工士事件判決（最大判1959（昭34）・7・8刑集13巻7号1132頁）と薬局開設距離制限事件判決（最大判1975（昭50）・4・30民集29巻4号572頁）を引用して、「右規制が公共の福祉に合致した合理的なもので憲法22条1項に違反するものでないこ

---

[87] 安念潤司・憲法百選1・202頁。

292 第22条（居住・移転および職業選択の自由、外国移住および国籍離脱の自由）

とは、当裁判所の判例の趣旨に徴し明らかである」と述べるにとどまった。

(10)　生糸の輸入制限

　旧繭糸価格安定法は、「生糸の輸出の増進及び蚕糸業の経営の安定を図るため」に、政府が生糸の価格統制を行うことを定めた。その後、中国・韓国産等の生糸の輸入拡大により国内産生糸の価格が混乱したため、「日本蚕糸事業団」および同事業団から委任を受けた者以外は、生糸を輸入できないとする一元輸入措置と生糸価格安定制度が導入された。この結果、生糸を原料に絹ネクタイを生産する織物業者は、自由に外国産生糸を輸入することができず、高い価格の生糸を購入することを強いられ、外国産ネクタイに対する国際競争力を失い、莫大な損害を被った。

　京都の西陣織工業組合に加入する絹ネクタイ生産業者が、生糸の一元輸入措置及び繭糸価格安定制度を定める立法行為による損害の賠償を求めた事件について、最高裁（最三小判1990（平2）・2・6訟月36巻12号2242頁）は請求を斥けた。

　判決の主要な理由は、立法行為に対する国家賠償請求が認められる場合が、「立法の内容が憲法の一義的な文言に違反しているにもかかわらずあえて当該立法を行うというように、容易に想定し難いような例外的場合」に限定されるというものであった。ただし、判決は、小売市場事件判決（最大判1972（昭47）・11・22刑集26巻9号586頁）を引用して、「積極的な社会経済政策の実施の一手段」としてとられた立法措置については、「当該規制措置が著しく不合理であることの明白な場合に限って、これを違憲としてその効力を否定することができる」との緩やかな基準によって判断すべきとも述べている。

(11)　農作物共済強制加入

　農業災害補償法は、一定の規模の米の生産者について農業共済組合に当然に加入するものとし、任意に組合から脱退できないとしている（農業災害補償法15条1項、16条1項、19条）。最高裁は、この制度が、「国民の主食である米の生産を確保するとともに、水稲等の耕作をする自作農の経営を保護することを目的」としたものであり、その後の米作をめぐる社会状況の変化にもかかわらず、その必要性と合理性を失うには至っておらず、「公共の福祉に合致する目的のために必要かつ合理的な範囲にとどまる措置ということができ、立法府の政策的、技術的な裁量の範囲を逸脱するもので著しく不合理であることが明白であるとは認め難い。」と判示した（最三小判2005（平17）・4・26判時1898号54頁）。

(12)　保健医療機関指定の拒否

　地域医療計画の病床数等を超えるため開設の中止の勧告（医療法30条の7〔1997（平成9）年改正前のもの〕）を受けながら開設された病院に対して、県知事が保健医療機関の指定を拒否した（健康保険法43条ノ3第2項〔1998（平成10）年改正前のもの〕）事件について、最高裁は、先の小売市場事件判決を

参照しつつ、「公共の福祉に適合する目的のために行われる必要かつ合理的な措置ということができるのであって、これをもって職業の自由に対する不当な制約であるということはできない」と簡単にその合憲性を支持した（最一小判2005（平17）・9・8判時1920号29頁）。

⒀　インターネットによる医薬品販売禁止

　2006（平成18）年の薬事法改正（以下、「新薬事法」という。）に伴って、一般用医薬品のうち、第一類医薬品及び第二類医薬品について、店舗において対面で販売・授与させなければならないなどとする厚生労働省令が定められたため、インターネットを通じた医薬品販売が大きく制限された。最高裁は、この規制が「職業活動の自由を相当程度制約するものであることが明らか」であることを指摘し、当該省令がその根拠となる新薬事法の趣旨に合致し、その委任の範囲を逸脱したものではないというためには、「新薬事法中の諸規定を見て、そこから、郵便等販売を規制する内容の省令の制定を委任する授権の趣旨が、上記規制の範囲や程度等に応じて明確に読み取れることを要するものというべきである」とした。そして、「新薬事法の授権の趣旨が、第一類医薬品及び第二類医薬品に係る郵便等販売を一律に禁止する旨の省令の制定までをも委任するものとして、上記規制の範囲や程度等に応じて明確であると解するのは困難である」と判示した（最二小判2013（平25）・1・11民集67巻1号1頁）。

Ⅳ　外国移住の自由

1　外国移住の自由保障の意義

　外国への移住は、本来は、居住・移転の自由に含まれるが、日本の主権を離れて国外で居住することは、「国籍離脱」と連続することもあり得るから、本条2項は両者をあわせて条文化したものと考えられる[88]。

2　「外国に移住」する自由の内容

　「外国に移住」とは、長期間にわたって国外に居住することを指すが、先に述べたように（→Ⅱ2⑸）、本条2項は、一時的な外国旅行の自由を含むと解するのが、通説・判例である。

3　旅券発給と海外旅行の自由

　海外旅行にあたっては有効な旅券の所持が必要となるが、旅券法13条1項は、渡航先に入国できない者や死刑、無期もしくは長期2年以上の罪で起訴されて

---

[88]　GHQ原案では、"Emigrants shall be permitted to change their nationality."というように、移民と国籍変更が結びついた条文であった。http://www.ndl.go.jp/constitution/shiryo/03/147/147tx.html。

いる者と並んで、「著しく、かつ、直接に日本国の利益又は公安を害する行為を行うおそれがあると認めるに足りる相当の理由のある者」（旅券法13条1項7号）について、外務大臣が旅券の発給を拒否できると定める。

最高裁は、この規定について、明確な理由を示さず、「外国旅行の自由に対し公共の福祉のために合理的な制限を定めたもの」として合憲としている（最大判1958（昭33）・9・10民集12巻13号1969頁）。

しかし、後の判例は、海外旅行の自由が憲法上保障された自由であることに意を用いるようになってきている。たとえば、一般旅券発給拒否通知書の理由欄に該当条文のみを記したことについて、最高裁は、「一般旅券の発給を拒否すれば、憲法22条2項で国民に保障された基本的人権である外国旅行の自由を制限することになるため、拒否事由の有無についての外務大臣の判断の慎重と公正妥当を担保してその恣意を抑制するとともに、拒否の理由を申請者に知らせることによって、その不服申立てに便宜を与える趣旨」に鑑み、理由付記の要件を欠き、処分を違法と判断している（最三小判1985（昭60）・1・22民集39巻1号1頁）。

在留外国人は、一時的に海外旅行しようとすれば、あらかじめ再入国の許可を得なければならない。判例は、外国人には海外旅行の自由はなく、国が再入国の許可を義務づけられることはないと判断している（最一小判1992（平4）・11・16集民166号575頁）（→本章〔前注〕IV2(2)(iv)）。

ただし、出入国管理法の改正により、在留カードを所持する在留外国人で出国後1年以内に再入国する見込みがある者については、原則として再入国が不要とされた（入管26条の2）。

V 国籍離脱の自由

1 国籍離脱の自由保障の意義

国籍を離脱するとは、日本の国籍を自由意思によって放棄することを意味する。個人主義に基づく国家観からは、国籍の選択は個々人の自由意思による選択によるべきものとされる（国籍自由（国籍非強制）の原則）。本条2項は、この原則を明文をもって定めたものである。

国籍離脱は、「人の生まれながらの自由としての性格を強くもつ」ものとされており、本条2項に「公共の福祉」による制限が規定されていないのは、そのゆえであるとも説明される（長谷部・憲法258頁、最三小判1985（昭60）・1・22民集39巻1号1頁における伊藤裁判官補足意見参照）。

2 国籍離脱の自由の内容

本条2項を受けて、国籍法は、「自己の志望によつて外国の国籍を取得したとき」（国籍11条1項）と「外国の国籍を有する日本国民は、その外国の法令に

第23条（学問の自由）　*295*

よりその国の国籍を選択したとき」（国籍11条2項）に、国籍を喪失すると定める。

　これらは、二重国籍を避けるための規定であるが、今日では、国際的に、二重国籍を容認する傾向もみられ、今後、日本でも再考する必要が出てくるであろう（高橋・立憲主義265頁、渡辺ほか・憲法1・321頁〔松本和彦〕）。

　また、国籍離脱の自由は、日本の国籍を失って無国籍となる自由まで含むかという問題がある。この点については、本条2項は、無国籍となる自由まで保障したものではないと解する見解が多数である（佐藤功・注釈上400頁、宮沢・全訂257頁、樋口ほか・注解2・116頁〔中村睦男〕）。

（木下智史）

（学問の自由）
第23条　学問の自由は、これを保障する。

I　本条の趣旨

　本条は、学問の自由を保障する。

　憲法上、独立の条文の中で、学問の自由に言及する例はほとんどない。一般には、表現の自由などの市民的自由が保障されれば、学問の自由をとりたてて保障する必要性に乏しいからである。

　日本国憲法が学問の自由を明文で保障した最大の理由は、大日本帝国憲法下において、学問の自由が蹂躙される事態が頻発したからである。とりわけ鳩山一郎文部大臣が滝川幸辰京大教授の刑法学説が自由主義的であること理由に休職を迫った京大滝川事件（1933（昭和8）年）、美濃部達吉博士らが国家法人説に基づき天皇を「国家機関」と称したことについて、政治家や右翼団体が不当な非難を加え、美濃部博士が貴族院議員を辞職し、さらには不敬罪に問われた天皇機関説事件（1935（昭和10）年）などは、本来、最も自由が尊ばれるべき学問の世界にも軍国主義による抑圧が及んだ例として知られる。

　日本国憲法制定にあたっては、GHQ原案段階[89]から一貫して学問の自由の保障が盛り込まれていた[90]。

---

[89]　GHQ原案 "Freedom of academic teaching, study and choice of occupation are guaranteed to all adults." http://www.ndl.go.jp/constitution/shiryo/03/147/147tx.html。

[90]　GHQ草案「第22条　学究上ノ自由及職業ノ選択ハ之ヲ保障ス」http://www.ndl.go.jp/constitution/shiryo/03/076/076tx.html。

II 学問の自由の保障

1 「学問」

「学問」とは、真理探究を目指して行われる知的営為を指す。

2 「これを保障する」

(1) 学問の自由の保障内容

「学問の自由」の保障には、(a)学問研究を遂行する自由、(b)研究発表の自由、(c)学問研究内容の教授の自由の保障が含まれる。

すなわち、思考・実験等を重ねて学問研究上の新しい知見を獲得し、それを学界・社会に向けて発表し、さらに学問研究の成果を大学等の教育機関において教授するという一連のプロセスにおける自由が保障されている。

最高裁も、東大ポポロ事件判決（最大判1963（昭38）・5・22刑集17巻4号370頁）において、学問の自由が「学問的研究の自由とその研究結果の発表の自由とを含む」こと、「大学において教授その他の研究者がその専門の研究の結果を教授する自由」が保障されることを認めている。

(2) 教育の自由

学問の自由の内容の1つに、（大学における）教授の自由が含まれると解されているのは、沿革的に、学問の自由が大学における学問研究を中心に考えられてきたためである。

現在においても、大学教育は、学習指導要領により教育内容を統制される初等・中等教育に比べて、大きな自由が保障されている。それには、2つの理由が考えられる。第1に、大学は、「学術の中心」（学教83条1項）とされるように、学問研究の中心的機関であり、そこでの研究者の自由を最大限に保障することが学問研究の発展につながると考えられる。第2に、大学の学生は、教授内容について批判的に検討する能力が備わっており、国家が教育内容を統制する必要に乏しいことも、大学における教授の自由の保障の根拠となる。

しかし、以上の点は、初等・中等教育の教員たちに教育の自由が全く認められない理由にはならない。学問研究は大学においてのみ行われるわけではないし、児童・生徒の批判能力が不十分であることが、ストレートに国家による教育内容・方法の統制に結びつくものでもない。

最高裁は、**旭川学力テスト事件**判決（最大判1976（昭51）・5・21刑集30巻5号615頁）において、初等・中等教育の場においても、一定の範囲で、教師の教育の自由が認められることを肯定した。そこで教育の自由の内容として示されていたのは、(a)「教師が公権力によって特定の意見のみを教授することを強制されない」こと、(b)「教授の具体的内容及び方法につきある程度自由な裁量が認められなければならない」ことであった。

学説上も、学問と教育とが内在的連関性を有することを強調して、初等・中

等教育における教育の自由を本条に根拠づける見解もある（芦部・憲法174頁、野中ほか・憲法1・345頁〔中村睦男〕）。

ただし、注意しなければならないのは、旭川学力テスト事件判決が、初等・中等教育において教育の自由が認められる根拠として、「子どもの教育が教師と子どもとの間の直接の人格的接触を通じ、その個性に応じて行われなければならないという本質的要請」を挙げていることである。初等・中等教育における教育の自由は、子どもの教育を受ける権利（憲26条1項）に応えるために行使されるべきものであり、新たな知見を伝えるための、高等教育における教授の自由とは目的・性格を大きく異にするものと理解することもできる（浦部・教室214～215頁）。こうした見地に立つと、初等・中等教育における教育の自由の憲法上の根拠は、子どもの教育を受ける権利を保障した憲法26条1項と捉えるべきことになる（高橋・立憲主義206頁、毛利ほか・憲法2・197頁〔毛利透〕）。

(3) 学問の自由の主体

学問の自由は、沿革的には、大学という特殊な研究教育機関において、十全な学問研究の自由を保障するために唱えられてきたものであり、その享有は主に大学に所属する研究者を対象としてきた（法協・注解上455頁）。

今日では、学問研究の場は大学に限られず、初等・中等教育と高等教育との区別も相対化しつつある。こうしてみると、学問の自由の主体を大学の研究者に限定する根拠は乏しいとの見解が有力である（毛利ほか・憲法2・195頁〔毛利透〕、新基本コンメ205頁〔松田浩〕）。

しかし、一般の国民の学問、研究、その成果の発表については、憲法21条、19条、13条により保障されること、大学の自治との内在的な関連性を説明できないこと、そして今日でも、学術研究を外部からの様々な圧力に抗して、研究・教育の自律性を保護する必要性は高いとして、本条の学問の自由の保障は、高等研究教育機関の構成員の自由を意味するとの見解もある（長谷部編・注釈2・481～482頁〔長谷部恭男〕）。

最高裁は、**東大ポポロ事件**判決（最大判1963（昭38）・5・22刑集17巻4号370頁）において、本条が「学問の自由はこれを保障すると規定したのは、一面において、広くすべての国民に対してそれらの自由を保障するとともに、他面において、大学が学術の中心として深く真理を探究することを本質とすることにかんがみて、特に大学におけるそれらの自由を保障することを趣旨としたものである」と述べている。

(4) 学問の自由の限界

学問の自由について、しばしば「絶対的な保障」が語られるのは、古典的な人文学研究がもっぱら人の思考の中で行われるものであったからに過ぎない。実際の学問研究、とりわけ現代の先端的生物・化学・物理学研究には、放射性物質のような危険性の高い物質を扱うものや臨床実験のように人体を用いるも

のもあれば、遺伝子工学やクローン研究※91のように、生命倫理上の問題を生じさせるようなものもある。また、こうした先端的な科学技術研究に伴うリスクには未知のものが多く、「予防原則」に基づいて、具体的な危険性が証明されない段階でも規制すべきともされる。少なくとも、外部的な影響を与える研究については、絶対無制約であるということはいえない。学問の自由についても、「人権もしくは重要な法的利益（……）を保護するのに不可欠な、必要最小限度の規律を法律によって課すことも、許される」との見解が有力である（芦部・憲法175頁）が、制約にあたっては「具体的な危険が示されることが必要」との指摘もある（毛利ほか・憲法2・196頁〔毛利透〕）。

これに対して、学問の自由を、高等研究教育機関の構成員の自由と捉える見解（→(3)）は、先端科学研究について、安全性を確保するため特殊な研究施設の利用が義務づけられることや学術活動が多くの内容にかかわる規制があって初めて成立することなどを指摘して、表現の自由と異なり、内容規制の禁止の原則があてはまらないと主張する（長谷部編・注釈2・483〜485頁〔長谷部恭男〕）。

Ⅲ　大学の自治

1　大学の自治の内容

学問の自由の保障の十全な保障のために、学問研究の中心的な場である大学には、大学の自治という制度が憲法上保障される（しばしば「学問の自由の保障のコロラリー（corollary）」として語られる。芦部・憲法176頁）。これは、学問研究の遂行および学問研究内容の教授の場の運営について、研究者集団の自主的決定に委ねるとの発想に基づくものである。

大学の自治の内容には、(a)教員人事に関する自治、(b)施設管理に関する自治、(c)学生管理に関する自治が含まれるとされてきた。

(a)　教員人事に関する自治

大学の教員の採用・昇進・罷免、学部長・学長などの管理者の選定について、大学の構成員が自主的に決定することである。これにより、大学の研究者は人事権を背景とした外部からの評価に左右されず研究を遂行することができる。

(b)　施設管理に関する自治

大学の施設の利用、構内への立入りについて、大学が自主的に決定し得るこ

※91 たとえば、「ヒトに関するクローン技術等の規制に関する法律」は、「人クローン胚、ヒト動物交雑胚、ヒト性融合胚又はヒト性集合胚を人又は動物の胎内に移植してはならない」（ヒトに関するクローン技術等の規制に関する法律3条）と定め、その違反者に「10年以下の懲役若しくは1000万円以下の罰金」を課す（ヒトに関するクローン技術等の規制に関する法律16条）。

とである。これにより、大学における研究・教育について公権力による監視や妨害の懸念なく、研究を遂行することができる。

(c) 学生管理に関する自治

学生の入学・修了、成績評価、賞罰などについて、大学が自主的に決定し得ることである。学生の成績評価についての自治は、大学教員の教授の自由の保障につながり、学生の身分に関する自治を通じて、学生による学習・研究も外部からの干渉を受けないで行うことが可能となる。

なお、より十全な大学の自治の保障のために、(d)研究・教育の内容および方法の自主的決定権、(e)財政自治権の必要性を説く見解も有力である（佐藤幸・憲法245頁、浦部・教室211頁）。

2 大学の自治の主体

大学の自治が、自主的決定をその本質とするところから、自治の主体をどのように設定するかが重要な意味をもつ。伝統的には、大学の重要な意思決定は、研究・教育にあたる教授の会議体である教授会により行われてきたが（（旧）学教93条1項、佐藤幸・憲法245頁ほか）、大学構成員全体からなる「大学」を大学の自治の主体とみる見解もある（松井・憲法499頁）。

最高裁は、前述した東大ポポロ事件判決（前掲・最大判1963（昭38）・5・22）において、「大学の学問の自由と自治は、大学が学術の中心として深く真理を探究し、専門の学芸を教授研究することを本質とすることに基づくから、直接には教授その他の研究者の研究、その結果の発表、研究結果の教授の自由とこれらを保障するための自治とを意味する」として、教授その他の研究者が大学の自治の主体であり、学生はその反射的利益として学問の自由と大学施設の利用を享受するとの立場をとった。

旧学校教育法93条は、「大学には、重要な事項を審議するため、教授会を置かなければならない」と規定し、教員人事、学部長選考等が「重要な事項」にあたると解されてきた。教育公務員特例法3条は、「学部長の採用のための選考」（教育公務員特例法3条3号）、「教員の採用及び昇任のための選考」（教育公務員特例法3条5号）について、教授会の議を経ることを求めている。

しかし、教授会が審議すべき「重要な事項」を明確化するとして、2014（平成26）年に旧学校教育法93条が改められ、教授会の権限は、「一　学生の入学、卒業及び課程の修了、二　学位の授与、三　前2号に掲げるもののほか、教育研究に関する重要な事項で、教授会の意見を聴くことが必要なものとして学長が定めるもの」について、学長が「決定を行うに当たり意見を述べるものとする」に限定された。

こうした動向を受けて、法人・学長に対する教授会の自律性の重要性も改めて指摘されている（新基本法コンメ209頁〔松田浩〕）。近年の大学経営の「効率化」を重視する傾向に対しては、「各大学の個性の平準化や現場の実情を軽

視した拙速なトップダウン的経営をもたらし、大学の自治の核心を損なうリスクをはらむ」との指摘（長谷部編・注釈2・488頁〔長谷部恭男〕）があてはまるだろう。

3　大学の自治と「部分社会」論

大学内部の紛争については、大学の自治の保障の趣旨に鑑み、一種の「部分社会」として司法審査の対象とならないとの見方がある（→本章〔前注〕Ⅴ2(3)(ii)、憲76条Ⅱ2(3)(iv)）。

4　大学の自治をめぐる具体的問題

(1)　大学構内への警察官の立入り──東大ポポロ事件と愛知大学事件

東京大学内で開催された学生劇団「ポポロ」主催の演劇発表会に私服警官がいたことが発覚し、その警官の警察手帳から、警察が長期間、大学における学生運動の状況や講義内容について警備情報収集活動として継続的に監視を行っていたことが明らかとなった。

警察官に暴行を働いた学生は、暴力行為処罰法違反で起訴されたが、東京地裁（東京地判1954（昭29）・5・11判時26号3頁）は、警察官による警備情報収集活動に対して大学の自治を守るための「正当な行為」であったとして違法性を否定した。ここでは、暴行を受けた警察官の被侵害利益と大学の自治という憲法上の価値との比較衡量という判断枠組みが用いられた。

これに対して、最高裁は、先に述べたように（→2）、学生が大学の自治の主体であることを否定した上で、当日の演劇発表会が、学問的な研究またはその結果の発表のためのものでなく、「実社会の政治的社会的活動」にあたり、かつ、集会が一般の公衆の入場を許す公開の集会であったとして、警察官の立入りが学問の自由や大学の自治を侵すものとの主張自体を斥けた（最大判1963（昭38）・5・22刑集17巻4号370頁）。

最高裁判決と第一審判決は、学生が大学の自治の主体となるかといった理論的争点とともに、演劇発表会当日の警察官の行動に焦点をあてるか警察官による長期にわたる警備情報収集活動をも考慮に入れるかという事件の評価においても対立している。大学が公認した学生の活動について、大学の自治の保障の外に置き、警察の介入を肯定した判断については、学説上、厳しい批判がなされている（芦部・憲法178頁、佐藤幸・憲法248頁、渡辺ほか・憲法1・212頁〔松本和彦〕）。

一方、ポポロ事件が世間を騒がせていた状況の下、警察官による学内での情報収集活動に警戒感を強めていた学生らが、大学構内に立ち入った警察官を監禁し反省文執筆を強要した愛知大学事件について、名古屋高裁は、学生らの行動が大学の自治を守るための誤想防衛であったと認め、刑を免除している（名古屋高判1970（昭45）・8・25判時609号7頁）。

第24条（家庭生活における個人の尊厳と両性の平等）　*301*

⑵　大学の自治と教員人事

　旧教育公務員特例法10条は、国立大学の学長、教員および部局長の任用について、「大学管理機関の申出に基いて、任命権者が行う」旨を定めていた。文部大臣（当時）は、九州大学の学部長会議、評議会が法学部のＩ教授を学長事務取扱に選任したにもかかわらず、1か月以上発令を怠った。そのため、Ｉ教授は国に対して陳謝文および国家賠償を請求した。

　東京地裁は、一般論としては、学長等の任用についての申出が大学の自主的選考を経たものとされる以上、任命権者である文部大臣は、「その申出に覊束されて、申出のあった者を任命すべく、そこに選択の余地、拒否の権能はなく、他面、申出がなければ、右の人事を行ない得ないもの」であるから「相当の期間内に申出のあつた者を学長、教員および部局長として任命しなければならない職務上の義務を負う」とした。しかしながら、具体的事件については、大学紛争によって大学が異常な状況に置かれていたことを強調し、Ｉ教授の言動について照会等を行ったことにも理由があるとして、「合理的な期間を超えた違法なものとの法的評価を加えることは相当でない」との判断を示した（東京地判1973（昭48）・5・1訟月19巻8号32頁）。

（木下智史）

（家庭生活における個人の尊厳と両性の平等）

第24条　①　婚姻は、両性の合意のみに基いて成立し、夫婦が同等の権利を有することを基本として、相互の協力により、維持されなければならない。
②　配偶者の選択、財産権、相続、住居の選定、離婚並びに婚姻及び家族に関するその他の事項に関しては、法律は、個人の尊厳と両性の本質的平等に立脚して、制定されなければならない。

Ⅰ　本条の趣旨

　本条は、日本国憲法下における家族関係に関する基本原則を定める。

　国家と国民との関係とを規律する憲法は、私人間の関係である家族関係については、もともと関心をもたないものとも考えられる。しかし、20世紀の憲法には、婚姻や家族の保護に関する規定をもつものが多くみられる。ドイツのワイマール憲法119条が、「婚姻は、家庭生活及び国民の維持・増殖の基礎として、憲法の特別の保護を受ける。婚姻は、両性の同権を基礎とする」と定めた上で、「子どもの多い家庭への配慮」、母性保護を定めたように、家族は社会の最も基礎的な単位であり、その形成・維持が国家を支える市民の育成に重要な意義を有しているとの認識が規定の背景にある。家族に関する憲法上の規定には、先

の条文に代表されるように、家族形成、子どもの養育に対する国家の支援という社会保障的な観点と、家族関係における自由と平等の実現という観点がみられる。

　第二次世界大戦後に制定されたドイツ連邦共和国基本法6条が、「婚姻および家族は、国家秩序の特別の保護を受ける」と定めて、子どもの育成・教育についての親と国家の責務を定め、フランス第四共和国憲法（1946年）前文が「国は、個人および家族に対して、それらの発展に必要な要件を確保する」と定めるのは、前者の観点に重点を置いたものとみることができる。

　大日本帝国憲法は、家族に関する規定をもたなかったが、民法上、戸主が家族の婚姻等に同意権をもつなど身分上の監督権を有し、相続において「長子」や「男子」を優先するなど、封建的「家」制度が家族関係を支配していた。日本軍国主義の温床とみなされた「家」制度を解体して、家族関係に個人の尊厳と平等を確立することが、日本国憲法制定にあたっての課題であった。ここから、本条には、先の後者の観点、すなわち家族関係における自由と平等の実現が濃厚に現れている。

　総司令部内部の草案作成段階では、民政部のベアテ・シロタ・ゴードンが女性の地位向上と家族の保護のために、詳細な条文を提案していたことが知られている※92。現在の本条の基となった原案には、家族が社会の基礎であること、婚姻と家族関係が相互の合意と男女の平等に基づくべきこと、配偶者の選択、財産、相続、住居の選択、離婚および婚姻等の家族関係に関する法律が個人の尊厳と両性の本質的平等の観点に立って制定されるべきことが規定されていた※93。

　日本政府は、家族関係についての条項を憲法に規定することに消極的な姿勢を示し、いったんは婚姻に関する条項に限定されたが（3月2日案　37条）、最終的に、3月5日案において、現在の本条2項にあたる条項が復活させられることとなった（22条）。

※92 ベアテ・シロタ・ゴードン（平岡磨紀子＝構成・文）『1945年のクリスマス——日本国憲法に「男女平等」を書いた女の自伝』（柏書房、1995年）。

※93 The family is the basis of human society and its traditions for good or evil permeate the nation. Hence marriage and the family are protected by law, and it is hereby ordained that they shall rest upon the undisputed legal and social equality of both sexes, upon mutual consent instead of parental coercion, and upon cooperation instead of male domination. Laws contrary to these principles shall be abolished, and replaced by others viewing choice of spouse, property rights, inheritance, choice of domicile, divorce and other matters pertaining to marriage and the family from the standpoint of individual dignity and the essential equality of the sexes. (http://www.ndl.go.jp/constitution/shiryo/03/147/147tx.html).

Ⅱ　婚姻の自由と婚姻における男女平等

1　婚姻における平等の内容

　本条1項は、婚姻が自由になされるべきこと、婚姻関係が男女平等の理念の下で形成されるべきことを定める。

⑴　「婚姻は、両性の合意のみに基いて成立」

　この一節は、何人も、意に反して婚姻を強制されることがなく、婚姻が本人の合意以外によって妨げられないこと、すなわち婚姻の自由を定めたものである。これは、旧民法における婚姻にあたっての戸主の同意権（（旧）民750条）、男子30歳以下、女子25歳未満の婚姻にあたっての父母の同意（（旧）民772条）などの制度を否定するものである。

　最高裁は、100日を超える再婚禁止期間を憲法に違反するとした判決において、本条1項の趣旨について、「婚姻をするかどうか、いつ誰と婚姻をするかについては、当事者間の自由かつ平等な意思決定に委ねられるべきであるという趣旨を明らかにしたものと解され」、「国民の中にはなお法律婚を尊重する意識が幅広く浸透していると考えられることをも併せ考慮すると、上記のような婚姻をするについての自由は、憲法24条1項の規定の趣旨に照らし、十分尊重に値する」と述べた（最大判2015（平27）・12・16民集69巻8号2427頁）。

　もっとも、判断能力の不十分な未成年者の婚姻について、本人の保護のため、父母の一方の同意を要すること（民737条）や婚姻適齢を定めること（民731条）までが否定されるとは考えられていない（佐藤功・注釈上414頁、宮沢・全訂261頁）。ただし、民法731条が男女で適齢に差を設けていることが、「男女の肉体的・生理的条件に基づくもの」として合理的といい得るかどうかについては、身体的成熟度には個人差があることや女性の特性を理由にすること自体にステレオタイプ化の影響がみられることから疑問視されている（辻村・憲法171頁、佐藤幸・憲法203頁）[94]。

　他方、社会的規範に基づいて、重婚を禁止すること（民732条、刑184条）、優生学的観点から近親婚を禁止すること（民734条）は、婚姻の自由の合理的な制限とされている（樋口ほか・注解2・132頁〔中村睦男〕、新基本コンメ212頁〔武田万里子〕）。ただし、血縁関係のない姻族間の婚姻の禁止（民735条）、養子縁組解消後の親族間の婚姻の禁止（民736条）は、優生学的理由ではなく、社会倫理的な理由に基づく婚姻の自由の制限とされ、その合理性には疑問も表明されている（法協・註解上476〜477頁）。

　なお、ここにいう「婚姻」とは法律婚の意味であり、婚姻成立のために届出

---

[94]　米沢広一『子ども・家族・憲法』（有斐閣、1992年）288〜289頁）。1996（平成8）年の法制審議会「民法の一部を改正する法律案要綱」は、婚姻年齢を男女ともに18歳としている（http://www.moj.go.jp/shingi1/shingi_960226-1.html）。

304　第24条（家庭生活における個人の尊厳と両性の平等）

を要すると定めること（民739条1項）も本条に反しない。

(2)　「夫婦が同等の権利を有することを基本として」

かつての民法は、妻を無能力者として扱ったり（（旧）民14条等）、子に対する親権や住居決定権を夫にのみ認めるなどといった夫婦間の差別を構造化していた。本節は、夫婦の間における不平等な取扱いを禁止するものである。

判例上、本条は、「継続的な夫婦関係を全体として観察した上で、婚姻関係における夫と妻とが実質上同等の権利を享有することを期待した趣旨の規定と解すべく、個々具体の法律関係において、常に必らず同一の権利を有すべきものであるというまでの要請を包含するものではない」と解されており、夫婦の一方が自己の名で得た財産を一方の単独所有とする夫婦別産制を定めた民法762条1項は本条に違反しないと解されている。同判決は、この前提に基づき、所得税について生計を一にする夫婦の所得を各自に等分して課税すべきとの主張を斥けた（最大判1961（昭36）・9・6民集15巻8号2047頁）。

(3)　夫婦「相互の協力」による婚姻の維持

ここにいう「協力」義務は、民法上の夫婦の同居・協力義務（民752条）、婚姻費用の分担（民760条）、日常家事債務の連帯責任（民761条）、親権の共同行使（民818条）などに具体化されている。

2　婚姻における平等に関する具体的問題

(1)　再婚禁止期間

民法旧733条は、女性についてのみ離婚後6か月の再婚禁止期間を課していた。これについては、かねてから、法の下の平等に反し、不合理な婚姻の自由の制約にあたるとの見解（樋口ほか・注解2・133頁〔中村睦男〕）が有力に唱えられてきた（→憲14条Ⅳ3(1)(ⅲ)）。

最高裁は、民法旧733条を改廃しない立法不作為に対する国家賠償請求について、いったん、国家賠償法上の違法性を認めない判断を示した（最三小判1995（平7）・12・5判時1563号81頁）。

しかし、最高裁は、2015（平成27）年に、6か月とされた再婚禁止期間のうち、100日以内については、父性の重複を避けるために合理性を有するとしつつ、100日を超える部分については、合理性を欠く差別であるとして、憲法14条1項と本条2項に違反すると判示した（前掲・最大判2015（平27）・12・16）。

多数意見は、区別することの立法目的に合理的な根拠があり、かつその区別の具体的内容が上記の立法目的との関連において合理性を有するものであるかどうかという判断枠組みに基づいて、法の下の平等に反するかどうかを判断した（→憲14条Ⅳ3(1)(ⅲ)）。

多数意見は、「女性の再婚後に生まれた子につき父性の推定の重複を回避し、もって父子関係をめぐる紛争の発生を未然に防ぐことにある」を立法目的と認定し、それに合理的根拠があることも認めた。ここから、父性の推定の重複を

第24条（家庭生活における個人の尊厳と両性の平等）　*305*

回避する制度にも合理性が認められることになるが、民法772条によれば、父の子である嫡出推定は婚姻成立から200日後、婚姻解消から300日以内に及ぶのであるから、嫡出推定の重複を避けるためであれば再婚禁止期間は100日間で足りる。多数意見は、100日間の再婚禁止期間は、立法目的との関係で合理性を有し、憲法14条1項・本条2項に違反しないとした。

　他方、100日を超える再婚禁止期間については、父性の推定の重複回避では説明できず、「再婚後に前夫の子が生まれる可能性をできるだけ少なくして家庭の不和を避けるという観点や、再婚後に生まれる子の父子関係が争われる事態を減らすことによって、父性の判定を誤り血統に混乱が生ずることを避けるという観点」が立法において考慮に入れられたと考えられるが、多数意見は、これらの観点によって、父性の推定の重複回避のために必要な期間を超えて、妻の再婚を禁ずることを正当化することはできず、「合理性を欠いた過剰な制約を課すもの」と判断した。

　この判決については、父性の推定の重複が生じない場合に再婚禁止期間の適用除外を認めるべきとする補足意見と、父性の推定の重複が生じる場合がごく限られていることを強調し、再婚禁止期間以外に父性の推定の重複を回避する手段があるとする反対意見、そもそも民法旧733条の立法目的が血統の混乱防止という「家制度」と密接に関係するものであったことを指摘し、DNA鑑定によって法律上の父を確定し得る以上、再婚禁止期間の必要性は失われたとする反対意見が付されている。

　判決後、民法旧733条は改正され、女性の再婚禁止期間は100日とされた（民733条）。

(2)　**結婚退職制**

　かつて企業の中には、その就業規則によって、女子社員が結婚したときに退職する旨の結婚退職制を定めているところが多数みられた。これについては、性別に基づく差別であり、かつ婚姻の自由の制約にあたるとして、公序良俗に違反するとの判断が定着した（東京地判1966（昭41）・12・20労民17巻6号1407頁ほか）。現在では、男女雇用機会均等法9条1項が、婚姻を退職理由とすることを明文で禁止している。（→憲14条Ⅳ3(1)(iii)）。

(3)　**夫婦同氏**

　民法750条は、「夫婦は、婚姻の際に定めるところに従い、夫又は妻の氏を称する」と定める。規定上は、夫・妻いずれの氏を選ぶことも可能だが、現実には、圧倒的に夫の氏が選択され、妻となる者は氏を変更することを強いられる。

　女性の社会進出が進む中で、氏名が個人の人格を象徴するものであることが再認識されるようになり、個人の意思に反して家族への帰属を同氏という形で明らかにすることの問題性も認識されるようになってきた（渋谷・憲法465頁）。

　最高裁は、夫婦同氏を定める民法750条について、以下のように論じて、憲法13条、憲法14条1項、本条1項・2項に違反しないとした（最大判2015（平

27)・12・16民集69巻8号2586頁)。

(a)氏名は、「個人として尊重される基礎であり、その個人の人格の象徴であって、人格権の一内容を構成するもの」といえるが、氏については、民法の規定上、「社会の構成要素である家族の呼称」としての意義が与えられており、氏を「一つに定めることにも合理性があ」るから、婚姻という自らの意思による選択に伴って「氏の変更を強制されない自由」が憲法上の権利として保障される人格権の一内容であるとはいえない。

(b)民法750条は、夫婦がいずれの氏を称するかを夫婦となろうとする者の間の協議に委ねているのであるから、その文言上性別に基づく法的な差別的取扱いを定めているわけではなく、夫婦同氏制それ自体に男女間の形式的な不平等が存在するわけではない。

(c)民法750条は、婚姻をすることについての直接の制約を定めたものではなく、仮に、夫婦同氏制を理由として婚姻をしないことを選択した者がいるとしても、これをもって、直ちに同条が婚姻をすることについて本条1項の趣旨に沿わない制約を課したものと評価することはできない。

(d)夫婦同氏制は日本社会に定着しており、家族が1つの氏を名乗ることには、家族の呼称としての意義のほか、子が自らの嫡出性を示すため両親と同氏である仕組みにも意義が認められ、家族の一体感を得る意義もある。また、氏の変更は夫婦になろうとする者の自由な選択の結果であり、改氏によるアイデンティティの喪失感、社会的な信用・評価・名誉感情等の維持の困難といった不利益は、婚姻前の氏の通称使用により緩和される。

以上の点を総合すれば、夫婦同氏制は、「個人の尊厳と両性の本質的平等の要請に照らして合理性を欠き、国会の立法裁量の範囲を超えるものとみざるを得ないような場合」に当たるとはいえず本条に違反しない。

以上の多数意見の判断に対しては、96％もの多数が夫の氏を称していることには、「現実の不平等と力関係が作用している」ので、「個人の尊厳と両性の本質的平等に立脚した制度とはいえない」とする意見や、多数意見の依拠する夫婦同氏の効用の説明では、夫婦同氏の例外を許さないことの合理性を明らかにしたことにはならないとする意見も付されている。

1996（平成8）年に法制審議会が決定した民法改正案においては、「夫婦は、婚姻の際に定めるところに従い、夫若しくは妻の氏を称し、又は各自の婚姻前の氏を称するものとする」との選択的夫婦別氏制が盛り込まれているが、未だ改正は実現していない。

学説上は、夫婦協議が認められている以上、違憲とまではいえず立法政策の問題とする見解（野中ほか・憲法1・303頁〔野中俊彦〕、芦部信喜『憲法学Ⅲ人権各論(1)（増補版）』（有斐閣、2000年）44頁）も有力であった。しかし、近年は、大多数の女性が氏を変更している現実について、戦前の「家」制度の残滓とみるべきとの指摘（毛利ほか・憲法1・104頁〔淺野博宣〕）、形式的平等

第24条（家庭生活における個人の尊厳と両性の平等）　307

をうたう制度が、実質的不平等の固定化を生み、「男性優位の社会構造を温存」
しているとの指摘（渋谷・憲法466頁）、妻が氏の変更を事実上強制されている
事実を知りながら形式的平等を強制し続けるのは、間接差別による平等権侵害
と捉え得るとの主張（高橋・立憲主義180頁）もなされている。

(4)　同性婚

　本条が「両性の合意」という言葉を用いていることから、本条の定める婚姻
の自由には、同性の婚姻までは想定されていないと解されている（高橋・立憲
主義153頁、新基本コンメ214頁〔武田万里子〕）。さらに進んで、憲法は同性
愛者間の家庭生活を異性間のそれと同程度に配慮に値するものとは考えていな
いように思われる。」との見解もある（長谷部・憲法187頁）。

　しかし、本条は、あくまでも婚姻の自由の保障規定であり、前述の説明も、
同性婚に法律婚としての地位を与えることが要請されていないということにと
どまり、同性婚を否定するものではない。同性婚に法律婚としての地位を与え
るかどうかは、法律に委ねられているとみるべきである。

Ⅲ　家族関係における個人の尊厳と両性の本質的平等

1　家族関係における個人の尊厳と両性の本質的平等の要請

　本条2項は、親族・相続関係についての法規定が「個人の尊厳と両性の本質
的平等」という日本国憲法の立脚する理念に基づくべきことを要請する。

　先に論じた夫婦同氏制に関する最高裁判決は、本項の意義を以下のように論
じて、人格権侵害や法の下の平等違反が生じていないもとでも、本項が家族制
度形成にあたっての立法裁量を拘束する指針となることを認めた。

　「憲法24条が、本質的に様々な要素を検討して行われるべき立法作用に対し
てあえて立法上の要請、指針を明示していることからすると、その要請、指針
は、単に、憲法上の権利として保障される人格権を不当に侵害するものでなく、
かつ、両性の形式的な平等が保たれた内容の法律が制定されればそれで足りる
というものではないのであって、憲法上直接保障された権利とまではいえない
人格的利益をも尊重すべきこと、両性の実質的な平等が保たれるように図るこ
と、婚姻制度の内容により婚姻をすることが事実上不当に制約されることのな
いように図ること等についても十分に配慮した法律の制定を求めるものであり、
この点でも立法裁量に限定的な指針を与えるものといえる」（前掲・最大判2015
（平27）・12・16）。

(1)　「個人の尊厳」

　「個人の尊厳」とは、憲法13条前段の個人の尊重と同義である（佐藤功・注
釈上416頁）。個人の尊厳には、個人の意思・自由の尊重、個人の人格の尊重が
含まれる。

(2)　「両性の本質的平等」

「両性の本質的平等」とは、男女がその生理的・肉体的な差異にもかかわらず、本質的に人として平等な価値を有することを意味する（宮沢・全訂266頁）。

(3) 「配偶者の選択」

配偶者とは、婚姻の相手方であり、その選択にあたって、「個人の尊厳と両性の本質的平等」に立脚して法律が制定されるべきことを定めたものである。本条1項の規定する、両性の合意のみに基づいて婚姻が成立することを、別言したものと解されている（宮沢・全訂263頁）。ただし、同性婚との関係では、現行法制度の「配偶者の選択」が「個人の尊厳」に立脚しているかが問い直されるべきであろう。

(4) 「財産権」

財産の所有に関しても、「個人の尊厳と両性の本質的平等」に立脚して規定されるべきことを求めるものである。

旧民法においては、家族のいずれに帰属するかわからない財産は戸主のものと推定され（(旧) 民748条)、夫婦のいずれに帰属するかわからない財産は夫または女戸主のものと推定された（(旧) 民807条)。また、夫は妻の財産を管理し（(旧) 民801条)、夫または女戸主は、婚姻生活の費用を負担する（(旧) 民798条) 反面、配偶者の財産に対する使用収益権を有した（(旧) 民799条)。本条は、こうした規定を禁止する趣旨である。

(5) 「相続」

「家」制度の根幹は、長男子による家督相続、すなわち長男による単独相続であった（(旧) 民964条以下)。本条が、相続にあたっても「個人の尊厳と両性の本質的平等」の原理が活かされるべきことを定めたため、かつての家督相続制度は存続できなくなった。現在の民法は、法定相続分について、親等の等しい親族間においては、長幼の差や男女の差なく平等に相続させている。

民法897条1項が「系譜、祭具及び墳墓の所有権は、前条の規定にかかわらず、慣習に従って祖先の祭祀を主宰すべき者が承継する」と定めることについては、「祖先の祭祀」や「系譜」といった「家」制度に由来する「慣習」が存続する危険性が指摘されている（宮沢・全訂264頁)。ここにいう「慣習」も、「個人の尊厳と両性の本質的平等」に反しないものであることが求められると解すべきである。

民法旧900条4号ただし書は、非嫡出子の法定相続分につき、嫡出子の2分の1と定めていた。かつては、「憲法が婚姻に重きを置いている点から見て、おそらく憲法の容認するところ」（宮沢・全訂264頁）との見解もあり、最高裁も法の下の平等に反しないと解してきた（最大決1995（平7)・7・5民集49巻7号1789頁)。しかし、2013（平成25）年に最高裁大法廷は全員一致で民法旧900条4号ただし書を違憲と判断する決定を下した（最大決2013（平25)・9・4民集67巻6号1320頁)（→憲14条Ⅵ2）。

被相続人が一定の財産を相続人に残しておくことを求める遺留分制度(民

第25条（生存権の保障、社会福祉・社会保障・公衆衛生の増進）　309

1028条以下）は、被相続人が自らの財産を処分する自由を制約するものではあるが、相続には家族の保護という要請もあり、それらの調整の結果と捉えられている（樋口ほか・注解2・136頁〔中村睦男〕）。

(6)　「住居の選択」

　「住居の選択」についても、旧民法は戸主が居所指定権を有していたが、本条の結果、夫婦が同居しなければならないことのみが定められた（民752条）。現在の民法においても、未成年者の居所について親権者が指定することができるが（民821条）、これは未成年者の保護のための措置として、憲法に反しないと考えられる（佐藤功・注釈上415頁）。

(7)　「離婚」

　本条は、婚姻の解消についても、婚姻と同様、当事者の合意により成立することを求める。また、「両性の本質的平等」の要請に照らし、旧民法のように、妻の姦通のみを離婚原因とし、夫のそれは離婚原因とならないとすること（（旧）民813条2号）は許されない。

(8)　「婚姻及び家族に関するその他の事項」

　「個人の尊厳と両性の本質的平等」に反する「その他の事項」としては、血縁や意思に基づかず親子関係を認める、旧民法上の継親子関係（（旧）民728条）、嫡母庶子関係がある。

（木下智史）

（生存権の保障、社会福祉・社会保障・公衆衛生の増進）
第25条　①　すべて国民は、健康で文化的な最低限度の生活を営む権利を有する。
②　国は、すべての生活部面について、社会福祉、社会保障及び公衆衛生の向上及び増進に努めなければならない。

I　本条の趣旨

　本条が保障する権利は、一般に**生存権**と呼ばれ、日本国憲法における**社会権**（生存権的基本権）の原則的・総則的規定であり、あわせて日本国憲法が社会国家的理念に立つことを明らかにするものである（宮沢・全訂268頁）。大日本帝国憲法には、本条に対応するような規定はなく、諸種の生存配慮はもっぱら行政政策に委ねられていた（野中ほか・憲法1・502頁〔野中俊彦〕）。本条1項にあたる規定は、GHQ草案にも帝国憲法改正案（内閣草案）にもなかったが、2項にあたる規定はGHQ草案にはあり、日本政府による憲法改正草案要綱23条では、「法律ハ有ラユル生活分野ニ於テ社会ノ福祉及安寧、公衆衛生、自由、正義並ニ民主主義ノ向上発展ノ為ニ立案セラルベキコト」とされ、その後、帝

国憲法改正案では、「法律は、すべての生活分野について、社会の福祉及び安寧並びに公衆衛生の向上及び増進のために立案されなければならない」（23条）と修正され、それに日本社会党の議員から本条1項にあたる規定の挿入が提案され、若干の修正を経て、本条の規定となったものである。

　人間らしい生活の保障を憲法の中に初めて規定したものとして、ドイツの**ワイマール憲法**（1919年）が有名であるが、そこでは、「経済生活の秩序は、すべての人に、人たるに値する（menschenwürdig）生活を保障する目的をもつ正義の諸原則に適合するものでなければならない」（151条1項）と規定されており、権利の形で明記されていたわけではなかった。その後の現行のドイツの憲法であるドイツ基本法には、社会権の規定は含まれておらず（社会国家条項を基に社会保障がなされている）、ワイマール憲法のこの規定は、憲法研究会の憲法草案要綱の「国民ハ健康ニシテ文化的水準ノ生活ヲ営ム権利ヲ有ス」[※95]という規定などを通じて、日本国憲法の中に受け継がれたともいえる。なお、アメリカ合衆国憲法にはドイツ基本法と同様、社会権規定はないが、立法による保障や、平等保護条項や適正手続条項などの観点からの裁判を通じた憲法的保障が見られる（新基本コンメ215頁〔尾形健〕）。

　この生存権の法的性格について、これまでさかんに議論されてきたが、それについてはⅡ2参照。

Ⅱ　「健康で文化的な最低限度の生活を営む権利」

1　健康で文化的な最低限度の生活

　「**健康で文化的な最低限度の生活**」とは、「人間の尊厳にふさわしい生活」（世界人権宣言23条2項）を意味し、ワイマール憲法の「人たるに値する生活」と同じ意味である（宮沢・全訂268頁）。強いて分析すれば、「健康で」とは肉体的、「文化的」とは精神的な側面を表すともいえようが、要するに人間としての生活または人間らしい生活と呼ばれるに足る生活を営み、その人格の維持成長が可能である程度の生活をいう（佐藤功・注釈上418頁）。憲法25条を理念として制定された生活保護法3条で、この法律により保障される最低限度の生活は、「健康で文化的な生活水準」を維持することができるものでなければならないと定める。

(1)　「最低限度」の生活

　ここに「最低限度」とあるが、これを文字通り「最低」の生活の意味と解すべきではなく、この規定は、およそ国民は人たるに値する生活と呼ばれるに足る健康で文化的な生活を営む権利を有するとの意味である（佐藤功・注釈上418頁）。ただ、この最低限度というものは、絶対的で固定したものではなく、ま

[※95] http://www.ndl.go.jp/constitution/shiryo/02/052/052tx.html。

第25条（生存権の保障、社会福祉・社会保障・公衆衛生の増進） *311*

た数字的に確定した一線で示すことのできるものではなく、時代により、また国民一般の生活水準の変化に応じて流動することが指摘されている（佐藤功・注釈上418頁）。

(2)　「最低限度」の確定

そこで、何が「健康で文化的な最低限度の生活」かが問題となる。最高裁は、1956（昭和31）年当時の1か月600円の生活保護費が本条に違反しないかが争われた、「人間裁判」ともいわれる**朝日訴訟**判決（最大判1967（昭42）・5・24民集21巻5号1043頁）において、「健康で文化的な最低限度の生活なるものは、抽象的な相対的概念であり、その具体的内容は、文化の発達、国民経済の進展に伴って向上するのはもとより、多数の不確定要素を綜合考量してはじめて決定できるものである。したがって、何が健康で文化的な最低限度の生活であるかの認定は、政府の合目的的な裁量に委されており、その判断は当不当の問題として政府の政治責任を問われることがあっても、裁量権の限界を超えたり、また、裁量権を濫用したりしない限り、直ちに違法の問題を生ずることはない」とした。学説では、裁量はあるとしても、特定の時代の特定の社会においては、ある程度客観的に決定できるので、それを下回る基準設定は、違憲・違法となる場合があると解すべきという見解（芦部・憲法280頁）が有力であり、担当の大臣の基準設定が違憲・違法となる場合を、その基準がいちじるしく低い場合に限定することに対して、批判がなされている。なお、朝日訴訟の第一審判決（東京地判1960（昭35）・10・19行集11巻10号2921頁）は、「健康で文化的な生活」の具体的内容は、人間としての生活の最低限度という一線を有する以上理論的には特定の国における特定の時点においては一応客観的に決定すべきものであり、またし得るものであるとして、厚生大臣の設定した保護基準は違法であるとした。この判決後、生活保護費は大幅に増額された。

なお、本条につき、これまでは経済的な側面に焦点があてられて議論されてきたが、文化的な権利の根拠でもある。また、環境権が本条によっても根拠づけられ得るが、環境権の法的性質等、それをめぐる議論については憲法13条Ⅳ3(7)参照。

2　健康で文化的な最低限度の生活を営む権利

上述の通り（→Ⅰ）、この「健康で文化的な最低限度の生活を営む権利」は一般に生存権と呼ばれ、いわゆる社会権（生存権的基本権）を保障した本条から28条までの規定の総則的規定たる地位を占める。この社会権は、自由権的基本権と区別されるものであり、国民の現実の生存のために必要な条件を確保するための国の積極的な関与・介入・配慮を要求する権利（国に対する作為請求権）をいい、本項は国に対して、国民が人間たるに値する生存を営むことができるよう配慮することを義務づける規定である。この点については、最高裁も、**食糧管理法違反事件**判決（最大判1948（昭23）・9・29刑集2巻10号1235頁）におい

て、本条1項について「積極主義の政治として、すべての国民が健康で文化的な最低限度の生活を営み得るよう国政を運営すべきことを国家の責務として宣言したものである」としている。

ただ、この生存権には、国民各自が自らの手で健康で文化的な最低限度の生活を維持する自由を有し、国家はそれを阻害してはならないという自由権的側面と、国家に対してそのような営みの実現を求める社会権的側面がある（野中ほか・憲法1・502頁〔野中俊彦〕）とされるのが一般的である。

なお、生存権（社会権）も憲法13条の幸福追求権から流出派生する権利であり、本条は生存権（社会権）の土台というべき総則的規定の位置にあるとする見解もある（佐藤幸・憲法362頁）。

(1) 自由権的側面

前者の自由権的側面にかかわる事例としては、所得税の課税最低限の規定が生存権を侵害するといえるかが争われた**総評サラリーマン税金訴訟**（最三小判1989（平1）・2・7判時1312号69頁）があるが、最高裁は、立法府の広い裁量を指摘し、違憲の主張を斥けている。ヤミ米の運搬によって起訴された食糧管理法違反事件（→Ⅱ2）の事案も、配給食の不足を補うために食糧を購入・運搬することは生活権の行使であり、それが食糧管理法により制限されていること、つまり自由の制約を被告人は問題としているので、自由権的側面にかかわるものといえる。なお、この自由的側面については、国家が健康で文化的な最低限度の生活を送ることを政府が積極的に妨げることは、生存権の「自由権的効果」を侵害すると表現されることもある（松井・憲法555頁）。

学説では、上述の通り、この自由権的側面を認める見解が一般的であるが、本条の問題として取り扱わなくても憲法13条や適正手続条項などの近代的な憲法原則によって処理できるとする見解もある[96]。

最近では、生存権を具体化する立法における給付水準の切り下げなどの制度後退が禁止される（**制度後退禁止原則**）という主張が有力になされている（野中ほか・憲法1・507頁〔野中俊彦〕）が、その理由づけの1つとして、本条の自由権的効果が挙げられる。つまり、具体的立法によって何らかの給付がなされている場合には、その給付の行われる状態をベースラインとすべきであり、その給付を受ける地位を国が正当な理由もなく剥奪することは憲法違反となるというこの考え方は、社会権に「自由権的効果」が存することを認める立場であるといわれる（長谷部・憲法287頁以下）。ただ、この制度後退禁止原則を、後述（→(2)）の25条の社会権的側面に関する抽象的権利説からも導くことが可能とする見解もある。たとえば、憲法と生活保護法を一体として捉え、生存権の具体的権利性を論ずることは許されるということから、法体系全体としては

---

[96] 奥平康弘「健康で文化的な最低限度の生活を営む権利」奥平康弘＝杉原泰雄編『憲法学(3)：人権の基本問題3』（有斐閣、1977年）56頁以下。

具体的権利が発生しており、その水準の切り下げ（制度の後退）は違憲となるとされる[97]。

この制度後退禁止原則は、合理的な理由がある場合には例外を認めるもので絶対的なものではないことが指摘される（渋谷・憲法281頁）。また、広い立法裁量を封じ込め得るという点は魅力的である（野中ほか・憲法1・507頁〔野中俊彦〕）が、立法者の裁量を判断する基準は「健康で文化的な最低限度の生活」であって、制度の後退が直ちに違憲となるわけではないことも指摘されている[98]。

(2) 社会権的側面

(i) 法的性質

この権利の社会権的側面に関して、法的性質について議論がなされてきた。学説では、プログラム規定説と法的権利説とがある。

(a) プログラム規定説

まず、**プログラム規定説**とは、本条は、国家の、政策的目標、政治的・道徳的目標（いわゆるプログラム）を宣言したもので、個々の国民に具体的な請求権を保障したものではないとする見解である。その結果として、本条は司法権を拘束するもの（裁判規範）ではなく、国が生存権実現のための十分な立法や施策を行わない場合であっても、裁判所はこれに対して司法審査権を行使し、違憲とすることはできないとするものであり、生存権の法的権利性を否定するものである。この見解の根拠としては、本条の規定が抽象的であること、資本主義の経済体制の下では生存権の実現のための経済的基盤が欠けていること、生存権の実現のための予算・財政の決定は国会の任務であり、裁判所の法的判断に委ねるべきではないことなどが挙げられる（佐藤功・注釈上422頁参照）。

(b) 法的権利説

これに対し、法的権利説は、憲法の規定はおよそ多かれ少なかれ抽象的であること、生存権の思想は資本主義の経済体制が生み出したものであり、その体制の修正を志向するものであるから、資本主義の経済体制を理由として権利性を否定することは本末転倒であること、また、予算も憲法の拘束の下にあるのだから憲法上の生存権の保障が予算によって制約されるべきではないとプログラム規定説を批判して、本条は、国民の権利を保障し、国家に対して法的義務を定めたものであると解するものであるが、さらに2つに分かれる。

(ア) 抽象的権利説

1つは、この権利の具体的・一般的実現には法律の制定が必要であり、したがって生存権は抽象的権利であるとする考え方である。この**抽象的権利説**は、

---

[97] 棟居快行『憲法解釈演習（第2版）』（信山社、2009年）144頁。

[98] LS憲法研究会編『プロセス憲法演習（第4版）』（信山社、2011年）382頁以下〔小山剛〕。

直接本条のみを根拠として具体的請求権を主張することができないとする点では、プログラム規定説と異ならないが、法律が存在しない場合にも、法的な権利を有するとすることから、その限りで立法の基準となり、また、法律が存在する場合には、裁判所による法律解釈の基準となり、司法権を拘束する、すなわち、裁判所は本条を基準として、法律に対して司法審査権を行使し、その結果、その法律を違憲と判断することができる（佐藤功・注釈上423頁）。ただし、この見解においても、裁判所が司法審査を行うにあたって、立法裁量の範囲を広く認めることによって違憲判断を下さない場合には、本条の実現は立法政策に委ねられることになり、また、行政権の裁量の範囲を超えるものではないとすることによって、この見解はプログラム規定説に接近することになることが指摘される（佐藤功・注釈上423頁、425頁）。

　権利として憲法に保障されている以上、プログラム規定説がいうように国家の努力目標に過ぎず政治的な意味しかないというのは、あまりに恣意的ではないかという強い批判がなされたのは当然であるといわれる（佐藤幸・憲法363頁）。抽象的権利説は権利であることは認めるが、それを具体化する法律ができなければ、国民は何も請求できないという点では、プログラム規定説と変わらないが、生活保護法などの法律が存在している状況の下では、法律の規定をきっかけとして、その法律が生存権の実現のために不十分かどうかを裁判で争うことができることになり、この抽象的権利説が今日では最有力説となっている（野中ほか・憲法1・503頁〔野中俊彦〕）。さらに、現状においては、生存権を具体化する法律を根拠とする訴訟において、本条を援用してその法律の定める生存権保障が不十分であり、違憲であると主張できる場合が多いので、この見解の効用が現れることになるともいわれる（佐藤功・注釈上425頁）。

(イ)　具体的権利説

　もう1つは、本条が直接に国民に対して具体的請求権を与えたものとする見解であり、**具体的権利説**と呼ばれるものである。この見解によれば、法律が存在する場合には、本条を根拠としてその法律が違憲であると主張することができるのはもとより、国が本条を具体化する法律を制定しない場合においても、直接に本条を根拠として訴訟によって、国に対し人たるに値する生存を保障すべきことを主張することができることになる。ただ、これまでは、法律が存在しない場合に、独自の立法不作為違憲確認訴訟が認められるべきとする見解や無名抗告訴訟としての国の不作為の違憲確認訴訟が提起できるとする見解が出されていた（樋口ほか・憲法2・145頁以下〔中村睦男〕）。

　しかし、これらの具体的権利説は、本条を具体化する法律がなくても本条だけを根拠として、裁判所に救済を求めることができるとまでは主張せず、法律を制定しないことが憲法違反であるということを裁判所が確認できる（立法不作為の違憲確認訴訟）というにとどまる。最近では、最低限度に満たない生活水準であることが立証できれば、裁判所が本条だけを根拠に金銭の給付を命じ

ることができるとする「**ことばどおりの意味における具体的権利説**」と呼ばれる見解[99]ないし給付請求権説（渋谷・憲法278頁）も有力に主張されている。

(c) 最高裁の立場

最高裁は、**食糧管理法違反事件**判決（→Ⅱ2）において、本条1項の「規定により直接に個々の国民は、国家に対して具体的、現実的にかかる権利を有するものではない。社会的立法及び社会的施設の拡充に従って、始めて個々の国民の具体的、現実的生活権は設定充実せられてゆくのである」とし、ここでは少なくとも具体的権利性は認められていない。

朝日訴訟判決（→Ⅱ1(2)）は、生活保護法の規定に基づき「国から生活保護を受けるのは、単なる国の恩恵ないし社会政策に伴う反射的利益ではなく、法的権利であって、保護受給権とも称すべきものと解すべきである」と述べたが、本条1項の規定は、「国の責務として宣言したにとどまり、直接個々の国民に対して具体的権利を賦与したものではない」、「具体的権利としては、憲法の規定の趣旨を実現するために制定された生活保護法によって、はじめて与えられているというべきである」とした。ただ、「何が健康で文化的な最低限度の生活であるかの認定判断は、いちおう厚生大臣の合目的的な裁量に委されており」、「現実の生活条件を無視して著しく低い基準を設定する等憲法および生活保護法の趣旨・目的に反し、法律によって与えられた裁量権の限界を超えた場合または裁量権を濫用した場合には、違法な行為として司法審査の対象となることをまぬかれない」としているので、その限りでは純然たるプログラム規定説とは異なり、本条の裁判規範性を認めている。また、**堀木訴訟**判決（最大判1982（昭57）・7・7民集36巻7号1235頁）においても、立法裁量が審査判断の対象となり得ることは認めている。

しかし、朝日訴訟最高裁判決は、行政庁の広い裁量を認めるものであり、その結果として、プログラム規定説の見解にきわめて接近したものとなっているという指摘があり（佐藤功・注釈上429頁）、堀木訴訟最高裁判決は、立法府に広い裁量を認めており、実質的にみてプログラム規定説の採用とほとんど違いがないことになるという評価もある（野中ほか・憲法1・506頁以下〔野中俊彦〕）。なお、堀木訴訟判決においては、憲法14条の問題がほとんど検討されていないことも批判がなされている（佐藤功・注釈上432頁）。

(d) 最近の学説の傾向

このような議論を踏まえて、学説では、文字通りのプログラム規定説は今日では存在せず、また、抽象的権利説は生存権具体化立法を前提とする行政処分の合憲性を念頭において形成された議論のため、法律の規定そのものを争い得るか明確ではなく、また、具体的権利説についても、そこで主張される立法不

---

[99] 棟居快行「生存権の具体的権利性」長谷部恭男編『リーディングス現代の憲法』（日本評論社、1995年）165頁以下。

作為の違憲確認訴訟については学説上批判が強いことなどから、プログラム規定説、抽象的権利説、具体的権利説という分類はもはや維持できず、生存権の法的性格を論ずる際に必要なのは、「生存権が裁判規範として効力を有することを前提にして、いかなる訴訟類型において、いかなる違憲審査基準によって、生存権に裁判規範性を認めるかということである」（樋口ほか・注解2・150頁以下〔中村睦男〕）という認識が広く共有されている（新基本コンメ220頁〔尾形健〕）。

そして、生存権の社会権的側面の侵害の合憲性を争う場合として、㋐本条を具体化する法律の存在を前提に行政処分の合憲性を争う場合、㋑本条を具体化する法律の規定の合憲性を争う場合、㋒立法の不作為の合憲性を争う場合という類型を区別して論じるべきとされる（樋口ほか・注解2・152頁〔中村睦男〕）。

(ii)　行政裁量の統制——本条を具体化する法律の存在を前提に行政処分の合憲性を争う場合

生存権の保障を具体化する法律があるとしても、その法律を実施するにあたり、行政に裁量を認めざるを得ないので、それをどのように統制するかが問題となる。

朝日訴訟は、この行政裁量の統制が問題となった事例と位置づけられるが、最高裁判決（→Ⅱ1(2)）は、「何が健康で文化的な最低限度の生活であるかの認定判断は、いちおう、厚生大臣の合目的的な裁量に委されており、その判断は、当不当の問題として政府の政治責任が問われることはあっても、直ちに違法の問題を生ずることはない。ただ、現実の生活条件を無視していちじるしく低い基準を設定する等憲法および生活保護法の趣旨・目的に反し、法律によって与えられた裁量権の限界をこえた場合または裁量権を濫用した場合には、違法な行為として司法審査の対象となることをまぬかれない」とした。これに対しては、行政の裁量を広く認め過ぎているのではないかという批判が出されている。この朝日訴訟最高裁判決の行政裁量統制方法は、「濫用・踰越型」であり、これに対し、朝日訴訟第一審判決（→Ⅱ1(2)）が、生活扶助基準の日用品費の算定基準を詳細に検討し、生活扶助基準は生活保護法が要求する「最低限度」の生活を充足しないと判断したことが挙げられ、これは、裁判所が行政の裁量行使の内容の妥当性を独自に判断する「判断代置型」統制であることが指摘される[100]。また、憲法25条の観点から判断過程統制審査を行う方法があることも指摘されている[101]。

最高裁は、生活保護受給世帯が高校進学のための学資保険に加入することが争われた学資保険訴訟では、現在の高校進学率等を考慮して、加入しても違法

---

[100]　赤坂正浩『憲法講義（人権）』（信山社、2011年）209頁。

[101]　曽我部真裕ほか編『憲法論点教室』（日本評論社、2012年）149頁〔尾形健〕。

第25条（生存権の保障、社会福祉・社会保障・公衆衛生の増進）　317

ではないとし（最三小判2004（平16）・3・16民集58巻3号647頁）、行政の判断を否定した。しかし、**老齢加算廃止訴訟**判決（最三小判2012（平24）・2・28民集66巻3号1240頁）においては、生活保護の老齢加算（70歳以上）を厚生労働大臣が、段階的に減額し、廃止したことは、同大臣の専門技術的かつ政策的な裁量の範囲内であり、憲法25条等に違反するものではないとした（最二小判2012（平24）・4・2民集66巻6号2367頁も同様の見解を示している。最一小判2014（平26）・10・6判決[102]および最一小判2014（平26）・10・6賃金と社会保障1622号40頁も、これらの判決の趣旨をほぼ踏襲し、大臣の裁量の範囲内であり憲法25条に違反するものではないとした。）。この判決では、厚生労働大臣の判断の適否について、判断過程・手続に過誤・欠落があるかという観点からの判断過程審査と、被保護者の期待的利益や生活への影響という実体的な観点（裁量判断の結果）から評価がなされている[103]。保護基準の改定にあたって考慮すべき事項の具体化が図られた点では評価し得るが、憲法上の判断のものさしが結局は健康で文化的な最低限度の生活という抽象的なものにとどまることから、憲法的観点からの統制には限界があること示した（長谷部・憲法288頁）という評価、また、老齢加算の廃止が生存権の制限であるとは捉えられていないことの指摘（渡辺ほか・憲法1・381頁）がみられる。

　なお、市の行うホームヘルプサービス事業により週2回、1回2時間のホームヘルパーの派遣を受けていた控訴人が、福祉事務所長に対しホームヘルパーの派遣を週7回、1回2時間とし、身体介護も求める旨の申請を行ったところ、同事務所長から身体介護を行い、週3回、1回2時間の派遣を認める決定を受けたことにつき、憲法を具体化した法令がきわめて抽象的で、これをもってその趣旨を十分に具体化したものといえるか否かには疑義があり、派遣基準は一義的に確定できないため、同変更決定は違法とはいえず、その他、市にはケアマネージメント義務違反および計画の違法はないとして国家賠償請求を棄却した裁判例がある（大阪高判2001（平13）・6・21判自228号72頁）。

　2013（平成25）年8月から生活保護基準の段階的引き下げが、3年間で6.5％の減額を目標に行われ、このことが違憲であるという訴訟が提起されている。また、2018（平成30）年度からも、3年をかけて最大5％の引き下げが実施されている。

(iii)　立法裁量の統制

(a)　本条を具体化する法律の規定の合憲性を争う場合

　この類型としては、児童扶養手当と障害者福祉年金とを同時に受け取ることを法律で禁止することの合憲性が争われた**堀木訴訟**判決（→Ⅱ2(2)(i)(f)）が挙

---

[102]　最一小判2014（平26）・10・6<LEX/DB25504782>。

[103]　石井昇「生活保護法に基づく保護基準改定の裁量性とその司法審査」法セ689号（2012年）125頁。

318 第25条（生存権の保障、社会福祉・社会保障・公衆衛生の増進）

げられる。この判決において、最高裁は、憲法25条の規定を「現実の立法として具体化するに当たっては、国の財政事情を無視することができず、また、多方面にわたる複雑多様な、しかも高度の専門技術的な考察とそれに基づいた政策的判断を必要とするものである。したがって、憲法25条の規定の趣旨にこたえて具体的にどのような立法措置を講ずるかの選択決定は、立法府の広い裁量にゆだねられており、それが著しく合理性を欠き明らかに裁量の逸脱・濫用と見ざるをえないような場合を除き、裁判所が審査判断するのに適しない事柄であるといわなければならない」としている。これは、明白性の審査を行うというもので、行政裁量の「濫用・踰越型」統制と類似のものである※104。この判決が、裁量の範囲を広範なものと解し、明白性の原則に基づくきわめて緩やかな審査しか行わないとした点は、学説から強い批判があり（高橋・立憲主義322頁）、さらに、学説では、生存権が人間存在に不可欠の権利であることを根拠に、訴訟当事者が提出した立法事実関係資料をベースとしつつ、裁判所が立法裁量の合憲性をもっと厳格にチェックする「判断代置」的な違憲審査が適切だと主張してきたとされる※105。また、学界では、必要最小限度の生存にかかわる場合とより豊かな生活保障の場合を区別して、前者の場合には、立法裁量の幅が狭くなり、厳格な合理性の基準が適用され、後者の場合には緩やかな審査基準（明白性の原則）が妥当するといった説き方が有力であるともいわれる※106。

　また、旭川市介護保険条例には、生活保護法の要保護者について保険料減免措置がなく、さらに老齢基礎年金等から保険料が特別徴収（天引き）されていたことが本条等に違反するという主張に対して、最高裁は、介護保険制度における「国民の共同連帯」の理念等から特別徴収の制度等はいちじるしく合理性を欠くということはできないとして合憲とした（最三小判2006（平18）・3・28集民219号989頁）。

　さらに、法律の不利益変更、つまり、法律でいったん具体化した水準を低下・後退させる場合にも、裁量の幅は狭まると解すべきであり、そうする必要性についての相応の正当化が要求される（高橋・立憲主義324頁）とするのが学説では有力である。これは制度後退禁止原則と同様であり、それは上述のように（→2(1)）、生存権の自由権的効果として説明されることもあるが、そのようなやや屈曲した説明による必要はなく、端的に本条1項違反となるという指摘もある（佐藤幸・憲法366頁）。

(b)　立法の不作為の合憲性を争う場合

　この類型については、立法の不作為の違憲確認訴訟を認めることについては

※104　赤坂正浩『憲法講義（人権）』（信山社、2011年）209頁。
※105　赤坂正浩『憲法講義（人権）』（信山社、2011年）209頁。
※106　内野正幸『憲法解釈の論点（第4版）』（日本評論社、2005年）101頁。

第25条（生存権の保障、社会福祉・社会保障・公衆衛生の増進）　*319*

議論のあるところであるが、立法の不作為の違憲性を国家賠償請求訴訟で争い得ること自体については異論はない（樋口ほか・注解2・153頁〔中村睦男〕）。ただ、立法不作為の違法性が国家賠償法上認められる要件については、議論があり、それについては憲法81条Ⅲ3参照。

　大学在学中に障害を負い、障害基礎年金の支給を求めたが、当時は20歳以上の大学生は、国民年金への強制加入制は採られておらず、国民年金に任意加入していなかったことを理由として年金の支給を受けられなかったことは、適切な立法措置を講ずることを怠った結果であり、憲法25条・14条に違反するという主張について、最高裁は、堀木訴訟判決（→Ⅱ2(2)(i)(f)）を引用し、具体的にどのような立法措置を講じるかの選択決定は、立法者の広い裁量に委ねられており、立法者が学生等につき任意加入にとどめたことは、学生が国民年金に加入する必要性や実益が少ない等のことからすると、いちじるしく合理性を欠くということはできず、合理的理由のない不当な差別的取扱いであるということもできず、憲法25条・14条に反しないとした（最二小判2007（平19）・9・28民集61巻6号2345頁）。この判決は、堀木訴訟判決と同じ立場であるので、上述の（→(a)）学説からの堀木訴訟判決に対する批判があてはまることになる。なお、すでに発生した無年金障害者については、2004（平成16）年に「特定障害者に対する特別障害給付金の支給に関する法律」が制定され、一定程度救済が図られた。

Ⅲ　「すべて国民は」

　ここでの「国民」は日本国籍保有者のことであり、伝統的には、生存権を含む社会権は、各人の所属する国によって保障されるべきとされてきたが、外国人に対して保障することは原理的に認められないものではない（芦部・憲法94頁）。この点については、本章〔前注〕Ⅳ2(2)(ii)参照。

　実際、国際人権規約（社会権規約）と難民の地位に関する条約の批准のために、1981（昭和56）年に、社会保障関係法令の国籍要件は原則として撤廃された。ただ、生活保護法は、「すべての国民」に対し、その困窮の程度に応じ、必要な保護を行い、その最低限度の生活を保障し、自立を助長することを目的とする旨定め（生保1条）、すべて国民は、この法律の要件を満たす限り、この法律による保護を、無差別に受けることができる（生保2条）とするなど、「国民」という言葉を残している。

　しかし、1954（昭和29）年5月8日に、厚生省から各都道府県知事に宛てて、外国人は生活保護法の適用対象ではないとしつつも、生活に困窮する外国人に対しては日本国民に準じて必要と認める保護を行い、その手続については不服申立の制度を除きおおむね日本国民と同様の手続によるものとする通知が発せられ、それに基づいて、外国人にも生活保護措置がとられてきた。政府によれ

320 第25条（生存権の保障、社会福祉・社会保障・公衆衛生の増進）

ば、実質的に内外人同じ取扱いで生活保護を実施してきているとして、国際人権規約（社会権規約）の批准に際しても法改正はなされず、現在に至っている。

　最高裁は、外国人への適用を排除している生活保護法が本条に違反するかについて、本条の趣旨にこたえて具体的にどのような立法措置を講ずるのかの選択決定は立法府の広い裁量に委ねられていると解すべきところ、不法残留者を保護の対象に含めるかどうかが立法府の裁量の範囲に属することは明らかというべきであり、不法残留者が緊急に治療を要する場合についても、この理があてはまり、同法が不法残留者を保護の対象としていないことは、本条に違反せず、何ら合理的な理由のない不当な差別的取扱いにもあたらないので、憲法14条に違反しないとした（最三小判2001（平13）・9・25判時1768号47頁）。

　また、最高裁は、永住資格を有する外国人の生活保護申請が却下されたことに関する判決において、生活保護法を始めとする現行法令上、生活保護法が一定の範囲の外国人に適用されまたは準用されると解すべき根拠はみあたらず、外国人は、行政庁の通達等に基づく行政措置により事実上の保護の対象となり得るにとどまり、生活保護法に基づく受給権を有しないと判示した（最二小判2014（平26）・7・18訟月61巻2号356頁）。

　なお、国民年金法と国籍との関係に関する塩見訴訟については、本章〔前注〕Ⅳ2(2)(ⅱ)参照。

Ⅳ　「すべての生活部面について」

　衣・食・住そのほか生活のあらゆる面に関しての意味である（宮沢・全訂271頁）。

Ⅴ　「社会福祉、社会保障及び公衆衛生」

　社会福祉・社会保障・公衆衛生という3つが掲げられているが、これらは生存権保障のための社会立法・社会政策の主要な分野を示すものとして類型的に列挙されたものであり、相互に関連するものであるので、厳密に区分することは困難であり、また、強いて区分する必要もないが、一応の区分としては次のようにいうことができる（佐藤功・注釈上434頁）。「**社会福祉**」とは、国が生計の困難な者および肉体的に故障のある者に対して必要な救護を与えるものであり、そのために生活保護法、児童福祉法、老人福祉法などが制定されている。「**社会保障**」とは、国が国民の生存を公的扶助または社会保険の方式によって確保・向上させることをいう。具体的な法律としては、国民健康保険法、国民年金法、厚生年金保険法、雇用保険法、介護保険法などがある。「**公衆衛生**」とは、狭義の「衛生」（清掃・水道・下水道などのほか、疾病の予防や食品関係など）に限られず、広く国民の健康的な生活を保全・増進することをいい、公

第25条（生存権の保障、社会福祉・社会保障・公衆衛生の増進）　*321*

害対策としてよき環境を保全し、さらに増進することも含まれる。地域保健法、食品衛生法、環境基本法、大気汚染防止法などの法律がある。ただし、前述のように、これらは相互に関連し、また、これらの用語も多義的に用いられる場合があり、「社会保障」を広義に用い、この中に「狭義の社会保障」としての「社会保険」・「公的扶助」・「社会扶助」・「各種の社会福祉サービス」のほか、「医療」および「公衆衛生（保健）」をも包含させる場合があり、また、「社会福祉」を広義に用いる場合もあるが、社会保障が本条の目的全部を代表するものとして使われるのが一般的となっているといえる。

　なお、最高裁は、大阪市屋外広告物条例事件判決（最大判1968（昭43）・12・18刑集22巻13号1549頁）において、「国民の文化的生活の向上を目途とする憲法の下においては、都市の美観風致を維持することは、公共の福祉を保持する所以であるから」、大阪市屋外広告物条例の「規制は、公共の福祉のため、表現の自由に対し許された必要且つ合理的な制限と解することができる」とし、本条を当該規制の正当化根拠とするような判示をしている。

Ⅵ　「国は……向上及び増進に努めなければならない」

⑴　国

　ここに「国」というのは、地方公共団体をも含めて、全体としての国の意味である（佐藤功・注釈上433頁）。

⑵　1項・2項分離論

　本項は、1項と相まって、憲法が社会国家の理念に立ち、国民生活の保障をもって国の任務であり、責任であるとしていることを宣明したもの（宮沢・全訂272頁）、あるいは、1項は生存権保障の目的ないし理念を宣言し、2項はその目的・理念の実現のための方法ないし手段を定めたという不可分の関係に立つ（佐藤功・注釈上435頁）と解するのが学説では一般的である。

　しかし、本項と1項を分離した上で立法府の裁量を強調する立場があり、いくつかの下級審判決で採用された。たとえば、児童扶養手当と障害者福祉年金とを同時に受け取ることを法律で禁止することの合憲性が争われた堀木訴訟で、控訴審は、本項は国の事前の積極的防貧策施策をなすべき努力義務のあることを、本条1項は、本項の防貧施策の実施にもかかわらず、なお落ちこぼれた者に対し、国は事後的、補足的かつ個別的な救貧施策をなすべき責務のあることを各宣言したものであると解し、障害福祉年金や児童扶養手当などは2項に基づく防貧施策であるから、その併給を禁止しても、別に1項の健康で文化的な最低限度の生活の保障を直接目的とする救貧施策として、生活保護法による公的扶助制度が存在する以上、憲法25条違反の問題は生じないし、また、2項の防貧施策の内容をいかに定めるかは立法府の裁量にまかせられているので、裁量権の行使をいちじるしく誤り裁量権の範囲を逸脱したような場合は格別、原

則として違憲の問題を生じる余地はないとした（大阪高判1975（昭50）・11・10
行集26巻10＝11号1268頁）。

この立場は、最高裁では採られなかったが、1項の救貧施策を生活保護法による公的扶助に限定し、他の施策をすべて防貧施策として広範な立法裁量に委ねる点には批判が強く、生活保護法も含めた社会保障関連諸法の全体が最低限保障の役割を担っていると考えるべきであることが指摘される（高橋・立憲主義324頁）。

なお、本項が、「向上及び増進」としており、社会保障を充実させ、保障の程度を高めるための努力を義務づけたものであることから、制度後退禁止原則を理由づける見解もある[107]。制度後退禁止原則についてはⅡ2(1)・(2)(iii)(a)参照。

（倉田原志）

（教育を受ける権利・教育を受けさせる義務）
第26条 ① すべて国民は、法律の定めるところにより、その能力に応じて、ひとしく教育を受ける権利を有する。
② すべて国民は、法律の定めるところにより、その保護する子女に普通教育を受けさせる義務を負ふ。義務教育は、これを無償とする。

Ⅰ　本条の趣旨

教育は、個人が人格を形成し、社会において有意義な生活を送るために不可欠の前提をなし、人間が人間らしく生きていくために必要なものである。すなわち、国民に対してその人格形成のために教育を受ける機会を保障することは、国民の人間に値する生存の基礎条件を保障することであり、この意味で「教育を受ける権利」の保障は、憲法25条の生存権の保障における文化的側面をなすものである。教育には、主体的に学ぶということが不可欠ではあるが、典型的には先の世代の者が、後から生まれてきた者に教えるという要素が強いものである。歴史的には、子どもの教育は、親の権利であり、教育は家庭内における私的なものと考えられてきた。しかし、工業化が進み、国民どうしの交流・移動がさかんになると、市民として、また、労働者として一定水準の知識をもつことが必要と考えられるようになり、国家も教育に関与することになり、公立学校の設置を始めとする公教育が成立するようになった。

19世紀におけるイギリス、アメリカ合衆国、フランスなどの近代市民国家の教育法制は、宗教的私立学校の「教育の自由」を前提としながらも、学校制度

---

[107] 内野正幸『憲法解釈の論理と体系』（日本評論社、1991年）375頁以下。

第26条（教育を受ける権利・教育を受けさせる義務）　*323*

を法定していき、19世紀中頃から20世紀の初めにかけて、欧米各国で義務教育制と公教育の無償制の原則が実現されてゆくことになる（樋口ほか・注解2・164頁以下〔中村睦男〕）。たとえば、ワイマール憲法145条は、「就学は、一般的義務である。……小学校及び職業学校における授業及び教材は、無償である」と定めていた。

　大日本帝国憲法下では、教育の義務は「臣民の三大義務」の1つとされた（宮沢・全訂275頁）が、大日本帝国憲法には、教育に関する規定はなく、大日本帝国憲法下においては、教育に関する事項は、法律事項ではなく、すべて命令で定められていた。教育に関する法令を勅令以下の法形式で規律することは、必然的に教育制度を強度の官僚的統制の下に置く傾向を生じ、国家至上主義の進展に伴い、それを教育制度に浸透させるのを容易ならしめたことが指摘されている（法協・註解上507頁）。

　GHQ草案では、「無償の普通義務教育を設けなければならない」という規定が24条に含まれていたが、日本政府の3月2日案においては、この内容が敷衍され、「凡テノ国民ハ法律ノ定ムル所ニ依リ其ノ能力ニ応ジ均シク教育ヲ受クルノ権利ヲ有ス。凡テノ国民ハ法律ノ定ムル所ニ依リ其ノ保護スル児童ヲシテ普通教育ヲ受ケシムルノ義務ヲ負フ。其ノ教育ハ無償トス」とされ、3月6日の憲法改正案要綱で、「普通教育」およびこれを承けた「其ノ教育」という文言が「初等教育」と改められ、衆議院における審議において、それぞれ「普通教育」、「義務教育」と修正された（樋口ほか・注解2・166頁〔中村睦男〕）。

Ⅱ　「すべて国民は」

　教育を受ける権利は、その性質上、子どもに対して保障される（芦部・憲法283頁）、あるいは、教育を受ける権利の主体である国民の中心をなすのは、親権者の保護にかかる子どもであるといわれる（野中ほか憲法1・516頁〔野中俊彦〕）。

　外国人の子どもが教育を受ける権利を有するかについては、教育を受ける権利の性質によることになるが（権利性質説については、本章〔前注〕Ⅳ(2)(1)(ⅱ)参照）、教育が経済生活の基盤をなす権利でありかつ精神生活形成の重要な機能を果たすという観点からすると、国籍によってこの権利を否定する根拠を見出すことはできない（渋谷・憲法121頁）と考えられる。

　なお、今日では、「教育上の配慮等の観点」からのものであるが、定住外国人一般について、公立の小中学校に入学する場合には、授業料の不徴収、教科書の無償措置、就学援助措置を含めて、日本人の子どもたちと同等の取扱いをすることにより、「義務教育」を受ける機会を実質的に保障するものとなっている。

Ⅲ 「法律の定めるところにより」

　国が国民の「能力に応じて、ひとしく教育を受ける権利」を確保するために、法律で必要な措置をとるべきだとする意味である（宮沢・全訂273頁）。

　このことには2つの意味があり、1つは、教育の目的・内容・制度などが大日本帝国憲法下においては、勅令によって定められていたこと（教育勅令主義）を改め、法律によって定めることとしたこと（教育法律主義）を意味する。上述のように（→Ⅰ）、大日本帝国憲法下においては、教育の基本方針が「教育勅語」によって定められ、教育に対する国家統制をもたらしたことを排除し、教育の目的・内容・制度などは国民の意思に基づき法律で定めることとして、教育を受ける権利と教育の自由を確保しようとすることを意味する。

　第2に、国民の生存権としての「ひとしく教育を受ける権利」を保障するために、国が積極的に、立法により必要な措置をとるべき責務を有することを意味する。ただ、教育の制度が法律によって定められることの結果として、国民の教育を受ける権利が立法によって制約を受ける場合も生じ得るが、法律への全面的な委任を定めたもの、すなわち法律によって定めさえすれば、国民の教育を受ける権利をどのようにも制限することができることを認めたものと解すべきではない（佐藤功・注釈上444頁以下）。この法律による制限の限定についてはⅤ2(3)・(4)参照。

　この立法において基本的な地位を占める法律として制定されたのが**教育基本法**である（佐藤功・注釈上445頁）。なお、2006（平成18）年に教育基本法の改正が行われ、教育目標として旧法にはなかった道徳教育（教基2条1号）や愛国心教育（教基2条5号）が掲げられ、教育が法律の定めるところにより行われること（教基16条1項）が強調された。愛国心教育もその取扱い方を誤り、「国と郷土を愛する態度」を身につけたかどうかが成績評価の対象となるとすれば、深刻な憲法問題を提起する可能性が指摘されている（芦部・憲法284頁）。その他に、ここにいう法律にあたるものとして、学校教育法、社会教育法、私立学校法などがある（宮沢・全訂273頁）。

Ⅳ 「その能力に応じて、ひとしく」

1 能力に応じて、ひとしく

　教育を受けるに適するかどうかの能力に応じて差別なくという意味であり（宮沢・全訂274頁）、教育を受ける権利における平等、すなわち、憲法14条の定める平等原則の教育における適用を意味する（佐藤功・注釈上445頁）。したがって、各学校でその性質に応じて入学試験を行い、合格者だけを入学させるのは差し支えないが、教育を受ける能力と無関係な事情——財産・家庭など——を理由として入学を拒否されたり、または、差別されたりしてはならない

ことになる（宮沢・全訂274頁）。

　教育基本法4条1項は、「すべて国民は、ひとしく、その能力に応じた教育を受ける機会を与えられなければならず、人種、信条、性別、社会的身分、経済的地位又は門地によって、教育上差別されない」としている。これは、各人の適性や能力の違いに応じて異なった内容の教育が許される趣旨と一般に解されており、一般的平等原則の教育の領域における確認にとどまらず、子どもの心身の発達機能に応じた教育の保障を意味する。さらに、4条3項は、「国及び地方公共団体は、能力があるにもかかわらず、経済的理由によって修学が困難な者に対して、奨学の措置を講じなければならない」としている。

　筋ジストロフィー症に罹患していた中学生が、この病気を理由として市立高校への入学を拒否されたことの取消と国家賠償を求めた事件で、障がい者がその能力の全面的発達を追求することもまた教育の機会均等を定めている憲法その他の法令によって認められる当然の権利であるとし、憲法、教育基本法の定める教育を受ける権利は、能力に応じて教育を受ける権利であり、原告は、その能力を十分に有するにもかかわらず、本件高校への進学を妨げられたことは否定できないとして、裁量権の逸脱・濫用を理由として処分を違法とした下級審判決がある（神戸地判1992（平4）・3・13行集43巻3号309頁）。

　なお、女子のみを入学させる学校を設けることについては、同じような学校が等しく男子のために設けられている場合には、実質上の差別と見られないから、本条に違反しないとする見解（宮沢・全訂274頁）があるが、男子学生の入学を認めていない国立の女子大学は14条に違反するものというべきとする見解もある（松井・憲法384頁）。

2　障がい児教育

　さらに、本項は心身障がい児のために、一般の場合以上の条件整備を行うことなどを積極的に要請する意味を併せ含んでいる（野中ほか・憲法1・519頁〔野中俊彦〕）。教育基本法4条2項は、「国及び地方公共団体は、障害のある者が、その障害の状態に応じ、十分な教育を受けられるよう、教育上必要な支援を講じなければならない。」と定めている。障がいのある者については、学校教育法は、「特別支援教育」と位置づけて、「特別支援学校」が設けられている。

V　「教育を受ける権利を有する」

1　教育

　本条の「教育」は、学校教育（教基6条）に限られず、社会教育（教基12条）をも含む。したがって、国民の教育を受ける権利については年齢上の制限はない。なお、教育を受ける権利という場合の「教育」は、人権の尊重を基調とす

る民主主義の教育でなくてはならない（宮沢・全訂276頁）。

2　教育を受ける権利

(1)　内容

かつての通説的見解は、教育を受ける権利の内容を、教育の機会均等を実現するための経済的配慮を国家に要求する権利として捉えていたが、教育学者から批判が出され、子どもの権利の中核には「子供の成長・発達の権利と、その実質を保障する学習の権利」があり、本条の教育を受ける権利は、この「子どもの**学習権**」を前提としているという主張がなされた。これを受けて、今日の通説的見解は、教育を受ける権利の内容は、子どもの学習権を保障したものであるとする（芦部・憲法283頁）。最高裁も、全国一斉の学力テストの実施が、教育への国家介入を強めるものだとして、その実施を阻止しようとした教師が公務執行妨害罪等で起訴された事件にかかわる**旭川学力テスト事件**判決（最大判1976（昭51）・5・21刑集30巻5号615頁）において、本条の「規定の背後には、国民各自が、一個の人間として、また、一市民として、成長、発達し、自己の人格を完成、実現するために必要な学習をする固有の権利を有すること、とくに、みずから学習することのできない子どもは、その学習要求を充足するための教育を自己に施すことを大人一般に対して要求する権利を有するとの観念が存在している」と判示し、教育を受ける権利の学習権的理解を基本的に採用した（樋口ほか・注解2・167頁〔中村睦男〕）。

初期の学説のように平等な教育サービスの享受を軸に考えた場合は、教育が教育の名に値する活動であるか否かを考える視点は排除されるが、学習権を踏まえて理解することによって、人間として発達するために受け手が必要とする学習機会を保障されることが権利の実質といえることが指摘されている（新基本コンメ227頁〔西原博史〕）。

(2)　法的性格

この権利の性格については、今日の通説的見解は、社会権的側面と自由権的側面を併有した複合的性格の人権であることを認めるに至っている（樋口ほか・注解2・168頁〔中村睦男〕）。ここで自由権的側面としては、教育を施す自由、教育を受ける自由が挙げられ、社会権的側面としては、国家に対して合理的な教育制度の整備とそこでの適切な教育を要求する権利が挙げられる（野中ほか・憲法1・517頁〔野中俊彦〕）。もともと社会権が自由権を基礎とし、社会権と自由権は密接不可分であるが、教育権にあっては、教育を受ける権利と教育の自由との結びつきがより緊密であることが、学習権を媒介にすることによってより明確にされていることが指摘される（樋口ほか・注解2・168頁〔中村睦男〕）。

(3)　自由権的側面

教育の自由が、教育を受ける権利の自由権的側面とされる（樋口ほか・注解

第 26 条（教育を受ける権利・教育を受けさせる義務）　*327*

2・172頁〔中村睦男〕）が、これについては4参照。

さらに、子どもは、不作為請求権として、学習権を侵害する行為、学習権と無関係な事柄を義務づけようとする行為に対してはそれを排除する権利をもち、たとえば、高等学校進学に必要な内申書に不利益評価を記載されること（さらに、不利益記載がないかを確認するために自分の教育情報の開示請求は権利として認められる）、校則により学習権の充足と無関係な事柄を規律されることを排除できることが指摘されている（渋谷・憲法342頁）。

最高裁は旭川学力テスト判決（→2(1)）において、「子どもが自由かつ独立の人格として成長することを妨げるような国家的介入、例えば、誤った知識や一方的な観念を子どもに植えつけるような内容の教育を施すことを強制するようなことは、憲法26条、13条の規定上からも許されないと解する」としている。

(4)　社会権的側面

社会権的側面としては、国はこの権利を実現できるような必要な措置を講ずべきことになり、国の、各種の学校を設けて学校教育制度を整備する義務、社会教育を助成し、「図書館、博物館、公民館等の施設の設置、学校の施設の利用その他適当な方法によって」（教基7条）その実現に努める義務、能力はあるが経済的理由によって就学困難な者に対して、奨学の方法を講ずる義務などが指摘される（宮沢・全訂274頁）。最高裁も、「この規定は、福祉国家の理念に基づき、国が積極的に教育に関する諸施設を設けて国民の利用に供する責務を負うことを明らかにする」としている（旭川学力テスト事件判決・最大判1976（昭51）・5・21刑集30巻5号615頁）。国または地方公共団体が設ける学校では不十分な場合、私立学校を助成することも本項の趣旨に合うように思われるが、憲法89条による制約がある（宮沢・全訂275頁）。さらに、具体的に受ける教育の内容について、自己の精神形成にとって必要・十分な内容・水準の授業を要求する権利をもつことも指摘される（渋谷・憲法342頁）。

この教育を受ける権利が直接に本条を根拠として主張し得る具体的請求権であるかについては、25条の生存権の具体的権利性と共通する問題である（佐藤功・注釈上447頁）。この点については、憲法25条Ⅱ2(2)(i)参照。現在は、この権利の保障は、決して単なるプログラムにはとどまらないが、具体的にどのような制度・施設を整えるかは、「法律の定めるところ」によるから、かなりの程度、立法府の裁量が働くことが認められるものの、その立法裁量は、学習権の保障という観点からの制約を受けるべきものである（野中ほか・憲法1・518頁〔野中俊彦〕）とする学説が有力である。

3　教育権（教育内容決定権）の所在

次に、問題となるのは、その学習の内容を決定する権限を誰がもつかである。前述のように（→Ⅰ）、教育は、知識のある者が知識のない者に教えるという構造をもち、とくに、子どもの場合には、その内容について批判する能力をもっ

ていないのが通常であり、教育の内容を誰かが決めざるを得ない。教育の内容は、子どもに大きな影響を与えるものであり、戦前・戦中の日本で行われたような軍国主義教育ともなり得るのである。本条1項は、「法律の定めるところにより」としており、教育制度をどうするかはさまざまな可能性があるので、その枠組み・内容は、国民の代表である国会が制定する法律で決めざるを得ない（教育制度法定主義）。国民の意思の現れである法律としての教育基本法が教育の内容にまで及んでいるのはそのためであり、比喩的にいえば、大日本帝国憲法下の教育は「天皇の、天皇による、天皇のための教育」であったのに対して、日本国憲法下の教育は、「国民の、国民による、国民のための教育」である（佐藤功・注釈上449頁）。実際、教育基本法の他にも学校教育法など、さまざまな法律が制定されている。さらに、文部科学省は、学習指導要領を作成し、教科の内容、教科の目標などを定めている。

　そこで、この教育（学習）内容の決定権が、国家にある（国家の教育権説）のか、親・教師などを含む国民にある（国民の教育権説）のかが争われてきた。この問題は、法律の解釈問題としては、旧教育基本法10条の解釈をめぐっても論議され、国が教育内容の決定に介入することは「不当な支配」に該当するかとして議論されてきたのである（なお、2006（平成18）年の教育基本法改正によって、旧10条は教育基本法16条に置き換えられたが、そこでも「教育」と「教育行政」が区別され、教育が「不当な支配に服することなく」行われるとする規定は存続している。ただ、教育は「法律の定めるところ」により実施されるものとし、最高裁が認めてきた必要かつ相当範囲における国家関与と、その範囲における国家的責任の原則を法制化したとされる（新基本コンメ232頁〔西原博史〕））。

(1)　国家の教育権説

　国家の教育権説は、教育も1つの国の政策である以上、国会が法律によって教育内容・方法を決定すべきことになり、教育に精通した文部科学省（以前は文部省）が法律の委任を受けて、とくに、学習指導要領によって教育内容を定め、この学習指導要領は、学校と教師を拘束するとする主張である。この立場をとったとされる下級審の判決として、第一次家永教科書訴訟第一審判決（東京地判1974（昭49）・7・16判時751号47頁〔高津判決〕）が挙げられる。

(2)　国民の教育権説

　一方、**国民の教育権説**は、親の教育の自由を尊重することから出発し、親と国民全体の信託を受けた教育の専門家である教師を中心とする国民全体が、具体的な教育内容・方法を決定し、国の役割は教育の条件整備にとどまると主張する。この立場をとったとされる下級審の判決として、第二次家永教科書訴訟第一審判決（東京地判1970（昭45）・7・17行集21巻7号別冊1頁〔杉本判決〕）が挙げられる。

(3)　最高裁判所の立場

第 26 条（教育を受ける権利・教育を受けさせる義務）　*329*

(a)　旭川学力テスト事件判決

　最高裁は、**旭川学力テスト事件**判決（最大判1976（昭51）・5・21刑集30巻5号615頁）において、どちらの見解も極端かつ一方的であり、親の教育の自由は、主として家庭教育等学校外における教育や学校選択の自由に現れるものと考えられるし、私学教育における自由や教師の教授の自由も、それぞれ限られた一定の範囲において肯定されるとした上で、それ以外の領域においては、一般に社会公共的な問題について国民全体の意思を組織的に決定、実現すべき立場にある国は、国政の一部として広く適切な教育政策を樹立、実施すべく、また、し得る者として、憲法上は、あるいは子ども自身の利益の擁護のため、あるいは子どもの成長に対する社会公共の利益と関心にこたえるため、「**必要かつ相当と認められる範囲**」において、教育内容についてもこれを決定する権能を有するものと解せざるを得ないと判示した。しかし、「政党政治の下で多数決原理によってされる国政上の意思決定は、さまざまな政治的要因によって左右されるものであるから、本来人間の内面的価値に関する文化的な営みとして、党派的な政治的観念や利害によって支配されるべきでない教育にそのような政治的影響が深く入り込む危険があることを考えるときは、教育内容に対する右のごとき国家的介入についてはできるだけ抑制的であることが要請され」、「子どもが自由かつ独立の人格として成長することを妨げるような国家的介入、例えば、誤った知識や一方的な観念を子どもに植えつけるような内容の教育を施すこと」は本条に反するとした。このように、教育に関する権限は、親・教師・私立学校・国と、子どもの教育に関係する者それぞれが分担しているとする判決の基本思想は妥当だとする意見が有力であるが、国の教育内容への広汎な介入権を認めた点には学説上批判が多いとされ（芦部・憲法286頁）、国家的介入の限界をどのように設定するかが課題でありつづけている。

　なお、小学6年生と中学3年生を対象とした全国一斉学力テストは2007（平成19）年4月に43年ぶりに復活し、今後も継続されることになっている。

(b)　教科書検定訴訟

　さらに、家永教科書訴訟においても、教科書検定において、国が叙述内容の当否にまで立ち入ることが許されるのかという点を通して、教育権の所在について争われた。現行法では、小中高校で使う教科書は文部科学大臣の行う検定に合格したものでなければならないとされている（学教34条・49条・62条）。最高裁は、第一次**家永教科書訴訟**判決（最三小判1993（平5）・3・16民集47巻5号3483頁）において、旭川学力テスト訴訟判決（→(a)）を引用しつつ、国も教育内容について「必要かつ相当と認められる範囲」内で決定権をもつとし、検定制度は本条に違反するものではないとした。ただ、いくつかの点でその範囲を超える介入がなされたことを認めたものもある（第三次家永教科書訴訟・最三小判1997（平9）・8・29民集51巻7号2921頁）。

4 教育の自由

今日の学説では、教育を受ける権利が教育の自由を前提にしていることが一般に承認されるようになっている（樋口ほか・注解2・171頁〔中村睦男〕）。教育の自由は、憲法に明文規定はないが憲法上保障された自由であると一般に解されている（→V2(2)）。その根拠については、論者によりまちまちであり、憲法13条、23条、26条のどれかに求められている（野中ほか・憲法1・520頁〔野中俊彦〕）。この教育の自由の主体は、親権者、教師、国民、私立学校など、さまざまなものがあり得る（野中ほか・憲法1・521頁〔野中俊彦〕）。これまで、これらのうちで主として、親権者と教師について論じられてきた。

(1) 親権者

教育の私事性からして親権者の教育の自由が第一次的なものといえ、親の、その子をどのように教育するかという教育の自由は、子の教育を受ける権利を充足させるためのものであることを前提にして妥当するものである（佐藤幸・憲法368頁）。最高裁は、旭川学力テスト判決（→3(3)(a)）において、親の教育の自由は、主として家庭教育等学校外における教育や学校選択の自由に現れるとした。

なお、1997（平成9）年以降、文部科学省は、公立小中学校における通学区の弾力的運用を認め、市区町村教育委員会の決定による学校選択制を認めている。子どもと親のもつ自由の拡大ともいえようが、教育選択を実効化する役割をはたしているとはいいがたいこと、機会の不平等を拡大する危険をもつことも指摘されている（新基本コンメ227頁〔西原博史〕）。

(2) 教師

公教育制度の下では、この親の教育の自由は学校の教師に負託されることになるので、次に**教師の教育の自由**が問題となる。

教師は、学校で目の前にいる児童・生徒に対して、その児童・生徒の理解度などをみつつ授業をする必要があり、教育において教師に委ねられている部分は大きいといわなければならない。しかし、教師の教育の自由も子どもの学習権に仕える限度での自由であり、教師は子ども・親権者に対する関係では、権力を行使する立場にあるのだから、むしろ責務としての性格を強く帯びると考えるべきであることが指摘され、公権力の干渉からの自由という面でも、子どもの学習権にとってどうかという視点でみることが必要であろうとされる（野中ほか・憲法1・521頁〔野中俊彦〕）。さらに、そもそも教師が有するのは教育の自由ではなく、教育の権限というべきであるとする見解もある[108]。

最高裁は、旭川学力テスト判決（→3(3)(a)）において、教師の教育の自由について、人格的接触を通じて子どもの個性に応じて行われるという本質的要請に照らした教授の具体的内容および方法に関する一定の裁量が存在するという

---

[108] 芦部信喜編『憲法Ⅲ：人権(2)』（有斐閣、1981年）417頁〔奥平康弘〕。

第26条（教育を受ける権利・教育を受けさせる義務）　*331*

点において、限定的に認められる、ただ、子どもの限定的な批判能力と教師の影響力の大きさ、子どもの側における選択権の欠如、教育の機会均等を図る上での全国的な一定水準の確保の要請などから完全な形で認めることは許されないとしている。ここでは、本条が教育の自由の根拠規定となることは認められている（樋口ほか・注解2・171頁〔中村睦男〕）。

　さらに、この教師の教育の自由は、学習指導要領の法的拘束力との関係でも問題となり、最高裁は、旭川学力テスト判決においては、問題となった学習指導要領は、教育における機会均等の確保と全国的な一定の水準の維持という目的のために必要かつ合理的と認められる大綱的なものとして是認できるとした。その後、県立高校の教師が、授業で教科書を使用せず、革命思想を鼓吹し、一律評価を行ったことなどを理由に懲戒免職処分を受けたことが争われた**伝習館事件**判決において、最高裁は、旭川学力テスト判決を引用しつつ、高等学校学習指導要領は法規であり、法的拘束力を有するとした（最一小判1990（平2）・1・18民集44巻1号1頁）が、その実質的な理由は述べられていないように思われる。

Ⅵ　「すべて国民は、法律の定めるところにより、その保護する子女に普通教育を受けさせる義務」

1　すべて国民は

　「その保護する子女に」（→3）普通教育を受けさせる義務であるから、子女から見れば、保護者つまり「子に対して親権を行う者（親権を行う者のないときは、未成年後見人）」（学教16条）が、その子女に教育を受けさせる義務を負うことになる（宮沢・全訂275頁）。つまり、本項にいう「国民」は保護者のことを意味するといってもよい（佐藤功・注釈上453頁）。

2　法律の定めるところにより

　前述の通り（→Ⅰ）大日本帝国憲法下においては、教育に関する事項は、法律事項ではないとされ、教育の義務は、兵役の義務および納税の義務とともに、「臣民の三大義務」とされたものの、憲法で定められたほかの2つの義務とは異なり、命令で定められたのに対し、日本国憲法では、本条によって、すべて法律で定めるべきものとしている（宮沢・全訂275頁）。

3　その保護する子女

　その親権下またはその保護の下にある子女をいう。なお、「子女」という言葉は、「児童」よりも年齢の上の者をも含む用語である（佐藤功・注釈上454頁）。

4 普通教育を受けさせる義務

(1) 普通教育

「普通教育」とは、専門教育・職業教育・特殊教育などに対置される概念であり、すべての国民にとって共通に必要とされる一般的かつ基礎的な教育を指す（佐藤功・注釈上454頁）。教育基本法5条は、義務教育として行われる普通教育は、各個人の有する能力を伸ばしつつ社会において自立的に生きる基礎を培い、また、国家および社会の形成者として必要とされる基本的な資質を養うことを目的として行われるものとすると定め、学校教育法16条によれば、保護者は、子に9年の普通教育を受けさせる義務を負う。なお、学校教育法50条は、高等学校は、高度な普通教育および専門教育を施すことを目的とするとしている。

普通教育は、学校で行うのが原則であるから、普通教育を受けさせる義務とは、就学させる義務である（宮沢・全訂276頁）。このようにその保護する子女に教育を受けさせる義務を一般的に認める制度は義務教育制と呼ばれる（宮沢・全訂276頁）。

(2) 教育を受けさせる義務

この「義務」は、保護者たる国民がその保護する子女に対して負う義務であり、国に対して負う義務ではない（佐藤功・注釈上455頁）。また、国民が教育を受ける義務ではない（佐藤功・注釈上455頁）。

本項の趣旨が生存権の確保にあるとする立場からすると、現代社会において自立するだけの知識と技能を獲得するためには、高等学校（後期中等教育）までの教育が最低限度の内容といえ、高等学校までをその範囲に含むとすべきという見解もある（渋谷・憲法284頁）。

この義務を履行させるため、市町村は小学校および中学校を設置する義務を負い（学教38条・49条）、国はこれに財政的援助を与えるべきものとされ（義務教育費国庫負担法・市町村立学校職員給与負担法）、経済的理由による就学困難と認められる学齢児童（小学校）および学齢生徒（中学校）の保護者に対しては、市町村は必要な援助を与えるべきものとされている（学教19条）（佐藤功・注釈上455頁）。

学校教育法では、保護者（親権者、未成年後見人）は、「9年の普通教育」を一定の学校で受けさせる義務を負い、違反者には罰則が科せられる（学教16条・17条、144条）。もっとも、子女が病弱・発育不完全等の理由のため、この義務を猶予または免除することが認められる（学教18条）のは当然である（宮沢・全訂276頁）。

VII 「義務教育は……無償」

1 趣旨
本条1項の定める国民の「教育を受ける権利」を実質的に保障するための国の責務を具体的に示した規定であり、とくに経済的理由によって就学し得ない者にその「教育を受ける権利」を保障するために、少なくとも義務教育については無償とする趣旨であり、教育を受けさせることを義務とする以上、「無償」であるべきは当然である（宮沢・全訂276頁、佐藤功・注釈上457頁）。

2 無償の範囲
　無償の範囲については、授業料だけが無償とする説と修学費用の一切が無償とする説がある。最高裁は、義務教育の無償とは、「対価を徴収しないこと」「授業料不徴収」のことだとしており（最大判1964（昭39）・2・26民集18巻2号343頁）、この**授業料無償説**が判例・通説の立場を占めている（野中ほか・憲法1・520頁〔野中俊彦〕）。現在は、授業料の無償に加え、法律（義務教育諸学校の教科書用図書の無償措置に関する法律）により教科書無償配布がなされている。学校教育法上、私立学校は、義務教育でも授業料をとってもよいことになっているが、私立学校はその経費を自己負担することを建前とするものであり、私立学校に子女を就学させる保護者は無償の特権を放棄するものとみることができるからである（佐藤功・注釈上457頁）。
　なお、2010（平成22）年度から、高校授業料無償化が始まった。これは、公立高校の授業料を無償とするとともに、同額の支援金が私立学校利用者に対して支給され、授業料に充当されるものである。家計状況に依存せずに誰でもが支援を受けられる制度であるが、有効に機能していないとの指摘もみられる（新基本コンメ234頁〔西原博史〕）。2014（平成26）年度からは、無償になるためには、世帯の所得制限が導入されている。

（倉田原志）

（勤労の権利及び義務、勤労条件の法定、児童酷使の禁止）
第27条　①　すべて国民は、勤労の権利を有し、義務を負ふ。
②　賃金、就業時間、休息その他の勤労条件に関する基準は、法律でこれを定める。
③　児童は、これを酷使してはならない。

I 本条の趣旨

本条は、国民が勤労による収入に基づいて生活することができるようにし、

334 第27条（勤労の権利及び義務、勤労条件の法定、児童酷使の禁止）

憲法25条の生存権の保障を受けて、その勤労自体も人間らしいものとなることを保障しようとするものであり、一般に社会権に分類される。

大日本帝国憲法には、本条に相当する規定はなかった。総司令部の第二次試案には「すべての成人は、生産的な勤労により生計をたてる権利を有する。その人間に適切な職業が見つけられないときは、その生活の維持に欠くことのできぬものの給付がなさるべき」という規定が置かれた[109]が、GHQ草案では、前段が「すべての人は、勤労の権利を有する」という文言に改められ、後段は削除された。その後、日本政府の3月2日案および4日・5日の検討により、2項と3項が入れられ、「すべての人」から「すべての国民」に改められ、衆議院の審議において、1項に、勤労の「義務」が入れられ、2項に「休息」が入れられた（樋口ほか・注解2・189頁〔中村睦男〕）。なお、1項と3項については、ベアテ・シロタの作成した案の25条と26条に、対応する規定がみられる[110]。

外国の憲法では、社会主義国の憲法に勤労権の保障が多くみられ（ソ連憲法40条、東ドイツ憲法24条など）、徹底した労働権の実現が目指されてきたが（樋口ほか・注解2・188頁〔中村睦男〕）、それに限られるわけではない。たとえば、ワイマール憲法163条2項は「すべてのドイツ人に、その経済的労働によってその生活費を得る可能性が与えられるべきである。適当な労働の機会を与えられえない者に対しては、必要な生活費を支給する。詳細は、特別のドイツ国の法律で定められる」とする。ただ、すべての国民への労働の機会の保障が不可能なことを予定して生活費の支給を明定したものとされる（樋口ほか注解2・188頁〔中村睦男〕）。その他、1946年のフランス憲法前文5項、イタリア共和国憲法4条1項などが労働権を規定している。

外国の憲法において労働者の保護に関する規定として、ワイマール憲法が「青少年は、搾取並びに道徳的、精神的又は肉体的放置から保護される。国及び市町村は、これに必要な措置をとらなければならない」（122条1項）、「労働力は、ドイツ国の特別の保護を受ける」（157条1項）、「ドイツ国は統一的な労働法を制定する」（同条2項）、「すべてのドイツ人は、人身の自由をそこなうことなく、その精神及び肉体の力を全体の福祉が要求するように活用すべき道徳的義務を有する。」（163条1項）と定める。イタリア共和国憲法も、労働の保護を定める35条1項を始め、労働者の保護に関する多くの規定をもっている。

---

[109] 高柳賢三ほか『日本国憲法制定の過程Ⅰ：原文と翻訳』（有斐閣、1972年）225頁以下。

[110] ベアテ・シロタ・ゴードン（平岡磨紀子構成・文）『1945年のクリスマス』（柏書房、1995年）187頁。

第 27 条（勤労の権利及び義務、勤労条件の法定、児童酷使の禁止）　*335*

Ⅱ　「勤労の権利」

1　勤労の権利の内容と性格

　ここに「勤労」とは、「労働」の意味であり、「労働」というと肉体的な労働を主とするようにひびくので、広く精神的な労働を含む趣旨で「勤労」としているとする見解（宮沢・全訂278頁）と、とくにこのような意図で「勤労」の文字を選んだと解する必要はないとする見解（佐藤功・注釈上460頁）がある。

　この勤労の権利（**勤労権・労働権**、以下では「労働権」という）については、勤労の自由を侵害されないという自由権としての意味をもつことは承認されているが、憲法22条に職業選択の自由が保障されていることから、それにとどまらず、社会権（生存権的基本権）に属し、国民に勤労の機会を与えることによって憲法25条の生存権を保障しようとするものであるとされたり（佐藤功・注釈上460頁）、本条における労働権保障の積極的な意義は、その社会権的な側面の方にあるとされる（野中ほか・憲法1・523頁〔野中俊彦〕）。

(1)　具体的内容

　その具体的内容は、「すべての国民が自主的に私企業等において労働の機会をうることを理想とし、これがえられない場合には国に対して労働の機会の提供を要求しうべく、それが不可能なときには、相当の生活費を要求しうる権利」という、第一次的には、国家に対して労働の機会を請求する権利として、第二次的には相当の生活費を要求する権利として理解されてきた（**限定的な労働権**）[111]。この限定的な意味の労働権は、Ⅰでみたワイマール憲法163条2項と同じ意味である（宮沢・全訂278頁）。したがって、労働できる人にとっては、この労働権は、生存権を意味する[112]ともいわれ、生存権の保障との関連性が指摘されている。さらに、労働権の内容として保障される仕事は、職業選択の自由等を前提にしたものであるから、労働者の希望・能力・適性に応じたものであることが主張されている（浦部・教室265頁）。なお、この労働権を具体化する立法として、職業安定法、雇用保険法、雇用対策法などが制定されている。

(2)　社会権としての労働権の法的性格

　社会権としての労働権の法的性格に関してはいくつかの見解がある[113]。

　第1の見解は、本条は国家に対して国民に労働の機会を保障する政治的義務を課したもので、国民に司法手続を通じて国家に請求できる権利（具体的権利）を認めたものではないとする見解であり、これが従来の通説とされる。裁判例

---

[111]　石井照久『労働法総論』（有斐閣、1957年）296頁。労働能力にみあった労働の機会の付与といういわゆる完全な労働権を保障しているとする見解として、松林和夫『労働権と雇用保障法』（日本評論社、1991年）108頁。

[112]　奥平康弘『憲法Ⅲ：憲法が保障する権利』（有斐閣、1993年）263頁。

[113]　芦部信喜編『憲法Ⅲ：人権2』（有斐閣、1981年）433頁〔中村睦男〕。

もこの立場に立つ（東京地判1952（昭27）・7・24行集3巻6号1328頁など）。

第2の見解は、法律の改廃による積極的侵害については違憲となる余地があるが、国の不作為による侵害については救済方法がないとする見解である。

第3の見解は、国家が必要な立法や施策を講じない場合には、国の不作為による侵害についてもこれを裁判上争い得る具体的権利であるとする見解である。ただ、この見解も憲法27条に基づき直接労働の機会を請求できると主張しているわけではなく、立法府が最低限度の立法をしないときには、立法義務違反を裁判で確認させることができるという限度での主張であり、言葉通りの意味において具体的権利であるとまで主張しているわけではない。

その他、労働権を、政府に対して雇用保障を請求できる主観的法規範（権利）ではなく、政府に対して雇用の機会を提供する制度の構築を義務づける客観的法規範として位置づける見解もある（渋谷・憲法299頁）。なお、労働権は、労働者が自己の能力と適性をいかした労働の機会を得られるように労働市場の体制を整える義務と、そのような労働の機会を得られない労働者に対し生活を保障する義務を意味するとし、勤労者の生存確保のための国政の基本方針の宣明という理念からすると、労働権は、これらの政策義務に明白に違反する国の立法・行政行為を違憲・無効にするという効果をも包含しているとする見解[114]も、憲法27条を客観法的規範として捉えていると思われる。

現在では、上述の通り、雇用対策法を始めとする法律により、労働権の具体化がなされており、一定の範囲において裁判規範としての効力を有することを前提として議論していくことが課題だとする見解[115]が有力になっている。

なお、本条が上述のような内容を保障しているといえることからすれば、本条に基づく立法義務は法的義務であると解すべきである。立法裁量は認めざるを得ないものの、立法の不作為に対する国家賠償は例外的ながら最高裁も認めるところであり（最大判2005（平17）・9・14民集59巻7号2087頁）、また、少なくとも現状における労働権の法制化より退化した法令が制定されれば、積極的な基本権の侵害にあたり[116]、違憲であるといえないか検討される必要があろう。

さらに、立法での具体化にあたっての労働権の内容を豊富化する構想が出されてきている。たとえば、労働権を失業の防止と職業能力の向上のための職業訓練を中心とする国の法的義務に対応した適職請求権とする見解[117]、憲法26条に職業教育を受ける権利も含まれることに関連づけて、労働権をキャリア権

---

[114] 菅野和夫『労働法（第11版補正版）』（弘文堂、2017年）27頁。

[115] 芦部信喜編『憲法Ⅲ：人権2』（有斐閣、1981年）434頁〔中村睦男〕。

[116] 沼田稲次郎『団結権擁護論（上巻）』（勁草書房、1952年）120頁。

[117] 松林和夫『労働権と雇用保障法』（日本評論社、1991年）36頁。

第27条（勤労の権利及び義務、勤労条件の法定、児童酷使の禁止）　337

として捉える構想[118]、労働権で保障される労働は、「働きがいのある、人間らしい労働」であるディーセント・ワークでなければならないといった見解[119]があり、これらが、立法にあたって参照される必要があろう。

2　使用者に対する労働権の保障

　積極的に職場の確保を求めることにはかかわらないが、私人である使用者に対しても労働権が一定の範囲において妥当することを認める見解が有力になっている（野中ほか・憲法1・524頁〔野中俊彦〕）。

(1)　解雇制限

　まず、労働者がすでに獲得した職場の保持について法的保護に値する利益をもつことから、労働権は解雇制限を根拠づけるかが問題となる。解雇制限は、使用者の解雇の自由・契約の自由と対立するので、解雇自由の原則は、生存権思想によっても制約されないとする解雇自由説、社会的に正当な事由がある場合に限り解雇をなし得るとする正当事由説、生存権理念を踏まえた権利濫用法理によって解雇権を大幅に制限しようとする解雇権濫用説が対立していたが、最高裁は権利濫用説の立場に立つ（日本食塩事件・最二小判1975（昭50）・4・25民集29巻4号456頁）。この判例法理は労働契約法16条に明示されている[120]。

(2)　組織強制

　ユニオン・ショップなどによる組織強制ないしは解雇強制条項が本条に違反しないかも議論されてきたが、企業別組合が普及している日本では、労働者の他の企業への就労を妨げるものではないので、若干の問題点もあるが、大多数の学説はそれを合憲と解している（野中ほか・憲法1・529頁〔野中俊彦〕）。有力な違憲論については憲法28条Ⅳ2(2)参照。

(3)　労働の継続の保障

　また、労働者の労働の継続を困難・不可能にする使用者の作為・不作為（たとえば、セクハラなどの**ハラスメント**、いじめ）については、憲法13条とも相まって労働権の内容となり得る[121]、あるいは人格権侵害を構成し得る。なお、労働権の保障によって労働者が就労請求権（労働契約の存在を前提とし、実際に労働することを使用者に対して請求する権利）をもつかどうかについては争いがある[122]。

---

[118]　日本労働法学会編『講座21世紀の労働法(2)：労働法市場の機構とルール』（有斐閣、2000年）16頁以下〔諏訪康雄〕。

[119]　西谷敏『労働法（第2版）』（日本評論社、2013年）25頁。

[120]　西谷敏『労働法（第2版）』（日本評論社、2013年）415頁。

[121]　樋口陽一編『ホーンブック憲法（改訂版）』（北樹出版、2000年）212頁〔内野正幸〕。

[122]　西谷敏『労働法（第2版）』（日本評論社、2013年）91頁。

Ⅲ 「勤労の……義務」

　Ⅰでみたように、「**勤労の義務**」の規定は政府原案にはなく、衆議院の審議において加えられたが、政府側はこの規定に特別の意味は認めていなかった（樋口ほか・注解2・195頁〔中村睦男〕）。この勤労の義務については、戦時中の徴用制のように法律で国民に勤労を強制できるという意味ではない（宮沢・全訂279頁）ことには一致がみられるが、私有財産制と職業選択の自由の保障から、不労所得を禁止することはできないので、国民は一般的に勤労すべきものであるという思想を表現した道徳的な意味だけを有すると理解する見解（法協・註解上513頁以下）と、勤労の能力があり、その機会があるにもかかわらずに勤労しようとしない者に対しては、生存権や労働権の保障が及ばないという限りで法的意味を認める見解（宮沢・憲法2・330頁以下）がある。

　生存権や労働権が一定の範囲で法的効力を有することと対応して、勤労の義務にもこのような範囲で法的効力を認めることが妥当とされ、後者の説が今日では有力となっている（樋口ほか・注解2・196頁〔中村睦男〕）。現行法では、生活保護法4条1項のように、「利用しうる資産、能力その他あらゆるもの」を活用することを生活保護受給の前提としたり、雇用保険法のように、受給資格者が職業訓練等を受けることを拒否したり、職業指導を受けることを拒否した場合には、給付制限を受けることを定めているものがある（雇保32条）。

Ⅳ 「勤労条件に関する基準は、法律でこれを定める」

　本項の「勤労条件」には、賃金・労働時間・休息だけでなく、すべての労働条件が含まれ、さらに、人間らしい労働条件を確保するためであるから、最低基準の保障と理解されている（宮沢・全訂279頁）。労働条件は基本的には、使用者と労働者との間の労働契約で定まるが、当事者間に委ねることで、力関係の差により、労働条件が劣悪なものとなる弊害が生じたことから、契約の自由に国家が介入し、労働者保護のために国家が法律で介入することを求めたものであり、契約の自由が国の権力によって勤労者の利益を守るために、制限を受けることは当然に生ずる結論である（宮沢・全訂279頁）。

　本項には、労働条件に関する労働者保護立法の制定を国会に義務づけるとの発想があり（佐藤幸・憲法374頁）、労働者保護法の基本法たる**労働基準法**は、憲法の生存権の理念に立脚し（野中ほか・憲法1・479頁〔野中俊彦〕）、労働条件は、「労働者が人たるに値する生活を営むための必要を充たすべきものでなければならない」（労基1条1項）とするが、それは当然のことである（宮沢・

第 27 条（勤労の権利及び義務、勤労条件の法定、児童酷使の禁止） *339*

全訂279頁）[123]。さらに労働基準法は、「この法律で定める労働条件の基準は最低のものである」とする（労基1条2項）。

　なお、労働基準法は、労働基準法の定める最低基準に達しない労働契約を無効とし、その部分は労働基準法が定める基準とする（労基13条）とともに、使用者の労働基準法違反に対しては刑罰を定めている。その他、最低賃金法、労働安全衛生法、労働者災害補償保険法、男女雇用機会均等法、育児・介護休業法など多くの個別法が制定されている。2007（平成19）年の**労働契約法**は、労働契約の成立、展開、終了に関する基準を定めているが、一般法上の原則や判例法理を確認した規定が多い[124]。こうした労働者保護立法を、労働者の自己決定を支えるものと位置づける見解も出されている[125]。また、2004（平成16）年には、司法制度改革の一環として、個別的な労働紛争の迅速な救済をするために、労働審判法が制定され、労働審判制度が導入された。

　1990年代後半以降、企業は自己責任原則や市場原理に訴えて雇用関係の自由化・多様化を求めるようになり（佐藤幸・憲法374頁）、部分的な規制強化を伴いつつ、労働者保護法の規制緩和が進行しているが、これらの**規制緩和**には憲法上の限界はないのかが問題となる。この問題を考えるにあたっては、本項の趣旨からすると、法律でどのような内容を定めてもよいということではなく、憲法25条の生存権を労働者に保障する法律でなければ違憲であるとする見解[126]、法律によって定められる労働条件がベースラインとして想定される以上は、生存権の場合と同様に、国会といえども全く自由にこのベースラインから外れた条件を規定することは許されないという「自由権的効果」が問題となりうるとする見解（長谷部・憲法293頁）、基本権保護義務論の過少保護の禁止の観点からの規制緩和には限界があるとする見解[127]などが示唆を与えると思われる。

　2018（平成30）年6月29日に、長時間労働の是正、多様で柔軟な働き方の実現、雇用形態にかかわらない公正な待遇の確保などを目標として、働き方改革関連法が成立した。具体的には、時間外労働の上限規制の導入、高度プロフェッショナル制度の創設、勤務時間インターバル制度の普及促進、短時間・有期雇用労働者と正規雇用労働者との不合理な待遇の禁止などを含む。しかし、時間外労働の上限規制が過労死ラインを超えるものではないか、高度プロフェッ

---

[123] なお、背景に人間の尊厳の理念をつけ加えるものとして、西谷敏『労働法（第2版）』（日本評論社、2013年）28頁。

[124] 西谷敏『労働法（第2版）』（日本評論社、2013年）34頁。

[125] 西谷敏『規制が支える自己決定』（法律文化社、2004年）3頁以下。

[126] 阿部照哉ほか『憲法(3)：基本的人権2（第3版）』（有斐閣、1995年）80頁〔山内敏弘〕。

[127] 西谷敏『労働法（第2版）』（日本評論社、2013年）26頁。

340　第28条（労働基本権の保障）

ショナル制度は、残業時の割増賃金等の規定を適用除外とするもので、残業代なしで長時間労働を許容するものではないかといった点をはじめ、さまざまな批判が出されている。

V　「児童は、これを酷使してはならない」

　各国の労働の歴史でも、児童の虐待ないし酷使の例が多かった（宮沢・全訂279頁）。**児童の酷使の禁止**は、本条2項による勤労条件の法定の中に含まれると解されるが、とくにこの規定が設けられたのは、児童の酷使はとくにその及ぼす害悪が大きいこと、労働保護がまず児童の保護からなされたという沿革的な意味があること、一般に従来児童の保護が必ずしも十分ではなかったことが考慮されたからである（樋口ほか・注解2・194頁以下〔中村睦男〕）。労働基準法は第6章（労基56条～64条）で「年少者」の労働条件を定め、たとえば、労働基準法56条では、「満15歳に達した日以後の最初の3月31日が終了するまで」児童を使用することを禁じ、労基60条では18歳未満の者については、特別な労働時間に関する規制を行っている。なお、児童福祉に関する一般的法律としては児童福祉法があり、条約としては児童の権利条約がある。

（倉田原志）

（労働基本権の保障）
第28条　勤労者の団結する権利及び団体交渉その他の団体行動をする権利は、これを保障する。

I　本条の趣旨

　本条は、労働者がよりよい労働条件を享受するために、労働組合などの団体を結成して活動し、使用者と団体交渉し、さらに、交渉だけでは労働者の要求が満たされない場合には、ストライキなどの労働争議を含む団体行動をする権利を保障することで、労働者が使用者と対等な立場に立ち、労働者が人間に値する生存を確保できるようにしようとするものである。

　本条は、勤労者の「団結する権利」（団結権）の他に「団体交渉その他の団体行動をする権利」を保障しているが、通常は、「団体交渉」と「その他の団体行動」を区別して、後者の権利を「団体行動権」と呼んでいる。これら団結権・団体交渉権・団体行動権は労働三権あるいは**労働基本権**と呼ばれる。労働基本権という言葉は憲法27条の労働権を含んで用いられることもあるが[128]、最近

---

[128]　片岡曻（村中孝史補訂）『労働法(1)（第4版）』（有斐閣、2007年）24頁。

では本条の保障する権利を労働基本権と呼ぶのが一般的となっている（樋口ほか・注解2・199頁〔中村睦男〕）。

　大日本帝国憲法には、本条に該当する規定はなかった。しかし、大日本帝国憲法下でも労働組合の活動はあり、その端緒は1897（明治30）年にまで遡るが、第2次世界大戦中、大日本産業報国会の成立した1940（昭和15）年には消滅した。日本国憲法の制定過程においては、人権に関する小委員会の原案ではストライキ権が明文で規定されていたが、ホイットニー民政局長から、これでは憲法がストライキを奨励しているものだという不幸な解釈を産む可能性があるという懸念が表明されて、1946（昭和21）年2月9日の運営委員会と人権に関する小委員会との会合で、「団体行動をする権利」に修正された。GHQ草案では、現行の28条の規定と同じものであり、日本政府に提示された以後においても、全く修正を受けなかった（樋口ほか・注解2・198頁〔中村睦男〕）。戦後の憲法の戦前の憲法に対する画期的な特色が本条に見られる（宮沢・全訂286頁）。

　外国の憲法において団結権、団体交渉権、団体行動権の3つの権利を保障するものはあまり多くなく、1946年のフランス憲法前文が団結権（6項）、ストライキ権（7項）、団体交渉権・企業管理参加権（8項）を保障し、1947年のイタリア共和国憲法が、団結権（39条1項）、ストライキ権（40条）、企業管理協力権（46条）を定める（樋口ほか・注解2・198頁〔中村睦男〕）。1987年の大韓民国憲法は33条で団結権、団体交渉権、団体行動権を保障する。これに対し、1949年のドイツ基本法9条3項で、「労働条件及び経済条件の維持及び改善のために団体を組織する権利は、何人に対しても、また、すべての職業に対しても、保障されている。この権利を制限し、又は妨害しようとする協定は、無効であり、それを目的とする処置は違法である。労働条件並びに経済条件の維持及び改善のために、第1文の意味における団体によって行われる労働争議に対して、12a条、35条2項および3項、87a条4項並びに91条に基づく措置をとることは、許されない。」と団結権だけを保障する（樋口ほか・注解2・198頁〔中村睦男〕）が、それが団体交渉権、団体行動権も含むものと考えられており、万人の権利として保障しているので、形式的には労働組合と使用者団体に対等の権利を保障する。なお、アメリカには、憲法上の労働基本権の保障はないが、1935年全国労働関係法（ワグナー法）など法律のレベルで労働者の団結権、団体交渉権、団体行動権が保障されている。

Ⅱ　「勤労者」

　「**勤労者**」とは「労働者」と同じ意味であり、肉体的・精神的労働を他人に提供することによってその対価として賃金・報酬などを得て、それによって生活する者をいう（佐藤功・注釈上466頁）。このように労働の対価としての賃金で生活する者のことであるので、使用者に雇用されている者は当然のこととし

て、現在は失業している者も、賃金で生活する者である限り、それに含まれ、労働組合法3条にいう労働者、つまり「職業の種類を問わず、賃金、給料その他これに準ずる収入によつて生活する者」がそれにあたる（佐藤幸・憲法375頁）。労働者はこのように自己の労働を他人に提供しそれによって対価を得る者であるから、自己の計算によって業を営む者、たとえば、農民・漁民・小商工業者などは、ここにいう労働者ではない（佐藤功・注釈上466頁）。また、公務員が本条にいう勤労者に含まれるかどうかについては、消極説（最大判1953（昭28）・4・8刑集7巻4号775頁における栗山裁判官補足意見）もあるが、判例・通説は、公務員も勤労者に含まれるとしている（全逓東京中郵事件・最大判1966（昭41）・10・26刑集20巻8号901頁、樋口ほか・注解2・207頁〔中村睦男〕）。その限りでは、「勤労者」と労働組合法の適用を受ける「労働者」の範囲は異なることになる。

　また、労働基本権は第一次的には、労働者個人の権利であるが、結成された労働組合などの団体そのものの存在および活動も保障しない限り、個々人に対する権利保障も十分とはならないので、個々人と並んで労働組合などの団体そのものも権利主体であると一般に解されている。さらに、労働基本権の主体となる団結体は、労働組合に限定されず、労働組合以外の労働者団体、労働者集団もそれぞれの性格に応じて労働基本権の主体となり得る。争議団などの労働者の一時的結合も労働基本権の主体となる※129。なお、労働者個人とその属する労働組合などの集団との関係から生じる問題についてはⅣ2・3参照。

Ⅲ　「団結する権利及び団体交渉その他の団体行動をする権利」の性格と内容

　団結権・団体交渉権・争議権という労働基本権は、「憲法25条に定めるいわゆる生存権の保障を基本理念とし、勤労者に対して人間に値する生存を保障すべきものとする見地に立ち」、「経済上劣位に立つ勤労者に対して実質的な自由と平等とを確保するための手段として」保障されたものとされ（**全逓東京中郵事件**・最大判1966（昭41）・10・26刑集20巻8号901頁）、一般には社会権に分類されるが（芦部・憲法277頁、佐藤幸・憲法631頁）、社会権の中でも最も自由権的性格が強い（芦部・憲法277頁）とされたり、複合的性格が指摘される（樋口ほか・注解2・201頁〔中村睦男〕）。しかし、生存権実現のための手段として相対化される可能性を指摘し、自己の労働条件決定や経済的地位の向上に実質的に関与する権利として捉え、憲法25条の生存権よりも憲法13条に基礎をおく自己決定権により密接な関係があることを指摘する見解が出されている※130。

※129　西谷敏『労働組合法（第3版）』（有斐閣、2012年）43頁以下。
※130　西谷敏『労働組合法（第3版）』（有斐閣、2012年）39頁以下。

この労働基本権の保障は、(a)労働基本権を制限するような立法その他の国家行為を国に対して禁止し、(b)使用者対労働者との関係において、使用者に労働者の労働基本権の行使を尊重すべき義務を生じさせ、(c)国に対して労働者の労働基本権を保障する措置を要求し、国はその施策に実施すべき義務を負わせるものである（芦部・憲法287頁以下）。これらの措置は、その性質上、各種の自由権や財産権に対する制限を当然に伴い、この種の制限は、社会国家的公共の福祉の要請によるものとして是認される（宮沢・全訂282頁）といわれる。

(a)にかかわっては、労働基本権も内在的制約に服するが（佐藤幸・憲法634頁）、労働基本権は精神的自由と経済的自由の中間に位置するものと考えられるので、違憲審査にあたっては、**LRAの基準**によるのが妥当とされている（芦部・憲法288頁）。また、労働基本権の行使と評価される行為は刑法上原則として適法と認められ、労働基本権保障の趣旨を考慮してもなお容認し得ない行為のみが犯罪として扱われ（**刑事免責**）、労働組合法1条2項はこのことを確認している。したがって、労働基本権の正当な行使に対しては、脅迫罪や威力業務妨害罪といった刑罰を国家は科すことができないことになる。

(b)は、労働基本権が使用者との対抗関係において労働者に認められる権利であることから生じるものであり、労働基本権は私人間の関係にも直接適用される（芦部・憲法288頁）。特別の立法を待つまでもなく、私人間においてこの権利を侵害する契約は無効、事実行為による侵害は違法となり、また、正当な争議行為は債務不履行や不法行為責任を生じせしめることはない（**民事免責**）（佐藤幸・憲法631頁）。労働組合法8条は、正当な争議行為を理由とする使用者の損害賠償請求を否定しているが、それは免責される民事責任の一部に過ぎないとする見解も有力であり、それによれば第三者による労働組合等への損害賠償請求、争議行為以外の組合活動を理由とする損害賠償請求権なども、争議行為や組合活動が正当とみなされる限り、当然に否定される[131]。

(c)の例としては、労働組合法7条が、労働基本権を侵害する使用者の一定の行為を**不当労働行為**として使用者に禁止し、労働委員会による行政救済を可能としている（労組27条）ことが挙げられる（佐藤幸・憲法631頁）。労働組合法7条が私法上の効力をもつかどうかについては消極説もあるが、最高裁（医療法人新光会事件・最三小判1968（昭43）・4・9民集22巻4号845頁）は肯定している。

なお、団結権、団体交渉権、争議権の相互関係については、団結権を中核とする見解[132]と団体交渉権を中心とする見解[133]とが対立しており、本条の保障を受ける行為の範囲についても差が生じ得る。

---

[131] 西谷敏『労働法（第2版）』（日本評論社、2013年）524頁。

[132] 角田邦重「労働基本権の性格」角田邦重ほか編『労働法の争点（第3版）』（有斐閣、2004年）8頁など。

[133] 菅野和夫『労働法（第11版補正版）』（弘文堂、2017年）30頁。

344 第28条（労働基本権の保障）

Ⅳ 「団結する権利」

1 団結権

団結権とは、労働条件の維持・改善を目的として、労働者が労働組合などの団結を結成し、または既存の労働組合などに加入し、その意思形成に参加し、活動に参加する権利である（労組2条参照）。本条は、資本主義経済の必然の結果として、使用者に対し経済的弱者たる地位にある労働者に団結して交渉する権利を与えることによって、労使間の契約締結の際の実質的不平等を除去し、実質的対等の関係を確保せしめようとするものであるので、本条の保障する権利のそれぞれについていえば、団結権がその基礎となる（佐藤功・注釈上467頁）。

ここにいう団結には、労働組合などの継続的な団体だけではなく、解雇された労働者がその解雇の撤回を求めて団結する争議団などの一時的な団結も含まれる（野中ほか・憲法1・503頁〔野中俊彦〕）。団結権は結社の自由の一部ともいえるが、通説的見解は、労働組合が使用者との対等な交渉力を確保するという見地から、多かれ少なかれ団体加入強制の要素を伴っているところに特徴があり、憲法は、本条でとくに団結権に言及しているとする（佐藤幸・憲法376頁）。組合活動の権利は、団体行動権に含まれると解する見解もあるが、いずれに属するかによって直ちに保障の範囲に差が生じるわけではない※134。また、団結権は、このように団体としての意思を形成し行動する自由をも意味するので、団体内部の問題に公権力や使用者が不当に介入することが禁止される（労組7条3号参照）（佐藤幸・憲法377頁）。

労働組合法は、この団結権の保障を具体化するために、不当労働行為制度をおいているが、この団結権の保障から、使用者に団結承認義務と呼ばれるさまざまな義務が生じ、組合活動についての受忍義務、一企業の中に複数組合が併存する場合の平等取扱い義務、中立義務などがある※135。

なお、団結する権利は、原則として「団体交渉その他の団体行動をする権利」を当然に伴うものでなくてはならない。そうでないと、団結する権利そのものが無意味になるからである（宮沢・全訂281頁）。

この団結権の侵害にあたるかが争われた最近の事例として、以下のものがある。まず、地方公務員の職員組合が市庁舎の一部を組合事務所として使用していたが、市長がある年度から行った使用不許可処分である。大阪地裁は団結権を侵害する意図があったと認定してすべての年度（2012（平成24）年度・2013（平成25）年度・2014（平成26）年度）の不許可処分が違法であるとした（大阪地判2014（平26）・9・10判時2261号128頁）が、大阪高裁は、2012（平成24）年

※134 西谷敏『労働組合法（第3版）』（有斐閣、2012年）53頁。
※135 西谷敏『労働組合法（第3版）』（有斐閣、2012年）53頁以下。

度の不許可処分だけ違法であり、2012（平成24）年７月に、「労働組合等の組合活動に関する便宜の供与は、行わないものとする」と定める大阪市労使関係条例12条が制定され、この条例は憲法28条に違反するものではないので、2013（平成25）年度・2014（平成26）年度の不許可処分は違法ではないとした（大阪高判2015（平27）・6・26判時2278号32頁。なお、最高裁は、上告を棄却し、不受理とした[136]）。また、「労働組合等の組合活動に関する便宜の供与は、行わないものとする」と定める大阪市労使関係条例12条とそれに基づく教研集会への市立小学校を会場として貸与することの不許可処分については、大阪地裁は、本条例12条は、少なくとも本条例が適用されなければ違法とされる便宜供与の不許可処分を適法化するために適用される限りにおいて、憲法28条に違反して無効とし、各不許可処分も違法であるとし（大阪地判2014（平26）・11・26判時2259号114頁）、大阪高裁は、本条例12条は管理者の裁量権の行使を排除するものではなく便宜供与を一律に禁止するものではないとして、裁量権の行使につき判断し、裁量の逸脱・濫用を認めた（大阪高判2015（平27）・10・13判時2296号30頁）。大阪市が職員に対して行った労使関係に関するアンケートの実施については、労働組合活動への参加の有無、労働組合加入の有無等の設問につき、合理的な必要性を超えた過度に広範な質問である等として、団結権を侵害するものであるとされた（大阪高判2015（平27）・12・16判時2299号54頁。その原審である大阪地判2015（平27）・1・21判時2299号71頁、また、大阪地判2015（平27）・3・30裁判所ウェブサイト、その控訴審たる大阪高判2016（平28）・3・25裁判所ウェブサイトも団結権の侵害を認めている）。

2　団結しない自由

(1)　団結しない自由（消極的団結権）

　本条の団結権の保障には、団結しない自由（**消極的団結権**）も含まれるかが問題とされている。ここで作られる団体は、単なる自由契約による結社と違い、多かれ少なかれ加入強制（または組織強制）の要素を含んでおり、関係労働者に対してある程度で加入が強制される（ただ、この強制にも限度があり、たとえば、各組合員に脱退の自由を拒否することは許されない）という見解が通説的見解といえる（宮沢・全訂281頁）。つまり、通説は、ユニオン・ショップ協定を含む**組織強制**が認められることが団結権の一内容であると理解し、そのことが団結権を憲法21条の結社の自由から区別する重要なメルクマールであると解して、この団結しない自由を基本的には否定する[137]。しかし、消極的自由を含む結社の自由（憲21条）の普遍的原理が本条にも貫流していることを認め、

---

　[136]　最二小決2017（平29）・2・1<LEX/DB25545386>。

　[137]　片岡曻（村中孝史補訂）『労働法(1)（第4版）』（有斐閣、2007年）95頁以下、菅野和夫『労働法（第11版補正版）』（弘文堂、2017年）33頁。

346 第28条（労働基本権の保障）

団結しない自由も本条が保障しているとする見解が出されている※138。もっとも、この見解にあっても、両者を同一次元で捉える必要はなく、第一次的な意味をもつのは積極的団結権であることが指摘されている※139。

(2) ショップ制

　この団結しない自由との関係で問題とされてきたのは、労働組合員としての資格と従業員としての資格を関連させる、いわゆるショップ制である。これには使用者は労働組合員しか採用してはならないというクローズド・ショップなどもあるが、日本でこれまで主として実際に問題になってきたのは、ユニオン・ショップ制が労働協約で採用されている場合である。この**ユニオン・ショップ**は、組織強制の一種であるが、採用後に組合に加入しない者と脱退・被除名者の解雇を使用者に義務づけるというものであり、日本では大企業を中心に多く採用されている。

　現実には、労使協調的な労働組合がそうでない組合員を除名することで、解雇されるという事件が多く発生した。多数説は、結社の自由と異なる団結権の特色から、ユニオン・ショップは違憲ではないとしているが（樋口ほか・注解2・210頁〔中村睦男〕）、憲法13条の幸福追求権実現の手段としての意義等を重視すれば、加入強制を容易に合憲としてきた旧来の通説には疑問があるとされ（辻村・憲法300頁）、団結権には消極的団結権が含まれることを前提に、このユニオン・ショップはこの消極的団結権を実質的に否定するものであることから違憲であるとする見解も出されている※140。

　最高裁は、ユニオン・ショップ協定のうち、締結組合以外の労働組合の組合員、締結組合から脱退しまたは除名されたが、他の労働組合に加入しまたは新たな労働組合を結成した者について使用者の解雇義務を定める部分は、締結組合以外の労働組合の団結権も等しく尊重されるべきであるから、民法90条により無効とした（**三井倉庫港運事件**・最一小判1989（平1）・12・14民集43巻12号2051頁）。

3　組合の統制権

　統制権とは、組合員の規約違反や決定違反の行動に対して、労働組合が組合規約に定められた制裁を行うことができる権利である。団体であれば、一般にこのような統制権の存在は承認されるが、労働組合は使用者との対抗関係に立つため、とくに統制権が重要となってきた。この統制権が認められる根拠については、対立がある。

　まず、団体固有権説は、統制権は団体法理から必然に生じる帰結であって、

※138　西谷敏『労働組合法（第3版）』（有斐閣、2012年）54頁以下。
※139　西谷敏『労働組合法（第3版）』（有斐閣、2012年）55頁。
※140　西谷敏『労働組合法（第3版）』（有斐閣、2012年）55頁。

労働組合も団体である以上統制権をもつのは当然とする立場である[141]。なお、その立場から、結社の自由（憲21条）が根拠となるとする見解もある[142]。

これに対し、団結権説は、労働組合は強い内部規律が組合存立のために不可欠の要件をなしており、財産取引を目的とする社団と労働組合とを同一視し得るか問題であるとし、根拠を本条の団結権に求める見解である[143]。その他、本条による団結権保障と設立時もしくは加入時における統制処分を容認する旨の合意に求められるべきとする説[144]もある。

最高裁は、**三井美唄労組事件**判決（最大判1968（昭43）・12・4刑集22巻13号1425頁）において、「憲法28条による労働者の団結権保障の効果として、労働組合は、その目的を達成するために必要であり、かつ、合理的な範囲において、その組合員に対する統制権を有するものと解すべきである」として、団結権説の立場を明らかにしている。

この統制権の限界がこれまで問題となった事件としては、**三井美唄労組事件**や**国労広島地本事件**（最三小判1975（昭50）・11・28民集29巻10号1698頁）がある。前者では労働組合の推薦した市議会議員の統一候補者に対抗して立候補した組合員を、組合の統制を乱した者として組合が処分したことが問題とされ、後者では、労働組合が安保条約反対闘争と特定の候補者の支持のための資金を臨時組合費として徴収したことが問題となった。最高裁は、組合が政党を支持したり、その他政治運動をすることは自由であるが、組合員の立候補をとりやめるよう要求しそれに従わないことを理由として処分することは統制権の限界を超えるとし、また、どの政党・候補者を支持するかは組合員各自が自主的に決定すべき事柄であるとして、組合員の協力を強制することはできないとしたが、学説もこれを支持している（芦部・憲法229頁、野中ほか・憲法1・504頁〔野中俊彦〕）。

Ⅴ　「団体交渉……をする権利」

団体交渉をする権利（**団体交渉権**）とは、労働組合など労働者の団体が、使用者と労働条件の維持改善のために交渉する権利のことである（労組6条参照）。団体交渉の当事者となる団体は、労働組合には限られない（宮沢・全訂282頁）。この権利は、あくまで交渉をする権利であり、使用者が労働組合の要求を認めることまでも権利として要求するものではない。団体交渉の結果、妥結すれば、

---

[141]　秋田成就「労働組合の内部問題の法理論的構成」ジュリ441号（1970年）181頁参照。

[142]　石井照久「組合員に対する組合の統制」月刊労働63号（1954年）4頁以下。

[143]　外尾健一『労働団体法』（筑摩書房、1975年）166頁、片岡昇〔村中孝史補訂〕『労働法(1)（第4版）』（有斐閣、2007年）96頁。

[144]　西谷敏『労働組合法（第3版）』（有斐閣、2012年）119頁。

それは**労働協約**という文書にまとめられる（労働協約については、労組14条以下参照）。本条が団体交渉権を保障する趣旨からいって、労働協約は法規的効力を有し、そこに定められる労働条件に違反する労働契約の部分は無効となり（宮沢・全訂282頁）、このことは労働組合法16条もそのように定める。

この団体交渉権は、団結権の保障にすでに含まれていると考えられるが、本条は、使用者が容易に団交拒否の態度に出るような状況に配慮して団結権と並んで団体交渉権を独自の基本権として保障していると解される[145]。

労働組合法7条2号は、使用者が正当な理由なく団体交渉を拒否することを不当労働行為として禁止しているが、誠実団交義務が使用者に課せられることを前提としている。労働組合法1条2項は、刑法35条の刑事免責の規定は、労働組合の団体交渉その他の行為であって前項に掲げる目的を達成するためにした正当なものについて適用があるものとし、団体交渉も正当なものであることを要求しているが、正当な団体交渉とは、その目的において団体交渉の目的たり得る範囲に限られる（佐藤功・注釈上476頁）。

なお、一企業の中に複数組合が併存する場合に、多数労働者の支持を得た労働組合だけが排他的な団体交渉権を獲得するという制度（排他的交渉代表制度）を法律で導入することが合憲といえるか議論されている[146]。

Ⅵ 「その他の団体行動をする権利」

1 その他の団体行動

「その他の団体行動をする権利」とは、労働者の団体が使用者に対して労働条件の維持・改善の目的で団体として行うすべての行動をいう（宮沢・全訂282頁）。「団体交渉」も、ここにいう「団体行動」の一部とみるのが、本条の趣旨であるが、通常は、団体交渉を除いた団体行動のみを「**団体行動**」と呼ぶ（宮沢・全訂282頁）。団体交渉を除く「団体行動」とは**争議行為**であり、争議行為の中核は、ストライキ（同盟罷業）である（宮沢・全訂282頁）。そのほかに、それから生ずるコロラリーと考えられる各種の争議行為があり（宮沢・全訂282頁）、怠業・ロックアウト・生産管理などがある。いずれも通常は業務阻害を伴い、多くは、これによって生じる不利益を使用者に課すことによって、団体交渉を有利にすすめようとするためのものである。このことから争議権の範囲を団体交渉にかかわりあるものに限定する立場（団交権中心論）と、団体行動権に相対的に別個の意義をもつとみるべきことから、それに限定されないとす

---

[145] 西谷敏『労働組合法（第3版）』（有斐閣、2012年）56頁。

[146] 本条は立法政策に委ねており、採用しても格別違憲とはならないとするものとして、菅野和夫『労働法（第11版補正版）』（弘文堂、2017年）36頁、本条違反とするものとして、西谷敏『労働組合法（第3版）』（有斐閣、2012年）57頁。

る立場とが対立しており、とくに政治スト、同情ストなどに関して評価がわかれることになる※147。

この争議権の行使が刑事免責・民事免責を受けるためには、**労働組合法**によれば、労働組合の団体交渉その他の行為ないし争議行為が「正当なもの」でなければならない（労組1条2項、8条）ので、何が正当でないかが問題となる。「暴力の行使」は正当でないことは労働組合法1条2項ただし書が定める通りであるが、それ以外の基準は、現行法からは明らかではない。

2 争議行為の正当性の基準

この正当性の判断基準は、刑事の場合と民事の場合とで異なり、刑事の場合の正当性の限界は、基本的に他人の生命・身体に対する侵害をもたらす場合に限られることも指摘されているが（樋口ほか・注解2・221頁〔中村睦男〕、佐藤幸・憲法378頁）、この正当性は、目的と手段の面から判断されている。

(1) 目的

ストライキの目的に関しては、政治目的を有し、要求の相手方が使用者ではなく政府である政治スト、他企業での労働争議を支援するための同情ストなどの正当性について論じられてきた。争議権は団体交渉の目的をその目的とするものでなくてはならないので、**政治スト**などはここにいう争議権に含まれないという見解（宮沢・全訂282頁）や、前述の団交権中心論（→Ⅲ・Ⅵ1）からするとこれらの正当性は一般的に否定される※148。判例も政治ストについても同情ストについても、正当なものと認めない傾向にある（政治ストについて、全司法仙台事件・最大判1969（昭44）・4・2刑集23巻5号685頁、同情ストについて、杵島炭鉱事件・東京地判1975（昭50）・10・21労民26巻5号870頁）。

しかし、政治ストといっても、組合の本来の存在目的である労働条件の改善のためのもの（経済的政治スト）と、純粋に政治的なもの（純粋政治スト）とを区別することが可能であり、前者は本条によって保障されるとする見解（佐藤功・注釈上469頁、樋口ほか注解2・223頁〔中村睦男〕）が有力である（佐藤幸・憲法379頁）※149。さらに、最高裁は、全農林警職法事件判決（最大判1973（昭48）・4・25刑集27巻4号547頁→Ⅶ1(2)(iii)）からすると経済的政治ストまで認めない趣旨ではないようにも読めるという指摘もある（佐藤幸・憲法379頁）。さらに、これらを区別することなく本条の保障の範囲内とする見解※150もある。

※147 西谷敏『労働組合法（第3版）』（有斐閣、2012年）59頁参照。

※148 菅野和夫『労働法（第11版補正版）』（弘文堂、2017年）38頁。

※149 なお、西谷敏『労働法（第2版）』（日本評論社、2013年）553頁は、後者は憲21条の保障を受けるにとどまるとする。

※150 野村平爾『日本労働法の形成過程と理論』（岩波書店、1957年）82頁以下。

また、同情ストについても、原ストで争われている労働条件が同情ストを行う労働者のそれと密接に関係する場合には、本条の保障を受けるとする見解がある[151]。

(2) 手段

手段については、ストライキなどの争議行為に付随して、その実効性を確保するためになされる**ピケッティング**や労働組合等が使用者の意思に反して自主的に経営の管理・運営を行うという生産管理などの正当性が争われてきたが、判例はその正当性判断に際して厳しい態度をとっている（ピケッティングについて、国鉄久留米駅事件・最大判1973（昭48）・4・25刑集27巻3号418頁、生産管理について、山田鋼業吹田工場事件・最大判1950（昭25）・11・15刑集4巻11号2257頁）。

VII 「これを保障する」

団結権・団体交渉権・団体行動権については、法律による以下のような制限がなされており、その合憲性が問題とされてきた。

1 公務員の労働基本権の制限

(1) 制限の現状

公務員については、団結権、団体交渉権、争議権が法律により以下のように制限されている。

この3権すべてがない公務員は警察官、消防職員、刑事施設に勤務する職員、自衛官、海上保安庁職員である（国公108条の2第5項、地公52条5項、自衛64条1項）。このうち、国家公務員や自衛隊員については罰則も付されている（国公110条1項20号、自衛119条1項2号・2項）。これらは、国民生活への重大な影響が及ぶことが理由とされているが、労働組合の結成それ自体によって国民生活に重大な影響が及ぶことはあり得ないので、団結の禁止は憲法違反というほかないという指摘がある[152]。また、**非現業公務員**の職員団体（労働組合）については、交渉等に関して登録制による制限がある（国公108条の3以下、地公53条以下）。また、団体交渉については、交渉対象についての制約があるほか、非現業公務員は、団体協約（労働協約）締結権がない（国公108条の5第2項、地公55条2項）。団体交渉権が労働者の労働条件の維持・改善のためにある以上、交渉の結果を確定するものである労働協約締結権がその本質的部分とみると、このような制度の定め方は違憲とみるほかない（渋谷・憲法304頁）。

---

[151] 片岡曻（村中孝史補訂）『労働法(1)（第4版）』（有斐閣、2007年）170頁以下、西谷敏『労働法（第2版）』（日本評論社、2013年）554頁。

[152] 西谷敏『労働法（第2版）』（日本評論社、2013年）525頁。

争議権は、すべての公務員についてなく（国公98条2項、地公37条1項、行執労（行政執行法人の労働関係に関する法律）17条、地公労（地方公営企業等の労働関係に関する法律）11条など）、争議行為参加者には免職などの可能性が規定されており、非現業公務員については、争議行為を「そそのかし、あおり」等した者については罰則が予定されている（国公110条1項17号、地公61条4）。

なお、消防職員の団結権を認めようとする動きがあり、また、非現業一般職職員の国家公務員に労働協約締結権を承認する法案（国家公務員の労働関係に関する法律案）が内閣から国会に提出され（2011（平成23）年6月）、地方公務員についても議論が続けられている。

(2) 争議行為の禁止に関する判例の展開

これらのうち最も問題とされてきたのは、争議行為の全面的禁止である。争議権が法律で一律否認されていても、労働組合は勤務時間内の職場集会などを行い、それが法律違反として制裁を受けると、現行法の合憲性を裁判で争ってきたが、これらについての最高裁の判決は、一般に3つの時期に区別される（樋口ほか・注解2・229頁以下〔中村睦男〕）。

(i) 第1期

第1期は、戦後まもなくであり、「公共の福祉」や、公務員が「全体の奉仕者」であること（憲15条）を根拠として、十分な理由を示さず、制限を合憲とした（国鉄弘前機関区事件・最大判1953（昭28）・4・8刑集7巻4号775頁など）。これらは「なで切り論法」として、学界・下級審・国際世論・労働運動から批判が続出した。

(ii) 第2期──全逓東京中郵事件判決以降

そのようななか、最高裁は、**全逓東京中郵事件**判決（→Ⅱ）において、現行法は合憲であるとしたものの、争議行為の禁止は、国民生活全体に重大な障害をもたらすおそれの強いものについて必要最小限度の範囲でなされるべきとして、規制の範囲と制裁についての限定解釈を示した。この考え方が**東京都教組事件**判決（最大判1969（昭44）・4・2刑集23巻5号305頁）・**全司法仙台事件**判決（最大判1969（昭44）・4・2刑集23巻5号685頁）でさらに一歩進められ、公務員の争議権は事実上大幅に回復されたともいわれる状況になった。東京都教組事件判決で最高裁は、地方公務員法の当該規定は、文字どおりに解釈すれば違憲の疑いがあるので、刑事罰を科すのは争議行為・あおり行為ともに違法性の強い場合に限られるとする合憲限定解釈（「**二重のしぼり**」）を行い無罪判決を出した。争議権を最大限尊重しようとしたこれらの判決が出された時期が第2期とされる。ただ、この合憲限定解釈については、学説では、一般的に肯定的に受けとめられており、積極的な意味をもつものであるが、憲法28条との平仄をあわせるために法律の文理から逸脱したものであることは否定できず、争議行為全面禁止に対する違憲判断こそが論理的帰結でなければならなかったという

352　第28条（労働基本権の保障）

指摘もみられる[153]。

(iii)　第3期——全農林警職法事件判決以降

　最高裁は、**全農林警職法事件**判決（最大判1973（昭48）・4・25刑集27巻4号547頁）においてこれらを全面的に覆した。この判決が現在妥当する判決となっており、この判決から現在までが第3期とされる。この判決は、国家公務員である農林省（当時）の職員組合が警察官職務執行法改正案に抗議するための時間内職場集会を開催したものであり、これが同盟罷業にあたるとしてそれへの参加を呼びかけた組合幹部が起訴されたものである。最高裁は、(a)公務員の地位の特殊性と職務の公共性、(b)公務員の勤務条件が法律で定められること（議会制民主主義論ないしは労働条件法定主義論）、(c)公務員の争議行為には、私企業のような市場の抑制力が働かないこと（歯止め欠如論）、(d)争議行為の禁止に対して、人事院勧告を始めとする十分な代償措置が講じられていること（代償措置論）、などを根拠として、全司法仙台事件判決（→(ii)）を変更し、一律かつ全面的な制限を合憲とした。これは最高裁裁判官の意図的な任命の結果[154]であることが指摘されている。

　その後、最高裁は、**岩手教組学力テスト事件**判決（最大判1976（昭51）・5・21刑集30巻5号1178頁）で全農林警職法事件判決とほぼ同様の見地から地方公務員法の争議行為禁止ならびに処罰規定を合憲であると判示して東京都教組事件判決（→(ii)）を判例変更した。**全逓名古屋中郵事件**判決（最大判1977（昭52）・5・4刑集31巻3号182頁）は、全農林警職法事件判決と同様の趣旨が現業公務員や公社職員、「公共的職務に従事する職員」にも妥当するという判断を示し、全逓東京中郵事件判決を判例変更した（→(ii)）。さらに、この全逓名古屋中郵事件判決は、公労法が団体交渉権を保障しているのは、憲法28条の要請ではなく、単なる立法上の配慮であるとしている。

　全農林警職法事件判決に代表される最高裁の全面的合憲論の上述の根拠づけのそれぞれについては、(a)公務員の特殊性・公共性からなぜ全面禁止が導かれるのか不明である、(b)法律で決められるのは勤務条件の大綱に過ぎず、勤務条件には交渉の余地が全くないわけではない、(c)市場の抑制力はなくても、他の抑制力、たとえば世論が歯止めになる、(d)争議行為をすること自体に意味があるのであり、代償措置はあくまで代償措置に過ぎないといった批判が、学説から強く出されている（樋口ほか・注解2・231頁以下〔中村睦男〕）。これらの点から、全面禁止は憲法上正当化することができず、公務員の職務の性質、違い等を考慮し、制限は必要最小限度の範囲にとどまらなければならないと考える見解（芦部・憲法289頁）が学説上有力である。

---

[153]　西谷敏『労働組合法（第3版）』（有斐閣、2012年）72頁。

[154]　青木宗也＝山本博編『司法の反動化と労働基本権』（日本評論社、1980年）141頁以下。

第28条（労働基本権の保障）　353

全農林警職法判決後は、地方公務員法37条1項などを違憲とする一部の下級審の判決（たとえば、和歌山県高教組事件・和歌山地判1973（昭48）・9・12判時715号9頁）も出たが、最高裁の判例には変更はなかった。人事院勧告を政府が実施しない場合（地方公務員の場合は、公平委員会の勧告を県などが実施しない場合）にその完全実施を求めた公務員労働組合の争議行為に対して法律が適用された場合をめぐって、代償措置が機能しない場合の争議権剥奪の正当性が争われた。たとえば、全農林人勧処分事件判決（最二小判2000（平12）・3・17判時1710号168頁）は、人事院勧告が凍結されても、代償措置が本来の機能をはたしていなかったとはいえず、人事院勧告の完全実施を求めた争議行為に国家公務員法を適用することは許されるとしている。

なお、ILOの結社の自由委員会は、2018（平成30）年6月に、日本政府に対して、公務員への労働基本権付与、消防職員・刑務所職員への団結権と団体交渉権の付与、国家の運営に関与しない公務員への団体交渉権・協約締結権・ストライキ権の保障などを求める11度目の勧告を出した。

2　その他の争議権の制限

争議権については、その他に、法律により以下のような制限がなされている。労働関係の調整、労働争議の予防・解決、産業平和の維持などを目的とする労働関係調整法では、(a)調停案の解釈・履行をめぐる争議行為の制限（労調26条4項）、(b)争議行為としての安全保持施設の撤廃の禁止（労調36条）、(c)公益事業（労調8条）の争議行為の少なくとも10日前までの予告（労調37条1項）、(d)内閣総理大臣の緊急調整に伴う50日間の争議制限（労調38条）が規定されている。(a)、(b)には罰則はなく、(c)、(d)には団体罰が予定されている。これらの制限をどう理由づけるかは難しい（宮沢・全訂283頁）が、(d)については、「国民経済の運行」も保護対象に挙げ、50日間という長期にわたる争議行為禁止は争議権保障との関係において重大な問題を含んでいることが指摘されている[155]。

また、スト規制法（「電気事業及び石炭鉱業における争議行為の方法の規制に関する法律」）は、電気事業と石炭鉱業における争議行為を一般的に禁止している。この制限は、争議行為を禁止したものではなく、電気事業・石炭鉱業の特殊性と国民経済および国民の日常生活に対する重要性に鑑み、その争議行為の方法について制限を加えたものであり、もとより本条の争議権の保障に反するものではないとする見解（佐藤功・注釈上477頁）もあるが、違憲の疑いが濃厚であるとする見解[156]もある。また、船員法30条は、「船舶が外国の港にあるとき、又はその争議行為により人命若しくは船舶に危険が及ぶようなとき」の争議行為を禁止しているが、船舶が外国の港にあるときの全面的禁止の合理的

---

[155]　西谷敏『労働組合法（第3版）』（有斐閣、2012年）411頁。
[156]　西谷敏『労働組合法（第3版）』（有斐閣、2012年）412頁。

な理由はないのではないかという指摘がある※157。

(倉田原志)

> **（財産権）**
> **第29条**　①　財産権は、これを侵してはならない。
> ②　財産権の内容は、公共の福祉に適合するやうに、法律でこれを定める。
> ③　私有財産は、正当な補償の下に、これを公共のために用ひることができる。

I　本条の趣旨

　本条は、財産権の保障について規定するとともに、その内容が「公共の福祉」に適合すべきこと、私有財産を公共目的で収用・制限する場合の損失補償について定める。

　財産権の保障は、市民革命期から現代に至る過程で、その位置づけを大きく変化させた。資本主義的生産関係の興隆期でもあった18世紀において、財産権保障は、個人の自立と自由な経済活動のための経済的基盤の確立と深く結びついており、フランス人権宣言（1789年）において、「所有権」は「人の消滅することのない自然権」の1つとされ（2条）、「神聖かつ不可侵の権利」（17条）とされていた。

　しかし、資本主義の発達とともに、財産権は生産手段を所有する資本家による労働者の搾取の道具としての一面を顕在化させるようになる。貧富の差の拡大、劣悪な労働条件など、深刻化しつつあった社会問題を解決する上で、財産権の保障は桎梏へと転化し、その制限が求められるようになった。こうして、現代憲法の嚆矢とされるワイマール憲法において、財産権の保障は、「所有権は義務を伴う。その行使は同時に公共の福祉に役立つべきである」（153条3項）という表現になった。

　大日本帝国憲法27条は、1項で「日本臣民ハ其ノ所有権ヲ侵サルヽコトナシ」、2項で「公益ノ為必要ナル処分ハ法律ノ定ムル所ニ依ル」と規定し、一方で所有権の不可侵をうたい、他方で、公益のために制限され得ることを規定していた。

※157　西谷敏『労働組合法（第3版）』（有斐閣、2012年）412頁。

第29条（財産権）　355

　日本国憲法制定過程において※158、GHQ草案が土地や天然資源の国有化を求めるような規定を盛り込んでおり※159、日本政府側を驚かせたが、その後の政府案からは姿を消している。

Ⅱ　財産権の保障

1　財産権保障の内容

⑴　「財産権」
　財産権とは、所有権を始めとする物権、債権、知的財産権を含む無体財産権、そして公法上の権利である水利権・河川利用権など、あらゆる財産的価値を有する権利を指すとする点には争いがない（佐藤功・注釈上478頁、高橋・立憲主義272頁ほか）。

⑵　「これを侵してはならない」
　日本国憲法の財産権保障は、財産権保障をめぐる歴史的変化を反映して、一見すると矛盾した表現となっている。すなわち、本条1項は、「財産権は、これを侵してはならない」と近代憲法型の財産権保障の姿勢を示しながら、本条2項においては、「財産権の内容は、公共の福祉に適合するやうに、法律でこれを定める」と、法律の規定次第で、財産権の保障範囲をいかようにも変えられるようにも読める。
　これは、財産権の主張を他者との関係で確実なものとするためには、自力救済が許されない以上、国家による権力的保証（裁判所による執行など）を必要とすることに加え、自然権的な「神聖かつ不可侵」の権利ではなくなって以来、欲しいままの財産の保有は許されなくなっており、社会経済政策的な制約が広範に及んでいるという財産権の特性を反映したものである。多くの学説が、財産権の保障については、「財産を取得し保持する権利一般を法制度として保障する」（芦部・憲法242頁）、「前提として財産の帰属と内容に関するルールを必要とする」（高橋・立憲主義272頁）と指摘するのは、財産権保障が法制度に依存する側面をもつことを示すものである。
　本条1項と2項との関係については、財産権保障の中に、法律による内容形成に委ねられた部分と法律によっても制限できない部分があることを示したも

※158　GHQ原案には、財産権保障についてのさまざまなアイデアが盛り込まれている。そこでは、GHQ草案に盛り込まれた土地天然資源についての「究極的所有権」という発想は、国家による収用権限を認めるための理由づけのように読める。http://www.ndl.go.jp/constitution/shiryo/03/147/147tx.html。
※159　「第28条　土地及一切ノ天然資源ノ究極的所有権ハ人民ノ集団的代表者トシテノ国家ニ帰属ス　国家ハ土地又ハ其ノ他ノ天然資源ヲ其ノ保存、開発、利用又ハ管理ヲ確保又ハ改善スル為ニ公正ナル補償ヲ払ヒテ収用スルコトヲ得」http://www.ndl.go.jp/constitution/shiryo/03/076/076tx.html。

のと解釈される。そして、本条2項に基づく、立法権による財産権の内容決定に対する歯止めとして、「個人が現に有する具体的な財産上の権利の保障」とともに、個人が財産権を享有し得る制度としての**私有財産制**があるとみる見解が支配的である（芦部・憲法242頁、佐藤功・注釈上478頁など）。

最高裁は、本条1項と2項の趣旨について、「私有財産制度を保障しているのみでなく、社会的経済的活動の基礎をなす国民の個々の財産権につきこれを基本的人権として保障する」ものと解している（森林法分割制限事件判決・最大判1987（昭62）・4・22民集41巻3号408頁）。

「制度的保障の核心」としての「私有財産制度」の内容については、日本国憲法の下でどこまでの社会主義化が可能かという議論とかかわって論じられた（佐藤功・注釈上479頁）。すなわち、財産権保障の核心たる「私有財産制度」が経済体制としての資本主義体制」を意味するという点には、おおかたの一致があったが、そこにいう「資本主義体制」が具体的に何を意味するかをめぐって、「生産手段の私的所有」が保障された体制とする見解（宮沢・全訂286頁）から「人間が、人間としての価値ある生活を営む上に必要な物的手段の享有」が認められる体制に限定する見解[160]までさまざまな見解が論じられた。前者の見解は、日本国憲法の下では、社会主義化は不可能であるとする結論と結びつき（佐藤幸・憲法310頁）、後者は、一定の範囲での生産手段の社会化をも可能とするものである（浦部・教室231頁）。

そして、「侵してはならない」とされる「私有財産制」の内容の探究は、「侵してはならない」個人の財産権の保障の内容の検討とも結びつく。そこでは、自己の労働により自己とその家族の生存を支えるための「生存財産」と、他者の労働を搾取する機能を果たす「独占財産」との区別[161]、国民がその生活を営むための日常必需財産である「小さな財産」と、他人の支配を伴うような社会性の強い「大きな財産」との区別を行い、それぞれ前者については法律によっても侵すことはできず、後者については大幅な制約も容認するとの見解が示された[162]。ただし、財産の性格の違いは相対的であることを免れず、截然と区別することは難しい。しかし、こうした財産権の性質の違いは、個々の財産権制約の合憲性判断にあたっての考慮要素の1つとして機能することとなろう（高橋・立憲主義276頁）。

2　財産権の内容形成

(1)　「財産権の内容」

---

[160] 今村成和『損失補償制度の研究』（1968年）12～13頁。

[161] 山下健次「財産権の保障」ジュリ638号（1977年）331頁以下。

[162] 高原賢治「社会国家における財産権」田中二郎編集代表『日本国憲法体系　第7巻　基本的人権Ⅰ』（有斐閣、1965年）251頁。

本条2項が「財産権の内容」について「公共の福祉に反しない」ことを求めていることから、本条2項に基づいて認められるのは、財産権の「内容」の決定であり、財産権の「行使」は憲法12条・13条を根拠に行われると解する見解もある※163。しかし、内容の決定と行使制限とは表裏一体の関係にあり、財産権の内容の決定と財産権の行使制限とを区別する実益はないと指摘されている（高橋・立憲主義275頁）。

もともとこの「財産権の内容」と「財産権の行使」の区別論も、先に触れた「制度的保障の核心」をめぐる議論も、「侵してはならない」財産権と「公共の福祉」のため制限され得る財産権との区分をいかに図るかにかかわる議論であった。

近年は、この財産権の区分が、「財産権の内容形成」とのかかわりで論じられる傾向にある（渡辺ほか・憲法1・344頁〔宍戸常寿〕）※164。財産権の特殊性は、公権力に対する不作為請求を本質とする自由権と違い、権利保障のために裁判所などの公権力の発動を必要とし、権利の保障内容が私法を始めとする法律によって形成されるという点にある。しかし、財産権の法律による内容形成を強調すると、財産権の保障範囲が法律の保障内容に押し込められてしまい、財産権には「制限」があり得ないことになってしまう。

しかしながら、森林法分割制限事件判決（最大判1987（昭62）・4・22民集41巻3号408頁）において、最高裁は、旧森林法186条による共有林分割請求の制限について、共有物の持分請求権を定めた民法256条1項に照らして、「分割請求権を共有者に否定することは、憲法上、財産権の制限に該当」すると判示した。これは、民法256条1項を「財産権の原型」とみて（毛利ほか・憲法2・296頁〔松本哲治〕）、旧森林法186条の規定を、財産権の内容形成ではなく、財産権の制限とみたことを意味する。

なぜ民法上の共有物分割請求権が「財産権の原型」にあたるといえるのかについては、単独所有を原則とする法律家集団の共通理解が「財産権保障のベースライン」となっているとの説明※165や、民法典制定者による「一物一権主義」の選択が財産権の「制度的保障」における「本質的内容」を形成したとの説明※166がなされている。

最高裁が、旧森林法186条による「憲法上の財産権の制限」を認定するにあたって、「共有物分割請求権は、各共有者に近代市民社会における原則的所有形態である単独所有への移行を可能ならしめ、右のような公益的目的をも果た

※163 高辻正己『財産権についての一考察』自治研究38巻4号（1962年）3頁以下。
※164 小山剛『「憲法上の権利」の作法（第3版）』（尚学社、2016年）154頁以下。
※165 長谷部恭男『憲法の理性』（東京大学出版会、2006年）133頁以下。
※166 LS憲法研究会編・棟居快行ほか編集代表『プロセス演習憲法（第4版）』（信山社、2011年）285頁以下。

すものとして発展した権利」であることを強調しているところからみて、最高裁は、財産的価値を有する権利を各人が単独で自由に使用・収益・処分することに、「財産権の原型」をみているということができよう。

(2) 「公共の福祉に適合するやうに」

「公共の福祉」の意味については、憲法13条の解説（→憲13条Ⅴ）参照。

本条の「公共の福祉」による制約には、財産権の自由な行使がもたらす弊害を防止するための消極目的規制と、福祉国家の理念に基づき、経済的弱者の保護等のために行われる積極目的規制があるとされる（佐藤功・注釈上482頁）。

(3) 「法律でこれを定める」

「法律で」と定めるのは、政令などの命令によって財産権の内容を定めることができないことを意味する（佐藤功・注釈上484頁）。財産権が憲法上の権利である以上、その制限が国会制定法によらなければならないのは当然である。これに対して、憲法が国会立法中心主義の例外として条例制定権を認めている以上、地方公共団体が、地方の実情に応じて、条例によって財産権の内容を定め、制限を定めることは可能と解されている（**奈良県ため池条例事件**判決・最大判1963（昭38）・6・26刑集17巻5号521頁）。

3 財産権制限の判断枠組み

結局、「侵してはならない」財産権の範囲は、具体的な財産権制限の合憲性の判断のなかで確定されていくこととなる。そこでは、財産権の性質とともに、規制目的の違いも考慮に入れる必要がある。

(1) 規制目的

財産権も職業の自由と同様、「社会公共の便宜の促進、経済的弱者の保護等の社会政策及び経済政策上の積極的なものから、社会生活における安全の保障や秩序の維持等の消極的なものに至るまで」、多様な目的の規制に服する（森林法分割制限事件判決（最大判1987（昭62）・4・22民集41巻3号408頁）。

消極目的規制の例としては、災害防止や相隣関係の調整等が挙げられる。また、積極目的規制の例としては、私的独占の排除のための独占禁止法（私的独占の禁止及び公正取引の確保に関する法律）、借地・借家人保護のための借地借家法等が挙げられる。しかし、現実の財産規制は、都市計画法（「都市の健全な発展と秩序ある整備を図り、もつて国土の均衡ある発展と公共の福祉の増進に寄与することを目的とする」（都計1条））や建築基準法（「国民の生命、健康及び財産の保護を図り、もつて公共の福祉の増進に資することを目的とする」（建基1条））などをみてもわかるように、消極目的と積極目的が混在しているとみられるものが多い。

森林法分割制限事件判決は、前述のように、財産権の制限に消極目的規制と積極目的規制があることを認め、比較的厳格な違憲審査を行ったため、当初は、「むしろ消極目的規制の要素が強いと判断した」との観測もあった（芦部・憲

法244頁）。また、当該規定が共有者間の権利の調整を図るものであることに着目して、権利の本質に由来する「内在的制約」とみて、「厳格な合理性の審査」がなされたと評価する見解もある（渋谷・憲法319頁）。

しかし、判決が認定した規制目的は、「森林の細分化を防止することによって森林経営の安定を図り、ひいては森林の保続培養と森林の生産力の増進を図り、もっと国民経済の発展に資する」というものであって、どちらかといえば積極目的に分類されるべきものである（高橋・立憲主義277頁、毛利ほか・憲法2・297頁〔松本哲治〕）。

そして、最高裁は、旧証券取引法の短期売買利益返還請求事件判決（最大判2002（平14）・2・13民集56巻2号331頁）においては、規制目的について、「社会公共の便宜の促進、経済的弱者の保護等の社会政策及び経済政策に基づくものから、社会生活における安全の保障や秩序の維持等を図るものまで」と述べて、「積極」「消極」という言葉を外してしまった。

こうした判例動向について、最高裁が規制目的二分論を放棄した、もしくはそもそも二分論自体が存在しなかったとの観測（安西文雄ほか『憲法学読本（第3版）』（有斐閣、2018年）186頁〔巻美矢紀〕）もある。「財産権の規制については、職業選択の自由の場合と異なり、消極目的規制が市場への参入規制として機能する余地が小さいと考えるならば、財産権規制について立法目的二分論をとるべき理由がそもそも乏しい」（長谷部・憲法255頁）との指摘もあり、少なくとも財産権の規制については、規制目的二分論が採られていないとの理解が一般化している（毛利ほか・憲法2・298頁〔松本哲治〕）。

もっとも、判例は、判断の前提として、「規制の目的、必要性、内容、その規制によって制限される財産権の種類、性質及び制限の程度等を比較考量」して合憲性を判断するという原則を維持しているので（前掲・短期売買利益返還請求事件判決（最大判2002（平14）・2・13））、規制目的による立法裁量の広狭の違いを考慮する必要が全く排除されているわけではない。

(2) 審査基準

森林法分割制限事件判決は、(a)立法の規制目的が公共の福祉に合致しないことが明らかである場合、(b)規制手段が規制目的を達成するための手段として必要性もしくは合理性に欠けていることが明らかである場合に、立法府の判断が合理的裁量の範囲を超え、当該規制立法は本条2項に違背するとした。

この基準は、2002（平成14）年の短期売買利益返還請求事件判決においても引き継がれた。しかし、それ以降の最高裁判決においては、先例として、森林法分割制限事件判決ではなく、短期売買利益返還請求事件判決が参照されるようになり、「必要性もしくは合理性を欠くことが『明らか』」という表現もしなくなっている（たとえば、農地法に基づく農地の転用等の許可制に関する最二小判2002（平14）・4・5刑集56巻4号95頁、消費者契約の解除に伴う損害賠償額の制限を定める消費者契約法に関する最二小判2006（平18）・11・27判時1958号

360   第29条（財産権）

61頁など）。

　また、近年の最高裁判決には、当該財産権の性質と制度の仕組みを説明しそれをもって合憲性判断の根拠とする傾向もみられる（前掲・最二小判2006（平18）・11・27、団地建物の建替えに関する建物区分所有法70条の合憲性に関する最一小判2009（平21）・4・23判時2045号116頁など）。

　こうした傾向については、「財産権の内容形成が不合理なものでないかをチェックする」、制度準拠審査的な審査手法として評価する見解もある（渡辺ほか・憲法1・349頁〔宍戸常寿〕）。

4　財産権に関する具体的事例

(1)　奈良県ため池条例事件

　奈良県は、条例（ため池の保全に関する条例）で「ため池の余水はきの溢流水の流去に障害となる行為」、「ため池の堤とうに竹木若しくは農作物を植え、又は建物その他の工作物（ため池の保全上必要な工作物を除く。）を設置する行為」、その他「ため池の破損又は決かいの原因となる行為」を禁止し（条例4条）、違反者を3万円以下の罰金刑の対象とした。

　最高裁の多数意見は、条例によって、「その財産権の行使を殆んど全面的に禁止されることになる」ことは認めながらも、「それは災害を未然に防止するという社会生活上の已むを得ない必要から来ることであって、ため池の提とうを使用する財産上の権利を有する者は何人も、公共の福祉のため、当然これを受忍しなければならない責務を負う」とし、ため池の破壊・決壊につながる行為が「憲法、民法の保障する財産権の行使の埒外」であるとの認識に基づいて、本条違反の主張を斥けた（最大判1963（昭38）・6・26刑集17巻5号521頁）。また、判決は、「地方公共団体の特殊な事情により、国において法律で一律で定めることが困難または不適当なことがあり、その地方公共団体ごとに、その条例で定めることが、容易かつ適切なことがある」として、条例によって財産権の行使を制限することも肯定した。

(2)　農地売払い価格の事後的変更

　旧農地法80条1項は、農林大臣が、自ら管理する農地が自作農創設等の目的に供しないことが相当であると認めたとき、売却することできると定め、旧農地法80条2項は、1項の農地が買収されたものである場合、「買収の対価」相当額で旧所有者に売り払うべきことを定めていた。しかし、戦後、地価が高騰する中、旧所有者がきわめて低廉な「買収の対価」相当額で農地を買い戻すことに対する世論の反発が強まり、「国有農地等の売払いに関する特別措置法」が制定され、売払いの対価は「時価の7割」とされた。

　旧所有者が、特別措置法は本条に違反するとして、「買収の対価」での農地の売払いを求めた事件において、最高裁は、特別措置法による売払い対価の変更を合憲と判断した（最大判1978（昭53）・7・12民集32巻5号946頁）。

判決は、財産権の内容を事後法によって変更することも、「公共の福祉に適合するようになされたものである限り」許されるとした上で、その判断枠組みとして、「いったん定められた法律に基づく財産権の性質、その内容を変更する程度、及びこれを変更することによって保護される公益の性質などを総合的に勘案し、その変更が当該財産権に対する合理的な制約として容認されるべきものであるかどうか」によって判断されるべきとする。

そして、旧土地所有者の有する「買収農地を回復する権利」が「立法政策上」設けられたものであり、売払い価格の決定も「立法政策上の問題」であること、「農地法施行後の社会・経済的事情の変化は当初の予想をはるかに超えるものがあり」、「現に地価が著しく騰貴したのちにおいて売払いの対価を買収の対価相当額のままとすることは極めて不合理であり適正を欠く」ことを指摘して、特別措置法による売払い価格の変更を「公共の福祉に適合する」と判断した。

(3) 森林法分割制限事件

旧森林法186条は、「森林の共有者は、民法第256条第1項（共有物の分割請求）の規定にかかわらず、その共有に係る森林の分割を請求することができない。但し、各共有者の持分の価格に従いその過半数をもつて分割の請求をすることを妨げない」と定め、持分価格2分の1以下の共有者による分割請求権を否定していた。最高裁は、以下のように、旧森林法186条が本条2項に違反すると判示した（最大判1987（昭62）・4・22民集41巻3号408頁）。

判決は、旧森林法186条の立法目的については、先に述べたように（3(1)）、「森林の細分化を防止することによって森林経営の安定を図り、ひいては森林の保続培養と森林の生産力の増進を図り、もって国民経済の発展に資すること」にあると認定し、それが「公共の福祉に合致しないことが明らかである」とはいえないとした。

しかし、判決は、手段と立法目的との関連性について、以下のような不合理な点があることを逐一指摘して、分割請求権の制限が旧森林法186条の立法目的との関係において、「合理性と必要性のいずれをも肯定することのできないことが明らか」であるとした。

(a) 共有関係の維持が森林経営の安定と合理的関連性を有するとはいえない。共有者が森林の管理等をめぐって意見の対立等を生じた場合、共有関係の維持がかえって森林の荒廃をもたらすこともある。

(b) 森林の単独所有者による売却や過半数持分権者による分割請求、遺産分割の場合と比べて、共有森林につき持分価額2分の1以下の共有者の分割請求権が行使された場合には、常に森林がより細分化されることになるとはいえないから、その禁止の合理性には疑問がある。さらに、森林の安定的経営のために必要な森林面積を下回るかどうか問うことなく、また森林の伐採期や計画植林の完了時期を全く考慮せず、持ち分2分の1以下の共有者の分割請求を一律に禁止するのは必要とされる限度を超える規制である。

(c) 現物分割を行うにあたっても共有物の性格、共有状態に応じた調整をすることは可能であるから、一律に分割請求権を否定するのは、立法目的を達成するのに必要な限度を超える規制である。

(4) 旧証券取引法の短期売買利益返還請求事件

旧証券取引法（現・金融商品取引法）164条1項は、その職務または地位により取得した秘密を不当に利用するインサイダー取引を防止するため、上場会社等の役員または主要株主が自社株を6か月以内に売買して得た利益について、実際に秘密の不当利用があったかどうかを問うことなく、会社が提供を請求し得ると定める。

利益の請求を受けた主要株主が本件規定を本条1項に違反すると主張した事件について、最高裁はその合憲性を認めた（最大判2002（平14）・2・13民集56巻2号331頁）。

判決は、本件規定の目的が「上場会社等の役員又は主要株主がその職務又は地位により取得した秘密を不当に利用することを防止することによって、一般投資家が不利益を受けることのないようにし、国民経済上重要な役割を果たしている証券取引市場の公平性、公正性を維持するとともに、これに対する一般投資家の信頼を確保するという経済政策に基づく目的を達成するためのもの」にあるとした上で、「公共の福祉に適合することは明らか」であるとする。

判決は、次に、規制手段に関して、以下の3点を指摘して、「必要性又は合理性に欠けることが明らか」とはいえないと判示した。

(a) 秘密の不当利用や一般投資家の損害発生の有無を要件とすると、その立証が困難なため、本件規定の請求権の迅速かつ確実な行使を妨げ、先に挙げた立法目的を損なう。

(b) 「内閣府令で定める場合又は類型的にみて取引の態様自体から秘密を不当に利用することが認められない場合」には本件規定は適用されず、規制対象が限定されている。

(c) 本件規定は、上場会社等の役員または主要株主に対して、売買自体を禁止せず、取引によって得られた利益の返還を求めるものであって、それ以上の財産上の不利益を課すものでない。

Ⅲ　損失補償

1　損失補償の意義

損失補償とは、公権力が公共の目的を達成するために私有財産を強制的に利用する場合に、その財産所有者が被った損失について金銭で補償をすることであり、公共目的のための財産権の利用の必要性と個人の財産権保障との衡平・均衡を図るものである（佐藤功・注釈上485頁）。公共目的で私有財産が利用されるとき、その受益者は国民一般であり、負担の公平を図るために国庫から補

償が行われるのである。

2　損失補償の内容

⑴　「私有財産」

「私有財産」とは、現に私人に属する財産をいう（宮沢・全訂288頁）。

⑵　「公共のために用ひる」

「公共のために」の意味について、⒜学校、病院、道路建設といった公共事業のために私有財産を利用する場合に限られるという立場と、⒝広く社会公共のために行われる事業であれば、直接的な受益者が私人であってもよいとの立場（宮沢・全訂290頁、樋口ほか・注解2・245頁〔中村睦男〕）がある。

この対立は、戦後の農地改革において、被収用財産が自作農創設のために、他の私人に分配されたことをめぐって争われたが、最高裁は、⒝の立場をとることを明らかにしている（最二小判1954（昭29）・1・22民集8巻1号225頁）。

また、私有財産を「用いる」の意味については、土地収用など所有権を剥奪する場合（公用収用）が典型であるが、それに限られず、私有財産の利用が制限される場合（公用制限）も損失補償の対象に含まれる（宮沢・全訂289頁）。

なお、日米安全保障条約6条に基づく地位協定に基づいて、施設および区域を駐留軍の用に供するための収用についても、私有財産を「公共のために用ひる」場合にあたるとされている（最大判1996（平8）・8・28民集50巻7号1952頁）。

⑶　「正当な補償」

「正当な補償」については、当該財産の客観的な市場価格を全額補償すべきとする完全補償説と合理的に算出された相当な価格であれば市場価格を下回ってもよいとする相当補償説との対立がある。

最高裁は、農地改革における農地買収価格が問題となった事件において、「憲法29条3項にいうところの財産権を公共の用に供する場合の正当な補償とは、その当時の経済状態において成立することを考えられる価格に基き、合理的に算出された相当な額をいう」と述べ、相当補償説を採ることを明らかにした（最大判1953（昭28）・12・23民集7巻13号1523頁）。

しかし、判決が、相当補償説の根拠として、「財産権の使用収益又は処分の権利にある制限を受けることがあり、また財産権の価格についても特定の制限を受けることがあ」ることを挙げるのは、制限の正当性に関する本条2項の議論を損失補償額の議論にもち込むものと批判されよう。

学説上は、農地改革は前近代的生産関係の解消にかかるかなり特殊な施策であったこと、負担の公平という観点からみて、市場価格を下回る価格による「補償」を正当化するのは困難であることから、相当補償説を一般化するべきではなく、完全補償説を原則とすべきであるとの主張が有力である（高橋・立憲主義279頁、佐藤幸・憲法319頁）。

また、「正当な補償」について一律に判断するのではなく、直接公共の用に供するための収用については、完全補償を原則とし、社会権の実現といった政策目的（積極目的）に基づく財産権制限において補償が必要な場合には相当補償でよいとの見解もある（浦部・教室236頁）。

　最高裁は、土地収用法72条の損失補償については、「完全な補償、すなわち、収用の前後を通じて被収用者の財産価値を等しくならしめるような補償をなすべきであり、金銭をもつて補償する場合には、被収用者が近傍において被収用地と同等の代替地等を取得することをうるに足りる金額の補償を要する」との理解を表明した（最一小判1973（昭48）・10・18民集27巻9号1210頁）。しかし、憲法29条3項の「正当な補償」の解釈については、土地収用法71条の合憲性が争われた事件において、改めて相当補償説の立場に立つことを明らかにしている（最三小判2002（平14）・6・11民集56巻5号958頁）。

⑷　損失補償の要否

　損失補償の必要な場合とは、しばしば「特別の犠牲」という言葉で置き換えられるように、負担の公平という観点からみて、私有財産を収用・制限された者に対する補償を妥当とするかどうかによって決せられる。

　具体的な損失補償の要否の基準としては、権利制限の対象が一般人か特定の個人・集団かという形式的基準、その財産権の制限が、内在的制約として受忍すべき限度を超え、財産権の本質的内容をおかすほどに強度なものかという実質的基準などが挙げられてきた（芦部・憲法247頁）。しかし、制限の対象が一般的か特定的かの区別は相対的なものであり、損失補償の本質が、公共の利益のための国民間の負担の公平にあることから、形式的要件よりは実質的要件を重視すべきである（野中ほか・憲法1・494頁〔高見勝利〕、佐藤功・注釈上488頁）。

　土地収用など、公用収用が損失補償の対象となることについては異論がない。ただし、国民一般が等しく負担せざるを得ない財産権制限であれば、損失補償によって「負担の公平」を図る必要がないので、財産権の内在的制約とされる制限には損失補償は必要ないとされる（佐藤幸・憲法317頁、高橋・立憲主義279頁、毛利ほか・憲法2・303頁〔松本哲治〕）。判例も、奈良県ため池条例事件において問題となったため池の決壊をもたらすおそれのある堤とうの利用について、「災害を防止し公共の福祉を保持する上に社会生活上已むを得ないものであり、そのような制約は、ため池の堤とうを使用し得る財産権を有する者が当然受忍しなければならない責務というべきもの」であるとして、損失補償の必要はないとした（最大判1963（昭38）・6・26刑集17巻5号521頁）。

　ただし、河川附近地制限令事件判決（最大判1968（昭43）・11・27刑集22巻12号1402頁）の示すように、内在的制約であっても一律に損失補償が不要となるわけではなく、「信頼保護的補償」というべきものがあり得るとの指摘もある（佐藤幸・憲法318頁）。

逆に、積極目的の規制の場合は、「財産権者の側に落ち度があるわけではない」から、原則として、損失補償の対象となるとされる（高橋・立憲主義279頁）。もっとも、損失補償の要否を決するにあたっては、規制の目的（内在的制約か否か）、規制の必要性、財産権制限の強度、権利者側の受忍すべき事情の有無を総合的に判断する必要がある。

(5)　本条2項と3項との関係

本条2項に基づいて「公共の福祉に適合する」ものとされた財産権の制限は、損失補償の対象となり得るのか。

この点について、かつては、本条2項に基づく規制は、一般的な性格をもつものであり、損失補償は特定の個人・集団の財産権制限に対するものであることを理由に、損失補償の対象とならないとの見解もあった。しかし、(2)で述べたように、現在では特定の個人・集団への権利制限かどうかを問う形式的基準は重視されなくなっており、本条2項に基づく規制であっても、損失補償の対象となる可能性はある（佐藤幸・憲法316頁、浦部・教室234頁）。

(6)　憲法に基づく損失補償請求

土地収用法（土地収用46条の2以下）、土地区画整理法（区画整理109条）、自然公園法（自然公園法64条）等、法令の中に損失補償に関する規定を置いているものも多い。仮に、法令中に損失補償に関する規定を欠いている場合でも、本条3項を根拠に損失補償を求めることができるとされている（前掲・河川附近地制限令事件判決）。

3　損失補償をめぐる具体的問題

(1)　奈良県ため池条例事件

財産権の制限としての合憲性については、Ⅱ4(1)を参照。

最高裁は、損失補償の必要性についても、ため池の破壊・決壊をもたらすおそれのある堤とうの利用の禁止が、「災害を防止し公共の福祉を保持する上に社会生活上已むを得ないものであり、そのような制約は、ため池の堤とうを使用し得る財産権を有する者が当然受忍しなければならない責務というべきもの」であるとして、損失補償の必要はないとした（最大判1963（昭38）・6・26刑集17巻5号521頁）。

本件は財産権の内在的制約として損失補償を必要としないと判断された例と理解されているが（樋口ほか・注解2・247頁〔中村睦男〕）、事案を子細にみれば、「その規制が本質的に強度のもので、かつ、その規制が必ずしも権利者の責に帰すべき事由によるとみられない場合」として、補償を要する事例と解することもできる（佐藤幸・憲法317頁）。

(2)　ガソリンタンク移設事件

最高裁は、国が交差点に地下道を設置したことより地下に埋設していたガソリンタンクを移設する費用が生じたとしても、「道路工事の施行によって警察

規制に基づく損失がたまたま現実化するに至ったもの」に過ぎないとして、道路法70条1項の定める補償の対象にはならないとした（最二小判1983（昭58）・2・18民集37巻1号59頁）。

本件は、ガソリンタンクという危険物から発生する責任に基づいて損失補償を否定したといえるが、法令違反の状態が発生した原因の評価によっては、損失補償の必要性を肯定する余地もあろう（本件の第一審判決：高松地判1979（昭54）・2・27行集30巻2号294頁参照）。

(3) 河川附近地制限令事件

河川附近地制限令によって、河川の管理に支障のある事態の発生を事前に防止するため、所定の行為をしようとする場合に知事の許可を受けることが必要となることについて、最高裁は、「公共の福祉のためにする一般的な制限であり、原則的には、何人もこれを受忍すべきもの」であり、「特定の人に対し、特別に財産上の犠牲を強いるものとはいえない」として、損失補償は必要でないとした（最大判1968（昭43）・11・27刑集22巻12号1402頁）。

ただし、判決は、「河川附近地に指定されたため、河川附近地制限令により、知事の許可を受けることなくしては砂利を採取することができなくなり、従来、賃借料を支払い、労務者を雇い入れ、相当の資本を投入して営んできた事業が営み得なくなるために相当の損失を被」ったという、被告人の財産上の損失について、「公共のために必要な制限によるものとはいえ、単に一般的に当然に受忍すべきものとされる制限の範囲をこえ、特別の犠牲を課したものとみる余地が全くないわけではな」いとして、損失補償の対象となり得ることを認めている。

(4) 予防接種禍にかかわる「国家補償の谷間」

予防接種は、一定の伝染病について、予防接種法に基づいて、定期または臨時に行われ（予防接種法5条・6条）、市町村長・都道府県知事は対象者に接種を勧奨する（予防接種法8条）。予防接種は、伝染病の発生・まん延の防止に効果があるが、問診等のスクリーニングを徹底しても10万人に接種すると2〜3人の割合で副反応による死亡や重篤な後遺障害が発生するおそれのあることが統計的に知られている。

予防接種により重篤な障害を負った児童について、東京地裁は、「各被害児らは、被告国が、国全体の防疫行政の一環として予防接種を実行し、それを更に地方公共団体に実施させ、右公共団体の勧奨によって実行された予防接種により、接種を受けた者として、全く予測できない、しかしながら予防接種には不可避的に発生する副反応により、死亡その他重篤な身体障害を招来し、その結果、全く通常では考えられない特別の犠牲を強いられた」とみなして、損失補償を認めた（東京地判1984（昭59）・5・18判時1118号28頁）。

第29条（財産権）　*367*

　予防接種による事故については、接種担当者が注意義務を尽くしても発生を完全になくすことができず、国家賠償による救済が困難とされ、「国家補償の谷間」として、救済の必要性が唱えられていた。東京地裁判決は、この問題に対して、損失補償による救済の途を開くものとして注目された。

　しかし、財産権の制限に対する救済である損失補償の枠組みを個人の生命・健康に対する損害にもち込むことは、「生命身体はいかに補償を伴ってもこれを公共のために用いることはできないものである」という憲法の基本原理に反するとの批判も強く（東京高判1992（平4）・12・18高民45巻3号212頁など）、過失を広く認めて国家賠償による救済を図る方向が主流となった（最二小判1991（平3）・4・19民集45巻4号367頁）。

(5)　**戦争損害**

　サンフランシスコ平和条約によって、各連合国にあった日本国民の財産を差押え、留置し、清算し、処分する権利を各連合国に認めたこと（条約14条2項）について、損失補償が求められた事件について、最高裁は、「戦争中から戦後占領時代にかけての国の存亡にかかわる非常事態にあつては、国民のすべてが、多かれ少なかれ、その生命・身体・財産の犠牲を堪え忍ぶべく余儀なくされていたのであつて、これらの犠牲は、いずれも、戦争犠牲または戦争損害として、国民のひとしく受忍しなければならなかつたところであり、右の在外資産の賠償への充当による損害のごときも、一種の戦争損害として、これに対する補償は、憲法の全く予想しないところというべきである。」として、請求を斥けている（最大判1968（昭43）・11・27民集22巻12号2808頁）。また、同条約19条(a)による損害賠償請求権の放棄についても、上記の判決を参照した上で、戦争損害に対する補償は「憲法29条3項の全く予想しないところ」であるとして、損失補償請求を斥けている（最二小判1969（昭44）・7・4民集23巻8号1321頁）（いわゆるB・C級戦犯として処刑された者の損害や未払い賃金についても憲法の各条項の予想しないものとして請求を斥けている（最一小判2001（平13）・11・22判時1771号83頁））。

　連合国による日本国民の資産の処分が、「公共のための」収用といえるかは議論がある。宮沢俊義は、国がそれらの私有財産の負担において賠償義務を履行したことになり、本条にいう「公共のため」の収用と性質が似ているとし（宮沢・全訂291頁）、佐藤功は、国民の在外資産に対する権利は外国法上のものとして、「公共のために」収用したことにならないとする（佐藤功・注釈上499頁）。しかし、戦争に伴う損害が「国民のひとしく堪え忍ばなければならない」犠牲とはいっても、いわゆる財産権の内在的制約とは意味が異なり、なぜ「正当な補償」が受けられないのか明らかであるとはいえない。こうした最高裁の姿勢については、「憲法上の根拠を欠く司法審査否定論の1バリエーションで

あり、日本国憲法の平和主義に照らして疑問がある」との指摘もある※167。

(木下智史)

（納税の義務）
第30条　国民は、法律の定めるところにより、納税の義務を負ふ。

I　本条の趣旨

本条は、国民の**納税の義務**を定める。憲法が国民国家を前提とする以上、国家財政をまかなうために納税の義務が国民にあることは理念として当然と考えられ（新基本コンメ251頁〔中島徹〕）、憲法に規定する必要はないとも考えられるが、フランス人権宣言13条が、「武力を維持し、行政の経費にあてるため、共同の租税は、不可欠である。それはすべての市民の間でその能力に応じて平等に配分されなければならない」と定め（樋口ほか・注解2・256頁〔中村睦男〕）、ワイマール憲法134条が、「すべての公民は区別なく、その資力に応じて、法律の基準に従って、すべての公の負担に寄与する」と規定するように、外国の人権宣言や憲法にみられないわけではない。

大日本帝国憲法は、21条で「日本臣民ハ法律ノ定ムル所ニ従ヒ納税ノ義務ヲ有ス」と定めており（明憲21条）、本条はそれが引き継がれたものといえるが、本条は、帝国憲法改正案（内閣草案）にはなく、衆議院の修正で、「明白なことであるから、之を明記する必要はないとの論もありましたけれども、……斯かる規定が国の基本法制として最小限度に必要なりと認めまして、新たに挿入した次第であります」と説明され、加えられた（宮沢・全訂293頁、樋口ほか・注解2・256頁〔中村睦男〕）。

本条の存在理由について、課税が財産権の侵害であるとの議論を回避するためのものであるとする見解※168があるが、税は財産権を保障する政府を維持するために課されると説けば足りるので説得力に欠け、大日本帝国憲法下で一方的義務として観念された納税義務観を引き継ごうとしたものであるという指摘がある（新基本コンメ251頁〔中島徹〕）。

II　「国民」

個人および法人をいう。いわゆる「人格なき社団」にも、法律により納税義

※167　永田秀樹＝松井幸夫編著『基礎から学ぶ憲法訴訟』（法律文化社、2010年）180頁〔永田〕。

※168　清水伸編著『逐条日本国憲法審議録(2)』（有斐閣、1962年）721頁以下。

務を課することができる。わが国に居住する外国人も、治外法権を有する者を除き、納税の義務を負う（佐藤功・注釈上500頁）。「国民」となっているのは、納税によって、国民が主権者として支配する国の財政を維持することは、何より「国民」の責任であるとする趣旨である（宮沢・全訂293頁）。

天皇・皇族も、法律により納税の義務を負うが、内廷費や皇族費は国庫から支出されるので、非課税とされている（所税9条1項12号）。

Ⅲ 「法律の定めるところにより」

税額や徴収方法を法律で定める必要があること（新基本コンメ251頁〔中島徹〕）、すなわち**租税法律主義**の原則を示す。憲法84条にも租税法律主義が示されているが、憲法84条は、国の財政に対する国会の権限という面からの規定であり、本条は、国民の納税義務が法律によって具体化されることを定めるものであって、規定の観点を異にする（佐藤功・注釈上501頁以下）。ただ、法律に基づかない課税は憲法84条の租税法律主義違反と解すれば足りるので、本条が租税法律主義を定めると解釈する必要はないとする批判もある[169]。通説的見解は、本条を日本国憲法の国民主権原理に適合するように解釈するためにも、本条は憲法84条と並んで、租税法律主義を定める規定と理解している（新基本コンメ253頁〔中島徹〕）。

納税の義務の具体的内容は、法律によって定められる。最高裁は、本条および84条の規定は、「担税者の範囲・担税の対象・担税率等を定めるにつき法律によることを必要としただけでなく、税徴収の方法も法律によることを要するものとした趣旨と解すべきである」としている（最大判1962（昭37）・2・28刑集16巻2号212頁）。なお、最高裁は、「租税法の定立については、国家財政、社会経済、国民所得、国民生活等の実態についての正確な資料を基礎とする立法府の政策的、技術的な判断にゆだねるほかはなく、裁判所は、基本的にはその裁量的判断を尊重せざるを得ないものというべきである」として広い立法裁量を認めている（**サラリーマン税金訴訟**・最大判1985（昭60）・3・27民集39巻2号247頁）。

なお、条例による課税については憲法84条Ⅲ1参照。

Ⅳ 「納税の義務」

納税とは、租税を納めることである。租税の意義、種類、租税法律主義の内

---

[169] 小林孝輔＝芹沢斉編『基本法コンメンタール憲法（第5版）』（日本評論社、2006年）218頁〔三木義一〕。

容などについては憲法84条Ⅱ参照。

（倉田原志）

（適正手続の保障）
第31条　何人も、法律の定める手続によらなければ、その生命若しくは
自由を奪はれ、又はその他の刑罰を科せられない。

Ⅰ　本条の趣旨

　大日本帝国憲法23条は、「日本臣民ハ法律ニ依ルニ非スシテ逮捕監禁審問処
罰ヲ受クルコトナシ」とし、法律の範囲内での人身の自由と、いわゆる罪刑法
定主義を定めていたが、緊急勅令による罰則制定の可能性が存在し（明憲8条）、
法律に何らかの根拠があれば命令への罰則の包括的委任も可能されたことなど
により、この罪刑法定主義も形骸化しがちであり、人身の自由の実際上の侵害
には顕著なものがあった（樋口ほか・注解2・259頁〔佐藤幸治〕）。
　GHQ草案32条では、「何人モ国会ノ定ムル手続ニ依ルニアラサレハ其ノ生命
若ハ自由ヲ奪ハレ又ハ刑罰ヲ科セラルルコト無カルヘシ又何人モ裁判所ニ上訴
ヲ提起スル権利ヲ奪ハルルコト無カルヘシ」となっていた。このGHQ草案が日
本側に提示されて以後のやりとりの中で、前段と後段とはそれぞれ1つの条文
とされ、前段が本条の基となり、「其ノ生命若ハ自由ヲ奪ハレ又ハ刑罰ヲ科セ
ラルルコト無カルヘシ」では、刑罰以外によって生命を奪われることがあると
いうことになろうという指摘が日本側からなされて本条の文言になった（樋口
ほか・注解2・259頁〔佐藤幸治〕）。
　本条以下における**人身の自由**の保障は、諸外国の憲法に例をみないほど詳細
な規定であり、それは、大日本帝国憲法下での捜査官憲による人身の自由の過
酷な制限を徹底的に排除するためである（芦部・憲法251頁）。この中で本条は、
人身の自由についての基本原則を定めた規定である（芦部・憲法252頁）。なお、
人身の自由は、自然権的性質を有する自由であるから、外国人にも保障される
べきものである（野中ほか・憲法1・230頁〔中村睦男〕）。
　マグナ・カルタ39条は、「自由人は、その同輩の合法的裁判によるか、又は
国法によるのでなければ、逮捕、監禁、差押え、法律上の保護の剥奪、若しく
は追放を受け又はその他の方法によって侵害されることはない」と定める。ア
メリカ合衆国憲法修正5条は「いかなる人も、……法の適正な手続によらない
で、生命、自由又は財産を奪われてはならない」、修正14条1節は「いかなる州
も、適正な法の手続によらないで、何人からも生命、自由又は財産を奪っては
ならない」と定める。このアメリカ合衆国憲法の規定とのつながりがあること
は十分に推測されるが、本条は「適正な法の手続」ではなく「法律の定める手

第31条（適正手続の保障）　*371*

続」となっているなど違いがあり、本条の意味内容をめぐって種々の見解を生み出す結果となっている（樋口ほか・注解2・259頁以下〔佐藤幸治〕）。この種々の見解についてはⅡ参照。

Ⅱ　「法律の定める手続」

1　法律

「法律」とは、形式的意味の法律を指し、政令・条例・裁判所規則などは含まれない（佐藤功・注釈上503頁）。ただ、憲法73条6号は法律の委任がある場合には、政令で罰則を定めることを認めている。地方自治法14条3項が条例で罰則を設けることができることを定めるが、条例が法律と同視されること等を根拠として、一般には違憲とは考えられていない（→憲94条Ⅲ2(1)(ⅲ)）。さらに、憲法77条1項は、最高裁判所規則によって「訴訟に関する手続」を定めることができるとしており、刑事手続もこれに含まれるので、裁判所規則の定める手続も本条の「法律の定める手続」に含まれる（佐藤功・注釈上503頁）。

2　法律の定める手続

「法律の定める手続」の意味としては、科刑の手続の法定のみを要求するとする説（第一説）、科刑手続を定めた法律の内容が適正なものでなければならないとする説（第二説）、科刑の手続についてのみならず、実体要件についても法律で定めなければならないとする説（第三説）、科刑手続を定めた法律の内容が適正なものでなければならないのみならず、実体要件について法定されなければならないとする説（第四説）、科刑の手続および実体要件の双方につき法定されなければならないのみならず、その内容はともに適正なものでなければならないとする説（第五説）がある（佐藤幸・憲法330頁以下）。

これらの見解の分岐点は、まず、「手続」とされているので、実体要件の法定の原則、つまり、刑罰を定めるには法律によらなくてはならないとの原則（**罪刑法定主義**）は本条に含まれるかにある。これを真正面からうたった憲法の規定がないので、本条に含まれていると一般に考えられている（宮沢・全訂295頁）。ただ、本条に含まれていないとしても、罪刑法定主義は憲法の大原則であるので、どちらに解しても、結果はあまり違わないといわれる（宮沢・全訂295頁）。罪刑法定主義の内容としては、法律以外の法（たとえば、慣習法などの不文法、行政部の命令）によって刑罰を科すことは許されないこと（→憲73条6号）、事後立法により遡及して処罰することは許されないこと（→憲39条）、刑事法について類推解釈など拡張解釈は許されないこと、犯罪構成要件が明確・厳密に定められていなければならないこと、犯罪とそれに対する刑罰とが均衡を保つものでなければならないこと、などの原則が挙げられる（佐藤功・注釈上504頁）。なお、最高裁（最一小判2015（平27）・12・3刑集69巻8号815頁）

は、公訴時効の廃止を遡及適用することを定めた刑法及び刑事訴訟法の改正法の規定は、憲法39条、本条に違反せず、それらの趣旨に反するとも認められないとした（→憲39条Ⅱ）。

最高裁は、**大阪市売春取締条例事件**判決（最大判1962（昭37）・5・30刑集16巻5号577頁）において、本条は必ずしも刑罰がすべて法律そのもので定められなければならないとするものではなく、法律の授権によって下位の法令によって定めることもできると解すべきと判示しているので、本条が罪刑法定主義を定めた規定であることを前提としているといえる（佐藤功・注釈上504頁）。

次に、「法定」という言葉にかかわり、本条が法律で定められていることだけを要求しているのか、それを超えてその内容が「適正」なものであることを要求していると考えるかが問題となる。前述（→Ⅰ）の通り、アメリカ合衆国憲法修正5条は**「適正」な手続**を要求しているので、本条をそれと同様の規定と解するかどうかが分岐点となるのである。ニューディール期のアメリカにおいて「適正」な手続というこの規定から一定の実体的権利、とくに財産権などの経済的自由も保障していると解釈され、社会立法労働立法の多くが違憲と判断され、それらの進展が妨げられたという苦い経験を避けようとして、意識して「適正」という言葉を使わなかったと推測してよいのであるから、本条に「適正」さの要求を読み込むべきではないという見解もある[170]。しかし、「法定」だけでは人権保障の原理に反する事態が生じることが指摘され（佐藤功・注釈上505頁）、どこまで「適正」さを求めるかについては上述の通り争いはあるものの、本条が「適正」さの要求を含むと解するのが一般的といえよう。

さらに、手続については、法律によりさえすれば、いかなる手続によっても刑罰を科すことが可能であるとすれば、人権保障の原理に反することはいうまでもないので、手続について適正なものであることが要求されると解すべきであり、また、実体についても人権保障を基本原理とし、生命・自由に対する国民の権利が立法において最大の尊重を必要としているこの憲法（憲13条）の精神からいって、生命・自由にかかわる実体法の内容が適正なものでなければならないことは当然であり、本条はそのことをも当然に含んでいると解してよいであろうとして、第五説が通説的見解となっている（樋口ほか・注解2・262頁〔佐藤幸治〕、芦部・憲法253頁）。

ただ、憲法33条以下に刑事手続についての詳細な規定があるので、科刑手続の適正さ、実体要件の法定、実体要件の適正さの要請をすべて本条に読み込む必要は必ずしもないが、33条以下などの他の憲法条項によってすべて尽くされているとも断言できないこと等から、刑事手続に関する総則的規定として本条の働く余地を認める意味があるともいわれる（佐藤功・注釈上506頁）。実体の

---

[170] 田中英夫「憲法31条（いわゆる適法条項）について」『英米法研究2：デュー・プロセス』（東京大学出版会、1987年）296頁以下。

適正として、法律の「規定の明確性」の原則（犯罪構成要件の明確性、表現の自由を規制する立法の明確性）、「規制内容の合理性」の原則、「罪刑の均衡」の原則、「不当な差別の禁止」の原則などが挙げられる（芦部・憲法253頁）。

このように「法律の定める手続」の内容や限界は、必ずしも一義的に明確とはいえないが、憲法32条以下において定められている諸原則は、いずれもそうした「法律の定める手続」の諸原則を表明していると解され、それらを手がかりとして、個々の場合にその手続がここにいう「法律の定める手続」にあたるかどうかを判定することは必ずしも難しくはないことが指摘されている（宮沢・全訂295頁）。

3　適正な刑事手続の内容

適正な刑事手続の内容としては、アメリカの判例法から、(i)当事者に告知・聴聞の機会を与えること、(ii)公判に際して当事者を在廷させること、(iii)裁判所がその事件について裁判権（管轄権）を有すること、(iv)裁判所が公平であることなどが挙げられる。ただし、これらのうち、(ii)と(iii)は憲法32条の「裁判所において裁判を受ける権利」、(iv)は憲法37条1項の「公平な裁判所」の裁判を受ける権利の保障によりカバーされているので、本条から要求される手続の適正さの内実は、告知・聴聞・防禦の機会の保障であるとされる（佐藤功・注釈上507頁）。この「**告知と聴聞**」とは、公権力が国民に刑罰その他の不利益を科す場合には、当事者にあらかじめ内容を告知し、当事者に弁解と防禦の機会を与えなければならないというものである（芦部・憲法253頁）。

最高裁は、貨物の密輸を企てた被告人が有罪判決を受けた際に、その付加刑として貨物の没収判決を受けたが、この貨物には第三者の所有物がまじっていたにもかかわらず、その第三者に告知と聴聞の機会が与えられていなかったことが違憲であると主張された**第三者所有物没収事件**判決において、告知、弁解、防禦の機会なくして第三者の所有物を没収することは適正な法律手続によらないで、財産権を侵害する制裁を科するに外ならないと、本条の「法律の定める手続」の内容を示し、（旧）関税法118条1項が、当該第三者に事前に告知・弁解・防禦の機会を与えるべきことを定めておらず、この規定によって第三者の所有物を没収することは本条・憲法29条に反するとした（最大判1962（昭37）・11・28刑集16巻11号1593頁）。また、最高裁は、過料を科する手続が非訟事件手続法によるものとされていることと本条との関係について、「非訟事件手続法による過料の裁判は、もとより法律の定める適正な手続による裁判ということができ、それが憲法31条に違反するものでないことは明らかである」と判示し（最大判1966（昭41）・12・27民集20巻10号2279頁）、本条の「法律の定める手続」を「法律の定める適正な手続」と解釈している（佐藤功・注釈上510頁）。

374　第31条（適正手続の保障）

4　明確性

　刑罰を法律で定めていても、刑罰の構成要件の定め方が漠然としていて明確を欠くような場合は、ここにいう「法律の定める手続」による処罰とはいえないとする解釈がある（宮沢・全訂295頁）。この点から、破壊活動防止法38条2項2号・39条・40条、日米相互防衛援助協定等に伴う秘密保護法3条1項1号、日米安全保障条約第6条に基づく地位協定に伴う刑事特別法6条1項、義務教育諸学校における教育の政治的中立の確保に関する臨時措置法3条などの処罰規定が批判された（宮沢・全訂295頁）。

　最高裁は、**徳島市公安条例事件**判決（最大判1975（昭50）・9・10刑集29巻8号489頁）において、刑罰法規の定める犯罪構成要件があいまい不明確であれば、その適用を受ける国民に対して刑罰の対象となる行為をあらかじめ告知する機能を果たさず、また、その運用がこれを適用する国または地方公共団体の機関の主観的判断に委ねられて恣意に流れる等、重大な弊害を生ずるので、あいまい不明確のゆえに本条に違反するかどうかは、通常の判断能力を有する一般人の理解において、具体的場合に当該行為がその適用を受けるものかどうかの判断を可能ならしめるような基準が読み取れるかどうかによって決定すべきであるとして、刑罰法規があいまい不明確のゆえに本条違反となる可能性を認めたが、条例の「交通秩序を維持すること」という文言は、抽象的ではあるが、**明確性**を欠いて本条に違反するとはいえないとした。

　その後、最高裁は、**福岡県青少年保護育成条例**にいう「**淫行**」とは、広く青少年に対する性行為一般をいうのではなく、「青少年を誘惑し、威迫し、欺罔し又は困惑させる等その心身の未成熟に乗じた不当な手段により行う性交又は性交類似行為のほか、青少年を単に自己の性的欲望を満足させるための対象として扱っているとしか認められないような性交又は性交類似行為をいうものと解するのが相当」とし、このような解釈は「通常の判断能力を有する一般人の理解にも適う」ものであり、このように解釈するときは「不当に広すぎるとも不明確であるともいえないから」本条に反するものとはいえないとした（最大判1985（昭60）・10・23刑集39巻6号413頁）。また、旧関税定率法上の「**風俗を害すべき書籍、図画**」という文言につき（最大判1984（昭59）・12・12民集38巻12号1308頁）、また、**岐阜県青少年保護育成条例**上の「**有害図書**」につき（最三小判1989（平1）・9・19刑集43巻8号785頁）、同様の論法で処理されている（樋口ほか・注解2・276頁〔佐藤幸治〕）。これらを含め、これまで実際に違憲と断じた例はない。

5　犯罪と刑罰の均衡

　実体要件の適正に関して、刑事法学では、本条を根拠に、「実体的デュープロセス」という言葉で、その内容の1つとして犯罪と刑罰の均衡を問題とす

る※171。最高裁は「刑罰規定が罪刑の均衡その他種々の観点からして著しく不合理なものであって、とうてい許容しにくいものであるときは、違憲の判断を受けなければならない」と述べたことがある（最大判1974（昭49）・11・6刑集28巻9号393頁）が、憲法13条や14条等の人権規定の問題として議論することもできる（佐藤幸・憲法334頁）。

Ⅲ　「生命若しくは自由を奪はれ、又はその他の刑罰を科せられない」

　「**生命若しくは自由を奪はれ**」とは、刑罰として生命または自由を奪われる場合をいうとする説と、それより広くあらゆる自由一般を制限される場合をいうとする説がある。「その他の刑罰」となっている文言からと、刑罰についてこそ特に本条の存在理由があると考えられるので、第一説が有力である（宮沢・全訂296頁）。この立場からすると、その他の自由権については、別にそれぞれ規定があるので、しいて本条をもち出す必要はないことになる。
　ここに「刑罰」とは、固有の意味の刑罰（死刑、自由刑、罰金・科料および付加刑としての没収など）のほかに行政罰としての秩序罰や執行罰を含む。
　法廷等の秩序維持に関する法律が、裁判所の職務の執行を妨害した場合などに、裁判所が決定により監置（監置場に留置）・過料の制裁を科するものとしている（法廷秩序2条・3条）ことにつき、最高裁は、この制裁は従来の刑事的行政的処罰のいずれの範疇にも属しないところの、本法によって設定された特殊の処罰であり、憲法の要求する諸手続の範囲外にあるとしている（最大決1958（昭33）・10・15刑集12巻14号3291頁）が、とりわけ監置は刑罰に類する身体の自由の拘束である点で本条の「自由」を奪う刑罰ないし「その他の刑罰」に相当するものとみるべきという学説（樋口ほか・注解2・278頁〔佐藤幸治〕）が有力である（新基本コンメ257頁〔南野森〕）。
　行政罰については、そのうち秩序罰や執行罰としての「過料」は実質的には刑罰としての罰金や科料と同等の性質をもつものとして本条の問題となり（佐藤功・注釈上278頁）、最高裁も、非訟事件手続法による過料の裁判が本条の定める適正手続の要請を満たさなければならない性質のものであることは認めた上で、違憲ではないとしている（最大決1966（昭41）・12・27民集20巻10号2279頁）。さらに、保釈保証金没収決定についても本条の定める適正手続の要請を満たさなければならない性質のものであるという判断を示している（最大判1978（昭43）・6・12刑集22巻6号462頁）。懲戒罰については、特殊な身分関係に伴う制裁であるから、この刑罰には含まれないとする見解（宮沢・全訂296頁）と、たとえば弁護士会による弁護士の除名などのように、懲戒の効果がいわゆる市民的権利・自由の剥奪に及ぶ場合は本条の適用を受けるとする見解（佐藤

※171　たとえば、団藤重光『刑法総論要綱（第3版）』（創文社、1990年）53頁以下。

功・注釈上514頁)、あるいは、本条の問題というよりも一般的な「適正な手続的処遇を受ける権利」として憲法13条の問題と解すべきとする見解（樋口ほか・注解2・279頁〔佐藤幸治〕）がある。刑罰または保安処分としての強制断種も人の将来の生命を奪うものとして本条の問題となり得る（佐藤功・注釈上512頁）。

なお、本条は死刑合憲論の根拠となり得る。たとえば、「憲法31条によれば、国民個人の生命の尊貴といえども、法律の定める適理の手続によって、これを奪う刑罰を科せられることが、明らかに定められている。すなわち憲法は現代多数の文化国家においてと同様に、刑罰としての死刑の存置を想定し、これを是認したものと解すべきである」と述べた最高裁の判決がある（最大判1948（昭23）・3・12刑集2巻3号191頁）。

また、本条の「自由」の中に財産権が含まれるかも問題とされてきたが、この「自由」の中には所有物に対する支配の自由という観念が含まれ、そこから財産権を含むと解することができ、したがって、自由を奪う刑罰には財産罰も含まれると一般に解されている（佐藤功・注釈上512頁）。なお、この「自由」の中に財産権が含まれていないとみると、「その他の刑罰」に財産刑が含まれることになる（樋口ほか・注解2・277頁〔佐藤幸治〕）。

これまで本条違反と主張されたが、最高裁で合憲とされたものとして、死刑の執行方法について法律で特定することなく、絞首刑たる死刑を宣告したこと（最大判1961（昭36）・7・19刑集15巻7号1106頁）、公職選挙法による連座制の規定（最大判1962（昭37）・3・14民集16巻3号537頁）、地方公共団体の条例で罰則を定めること（最大判1962（昭37）・5・30刑集16巻5号577頁）などがある。

他方、最高裁は、刑事裁判で起訴されていない犯罪事実を余罪として認定し、これによって被告人を重く処罰することは不告不理の原則に反して本条に違反するとした（最大判1966（昭41）・7・13刑集20巻6号609頁）。この不告不理の原則は、被告人のための重要な法定手続の要求であるから、この原則に違反することは、憲法31条に違反することになる※172。

また、前述（→Ⅱ3）の通り、旧関税法118条1項が、その犯罪に関係のある船舶・貨物等が、被告人以外の第三者の所有に属する場合にも、これを没収する旨定めながら、その所有者たる第三者に対し、告知・弁解・防禦の機会を与えていないのは、適正な法律手続によらないで、財産権を侵害する制裁を科することであり、本条に反するとした（最大判1962（昭37）・11・28刑集16巻11号1593頁）。その後、この法律は、この最高裁判決の趣旨に応じて改正された。

電話盗聴も本条との関係で問題となる余地があるが（樋口ほか・注解2・266頁〔佐藤幸治〕）、このことについては憲法21条Ⅶ3(3)・35条Ⅲ参照。

※172 田宮裕「余罪と量刑」芦部信喜編『憲法判例百選Ⅰ』（有斐閣、1980年）147頁。

Ⅳ　本条と行政手続

　本条には、「その他の刑罰を科せられない」とあり、また、本条が次条以下の刑事手続条項を導く総則的規定としての位置にあることからみて、刑罰（刑事手続）のみに関するものであるとみえるが、行政権の行使（行政手続）によって国民の自由が奪われる場合が多く、現代国家における行政権の拡大強化の傾向はわが国の場合にも例外ではないことからすれば、行政手続は本条の範囲外であるとするのでは人権保障の重要な部分に欠けることとなることから、本条の趣旨は行政手続にも及ぼされるものといわれる（佐藤功・注釈上515頁）。また、刑罰の場合以外は、「法律の定める手続」によらずに自由を侵してよいという意味ではなく、そういう場合には、当然本条が、ことの性質に応じて、準用されるべきであり、少年法24条による保護処分や旧伝染病予防法7条による強制収容（現在の感染症を理由とする強制入院については、感染症の予防及び感染症の患者に対する医療に関する法律（感染症法）19条・20条参照）などは、それぞれの性質に即した「法律の定める手続」によるべきであるとする見解もある（宮沢・全訂296頁）。行政手続にも適用されると解する説も有力である（芦部・憲法254頁参照）。なお、最高裁は、1992（平成4）年の**成田新法事件**判決（最大判1992（平4）・7・1民集46巻5号437頁）では、本条の「定める法定手続の保障は、直接には刑事手続に関するものであるが、行政手続については、それが刑事手続ではないという理由のみで、そのすべてが当然に同条の保障の枠外にあると判断することは相当ではない」という言い方をしている。

　したがって、行政手続によって国民の自由を規制する法律については、その規制の手続および実体が適正なものでなければならないが、本条は、刑事手続についてと同様に、行政手続についても総則的な規定の地位にあり、具体的に行政手続の適正が問題となるのは、憲法33条・35条・38条などが行政手続に及ぶかという問題としてであり、直接に本条が問題となるのは、行政手続において当事者に告知・聴聞の機会を与えなければならないかという問題としてであるといわれる（佐藤功・注釈上516頁）。ただ、広く行政手続一般の適正性の要求を本条に求めるのは、本条の位置・構造からみて妥当ではなく、一般的な「適正な手続的処遇を求める権利」として憲法13条の射程に属するものと解すべきとする有力な見解（樋口ほか・注解2・279頁〔佐藤幸治〕）もあり、また、憲法における法治国原理の手続法的理解から導き出すことができると説く見解[173]もある。

　行政手続法ができるまでは、告知・聴聞を要することを定める一般法は存在しなかったが、その旨を定める個別的な法律は少なくなかった（佐藤功・注釈上516頁）。法律が告知・聴聞手続を定めている場合に、これを経ないでなされ

---

[173] 塩野宏『行政法Ⅰ（第6版）』（有斐閣、2015年）301頁以下。

た行政処分は手続の重大な瑕疵あるものとして、違法・無効であることは明らかとされる（最二小判1956（昭31）・7・6民集10巻7号819頁）が、法律がとくにその手続を定めていない場合についても、最高裁の**個人タクシー免許事件**判決（最一小判1971（昭46）・10・28民集25巻7号1037頁）と**群馬中央バス免許事件**判決（最一小判1975（昭50）・5・29民集29巻5号662頁）によって、行政手続にも適正が要求されること、また法律の定める手続規定が不備である場合であっても、行政処分の手続はそれが適正であるための制約を受けることが判例上確立されているといわれた（佐藤功・注釈上520頁）。

その後、最高裁は、前述の通り、1992（平成4）年の**成田新法事件**判決において、本条の「定める法定手続の保障は、直接には刑事手続に関するものであるが、行政手続については、それが刑事手続ではないという理由のみで、そのすべてが当然に同条の保障の枠外にあると判断することは相当ではない」と適用の可能性を認めたが、「同条による保障が及ぶ場合であっても、一般に、行政手続は、刑事手続とその性質においておのずから差異があり、また、行政目的に応じて多種多様であるから、行政処分の相手側に事前の告知、弁解、防禦の機会を与えるかどうかは、行政処分により制限を受ける権利利益の内容、性質、制限の程度、行政処分により達成しようとする公益の内容、程度、緊急性等を総合較量して決定されるべきものであって、常に必ずそのような機会を与えることを必要とするものではない」と判示している（最大判1992（平4）・7・1民集46巻5号437頁）。この判示については、限定つきで本条の行政手続への適用ないしは準用を真正面から認めたという評価もある（芦部・憲法254頁）。ただ、「真正面から」といえるかどうかには疑問も出され（新基本コンメ258頁〔南野森〕）、このような総合較量は、あまりに抽象的・概括的であり実効的ではないという批判もある。最高裁はその後、「憲法31条の定める法定手続の保障は、直接には刑事手続に関するものである」という命題は述べなくなり、いきなり「行政手続に憲法31条による保障が及ぶと解すべき場合であっても」という仮定法で始め、結論としては「保障されるべき手続の内容は、行政処分により制限を受ける権利利益の内容、性質、制限の程度、行政処分による達成しようとする公益の内容、程度、緊急性等を総合較量して決定されるべきものである」としているものが多く（最一小判2003（平15）・12・4判時1848号66頁など）、簡単な較量により本条違反の主張を退けているもの（最大判1996（平8）・8・28民集50巻7号1952頁、最一小判2003（平15）・11・27民集57巻10号1665頁など）もある（新基本コンメ259頁〔南野森〕）。

なお、1993（平成5）年に**行政手続法**が制定され、同法は行政の不利益処分に原則として告知・聴聞を要求しているが、同法自体が定める適用除外と個別法が定める同法の適用除外が多く、これらの適用除外が合憲といえるかは問題となり、また、この適用除外の手続については、本条の問題として検討する余地が残っている（新基本コンメ258頁〔南野森〕）。最近の事例では、最高裁は、

逃亡犯罪人引渡法35条が、行政手続法3章の適用を排除していることにつき、上述の成田新法事件判決を引用し、引渡しの一連の手続の構造を踏まえて総合衡量すれば、憲法31条の法意に反するものとはいえないとした（最二小判2014（平26）・8・19判時2237号28頁）ものがある。

（倉田原志）

（裁判を受ける権利）
第32条　何人も、裁判所において裁判を受ける権利を奪はれない。

I　本条の趣旨

　本条の保障する**裁判を受ける権利**は、とりわけ絶対王政下のヨーロッパ諸国における専断的な裁判に対して、人民の権利を擁護しようとする要求として生じ、近代司法の諸原則とともに発達してきたものであり、1791年フランス憲法においては「法律の指定する裁判官を奪われない」とされ、このいわゆる「法律上の裁判官」の保障条項は、その後ヨーロッパ大陸諸国の憲法に普遍的なものとなった（樋口ほか・注解2・282頁〔浦部法穂〕）。

　大日本帝国憲法24条は、「日本臣民ハ法律ニ定メタル裁判官ノ裁判ヲ受クルノ権ヲ奪ハル、コトナシ」と定めて、大陸法的な「法律上の裁判官」の保障を規定していた。しかし、この権利の実質的保障はきわめて不十分であり、とりわけ行政事件の裁判は通常裁判所の系列に属さない行政裁判所の権限に属し、しかも出訴事項が厳しく限定されていた（野中ほか・憲法1・548頁〔野中俊彦〕）。GHQ草案32条においては、適正手続条項（現行憲法31条）とあわせて「裁判所へ出訴する権利」を奪われないと規定されていたが、その後、「裁判所において裁判を受ける権利」に改められ、1946（昭和21）年4月17日の憲法改正草案では、適正手続条項と区別して定められた（樋口ほか・注解2・282頁〔浦部法穂〕）。

　本条は、各人がその権利または利益を不法に侵害されたときは、裁判所が訴訟手続によって、その点の合法性を判断し、必要な措置を裁定することが、各人の自由または権利の保護のいちばん有効な手段であることを永年の経験から帰納し、そうした裁判を請求する権利を認めたものである（宮沢・全訂298頁）。この「裁判を受ける権利」は、それを妨げられないという意味では自由権的な性質をもつということもできるが、国家に対して裁判を求める権利という請求権としての性質をもつところに、その主たる意味をもつ（佐藤功・注釈上526頁）。

　なお、国民が裁判を受けることなく刑罰を科されないことは憲法31条の当然要求するところであり、憲法37条もそのことを明記している以上、本条は非刑

事裁判手続に関する規定であり、民事裁判手続（行政事件を含む）に対する手続的デュー・プロセスの総則規定だとみる見解もある（松井・憲法522頁）。

また、本条の保障する権利は、その性質上日本国民のみを対象としたものと解されないから、外国人に対してもその保障が及ぶとするのが通説である（樋口ほか・注解2・283頁〔浦部法穂〕）。

Ⅱ 「裁判所において」

1 裁判所

「裁判所」とは、憲法により司法権を行うべき国家機関として認められる裁判所、つまり、憲法76条3項にいう最高裁判所と下級裁判所のことである（宮沢・全訂298頁）。

ここにいう「裁判所」が訴訟法の定める管轄権を有する具体的裁判所を意味するか否かには消極説と積極説がある。消極説は、裁判所の組織や管轄は法律の定めるところであって、本条が直接にある事件につき、ある具体的な裁判所をその管轄裁判所として保障しているわけではないとし（宮沢・全訂299頁）、最高裁も、本条は裁判所以外の機関によって裁判されることはないことを保障したものであって、訴訟法で定める管轄権を有する具体的裁判所において裁判を受ける権利を保障したものではないとして、管轄違いの裁判所の裁判は違法ではあるが違憲ではないとしている（最大判1949（昭24）・3・23刑集3巻3号352頁）。

積極説は、本条は法律上正当な管轄権を有する裁判所の裁判を受ける権利を保障したものと解すべきであり、そう解さないと権限ある裁判所に対して訴えを提起したにもかかわらずそれを拒否された場合にも憲法上保護されないことを認めることになり、現代国家における司法制度の原則に反するといわなければならないとする（佐藤功・注釈上524頁）。あるいは、裁判を受ける権利は、その場その場で恣意的に構成される裁判機関の裁判を排除し、あらかじめ法律によって設置され権限を定められた裁判所の裁判を求める権利として確立されてきたものであるから、積極説が妥当であるといわれる（樋口ほか・注解2・285頁〔浦部法穂〕）。なお、積極説によりつつ、本条の保障は、「恣意に対する保護を目的とし過誤に対する保護を目的としない」との理由から、裁判所の過誤による単なる管轄違背は直ちに違憲とはならないとする説もある[174]。

2 陪審制の可否

正規の裁判官以外の者が裁判（事実の認定、起訴理由の有無の判断、刑の量定など）に参加すること、すなわち陪審員を裁判所の構成員に加えることを認

---

[174] 芦部信喜編『憲法Ⅲ：人権(2)』（有斐閣、1994年）292頁〔芦部信喜〕。

める**陪審制**を採用することは合憲かについては、大日本帝国憲法24条が、前述の通り（→Ⅰ）「法律ニ定メタル裁判官」としていたことと本条が「裁判所において」することとの相違もあり、一般には合憲と解されている。ただ、どのような陪審制度でも合憲とされるわけではなく、陪審員は事実認定のみに参加し、また、被告人は自由に陪審を辞することができるという制度であることが必要とする立場もある（佐藤功・注釈上525頁）。また、陪審員に起訴理由の有無（起訴・不起訴）を決せしめるといういわゆる起訴陪審の制度を設けることも違憲ではないとされる（佐藤功・注釈上525頁）。なお、裁判所法3条3項は、「この法律の規定は、刑事について、別に法律で陪審の制度を設けることを妨げない」とする。

3　裁判員制度

　裁判員制度に関し、職業裁判官ではない裁判員が裁判体の一部を構成するのは、本条に反するという見解もあるが、本条の「裁判所」は、大日本帝国憲法24条に「裁判官ノ裁判」とあったため陪審制が中途半端なものに終わったことが反省され、明確な自覚の下に選び取られた表現であることが強調され、下級裁判所に関する限り、裁判官以外の者がその構成員になることは容認されているとする見解が支配的である（佐藤幸・憲法354頁）。

　最高裁は、現在の**裁判員制度**の仕組みを考慮すれば、公平な「裁判所」における法と証拠に基づく適正な裁判が行われること（憲法31条・32条・37条1項）は、制度的に十分に保障されている上、裁判官は刑事裁判の基本的な担い手とされているものと認められ、憲法が定める刑事裁判の諸原則を確保する上での支障はないということができるなどとして、合憲という判断を示した（最大判2011（平23）・11・16刑集65巻8号1285頁）。

Ⅲ　「裁判を受ける権利」

1　裁判

　本条の「裁判」は司法権としての作用であるから、憲法76条1項にいう「司法権」を前提とする。司法権の概念については憲法76条Ⅱ1参照。本条の「裁判」は、公開・対審の訴訟手続による裁判を指すという点では学説・判例（最大決1960（昭35）・7・6民集14巻9号1657頁）は一致している（野中ほか・憲法1・550頁〔野中俊彦〕）。公開とは、傍聴の自由を認めることであり、対審とは、訴訟の当事者が裁判官の面前で、口頭で各自の主張を述べ合うことであり、当事者主義、口頭弁論主義の手続により裁判が進められなければならないことを意味する（→憲82条）。非訟事件が本条の「裁判」に含まれるかについてはⅢ3参照。

2 裁判を受ける権利

　自己の権利または利益が不法に侵害されていると認めるときに、裁判所に対して、その主張の当否を判断し、その損害の救済に必要な措置をとることを求める権利であり、裁判請求権または訴権と呼ばれる（宮沢・全訂298頁）。

　大日本帝国憲法では、訴権としては、もっぱら民事訴訟を提起する権利だけが考えられていたが（宮沢・全訂299頁）、日本国憲法は、司法権をもっぱら裁判所の権限とし、その司法権は行政事件に関する争訟の裁判をも含むとする（憲76条2項）から、ここで保障される「裁判を受ける権利」は、行政事件に関する訴権を含む（宮沢・全訂299頁）。

　本条の**裁判を受ける権利**は、前述の通り請求権としての性質をもつものであるから、貧困などのために事実上裁判を受ける権利を奪われるのと同じ結果にならないよう、実質的にこの権利を保障する措置を講ずべきことを含んでいる（佐藤功・注釈上531頁）。憲法上は刑事事件について国選弁護人の制度（憲37条3項）が定められているだけであるが、法律扶助の充実は憲法上も望まれるところである。民事訴訟法は、訴訟扶助の制度を定めている（民訴82条〜86条）が、不十分といわれてきた（野中ほか・憲法1・551頁〔野中俊彦〕）。2000（平成12）年には、民事法律扶助法が制定されたが、さらに拡充すべく2004（平成16）年に総合法律支援法が制定された（それに伴い民事法律扶助法は廃止された）。

　裁判所の組織、管轄、審級制や裁判権については法律が定めるものであり、本条が直接に要求するものではないので、最高裁によれば上告理由の範囲を限定する民事訴訟法の規定は本条には反しない（最大決1950（昭25）・9・18民集4巻9号423頁）。また、本条は、訴訟の当事者が訴訟の目的たる権利関係につき裁判所の判断を求める法律上の利益を有することを前提として、かかる訴訟につき本案の裁判を受ける権利を保障したものであって、右利益の有無にかかわらず、つねに本案につき裁判を受ける権利を保障したものではない（最大判1953（昭28）・12・23民集7巻13号1561頁、最大判1960（昭35）・12・7民集14巻13号2964頁）。

　その他、最高裁によれば、旧行政事件訴訟特例法が訴願前置主義をとり、訴願を主訴の要件としたことは本条に違反しない（最大判1951（昭26）・8・1民集5巻9号489頁）、新法をもって遡及して出訴期間を短縮することは、その期間がいちじるしく不合理で実質上裁判の拒否と認められるような場合でない限り本条に違反しない（最大判1949（昭24）・5・18民集3巻6号199頁）、略式命令（刑訴461条）は、裁判所の発するものであり、またそれに不服なときは正式裁判を請求できる（刑訴465条）ので、被告人の裁判を受ける権利をおかすものではない（最大決1948（昭23）・7・29刑集2巻9号1115頁）、本条によれば刑事事件について、いわゆる被害者訴追主義または一般訴追主義をも保障したものではないから、自己または他人に被害を与えたと推定される者が不起訴処分になったからといって、直ちに本条に反するということはできない（最大判1952

（昭27）・12・24民集6巻11号1214頁）、国税犯則取締法2条により裁判官のした差押え等の許可に対して不服申立が認められないとしても、その許可により実施された強制処分を争うことができるから本条に違反しない（最大決1969（昭44）・12・3刑集23巻12号1525頁）、また、在留期間の経過した在留外国人に対して強制退去命令書が執行され、本国に強制送還されたとしても、訴訟代理人によって訴訟を追行することは可能であり、裁判を受ける権利が否定されたとはいえない（最三小決1977（昭52）・3・10集民120号217頁）、少額訴訟の判決に対する異議後の判決に対して控訴することができないとする民事訴訟法380条1項は本条に反しない（最二小判2000（平12）・3・17集民197号697頁）、少年の保護事件にかかる補償に関する法律5条1項の補償に関する決定は、家庭裁判所が職権により補償の要否および内容について判断するもので、刑事補償法上の裁判とは性質を異にするから上訴を認めなくても本条に反しない（最二小決2001（平13）・12・7刑集55巻7号823頁）、刑事訴訟法403条の2第1項は、即決裁判手続の制度を実効あらしめるため、被告人に対する手続保障と科刑の制限を前提に、同手続による判決において示された罪となるべき事実の誤認を理由とする控訴の申立てを制限しているものと解されるから、相応の合理的な理由があるというべきであり、本条に違反しない（最三小判2009（平21）・7・14刑集63巻6号623頁）。最近の事例には、ある市の公務員に対する転任命令が、当該市に対してその公務員が別の戒告処分の取消しや損害賠償を求める訴訟を提起したことおよびその訴訟の取下げを拒否したことを理由とするものであり、裁量権の逸脱・濫用があると認めた下級審の判決（大阪高判2015（平27）・6・18判時2321号10頁、なお、最高裁は市からの上告を棄却し、不受理とした[175]）があり、判決文では憲法の条文は明示されていないが、本条の裁判を受ける権利の侵害を実質的に認めたものと理解できるであろう。

なお、行政事件については、義務づけ訴訟の法定（行訴37条の2〜37条の3）により、狭義の訴えの利益喪失による訴訟の機会が失われることがなくなり、実効的権利救済が図られるようになった（新基本コンメ260頁〔柏﨑敏義〕）。

3 非訟事件

非訟事件とは、当事者間の権利義務に関する紛争を前提とせず、紛争の予防のために裁判所が一定の法律関係を形成するという性質の事件のことである（野中ほか・憲法1・550頁〔野中俊彦〕）。非訟事件の手続は訴訟事件とは違い非公開で進められ、裁判所の裁量的判断に委ねられる面が大きい（佐藤幸・憲法355頁）。

福祉国家思想の発展とともに、家庭事件や借地・借家事件など国家の後見的作用が要請される分野について、従来訴訟手続で処理されてきた事件を非訟事

---

[175] 最一小決2016（平28）・11・24<LEX/DB25544704>。

件として扱う「訴訟の非訟化」という現象が顕著となった現段階においては、本条の「裁判」は、実体的な権利義務の存否を確認する純然たる訴訟事件ではないが、国民が紛争の解決のために裁判所で当該事件にふさわしい適正な手続の下で受ける裁判（たとえば、家庭裁判所で行われるよう家事審判）をも本条にいう「裁判」に含むと解するのが妥当だとする見解（芦部・憲法267頁以下）が有力になっている。

　最高裁は、本条の「裁判」および憲法82条の公開の原則の下における対審及び判決によるべき裁判は「純然たる訴訟事件の裁判」に限られ（最大決1960（昭35）・7・6民集14巻9号1657頁）、非訟手続による審判を「裁判」と峻別し、たとえば、家事審判法9条1項乙類1号の定める夫婦の同居義務に関する審判は、訴訟事件たる実体的権利義務自体の確定ではなく、その存在を前提として、同居の時期・場所・態様等につき具体的内容を定める趣旨だと解している（最大決1965（昭40）・6・30民集19巻4号1089頁）。

　しかし、この峻別論は硬直に失するという批判がなされ（芦部・憲法268頁）、訴訟か非訟かで分けるのではなく、事件の内容・性質に即して判断されるべきであり、公開・対審は基本原則であるが、唯一絶対ではなく、すべての裁判について、その事件の性質・内容に応じた最も適切な手続によるべきことが、本条の要求するところと解する学説が有力になっている（野中ほか・憲法1・551頁〔野中俊彦〕）。これらの点については憲法82条Ⅱ1参照。

Ⅳ　「奪はれない」

　裁判を受ける権利を「奪はれない」とは、民事事件と行政事件においては、自己の権利または利益が不法に侵害されたとき、裁判所に対して損害の救済を求める権利、すなわち裁判請求権または訴権が保障されることであり（芦部・憲法268頁）、つまり適法な手続で提訴された事件については、裁判所はこれを拒絶したり、怠ったりすることは許されない（佐藤功・注釈上526頁）という、裁判所に対して「裁判の拒絶」を禁止するものである。

　また、前述の通り（→Ⅰ）本条は刑事裁判に関しては、裁判所の裁判によるのでなければ、刑罰を科せられないことをも意味し、裁判という手続によらずに刑罰を科せられないことを保障するのであるから、その点では憲法31条と重複する（宮沢・全訂301頁）。さらに、刑事事件については、憲法37条が被告人は「公平な裁判所の迅速な公開裁判を受ける権利を有する」ことを別に定めている。

（倉田原志）

（逮捕の要件）

第33条　何人も、現行犯として逮捕される場合を除いては、権限を有する司法官憲が発し、且つ理由となつてゐる犯罪を明示する令状によらなければ、逮捕されない。

I　本条の趣旨

　大日本帝国憲法23条は、「日本臣民ハ法律ニ依ルニ非スシテ逮捕……ヲ受クルコトナシ」と定め、逮捕の要件・手続を法律に委ねていた。ワイマール憲法114条が同じような規定であったが、最近では、「現行犯の場合を除いては、何人も、裁判官が理由を付して発する令状によらなければ、逮捕されない」（ベルギー憲法12条3項）、また、「自由の剥奪の許容及び継続は、ただ、裁判官のみが決定すべきである」（ドイツ基本法104条2項）といった、逮捕を裁判官の判断に基づかせる型が多くみられ、日本国憲法のもこの型に従ったものである（樋口ほか・注解2・291頁〔佐藤幸治〕）。

　本条は、GHQ草案の「何人モ裁判所ノ当該官吏カ発給シ訴追ノ理由タル犯罪ヲ明示セル逮捕状ニ依ルニアラスシテ逮捕セラルコト無カルヘシ但シ犯罪ノ実行中ニ逮捕セラルル場合ハ此ノ限リニ在ラス」（30条）に由来する。本条において「逮捕」すなわち身体の自由の拘束の開始について定め、次条において「抑留又は拘禁」すなわち拘束の継続について規定して、両条相まって国民の人身の自由の保障の万全を期そうとしている（樋口ほか・注解2・290頁〔佐藤幸治〕）。

II　「現行犯として逮捕される場合を除いては」

　「現行犯として逮捕される場合を除いては」とは、現行犯としての逮捕の場合には、本条による令状主義（→V1）の例外を認めるものである。

1　現行犯

　「**現行犯**」とは、現に罪を行い、または、現に罪を行い終わった者をいう。現行犯として逮捕される場合に令状が必要ないとするのは、現行犯の場合には、人の眼前において現になされている犯罪であるから、その犯罪および犯人が明白であり、不当な逮捕がなされるおそれがないこと、また、即時にその現場で逮捕する必要があることからである（佐藤功・注釈上532頁）。

2　準現行犯

　刑事訴訟法212条2項は「一　犯人として追呼されているとき」、「二　贓物又

は明らかに犯罪の用に供したと思われる兇器その他の物を所持しているとき」、「三　身体又は被服に犯罪の顕著な証跡があるとき」、「四　誰何されて逃走しようとするとき」の一にあたる者が、罪を行い終わってから間がないと明らかに認められるときは、これを現行犯人とみなすとしており、これらは準現行犯とも呼ばれるが、本条のいう現行犯に該当すると考えられている（宮沢・全訂301頁）。しかし、時間的接近性を厳格に解する必要があることが指摘されている（佐藤幸・憲法336頁）。名前や身元を聞かれて逃げることと、犯罪と被疑者の特定性・明白性とは直接的な結びつきはないので、4号の場合は違憲とする見解もある（渋谷・憲法236頁）。

3　逮捕

ここに「逮捕」とは、刑事手続として、犯罪の嫌疑を理由として身体を拘束すること一般を意味し、主として、刑事訴訟法による被疑者の逮捕がこれにあたるが、勾引（刑訴58条）・勾留（刑訴60条・刑訴204条以下）、鑑定留置（刑訴167条）などもこれに含まれる。

Ⅲ　「権限を有する司法官憲」

裁判所または裁判官をいい、検察官は含まれない（樋口ほか・注解2・291頁以下〔佐藤幸治〕）。裁判官は、捜査機関から、令状の請求を受けた場合には、犯罪の嫌疑の有無を調べ、さらに逮捕の必要性の有無も調べ、必要があれば、令状を発する。しかし、「明らかに逮捕の必要がないと認めるときは、この限りではない」（刑訴199条2項）。

なお、「**司法官憲**」という語は、検察官を含む趣旨ではなく、他の条文にいう裁判官以外に、令状発付官、たとえば、アメリカ法のコミッショナー（Commissioner）のようなものを設けても差し支えないということを示す趣旨であることが指摘されている（法協・註解上605頁以下）。

Ⅳ　「理由となつてゐる犯罪を明示する」

逮捕の理由となっている犯罪の罪名のみを示すことではなく、その犯罪事実を明示することをいう（佐藤功・注釈上534頁）。したがって、「理由となつてゐる犯罪を明示する令状」とは、いわゆる一般令状を禁止する趣旨であり、容疑の犯罪のみならず、その犯罪事実を明示するものでなければならない（樋口ほか・注解2・292頁〔佐藤幸治〕）。刑事訴訟法も、罪名のほか「被疑事実の要旨」を記載するものとしており（刑訴200条）、これは、令状の発付を請求された裁判官がその犯罪事実によって逮捕の必要性の有無を判断しなければならないことを意味する（佐藤功・注釈上534頁）。

第33条（逮捕の要件）　387

V　「令状によらなければ」

1　令状
　「令状」とは、逮捕の理由となっている犯罪を明示し、その逮捕の根拠を公証する文書をいい、逮捕状・勾引状・勾留状などがある（宮沢・全訂302頁）。
　この「令状によらなければ」とは、令状の根拠によらなければという意味であり、身体の拘束である逮捕にあたっての令状主義の原則を意味する。この**令状主義**の原則は、裁判官を関与せしめることによって逮捕権の濫用を抑止するためのものであるから、裁判官は、刑事訴訟法199条2項の定めるように、「明らかに逮捕の必要がないと認めるとき」は令状発付を拒否すべきである（佐藤幸・憲法335頁）。令状主義は、不当な逮捕を抑止するだけではなく、自らに犯罪の容疑をかけられている当事者たる市民の防御権を保障する趣旨を含むものと考えられている（新基本コンメ265頁〔齊藤正彰〕）。
　本条によれば、被疑者は逮捕されるときには、令状を示されなければならないのが原則であるが、刑事訴訟法は、そのときに逮捕者が令状を所持していなくても、すでに令状が発せられている場合（刑訴73条3項・201条2項）や、いわゆる緊急逮捕の場合（刑訴210条）に、令状主義を緩和している。

2　緊急逮捕
　緊急逮捕は、死刑または無期もしくは長期3年以上の懲役もしくは禁固にあたる罪をおかしたことを疑うに足りる十分な理由がある場合で、急速を要し、裁判官の逮捕状を求めることができないときにでき、この場合には、直ちに裁判官の逮捕状を求める手続をしなければならない（刑訴210条）。この緊急逮捕は、一般に合憲とされている（芦部・憲法256頁）が、合憲とする見解には、令状逮捕の一種とみて合憲とする説[176]、現行犯逮捕の一種とみて合憲とする説[177]がある。令状主義のねらいが身体の拘束の事前の司法的チェックにあることからすると、令状逮捕の一種とはいえず、また、現行犯逮捕の一種だとすると事後にも令状が不要ということになり、不当な結論になるという批判があり（樋口ほか・注解2・292頁〔佐藤幸治〕）、違憲説[178]も有力である。しかし、強いて合憲だとすれば、社会秩序に対する重大な侵害を排除する緊急の措置としての緊急行為であることに根拠を求めざるを得ないのではないかとして、緊急の措置であるから、社会治安上の観点から重大な犯罪と考えられる場合に限定されるべきで、この点刑事訴訟法が認める緊急逮捕の範囲は広過ぎるのではないかとの疑問を呈する見解がある（樋口ほか・注解2・296頁〔佐藤幸治〕）。

---

[176] 団藤重光『新刑事訴訟法綱要（7訂版）』（創文社、1967年）340頁。
[177] 小林直樹『憲法講義（上）（改訂版）』（東大出版会、1974年）368頁。
[178] 芦部信喜編『憲法Ⅲ：人権(2)』（有斐閣、1981年）175頁〔杉原泰雄〕。

また、実際の必要性をもって合憲と解することには強い批判もある（新基本コンメ267頁〔齊藤正彰〕）。

最高裁は、「厳格な要件の下に、罪状の重い一定の犯罪のみについて、緊急已むを得ない場合に限り、逮捕後直ちに裁判官の審査を受けて逮捕状の発行を求めることを条件とし、被疑者の逮捕を認めることは、憲法33条規定の趣旨に反するものではない」としている（最大判1955（昭30）・12・14刑集9巻13号2760頁）が、刑事訴訟法210条の趣旨を繰り返しているに過ぎず、理由づけは不十分であるという批判（佐藤功・注釈上537頁）がある。

なお、合憲だとしても、少なくとも、緊急逮捕の運用に際して、裁判官は、事後の令状発付の際に、刑事訴訟法210条の定める要件および事後の令状請求の迅速性を厳格に審査することが求められる[179]。

3　別件逮捕・勾留

別件逮捕・勾留とは、本来の捜査対象である犯罪（本件）について、逮捕状を請求することが困難な場合に、他の軽微な犯罪（別件）によって逮捕・勾留し、本件の取調べを行うことである。この別件逮捕を合憲であるとする見解は、その逮捕は別件を基準とすれば正当であり、かつ、捜査は真実発見のために被疑者の取調べをなす手続である以上、逮捕後の取調べは別件に限定されものではなく、また、別件逮捕・勾留による取調べは本件に関しては任意の取調べであって、取調べ自体を禁止することはできないとする（別件基準説）[180]。一方、違憲説は、逮捕についての令状主義は、被疑者のおかした罪の罪名及び被疑事実を特定して明示した上で、その逮捕につき裁判官の事前審査を求めるものである以上、本件を基準とすれば、別件逮捕は、身体の自由の拘束について裁判官による事前審査を回避しようとするものであり違憲であるとする（本件基準説）（佐藤功・注釈上538頁）。通説は本件基準説に立っている（野中ほか・憲法1・419頁〔高橋和之〕）。

下級審では、別件逮捕は本条の脱法行為であり、違法・違憲とする例も相当数ある（東京地判1970（昭45）・2・26判時591号30頁など）が、最高裁は、別件逮捕の違法性が主張された事件において、現実的に違法・違憲の判断を示したことはない（樋口ほか・注解2・297頁〔佐藤幸治〕）。たとえば、いわゆる帝銀事件において、検事が始めから別件の取調に利用する目的または意図をもってことさらに別の事件を起訴しかつ勾留を請求したと確認するに足る事実は認められないとして、違法・違憲と解すべき理由はないとした（最大判1955（昭30）4・6刑集9巻4号663頁）。また、いわゆる狭山事件において、別件中の恐喝未遂と本件とは社会的事実として一連の密接な関連があり、別件の捜査とし

---

[179] 上田健介・憲法百選2・253頁。

[180] 平野龍一『刑事訴訟法』（有斐閣、1958年）105頁。

第33条（逮捕の要件） *389*

て事件当時の被告人の行動状況について被告人を取調べることは、他面においては本件の捜査ともなるのであるから、別件についてのみならず本件についても被告人を取調べているとしても、それは、もっぱら本件のためにする取調べというべきではなく、別件について当然しなければならない取調べをしたものにほかならないと判示している（最二小決1977（昭52）・8・9刑集31巻5号821頁）。これらは、もしも別件逮捕・勾留が、もっぱら本件の取り調べをねらいとするものといい得る場合には、その別件逮捕・勾留は違法（違憲）であることを認めるものであり（佐藤功・注釈上539頁）、本件基準説をとったものである（渋谷・憲法236頁）。

なお、学説では、別件逮捕・勾留中の自白に証拠能力を認めないという救済が重要であることが指摘される（野中ほか・憲法1・419頁〔高橋和之〕）が、最高裁は、違法な別件逮捕中における自白を資料として本件について逮捕状が発付され、これによる逮捕中に本件についての勾留請求が行われるなど、勾留請求に先き立つ捜査手続に違法のある場合でも、被疑者に対する裁判官の勾留質問を違法とすべき理由はなく、他に特段の事情のない限り、その質問調書の証拠能力を否定すべきものではないと判示した（最三小判1983（昭58）・7・12刑集37巻6号791頁）。

Ⅵ　本条と行政手続

本条は、刑事手続に関するものであるが、行政手続にも本条が類推適用・準用されるとするのが一般的である。少なくとも、犯罪処罰に実質的に等しい手続や犯罪処罰に結びつく手続には、本条の保障が及ぶとし、それ以外の行政手続上の身体の自由の拘束には憲法13条ないしは31条を通じて本条の趣旨を及ぼす、あるいは類推適用するという見解もある（樋口ほか・注解2・302頁〔佐藤幸治〕）。

なお、この問題につき、直接に真正面から詳細に論じた最高裁の判例はないが、憲法35条（および38条）との関係の問題を扱った**川崎民商事件**判決（最大判1972（昭47）・11・22刑集26巻9号554頁）が、憲法35条が刑事手続以外にも及ぶことを明確にしたので、この考え方は、本条が行政手続による身体の自由の拘束にも適用があるとする考え方を帰結することが指摘されている（樋口ほか・注解2・300頁〔佐藤幸治〕）。川崎民商事件については憲法35条**Ⅸ**参照。

このように準用・類推適用などをするべきであるという説にあっても、刑事手続と行政手続を同一のものとは捉えず、行政手続において令状主義を貫徹せず、一定の緩和を認める見解が多数であり、問題とされる行政手続について個別具体的な検討がなされてきた。

概括的には、たとえば、**行政上の即時強制**は、義務の賦課を前提としない実力強制の作用であり、令状主義の保障が求められるが、目前急迫の障害を除く

390 第33条（逮捕の要件）

必要上義務を命ずる暇のない場合には、令状主義の緩和ないし排除が許され、しかし、緊急逮捕と同等の手続が要求され得るという見解（新基本コンメ268頁〔齊藤正彰〕）がある。また、現行犯的構成が可能な場合は、令状主義の例外にあたるとされる（新基本コンメ268頁〔齊藤正彰〕）。

行政法規の中で、身体の拘束について定めているものは、出入国管理及び難民認定法39条（強制収容）・43条（要急収容）、精神保健及び精神障害者福祉に関する法律29条・29条の2・33条（強制入院）、感染症の予防及び感染症の患者に対する医療に関する法律19条・20条（強制入院）、警察官職務執行法3条（泥酔者等の一時的保護）などが存在する。これらの中で、わずかに警察官職務執行法3条による保護が24時間を超える場合にのみ、簡易裁判所裁判官の許可状を必要としている（警職3条3項）だけで、他に裁判官の令状を要件としている例はない[181]。

旧出入国管理令39条（強制収容）・43条（要急収容）と本条との関係について、最高裁は、下級審の確定する事実によると、現行犯またはこれに準ずるものとして司法官憲の令状を要しないことが明らかであるとして、上告を退けている（最三小決1974（昭49）・4・30集刑192号407頁）。これは、本条が行政手続に妥当することを前提としているかはにわかには断じがたいが、妥当することを前提としていると解することも十分可能とされる（樋口ほか・注解2・301頁〔佐藤幸治〕）。学説では強制収容については、事柄の性質から考えて、当然本条による令状を要すると解すべきだとする見解[182]も有力である（樋口ほか・注解2・303頁〔佐藤幸治〕）。

精神保健及び精神障害者福祉に関する法律29条・29条の2、33条（強制入院）については、身体の拘束という重大な利益にかかわるから、本条が準用されるべきであるとする見解（野中ほか・憲法1・421頁〔高橋和之〕）、この身体の拘束が犯罪捜査との結びつきを有しないので基本的には本条の問題ではないとしても、憲法13条（ないし31条）の観点から厳密に考えなければならないとする見解（樋口ほか・注解2・303頁〔佐藤幸治〕、佐藤幸・憲法337頁）がある。

警察官職務執行法3条（泥酔者等の一時的保護）については、逮捕する要件がととのっていない場合に、とりあえず警察署に連行して調べるといった使われ方をする危険があることが指摘されている（樋口ほか・注解2・304頁〔佐藤幸治〕）。なお、上述の通り、現行法では、この保護は、24時間を超える場合には、簡易裁判所裁判官の許可状が必要とされている（警職3条3項）。

裁判所に属する権限に関するものとされる、法廷等の秩序維持に関する法律3条2項による行為者の拘束については、最高裁は、本法による制裁は、従来の刑事的行政的処罰のいずれの範疇にも属しないところの、本法によって設定

---

[181] 塩野宏『行政法Ⅰ（第6版）』（有斐閣、2015年）281頁。

[182] 橋本公亘『日本国憲法（改訂版）』（有斐閣、1988年）305頁。

された特殊の処罰であるとし、刑事裁判に関し憲法の要求する諸手続の範囲外にあると判示した（最大決1958（昭33）・10・15刑集12巻14号3291頁）。ただ、その後の判決（最三小決1985（昭60）・11・12判時1202号142頁）における伊藤正己裁判官の補足意見は、一種の処罰であることには変わりがないのであるから、憲法31条以下の刑事裁判に関する憲法上の保障の埒外にあると解すべきではなく、運用いかんによっては違憲の問題を生ずる余地がないわけではないと述べていることが注目される（樋口ほか・注解2・300頁〔佐藤幸治〕、新基本コンメ268頁〔齊藤正彰〕）。

行政調査のための出頭命令については、犯罪捜査の目的で容疑者に出頭を命じ、命令違反に罰則を科すとすれば、本条の脱法行為であり、憲法違反となるが、出頭を求め、出頭しない者に秩序罰としての過料を科すことは、税法上の調査などにつき認められている。しかし、行政調査の内容が同時に犯罪事実にも及ぶ場合で、出頭命令違反の罰則が不当に重い場合や、調査の実質的目的が犯罪捜査に置かれているような場合には違憲と考えるべきである（野中ほか・憲法1・422頁〔高橋和之〕）。

（倉田原志）

（抑留・拘禁の要件、不法拘禁に対する保障）

第34条 何人も、理由を直ちに告げられ、且つ、直ちに弁護人に依頼する権利を与へられなければ、抑留又は拘禁されない。又、何人も、正当な理由がなければ、拘禁されず、要求があれば、その理由は、直ちに本人及びその弁護人の出席する公開の法廷で示されなければならない。

I　本条の趣旨

本条は、逮捕後の身体の拘束の継続である抑留と拘禁について規律し、憲法33条の「逮捕」すなわち身体の自由の拘束の開始についての定めと相まって国民の人身の自由の保障の万全を期そうとしている（樋口ほか・注解2・290頁〔佐藤幸治〕）。

大日本帝国憲法23条は、監禁についても「法律ニ依ルニ非スシテ」「受クルコトナシ」と監禁の要件と手続を法律に委ねていたが、行政執行法により無令状で長期間留置することもなされた（新基本コンメ269頁〔齊藤正彰〕）。本条は、GHQ草案31条の「何人モ訴追ノ趣旨ヲ直チニ告ケラルルコト無ク又ハ直チニ弁護人ヲ依頼スル特権ヲ与ヘラルルコト無クシテ逮捕又ハ拘留セラレサルヘシ……何人モ適当ナル理由無クシテ拘留セラレサルヘシ要求アルトキハ右理由ハ公開廷ニテ本人及其ノ弁護人ノ面前ニ於テ直チニ開示セラルヘシ」に由来する（樋口ほか・注解2・305頁〔佐藤幸治〕）。

アメリカ合衆国憲法1条9節2項は、「人身保護令状の特権は、反乱または侵略に際し、公共の安全に基づく必要のある場合のほか、停止されることはない」と定め、不法に逮捕・拘禁を受けている者に対する迅速かつ有効な救済を与えるものとなっており、本条は、この英米法の人身保護令状と近似したものをうかがわせるものであるが、拘禁理由の開示にとどまるなど、人身保護令状のように徹底したものではない（樋口ほか・注解2・306頁〔佐藤幸治〕）。

Ⅱ　「理由を直ちに告げられ」

　抑留・拘禁を必要とする理由が、直ちに告げられなければならないことを要求している。ここに「理由」とは、一般に、単に嫌疑ある犯罪の名称ではなく、「抑留又は拘禁」の根拠となった犯罪事実または公訴事実を指し、「拘禁」についてはその必要性を基礎づける理由（逃亡、罪証隠滅のおそれなど）をも包含する（佐藤幸・憲法338頁）。ここでは単に「理由」とあり、本条後段の「正当な理由」と異なるが、正当な理由でなければならないのは当然である（佐藤功・注釈上543頁）。この「理由」の告知については、刑事訴訟法に具体的な定めがあり、この趣旨に基づき、事実の要旨等の告知を定めている（刑訴76条・77条・203条・204条）。

Ⅲ　「直ちに弁護人に依頼する権利を与へられなければ」

1　弁護人依頼権

　抑留・拘禁された者に対しては、直ちに弁護人を依頼する権利が与えられることを定めるが、これは、被疑者または被告人の人権、とくに防御権を確保し、捜査官・検察官に対抗し得る対等の地位を保障しようとするものである（佐藤功・注釈上543頁）。刑事被告人の**弁護人依頼権**は、憲法37条で保障されているが、本条では、すべての抑留・拘禁された者に保障されている。なお、刑事訴訟法30条は、抑留・拘禁されていない被疑者に対しても、弁護人選任権を保障する。

　ここにいう「弁護人」は、憲法37条3項の「資格を有する弁護人」と同じであり、弁護士を指す（佐藤功・注釈上543頁）。この「弁護人に依頼する権利」を与えるとは、国は、実質的に弁護人に依頼できるような条件を保障しなければならないことを意味し（宮沢・全訂304頁）、その趣旨を刑事訴訟法が詳しく規定する（刑訴76条以下・203条以下等）。ただし、最高裁は、弁護人依頼権は、被疑者・被告人が自ら行使すべきものであり、弁護人を依頼する方法や費用についてまで説示する必要はないとしている（最大判1949（昭24）・11・30刑集3巻11号1857頁）が、法律により説示や斡旋などの配慮を義務づけることが望ましいという見解がある（佐藤功・注釈上544頁）。

被告人に対しては、憲法37条3項が**国選弁護人**の依頼権を保障しているが、本条における被疑者については、憲法上国選弁護人の規定はない。本条の趣旨からいえば、法律により被告人についてと同様に国選弁護人の規定を設けることは可能であり、また望ましいという見解が出されていた（佐藤功・注釈上545頁）が、司法制度改革の一環として刑事訴訟法改正で2006（平成18）年から、一定の事件について**被疑者国選弁護制度**が導入された（刑訴37条の2、37条の4など）。しかし、被疑者国選弁護制度の対象事件は重大犯罪に限定され、選任時期も勾留段階であるという限定的なものであることが指摘されていた（新基本コンメ282頁〔青井未帆〕）が、2016（平成28）年の刑事訴訟法改正で、選任時期の限定は維持されたものの、対象事件は被疑者に勾留状が発せられている全事件に拡大された（刑訴37条の2、37条の4など）。

2 接見交通権

本条の弁護人依頼権の保障の趣旨が、とくに被疑者・被告人の防御権の確保にある以上、弁護人とのいわゆる**接見交通権**が保障されなければならず、本条は当然にその保障を含む（佐藤功・注釈上545頁）。

刑事訴訟法39条1項も、接見交通権を保障するが、同条3項は、「捜査のため必要があるときは」「日時、場所及び時間を指定することができる」と定める。これを根拠としていわゆる一般的接見等指定処分（「捜査のため必要であるので、接見・接受に関し、その日時・場所・時間を指定書のとおり指定する」という処分）がなされるのが実際であり、この一般的接見等指定処分が本条の接見交通権の侵害であるとして争われてきた。同条3項ただし書は、「その指定は、被疑者が防禦の準備をする権利を不当に制限するようなものであつてはならない」とするので、個々の一般的指定処分が同条3項ただし書に違反するかどうかという問題（佐藤功・注釈上543頁）とも捉えられるが、この方式自体に対して違憲の疑いも指摘されてきた（新基本コンメ270頁〔齊藤正彰〕）。

最高裁は、接見交通権は憲法の保障に由来することに鑑みれば、捜査機関のする接見等の日時指定は、あくまで必要やむを得ない例外的措置であって、被疑者が防御の準備をする権利を不当に制限することは許されるべきではないとした上で、捜査機関は、弁護人等から被疑者との接見の申出があったときは、原則としていつでも接見の機会を与えなければならないのであり、現に被疑者を取調中であるとか、実況見分、検証等に立ち会わせる必要がある等捜査の中断による支障が顕著な場合には、弁護人等と協議してできる限り速やかな接見のための日時等を指定し、被疑者が防御のため弁護人等と打ち合わせることのできるような措置をとるべきであると判示している（最大判1999（平11）・3・24民集53巻3号514頁）。さらに、接見日時等の指定方法は、捜査機関の合理的裁量に委ねられるが（最三小判2000（平12）・2・22集民192号397頁）、いちじるしく合理性を欠く場合は違法であり（最三小判1991（平3）・5・10民集45巻5号

919頁）、逮捕直後の初回の接見は弁護人依頼権の憲法上の保障の出発点をなすものであって、その制限措置は防御の準備をする権利の不当な制限として違法としたものがある（最三小判2000（平12）・6・13民集54巻5号1635頁）。また、弁護人との信書授受の制限は、本条に反しないとした判決がある（最二小判2003（平15）・9・5判時1850号61頁）が、反対意見が付されている（新基本コンメ270頁〔齊藤正彰〕）。

Ⅳ　「抑留又は拘禁されない」

　身体の拘束のうち、「**抑留**」は一時的な自由の拘束、「**拘禁**」は継続的な自由の拘束をいう。刑事訴訟法は、逮捕および勾引に伴う留置は「抑留」、勾留（勾留による拘禁）および鑑定留置などは「拘禁」にあたるとの前提に立ち、後者について理由開示の手続を定めている（刑訴82条〜86条、167条5項）。
　しかし、刑事訴訟法（刑訴203条以下）によれば最大72時間に及び得る留置が、短時間の拘束として「抑留」といえるか疑問が出されている（野中ほか・憲法1・417頁〔高橋和之〕）。また、刑事訴訟法（刑訴203条1項、204条1項・205条1項、205条2項、208条）によれば、起訴前の被疑者の身体の拘束は最大限23日間に及ぶことになり、とくに被疑者の勾留については、警察の留置場が「代用監獄」として使われることが多く（刑事収容施設・被収容者法14条・15条1項、（旧）監獄法1条3項）、被疑者の立場を弱いものとしていると指摘されてきた（佐藤幸・憲法338頁）。なお、大日本帝国憲法23条の「監禁」は、ここにいう「拘禁」にあたるとされる（宮沢・全訂305頁）。

Ⅴ　「正当な理由がなければ、拘禁されず」

　逮捕する理由があって逮捕されたからといって、それだけでは拘禁される理由にはならず、拘禁を正当化する理由が必要であるということである（宮沢・全訂305頁）。本条では、正当な理由を必要とし、理由を公開の法廷で示すことは、継続的な自由の拘束である拘禁についてのみ定められている。刑事訴訟法60条は、何が「正当な理由」にあたるか定めている。
　学説では、拘禁の必要性を基礎づける理由としては、逃亡、罪証隠滅のおそれなどが挙げられ、必要性についての実質的理由を要する（新基本コンメ270頁〔齊藤正彰〕）、あるいは、ある程度の証拠によって支えられた理由が要求される（野中ほか・憲法1・420頁〔高橋和之〕）とされている。憲法38条の精神からいって、取調べの必要ということは、ここでの正当な理由とはならない（野中ほか・憲法1・421頁〔高橋和之〕）。

第34条（抑留・拘禁の要件、不法拘禁に対する保障）　*395*

Ⅵ　「要求があれば、その理由は……公開の法廷で示されなければならない」

　拘禁の場合には、公開法廷でその理由を示すべきことを要求することによって、不当な拘禁の防止を図るものである（芦部・憲法256頁）。

　「要求」権者が誰であるかは明示されていないが、事柄の性質からして、何人でもということではなく、被拘禁者、その弁護人その他の利害関係者である（佐藤功・注釈上548頁）。万人とする見解もあるが[183]、何らの利害関係を有しない者に要求権を与えないと直ちに違憲であると断定すべきほど強いものかという疑問が出されている（樋口ほか・注解2・311頁〔佐藤幸治〕、新基本コンメ270頁〔齊藤正彰〕）。刑事訴訟法82条は、勾留については、勾留されている者、その弁護人・配偶者その他一定の利害関係人としている。

　「その理由は、直ちに本人及びその弁護人の出席する公開の法廷で示されなければならない」とは、拘禁理由を被拘禁者およびその弁護人の出席する公開法廷において公に告知することであり、示された内容について理解できないことがある場合にはそれについて問い質して明らかにする権利が当然に含まれているが、さらに制度の趣旨からいって、被告人等の口頭による意見陳述の権利の保障も含まれる（樋口ほか・注解2・312頁〔佐藤幸治〕）。

　刑事訴訟法には、本項の具体化として、**勾留理由開示**の制度が定められている（刑訴82条以下）。この制度は、裁判長が勾留の理由を告げるとする制度であり、本条が拘禁者と被拘禁者を法廷に呼出して拘禁の理由の当否を審査する制度を要求しているとすれば、疑問が残るという見解（宮沢・全訂306頁）、また、現行の開示制度は十分なものではないということになり、あるいはその開示手続は勾留取消などの制度と一体のものとして理解されなければならないことになるという見解が出されている（佐藤幸・憲法339頁）。

　理由開示の手続の結果、勾留の理由が正当な理由でないこと、または、勾留の理由または必要が存しないことが明らかとなった場合については、本条は何ら定めていないが、その場合には、当然に勾留取消（刑訴87条）の決定がなされなければならない（佐藤功・注釈上549頁）。

　なお、不法拘禁一般の救済制度として別に人身保護法が制定されており、刑事訴訟法の勾留理由開示制度と人身保護法による救済との関係が問題となる（佐藤功・注釈上550頁）。人身保護法は、刑事手続による拘禁に限定せず、広く「法律上正当な手続によらないで、身体の自由を拘束されている者」（人保2条）の「人身の自由を、司法裁判所により、迅速、且つ、容易に回復せしめることを目的」とする（人保1条）ので、刑事手続における違法な拘禁を解くことを請求することも同法によってなし得ると解される。しかし、人身保護規則

---

[183]　芦部信喜編『憲法Ⅲ：人権(2)』（有斐閣、1994年）154頁〔杉原泰雄〕。

4条は、「法第2条の請求は、拘束又は拘束に関する裁判若しくは処分がその権限なしにされ又は法令の定める方式若しくは手続に著しく違反していることが顕著である場合に限り、これをすることができる。但し、他に救済の目的を達するのに適当な方法があるときは、その方法によつて相当の期間内に救済の目的が達せられないことが明白でなければ、これをすることができない。」として、人身保護請求の要件をきわめて厳格に制限しており、少なくとも刑事手続における違法な拘禁の救済に関する限り、同法の機能する余地はきわめて少ない（佐藤功・注釈上550頁）。

Ⅶ　本条と行政手続

　本条は、直接には刑事手続による身体の自由拘束たる抑留・拘禁に関する規定であり、行政手続による身体の自由の拘束をも対象とするものではないという見解（佐藤功・注釈上551頁）、身体の自由の継続的拘束によって失われる権利・自由・利益は行政手続においても決して無視できないので本条が準用されるとする見解[184]、本条には刑事手続を本来の適用場面であるとうかがわしめるに足る文言がみあたらないこと等から、本条は公権力によって直接的な強制手段を背景に身柄を拘束するすべての場合に適用されるとする見解[185]、憲法13条ないし31条を通じて本条の趣旨を及ぼすあるいは類推適用するという見解（樋口ほか・注解2・313頁〔佐藤幸治〕）などがある（新基本コンメ271頁〔齊藤正彰〕）。しかし、第1の見解にあっても、行政手続による身体の拘束にどのような手続的保障が要求されるかは、その各種の拘束について個別に判断すべきであるとされる（佐藤功・注釈上551頁）ので、行政手続による身体の拘束について個別具体的に検討することについては異論がないものと思われる。その際、本条の要求は身体の自由の拘束の開始としての逮捕の場合と異なり、行政の迅速性の要求と抵触する度合いもはるかに低いことなどを考慮する必要があることが指摘されている[186]。

（倉田原志）

---

[184] 芦部信喜編『憲法Ⅲ：人権(2)』（有斐閣、1994年）157頁〔杉原泰雄〕。
[185] 安念潤司「憲法問題としての『手続上の権利』」ジュリ884号（1987年）254頁以下。
[186] 芦部信喜編『憲法Ⅲ：人権(2)』（有斐閣、1994年）157頁〔杉原泰雄〕。

第35条（住居侵入・捜索・押収に対する保障）　397

（住居侵入・捜索・押収に対する保障）
第35条　①　何人も、その住居、書類及び所持品について、侵入、捜索及び押収を受けることのない権利は、第33条の場合を除いては、正当な理由に基いて発せられ、且つ捜索する場所及び押収する物を明示する令状がなければ、侵されない。
②　捜索又は押収は、権限を有する司法官憲が発する各別の令状により、これを行ふ。

第３章

I　本条の趣旨

「各人の住居は彼の城である。雨や風は入ることができるが、国王は入ることができない」という法諺に示されているように、住居は人の私生活の中心であり、古くから、その不可侵はすべての人権宣言の保障するところとなっている（芦部・憲法257頁）。

大日本帝国憲法25条は「日本臣民ハ法律ニ定メタル場合ヲ除ク外其ノ許諾ナクシテ住所ニ侵入セラレ及捜索セラルヽコトナシ」と定め、侵入・捜索の要件を法律に委ねていた。本条はGHQ草案33条の「人民カ其ノ身体、家庭、書類及所持品ニ対シ侵入、捜索及押収ヨリ保障セラルル権利ハ相当ノ理由ニ基キテノミ発給セラレ殊ニ捜索セラルヘキ場所及拘禁又ハ押収セラルヘキ人又ハ物ヲ表示セル司法逮捕状ニ依ルニアラスシテ害セラルルコト無カルヘキ」（1項）、「各捜索又ハ拘禁若ハ押収ハ裁判所ノ当該官吏ノ発給セル各別ノ逮捕状ニ依リ行ハルヘシ」（2項）に由来する。また、本条が直接的にその系譜に属すると指摘されているのは、アメリカ合衆国憲法修正4条であり、同条は「不合理な捜索および逮捕押収に対し、身体、住居、書類および所有物の安全を保障される人民の権利は、これを侵害してはならない。令状はすべて、宣誓または確約によって支持される、信頼するに足る原因に基づいてのみ発せられること、かつ捜索されるべき場所および逮捕押収されるべき人または物を明示するものであることを必要とする」と定める（樋口ほか・注解2・316以下〔佐藤幸治〕）。

II　「住居、書類及び所持品」

「**住居**」とは、私生活の営まれる場としての人のすまいをいい、住宅、宿屋の客室・寄宿舎の居室もこれに含まれる（宮沢・全訂307頁）。さらに、その居住は継続的である必要はなく、一時的に宿泊しているホテル・旅館などの一室も住居にあたり、要するに、人が日常生活を営む場所であって、他人がみだりにその生活の場所をおかすことは許されないと社会通念上認められる場所はすべて本条にいう「住居」に該当する（佐藤功・注釈上552頁）。

「**書類及び所持品**」とは、その占有に属するすべてのものをいう。その意味
で書類も所持品に含まれるが、書類が証拠として特別の意味をもつ点からとく
に例示されたものである（宮沢・全訂307頁、佐藤功・注釈上552頁）。

書類の中でとくに問題とされるのは、郵便物であり、郵便物も本条の要件を
満たせば、押収されるが、刑事訴訟法100条1項は、被告人から発し、または
被告人に対して発した郵便物等で、通信事務を取り扱う者が保管・所持するも
のを差押えることができるとして、差押えの要件を緩和している。郵便等の中
には証拠物等の含まれている蓋然性が高いこと、通信の秘密の保障により内容
を探知して嫌疑の有無を確かめることができない関係上、被告人・被疑者が発
しまたは被告人・被疑者にあてたものには嫌疑を推定する必要があることなど
の理由で合憲とする見解（佐藤功・注釈上552頁）が有力である。しかし、被告
人の手許にある郵便物等との区別をどう説明するか、何らかの方法で嫌疑を確
かめることが可能なのではないかとして合憲性に疑問が呈されている（樋口ほ
か・注解2・319頁〔佐藤幸治〕）。

なお、刑事訴訟法100条2項が、それ以外の郵便物等については、「被告事件
に関係があると認めるに足りる状況のあるものに限り」差押えを認めているこ
とについては、この文言を厳格に解することを条件に合憲とする見解がある
（樋口ほか・注解2・319頁〔佐藤幸治〕）。また、捜査機関が宅配便業者の協
力を得て、運送中の宅配便荷物の内容を、X線で透視検査することは、荷送
人・荷受人のプライバシー等を大きく侵害するから、強制処分として令状が必
要とされる（最三小決2009（平21）・9・28刑集63巻7号868頁、新基本コンメ273
頁〔齊藤正彰〕）。

また、最高裁は、本条の保障対象には、「住居、書類及び所持品」に限られ
ずこれらに準ずる私的領域に「侵入」されることのない権利が含まれるものと
解するのが相当であるとし、刑事手続の一環である、警察が捜査対象車両に
GPS発信器を取り付けて行うGPS捜査は、個人の意思を制圧して憲法の保障す
る重要な法的利益を侵害するものとして、刑訴法上、特別の根拠規定がなけれ
ば許容されない強制の処分にあたるとともに、一般的には、現行犯人逮捕等の
令状を要しないものとされている処分と同視すべき事情があると認めるのも困
難であるから、令状がなければ行うことのできない処分と解すべきである、と
判示した（最大判2017（平29）・3・15刑集71巻3号13頁）。

Ⅲ　「侵入、捜索及び押収」

「**侵入**」とは、住居内に、管理者の反対をおしきってあるいは無断で入るこ
とである。特別な機械を使って、外部から屋内の会話等を盗聴することも、そ
のやり方が通常の程度を超えたものであるときは、侵入にあたるという見解
（宮沢・全訂全訂307頁）、あるいは、やり方を問わずに侵入にあたるという見

第 35 条（住居侵入・捜索・押収に対する保障）　399

解（佐藤功・注釈上553頁）がある。

　「**捜索**」とは、住居の内部や所持品を点検することである（宮沢・全訂307頁）。電話の傍受が、音という所持品の捜索にあたるという説もあるが、通信の秘密の侵害と考える見解が有力である。このこと及び通信傍受法の合憲性については憲法21条Ⅶ3(3)・憲法31条Ⅲ参照。

　「**押収**」とは、物の占有を強制的に取得することである。刑事訴訟法における差押はこれにあたる。

　捜索・押収は、本条の要件さえ整えば常に許されるというわけではなく、具体的な捜索・押収が、本条が考慮に入れていなかった他の人権と衝突する場合には、その人権との較量により、許されないこともある（野中ほか・憲法1・425頁〔高橋和之〕）。捜索・押収が身体に対してなされる場合、とくに、身体内部に及ぶ場合（たとえば、体内に飲み込んだ証拠物を、レントゲン等を使って捜索し、吐剤や下剤を用いて押収するような場合と、血液・尿のような身体の構成物を採取する場合がある）には、人格権にかかわる重大な問題が生ずる（樋口ほか・注解2・319頁〔佐藤幸治〕）。しかし、最高裁は、**強制採尿**は捜索・差押の性質を有するが、身体検査令状に関する刑事訴訟法218条5項が捜索差押令状に準用されるべきとしつつ、強制採尿も違法ではないとした（最一小決1980（昭55）・10・23刑集34巻5号300頁）。

　また、郵便物を捜索・押収するときには、通信の秘密との調整が必要となり、報道機関が取材した写真、テレビ・フィルム等を捜索・押収する場合には、取材の自由との調整が必要となる（野中ほか・憲法1・425頁〔高橋和之〕）。これらについては憲法21条Ⅲ3(6)・Ⅶ参照。

Ⅳ　「第33条の場合を除いては」

　令状主義の例外の1つとして、「33条による逮捕の場合を除いては」という意味であり、憲法33条による逮捕が行われた場合には、現行犯としてであっても、そうでなくても、それに伴う必要な限度では、本条による令状を必要とせずに、住居等の侵入等を公権力が行うことが許されるとする意味である（宮沢・全訂308頁）。これは、適法な逮捕に伴って侵入・捜索・押収がなされる場合には、それらのためにとくにあらためて別に令状を必要とすべき理由はないからである（佐藤功・注釈上555頁）。

　しかし、最高裁は、本条の法意は「33条による不逮捕の保障の存在しない場合」においては捜索押収等を受けることのない権利もまた保障されないことを明らかにしたものであり、憲法33条は現行犯の場合にあっては同条所定の令状なくして逮捕されてもいわゆる不逮捕の保障にはかかわりなきことを規定しているのであるから、本条の保障もまた現行犯の場合には及ばないものといわざるを得ないとし、本条にいう33条の場合とは、逮捕を伴う場合であることを必

ずしも必要としないと解している。つまり、現実に逮捕する場合であることを要せず、現行犯として逮捕しようと思えばできる場合をも含むとするのである（最大判1955（昭30）・4・27刑集9巻5号924頁）。したがって、憲法33条による適法な逮捕の場合には、現行犯であると否とにかかわりなく、逮捕に伴う合理的な範囲であれば、本条による令状を必要とせずに、住居等の侵入等を行うことが許されることになる（芦部・憲法257頁）。この最高裁の立場は、せっかく本条で定めた基本的人権の保障を不徹底たらしめるものであり、「第33条の場合」とは、現行犯についてはこれを逮捕する場合、非現行犯についてはこれにつき憲法33条所定の逮捕令状が発給されこれを執行して逮捕する場合であるという、同判決に付された少数意見が支持されるべきである（佐藤功・注釈上556頁）。なお、令状主義の精神を没却するような重大な違法が証拠収集手続にあれば、その証拠能力は否定される（最一小判1978（昭53）・9・7刑集32巻6号1672頁）。

　また、**緊急逮捕**が憲法33条の許容範囲に含まれるという前提に立てば、そのための住居への立ち入り・捜索・押収もまた許容されることになり、刑事訴訟法もその前提に立って令状を要しないとしている（刑訴220条1項後段）。緊急逮捕が違憲という立場に立てば、緊急逮捕に伴う立ち入り・捜索・押収は違憲となり、一定の厳格な要件の下で緊急逮捕は許されるという立場に立った場合でも、事後に令状が発行されない可能性があることから、捜索・押収は不可能であるとする立場もあり得るところであり、可能だとしてもその要件はとりわけ厳格なものでなければならないということになることが指摘されている（樋口ほか・注解2・328頁〔佐藤幸治〕）。最高裁は、緊急逮捕前に捜索・押収し、捜索終了後に帰宅した被疑者を緊急逮捕したことについて、時間的には接着しており、場所的にも逮捕の現場でなされたものであり、緊急逮捕の必要な限度内のものであるからとして違憲・違法とはいえないとしたことがある（最大判1961（昭36）・6・7刑集15巻6号915頁）が、本条の趣旨を没却するものであるという批判がある（樋口ほか・注解2・328頁〔佐藤幸治〕）。

V　「正当な理由に基いて」

　令状が発せられるためには、「正当な理由」がなくてはならないという意味であるが（宮沢・全訂308頁）、正当な理由の内容は、犯罪の嫌疑と捜索・押収の必要である（野中ほか・憲法1・423頁〔高橋和之〕）。学説上、その具体的な内容は法律で定めるべきとされる（宮沢・全訂308頁）が、刑事訴訟法102条・222条は、被告人については「必要があるとき」、被告人以外の者については「押収すべき物の存在を認めるに足りる状況のある場合に限り」捜索をすることができると規定している。

第35条（住居侵入・捜索・押収に対する保障）　*401*

Ⅵ　「捜索する場所及び押収する物を明示する令状」

　捜索の令状には「捜索する場所」、押収の令状には「押収する物」を明示すべきことを示す。したがって、数個の捜索または押収についてひとまとめにする包括的な令状は許されない（佐藤幸・憲法325頁）。最高裁は、差押えるべきものとして「会議議事録、闘争日誌、指令、通達類、連絡文書、報告書、メモその他本件に関係ありと思料せられる一切の文書及び物件」と記されていた令状につき、「その他」以下の文言は、それに先立つ文章で示された具体的な例示に附加されたもので、「明示」の要件に欠けるところはないとした（最大決1958（昭33）・7・29刑集12巻12号2776頁）が、概括過ぎるという批判がある（宮沢・全訂309頁、佐藤功・注釈上559頁）。

　なお、令状の提示が要求されるかについて学説の対立があるが、本条は令状の提示までを要求するものではなく、ゆえに令状提示を想定し得ない**通信傍受**も本条違反とはいえないという見解が出されている（ただ、この見解も令状の不提示が憲法31条の適正手続に反することはあり得るとする）（野中ほか・憲法1・424頁〔高橋和之〕）。

Ⅶ　「侵されない」

　住居、書類、所持品について侵入、捜索、押収を受けることのない権利は、公権力によって、侵されないことである。本条に違反して押収された物件の証拠能力については、最高裁は肯定していた（最一小判1952（昭27）・2・21刑集6巻2号266頁）が、本条の保障を実効ならしめるために、消極に解すべきという批判があった（宮沢・全訂309頁）。その後、最高裁は、本条が住居等の不可侵を保障し、また、憲法31条が法の適正な手続を保障していること等に鑑み、証拠物の押収等の手続に、本条およびこれを受けた刑事訴訟法218条1項等の所期する令状主義の精神を没却するような重大な違法があり、これを証拠として許容することが、将来における違法な捜査の抑制の見地からして相当でないと認められる場合においては、その証拠能力は否定されるものと解すべきであるとし（最一小判1978（昭53）・9・7刑集32巻6号1672頁）、一般論としては、場合によって証拠能力を否定すべきものであることを示唆している。その後は、この判決の要件が基準となっているが、証拠能力を否定しないものが多い（たとえば、最二小判1986（昭61）・4・25刑集40巻3号215頁、最三小決1994（平6）・9・16刑集48巻6号420頁）。なお、最二小判2003（平15）・2・14刑集57巻2号121頁は、尿の鑑定書の証拠能力を否定したが、捜索差押令状に基づいて発見・押収された覚醒剤とその鑑定書の証拠能力を否定しなかった）。

Ⅷ 「権限を有する司法官憲が発する各別の令状」

「権限を有する**司法官憲**」とは、憲法33条と同様に裁判所または裁判官のことである（→憲33条Ⅲ）。裁判官が発する令状で、かつ「各別」の令状であるから、それは個々の捜索または押収につき、それぞれに令状が必要ということを示す。捜索・押収の対象となる場所や者を特定しない、いわゆる一般令状は断固禁止される（佐藤幸・憲法325頁）。ただし、令状の内容の個別的・具体的な明確さを保障しようとする趣旨であるから、同一の事件につき、同じ場所で同時に捜索と押収とをあわせ行う場合に、捜索押収令状という一通の令状を作成しても違憲とはいえない（最大判1952（昭27）・3・19刑集6巻3号502頁、宮沢・全訂309頁、佐藤功・注釈上561頁）。

令状の方式・記載事項については、裁判所が行う場合に関して、刑事訴訟法107条・刑事訴訟規則94条参照、検察官などが捜査において行う場合に関して、刑事訴訟法219条・刑事訴訟規則157条参照。

Ⅸ 本条と行政手続

本条は、刑事手続にのみ適用され、行政手続には及ばないとする消極説と行政手続にも及ぶとする積極説が対立する。消極説は、刑事手続とは異なる行政手続の特質などを理由とするが、積極説は、今日における行政権の拡大強化の傾向からみれば、行政手続による基本的人権の侵害の可能性が司法手続による侵害よりもはるかに一般的であるとし、積極説が多数となっているといえる。ただ、積極説も一様ではなく、本条は、もっぱら刑事手続に関するものであり、行政手続（たとえば、税法上の質問・検査・調査などの手続）には直接の適用はないとみるべきであるが、行政手続のそれぞれの性質に応じて、本条が準用されるべきは当然であるとされたり（宮沢・全訂309頁）、原則として行政手続にも本条の令状主義の保障は適用されると解し、その上で、個々の行政手続の性質（刑事手続に移行する可能性のあるもの、実質的に刑事手続の性格を有するもの、緊急を要するものなど）に即して、その合理的な例外があることを認める見解が妥当とされたりする（佐藤功・注釈上562頁）。

最高裁は、昭和40年改正前の旧所得税法70条10号・63条の定める収税官吏の検査に令状を必要とするかどうかが争われた事件で、本条1項の規定は、主として刑事責任追及の手続についての規定であるが、刑事責任追及を目的とするものではないからといって、ある手続が本条の適用外にあるとはいえないと一般論を述べた。そして、該検査は行政目的のものであって性質上刑事責任の追及を目的とせず、実質上刑事責任追及のための資料の取得収集に直接結びつく作用を一般的に有せず、罰則による強制の度合いが検査の相手方の自由な意思をいちじるしく拘束して実質上直接的物理的な強制と同視すべき程度にまで

第35条（住居侵入・捜索・押収に対する保障） *403*

至っておらず、検査制度は不可欠で、そのことと比較して、この程度の強制は不均衡・不合理とはいえないことを理由に、本条に反するとはいえないとした（**川崎民商事件**判決・最大判1972（昭47）・11・22刑集26巻9号554頁）。この判決で本条の行政手続への適用が認められたので、住居の不可侵をもっぱら犯罪捜査との関係で保障された原則と解する要はないという見解がみられる（芦部・憲法257頁以下）。また、本件のような税務調査は、刑事責任追及に移行する可能性のあることは否定できず、制裁も最も重い部類に属するものであるのに、本条の適用外だとすると、本条の妥当する行政調査はきわめて例外的なものに限られることになるという疑問が出されている（樋口ほか・注解2・332頁〔佐藤幸治〕）。

　その後、**成田新法事件**判決において最高裁は、本条は、「本来、主として刑事手続における強制につき、それが司法権による事前の抑制下におかれるべきことを保障した趣旨のものであるが、当該手続が刑事責任追及を目的とするものでないとの理由のみで、その手続における一切の強制が当然に該規定による保障の枠外にあると判断するのは相当ではない。しかしながら、行政手続は刑事手続とその性質においておのずと差異があり、また、行政目的に応じて多種多様であるから、行政手続における強制の一種である立入りにすべて裁判官の令状を要すると解するのは相当ではなく、立入りが、公共の福祉の維持という行政目的達成のため不可欠のものかどうか、刑事責任追及のための資料収集に直接結びつくものかどうか、強制の程度・態様が直接的なものかどうかなどを総合判断して、裁判官の令状の要否を決めるべきである」という判断の枠組みを示した。そして、総合判断の結果、成田新法（新東京国際空港の安全確保に関する緊急措置法、現在は成田国際空港の安全確保に関する緊急措置法）3条3項は、本条に反するものではないとした（最大判1992（平4）・7・1民集46巻5号437頁）。なお、行政目的のための立入・検査について、憲法13条が保障する「適正な手続的処遇を受ける権利」の観点から、刑事手続（およびそのようなものとみるべき手続）の場合とは違った要件の下で裁判官が発する許可状が必要とされる場合があり得ると解すべきという見解もある（佐藤幸・憲法327頁）。

　また、最高裁は、警察官職務執行法2条の職務質問に伴う所持品検査につき、**所持品検査**は、任意手段である職務質問の付随行為として許容されるのであるから、所持人の承諾を得て、その限度においてこれを行うのが原則であるが、犯罪の予防、鎮圧等を目的とする行政警察上の作用であって、流動する各般の警察事象に対応して迅速適正にこれを処理すべき行政警察の責務に鑑みるときは、所持人の承諾のない限り所持品検査は一切許容されないとすると解するのは相当でなく、捜索に至らない程度の行為は、強制にわたらない限り、所持品検査においても許容される場合があると解すべきであるとした（最三小判1978（昭53）・6・20刑集32巻4号670頁）。さらに、薬物使用が疑われる等の状況において室内の客を制圧しながら所持品検査を行っても違法ではないとする決定も

あり（最一小決2003（平15）・5・26刑集57巻5号620頁）、本条の令状主義から批判がなされている（新基本コンメ277頁〔齊藤正彰〕）。

最近の事例では、関税法（平成24年法律30号による改正前のもの）76条、同法（平成23年法律7号による改正前のもの）105条1項1号・3号は、郵便物の検査に際して、裁判官の発する令状を要するものとはしていなかったため、税関職員が、令状なく、外国からの郵便物につき輸入禁制品の有無等を確認するために、郵便物を開披し、その内容物を目視し、内容物を特定するために、ごく微量を取り出して鑑定を依頼したことが、本条に違反しないかが争われたものがある。最高裁は、川崎民商事件最高裁判決および成田新法事件最高裁判決を引用し、両判決の判断枠組みを踏襲し、本件の郵便物検査は、刑事責任の追究を直接の目的とする手続ではなく、そのための資料の取得収集に直接結び付く作用を一般的に有するものでもなく、国内郵便物の場合とは異なり、国際郵便物の内容物に対するプライバシー等への期待がもともと低い上に、発送人又は名宛て人の占有状態を直接的物理的に排除するものではないから、その権利が制約される程度は相対的に低いといえ、税関検査の目的には高い公益性が認められ、その目的の実効性の確保のために必要かつ相当と認められる限度での検査方法は許容されることは不合理ではないとし、本件郵便物検査は、行政上の目的を達成するために必要かつ相当な限度であったといえ、令状を得ずに本件郵便物検査を行うことは、関税法の上記規定により許容されていると解しても、本条の法意に反しないと判示した（最三小判2016（平28）・12・9刑集70巻8号806頁）。川崎民商事件最高裁判決および成田新法事件最高裁判決の判断枠組みに依拠しているので、これらの判決のもつ問題点は残されたままといえる。

なお、税務の領域においては「犯罪調査」（国税犯則取締法2条の定める臨検・捜索・差押）があり、最高裁はそれを「一種の行政手続」としている（最大決1969（昭44）・12・3刑集23巻12号1525頁）が、収税官吏が調査の結果犯則事実ありと思料するときは、直ちに捜査機関に告発がなされ、調査で得られた資料が捜査機関に引き継がれ、捜査および訴追のための証拠として利用されるため、最高裁も「実質上刑事責任追及のための資料の取得収集に直接結びつく作用を一般的に有する」ものとしており（最三小判1984（昭59）・3・27刑集38巻5号2037頁）、この調査には原則として裁判官の発する許可状が要求される（佐藤幸・憲法328頁）。

（倉田原志）

（拷問及び残虐刑の禁止）
第36条 公務員による拷問及び残虐な刑罰は、絶対にこれを禁ずる。

第36条（拷問及び残虐刑の禁止）　*405*

I　本条の趣旨

　拷問は諸国で自白を得る手段として行われた。大日本帝国憲法には拷問禁止規定はなく、1889（明治22）年の太政官布告37号で拷問は廃止され、1891（明治24）年公布の旧刑法は公務員による拷問を犯罪とし禁止していた（それが、現在の刑法195条・196条につながる）。しかし、検察官、特高警察、憲兵等による拷問・虐殺はやむところがなかった（新基本コンメ277頁〔齊藤正彰〕）。本条は、そういう過去に鑑みて、とくに「拷問」を絶対的に禁止したものである。
　本条はあわせて、刑罰についても、残虐なものを禁止するが、これは、「残虐で異常な刑罰を科してはならない」とするアメリカ合衆国憲法修正８条にならったものである（宮沢・全訂310頁）。しかし、本条の歴史的沿革は、イギリス権利章典（1689年）やヴァージニア権利章典等にまで遡るもので、文明国における共通の規範的基盤を形成するものとされる（樋口ほか・注解２・335頁〔佐藤幸治〕）。

II　「公務員」

　公務員については憲法15条II参照。ここで、とくに念頭におかれているのは警察官・検察官である（佐藤幸・憲法340頁）。

III　「拷問」

　「**拷問**」とは、被疑者・被告人に対し、自白を強要するために肉体的・精神的苦痛を与えることである（宮沢・全訂311頁）。

IV　「残虐な刑罰」

　「**残虐な刑罰**」とは、最高裁によれば、不必要な精神的・肉体的苦痛を内容とする人道上残酷と認められる刑罰をいい（最大判1948（昭23）・6・30刑集２巻７号777頁）、学説も一般に類似の説明をしている（佐藤幸・憲法340頁）。どのような程度であれば「残虐」といえるかは、その時代と環境において人道上の見地から一般に残虐性を有するものと認められるか否かによって決せられる（最大判1948（昭23）・3・12刑集２巻３号191頁）。
　死刑は、本条にいう「残虐な刑罰」にあたるという説もあるが、最高裁は、残虐な刑罰かどうかは、その執行方法をも含めて決定されると考えており、その執行法が、火あぶり・はりつけ・さらし首・釜ゆでのような残虐な執行方法であれば、「残虐な刑罰」になるが、死刑そのものがそれに該当するとはいえないとする（最大判1948（昭23）・3・12刑集２巻３号191頁）。現在死刑の方法と

して行われる絞首（刑法11条1項）は、残虐な刑罰とはいえないとしている（最大判1955（昭30）・4・6刑集9巻4号663頁）。通説的見解も同様に残虐な刑罰にはあたらないとしている（佐藤功・注釈上568頁、樋口ほか・注解2・337頁〔佐藤幸治〕）。なお、死刑が合憲であることについては、最高裁は、憲法に刑罰としての死刑の存置を想定し是認する規定がある（憲13条・31条）ことを指摘し、その実質的理由は「死刑の威嚇力によって一般予防をなし、死刑の執行によって特殊な社会悪の根元を絶ち、これをもって防衛せんとしたもの」に求めているが、近時の死刑廃止論によって再考を迫られているとされ（芦部・憲法265頁）、実際、議論が続いている。本条が死刑を容認するものであるとしても、法律により死刑を廃止することは許されないものではない（佐藤功・注釈上501頁以下）。なお、最高裁は、死刑は憲法9条に違反するという主張も斥けている（最大判1951（昭26）・4・18刑集5巻5号923頁）。

　その他、最高裁は、**無期懲役刑**は死刑に比しさらに残虐であるという主張に対しては、人は本能的にその自由の剥奪よりもその生命の剥奪を恐怖するものであるから、死刑を最重刑とし無期自由刑をこれに次ぐものたらしめているとして、必要以上の残虐な刑罰を規定したものとして違憲であると断ずることはできないとする（最大判1949（昭24）・12・21刑集3巻12号2048頁）。罰金不完納の場合の労役場留置期間の割合を一日金50円としたこと、未決勾留日数を本刑に算入しなかったことも、いずれも残虐な刑罰にあたらないとしている（最二小判1950（昭25）・12・8刑集4巻12号2529頁、最三小判1951（昭26）・2・27刑集5巻4号475頁）。また、裁判官が法律において許された範囲内で刑を量定した場合に、それが被告人の側からすれば過重の刑であるとみられるとしても、残虐な刑罰ではないとしている（最大判1948（昭23）・6・30刑集2巻7号777頁）。

　つまり、残虐な刑罰であるかどうかは、刑の種類または性質についての問題であって、個々の事件において科せられる刑罰が過重であるかどうかの問題ではないが、ただ、この刑罰と犯罪の均衡の問題は、罪刑法定主義の前提にかかわる問題であって、憲法31条の問題とはなり得るとする見解（佐藤功・注釈上571頁）があるが、本条の要求でもあるとする見解（法協・註解上637頁）も有力である（樋口ほか・注解2・340頁〔佐藤幸治〕）。

　さらに、死刑の確定判決を受けた者について、30年を超える拘置の継続の後に、死刑を執行することが残虐な刑罰にあたるという主張につき、最高裁は、拘置は死刑の執行行為に必然的に付随する前置手続であって、死刑の執行に至るまで継続すべきものとして決定されているので、大法廷の判例（最大判1948（昭23）・3・12刑集2巻3号191頁、最大判1955（昭30）・4・6刑集9巻4号663頁）の趣旨に徴すれば、本条にいう残虐な刑罰にあたらないことは明らかであるとする（最一小決1985（昭60）・7・19判タ560号91頁）。ただ、本条違反を問題にすることはできないとしても、憲法13条・31条の観点から問題となり得るという見解も出されている（樋口ほか・注解2・342頁〔佐藤幸治〕）。

V 「絶対にこれを禁ずる」

「絶対に」とは本条の趣旨を強調する語句であり、法的には特別の意味がないという見解（佐藤功・注釈上572頁）もあるが、本条を拷問および残虐な刑罰を受けない権利・自由と解するならば、この権利・自由は絶対的な権利・自由であって、公共の福祉を理由としても制限し得ないものであることを示すとする見解が一般的である（樋口ほか・注解2・336頁〔佐藤幸治〕。なお、佐藤功・注釈上572頁以下もそのように解する可能性を認める）。

本条の拷問の禁止の結果として、公務員による拷問は刑法195条・196条により犯罪を構成し、刑事訴訟法は、特別公務員暴行陵虐罪（刑195条）につき、準起訴手続（付審判請求手続）を認めている（刑訴262条）。また、本条による拷問の禁止を担保するために、憲法38条2項において拷問によって得られた自白は証拠能力がないことを定めている（→憲38条Ⅲ1）。

（倉田原志）

（刑事被告人の権利）
第37条　①　すべて刑事事件においては、被告人は、公平な裁判所の迅速な公開裁判を受ける権利を有する。
②　刑事被告人は、すべての証人に対して審問する機会を充分に与へられ、又、公費で自己のために強制的手続により証人を求める権利を有する。
③　刑事被告人は、いかなる場合にも、資格を有する弁護人を依頼することができる。被告人が自らこれを依頼することができないときは、国でこれを附する。

I 本条の趣旨

大日本帝国憲法には、「裁判ノ対審判決ハ之ヲ公開ス」（明憲59条）という規定はあったが、本条にあたるような規定はなかった。本条は、GHQ草案36条に由来するが、「反対尋問」が「審問」と改められたほか、ほぼそのままである（樋口ほか・注解2・343頁〔佐藤幸治〕）。

本条は、アメリカ合衆国憲法修正6条が「すべての刑事上の訴追において、被告人は、犯罪が行われた州およびあらかじめ法律によって定められるべき地区の公平な陪審によって行われる迅速な公開裁判を受け、かつ、被告事件の性質と原因とについて告知を受ける権利を有する。被告人は自己に不利な証人との対審を求め、自己に有利な証人を得るために強制的手続をとり、また、自己のために弁護人の援助を受ける権利を有する」と定めるのにならって、被告人

408 第37条（刑事被告人の権利）

の公平な裁判所の迅速な公開裁判を受ける権利、証人への審問権、弁護人依頼権などの刑事被告人の諸権利を保障しようとするものである（宮沢・全訂312頁）。日本国憲法では、別に裁判を受ける権利と裁判の公開原則について一般的に規定しているが（憲32条・82条）、とくに刑事被告人の権利を明確にするため、本条1項では、公平・迅速・公開の要件が満たされる必要があることを明らかにしている（芦部・憲法259頁）。また、本条は、憲法38条とともに、従来の日本には見られなかった英米法的な当事者主義・弾劾主義の見地からこれらの刑事被告人の権利を保障しようとするもので、本条と憲法38条の定める新しい原理が新刑事訴訟法の指導原理をなしている（宮沢・全訂318頁）。

II　「被告人」

公訴を提起された者をいう。2項および3項の「刑事被告人」と同じである。

III　「公平な裁判所」

当事者の一方に不当な利益または不利益となる裁判を行うおそれのない裁判所のことをいう（佐藤功・注釈上574頁）。最高裁は、「構成其他において偏頗な惧なき裁判所」を意味するとする（最大判1948（昭23）・5・5刑集2巻5号447頁）。裁判官・裁判所書記官の除斥および忌避および回避の制度（刑訴20条以下・377条）は、この**公平な裁判所**を保障するためのものであり、刑事訴訟法が起訴状一本主義（刑訴256条6項）や当事者主義（刑訴298条など）を採用したのは、この趣旨を強化するためのものである（宮沢・全訂313頁）。ただ、公平な裁判所の具体的なあり方は相当広範な立法裁量に委ねられると解すべきであり、起訴状一本主義を欠いたら直ちに憲法違反となるとは考えるべきではなく、また、当事者主義が少しでも制限されたら公平な裁判所の要請に反するとはいえない（野中ほか・憲法1・440頁〔高橋和之〕）。

この「公平な」は、裁判内容の実質的公平まで保障しているとする学説[187]もあるが、通説は、主として裁判所の構成に関するものであり、個々の事件についての裁判内容の公平は、直接に本条のこの規定によって保障されるものではないとする（佐藤功・注釈上575頁）。最高裁も、「個々の事件につき内容実質が具体的に公正妥当なる裁判をさすのではない」とする（最大判1948（昭23）・5・26刑集2巻5号511頁）。

なお、公平な裁判所であるために、裁判員の選任手続についてもさまざまな工夫と配慮が施されている（とくに、裁判員法17条・18条・34条3項など）（佐

---

[187] 有倉遼吉＝小林孝輔編『基本法コンメンタール憲法（第3版）』（日本評論社、1986年）162頁〔上田勝美〕。

第 37 条（刑事被告人の権利）　409

藤幸・憲法341頁以下）。

Ⅳ　「迅速な」裁判

　「迅速な」裁判とは、適正な裁判を確保するに必要な期間を越えて不当に遅延した裁判でない裁判をいう（佐藤幸・憲法342頁）。この迅速な裁判が要求されるのは、「裁判の遅延は裁判の拒否にひとしい」といわれるように、刑事事件を短期間に処置することが被告人の人権保護の上において必要であるからである（佐藤功・注釈上576頁）。この迅速な裁判には、起訴前の過程も含む（野中ほか・憲法１・441頁〔高橋和之〕）。ただし、迅速とはどの程度のことを指すかは、事件の性質によっても異なり、一概には決定されることはできない。また、訴訟が不当に遅延した場合の効果については、刑事訴訟法にも直接の規定がないので、担当裁判官・検察官などが迅速な処理のために努力すること、また、国が迅速な裁判の実現のために必要な訴訟手続に関する立法および司法行政に努力すべきことを要求しているといわれる（佐藤功・注釈上576頁）。しかし、この立場は本項をいわゆるプログラム規定と解するものであり、「権利」として保障したことからすれば、単純なプログラム的な規定であると一般的に性格づけることには疑問が呈され、遅延の事情いかんによっては明らかに「迅速な」裁判の要請に反すると認むべき場合は十分考えられるという指摘がなされている（樋口ほか・注解２・346頁〔佐藤幸治〕）。

　最高裁は、従来は、裁判が遅れたことを理由に破棄差戻をすれば、裁判が一層遅れるから、裁判の遅延は原判決破棄の理由にならないという立場をとっていたので、本条の保障は実効性がなかった（芦部・憲法259頁）。ところが、いわゆる**高田事件**において、15年あまり公判期日が全く開かれなかったことについて、本条項の「保障する迅速な裁判を受ける権利は、憲法の保障する基本的な人権の一つであり」、本条項は、「個々の刑事事件について、現実に右の保障に明らかに反し、審理の著しい遅延の結果、迅速な裁判を受ける被告人の権利が害されたと認める異常な事態が生じた場合には、これに対処すべき具体的規定がなくても」、「その審理を打ち切るという非常救済手段がとられるべきことをも認めている趣旨の規定であると解する」として、本件の場合には、判決で免訴の言渡をするのが相当であると判示した（最大判1972（昭47）・12・20刑集26巻10号631頁）。ただ、この判決は、迅速を欠くかどうかは「遅延の期間のみによって一律的に判断されるべきではなく、遅延の原因と理由などを勘案して、その遅延がやむをえないものと認められるかどうか」など「諸般の状況を総合的に判断して決せられなければならない」としており、その後、最高裁は、この論拠によって、迅速な裁判を受ける権利を侵害するという主張を、ことごとく棄却し（たとえば、最二小判1973（昭48）・7・20刑集27巻7号1322頁など）、審理に10年近く空費された事件につき、迅速な裁判に反するとはいえないとし

た判決（最一小判1975（昭50）・8・6刑集29巻7号393頁）もある。

　なお、司法制度改革の一環として、2003（平成15）年には、民事裁判も含めて、一般的に審理期間の目標などを定める「**裁判の迅速化に関する法律**」が制定され、「第一審の訴訟手続については2年以内のできるだけ短い期間内にこれを終局させ」ることを求めている（裁判迅速化2条）。刑事訴訟法もそれと関連して改正されたが、最近では「迅速」過ぎる点が問題とされている（新基本コンメ280頁〔青井未帆〕）。

V　「公開裁判」

　その対審および判決が公開の法廷で行われる裁判をいう。憲法82条にも裁判の公開が定められているが、本条では刑事裁判につき、特別に被告人の権利の面から規定したものである（佐藤功・注釈上579頁）。ただ、憲法82条の条件に従って、対審の公開停止が行われることはある（宮沢・全訂314頁）。

　刑事訴訟法が証人となる犯罪被害者等を保護するために、ビデオリンク方式（刑訴157条の4第1項）や被告人と証人の間の遮蔽措置（刑訴157条の3第1項）の利用を可能とするが、これが公開裁判の原則に反しないかが争われた事件で、最高裁は、審理が公開されていることには変わりはないので、裁判の非公開には該当しないとしている（最一小判2005（平17）・4・14刑集59巻3号259頁）。

　なお、略式手続（刑訴461条以下）については、迅速な裁判を確保し被告人の利益になるところもあることから、正式裁判請求権の保障がある限り、これを合憲とするのが通説・判例（最大決1948（昭23）・7・29刑集2巻9号1115頁、最大判1949（昭24）・7・13刑集3巻8号1290頁）である（佐藤幸・憲法343頁）。

VI　「すべての証人に対して審問する機会を充分に与へられ」

　「すべての証人に対して審問する機会を充分に与へられ」る権利は、一般に**証人審問権**と呼ばれる。ここに「証人」とは、固有の意味の証人に限らず、広く鑑定人・通訳・翻訳人をも含む（宮沢・全訂315頁）。

1　すべての証人に対して審問する機会

　「すべての証人に対して審問する機会」とは、被告人が、その証言が証拠とされるすべての証人に対し、直接に審問する機会のことを意味し、被告人または弁護人の面前でなされる証人の供述でなければ証拠にとれないとする直接審理の原則を定めたものである（宮沢・全訂314頁以下）。これに基づく制度が、**伝聞証拠排除法則**（伝聞法則）である。刑事訴訟法もこの法則を採用している（刑訴320条）が、刑事訴訟法はその例外を321条以下で定める。最高裁は、本条が直接審理を厳格に要求するものとは解しておらず、直接審理主義の具体的内

容は、すべて立法政策の問題だとし、また、必ずしも、英米法的な交互尋問の採用を要求する趣旨ではないとする（最大判1948（昭23）・7・19刑集2巻8号952頁、最大判1950（昭25）・3・6刑集4巻3号308頁）。また、最高裁は、検察官面前調書の証拠能力を認めること（刑訴321条1項2号）につきこれを合憲としている（最三小判1955（昭30）・11・29刑集9巻12号2524頁）。このように刑事訴訟法が一定の場合に例外を認め、判例もこの例外に関し緩やかな態度をとる傾向があることについては、公判中心主義的当事者訴訟の建前に悖るとの批判が強い（佐藤幸・憲法344頁）。

2　充分に与へられ

「充分に」審問の機会が与えられるためには、原則として、被告人の立会権を認めるべきであるが、最高裁は、証人尋問中被告人を退廷させても弁護人が立ち会っていればよいとし、公判廷以外で証人を尋問する場合、被告人自身を立ち会わせなくても弁護人に立会の機会を与えればよいとする（最大判1950（昭25）・3・15刑集4巻3号371頁）。なお、刑事訴訟法は捜査手続における証人尋問については、被告人または弁護人の立会を任意にしており（刑訴228条）、最高裁はこれを合憲とする（最大決1950（昭25）・10・4刑集4巻10号1866頁）。しかし、この場合の証人の供述も証拠とされることがあるので、立会を任意とすることには問題があることが指摘されている（宮沢・全訂316頁）。

反対尋問において、ビデオリンク方式（刑訴157条の4第1項）や被告人と証人の間の遮蔽措置（刑訴157条の3第1項）が利用されれば対面が妨げられることになる。最高裁は、映像と音声の送受信を通じてであれ、被告人は、証人の供述を聞くことはでき、自ら尋問することもでき、弁護人による証人の供述態度等の観察は妨げられないとして、本条の証人審問権は侵害されていないとした（最一小判2005（平17）・4・14刑集59巻3号259頁）。このビデオリンク方式、遮蔽装置の公開裁判原則との関係については、**V**参照。

なお、**ロッキード事件（丸紅ルート）**最高裁判決では、刑事免責を付与して得られた供述を事実認定の証拠とすることは許容されないものとされた（最大判1995（平7）・2・22刑集49巻2号1頁）。この最高裁判決によれば、この刑事免責の制度の導入を日本国憲法が否定しているものとまでは解されないが、わが国の刑事訴訟法はこの制度に関する規定を置いていないのであるから、この制度を採用していないというべきであるとしている。

Ⅶ　「公費で自己のために強制的手続により証人を求める権利」

この権利は、一般に**証人喚問権**と呼ばれるが、この規定は、本項前段の証人審問権を実質的に裏づけるためのものであり、被告人は自ら強制的手続で証人を出頭せしめ得ないので、それを裁判所に求める権利を与え、かつその場合に、

被告人の無資産などの理由のためにこの権利が妨げられることにならないように、その費用を公費として国の負担としたものである（佐藤功・注釈上582頁）。

「公費で」とは、最高裁によれば、「証人尋問に要する費用、すなわち、証人の旅費、日当等は、すべて国家が支給する」ことであるが、被告人が有罪の判決を受けた場合、その被告人に証人喚問の費用の負担を命ずることを禁止する趣旨ではない（最大判1948（昭23）・12・27刑集2巻14号1934頁）。しかし、この解釈では、この費用を結審までの間は国が立て替えるということを意味するだけであり、被告人が終局判決においてこの費用の負担を命ぜられる可能性を考えて証人申請を差し控える効果ももたらすであろうから本条の趣旨に反し、「公費」には強制に要する費用であるから旅費・日当は含まれず、かつ、被告人に負担させることは許されないという見解が有力である（宮沢・全訂316頁、佐藤功・注釈上583頁）。

なお、「強制的手続」とは、証人の召喚・勾引などをいう（刑訴150条以下）。

ただ、「公費で自己のために強制的手続により証人を求める権利を有する」からといって、裁判所は被告人の申請にかかる証人のすべてを喚問すべきだとは理解されていない。最高裁は、裁判所は、当該事件の裁判をなすのに必要適切な証人を喚問すればよいとする（最大判1948（昭23）・7・29刑集2巻9号1045頁）。何が必要適切な証人といえるかの判断は、全くの裁判所の裁量にまかされているわけではなく（宮沢・全訂316頁）、この最高裁判決によれば、「実験則に反するものであれば、不法を招来することとなる」。

Ⅷ　「いかなる場合にも、資格を有する弁護人を依頼することができる」

「資格を有する弁護人」とは、訴訟事件に関する行為を行う資格を有する弁護人のことで、現在は、弁護士法による弁護士が「資格を有する弁護人」にあたる（樋口ほか・注解2・353頁〔佐藤幸治〕）。法律または最高裁判所規則（憲77条）で、さらに一定の資格要件を定めることもできる（佐藤功・注釈上583頁）。詳細は刑事訴訟法で定められている（刑訴30条以下）。なお、それ以外の特別弁護人を依頼することも可能であるが、刑事訴訟法31条では、裁判所の許可が必要とされている。なお、「いかなる場合にも」弁護人依頼権が妥当するのであるから、判決言渡し後に上訴するためにも、弁護人に依頼することができる（最大判1949（昭24）・1・12刑集3巻1号20頁）。

「弁護人を依頼することができる」とは、憲法34条の「弁護人を依頼する」権利を有すると同じ意味である。刑事訴訟法272条は、この依頼権を実質的に保障するために、弁護人選任権を被告人に告知すべきものとしている。なお、刑事被告人以外の者の弁護人依頼権については、憲法34条に定めがある（→憲34条Ⅲ1）。

なお、本項の「被告人」はモデルとなったアメリカ合衆国憲法修正6条およ

びGHQ草案では、accusedとなっており、被疑者、被告人双方を含む言葉であり、これを日本語にするときに「被告人」と訳したが、被疑者と被告人の双方を含む上位概念がなかったためであり、本項にいう「被告人」とは、刑事訴訟法上の専門用語としての被告人と被疑者の両方を含む概念と解すべきという見解もある（野中ほか・憲法1・443頁〔高橋和之〕）。

　この**弁護人依頼権**の内容について、最高裁は、これを形式的に理解して、弁護人を依頼するかどうかは被告人の自由であり、国としては依頼の機会を与え、それを妨害しなければよいとしている（最大判1949（昭24）・11・30刑集3巻11号1857頁）。しかし、当事者主義の下における弁護人の存在の必要性を考えるなら、依頼権の告知、依頼方法の教示なども憲法が要請していると解すべきであり、弁護人の援助が実質的に得られることまで保障内容に入ると考えなければならないことが指摘されている（野中ほか・憲法1・445頁〔高橋和之〕）。その一環としての接見交通については、憲法34条Ⅲ2参照。

　また、被告人が明示的に弁護人依頼権を放棄したような場合でない限り、この権利の制限につながるような解釈は認めるべきではなく、たとえば、弁護人の選任に氏名や住所を要求し、それを黙秘する者に、氏名あるいは住所の不記載を理由に弁護人選任の効力を認めないのは憲法に反するとされ、氏名を黙秘する被告人に弁護人選任の効力を認めなくても、黙秘権や弁護人選任権の侵害にはならないとする最高裁の立場（最三小判1965（昭40）・7・20刑集19巻5号591頁、最一小判1969（昭44）・6・11刑集23巻7号941頁）は不当であると批判されている（野中ほか・憲法1・445頁〔高橋和之〕）。

Ⅸ　「自らこれを依頼することができないときは、国でこれを附する」

　これは、**国選弁護人**の制度を設けるものである（佐藤幸・憲法345頁）。

1　自らこれを依頼することができないとき

　「自らこれを依頼することができないとき」とは、「貧困その他の事由により」（刑訴36条）、自分で弁護人を依頼できないときのことである。不人気な事件などで、弁護人の引受け手がない場合なども含まれる。刑事訴訟法は、請求による被告人の国選弁護について定め（刑訴36条）、また、公訴の提起のあったときは、裁判所は「遅滞なく被告人に対し、弁護人を選任できる旨及び貧困その他の事由により弁護人を選任することができないときは弁護人の選任を請求することができる旨」告知しなければならないとしている（刑訴272条）。

2　国でこれを附する

　「国でこれを附する」とは、国が資格を有する弁護人を選任する意味であり、国で附する弁護人を国選弁護人という（宮沢・全訂317頁）。

414　第37条（刑事被告人の権利）

　本項は、国選弁護人の選任につき、被告人の請求をその要件とはしていない
が、刑事訴訟法は弁護人を本人の請求によって附する（刑訴36条）としている。
本項は、被告人自ら弁護人を附し得ないときには国が当然に必ず国選弁護人を
附さなければならないものとするものではないので、このことは本項に違反す
るものではないという学説がある（佐藤功・注釈上585頁）。最高裁も、弁護人
の選任は原則として被告人の自由意思に委せられており、弁護人の選任を請求
する者に対して弁護人を附すれば足るとしている（最大判1949（昭24）・11・2
刑集3巻11号1737頁）。しかし、被告人が事柄を十分理解しないままに請求し
ないということもあり得るところであるから、被告人から積極的に請求があっ
たか否かを決め手にするのは疑問で、むしろ被告人が明確かつ積極的に国選弁
護人の請求を放棄するということでない限り国選弁護人を保障するというのが
本項の求めるところと解すべきという見解が出されている（樋口ほか・注解
2・354頁〔佐藤幸治〕）。

　また、最高裁によれば、その請求がなければ、弁護人なしで裁判しても違憲
ではない（最大判1949（昭24）11・2刑集3巻11号1737頁）。いわゆる沖縄デー新
橋駅事件に関する判決において、本項の弁護人依頼権の保障は被告人が弁護人
を選任して自己の権利擁護のために正当な防御活動を行う意思を有することを
前提とするものであるとし、被告人がこの意思がないと評価されるべき行動を
とりながら、弁護人選任を請求することは権利の濫用であり、裁判所が再選任
請求を拒否し弁護人のないまま審理判決したことは本条本項に違反するもので
はないとした（最三小判1979（昭54）・7・24刑集33巻5号416頁）。この権利濫用
論は、最高裁の基本的立場に立つ限り、刑事訴訟法289条1項の定める必要的
弁護事件（死刑または無期もしくは長期3年を超える懲役もしくは禁固にあた
る事件）にも適用されるとみるべきであろうことが指摘されている（佐藤功・
注釈上587頁）。

　なお、この**必要的弁護制度**は、憲法の要請を確認するものであるとする立
場[188]が有力になってきているが、最高裁は、いかなる事件を必要的弁護事件
とするかはもっぱら刑事訴訟法によって決すべきものであって、憲法31条およ
び本項によって決まるものではないとし（最大判1950（昭25）・2・1刑集4巻2
号100頁）、学説上もこれを基本的に支持する立場が従来支配的であった（樋口
ほか・注解2・355頁〔佐藤幸治〕）。しかし、このような中で、必要的弁護の
制度は、憲法との関係からいえば、事件の重大性に鑑み、また、そのこととの
関係で通常被告人が弁護人を欲しないということはあり得ないという前提の下
に設けられているものであり、事理を十分わきまえた上で弁護人の弁護を欲し
ないという確固とした意思表示のある稀な場合にその意思に反してまで弁護人
を附さなければならないというような趣旨のものではなく、その場合には弁護

※188　芦部信喜編『憲法Ⅲ：人権(2)』（有斐閣、1994年）204頁〔杉原泰雄〕。

第38条（不利益な供述の強要禁止、自白の証拠能力・証明力）　*415*

人なしに開廷することは憲法上可能だという見解が出されている（樋口ほか・注解2・356頁〔佐藤幸治〕）。

3　国選弁護人に要する費用

国選弁護人に要する費用も、刑事訴訟費用の一部として、刑の言渡しを受けた被告人に負担させること（刑訴181条・刑訴費用法2条3号）は違憲ではない（最大判1950（昭25）・6・7刑集4巻6号966頁）。しかし、貧困により申立があったとき（刑訴500条）は、これを免除すべきことは当然である（宮沢・全訂318頁）。

（倉田原志）

（不利益な供述の強要禁止、自白の証拠能力・証明力）
第38条　①　何人も、自己に不利益な供述を強要されない。
②　強制、拷問若しくは脅迫による自白又は不当に長く抑留若しくは拘禁された後の自白は、これを証拠とすることができない。
③　何人も、自己に不利益な唯一の証拠が本人の自白である場合には、有罪とされ、又は刑罰を科せられない。

I　本条の趣旨

大日本帝国憲法には、本条に該当する規定はない。古くから「自白は証拠の王（女王）」といわれ、刑事裁判における決定的な証拠として扱われてきた歴史がある。日本でも、自白の偏重と拷問等による自白の強要が「刑事司法における宿弊であった」（法協・註解上659頁）。本条は、このような歴史の反省に立ち、不利益供述を強要されないこと、自白の証拠能力の制限等を定める。

本条は、GHQ草案38条ほぼそのままであって、イギリスのコモン・ローに由来し、アメリカ合衆国憲法の「何人も、刑事事件において、自己に不利益な供述を強要されることはない」という自己負罪拒否の特権の規定（修正5条）その他判例上確立された原則等を反映するものである（樋口ほか・注解2・360頁〔佐藤幸治〕）。なお、本条1項の規定が総則的規定であり、2項および3項はその裏づけとしての具体的な規定である（佐藤功・注釈上591頁）。

なお、刑事訴訟法は被疑者および被告人に対して、いわゆる黙秘権を保障している（刑訴198条2項・291条3項）。

Ⅱ 「何人も、自己に不利益な供述を強要されない」

1 何人も

刑事手続において被告人・被疑者としてその刑事責任を追及されている者のことはいうまでもないが、証人も含まれる（佐藤功・注釈上592頁）。

2 自己に不利益な供述

(1) 自己に不利益な供述

「自己に不利益な供述」とは、自己の刑事上の責任に関する不利益な供述、すなわち刑罰を科せられる事実や量刑にかかわる不利益な事実などについての供述のことである（最大判1957（昭32）・2・20刑集11巻2号802頁、佐藤幸・憲法345頁）。財産または名誉に関する不利益をもたらす供述は含まれない（宮沢・全訂319、佐藤功・注釈上593頁）。

「供述」とは、口頭で事実を述べること、および口頭で述べられたことだけではなく、供述を記載した文書も含む（宮沢・全訂319頁）。

(2) 「不利益な供述」に関する見解

氏名の供述が自己に不利益な供述にあたるかについては、最高裁は、原則として不利益な事項ということができず、それにつき黙秘する権利があるとはいえないとする（最大判1957（昭32）・2・20刑集11巻2号802頁）。しかし、氏名が証拠収集の手かがりを与えることになるような場合[189]、氏名が判明することにより、その者が犯人として特定されることになるような場合（野中ほか・憲法1・429頁〔高橋和之〕）には本条の保障が及ぶという見解も有力である。また、本項を黙秘権の保障としての意味をもつとする見解[190]は、自己の氏名も当然に本項に含まれるとする。

指紋・足型の採取、身体の測定・写真撮影、身体検査などは、本項の保障は「供述」であるから、本項の射程外であるが、麻酔分析は、人の理性を失わせて不利益な供述を引きだそうとするものとみられ、本項に反する（佐藤幸・憲法346頁）。ポリグラフ・テスト（嘘発見器）については、被検者の応答を生理的変化と関連づけて解釈する点において、本項の射程内にあるとみる見解がある（佐藤幸・憲法346頁）。酒気帯び運転に関する「呼気」検査について最高裁は、アルコール保有の程度を調査するものであって、その供述を得ようとするものではないから、本項に違反しないとしている（最一小判1997（平9）・1・30刑集51巻1号335頁）。

---

[189] 鈴木茂嗣「自己負罪供述強要の禁止」樋口陽一＝佐藤幸治編『憲法の基礎』（青林書院新社、1975年）378頁。

[190] 芦部信喜編『憲法Ⅲ：人権(2)』（有斐閣、1994年）210頁〔杉原泰雄〕。

3 強要されない

供述を強制することを禁止する意味である。直接強制はもとより、間接強制も許されない趣旨である（佐藤功・注釈上593頁）。さらに、供述をしないことを罰することだけでなく、それを理由として何らかの法律上の不利益を与えることを禁じることを意味する（宮沢・全訂319頁）。

刑事訴訟法は、本項の趣旨を受けて、「何人も、自己が刑事訴追を受け、又は有罪判決を受ける虞のある証言を拒むことができる」（刑訴146条）として証言義務の例外を定め（佐藤功・注釈上592頁）、被疑者および被告人に対して供述拒否権ないし**黙秘権**（すべての供述を拒否する権利）を保障している（刑訴198条2項・291条3項・311条1項）。この黙秘権は、一般に、本項が直接要求するところではないものの、その精神を広げたものとされている（宮沢・全訂321頁）が、被疑者・被告人に関する限り、どのような事項についての供述であっても、その刑事責任に関し不利益を帰結するおそれがあるとして、本条を確認したものとする説[191]もある。

また、刑事訴訟法は、黙秘権をあらかじめ告げなくてはならないとする（刑訴198条2項・291条3項）が、この黙秘権の告知が本項の直接要請するところか否かについては、判例（最大判1948（昭23）・7・14刑集2巻8号846頁、最大判1949（昭24）・2・9刑集3巻2号146頁）・学説（宮沢・全訂321頁）は消極的である（樋口ほか・注解2・369頁〔佐藤幸治〕）。しかし、被疑者・被告人が自己に不利益な事実に関する限り、黙秘権の存在を知らずに供述義務ありと考えて供述したような場合や、権利の行使が困難な事情があるときなどは、告知自体も憲法上の要請であるとする有力な見解[192]もある（樋口ほか・注解2・369頁〔佐藤幸治〕）。

これに関連して、黙秘権の告知を欠いた自白の証拠能力については、刑事訴訟法学の多くは消極に解しており[193]、それを支持する憲法学説もある（新基本コンメ284頁〔青井未帆〕）が、最高裁（最三小判1950（昭25）・11・21刑集4巻11号2359頁）は、被疑者の取調べに際して黙秘権を告知しなかったからといって、それのみで供述が直ちに任意性を失うものではないとしている。

なお、2016（平成28）年の刑事訴訟法改正で導入された刑事免責制度では、免責決定がなされた証人は、自己負罪証言であっても、自己に不利益になるようには用いられないことから、証言を拒むことができないことになっている（刑訴157条の2、157条の3）。

---

[191] 芦部信喜編『憲法Ⅲ：人権(2)』（有斐閣、1994年）210頁〔杉原泰雄〕、渋谷・憲法246頁。

[192] 平野龍一『刑事訴訟法』（有斐閣、1958年）108頁。

[193] たとえば、松尾浩也監修『条解刑事訴訟法（第4版増補版）』（弘文堂、2016年）378頁。

418 第38条（不利益な供述の強要禁止、自白の証拠能力・証明力）

Ⅲ 「強制、拷問若しくは脅迫による自白又は不当に長く抑留若しくは拘禁された後の自白は、これを証拠とすることができない」

自白とは、狭くは犯罪事実の全部または一部の供述をいい、広義においては広く「自己に不利益な供述」をいい、本項と3項にいう自白は広義においてのものである（樋口ほか・注解2・370頁〔佐藤幸治〕）。

本項は、被疑者または被告人の行った任意性のない自白の証拠能力を否定する原則を明らかにし、これは一般に**自白排除法則**と呼ばれる。このような自白は、真実性において疑わしい場合が想定されるだけでなく、捜査機関などによる違法・不当な圧迫を根絶するには、およそこの種の自白は使えないものにしなければならないという判断によるものである（佐藤幸・憲法349頁）。

1 強制、拷問若しくは脅迫による自白

「強制」とは、広く自由な意思決定を妨げるすべての行為をいい、そのうち、主として肉体的な強制を「拷問」、心理的な強制を「脅迫」という（宮沢・全訂321頁）。「強制、拷問もしくは脅迫による自白」とは、強制の状態においてなされた自白の意味である。強制を排除するために自白の証拠能力を一括して否定するものであり（宮沢・全訂321頁）、任意性のない自白は証拠能力がないことを定めるものである（佐藤功・注釈上598頁）。最高裁は、偽計によって被疑者が心理的強制を受け、その結果虚偽の自白が誘発されるおそれのある場合には、その自白の任意性に疑いがあるものとして証拠能力を否定すべきであり、それを証拠に採用することは、刑事訴訟法319条1項ひいては本項に違反するとしている（最大判1970（昭45）・11・25刑集24巻12号1670頁）。

2 不当に長く抑留若しくは拘禁された後の自白

「抑留」および「拘禁」については憲法34条Ⅳ参照。

「不当に長く」に該当するかどうかは、その具体的な事件における一切の事情を考慮して決定するしかないが、不当に長い抑留・拘禁は、事実において拷問または脅迫と同じようなものであることを理由とする（宮沢・全訂322頁）。ただ、「抑留」が一時的な身体の拘束だとすると、「不当に長」い「抑留」はあり得ないこととなるが、「抑留」を不当に何回も繰り返す場合のことと解する（宮沢・全訂322頁）か、あるいは、ここに「不当に長く」とあるのは、主として「拘禁」についてであると解するほかない（佐藤功・注釈上600頁）。

この「**不当に長く抑留若しくは拘禁された後の自白**」に該当するとされたものとして、たとえば、109日の勾留後の自白（最大判1948（昭23）・7・19刑集2巻8号944頁）、逮捕されてから原審公判の開かれるまで6か月10日間勾留された後に公判廷においてなされた自白（最大判1949（昭24）・11・2刑集3巻11号1732頁）などがある。

なお、最高裁は、仮に不当に長い抑留もしくは拘禁があったと判断されても、その抑留・拘禁と自白との間に因果関係が存在しない場合は、その自白は、「不当に長く抑留若しくは拘禁された後の自白」に含まれないとするが（最大判1948（昭23）・6・23刑集2巻7号715頁）、不当に長い抑留・拘禁後の自白は、任意性をもたない蓋然性が大きく、本条はそれをすべて証拠力をもたないことにする趣旨であることを理由とする批判もある（宮沢・全訂322頁）。

本項が任意性のない自白の証拠能力を否定する趣旨であるとすると、本項に定められた自白以外の自白でも任意性のない自白の証拠力は否定されることになる。刑事訴訟法319条1項が、本条にかかげる2種の自白のほか「その他任意にされたものでない疑のある自白」は証拠にできないと定めるのは、本項の精神に基づくものである（宮沢・全訂322頁）。たとえば、被疑者が、検察官の自白をすれば起訴猶予にする旨の言葉を信じて、起訴猶予になることを期待してした自白は任意性に疑いがあるものとして証拠能力を欠く（最二小判1966（昭41）・7・1刑集20巻6号537頁）。

IV 「唯一の証拠が本人の自白である場合には、有罪とされ、又は刑罰を科せられない」

1 自白補強法則

本項は、任意性のあることが明白で、したがって証拠能力のある自白であっても、それが唯一の証拠である場合は、有罪とされないものとし、本人の自白は、これを補強する他の証拠があって初めて有罪とされることにつき証拠力をもち得るという意味である。このことで、自白偏重、自白強要の弊害を防止しようとするものである（佐藤功・注釈上602頁）。これは一般に**自白補強法則**と呼ばれる。どのような補強証拠が必要とされるかについて、最高裁は、自白にかかわる犯罪組成事実の全部にわたる必要はなく、自白にかかる事実の真実性を保障するものであれば足りるとする（最二小判1948（昭23）・10・30刑集2巻11号1427頁など）。

2 公判廷における自白

「本人の自白」に公判廷における自白を含むかが問題とされてきたが、最高裁は、それが任意性を有すること、その真実性を裁判所が直接に判断し得ることなどを理由として、これを否定する（最大判1948（昭23）・7・29刑集2巻9号1012頁）。この判例の立場については、公判廷外における自白であっても任意になされたものがあり得るし、逆に公判廷における自白でも任意性を欠くものがないわけではないので、学説では反対説（佐藤功・注釈上603頁）が多数であり、最高裁でもその学説と同旨の少数意見が有力となった（たとえば、最大判1949（昭24）・4・20刑集3巻5号581頁）。

ただ、刑事訴訟法319条2項は、「被告人は、公判廷における自白であると否とを問わず、その自白が自己に不利益な唯一の証拠である場合には、有罪とされない」と定めて、この論議を立法的に解決した。しかし、これが憲法上の要請かどうかの問題は残っている（芦部・憲法263頁）。最高裁によれば、憲法の要求するところではないが、憲法の趣旨を前進せしめたものとされる（最大判1949（昭24）・6・29刑集3巻7号1150頁）が、学説の多数説は憲法上の要請であるとする（樋口ほか・注解2・374頁〔佐藤幸治〕）。

これに関連して、日本で、被告人が有罪の答弁をすると事実審理を省略し量刑手続に移ることのできる英米法流アレインメント（起訴否認手続）の制度を設けることは、最高裁のこの判例に従えば不可能ではないが、刑事訴訟法319条2項が本項の要求するところであるとすると、公判廷における本人の自白だけで有罪を確定させることになるので、アレインメントの制度は、本条に違反することになる（宮沢・全訂324頁）。

3 共犯者の自白

最高裁は、共犯者の自白は「本人の自白」に含まれず、したがって補強証拠を必要としないが、共同被告人の供述は補強証拠を必要とするとしていた（最大判1949（昭24）・5・18刑集3巻6号734頁）。その後、最高裁は、共犯者・共同被告人も被告人本人との関係においては被告人以外の者であり、被害者その他の純然たる証人とはその本質を異にするものではないとして、共犯者または共同被告人の犯罪事実に関する供述は、本条2項のような証拠能力を有しないものでない限り、自由心証にまかされるべき独立・完全な証明力を有するといわざるを得ないという立場をとっている（最大判1958（昭33）・5・28刑集12巻8号1718頁）。しかし、共犯者の自白を強要することになりかねないこと、他に責任を転嫁しようとすることから共犯者の供述には問題が多く、誤判を帰結しやすいことなどを理由に「本人の自白」には共犯者または共同被告人の自白も含まれるとする反対論（佐藤功・注釈上604頁以下）も強い（樋口ほか・注解2・375頁〔佐藤幸治〕）。

4 「有罪とされ、又は刑罰を科せられない」

「有罪とされ、又は刑罰を科せられない」とは、有罪とされないで刑罰を科せられることはないから、要するに有罪とされない意味である（宮沢・全訂324頁）。

V 本条1項と行政手続

行政上の取締法規において取締官庁または監督官庁が調査上の必要に基づいて関係業者のみならず一般人に対して質問をし、または申告などを求め、かつ、

第 38 条（不利益な供述の強要禁止、自白の証拠能力・証明力）　*421*

これに答えること、申告することなどを罰則をもって強制し得る制度が設けられている場合が多い。これらの場合に、本条を根拠として、自己に不利益な陳述や申告を拒否できるかが問題となる。

1　最高裁判例の展開

　最高裁は、従来は、以下のような判決にみられるように、消極的な態度を示してきた（樋口ほか・注解 2・364頁〔佐藤幸治〕）。たとえば、麻薬取締法による麻薬取扱業者の帳簿への所定の事項の記載義務については、本項との関連が真正面から論じられたわけではないが、麻薬取扱者は麻薬取締法規の命ずる一切の制限・義務に服することを受諾しているというべきとして黙秘権の放棄を擬制し、取締上の要請から記帳の義務があることを述べた（最二小判1954（昭29）・7・16刑集 8 巻 7 号1151頁）。この判決は、いわば特権を受けるのと引換えに不利益供述拒否権を事前に放棄したという考え方をとっていることが指摘される（野中ほか・憲法 1・431頁〔高橋和之〕）。不法入国の外国人に対する登録申請義務も本項に違反しないとし（最大判1956（昭31）・12・26刑集10巻12号1769頁）、1960（昭和35）年改正前の道路交通取締法による事故の内容の報告義務につき、必要かつ合理的な規定であり、刑事責任を問われるおそれのある事故の原因その他の事項までは報告事項に含まれないことから本項に反しない（最大判1962（昭37）・5・2刑集16巻 5 号495頁）とした。これらの判決のうち、黙秘権放棄の理論によっているもの以外は、刑事手続と行政手続を区別し、行政手続にあっては、何らかの行政目的を達成する上で必要と認められる事項につき、合理的に必要と認められる限度で、申告・報告等の義務を課したとしても本項の適用はないとする判断があり、そしていずれの場合にあっても、義務とされる申告・報告等の中には「自己が刑事上の責任を問われる虞ある事項」が含まれていないとされていることが指摘されている（樋口ほか・注解 2・365頁〔佐藤幸治〕）。

　しかし、**川崎民商事件**判決において、本項の保障は、純然たる刑事手続においてばかりでなく、それ以外の手続においても、実質上、刑事責任追及のための資料の取得収集に直接結びつく作用を一般的に有する手続には、ひとしく及ぶものという態度を示すこととなった（最大判1972（昭47）・11・22刑集26巻 9 号554頁）。同判決は、問題とされた旧所得税法70条12号・63条の定める質問・検査の強制には、公益上の必要性と合理性が存し、かつ刑事責任追及のための資料の取得・収集に直接結びつく作用を一般的に有するものではなく、規定そのものが本項にいう「自己に不利益な供述」を強要するものとすることはできないとした。しかし、この質問検査が本項にいう不利益な供述にあたらないとすると、行政上の情報収集に本項の保障が及ぶ場合はきわめて限られたものとなろうという指摘がみられる（樋口ほか・注解 2・366頁〔佐藤幸治〕）。

　その後、最高裁は、**国税犯則取締法**上の質問調査手続につき、実質上刑事責

422 第38条（不利益な供述の強要禁止、自白の証拠能力・証明力）

任追及のための資料の取得収集に直接結びつく作用を一般的に有するものとした（最三小判1984（昭59）・3・27刑集38巻5号2037頁）が、川崎民商事件判決の枠組みに基づいて、覚醒剤密輸と税関での不申告罪に関する判決（最一小判1979（昭54）・5・10刑集33巻4号275頁）、外国人登録と不法入国に関する判決（最一小判1981（昭56）・11・26刑集35巻8号896頁）では、不利益な供述の強要にはならないとした。また、病院の院長が医師法21条に反して、警察署への異常死体届出義務を果たさず起訴された事件につき、最高裁（最三小判2004（平16）・4・13刑集58巻4号247頁）は、本件届出義務の性質・内容・程度および医師という資格の特質と、届出義務の高度の必要性に鑑み、一定の不利益を負う可能性があっても、それは医師免許に付随する合理的根拠のある負担であるとしている。

2 学説

(1) 判断枠組

　学説では、本項が行政手続に準用されるという立場から、刑事手続を参考にしながら、行政目的との関連でいかなる修正を施しながら準用するかを具体的に考えてゆくべきことになるとする見解（野中ほか・憲法1・430頁〔高橋和之〕）、本項は手続のいかんを問わず、刑事責任に関する不利益な供述強要を禁止するものであることから出発する必要があり、憲法上の判断枠組みとしては、(a)その目的が国民の生命・安全などの保全を中核とする重要な公共的利益にかかるものであり、かつ、(b)その場合、刑事責任を追及を目的とするものでないことはもちろん、そのための資料の収集取得に直接結びつく作用を一般的に有するものでないことを前提に、しかも、(c)かかる目的達成のための申告・報告などの義務を課すことが必要不可欠であるという事情の存する場合に限って許されるとする見解（佐藤幸・憲法347頁）が出されている。

(2) 具体的判断

　学説からは、個別の事例にかかわって、次のようなことが主張されている（新基本コンメ285頁〔青井未帆〕）。

(i) 税務上の質問検査

　前述の通り、**川崎民商事件**判決（→V1）は、手続が「実質上、刑事責任追及のための資料の取得収集に直接むすびつく作用を一般的に有する」かどうかにより適用の有無を決めるとしているが、この基準であれば、実際上適用される場面はほとんど生じないとし、行政目的を重視して答弁範囲を広く認めるのであれば、その代わりに、答弁から得た資料は行政目的の実現のためにのみ使用が許され、答弁者の刑事責任のためには使用できないとすることによりバランスをとるべきであるという見解（野中ほか・憲法1・430頁以下〔高橋和之〕）が出されている。

(ii) 麻薬取扱者の記帳義務

第39条（遡及処罰の禁止、一事不再理） *423*

麻薬の取締に限っていえば、その行政目的の重要性から、取締りに必要な限度での記載については、不利益供述拒否の放棄という考え方を認めてもよいとする見解（野中ほか・憲法1・431頁〔高橋和之〕）がある。

(iii) 自動車事故報告義務

報告の相手は、犯罪捜査の任務も負う警察であるから、報告した資料は刑事責任追及のために用いてはならないという対処の仕方は有効ではないので、前出（→V1）の最高裁判決（最大判1962（昭37）・5・2刑集16巻5号495頁）が報告すべき「事故の内容」として「必要な限度においてのみ」として行っている一種の合憲限定解釈は、被害者の救済や交通の回復などの処理をなすにつき必要な限度を厳格に解すれば妥当だとする見解（野中ほか・憲法1・431頁〔高橋和之〕）、報告の内容は犯罪発覚の端緒となることは容易に想定することができ、そもそも「自己に不利益な供述の強要」にあたらないと考えることは困難であり、高度の危険性を帯びる自動車運転については、一定限度黙秘権を縮減させることを前提として運転が許される制度が設営されているとみるべきとする見解（長谷部編・注釈2・70頁以下）が出されている。なお、通報行為は、自らの刑事訴追に手かがりを与える契機を含むのであって、通常の場合なら明らかに本項が黙秘権として保障している範囲内に入るはずのものであるから、憲法上正当化できないとする見解[194]もある。

（倉田原志）

（遡及処罰の禁止、一事不再理）
第39条 何人も、実行の時に適法であつた行為又は既に無罪とされた行為については、刑事上の責任を問はれない。又、同一の犯罪について、重ねて刑事上の責任を問はれない。

I 本条の趣旨

大日本帝国憲法23条は、「日本臣民ハ法律ニ依ルニ非スシテ……処罰ヲ受クルコトナシ」と定めていたが、遡及処罰を禁止するものではないとされており、本条後段に該当する規定もなかった（樋口ほか・注解2・377頁〔佐藤幸治〕）。本条は、GHQ草案の「何人モ同一ノ犯罪ニ因リ再度厄ニ遭フコト無カルヘシ」（37条2項）と「何人モ実行ノ時ニ於テ合法ナリシ行為ニ因リ刑罰ヲ科セラルルコト無カルヘシ」（39条）が合体させられて成立したものであるが、3月2日案および3月4-5日の検討によって、「又ハ既ニ無罪トセラレタル行為」が付加され、それに含まれているとの理解の下に「同一ノ犯罪ニ因リ再度厄ニ遭フコト

---

[194] 奥平康弘『憲法Ⅲ：憲法が保障する権利』（有斐閣、1993年）361頁以下。

無カルヘシ」を削除したところ、総司令部からそれを入れるようにとの意向が示され、それを付加したものである（樋口ほか・注解2・377頁〔佐藤幸治〕）。

外国の憲法では、アメリカ合衆国憲法は1条9節3項で「権利剥奪法または事後法は制定されることはない」とし、修正5条は「いかなる人も、同一犯罪について重ねて生命又は身体の危険にさらされることはない」と定める。また、ドイツ基本法103条2項は、「ある行為が処罰されうるのは、その行為がなされる前に、法律上、これに対する処罰が定められている場合だけである」、同条3項は「何人も、同一の行為について、一般刑法に基づいて、何度も処罰されてはならない」と定める。

なお、本条は、前段前半で事後法の禁止（遡及処罰の禁止）を定めることについては争いはないが、前段の後半と後段には、大陸法的な一事不再理の原則とアメリカ憲法の二重の危険の禁止の考えが混在しており、統一的な理解を困難にしている（野中ほか・憲法1・447頁〔高橋和之〕）、あるいは、本条の趣旨ないし内容は、必ずしも明確ではない（樋口ほか・注解2・377頁〔佐藤幸治〕）とされる。しかし、前段後半と後段の関係について、どのような見解をとっても、結論に大きな相違が生ずることはないという指摘もある（芦部・憲法263頁）。

II 「実行の時に適法であつた行為……については、刑事上の責任を問はれない」

事後法の禁止の原則を定めたものである。「実行の時に適法であつた行為」とは、実行のときの法（行為時法）によって処罰の対象とはならなかった行為のことであり、行為のときに違法ではあったが、罰則の定めがなかった行為も含まれる（宮沢・全訂325頁）。この行為、すなわち適法な行為が行われた後にできた法律によって、その行為につき刑罰を科すことは禁じられることを意味する（野中ほか・憲法1・447頁〔高橋和之〕）。これは、事後法の禁止または遡及処罰の禁止と呼ばれ、罪刑法定主義の一内容である。行為時の法定刑を事後の法律で加重して、その行為に適用することも許されない（佐藤功・注釈上607頁）。

さらに、手続法の遡及、つまり、訴訟手続を行為時に比べて被告人に不利益に変えた場合にも妥当するかについては、学説はわかれている。本条前段前半は、手続規定まで対象としていないとする説（佐藤功・注釈上607頁以下）、対象としているとする説[195]、一定の場合には手続規定にも及ぶとし、「一定の場合」としては、たとえば、(i)「訴訟手続を行為時にくらべていちじるしく被告人に不利益に変えた場合」（宮沢・全訂326頁）、(ii)「訴訟法の変更が重要なも

---

[195] 芦部信喜編『憲法III：人権(2)』（有斐閣、1994年）231頁〔杉原泰雄〕。

のであって、被告人に対して容易に有罪判決をもたらすような内容であると
き」[196]、(ⅲ)「被告人の実質的地位に直接影響をもつ実体法に密接な訴訟規定
(公訴時効や挙証責任の規定)」[197]を挙げる説がある。本条の規定の仕方から、
第三説、そのなかでも「一定の場合」としての(ⅱ)ないしは(ⅲ)の立場を支持する
見解(野中ほか・憲法1・448頁〔高橋和之〕)あるいは(ⅲ)の立場を支持する見
解(樋口ほか・注解2・379頁〔佐藤幸治〕)が有力である(新基本コンメ287
頁〔青井未帆〕)。

　最高裁は、「単に上告理由の一部を制限したに過ぎない」訴訟手続の改正規
定が、行為時の手続法よりも多少被告人に不利であるとしても本条に反するも
のではないとしている(最大判1950(昭25)・4・26刑集4巻4号700頁)。

　なお、公訴時効の廃止あるいは期間延長を遡及適用することは、本条に反し
ないかも問題となる。実際に、2010(平成22)年の「刑法及び刑事訴訟法の一
部を改正する法律」によって、いくつか公訴時効の廃止と時効期間の延長がな
され、改正の施行時点において公訴時効が完成していない罪に対しても、改正
法の規定(刑訴250条)を遡及適用することとされた(附則3条2項)。これが本
条の遡及処罰の禁止に反するかどうかを考える場合、遡及処罰禁止の趣旨と公
訴時効制度の趣旨をどう理解するかが重要であり、公訴時効制度の趣旨につき、
時間の経過の中で国民感情の中で処罰の必要性が減少し消滅するという実体法
的な理由を重視すれば違憲に傾き、時間の経過により、証拠が散逸し適正な裁
判が困難になることを重視すれば合憲に傾くことが指摘されている(野中ほ
か・憲法1・449頁〔高橋和之〕)。最高裁は、強盗殺人の実行時には公訴時効
は15年であったが、公訴の提起までに公訴時効が撤廃されたことにより事件後
16年後に起訴された被告人の、この法改正による時効の廃止が本条および憲法
31条違反にあたるという上告に対して、公訴時効制度の趣旨は、時の経過に応
じて公訴権を制限する訴訟法規を通じて処罰の必要性と法的安定性の調和を図
ることにあり、改正法は、その趣旨を実現するためのものであって、行為時点
における違法性の評価や責任の重さを遡って変更するものではなく、改正法施
行の際公訴時効が完成していない罪について改正後の刑訴法250条1項を適用
するとしたものであるから、被疑者・被告人となり得るものにつきすでに生じ
ていた法律上の地位をいちじるしく不安定にするようなものではないので、本
条、憲法31条に違反せず、それらの趣旨に反するとも認められない、とした
(最一小判2015(平27)・12・3刑集69巻8号815頁)。しかし、公訴時効が完成し
ていない事件について事後に公訴時効の延長・廃止をすれば、被疑者・被告人

---

[196] 橋本公亘『日本国憲法(改訂版)』(有斐閣、1988年)342頁。
[197] 田宮裕「事後法の禁止」芦部信喜編『憲法判例百選』(有斐閣、1963年)125頁。

の法律上の地位はいちじるしく不安定になり得る[198]と考えられるが、不利益変更であり、事前告知もなく行為者から予測可能性を奪うともいえるが、このような予測可能性が法的な保護に値するとも言い難く、本条前段前半によって保障されていると解するのも困難であるという見解もある（渡辺ほか・憲法1・311頁）。

Ⅲ 「既に無罪とされた行為については、刑事上の責任を問はれない」

この前段後半の「既に無罪とされた行為については、刑事上の責任を問はれない」と後段の「同一の犯罪について、重ねて刑事上の責任を問はれない」の関係については、いくつかの見解がある。

この前段後半は、同一の事件は、ひとたび審理し終えたならば、再度審理することはないという**一事不再理の原則**（野中ほか・憲法1・449頁〔高橋和之〕参照）を示し、後段（→Ⅳ）を**二重処罰の禁止**と解する説（佐藤功・注釈上608頁以下）からすると、「既に無罪とされた行為」とは、裁判において確定判決により無罪とされた行為のことである（佐藤功・注釈上608頁）。いったん確定判決により「無罪とされた行為」については、その行為については国の判断が確定したのであるから、その行為を理由として改めて処罰することを禁止するものである（宮沢・全訂326頁）。したがって、再審で無罪の判決を改めて有罪にすることは許されない。有罪とされた行為について、再審でより重い刑をいい渡すことも、本条の趣旨からいって許されない（宮沢・全訂326頁）。なお、刑事訴訟法が被告人に不利益な再審（（旧）刑訴486条）を廃止したのは、本条の趣旨に合致する（佐藤功・注釈上609頁）。

他方、この前段後半と後段が全体として**二重の危険の禁止**を定めたものと理解する立場[199]もある。この二重の危険の禁止は、国家に一度だけは訴追を認め、再度同じ負担を負わせられることのない権利を被告人に保障しようとするものである（野中ほか・憲法1・450頁〔高橋和之〕）。この立場に対しては、二重の危険の禁止の採用としては後段で足りており、この前段後半は無用ではないかとの批判がある（野中ほか・憲法1・451頁〔高橋和之〕）ように、前段後半は後段の解釈に吸収されることとなろう。

Ⅳ 「同一の犯罪について、重ねて刑事上の責任を問はれない」

Ⅲでみた前段後半は、一事不再理の原則を意味し、この後段を二重処罰の禁

---

[198] 山崎友也「公訴時効廃止の遡及適用を定めた経過措置規定の合憲性」重判解〔平成28年度〕29頁。

[199] 芦部信喜編『憲法Ⅲ：人権(2)』（有斐閣、1994年）236頁〔杉原泰雄〕。

止、つまりある犯罪について処罰した後、同じ行為をさらにまた別の罪として重ねて処罰してはならないことを意味すると解する説からすると、この「同一の犯罪について」とは、確定判決によって有罪とされた行為についてという意味である（佐藤功・注釈上608頁）。したがって、下級審の有罪判決の確定以前に検察官が上訴することは、本条に反しない（佐藤功・注釈上608頁）。

なお、Ⅲの「既に無罪とされた行為」を改めて処罰することを禁止することも、その限りでは、二重処罰の禁止である。その意味では、二重処罰の禁止規定が、前段後半部と後段の2つに分けて規定されていることから、その意味がすこぶる明確を欠くという評価もみられる（宮沢・全訂329頁）が、本規定は、前の確定判決を覆してこれと異なった判断をするのではなく、前の確定判決に加えて新たに重ねて別の判決を下す場合に関する規定であり、そこにⅢの一事不再理の原則との相違があるとされる（佐藤功・注釈上610頁）。

他方、Ⅲでみた前段後半とこの後段が全体として**二重の危険の禁止**を定めたものと理解する立場からすると、「同一犯罪について重ねて」とは、二重の起訴のことを意味し、本条によって、二重起訴が禁止され、そのことで、通常は二重に処罰されることもないことになる（野中ほか・憲法1・452頁〔高橋和之〕）。人権を重視する立場からは、二重の危険の禁止と理解すべきということも主張されている（野中ほか・憲法1・452頁〔高橋和之〕）。また、前段後半と後段とは相まって、事件が確定的に処理されたときは、被告人を二重の危険にさらしてはならないということから、被告人の利益のために一事不再理効を保障したものと解すべきとする見解も出されている（樋口ほか・注解2・382頁〔佐藤幸治〕）。

最高裁（最大判1950（昭25）・9・27刑集4巻9号1805頁）は、一事不再理と二重の危険のいずれの言葉も用い、二重の危険にいう「その危険とは、同一の事件においては、訴訟手続の開始から終末に至るまでの1つの継続的状態をみるを相当とする」と述べ（学説では、本条が二重の危険の禁止を定めているとすると、下級審の無罪判決に対して検察官が上訴することやより重い刑を求めて上訴することは、本条に違反することになる疑いがあるとの指摘がある（長谷部・274頁以下））、刑法56条・57条の再犯加重の規定は、前犯に対して重ねて刑罰を科するものではないからこの規定に反するものではない（最大判1949（昭24）・12・21刑集3巻12号2062頁）、量刑にあたり前科を考慮したり、執行猶予中の旨を判決文に記載することも違憲ではない（最二小判1951（昭26）・3・16刑集5巻4号606頁）、また、少年法19条1項に基づく審判不開始の決定が、事案の罪とならないことを理由とするものであっても、これを刑事訴訟における無罪の判決と同視すべきではなく、その判断にいわゆる一事不再理の効力を認めることはできない（最大判1965（昭40）・4・28刑集19巻3号240頁）という判断を示している。

ここに「刑事上の責任を問はれない」とは、本条後段を二重処罰の禁止と解

428　第40条（刑事補償）

すれば、刑罰を科することができないこととなり、本条後段が二重の危険の禁止とすれば、起訴されないこととなるが、前者の立場から、犯行について審理裁判すること、刑事裁判の手続をとること、処罰をすることなどをすべて含む（佐藤功・注釈上611頁）と解する説もある。

　なお、本条後段は、「重ねて」刑事上の責任を問われないとしていることから、刑事罰と行政制裁の併科が許されるかが問題とされてきた。「刑事上の責任」であるから、過料などの行政罰を科せられる場合は含まれず、1つの行為に対して刑罰と行政罰を重複して科することは本条に反するものではないとされ（佐藤功・注釈上612頁）、最高裁も、行政上の措置は刑罰と性格を異にするから両者を併科しても本条には反しないとしている（最大判1958（昭33）・4・30民集12巻6号938頁）。しかし、行政的制裁かどうかは実質に即して判断すべきであり、形式的には行政制裁の形をとっていても、実質は刑罰と同性質であるとか、あるいは、刑事手続と同程度の負担を強いるものであるような場合は、実質は刑罰の併科と評価すべきであるという見解が出されている（野中ほか・憲法1・453頁〔高橋和之〕）。

（倉田原志）

（刑事補償）
第40条　何人も、抑留又は拘禁された後、無罪の裁判を受けたときは、法律の定めるところにより、国にその補償を求めることができる。

I　本条の趣旨

　大日本帝国憲法には刑事補償に関する規定はなかったが、刑事補償法により、1931（昭和6）年以来補償が行われた。しかし、それは恩恵の施策としての性格をもつもので、それを克服し、憲法上の刑事補償請求権にまで高めてその充実を図ろうとしたのが本条である（樋口ほか・注解2・386頁〔佐藤幸治〕）。本条は、帝国憲法改正案（内閣草案）にはなく、憲法17条とともに衆議院の修正で加えられた。

　国家の刑罰権行使は慎重なものでなければならず、日本国憲法は、31条から39条までなどにおいて、重要な原則を定めているが、それでも誤りが生ずることがある。刑事裁判が、有罪・無罪を判断するプロセスである以上、抑留または拘禁された者が結果として無罪になる場合があることは、制度上当然予想されていることであり、それは国家の違法行為ということはできないが、結果として無罪とされた者は、その刑事裁判の遂行により、本来必要のなかった抑留・拘禁等の人権制限措置を受けたわけであり、それに対して相応の補償をすることによって、公平の要請を満たそうとして（野中ほか・憲法1・557頁〔野

第 40 条（刑事補償）　*429*

中俊彦〕）、国家に対する補償請求権を保障している。この具体的実施については、憲法施行後に新たに制定された**刑事補償法**が定めている。

　この種の権利を憲法で定める例は必ずしも多くはないが、たとえば、イタリア共和国憲法24条4項が、「法律は、裁判の誤りの補償に関する条件及び方法を定める」と定める（樋口ほか・注解2・386頁〔佐藤幸治〕）。大韓民国憲法28条も刑事補償請求権を定める。

Ⅱ　「抑留又は拘禁」

　「**抑留**」は一時的な自由の拘束、「**拘禁**」は継続的な自由な拘束をいう（→憲34条Ⅱ）。この「抑留又は拘禁」には、未決の抑留（留置）または未決の拘禁（勾留）だけでなく、実体的に無罪となった場合に被害者を救済しようとする本条の趣旨から、刑の執行としての自由の拘束、すなわち原判決による自由刑の執行、労役場留置および死刑執行のための拘置も含まれると解される（佐藤功・注釈上612頁）。刑事補償法1条2項参照。

　なお、法廷等の秩序維持に関する法律の定める監置なども制裁としての自由の拘束である点では異ならないので、同法8条は、刑事補償法を準用して補償を認めている。また、犯罪人の引渡しに関する条約により日本国が締約国から逃亡犯罪人の引渡を請求した場合において、当該外国がその引渡のためにした抑留または拘禁は、刑事訴訟法による抑留または拘禁とみなされる（刑補26条参照）。

　この「抑留又は拘禁」は、必ずしも違法になされたものであることを要しない。というのは、抑留または拘禁が適法に行われても、本人の受けた損害には変わりはないので、「無罪の裁判を受けた」ときは、国の負担でその損害を補填するのが、衡平の見地から妥当だと考えられ、本条が「賠償」といわずに「補償」というのはその趣旨を示す（宮沢・全訂330頁）。その点で、憲法29条3項の損失補償と共通する面をもつが、後に裁判において根拠のないものであったことが明らかになった場合は客観的には違法であったといわざるを得ないので、その意味では憲法17条の国家賠償請求権と共通の基盤に立つものであることが指摘される（樋口ほか・注解2・387頁〔佐藤幸治〕）。本条の請求権と憲法17条の国家賠償権の性質の違いについてはⅤ参照。

Ⅲ　「無罪の裁判」

　刑事訴訟法による無罪の確定裁判のことをいう（宮沢・全訂330頁）。したがって、免訴あるいは公訴棄却の判決があった場合には、形式的に無罪の裁判がなされた場合でないから、補償を求めることができないことになる。しかし、本条の趣旨は、実体的に無罪となった場合に被害者を救済しようとすることに

あるとし、自由を拘束したことの根拠がないものであったことが明らかとなった場合には、すべて補償を認めるべきであるとする見解が有力になっている（佐藤功・注釈上614頁）。刑事補償法25条1項は、「刑事訴訟法の規定による免訴又は公訴棄却の裁判を受けた者は、もし免訴又は公訴棄却の裁判をすべき事由がなかつたならば無罪の裁判を受けるべきものと認められる充分な事由があるときは、国に対して、抑留若しくは拘禁による補償又は刑の執行若しくは拘置による補償を請求することができる」と定める。

　身体を拘束されたが、起訴されずに釈放された被疑者には、刑事補償法も何ら規定をしておらず、本条の刑事補償は及ぶか議論となっている。本条の適用はないとするのが通説であるとされ（佐藤幸・憲法360頁）、「無罪の裁判を受けたとき」を形式的に理解する立場からすると本条の適用はないことになるが、本条は実体的に無罪となった場合に被害者を救済しようとする趣旨であるから、立法により補償請求権を認めるべきものという見解（佐藤功・注釈上614頁）や、被疑者といえども「無罪の裁判を受けたとき」に匹敵する事態の下で身柄の拘束をとかれた場合には、本条により補償を請求する権利があるべきとする見解[200]も出されている。

　最高裁は、「抑留または拘禁された被疑事実が不起訴になった場合は同条の補償の問題を生じないことは明らか」であるが、ただし、「不起訴となった事実に基づく抑留または拘禁であっても、そのうちに実質上は、無罪となった事実についての抑留または拘禁であると認められるものがあるときは、その部分の抑留及び拘禁」にも刑事補償が適用されるとする（最大決1956（昭31）・12・24刑集10巻12号1692頁）。被疑者補償規程（昭和32年法務省訓令）2条は、「検察官は、被疑者として抑留又は拘禁を受けた者につき、公訴を提起しない処分があつた場合において、その者が罪を犯さなかつたと認めるに足りる十分な事由があるときは、抑留又は拘禁による補償をするものとする」と定めるが、司法的な救済手続が備わっておらず不十分なものであることが指摘され（野中ほか・憲法1・558頁〔野中俊彦〕）、また、行政内部の訓令に過ぎないため、立法措置を講じて権利としての性格を明確にすることが望ましいといわれる（樋口ほか・注解2・393頁〔佐藤幸治〕）。

　緊急逮捕され少年鑑別所に7日間収容された後、非行事実が認められないという理由で不処分決定を受け釈放された少年が行った刑事補償請求につき、最高裁は、この不処分決定は、刑事訴訟法上の手続とは性質を異にする少年審判の手続における決定であることなどを理由として、刑事補償法1条1項にいう「無罪の裁判」にはあたらないと判示した（最三小決1991（平3）・3・29刑集45巻3号158頁）。この決定に対しては、本条については形式上の無罪の裁判に限定されることなく、自由を拘束したことの根拠が存しないことが明らかになっ

---

[200]　奥平康弘『憲法Ⅲ：憲法の保障する権利』（有斐閣、1993年）397頁。

第 40 条（刑事補償）　*431*

た場合には補償請求権が妥当すると解すべきであるから、疑問であるという見解が出されている（樋口ほか・注解 2・391 頁〔佐藤幸治〕）。その後、1992（平成 4）年に「少年の保護事件に係る補償に関する法律」が制定され、法の不備は立法的に解決された。

　なお、現行法では、身体拘束を受けずに刑事訴追を受けて無罪の裁判が確定した者（被拘禁者）については、刑事補償の対象とならないが、身体的拘束を受けなかったとしても、さまざまな圧迫や制約を受けることから補償の対象とすべきという指摘もある（新基本コンメ 292 頁〔青井未帆〕）。

Ⅳ　「法律の定めるところにより」

　補償を求める場合の要件、手続等を法律に委ねる趣旨である（佐藤功・注釈上 614 頁）。本条の趣旨を具体化するために、1950（昭和 25）年から現行の**刑事補償法**が施行されている。

Ⅴ　「補償」

　抑留または拘禁によって生じた精神的および物質的な損害を補填するための金銭である（宮沢・全訂 331 頁）。本条の補償は、国の違法行為による損害に対し救済を与えるためのものである点では、憲法 17 条の損害賠償と同じ性質のものであるが、自由を拘束した公務員に過失があったとはいえないので、いわゆる無過失損害賠償である点で異なる（佐藤功・注釈上 614 頁）。それぞれの行為の時点において、刑事手続上の違法・誤判が、公務員の故意・過失によって行われた場合には、憲法 17 条による損害賠償を請求することができる。その場合の補償金の額の調整については、刑事補償法 5 条 2 項参照。

　補償の金額については、**刑事補償法**が定める（刑補 4 条）。ただ、基準日額の下限が 1978（昭和 53）年以来据え置かれていること、また、とくに長期にわたり拘禁されて無罪となった場合の補償が十分であるかが課題として指摘されている（新基本コンメ 292 頁〔青井未帆〕）。

　　　　　　　　　　　　　　　　　　　　　　　　　　　　（倉田原志）

第4章　国会

〔前注〕

Ⅰ　本章の意義

1　議会

議会は、今日、政治体制の相違を超えて、各国にほぼ共通して存在している。各国議会から構成される列国議会同盟（Inter-Parliamentary Union, www.ipu.org）の加盟国は、178か国にのぼる（2019（平成31）年4月現在）。呼称は国によってさまざま——Congress（アメリカ）、Parliament（イギリス）、Parlement（フランス）、Bundestag（ドイツ、下院・連邦議会）、国会（日本。英訳はDiet）——であり、構成・組織や権能、さらには政治体制のあり方によって、実際の機能にも大きな相違がある。しかし一定の人口規模を有する主要な民主主義国に限れば、議会には一定の共通性がある。構成の面でいえば二院制（ただし、人口規模が小さければ一院制となることもある）、組織の面でいえば第一院（通例は「下院」と呼ばれる）の普通直接選挙、権能の面でいえば立法権（議会は通常、「立法府」とも呼ばれる）、執行府や財政に対する統制権、などである。議会を構成する議院（House）の強い自律性の保障なども共通の特質である。

議会は当初、中世のヨーロッパにおいて、聖職者、貴族、庶民など、諸身分を代表する組織として形成された。国王の諮問機関としての性格が強く、また議員は、選出母体（各地域の身分）を代表するものとされ、選出母体の訓令に拘束されていた。しかし、18世紀末から19世紀以降は、選出母体の身分的代表ではなく、選挙された国民全体の代表機関となり、立法権や執行府に対する統制権など、国政の中心として重要な権限を備えるに至る。19世紀は「議会の世紀」ともいわれる。

一方、20世紀に入ると、議会の地位には大きな変化が生じる。ひとつは、国家機能の拡大と複雑化に伴う行政国家現象である。執行府あるいは官僚機構の役割の拡大に対して、改めて国民代表機関・立法府としての意義が問われるようになる。今ひとつは、違憲立法審査制の導入である。法の支配や憲法の最高法規性の理念の下、議会が制定した法律は、憲法裁判機関（憲法裁判所が設けられる場合と司法裁判所が違憲立法審査権を行使する場合がある。→憲81条）による憲法適合性審査に服することになったのである。

2　日本における議会制度
⑴　大日本帝国憲法下の議会制度

戦前の大日本帝国憲法における帝国議会は、上述の議会に共通する特質を一応備えてはいたものの、憲法上は天皇の立法権に協賛する機関とされていた（明憲5条）。天皇には緊急命令権（明憲8条）や独立命令権（明憲9条）が認められるなど、立法権にはさまざまな限定があった。たとえば1928（昭和3）年、議会で可決に至らなかった治安維持法改正が、緊急勅令によって公布されている。緊急財政処分（明憲70条）や予算不成立の場合の前年度予算施行（明憲71条）の仕組みなど、議会による財政統制にも重大な例外が規定されていた（→第7章　財政〔前注〕）。また**帝国議会**は、直接選挙による衆議院と公選によらない**貴族院**から構成され、両者の権限は基本的に対等とされていた。1911（明治44）年、衆議院が可決した普通選挙法案を否決するなど、非公選の貴族院が公選の衆議院の決定を阻止する事態もしばしば生じた。

政府が議会に対して責任を負うとの原則（→第5章　内閣〔前注〕）も、憲法上明確ではなかった。憲法は内閣について直接規定せず、国務各大臣が天皇の大権行使を輔弼するものと定められていた（明憲55条）。こうした体制の下、議会構成とは無関係に内閣が組織された（**超然内閣**）。大正デモクラシーの時期には衆議院の多数党が内閣を組織する**政党内閣**の慣行が生まれたが、それも1932（昭和7）年の5.15事件までのことであった。戦時色が強まる中、1938（昭和13）年には国家総動員法が制定され、戦争遂行のために人的物的資源を総動員する権限が、勅令に白紙委任された。

(2)　日本国憲法下の国会制度

第二次大戦後の新憲法の制定（大日本帝国憲法の改正）にあたっては、議会の強化が重要な眼目の1つであった。議会の強化という視点は、連合国軍最高司令官総司令部（GHQ）作成の憲法草案（GHQ草案）に大きな影響を及ぼした「国務・陸軍・海軍三省調整委員会」による『日本の統治体制の改革』（「SWNCC228」、1946（昭和21）年1月11日）の中に明瞭に確認できる[1]。SWNCC228は、日本の統治体制改革の目的の筆頭に、「選挙権を広い範囲で認め、選挙民に対して責任を負う政府を樹立すること」「政府の行政府の権威は、選挙民に由来するものとし、行政府は、選挙民または国民を完全に代表する立法府に対して責任を負うものとすること」を掲げている。GHQによる憲法草案の作成作業では、イギリス型の議会制を念頭に、アメリカ合衆国憲法にみられるような国会議員の特権や議院の権限などをも組み込んだ議会制が構想された。その後、日本側との折衝、帝国議会での一定の修正を経て、新憲法（日本国憲法）における議会制が確定した。

日本国憲法の国会は、普通選挙に基づき全国民を代表する議員（憲43条）から構成される衆議院・参議院の両院からなる（憲42条）。また、国権の最高機

---

[1]　高柳賢三＝大友一郎＝田中英夫編著『日本国憲法制定の過程Ⅱ：解説』（有斐閣、1972年）413頁以下。http://www.ndl.go.jp/constitution/shiryo/03/059shoshi.html。

434　第4章　国会〔前注〕

関・国の唯一の立法機関であるとされ（憲41条）、内閣や財政に対する十全な統制権限も付与されている。全国民の代表である議員には一連の特典が保障され（憲49条～51条）、衆議院・参議院の各院には、強い自律権が認められている（憲58条）。さらに、憲法は必ずしも明示していないが、内閣が国会に対し連帯して責任を負っている（憲66条3項）ことなどからすれば、内閣に対する統制もまた、国会の重要な権限である。本章は、このように、国会の地位、構成、組織原理、議事手続、権限などについて、規定している。内閣あるいは行政権に対する統制については第5章（「内閣」）に、また財政の統制については第7章（「財政」）にも、規定が置かれている。それぞれについて憲法が規範的に、どのような枠組みを設定し、またどのような要請を行っているかについては、各条の解説を参照されたい。

3　国会をめぐる憲法規範と国会の機能

　憲法から政治制度のあり方を考える場合、まず問題となるのは、憲法の各条文がどのような意味をもっているのか、という点である。通常、憲法規定の規範的意味の確定において、まず参照されるのは裁判所の判決である。しかし、政治制度をめぐっては、憲法規範の解釈をめぐる問題が訴訟で争われるケースは必ずしも多くない。

　また、それぞれの憲法条項の規範的意味やそこに内在する規範論理は、政治制度のあり方や機能を枠づけ規律するが、憲法の条文が定める枠組が不変であっても、そうした同じ枠組の下で、政治制度は異なる形で機能し得る。同じ憲法の下にあっても、憲法を具体化する法令、不文の慣行や運用などを通じて、政治制度の機能は異なり得る。とりわけ大きな意味をもつのが、選挙制度、政党、国会法や議院規則・先例（議会法）などである。

　以上のようなことから、国会や憲法が規定する政治制度をめぐっては、「憲法典外の要素」の重要性が指摘される（樋口ほか・注解3・9頁〔樋口陽一〕）。憲法の規範的な意味の確定と厳密な規範論理を通じた政治の法的規律が問題となる「法の領域」と、憲法テクストが設定する枠内でダイナミックに政治が展開する「政治の領域」との区別を説く学説もある（高橋・立憲主義315～316頁）。政治制度のこのような可変性を前提とすれば、個々の条文の規範的意味の確定のみならず、「憲法典外の要素」──選挙制度、政党、議会法（国会法・議院規則・先例）──に留意し、憲法規範がどのように具体化され運用されているのかにも目配りする必要があろう。

　憲法が定める政治制度は、それぞれの条文の規定に従い、別個に機能しているわけではなく、全体として、国会制度、内閣制度、さらには双方にまたがる議会制度として、機能することが想定されているはずである。その全体像を理解しようとすれば、政治制度全般にかかわる憲法の基本原理がどのようなものであるのか、その射程をも十分に見極める必要がある。かつてのフランス大統

第4章　国会〔前注〕　435

領ド・ゴール（Charles de Gaulle）は、憲法は「精神、制度、実践」であると
述べている。そこで次に、政治制度の「精神」とかかわる、政治機構全般に関
する基本原理——国民主権と権力分立——の意味と射程について、確認する。

II　国会と国民主権

1　国民主権
⑴　「主権」
（i）　主権の意義

　憲法は、前文第1段（「ここに**主権**が国民に存することを宣言し」）、第1条
（「**主権**の存する日本国民」）において、主権が国民に存すると述べている。主権
は極めて多義的で、フランスの近代化の過程の中で生み出された概念である。
近代的な中央集権国家を作り出すために、フランス国王は、対外的にはロー
マ・カトリック教会に対して、また国内においては集権化に抵抗する封建勢力
に対して、自らの独立性・優越性を主張する必要があった。そのために案出さ
れたのが、「主権（souveraineté）」である。この意味での主権は、何より国家
権力の最高独立性を意味する。当時は、「朕は国家なり」というルイ14世の言
葉に象徴されるように、国王と国家は一体であった。それゆえ、最高独立性と
いう国家権力の性格を意味していた主権は、国王が有する国家権力それ自体
（単一不可分・無制約の国家の支配権、統治権）をも意味することとなった。フ
ランス革命期には、憲法を制定する権力としても主権が論じられる。やがて、
国家と権力を行使する者を区別し、統治権は法人としての国家に帰属するとの
考え方（**国家法人説**）が登場するようになると、国家の最高機関として意思決
定を行う権限（国家の最高機関権限）の所在が、重要性を増すことになる※2。
　こうした経緯をも踏まえ、主権の中に通例、⒜国家の最高独立性、⒝国家権
力あるいは統治権、⒞国家意思の最終的決定権、といった3つの意味が区別さ
れる。日本国憲法では、「自国の主権を維持し」（憲前文3段）という場合の「主
権」が⒜に、「国権」（憲41条）が⒝に、また、「ここに主権が国民に存するこ
とを宣言し」（憲前文一段）、「主権の存する日本国民の総意」（憲1条）という
場合の「主権」が⒞にあたるとされる（芦部・憲法40頁）。⒞の意味での主権は、
今日では通例、憲法を制定する権力（国家の権能を決める権能）、あるいは憲法
改正権力（制度化された憲法制定権力、芦部・憲法397頁）を指す。日本国憲法
の国民主権の意味をめぐり問題となるのは、主権をもっぱら⒞の意味で捉える
のか、あるいは⒝に重点をおいて捉えるのか、という点である（以下の議論に
つき、辻村・憲法42〜45頁以下をも参照）。また⒝⒞それぞれに、どこまで主
権者「国民」による権力行使の契機を認めるのかも問題となる。

　※2　杉原泰雄『国民主権の研究』（岩波書店、1971年）41頁以下。

436 第4章 国会〔前注〕

(ii) 日本国憲法における国民主権

主権を(c)の意味に沿って、「国の政治のあり方を最終的に決定する力」(宮沢・全訂33頁)または権力あるいは権威と解する場合、その場合の権力あるいは権威は、権力の正当性の淵源（**正当性の契機**）と、一定の権力性を伴った力（**権力性の契機**）、双方を意味し得る。なお、ここでは以下の通説の用法に倣い「正当性」の表現を用いるが、「正統性」という表現が用いられることも少なくない。

主権をもっぱら憲法制定権力・憲法改正権力の意味で理解する場合には、いずれにせよ、国民主権は一般の公権力の組織原理としては位置づけられないこととなる。そこには、国民主権が「実体法秩序の中にヌキ身で常駐」※3することに対する強い警戒がある。かかる立場からは、新たな憲法秩序が憲法制定権力によっていったん創出された後は、主権は「凍結」されるべきであり、憲法の公権力のあり方を論じる際にも、主権という概念を用いることには慎重であるべきだとされる。憲法秩序の崩壊や創出といった例外的な状況のもとでは、「権力的色彩の濃厚な主権概念」が果たすべき役割があるにしても、「主権論が実定憲法秩序の枠内で展開される限り、それは、憲法改正手続、議会選挙の手続を中心に、民主主義の問題として議論すれば足りる」との指摘もある※4。

通説は、「主権」を「国家権力を正当化し権威づける根拠は究極においては国民である」という正当性の契機から理解しつつも、憲法改正権の行使（「制度化された憲法制定権力」）という限度では、一定の権力性の契機をも認めている。そして権力性の帰結として、主権の権力性の発露である憲法改正国民投票（憲96条1項）は、「国民主権の原理と不可分に結合する」と解している。とはいえ、主権の権力性の契機はあくまでこの限度にとどまるものとされるので、明文の規定がない限りは、主権者国民による直接的な主権行使の機会を認めることはできなくなる。かかる意味での国民主権原理は、「代表民主制、とくに議会制と結びつく」ことになる（芦部・憲法42頁）。

しかし、国民主権をもっぱら正当性の契機として捉える立場からも、それが「今日では、一定以上の『組織原理レベル』の具体的要請、別の言葉でいえば、『権力的契機』を含むことなしには統治の正当性根拠を提供することができなくなっている」※5ことが指摘される。あるいは、正当性の契機とともに実定憲法の構成的原理としての側面を認め、憲法の基本的枠組みを前提としつつ、「国家の統治制度がこの国民の意思ないし権威を活かすよう組織されなければならないという規範的要請を帰結する」（佐藤幸・憲法395頁）、と説く立場もある。

主権を主として(b)の側面から、すなわち統治権として理解する場合には、国

※3 樋口陽一『近代立憲主義と現代国家』（勁草書房、1973年）302頁。
※4 高見勝利『宮沢俊義の憲法学的研究』（有斐閣、2000年）362頁。
※5 樋口陽一『憲法Ⅰ』（青林書院、1998年）79頁。

第4章　国会〔前注〕　437

民主権は当然に、公権力の組織原理としての意味をもち得る。憲法の明文規定が設定する枠内で、国民主権から一定の積極的な法的帰結を引き出す余地も生じる。とりわけ問題となるのは、「日本国民は、正当に選挙された国会における代表者を通じて行動」する（前文第1段）と定め、代表民主制を原則としているようにもみえる日本国憲法において、国民投票など、どこまで直接民主主義的な制度をとり得るのかという点である。この点をめぐっては、主権者である「国民」をどのように理解するかによっても、結論は異なり得る。

　いずれにせよ、「主権」には統治権とその組織原理としての意味が含まれていると解するのが、妥当であると思われる。

　なお以下では、**代表民主制**を、前文にもあるように、選挙された代表（議員）に一定期間の任期を保障し決定を委ねる仕組みという意味で、また**直接民主制**を、代表を介さず国民が直接意思表明を行い決定する仕組みという意味で、それぞれ用いることとしたい。

⑵　主権者としての「国民」

　主権者である「国民」の意味をめぐっては、これを国籍保持者の総体と解する立場と、政治的意思能力をもつ者の総体と解する立場とがある。後者の意味での「国民」は、前者と区別してとくに**人民**と呼ばれることもある。以下でも、前者を「国民」、後者を「人民」と呼ぶ。この区別は、フランス憲法学における**国民主権**「**人民主権**」の区別に倣うものである。フランス憲法学における2つの主権論の区別を意識して、前者を「ナシオン（nation）主権）」、後者を「プープル（peuple）主権」と呼ぶこともある（辻村・憲法43頁以下）。

　「国民（ナシオン）」は、現存する国籍保持者の総体にとどまらず、場合によると、将来の世代をも含む観念的な総体としての国民を意味する場合もある。主権者「国民」を、このように、子どもや将来の世代など政治的意思能力をもち得ない者をも含む者の総体として理解する場合、この意味での「国民」は自ら主権を行使することができない。そこで、主権の行使を代表機関に委ねざるを得なくなる。そこから、論理必然的に、**代表民主制**が帰結される。「国民」に統治権としての主権が帰属すると解するとしても、とくに憲法の明文規定がない限りは、選挙によって代表者を選ぶ代表民主制が原則と考えられることになる。どのような代表民主制政が採られるべきかは、主権原理それ自体からは当然には決まらず、憲法の規定によって定まることとなる。このような主権者「国民」の理解は、結論において、主権をもっぱら正当性の契機から理解する立場、あるいは憲法改正権の行使に限り権力性の契機を認める立場と、一致する。

　かかる「国民」の理解は、通例、代表民主制は**直接民主制**よりも質的に優れた仕組みであるとの考え方をも前提としている。モンテスキューが、人民には直接決定を下す能力はなく、「人民はその代表者たちを選ぶためにのみ統治に

参加すべきである」※6と述べたことはよく知られている。今日では、代表民主制の意義として、人民の能力の欠如よりも、むしろ代表を通じた公開の討議の重要性が強調される※7。

　一方、「人民（プープル）」を主権者として想定する場合には、主権者自身による主権（統治権）の行使が可能であるから、憲法の明文規定に反しない限度において、主権者による直接的な主権行使の可能性が許容あるいは要請されることになる。たしかに、今日の国家の規模や機能を考えれば、主権者が直接的に主権を行使する機会は物理的な理由から制約されざるを得ず、憲法前文が規定するように、代表民主制が基本とならざるを得ない。しかしその場合であっても、憲法の明文規定に反しない限度において、直接民主主義的な制度の導入は許容あるいは要請され、さらに代表民主制自体も、いわば直接民主制の代替物として位置づけられ、運用されるべきであると解されることになる※8。

　日本国憲法が、公務員を選定罷免する固有の権利（憲15条）を明文で認め、また地方自治特別法の住民投票（憲95条）や憲法改正国民投票（憲96条）の規定を置いていることなどからすると、主権者としての「国民」を能動的な「人民（プープル）」の意味に解することも十分可能と思われる。

2　国会と国民主権

(1)　国会と国民

　国民主権をどのように理解するかによって、主権者である国民と国会の関係の理解も変わってくる。代表民主制を基本としつつも、国民投票など直接民主制の手法を取り入れた政治制度は、**半直接制**と呼ばれる。日本国憲法は、憲法改正国民投票（憲96条1項）、地方自治特別法の住民投票（憲95条）など、直接民主主義的な制度を部分的に導入している。解釈上問題となるのは、憲法が明文で言及していない、国政の重要事項に関する国民投票制度（→憲41条）、任期終了前に国会議員を罷免する制度（リコール）などの導入が憲法上許されるか（→憲43条）、といった点である。

　また、「主権」や「国民」をどのように理解するかは、日本国憲法における選挙された全国民の代表（憲43条）の解釈をめぐり、さらに、国民と代表との関係や選挙制度（→憲44条・47条）をめぐり、解釈上の差異をもたらし得る。のみならず、厳密な意味での条文や憲法上の概念の解釈を超えた、政治制度全体とかかわる代表民主制のあり方の理解にも、一定の差異が生じ得る。

(2)　国会の構成と国民主権

　全国民を代表する国会は、衆議院・参議院の両院から構成される（憲42条）。

　※6　モンテスキュー（野田良之他訳）『法の精神・上』（岩波書店、1989年）296頁。
　※7　毛利透『民主政の規範理論』（勁草書房、2002年）268〜269頁。
　※8　杉原泰雄『憲法Ⅱ：統治の機構』（有斐閣、1989年）162頁以下。

第4章　国会〔前注〕　439

日本以外にも、**二院制**（**両院制**、bicameralism）を採用する憲法は少なくない。日本国憲法の二院制は、「両院制」と称されることが多い。そこで以下では、基本的に「両院制」という言葉を用いることにする。

　日本の両院制の特色は、両院がともに「選挙された全国民を代表する議員から組織される」（憲43条）という点である。衆議院の優越が認められるが、国会の最重要の権限である立法権については、参議院の権限は相当に強い。両院がともに選挙されていることは、国民主権の原理にかなう面があるが、他方において、強い民主的正統性を備えた2つの議院の間でどのように合意形成を行うのか、また内閣と両院との関係をどのように整序するのか、といった難題も生じる（→憲42条）。

(3)　両院・国会議員と国民主権

　主権者・国民により選挙される「全国民の代表」（憲43条）であることから、国会には、強い権限が保障されている。ただし、憲法は、国会、内閣、司法の三権を分立し、相互の均衡抑制、あるいは協働を図っている。国会の意思が、当然に他の国家権力に対して優位するわけではない。

　憲法は、「国会」と「議院（「**両議院**」、「衆議院」「参議院」）」という言葉を、区別して用いている。両議院には、議事運営や所属議員の懲罰など、強い自律的権限が認められている。とりわけ重要なのは、それら議院の内部事項を規律する議院規則の制定権である（憲58条2項）が、さらに各院独自の先例あるいは不文の慣習も存在する。それらの総体が、憲法第4章の諸規定を具体化し、いわば国会をめぐる「実質的意味の憲法」を形成しているのである※9。また、両議院を構成する全国民の代表たる議員には、歳費が保障され（憲49条）、さらに不逮捕特権（憲50条）・免責特権（憲51条）という一般国民にはない特典が認められている。議院内部で形成される自律的規範やそれらに基づく自律的決定に対し、どこまで司法権が及び得るかは、司法権の限界ともかかわる憲法解釈上の論点である（→憲76条）。

III　国会と権力分立・権限配分

1　権力分立

　1789年フランス人権宣言（人及び市民の権利宣言）第16条は、「権利の保障が確保されず、権力が分立されていないすべての社会は憲法をもたない」と定めている。近代的意味の憲法（→日本国憲法）の定義としてもよく引かれるこの条文が示すように、**権力分立**は、国民主権とならび、統治機構に欠かせない要素となっている。

　とはいえ、権力分立が何を意味するのかは、必ずしも自明ではない。分立の

※9　大石眞『議会法』（有斐閣、2001年）5～6頁。

440 第41条（国会の地位、立法権）

あり方は、憲法により異なっている。またそもそも、日本国憲法は権力分立という言葉を直接には用いていない。たしかに、憲法の章立てをみても、国会、内閣、司法がそれぞれ異なる権能を付与され、役割を分担していることは間違いない。とくに司法については、強い独立性が保障されている。しかし一方、国会と内閣については、分立というよりは、相互の連携・協働の仕組み（議院内閣制。→第5章　内閣〔前注〕）が定められている。三権それぞれの権限を形式的に把握するだけで、統治機構の全体像を捉えることは難しい。近時では、過度の「分離」の強調を批判し、「ある国家作用に複数の機関を参画させるとき、各種権限をその行使にもっとも適した機関に配分し、もって適正な国家決定に資する協働秩序を構築する」という**機能的権力分立論**の立場から、政治制度を理解すべきであると説く見解もある[10]。もっとも、それぞれの作用の性質や最適の機関をどう見定めるのかは、別途検討を要する問題である。

2　国会と権力分立

さらに、Ⅱでみた国民主権が、立法権・行政権・司法権の配置、とりわけ立法権・行政権の関係にどこまでの射程をもち得るかも、重要な問題といえよう。たとえば、国会は国権の最高機関と位置づけられている（憲41条）。この位置づけをめぐっては、「国民主権理念の統治構造への直接的反映である国会の最高機関性は、権力分立原理と調和的に理解されるべきではなく、前者の優位性を法的に理論づける姿勢で考えられねばならない」[11]との指摘が、つとになされている。国民主権を政治制度の構成原理と捉える場合には、憲法が国会を国権の最高機関として位置づけたことの規範的意味が、とりわけ問題となろう。

国民主権が、国民により唯一選挙され強い民主的正統性を備える国家機関の相対的優越性を導くことは間違いない。しかし、国民主権から、どこまで国会優位の権限配分を解釈論として導き得るかをめぐっては、学説上対立がある（→憲41条）。とりわけ、国会の各院に認められた国政調査権（→憲62条）をめぐり、内閣、司法との関係でその限界が解釈上問題となる。

（只野雅人）

（国会の地位、立法権）
第41条　国会は、国権の最高機関であつて、国の唯一の立法機関である。

---

[10]　村西良太『執政機関としての議会』（有斐閣、2011年）263頁。
[11]　清水睦「国会の最高機関性」清水睦編『文献選集日本国憲法10：議会制民主主義』（三省堂、1977年）97頁。

I 本条の意義

本条は、国会を「唯一の立法機関」と定め、行政権を行使する内閣、司法権を行使する裁判所との分立を図っている。本条はまた、国会を**「国権の最高機関」**と位置づけている。議会（国会）を明示的に最高機関と位置づける規定は、比較憲法的にみても、例外的である。主権者国民を直接代表する国会中心の権力分立を採用したものとみることもできる。とはいえ、立法権、行政権、司法権、それぞれの権限や相互の関係についてさまざまな憲法規定が置かれている以上、国民主権に留意しつつも、憲法が定める権力分立のあり方を踏まえ、「憲法における三権・三機関の全体構造のなかで国会がいかなる地位にあるのか」（佐藤功・注釈下621頁）を正確に見定める必要がある。

II 「国権の最高機関」

(1) 「国権」

「国権」とは、一般に、国家権力あるいは統治権の意味であると解される。国会はその「最高機関」と位置づけられる。もっとも、国会といえども、主権者・国民に当然に優位するわけではない。それゆえここでの「国権」は、より正確には、「主権の属する国民を除いた統治機構」（佐藤功・注釈下623頁）における諸機関の権限の総称とみるべきであろう。

(2) 「最高機関」の意味

(i) 統括機関説

戦前の大日本国憲法は、天皇を統治権の総覧者としていた（明憲3条）。一方日本国憲法は、国会を「国権の最高機関」と規定する。「国権の最高機関」の意味をめぐっては、憲法制定当初、統治権は法人としての国家に帰属するという**国家法人説**を前提に、各種の国家作用を統轄する機関が必要であるとして、国会を「統括機関」として把握する見解も唱えられた。国民主権の国家では国権の源泉は国民であるが、国権の機構としていえば、国民を代表する国会こそが国権を統括すべき地位にあるというのである[12]。**統括機関説**は、国政調査権を、立法や予算の議決などの権限とは別個の統括権に基づく独立した権能として位置づけるなどの帰結をももたらす（→憲62条）。

(ii) 政治的美称説

しかし、統括機関説に対しては、「国会は主権者でも統治権の総覧者でもなく、内閣の解散権や裁判所の違憲立法審査によって抑制されている」以上、「国権の最高機関」に、「最高の決定権ないし国政全般を統括する権能」といった「法的意味」を認めることはできない（芦部・憲法305頁）、国家法人説を前提と

---

[12] 佐々木惣一『改訂日本国憲法論』（有斐閣、1952年）256頁。

しても、選挙人団としての国民こそが最高機関ではないか、といった批判がなされる。そこで、「国権の最高機関」は、主権者・国民により直接選挙され、立法権を始めとする重要な権限を付与された国会に対する敬称——「政治的美称」——であると解する立場が有力となってゆく。**政治的美称説**によれば、「最高機関」から一定の権限が当然に帰結されるわけではなく、国会の権限は、あくまで国会に関するそれぞれの憲法規定の解釈の問題として論じられるべきだということになる。

もっとも、政治的美称説をとる場合でも、国会は国民の本来の権能のうち国民自身が直接行使しないものを行使すべき職責を有するので、「いずれの機関の権限に属するか不明のものは、国会の権限に属するとの推定を受ける」との意味を、最高機関性に認める立場もあった（清宮・憲法1・203頁）。**国会への権限推定**をめぐっては、憲法上帰属不明の権限は本来、国民に推定されるべきではないか、といった批判もあり得る。しかし、「国権」を上述のように「主権の属する国民を除いた統治機構」における権限の総称と解するのであれば、明文規定にない強力な権限を引き出し得るかどうかはともかく、明確な規定のない残余の部分につき、国会優位の権限規定の解釈を論じる余地は十分にあり得よう。

(iii) **総合調整機能説**

一方で、かねてより、最高機関性の中に国会による総合調整機能を読み込む立場も存在してきた。「最高機関」を根拠に、憲法上認められた広汎な権限を通じ、相互に独立し国権の作用を担う機関に対する総合調整的機能が国会に認められるとするのである[13]。最高機関性の基礎には国民主権があることを重視し、「国会は並列関係にある三権の中で一番高い地位にあり、国政全般の動きに絶えず注意しつつ、その円滑な運営を図るべき立場にある」と解する説も、近時では有力に唱えられている（**最高責任地位説**）。この立場では、最高機関性は、「国家諸機関の機能および相互関係を解釈する基準」となるとともに、総合調整機能、あるいは国会への権限推定を導く意味をもつものと捉えられることになる（佐藤幸・憲法431頁）。国会に「国権の最高機関」という異例ともいえる地位を認めた憲法の趣旨に照らし、「最高機関」にこのような法的意味を読み込むことは、十分に可能であろう。

(3) **国会優位の権限配分**

国会への権限推定、あるいは総合調整機能が具体的に何を意味するのかについては、必ずしも明らかではない。解釈上は、国政調査権の位置づけや司法権との並行調査（→憲62条）、議院の自律権の保障と司法審査の原則的な排除（→憲58条、憲76条）、客観訴訟の創設等の広義の執行作用（行政・司法）における

---

[13] 田中正己「国権の最高機関性・二」自治研究34巻2号（1958年）57頁。

第 41 条（国会の地位、立法権） *443*

権限調整（→憲76条）、などが問題となり得よう※14。

　また、内閣（行政権）に対する統制が、国会優位の憲法構造から帰結される、立法権や財政に関する権限とならぶ国会（両議院）の重要な権限であることも、ここで指摘しておきたい※15。それ自体としては憲法の明文規定で言及されていないものの、内閣（行政権）に対する統制権は、憲法が採用する議院内閣制の全体構造（→第5章　内閣〔前注〕）とも相まって、国会（両議院）の重要な機能のひとつであり、両議院に認められた国政調査権を根拠づける上でも大きな意義をもつと思われる（→憲62条）。

Ⅲ　「立法機関」

1　立法の形式的意味と実質的意味

　立法とは、法律を制定する作用である。立法をめぐっては、伝統的に、形式的意味と実質的意味が区別されてきた。**形式的意味の立法**とは、法律という法形式の規範を制定する作用を意味する。こうして制定される法律には、国内の法秩序において、行政機関が制定する規範（命令、あるいは「行政立法」ともいわれる）に優位する形式的効力が認められる。一方、**実質的意味の立法**は、一定の内容をもった法規範を定立する作用を意味する。憲法41条は、形式的意味の立法を、国会にのみ認めている（「唯一の立法機関」）。それゆえ解釈上問われるのは、実質的意味の立法の意義、すなわち国会が定める法律にのみ留保されるべき事項の範囲である。

2　立法の実質と射程

(1)　法律に留保されるべき事項

(i)　法規の定立

　実質的意味の立法は、伝統的には、「**法規（Rechtsgesetz）**」の定立であると解されてきた。法規の内容として考えられてきたのは、国民の権利を制限しあるいは国民に義務を課する一般的抽象的法規範の定立である。なお、「一般的抽象的」とは、「広く人の行為・国家の作用・社会の秩序などについての規制の一般的・抽象的基準を定めること」を意味する（佐藤功・注釈下627頁）。不特定多数の者を対象とすることを一般性、不特定多数の事件を対象とすることを抽象性という場合もあるが、これらを包括して、「**一般性**」の語が用いられることもある。以下では、両者を包括して、「一般性」の語を用いることにする。一般的な規範の定立（立法）と、それを個別に適用する作用（行政・司法、広

　※14　杉原泰雄『憲法Ⅱ：統治の機構』（有斐閣、1989年）212～213頁。

　※15　国会の独自の権能として「政府統制権」に言及するものとして、大石眞『憲法講義Ⅰ（第3版）』（有斐閣、2014年）158頁。

義の執行）とを区別することには重要な意義があるが、後述（→V(2)）のように、今日では必ずしも一般性をもたない法律が問題となっている。

　上述の意味での法規（権利制限的規範）を議会が制定する法律にのみ留保するという考え方は、歴史的には、19世紀のドイツ立憲君主制の下で、国王と議会との権限争議の中から生み出されたものである。法律上の根拠なく権利の制限や義務の賦課をすることはできないとの考え方は、今日においても重要な意味をもっている。法律以外の法形式で、そのような内容を新たに定めようとする場合には、必ず法律の根拠（委任）が必要となる。現行法上も、政令や省令で義務を課しまたは権利を制限する規定を設ける場合には、法律の委任が必要であることが明示されている（内閣11条、国組12条3項）。法律事項を内容とする行政立法（委任命令）の限界については、憲法73条6号を参照されたい。

(ii)　国会による立法事項の拡大

　しかしながら、給付的な作用も広く行われる福祉国家において、伝統的な意味での法規だけでは、実質的意味の立法の定義としては不十分といわざるを得ない。国民の権利を創設し、あるいは国民に利益を付与する規範の制定であれば、命令や省令のみによっても可能であるとの結論も生じかねない。そこで今日では、伝統的な法規概念を拡張し、実質的意味の立法は、制限的な規範の定立にとどまらず、**受益的規範**も含んだ、国民の権利義務にかかわる一般的抽象的法規範の定立を意味する、といった定義がとられることが多い。

　さらにより広く、とくに限定を付することなく、実質的意味の立法を、**一般的抽象的法規範**の定立という意味に解する見解もある（芦部・憲法306頁）。しかし、こうした最広義の定義が、一般的抽象的法規範の制定は、必ず法律という法形式によらねばならないとの要請まで含意しているかどうかは、明確ではない。こうした定義に対しては、「法規範とは、そもそも一般的・抽象的なものであって、立法部の権限を画定する概念になっていない」（渋谷・憲法531頁）という問題を指摘し得る。

　憲法が立法について何ら事項的限定を定めていないことに着目し、本条が国会に付与している立法権の意味を、「いかなる事項であれ、まず最初に法的規律を行う権限」と捉え、法律とは「憲法の下において**始原的規律**を行う最高位の法規範」であると解する学説もある。立法を、その実質からではなく、むしろ形式的側面から理解する立場といえよう。この説は、行政権は法律のないところで法律の根拠なく行動することは許されないことを強調する（高橋・立憲主義368頁）。行政権を「法律の執行」として捉える解釈ともつながる立場であるが（→憲65条）、法律で定めなければならない事項と定め得る事項の区別（→(2)）を曖昧にし、立法固有の守備範囲の考察を放棄する結果にならないか、という問題も指摘される[16]。

――――――――――

[16]　赤坂正浩「立法の概念」公法67号（2005年）156頁。

第41条（国会の地位、立法権）　445

(iii)　立法事項と行政組織

　実質的意味の立法の射程をめぐっては、必ずしも国民の権利義務とは直接かかわらない**行政組織**についての定めも法律によらなければならないのか、という点も問題となる[17]。一般的抽象的法規範の意味を広義に解すれば、行政組織に関する定めもそこに含まれるとみることも不可能ではないが、憲法が内閣の権限の1つとして、「法律の定める基準に従ひ、官吏に関する事務を掌理すること」（憲73条4号）を挙げている点を根拠に、行政の基本的な組織や権限（組織法・作用法上の基本的な定め）は法律に留保されると説明することも可能である。

　内閣法制局における立法実務では、「人に権利を与え、又は義務を課する規定」のほか、「行政機関の組織及び権能に関する規定」が、法律事項として扱われている[18]。国会では、行政機構は一般には政令で規定し得るが、主任の大臣の権限配分、国民の権利義務を直接拘束するような事項は立法事項であり法律を要するとの趣旨の答弁がなされている（答弁集370）。

　「官吏に関する事務」以外にも、必ずしも国民の権利義務とは直接かかわらないが、憲法がとくに法律で定めると明示している事項がある。両議院の定数（憲43条2項）、内閣の組織（憲66条1項）、下級裁判所の設置（憲76条1項）、最高裁判所裁判官の員数・国民審査・定年（憲79条）、地方公共団体の組織・運営（憲92条）、地方公共団体の議会の設置・吏員の選挙（憲93条）、などである。憲法は、これらを単に形式的に立法事項としているのではなく、憲法規定の具体化にかかわる基本法制の規律を国権の最高機関に広く委ねている、とみることもできよう（→憲73条6号）。こうした点も踏まえ、「広く国政の基準となる一般的抽象的法規範の定立」もまた、実質的意味の立法を構成すると解する見解もある[19]。

(2)　法律で定めることができる事項

　ここまで、憲法上、法律（形式的意味の立法）に留保されるべき事項がどのようなものかという観点から、実質的意味の立法について検討してきたが、これとは逆に、法律による定めが許されないような場合があり得るであろうか。たとえば、実質的意味の立法の重要な構成要素である一般性や法規範性を欠いた法律を制定することは、憲法上可能であろうか。

　対象が限定され処分的性格が強い法律と法律の一般性との関係は、かねてより議論されてきた。社会国家の進展に伴い、とくにドイツにおいては、「個別具体的な事件」について制定される法律——Maßnahmengesetz、**処分的法律**あるいは**措置法**と呼ばれる——の存在が問題となってきた（芦部・憲法306頁）。

---

　[17]　赤坂正浩「立法の概念」公法67号（2005年）152頁以下。
　[18]　大森政輔＝鎌田薫編『立法学講義〈補遺〉』（商事法務、2011年）316～319頁。
　[19]　杉原泰雄『憲法II：統治の機構』（有斐閣、1989年）。

446　第41条（国会の地位、立法権）

さらに近時では、基本的な政策の指針や努力義務を中心とした、「基本法」という名称をもつ法律の増加も、規範性との関係で、問題となっている。もとより、国会が制定する法律はすべて法規範としての効力を有するが、問題なのは法的な命令・強制といった契機が希薄な法律の存在である。

(i)　法律の一般性

　法律に一般性が要求されるのは、「名宛人の特定性と事案の具体性を立法部の恣意の温床とみる」（渋谷・憲法530〜531頁）からである。そこで、「立法部の専制への防壁」として、「一般的規範は法律でなければならない」だけでなく、「法律は一般的規範でなければならない」ことまでが憲法上要請されると解する見解もある（樋口ほか・注解3・25頁〔樋口陽一〕）。

　とはいえ、法律に一般性を厳格に求めることは、現実には困難を伴う。そもそも、**法律の一般性**それ自体が、相対的な概念である。実際、人一般を対象とした民法や刑法などを別にすれば、規律対象が多かれ少なかれ限定されている法律が大多数であろう。有力学説は、福祉国家の進展の下で問題化した処分的法律を念頭に、「権力分立の核心が侵され議会・政府の憲法上の関係が決定的に破壊されることなく、また、社会国家にふさわしい実質的・合理的な取扱いの違いを設定する趣旨のものであれば」、直ちに権力分立・平等原則には違反しないと説いてきた（芦部・憲法306〜307頁）。

　しかし、福祉国家という文脈を離れても、特定の組織の設立や特定の事案の規律を対象とする法律は現実に存在する。法律に留保されるべき事項が広範に及ぶことからしても、そうした法律の必要性は、一概には否定しにくい。またアメリカでは、伝統的に特定個人に向けられた**個別法**（Private Act）が認められており、個人に刑罰などを科す個別法が私権剥奪法として禁じられるにとどまっていることも指摘される（松井・憲法160頁）。法規範の一般性の要請は、比較憲法的にみて必然的なものというわけではない。

　以上のような点からすれば、現実には、個別性が強い法律を制定し得る場合があることは認めた上で、そうした法律個々について、権力分立や平等原則との関係で、合憲性を考えてゆくべきであろう。その一方で、法律の一般性が担ってきた立法部の恣意の抑制の意義は、今日においてもなお重要である。一般性をもった規範が法律の範型（モデル）とされるべきこと自体は、なお否定されるべきではなかろう。

　私立大学の紛争解決のために制定された限時法「学校法人紛争の調停等に関する法律」が特定事件についての行政措置であり法律とはいえないとの主張に対し、調停法は特定学校法人の紛争という単一の事件のみを規律対象として成立したものでないことは法文上明白であると判示した裁判例がある（東京地判1963（昭38）・11・12行集14巻11号2024号）。また、一般性が問題となった近時の立法例を挙げると、いずれもオウム真理教事件に関連するものであるが、無差別大量殺人行為を行った団体の規制に関する法律、オウム真理教に係る破産手

続における国の債権に関する特例に関する法律、などがある。前者は、役職員・構成員が、「例えばサリンを使用するなどして、無差別大量殺人行為を行った団体」（団体規制法1条）を規制対象とする旨を定め、事実上規制対象をオウム真理教およびその後継団体に限定している。かかる限定を付すことで、結社の自由に対する過剰な規制を回避しようというねらいがあった。また後者は、特定の事件について被害者の債権を国の債権に優先させることを定めている。国の債権の免除・効力の変更には法律の定めが必要であることから（財8条）、事件被害者の救済のために制定されたものである。前者の法律の保護観察処分について、所定の「要件を満たすものである限り、当該団体が宗教団体であるかどうかを問わず適用されるもの」で、「一般的・抽象的法規範としての性格を有していることが明らか」であると判示した裁判例がある（東京地判2001（平13）・6・13訟月48巻12号2916頁）。

(ii) 基本法

近時、**基本法**という名称をもった法律が増加する傾向にあり、総数で50以上にものぼる（2019（平成31）年4月現在）。当初は、教育基本法、原子力対策基本法、災害対策基本法など、憲法上の理念の具体化や国の重要施策にかかわるものが中心であったが、食育基本法など、近時ではその内容が多様化している。近時の基本法をめぐっては、計画策定義務や組織の創設など、立法事項といえる内容を含んではいるものの、政策の指針や努力義務など、**法規範性**（法的な命令・強制）を欠く規定が中心となっているものが少なからずある。「法律事項がない、いわゆる努力規定の固まりのような法律案」[20]に対する批判もある。

法律が必ず法規範性（法的な命令・強制）を備えていなければならないという、明確な憲法上の要請があるわけではない。もとより、どの法律にも、目的規定や定義規定など、厳密な意味での法規範性のない規定が含まれている。また基本法の中には、政策の基本的方向性を提示することで、その後の行政府による政策の実施を枠づけるといった意味合いをもつものもある。国会による政府の統制という側面には、積極的な意味を認めることもできよう。しかし、国権の最高機関が制定する法律という法形式には、強い形式的効力が認められているだけに、どのような事項を法律で定めるべきなのかという吟味は必要となろう。合憲性をめぐる議論とは別の次元で、法律という法形式により定めるべき事項はどのようなものなのかを、検討してみる必要があろう。

Ⅳ　「唯一の」立法機関

1　国会中心立法の原則

憲法41条は、国会を国の「唯一」の立法機関と位置づけている。それは第1に、

---

[20] 大森政輔＝鎌田薫編『立法学講義〈補遺〉』（商事法務、2011年）321頁。

国会による立法権の独占（**国会中心立法の原則**）を意味する。国会の立法権が独占すべき事項の範囲については、Ⅲでみた通りである。

　憲法は、明文で、国会中心立法の原則の例外を定めている。両院による議院規則の制定（憲58条2項）、内閣による政令の制定（憲73条6号）、最高裁判所による規則の制定（憲77条1項）、地方公共団体による条例の制定（憲94条）である。それぞれが、法律事項に関する定めを行うことができるが、他方で、法律との効力関係も問題となる（→憲58条2項、77条1項、94条）。とくに政令、さらにより広く、省令・規則など行政権の定める命令をめぐっては、法律事項を定める命令を制定する条件やその限界が、解釈上重要な問題となる（→憲73条6号）。

2　国会単独立法の原則

(1)　国会単独立法の原則とその例外

　「唯一」の立法機関との定めは、第2に、他の機関による立法への関与の禁止を意味する。これを、**国会単独立法の原則**という。「法律案は、この憲法に特別の定のある場合を除いては、両議院で可決したとき法律となる」と定める憲法59条1項は、この趣旨を確認するものである。憲法95条は、一の地方公共団体のみにかかわる特別法の制定について住民投票を求めており、明文で例外を認めている。

　大日本帝国憲法では、立法権は、天皇が帝国議会の「協賛」によって行使するものとされていた（明憲5条）ため、法律の成立には、天皇の裁可が必要であった（明憲6条）。一方、日本国憲法では、法律は、両議院の可決をもって成立する（憲59条1項）。したがって、天皇による法律の公布（憲7条1号）は、法律を施行するための要件であって、成立要件ではない。

(2)　国会単独立法の原則と内閣の法律案提出権

　国会単独立法の原則との関係では、内閣法5条が、内閣に法律案の提出権を認めていることの合憲性が問題となり得る。憲法上、**内閣の法律案提出権**を認めた明文規定は存在しない。これを違憲とみる学説もあるが（松井・憲法162頁）、今日の学説の大多数は合憲と解している。その根拠はさまざまである。

　法律案の提出は立法の準備行為であり、立法の核心は審議と決定にあるといった説明もなされる。しかし、法律案の提出それ自体が、立法作用の重要な一側面であることは否定し得ない。学説の多くが合憲説をとる背景には、議院内閣制の下では、国会の多数党が内閣を組織する以上、内閣の法律案提出権の可否を論じる議論の実益が乏しいという認識があると思われる。法律案を内閣が提出しても、あるいは閣僚が多数党の議員として提出しても、事実上違いはないからである。実質的には重要な論拠であるが、しかし、国会優位の権限配分規定の解釈が求められるとの立場からすれば、なお条文上の根拠が必要であろう。

第41条（国会の地位、立法権）　449

　この点では、内閣が国会に提出する「議案」（憲72条）の中に、法律案が含まれ得る、と解するのが妥当であろう。もともと、1946（昭和21）年3月6日の憲法改正草案要綱68条では、「内閣総理大臣ハ内閣ヲ代表シテ法律案ヲ提出シ」との規定が置かれていた[21]。その後、議案には予算なども含まれるので「法律案」では狭過ぎるとの理由から、帝国議会に提出された憲法改正案では、「議案を国会に提出し」と改められた経緯がある（樋口ほか・注解3・235頁〔中村睦男〕）。

　内閣の法律案提出権を合憲とみる場合にあっても、憲法が当然に内閣の法律案提出権を予定しているとみる立場と、憲法上この点は定まっておらず国会が法律でとくに認めたとみる立場があり得る（清宮・憲法1・417〜418頁）。前者の立場は、内閣が国会に対して責任を負う（憲66条3項）ためには一定の独立性が必要であること（樋口ほか・注解3・28頁〔樋口陽一〕）、内閣が「国務を総理」する立場にあること（佐藤幸・憲法437頁）などを強調する（→憲73条1号）。

⑶　議員立法

　法令上の用語ではないが、実務上、内閣提出の法律案が「閣法」と略称されるのに対し、国会議員が発議した法律案（委員会提出の法律案を含む）は「衆法」「参法」と略称される。「閣法」に対し、後者が「**議員立法**」と総称される。成立した法律案をみると、閣法が圧倒的多数を占める。国会の多数党が内閣を組織する議院内閣制の下では広く見られる現象ではあるが、議員立法の活性化は、国会審議の活性化を考える上でも重要な問題といえよう。最終的に可決されなくとも、議員立法の中には後の立法に着想を与える先見的なアイディアを含むものや、与党案に修正を迫る「対案」としての意味をもつものなどが、含まれている場合もある。また議員立法の活性化を考える場合には、議員が提出する法律案だけでなく、議員による法律案の修正なども視野に入れ、活性化を考える必要があろう。ドイツやフランスなど、ヨーロッパ大陸の議院内閣制では、日本と比べても、政府提出法案の修正が活発であることも指摘される[22]。

　議員立法をめぐっては、法律案を含む議員による議案発議に対し国会法56条が課している要件も問題となり得る。議案提出には、衆議院の場合には20名以上、参議院の場合には10名以上の賛同者が必要である。予算を伴う法律案の場合にはそれぞれ、50人以上、20人以上の賛成が必要となる。当初の国会法にはこのような制限はなかったが、「おみやげ法案」「利権法案」の防止を名目に、1955（昭和30）年の国会法改正により、加えられたものである。両議院に議事運営についての強い自律権が保障されていることからすれば、議案の発議について一定の要件を設けたことをもってただちに違憲と断ずることはできないで

---

[21]　http://www.ndl.go.jp/constitution/shiryo/03/093shoshi.html。
[22]　大山礼子『国会学入門（第2版）』（三省堂、2003年）25〜26頁。

450 第41条（国会の地位、立法権）

あろう。しかし、かかる規定が少数会派の議案発議を強く制限する効果をもつことは否定できない。とくに、予算を伴う法律案の発議権をもつ国会内の会派の数は、実際上限定されよう。合憲性の問題とは別に、かかる要件の合理性には、疑問が残る。

　議案の発議をめぐっては、国会法の規定とは別に、所属会派の承認を得ることが衆議院では不文の慣習とされてきた（**機関承認**）。所属会派の承認を得られない議案は、受理されないことになる。この先例の合憲性をめぐり、裁判所は、「憲法、国会法、衆議院規則等に定める衆議院議員の権限の行使に新たな要件を加え、これを一部制限するような外観を呈したとしても、そのことをもってそのような取扱いが一見明白に憲法に抵触するものとは到底いえず、仮にそのことによって何らかの不都合が生ずる場合においても、それはまた、議院自身の自律的判断によって解決されるべきことが憲法以下の法令の予定しているところと解される」と判示した（東京高判1997（平9）・6・18判時1618号69頁）。議院の自律権が尊重されるべきことは否定できない。とはいえ、法定の条件を上回る党内の賛同者を集めている法案や、超党派で広く賛同者を集めている法案が、所属会派の承認がなければ受理されないというのは、違憲とは断じ得ないとしても、やはり不合理といえよう。

(4)　唯一の立法機関と国民投票

　本条は国会を**唯一の立法機関**と位置づけ、さらに憲59条1項は、「法律案は、この憲法に特別の定のある場合を除いては、両議院で可決したとき法律となる」と定めている。それゆえ、主権者・国民を、政治的意思能力をもつ者の総体（「人民（プープル）」、→本章〔前注〕）と解する場合にあっても、法律の制定について**国民投票**による同意を義務づけるような仕組み（いわゆる裁可型）を設けることは難しい。では、国政の重要事項について、法的な拘束力をもたない国民投票制度を設け、国会はその結果を尊重しなければならないといった定めを置くこと（いわゆる諮問型国民投票の創設）は憲法上許されるか。

　主権者・国民を「人民（プープル）」の意味に解する立場からすれば、代表民主制は必ずしも直接民主制に優位するものではなく、憲法の明文規定に反しない限りは直接民主主義的な制度の採用も許されることになるので、この種の制度は許容されると解されることになろう。

　一方、国民を国籍保持者の総体と解し、代表民主制を原則と解する立場、あるいは主権をもっぱら正当性の契機と解する立場（やはり代表民主制が原則となる）からすれば（「国民」「主権」→本章〔前注〕）、**諮問的な国民投票**制度の創設は違憲であるとの結論も導かれ得る。たとえ諮問的であっても、投票結果が事実上国会議員の行動を強く拘束する可能性は小さくない。この点を重視すれば、諮問的であっても国民投票制度の創設は、代表民主制を基本とする憲法

第42条（両院制）　*451*

に適合しないと解されることになろう[23]。もっとも、かかる制度には法的には拘束力がなく、あくまで諮問的なものにとどまるという点を重視するならば、直接民主主義的制度を憲法の明文規定がないまま認めることには必ずしもならず、あえて違憲とまでみる必要はないと解することもできよう（芦部・憲法42頁）。

政府は、「法的な効力は与えない、どこまでも国会が唯一の立法機関であるという憲法41条の原則に触れないという形に制度を仕組むということであれば、先ずその点は憲法に違反しない」として、「個別的な事案」について「国民全体の意思、総意」を国会が審議の参考にするため国民投票に付するという制度が直ちに違憲となるわけではないとしている（答弁集373）。

（只野雅人）

（両院制）
第42条　国会は、衆議院及び参議院の両議院でこれを構成する。

I　本条の意義

本条は、国会が2つの議院から構成されること、すなわち**両院制**の採用を明示している。本条に基づき、両院それぞれの定数、任期、権限、そして両院関係などの規定が、第4章に置かれている。しかし、なぜ両院制がとられるのか、また衆議院に重ねて参議院を置く意味がどこにあるのかといった点は、本条からは必ずしも明らかではない。比較憲法的にみて、普通直接選挙、投票価値の平等、（議院内閣制の場合には）政権との密接な関係など、二院からなる議会の第一院には、ある程度の共通性がある。一方、第二院の代表基盤や権限は、憲法によってさまざまである。

II　「両議院でこれを構成する」

(1)　日本国憲法の両院制

国会は、衆議院・参議院の両院から構成される。憲43条はさらに、両院が「全国民を代表する選挙された議員」から構成されるべきことを規定している。日本国憲法の両院制をめぐっては、同じように選挙された「全国民を代表」する議院を重ねて2つ置くことの意味が、とりわけ問題となる。

第二院の存在意義は、「数」を基盤とする第一院の行き過ぎを抑制し、慎重な審議を期すること、多様な民意を反映することにある、などと説明されるこ

---

[23]　毛利透『民主政の規範理論』（勁草書房、2002年）283頁。

とが多い。日本国憲法の参議院をめぐっても、憲法制定当初は、「数」に基づく衆議院に対する「理性の府」といったイメージが提示された。しかし、衆議院と同様に国民から選挙される参議院がどのようにして「理性の府」として機能し得るのかは定かではない。また、「理性の府」という参議院像は、参議院に対する衆議院の優越性（あるいは参議院が補完的議院であること）を前提にしているが、後述のように、日本国憲法の両院関係は必ずしも不対等型とはいい切れない。

　簡潔な本条の規定の背後にある、ともに選挙された全国民の代表としての2つの議院を置くのはなぜかという本質的な問題への解答は、両議院に関する諸規定や、憲法が定める政治制度の全体構造を踏まえ、なされる必要がある。その前提として、まずは比較憲法的な視点から、両院制の構成原理や機能について、一般的な類型化を試みておきたい。

(2)　「両議院」と憲法体制

　両院制については、従来、**貴族院**型、**連邦国家**型、単一国家における民意反映型といった類型化がなされてきた（芦部・憲法310頁）。貴族院型・連邦国家型の第二院には、憲法体制と直結する明確な存在理由がある。身分的・特権的な制度が民主的正統性とならび憲法体制の重要な構成要素となっている場合、あるいは支邦（州）が国家の重要な構成要素である連邦国家の場合、民主的正統性に基づく代表基盤により選出される第一院とは異なる形の代表のあり方を第二院に求めることは、比較的容易に正当化されよう。選挙されない大日本帝国憲法下の貴族院、あるいはイギリスの貴族院は前者の例である。州政府の代表（直接選挙されず、表決も州単位で行われる）から構成されるドイツの連邦参議院、人口にかかわらず各州2名の直接選挙された議員からなるアメリカ上院などが後者の例である。

　一方、単一国家において、普通選挙を基盤とする第二院の存在理由を説明することは容易ではない。利益職能代表（職業等を単位に選挙を行う）、さらには地域代表（一定の地理的単位に同数の、あるいは必ずしも人口に比例しない形で、議席を配分する）など、第一院とは異なる代表原理により第二院を選出すれば、強い独自性の発揮が期待できるが、普通選挙・平等選挙といった原則との関係で、大きな問題も生じる。独自性が強く発揮されるほど問われることになるのは、第二院の正統性である。

(3)　「両議院でこれを構成する」[24]──両院制の構成原理と機能

(i)　「両議院」の構成原理──正統性と権限の相関

　両院制の基本的な構成原理は、各院の**民主的正統性**と権限との相関であると考えられる。民主的正統性の重要な基盤となるのは、普通直接選挙である。第

---

[24] 詳しくは、只野雅人『代表における等質性と多様性』（信山社、2017年）199頁以下を参照されたい。

二院の場合、第一院とは異なり、直接選挙が一般的というわけではない。しかし、第一院と同様に普通直接選挙によって選出される場合（たとえばイタリア）には、第二院の憲法上の権限は強いものとなるのが自然である（**対等型の両院制**）。逆に普通選挙ではあっても、フランスのように間接選挙（複選制、→憲43条）により選出される場合、あるいはイギリスのように公選によらない場合には、民主的正統性の脆弱さあるいは欠落に応じて、憲法上の権限は第一院よりも弱いものとならざるを得ないであろう（**不対等型の両院制**）。

　不対等型の両院制の場合には、権限の弱さゆえに、民主的正統性を犠牲にしても、特別の代表基盤や選出方法を通じて、普通直接選挙を通じては代表できない要素を構成に取り込むことが可能になる、という面も重要である。権限の弱さは、第二院の独自性の発揮を容易にする。より強い民主的正統性を基盤とする第一院の優位が保障されているからである。逆に、憲法上の権限が強い第二院の場合は、強い権限に対応した強い民主的正統性がその代表基盤に求められざるを得ないため、特殊な代表基盤や選出方法を通じた独自性の発揮の余地は狭められることになろう。

　第二院の権限基盤が、民主的正統性とは異なる正統性により正当化される場合もある。君主制の国家のように、民主的正統性に比肩し得る、あるいはそれを凌駕する民主主義とは異質の正統性が憲法体制に組み込まれている場合には、普通直接選挙の基盤をもたない議院が強い権限を行使することも正当化される。大日本帝国憲法下の**貴族院**は、公選の衆議院とほぼ対等な権限を有していた。普通選挙の定着とともに、貴族院型の第二院の存在意義は縮小してゆくことになる。

　今日、両院制の構成原理としてなお重要な意味をもっているのが、連邦国家型の第二院である。**連邦国家**における第二院は、必ずしも強い民主的正統性を備えているわけではない。ドイツの連邦参議院は、州政府の代表であるし、アメリカの上院は直接選挙されるが、議員数は人口にかかわらず各州2名である。にもかかわらず、ドイツでもアメリカでも第二院に強い権限が付与されているのは、連邦制という国家の構成原理（連邦国家の構成要素である支邦の代表という正統性）ゆえである。

　民主的正統性と各議院の権限との相関という両院制の構成原理は、日本国憲法の両院制にも妥当するように思われる。日本国憲法の両院制は、長らく、衆議院が優越する不対等型であるといわれてきた。たしかに憲法は、いくつかの場面で衆議院の優越を明示している。両院の権限は憲法上対等ではない。しかし後述のように、1990年代以降、両院の党派構成が食い違う「ねじれ」が顕在化する中で、参議院の権限は必ずしも弱くないことが認識されるようになってきた。とくに、従来衆議院の優越の1つに数えられてきた、法律の制定をめぐる衆議院の再議決規定（憲59条2項）は、むしろ参議院に強い拒否権を与える効果をもち得ることが明らかになってきた。第二院が第一院に比肩し得る強い

454　第42条（両院制）

権限をもつとすれば、両院が国民による選挙を通じ、ともに強い民主的基盤を備えることが必要となろう。また逆に、両院がともに強い民主的正統性を有しているとするならば、それぞれがほぼ対等な権限を有することが正当化されよう。

(ⅱ)　「両議院」相互の関係と機能——権限と構成

　民主的正統性（あるいはそれを補完する正統性）と憲法上の権限の相関から、両院制の構成原理を確認したが、両院制の現実の機能は、より複雑である。両院の憲法上の権限の強弱が両院制の機能を強く規定することはもちろんであるが、加えて、両院の構成が類似しているかどうかも、重要な要素となる[25]。

　第二院の強さが最も際立つのが、第二院に第一院とほぼ対等な権限が付与され（対等型の両院制）、しかも両院の構成が異なる場合である。第二院は強い独自性を発揮するであろうし、第一院がそうした独自性の発揮を押さえ込むことも難しくなる。逆に、第二院の権限が第一院よりも劣り（不対等型の両院制）、しかも両院の構成が似通っている場合には、第一院の優位が際立つことになる。第二院が独自性を発揮する余地は小さく、しかも独自性を発揮しても第一院がそれを容易に覆せるからである。

　権限と構成について今ひとつ留意すべきは、憲法上の権限関係は定まっており、したがって対等型か不対等型かの分類は固定的であるが、一方、両院の構成は変動し得る、という点である。両院間の構成の相違は、同じ代表基盤（たとえば人口比例原則）が両院でとられる場合であっても、選挙区制や代表方法（小選挙区制か比例代表制か）の相違や、その時々の選挙結果によって、生じ得る。

　後述の日本の参議院の例が示すように、同じ憲法の下でも、両院関係や第二院の「強さ」の現れ方は変化し得る。両院で同じ政党が過半数の議席を占めている場合と、両院の多数党が食い違っている場合とでは、同じ憲法規定を前提としても、両院制の機能は大きく異なる。

Ⅲ　「衆議院及び参議院」——日本国憲法の両院制

1　日本国憲法と「衆議院及び参議院」の誕生

　1946（昭和21）年2月13日に連合国軍最高司令官総司令部（GHQ）から日本に手交された憲法草案（GHQ草案）では、国会は一院制とされていた[26]。第二院の設置の可能性をめぐる日本側とのやりとりの中で、GHQは、「民選」の第

---

[25] アレンド・レイプハルト（粕谷祐子訳）『民主主義対民主主義（原著第2版）』（勁草書房、2015年）165頁以下を参照。

[26] http://www.ndl.go.jp/constitution/shiryo/03/076shoshi.html。

二院であれば許容するとの意向を示している※27。日本側が作成した当初の草案（3月2日案）は、「**参議院ハ地域別又ハ職能別ニ依リ選挙セラレタル議員及内閣ガ両議院ノ議員ヨリ成ル委員会ノ決議ニ依リ任命スル議員ヲ以テ組織ス**」（45条）との規定を置き、選挙を基本としつつも、職能別選挙、任命制の議員をも含む参議院を構想していた※28。しかし、GHQとの折衝を経て確定した憲法改正草案要綱（3月6日）では、衆参を一本化し、「**両議院ハ国民ニ依リ選挙セラレ全国民ヲ代表スル議員ヲ以テ之ヲ組織スルコト**」（第38）という、現在の憲法43条とほぼ同様の規定となっている※29。選挙された2つの議院を置くという前提の下、第二院にどのような独自性を期待し、代表基盤や選挙制度にどのような要素を盛り込むのかという問題は、選挙法に委ねられることとなった。

　帝国議会における憲法改正草案の審議と並行して行われた参議院の選挙制度をめぐる議論では、「慎重練熟」という視点が強調され、候補者推薦制、間接選挙、職能代表などが検討されている。しかしながら、憲法上の疑義があったこともあり、これらはいずれも正面からは取り入れられずに終わった。結局、都道府県を選挙区とする単記投票制（**地方区**）と、全国区を一選挙区とする単記投票制（**全国区**）を組み合わせた仕組みが導入されることとなった。当時の大村清一内相は、参議院議員選挙法案の趣旨説明において、「全国区」は「専ら學識經驗ともに優れた、全國的な有名有為の人材を簡抜することを主眼と致しますと共に、職能的知識經驗を有するものが、選舉される可能性を生ぜしめることに依つて、**職能代表**制の有する長所を採入れむとする狙ひを持つもの」であり、「地域代表的性格を有する地方選出議員」と相まって参議院を特徴あらしめると述べている※30。職能代表的性格や**地域代表**的性格をどこまで第二院の代表基盤において考慮し得るかは、憲法43条や投票価値の平等の要請との関係で、議論の余地のある問題である（→憲43条・44条・47条）。

2　「衆議院及び参議院」の関係

(1)　「国会」と「両議院」

　国会は、ともに選挙された全国民を代表する議員（憲43条）からなる衆議院・参議院の両院で構成される。憲法は、国会の権限と、衆議院・参議院の各議院の権限を区別し、「国会」と「議院」（「**両議院**」、「**衆議院**」「**参議院**」）という言葉を使い分けている。

　憲法上の「国会」の権限としては、憲法改正の発議（憲96条）、法律の議決

※27　佐藤達夫（佐藤功補訂）『日本国憲法成立史・第3巻』（有斐閣、1994年）63～64頁。
※28　http://www.ndl.go.jp/constitution/shiryo/03/086shoshi.html。
※29　http://www.ndl.go.jp/constitution/shiryo/03/093shoshi.html。
※30　1946（昭和21）・12・4〔第91回貴族院議事速記録〕第5号61頁〔大村清一内務大臣〕。

（憲59条）、財政・予算の統制（憲83～88条）、条約の承認（憲61条）、内閣総理大臣の指名（憲67条）がある。これらの権限行使には、両院の意思の一致が必要である。

憲法上「両議院」に認められた権限としては、議員の逮捕の許諾・釈放の請求（憲50条）、議員の資格争訟の裁判（憲55条）、役員の選任・議院規則の制定・議員の懲罰（議院自律権、憲58条）、秘密会の開催（憲57条）、国政調査権（憲62条）、国務大臣の議院への出席要求（憲63条）、がある。これらは、各議院がそれぞれ独自に行使し得る権限である。

さらに、衆議院のみに認められた権限としては内閣不信任（憲69条）が、参議院のみの権限としては緊急集会（憲54条2項・3項）がある。

(2)　「衆議院及び参議院」の合意形成と衆議院の優越

(i)　憲法上の両院関係と衆議院の優越

国会の権限行使については、両院の意思の一致が必要であるが、両院の意思が一致しない場合（両院が異なる議決を行った場合）には、合意形成のための手続が必要となる。憲法はそのために、**両院協議**と**衆議院の優越**の仕組みを定めている。

憲法改正の発議については、両院は対等であり、衆議院の優越は規定されていない。憲法改正原案について両院に不一致がある場合、憲法に規定はないが、国会法所定の手続により、いずれか一方の議院より両院協議会の開催を求めることができる（国会86条の2）。

予算の議決、条約の承認、内閣総理大臣の指名については、明確に衆議院の優越が定められている（→憲60条2項・61条・67条2項）。法律案についても、参議院が衆議院と異なる議決をした場合には、衆議院で出席議員の3分の2以上の特別多数によって**再議決**をすることができる（→憲59条2項）。両院協議会を開催することも可能である（→憲59条3項）。また、参議院が、衆議院の議決した法律案を受け取ってから、国会休会中の期間を除き60日以内に議決をしないときは、衆議院は参議院が法律案を否決したものとみなすこともできる（→憲59条4項）。ここでも衆議院の優越が規定されている。しかし、衆議院の第一党が単独で3分の2を超える議席を獲得することは、現実にはきわめて困難である。衆議院の第一党が参議院で過半数の議席を有しない場合、法律案の再議条項は、衆議院の優越を認めた規定というよりもむしろ、参議院に強い拒否権を認めた規定として機能することになる。後述のように、1990年代以降、衆議院の第一党が参議院では過半数の議席を有しないという状況が常態化する中で、再議決条項は、参議院の「強さ」を際立たせることとなった。

憲法は、議員の資格喪失（憲55条）、秘密会の開催（憲57条1項）、議員の除名（憲58条2項）という、とくに慎重な手続を要する重要事項についても、各議院の出席議員3分の2以上の特別多数による議決を求めている。これらの規定から、3分の2が多数党だけでは簡単には超え難いハードルであることを憲

法自体が前提としている、とみることもできよう。

　最高裁も、近時の判決において、日本国憲法の両院制の規定につき、「限られた範囲について衆議院の優越を認め、機能的な国政の運営を図る一方、立法を始めとする多くの事柄について参議院にも衆議院とほぼ等しい権限を与え」たものであると指摘している（最大判2012（平24）・10・17民集66巻10号3357頁）。

(ii)　法律上の衆議院の優越

　憲法が定める以外に、法律で国会の権能とされた事項についても、衆議院の優越が認められている例がある。その際には、法文上、「国会の議決」と「両院一致の議決」を区別し、前者は「国会」としての意思決定であるから、憲法が認めた以外の例外は認められないが、後者は個々の「議院」の意思決定を前提にしているので、衆議院に優越を認めることができるとの立場がとられてきたとされる（佐藤功・注釈下634頁以下）。たとえば、国会法は、「両院一致の議決」で国会の会期を延長できるが（国会12条）、両院の議決が一致しないとき、または参議院が議決しないときには、衆議院の議決を国会の議決とすると定めている（国会13条）。しかし、こうした用例とは異なる扱いをした立法例もある。また、いずれによっても、両院の一致が必要なことに変わりはない。そもそも、法律で国会に新たな権能を認めることが許される以上、その際に衆議院の優越を認めることも許されるとの見解も有力である（宮沢・全訂346頁）※31。

　会計検査官、人事官、公正取引委員会委員長・委員、国家公安委員など、独立性の強い行政機関等の長や委員の任命は、両議院の同意を得て内閣が行う。現在では衆議院の優越が認められていないため、衆参の多数党が食い違う、いわゆる「ねじれ」国会においては、一院の反対により任命が行えない事態も生じている。

(3)　両院の活動

　両院制の意義を踏まえ、両議院の議事や議決は、それぞれ独立に行われる（独立活動の原則）。その一方で、国会としての一体性を保つために、両院は同時に召集され、また同時に閉会する（同時活動の原則）。同時活動の例外となるのが、参議院の緊急集会である（→憲54条2項・3項）。国会は会期制を定めていることから、憲法上明文の規定はないが、両議院の議決が必要な場合には、同一会期内における意思の一致が求められるのが原則となっている（会期不継続の原則。→憲52条）。

3　両院制の機能と憲法の政治機構

(1)　弱い参議院

※31　国会の権能は両議院の意思の一致により行使されるのが憲法上原則であるとした上で、「二院制の運用上機能まひを回避する上で必要不可欠な場合」にのみ例外が認められるとする見解もある（杉原泰雄『憲法Ⅱ：統治の機構』（有斐閣、1989年）227頁）。

458 第42条（両院制）

　発足当時の参議院に期待されたのは、上述のように、「**理性の府**」としての役割であった。1947（昭和22）年の第1回参議院議員通常選挙後に形成された、無所属議員からなる会派・緑風会の存在が、こうした参議院像の形成に寄与することとなった。さらに、「数」に対する「理性の府」というイメージは、憲法が衆議院の優越を定めていること、首相指名についての優越や衆議院のみの解散制度など衆議院を内閣の存立と深くかかわらせていることとも適合的である。法律案の再議決の規定（憲59条2項）も、衆議院の優越を保障したものであるとされていた。

　ところが、実際に憲法が施行されてみると、「3分の2の多数を得るということは、実際政治の上においては、甚だ困難で、それだけ参議院の議決権を強力なものたらしめる」（法協・註解下905頁）ことが、認識されるようになった。もっとも、政党から独立した議員からなる会派、緑風会が存在したことで、両院のねじれは緩和されることとなった。さらに、いわゆる55年体制の確立以降は、自由民主党が両院の過半数の議席を占め続けたことから、両院の対立が顕在化することはほとんどなく、「弱い」参議院という認識が一般化した。両院にわたる多数派が安定し緊密であれば、参議院が憲法上の強い権限を行使し独自性を発揮する可能性は小さく、その強さは顕在化しにくい[32]。

(2)　強過ぎる参議院とねじれ

　ところが、1989（平成1）年、自民党が参議院で過半数の議席を失って以降、両院間の党派構成の「**ねじれ**」が常態化すると、参議院の「強さ」が顕在化するようになった。両院が直接選挙されており、強い民主的正統性を標榜し得るだけに、ねじれの意味は重大である。そこで、衆参両院で過半数の議席を確保するため、連立政権が形成されるようになった。

　2007（平成19）年・2010（平成22）年の参議院議員選挙では、衆議院の過半数を有する与党が、いずれも参議院で過半数を確保できなかった。前者の場合は、自民・公明の連立与党が衆議院で3分の2を超える議席を有していたため、法律案の再議決が可能であった。しかし後者のケースでは、与党（民主党）単独ではもちろん、連立与党としても、衆議院での3分の2以上の議席も、また参議院での過半数の議席もなかったため、ねじれが深刻化した。赤字公債発行に必要な公債特例法案が新年度においても可決されないという事態も生じ、衆議院の優越が認められた予算にも、参議院が無視し得ない影響力を及ぼすことが明らかとなった（憲60条）。

　このように、1990年代以降、両院間の党派構成の「ねじれ」が問題となってきたが、今ひとつの「ねじれ」の存在にも着目する必要がある。すなわち、「強

---

[32] もっともこの時期においても、衆参の対立が顕在化しないよう、与党・自民党内で、衆参両院議員による合意形成が図られていたという指摘がある（竹中治堅『参議院とは何か』（中央公論社、2010年））。

い」参議院を組み込んだ日本国憲法の政治機構と、イギリスをモデルに二大政党間の政権選択を基調とした制度選択（衆議院への小選挙区比例代表並立制の導入）や議会制度の運用（マニフェスト選挙）との間のねじれである[33]。

1994（平成6）年、政党システムの二極化を促し、政権交代可能な仕組みを構築することを目指して、衆議院議員選挙に小選挙区比例代表並立制が導入された。小選挙区に比重を置いたこの仕組み（当初は小選挙区が300・比例区200。現在は、小選挙区289・比例区176）の導入以降、衆議院のみならず参議院でも、自民党・民主党を軸にした政治勢力の二極化が進んだ。また、衆議院選挙では、各党が提示する首相候補と政権公約（マニフェスト）を基軸とした政権選択が強調されるようになった。そうした傾向は参議院選挙にも及ぶこととなった。

しかし、政権を争う二大政党が衆参各院でそれぞれ主導権を握れば、両院間の合意形成は困難となる。とくに、衆議院選挙で勝利した第一党が次の参議院選挙で議席を減らし、第二党が参議院の主導権を握ると、第二党の譲歩は期待しにくくなり、合意形成はきわめて難しくなる。「ねじれ」の深刻化の主因は、主として衆議院議員選挙を念頭に置いた、二大政党間の政権交代を理想とするイギリス型の政治制度の運用と、強い参議院を組み込んだ憲法の政治機構との間の、今ひとつの「ねじれ」にある。モデルとなるイギリスには、直接選挙される「強い」第二院は存在しない。

「強い」参議院を組み込んだ政治機構を前提にするならば、本来は、憲法に合わせた選挙制度の改革や議会制の運用を考えることになろう。その場合には、両院での多数確保を可能にすべく、連立型の政権運営がむしろ常態として考えられることとなろう。「日本国憲法そのものの規範構造は、〔二大政党間の政権選択よりも〕むしろ〔穏健な多党制を前提とした〕『合意』型の理念型に属する」との指摘もある[34]。もっともその場合には、衆議院による内閣不信任と内閣による衆議院の解散（憲69条）など、憲法が内閣と衆議院との間に緊密な関係を想定していることから、内閣と国会両院の関係をどのように理解するのか、という問題も生じる（→憲66条3項・69条）。

（只野雅人）

（両議院の組織）
第43条　①　両議院は、全国民を代表する選挙された議員でこれを組織する。
②　両議院の議員の定数は、法律でこれを定める。

---

[33] 高見勝利『現代日本の議会政と憲法』（岩波書店、2008年）85頁。
[34] 高見勝利『現代日本の議会政と憲法』（岩波書店、2008年）86〜87頁。

460　第43条（両議院の組織）

I　本条の意義

本条は、国会両院が「全国民を代表する」「選挙された」議員から組織されるべきことを定めている。国会議員が特定のカテゴリーの代表ではないこと、主権者・国民によって選挙されることは、いずれもが国民主権の原理の重要な帰結でもある。とはいえ、「全国民を代表する」という場合の「代表」の意味、また「選挙」の意味をめぐっては、複数の理解があり得る。

II　「全国民を代表」する議員

(1)　古典的代表と全国民の代表

「全国民を代表する議員」という言葉は、当初、「県選出の議員は特定の県の代表者でなく、全国民の代表者であり、議員にはいかなる委任（mandat）も与えられない」とのフランス1791年憲法の規定が示すように、代表の独立性を意味していた。中世の身分制議会の議員は身分や都市を母体に選挙され、それらを代表しており、**命令委任**（mandat impératif）により選出母体に拘束されていた。命令委任を介した選出母体と議員との関係は、受任者が委任者の委任に従い法律行為を行うという私法的な意味での代表・代理を想起させる。一方、近代憲法の下では、議員は、個々の有権者や選挙区などの特殊利益から独立し、全国民の代表として、国民全体の意思を形成するものとされるようになった。本来の意味での委任を欠くかかる関係は、**代表委任**あるいは**自由委任**と呼ばれる。

自由委任の原則あるいは命令委任の禁止は、今日の主要国の憲法にも規定されている。ドイツ基本法38条1項は、連邦議会議員につき、「議員は全国民の代表であって、委任および指図に拘束されることはなく、自己の良心のみに従う」と規定する。また、フランス第五共和国憲法26条1項は、「命令委任はすべて無効である」と定めている。

日本国憲法43条も、国会議員を「全国民の代表」と位置づける。学説上は、任期中の議員の法的独立（代表委任、自由委任）が前提となっているとみる立場が支配的である（→憲51条）。通説的見解は、日本国憲法の「全国民の代表」は、「代表機関の行為が法的に代表される者（国民）の行為とみなされるという趣旨の法的代表ではなく、国民は代表機関を通じて行動し、代表機関は国民意思を反映するものとみなされるという趣旨の政治的な意味」であると説く（芦部・憲法302〜303頁）。

(2)　半代表

しかし普通選挙の導入以降、議員と選挙人との関係は、法的にはなお不変であるものの、事実のレベルで大きく変質する。古典的代表制は、**制限選挙**制度を前提としていた。選挙権者・被選挙権者の範囲を財産要件により限定する制

限選挙の下では、両者の利害の同質性が基本的に担保されていた。それゆえ、議員が選挙人の意向を大きく損なう行動をとる可能性は小さく、選挙人は議員を信任すればよかった。しかし、**普通選挙**の導入により、選挙権者・被選挙権者の範囲が飛躍的に拡大すると、そうした利害の同質性は崩壊する。選挙人団内部の利害は多様化し、選挙人が自らの利害を国政に反映させるためには、議員に一定の行動を要求することが必要になる。一方、議員の側も、再選を意識し、選挙人の意向に沿った行動をとることになる。こうして、議員の法的独立という建前は事実上変質し、選挙人と議員の相互依存関係が顕在化するようになる。かかる事実のレベルの変化を記述するために、フランスでは「**半代表**」という概念が用いられた。

　半代表は、近代憲法における「全国民の代表」の理念からの逸脱である。しかし普通選挙の下では、議員と有権者の間に相互依存関係が生じることは避けがたい。こうして、半代表的な関係こそがむしろ代表の本質であるとの見方も生じることになる。その場合、半代表は、単なる事実を記述する概念にとどまらず、一定の規範的意味を帯びることになる。国民と「全国民の代表」との間の恒常的な連携関係を確保すべく、憲法を解釈・運用することが求められる。もっとも、半代表を前提に日本国憲法の代表を理解する場合にあっても、国民と代表の恒常的連携関係を具体化する方向は必ずしも一様ではない。さらに、恒常的連携関係を強調することに対しても、批判がある。

(3)　禁止的規範的意味と積極的規範的意味

　国民と「全国民の代表」の間の恒常的な連携関係は、利益誘導あるいは**利益政治**という重大な問題をも随伴し得る。連携関係が密接であるほど、議員は特定の支持集団の利益を忠実に反映しようとするであろう。普通選挙を前提とする限り、そうした関係を否定することは困難である。そこで、日本国憲法の「全国民の代表」について、「議員が地域や職能など部分の代表であることを禁止すると同時に、全国民の意思を反映すべしという積極的要請をも含む」として、古典的な代表に通じる「**禁止的規範的要請**」と半代表と重なる「**積極的規範的要請**」の双方を内包するものと捉えた上で、利益政治をめぐる日本の現状も強く意識しつつ、「禁止的規範的要請」の意義をあえて強調する見解も有力に主張される（樋口ほか・注釈3・50〜52頁〔樋口陽一〕）。

　他方で、あくまで半代表の理念を前提に、「議員は選挙民から独立することによってではなく、選挙民と結びつくことによって国民代表とならなければならない」[35]とする見解もある。この場合には、個別的利益の代表とは異なった「全国民の代表」のあり方を、選挙制度や政党などを通じ、追求することになろう。こうした理解は、主権者「国民」を「人民（プープル）」と解する立場（→本章〔前注〕）とも整合的である。

---

[35]　渡辺良二『近代憲法における主権と代表』（法律文化社、1988年）223頁。

462 第43条（両議院の組織）

⑷ 代表の社会学的側面と全国民の代表

(i) 事実上の類似としての社会学的代表

有力学説は、全国民の代表を政治的代表であると解しつつも、「国民意思と代表者意思の事実上の類似」という**社会学的代表**の意味をも含んでおり、「国民の多様な意思をできるかぎり公正かつ忠実に国会に反映する選挙制度が憲法上要請される」とする（芦部・憲法304頁）。「国民意思と代表者意思の事実上の類似」という社会学的視点は、制度の運用を通じ事実のレベルで恒常的な連携関係を目指すという半代表の要請と重なり合う。選挙制度についてのかかる要請に最もよくかなうのは、比例代表制であるようにも思われる。しかし、政党の得票のみが唯一・絶対の民意の指標ではないこと、議院内閣制においては政権の安定なども考慮する必要があることなどから、「社会学的代表」から直ちに特定の選挙制度が帰結されると解されているわけではない（→憲47条）。

(ii) 社会学的構成要素の考慮

社会学的代表の含意は、本来、「国民意思と代表者意思の事実上の類似」というだけにはとどまらない。「国内の地域的・社会的および経済的諸利益の公正な、かつ均衡のとれた代表」[36]は、国民の社会学的構成を議会構成に反映するという観点をも含み得る。その場合の社会学的代表は、「国民意思と代表者意思」との間の事実のレベルの一致を、代表の構成をいわば社会学化し、「民意の縮図」としての議会を作り出すことで実現しようとするものとなる。

「一人一票」あるいは個人の政治的等価性を基礎とする普通選挙制度は、個人を基盤とした代表だけでは十分に代表され得ないさまざまな社会の構成要素・多様性をどこまで考慮し得るのか、という問題を常に伴ってきた。個人以外の、国民の社会学的構成要素の代表としては、社会経済的**利益**、地域、あるいは人種・民族や性別など、さまざまなものが考えられる。もっとも、こうしたさまざまな要素を代表されるべきものとしてカテゴライズし、特定の「利益」「職業」「地域」「民族」などの代表を具体化しようとすれば、どうしても「全国民の代表」の理念との抵触が生じる。日本国憲法の下では、「一人一票」あるいは個人の政治的等価性が原則である（→憲44条）と考えるならば、それだけでは十分に代表され得ないさまざまな社会の構成要素・多様性の考慮は、基本的には、「一人一票」と**個人の政治的等価性**を前提に、有権者の選択を介してさまざまな世論や利益を結節する政党、多様性の代表に適した選挙制度、などを通じて具体化されるべきもののように思われる。

とはいえ、選挙区を始めとする選挙制度の選択に際し、一定の社会学的要素を実質的に考慮するといった手法がとられる場合もある。とくに二院制がとられる場合には、普通直接選挙・人口比例原則を基盤とする第一院とは異なった

---

[36] 有倉遼吉＝小林孝輔編『基本法コンメンタール憲法（第3版）』（日本評論社、1986年）183頁〔芦部信喜〕。

代表の実現を目的に、それとは異なる要素が代表基盤に組み込まれる場合もある。連邦国家では通例、連邦を構成する州の代表が憲法上認められる。連邦制や**地域代表**に関する明文規定をもたない日本国憲法の下にあっても、参議院の選挙制度については、一定の限度で地域代表的要素を考慮することができると解する立場もある。

最高裁判所はかつて、**参議院**の選挙区選挙（都道府県選挙区）の仕組みについて、第二院の独自性を根拠に、「都道府県が歴史的にも政治的、経済的、社会的にも独自の意義と実体を有し一つの政治的まとまりを有する単位としてとらえうることに照らし、これを構成する住民の意思を集約的に反映させるという意義ないし機能を加味しようとしたもの」であり、国会の合理的裁量として是認され得るとし、また、かかる仕組みの下では、「**投票価値の平等**の要求は、人口比例主義を基本とする選挙制度の場合と比較して一定の譲歩、後退を免れない」と判示した（最大判1983（昭58）・4・27民集37巻3号345頁）。しかし近時の判決では、**都道府県**を「参議院議員の選挙区の単位としなければならないという憲法上の要請はなく、むしろ、都道府県を選挙区の単位として固定する結果、その間の人口較差に起因して投票価値の大きな不平等状態が長期にわたって継続していると認められる状況の下では、上記の仕組み自体を見直すことが必要になる」と述べている（最大判2012（平24）・10・17民集66巻10号3357頁）。投票価値の平等がより強く求められるようになった背景の1つには、参議院についての認識の変化があると思われる（→憲42条、憲47条）。

⑸　「全国民の代表」と国会議員の解職制度

地方自治法は、**直接請求**の制度として、地方公共団体の議会の**解散請求**、議員の解職請求、長の解職請求を認めている。国会議員について同様の制度を導入することが憲法上許容されるかどうかをめぐっては、争いがある。

通説的見解のように、「全国民の代表」が**自由委任**の原則を含意としていると考えるならば、任期中に国会議員を罷免する制度（**リコール**）の導入は、憲法上許されないと解されることになろう。

一方、日本国憲法の国民主権を「人民（プープル）主権」と解する立場から、日本国憲法がドイツやフランスとは異なり、明文では**命令委任**の禁止規定を置かず、さらに憲15条1項が公務員を選定罷免する権利を保障していることを重視し、選定罷免の権利の具体化として、人民による政治責任の追及制度を整備することがむしろ義務づけられると説く見解もある[37]（→憲51条）。古典的な命令委任の導入は困難であろうが、国会議員の解職請求制度、あるいは党籍の喪失と議員資格の喪失を結びつける制度（→**Ⅳ2**）などが、考えられることになろう。「全国民の代表」は半代表的な代表観を前提にしていると解し、また憲法が直接民主主義の手法（憲95条・96条）を部分的に導入していること（半

---

[37]　杉原泰雄『憲法Ⅱ：統治の機構』（有斐閣、1989年）168頁。

直接制）を重視する立場からは、この種の制度の導入は必ずしも憲法上禁止されないとみることもできよう（辻村・憲法346〜347頁、351頁）。

Ⅲ　「選挙された議員」

「選挙」をめぐっては、それが**直接選挙**を意味するのかが問題となる。選挙人が公務員を直接選定する場合が直接選挙である。憲法93条は、地方公共団体の選挙につき直接選挙によることを明示しているが、国会議員の選挙にかかわる本条は、直接選挙を明示していない。

他国では国政選挙で、直接選挙以外の仕組みがとられる場合もある。議会の選挙ではないが、アメリカの大統領選挙では、制度上は、選挙人が大統領を選挙するための特別な選挙人を選出するという仕組みがとられている（実際には、大統領選挙人があらかじめ立場を明示しているので、直接選挙として機能している）。また、フランスの上院（元老院）選挙では、地方議会議員や国会議員等が県ごとに選挙人団を構成し、上院議員を選出している。いずれもが広義には**間接選挙**であるが、後者のような仕組みは、とくに**複選制**と呼ばれることが多い。

複選制は「国民意思との関係が間接的に過ぎる」（芦部・憲法276頁）ことから、本条の「選挙」には含まれないと解されている。一方、憲法93条との対比などから、本条の「選挙」は、必ずしも間接選挙を排除しないと解する見解がある（佐藤功・注釈下640〜641頁、芦部・憲法276頁）。第二院の独自性を理由に、参議院については間接選挙をとることは本条に違反しないと解する見解もある（樋口ほか・注釈3・49頁〔樋口陽一〕）。

たしかに、本条は直接選挙を明示していない。しかし、上述のアメリカやフランスでは、間接選挙（複選制）がとられることが憲法上明示されている。普通選挙は直接選挙を原則としており、明文規定がない日本国憲法では直接選挙が当然に想定されていると解することもできよう（佐藤幸・憲法405頁）。また参議院については、衆議院よりも権限が劣ると考えると間接選挙を正当化しやすいが、両院の権限がほぼ対等であるとの認識を前提にすると、間接選挙の正当化は難しいと思われる。権限にふさわしい民主的基盤が求められるからである（→憲42条）。

Ⅳ　全国民の代表と政党

1　憲法と政党
(1)　憲法と政党

制限選挙の下、議員の独立性を重視する近代当初の代表制にあっては、**政党**は当然の存在ではなく、異物とみられていた。しかし、普通選挙の導入ととも

に、有権者のさまざまな意向をとりまとめる組織の重要性は増し、政党は議会制民主主義の不可欠の要素となってゆく。重要性の増大とともに、政党は法制度上も一定の位置を占めるようになる。憲法と政党の関係をめぐっては、「敵視」「無視」「承認及び合法化」「憲法的編入」（トリーペル）という定式がよく知られている。今日では、政党条項を置く憲法もある。もっともその規範的射程は一様ではない。

　政党の憲法上の位置づけがとくに徹底しているのがドイツである。ドイツ基本法21条は、「政党は、国民の政治的意思形成に協力する。政党の結成は自由である。政党の内部秩序は、民主制の諸原則に合致していなければならない。政党は、その資金の出所および用途について、ならびにその財産について、公的に報告しなければならない。」と定める。こうした規定は、「自由で民主的な基本秩序」を擁護する**「戦う民主政」**の一環として導入されたものであり、「自由で民主的な基本秩序」を侵害する政党は、憲法上許容されない。ドイツでは、政党に対して組織・運営の民主性が要請される一方で、政党に対する公費助成などもいち早く制度化されてきた。

　日本国憲法は**結社の自由**（憲21条1項）を定めるのみで、直接政党に言及した規定を置かない。しかし、**八幡製鉄政治献金事件**最高裁判決は、「憲法は政党について規定するところがなく、これに特別の地位を与えてはいない」が、「政党の存在を当然に予定している」と述べている（最大判1970（昭45）・6・24民集24巻6号625頁）。

　政党は、現行法上、純粋な私的結社にはとどまらない。法律レベルでは、かつては政治資金規正法が「政党」の定義を置く程度であったが、1994（平成6）年の**政治改革**以降は、政治資金、選挙、さらには法人格の付与、政党助成など、法制度の随所に「政党」についての定義や規定が置かれるようになった。上の定式でいえば、「承認及び合法化」の段階である。さらに、法制度上の政党の位置づけの深化は、「憲法的編入」に近い効果をももち得る。

　憲法が政党条項をもたないことに積極的意味を認める立場からは、「政党を法が処遇すること自体、結社しない自由を含む結社の自由を侵す可能性をもたらすことにならないか」という問題も提起される※38。しかし、労働組合、会社、あるいはその他の法人をめぐっては、それぞれの機能や活動領域に応じ、内部組織や運営をめぐり一定の法的規律が存在する。選挙や国会運営などで事実上公的ともいえる役割や位置づけをもつ政党に限り、なぜ一定の法的ルールの設定や特典の付与が憲法上禁止されるのか、という疑問も生じる。これに対しては、政党が国民の政治的意思形成にかかわることから活動や組織の自律性の確保が強く要請されるのだと、答えることもできよう。

(2)　政党本位の制度改革と政党法制

　※38　樋口陽一『憲法I』（青林書院、1998年）192頁。

466　第43条（両議院の組織）

　1994（平成6）年の政治改革により、衆議院議員選挙制度の改革（小選挙区比例代表並立制の導入、選挙運動規定の改正）、政党に対する公費助成、政治資金規正法の改正といった重要な制度変更が行われた。基調となったのが、「政策本位・**政党本位**」である。制度の随所で政党に関する規定が置かれるようになった。公職選挙法（立候補・選挙運動規定）、**政党助成**法、法人格付与法（「政党交付金の交付を受ける政党等に対する法人格の付与に関する法律」）それぞれにおいて、ほぼ共通した「政党」要件が導入された。それぞれの法律において、国会議員5人以上、または直近の衆議院総選挙・参議院通常選挙における得票率2％以上（法人格付与法・政党助成法については、国会議員1名以上を有しかつ得票率2％以上）という条件のいずれかを満たす政治団体には、それ以外の組織とは異なる取扱い（特典）が認められるようになった。

　公職選挙法では、上記の要件のいずれかを満たす「政党その他の政治団体」（「**候補者届出政党**」）に対して、小選挙区における個人候補の運動に重ねての選挙運動や、候補者個人では行うことのできない政見放送を認めている。小選挙区と比例区双方への重複立候補も、「候補者届出政党」に帰属する候補者のみに許されている。政党助成法は、上記の要件のいずれかを満たす政治団体を「政党」と規定し、公費助成の対象としている（ただし議席を有していることが必要）。政治資金規正法でも、企業・労組等からのいわゆる団体献金は、上記の要件を満たす「政党」およびその政治資金団体に対してのみ認められるようになった。

　最高裁（最大判1999（平11）・11・10民集53巻8号1704頁）は、「議会制民主主義を支える不可欠の要素」「国民の政治意思を形成するもっとも有力な媒体」である政党の重要な国政上の役割に鑑みて、政策本位、政党本位の制度の導入は立法裁量の範囲に属するとしている。しかし、政党の過剰な優遇は、平等原則などとの関係で憲法解釈上問題となり得る（→憲44条、47条）。

2　政党間移動の禁止・繰上補充の制限

(1)　党籍の喪失と議員資格の喪失

　政党があらかじめ決めた順位に従って当選者が決定される拘束名簿式比例代表選挙の下では、候補者選定や名簿順位決定における政党の役割が大きくなる。有権者も、名簿の選択を介して、実質的には政党を選択しているとみることもできる。それだけに、とくに**拘束名簿式比例代表制**をめぐっては、選挙後に党籍を失った議員の議員資格を剥奪する仕組みの可否が、かねてより論じられてきた。かかる制度に対する評価は、「全国民を代表する議員」の理解によっても異なり得る。

　自由委任が「全国民の代表」の本質的要素であると考えれば、議員は国民の特定部分の代表ではなく、「全国民の代表」として活動の自由が保障されねばならない。党籍の喪失と議席の喪失を結びつける制度は違憲と評価されること

になろう。一方、議員が有権者の意向に沿って行動するべきであり、両者の間の一致の公算を高める制度は、むしろ好ましいとの代表理解を前提とすれば、一定の条件の下、選挙における有権者の選択からの離反を抑止するために、党籍の喪失と議席の喪失を結びつける制度も憲法上許容される、と解する余地がある。

　党籍の喪失には、議員自らの意思による離党と政党による議員の除名が考えられる。自ら離党した議員の議席を失わせることは、有権者の選択を議員が一方的に変更するのを抑止するという観点から正当化することも不可能ではない。しかし、政党が議員を除名する場合にまで議員資格の喪失という効果を伴わせると、政党の判断による、有権者が選択した名簿の一方的な変更を容認することにもなりかねない。政党による公約違反の行動に抗議して投票規律違反の行動をとった議員が除名されるような場合もあり得るであろう。そこで、議席喪失をめぐっては、離党と除名を区別すべきであるとの立場も有力に主張されてきた※39。

　2000（平成12）年に導入された、いわゆる**政党間移動禁止**の制度では、離党や除名ではなく、他の政党に移動したことが、議席喪失の要件となっている。衆議院・参議院の比例代表選出議員が、選挙時に名簿を届け出ていた他の政党等に所属した場合には、当選を失い（公選99条の2）、退職したものとして扱われる（国会109条の2）。実際には、議員が議席喪失を甘受してまで党籍を変更することは稀であろうから、制度の趣旨は、党籍変更を抑止することにあるとみることができよう。

(2)　繰上補充の制限

　衆議院・参議院の比例代表選出議員に欠員が出た場合には、名簿における当選人となるべき順位に従い、**繰上補充**が行われる（公選112条2項・4項）。しかし、除名、離党その他の事由により当該名簿届出政党に所属する者でなくなった旨の届出がなされている場合には、これらの者は繰上補充の対象とならない（公選98条3項）。政党から除名されたために繰上補充による当選人となることができなかった原告が、適正な手続を経ずに正当な理由なく一方的になされた除名処分は無効であるとして当選訴訟（公選208条）を提起した事案（**日本新党事件**）において、この制度の趣旨が問題となった。

　公職選挙法では、名簿登載者を当選人となり得る者から除外するための要件として、選挙会への除名届出書、除名手続書および宣誓書の提出のみが定められ、選挙会による除名の適否の審査は予定されていない。最高裁（最一小判1995（平7）・5・25民集49巻5号1279頁）は、選挙会の審査に誤りがないのに裁

※39　議席喪失をめぐる学説につき詳しくは、上脇博之『政党国家論と国民代表論の憲法問題』（日本評論社、2005年）150頁以下、毛利透＝小泉良幸＝淺野博宣＝松本哲治『憲法Ⅰ：統治〔第2版〕』（有斐閣、2017年）94頁以下などを参照。

468 第43条（両議院の組織）

判所が除名処分の有効性について判断することは、「政党等の内部的自律権を
できるだけ尊重すべきものとした立法の趣旨」に反すると判示している。
　一方、原審（東京高判1994（平6）・11・29判時1513号60頁）は、「政党の名簿
登載者の選定は、拘束名簿式比例代表制による参議院議員の選挙においては、
その選挙機構の必要不可欠かつ最も重要な一部を構成しているものであって、
当選人決定の実質的な要件をなして」いるとして、繰上補充の前提となる除名
処分の有効性について自ら審査し、無効と判断した。判決は、「法は、政党が
その所属員を除名するについては、その規則、綱領等の自治規範において、除
名要件並びに民主的かつ公正な除名手続を具体的に定め、それに従って当該除
名が行われることを当然の前提としている」と述べ、政党所定の除名要件に該
当する事実がない場合、所定の手続に従った除名がなされていない場合などの
他にも、「民主的かつ公正な適正手続が定められておらず、かつ、当該除名が
このような手続に従わないでされた場合」には、除名処分は無効となり得ると
判示している。
　本件の除名処分は、国会議員としての地位ではなく、当選人となり得る資格
を奪うにとどまる。しかし、有権者が候補者の順位をも含めて名簿を選択して
いるとみるならば、除名処分は、有権者による選択を政党が一方的に変更する
ことをも意味し得る。名簿順位をも含む有権者の選択を政党が一方的に変更で
きる制度は、**直接選挙**の要請に反するとの主張もある[40]。こうした立場から
は、現行制度の枠組の中で問題を処理しようとすれば、「民主的かつ公正な適
正手続」の有無を裁判所が判断すべきだ、とされる。しかし本来は、繰上補充
をめぐっても、議員資格の喪失の場合と同様に、公選法が除名・離党を区別し
ていないこと自体がそもそも適切であったのかどうかが、問われる必要があっ
たように思われる。「投票後の政党の決定によって、投票時に生じていた効果
を変動させる」制度は、部分代表の否定（憲43条）との関係で問題があるとの
指摘もある（樋口・憲法192頁）。

Ⅳ　「議員の定数は、法律でこれを定める」

　外国では、フランス第五共和国憲法のように、**議員定数**の上限を憲法が定め
る例もある。しかし通例、議員定数は法律により定められる。本条も、そうし
た立場をとる。現行法が定める議員定数は、衆議院が465（小選挙区選出289・
比例代表選出176）、参議院が248（選挙区選出148、比例区選出100）である（公
選4条1項・2項）。ちなみに、憲法制定当初の議員定数は、衆議院466（中選挙
区）、参議院250（選挙区選出150、全国区選出100）であった。

（只野雅人）

---

[40] 高橋和之「国民の選挙権vs政党の自律権」ジュリ1092号（1996年）54頁。

（国会議員・選挙人の資格）
第44条　両議院の議員及びその選挙人の資格は、法律でこれを定める。
但し、人種、信条、性別、社会的身分、門地、教育、財産又は収入によ
つて差別してはならない。

Ⅰ　本条の趣旨

　本条は、両議院の議員の資格（被選挙権）と選挙人の資格（選挙権）の要件
の定めを法律に委ねる一方で、一定の事由に基づく差別を禁じている。誰もが
等しく選挙権（被選挙権）をもつとの**平等選挙**の原則を保障したものというこ
とができよう。選挙権（被選挙権）についての平等の要請は、財産の多寡や性
別にかかわらず誰もが同じように一票をもつこと――「一人一票」――を理想
とする**普通選挙**の原則とも表裏の関係にある。

　一定年齢に達した国民（国籍保持者）すべてが平等に政治参加の権利をもつ
との原則は、今日では半ば自明であるようにも思われる。しかしそうした原則
が完全に定着するのは戦間期から第二次世界大戦以降のことであり、19世紀に
おいては、性別や財産・納税額によって、選挙権・被選挙権が制限されるのが
一般的であった（**制限選挙**）。本条は、こうした歴史的経緯をも踏まえ、選挙
権・被選挙権における個人の属性を理由とした差別を禁じており、「国民はす
べて政治的価値において平等であるべきであるとする徹底した平等化を志向す
るもの」（最大判1976（昭51）・4・14民集30巻3号223頁）といえよう。

Ⅱ　「議員及びその選挙人の資格は、法律でこれを定める」

1　「選挙人の資格」（選挙権）
　本条は、「選挙人の資格」という表現を用いるが、通常は**選挙権**といわれる。
憲法15条1項は、公務員の選定罷免を国民固有の権利であるとしている。

　憲法上の選挙権の性格（法的性格）をどう捉えるべきかをめぐっては、かね
てより学説上争いがある。選挙権を、議員を選出するという公務、あるいは、
国家機関である選挙人団の一員としての機関権限と捉える見解（公務説、機関
権限説）、主権者としての政治的権利と捉える見解（権利説）、さらには権利性
と公務性を併有したものと捉える見解（二元説）などがある。今日では、公務
性を認めるかどうかについて対立はあるものの、選挙権の権利性自体は学説・
判例ともに承認している（→憲15条）。

2　「議員の資格」（被選挙権）
　「**議員の資格**」とは、一定の要件を満たした場合、国会議員になり得る資格

を意味する。**被選挙権**、あるいは立候補の自由といわれることもある。被選挙権あるいは立候補の自由が、憲法上権利として保障されたものかどうかについては、選挙権の場合とは異なり憲法上の明文規定がないこともあり、争いがある（→憲15条）。

3 「法律でこれを定める」

(1) 「法律でこれを定める」

　両議院の議員およびその選挙人の資格は、法律で定められる。公職選挙法によれば、衆議院議員および参議院議員の選挙権を有するのは、「日本国民で年齢満18年以上の者」である（公選9条）。衆議院議員については年齢満25年以上の日本国民に、また参議院議員については年齢満30年以上の日本国民に、それぞれ被選挙権が認められる（公選10条）。

　公職選挙法は他方で、選挙権および被選挙権を有しない者についても規定している（公選11条・11条の2）。本条は、「選挙人」「議員の資格」について広い**立法裁量**を認めているようにみえるが、立法府の裁量権の範囲は、憲14条および本条による差別禁止や、選挙権・被選挙権の保障の趣旨から、当然に限定される。選挙権及びその行使の制約の合憲性をめぐっては、判例は厳格な審査の枠組に基づき判断を行っている。

　本条は、列挙事由に限らず、選挙権・被選挙権についての**不合理な差別**を禁じたものと解される。最高裁は、海外に居住する国民の選挙権行使の制限を違憲と判断した判決において、選挙権は「国民の国政への参加の機会を保障する基本的権利」であり、「一定の年齢に達した国民のすべてに平等に与えられるべきもの」であるから、「自ら選挙の公正を害する行為をした者等の選挙権についての一定の制限をすることは別として、国民の選挙権又はその行使を制限することは原則として許され」ず、その制限には、「そのような制限をすることなしには選挙の公正を確保しつつ選挙権の行使を認めることが事実上不能ないし著しく困難であると認められる」ような「やむを得ない事由」がなければならないとしている（**在外邦人選挙権訴訟**・最大判2005（平17）・9・14民集59巻7号2087頁）。

(2) 選挙権の制約

　同様の基準によりつつ、**成年被後見人**の選挙権を制限する措置（東京地判2013（平25）・3・14判時2178号3頁）、**受刑者**の選挙権を一律に制限する措置（大阪高判2013（平25）・9・27判時2234号29頁）につき、それぞれやむを得ない事由があるとはいえず、憲法15条1項・3項、43条1項、44条ただし書に違反するとした裁判例がある（→憲15条）。前者の判決を受けて公職選挙法が改正され、成年被後見人の選挙権・被選挙権を制限する規定が削除された。

(3) 選挙権行使の制約

　選挙権を行使する為には**選挙人名簿**に登録されている必要がある。登録は、

「当該市町村の区域内に住所を有する年齢満18年以上の日本国民」で、「住民票が作成された日」から「引き続き3箇月以上登録市町村等の住民基本台帳に記録されている者」について行われる（公選21条1項。以下「3か月記録要件」という）。

日本に帰化し国籍を取得した者が、3か月記録要件を満たさず特定の衆議院議員選挙において選挙権行使ができなかったことが問題となった事例について、選挙権の「制約の程度が深刻なものではなく、選挙権の重要性に照らして許容し得るものにとどまるのであれば、憲法に違反するものとはいえない」とし、3か月記録要件は、不正投票の防止や選挙人名簿の正確な調整などの立法目的に照らし、選挙制度をめぐる合理的立法裁量（憲47条）の範囲内であるとした裁判例がある（東京高判2013（平25）・2・19判時2192号30頁）。

Ⅲ　「差別してはならない」

1　平等選挙と差別の禁止

本条は、国会議員とその選挙人の資格について、「人種」「信条」「性別」「社会的身分」「門地」「教育」「財産又は収入」による差別を禁じている。「人種」「信条」「性別」「社会的身分」「門地」は憲法14条1項（法の下の平等）が掲げる差別禁止事由と重なるが、本条はさらに、制限選挙の歴史を踏まえ、「教育」「財産又は収入」を付加している。

憲法14条の平等をめぐっては、条件の相違や差異を考慮することが許容される場合がある。一方、本条が定める国会両議院の議員・選挙人の資格（被選挙権・選挙権）の平等をめぐっては、「国民はすべて政治的価値において平等であるべきであるとする徹底した平等化を志向するもの」であるから、それぞれの条件の相違や差異を考慮しない平等な取扱いが強く求められる。

2　「人種、信条、性別、社会的身分、門地、教育、財産又は収入」

「人種」「信条」「性別」「社会的身分」「門地」それぞれの意義については、憲法14条1項の解説を参照されたい（→憲14条1項）。

「教育」とは、狭義には学歴を意味するが、ここでの「教育」はそれに限らず、広く知的能力を指す。一定の読み書きの能力や知識などを選挙権・被選挙権の要件とすることは許されない。過去には、特定の大学出身者には居住地のほかに大学選挙区での投票も認める（複数投票、イギリス）、あるいは特定の人種を排除するために選挙権取得に読み書きのテストを課す（アメリカ）、といった例もあったが、こうした措置は本条により当然に禁止される。

公職選挙法は、両議院の議員の選挙については、候補者の氏名や政党の名称等を選挙人が自書することを求めている（公選46条1項～3項）。自書能力（上述の意味の「教育」とかかわる面がある）を有しない者は有効に投票が行えな

472 第44条（国会議員・選挙人の資格）

くなる可能性があるので、同法では「心身の故障その他の事由」※41により自ら候補者の氏名等を記載することができない選挙人につき、代理投票の制度（公選48条）を認めている（→憲15条）。

　「**財産又は収入**」とは、経済的能力を指す。制限選挙の下では、一定の財産や納税額により選挙権・被選挙権が制限されていた。そうした要件の撤廃こそが、普通選挙制度の最大の眼目であった。戦前の衆議院議員選挙法でも、1925（大正14）年の男子普通選挙導入までは、一定の納税額が選挙権・被選挙権の要件とされていた。普通選挙導入以降も、同法では、「貧困ニ因リ生活ノ為公私ノ援助ヲ受ケ又ハ扶助ヲ受クル者」に選挙権・被選挙権が認められていなかった（（旧）衆議院議員選挙法6条3号）。こうした制限もまた、本条により当然に禁止される。1946（昭和21）年6月20日に帝国議会に提出された大日本帝国憲法改正案では現44条にあたる条文（改正案40条）には、「教育、財産又は収入」という文言はなく、衆議院の修正によって付け加えられた。

　公職選挙法は、町村議会の議員選挙以外の選挙について、立候補に際し一定の金額（またはこれに相当する国債証書）の供託を求めている（公選92条）。所定の得票が得られない場合には、供託物は没収される（公選93条）。供託の金額は選挙によって異なるが、国会議員についてみると、衆議院小選挙区選挙・参議院選挙区選挙が300万円、両院の比例代表選挙については、名簿登載者1名につき600万円である。立候補それ自体に直接の財産上の要件を課すものではないが、相当に高額であるだけに、立候補を強く抑止する効果があることは否定できない。

　高額の**供託金**をめぐっては、立候補の自由の制約としてその合理性は疑問であるとする学説も有力である（佐藤幸・憲法402～403頁、辻村・憲法313～316頁、松井・憲法408～409頁等）。高額の供託金についてはさらに、財産・収入による差別を禁じる本条との関係でも問題となる余地がある。立候補の資金を欠く者について一定数の有権者の署名により代替するなどの措置がとられなければ本条に違反する疑いが強いと指摘するする見解もある（高橋・立憲主義309～311頁）。県議会選挙をめぐる事案であるが、供託金制度は、「自由かつ公正な選挙の実現のため、供託を求めることによって立候補について慎重な決断を期待しているのであって、その実際的意味が無産者からの立候補をしにくくし、無産者の参政権の行使を阻害するところにあるということはできない」などとした裁判例がある（大阪高判1997（平9）・3・18訟月44巻6号910頁）。

※41　従前は「身体の故障又は文盲により」となっていたが、成年被後見人の選挙権行使が認められるようになった（平成25・5・31法律21号）ことに伴い、このような文言に改められた。

Ⅳ 投票価値の平等

1 一人一票と投票価値の平等
「**一人一票**」の原則とその基底にある「国民はすべて政治的価値において平等であるべきであるとする徹底した平等化」の理念は、「選挙人の資格」の平等のみならず、「選挙権の内容の平等、換言すれば、議員の選出における各選挙人の投票の有する影響力の平等、すなわち投票価値の平等」（最大判1976（昭51）・4・14民集30巻3号223頁）をも含意している。

投票価値の平等は、選挙の基礎単位である選挙区の形成と各選挙区への議席の配分に際して問題となる。選挙は通常、国土を**選挙区**に区分して行われる。近代以降の憲法の下では、議員は法的には選挙区ではなく、「全国民」を代表するものとされるのが原則である（→憲43条）。選挙区は、代表されるべき単位ではなく、いわば物理的な理由から、政治的に等価値の個人から構成される「全国民」を複数の単位に分割したものに過ぎない。それゆえ選挙区の形成にあたっては、各個人の影響力が政治的に平等となるよう、議員1人が代表する人口あるいは有権者数が選挙区ごとに異なってはならないとの原則——**人口比例原則**——が導かれる。投票価値の平等は、平等選挙原則（一人一票）の帰結であると同時に、憲法が保障する選挙権の平等の具体化でもある[42]。

憲法は、「選挙区、投票の方法その他両議院の議員の選挙に関する事項は、法律でこれを定める」とし（憲47条）、選挙制度の形成について立法裁量を認めている。国土を選挙区に区分する以上、選挙区間において、議員1人あたりの人口あるいは有権者数に較差が生じることは避けがたい。しかし、投票価値の平等が、最高裁も認めるように憲法上の要請である以上、選挙制度をめぐる国会の裁量には限界がある。

2 投票価値の不均衡と選挙無効訴訟
現行法上、国政選挙における投票価値の不均衡を争う訴訟では、**選挙無効訴訟**が用いられてきた。選挙無効訴訟は、「衆議院議員又は参議院議員の選挙において、その選挙の効力に関し異議がある選挙人又は公職の候補者」が提起するもので（公選204条）、裁判所は、「選挙の規定に違反することがあるときは選挙の結果に異動を及ぼす虞がある場合に限り」、当該選挙の全部または一部を無効とする判決を下すことになる（公選205条1項）。投票価値の不均衡を争う訴訟では、特定の選挙区の選挙をめぐり、「違憲」の選挙区割り・定数配分を定めた公選法に基づく選挙の違法・無効が主張される。

最高裁は、選挙無効訴訟は、「同法〔公選法〕自体を改正しなければ適法に

---

[42] 投票価値の平等の意義につき、渡辺良二『近代憲法における主権と代表』（法律文化社、1988年）169頁以下を参照。

474 第44条（国会議員・選挙人の資格）

選挙を行うことができないような場合を予期するものではな」いとしつつも、「これを措いては他に訴訟上公選法の違憲を主張してその是正を求める機会はない」ことから、「国民の基本的権利を侵害する国権行為に対しては、できるだけその是正、救済の途が開かれるべきであるという憲法上の要請」に照らし、このような訴訟提起を容認している（最大判1976（昭51）・4・14民集30巻3号223頁）。権利救済のために、「既存の訴訟法規の合理的解釈」[※43]がとられたことは重要である。ただし、選挙法の違憲性を根拠とする選挙無効の判断をめぐっては、困難も生じる。

3 衆議院議員選挙と投票価値の不均衡

(1) 中選挙区制と投票価値の不均衡（定数不均衡）

(i) 立法裁量と較差の許容限度

投票価値の不均衡を争う訴訟の基本的な判断枠組みを提示したのが、衆議院議員選挙に関する最初の違憲判決となった、1976（昭和51）年の最高裁大法廷判決（最大判1976（昭51）・4・14民集30巻3号223頁。以下「1976年大法廷判決」という）である。なお、当時の衆議院の選挙制度は、いわゆる**中選挙区制**であり、511人の議員を130の選挙区に配分する（有権者は1票だけをもつ）という仕組みがとられていた（それゆえ定数配分という言葉が使われる）。

1976年大法廷判決は、投票価値の平等が憲法上の要請であることを確認する一方で、選挙区割りや議員定数の配分にあたり、国会が、人口以外のさまざまな要素を考慮することも認め、投票価値の平等は、「選挙制度の決定について国会が考慮すべき唯一絶対の基準」ではないとしている。その上で、「選挙人の投票価値の不平等が、国会において通常考慮しうる諸般の要素をしんしゃくしてもなお、一般的に合理性を有するものとはとうてい考えられない程度に達しているとき」、違憲の問題が生じるとする。国会の裁量の幅はかなり広い。この判決で問題となった議員1人あたりが代表する選挙人数の選挙区間の最大較差は4.99倍であった。最高裁はこれを、「憲法の選挙権の平等の要求に反する程度」と評価した（「**違憲状態**」）。最高裁は、較差の憲法上の許容限度を明示していないが、その後の判決に照らせば、中選挙区制度のもとでは、3倍程度がめどであったと推定される。

(ii) 合理的是正期間

1976年大法廷判決によれば、較差が違憲状態に達していても、定数配分規定が直ちに違憲となるわけではない。不均衡の是正のための立法には一定の期間を要することから、「人口の変動の状態をも考慮して合理的期間内における是正が憲法上要求されていると考えられるのにそれが行われない場合」、初めて憲法違反の判断をするのが相当だとされる（「**合理的是正期間**」）。この事案では、

[※43] 野中俊彦『憲法訴訟の原理と技術』（有斐閣、1995年）83頁。

合理的是正期間も経過しており、定数配分規定は違憲と判断された。

(iii) 較差の許容限度をめぐる学説

　最高裁は、中選挙区の下での較差について、1983（昭和58）年（最大判1983（昭58）・11・7民集37巻9号1243頁）と1993（平成5）年（最大判1993（平5）・1・20訟月39巻12号2418頁）にも違憲状態とする判決を、さらに1985（昭和60）年には違憲判決（後述）を下している。

　学説上は、1人に2票を与えるに等しい較差2倍が、投票価値の不均衡の憲法上の許容限度であるとする立場が有力である（芦部・憲法145頁など）[44]。もっとも、較差2倍未満の範囲については立法裁量の問題とみるのか、あるいは、2倍未満であっても較差を正当化する**合理的較差要因**が求められると解するのか[45]、見解は分かれる。後者は、選挙権をもっぱら権利と捉える立場と整合的である（辻村・憲法326頁）。

　後者の立場をとる場合、合理的較差要因としては、たとえば、恣意的な選挙区割りを避けるために**行政区画**を考慮することが考えられる。この場合の行政区画は、それ自体が代表の基盤形成において積極的に考慮され得る要素ではなく、恣意的な区割りを避けるための、いわば中立的単位であると考えられよう。行政区画の尊重を合理的較差要因と解すると、2つの立場の相違は、結果的にある程度相対化される[46]。

(iv) 選挙の効力

　最高裁は違憲判断に際し、各選挙区の区割り・定数配分はそれぞれ連動しているから、不可分一体をなしており、「単に憲法に違反する不平等を招来している部分のみでなく、全体として違憲の瑕疵を帯びるものと解すべきである」としている。

　定数配分規定が違憲であれば、それに基づく選挙は違法であるから、選挙無効訴訟の枠組みに従えば、当該選挙区の選挙は無効となるはずである。しかし1976年大法廷判決は、「憲法の所期しない結果」を回避するために、行政事件訴訟法31条が定める**事情判決の「法理」**（公選法は行政事件訴訟法31条を準用しないと定めている）を援用し、選挙を有効として扱うべきだとする。「憲法が所期しない事態」として挙げられているのは、(a)選挙を無効としても当該選挙区選出の議員がいなくなるだけで、憲法に適合する選挙の実現には公選法の改正をまたねばならないこと、(b)全国で同種の訴訟が提起され選挙が無効とされると、議院の活動に影響が生じかねないこと、(c)「もともと同じ憲法違反の瑕疵を有する選挙について、そのあるものは無効とされ、他のものはそのまま有効として残り」、しかも、公選法の改正等の衆議院の活動が選挙を無効とされ

---

[44] ただし芦部は、「おおむね二対一以上」という表現を用いている。

[45] 辻村みよ子『「権利」としての選挙権』（勁草書房、1989年）31～32頁。

[46] 奥平康弘『憲法Ⅲ：憲法が保障する権利』（有斐閣、1993年）412頁。

た選挙区からの選出議員がいないという「異常な状態」の下で行われざるを得ないこと、である。

定数配分規定全体が不可分一体のものとして違憲の瑕疵を帯びるという前提をとると、**選挙無効**の判断に踏み込むことは難しいであろう。1976年大法廷判決には、議員1人あたりの人口が平均的な選挙区からの偏差の大きな選挙区に限り、違憲無効とすべきだとする、岡原昌男裁判官らの反対意見が付されている。ただしこの場合も、「憲法の所期しない結果」が完全に回避されるわけではない。

最高裁は、前回選挙の定数配分を「違憲状態」とした判決（最大判1983（昭58）・11・7民集37巻9号1243頁）の直後に解散によって行われた1983（昭和58）年12月の衆議院議員総選挙をめぐっても、違憲判決を下している（最大判1985（昭60）・7・17民集39巻5号1100頁）。判決は、「違憲の議員定数配分規定によって選挙人の基本的権利である選挙権が制約されているという不利益など」選挙を無効としないことの弊害、「憲法の予定しない事態が現出することによってもたらされる不都合、その他諸般の事情」を衡量して、選挙無効の回避も許されるとする。また判決には、「是正措置が講ぜられることなく、現行議員定数配分規定のままで施行された場合」には、「多数意見で指摘する諸般の事情を総合考察し」「その効力を否定せざるを得ないこともあり得る」とし、選挙無効による混乱回避のために、選挙無効の効果を一定期間経過後に発生させるという**将来効判決**の手法にも言及した、寺田治郎長官らの補足意見が付されている。

(2) 小選挙区制と投票価値の不均衡

(i) 小選挙区と新たな区割りルールの導入

1994（平成6）年、衆議院議員の選挙制度として、従来の中選挙区制に代わり、小選挙区比例代表並立制が導入された。新たに設けられた小選挙区（当初は300、現在は289）の区割りについては、第三者機関である**選挙区画定審議会**が、衆議院議員選挙区画定審議会設置法の定めるルールに従い区割り案を作成して、内閣総理大臣に勧告することとなった。

区割りにあたっては、まず、47議席を人口にかかわらず各都道府県に配分し、さらに、残りの253議席を人口比例で配分する（**一人別枠方式**）。その上で、最大較差が「二以上とならないようにすることを基本とし、行政区画、地勢、交通等の事情を総合的に考慮して」区割りが行われるものとされた。最大較差が2倍を超えないことが、法律の明文規定によって「基本」とされたことは重要であるが、同時に一人別枠方式がとられた結果、最大較差を2倍未満に抑えることが難しくなった。最初の区割りの基準となった1990（平成2）年国勢調査結果によれば、選挙区間の人口較差は当初より最大で2.137倍に上った。

(ii) 一人別枠方式の合憲性（1999年大法廷判決）

新たな区割りの下で最初に行われた1996（平成8）年衆議院議員選挙の際、選挙区間の人口数較差は、選挙直近の1995（平成7）年国政調査の結果によれ

ば最大で2.309倍に達していた。新たな仕組みについて初めて判断した1999年大法廷判決（最大判1999（平11）・11・10民集53巻8号1441頁）は、1人別枠方式については、「相対的に人口の少ない県に定数を多めに配分し、人口の少ない県に居住する国民の意見をも十分に国政に反映させる」ことが目的であるとした上で、較差2倍未満を基本とすることで投票価値の平等への配慮がなされていることを指摘する。その上で、「都道府県は選挙区割りをするに際して無視することができない基礎的な要素の一つ」であり、「人口密度や地理的状況等のほか、人口の都市集中化及びこれに伴う人口流出地域の過疎化の現象等」への配慮も国会の立法裁量として許容されるとし、合憲と判断している。また、この仕組みのもとでの投票価値の不均衡についても、憲法には違反しないと判示している。

　一方、判決に付された河合・遠藤・元原・梶谷4裁判官の反対意見は、1人別枠方式について、「選挙区割りの決定に当たり当然考慮せざるを得ない行政区画や地理的状況等の非人口的、技術的要素とは全く異質の恣意的な要素を考慮して採用された」ことを問題視している。

(iii)　2011年大法廷判決

　2009（平成21）年8月の衆議院総選挙（いわゆる政権交代選挙）をめぐる2011（平成23）年3月の大法廷判決（最大判2011（平23）・3・23民集65巻2号755頁）は、1人別枠方式とその下での較差を違憲状態と判断した。判決は、議員はその選挙区を問わず「全国民を代表して国政に関与することが要請されているのであり、相対的に人口の少ない地域に対する配慮はそのような活動の中で全国的な視野から法律の制定等に当たって考慮されるべき事柄」だと述べ、地域性にかかる問題のために投票価値の不平等を生じさせることに合理性は認めがたいとする。そして、1人別枠方式が「選挙区間の投票価値の較差を生じさせる主要な要因となっていたことは明らかである」と指摘する。判決は、1人別枠方式は、選挙制度の変更に伴い「人口の少ない県における定数が急激かつ大幅に削減されること」に配慮した過渡的措置として正当化されるに過ぎず、「合理性が失われたにもかかわらず、投票価値の平等と相容れない作用を及ぼすものとして、それ自体、憲法の投票価値の平等の要求に反する状態に至っていた」と判示した。また選挙当日の選挙人数の最大較差が2.304倍に達し、較差2倍を超える選挙区の数も増加していることから、1人別枠を含む基準による区割りについても違憲状態と判示している。

　判決は、2007（平成19）年の大法廷判決（最大判2007（平19）・6・13民集61巻4号1617頁）が合憲判断を行っていたことなどから、合理的是正期間内に是正がなされなかったとはいえないとして、違憲判断にまでは踏み込まなかった。しかし衆議院については、「常に的確に国民の意思を反映するものであることが求められており、選挙における投票価値の平等についてもより厳格な要請がある」ことから、「事柄の性質上必要とされる是正のための合理的期間内」に

是正を行うことを要求した。

(iv)　2013年大法廷判決

　2011（平成23）年3月の違憲状態判決から1年8か月後の2012（平成24）年11月、衆議院が解散され、12月に総選挙が実施された。解散直前に、一人別枠方式を廃止し、最大較差を2倍未満に抑えるための最小限の是正措置（「0増5減」）が国会で可決されたが、選挙は従前の区割りのまま行われた。この選挙をめぐっては、2013（平成25）年3月から4月にかけて、各地の高等裁判所で違憲判決が相次ぎ（違憲状態判決2件、違憲判決15件）、違憲判決のうち2件は、現行憲法下で初めて、国政選挙を無効とした。

　無効判決2件のうち、広島高裁岡山支部判決※47は、選挙を即日無効とした。一方、広島高裁判決（広島高判2013（平25）・3・25判時2185号36頁）は、選挙を直ちに無効とすると「一時的にせよ憲法の予定しない事態が現出することになる」として、無効の効果の発生を2013（平成25）年11月26日（「0増5減」による選挙区の改訂作業の開始から1年後）からにするという、**将来効判決**の手法をとっている。

　一方、最高裁は、問題の選挙区割りについて、「前回の平成21年選挙時と同様に憲法の投票価値の平等の要求に反する状態にあった」ものの、「憲法上要求される合理的期間内における是正がされなかったとはいえず」「憲法14条1項等の憲法の規定に違反するものということはできない」とし、較差を違憲状態とする判決を下した（最大判2013（平25）・11・20民集67巻8号1503頁）。この判決で最高裁は、「憲法の予定している司法権と立法権との関係」に言及し、裁判所が選挙制度の憲法適合性について一定の判断を示すことにより国会がこれを踏まえ自ら適切な是正措置を講ずることが憲法上想定されているとも指摘する。そして、「単に期間の長短のみならず、是正のために採るべき措置の内容、そのために検討を要する事項、実際に必要となる手続や作業等の諸般の事情を総合考慮」したうえで、なお憲法上要求される合理的是正期間は経過していないと判示している。

　2013年大法廷判決は、1人別枠方式の廃止と新たな区割りは「制度の仕組みの見直しに準ずる作業を要する」ものといい得ること、定数削減や制度の抜本的見直しがあわせて議論されていたこと、1人別枠方式を廃止し較差を2倍未満に収める「0増5減」の区割りルールが選挙前に成立し、また本来の任期までに新たな区割りが実現されたこと、などを指摘している。もっとも他方では、「0増5減」による選挙区改定について、最大較差はかろうじて2倍未満に収まっているものの（2010（平成22）年国政調査）、今後再び較差が2倍以上の選挙区が生じ増加する「蓋然性が高いと想定される」など、「1人別枠方式の構造的な問題が最終的に解決されているとはいえない」との厳しい指摘も、あわせ

　※47　広島高岡山支判2013（平25）・3・26<LEX/DB25500398>。

第44条（国会議員・選挙人の資格） 479

て行っている。

(ⅴ) 2015年大法廷判決

上記の「0増5減」に基づく新たな小選挙区の区割り（2010（平成22）年国勢調査に基づく最大較差は1.998倍）の下行われた最初の衆議院議員選挙（2014（平成26）年12月）についても、最高裁大法廷は違憲状態の判断を行った（最大判2015（平27）・11・25民集69巻7号2035頁）。新たな区割りが成立した前後の住民基本台帳に基づく試算では選挙区間の人口較差は最大2倍を超え、また選挙当時の選挙人数較差は2.129に達し、較差2倍以上の選挙区も13存在していた。最高裁は、1人別枠方式を廃止した後、廃止の趣旨に沿った定数の再配分が行われておらず、いまだ多くの都道府県でそうした再配分が行われた場合に配分されるべき定数とは異なる定数が配分されていることが較差を生み出す主因となっているとし、選挙当時の区割りは違憲状態にあったと判示した。2015年大法廷判決は、しかしながら、2011年大法廷判決を受け、立法府が是正に取り組み、「本件選挙までの間に是正の実現に向けた一定の前進と評価し得る法改正及びこれに基づく選挙区割りの改定が行われたものということができる」とし、憲法上要求される合理的期間を徒過したとまではいえないと結論づけている。

(ⅵ) 2018年大法廷判決

一連の最高裁大法廷の判断を受け、国会は2016（平成28）年に法改正を行い、2020（令和2）年以降、10年ごとに行われる国政調査の結果に基づき、「アダムズ方式」※48により各都道府県の選挙区数（議席）を決定し、選挙区間の最大較差が2倍以上とならないよう区割りを行うとする新方式を導入した。また、新方式による議員定数配分が行われるまでの経過措置として、議員1人あたりの人口が少ない都道府県から順に6議席を削減するとともに、2015（平成27）年の国政調査（簡易調査）にもとづき、2020（令和2）年国政調査までの5年間を通じ最大較差が2倍未満となるよう区割りを行うものとした。こうした改正と新たな区割りの結果、最大較差は2倍を下回る（1.956倍）ようになった。

2017（平成29）年10月、新たな区割りの下で衆議院議員選挙が実施された（選挙当日の有権者数の最大較差は1.979倍）。最高裁大法廷は、アダムズ方式の導入により「選挙区間の投票価値の較差を相当程度縮小させ、その状態が安定的に持続するよう」立法措置が講じられたこと、同方式による定数配分がなされるまでの対応として0増6減の措置が採られ較差が2倍未満となるように選挙区割りの改定がなされたことから、国会は「投票価値の平等を確保するという要請に応えつつ、選挙制度の安定性を確保する観点から漸進的な是正を図った

※48 各都道府県には、その人口を小選挙区基準除数で除して得た数（1未満の端数は切り上げ）の議席が配分される。小選挙区基準除数とは、その除数で各都道府県の人口を除して得た数（1未満の端数は切り上げ）の合計が衆議院小選挙区の総議席数に合致することになる除数をいう（衆議院議員選挙区画定審議会設置法3条2項）。

480 第44条（国会議員・選挙人の資格）

ものと評価することができる」とし、本件選挙当時の区割り規定・選挙区割り
が憲法14条1項等に違反するものということはできないと判示した[49]。

4　参議院議員選挙と投票価値の不均衡

（i）　参議院の独自性と都道府県選挙区

　参議院議員選挙をめぐっては、**都道府県**を選挙区として行われる**選挙区選挙**
における投票価値の不均衡が大きな問題となってきた。人口の異動に伴い都道
府県の人口の不均衡が拡大する一方で、選挙区選挙の定数が限られており、し
かも半数改選の仕組みがとられることから各選挙区に偶数の定数を配分する必
要がある。こうした仕組みを前提とする限り是正は困難であり、衆議院と比べ
大きな較差が生じ続けてきた。最高裁は、議員1人あたりの有権者数に最大で
5.26倍の較差が生じていた1977（昭和52）年の参議院議員選挙をめぐる1983（昭
和58）年の大法廷判決（最大判1983（昭58）・4・27民集37巻3号345頁）によって、
基本的な判断の枠組みを提示している。

　1983年大法廷判決は、憲法が二院制を採用していることから、参議院につい
ては「代表の実質的内容ないし機能に独特の要素を持たせようとする」ことも
許されるとする。「歴史的にも政治的、経済的、社会的にも独自の意義と実体
を有し一つの政治的まとまりを有する単位」としての都道府県を選挙区とする
選挙制度の選択は、こうした枠組みの下で正当化される。また、各選挙区に偶
数の定数を配分することも、**半数改選**から説明される。判決は、「投票価値の
平等の要求は、人口比例主義を基本とする選挙制度の場合と比較して一定の譲
歩、後退を免れない」と述べる。都道府県選挙区と偶数定数制が憲法上許容さ
れる以上、その下で生じる投票価値の不均衡もある程度許容されるということ
であり、判決は上記の較差を合憲としている。

　さらに、1983年大法廷判決は、「不平等状態」が「相当期間継続して、この
ような不平等状態を是正するなんらの措置を講じないことが、前記のような複
雑かつ高度に政策的な考慮と判断の上に立つて行使されるべき国会の裁量的権
限に係るものであることを考慮しても、その許される限界を超えると判断され
る場合」、初めて違憲判断が行われるという、きわめて慎重な立場をとってい
る。判決は、参議院議員の任期を6年として半数改選制を採用し、また参議院
については解散を認めないものとするなど、「憲法の定める二院制の本旨にか
んがみると、選挙区割や議員定数の配分をより長期にわたつて固定し、国民の
利害や意見を安定的に国会に反映させる機能をそれに持たせることとすること
も、立法政策として許容される」と指摘する。

　その後、1992（平成4）年の参議院議員選挙時には最大較差が6.59倍に拡大す
るにいたり（さらに、人口の多い選挙区の定数がそれより人口の少ない選挙区

---

[49]　最大判2018（平30）・12・19裁判所ウェブサイト。

の定数を下回るという「逆転現象」も24例生じていた）、最高裁はこれを違憲状態と判断した（最大判1996（平8）・9・11民集50巻8号2283頁）。しかし、なお是正のための相当な期間は経過していないとし、定数配分規定を違憲とはしなかった。その後の是正の結果、較差はおおむね5倍前後で推移してきた。中選挙区下の衆議院をめぐっては、おおむね較差3倍をめどに違憲判断がなされていることもあり、その倍の6倍をめどとしているのではないかともいわれてきたが、最高裁自身は、衆議院の場合と同様に、較差の憲法上の許容限度を明示していない。

(ii)　投票価値の不均衡をめぐる判断の厳格化

　1996（平成8）年以降の最高裁判決は、選挙区選挙における較差について違憲状態の判断を行ってこなかったが、徐々にその判断は厳格化してゆく。

　最大5.06倍の有権者数の較差が生じていた2001（平成13）年参議院選挙をめぐる2004年大法廷判決（最大判2004（平16）・1・14民集58巻1号56頁）の9人の裁判官による多数意見は、選挙当時の定数配分規定が憲法に違反する状態に至っていたとはいえないとした。しかし、多数意見の中での理由づけは複雑に分岐しており、5人の裁判官による「補足意見1」、4人の裁判官による「補足意見2」のほか、さらにそれぞれに「追加補足意見」が付されている。このうち「補足意見2」は、「立法当初の選挙区間における議員一人当たりの選挙人数の較差からはあまりにもかけ離れた較差を生じている現行の定数配分は、合憲とはいえないのではないかとの疑いが強い」と指摘している。定数配分規定は憲法に違反し選挙は違法であったとする6人の裁判官による反対意見と合わせると、事実上、「違憲状態」との見解が「最高裁の裁判官の過半数を占め」[50]ていたとみる余地もある。

　また、2009年大法廷判決（最大判2009（平21）・9・30民集63巻7号1520頁）は、やはり較差を違憲状態とはしなかったものの、一連の判決を通じ、「投票価値の平等をより重視すべきであるとの指摘や、較差是正のため国会における不断の努力が求められる旨の指摘がされ、また、不平等を是正するための措置が適切に行われているかどうかといった点をも考慮して判断がされるようになるなど、実質的にはより厳格な評価がされてきている」ことを指摘している。そして、「投票価値の平等という観点からは、なお大きな不平等が存する状態」となっており、「現行の選挙制度の仕組みを維持する限り、各選挙区の定数を振替る措置によるだけでは、最大較差の大幅な縮小を図ることは困難」であるとして、最大較差の大幅な縮小には現行制度の仕組み自体の見直しが必要になるとの、踏み込んだ指摘を行うに至った。

(iii)　2012年大法廷判決

---

[50] 河島太朗「参議院定数訴訟における最高裁判例の最近の傾向」レファレンス2008年1月号72頁。

482 第44条（国会議員・選挙人の資格）

　最高裁は、深刻な両院のねじれを生み出した2010（平成22）年参議院議員選挙をめぐる2012年大法廷判決（最大判2012（平24）・10・17民集66巻10号3357頁）で、ついに違憲状態との判断を示すに至った。判決は、憲法の両院制の構造について、「限られた範囲について**衆議院の優越**を認め、機能的な国政の運営を図る一方、立法を始めとする多くの事柄について参議院にも衆議院とほぼ等しい権限を与え、参議院議員の任期をより長期とすることによって、多角的かつ長期的な視点からの民意を反映し、衆議院との権限の抑制、均衡を図り、国政の運営の安定性、継続性を確保しようとしたものと解される」との認識を提示している。そして、「制度と社会の状況の変化」を考慮すれば、参議院についても「更に適切に民意が反映されるよう投票価値の平等の要請について十分に配慮することが求められる」、「憲法の趣旨、参議院の役割等に照らすと、参議院は衆議院とともに国権の最高機関として適切に民意を国政に反映する責務を負っていることは明らかであり、参議院議員の選挙であること自体から、直ちに投票価値の平等の要請が後退してよいと解すべき理由は見いだし難い」との注目すべき指摘を行っている。「制度と社会の状況の変化」のみならず、憲法は「参議院にも衆議院とほぼ等しい権限を与え」ているとの認識が、参議院にも投票価値の要請が妥当すべき根拠として無視し得ない意味をもっているように思われる※51（→憲42条）。

　判決はさらに、**都道府県**を「参議院議員の選挙区の単位としなければならないという憲法上の要請はなく」、むしろ、都道府県を選挙区とする結果、投票価値の大きな不平等状態が長期間継続している状況下では、仕組み自体を見直すことが必要になるとの、2009年大法廷判決以上に踏み込んだ説示をも行っている。もっとも、2009年大法廷判決が「選挙制度の構造的問題及びその仕組み自体の見直しの必要性」を指摘したのは2010（平成22）年選挙の約9か月前であったこと、制度自体の見直しに相応の時間を要し国会でも検討が行われていることなどを考慮し、本件選挙までに定数配分規定を改正しなかったことが国会の裁量権の限界を超えるとはいえず、定数配分規定が憲法に違反するに至っていたとはいえないとし、違憲判決には踏み込まず違憲状態の判断にとどめた。

(iv)　2014年大法廷判決

　判決後、公選法の改正により小幅な是正（「4増4減」）が行われ、2013（平成25）年の参議院議員選挙は、新たな定数配分規定のもとで実施された。最高裁

※51 こうした視点は、2004年大法廷判決に付された泉裁判官の追加反対意見によってすでに提示されている。泉裁判官は、「法律案の議決に関しては、参議院は衆議院とほぼ等しい権限を有しているということができる」とし、内閣総理大臣の指名や予算の議決への影響も大きい以上、「参議院は、衆議院にほぼ等しい権限を与えられているといっても、過言ではない」と述べ、「そうすると、国民は、参議院議員の選出についても、基本的に平等な選挙権を与えられなければなら」ないと指摘している。

は、この選挙（選挙当時の選挙人数の最大較差は4.77倍）をめぐっても、2012（平成24）年と同様の枠組で再び違憲状態との判断を示し、選挙制度の見直しが必要であるとした（最大判2014（平26）・11・26民集68巻9号1363頁）。最高裁は、選挙が2012（平成24）年の大法廷判決から9か月後だったことや、国会で選挙制度改革の議論が行われていることなどを考慮し、違憲判断には踏み込まなかった。しかし、2012（平成24）年改正の公選法が、2016（平成28）年の参議院議員選挙に向けて選挙制度の抜本的な見直しについて引き続き検討を行い結論を得るものとすると附則において定めていることに言及するなど、国会に対し選挙制度自体の見直しを含む較差の是正を強く促した。

この判決には、参議院選挙をめぐっては最高裁判決では初めて、選挙を無効とすべきとする反対意見（山本庸幸裁判官）が付された。

(ⅴ) 2017年大法廷判決

選挙制度自体の見直しを求めた最高裁判決を受け、国会は2015（平成27）年7月、鳥取県・島根県と徳島県・高知県をそれぞれ**合区**して定数2の選挙区とし、また3選挙区の定数を2人ずつ減員し5選挙区の定数を2人ずつ増員する立法措置をとった。また附則では、次回参議院通常選挙に向けて、「参議院の在り方を踏まえて、選挙区間における議員一人当たりの人口の較差の是正等を考慮しつつ選挙制度の抜本的な見直しについて引き続き検討を行い、必ず結論を得るものとする」ことが規定された。この改正によって、2016（平成28）年参議院議員選挙当時の選挙人数の最大較差は3.08倍（立法時の直近の国勢調査結果に基づく最大較差は2.97倍）となった。

最高裁は、一部分にせよ合区というこれまでにない手法がとられた結果、数十年間5倍前後で推移してきた人口較差が最大2.97倍（選挙時の有権者数の最大較差は3.08倍）にまで縮小したこと、附則で抜本的見直しに向け引き続き検討を行うと定められていることなどを指摘する。そのうえで、選挙時の投票価値の不均衡は違憲の問題が生ずる程度の著しい不平等状態にあったとはいえないと判示した（最大判2017（平29）・9・27民集71巻7号1139頁）。

5 地方議会選挙と投票価値の平等

(ⅰ) 地方議会選挙と投票価値の平等

本条は、両議院の議員の選挙についての定めであるが、投票価値の不均衡は、地方公共団体の議会の選挙についても、同様に問題となり得る。これまで裁判で問題となってきたのは、都道府県議会選挙における不均衡である。

地方公共団体の議会の議員の選挙区は、「行政区画、衆議院（小選挙区選出）議員の選挙区、地勢、交通等の事情を総合的に考慮して合理的に行わなければならない」（公選15条7項）が、その際には、「各選挙区において選挙すべき地方公共団体の議会の議員の数は、人口に比例して、条例で定めなければならない」（公選15条8項）。このように公選法は、定数配分が原則として人口比例に

よるべきことを規定している。「ただし、特別の事情があるときは、おおむね人口を基準とし、地域間の均衡を考慮して定めることができる」（公選15条8項）。

都道府県議会の議員の選挙区は、「一の市の区域、一の市の区域と隣接する町村の区域を合わせた区域又は隣接する町村の区域を合わせた区域のいずれか」によることを基本として条例で定められる（2015（平成27）年2月までは、選挙区は「郡市の区域」によるものとされていた）。一の市の区域（2015（平成27）年2月までは「選挙区」）の人口が都道府県における議員1人あたりの人口の半数に達しないときは、条例により隣接する他の区域と合わせて一選挙区を設けなければならない（公選15条1項～3項）。

市町村は、とくに必要があるときは、条例で選挙区を設けることができる。指定都市については、区の区域をもって選挙区とする（公選15条6項）。

(ⅱ) 投票価値の不均衡をめぐる判例

最高裁は、地方公共団体の議会の議員選挙についても、憲法は投票価値の平等を要求しており、旧公選法15条7項（（現）公選法15条8項）は、「憲法の右要請を受け、地方公共団体の議会の議員の定数配分につき、人口比例を最も重要かつ基本的な基準とし、各選挙人の投票価値が平等であるべきことを強く要求していることが明らかである」としている。その上で、投票価値の不均衡が「地方公共団体の議会において地域間の均衡を図るため通常考慮し得る諸般の要素をしんしゃくしてもなお一般的に合理性を有するものとは考えられない程度に達して」おり、さらに、「人口の変動の状態をも考慮して合理的期間内における是正が同項の規定上要求されているにもかかわらずそれが行われないときに」、定数配分規定は公選法の規定に違反すると判断されるとしている。また、定数配分規定が違法と判断された場合には、事情判決の法理により選挙は有効とされる。先例となった最高裁判決は、東京都議会選挙につき以上の判断枠組に基づき、島部を除く全選挙区間で最大7.45倍、特別区の選挙間で最大5.15倍の人口較差を違法と判断している（最一小判1984（昭59）・5・17民集38巻7号721頁）。

特例選挙区（→(ⅲ)）を別にすると、最大較差（人口比）が4.58倍（最一小判1985（昭60）・10・31集民146号13頁）、3.40倍（最三小判1987（昭62）・2・17判時1243号10頁）、3.09倍（最三小判1991（平3）・4・23民集45巻4号554頁）といった事例で「違法」の判決が下されている（いずれの事案でも、人口の多い選挙区の定数がそれよりも人口の少ない選挙区の定数を下回るという「逆転現象」がみられる）[52]。

公職選挙法が規定する上記の仕組みを前提とすると、較差を大きく縮小させ

---

[52] 宍戸常寿「地方議会における一票の較差に関する覚書」岡田信弘＝笹田栄司＝長谷部恭男編『高見勝利先生古稀記念・憲法の基底と憲法論』（信山社、2015年）427頁。

ることは容易ではない。上述の違法状態の判断を行った判決（最三小判1987（昭62）・2・17）も、「各選挙区に最低一人の定数を配分する関係上、定数が一人で人口が最も少ない選挙区と他の選挙区とを比較した場合、それぞれの議員一人当たりの人口に一対三程度の較差が生ずることがあり」、それは「公選法の選挙区割りに関する規定に由来する」と指摘している。

(iii)　特例選挙区

　公職選挙法は、「昭和41年1月1日現在において設けられている都道府県の議会の議員の選挙区については、当該区域の人口が当該都道府県の人口を当該都道府県の議会の議員の定数をもつて除して得た数の半数に達しなくなつた場合においても、当分の間、第15条第2項前段の規定にかかわらず、当該区域をもつて一選挙区を設けることができる」と定めている（公選271条、(旧) 271条2項）。いわゆる**特例選挙区**である。

　最高裁は、特例選挙区について、高度成長下の人口の急激な変動に対応したもので、「都道府県議会議員の選挙区制については、歴史的に形成され存在してきた地域的まとまりを尊重し、その意向を都道府県政に反映させる方が長期的展望に立った均衡のとれた行政施策を行うために必要であり、そのための地域代表を確保する必要があるという趣旨を含むもの」であると解している。一方で、公選法の規定は、当該区域の人口が配当基数（各選挙区の人口を議員一人あたりの人口で除して得た数）の0.5を「著しく下回る場合」には、特例選挙区の設置を認めない趣旨であると指摘する（最一小判1989（平1）・12・18民集43巻12号2139頁）。配当基数0.312の特例選挙区が適法であると判断された事案もある（最二小判1993（平5）・10・22民集47巻8号5147頁）。

（只野雅人）

> **（衆議院議員の任期）**
> **第45条**　衆議院議員の任期は、4年とする。但し、衆議院解散の場合には、その期間満了前に終了する。

I　本条の意義

　大日本帝国憲法は議員の任期に関する規定を置いていなかった。旧衆議院議員選挙法が任期を4年とし、また議院開会中に任期が終了した場合には議員が閉会まで在任することを定めていた。本条は、衆議院議員の任期を4年と定めている。憲法が任期を規定しているため、法律によってこれを延長したり短縮したりすることはできない。

　諸外国では、第一院の議員の任期は、アメリカ下院が2年、ドイツ連邦議会が4年、フランス国民議会が5年である（フランスの場合のみ、任期の定めは組

織法律による）。一定の期間ごとに、再選を求める機会を通じ、議員が有権者の判断に服することは、代表の積極的な規範的意味（→憲43条）を重視する立場からは、「公権力の責任性の要請」にかなうものといえよう（樋口ほか・注解3・65頁〔樋口陽一〕）。第二院に比べ、第一院の任期は短いのが通例である（→憲46条）。

Ⅱ　「任期」

　任期とは、議員としての地位にあることのできる期間を指す。**衆議院議員の任期**は、総選挙の期日から起算される。任期満了による総選挙が衆議院議員の任期満了前に行われたときは、前任者の任期満了の日の翌日から起算される（公選256条）。補欠選挙によって当選した議員は、その前任者の残任期間在任する（公選260条1項）。

Ⅲ　「衆議院解散の場合」

　衆議院が**解散**された場合は、任期が短縮される。解散から40日以内に、衆議院議員の総選挙が行われる（憲54条1項）。任期満了前に解散が行われるのが通例となっており、現行憲法下で行われた24回の総選挙（2019（平成31）年4月現在）のうち、任期満了によるものは1回のみ（1976（昭和51）年、第34回）である（→憲7条・69条）。

　衆議院は4年任期で解散もあることから、6年任期でしかも半数改選の参議院に比べ、民意との距離が近い。参議院よりも強い民主的正統性を備えているともいえ、それが**衆議院の優越**の基盤ともなっている。最高裁も、「衆議院は、その権能、議員の任期及び解散制度の存在等に鑑み、常に的確に国民の意思を反映するものである」と述べている（最大判2011（平23）・3・23民集65巻2号755頁）。とはいえ、普通直接選挙を基盤としている点で、参議院の民主的基盤も、他国の第二院より強固である。衆議院議員総選挙後に行われる参議院議員通常選挙では、半数改選とはいえ、より「直近」の民意が表明されているとみることもできる。参議院の権限が相当に強いだけに、両院の多数党が一致しない結果となった場合には、両院間の合意形成は容易ではない（→憲42条・憲47条）。

（只野雅人）

（参議院議員の任期）
第46条　参議院議員の任期は、6年とし、3年ごとに議員の半数を改選する。

I　本条の意義

　本条は、**参議院議員の任期**を6年と定め、また半数改選について規定している。諸外国でも、第二院の任期は第一院よりも長く、部分改選が行われることが多い。また、解散もないことが多い（ただしイタリアの場合、上院にも解散がある）。第一院については民意を強く反映することが求められるのに対し、第二院については、安定性や継続性といった要素を構成原理に組み込むことで、第一院とは異なる役割が期待されているといえよう。民意との距離は、両院の権限配分にも影響を及ぼすことになる。

　アメリカの上院議員の任期は6年で、議員を3つのグループに分けて2年ごとに改選される。フランスの元老院議員は、任期6年で、選挙区（県）を2つに分けて3年ごとに改選される（任期は組織法律が定める）。

II　任期と半数改選

(1)　「半数を改選する」

　参議院議員選挙は、その定数を二分し、半数ずつ、3年ごとに通常選挙が行われる。それぞれ同数の議員が選出されるので、参議院議員定数は偶数となる。都道府県を選挙区として行われる選挙区選挙では、各都道府県に偶数の定数が配分されてきた。選挙区選挙では投票価値の不均衡が最大で較差5倍前後に達する状態が長く継続したこともあり、較差を緩和する一手法として、「奇数区」の導入も主張された。

　日本では半数改選ごとに全選挙区で選挙が行われるが、アメリカやフランスでは、選挙区（州、県）を2つ（フランス）の、または議員を3つ（アメリカ）の、グループに区分し、それぞれのグループごとに順次改選が行われている。

(2)　任期・半数改選と参議院の役割

　上述のように、衆議院よりも長い6年の任期と**半数改選**の仕組みは、あえて民意から一定の距離をとることで、民意との距離が近い衆議院にはない安定性・継続性といった要素を参議院の構成原理に組み込んだものと考えられる。衆参の民意との距離の相違は、**衆議院の優越**の根拠ともされてきた（佐藤功・注釈下670頁）。より強い民主的正統性を有する議院に、権限関係における優越が認められるのは、正統性と権限の相関という二院制の構成原理（→憲42条）に照らしても、自然な帰結である。

　しかしながら、衆議院の優越の1つとされてきた法律案の再議決条項（憲59条2項）は、一政党が単独で3分の2を超える議席を得ることが事実上相当に困難であることからすると、参議院にかなり強い権限を与えた規定とみることも可能である（→憲42条）。また、普通直接選挙を基盤としている点で、参議院の民主的基盤も、他国の第二院よりも強固である。

488 第47条（選挙に関する事項）

　最高裁の近時の判決は、憲法の両院関係の規定につき、「立法を始めとする
多くの事柄について参議院にも衆議院とほぼ等しい権限を与えつつ、参議院議
員の任期をより長期とすること等によって、多角的かつ長期的な視点からの民
意を反映させ、衆議院との権限の抑制、均衡を図り、国政の運営の安定性、継
続性を確保しようとしたものと解される」と判示している（最大判2014（平26）・
11・26民集68巻9号1363頁）。

(只野雅人)

（選挙に関する事項）
第47条　選挙区、投票の方法その他両議院の議員の選挙に関する事項は、
法律でこれを定める。

I　本条の趣旨

　本条は、国会両院の議員の選挙制度について、選挙区、投票の方法、その他
選挙に関する事項など、具体的な制度の選択を広く国会の裁量に委ねている。
どのような単位で選挙を行うか、どのように投票を行い当選者を決定するか、
選挙運動をどのように組織するかなど、選挙制度の選択には無数のバリエー
ションがある。その内容を憲法上一義的に定めることは困難である。最高裁も、
「代表民主制の下における選挙制度は、選挙された代表者を通じて、国民の利
害や意見が公正かつ効果的に国政の運営に反映されることを目標とし、他方、
政治における安定の要請をも考慮しながら、それぞれの国において、その国の
実情に即して具体的に決定されるべきものであり、そこに論理的に要請される
一定不変の形態が存在するわけではない」と指摘する（最大判1999（平11）・11・
10民集53巻8号1577頁）。

　他方で、憲法上の選挙権・被選挙権の保障（→憲15条）や投票価値の平等（→
憲44条）を始め、立法府による選挙制度の選択（立法裁量）を枠づけるさまざ
まな規範的要請が存在する。選挙制度の選択は、こうした憲法の規範的要請を
十分に尊重してなされる必要がある。たしかに、選挙をめぐる憲法上の権利行
使は、一定の制度を前提とし、「制度に依存する権利」[53]という性格をもたざ
るを得ない。しかし、立法府が選択した特定の選挙制度を所与の前提とすると、
選挙制度をめぐる憲法の規範的要請や権利の射程はあらかじめ制度によって枠
づけられてしまうことになる。近時の有力学説は、立法者の制度形成にかかわ
る「制度の論理」と「権利の論理」を対比し、後者から前者の憲法的統制の可

---

[53]　小山剛『「憲法上の権利」の作法（新版）』（尚学社、2011年）160頁。

能性を探るアプローチをとる[54]。

　選挙制度が憲法の規範的要請に反したり憲法上の権利を侵害したりする場合には、憲法違反の評価がなされることになる。しかしさらに、そうした違憲判断とは別の次元で、憲法と選挙制度の関係が問題となる余地もあるように思われる。「ねじれ」など、国会の機能の変化が示すように、同じ憲法規範の下でも、政治制度の機能は決して一様ではない。選挙制度は、そうした政治制度の機能を規定する最も重要な要素である。それだけに、選挙制度の選択は、どのような民主政観に基づき憲法が定める政治制度を運用するのか、という問題と直結している。

　もとより、同じ憲法の下でも、複数の異なる民主政観に基づく政治制度の運用があり得よう。しかしながら、憲法が定める政治制度には、緩やかなものではあるが、制度の運用を枠づける一定の論理が内包されているのが通例である。憲法が定める政治制度が内包する論理と制度の運用が不整合をきたすような場合には、制度の合憲性とは別に、選挙制度の選択の合理性が問題となり得よう。

II　「選挙区、投票の方法その他両議院の議員の選挙に関する事項」

1　「選挙区」

　「**選挙区**」とは、議員を選挙する為の地理的な区分である。公職選挙法は、「選挙に関する区域」（公選第3章「表題」）、「選挙の単位」（公選12条「表題」）という表現を用いる。選挙区は法的には、「選挙手続上の便宜的な地理的単位」[55]に過ぎない。選挙された議員は、選挙区を構成する特定の地理的領域を代表するわけではない。

　選挙区の画定にあたっては、**行政区画**が考慮されることが多い。行政区画の考慮は、恣意を排除した中立的な選挙区画定を可能にする一方で、投票価値の不均衡を拡大させる要因ともなり得る。行政区画を考慮した結果、投票価値の不均衡が憲法上の許容限度を超えるような場合には、憲法違反の問題が生じる（→憲44条）。現行法は、選挙区画定において行政区画等を考慮要素とする一方で、人口比例原則の尊重をも要求している（衆議院議員選挙区画定審議会設置法3条、公選15条7項・8項）。

　選挙区の画定に加え、各選挙区にどれだけの選出議員数（定数）を配分するかも重要な要素である。配分される定数が1名の場合と複数の場合とでは、その効果は大きく異なる（→III）。

---

[54] 小山剛『「憲法上の権利」の作法（新版）』（尚学社、2011年）161頁以下。

[55] 林田和博『選挙法』（有斐閣、1958年）102頁。

490 第47条（選挙に関する事項）

2 「投票の方法」、その他の「選挙に関する事項」

「投票の方法」には、次元を異にするさまざまな選択肢が含まれる。現行法上、投票を棄権しても制裁はないが、棄権に対して一定の制裁を設ける例がある（いわゆる強制投票）。また、直接選挙か間接選挙か（→憲43条）、選挙人が候補者個人を選択するのか政党等が提出した名簿を選択するのか（さらに後者の場合、あらかじめ政党等が定めた順位の変更が認められるのかどうかで、拘束名簿式と非拘束名簿式が区別される）、1つの選挙区から複数の議員が選出される場合には何名の候補者名を記入するのか（単記制か連記制か）、当選者が確定するまでに何段階の投票を行うか（1回投票制と2回投票制）などは、いずれも当選者をどのように決定するかという代表方法（→Ⅲ）の問題と深くかかわる。

さらに、自書式（→憲44条）と記号式（公選46条の2）、電子投票など、狭義の「投票の方法」にもさまざまなバリエーションがある。現行法は、点字投票（公選47条）、代理投票（公選48条）、期日前投票（公選48条の2）、不在者投票（公選49条）※56、在外投票（公選49条の2）、電子投票（地方公共団体の議会の議員および長の選挙にかかる電磁的記録式投票機を用いて行う投票方法等の特例に関する法律）などを認めている。

これ以外にも、選挙について法定すべき事項は数多い。公選法は、選挙人・被選挙人の資格（→憲44条）、選挙区、そして上述の投票の方法以外にも、選挙人名簿、選挙期日、投票・開票、選挙会、立候補の要件・手続、当選者の決定、特別選挙、選挙運動、罰則など、選挙全般にわたり、詳細な規定を置いている。これらの中には技術的な性格の強い規定も多いが、他方で、選挙運動に関する規定などは、憲法が保障する立候補の自由や政治表現の自由と深くかかわっている（→憲15条、21条、44条）。

Ⅲ 選挙制度の諸類型※57

1 選挙区制と代表方法

選挙制度はさまざまな構成要素からなり、それゆえに無数の選択肢がある。以下では憲法の政治制度の機能と深くかかわる選挙区制・代表方法（当選者の決定方法）に着目し、主要な選挙制度の類型とその機能を概観しておきたい。

(1) 選挙区制

※56 「選挙人で身体に重度の障害があるもの」については郵便等による投票（公選49条2項）が、「特定国外派遣組織に属する選挙人で国外に滞在するもの」については国外での不在者投票（公選49条4項）が、遠洋航海中の船員（公選49条7項）や南極地域調査組織に所属する者（公選49条8項）についてはファクシミリ装置による投票が、認められている。

※57 加藤秀治郎『日本の選挙』（中公新書、2003年）、西平重喜『各国の選挙：変遷と実状』（木鐸社、2003年）などを参照。

選挙が行われる地理的な単位が**選挙区**である。全国を一選挙区とすることも可能であるが、通例、国土を複数の選挙区に区分して選挙が実施される。選挙区制は、1名のみを選出する**小選挙区**、2名以上を選出する**大選挙区**に大別される。1993（平成5）年まで衆議院議員選挙で用いられた仕組み（単記投票制により1選挙区で2名から5名を選出）は、「**中選挙区制**」と呼ばれていた。

小選挙区と大選挙区のいずれがとられるかにより、選挙結果やその下での政党システム（政党の数や性格）は大きく異なり得る。一般には、1選挙区で選出される議員数が多くなるほど、小規模な政党にとっても議席獲得の可能性が大きくなる。

(2) 代表方法

選挙区において当選者をどのように決定するのかが、**代表方法**の問題である。代表方法は、最多得票者（複数の場合もあり得る）を当選者とする**多数代表法**と、得票に応じた議席を配分する**比例代表法**に大別される。

多数代表法は、小選挙区制（単純小選挙区制）とも大選挙区制とも組み合せ可能である。大選挙区制の下で多数代表法がとられる場合には、選挙人が1票のみをもつ**単記制**（たとえば上述の「中選挙区制」）と、複数の候補者を選択できる**連記制**とがあり得る。選挙人が選出議席数と同数の票をもつ完全連記制では、各党派の支持者の投票規律が強固であれば、小選挙区制の場合以上に多数代表機能が強くなり得る。一方、制限連記制あるいは単記制の場合は、少数代表機能が現れやすい。

得票に比例した議席配分を行う比例代表法は、基本的に大選挙区制とのみ結びつく（比例代表制）。比例代表制にもさまざまな類型があるが、通例、選挙人は候補者個人ではなく、政党等が提出した名簿を選択し、名簿ごとに得票に応じた議席が配分される。政党があらかじめ名簿順位を決定するのが**拘束名簿式**であり、これが一般的である（あらかじめ定められた名簿順位に従い、配分議席の限度で当選者が決まる）。他方、選挙人による名簿順位の変更や候補者個人への投票を認める**非拘束名簿式**もある。

比例代表制における議席配分では、選挙区の有効投票総数を配分議席数で除した商（当選基数）に応じ議席を配分するのが基本となる。しかし実際の配分では、必ず剰余票が生じる。そこで、各名簿が議席獲得に要した得票を比較し議席を配分する方式（最大平均法あるいはドント方式）、剰余票の多い順に残余の議席を配分する方式（最大剰余法あるいはヘア・ニーマイアー方式）などにより、議席配分が行われる。一般には、前者の方が大政党に有利であり、後者の方が比例代表の理念にかなった結果（得票率と議席率の一致）が生じやすい。

選挙区制・代表方法のほかにも、複数回の投票が行われたり、異なる選挙制度が組み合わされたりする場合もある。以下では、とくに代表的な類型とその特徴を概観する。

492 第47条（選挙に関する事項）

2 選挙制度の類型と特徴

(1) 単純小選挙区制

イギリスを代表例とする**小選挙区制**は、first-past-the-post systemとも呼ばれ、各選挙区で最多得票者1名のみが当選する。議席獲得の可能性を有する政党の数はかなり限られ、**二大政党制**が生じやすいとされる。一方で、大量の「死票」（代表されない票）が生じることから、各党の得票率・議席率の乖離は大きくなり、第1党の過大代表（得票に比して議席が多いこと）が帰結されやすい。二大政党以外の政治勢力は、過小代表（得票に比して議席が少ないこと）を強いられることになる。その反面、有権者が政権や首相を選択しやすい、二大政党間の政権交代が期待できるといった利点も、強調される。

二大政党制で知られるイギリスでも、得票面に着目すれば、近時では二大政党以外の得票が増加しており、2010（平成22）年5月、2017（平成29）年6月の下院総選挙では、いずれの政党も過半数の議席を得られない（ハング・パーラメント）という状況が生じている。強力な地域政党が存在する場合や、一党優位型の多党制の場合などには、小選挙区制のもとでも、単純に二大政党制が帰結されるわけではない。

(2) 小選挙区2回投票制

フランスでは、小選挙区2回投票制という仕組みが下院（国民議会）選挙でとられてきた。1回目の投票では、絶対多数（過半数）の得票をした候補者のみが当選する。当選者がない場合には、1回目の選挙で登録有権者数の12.5％以上の得票をした候補者の間で、第2回目の選挙が実施される。2回目には、最多得票者が当選する。一般には、1回目の投票結果を受けて、左右両陣営それぞれで候補者の絞り込みが行われる。多党制の下で政治勢力の二極化が帰結されやすい。従来は、2回目の投票では、左右両派の候補の一騎打ちとなることが多かったが、近時では新興勢力の台頭で構図が複雑化している。

(3) 大選挙区制（多数代表制）

この類型では、先にみたように選挙区の規模、そして単記制・連記制のいずれがとられるかにより、制度の性格が大きく異なる。1993（平成5）年まで衆議院議員選挙で用いられていた「**中選挙区制**」は、大選挙区単記投票制であった。少数代表機能が比較的強く、比例代表制に近い結果が生じるともいわれていた（実際の政党システムは、一党優位型の多党制であった）。

(4) 比例代表制

比例代表制の下では、各党が得票に応じた議席を獲得するため、政党システムは多党化しやすい。1つの政党が単独で過半数の議席を獲得することはかなり困難であり、議院内閣制の下では、**連立政権**が常態となる。比例代表制に対しては、小党分立を招き政権が不安定になりやすいとの批判も向けられる。ドイツのワイマール共和国やフランスの第四共和制のように、比例代表制の下で政権形成が困難となり極度の政権の不安定が生じたケースもある。他方、比例

代表・**多党制**の下にあっても、政党間の連携が持続すれば、安定した連立政権が期待できる。政党の数のみならず、その性質や相互の関係なども重要な意味をもっている。過剰な小党分立に対する歯止めとして、一定の得票率を得た政党にのみ議席を配分するという「阻止条項」（後述のドイツの場合など）がとられることもある。

　比例代表制をめぐっては、有権者が直接候補者を選択できないという点も、問題となる。拘束名簿式の場合、候補者の選定・順位づけはすべて政党に委ねられる。参議院議員選挙のように非拘束名簿式がとられる場合もあるが、仕組みはかなり複雑となる。

　候補者の選択の要素を加味した比例代表の仕組みとしては、**一票移譲方式**（Single Transferable Vote）と呼ばれるアイルランドの制度がある。選挙人は大選挙区で1票のみを有するが、候補者に順位をつけ投票することができる。まず、第一順位の票が開票され、当選基数に達した候補者が当選となる。なお剰余議席がある場合または当選基数に達した候補者がいない場合には、第2順位、第3順位以下の票が順次集計され、当選者が決まってゆく。きわめて複雑な仕組みであるが、比例代表の理念と個人の選択を巧みに結合した制度といえよう。

⑸　混合制度

　小選挙区制と比例代表制など、異なる仕組みを結合した選挙制度を設けることも可能である。たとえばドイツでは、**小選挙区比例代表併用制**と呼ばれる制度がとられている。選挙人は2票を有し、それぞれを小選挙区（総定数の2分の1）と州ごとの政党の名簿に対し投じる。まず、小選挙区で選ばれた候補者に議席が与えられ、なお配分議席があれば、比例代表の名簿から当選者が補充される。第2票は州ごとに集計され、その結果に基づき各党の配分議席が決まる。過剰な小党分立を回避するため、5％以上の得票がある政党または小選挙区で3議席以上を獲得した政党にのみ、議席が配分される（阻止条項）。各党への配分議席数は、基本的に比例代表によって決まるため、実質は人物を加味した比例代表制ともいえよう。小選挙区での政党の獲得議席が、比例代表で配分されるべき議席を上回る場合は、超過議席が生じることになるので、各党の得票と議席が比例するように、調整議席が配分される。

　日本の国会両院議員の選挙制度（→Ⅳ）は、いずれも混合制度である。衆議院議員選挙では小選挙区制と比例代表制が、また参議院議員選挙では大選挙区単記投票制と比例代表制（非拘束名簿式）が、それぞれ組み合わされている。こうした場合には、組み合わされる制度それぞれの比重によって、制度の性格が変わってくる。

3　選挙制度と議会制の機能

　選挙制度と政党システムとの間には、密接な関係がある。**政党システムは、**

494　第47条（選挙に関する事項）

もちろん、選挙制度のみから生み出されるわけではない。しかし、それぞれの選挙制度は、アクセルあるいはブレーキのように、世論のある側面を強調したり抑制したりすることで、それらを議会構成へと反映する。それぞれの選挙制度から帰結される政党システムは、議会制の機能にも異なる影響を及ぼす。

　選挙人による政権の選択や政権の安定という点を重視すれば、政党システムの二極化あるいは二大政党化を帰結しやすい小選挙区制が評価されるであろう。一方、多様な民意の反映を重視するならば、比例代表制など少数代表機能をもった制度の下で、連立型の議会制の運用が考えられることになろう。いずれを重視するかは、民主主義のあり方をめぐる原理的な問題であると同時に、各国の社会構造にも強く規定される問題である。政治学者A・レイプハルトは、イギリスを典型とする「**多数派デモクラシー**」と、争点が多様に分岐する多元的社会をとくに念頭に、理論上「多数派デモクラシー」の対極にある民主主義の理念型としての「**コンセンサス型デモクラシー**」という、2つのモデルを提示している[58]。

Ⅳ　両議院の選挙制度

1　衆議院議員の選挙制度

(1)　政治改革と政策本位・政党本位の選挙制度の導入

　1980年代末のリクルート事件を契機に政治腐敗への批判が高まり、「民意の集約、政治における意思決定と責任の帰属の明確化及び政権交代の可能性を重視」し、また少数意見の国政への反映にも配慮して（第8次選挙制度審議会「選挙制度及び政治資金制度の改革についての答申」）、衆議院議員選挙の選挙制度が抜本改正された。1994（平成6）年、「政策本位、**政党本位**」の選挙の実現を掲げた「政治改革」関連法の成立によって公職選挙法が改正され、従来の中選挙区制に代わり、**小選挙区比例代表並立制**が導入されるとともに、選挙運動のあり方についても大幅な修正が行われた。さらに、政党への公費助成制度（→憲43条）も導入された。

　選挙制度の改正により、衆議院議員定数500のうち300が小選挙区制で、200が比例代表制（11ブロック）で選挙されることとなった（現在は、小選挙区289、比例区176）。選挙人は2票をもち、小選挙区、比例区それぞれで投票する。一定の要件を満たした政党等（後述の候補者届出政党）の候補者には、小選挙区・比例区での重複立候補も認められる。重複立候補をした候補者は、比例代表選挙の名簿で同一順位とすることができ、同一順位の候補者間では、小選挙区で

---

[58]　アレンド・レイプハルト（粕谷祐子訳）『民主主義対民主主義（原著第2版）』（勁草書房、2014年）。また、高見勝利『現代日本の議会政と憲法』（岩波書店、2008年）3頁以下をも参照。

の**惜敗率**(当選者に対する得票の比率)により順位が決まる。候補者届出政党は、小選挙区選挙で政党として選挙運動を行うこともできる。

(2) 小選挙区比例代表並立制の合憲性

(i) 小選挙区制の合憲性

　小選挙区比例代表並立制の合憲性をめぐる論点は多岐にわたる。投票価値の不均衡の問題は別に検討しているので(→憲44条)、ここではそれ以外の論点に関し、この制度の憲法適合性について初めて判断した1999(平成11)年の最高裁大法廷判決の判旨を手がかりに、みてゆくことにしたい。最高裁は、憲法は「およそ議員は全国民を代表するものでなければならないという制約の下」「両議院の議員の各選挙制度の仕組みの具体的決定を原則として国会の広い裁量にゆだねている」とし、制度を合憲と判断している。

　まず、**小選挙区制**については、「全国的にみて国民の高い支持を集めた政党等に所属する者が得票率以上の割合で議席を獲得する可能性があって、民意を集約し政権の安定につながる特質を有する反面、このような支持を集めることができれば、野党や少数派政党等であっても多数の議席を獲得することができる可能性があり、政権の交代を促す特質をも有しており」「特定の政党等にとってのみ有利な制度とはいえない」、「死票を多く生む可能性があることは否定し難いが、死票はいかなる制度でも生ずるものである」などとして、「選挙を通じて国民の総意を議席に反映させる一つの合理的方法」といい得ると指摘している。

　たしかに、最高裁が指摘する通り、選挙制度の選択には「論理的に要請される一定不変の形態」は存在しない。どのような民主政のあり方を理想とするかによっても、選挙制度の評価は異なり得る。憲法は通例、特定の民主政を明示しない。しかし、特定の選挙制度の選択によって、憲法が定める政治制度が内包する論理と制度の運用が不整合をきたすような場合には、制度の違憲・合憲の問題とは異なる次元で、選挙制度の選択の合理性が、憲法が定める統治機構との関係で問題となる余地があるように思われる。

　現行の並立制は、政権交代可能なシステムの実現を目指し、導入された。小選挙区に比重を置いた現行の制度は、政党システムの二極化を促しやすい。それは、衆議院の多数派の選択を介して、有権者は政権と政権公約(マニフェスト)を選択するという、政治改革以降の基調をなしてきた議会制の運用と適合的である(→第5章　内閣〔前注〕)。しかし、そうした運用の下で、国会両院の「**ねじれ**」が常態化し、参議院の憲法上の権限の「強さ」が改めて認識されるようになった。「強い」参議院を配した政治制度の下では、二大政党が両院それぞれでイニシアチブを握ると、合意形成は難しい。参議院の「強さ」を前提に、「日本国憲法そのものの規範構造は、むしろ〔多党制を前提とした〕『合

意』型の理念型に属する」との指摘もなされている※59。

(ii) 重複立候補制度の合憲性

　比例代表制をめぐっては、政党があらかじめ付した順位で当選者が決まる仕組み（**拘束名簿式**）や、重複立候補者の当選が小選挙区の**惜敗率**によって決まる仕組みが、直接選挙の要請に反しないか、といった点が問題となる。最高裁は、前者については、「投票の結果すなわち選挙人の総意により当選人が決定される点において、選挙人が候補者個人を直接選択して投票する方式と異なるところはない」とする。また後者についても、結局のところ当選人となるべき順位は投票の結果によって決定されるので、直接選挙に当たらないとはいえないとしている（以上、最大判1999（平11）・11・10民集53巻8号1577頁）。

　もっとも、**重複立候補**については、小選挙区で落選した候補者が比例区で当選人となることもある（復活当選）ことに対して批判も強かった。最高裁も、「小選挙区選挙において示された民意に照らせば、議論があり得る」と指摘している。2000（平成12）年には、得票が**供託金**の没収点に達しない候補者の復活当選を認めない法改正がなされている。

(iii) 「政党本位」の選挙運動規定の合憲性

　「**政党本位**」の制度設計についても、その合憲性が問題となり得る。最高裁は、「憲法は、政党について規定するところがないが、その存在を当然に予定しているものであり、政党は、議会制民主主義を支える不可欠の要素であって、国民の政治意思を形成する最も有力な媒体である」から、国会が「選挙制度を政策本位、政党本位のものとすることは、その裁量の範囲に属することが明らかである」と述べている。

　たしかに、選挙制度を「政党本位」とすること自体が直ちに憲法に違反するとはいえないし、政党の現実の役割に照らせば、そうした選択がむしろ好ましい面もある。しかし他方、政党本位の制度を具体化しようとすれば「政党」の定義が必要になり、それは必然的に「政党」とそれ以外の政治組織との取扱いの差異を帰結する。そうした差異が憲法上どこまで許容されるのかは、当然問題となり得る。

　改正公職選挙法は、国会議員5名以上を有するか直近の衆議院総選挙・参議院通常選挙（小選挙区選挙・選挙区選挙または比例代表選挙）での得票率が有効投票2％以上の政党（「**候補者届出政党**」）を、さまざまな面で優遇している。候補者届出政党には重複立候補が認められ（重複立候補者の数は名簿登載者の数の制限の計算上除外される）、小選挙区選挙では政党として**選挙運動**を行うこともできる。また、候補者届出政党のみが政見放送を行うことができる。

　最高裁は、候補者届出政党の要件について、「国民の政治的意思を集約するための組織を有し、継続的に相当な活動を行い、国民の支持を受けていると認

※59　高見勝利『現代日本の議会政と憲法』（岩波書店、2008年）86〜87頁。

められる政党等が、小選挙区選挙において政策を掲げて争うにふさわしいものであるとの認識の下に、政策本位、政党本位の選挙制度をより実効あらしめるために設けられた」ものであり、立法裁量の範囲内であるとしている。

また、候補者届出政党が選挙運動上優遇されていることについては、「自動車、拡声機、文書図画等を用いた選挙運動や新聞広告、演説会等についてみられる選挙運動上の差異は、候補者届出政党にも選挙運動を認めたことに伴って不可避的に生ずるということができる程度のもの」であり、それ以外の候補者にも十分な運動手段があるので、憲法違反とはいえないとしている。ただし、**政見放送**については、「候補者届出政党に所属する候補者とこれに所属しない候補者との間に単なる程度の違いを超える差異を設ける結果となる」との、踏み込んだ指摘も行っている。

一方、判決に付された河合・遠藤・福田・元原・梶谷裁判官の反対意見は、「候補者届出政党に所属する候補者と、これに所属しない候補者との間の選挙運動上の較差は、合理性を有するとは到底いえない程度に達している」とし、また、候補者届出政党の要件についても、「要件を満たさない政党その他の政治団体が候補者届出政党となり得る途は全く閉ざされており、このことが次の選挙を目指し新たな政策を掲げて政治団体を結成することを著しく妨げる要因となっている」と指摘している（以上、最大判1999（平11）・11・10民集53巻8号1704頁）。

2　参議院議員の選挙制度

⑴　全国区と地方区

参議院議員は当初、全国を1選挙区とし単記投票制による**全国区**と、都道府県を選挙区とし、やはり単記投票制による**選挙区選挙**（地方区）で選出されていた。戦前の貴族院にかわる新たな第二院（参議院）の創設にあたっては、両院の構成を異質なものとするために、職能代表制や候補者推薦制も検討された（→憲42条）。

最高裁は、1983（昭和58）年の大法廷判決（最大判1983（昭58）・4・27民集37巻3号345頁）において、全国区は「全国を一選挙区として選挙させ特別の職能的知識経験を有する者の選出を容易にすることによつて、事実上ある程度職能代表的な色彩が反映されることを図」ったものであるとする。また地方区については、「事実上都道府県代表的な意義ないし機能を有する要素を加味した」との表現も用いている。しかし、「職能代表的な色彩」「都道府県代表的な意義ないし機能」といった踏み込んだ表現には、全国民の代表（→憲43条）との不整合など、学説からの批判も強かった[60]。その後、そうした直截的な表現は用いられなくなった（投票価値の不均衡→憲44条）。

---

[60] 樋口陽一「利益代表・地域代表・職能代表と国民」ジュリ859号（1986年）13頁。

498 第47条（選挙に関する事項）

(2) 比例代表制をめぐる問題
(i) 拘束名簿式比例代表制

1982（昭和57）年、全国区にかわり、日本では初めて、**拘束名簿式**比例代表制（全国1選挙区）が導入された。導入にあたっては、選挙権・被選挙権との関係、すなわち、「国民は政党の候補者名簿に登載されなければ立候補できず、また、反面、国民はその名簿に登載されている候補者以外の者に対しては投票をなすことはできない」という点が問題となった[61]。特定の要件を満たす「政党」に所属する者以外の立候補が禁じられているとすると、憲法上問題が生じよう。しかし公職選挙法は必ずしも「無所属」の立候補を禁じておらず、(a)国会議員5人以上を有すること、(b)直近の国政選挙で有効投票の2％以上の得票があることのほか、(c)当該参議院選挙で10人以上の候補者を有すること、のいずれかを満たす「政党その他政治団体」（政党等）には名簿の届出が認められている。

(ii) 非拘束名簿式比例代表制の合憲性

2000（平成12）年には、拘束名簿式が**非拘束名簿式**に改められた。選挙人は名簿登載の候補者名か政党等の名簿に投票する。名簿登載の候補者・名簿に対する投票は名簿ごとに集計され、比例代表法により議席が配分される。拘束名簿式とは異なり、名簿登載の候補者には順位が付されておらず、得票順に配分議席数の限度で当選者が決定される。非拘束名簿式には、選挙人による候補者の選択を可能にする面がある。しかし他方で、名簿登載者個人には投票したいが登載者が所属する名簿届出政党等には投票したくないという投票意思を認めない点が選挙権（憲15条1項）を侵害するのではないか、また、超過得票に相当する票が他の名簿登載者に流用される結果となり**直接選挙**（憲43条1項）に反するのではないか、といった点が問題となった。

最高裁（最大判2004（平16）・1・14民集58巻1号1頁）は、前者については、非拘束名簿式も政党本位の名簿式比例代表制であり、上記のような制度の選択も立法裁量として許容され、名簿式比例代表制は「政党の選択という意味を持たない投票を認めない制度」であるから、選挙権の侵害があるとはいえないとした。後者については、非拘束名簿式による当選者の決定方法は、「投票の結果すなわち選挙人の総意により当選人が決定される点において、選挙人が候補者個人を直接選択して投票する方式と異なるところはない」から、直接選挙にあたらないとはいえず、憲法43条1項には違反しないとした。

2018（平成30）年7月には、比例代表名簿に「特定枠」の設定を認める改正が行われた。政党等は、候補者の一部につき、優先的に当選人となるべき候補者を他の候補者から区分して名簿に記載することができるという仕組みである。特定枠記載の候補者は上位に置かれ、掲載順に当選となる。全国的支持基盤を

---

[61] 佐藤功「比例代表制の憲法問題」法セ320号（1981年）21頁。

第 48 条（両議院議員の兼職禁止）　499

有するとはいえないが有意な人材、政党にとって必要な人材の当選を容易にすることが立法趣旨とされる。しかし実際には、合区対象となった選挙区の議員を救済するための措置であるとの指摘もある。また、非拘束名簿に拘束名簿の要素を加味した制度であり、制度の趣旨がわかりにくいという問題もある。

（只野雅人）

（両議院議員の兼職禁止）
第48条　何人も、同時に両議院の議員たることはできない。

第4章

I　本条の趣旨

　本条は、両院議員の兼職（同時に両院の議員を兼ねること）を禁じている。両院制がとられ、両院の独立性・自律性が認められる以上、当然の定めといえよう。大日本帝国憲法でも、両院議員の兼職は禁じられていた（明憲36条）。

II　「同時に両議院の議員たることはできない」

　この規定を受け、国会法は、「各議院の議員が、他の議院の議員となつたときは、退職者となる」と定めている（国会108条）。
　ちなみに、**両院議員の兼職禁止**以外にも、国会法は、「内閣総理大臣その他の国務大臣、内閣官房副長官、内閣総理大臣補佐官、副大臣、大臣政務官及び別に法律で定めた場合」を除き、任期中は議員と「国又は地方公共団体の公務員」との兼職を禁じている。ただし、「両議院一致の議決に基づき、その任期中内閣行政各部における各種の委員、顧問、参与その他これらに準ずる職に就く場合」はこの限りではない（国会39条）。

（只野雅人）

（議員の歳費）
第49条　両議院の議員は、法律の定めるところにより、国庫から相当額の歳費を受ける。

I　本条の意義

　制限選挙制度の下では、議員の多くは財産のある名望家であり、その地位は名誉職的な色彩が強かった。しかしながら、財産の別なく、一定年齢に達した者すべてが被選挙権をもつ普通選挙の下では、十分な財産のない者が議員にな

500　第49条（議員の歳費）

ることも当然にあり得る。議員が「国庫から」歳費を受けるとの原則の意義は、普通選挙の下において政治参加の機会をすべての者に対し実質的に保障することにあるといえよう。

Ⅱ　「歳費」

　　歳費の性質をめぐっては、2つの考え方があり得る。一方は、「歳費は、議員の勤務に対する報酬たる性質を有する」（宮沢・全訂374頁）と解する。他方は、その「国庫よりの給与は、生活の保障たる意味をもつものではなく、国会議員としての職務遂行上要する出費の弁償たる性質を持つ」（法協・註解下790頁）と解する（渋谷・憲法585〜586頁も参照）。歳費を経費の弁償とする説は、国会議員は「他に本業を有する国民が素人として参与するもの」との理解を前提とする（法協・註解下790頁）。しかし、今日の議員職は専門職的色彩も強く、ほとんどフルタイムでの従事が必要である。歳費の趣旨も踏まえれば、歳費は基本的には報酬であるとみるべきであろう。

Ⅲ　「相当額」

　　歳費を「勤務に対する報酬」と理解するならば、「相当額」とは、議員としての職務、地位にみあった、また議員として生活を維持するために、必要かつ十分な額となろう。具体的には「法律の定めるところ」により、「議員は、一般職の国家公務員の最高の給料額（地域手当等の手当を除く。）より少なくない歳費を受ける」（国会35条）。一般職公務員の最高額より「少なくない」額と規定されているのは、旧憲法下の議員の地位・待遇が官吏に及ばなかったのを改め、「その地位・待遇を最高機関たる国会の構成員に値するように高めるという思想の現れ」（佐藤功・注解下682頁）である。
　　歳費の具体的な額は、「国会議員の歳費、旅費及び手当等に関する法律」が定める。議長・副議長には、一般の議員を上回る歳費が支給されているが、特別の職責にあるものに対し一般議員以上の歳費を支給することは許されよう。戦前の議院法は、召集に応じない議員は歳費を受ける権利を失うと規定していたが、現行法上この種の規定はない。
　　歳費は月額で、各議院の議長が217万円、副議長が158万4000円、議員が129万4000円であり、さらに6月1日・12月1日に在職していれば、所定の期末手当が支給される（国会議員の歳費、旅費及び手当等に関する法律）。

Ⅳ　歳費以外の給付

　　歳費以外にも、議員が活動に要する経費の補助や、生活保障的な意味合いか

ら、さまざまな給付がなされている。活動に要する経費補助としては、派遣旅費（国会議員の歳費、旅費及び手当等に関する法律8条）、議会雑費（同8条の2）、文書通信交通滞在費（月額100万円、同9条1項）、JR各社の特殊乗車券または航空券の交付（同10条）などがある。また、「国会議員の立法に関する調査研究の推進に資するため」、会派単位で毎月議員1人につき65万円の立法事務費が支給されている（「国会における各会派に対する立法事務費の交付に関する法律」）。さらに、職務遂行を補佐するための秘書2名、政策担当秘書1名が国費で付される（国会132条、国会議員の秘書の給与等に関する法律）。

（只野雅人）

（議員の不逮捕特権）
第50条 両議院の議員は、法律の定める場合を除いては、国会の会期中逮捕されず、会期前に逮捕された議員は、その議院の要求があれば、会期中これを釈放しなければならない。

I　本条の意義

本条は、議員の**不逮捕特権**を保障している。不逮捕特権・免責特権は、議員や議会の活動の自由を確保するための手段として、議会制の発展とともに承認されてきたものである。今日でも、政治的党派的な逮捕のおそれは皆無ではないが、政府・与党により不逮捕特権が濫用されるおそれもある（清宮・憲法1・219頁）。一般人にはない特権だけに、濫用を許さない厳格な解釈が求められる。

不逮捕特権の趣旨をめぐっては、これを「議院の審議・運営の自律的判断のために各院に与えられたもの」[62]と解する立場と、「政治的動機にもとづく妨害から議員の身体の自由を守ることに重点がある」（清宮・憲法1・218頁）と解する立場がある。

II　不逮捕特権

1　「国会の会期中」

不逮捕特権が認められるのは、「国会の開会中」である。参議院の緊急集会（憲54条2項）は国会の「会期」ではないが、国会の職務を臨時に代行するものであるから不逮捕特権の保障は及ぶ（国会100条）。一方、国会閉会中の委員会における継続審議は「会期」に含まれず、不逮捕特権は及ばない。

---

[62] 阪本昌成『憲法理論Ⅰ（第2版）』（成文堂、1997年）340頁。

2 「逮捕されず」

「逮捕」とは、議員の自由な活動を保障する、あるいは政治的動機に基づく逮捕から議員の自由を保護するという本条の趣旨からすると、刑事訴訟手続上の逮捕・勾引・勾留には限られず、これらに類する公権力による身体の拘束（保護措置（警職3条）など）をも含むと解される。

Ⅲ　不逮捕特権の例外

(1)　「法律の定める場合を除いては」

「法律の定める場合」には、不逮捕特権の例外が認められる。戦前の大日本帝国憲法53条は、「現行犯罪又ハ内乱外患ニ関スル罪」を例外としていた。本条は、例外の設定を立法府の自主的判断（法律）に委ねることによって、不逮捕特権の保障を強固にしようとしたものと解される。それゆえ、立法府が例外を設定するにあたっては、そうした趣旨から制約を受ける。戦前のように、特定の犯罪につき議院自身の逮捕の諾否に関する判断権を全く放棄することは、本条の趣旨に反するといえよう（宮沢・全訂376〜377頁、樋口ほか・注解3・90頁〔樋口陽一〕）。

現行法が定める不逮捕特権の例外は、「院外における現行犯罪の場合」ならびに「院の許諾」がある場合である（国会33条）。

(2)　院外における現行犯罪

国会法が「院外」の**現行犯罪**を不逮捕特権の例外としたのは、罪をおかしたことが明白で、不当な逮捕の危険性がきわめて少ないからである。一方、「院内」の現行犯罪については、不逮捕特権の例外とはされない。「院内」の秩序維持は、憲法上議院の自律権に委ねられており（憲58条2項）、議場内においては、現行犯といえども、議長の命令がなければ逮捕できない（衆規210条、参規219条。後者は、「拘束」という語を用いる）。

(3)　院の許諾

「**院の許諾**」がある場合も、不逮捕特権の例外である。各議院の議員の逮捕についてその院の許諾を求めるには、所轄裁判所または裁判官が、令状を発する前に内閣に要求書を提出する。内閣はその受理後速やかに、議院に対し逮捕の許諾請求を行う（国会34条）。請求を受けた議院は、案件を議院運営委員会に付託し、その審査を経て許諾の議決を行う。委員会における許諾の理由説明、質疑、信条の弁明は、秘密会で行うのが先例である[63]。

議院が逮捕の諾否を判断する基準をめぐっては、不逮捕特権の趣旨の理解の相違に応じ、見解が分かれる。「不逮捕特典の目的は、議員の活動を保障するよりは、政治的動機にもとづく妨害から議員の身体の自由を守ることに重点が

---

[63] 平成29年度版・衆議院委員会先例集163、平成25年度版・参議院委員会先例録89。

第50条（議員の不逮捕特権）　*503*

ある」（清宮・憲法1・218頁）と解するなら、許諾にあたっては逮捕の正当性のみを判断基準とすべきであるということになろう。不逮捕特権を「議院の審議・運営の自律的判断のために各院に与えられたもの」と解する立場からは、「逮捕理由の適法・違法を問わず、議院の審議・運営の必要性を考慮して、院は許諾を与えないことができる」[64]と説かれる。不逮捕特権の趣旨をいずれか一方に割り切るのは適当ではないとの指摘もある（芦部・憲法318頁、野中ほか・憲法2・103頁〔高見勝利〕）。上述の不逮捕特権の趣旨より厳格な解釈が求められることからすれば、逮捕の正当性を基準とすべきと解するのが妥当と思われる[65]。

　議院は、許諾に際し期限や条件を付することができるかについても、見解が分かれる。許諾にあたり議院の審議・運営の必要性を考慮し得ると解するなら、期限や条件をつけることも可能とされよう[66]。もっとも、こう解する場合でも、期限・条件の附加は認められないとの見解もある[67]。一方、逮捕理由の正当性のみが判断基準となると解する場合、いったん逮捕の正当性を認め許諾を与える以上、期限・条件を付することは認められないと解するのが自然であろう（佐藤功・注解下689頁、長谷部・憲法353頁）。しかしこの場合も、許否の裁量権が議院に認められる以上、条件・期限を付しても差し支えないとの見解が存在する（清宮・憲法1・219頁、宮沢・全訂379頁）。ここでも不逮捕特権の趣旨より厳格な解釈が求められることからすれば、期限・条件は付し得ないと解すべきであろう。

　1954（昭和29）年2月、有田二郎議員の逮捕に際し、衆議院は期限を付した上逮捕の許諾を議決した。これに対し東京地裁は、「適法にして且必要な逮捕と認める限り無条件にこれを許諾しなければならない」と判示している（東京地決1954（昭29）・3・6裁時154号1頁）。

Ⅳ　「会期前に逮捕された議員」の釈放

　会期前に逮捕された議員は、議院の要求がある場合、会期中釈放される。会期前不当に逮捕された議員の身柄が国会開会後も拘束されることを認めると、会期中不逮捕特権が保障されている意義が失われかねないためである。内閣は、会期前に逮捕された議員がある場合、会期の始めに所属議院にその氏名を通知しなければならない（国会34条の2第1項）。会期前に逮捕された議員の釈放要

---

[64]　阪本昌成『憲法理論Ⅰ（第2版）』（成文堂、1997年）340頁。
[65]　長谷部・憲法353頁は、院外の現行犯が例外とされていることをも、この見解の根拠として挙げている。
[66]　伊藤正己『憲法』（弘文堂、1995年）443頁。
[67]　阪本昌成『憲法理論Ⅰ（第2版）』（成文堂、1997年）341頁。

504　第51条（議員の免責特権）

求の発議には、議員20人以上の連名で理由を付した要求書を院の議長に提出することが必要である（国会34条の３）。

（只野雅人）

（議員の免責特権）
第51条　両議院の議員は、議院で行つた演説、討論又は表決について、院外で責任を問はれない。

I　本条の意義

　不逮捕特権は、議員の身体の不当な拘束からの自由を内容とするが、**免責特権**は、議会内における自由な言論を充全に保障することで、議員の自由な活動や全国民の代表としての職務の遂行を保障しようとするものである。免責特権の保障は、国会議員の任期中の身分を法的に保障する自由委任の原則（→憲43条）と結びつけて説明されることも多いが、後述のように、国民あるいは有権者に対する政治責任の免責を当然に含意するわけではない。

II　「両議院の議員」

　免責特権の主体は、「両議院の議員」である。国会では、議員のほか、国務大臣、さらには政府委員、公述人、参考人なども発言を行うが、一般国民にはない特権を明確な根拠なく拡大することは許されないと解するべきであろう。国務大臣については、憲法63条が「何時でも議案について発言するために議院に出席することができる」と規定しているが、免責特権の保障は国務大臣には及ばないと解される。国務大臣が国会の議席を有している場合にも、免責特権が及ぶのは議員としての言論・行動に限られるとみるべきであろう。国務大臣以外の者の発言についても、同様の理由から、免責特権の保障は及ばないと解される。

III　「議院で行つた演説、討論又は表決」

1　「議院で行つた」

　免責特権の対象となる行為は、「議院で行つた演説、討論又は表決」である。「**議院で行った**」とは、議員としての職務として行ったという意味である。免責特権の保障は、議員の国会本会議や委員会での活動など、院内の活動に限られない。地方で開催される公聴会なども、含まれる。また、議員としての活動であれば、国会閉会中の委員会活動など、会期外であっても保障対象となる。参

議院の緊急集会にも、当然保障は及ぶ。

大日本帝国憲法は、議員が院内での発言等を院外で公表した場合には、免責特権の保障が及ばないことを明示していた（明憲52条）。こうした発言等の公表は「院内で行った」ものには該当しないが、会議の公開や議事録の公表・頒布が憲法上定められている（憲57条1項・2項）点からすれば、少なくとも議員が自己の発言をそのまま刊行した場合や、院内における発言の趣旨を変更しないものである場合には、免責特権の対象となると解する余地があろう（佐藤功・注釈下702頁、樋口ほか・注解3・97頁〔樋口陽一〕、松井・憲法178頁など）。

2 「演説、討論又は表決」

(1) 「演説、討論又は表決」の意味

「演説、討論又は表決」とは、議員の職務行為と同義であり、議員の活動のうち典型的なものを例示していると解される。本条が「演説、討論又は表決」という概括的な定めをしている以上、その範囲は広義に解するのが妥当であろう。議員の職務や議事進行と全く無関係の私語や野次などは、「議員の職務行為」ではないから、保障の対象外であるとされることが多い。しかし後述のように、実際の区別は難しい。議員が議院証言法上の証人として行った証言には、本条の保障は及ばない（答弁集382）。

法令上、秘密として保護の対象となる情報を国会議員が委員会審議の中で明らかにしたような場合は、免責特権の対象となり、刑事責任は問われない。ただし、院内における懲罰の対象にはなり得る[68]。参議院規則では、秘密会の内容を漏らした議員は懲罰の対象となると規定している（参規236条）。

(2) 「演説、討論又は表決」に付随した行為

「演説、討論又は表決」に付随して行われた行為にも本条の保障が及ぶかについては、争いがある。とくに**議事妨害**が問題となるが、それが議案に反対する目的で、「演説、討論又は表決」の中でなされるものである限り、議員の職務行為に含まれると解してよかろう。

実際には、職務に付随する行為と職務に関係ない行為の区分は、かなりの困難を伴う。

「議場における野次は、免責特権の範囲外とする学説が多いが、現実の取扱いはそうは解していないようである」との指摘もある。免責特権の範囲外となれば、刑事責任を問われる可能性もある。どこまでが議員としての行動か、「線を引くこと自体も問題となり得る」との指摘の趣旨には十分留意する必要がある[69]。院内で混乱が生じた場合でも、まずは議院自身による対応が基本と

---

[68] 1969（昭和44）・2・12〔第61回国会衆議院予算委員会会議録〕第9号15頁〔高辻正己〕。

[69] 浅野一郎＝河野久編『新・国会辞典（第3版）』（有斐閣、2014年）78頁。

されるべきであろう。

1955（昭和30）年・56（昭和31）年のいわゆる第一次・第二次**国会乱闘事件**（議場内での「乱闘」をめぐり国会議員が傷害罪などで起訴された）では、免責特権の範囲が問題となった。2つの事件に関する判決は、ニュアンスの相違はあるが、いずれも議員の職務に付随した行為につき免責特権の保障が及び得る余地を認めている（「第一次」・東京地判1962（昭37）・1・22判時297号7頁、「第二次」・東京地判1966（昭41）・1・21下刑8巻1号44頁、東京高判1969（昭44）・12・17高刑22巻6号924頁）。もっとも、職務行為に通常随伴する行為かどうかで差異を設けたり（「第一次」）、免責の範囲を言論活動に附随して一体不可分的に行われた行為に限る（「第二次」一審・二審）など、裁判所の判断は慎重であり、またいずれの事案でも、免責特権の適用を認めていない。

⑶　議員の刑事訴追と議院の告発の要否

国会乱闘事件では、免責特権に当たらないと考えられる議員の犯罪行為の刑事訴追に議院の告発を要するかという点も、重要な争点となった。この点は学説上も争いがある。議院の自律権がおかされるおそれがあることを理由に、**議院の告発**が必要であると解する説もある。

上述のように、議員の行為が免責特権の対象となるか否かの判断にはかなりの困難が伴う。その限りでは、第一次的判断権を議院に委ねるべきだとの主張にも十分な根拠がある。しかし、議院の告発を要するとの見解は、憲法が明文で認めていない新たな特権を創出することにもつながり得る。この点も考慮すれば、議院の告発は不要と解さざるを得ないであろう。上記3件の判例も同様に解している。ただし先にも述べたように、議場内で混乱が生じた場合、その収拾は、まずは議院自身の自律的対応に委ねられるべきものである。

Ⅳ　「院外で責任を問はれない」

1　免責の範囲

「院外で責任を問はれない」とは、一般国民が当然負うべき**法的責任**を問われないとの意味である。免責の対象は、民事上、刑事上の責任に限られない。弁護士の懲戒責任なども、免責の対象となると解されている。免責の対象は一般国民が負うべき法的責任であるから、本条は有権者に対する議員の**政治責任**までも免除するものではない。国会議員が再選を求める際、その政治責任が問われるのは当然のことである。また、議員が自由意思で加入した団体（政党等）から院内での発言や投票行動を理由に制裁を受けても、本条の保障は及ばない。

両議院は、「院内の秩序をみだした議員を懲罰することができる」（憲58条2項）が、これは「院内」で責任を問うものであり、やはり本条の対象外である。

2 免責特権と国家賠償

　議員の発言により、一般の国民がいちじるしく名誉権・プライバシー権など
を侵害されるおそれは常に存在している。国会の議事は公開されているだけに、
メディアやインターネットの発達した今日、そうした権利侵害の影響はきわめ
て大きい。ドイツでは憲法上、「中傷的誹謗」を免責特権の例外としている（ド
イツ基本法46条1項）が、本条の場合は、とくに例外を明示していない。

　本条は、議員の行為自体を適法なものとするわけではない。そこで有力学説
は、議員の発言が私人の名誉権やプライバシー権をいちじるしく侵害するよう
な場合には、議員個人としての責任は問われないとしても、その発言が「違法
に他人に損害を加えた」（国賠1条1項）ものと捉え、**国家賠償**の対象となり得
ると説く。こうした場合は、権利を侵害された私人の特別な犠牲において全体
が利益を受けている（国会の自由な討議が促進される）とみることができると
して、**損失補償**による救済の可能性を説く見解もある（高橋・立憲主義156頁）。

　これに対し、国家賠償という形であれ議員の院内での発言について出訴の途
を開くことについては、憲法51条の趣旨を損なうことにならないかとして、な
お慎重な態度をとる学説もある（野中ほか・憲法2・107〜108頁〔高見勝利〕）。

　救済の必要性は否定しがたいが、上述の懸念にも相応の理由がある。他方で、
議員の発言について、免責特権の対象とならない「職務外」の行為を認定する
ことも容易ではなかろう。とくに免責特権の趣旨に明らかに反する発言に限り、
国家賠償による救済を考えるのが、基本的には妥当であるように思われる（芦
部・憲法319頁）。

　最高裁（最三小判1997（平9）・9・9民集51巻8号3850頁）は、国の賠償責任
が肯定されるためには、「その職務とはかかわりなく違法又は不当な目的を
もって事実を摘示し、あるいは、虚偽であることを知りながらあえてその事実
を摘示するなど、国会議員がその付与された権限の趣旨に明らかに背いてこれ
を行使したものと認め得るような特別の事情があることを必要とする」と判示
し、賠償の可能性をかなり限定的に解している。

　なお、免責特権が認められている以上、国家賠償が認められる場合であって
も、国は議員個人に対する求償権（国賠1条2項）を行使し得ないと解するべき
である。

（只野雅人）

（常会）
　第52条　国会の常会は、毎年1回これを召集する。

508　第52条（常会）

I　本条の意義

　国会の活動は、年間を通し常時行われているわけではなく、**会期**と呼ばれる一定の期間を単位としている。憲法は会期として、常会（本条）、臨時会（憲53条）、特別会（憲54条、特別会の名称は国会1条3項による）を区別している。本条はこのうち、常会について、年1回召集されるべきことを定めている。1947（昭和22）年5月20日に現行憲法下で初めて召集された国会を第1回国会とし、以降、常会、臨時会、特別会を区別せずに順次回次を付している。

II　会期制

1　会期制と会期不継続の原則

(1)　会期不継続の原則

　現行制度上、各会期の国会の意思はそれぞれ独立したものと扱われ、会期内に議決に至らなかった議案は後会に継続しないとの原則（**会期不継続の原則**）がとられている。上述の国会の回次の呼称の付し方も、各回次の国会を「それぞれ独立した意思をもつ『議会』として擬制するもの」[70]といえよう。国会法68条は、「会期中に議決に至らなかつた案件は、後会に継続しない」と定めている。ただし、常任委員会および特別委員会は、各議院の議決でとくに付託された案件（懲罰事犯を含む）については、閉会中も審査を行うことができ（国会47条2項・3項）、閉会中審査された案件・懲罰事犯の件は、後会に継続する（国会68条ただし書）。

　会期不継続という考え方は、必ずしも各国の議会に共通したものではない。むしろ、下院議員の任期（総選挙から総選挙まで）を単位に議案などの扱いを考える「**立法期**制」をとるのが一般的である。憲法が会期制をとるとしても、議案の扱いをめぐる会期不継続の原則は会期制から必然的に帰結されるものではなく立法上の措置であるから、この原則を改めることは可能であると解される（芦部・憲法320頁）。

　議会の議事運営において、時間の管理は重要な問題である。日本では、会期末をにらんで審議日程をめぐる与野党の攻防が激化し、議事をめぐる混乱を招くことも少なくない[71]。また、議案の審議が会期ごとに分断されると、両院間の議案の往復（shuttle system, navette）の中で、相違点を絞り込み合意を作り上げてゆくという、両院制の妙味を発揮しにくいという問題もある。会期不継続の原則には、他面において、「少数派による多数派への合法的抵抗を保障するという意味」（樋口ほか・注釈3・103頁〔樋口陽一〕）もある。しかし、

---

[70]　大石眞『議会法』（有斐閣、2001年）132頁。
[71]　大石眞『議会法』（有斐閣、2001年）135頁。

院内の少数派の議事運営上の地位や権限の保障は、本来は、会期不継続とは別に考えられるべき問題ともいえよう。

⑵ 議案の継続と議決の不継続

会期不継続の原則をめぐっては、以上論じてきた議案の扱いのほかに、議決の効力をめぐる問題がある。議案をめぐっては、現行法上も、後会への継続が認められている。しかしその場合も、議決の効力は継続しない扱いとなっており（国会83条の5）、同一会期中に両院の議決が必要とされている[72]。

1949（昭和24）年の第5回国会において、参議院が一部修正の上可決し衆議院に送付した政府提出法案を、衆議院は継続審議扱いとした。続く第6回国会で、衆議院は参議院の議決をそのまま認める議決を行い、参議院に法律案を送付したが、参議院では審議未了扱いとなった。結局、法案は成立しなかったものとして取り扱われた。議決の効力の不継続という考え方に基づく対応である。

この先例をめぐっては、法案が継続審議となった以上、このような扱いとなった法案に限っては会期は継続しているとみるべきであり、衆議院の議決をもって法律は成立したとみるべきだとの批判もある（宮沢・全訂396頁、佐藤功・注釈下708〜709頁）。

しかしこれに対しては、衆議院の優越をめぐる確立した解釈や憲法の文言を手がかりに、議決の効力については、憲法は不継続を前提としていると解すべきだとの反論がある。衆議院による法律案の再議決（憲59条2項）は同一会期内になされるべきと解されていること、衆議院の優越の発動に関する「60日以内」（憲59条4項）、「30日以内」（憲60条2項）、「10日以内」（憲67条2項）という期間はいずれも同一会期内の日数と解されていること、さらに加えて、「60日以内」（憲59条4項）、「30日以内」（憲60条2項）、「10日以内」（憲67条2項）の規定の前にはいずれも「国会休会中の期間を除いて」との文言が置かれていること（「休会」は同一会期内の事柄であり、「閉会中」との文言が用いられていない）、などがその根拠である[73]。

議決の効力の継続は、本来は立法期制になじむ発想である。**立法期**は通例、下院の総選挙を単位に観念される。しかし、参議院のように直接公選の第二院がおかれる場合には、より複雑な考慮も必要になる。参議院の場合、通常選挙によって、半数改選とはいえ議院の意思を形成する母体に変化が生じる。いわば「準立法期」を実質的に考慮する必要があろう。1949（昭和24）年の事案における議案の扱いをめぐっても、初の参議院議員通常選挙を控えて、「参議院の準立法期への配慮」が働いたのではないかとの指摘もある[74]。

---

[72] 浅野一郎＝河野久一『新・国会事典（第3版）』（有斐閣、2014年）34頁。

[73] 今野彧男『国会運営の法理』（信山社、2010年）6頁以下。

[74] 白井誠『国会法』（信山社、2013年）77〜78頁。

2 一事不再議

会期不継続のほか、会期制と結びついた議事に関する原則として、一事不再議がある。**一事不再議**とは、議院がすでに議決したのと同一の事項については、同一会期中に再び審議し得ないという原則である。各会期ごとの議院の意思はそれぞれ独立しているとの考え方になじむ原則といえよう。一事不再議はまた、合議体における意思決定を効率的なものとし、安定させるためにも、合理的なルールといえよう。

大日本帝国憲法では、「両議院ノ一ニ於テ否決シタル法律案ハ同会期中ニ於テ再ヒ提出ストコトヲ得ス」（明憲39条）との規定を置いていた。日本国憲法には一事不再議に関する規定はないが、「会期の定めのある会議体の法則」として当然に適用されるものと解されている[75]。国会法には、「各議院は、他の議院から送付又は提出された議案と同一の議案を審議することができない。」との規定が置かれている（国会56条の4）。両院がそれぞれ同一の議案を可決し相互に送付し合うと、一事不再議の原則により、両院の意思の一致があるにもかかわらず議案を審議できない、という事態を回避するために設けられた規定である。

一事不再議は、同一の段階ごとに適用される原則である。委員会で審議可決された議案を本会議で審議する場合や、先議の議院が後議の議院からの回付案を審議するような場合などは、「再議」にはあたらない[76]。また、憲法は衆議院による法律案の再議決を認めているので（憲59条4項）、この場合に一事不再議の原則が適用されないことは当然である。

国会の常会のように会期が相当長期間（150日）に及ぶこともあり得るので、会期中に事情の変更が生じたような場合にも、合理的な範囲で再議が認められるべきであろう。

「一事」の範囲も問題となる。典型は、「同一事項に関する同一内容の議案」であるが、「同一事項に関する異なる内容の議案」を「同一の議案」とみるべきかどうかをめぐっては、従来争いがあった[77]。問題となるのは、政府案に対して野党が対案を提出するような場合である。近時の扱いでは、衆参両院ともに「同一議案」には含まれないと解している[78]。

---

[75] 浅野一郎＝河野久一『新・国会事典（第3版）』（有斐閣、2014年）98頁。

[76] 今野彧男『国会運営の法理』（信山社、2010年）127〜128頁。

[77] 今野彧男『国会運営の法理』（信山社、2010年）134頁以下。

[78] 浅野一郎＝河野久一『新・国会事典（第3版）』（有斐閣、2014年）99頁。

第53条（臨時会）　*511*

Ⅳ　常会の召集

1　「常会」

　「常会」は通常国会とも呼ばれる。毎年、1月中に召集するのを常例とし（国会2条）、会期は150日である。予算や各種法律案の審議などが行われる。会期は、両院一致の議決によって、1回に限り延長することができる（国会12条）。両院の議決が一致しない場合には衆議院が議決したところによる（国会13条）。国会法上認められた**衆議院の優越**である（→憲42条）。

2　「召集」

　憲法は、臨時会については、内閣に召集権があることを明示しているが（憲53条）、常会（本条）、特別会（憲54条・国会1条3項）については召集権の所在を明示していない。**召集**の実質的権限が内閣にあることについては争いがないが、その憲法上の根拠づけをめぐっては、解散権の場合と同様に（→憲7条3号、69条）、見解が分かれる。天皇による国会の召集（憲7条2号）に対する内閣の助言と承認にその根拠を求める立場と、憲法53条を手がかりに、常会・特別会についても内閣による召集が当然に予定されていると解する立場とがある。

　「国会の召集詔書は、集会の期日を定めて、これを公布する」が、「常会の召集詔書は、少なくとも10日前にこれを公布しなければならない。」（国会1条）。「議員は、召集詔書に指定された期日に、各議院に集会しなければならない。」（国会5条）。大日本帝国憲法は、召集と開会を区別し、帝国議会の召集後、天皇が開会を命じるものとされていた（明憲7条）。日本国憲法の下ではこのような区別はとられておらず、「召集即成立即開会」となる（佐藤功・注釈下706頁）。国会法も、「国会の会期は、召集の当日からこれを起算する」と定めている（国会14条）

（只野雅人）

（臨時会）
第53条　内閣は、国会の臨時会の召集を決定することができる。いづれかの議院の総議員の4分の1以上の要求があれば、内閣は、その召集を決定しなければならない。

Ⅰ　本条の意義

　会期制が採られ国会の活動が会期中に限られる以上、所要の法律案や補正予算などの審議のために、定期的に召集される会期（常会）のほか、臨時の必要に応じた会期が必要になる。本条は、常会に重ね、臨時会の召集について定め

ている。議会の召集（招集）には、議会以外の機関による他律招集（召集）型と、議会の構成員の要求による自律招集（召集）型があり得るが、本条は、両者を折衷した形態を採っている（佐藤幸・憲法447頁）。

II 「臨時会」

臨時会は、毎年1回召集される常会を補完し、臨時の必要に応じて召集される会期である。臨時国会とも呼ばれる。内閣が召集を決定した場合、いずれかの議院の総議員の4分の1以上の要求があった場合のほか、衆議院議員の任期満了による総選挙が行われたとき、または参議院議員の通常選挙が行われたときにも、その任期が始まる日から30日以内に臨時会が召集される。ただし、前者（任期満了による衆議院総選挙）については、その期間内に常会が召集された場合・その期間が参議院議員の通常選挙を行うべき期間にかかる場合、後者（参議院通常選挙）については、その期間内に常会もしくは特別会が召集された場合・その期間が衆議院議員の任期満了による総選挙を行うべき期間にかかる場合には、召集しなくともよい（国会2条の3）。

III 臨時会の召集

1 「内閣は、国会の臨時会の召集を決定することができる」

本条は、常会（憲52条）や特別会（憲54条・国会1条3項）の場合とは異なり、臨時会の召集権が内閣にあることを明示している（→憲52条）。また、「いづれかの議院の総議員の4分の1以上の要求」がある場合には（本条）、内閣は臨時会を召集しなければならない。議員の要求による場合も含めて、臨時会召集の詔書は、憲法7条および国会法1条により国会の臨時会を召集する、という文言となっている（佐藤功・注釈下715頁）。

臨時会の会期は、両議院一致の議決で定められ（国会11条）、2回まで延長することができる（国会12条）。会期の長さについて定めはなく、召集され即日解散となった場合（第105回）もあれば、3か月を超えた場合（第113回）もある。

2 「いづれかの議院の総議員の4分の1以上の要求」

いずれかの議院の総議員の4分の1以上の要求があった場合、内閣には、相当な期間内に臨時会を召集することが義務づけられる（「総議員」の意味、→憲56条）。その場合は、いずれかの議院の総議員の4分の1以上の議員が連名で、議長を経由して内閣に要求書を提出する（国会3条）。「総議員の4分の1以上」という要件は、「少数派の権利保護の機能を期待したもの」（佐藤功・注解下712頁）といえよう。

臨時会の召集要求に際して議員が召集期日を指定した場合、内閣がそうした

指定に拘束されるかどうかが問題となる。内閣が指定期日に臨時会を召集するよう強制する手段はない。実際にも、指定日から相当遅れて召集が行われている（2か月以上遅れた例もある）。しかし、合理的理由もなく相当な期間内に召集を行わないことは、本条の趣旨に反するというべきであろう（宮沢・全訂400頁）。それらを判断する明確な基準はたしかに見出しがたいが、従来の実例には違憲の疑いがあるとの指摘もある（佐藤功・注解下712頁）。「本条の趣旨にそう相当な期間」であれば、召集期限を法律で定めることも憲法上可能といえよう（宮沢・全訂400頁）。

2017（平成29）年6月、衆参両院に、議院の総議員の4分の1を超える議員によって、臨時会の召集を求める要求書が提出された。しかし、内閣は3ヶ月以上召集要求に応じなかった。9月末にようやく臨時会が召集されたが、冒頭で衆議院の解散が行われたため、審議は行われなかった。実質的に臨時会の召集要求を拒否したに等しく、本条の趣旨に反する対応であったことは否めない。

（只野雅人）

（衆議院解散後の選挙と特別会、参議院の緊急集合）
第54条 ① 衆議院が解散されたときは、解散の日から40日以内に、衆議院議員の総選挙を行ひ、その選挙の日から30日以内に、国会を召集しなければならない。
② 衆議院が解散されたときは、参議院は、同時に閉会となる。但し、内閣は、国に緊急の必要があるときは、参議院の緊急集会を求めることができる。
③ 前項但書の緊急集会において採られた措置は、臨時のものであつて、次の国会開会の後10日以内に、衆議院の同意がない場合には、その効力を失ふ。

I　本条の趣旨

本条は、衆議院が解散され総選挙が実施された場合について、総選挙後の国会の召集、国会が閉会となる解散から特別会召集までの間に緊急の必要が生じた場合の対応（参議院の緊急集会）について定めている。

総選挙後に召集される国会の名称を本条は明示していないが、国会法は本条1項により召集される国会を「**特別会**」と呼んでいる（国会1条3項）。

514　第54条（衆議院解散後の選挙と特別会、参議院の緊急集合）

Ⅱ　衆議院の解散・総選挙と特別会の召集

1　「衆議院が解散されたとき」

　衆議院が**解散**（→憲7条3号・69条）された場合は、本条の定めにより、解散の日から40日以内に総選挙が実施され、さらに選挙の日から30日以内に特別会が召集される。通常の期間の起算では期間の初日は算入されないが（民140条）、戦前からの慣例に倣い、国会法は**当日起算主義**をとる（佐藤功・注解下715〜716頁）。

2　「国会を召集しなければならない」

　特別会は、本条が定める通り、衆議院の解散・総選挙後に**召集**される（召集権の根拠→憲52条）。総選挙後初めて召集された国会で内閣は総辞職しなければならない（憲70条）。特別会では、議長選任等の手続の後、内閣総理大臣の指名が行われる（憲67条）。

　特別会は、常会とあわせて召集することができる（国会2条の2）。会期は、両議院一致の議決で定められ、2回まで延長可能である（国会12条）。特別会については、臨時会同様、会期の長さについての定めはない。常会の召集詔書が公布されたが衆議院の解散によって常会が開かれなかったような場合、あるいは常会の召集直後に衆議院が解散されたような場合には、総選挙後に召集される特別会が常会の機能を代替することになる[79]。

Ⅲ　参議院の緊急集会

1　「参議院は、同時に閉会となる」

　閉会とは、会期の終了によって議院の活動能力が失われることをいう。本条が定める衆議院の解散の場合のほか、あらかじめ定められた会期が終了した場合、常会の会期中に議員の任期が満限に達した場合にも、閉会となる。両院制の趣旨を踏まえ、本条では、衆議院が解散された場合には、参議院も同時に閉会となると規定している。

2　参議院の緊急集会

(1)　「参議院の緊急集会」

　国会の閉会中に、緊急の必要から立法等の措置が必要となる場合があり得る。衆議院が解散されている場合には臨時会を召集することはできないので、本条では、そうした場合の対応として、**参議院の緊急集会**について定めている。

　召集を行うのは内閣である。内閣は、集会の期日を定め、案件を示して、参

---

[79]　浅野一郎＝河野久一『新・国会事典（第3版）』（有斐閣、2014年）36頁。

議院議長に緊急集会を請求する。参議院議長は、それを各議員に通知し、議員は、指定された集会の期日に参議院に集会しなければならない（国会99条、参規251条）。

　緊急集会は、国会の権限を臨時に代行するものであるから、その権限は国会の権限全般に及ぶ（ただし「国に緊急の必要があるとき」という要件がある）。緊急集会の間は、不逮捕特権（国会100条）や免責特権なども認められる。緊急集会の性格上、議員による議案の発議は、内閣が示した案件に関連のあるものに限り、行うことができる（国会101条）。

(2)　「国に緊急の必要があるとき」

　参議院の緊急集会は、「国に緊急の必要があるとき」に限り、認められる。本来国会が行使すべき権限を参議院のみで行う例外的な措置であるから、「国に緊急の必要があるとき」という要件は厳格に解釈されねばならない。

　「国に緊急の必要があるとき」としては、災害時や治安上の緊急事態などが想起されようが、必ずしもそうした「緊急事態」に限られるわけではない。先例では、中央選挙管理会の委員の任命（1952（昭和27）年8月28日）、暫定予算及び期限等の定のある法律等の改正（1953（昭和28）年3月18日）につき、緊急集会が開催されている※80。いずれもが、予期せぬ解散の結果、緊急の対応が必要となった事案であった。

　内閣総理大臣の指名や憲法改正の発議などは、国会の権限であるが、いずれも「国に緊急の必要があるとき」にあたらないと解されている。前者は憲法70条で対応が可能であり、また憲法改正については、事案が重大であることに加え、総選挙後に召集される特別国会を待つことができないとは考えにくい。

(3)　「緊急集会で採られた措置」

　緊急集会でとられた措置は、あくまで「臨時のもの」であるから、「次の国会開会の後10日以内」に衆議院の同意が得られなければ失効する。「参議院の緊急集会において採られた措置に対する衆議院の同意については、その案件を内閣から提出する」（国会102条の4）。衆議院の同意が得られなかった場合には、その措置は、過去に遡及して失効するのではなく、将来に向かって効力を失うものと解される。

（只野雅人）

（議員の資格争訟）
第55条　両議院は、各々その議員の資格に関する争訟を裁判する。但し、議員の議席を失はせるには、出席議員の3分の2以上の多数による議決を必要とする。

※80　平成25年版・参議院先例録489。

516　第55条（議員の資格争訟）

I　本条の意義

　議院の構成員の選挙・資格についての判断は、議院自身の権限とされる場合と、裁判所が所管する場合とがある。前者は議院の自律性・独立性にかなうやり方である。しかし、その権限が政治的に濫用されるおそれも伴う。一方、裁判所による判断には、「非政党的・法律的・公平」（佐藤功・注釈下726頁）な審査・決定が期待できる。

　議院自身による構成員の選挙・資格確認の仕組みは、議会制の発展とともに形成されてきたものである。たとえばフランスのアンシャン・レジーム下の身分制議会では、議員の資格確認の最終的な裁定権は国王にあったが[81]、フランス革命期以降、議院自身による資格確認が定着してゆく。しかし、議会の優位とも結びついたこの仕組みは、政治闘争の武器として濫用もされた。そこで現在の第五共和国憲法では、憲法裁判所（憲法院）が議員の選挙に関する争訟を所管するようになった（59条）。一方、議員の選挙・資格の判断権を議院自身に認めている例としては、アメリカがある（アメリカ合衆国憲法1条5節1項）。

　本条は、両議院の自律性・独立性に配慮し、**資格争訟**の裁判権を両議院に認めている。国会議員の選挙・資格をめぐっては、公職選挙法にも、選挙の効力を争う選挙無効訴訟（公選204条）、当選の効力を争う当選訴訟（公選208条）、連座制に伴う当選無効・立候補禁止の訴訟（公選211条）などが規定されている。

II　議員の資格争訟

1　「議員の資格」

　現行法上の**議員の資格**は、被選挙権（公選10条・11条・252条、政資28条。立候補制限につき公選251条の2・251条の3）を有していること、兼職が禁じられている職（憲48条、国会31条・39条、自治92条・141条）に就いていないことである。国会法は、各議院の議員が、「他の議院の議員となつたとき」（国会108条）、「法律に定めた被選の資格を失つたとき」（国会109条）、退職者となると定めている。なお、衆参の比例代表選出議員が選挙後に他の政党等（当選した選挙時の名簿届出政党等）に所属するものとなったとき（国会109条の2）にも、退職者として扱われる（「当選を失う」、公選99条の2）。

　現行法上、被選挙権を有しない者は、公職の候補者となり、または公職の候補者であることができない（公選86条の8）。国会法上も、上述のように、被選の資格を失ったときなどは当然に退職者として扱われる。議院において議員の資格が争われることはまず考えられず、また実際に資格争訟が提起された例も

---

[81]　資格確認（vérification des pouvoirs）は、聖職者、貴族、第三身分のそれぞれで行われ、国王が最終的な裁定権を有していた。

ない[82]。

2 「争訟を裁判する」

議員の資格に関する争訟は、裁判として行われる。国会法および両院規則が
その手続を定めている（国会111〜113条、衆規189〜199条、参規193〜206条）。
議員が他の議員の資格について争訟を提起しようとするときは、争訟の要領、
理由および立証を具える訴状およびその副本1通を作成しこれに署名して、議
長に提出しなければならない。議長は訴状を委員会に付託するとともに、期日
を定めて、被告議員に答弁書の提出を要求しなければならない。被告議員は2
名以内の弁護人（1名は国費）を依頼することができる。弁護人は委員会で被
告議員の弁護のために発言することができる。委員会では原告議員・被告議員
の出席・発言が認められ、また委員会は、原告議員・被告議員の招致・尋問を
行うことができる。

Ⅲ 議員の資格喪失の裁判

1 「議員の議席を失はせる」

「議員の議席を失はせる」とは、議員としての「資格のないことを議決する」
（衆規198条2号）との意味である。

2 「出席議員の3分の2以上の多数による議決」

議員の資格を失わせるためには、出席議員（→憲56条）の3分の2以上の多数
による議決が必要である。少数派の議員を保護するために、**特別多数**の議決が
求められる。議院は、被告議員の資格の有無につき、議決によって判決する。
議院が判決したときは、議長は、判決の謄本を原告議員および被告議員に送付
する（衆規198条・199条、参規205条・206条）。

3 裁判の効力

憲法が議院の自律性・独立性に配慮して資格争訟の裁判権を認めた趣旨から
して、被告議員に異議があったとしても、改めて裁判所で争うことはできない
と解される。裁判所法3条が司法権の例外として定める、「日本国憲法に特別
の定のある場合」に該当する。

（只野雅人）

---

[82] 浅野一郎＝河野久一『新・国会事典（第3版）』（有斐閣、2014年）76頁。

518　第56条（議院の定足数、議決）

（議院の定足数、議決）
第56条　①　両議院は、各々その総議員の3分の1以上の出席がなければ、議事を開き議決することができない。
②　両議院の議事は、この憲法に特別の定のある場合を除いては、出席議員の過半数でこれを決し、可否同数のときは、議長の決するところによる。

I　本条の意義

　本条は、所属議員全員が出席する両議院の**本会議**（国会法や両議院の規則では「会議」）における議事や議決の要件について定めている。委員会や両院協議会については、国会法が定める。
　議事や議決は、議院の議事運営の重要事項である。定足数や可否の票数の認定は、基本的に、議院の自律権（→憲58条）に属する事柄であり、議院が自律的に決定する。議院の議事・議決に必要な定足数の認定は、両議院ともに、議員の求めに基づき議長が行うものとされている（衆規106条、参規84条）。

II　議院の定足数

1　「総議員の3分の1以上の出席がなければ、議事を開き議決することができない」

　会議体が審議や意思決定などの活動を行うために必要な出席者数を、**定足数**という。多数の構成員からなる会議体では、全構成員が常に議事・議決に参加することは困難である。そこで、会議体としての活動が適正に行われたといい得るための一定数の出席を定足数として定めることが多い（宮沢・全訂420頁）。本条2項は、議事と議決双方について、「総議員の3分の1以上の出席」を要件としている。戦前の大日本帝国憲法も、議事・議決双方について、総議員の3分の1以上を定足数としていた（明憲46条）。
　諸外国では、必ずしも憲法が議事・議決の定足数について定めを置いているわけではなく、また扱いも柔軟である[83]。
　日本の場合は、本会議の議事・議決双方に定足数が定められているので、出席議員が定足数を欠く場合は、議事を行うことができない。衆議院の場合、出席議員が定足数に満たないときは、議長は相当の時間を経て再度計算を行い、なお定足数に満たなければ、延会が宣告される（衆規106条）。参議院の場合は、定足数を欠くと、延会が宣告される。会議中に退席によって定足数を欠くに

---

[83]　大山礼子『国会学入門（第2版）』（三省堂、2003年）131～132頁。

第 56 条 (議院の定足数、議決) *519*

至ったときは、休会または延会が宣告される (参規84条)。会議中、定足数を欠くと認めたときは、議員は議長に対し出席議員数の計算を要求できる。

定足数を欠いたまま議事が行われ議決がなされれば、その議決は無効となる。もっとも実際には、その認定は、各議院 (議長) に委ねられる。明らかに定足数を欠くなど、本条の定めに反して議事・議決が行われたことが疑われるような場合、それにたいして司法審査が及ぶかどうかについては、争いがある (→憲76条)。

委員会については、委員の半数以上の出席がなければ、議事・議決が行えない (国会49条)。もっとも、質疑中一時的に定足数を欠いても、委員会は継続されることが少なくない[84]。両院協議会については、各議院の協議委員のおのおの3分の2以上の出席が、議事・議決の定足数となっている (国会91条)。

憲法改正原案をめぐっては、議決要件は各議院の総議員の3分の2以上の賛成であるが (憲96条1項)、審議の定足数の定めは、憲法にもその他の法令にも置かれていない。大日本帝国憲法では、議事を開くためには各議院の総議員の3分の2以上の出席が必要であった (明憲73条1項)。憲法上特段の定めがない以上、本条1項が適用されると解するなら、総議員の3分の1の出席があれば議事を開けることになる。学説上は、本条1項の要件では議決要件を満たせない可能性があることから、議事の定足数も総議員の3分の2以上と解すべきだとする立場 (佐藤功・注釈下1257頁)、あるいは、法律で具体的に定め得るとする立場もある (樋口ほか・注解4・314頁〔佐藤幸治〕)。

2 「総議員」

「総議員」の意味をめぐっては、「現に会議に出席しうる状態にある議員数を基準とすべき」(佐藤功・注釈下728頁) であるとして、死亡・除名・辞職・退職を除く現在議員数と解する立場と、定足数が変動するのは妥当ではないとして、法定議員数と解する立場とが対置されてきた。しかしそもそも、議院の運営に関する問題であるから、「議院自ら判断すべきことがら」と解する余地も十分にあるように思われる[85]。両院の先例は、いずれも法定議員数によっている[86]。

III 議院の議決

1 「両議院の議事は」「出席議員の過半数でこれを決し」

各院における議決は、「この憲法に特別の定のある場合」を除き、「出席議員

---

[84] 浅野一郎＝河野久編『新・国会事典 (第3版)』(有斐閣、2014年) 87頁。

[85] 大石眞『憲法講義I (第3版)』(有斐閣、2014年) 171頁。

[86] 平成29年度版・衆議院先例集228、平成25年度版・参議院先例録233。

520　第56条（議院の定足数、議決）

の過半数」による。議院が議事を決する方法（**表決**の方法）には、両院に共通するものとしては、異議の有無による表決（衆規157条、参規143条）、起立表決（衆規151条、参規137条）、記名投票（衆規152条〜155条の2、参規138〜140条）がある。さらに参議院独自の表決として、押しボタン式投票（参規143条の2・143条の3）がある。

　異議の有無による表決は、議長が議員に異議の有無を諮り、異議がないと認めたときは可決の旨を宣言する。全員一致が見込まれる場合に実施される。ただし、議長の宣告に対し議員から異議の申立てがあったときは、他の方法により表決を行う。

　起立表決は、可とする者を起立させてその多少を認定し、可否の結果を宣告する。議長が起立者の多数を認定しがたいとき、または出席議員の5分の1以上から異議の申立てがあったときは、記名投票（参議院の場合は記名投票またはボタン式投票）により表決を行う。

　記名投票は、議長が必要と認めたとき、または出席議員の5分の1以上の要求があるときに、氏名が記された木札により行われる。記名投票の際には議場が閉鎖され、賛成議員は白票を、反対議員は青票を、投じる。

　押しボタン式投票は、議席の賛成ボタンまたは反対ボタンを押すことによって行われる。参議院では通常の表決方法である※87。

　いずれの方法による場合も、表決の際に議場にいた議員のみが、表決に参加することができる（衆規148条、参規135条）。

2　「出席議員の過半数」

　起立表決・記名投票（押しボタン式投票）では、**棄権**者（無効票を投じた者を含む）の扱いが問題となり得る。棄権は認められているが、過半数算定の基礎となる「**出席議員**」に棄権者を含むかどうかをめぐっては、積極説と消極説がある。

　積極説は、本条2項が「有効投票の過半数」ではなく「出席議員の過半数」と定めていること、出席して議事に参加した者を欠席者・退場者と同じに扱うのは妥当ではないこと、などを理由とする（清宮・憲法1・246〜247頁、佐藤功・注釈下732頁など）。消極説は、積極説をとると棄権者を反対票を投じた者と同様に扱うことになり不合理であることなどを理由とする（宮沢・全訂426〜428頁）。いずれにも相応の理由はあるが、「総議員」の解釈の場合と同様に、ここでも、議院が自律的に決定し得ると解するべきであろう（佐藤幸・憲法449頁）。

　棄権者が「出席議員」に含まれるかどうかの判断は、投票の方法をも考慮して判断する必要がある（宮沢・全訂429頁）。起立表決の場合には、起立した賛

※87　平成25年度版・参議院先例録324。

第 56 条（議院の定足数、議決）　*521*

成者の数のみを数えるので、棄権の意思をもっていても、議場にとどまって起立しなければ、反対票とみなされてしまう。反対とみなされることを望まない議員は、表決の前に退席するであろうから、棄権は考慮されていないとみることができよう。記名投票・押しボタン式投票では、賛成または反対の意思表示のみが可能であり、またそれのみが数えられる。こうしてみると、実務では消極説の立場がとられているとみることができよう[88]。またそうした立場がとられていることについては、議院の自律的判断として十分な合理性を認めることができよう。

3　「可否同数のときは、議長の決するところによる」

議決の結果が**可否同数**のときは、議長の決するところによる。その場合、議長がどのように決裁権を行使するべきか、具体的には、消極的・現状維持的に決裁権を行使すべきかどうかが問題となる。少なくとも憲法解釈としては、消極的・現状維持的に決裁権を行使すべきだということは難しいであろう。

この点とかかわり、議長が議員として議決に参加できるかどうかという問題もある。地方自治法では、「議長は、議員として議決に加わる権利を有しない」（自治116条2項）ことが明文で定められている。憲法に同様の規定はないが、議長が議決に参加しないことは、両院の先例となっている[89]。

戦前の帝国議会衆議院では、議長が決裁権を行使したのは4例で、いずれも消極に決している。参議院では、第75回国会（1975（昭和50）年7月4日）、第177回国会（2011（平成23）年3月31日）で議長が決裁権を行使し、いずれも可と決している[90]。第75回国会の例は、関連法案がすでに参議院で可決されていたことを考慮したものだとの指摘がある。177回国会の例は、いわゆるつなぎ法案をめぐってのものである[91]。

4　「この憲法に特別の定のある場合」

憲法がとくに定めている場合には、過半数以外の方法で、議院の議決が行われる。憲法が議院の議決について特別の定めを置いているのは、資格争訟の裁判により議員資格を失わせる場合（憲55条）、秘密会を開く場合（憲57条1項）、

---

[88]　森本昭夫「憲法第56条第2項における棄権の位置付け：採決パラドックスの解法」立法と調査No.323（2011年12月）67頁。衆議院の記名投票では表決の議場にいる議員の棄権が認められ（平成29年度版・衆議院先例集303）、制限時間内に投票しない議員は棄権したものとみなされる（衆規155の2）。参議院の電子投票では、賛成・反対いずれもボタンも押さなかった議員は投票に加わらなかった者とされる（平成25年度版・参議院先例録329）。

[89]　平成29年度版・衆議院先例集317、平成25年度版・参議院先例録66。

[90]　それぞれ、平成29年度版・衆議院先例録317、平成25年度版・参議院先例録337。

[91]　浅野一郎＝河野久編『新・国会事典（第3版）』（有斐閣、2014年）89頁。

522 第57条（会議の公開、秘密会、会議録の公表、表決の記載）

議員を除名する場合（憲58条2項）、衆議院が法律案を再議決する場合（憲59条2項）で、いずれも出席議員の3分の2以上の賛成が必要となる。また、憲法改正の発議には、両院において総議員の3分の2以上の賛成が必要となる。

5 「議事」と選挙

本条2項の「議事」は、選挙を含まないと解される。選挙では、過半数ではなく相対多数によって、当選者が決せられる場合もあるからである。議長、副議長、常任委員長、事務総長、その他の委員など、1名を選挙する場合は、過半数による。ただし、過半数を得た者がいない場合には最多得票者2名で決選投票が行われる。決選投票を行うべき2人および当選人を定めるにあたり得票数が同じときは、くじによる（衆規3条〜11条・13条・15条〜17条・27条、参規4条〜11条・13条・16条・17条・19条、250条）。弾劾裁判所の裁判員、裁判官訴追委員など、複数を選挙する場合には相対多数による（衆規23条〜26条・250条、参規176条・248条・249条）。

（只野雅人）

（会議の公開、秘密会、会議録の公表、表決の記載）
第57条 ① 両議院の会議は、公開とする。但し、出席議員の3分の2以上の多数で議決したときは、秘密会を開くことができる。
② 両議院は、各々その会議の記録を保存し、秘密会の記録の中で特に秘密を要すると認められるもの以外は、これを公表し、且つ一般に頒布しなければならない。
③ 出席議員の5分の1以上の要求があれば、各議員の表決は、これを会議録に記載しなければならない。

I 本条の意義

本条は両院の会議の公開・議事録の公表と、その例外である秘密会について定めている。情報公開法は「国民主権の理念にのっとり」、行政情報の公開を通じ、「政府の有するその諸活動を国民に説明する責務」を全うし、「国民の的確な理解と批判の下にある公正で民主的な行政の推進」を目指すと定めているが（行政情報公開1条）、本来、主権者国民に対するこうした説明責任を果たすべきは、何より全国民を代表する議員から構成される国会の両院である。会議の公開や議事録の公表は、そのための不可欠の前提といえよう。のみならず、会議の公開・議事録の公表は、報道の自由や国民の知る自由の具体化という意味をも有する。

Ⅱ 会議の公開

1 「両議院の会議」

本条は、両議院の**本会議**が公開されるべきことを規定する。しかし今日、立法を始めとする両議院の活動の中心は、本会議よりもむしろ委員会にある。委員会の公開について（さらには委員会それ自体についても）憲法は直接の規定を置かず、国会法が定めている。国会法は、「委員会は、議員の外傍聴を許さない。但し、報道の任務にあたる者その他の者で委員長の許可を得たものについては、この限りでない」と定め、規定上、非公開が原則となっている（国会52条1項）。実際の運用では、報道機関以外であっても、議員の紹介による者等が所定の許可願を提出すれば、傍聴席に余裕がある限りこれを許可する例となっている※92。議事運営には議院（委員会）の自律的決定が広く認められるとしても、憲法が会議を公開としている趣旨からすれば、少なくとも非公開を原則とするかのような規定の仕方には問題があろう（佐藤幸・憲法451頁）。

2 「公開」

公開には、傍聴の自由・報道の自由の保障のほか、記録の公表なども含まれる。現在では、本会議や予算委員会についてはテレビ中継が行われるほか、他の委員会等の議事についてもインターネット中継が行われている。また、本会議や委員会の会議録は、会議録としての公刊のほか、国会両院のホームページ（http://www.shugiin.go.jp , http://www.sangiin.go.jp/）、国会会議録検索システム（http://kokkai.ndl.go.jp/）など、ウェブ上でも公開されている。

3 「秘密会」

秘密会を開く議決があった場合は、公開が停止され（国会62条）、傍聴人は退場を命じられる。また、秘密会の記録のうち、とくに秘密を要するとして議院が議決した部分は、公表されない（憲57条2項、国会63条）。

秘密会が開かれるケースとしては、外交・防衛上の秘密が扱われる場合、出席者のプライバシー等の保護が必要な場合などが考えられるが、憲法や国会法に具体的な規定はなく、各議院の判断に委ねられている。秘密会は会議の公開の例外であるから、安易な開催を抑止するため、出席議員の3分の2以上という、**特別多数**の議決が要求されている（「出席議員」→憲56条）。現行憲法下では、本会議が秘密会とされた例はない。

委員会については、出席議員の過半数の賛成によって、秘密会とすることができる（国会52条3項）。委員会が秘密会とされるのは、政策、外交または議員の身上その他重要事項等に関し秘密を要する場合である。委員長は、議員、政

※92 平成25年度版・参議院委員会先例録166。

524 第57条（会議の公開、秘密会、会議録の公表、表決の記載）

府関係者、担当職員以外の退場を命じるが、議員の傍聴は必ずしも禁止されない※93。議員の逮捕許諾などをめぐり、秘密会が行われている。

2013（平成25）年に制定された**特定秘密の保護に関する法律**では、「その漏えいが我が国の安全保障に著しい支障を与えるおそれがあるため、特に秘匿することが必要であるもの」が特定秘密として指定され、保護措置が講じられる。ただし、秘密保護のための所用の措置がとられ、かつわが国の安全保障にいちじるしい支障を及ぼすおそれがないと認めたときには、秘密会を条件として、各議院または各議院の委員会に特定秘密を提供することを認めている。2014（平成26）年6月の国会法改正により、特定秘密保護制度の運用を常時監視するため特定秘密の指定・解除・適正評価の実施の状況について調査し、ならびに、各議院または各議院の委員会による特定秘密の提出要求に対する行政機関の長の判断の適否等を審査するため、両議院に**情報監視審査会**が設置された（国会102条の13〜21）。情報監視審査会は、行政機関の長に対し、必要な特定秘密の提出を求めることができる。しかし、理由の疎明・内閣の声明（→憲62条）を経れば、秘密の提出を拒むことができる。

Ⅲ　会議録の保存・公表・頒布、表決の記載

1　「会議の記録」の「保存」「公表」「頒布」

本条2項は、秘密会の記録の中でとくに秘密を要すると認められるものを除き、本会議の**会議録**の保存、公表、一般への頒布を義務づけている。本会議のみならず委員会等の議事も含めて、会議録が作成され、官報に掲載される。官報掲載の会議録は、各議院に配布されるとともに、一般にも頒布される（衆規200条〜207条、参規156条〜161条）。上述のように、ウェブ上でも公開されている。

2　表決の記載

出席議員の5分の1以上の要求がある場合は、各議員の表決を会議録に記載しなければならない。この規定にあわせ、両議院の規則では、出席議員の5分の1以上の要求があった場合には、記名投票で表決を行うこととされている（衆規152条、参規138条）。選挙は、本条3項の「表決」には含まれないと解され（→憲56条）、実際の選挙も、無記名で行われている（衆規3条2項、参規4条2項）。

（只野雅人）

※93　平成29年度版・衆議院委員会先例集219、平成25年度版・参議院委員会先例録172。

（役員の選任、議院規則、議員の懲罰）
第58条 ①　両議院は、各々その議長その他の役員を選任する。
②　両議院は、各々その会議その他の手続及び内部の規律に関する規則
を定め、又、院内の秩序をみだした議員を懲罰することができる。但し、
議員を除名するには、出席議員の3分の2以上の多数による議決を必要と
する。

Ⅰ　本条の意義

　「議院の憲法上独立した地位に由来する、その内部準則に関する自由な決定
権」の総称※94を、**議院自律権**という。戦前の明治憲法は、議院規則制定権（明
憲51条）について規定するのみであった。しかも議院法の存在が憲法上予定さ
れ、議院規則の射程は「内部ノ整理ニ必要ナル諸規則」を定めることに限定さ
れていた。これに対して、日本国憲法は、両議院の組織や運営について、広く
議院自律権を保障している。憲法が保障する自律権には、所属議員に対する資
格争訟の裁判（憲55条）、議長その他の役員の選任（憲58条1項）などの組織に
関する自律権、議院規則制定権（憲58条2項）、所属議員に対する懲罰（憲58条
2項）などの議院運営に関する自律権がある。憲法による議院自律権の保障は、
等しく全国民を代表する選挙された議員から構成される両議院に対し「それぞ
れの独立性と自主性とに十分な配慮を示したもの」といえよう※95。こうした自
律権保障の中心的な規定が、本条である。

Ⅱ　「議長その他の役員を選任する」

1　「選任」
　両議院は、「議長その他の役員」を選任する。「選任」とは、必ずしも選挙に
は限られず、議院の意思が反映される方法であれば差し支えないと解される。
ただし、次にみる「役員」の範囲をめぐる解釈とのかかわりで、「意思の反映」
の程度をめぐっては、その理解に広狭があり得る。

2　「議長その他の役員」
　「**役員**」の意味については、議員から選ばれる役員であって議院の運営上重
要なものと解する説（法協・註解下884頁）、議院の運営にあたる地位にある者
のうちとくに重要な者であって必ずしも議員には限られないとする説（佐藤

※94　小嶋和司＝大石眞『憲法概説（第7版）』（有斐閣、2011年）200頁。
※95　大石眞『議院自律権の構造』（成文堂、1988年）280頁。

功・注釈下743頁)、議院の職員一般を指すと解する説(宮沢・全訂441頁)、がある。

議員以外の議院職員(たとえば事務総長)が議事運営上重要な役割を果たすこともあり得ることからすれば、「役員」の範囲は必ずしも議員だけには限られないとみるべきであろう。その場合、「役員」の範囲は、議事運営とも密接にかかわる問題であるから、本来は、議院が自律的に決定し得る事項であるといえよう。第3の説は、戦前、議会の職員を政府が任免していたことをも意識し、「役員」の意味を広義に捉え、議院が選任する議長あるいは事務総長によって職員が任命されることも本条にいう「選任」に含まれると解する。議院の人事に関する自律権の保障という観点からは優れた解釈であるが、「役員」という文言の解釈としては、やや難があることも否めない。

3 国会法上の役員とその選任

国会法上は、**議長**、副議長、仮議長、常任委員長、事務総長が役員とされている(国会16条)。議長・副議長の選出は、選挙による(国会6条・23条)。議院を代表し、また議事運営上重要な役割を果たす議長には、秩序保持権、議事整理権、事務監督権、代表権が付与されている(国会19条)。議長には公正・中立の立場が要請されることから、両院ともに、第81回国会以来、所属会派を離脱することとなっている[96]。

議長・副議長にともに事故があるときには、仮議長が選挙される。仮議長の選挙は、議長の選挙の例によるとされるが(国会22条、衆規17条、参規19条)、実際には委任を受けた議長が指名している[97]。常任委員長の選挙も、議長選挙の例によるとされるが(衆規15条、参規16条)、やはり、委任を受けた議長が指名する例となっている[98]。

事務総長は、議院事務局の長であり、議長の監督の下に議院の事務を統理し、公文書に署名する。また、会議や議事運営において、議長を補佐する。議長・副議長に代わり、議長・副議長・仮議長の選挙において議長を務めることもある(国会7条、22条2項、24条)。事務総長は、国会議員以外の者から選挙されるが(国会27条1項、衆規17条、参規19条)、実際には、議長の指名による例となっている[99]。

事務総長はまた、議長の同意および議院運営委員会の承認を得て、参事その他の職員を任免する(国会27条2項)。上述のように、職員の任免を本項の「選任」に含める説もある。そのような立場をとらない場合にあっても、両議院が

---

[96] 浅野一郎=河野久『新・国会事典(第3版)』(有斐閣、2014年)46頁。
[97] 平成29年度版・衆議院先例集57、平成25年度版・参議院先例録74。
[98] 平成29年度版・衆議院先例集58、平成25年度版・参議院先例録78。
[99] 平成29年度版・衆議院先例集60、平成25年度版・参議院先例録84。

第58条（役員の選任、議院規則、議員の懲罰）　527

議長および事務局長を通じて職員を任免するとの原則は、明文に現れている
「役員」の選任権と同様に、憲法の「基底に流れる三権分立の原則に由来するも
の」とみるべきものであろう（法協・註解下884頁）。

Ⅲ　議院規則制定権

1　「会議その他の手続及び内部の規律に関する規則」

　両議院は、「会議その他の手続及び内部の規律に関する規則」を定めること
ができる。**議院規則**の制定権は、議院自律権の最も顕著な表れといえよう。戦
前の大日本帝国憲法では、**議院法**の存在が予定され、「内部ノ整理ニ必要ナル
諸規則」についてのみ議院規則で定めることができるとされていた（明憲51条）。
議院運営の主要事項の定めを憲法ではなく法律に委ねることには、柔軟な規律
を可能にするという面もあるが、他方で、議院自身の意思による自律的な決定
を制約するという側面をも併せもつ。一方、日本国憲法の立場は、「会議その
他の手続及び内部の規律に関する」事項につき、「憲法上法律の所管とされた
ものを除き、両議院の自主的な立法にゆだね、国会法の存在を想定していない
点で、明治憲法の考え方と根本的に異なる」といえよう（芦部・憲法327頁）。

2　議院規則と法律の効力関係

　ところが実際には、委員会の構成や議事手続など多くの事項が国会法により
定められ、議院規則は細目的な規定を行うにとどまっている。そこで、「会議
その他の手続及び内部の規律」に関する定めをめぐり法律と議院規則のいずれ
が優先するのか、という問題が生じることになる。

　法律の成立には両院の議決が必要であるが、議院規則の成立には一院の議決
で足りることから、議院規則の形式的効力は法律に劣るとの見解もある（宮
沢・全訂443頁、佐藤功・注釈下746頁）。しかしながら、上述のように、「憲法
上法律の所管とされたものを除き、両議院の自主的な立法にゆだね、国会法の
存在を想定していない」のが本項本来の趣旨であるとするならば、「会議その
他の手続及び内部の規律に関する」事項については、原則として議院規則の専
管事項であると解することも、十分に可能であろう（樋口ほか・注解3・136頁
〔樋口陽一〕）。「国会法所定の院内事項部分は、もともと運営自律権をもつ各
議院の間で取り決められた『紳士協定』以上の意味をもつものではない」と説
く学説もある[100]。

　国会法が議院の内部組織や議事手続について広く定めていることについては、
「比較議会法的な常識から見ると、これをも規則自律権と呼べるかどうか、は

---

[100]　小嶋和司＝大石眞『憲法概観（第7版）』（有斐閣、2011年）202頁。

528 第58条（役員の選任、議院規則、議員の懲罰）

かなり疑わしい」との指摘もある※101。現状の国会法のあり方については、本来は、抜本的な見直しが必要であろう。

3 慣行・先例

　国会法や議院規則以外にも、両議院には、独自の慣行があり、重要なものは**先例**集（衆議院先例集、参議院先例録）に編纂されている。さらに、先例集に登載されていない「不文」の先例も存在する。こうしたルールの総体は、議会法とも呼ばれ、議会をめぐる「実質的意味の憲法」を形成している※102。

　不文の先例と明文の定めとの整合性が問題となることもある。議員が法律案を提出するにあたり所属会派の**機関承認**を必要とするという衆議院の不文の先例が問題となった事案において、先例が「憲法、国会法、衆議院規則等に定める衆議院議員の権限の行使に新たな要件を加え、これを一部制限するような外観を呈したとしても、そのことをもってそのような取扱いが一見明白に憲法に抵触するものとは到底いえず、仮にそのことによって何らかの不都合が生ずる場合においても、それはまた、議院自身の自律的判断によって解決されるべきことが憲法以下の法令の予定しているところと解される」と判示した裁判例がある（東京高判1997（平9）・6・18判時1618号69頁）。

Ⅳ　議員の懲罰

1 「院内の秩序をみだした議員」

　両議院は、院内の秩序をみだした**議員の懲罰**を行うことができる。「院内」は、必ずしも物理的な意味での議事堂内部には限られず、「院内の秩序」とは、「組織体としての議院の秩序」を意味する（佐藤功・注釈下749頁）。調査のための派遣先での行為なども、ここに含まれ得る。また、主として懲罰の対象となるのは議員の職務上の行為であるが、議員の職務といえなくとも、「議院の品位を傷つけ、院内の秩序を乱すことに相当因果関係のあるもの」（樋口ほか・注解3・136頁）は懲罰の対象となり得る。

　国会法は、正当な理由なく欠席した議員を懲罰委員会に付すると定めている（国会124条）。また、無礼の言を用いたり、他人の私生活にわたる言論をなすことが禁じられており（国会119条）、これも懲罰対象となり得る。議院規則では、登院停止の不遵守（衆規224条、参規244条）、議長の制止または発言取消の命に従わない者（参規235条）、非公開とされた秘密会議の記録を漏らした者（参規235条）、などが懲罰対象として規定されている。懲罰の対象が、これらの場合に限られるものでないことは、もちろんである。

※101　大石眞『議院自律権の構造』（成文堂、1988年）280頁。
※102　大石眞『議会法』（有斐閣、2001年）5〜6頁。

第59条（法律案の可決、衆議院の優越）　529

　国会議員を兼ねる国務大臣の行為も、懲罰の対象となり得る。1953（昭和28）年2月28日、衆議院で「バカヤロー」と発言したことを理由に、懲罰委員会への付託動議が可決され、吉田茂内閣総理大臣が懲罰委員会に付されている（解散のため、議決に至らなかった）。

2　「懲罰」「除名」

　国会法は、懲罰の種類として、公開議場における戒告、公開議場における陳謝、一定期間の登院停止、**除名**の4種類を定めている。懲罰の手続は、国会法の規定（国会121〜121条の3）を受け、両議院規則が定めている（衆規233〜247条、参規232〜247条）。

　懲罰のうち除名は、議員としての身分を喪失させるものであるから、出席議員（→憲56条2項）の3分の2以上の**特別多数**による議決が必要とされるほか、議院規則でも、要件について慎重な定めがなされている。除名の対象となるのは、「議院の秩序をみだしまたは議院の品位を傷つけ、その情状が特に重い者」（衆規245条）、「議院を騒がしまたは議院の対面を汚し、その情状が特に重い者」（参規245条）である。

3　懲罰に対する司法審査

　議院による懲罰について司法審査が及ぶかどうかも問題となる（→憲76条1項）。議院の自律権を最大限に尊重することが憲法上要請されているとして、裁判所の審査は及ばないとみるのが通説である（宮沢・全訂446頁）。地方議会の議員に関しては、判例は、除名処分につき、議員の身分喪失に関する重大事項で単なる内部規律の問題にとどまらないとして、司法審査が及ぶことを認める一方、出席停止処分については、議会の自治的措置に委ねるのが適当であるとしている（最大決1953（昭28）・1・16民集7巻1号12頁、最大判1960（昭35）・10・19民集14巻12号2633頁）。

（只野雅人）

（法律案の可決、衆議院の優越）
第59条　①　法律案は、この憲法に特別の定のある場合を除いては、両議院で可決したとき法律となる。
②　衆議院で可決し、参議院でこれと異なつた議決をした法律案は、衆議院で出席議員の3分の2以上の多数で再び可決したときは、法律となる。
③　前項の規定は、法律の定めるところにより、衆議院が、両議院の協議会を開くことを求めることを妨げない。
④　参議院が、衆議院の可決した法律案を受け取つた後、国会休会中の期間を除いて60日以内に、議決しないときは、衆議院は、参議院がその

530　第59条（法律案の可決、衆議院の優越）

法律案を否決したものとみなすことができる。

Ⅰ　本条の意義

　両院制の議会では、法律案の可決を始め、議会の意思は両院の合意に基づき
決定されることが原則となるが、2つの議院が置かれる以上、両院の間に意思
の不一致が生じる事態は当然に生じ得る。両院間の相違はいわば両院制の生理
であり、審議を経て相違から合意を導くプロセスを通じ、多様な視点の反映や
法律の質の改善などを期待することもできる。

　とはいえ、相違が過剰に現れ、両院間の合意形成に大きな支障が生じれば、
議会としての意思決定が困難になる。そこで、両院間の合意形成の仕組みを憲
法上どのように設計するかが、重要な意味をもつことになる。一般には、対立
が生じた場合には第二院に対する第一院の優越を認める、両院間の調整のため
の機関を置く、などの仕組みが考えられよう。

　日本国憲法は、本条においては法律案について、憲法60条では予算について、
憲法61条では条約の承認について、憲法67条では内閣総理大臣の指名について、
衆議院の優越を認めている。また、それぞれについて、両院の合意形成のため、
両院協議会の仕組みを置いている。

Ⅱ　法律案の可決

1　「法律案」

　法律案とは、両議院の議決を経て法律となるべき原案として両院の審議に付
される議案である。法律案を提出できるのは、議員と内閣である。議員による
法律案の提案を「発議」、内閣による提案を「提出」という（内閣の法律案提出
権の合憲性→憲41条）。両議院の委員会（および参議院の調査会）も、法律案を
発議することができる（国会50条の2・54条の4）。この場合は、委員長が提出
者となる。議員発議の法律案を議院が可決し他の議院に送る場合も、法律案の
「提出」という（国会60条など）。議員による法律案の発議には、衆議院では20人、
参議院では10人以上の賛成（予算を伴う場合は、それぞれ50人以上・20人以上
の賛成）が必要である（国会56条1項、→憲41条）。

2　「両議院で可決したとき法律となる」

　法律案が法律として成立するためには、同一の法文について両院がともに可
とする議決を行うことが必要である。

　議案（法律案）が提出されると、まず委員会に付託され（国会56条2項）、そ
の審議を経て本会議で議決される。委員会の審査が省略されることもある（国

会56条2項ただし書）。議院運営委員会がとくに必要を認めた議案（国会56条の2）については、委員会付託前に、本会議で趣旨説明が行われる。

議案（法律案）は、一方の議院で議決されると、他方の議院に送られる（「**提出**」）。甲議院が議決した議案を乙議院に送る場合を「**送付**」といい（国会83条1項）、甲議院が議決した議案を乙議院が修正し、甲議院に送る場合を「**回付**」という（国会83条3項）。また、一方の議院が議決した議案に他方の議院が同意せず議案を返すことを、「**返付**」という（国会83条の2第1項～3項）。

3 「この憲法に特別の定のある場合」

憲法に特別の定があれば、「両院で可決」されなくとも法律案は成立する。憲法が定めているのは、本条2項の衆議院による再議決の場合、憲54条の参議院の緊急集会の場合である。なお、憲法101条は、「この憲法施行の際、参議院がまだ成立してゐないときは、その成立するまでの間、衆議院は、国会としての権限を行ふ」として、経過措置を定めているが、実際にはこの規定は適用されなかった（→憲101条）。

一方、憲法95条の規定により、「一の地方公共団体のみに適用される特別法」については、両院の議決のほか、当該地方公共団体の住民の投票においてその過半数の同意を得ることが、成立要件となる（→憲95条）。

Ⅲ 衆議院の優越

1 衆議院の優越

本条2項は、1項の手続の例外として、出席議員の3分の2の特別多数による衆議院の再議決について規定する。また4項は、衆議院によるみなし否決の規定をも置いている。

日本国憲法の制定に際し、日本側が作成した「3月2日案」では、衆議院の再議決に関する規定はイギリスに倣い、「衆議院ニ於イテ引続キ三回可決シテ参議院ニ移シタル法律案ハ衆議院ニ於イテコレニ関スル最初ノ議事ヲ開キタル日ヨリ二年ヲ経過シタルトキハ参議院ノ議決アルト否トヲ問ハズ法律トシテ成立ス」となっていた[103]。これに対し、議会の可決した法律案に対するアメリカ大統領の拒否権をモデルとして発表されていた当時の自由党案におそらくは倣い、総司令部側が現行のような規定を提案し、3月6日の憲法改正草案要綱で現在のような条文となった[104]。その後、貴族院の修正で、両院協議会開催に

---

[103] http://www.ndl.go.jp/constitution/shiryo/03/086shoshi.html。

[104] http://www.ndl.go.jp/constitution/shiryo/03/093shoshi.html。この経緯については、高柳賢三＝大友一郎＝田中英夫編『日本国憲法制定の過程Ⅱ：解説』（有斐閣、1972年）207頁。

532　第59条（法律案の可決、衆議院の優越）

関する規定が付加されている※105。

　憲法は、予算の議決、条約の承認、内閣総理大臣の指名についても**衆議院の優越**を定めるが、本条の「優越」のあり方は、これらの優越規定とは、かなり異なっている。同じ政党が両院の多数を占めている場合、衆議院の再議決が発動される可能性はきわめて低い。一方、両院の多数党が異なる場合には、両院の合意形成はかなり困難になる。1つの政党が単独で議院の3分の2を超える議席を得ることは期待しにくいからである。この場合、衆議院による再議決は、衆議院の優越を保障した規定というよりは、むしろ参議院に強い拒否権を保障した規定として機能し得る（→憲42条）。

2　衆議院による再議決

(1)　「衆議院で可決し、参議院でこれと異なつた議決をした法律案」

　衆議院の**再議決**の対象となるのは、「衆議院で可決し、参議院でこれと異なつた議決をした法律案」である。衆議院が可決した法律案を参議院が否決または修正した場合（本条4項に従い、参議院が法律案を否決したと、衆議院がみなした場合を含む）、再議決が行われる可能性がある。

　参議院先議の法律案が参議院で否決された場合、本項の規定を適用することはできない。衆議院先議か参議院先議かで結果が異なるのは不合理であるとして、こうした場合には一事不再議の原則（→憲52条）を緩和して、参議院で否決されたのと同一の法律案を衆議院に提出し、そこで可決されれば本項の規定を適用できる、と解すべきであると説く学説もある（佐藤功・注解下760頁、清宮・憲法1・420頁）※106。しかし、こうした事態は、憲法が先議後議の両院関係を前提としている以上やむを得ず、また内閣は衆参いずれにも法案を提出できるのであるから、必ずしも不合理とみるべきではないであろう※107。

(2)　「出席議員の3分の2以上の多数で再び可決したときは、法律となる」

　再議決には、「出席議員の3分の2以上」の**特別多数**が必要である（出席議員

※105　http://www.ndl.go.jp/constitution/shiryo/04/128shoshi.html。

※106　参議院先議の法律案には本項の適用はないと、しばしば説明される。参議院先議の法律案を衆議院が修正しこれに参議院が同意しない場合にも本条の適用はないとも説かれる（林修三「国会の意思決定手続：両院関係」清宮四郎＝佐藤功編『憲法講座3』（有斐閣、1964年）51頁）。しかし、このような場合にまで、本項が適用されないと解する必要性はないように思われる。この点は、国会法の制定に際し、参議院先議の場合に参議院側に両院協議会の開催請求権を認めるかどうかという、後述の争点ともかかわる問題として論じられている。衆議院側は、59条2項は、衆議院先議の場合に限ったものではないとの解釈をとった上で、参議院先議法案について、参議院の両院協議会請求権を排除しようとした。これらの経緯につき、白井誠『国会法』（信山社、2013年）212頁以下を参照。

※107　松澤浩一『議会法』（ぎょうせい、1987年）611頁。

第59条（法律案の可決、衆議院の優越）　533

→憲56条2項）。憲法施行から1957（昭和32）年の第26回国会までの間に、参議院の回付案に対する再議決により、26件の法律が成立している。また、参議院が否決した法律案を可決した例も1件ある（ほかに、みなし否決により再議決したものが1件ある）。その後、自由民主党が両院の多数を占める状況が続いたため、再議決が行われることはなくなった。しかし、両院の「ねじれ」が顕在化した2007（平成19）年以降、再議決規定が頻繁に利用されるようになった。参議院の回付案に同意せず再議決し可決した例が1件、参議院が否決した法律案を再議決し可決した例が11件ある。ほかに、みなし否決により再議決したものが6件ある[108]。

3　両院協議会

(1)　「衆議院が、両議院の協議会を開くことを求めることを妨げない」

　法律案について、衆議院で可決し、参議院でこれと異なった議決をした場合、衆議院は**両院協議会**の開催を求めることもできる。予算の議決（憲60条）、条約の承認（憲61条）、内閣総理大臣の指名（憲67条）については、法律案の議決の場合よりも衆議院の優越の度合いが強いことから、両院の議決が異なった場合には必ず両院協議会を開催しなければならない。

　国会法では、衆議院が参議院の回付案に同意しなかった場合、または参議院が衆議院の送付案を否決した場合および衆議院の回付案に同意しなかった場合、衆議院は両院協議会の開催を求めることができるとされている（国会84条1項）。憲法は、衆議院のみに両院協議会の開催請求権を認めているが、国会法は、参議院先議の法律案について、参議院が衆議院の回付案に同意しなかった場合には、参議院が両院協議会を求めることができると定めている。しかしこの場合には、衆議院は参議院の請求を拒むことができるとされている（国会84条2項）。本来、両院協議会開催請求権は衆議院のみが有していると解するのが妥当であるとする見解もある（新基本コンメ350頁〔原田一明〕）。

(2)　両院協議会の構成

　両院協議会は、各議院において選挙された10人の委員で組織される（国会89条）。実際には、各議院の意思を代表すべく、議長が院の議決案に賛成した会派に属する議員の中から指名するのが例である[109]。ただし、衆議院がみなし否決を行い、両院協議会を請求した場合には、参議院では、各会派の所属議員数に応じて協議委員を割り当て指名する。両院協議会の議事には、各議院の協議委員3分の2以上の出席を要し（国会91条）、出席協議委員の3分の2以上の多数で、成案を議決する（国会92条1項）。議決要件が出席協議委員の3分の2

---

[108]　平成29年度版・衆議院先例集付録425頁以下による。

[109]　衆規250条、参規176条、平成29年度版・衆議院先例集481、平成25年度版・参議院先例録415。

534 第59条（法律案の可決、衆議院の優越）

以上とされているのは、成案が両院で可決される可能性を高めるためである※110。成案は、「両議院の議決が異つた事項及び当然影響をうける事項の範囲」で作成される（両院協議会規程8条）。成案は、両議院で議決されると法律となる。成案についての修正は認められない（国会93条2項）。

憲法施行から1953（昭和28）年の第16回国会までの間、27件の法律案について両院協議会が開催され、うち24件で成案が成立して両院で可決されている。その後は、再議決の場合と同様、自由民主党が両院の多数を占める状況が続いたため、両院協議会は開催されなくなった。1994（平成6）年1月、いわゆる政治改革関連法案をめぐり、法律案については40年ぶりに、両院協議会が開催された。

両院協議会の委員は上述のように、それぞれの院の議決案に賛成した会派から選ばれているが、しかし、衆議院が可決した議案を参議院が否決するというようなケースでは、このような協議会の構成で成案を得ることは容易ではない。各会派の所属議員数に応じて協議委員を割り当て指名するといった仕組みも、考えられてよいと思われる。

両院協議会で成案が得られなかった場合、衆議院が本条2項の再議決の手続をとり得るかという点をめぐっては争いがある。第2項で衆議院が再議決をなし得るとの規定が置かれており、それを前提に第3項が両院協議会を求めることを「妨げない」と規定していることからすれば、再議決を行うことは可能と解するべきであろう（佐藤功・注釈下・763～764、樋口ほか・注解3・145頁〔樋口陽一〕）。

3　みなし否決

(1)　「国会休会中の期間を除いて60日以内に、議決しないとき」

参議院が、衆議院の可決した法律案を受け取った後、国会休会中の期間を除き60日以内に議決しないときは、衆議院は、参議院がその法律案を否決したものとみなすことができる。

「国会休会中の期間」とは、国会が活動を休止する期間である。国会の休会は、両院一致の議決により行われる（国会15条1項）。衆議院規則は、「国会の休会は、国の行事、年末年始のためその他議案の都合等により議長が参議院議長と協議した後、議院がこれを議決する」と定めている（衆規22条）。

国会の休会中であっても、議長が緊急の必要があると認めたとき、または総議員の4分の1以上から要求があったときは、各議院は、他の院と協議の上、会議を開くことができる（国会15条2項）。ただし、この場合の会議の日数は、憲法が定める休会期間に算入される（国会15条3項）。

なお、国会の休会とは別に、各議院も、10日以内において院の休会を議決す

※110　松澤浩一『議会法』（ぎょうせい、1987年）607頁。

ることができる（国会15条4項）。

⑵　「法律案を否決したものとみなすことができる」

　衆議院の院議をもって、参議院が否決したものとみなす議決が行われる[111]。参議院が議案をにぎりつぶすような事態を回避するための規定である。会期不継続の原則を前提にすると、「握りつぶし」の効果は大きい。

　1952（昭和27）年の第13回国会で行われて以降、半世紀以上、みなし否決の例はなかった。しかし、ねじれ国会の下、2008（平成20）年の第169国会では、5件の法律案に対し、みなし否決が行われている。2013（平成25）年の第183回国会では、会期末直前に、焦点となっていた衆議院小選挙区の区割り法案をめぐり、みなし否決の議決が行われた。いずれの事案でも、衆議院の再議決により、法案は成立している。

（只野雅人）

（衆議院の予算先議、衆議院の優越）
第60条　①　予算は、さきに衆議院に提出しなければならない。
②　予算について、参議院で衆議院と異なつた議決をした場合に、法律の定めるところにより、両議院の協議会を開いても意見が一致しないとき、又は参議院が、衆議院の可決した予算を受け取つた後、国会休会中の期間を除いて30日以内に、議決しないときは、衆議院の議決を国会の議決とする。

I　本条の意義

　財政の統制は、立法、政府の統制とならぶ、議会の重要な機能である。日本国憲法も、国の財政処理が国会の議決に基づくべきこと（→憲83条・85条）、租税の賦課変更は法律によるべきこと（→憲84条）、予算は国会の審議・議決を経るべきこと（→憲86条）などを定めている。財政統制は国会の権限であるが、このうち予算の議決について、本条は衆議院に対し、先議権を与えると同時に、議決についても強い優越を認めている。衆議院の予算先議権は戦前の大日本帝国憲法でも認められていた（明憲65条）が、さらに議決についても、法律案の議決の場合よりも強い優越が定められている。

　議会制度の母国・イギリスのように、第二院が公選によらない場合、財政統制について第一院の優位が認められるのは当然である。しかし日本の場合は、両院が等しく国民により選挙され、ほぼ同等の民主的正統性を有している（→憲42条）。法律案の議決については、両院の関係は、全く対等ではないにせよ、

---

[111]　平成29年度版・衆議院先例集333。

536　第60条（衆議院の予算先議、衆議院の優越）

実質的には対等型に近いともいい得る（→憲59条1項・2項）。

　対等型に近い両院制を採る日本国憲法において、一方の議院（衆議院）に強い優越が認められる理由の1つは、予算が単年度で可決されるため、法律の場合に比べて時間的な制約が強いことにある。そうした優越が衆議院に認められるのは、内閣と衆議院に密接な関係があるからだと思われる。内閣に予算の作成・提出権が認められる（憲86条）ことが示唆するように、予算の作成・執行は、行政権の行使ときわめて密接にかかわっている（法協・註解下923〜924頁）。内閣不信任と解散というメカニズムが衆議院のみにかかわる（憲69条）ことからもうかがえるように、内閣と衆議院との関係は、参議院との関係よりも密接である。それゆえ行政権の行使とかかわりが深い権限について、衆議院に強い優越性が認められていると考えることができよう。

　憲法は内閣に外交関係の処理・条約の締結の権限をも認めているが、条約の承認についても、予算の議決と同様、衆議院に強い優越が認められている（憲61条）。

II　「予算は、さきに衆議院に提出しなければならない」

　上述のように、戦前の大日本帝国憲法でも、**予算の衆議院先議**が定められていた（明憲65条）。しかし運用上、その意味は大きく減殺されていた。貴族院においては、衆議院から送付された予算ではなく、政府が衆議院に対して提出した予算が原案になるという扱いがなされていたのである。衆議院が予算を減額修正しても、貴族院はその部分を復活することができると解されていた。日本国憲法の下ではこのような扱いは許されず、参議院では衆議院から送付された予算が原案として扱われることになる（予算の意義・性格、修正の限界→憲86条）。

　なお、衆議院に予算先議権があることから、予算に関係がある内閣提出法律案は、先に衆議院に提出される例となっている。また、予算に関係がある内閣提出法律案は、おおむね予算とともに提出されるのが例である[112]。

　議員が予算を伴う法律案または修正案を提出する場合には、通常の法律案の場合よりも多くの賛同者（衆議院50人以上、参議院20人以上）を必要とする（国会56条1項、57条）。また、通常の法律案とは異なり、内閣に意見を述べる機会を与えねばならず（国会57条の3）、さらに経費を明らかにした文書の提出が必要となる（衆規28条1項・143条2項、参規24条1項・125条2項）。

---

[112]　平成29年度版・衆議院先例集166・167。

III 予算の議決についての衆議院の優越

1 「両議院の協議会を開いても意見が一致しないとき」

　予算について、参議院で衆議院と異なった議決をした場合は、**両院協議会**を開催しなければならない。両院協議会でも意見の一致が得られないときは、衆議院の議決が国会の議決となる。衆議院に強い優越が認められていることから、両院協議会の開催が義務づけられている。

　国会法によれば、予算について、衆議院において参議院の回付案（修正案）に同意しなかったとき、または参議院において衆議院の送付案を否決したときは、衆議院は、両院協議会を求めなければならないとされる（国会85条1項）。予算は衆議院先議とされていることから、両院の議決が食い違った場合には、衆議院が両院協議会の開催を求めることとなっている。

　1990年代以降、与党が両院で過半数の議席を確保できない状況が常態化し、予算について両院協議会が開かれることが多くなった。1990（平成2）年の第118回国会から2013（平成25）年の183回国会までの間、両院協議会の開催は20件にのぼり、いずれも意見の一致が得られずに衆議院の議決が国会の議決となった[113]。

2 「国会休会中の期間を除いて30日以内に、議決しないとき」

　参議院が、衆議院の可決した予算を受け取った後、「国会休会中の期間」（→憲59条4項）を除いて30日以内に議決しないときは、やはり、衆議院の議決が国会の議決となる。**予算の自然成立**と呼ばれる。1954（昭和29）年の第19回国会、1993（平成5）年の第114回国会で、予算が自然成立している。

　なお、30日の期間は、衆議院の先例では「送付の日」から、参議院の先例では、「本院が議案を受領した当日」から、起算される[114]。表現は異なるが、本来、意味するところは同じはずである（また同じでなければならない）。2011（平成23）年3月1日、衆議院本会議で平成23年度予算が可決され、直ちに参議院に送付された。ところが、参議院議長が受理を保留し、翌日の2日を受理日とする扱いをしたことから、大きな問題となった。

3 予算と法律の不一致

　予算の議決については、法律案の場合とは異なり、衆議院のはっきりとした優越が認められている。しかし、予算の執行には法律の成立が必要な場合も少なくない。与党が参議院で過半数の議席を有しておらず、しかも法律案の再議決（憲59条2項）に必要な3分の2以上の議席を衆議院で確保できないような場

---

[113] 平成29年度版・衆議院先例集付録659頁以下を参照。

[114] 平成29年度版・衆議院先例集341、平成25年度版・参議院先例録422。

合には、予算は成立してもその執行に支障が生じる場合があり得る。2012（平成24）年、衆議院の優越により2012（平成24）年度予算は成立したが、歳入を確保する上で不可欠な国債の発行を可能にするための法案（公債の発行の特例に関する法律案）が、両院の「ねじれ」のため可決されなかった。11月下旬になってようやく、公債発行を可能にする法律（財政運営に必要な財源の確保を図るための公債の発行の特例に関する法律案）が成立した。法律案の議決についての参議院の「強さ」が、衆議院の優越が認められる予算にも大きな影響を及ぼすことを示す事例である。

予算と法律の不一致は、財政についての慎重な審議の端緒ともなるもので、一概に否定的に評価されるべきものではない[115]（予算と法律の不一致→憲86条）。しかし、上記のように予算の執行に重大な支障が生じる事態は問題といえよう。予算について衆議院の優越を認めた憲法の趣旨を踏まえた慣行の確立が求められよう。

（只野雅人）

（条約承認についての衆議院の優越）
第61条 条約の締結に必要な国会の承認については、前条第2項の規定を準用する。

Ⅰ 本条の意義

外交関係の処理や条約の締結（→憲73条2号・3号）は、憲法上内閣の権限とされている。内閣が参議院よりも衆議院と密接な関係を有していることから、条約の承認についても予算の場合と同様に、衆議院の強い優越が認められているものと考えられる（→憲60条）。

財政に対する統制とともに、外交に対する統制は、議会の重要な権限である。もっとも、財政統制の権限が一般に下院中心であるのとは異なり、外交関係の統制権については、アメリカのように、憲法上これを上院に認めている例もある。各州が条約締結権を有していたという歴史的経緯によるものである（法協・註解下938頁）。

Ⅱ 条約の承認についての衆議院の優越

本条は、憲法60条2項を援用し、**条約の承認**について、予算と同様の優越を、衆議院に認めている。したがって、条約について、参議院で衆議院と異なった

---

[115] 甲斐素直『予算・財政監督の法構造』（信山社、2001年）15頁。

議決をした場合、法律の定めるところにより両議院の協議会を開いても意見が一致しないときは、衆議院の議決が国会の議決となる。また、衆議院が承認した条約を受け取った後、国会休会中の期間を除いて30日以内に参議院が議決しないときも、衆議院の議決が国会の議決となる。

準用されるのは憲法60条2項のみであるから、条約の承認については、先に参議院で審議することも可能である。衆議院先議の条約については、衆議院において参議院の回付案に同意しなかったとき、または参議院において衆議院の送付案を否決したときは、衆議院は、両院協議会を求めなければならない（国会85条1項）。一方、参議院先議の条約については、参議院において衆議院の回付案に同意しなかったとき、または衆議院において参議院の送付案を否決したときは、参議院は、両院協議会を求めなければならない（国会85条2項）。

国会法は、回付案についても言及しており（「予算及び衆議院先議の条約について、衆議院において参議院の回付案に同意しなかつたとき」、国会85条1項）、**条約の修正**の可能性を想定しているようにもみえる。条約の承認に際し、国会が修正権をもつかどうかについては学説上争いがある（→憲73条3号）。法律とは異なり条約の修正には相手国との合意が必要であるから、承認か不承認しかあり得ないとするのが政府解釈である（答弁集427）。実務上、国会の承認の対象となるのは「条約」（それ自体）ではなく「条約の締結」であり、条約承認の議案でも、条約の本文は付属文書という扱いとなっている[116]。

条約の自然成立の例は、1960（昭和35）年の新日米安保条約（第34回国会）を始めしばしばあったが、両院のねじれの下、2008（平成20）年の第169回国会では、9件が自然成立した。また、日米地位協定についての特別措置に関する協定をめぐり、初めて61条に基づく**両院協議会**が開催され、成案を得られずに、衆議院の議決が国会の議決となった。2009（平成21）年の第171回国会でも、海兵隊のグアム移転に関する協定について同様の事態が生じている[117]。

（只野雅人）

（議院の国政調査権）
第62条　両議院は、各々国政に関する調査を行ひ、これに関して、証人の出頭及び証言並びに記録の提出を要求することができる。

I　本条の意義

議会には、選挙された国民の代表として、立法、さらには政府・行政に対す

---

[116]　上田章＝浅野一郎『憲法』（ぎょうせい、1993年）144〜145頁。
[117]　平成29年度版・衆議院先例集付録437頁以下を参照。

る統制、財政に対する統制など、国政全般にわたり強い権限が認められている。こうした権限を実効的に行使するためには、十分な調査や情報の収集を行うことが不可欠となる。

　議会の**国政調査権**の起源は、17世紀末、イギリスで設けられた、アイルランドにおける戦争遂行を調査する委員会に求められるといわれる※118。その後、同様の調査権は、各国において認められてきた。アメリカでは、明文規定はないものの、憲法上の「黙示の権限」として、議会調査権が重要な役割を演じてきた。英米では、コモンロー上、侮辱処罰権が議院に認められており、証言や文書提出の要求を行う上で、重要な裏づけとなっている※119。

　ドイツでは、連邦議会が調査委員会を設置し得ることが、憲法上明示され、裁判所・行政官庁は、法律上および職務上の援助をする義務を負うとされる（ドイツ基本法44条）。またとくに注目されるのは、議員の4分の1以上の申立てがある場合には、調査委員会の設置が義務づけられている点である。議院内閣制の下では、議会の過半数を占める政党が政府を形成するため、過半数をもたない野党が、政府に対し、十分な統制を及ぼすことは難しい。少数者調査権は、政府に対する実効的な統制の手段として、重要な意味をもっている。フランスでも議会に調査委員会が設けられてきたが、2008年の憲法改正に際し、政府の統制と公共政策の評価が議会の権限として明示されたことを受け、調査委員会に関する規定が憲法に置かれるようになった（第五共和国憲法51条の2）。

　戦前の大日本帝国憲法は、国政調査権に関する規定をもたなかった。議院法は、各議院が「審査」のために政府に対し必要な報告・文書を求めるときは、政府は秘密にわたるものを除くほか、要求に応じなければならないと定めていた。しかし、人民を召喚し議員を派出すること（(旧)議院法73条）、国務大臣・政府委員以外の官庁・地方議会に照会往復すること（(旧)議院法74条）はできないとされ、その射程は限定されていた。

　日本国憲法は、国民により選挙され国権の最高機関を構成する両院に対して、国政調査権を付与し、証人の出頭・証言ならびに記録提出の要求という、強力な権限を認めている。具体的な手続は、国会法、両院規則、議院における証人の宣誓および証言等に関する法律に定められている。

※118　各国議会の国政調査権につき、孝忠延夫『国政調査権の研究』（法律文化社、1990年）5頁以下を参照。

※119　1946（昭和21）年3月6日の憲法改正草案要綱では、証人の出頭・証言、記録提出の要求に続けて、「法律ノ定ムル所ニ依リ其ノ要求ニ応ゼザル者ヲ処罰スル」（第57）との文言があったが（http://www.ndl.go.jp/constitution/shiryo/03/093shoshi.html）、口語化された4月17日の草案（http://www.ndl.go.jp/constitution/shiryo/03/099shoshi.html）では、この部分は削除されている。

II 「国政に関する調査」

1 「国政に関する調査」の性格

(1) 独立権能説と補助的権能説

　国政調査権をめぐっては、まずその性格をどのように捉えるのかが問題となる。当初争われたのは、国政調査権はそれ自体独立した独自の権能なのか（独立権能説）、それとも、立法権・予算審議権など、国会に認められた憲法上の権能を実効的に行使するために認められた補助的権能なのか（**補助的権能説**）、という点であった。

　独立権能説は、憲法41条の「国権の最高機関」の意味を「**統括機関**」として把握した上で、国政調査権は、立法、予算の議決などの権能とは独立した、統括機関としての地位に基づく権能であると解する。しかしそもそも、「国権の最高機関」を統括機関と位置づける見解には、国会といえども内閣や裁判所に対して当然に憲法上優越する地位をもつものではないなどの批判がある（→憲41条）。独立権能説に対しても、同様の批判がなされ得る。そこで、補助的権能説（宮沢・全訂471頁、佐藤功・注解778〜779頁、芦部・憲法329頁など）が支配的な学説としての地位を占めることとなった。

　国政調査権は独立権能か補助的権能かという論争は、1949（昭和24）年の**浦和事件**を1つのきっかけとしている。焦点は、司法権に対する国政調査権の限界であった。将来を悲観し子ども3人を殺害した母親に対して裁判所が執行猶予つきの判決を下し、判決は確定した。この事件をめぐり、参議院法務委員会は、被告人等を証人として喚問し、また裁判官にも文書で回答を求めるなどの調査を行い、量刑は不当であるとの決議を行った。これに対し最高裁判所は、国政調査権は「補充的権限」（補助的権能）であり、具体的裁判につき量刑等の当否を審査批判し、または司法部に指揮勧告する等の目的をもって調査を行うことは司法権の独立を侵害する、との主張を行った。法務委員会は、国政調査権は司法の運営を含む国政全般を調査し得る独立の権能である、などと反論した[※120]。

　独立が保障された司法に対する国政調査権の行使は慎重でなければならない。しかし他方、政治家の汚職事件などをめぐっては、刑事事件の捜査あるいは裁判と並行して国政調査権の行使がどこまで許されるかが、重要な論点となる（辻村・憲法397〜398頁）。この問題は、航空機購入をめぐる賄賂の授受から田中角栄元首相の逮捕・起訴にまで至った**ロッキード事件**を契機として、学説上も活発に論じられるようになった。**並行調査**の限界とともに重要な争点となったのが、政治責任の追及や国民の**知る権利**に応えるための国政調査（情報提供

[※120] 最高裁判所と参議院法務委員会のやりとりは、法時62巻6号（1990年）167頁以下に収録されている。

のための調査）がどのように基礎づけられるのか、という点であった。とりわけ問われるのは、「補助」の射程である※121。

(2)　「国政に関する調査」と情報提供・政治責任の追及

　立法や予算の議決など、国会（両議院）の権限の範囲は「国政」をめぐり広範に及ぶ。それゆえ、たとえば立法を広義に解すれば、補助的権能説を前提としても、**政治責任**の追及や国民の知る権利に応えるための国政調査を、補助的権能の本質ではないにせよその機能の一環として、説明することも十分に可能である。とはいえ、検察や裁判所との並行調査をめぐっては、補助的権能の行使の限界が問題となるだけに、これらの目的の調査を明確に基礎づけ得るかどうかは重要な意味をもっている。

　議員を始めとする公務員を統制したりその責任を追及したりする手段が主権者には法的に保障されていなければならないとの立場から、「主権者たる『人民』にかわって公権力を担当する者が、主権者に政治責任を負い、主権者の知る権利にこたえる義務をもつのは当然のこと」であると説く見解もある※122。議院あるいは議員の憲法上の職責をこのように把握するなら、補助的権能説を前提としても、政治責任の追及や国民の知る権利に応えるための国政調査の憲法上の位置づけは明瞭になろう（辻村・憲法396頁）。

　また、政治責任の追及よりも知る権利に重点をおき、主権者である国民が「選挙を通じて代表者を政府機構に送る権限」を適切に行使するためには、「国政にかんする情報をまんべんなく入手し得る機会をもたなければならない」として、「情報提供作用は、立法作用、行政・財政監督作用とまったく無関係ではないが、それらとは独立した独自のはたらきである」と説く見解もある※123。

　さらに、立法よりも政府に対する統制に重点をおき、国政調査を捉える見解も、近時では有力である。アメリカのように、大統領制の下、立法権と執行権の分立が図られている場合には、議会の立法権が重要な意味をもち、立法の補助的権能としての側面が強調されることになる。一方、議院内閣制の下では、**政府の統制**こそがむしろ議会の本来的機能であるとして、そのための国政調査権の行使をそれ自体として国会両院の独立した権能と把握する立場もある（**新独立権能説**）※124。明文規定こそないものの、内閣が国会に対して連帯責任を負うこと（→憲66条3項）などを手がかりに、政府（内閣）の統制を国会（両議院）の憲法上の重要な権能として把握することは十分に可能である。

　議院内閣制では、議会の多数党が内閣を組織するだけに、政府統制の中心は野党にならざるを得ないが、少数党による統制には構造的な脆弱性がある。そ

※121　孝忠延夫『国政調査権の研究』（法律文化社、1990年）62頁以下。

※122　杉原泰雄『憲法Ⅱ：統治の機構』（有斐閣、1989年）260～261頁。

※123　奥平康弘『知る権利』（岩波書店、1979年）29頁、329頁。

※124　大石眞『憲法講義Ⅰ（第3版）』（有斐閣、2014年）161～162頁。

第62条（議院の国政調査権）　543

れゆえとくに重要になるのが、ドイツにみられるような、少数派調査権の保障である[125]。

2　「両議院」──調査の主体

国政調査権は議院に認められた権能であるが、調査のために特別に設けられた委員会（調査特別委員会）、あるいは常任委員会に調査を委任することもできる（国会104条）。実際には、委任を受けた委員会が調査を行っている。

また、国政調査権それ自体の行使ではないが、**少数派調査権**に類する仕組みとして注目されるのが、衆議院の予備的調査の制度である。40人以上の議員が連署をもって、議長に対し、委員会が審査または調査のために必要な調査を行い、その結果を記載した報告書を提出する命令を発するよう要請することができる。議長はこれを適当な委員会に送付し、国民の基本的人権を不当に侵害するおそれがなければ、命令が発せられる（衆規56条の2・56条の3）。

国政調査の対象は「国政」全般に及ぶ。中には、専門性や政治的中立性が求められる調査もあり得る。そうした場合、議員以外の専門家を構成員とした委員会を設けることが考えられる。しかし、国政調査権は、国民により選挙された全国民の代表から構成される両院にとくに認められたものであり、証人の出頭・証言の要求、記録の提出の要求など、強力な権限を内容とするだけに、議員以外の者が調査権の行使に関与すれば、問題が生じ得る。そこでそうした場合には、制度上の工夫が必要となる。

この点で興味深いのが、2011（平成23）年3月の福島第1原発事故の原因究明のために国会に設けられた事故調査委員会の例である。委員は、「職務の遂行に関し公正な判断をすることができ、広い経験と知識を有する者」のうちから、両院の議長が両議院の承認を得て任命し、身分が保障され、また独立性が求められる。委員会は、とくに必要があると認めるときは、両院合同協議会に対し、国政に関する調査を行うよう、要請することができるものとされた（東京電力福島原子力発電所事故調査委員会法、国会法附則）。国政調査権の行使と専門性・独立性が必要な調査を調和させる手法として注目されよう[126]。

3　調査の手段

(1)　「証人の出頭及び証言並びに記録の提出」の要求

憲法が、強制力ある手段として認めているのは、**証人の出頭・証言**の要求と**記録の提出**の要求である。このほか、国政調査権の手段として、**立入調査**が認められるかどうかが問題となったことがある。国政調査権は、「刑事司法活動ではなく国政の調査を目的とする」ので、憲法が認める以上の強力な手段は認

---

[125] 孝忠延夫『国政調査権の研究』（法律文化社、1990年）81頁以下。

[126] 岡田順太「国政調査権と国会事故調」法セ712号（2014年）28頁。

められないとした裁判例がある（札幌高判1955（昭30）・8・23高刑8巻6号845頁）。学説の多くも、また政府も、認められないと解している（答弁集405）。

　証人の出頭・証言の要求、記録の提出の要求は、議院における証人の宣誓および証言等に関する法律（以下、議院証言法という）に定められている。各議院から、証人として出頭および証言または書類の提出を求められたときは、別段の定めのある場合を除き、何人もこれに応じなければならない（議院証言1条）。また、議院において宣誓をしなければならない（議院証言2条）。証人が虚偽の陳述をしたり、正当な理由なく出頭しなかったり証言や書類の提出を拒んだりしたときは処罰される（議院証言6条・7条）。

　他方で、思想・良心の自由（憲19条）や黙秘権（憲38条1項）など、証人の人権への配慮も必要となる。そこで、自己または親族等が刑事訴追または有罪判決を受けるおそれのあるときは、宣誓、証言または書類の提出を拒むことができる。医師・弁護士・宗教の職にある者等も、業務上委託を受けたため知り得た事実で他人の秘密に関するものについて、宣誓、証言または書類の提出を拒むことができる（議院証言4条）。また、証言を求める事項と無関係な尋問、威嚇的または侮辱的な尋問その他適切でない尋問を、委員長は制限することができる（議院証言5条の2）。

　なお、証人の人権への配慮を理由として、1988（昭和63）年、証人喚問についての撮影が一切禁じられた。その後の法改正によって、現在は、証人の宣誓および証言中の撮影および録音については、委員長または両議院の合同審査会の会長が、証人の意見を聴いた上で、委員会または両議院の合同審査会に諮りこれを許可する、とされている（議院証言5条の3）。

(2)　国政調査権と公務上の秘密

　公務員または公務員であった者が証人となる場合には、本人または当該公務所から**職務上の秘密**に関するものであることを申し立てたときは、当該公務所またはその監督庁の承認がなければ、証言または書類の提出を求めることができないとされる。当該公務所またはその監督庁が前項の承認を拒むときは、その理由を疎明しなければならない。議院・委員会等がその理由を受諾できない場合には、証言または書類の提出が国家の重大な利益に悪影響を及ぼす旨の**内閣の声明**を要求することができる。その声明があった場合は、証人は証言または書類を提出する必要がない（議院証言5条、国会104条）。「国家の重大な利益に悪影響を及ぼす」場合の例としては、「外交上あるいは防衛上の重要な秘密を公にする場合とか、国の重要な行政の運営に重大な支障を来すような秘密を公にする場合等がこれに該当する」との、政府の答弁書がある（答弁集397）。

　刑事訴訟法にも尋問について同様の規定があるが（刑訴144条・145条）、議院証言法では、理由の疎明・内閣の声明という条件が加重されている。その趣旨は、国政調査権の意義を踏まえ、「内閣が国家の重大な利益を守るため真にやむをえない理由がある場合を除いて、原則としてその要求を拒むことはできな

いことを示すもの」（佐藤功・注釈下791頁）であると解すべきであろう。

　1954（昭和29）年、いわゆる**造船疑獄事件**に際し、衆議院決算委員会による検察官の証言要求に対し、「公訴の維持に著しい支障を生ぜしめ、他面、裁判所に予断を与え裁判の公平を害するおそれなしと」しないなどとする、内閣の声明が出された例がある。

　2013（平成25）年に制定された**特定秘密の保護に関する法律**では、「その漏えいが我が国の安全保障に著しい支障を与えるおそれがあるため、特に秘匿することが必要であるもの」が特定秘密として指定されることとなった。同法は、秘密保護のための所要の措置がとられ、かつわが国の安全保障にいちじるしい支障を及ぼすおそれがないと認めたときには、秘密会を条件として、各議院または各議院の委員会に特定秘密を提供することを認めている。2014（平成26）年6月の国会法改正により、特定秘密保護制度の運用を常時監視するため、両議院に**情報監視審査会**が設置された。情報監視審査会は、行政機関の長に対し、必要な特定秘密の提出を求めることができる。しかし、理由の疎明・内閣の声明を経れば、秘密の提出を拒むことができる（→憲57条）。

Ⅲ　国政調査の限界

1　司法権との関係

　国政調査権は強力な権限であるが、人権保障、権力分立との関係では、一定の限界がある。とくに、**司法権の独立**が認められていることから（憲76条3項）、司法権との関係では、国政調査権の行使は慎重でなければならない。裁判所に対しては、立法等の資料とするために一般的な調査を行うことは否定されないとしても、裁判所に係属中の事件について、司法部に指揮勧告する等の目的で、訴訟指揮、事実認定、量刑等を審査批判するようなことは許されない。**浦和事件**でも問題となったように、確定判決であっても、特定の事件について同様の調査を行うことは許されないと解すべきであろう。また、特定の裁判官の適格性を問題にすることなども、許されないと解されよう（答弁集391）。

　以上のように、司法権との関係では、国政調査権の行使は慎重でなければならないというのが原則であるが、他方で、政治家の汚職事件の場合などには、系属中の刑事裁判と並行して国政調査権の行使が許されるかどうかが、問題となる。実質的に刑事責任を問題とするような調査が許されないのはもちろんであるが、国政調査で主として問題となるのは、**政治責任**の追求である。刑事責任の追及をめぐっては、無罪推定の原則が働き、手続も厳格に法定されている。一方政治責任は、政治家としての資質が疑われる行為があれば、それだけで問題となり得る[127]。裁判と調査の目的が異なり、また対象も必ずしも同一では

---

[127]　杉原泰雄『憲法Ⅱ：統治の機構』（有斐閣、1989年）354頁。

ないことからすれば、異なる目的をもって適切な方法で行われる**並行調査**は、許容されると解されよう（樋口ほか・注解3・158〜159頁〔樋口陽一〕、辻村・憲法397頁）。

ロッキード事件では、刑事被告人となった前総理大臣の証人喚問の可否（司法権のと並行調査）が、国会で問題となった。当時の稲葉法相は、「理論的には十分可能」だが、「証言を求める事項が、当該証人が起訴されている公訴事実に及ぶ場合」や「国政調査の目的が起訴されている公訴事実の存否を目的とするような場合」には許されないと、答弁している（答弁集399）。司法権の独立をおかさない適切な方法であれば、証人喚問も可能であると解することができよう。

2　検察との関係

検察との関係でも、刑事事件の捜査と並行した国政調査を行うことが許されるのかが問題となる。検察は行政権の一部ではあるが、相対的な独立性が求められ、国政調査権の行使にも限界がある。しかし限界を強調し過ぎると、たとえば政治家の汚職などをめぐり、両議院による政治責任の追及が困難となりかねない。ここでも、裁判所との関係と同様に、国政調査権行使の目的は、刑事責任の追及ではなく、政治責任の追及だという点が、確認される必要がある。

日商岩井事件の東京地裁判決（東京地判1980（昭55）・7・24判時982号3頁）は、検察権と国政調査権との関係について、検察の捜査と並行した証人尋問につき、「裁判所の審理との並行調査の場合とは異り、行政作用に属する検察権の行使との並行調査は、原則的に許容され」、「例外的」に国政調査権行使の自制が要請されるのは、それが「司法権の独立ないし刑事司法の公正に触れる危険性があると認められる場合」に限定される、と述べる。具体的には、「（イ）起訴、不起訴についての検察権の行使に政治的圧力を加えることが目的と考えられるような調査、（ロ）起訴事件に直接関連ある捜査および公訴追行の内容を対象とする調査、（ハ）捜査の続行に重大な支障を来たすような方法をもって行われる調査等」である。ロについては、そのままでは政治責任の追及が困難になりかねず、「捜査または公訴の追行を不可能または著しく困難とする場合」に限るべきであるとの指摘もある[128]。

3　行政との関係

行政の統制は国会の重要な権能であるから、行政権に対しては、国政調査権は広く及ぶと解される。とくに問題となるのは、公務員の守秘義務との関係である。国政調査権と公務員の守秘義務をめぐっては、「国政調査権に基づいて政府に対して要請があった場合、その要請に応えて職務上の秘密を開披するか

---

[128] 杉原泰雄『憲法Ⅱ：統治の機構』（有斐閣、1989年）265頁。

第63条（大臣の議院への出席）　547

どうかは、守秘義務によってまもられるべき公益と国政調査権の行使によって
得られるべき公益とを個々の事案ごとに比較衡量することにより決定される」
との政府見解がある（答弁集395）。「守秘義務によってまもられるべき公益」
が安易に強調されてはならない。

（只野雅人）

（大臣の議院への出席）
第63条　内閣総理大臣その他の国務大臣は、両議院の一に議席を有する
と有しないとにかかはらず、何時でも議案について発言するため議院に
出席することができる。又、答弁又は説明のため出席を求められたとき
は、出席しなければならない。

第4章

I　本条の意義

　議院内閣制（→第5章　内閣〔前注〕）においては、内閣が議会の信任の上
に成立し、また内閣は議会に対して責任を負う。法律や予算の議決とともに、
内閣や行政機構に対する統制は、議会の重要な機能である。議会の多数党（与
党）により組織される内閣は、法律案や予算など重要議案を国会に提案し、あ
るいは基本政策を提示する。一方、野党を中心とした議会は、それらの審議を
通じ、**政府に対する統制**を行ってゆく。
　憲法72条は、「内閣総理大臣は、内閣を代表して議案を国会に提出し、一般
国務及び外交関係について国会に報告」すると定めている。そこで本条ではま
ず、内閣総理大臣その他の国務大臣に、議案について発言するため議院に出席
する権利を認めている。
　本条は、他方において、内閣や行政各部に対する統制の場を確保するために、
議院の求めがある場合には、内閣総理大臣その他の国務大臣に対し、答弁また
は説明のため出席することを義務づけてもいる。両議院による内閣・行政各部
に対する実効的な統制の実現という観点から、とくに出席の義務づけは重要な
意味をもっている。
　戦前の大日本帝国憲法にも、「国務大臣及政府委員ハ何時タリトモ各議院ニ
出席シ及発言スルコトヲ得」との規定が置かれていたが、出席の義務について
は明文の定めがなかった。

II　国務大臣の議院への出席

1　「内閣総理大臣その他の国務大臣」
　出席の権利を有し義務を負うのは、「内閣総理大臣その他の国務大臣」である。

国務大臣以外の者が答弁のために国会に出席し、また出席を求められること
もある。従来は政府委員の制度が置かれ、国会の会期の冒頭、各省の次官や局
長などが議長の承認を得て、委員に任命された。しかし、官僚である政府委員
による答弁が国会審議を形骸化させているとの批判があり、「国会審議の活性
化及び政治主導の政策決定システムの確立に関する法律」によって、この仕組
みは廃止された。また、政治任用ポストである従来の政務次官に代わり、新た
に副大臣・大臣政務官が設けられた。

国会法には、内閣官房副長官、副大臣および大臣政務官は、内閣総理大臣そ
の他の国務大臣を補佐するため、議院の会議または委員会に出席することがで
きるとの定めが置かれている（国会69条1項）。両議院の規則（衆規45条の2、
参規42条の2）では、委員会が審査または調査を行うときは、政府に対する委
員の質疑は、国務大臣または内閣官房副長官、副大臣もしくは大臣政務官に対
して行うとされ、議員同士の議論が中心である旨が明示されている。ただし、
「行政に関する細目的事項又は技術的事項について審査又は調査」を行う必要が
ある場合には、**政府参考人**として官僚等の出頭を求め、その説明を聴くことができ
る（衆規45条の3、参規42条の3第1項）。

従来政府委員とされていた人事院総裁、内閣法制局長官、公正取引委員会委
員長、原子力規制委員会委員長、公害等調整委員会委員長も、同様に内閣総理
大臣その他の国務大臣を補佐するため、議長の承認を得て、議院の会議または
委員会に出席させることができるとされている（国会69条2項）。そのほか、委
員会は、議長を経由して会計検査院長および検査官の出席説明を求めることが
でき、また最高裁判所長官（またはその指定する代理者）は、その要求により、
委員会の承認を得て委員会に出席説明することができる（国会72条）。

2 「両議院の一に議席を有すると有しないとにかかはらず」

内閣総理大臣および国務大臣の過半数は国会議員でなければならない（憲67
条1項・68条1項）。国会と内閣との緊密な連携を保障するための規定であるが、
国会議員でない者が国務大臣になることもあり得ることから、本条ではとくに、
「両議院の一に議席を有すると有しないとにかかはらず」との文言が置かれてい
る。

3 「議案について発言するため」

議案には、内閣が提出するもの（→憲72条）と議員が提出するものがあるが、
本条の「議案」はその双方を含む。

4 「議院に出席することができる」

「議院」とは、両議院の本会議だけでなく、委員会等をも含む。

第 63 条（大臣の議院への出席）　549

Ⅲ　答弁または説明の要求

1　「答弁又は説明のため出席を求められたとき」

　「答弁又は説明のため出席を求められたときは、出席しなければならない」
との定めは、国会による内閣・行政各部の統制の上で、重要な意味をもってい
る。憲法は、国会に対する内閣の連帯責任を規定する（憲66条3項）。責任の追
及には、衆議院による内閣不信任（憲69条）、国政調査権（憲62条）、あるいは
法律案や予算の否決など、憲法上強力な手段があるが、さまざまな国会の審議
の中で繰り広げられる質疑は、いわば日常的な統制手段として、劣らず重要な
意義を有している。

　GHQ草案では、「**質問**（interpellation）に対する答弁を求められたときは、
国会に出席しなければならない」との文言となっていた[129]。"interpellation"
は通常の「質問（question）」とは区別して「問責質問」などとも訳される。本
来は、質問・討論に続く問責の決議をも含意した概念である。本条の文言は
「答弁又は説明の要求」となっているが、「**答弁又は説明**」は議員による質問と
それに対する応答義務（**説明責任**）を当然に含意していることに留意する必要
がある[130]。

　国会法は、「質問」について、議員による質問主意書の事前の提出と内閣に
よる答弁書の作成、という手続を定めている（国会74条・75条）。「質問」とは、
議題に関係なく国政一般について行われるもので、議題にかかわるものは「質
疑」と呼ばれる。質疑は口頭による。本会議の質疑では討論にわたる意見を述
べることは許されず、同一議題について3回までに限られている[131]。

　国会における質問（質疑）の制度は十分に活用されているとはいいがたい。
口頭質問[132]、議員同士による自由討議など、審議の活性化に向けた改革が考
えられる必要があろう[133]。当初の国会法には自由討議に関する規定（国会78
条）が置かれていたが、次第に利用されることが少なくなり、1955（昭和30）
年の国会法改正により削除されている。

2　「出席しなければならない」

　近時、国会改革の一環として、内閣総理大臣が外交などに専念することを可
能にするために、国会出席を本会議や予算委員会の基本的質疑と集中審議、締
めくくり質疑などに限定することが検討されている。他国と比べ、日本の内閣

---

[129] http://www.ndl.go.jp/constitution/shiryo/03/076shoshi.html。

[130] 大石眞『憲法秩序への展望』（有斐閣、2008年）163頁。

[131] 浅野一郎＝河野久編『新・国会事典（第3版）』（有斐閣、2014年）161〜162頁。

[132] 緊急の場合には、口頭による質問が認められている（国会76条）。

[133] 大石眞『憲法講義Ⅰ（第3版）』（有斐閣、2014年）159頁。

550　第64条（弾劾裁判所）

総理大臣は国会審議への拘束時間が長いとの指摘もあるが、総理大臣の国会出
席の限定は、国会審議の空洞化を招くおそれもある。国会審議の活性化や統制
機能の実効化などとあわせて論じられるべき問題であろう。

（只野雅人）

（弾劾裁判所）
第64条　①　国会は、罷免の訴追を受けた裁判官を裁判するため、両議
院の議員で組織する弾劾裁判所を設ける。
②　弾劾に関する事項は、法律でこれを定める。

I　本条の意義

　憲法は、司法権の独立を保障し、裁判官の手厚い身分保障を定めている。
「**公の弾劾**」によらなければ、裁判官は罷免されない（憲78条）。「公の弾劾」
による意義は、裁判官の側からすれば「公」の手続によることで身分保障を徹
底することに、また国民の側からすれば、公務員の選定罷免（憲15条1項）を
司法部にも及ぼし、国民の監視の下で行わせることにある（法協・註解下963
頁）。
　後述のように、弾劾裁判所が両議院の議員から組織されるのは、(i)弾劾裁判
の公正確保のためには裁判所以外の機関によるのが妥当なこと、(ii)弾劾の判断
は国民を代表する議員が行うのが妥当なこと、(iii)しかし国会で裁判を行うと党
派的構成を回避できないため、国会から独立した機関が行うのが妥当なこと、
によると考えられる（宮沢・全訂490頁）。
　本条は、公の弾劾の手続について定める。公の弾劾は、罷免の訴追を受けた
裁判官について、両院の議員で組織する弾劾裁判所により行われる。弾劾は、
「職務上の義務に著しく違反し、又は職務を甚だしく怠つたとき」「その他職務
の内外を問わず、裁判官としての威信を著しく失うべき非行があつたとき」に
限られる（裁判官弾劾法2条）。弾劾事由の意義、弾劾の運用などについては、
憲法78条の解説にゆずり（→憲78条）、本条では罷免の訴追と弾劾裁判の手続に
ついて説明する。

II　「罷免の訴追」

　裁判官の**罷免の訴追**は、各議院においてその議員の中から選挙された同数の
訴追委員で組織する訴追委員会が行う（国会126条）。弾劾裁判所の場合と同様
に、職権の独立が保障される（裁弾8条）。訴追委員会は、裁判官について、訴
追の請求があつたとき、または弾劾による罷免の事由があると思料するときは、

その事由を調査しなければならない（裁弾11条）。訴追の請求は、裁判官について弾劾による罷免の事由があると思料するときは、何人でも行うことができる。各裁判所の長官は、勤務する裁判所および管轄区域内の裁判所の裁判官につき、弾劾による罷免事由があると思料するときは、訴追委員会に対し罷免の訴追を請求しなければならない。また最高裁判所は、裁判官について、弾劾による罷免の事由があると思料するときは、訴追委員会に対し罷免の訴追を請求しなければならない（裁弾15条）。罷免の訴追は、弾劾裁判所に訴追状を提出して行う（裁弾14条）。

Ⅲ　「両議院の議員で組織する弾劾裁判所」

1　「両議院の議員で組織する」

　弾劾裁判所は、「両議院の議員」で組織される。弾劾裁判所は国会に置かれ、各議院においてその議員の中から選挙された同数の裁判員（7名ずつ。裁弾16条）で組織される。裁判長は、互選による（国会125条）。国会からは独立しており、閉会中も職権を行うことができる（裁弾4条）。

2　「弾劾裁判」

　弾劾は、「裁判」によらなければならず、「裁判」にふさわしい適正な手続が求められる。裁判員には職権の独立が認められる（裁弾19条）。審理・裁判には、各院の裁判員それぞれ5人以上の出席が必要である（裁弾20条）。罷免の訴追を受けた裁判官は、いつでも弁護人を選任することができる（裁弾22条）。罷免の裁判は、口頭弁論に基づき（裁弾23条）、公開で行われる（裁弾26条）。弾劾裁判所は、罷免の訴追を受けた裁判官の召喚・尋問、職権による証拠調べなどを行うことができる。裁判手続には、適宜、刑事訴訟に関する法令が準用される。すでに裁判を経た事由については、罷免の裁判をすることができない（裁弾32条）。裁判には理由を付し、罷免の事由およびこれを認めた証拠を示さなければならない（裁弾33条）。終局裁判が行われた場合、裁判書の謄本は、直ちに罷免の訴追を受けた裁判官と最高裁判所に送達され、終局裁判は官報で公示される。裁判官は、罷免の裁判の宣告により罷免される（裁弾37条）。弾劾裁判所による裁判は、司法権の限界を構成し、司法裁判所で争うことはできない。

　なお、所定の事由がある場合、弾劾裁判所は、罷免の裁判を受けた者の請求により、資格回復の裁判をすることができる（裁弾38条）。

　これまで、9件の罷免の訴追のうち7件で罷免が宣告され、3件については資格回復が認められている（弾劾裁判所ウェブサイトを参照。http://www.dangai.go.jp/）。

（只野雅人）

552　第5章　内閣〔前注〕

第5章　内閣

〔前注〕

I　本章の意義

1　行政権の主体としての内閣

　本章は、「行政権」の主体である「**内閣**」（憲65条）について定めている。戦前の大日本帝国憲法は、「国務大臣及枢密顧問官」と題する章に、わずかに大臣に関する1か条（明憲55条）を置くにとどまっていた。内閣や内閣総理大臣に関する規定は直接にはなく、内閣制度は勅令である内閣官制により定められていた。総理大臣も国務大臣のひとりであり、「同輩中の主席（primus inter pares）」にとどまっていた。天皇の大権がおかされぬよう、各大臣が単独で天皇の国務上の大権行使を輔弼（は ひつ）するという建前がとられていた（明憲55条）。

　日本国憲法は、内閣の組織、職務、責任等について規定している。内閣は、首長たる**内閣総理大臣**と**国務大臣**から構成される合議制の機関である（憲66条1項）。国会によって指名（憲67条）される首長たる内閣総理大臣は、国務各大臣の任免権をもつとともに（憲68条）、内閣を代表して議案を国会に提出し、一般国務および外交関係について国会に報告し、ならびに行政各部を指揮監督する（憲72条）。内閣は、一般行政事務のほか、憲法が定める一連の職務を行う（憲73条ほか）。内閣は、これら行政権の行使について、連帯して国会に対し責任を負う（憲66条3項）。

　日本国憲法は、「**行政権**」の語を用いるが、英文の日本国憲法では、executive powerが用いられている。アメリカの大統領が行使するexecutive powerは、通例、「執行権」と訳出される。立法権を行使する議会が立法府と呼ばれるのに対し、行政権あるいは執行権を行使する主体は、「行政府」「執行府」と呼ばれる。「政府（Governement, Regierung）」の語が用いられることもある（フランス第五共和国憲法、ドイツ基本法）。

　「政府」の語は内閣と同義に用いられることもあるが、行政権を行使する組織全体を意味することもある。「政府」の語はまた、より広く国家における公権力と同義に、あるいは対外的に日本国を代表する組織の呼称としても、用いられる。

2　国会と内閣の関係

　本章はまた、国会と内閣の関係についても定めている。政府（行政府あるいは執行府）が議会の信任の上に成立し議会に対して責任を負う体制は、一般には議院内閣制と呼ばれる。一方、執行権を付与された直接公選の大統領が置か

れる体制は、**大統領制**と呼ばれる。議会と政府が密接に連携する前者は柔軟型の権力分立、ともに選挙される議会と大統領が分立する後者は厳格型の権力分立、といわれる。

　一般に、日本国憲法は**議院内閣制**（とくにイギリス型の議院内閣制）を採用していると説明される。戦前の大日本帝国憲法では、上述のように内閣や総理大臣についての直接の定めはなく、「国務大臣」が天皇の権限（国務上の大権）の行使を「輔弼」し、天皇に対して責任を負うものとされていた（明憲55条）。一方、日本国憲法では、国会が指名した内閣総理大臣が内閣を組織する。総理大臣と国務大臣の過半数は国会議員でなければならないとされ（憲67条1項・68条1項）、国会との関係は緊密である。内閣は行政権の行使について国会に対し連帯責任を負う（憲66条3項）。衆議院は内閣不信任の権限を有し、衆議院の不信任に対し内閣は衆議院の解散という対抗手段を有する。

　議院内閣制にはさまざまなバリエーションがある。日本国憲法が議院内閣制を採用しているとしても、どのような形態の議院内閣制——国会と内閣の関係——が定められているかについては、憲法の規範構造を踏まえ、検討を行う必要がある。イギリスでは伝統的に首相による自由な解散権（国王への解散請求）の行使が認められてきた（ただし近時は制限が加えられている。→憲69条）が、日本国憲法の場合、どのような憲法上の根拠に基づき、どのような場合に内閣の解散権行使が認められるかについて議論がある（→憲7条・69条）。また、イギリスの第二院・貴族院は、選挙されない権限の弱い第二院であるから、内閣の責任はもっぱら下院に対して生じる。これに対して、日本国憲法の第二院・参議院は、国民により選挙され強い権限を付与されている（→憲42条）だけに、内閣との関係が無視できない問題となり得る（→憲66条3項）。

Ⅱ　行政権あるいは執行権

　「行政」の語は、ともすれば、受動的な法律の執行をイメージさせるが、アメリカの大統領の場合のように、**執行権**（executive power）の語は、より能動的な権能の行使を含意するものとして用いられることが少なくない。大統領制の場合には、直接公選の大統領に議会からの独立性と一定の権限が保障されるので、執行府の優位が現れやすい。議院内閣制にあっても、とくに20世紀以降、議会に対する執行府の優位が指摘されてきた。

　執行府の優位の背景の1つは、行政国家現象である。**行政国家**とは、「本来統治の出力過程（執行）の公式担い手たる行政が同時に入力過程すなわち政治（国家基本政策の形成決定）にも進出して中心的かつ決定的役割を営む」ような国家を指す[1]。20世紀以降の国家は、一般に行政国家であるといわれる。国

---

[1]　手島孝『行政国家の法理』（学陽書房、1976年）13頁。

民を直接代表する議会が入力過程を担い、行政府がそれを実施（出力）するというのが、ひとまず国民主権のもとでの議会と行政府の関係の理念といえよう。しかし、国家の役割が限られていた19世紀とは異なり、20世紀に入ると、社会保障の領域、さらには、経済政策を始めとする専門的で迅速な対応を要する領域へと、国家の活動範囲は拡大してゆく。こうした国家の役割の増大を支えるには、専門性を有する恒常的な組織体である官僚機構の存在が欠かせない。官僚機構を擁する執行府の役割は拡大し、政策の入力過程においても重要な役割を演じるようになってゆく。

執行府優位の今ひとつの背景は、議会における規律された多数派の存在である。現代の議院内閣制では、政府は議会の多数党により組織される。規律の強い安定した多数党が存在すれば、政府が提出する法律案や予算の議決は容易となり、政府が不信任を受けることも稀になる。また議会選挙では、個々の選挙区での議員の選択よりもむしろ、政府とそのリーダーたる首相、そして政権公約（マニフェスト）の選択が強調される傾向もある。この場合、政府と首相は、国民による政権選択を、自らの基盤として標榜することも可能となる。

日本の場合も、行政権、とりわけ内閣は、実際には単なる政策決定のアウトプットにとどまらない、積極的能動的な役割を演じている。行政権とは区別される、執政権といった概念を用い、内閣のこうした能動性を把握しようと試みる学説も、近時では有力である。しかしながら、執政権概念を用いることの当否をめぐっては、学説上議論がある（→憲65条）。国会を国権の最高機関と定める日本国憲法の規範構造が、内閣・行政権優位の解釈や制度の運用とどこまで整合的か、慎重な検討が必要であろう。

伝統的な権力分立論では、議会と政府の間の均衡と抑制が強調されてきた。しかしながら、以上のような執行権優位の構図の下では、議会による**政府統制**をどのように実効的に機能させるのかが、重要な意味をもつことになる（→憲62条・63条・66条・69条）。フランス第五共和国憲法は、2008年の改正に際し議会の役割を再定義し、政府の統制と公共政策の評価を、法律の議決とならぶ議会の権能として位置づけている。

Ⅲ　議院内閣制

1　議院内閣制
(1)　議院内閣制の展開：均衡と責任
議院内閣制とは、英語のparliamentary government、フランス語のrégime parlementaireあるいはparlementarisme、ドイツ語のparlamentarische Regierungを指すことばとして用いられてきた。「議院制」あるいは「議会政」

といわれることもある※2。

議院内閣制とは、内閣（政府）が議会の信任の上に成立し、また議会に対して責任を負う体制と定義できる。もっともその形態は国によって、また時代によってさまざまである。同じ憲法の下でも、その機能は決して一様ではない。

議院内閣制の本質をめぐっては、**「均衡」**と**「責任」**という二要素を挙げることができる※3。均衡という要素から特徴づけられるのが、君主制から議会優位の体制への過渡期に現れた、いわゆる二元的議院内閣制である。議院内閣制の古典的モデルとされるこの仕組みの下では、議会と国王双方に対する大臣の二重の責任が重要な意味をもつ。国王により任免される大臣は、国王に対してだけでなく、国王の行為への副署を介して、国王の行為について議会に対しても責任を負う。一方、国王による解散権が、議会による大臣に対する責任追及を抑制する。議会による責任追及（不信任）とそれに対抗する議会の**解散**というメカニズムを通じ、均衡が図られる。当初の議院内閣制は、民主主義的というよりは、むしろ自由主義的な体制であった。

しかし、元首の地位の名目化あるいは消滅とともに、体制の重点は議会へと大きく傾いてゆく。それに応じて、議院内閣制も、政府（内閣）と議会とが直接に対峙する一元的構造へと移行してゆく。政府は、「行政権を担当するため、立法機関によって選出された委員会」（バジョット）※4となり、政府の責任は、議会に対するものへと一元化される。さらに、普通選挙の定着とともに、有権者が選挙で選択した多数党が内閣を組織するようになると、有権者→多数党→政府という回路を通じて、政府は議会だけでなく、事実上国民に対しても一定の責任を負うと考えられるようになる。こうして、「政府の議会に対する（それを通じて国民に対する）責任」（芦部・憲法342頁）という、議院内閣制の民主主義的側面が顕在化する。

議会の多数党が内閣を組織するようになると、上述のように、内閣は、行政権のみならず、内閣を支持する議会の多数党を媒介として、議会をも事実上支配するようになる。こうして、行政権と立法権の間の分立・均衡にかわり、内閣を介した両者の結合という側面が、強く表れるようになる。内閣不信任案が可決されることは稀になり、議院内閣制に組み込まれていた不信任と解散というメカニズムは機能しにくくなる。議会と内閣の均衡に代わり重要性を帯びることになるのが、議会の反対党（野党）による内閣・多数党（与党）に対する責任追及や統制である。

そこで重要な意味をもつことになるのが、議会内少数派（野党）の制度上の

※2 大石眞＝石川健治編『憲法の争点』（有斐閣、2008年）218頁〔高見勝利〕。

※3 樋口陽一『憲法Ⅰ』（青林書院、1998年）300頁以下。

※4 バジョット・小松春雄訳「イギリス憲政論」『世界の名著72』（中央公論社、1980年）171頁。

位置づけである。イギリスでは伝統的に野党の役割が重視され、野党第1党の党首が公的な処遇を受け、「影の内閣」を組織する。ドイツでは、議員の4分の1以上の申立てで、調査委員会の設置が可能である。またフランスでも、2008年の憲法改正によって、野党・少数会派への配慮が憲法上定められるようになった。

　日本国憲法においても、議院内部の少数派に配慮し、**「少数派権」**※5を保障した規定が置かれている。少数派のイニシアチヴを認めたものとしては、議院の総議員の4分の1以上による臨時会の召集要求（憲53条）、出席議員の5分の1以上による公開の要求（憲57条3項）がある。また、出席議員の3分の2以上の賛成という特別多数の要求を通じて「少数派権」の保障を図った規定として、秘密会の議決（憲57条1項）、資格争訟による議席喪失（憲55条）、懲罰としての議員除名（憲58条2項）、衆議院による法律案の再議決（59条2項）がある。

　議院内閣制における内閣優位の構図は、強い規律をもつ二大政党制が存在する場合、もっとも強く現れやすい。規律ある二大政党制を伝統としてきたイギリスでは、内閣政治あるいは首相政治が語られてきた。一方、多党制の下で安定した議会多数派が存在しない場合には、内閣の基盤は不安定になり、かえって議会の優位——頻繁な不信任の可決と内閣の交代——が際立つこともある。戦前の第3共和制および戦後初期の第四共和制の下でのフランスでは、政府の解散権が憲法上制約されていたこととも相まって、内閣の不安定と「強すぎる」議会が際立った。二大政党制か多党制か、また政党規律が強いか弱いかなど、政党システムのあり方は、議院内閣制の機能に大きな影響を及ぼす。

(2)　議院内閣制と大統領制・会議政

　今日の議院内閣制では、「均衡」よりもむしろ、「政府の議会に対する責任」という側面が強く現れる。議院内閣制はこの点で、アメリカ型の**大統領制**、そしてスイスでとられる**会議政**（régime d'assemblée）などと区別される。

　議会と大統領双方が選挙される二元代表の制度である大統領制では、議会と行政府の分立が図られる。弾劾という例外的手段を除くと、議会が大統領の責任を直接に問う仕組みは存在せず、大統領も、議会の解散権をもたない。一方、会議政では、政府は議会に対して責任を負うのではなく、服従することが求められる。ここでも、不信任と解散というメカニズムは存在しない。

　直接公選の大統領と議会に責任を負う内閣を並存させるフランスのような例もある。この仕組みは、半大統領制とも呼ばれる。もっとも、政府が議会に責任を負うという点では、二元的代表制の下での議院内閣制の一類型とみることも可能である。

※5　吉田栄司『憲法的責任追及制論Ⅰ』（関西大学出版会、2010年）24頁。

2 日本における議院内閣制の展開

(1) 大日本帝国憲法における帝国議会と内閣

上述のように、戦前の大日本帝国憲法は内閣についての規定を置かず、各国務大臣に言及するのみであった。国務大臣の任免は天皇の大権に属する。また国務大臣は行政権行使の主体ではなく、天皇の国務上の大権の行使を「輔弼」する機関であった。「國務各大臣ハ天皇ヲ**輔弼**シ其ノ責ニ任ス」（明憲55条）という憲法の文言からすると、各国務大臣がそれぞれ単独に天皇を補弼し、天皇に対して責任を負うことになる。内閣は、議会の党派構成によって左右されるべきではないとされ、基本的に、議会の信任なく組織された（**超然内閣**）。

しかし、憲法の規定が簡略であったこともあり、実際の運用において、議会の信任に基礎を置いた内閣制度の運用の可能性も、皆無ではなかった。立憲学派を代表した美濃部達吉は、議会政治は責任政治であるとし、「議会ガ内閣ノ組織ノ原動力トナリ倒壊力トナルコトハ議会ノ最モ重要ナル政治的権能ナリ」と指摘する。また内閣の連帯責任についても、「少クトモ閣議ヲ経テ施行セラレタルモノニ付テハ内閣ノ連帯責任ニ属シ、国務各大臣ハ其ノ進退ヲ共ニスルヲ通常トス」と述べている※6。実際、大正デモクラシーの時期には、議会の多数党が内閣を組織する運用がなされるようになり、1924（大正13）年から1932（昭和7）年の5.15事件まで、いわゆる**政党内閣**が続いた。

(2) 日本国憲法における国会と内閣

(i) 日本国憲法の議院内閣制と55年体制

日本国憲法は、大日本帝国憲法とは異なり、行政権の主体である内閣の成立に国会の信任を求める（国会が指名した内閣総理大臣が内閣を組織する）とともに、内閣の国会に対する連帯責任を定めている。また、衆議院議員総選挙の後に初めて国会の召集があったときは、内閣は総辞職をしなければならないとされている（憲70条）。さらに憲法は、衆議院による内閣不信任と内閣による衆議院の解散について規定しているが（憲69条）、実際には、内閣は、憲法69条所定の場合に限らず、自由に解散権を行使できるという運用が定着してゆく。選挙を通じ、有権者→多数党→内閣という回路によって「内閣の議会に対する（それを通じて国民に対する）責任」が確保されるメカニズムが、組み込まれているのである。議院内閣制のモデルとされるイギリスと同様である。

しかし、現実の政治制度は、1955（昭和30）年の保守合同以降、自由民主党が衆議院・参議院両院の多数を占め続けるという与件の下で（**55年体制**）、二大政党間の政権交代を特徴とするイギリスとは異なる独特の形で機能してゆくことになる。政権交代が生じなかったため、一党優位型の政党システムの下で、「内閣の議会に対する（それを通じて国民に対する）責任」という議院内閣制の本質的要素は十分に機能しなかった。

※6 美濃部達吉『改訂・憲法撮要』（有斐閣、1946年）271〜272頁。

558　第5章　内閣〔前注〕

(ⅱ)　内閣機能の強化と議院内閣制の直接民主政的運用
(a)　内閣機能と首相のリーダーシップの強化
　政策本位・政党本位の政治と政権交代可能なシステムの実現を掲げ1990年代初頭に行われた**政治改革**以降、選挙制度や行政制度など、憲法が定める政治機構を具体化する仕組みの変化に伴い、議院内閣制の機能は変容した。衆議院の選挙制度の変更（→憲47条）とともに議院内閣制との関係でとくに重要な意味をもつのが、**内閣機能の強化**に向けた一連の制度改革である。
　改革の基本的方向性は、「内閣が、日本国憲法上『国務を総理する』という高度の統治・政治作用、すなわち、行政各部からの情報を考慮した上での国家の総合的・戦略的方向付けを行うべき地位にあることを重く受け止め、内閣機能の強化を図る必要がある」と述べる行政改革会議・最終報告（1997（平成9）年12月）によく示されている。このような視点から、内閣法・国家行政組織法の改正、内閣府設置法の制定など（1999（平成11）年）、内閣を中心とした中央省庁の再編・統合が行われた。内閣総理大臣の活動を補佐・支援する企画・調整機関として、総合戦略機能を担う内閣官房が強化され、また、内閣の総合戦略機能を助ける「知恵の場」して内閣府が設けられた。さらに改正された内閣法は、内閣が「国民主権の理念にのっとり」職権を行使すると定め（内閣1条1項）、その基盤が「国民」にあることを明示するとともに、内閣総理大臣の首長としての地位・リーダーシップを強調している。
(b)　政権選択の論理と議院内閣制の直接民主政的運用
　このように内閣や首相の主導性を国民主権から基礎づけようという視点は、政権交代可能なシステムの実現を掲げた衆議院の選挙制改革とも共通している。二大政党間の政権交代を特徴としてきたイギリスをモデルに、国民による政権選択（首相内閣と政権公約＝**マニフェスト**の選択）を基盤として、内閣や首相の主導性を基礎づけることが目指される。
　国民の**政権選択**という契機を強調した議院内閣制の運用——議院内閣制の直接民主政的運用——に理論的基礎を提供したのが、憲法学で唱えられた**国民内閣制論**である[7]。国民内閣制論が重視するのは、選挙を介した、国民による政権担当者の選択という契機である。それは、内閣や首相のリーダーシップに政治的正統性を提供し、内閣・首相の主導性——「**政治主導**」——を基礎づける。そこでは、国民の選択を基盤とする内閣を中心とした「政」が、官僚（「官」）を統制することが期待される。
　内閣機能や首相の主導性の強化は、直接的には行政権内部において、官僚機構（「官」）に対して民主的基盤をもつ内閣・首相（「政」）の優位を確立しようとするものである。しかし、その射程は、国会と内閣の関係にまで及ぶ。国民内閣制論は、議会が決定し内閣が執行するという統治イメージを、行政国家の

---

[7]　高橋和之『国民内閣制の理念と運用』（有斐閣、1994年）。

現実により即した、内閣が統治し議会が統制するというイメージに転換する必要性を指摘する。その上で、「政」の中心たる内閣と首相を、国民が議会選挙を通じ選択する、という契機を強調するのである。

国民内閣制は、官僚統制という問題を、憲法の運用を通じ実現しようとするものである。一方、行政権の概念を捉え直し、行政権に含まれる政治的要素を「執政権」として改めて概念化することで、同様の課題に応えようとするのが、執政権論である（→憲65条）。

(c) イギリス・モデルと憲法の規定する政治機構

しかしながら、強化された内閣や「政治主導」のシステムに民主的基盤を提供することになる議院内閣制の直接民主政的運用は、1990年代後半以降、両院の多数党の「ねじれ」という障害に遭遇することになった。**ねじれ国会**の下では、衆参両院で安定した多数派を確保するため、連立政権が続くなど、参議院の政権形成への影響力が強まった（→憲42条）。直接選挙である以上、参議院議員選挙でも、政権選択が争点となることは避けがたい。強い参議院のプレゼンスの増大は、首相・内閣の主導性の強化にも、無視し得ない効果を及ぼした。イギリス型議院内閣制とは異なり、直接公選の参議院を組み込んだ日本国憲法の規範構造に適合的な議院内閣制のあり方が、改めて問われることにもなる。

一方、2012（平成24）年12月の総選挙以降は、連立与党が国会の両院で多数を占めるようになった。政権交代を見込むことが難しくなる中で、安定した国会両院の多数派に支えられた内閣と首相の優位が際だって現れるようになっている。

（只野雅人）

（行政権）
第65条 行政権は、内閣に属する。

I 本条の意義

本条は、**行政権**が内閣に帰属することを規定している。内閣は、首長たる内閣総理大臣と国務大臣から構成される合議機関である（憲66条1項）。英文の日本国憲法では、通例「**執行権**」と訳出される、executive powerの語が用いられている。executive powerとしての側面を重視するか、あえて「行政権」ということばが用いられていることを重視するかによって、「行政権」の概念規定は異なり得る（→Ⅱ）。

戦前の大日本帝国憲法は国務大臣について規定するのみで、天皇の勅令である内閣官制が、内閣について定めていた。また、行政権についての定めもなく、国務大臣は、天皇の国務上の大権の行使を「輔弼」する機関に過ぎなかった。

諸外国の憲法をみると、執行府の一元制がとられる場合と二元制がとられる場合とがある。大統領制をとるアメリカでは、執行権（executive power）は、一元的に大統領に帰属する（ただし独立行政委員会につき、Ⅲを参照）。一方、古典的な議院内閣制では、執行権は、国家元首（君主）と大臣（内閣）からなる二元的構造を有していた。今日の議院内閣制でも、執行府の二元制がみられる。ドイツでは、連邦政府・首相が主としては執行権を担うが、議会が選出する大統領もまた、その一部を担っている。またフランスでは、直接公選の大統領と議会に責任を負う政府が並存する、執行府の「双頭制」が採られている。日本国憲法の場合には「行政権」が一元的に内閣に帰属している。

国会の立法権には「唯一」（憲41条）、裁判所の司法権には「すべて」（憲76条1項）ということばが付され、それぞれの権限が国会、裁判所のみに帰属することが強調されている。これに対し本条は、内閣による行政権の独占を示唆する形容句を付していない。この点は、内閣から独立して職権を行使する行政機関の合憲性をめぐり、問題となる（→Ⅲ）。

Ⅱ　「行政権」

1　法律の制定と執行

立法権については形式的意味と実質的意味が区別されるが（→憲41条）、行政権についても同様の区別が可能である。形式的意味の行政権とは、形式上憲法が内閣に帰属させている権限の総体を意味する。憲法66条3項の「行政権」は、形式的意味の行政権である。一方、本条の「行政権」をめぐっては、その実質的な意味が問題となる。

伝統的公法学説では、国家権力を立法、行政、司法の三権に分けて考える場合、立法は国民の権利義務に関する一般的抽象的法規範を定める作用であるのに対し、行政と司法は、そうして定められた規範（法律）を個別具体的に執行する作用である、と説明されてきた（清宮・憲法1・300頁）。もっとも、等しく法律の執行といっても、司法権は、具体的な法律上の争訟に法を解釈適用することでこれを終局的に裁定する作用、というように明確に定義され得るのに対し、行政権の定義は容易ではない。憲法73条は、法律の誠実な執行と国務の総理を筆頭に、さまざまな内閣の職務を列挙しており、その中には、外交関係の処理や条約の締結など、狭義の法律の執行には収まりにくい作用も含まれている（憲73条）。

2　消極的定義と積極的定義

そこで、通説的見解は、行政権を積極的に定義することを断念し、国家作用から立法・司法を控除したものという、消極的な定義を採用してきた。**控除説**と呼ばれる見解である。控除説は、国家作用を余すことなく説明できるという

利点をもち、また、国王の大権から司法、立法が分化していったという歴史的経緯に沿ったものである、と説かれてきた（宮沢・全訂494頁、佐藤功・注釈下809頁、清宮・憲法1・301頁、芦部・憲法333〜334頁）。

しかし控除説をめぐっては、行政権への権限推定という構造を内包しており、行政権の肥大化を招かないか、また、国会を国権の最高機関と規定する日本国憲法の下ではむしろ国会への権限推定（あるいは国会に有利な権限規定の解釈）が原則となるのではないか（→憲41条）、といった批判がなされてきた。こうした批判を踏まえ、行政権を、司法を除く法律の執行と定義する、執行作用内控除説も説かれてきた[8]。

一方で、消極的定義に満足することなく、行政権を積極的に定義する試みもなされてきた。代表的見解は、「法の下に法の規制を受けながら、現実に国家目的の積極的実現をめざして行われる全体として統一性をもった継続的な形成的活動」[9]といった定義を提唱している（**積極説**）。しかし積極説に対しては、定義に用いられている概念が不明確である、行政作用の全体をなお捉え切れていない、法律による行政の原理をかえってあいまいにする、といった批判がなされてきた。

3　執行と執政

(1)　執政権説

憲法73条は、一般行政事務のほか、さまざまな権能を内閣の職務として列挙している。法律の誠実な執行（憲73条1号）が冒頭に挙げられるが、のみならず、外交関係の処理（憲73条2号）、条約の締結（憲73条3号）、予算の作成（憲73条4号）など、「法律の執行」には収まりにくいものも少なからず含まれている。そのほかにも、衆議院の解散権は内閣に帰属すると解されている（→憲7条3号・69条）。憲法規範の次元だけでなく、現実の憲法の運用においても、内閣が政策の形成や国政の指導といった役割を担っていることは、否定できない。「政策を一貫して遂行しうる立場にある内閣・行政組織に政策決定と政策執行の重要な部分が移行せざるを得ない」[10]との指摘もつとになされてきた。こうした視点からは、「執行」に含まれる能動的作用（「執政」）を抽出し、国会による信任という民主的基盤をもつ内閣をその主体として位置づけることが、重視される。

公法学における伝統的な議論では、上述のように、「法律による行政」の原理の下、国民代表である議会が定立した法律を行政が「執行」するという観点が強調され、「執行権」に内在する政治的統治的要素が正面から概念化されて

---

[8]　杉原泰雄『憲法Ⅱ：統治の機構』（有斐閣、1989年）310頁。

[9]　田中二郎『行政法（上巻）（全訂第2版新版）』（弘文堂、1974年）5〜6頁。

[10]　手島孝＝中川剛『憲法と行政権』（法律文化社、1992年）154〜155頁〔中川剛〕。

562　第65条（行政権）

こなかった。これに対して、近時、上記のような問題意識から、「執行」にふくまれる「執政」的要素と、主としては行政機構によって担われる狭義の「行政」（法律の執行）とを区別し、法律から自由に形成される領域をも含み得る内閣の行政権を「執政権」として把握する見解が、有力に説かれるようになっている※11。**執政権説**は、内閣は「執政機関」であり、その統轄下にある行政組織が「行政機関」であると説く。執政権説はまた、従来の行政権の把握では、官僚統制という問題を十分に主題化することができないとも主張する。執政と行政の区分は、執政機関である内閣による官僚機構（行政機関）の統制という視点をも含んでいる。

　執政権説と同様の認識を前提とする場合でも、政治的統治的要素は行政権者と立法権者が共同して行うものであるから、行政権のみを執政権と捉えるのは適切ではないとの指摘もある。こうした立場から、行政権を「国のとるべき適切な方向・総合的な政策のあり方を追求しつつ、法律の誠実な執行を図る作用」と定義した上で、そうした作用は、73条が冒頭（73条1号）に掲げる、「法律を誠実に執行し、**国務を総理する**こと」という文言の中に確認的に示されている、と説く見解もある（佐藤幸・憲法481～483頁）。また、憲法上の権限配置における協働という視点を重視する立場から、執政権は、「国権の最高機関」たる国会と「国務の総理」機関である内閣とによって分有される協働権である、と説く学説もある（渋谷・憲法593頁など）※12。

(2)　法律執行説

　執政権説に対しては、立法とは憲法の下での始原的法定立であり、行政とは法律の「執行」であると解するのが、国民主権の下での権力分立のあり方に適合的であるとする見解も、有力に説かれる（高橋・立憲主義358頁、新基本コンメ368頁〔毛利透〕）。ここでの「執行」とは、行政権のあらゆる行為が究極的には法律に根拠をもたねばならないことを意味しており、内閣が、「政治の領域」において、法案の提出や法律制定を通じ自らの政策を能動的に実施してゆくこと自体は否定されない。**法律執行説**は、行政権が内閣に属するという規定を、内閣の行うこうした活動の「法的性格」を表現するものと位置づける（高橋・立憲主義380～381頁）。法律執行説は、執政権説に対して、執政権概念の輪郭があいまいであり、「国会の立法権や裁判所の司法権に対抗して内閣が有する主たる権限としてそれを挙げることが憲法体系上適切なのか」という疑問を呈している（新基本コンメ369頁〔毛利透〕）。

　法律執行説が指摘するように、執政権を作用面から明確に定義することは、容易ではない。また、執政と行政の区分にも、困難さが伴う。本条の「行政権」

※11　代表的な見解として、石川健治「政府と行政──あるいは失われた言説の場」法教245号（2001年）74頁、阪本昌成『憲法理論Ⅰ（第2版）』（成文堂、1997年）364頁など。
※12　より詳しくは、村西良太『執政機関としての議会』（有斐閣、2011年）233～234頁。

が、憲法41条の「立法機関」、76条の「司法権」と対比されるべきものであること、また41条はあわせて「国権の最高機関」としての地位を国会のみに付与していることからすれば、「法的性格」を重視し、行政権のあらゆる行為が究極的には法律に根拠をもたねばならないという意味で本条の行政権を定義することには十分な理由があるように思われる。

(3) 政治の領域における内閣の機能と憲法の規範構造

法の領域とは区別された政治の領域における内閣の能動的な役割をどのように考えるのかについては、さらに別途検討が必要であろう。法律執行説の有力な論者は、「政治の領域」において妥当するのは、「アクション」（政策目標に向かってのイニシアチヴ）とそれに対する「コントロール」という図式であるとし、「日本国憲法の下では、アクションを内閣（とくに、首相）が担い、政治的なコントロールは国会が担う」と説いている[13]。

実際の議会制度の運用においても、1990（平成2）年以降、内閣機能や首相のリーダーシップ強化のための制度改革が図られてきた。また、それと並行して、内閣と内閣が実現すべき政策を国民が選挙において選択するという契機が重視されてきた（政権選択選挙あるいは議院内閣制の直接民主政的運用、→本章〔前注〕）。さらに、内閣・首相の主導性を前提として、国民の選択を基盤に、「官」に対する「政」の優位が強調されてきた（「政治主導」改革）。しかし、「コントロール」を担うことになる国会の機能強化は、なお課題として残されている。

さらに、衆議院での多数党が参議院で過半数の議席が得られないという**ねじれ国会**の下で、そうした議院内閣制の運用と強い権限をもった参議院との不整合が問題となってきた（→憲42条）。直接公選の強い第二院が存在することから、「日本国憲法そのものの規範構造は、〔二大政党間の政権選択よりも〕むしろ〔穏健な多党制を前提とした〕『合意』型の理念型に属する」との指摘もある[14]。「合意型」の下では、国民内閣制が説くような、内閣が統治し国会が統制するという図式が、必ずしもそのまま妥当するわけではない。憲法は「立法を始めとする多くの事柄について参議院にも衆議院とほぼ等しい権限を与え」ている（最大判2012（平24）・10・17民集66巻10号3357頁）という認識を前提にすると、そうした政治機構にふさわしい国会の役割の検討が、改めて求められよう。

4 行政権と憲法の解釈・運用

行政権の解釈をめぐっては争いがあるが、法律の執行が行政権の重要な要素であることは否定し得ない。憲法も、「法律を誠実に執行」することを、内閣の

---

[13] 高橋和之『現代立憲主義の制度構想』（有斐閣、2006年）11〜13頁。
[14] 高見勝利『現代日本の議会政と憲法』（岩波書店、2008年）86〜87頁。

564 第65条（行政権）

主要な職務の筆頭に挙げている（→憲73条1号）。

法律の誠実な執行が、最高法規（→憲98条1項）である憲法の適切な解釈を前提にすべきことはいうまでもない。憲法上、拘束力をもった有権的な憲法解釈権を明示的に与えられているのは、違憲審査権を有する終審裁判所としての最高裁判所である（→憲81条）。しかし、最高裁判所による違憲審査権の行使は、司法権、すなわち法律上の争訟の裁定の範囲内でなされる。憲法判断が示されない条項・争点も多い。そこで、国会・内閣という政治部門が、最高裁判所とは異なる意味においてではあるが※15、憲法上の権限行使の前提として憲法の解釈を行う余地が生じる。違憲の国家行為が許されない以上、違憲の疑いが生じないように法令の制定・執行等を行う必要があるからである※16。

この点で大きな比重を占めてきたのが、政府による憲法解釈である。とくに、**内閣法制局**は、内閣提出の法律案、政令案、条約など閣議に付される法令案についての審査事務、法律問題について内閣総理大臣等に意見を述べる意見事務を通じ、**政府の憲法解釈**の形成に大きな役割を演じてきた※17。政府による憲法解釈は、現実の憲法とその下での法制度の運用を規定するものであるだけに、重要である。基本的な解釈の変更は、憲法が規定する憲法改正手続を経ずに、憲法の意味を実質的に変更する効果をももち得る。それだけに、従来定着してきた**政府の憲法解釈**の変更は、重大な問題となる。

政府は、憲法を含む政府による法令解釈について、「当該法令の規定の文言、趣旨等に即しつつ、立案者の意図なども考慮し」、「議論の積み重ねのあるもの」については「全体の整合性を保つことにも留意して、論理的に確定されるべきもの」であり、「政府による憲法解釈についての見解は、このような考え方に基づいてそれぞれ論理的な追求の結果として示されたもの」であるから、「最高法規である憲法の解釈は、政府がこうした考え方を離れて自由に変更することができるという性質のものではない」と答弁してきた。とくに、「国会等における論議の積み重ねを経て確立され、定着しているような解釈については、政府がこれを基本的に変更するということは困難である」と述べていた（答弁集532）。

2014（平成26）年7月、安倍内閣が、**集団的自衛権**行使をめぐる従来の政府解釈を閣議決定によって変更しようとしたことから、政府の憲法解釈とその変更の限界が、大きな問題となった。政府は、憲法解釈の変更については、従来の見解を引きつつ、「諸情勢の変化とそれから生ずる新たな要請を考慮すべきことは当然であるとしても、なお、前記のような考え方を離れて政府が自由に憲法の解釈を変更することができるという性質のものではな」いが、「このよ

※15 蟻川恒正「憲法解釈権力」法時86巻8号（2014年）9～10頁。

※16 阪田雅裕編『政府の憲法解釈』（有斐閣、2013年）2頁。

※17 阪田雅裕編『政府の憲法解釈』（有斐閣、2013年）320頁以下参照。

うなことを前提に検討を行った結果、従前の解釈を変更することが至当であるとの結論が得られた場合には、これを変更することがおよそ許されないというものではない」と答弁している[18]。また、内閣が憲法解釈を行うことの根拠をめぐっては、「行政権は、内閣に属する」と定める本条を引き、**行政権**の行使のためには「憲法を適正、適切に解釈するということが必要」であるから、「内閣が憲法を適正に解釈する権限と責任がある」と答弁している[19]。

　集団的自衛権をめぐる解釈変更が、従来とられてきた政府の9条解釈と論理的に整合する形で説明可能なものであるのか、重大な疑義がある（→憲9条）。またそれだけに、「国会等における論議の積み重ねを経て確立され、定着しているような解釈」を、憲法改正の手続を経ることなく閣議決定で実質的に変更しようとしたことも、重大な問題を含んでいる。

Ⅲ　「内閣に属する」

(1)　行政委員会

　行政権は内閣に帰属し、内閣はその行使について国会に対し連帯責任を負う。この原則の下では、内閣がすべての行政権を掌握し得るよう、行政の実施を担う行政機構が内閣の統制下に置かれ、組織的な統一が図られることが必要になる。しかし実際には、内閣から独立して職権を行使する行政機関が存在する。

　戦後、アメリカで発達してきた、いわゆる独立行政委員会の制度が日本にも導入された。その後、廃止されたり諮問機関化されたものも多いが、現在でも**行政委員会**には各種のものが存在している。国家行政組織法3条[20]が、省の外局として定めるものとしては、公害等調整委員会、公安審査委員会、中央労働委員会、運輸安全委員会、原子力規制委員会があり、内閣府設置法が内閣府に置かれる委員会として定めるものとしては、公正取引委員会、国家公安委員会、個人情報保護委員会がある。また国家公務員法が定めるものとして、人事院がある。とくに独立性が強いのは、人事院、公正取引委員会であり、委員の身分保障や職権行使の独立のほか、準立法的権限（規則制定権）、準司法的権限（前審としての審査・審判）が付与されてきた（公正取引委員会による審判制度は、2013（平成25）年の法改正（2015（平成27）年4月施行）により廃止された）。

(2)　行政委員会の合憲性

---

[18]　2014（平成26）・2・12〔第186回衆議院予算委員会会議録〕第6号2頁〔横畠裕介内閣法制次長〕。

[19]　2014（平成26）・7・15〔第186回閉会後参議院予算委員会会議録〕第1号18頁〔横畠裕介内閣法制局長官〕。

[20]　3条機関ともいわれ、ほかに同法8条に基づく諮問機関（8条機関）がある。

566　第65条（行政権）

　これらの機関については、内閣が委員長・委員の任免権、予算に関する一定の権限を有しているものの、そのことのみをもって制度の合憲性を説明することは難しいであろう。任免権や予算に関する一定の権限があることをもって内閣の統制下にあるといい得るならば、裁判所さえも内閣の統制下にあるということにもなる。

　学説の大勢は合憲説を採ってきた。その理由づけは必ずしも一様ではないが、以下の3点を総合することで、その合憲性を説明することができよう（合憲説の論拠につき、樋口ほか・注解3・189頁以下〔中村睦男〕、佐藤幸・憲法485〜486頁など）※21。

　第1に、形式的根拠として、条文上、憲法は行政権を内閣のみに独占させる趣旨ではないと解する余地があることである。憲法は、国会を「唯一」の立法機関とし、また「すべて」の司法権が裁判所に帰属すると定めているが、内閣の行政権にはそのような文言は付されていない。一定の条件の下で、独立した行政機関の存在を想定していると解することができよう。第2に、実質的な根拠として、行政作用の中には、その運用に中立性・専門性が必要とされ、必ずしも政治的性格をもった機関が直接行使するのになじまないと考えられる領域が存在し得ることである。本条の規定は、そのような認識を前提にしたものと解される。第3に、内閣から独立した行政機関であっても、国会による一定の直接的コントロールがおよび得ることである。国会による一定の直接的コントロールが及ぶのであれば、行政権の行使についての国会に対する責任（→憲66条3項）という原則が担保され得る。国会によるコントロールは、委員長や委員の任命についての同意という形で行使されるのが通例である。統制として必ずしも強いものではないが、第1・第2の根拠からすれば、「僅かではあっても国会が行政委員会に対して直接に統制を及ぼしうる余地が存する」ことをもって足りると解することもできよう（佐藤功・注釈下883頁、野中ほか・憲法2・203頁〔高橋和之〕）。上記のような条件の下で、国権の最高機関である国会が、独立した行政機関を創設し、また必要に応じて、一定の範囲で、準立法的作用や準司法的作用を認めることは許容されると解することができよう。

　政府は、内閣から完全に独立した行政機関を設けることは憲法違反の疑いがあるとする。その一方で、たとえば公正取引委員会については、政治的な中立公正が要請されるという事務の性質から独立性が認められているとし、さらに、一般的な行政機関に対する指揮監督よりは弱いが、内閣が「人事あるいは財務、会計その他の事項を通じて一定の勧告権を行使する」構造になっていると答弁している（答弁集411）。国会が責任を問えるだけの監督権限が内閣にあるかど

※21　詳しくは、大石眞＝石川健治編『憲法の争点』（有斐閣、2008年）230頁〔駒村圭吾〕も参照。

うかが重視されている。

(只野雅人)

> **（内閣の組織、文民、連帯責任）**
> **第66条**　①　内閣は、法律の定めるところにより、その首長たる内閣総理大臣及びその他の国務大臣でこれを組織する。
> ②　内閣総理大臣その他の国務大臣は、文民でなければならない。
> ③　内閣は、行政権の行使について、国会に対し連帯して責任を負ふ。

I　本条の意義

　戦前の大日本帝国憲法は、国務大臣について言及するにとどまり、内閣および内閣総理大臣についての規定を置いていなかった。内閣制度は、勅令である内閣官制により定められていた（→本章〔前注〕）。大日本帝国憲法はまた、議会に対する大臣の責任についても明示するところがなかった。大日本帝国憲法の公定注釈書は、「大臣ハ君主ニ対シ直接ニ責ヲ負ヒ又人民ニ対シ間接ニ責任ヲ負フ者ナリ」[22]と述べている。大正デモクラシー期に至るまで、議会構成にかかわりなく内閣が組織される、超然内閣の慣行が続いた（→第4章　国会〔前注〕）。

　本条は内閣の組織、内閣総理大臣の首長性、内閣の国会に対する連帯責任について、規定している。国会に対する連帯責任は、議院内閣制の要ともいえる規定である。もっとも議院内閣制の形態は、国によって異なり一様ではないため、その意味は、日本国憲法が定める国会と内閣の関係を踏まえ、見定められる必要がある。

　また本条2項は、内閣総理大臣その他の国務大臣が、文民でなければならないと定めている。平和主義を定める憲法9条とも密接にかかわる規定であるが、「文民」の意味をめぐっては、争いがある。

II　内閣の組織

1　「首長たる内閣総理大臣」

　戦前の大日本帝国憲法の下での内閣総理大臣の地位は、憲法ではなく、勅令である内閣官制に基づいていた。その規定によれば、内閣総理大臣は、「各大臣ノ首班トシテ機務ヲ奏宣シ旨ヲ承ケテ行政各部ノ統一ヲ保持ス」とされていた。「首班」ではあるが、その地位は**「同輩中の主席**（primus inter pares）**」**に

---

[22]　伊藤博文『帝国憲法皇室典範義解』（1889年）87頁。

とどまっていた。

　これに対して本条は、内閣総理大臣の地位を、内閣の「**首長**」として位置づけている。その地位は、内閣の構成員のうち、**内閣総理大臣**のみが、国会によって指名される（憲67条）——従って直接の信任を受ける——ことに由来すると考えられる。他の**国務大臣**は、内閣総理大臣によって任免される（憲68条）。内閣総理大臣が欠けたとき内閣は総辞職せねばならず、内閣の存立は首長たる総理大臣に依存している（憲70条）。内閣法も、この趣旨を踏まえ、「内閣は、国会の指名に基づいて任命された首長たる内閣総理大臣及び内閣総理大臣により任命された国務大臣をもつて、これを組織する」と定めている（内閣3条）。内閣総理大臣は、こうした地位に基づき、「内閣を代表して議案を国会に提出し、一般国務及び外交関係について国会に報告し、並びに行政各部を指揮監督する」（憲72条）。また、合議体としての内閣の職権行使は閣議によるが、内閣総理大臣は閣議を主催し、「内閣の重要政策に関する基本的な方針その他の案件を発議することができる」とされる（内閣4条）。閣議の意思決定方法をめぐっては、後述（→Ⅲ）のように、争いがある。内閣総理大臣の憲法上の権限としては、このほかに、法律・政令への署名・連署（憲74条）、国務大臣の訴追に対する同意権（憲75条）がある。

　執行府の長として議会の信任を得た首相を置く諸外国の憲法では、より一層明瞭に、首相の主導性が規定されている例がある。ドイツでは、連邦首相は、「政治の基本方針を定め、これについて責任を負う」（ドイツ基本法65条）と規定している（ただし同時に、基本方針の範囲内で、各大臣が独立して自己の責任において、所掌事務を指揮することも定められている）。また、いわゆる半大統領制（→本章〔前注〕）を採るフランスでは、政府に「国政を決定し、遂行する」権限を認め（フランス第五共和国憲法20条1項）、さらに首相は、「政府の活動を指揮する」（同21条1項）。これらの憲法では、執行府が執政的な権限を行使することが明示されているが、日本国憲法の「行政権」に同様の要素を読み込むことができるかどうかをめぐっては、争いがある（→憲65条）。ドイツとフランスで仕組みは異なるが、両国ともに**執行権**が大統領と政府・首相で分有されている点も、内閣に行政権が集中する日本とは異なっている。

　議会に信任を置く首相がどこまで強力に権限を行使し得るかは、憲法を始めとする法制度上の権限規定のみならず、首相及び政府を支える緊密で安定した多数派が議会に存在するかどうかによっても、大きく左右され得る。日本では、内閣総理大臣の憲法上の地位・権限と運用上の地位の弱さのアンバランスも指摘されてきた[23]が、1990年代以降は、内閣機能の強化が図られてきた（→本章〔前注〕）。また、閣議の意思決定方法を見直すべきであるとの議論もある（→

---

[23] この点について詳しくは、イギリス・ドイツとの比較の中で、首相権限をめぐる憲法の規範構造を分析した、上田健介『首相権限と憲法』（成文堂、2013年）を参照。

Ⅲ）。

2 「その他の国務大臣」、補佐機構

内閣は、総理大臣のほか、総理大臣により任免される**国務大臣**から構成される。その過半数は、国会議員でなければならない（憲68条1項ただし書）。憲法は、「行政各部」（憲72条）、「主任の国務大臣」（憲74条）の語も用いるが、「国務大臣」は、必ずしも行政事務を分担管理する必要はなく、各省大臣以外の、いわゆる無任所の国務大臣も存在する（内閣3条）。現行の内閣法では、国務大臣の数は原則14人以内とされている（ただし特別の必要がある場合は17人まで。内閣2条2項）。

内閣・内閣総理大臣の職権行使を補佐する機構として、**内閣官房**が置かれている。内閣官房は、閣議事項の整理その他内閣の庶務のほか、内閣の重要政策に関する基本的な方針に関する企画および立案ならびに総合調整に関する事務、行政各部の施策の統一を図るために必要となる企画および立案ならびに総合調整に関する事務等を担う（内閣12条）。1990年代末の内閣機能の強化により、その役割の拡充が図られた。また、内閣のいわば「知恵の場」として、内閣総理大臣を長とする**内閣府**が設けられた。内閣府は、行政各部の施策の統一を図るために必要となる事項の企画および立案・総合調整に関する広範な事務を所管している（内閣府4条）。内閣総理大臣は、国務大臣の中から、必要があれば特命大臣（内閣府特命担当大臣）を任命することができる（内閣府9条）。また内閣府には、経済財政諮問会議を始めとする重要政策に関する会議が置かれている。

従来、各省には、大臣のほか、政治任用のポストとして政務次官が置かれていたが、「国会審議の活性化及び政治主導の政策決定システムの確立に関する法律」によって、従来の政務次官に代わり、新たに副大臣・大臣政務官が設けられた。**副大臣・大臣政務官**の創設のねらいの1つは、議員同士による議論を通じ国会審議の活性化を図ることであるが（→憲63条）、加えて、政府と与党の一体化も重要な眼目であった。1990年代初めまでの自由民主党政権の下では、政府に対する与党の優位が指摘されてきた。そこで、イギリスをモデルに、多くの与党議員を政府（内閣）に参加させることで、与党と政府の一体化を図り、内閣機能と首相のリーダーシップの強化を目指したのである。

3 「文民」

(1) 文民条項制定の経緯

本条2項は、内閣総理大臣及び国務大臣は**文民**でなければならないと定める。文民とは、civilianの訳語であり、通例の用法では、軍人でない者を指す。文民統制（civilian control）という言葉がよく用いられる。**文民統制**とは、広義には、

「軍事力に対する民主的統制」を意味する※24。

軍事力は、法による権力の統制を目指す立憲主義にとって、最も扱いが困難な実力であった。そこで、国民に政治責任を負う民主的基盤をもった機関（首相や大統領、議会）によって、その統制を図ることが試みられてきた。文民統制の形態はさまざまであるが、本条が定める、内閣の構成員は文民でなければならないとする原則もまた、その一態様である。もっとも、日本国憲法の場合、本来は9条が一切の軍事力の保持を禁じていると解するならば、当然に現役軍人も存在しないことになり、本条の意義をどのように説明すべきか、困難な問題が生じる。

本条の文民条項は、当初の日本国憲法の草案には含まれていなかった。貴族院の審議の段階で、第二次世界大戦の戦勝国から構成される極東委員会の強い意向を背景に、挿入されたものである（→憲9条）※25。戦前の日本では、**軍部大臣武官制**がとられ、陸海軍大臣には武官があてられてきた※26。その結果、大臣を送り込む軍が、内閣や議会に対し、強い圧力をかけることが可能になった。極東委員会からの要請には、日本の再軍備の可能性も視野に、戦前のような事態を回避し、文民統制を徹底させるねらいがあった。

(2) 「文民」

本条の文民の意味をめぐっては、軍人でないものと解する説（**非軍人説**、宮沢・全訂508頁）、過去に職業軍人の経歴のないものと解する説（**非職業軍人説**（法協・註解下1009頁））、職業軍人の経歴を有していても軍国主義思想に深く染まっていない者は文民であると解する説（**非軍国思想者説**）、などが主張された。

非軍人説は、civilianの語義に最も忠実な解釈である。しかし、日本国憲法が軍隊の存在をそもそも想定していないと解する場合には、文民条項は確認的な意味をもつ規定にとどまってしまう。非職業軍人説は、その点も踏まえ主張されたもので、憲法施行後当初は、有力な解釈であった。非職業軍人説では、一時期でも職業軍人の経歴があれば文民ではないと解されることになる。法の下の平等や職業選択の自由との関係で、除外される者の範囲が広範に過ぎるとの批判もある（樋口ほか・注解197頁〔中村睦男〕）。

非軍国主義思想者説は、当初政府が主張していたものである。しかし、地

※24 大石眞＝石川健治編『憲法の争点』（有斐閣、2008年）60頁〔浦田一郎〕。

※25 http://www.ndl.go.jp/constitution/shiryo/04/126shoshi.html。経緯については、古関彰一『日本国憲法の誕生〔増補改訂版〕』（岩波書店、2017年）392頁以下。

※26 陸軍官制・海軍官制（勅令）は大臣資格を武官に限ることを明示していなかった（ただし文官は起用されなかった）が、1900（明治33）年の改正により、陸海軍大臣現役武官制が成立した。大正デモクラシー期には、制度上は予備役・退役軍人の登用も可能になったが、1936（昭和11）年、現役武官制が復活した（家永三郎『歴史のなかの憲法・上』（東京大学出版会、1977年）95頁。

位・身分・経歴に着目した観念である「文民」の意味を思想から判断するのは正当でないとの批判がある（佐藤功・注釈下820頁）。これに対しては、憲法9条の下で、軍国主義思想の有無を憲法尊重擁護義務を有する大臣の資格とすることは必ずしも不合理ではないとの反論もある（樋口ほか・注解198頁〔中村睦男〕）。1954（昭和29）年12月、元海軍大将・野村吉三郎の入閣が検討されたが、憲法上の疑義もあり、見送りとなった。

　自衛隊の創設以降は、非軍人説が実際上意味をもつことになった。政府は当初、自衛隊は「軍隊」ではないから自衛官は文民にあたるとの解釈を採っていた。しかし、その後、現職の自衛官も文民にはあたらないとの解釈を採るに至った。長らく、政府解釈を変更した唯一の事例とされてきたものである[27]。

　現在では、旧陸海軍の職業軍人が文民にあたるかどうかという問題は実質的にほぼ意義を失ったが、非職業軍人説を自衛隊にもそのまま適用すると、退職自衛官も文民にはあたらないと解されることになる。政府は、元自衛官は文民であると解している（答弁集414）。1994（平成6）年4月、陸上自衛隊のトップである幕僚長を務めた永野茂門議員（陸軍士官学校出身で元陸軍大尉の経歴も有する）が法務大臣に就任した際、本条2項との関係が議論を呼んだ[28]。

Ⅲ　「行政権の行使」

⑴　「行政権」

　内閣は、**行政権**の行使について、国会に対し連帯して責任を負う。内閣は、その権限の行使全般について国会に責任を負うことになるので、ここでの「行政権」は、形式的意味の行政権、すなわち、憲法上内閣の権限が及ぶ事柄すべて——「日本国憲法第73条その他日本国憲法　に定める職権」（内閣1条）——を意味する。天皇の国事行為に対する助言と承認も含まれる。内閣から独立して職権を行使する行政機関（独立行政委員会、→憲65条）については、内閣の職権が及ぶ限度で、責任を負うことになる。

⑵　閣議

　憲法は合議体としての内閣の意思決定のあり方についてとくに規定していないが、内閣法は、内閣の職権行使は、**閣議**によると定めている（内閣4条1項）。閣議は戦前の内閣官制にも定められており、非公開（秘密の保持）・全員一致の決定を慣例としてきた。閣議は総理大臣が主催し、総理大臣は、内閣の重要政策に関する基本的な方針その他の案件を発議することができる（内閣4条2項）。閣議には、定例閣議のほか、臨時閣議、もち回り閣議がある。閣議は要式行為ではないと解されており、一部の閣僚の署名・押印がなくとも成立したものと

---

[27]　阪田雅裕編『政府の憲法解釈』（有斐閣、2013年）162頁。

[28]　水島朝穂「十日間の『軍人大臣』」法セ475号（1994年）4〜5頁。

572 第66条（内閣の組織、文民、連帯責任）

して扱われる（佐藤功・注釈下824頁）。

(3) 閣議の意思決定方法

閣議の意思決定方法をめぐっては、全員一致が憲法上の要請なのかどうかをめぐり、争いがある。従来、**全員一致説**が多数説であるとされてきた。その何よりの根拠は、**連帯責任**の原則（憲66条3項）にある（→Ⅳ）。内閣は、国会に対して連帯して責任を負う以上、構成員はすべて「一体として、統一的行動をとる必要」があるということである（佐藤功・注釈下824頁、清宮・憲法1・328頁、樋口ほか・注解3・205頁〔中村睦男〕など）。1人が反対しても意思決定ができなくなるので、内閣の方針に反対する大臣は、辞職すべきということになる。内閣総理大臣は最終的には閣僚の罷免権をもっていること、議院内閣制は政党内閣制であって同質性が高いこと、欠席者がいる場合にはもち回り閣議による対応が可能なことなど、全員一致の実質的条件があることも、あわせて指摘されてきた。

一方、多数決でも差し支えないとする説は、それが合議体の通常の意思決定方法であることに加え、戦前の大日本帝国憲法下では単独輔弼が原則であったため全員一致の慣行がとられたが、内閣の連帯責任を原則とする日本国憲法の下では、多数決による決定に全閣僚が従うのがむしろ当然であることなどを指摘する（論拠につき、樋口ほか・注解3・204頁〔中村睦男〕）。

1990年代後半の行政改革に際しては、迅速な意思決定を可能にすることを目的に、多数決による意思決定の導入が論点となった。行政改革会議・最終報告（1997（平成9）年12月3日）は、「日本国憲法は、転変する政治状況の中で内閣が機敏かつ実効的な意思決定ができるよう、閣議の議事手続等については、基本的に内閣自身の意思にゆだねる趣旨と解される。内閣機能の強化・活性化のため必要であれば、閣議の議決方法について合意形成のプロセスとして多数決の採用も考慮すべきである。」と述べている。学説上も、全員一致説をとる論理的必然性はない（佐藤幸・憲法495頁）との有力な指摘がなされている。一方政府は、「内閣は、行政権の行使について、国会に連帯をして責任を負う」とされていることから、「内閣構成員すべてが一体として統一的な行動をとることが要請されており、閣議では全員一致による議決を行うべきものだ」との立場をとっている（答弁集418）。

両説の対立には実益がないとの指摘もある。内閣が国会に対し連帯責任を負い一体として行動することが求められる以上、「内部での不一致は、たとえ存在したとしても外部に表面化してはならないはずのものであり、閣議における内部的意思決定手続の如何は、その限りで大きな意義を有しない」（長谷部・憲法390頁）からである。議事が秘密であることを前提とすれば、議事にルールを課すことにあまり意味はなく、「自主的判断に委ねるのがよい」との指摘もある（野中ほか・憲法2・219頁〔高橋和之〕）。実は、多数説とされる全員一致説も、同様の認識を前提としていたと思われる。代表的論者は、「もしある閣

議決定事項の審議にあたって国務大臣のうちに辞職した者がなく、また内閣総理大臣により罷免された者が存しないならば、その閣議決定は全会一致であったということが推測される」と指摘している（佐藤功・注釈下824頁）。非公開（秘密の保持）・全員一致の決定という慣行は、以上のような前提で定着してきたものといえよう。

(4)　内閣の意思決定をめぐる問題

　2014（平成26）年4月より、閣議決定に基づき、閣議の議事録の作成・公表が行われるようになった[29]。閣内に対立がある場合にはそれが表面化しないよう、実質的な審議調整が非公式の場に移行する可能性もあろう。

　また、この点ともかかわり、従来の閣議は調整済みの閣議書に署名を行うだけで実質的審議はなく、「内閣の大局的な方針や生成中の政策を案件として提出し議論するとの発想が希薄であった」[30]との指摘にも、十分留意する必要があろう。どのような事項を閣議で決定すべきか、また閣議決定事項にどのような効力を認めるべきかについて、必ずしも十分な検討がなされてこなかった。現在内閣・内閣総理大臣の下には、総理、副総理または官房長官を構成員とする、性格や役割・権能を異にする、多数のさまざまな会議体が設けられている（http://www.kantei.go.jp/jp/singi/index.html）[31]。内閣の意思決定のあり方をめぐり、権限や責任の明確化という観点から、検討を要する問題といえよう。

　2013（平成25）年には、従来の安全保障会議を改組し、安全保障に関する重要事項を審議する機関として、内閣に、内閣総理大臣を議長とする**国家安全保障会議**が設置された（国家安全保障会議設置法）。アメリカの国家安全保障会議（NSC）をモデルに、政治のリーダーシップや機動性・迅速性が強調される仕組みとなっており、「国家安全保障に関する外交政策及び防衛政策の基本方針並びにこれらの政策に関する重要事項」については、内閣総理大臣・外務大臣、防衛大臣・内閣官房長官によるいわゆる4大臣会合で、審議が行われる。

Ⅳ　「国会に対し連帯して責任を負ふ」

1　「責任」

　ここでの「責任」は、**政治責任**である。民事責任や刑事責任、あるいは諸外国に見られる弾劾制度で問われる責任――「法的責任」――の場合、責任の原因や範囲があらかじめ定められるが、本条3項はそのような定めを行っていない。内閣の職権行使全般の妥当性が、問題となる。もっとも、憲法69条の場合には、「衆議院で不信任の決議案を可決し、又は信任の決議案を否決したとき

---

[29] http://www.kantei.go.jp/jp/kakugi/index.html。
[30] 上田健介『首相権限と憲法』（成文堂、2013年）172頁。
[31] 上田健介『首相権限と憲法』（成文堂、2013年）178頁以下。

は、10日以内に衆議院が解散されない限り」、内閣は総辞職をしなければならないと定められているので、法的責任の色彩も濃厚にはなる（清宮・憲法1・331頁）。しかし不信任の場合も、問題となるのはやはり政治責任である。

2 「国会に対し」

責任の相手方は、「国会」である。ここでの国会は、通例、**「両議院」**（国会と両議院の異同→第4章　国会〔前注〕）を意味すると解されている。

内閣の責任は、さまざまな形で問題となり得る。内閣総理大臣・国務大臣は、議案について発言するため議院に出席することができ、答弁または説明のため出席を求められたときは出席しなければならない。国務大臣以外の者が答弁のために国会に出席し、また出席を求められることもある（→憲63条）。国会での審議おいて、国会議員から批判や質問を受け、答弁を行うことを通じて、内閣の責任——いわゆる説明責任——が問われることになる。また、国政調査権という強力な権限を通じ、内閣の責任が追及される場合もある。これらはいずれも、各議院の権限行使の中で行われるものであり、両院一致の議決は必要とされない。こうした広義の政治責任の追及をもっぱら念頭に置くならば、本条の「国会」は、「両議院」を意味すると解されることになろう。

一方、内閣の進退と直結する狭義のより強い意味の責任——**内閣不信任**——は、憲法上衆議院のみの権限とされている。そこで、本条の責任については、「内閣が行政権の行使に関し、国会各議院またはその議員に対して、批判その他のコントロールを受ける地位におかれ、そうしたコントロールを実効的に行うべき各種の法的手段が認められることを意味する。かならずしも国会の意志によって内閣が進退すべきであるとの意味ではない。」と説かれてきた（宮沢・全訂511頁）。

しかしながら、本条3項では「国会」の語が用いられている以上、両議院に対する広義の政治責任のみならず、参議院をも含んだ「国会」に対する狭義の政治責任を考える余地があると説く学説もある。この説は、参議院単独では内閣の進退を左右することができないとしても、内閣の存立をかけた重要法案が、衆議院で可決されても参議院で否決され、しかも再議決（憲59条2項）ができないような場合には、「内閣は、全体としての『国会』に対する責任を充たすことができなくなったと見る余地が十分にある」と指摘する。いわゆる**ねじれ国会**の下で明らかになったように、衆議院の多数党が参議院で過半数の議席を有しない場合、再議決規定は、衆議院の優越規定というよりはむしろ、参議院に強い拒否権を与えた規定として、機能し得る（→憲42条）。上記のような場合には、実質的に「狭義の責任」が顕在化し得る。もっともこのように解する場合には、参議院を含めた「国会」に「狭義の責任」を負う内閣は、「その存立根拠が分裂することによって、いたずらに弱体化するのではないか」という危惧や、「解散のリスクを負わない参議院が、それ自身としてではないにしても

『国会』の構成要素として、内閣の『狭義の責任』を問う主体となることへの疑問」も生じ得る[32]。

憲法69条は、衆議院のみに内閣を不信任する権限を与える一方で、内閣による衆議院の解散を認めている。また、「衆議院議員総選挙の後に初めて国会の召集があつたとき」には、内閣は総辞職をしなければならず（憲70条）、総理大臣の指名にあたっては、衆議院の優越が定められている（憲67条2項）。内閣と衆議院の関係は緊密である。この点を重視し、日本国憲法の下では、衆議院がもっぱら内閣の形成・維持にかかわるべきであると考えるならば、本条は「広義の責任」のみを想定していると解することになろう。一方、民主的基盤をもつがゆえに強い権限を付与されている参議院が、政権の形成・維持にかかわることもまた憲法の想定するところであると考えるならば、本条は、全体としての『国会』に対する狭義の責任をも実質的に含意していると解し得る余地があろう（→憲42条・69条）。

3 「連帯して責任を負ふ」

戦前の大日本帝国憲法（明憲55条）は、天皇に対する大臣の単独**輔弼**・個別責任を定めていた。もっとも実際には、連帯責任がむしろ原則であったといわれる（宮沢・全訂509頁）。一方本条は、内閣が国会に対し**連帯責任**を負うことを定めている。合議体としての内閣は、行政権の行使について、つねに一体として責任を負わなければならない。「連帯して責任を負ふ」とは、内閣が一体として責任を負うという意味である。閣議で全員一致による意思決定がとられてきたことも、この連帯責任の原則と密接なかかわりがある（→Ⅲ）。

連帯責任の原則は、とはいえ、各国務大臣の**単独責任**の追及を排除するものではない。各国務大臣はそれぞれの職権の行使について、また場合によると個人的な不行跡も含めて、政治責任を問われ得る。一方、各国務大臣の政治責任の原因は、同時に、連帯責任の原因ともなり得る[33]。閣議で決定された重要事項について、主任の国務大臣の単独責任とし、閣僚の入れ替えですませるといった対応は、本条が内閣の連帯責任を規定した趣旨に反するというべきであろう（清宮・憲法1・332頁）。

(只野雅人)

---

[32] 引用はいずれも、樋口陽一『憲法Ⅰ』（青林書院、1998年）307頁。
[33] 杉原泰雄『憲法Ⅱ：統治の機構』（有斐閣、1989年）356〜357頁。

576　第67条（内閣総理大臣の指名、衆議院の優越）

> **（内閣総理大臣の指名、衆議院の優越）**
> **第67条**　①　内閣総理大臣は、国会議員の中から国会の議決で、これを指名する。この指名は、他のすべての案件に先だつて、これを行ふ。
> ②　衆議院と参議院とが異なつた指名の議決をした場合に、法律の定めるところにより、両議院の協議会を開いても意見が一致しないとき、又は衆議院が指名の議決をした後、国会休会中の期間を除いて10日以内に、参議院が、指名の議決をしないときは、衆議院の議決を国会の議決とする。

I　本条の意義

　本条は、国会による**内閣総理大臣の指名**手続について、定めている。国会が国会議員の中から内閣総理大臣を指名するのは、議院内閣制（→本章〔前注〕）の原則に従い、内閣の存立を国会の信任に基づかせ、また国会と内閣との緊密な連携を確保するためである。
　本条は、衆議院の優越についても定めている。内閣総理大臣の指名についての衆議院の優越は、衆議院のみに内閣を不信任する憲法上の権限を与える一方で内閣による衆議院の解散を認めている憲法69条、衆議院議員総選挙の後に初めて国会の召集があったときには内閣は総辞職をしなければならないと定める憲法70条など、憲法が予定する衆議院と内閣との緊密な関係を踏まえたものといえよう（参議院と内閣の関係、→憲66条3項）。

II　内閣総理大臣の指名

1　「国会議員の中から」

　内閣総理大臣は、「国会議員の中から」指名される。国会議員であることは指名に際しての資格要件であって、内閣総理大臣の在職の要件ではないと解する学説もある（野中ほか・憲法2・180頁〔高橋和之〕）。しかし学説の大勢は、国会議員であることを、内閣総理大臣の在職要件でもあると解している。他国の憲法は、首相が国会議員の中から指名されるべきことを必ずしも明示していない。本条1項があえて**「国会議員の中から」**内閣総理大臣が指名されると定めている趣旨は、国会と内閣の緊密な関係の確保のためであろうから、国会議員であることは内閣総理大臣の在職要件でもあると解するべきであろう。
　本条は、内閣総理大臣は「国会議員の中から」指名されると定めるのみであるが、日本国憲法の議院内閣制は衆議院に基礎を置いていること、あるいは衆議院の第一院としての地位から、衆議院議員であるのが本則であるとする学説もある（佐藤功・注解下827頁、清宮・憲法1・309頁）。たしかに憲法は、内閣

第67条（内閣総理大臣の指名、衆議院の優越）　577

の存立を主として衆議院に依存させている。またこれまでも、内閣総理大臣は衆議院議員から指名されてきた。しかし、参議院議員もまた国民から直接選挙されていること、さらに内閣は「国会」に対して連帯責任を負う（憲66条3項）とされていることなどからすれば、参議院議員が内閣総理大臣になることも当然には排除されていないといえよう（野中ほか・憲法2・180頁〔高橋和之〕）。

2　「国会の議決」

　内閣総理大臣は、国会の議決により指名される。国会法は、「各議院において、内閣総理大臣の指名を議決したときは、これを他の議院に通知する」（国会86条1項）と定めている。両議院でそれぞれ指名の議決が行われ、議決が一致した場合に国会の議決があったものとされる。指名は記名投票で行われ、投票の過半数を得た者が、指名された者となる。過半数算定の基礎となる投票総数には、無効票も算入される[34]。過半数を得た者がいない場合には、得票上位2名についての決選投票が行われ、多数を得た者が指名されたものとなる。得票同数の場合には、くじによる（衆規18条、参規20条）。

　当初の両院規則では、まず記名投票により「指名される者」を定め、次いで指名の議決を行う、二段階の手続が定められていた。このことから、1948（昭和23）年2月、参議院での内閣総理大臣の指名に際し混乱が生じた。決選投票で多数を得た者が、指名の議決では過半数を得られなかったのである。投票で指名される者が定まれば、改めて指名の議決を行うことは不要であると解するべきであろう。

3　「他のすべての案件に先だつて、これを行ふ」

　内閣総理大臣の指名は、他のすべての案件に先立って行われる。内閣の空白という事態を極力回避するための規定である。もっとも、議長・副議長等の役員選挙、議席の指定、会期など、議院の活動の前提として不可欠な案件がある場合には、それらが優先される[35]。

4　首相準公選制

　当初、「指名される者」の選出、指名の議決という二段階の指名手続がとられていたことを手がかりに、公務員の選定罷免権（憲15条1項）の具体化として、首相指名手続に国民の意思を反映させるべく、いわゆる**首相準公選制**が提案されたことがある。まず内閣総理大臣候補についての国民投票を行い、次いで議院が、投票で一定の得票を得た候補者について得票順に順位を付し、過半数が

---

[34]　浅野一郎＝河野久一『新・国会事典（第3版）』（有斐閣、2014年）100頁。

[35]　浅野一郎＝河野久一『新・国会事典（第3版）』（有斐閣、2014年）144頁、平成29年度版・衆議院先例集67、平成25年度版・参議院先例録90。

得られる者が出るまで、この順位に従い「指名の議決」を行ってゆく、というものである[36]。**諮問的国民投票**（→憲41条）を前提に、その結果を尊重して、国会が指名の議決を行う、という仕組みとなっている。政府は、国会の多数党が主体となって内閣を組織するという議院内閣制の基本原理に反し、またさらには、憲法違反の疑いがあるとしている。国民投票結果を尊重して少数党の議員が選出された場合や国民投票結果が尊重されなかった場合に混乱が生じ得ること、指名の議決までに相当な時間を要し、「指名は、他のすべての案件に先立って行われる」との規定の趣旨に反すること、衆参両院の議決が異なった場合について定める本条2項の規定と整合しないことなどが、問題点として指摘されている（答弁集422）。

Ⅲ　「衆議院の議決を国会の議決とする」

衆議院と参議院とが異なった指名の議決をした場合には、予算の議決（憲60条）や条約の承認（憲61条）の場合と同様に、**衆議院の強い優越**が認められている。

国会法は、両議院の議決が一致しないときは、参議院は、**両院協議会**を求めなければならないと規定している（国会86条2項）。衆議院は、これを拒むことはできない（国会88条）。協議会で成案が得られなければ、衆議院の議決が国会の議決となる。1948（昭和23）年の第2回国会で、こうした事例が初めて生じた。その後、1989（平成1）年の第115回国会で、およそ40年ぶりに両院の指名の議決が一致せず、両院協議会でも意見の一致が得られなかったことから、衆議院の議決が国会の議決となった。第143国会（1998（平成10）年）、第168回国会（2007（平成19）年）、第170回国会（2008（平成20）年）でも、同様の事例が生じている[37]。

両院協議会規程8条によれば、「協議会の議事は、両議院の議決が異つた事項及び当然影響をうける事項の範囲を超えてはならない」とされている。この規程との関係で、指名についての両院の議決が異なった場合、協議会において、両院が指名したのとは異なる第3の候補を議題とし議決することができるかが問題となる。規程8条を根拠に、できないとするのが先例となっている[38]。このような取扱いは、事実上、衆議院の議決が国会の議決となることに帰着しよう。たしかに、議事の範囲は両院協議会が自律的に決め得る事柄ではある。しかし、憲法自体が第3の候補を議決することを排除しているわけではない。

衆議院が指名の議決をした後、国会休会中の期間を除いて10日以内に参議院

---

[36]　小林昭三『首相公選論入門（改訂版）』（成文堂、2001年）143頁以下。

[37]　平成29年度版・衆議院先例集付録199頁以下。

[38]　平成29年度版・衆議院先例集480。

第 68 条（内閣総理大臣による国務大臣の任免）　579

が指名の議決をしないときにも、衆議院の議決が国会の議決となる。

（只野雅人）

> **（内閣総理大臣による国務大臣の任免）**
> **第68条**　①　内閣総理大臣は、国務大臣を任命する。但し、その過半数
> は、国会議員の中から選ばれなければならない。
> ②　内閣総理大臣は、任意に国務大臣を罷免することができる。

I　本条の趣旨

　本条は、内閣の首長たる内閣総理大臣に、国務大臣の任免権を認めている。
GHQ草案では、内閣総理大臣が「国会ノ輔弼及協賛ヲ以テ（with the advice
and consent of the Diet)」、国務大臣を任命するとされていた[39]。帝国議会に
提出された帝国憲法改正案でも、「国会の承認により」となっていたが[40]、衆
議院での審議において、上記のように修正された[41]。「内閣の一体性（国会に
対する連帯責任）」を強める趣旨（宮沢・全訂525頁）である。
　また、国会と内閣との緊密な関係を徹底するため、国務大臣の過半数は、
「国会議員の中から」選ばれなければならないとされている。

II　国務大臣の任命

1　「任命」
　国務大臣は、内閣総理大臣が任命する。任命とは、ある者を国家機関の地位
につかせることを意味する。任命（罷免）は、天皇により認証される（国事行為、
→憲7条5号）。内閣総理大臣は、国務大臣の中から、行政事務を分担管理する
各省大臣を命じる（内閣3条、国組5条）。行政事務を分担管理しない大臣もい
る。

2　「その過半数は、国会議員の中から選ばれなければならない」
　国務大臣の過半数は、国会議員の中から選ばれなければならない。ここでの
過半数とは、在職する大臣の過半数と解される。国会による内閣の信任と両者
の緊密な連携の趣旨を徹底するのであれば、本来はイギリスのように、全閣僚
が国会議員であることが望ましいであろう。にもかかわらず、本条が「過半数」

---

[39]　http://www.ndl.go.jp/constitution/shiryo/03/076shoshi.html。
[40]　http://www.ndl.go.jp/constitution/shiryo/04/117shoshi.html。
[41]　http://www.ndl.go.jp/constitution/shiryo/04/124_1shoshi.html。

と定めているのは、「専門的な知識を必要としたり、政党的立場から独立であるべき性質の行政事務を分担する国務大臣」について、国会議員以外から広く適任者を求めることを可能にするためである（佐藤功・注解下837頁）。

憲法は、「国会議員の中から」と定めているので、衆議院議員、参議院議員のいずれであってもかまわない。とはいえ、内閣総理大臣の場合（→憲67条）と同様に、内閣と衆議院との密接な関係から、国会議員の多くが衆議院議員であることが憲法の精神に適合する、あるいは本則であると説かれることが多い（宮沢・全訂528頁、佐藤功・注解下839頁、樋口ほか・注解3・217頁〔中村睦男〕）。実際、参議院議員の国務大臣は少数にとどまっている。しかしながら、直接公選により強い権限を有する参議院は、内閣の存立にも一定の影響をもたざるを得ない（→憲66条3項）。参議院議員から国務大臣が任命されることが憲法の精神に適合しないとまではいえないであろう。

内閣総理大臣も「国会議員の中から」指名される。国会議員であることは、内閣総理大臣については在職要件であるが、国務大臣については在職要件となるわけではない。本条1項が求めているのは、国務大臣の過半数が国会議員であることなので、国務大臣が国会議員たる資格を失っても、当然にその地位を失うことはない。国会議員たる国務大臣が過半数に満たなくなった場合にも、内閣は当然に行為能力を失うわけではなく、内閣総理大臣が、大臣の任免権を行使することで速やかに過半数の要件を回復するよう義務づけられることになる。

Ⅲ 国務大臣の罷免

1 「任意に」

本条は、内閣総理大臣に対し、国務大臣を任命する権能のみならず、国務大臣を任意に罷免する権能を与えている。「任意に」とあるので、内閣総理大臣には、閣議に図ることなく単独で、自らの意思により自由に国務大臣を罷免することができる。**国務大臣の罷免**についての天皇の認証（憲7条5号）に対する助言と承認は内閣の権限であるから、結局、閣議を経ることにはなる。しかし罷免権の行使が内閣総理大臣の専権である以上、閣議で決定を拒むことはできない。

2 「罷免することができる」

大臣の罷免権は、内閣の一体性を確保する上で重要な権能である。しかしその行使が、閣内の統一をかえって損なったり、政治責任追及の端緒となったりすることもありえよう。内閣の方針に賛同できない国務大臣に対しては、まずは辞任を促すのが通例であろう（「更迭」）。実際、国務大臣が罷免された事例は、必ずしも多くない。最近では、衆議院の解散（いわゆる郵政解散）の閣議決定

への署名拒否（2005（平成17）年）、普天間基地移設問題の政府方針の閣議決定への署名拒否（2010（平成22）年）を理由に、大臣が罷免された例がある。

（只野雅人）

（内閣不信任、衆議院の解散）
第69条　内閣は、衆議院で不信任の決議案を可決し、又は信任の決議案を否決したときは、10日以内に衆議院が解散されない限り、総辞職をしなければならない。

I　本条の趣旨

　議会による政府（内閣）の不信任と、それに対する政府（内閣）による議会の解散は、伝統的な**議院内閣制**においては、議会と政府の間の**均衡**を確保する重要なメカニズムであった。しかし政党の発達とともに、議会内における規律された多数党が内閣を組織するのが常態となると、議会による政府（内閣）の不信任案が可決されることは稀になり、伝統的な均衡のメカニズムは機能しにくくなる。かわってクローズアップされるようになったのが、民意を確認する、あるいは国政上の争点や対立について民意の裁定をあおぐという、解散の民主主義的な機能である（→本章〔前注〕）。

　不信任と**解散**の仕組みには、憲法体制によっても相違がある。政府（内閣）による自由な解散権行使は、比較憲法的にみると今日では例外となっている（辻村・憲法426頁、長谷部・憲法405頁）。イギリスでは伝統的に、首相による自由な解散（国王への解散請求）が認められてきた。「イギリス型」議院内閣制は、日本における議院内閣制論の範型となってきた。しかし、2011（平成23）年9月、議会の任期を5年に固定し、解散を庶民院の3分の2以上が要求した場合か庶民院による不信任の場合に限る法改正が成立している。ドイツでは、解散は、首相が提起した信任動議が連邦議会議員の過半数の同意を得られない場合、大統領が首相の提案に基づいて行うことができる（ドイツ基本法68条1項）。不信任については、いわゆる**建設的不信任**の制度が採られ、連邦議会が大統領に首相の罷免を要求するためには、あらかじめ後任の首相を選出しなければならない（同67条1項）。直接公選の大統領と首相が並存する執行府の双頭制を採るフランスでは、首相および両院議長に諮問した後、大統領が下院・国民議会を解散することができる（総選挙後1年以内の解散は禁じられている。なお、1997（平成9）年以降、解散は行われていない）。国民議会は政府を不信任することができるが、不信任動議には憲法上、制約が課されている。

　戦前の大日本帝国憲法では、憲法上、内閣についての定めも、また内閣が議会の信任に基づくという定めもなかった。大臣の任免や衆議院の解散（大臣の

582 第69条（内閣不信任、衆議院の解散）

輔弼による）は、天皇の大権に属していた。日本国憲法は、国会による内閣の信任と内閣の国会に対する責任という議院内閣制の原則を具体化している（憲66条〜68条など）。本条は、衆議院による内閣不信任と内閣による衆議院解散という、議院内閣制に伝統的な均衡のメカニズムを規定する。もっとも、憲法上の解散権の所在、ならびに解散が本条所定の場合に限られるかどうかをめぐっては、学説上争いがある。

Ⅱ 内閣不信任

1 「衆議院で不信任の決議案を可決し、又は信任の決議案を否決したとき」

衆議院で不信任の決議案を可決し、または信任の決議案を否決したとき、内閣は総辞職か解散の二者択一を迫られる。**内閣不信任**決議は、これまで4度可決されており、内閣はいずれの場合も衆議院を解散している。内閣の信任案が否決された例はない。

議員が内閣の信任または不信任に関する動議もしくは決議案を発議するときは、その案を具え理由を附し、50人以上の賛成者と連署して、これを議長に提出しなければならない（衆規28条の3）。信任動議は、衆議院議員のほか、内閣からも提出し得ると説く学説もある（宮沢・全訂535頁）。

2 参議院による問責決議

内閣に対する不信任は、本条により、解散の可能性と一体のものとして、衆議院のみに認められた権能である。参議院には、解散の仕組みはなく、また本条のような、総辞職か解散の二者択一を内閣に対して強制する効果をもった決議を行う権能もない。参議院でも、内閣総理大臣に対する**問責決議**案が可決されることがあるが、その効果は政治的な意味をもつにとどまる。2008（平成20）年6月、内閣総理大臣に対する問責決議案が初めて可決された。その後も、内閣総理大臣に対する決議案が3例、可決されている。政治的な意味をもつにとどまるとはいえ、参議院による内閣総理大臣に対する問責決議をめぐっては、憲法69条が解散のある衆議院のみに内閣不信任の権限を認めている趣旨に反するとの議論もある。

内閣に対する不信任決議のほか、個別の国務大臣に対する不信任決議（衆議院）あるいは問責決議（参議院）がなされることもある。これらにも大臣に辞任を強制する法的効果はない（国務大臣の罷免権は内閣総理大臣のみが有する）が、政治的意味は無視し得ない。決議案の可決が、大臣の辞任につながる例も多い[42]。

---

[42] 浅野一郎＝河野久一『新・国会事典（第3版）』（有斐閣、2014年）146頁。

Ⅲ　不信任の効果

1　「総辞職をしなければならない」
　内閣の総辞職とは、内閣総理大臣を含む内閣の構成員全員が職を辞することである。本条の規定に基づき内閣が総辞職した例は、今のところない。

2　「10日以内に衆議院が解散されない限り」
　解散とは、任期満了前に議院の構成員全員の身分を一斉に失わせる行為である。本条全体の構造からして、内閣が解散権を有するようにもみえるが、本条は「衆議院が解散されない限り」と定めており、内閣が解散を行うことを明示しているわけではない。そこで、解散権の憲法上の所在が問題となる。また、本条所定の場合以外に解散を行い得るのかも、問題となる。

Ⅳ　解散権の所在・根拠・解散が行われる場合

1　本条制定の経緯
　GHQ草案では、内閣による国会の解散は、国会（当初は一院制）が内閣を不信任した場合にのみ行い得ることが規定されており、また条文（57条）は「国会」の章におかれていた※43。その後、日本側が作成した3月2日案では、不信任と解散に関する定めが「内閣」の章へと移され（71条）、さらに「解散されない限り」との文言に変更された※44。こうした経緯をめぐっては、「解散の行われるのはこの〔不信任〕場合に限られないという日本側の考え」によるものであり、「解散が、この規定とは別に、内閣の助言と承認に基づいて天皇によってなされるものであることを前提とし」て、「解散されない限り」という文言となったのだとの指摘がある※45。

2　解散権の所在
　当初は、衆議院自らの議決による**自律解散**の可能性を説く見解も主張された

※43　「第五十七条　内閣ハ国会カ全議員ノ多数決ヲ以テ不信任案ノ決議ヲ通過シタル後又ハ信任案ヲ通過セサリシ後十日以内ニ辞職シ又ハ国会ニ解散ヲ命スヘシ国会カ解散ヲ命セラレタルトキハ解散ノ日ヨリ三十日ヨリ少カラス四十日ヲ超エサル期間内ニ特別選挙ヲ行フヘシ新タニ選挙セラレタル国会ハ選挙ノ日ヨリ三十日以内ニ之ヲ召集スヘシ」http://www.ndl.go.jp/constitution/shiryo/03/076shoshi.html。

※44　「第七十一条　内閣ハ衆議院ニ於テ不信任ノ決議案ヲ可決シ又ハ信任ノ決議案ヲ否決シタルトキハ十日以内ニ衆議院ヲ解散セザル限リ総辞職ヲ為スコトヲ要ス」http://www.ndl.go.jp/constitution/shiryo/03/086shoshi.html。

※45　高柳賢三＝大友一郎＝田中英夫編著『日本国憲法制定の過程Ⅱ：解説』（有斐閣、1972年）223頁。

584 第69条（内閣不信任、衆議院の解散）

が※46、明文の根拠が見出しがたいこと、議員の除名に出席議員の3分の2以上の賛成が求められる（憲58条2項ただし書）こととの不均衡などから、今日では、学説・実務は、解散権は内閣にあると解している。

3 解散権の根拠

しかし、内閣に解散権を認める憲法上の根拠をめぐっては、対立がある。天皇の国事行為（憲7条）としての衆議院の解散に対する内閣の助言と承認（憲3条）を根拠とする見解（7条説）、行政権を根拠とする見解（65条説）、議院内閣制や権力分立など憲法の統治機構の構造全体を根拠とする見解（制度説）、本条を根拠とする見解（69条説）など、多様な見解がある（→憲7条3号）。

(1) 7条説

7条説が通説とされてきたが、その理由づけは必ずしも一様ではない。一方では、憲法は形式的に「衆議院の解散」（憲7条3号）の権能を天皇に認めたに過ぎず、助言と承認（憲3条）を行う内閣に実質的権能があるとする説がある。他方では、国事行為には本来政治的なものも含まれるが、内閣による助言と承認に拘束される結果、天皇の行為は国政に関する権能という性質をもたなくなるのだと解した上で、解散についても、内閣の助言と承認を通じ内閣が実質的決定権を有することになるとする説がある（宮沢・全訂115頁以下、芦部・憲法49〜50頁、野中ほか・憲法2・213頁〔高橋和之〕、渋谷・憲法61頁など）。前者については、形式的な行為に対する助言と承認に実質的権能を読み込むことができるのか（解散を決定する権能と解散を外部に宣示する権能は区別されるべきではないか、清宮・憲法2・233頁）との批判がなされ得る。後者については、助言と承認に全面的に拘束されるにせよ、天皇の実質的権能を想定しており、立憲君主制における大臣助言制（君主は大臣の助言に基づき権能を行使する）に通じる理解ではないか、という批判が向けられる（佐藤幸・憲法478頁）。

(2) 65条説

65条説については、実質的意味の「行政権」をめぐる控除説（→憲65条）に対する批判がほぼそのまま妥当しよう。この説は、結局のところ次の制度説に吸収されるとみることもできる。

(3) 制度説

制度説は、特定の条文ではなく、議院内閣制や権力分立など、憲法の統治機構の構造全体を根拠とする（清宮・憲法1・235頁、佐藤・憲法478頁、長谷部・憲法399〜401頁、松井・憲法208頁など）※47もので、近時有力となってい

※46 自律解散説をめぐっては、植村勝慶「衆議院の自律的解散論・再訪」杉原泰雄＝樋口陽一＝森英樹編『長谷川正安先生追悼論集・戦後法学と憲法学』（日本評論社、2012年）1022頁を参照。

※47 樋口陽一『憲法Ⅰ』（青林書院、1998年）318頁。

る。しかしかねてより、憲法上明文の根拠なく、国権の最高機関を構成する衆議院議員の身分を失わせることができるのかという批判がある。議院内閣制や権力分立といっても、憲法体制によって一様ではないことも指摘される。

(4)　69条説

　69条説は、憲法の文言に最も忠実であるようにみえる。しかし本条は、「解散されない限り」と定めており、解散が行われ得る場合（その1つ）を示しているに過ぎないとの指摘がある。

　7条説は、明文の根拠を示す点で優れているものの、天皇の国事行為の解釈をめぐり難点をかかえている。制度説には、憲法上の明文の根拠を示していないという問題がある。とはいえ、執行府（行政権）の二元制（→憲65条）をとらない日本国憲法の下では、憲法の全体構造からすれば、衆議院の解散権が内閣にあるとの推定自体は自然といえよう。

4　解散が行われる場合

(1)　69条所定の場合に限定する立場

　解散権は本条に基づき内閣に帰属し、また内閣は本条所定の場合に限り、解散権を行使することができると解するのが、**69条説**である[48]。69条説は、国権の最高機関を構成する衆議院を内閣が解散し得るのは、憲法が明示する内閣不信任の場合に限られると解するものであり、憲法の文言に忠実であるだけでなく、国会の内閣に対する優位を重視した解釈ともいえる。実際、解散権が認められる場合でも、その行使を制限する憲法も存在する。しかしながら、今日の議院内閣制では、不信任が可決されるケースは稀であり、それでは解散がもつ民主主義的機能が発揮できなくなるとの批判がある。

(2)　69条所定の場合に限定されないとする立場

　これに対して、7条説・制度説では、内閣が自由に解散権を行使できる（少なくとも法的な限界はない）との立場がとられることになる。

　7条説では、天皇の国事行為（衆議院の解散）に対する内閣の助言・承認が解散権の根拠とされるので、憲法7条が行われるべき場合を限定していない以上、内閣は助言と承認を通じ、自由に解散権を行使できると解する。ただし、7条説を採る論者の中にも、いかなる場合に解散が行われ得るかは議院内閣制や解散制度一般の意味から考えられるべきであるとして、内閣に対する国会の優位よりも、「国民の意思」を重視し、「内閣が衆議院の支持を理由とすることによって国民の意思から遊離することを防止する必要」（佐藤功・注釈下851頁）から自由な解散権行使を基礎づける見解もある。国会が国権の最高機関であり得るのは、全国民を代表しているからであって、衆議院が民意を適切に代表し

---

　[48]　たとえば、古川純＝山内敏弘『憲法の現況と展望（新版）』（北樹出版、1996年）346－347頁〔山内敏弘〕。

586　第69条（内閣不信任、衆議院の解散）

ているかどうか確認する必要がある場合に内閣が解散を行うことは、憲法が国会を国権の最高機関と位置づけた趣旨と必ずしも矛盾しない、と考えるのである。

　制度説は、日本国憲法が議院内閣制（おそらくは伝統的なイギリス型の議院内閣制）を採用していることから内閣の自由な解散権を導く立場であると、説明されることが多い。しかし、Ⅰでもみたように、解散制度のあり方は憲法体制によって多様である。議院内閣制の採用を根拠に当然にそのような結論を導き得ないことは、制度説を採る論者自身も認めるところである※49。制度説は、「解散権の実質的決定権が内閣に属すると主張する説としてのみ理解すべきである」との指摘には、首肯すべきものがある（長谷部・憲法401頁）。そこで、内閣による自由な解散権の根拠として援用されるのが、やはり解散のもつ民主的な意義（民意の確認）である（清宮・憲法1・237頁、長谷部・憲法402頁）。

　このように、解散権の根拠をめぐっては対立があるが、解散の意義については、その民主主義的意義を強調する点で、多くの学説は一致している。とはいえ、明文の根拠なく、本条所定の場合以外にも内閣が自由な解散を行い得るとの解釈には、7条説が指摘するように、なお難点が残ることも事実である（渋谷・憲法・61頁）。7条説が説かれてきた理由の1つは、この点にある。

　政府は、7条説を採る（答弁集32）。戦後第1回目の解散（1948（昭和23）年12月）は、解散権行使は本条所定の場合に限られるとのGHQの強い意向もあり、与野党の話し合いによって内閣不信任案を可決することで、行われた（**なれ合い解散**）。しかし第2回目の解散（**抜き打ち解散**）は、7条に基づき行われ、以降、7条解散が運用として定着した。69条による解散の場合にも、天皇による解散詔書には、7条により解散すると記されている（答弁集31）。

5　解散権の限界

(1)　解散権の限界

　内閣に自由な解散権の行使を認めることは、民意の確認という解散の民主的効用を発揮させる上で必要なことであるが、他方においてそれは、内閣が自ら最も都合がよいと判断する時期に解散を行い得る、ということをも意味している。憲法上、解散権行使に枠をはめている国もある。また、議院内閣制の範型となってきたイギリスでも、近時では、解散権行使が限定されるようになっている（→Ⅰを参照）。内閣による自由な解散権行使を認める学説も、内閣による解散権の濫用や恣意的運用を抑止する意味から、69条限定説の意義を強調しているところである（辻村・憲法425頁）。7条説の中にも、たとえば、天皇は「国民のために」国事行為を行う（憲7条）と規定されていることから、「民意を確

※49　樋口陽一『憲法Ⅰ』（青林書院、1998年）316頁。

認する必要がある場合に義務として行われる」と説く見解もある※50。

とはいえ、「民意の確認」のための解散と内閣による解散権の「濫用」とを憲法解釈として区別することは、困難である。それゆえ、**解散権の限界**として論じられるのは、裁判所による判断を可能とするような法的な限界ではなく、政治的な限界、あるいは**習律**上（慣習上）の限界である。有力学説は、解散が行われるべき場合として、(i)衆議院で内閣の重要案件が否決され、または審議未了となった場合、(ii)政界再編等で内閣の性格が根本的に変わった場合、(iii)総選挙の総点でなかった新たな重大な政治課題に対処する場合、(iv)内閣が基本政策を根本的に変更する場合、(v)議員の任期満了時期が接近している場合、を挙げている（芦部・憲法346頁）。

2017（平成29）年6月、野党が憲法の規定にもとづき臨時会の召集を要求したが、安倍内閣はこれに応じず、9月末にようやく召集された国会の冒頭で衆議院を解散した（→憲53条）。こうした実例や、イギリスにおける解散権の制限なども考慮し、とくに近時、自由な解散権の行使は結局、内閣が最も有利と判断する時期に解散を認めることになるのではないかとして、解散権制限の必要性を説き、あらためて解散は69条所定の場合に限られるべきであるとする説の意義を強調する見解、あるいはそのような立場をとるべきだとする見解もある※51。

(2) 衆参同日選挙の合憲性

参議院議員選挙にあわせて衆議院を解散すること（**衆参同日選挙**）、最高裁判所が**違憲状態**との判断をしたにもかかわらず投票価値の不均衡が是正されないまま解散を行うことの当否も、問題となってきた。

同日選挙については、二院制の趣旨を損なうとの批判があり得る。しかし、任期満了選挙の場合にも、事実上両院の選挙日程が近接することはある。さらに、対等型あるいは対等型に近い両院制の場合、イタリアのように、両院のねじれを回避するために両院の選挙を重ねる運用が行われている例もある。参議院の強さを勘案すると、日本でもこのような運用には意味があるとの指摘もなされている（長谷部・憲法404頁）。

同日選挙の合憲性をめぐっては、選挙期日の決定は、衆議院の解散権行使それ自体とは異なり、司法審査の対象外とはいえないとしつつも、「公選法に同日選禁止規定を設けるか否かは立法政策の問題に帰するものであるというべく、従つて、同規定を欠く現行公選法が違憲である、或いは、同日選を回避しない公選法の運用が違憲である、となし難いことは明らかである」と判示した裁判

※50　杉原泰雄『憲法Ⅰ』（有斐閣、1989年）293頁。

※51　加藤一彦『憲法（第2版）』（法律文化社、2017年）220頁、本秀紀編『憲法講義（第2版）』（日本評論社、2018年）236〜239頁〔植松健一〕、永田秀樹ほか『講義・憲法学』（法律文化社、2018年）257頁〔永田秀樹〕などを参照。

588　第70条（内閣総理大臣の欠缺、新国会召集と内閣総辞職）

例がある（名古屋高判1987（昭62）・3・25行集38巻2＝3号275頁）。

(3)　違憲状態での解散

　違憲状態のままでの解散は、これまで2例がある（1983（昭和58）年11月、2012（平成24）年11月）。政府は、是正措置がとられない場合でも「衆議院の解散権の行使が法律的に制約されるということはない」との立場をとっている（答弁集37）。

　1983（昭和58）年の解散は、最高裁が違憲状態の判決（最大判1983（昭58）・11・7民集37巻9号1243頁）を出した直後に行われた。最高裁はこの選挙をめぐり、違憲と判断した（最大判1985（昭60）・7・17民集39巻5号1100頁）。一方、2012（平成24）年の解散は、最高裁により違憲状態の判断（最大判2011（平23）・3・23民集65巻2号755頁）が示されてから1年8か月後、従来の区割りのままで行われた。各地の高裁では違憲判断が相次ぎ、そのうち2つは、選挙無効にまで踏み込んだ。最高裁（最大判2013（平25）・11・20民集67巻8号1503頁）は、区割りルールを定める法律が解散当日に可決されたことなどから、違憲状態との判断にとどめた（→憲44条）。

(4)　両院の意思の不一致と解散

　2005（平成17）年には、衆議院が可決した郵政民営化法案が参議院で否決されたことを受け、小泉内閣が衆議院を解散した（**郵政解散**）。両院の対立について民意を問うための解散という側面もあり、憲法上問題はないとの指摘もある（野中ほか・憲法223頁〔高橋和之〕）。しかし憲法には、両院協議会の開催や、衆議院による法律案の再議決の仕組みが規定されている（憲59条2・3項）。まずはこれらの手続を経ることが、憲法の趣旨にかなった運用であったように思われる。

（只野雅人）

（内閣総理大臣の欠缺、新国会召集と内閣総辞職）
第70条　内閣総理大臣が欠けたとき、又は衆議院議員総選挙の後に初めて国会の召集があつたときは、内閣は、総辞職をしなければならない。

I　本条の意義

　内閣総理大臣は、内閣の首長であり、国会の信任を得て指名される（→憲67条1項）とともに、国務大臣の任免権を有している。また衆議院は、内閣の形成・維持につき主たる役割を有している（→憲66条3項・67条2項・69条）。こうした日本国憲法が定める議院内閣制の仕組みを踏まえ、本条では、内閣の要ともいえる内閣総理大臣が欠けたとき、または内閣の形成・維持に密接にかかわる衆議院議員総選挙後に初めて国会の召集があつたとき、内閣が総辞職すべ

第70条（内閣総理大臣の欠缺、新国会召集と内閣総辞職）　589

きことを定めている。前者は、内閣の一体性を確保する趣旨であり、後者は、国民の選択に基づく新たな議院構成を踏まえ、内閣の基盤を再確認する趣旨である。

Ⅱ　「内閣総理大臣が欠けたとき」

1　「内閣総理大臣が欠けたとき」
(1)　死亡

「内閣総理大臣が欠けたとき」の典型は、内閣総理大臣が死亡した場合である。
(2)　国会議員としての資格の喪失

国会議員であることが内閣総理大臣の在職要件であると解されるので（→憲67条1項）、除名（憲58条2項）、資格争訟（憲55条）、選挙争訟（公選204条）・当選争訟（公選208条）によって国会議員としての資格を失った場合も、「内閣総理大臣が欠けたとき」に該当する。
(3)　辞職

内閣総理大臣が辞職した場合がここに含まれるかどうかをめぐっては、争いがある。内閣総理大臣が辞職すれば当然に内閣も総辞職することになるので、ここに含まれると解する立場が有力である（宮沢・全訂542頁）。一方、内閣総理大臣の辞職が当然に内閣総辞職を導く以上、あえて総辞職すべき場合を定めた本条に含ませる必要はないと解する説もある（佐藤功・注解下852〜853頁）。内閣が総辞職しなければならない場合と任意に総辞職する場合とを区別するのである。この場合、「内閣が総辞職した場合」ではなく「前2条の場合に」、「内閣は、あらたに内閣総理大臣が任命されるまで引き続きその職務を行ふ」と定める憲法71条の規定との関係が問題となる。しかし後者の説も、「条理上」、任意の辞職の場合には同様の措置がとられるべきであると解する（佐藤功・注釈下852〜853頁）ので、実際上の差異は生じない。

2　内閣総理大臣の臨時代理

病気や海外出張など、一時的な理由で、内閣総理大臣が執務できない状態となった場合は、「内閣総理大臣が欠けたとき」にはあたらない。この場合——「内閣総理大臣に事故のあるとき」（国会8条）——は、あらかじめ指定された**臨時代理**が、総理大臣の職務を行う。「内閣総理大臣が欠けたとき」（国会8条）にも、「内閣は、あらたに内閣総理大臣が任命されるまで引き続きその職務を行ふ」（憲71条）ので、臨時代理が総理大臣の職務を行う。「内閣総理大臣が欠けたとき」に、あらかじめ臨時代理が指定されていない場合には、残った閣僚が協議により臨時代理を決めることになろう（答弁集420）。

事前指定が原則であるが、「事故」が生じた際（正確には事故の「直前」）に応急的指定が行われることもある（佐藤功・注釈下857頁）。後者が慣例化して

第5章

いたところ、2000（平成12）年4月、当時の小渕首相が脳梗塞で倒れ、病床で十分な意識のない中、臨時代理の指定が行われた。青木官房長官が臨時代理として臨時閣議を招集し、病状の回復が困難であるとの判断の下、「内閣総理大臣が欠けたとき」にあたるとして内閣総辞職を行った。病床での臨時代理の指定について疑義が呈されたこともあり、それ以降は、組閣の際に順位を定めて事前の指定が行われるようになった※52。

臨時代理は「内閣総理大臣の職務を行う」が、国務大臣の任免権のような内閣総理大臣に一身専属的な権限は行使できない（答弁集421）。国務大臣の訴追に対する同意権なども同様と解される（佐藤功・注釈下859頁）。

Ⅲ　「衆議院議員総選挙の後に初めて国会の召集があつたとき」

「衆議院議員総選挙の後に初めて国会の**召集**があつたとき」には、衆議院の解散による総選挙が実施され、その後特別会が召集される場合（憲54条1項・69条）と、任期満了による総選挙が実施され、その後臨時会または常会が召集される場合（憲52条・53条）とがある。

Ⅳ　「総辞職」

国会の信任に基づき指名され、内閣の構成員を任命した総理大臣が欠けた場合には、改めて国会の信任に基づき内閣を構成するために、**内閣の総辞職**が行われるのは当然のことである（「総辞職」の意義→憲69条）。また、衆議院議員の総選挙が行われた場合にも、総選挙で表明された民意を踏まえ、改めて内閣の存立の基盤を確認するために、内閣は総辞職する。

衆議院の解散または衆議院議員の任期満了から国会が召集されるまでの間に内閣総理大臣が欠けた場合、内閣が直ちに総辞職すべきかどうかをめぐっては、争いがある。辞職すべきでないとする説は、新たな国会が召集されるまでは内閣総理大臣の指名が不可能であること、本条の規定により内閣は期限付きで総辞職した状態にあるので重ねて総辞職する必要はないこと、などを根拠とする（宮沢・全訂546頁）。

直ちに総辞職すべきとする説は、問題となる事案では、本条が総辞職すべき場合として定める「内閣総理大臣が欠けたとき」と「衆議院議員総選挙の後に初めて国会の召集があつたとき」がたまたま重なっただけで、いずれも内閣総辞職をもたらすという点で効果に違いはなく、総理大臣が欠けた時点で総辞職の効果が生じている以上、重ねて同じ効果を生む新国会召集時に総辞職を行う必要はない、と説く（佐藤功・注釈下862〜863頁）。

※52　阪田雅裕編『政府の憲法解釈』（有斐閣、2013年）182〜184頁。

第71条（総辞職後の内閣の職務） *591*

　1980（昭和55）年5月、大平内閣は衆議院を解散したが、総理大臣が急病に倒れ、選挙をまたず急死した。その際には、死亡の前日に臨時代理が指名され、内閣は翌日に総辞職した（樋口ほか・注解3・227頁〔中村睦男〕）。

（只野雅人）

（総辞職後の内閣の職務）
第71条　前2条の場合には、内閣は、あらたに内閣総理大臣が任命されるまで引き続きその職務を行ふ。

I　本条の意義

　行政の継続性、円滑な遂行を確保するために、本条は、内閣が総辞職した後、新たな内閣総理大臣が任命されるまでの間、**職務執行内閣**として、それまでの内閣が内閣の職務を継続すべきことを定める。

II　「前2条の場合」

　「前2条の場合」とは、衆議院により不信任決議案が可決されまたは信任決議案が否決されたことにより内閣が総辞職した場合（憲69条）、あるいは、内閣総理大臣が欠け、または衆議院議員総選挙の後に初めて国会の召集があったため内閣が総辞職した場合（憲70条）を指す。内閣が自発的に総辞職した場合も、ここに含まれる（→憲70条）。

III　「あらたに内閣総理大臣が任命されるまで」

　新たな内閣総理大臣が任命されると（→憲6条1項・67条1項）、それまでの内閣の構成員はすべてその地位を失う。直ちに他の国務大臣が任命されなければ、内閣総理大臣が1人で内閣の職務を行わざるを得なくなる。現憲法下で最初の片山内閣の発足（1947（昭和22）年）にあたっては、5月24日に片山哲が内閣総理大臣に任命されたが、他の国務大臣の任命は6月1日となった。国務大臣が任命されるまでの間は、片山内閣総理大臣が単独で全国務大臣の職務を行った。1948（昭和23）年の第2次吉田内閣の発足にあたっても、同様の事態が生じた。
　合議体としての内閣の職務を総理大臣が単独で行うことは、憲法も想定していない事態といえよう。そこでそれ以降は、内閣総理大臣として国会の指名を受けた者がまずは組閣を行い、その後、内閣総理大臣の任命、国務大臣の任命を時間をおかずに行う、という運用がなされている。

第5章

IV 「引き続きその職務を行ふ」

新たに内閣総理大臣が任命されるまでは、それまでの内閣が引き続きその職務を行う。いわゆる職務執行内閣であるが、その職務の範囲に法的限界があるかどうかをめぐっては、対立がある。

限界がないとする説は、「職務」は内閣が法的になし得るすべての事項に及ぶと解する。法的限界があるとする説は、「行政の継続性の確保のために必要な日常の事務を処理する権限のみを行いうる」と解している（樋口ほか・注解3・230頁〔中村睦男〕）。もっとも、限界がないとする説も、「政治的」には、「もっぱら日常事務の処理のみをすべく、その他の事務は、すべて新内閣にまかせるべきものであることは、当然である」（宮沢・全訂549頁）、あるいは「新内閣の手によってなすべきものと考えられる事項は行い得ないという制限がおのずから存する」（佐藤功・注釈下867頁）など、事実上制限があることを認めている。限界がないとする説は、緊急時への対応の可能性を考慮していると思われるが、「総辞職内閣の職務と緊急時の問題は区別して考えるべき」だとの指摘もある（新基本コンメ383頁〔今関源成〕）。

いずれにせよ、職務遂行内閣は退任が確定しており、新内閣が発足するまでの暫定的なものであるから、できるだけ速やかに、新内閣発足のための手続が進められる必要がある。

（只野雅人）

（内閣総理大臣の職務）
第72条 内閣総理大臣は、内閣を代表して議案を国会に提出し、一般国務及び外交関係について国会に報告し、並びに行政各部を指揮監督する。

I 本条の意義

内閣総理大臣は、戦前のような**「同輩中の主席」**とは異なり、国会の直接的信任（憲67条1項）を受けた内閣の**首長**（憲66条1項）として憲法上位置づけられる。内閣総理大臣は、国務大臣の任免権を通じ、内閣の組織・運営に強い主導権を有している。また、内閣総理大臣が欠けた場合には、内閣は総辞職しなければならず（憲70条）、内閣の存立は総理大臣に依存している。

本条は、このような内閣総理大臣の地位に基づき、総理大臣が合議体としての内閣を代表するものと定めている。内閣総理大臣の地位は強いが、他方、内閣は合議体であるから、総理大臣が内閣を代表するためには、合議体としての適正な意思決定を経る必要がある（閣議、→憲66条3項）。本条は、内閣総理大臣の職務として、国会に議案を提出すること、一般国務および外交関係につい

第72条（内閣総理大臣の職務）　593

て国会に報告すること、そして、行政各部を指揮監督すること、を規定している。一方、内閣の職務については、憲法73条が規定している。

Ⅱ　「内閣を代表して」

　内閣総理大臣が首長であることから、内閣の行為は、対外的には、総理大臣を通じて行われる。本条は、そうしたもののうち主要な3つを挙げている。
　「内閣を代表して」との文言は、「議案を国会に提出」すること、「一般国務及び外交関係について国会に報告」すること、だけでなく、「行政各部を指揮監督する」ことにまでかかると解される。「**内閣を代表して**」は前二者のみにかかるに過ぎず、内閣総理大臣は閣議を経ることなく独自に行政各部を指揮監督できると解する立場もある[53]。しかし、内閣法は、内閣総理大臣は、「内閣を代表して内閣提出の法律案、予算その他の議案を国会に提出し、一般国務及び外交関係について国会に報告する」（内閣5条）と規定するとともに、「閣議にかけて決定した方針に基いて、行政各部を指揮監督する」（内閣6条）と定めており、そのような立場はとっていない。1990年代後半の行政改革に際しては、首相の主導性強化という観点から、内閣法6条の見直しも議論となった（佐藤幸・憲法491頁）。

Ⅲ　「議案を国会に提出し」

　議案には国会議員により提出されるものもあるが、ここでの「議案」は内閣提出のものを指す。法律案、予算（→憲73条5号・86条）のほか、条約の承認（憲73条3号）、予備費支出の事後承諾（憲87条2項）を始め、さまざまなものがある。
　内閣に**法律案提出権**があるかどうかをめぐっては争いがあるが（→憲41条）、学説の多くはこれを肯定する。内閣法は「内閣提出の法律案」を予定している（内閣5条）。議案に憲法改正原案が含まれるかも問題となる（→憲96条）。国会法は、国会議員（国会68条の2、衆議院にあっては議員100人以上、参議院にあっては議員50人以上の賛成を要する）および両院の憲法審査会（国会102条の7）のみに、提出権を認めている。

Ⅳ　「一般国務及び外交関係について国会に報告し」

　「一般国務及び外交関係」とは、内閣が所管する職務の全体を指す。そのうち対内的なものが「**一般国務**」、対外的なものが「**外交関係**」である。なお、憲

---

[53]　大石眞『憲法講義Ⅰ（第3版）』（有斐閣、2014年）186～187頁。

法73条も「国務」の語を用いるが、その意味をめぐっては争いがある（→憲73条1）。内閣はその職務の行使について国会に対して連帯責任を負うので、国会に対し、「職務遂行の方針・現状・問題などを示してその判断に資する」（佐藤功・注釈下872頁）よう、このような報告を行うのである。

V 「行政各部を指揮監督する」

1 「行政各部を指揮監督する」

「行政各部」とは、内閣の統轄下にある国の行政機関を指す。本条は、内閣の首長たる内閣総理大臣が、「内閣を代表して」、「行政各部を指揮監督」すべきことを定めている。内閣法はこれを受け、「内閣総理大臣は、閣議にかけて決定した方針に基いて、行政各部を指揮監督する」と定める（内閣6条）。内閣総理大臣はまた、「主任の大臣の間における権限についての疑義」を閣議にかけて裁定し（内閣7条）、さらに「行政各部の処分又は命令を中止せしめ、内閣の処置を待つことができる」(内閣8条)。

行政権（憲65条）は、内閣およびその下にある行政機関を通じ、行使される。憲法は、内閣が行政権の行使について、連帯して国会に対して責任を負うべきことを定めているが、そのためには、政治と行政の適切な関係の構築が必要となる。この点で重要なのが、「行政組織における最高段階たる内閣」が「政治と密着している」という点である※54。**連帯責任**の原則が実効的に機能するためには、行政権が帰属する内閣の一体性だけでなく、「政治と密着」した内閣の下で実際に行政権を行使する行政機関の組織的一体性、そして一体としての行政機関に対する**内閣の指揮監督**が、不可欠である。

国家行政組織法は、国の行政組織について、「内閣の統轄の下に、内閣府の組織とともに、任務及びこれを達成するため必要となる明確な範囲の所掌事務を有する行政機関の全体によつて、系統的に構成されなければならな」らず（国組2条1項）、「すべて、一体として、行政機能を発揮するようにしなければならない」（国組2条2項）と定めている。その上で、「内閣の統轄の下に行政事務をつかさどる機関」として省を、その外局として、委員会及び庁を置くと規定している（国組3条）。内閣から独立して職権を行使する、いわゆる独立行政委員会の合憲性をめぐっては議論があるが、専門性や中立性が要請され政治からの独立性が求められる行政作用については、国会が一定の統制を行うことを条件に、憲法上許容されると解される（→憲65条）。

上述（→Ⅱ）のように、内閣総理大臣は「内閣を代表して」、行政各部を指揮監督する。内閣法も、総理大臣は、「閣議にかけて決定した方針に基いて、行政各部を指揮監督する」（内閣6条）と定めている。国会の信任を直接受ける内

※54 佐藤功『行政組織法（新版・増補）』（有斐閣、1985年）343頁。

閣総理大臣は、内閣の首長として「内閣を代表」するが、その一方で、単独で行政各部の指揮監督を行うことはできず、合議体としての内閣の意思決定に基づき、その職権を行使することが求められるのである。閣議の意思決定は、これまで、全員一致によることを慣例としてきた。全員一致を憲法上の要請とまでみることができるかどうかについては争いがあるが、連帯責任の原則、そしてそれと密接にかかわる内閣の一体性の要請と整合的な慣行であるといえよう（→憲66条3項）。

2 閣議決定と指揮監督の射程

とはいえ実際には、個別具体的な指揮監督について、そのつど閣議決定を求めることは難しい。一定の方針が閣議決定されているならば、その範囲内において内閣総理大臣がある種の指揮監督（指導、助言）を行うことは許容されよう（佐藤功・注釈下876頁）。それは、「**閣議にかけて決定した方針に基いて**」という内閣法の文言からもうかがわれるところである。

いわゆる**ロッキード事件丸紅ルート**の裁判では、刑法の贈賂罪の構成要件の解釈に関連してではあるが、閣議決定と内閣総理大臣の職務権限（航空機購入の働きかけ）との関係が争点となった。最高裁は、「内閣総理大臣が行政各部に対し指揮監督権を行使するためには、閣議にかけて決定した方針が存在することを要する」としつつも、「閣議にかけて決定した方針が存在しない場合においても、内閣総理大臣の右のような地位及び権限に照らすと、流動的で多様な行政需要に遅滞なく対応するため、内閣総理大臣は、少なくとも、内閣の明示の意思に反しない限り、行政各部に対し、随時、その所掌事務について一定の方向で処理するよう指導、助言等の指示を与える権限を有するものと解するのが相当である」と判示している（最大判1995（平7）・2・22刑集49巻2号1頁）。

判決に付された園部・大野・千種・河井各裁判官の補足意見は、「行政の対象が、極めて多様、複雑、大量であり、かつ常に流動するものであることからすると、右指揮監督権限は、内閣総理大臣の自由な裁量により臨機に行使することができるものとされなければなら」ず、「したがって、その一般的な行使の態様は、主任の国務大臣に対する助言、依頼、指導、説得等、事案に即応した各種の働き掛けによって、臨機に行われるのが通常」であると指摘する。そして、「内閣総理大臣の指揮監督権限は、本来憲法72条に基づくものであって、閣議決定によって発生するものではな」く、「右指揮監督権限の行使に強制的な法的効果を伴わせるためには、内閣法6条により、閣議にかけて決定した方針の存在を必要とする」というにとどまる、と述べている。

（只野雅人）

596 第73条（内閣の職務）

（内閣の職務）
第73条 内閣は、他の一般行政事務の外、左の事務を行ふ。
一　法律を誠実に執行し、国務を総理すること。
二　外交関係を処理すること。
三　条約を締結すること。但し、事前に、時宜によつては事後に、国会の承認を経ることを必要とする。
四　法律の定める基準に従ひ、官吏に関する事務を掌理すること。
五　予算を作成して国会に提出すること。
六　この憲法及び法律の規定を実施するために、政令を制定すること。但し、政令には、特にその法律の委任がある場合を除いては、罰則を設けることができない。
七　大赦、特赦、減刑、刑の執行の免除及び復権を決定すること。

Ⅰ　本条の意義

　憲法65条は行政権が内閣に帰属することを定めている。行政権が何を意味するかをめぐっては争いがあり、また65条自体は、行政権が包含する具体的な職務の内容を明らかにしているわけではない。本条は、内閣の職務のうち主要なものを具体的に列挙している。

　戦前の大日本帝国憲法は、4条から16条まで、**天皇の大権**を列挙していた。そこには、法律の裁可・公布・執行（明憲6条）、命令の制定（明憲7条・8条）、官制・官吏の任免（明憲10条）、宣戦・講和および条約締結（明憲13条）、大赦・特赦・減刑・復権（明憲16条）など、本条が定める内閣の職務と重なるものが含まれている。本条は、憲法原理の根本的な転換を踏まえ、日本国憲法の構成原理の意義にとくに留意して、行政権を行使する内閣に移行すべき事務を列記したものといえよう（樋口ほか・注解3・243頁〔中村睦男〕、新基本コンメ387頁〔高田篤〕）。

Ⅱ　「他の一般行政事務」

　「他の**一般行政事務**」という文言が示すように、内閣の職務は本条が列記するものに尽きるわけではない。また憲法は、個別の条文において、内閣の国事行為に対する助言と承認（憲3条・7条）、臨時国会の召集（憲53条）、参議院の緊急集会の請求（憲54条2項）、最高裁判所の長たる裁判官の指名（憲6条2項）、最高裁判所裁判官（憲79条1項）および下級裁判所裁判官（憲80条1項）の任命、予備費の支出と国会による事後承諾の請求（憲87条）、決算の提出（憲90条）、財政状況の報告（憲91条）を、内閣の職務として定めている。

第73条（内閣の職務） 597

Ⅲ 「法律を誠実に執行し、国務を総理すること」

1 「法律を誠実に執行し」

　実質的意味の行政の核心は、伝統的に、議会が制定した規範＝**法律の執行**であると考えられてきた。本条はそのことを示すものである（→憲法65条）。「誠実に」という形容句は、「内閣が最高機関たる国会に従属するものであること」（佐藤功・注釈下885頁）を示している。

　内閣は、自らの判断によって、国会の制定した法律の執行を差し控えることは許されない。「違憲の疑い」のある法律であっても、内閣が独自にその憲法適合性を判断することはできない。もっとも、国会の多数党が内閣を組織するという仕組みの下では、法律の合憲性をめぐり、法律を可決した国会と内閣の判断が食い違う可能性は、必ずしも高くないであろう。政府も、国会が可決した法律について、内閣が憲法違反の疑いがあることを理由に執行を怠ったり拒否したりすることは許されないと解している（答弁集423）。

　最高裁判所が法律のある条項を憲法違反と判断した場合、内閣が法律の執行を差し控えるべきかどうかも問題となる。この点は、最高裁判所による法令違憲判決の効力の問題として論じられる（→憲81条）。

2 「国務を総理する」

　「**国務を総理する**」とは、「**国務**」を統括し処理することを意味する。「国務」の意味をめぐっては、司法権や立法権に属する国家作用は含まれず、行政権の範囲に限られると解する立場が支配的であった。憲法72条でいう「一般国務及び外交関係」（「一般国務」は対内的なものを指す。→憲72条）と同義であり、本条は、内閣が行政の最高機関として行政権を統括処理することを意味することになる（佐藤功・注釈下886頁、宮沢・全訂560頁）。この場合の国務は、「国務大臣」（憲66条1項ほか）という場合の「国務」と同義である。

　一方で、「国務の総理」とは、「国務の全般があるべき姿をとるように調整的な配慮をおこなうことをいい、立法や司法についても、それらの適切なあり方を確保するための配慮をなすことが要求される」と説く少数説もあった[55]。近時、内閣の行政権には、法律の執行にとどまらない政治的統治的要素が含まれ得るとの立場から、「国のとるべき適切な方向・総合的な政策のあり方を追求」するといった意味で、「国務の総理」を解釈することを提唱する学説もある（佐藤幸・憲法480頁）。また、行政権を法律の執行と解する立場からも、「内閣が政治の中心であり推進力である現状に適合したイメージを提供している」点で、少数説の立場を評価する見解もある（野中ほか・憲法2・205〜206頁〔高橋和之〕）。

---

[55] 小嶋和司＝大石眞『憲法概説（第7版）』（有斐閣、2011年）226頁。

実質的意味の行政をどのように解釈するか（→憲65条）によって、「国務の総理」の解釈も変わり得る。行政権を「法律の執行」として捉えるのであれば、「国務の総理」が「法律の誠実な執行」に続けて規定されていることからしても、「国務」は行政権の範囲内において理解されるべきだ、ということになろう。「国務の全般があるべき姿をとるように調整的な配慮をおこなうこと」は、むしろ「国権の最高機関」たる国会の役割であるとみることもできよう（→憲41条）。

Ⅳ　「外交関係を処理すること」

「**外交関係**を処理すること」とは、次号の条約の締結を始め、内閣が対外的に国を代表し、広く外交関係に関する事務を行うことを意味する。憲法は、条約の締結のほか、全権委任状・大使公使の信任状の作成、外交文書の作成、外国の大使公使の接受（憲7条）について、規定している。外務省設置法では、これ以外にも、さまざまな所掌事務を列挙している（外務省設置法4条）。

伝統的に、外交に関する権限は、君主（元首）が有してきた。ロックは、「国家の外にある一切の個人および共同体との和戦、締盟および交渉の権」を「連合権」と呼んだ。ロックは、この権限につき、国内法の執行の権限とは異なり、「前行的、恒常的、実定的な法によって指図されるには、とうてい適しない」と述べている[56]。今日外交に関する権限を有する執行府あるいは政府もまた、対外的な交渉を独占するだけに、国内法の執行よりもはるかに大きな裁量権を有している。それゆえ、外交に対して議会を通じた民主的統制を実効的に及ぼし得るかどうかが、重要な意味をもつことになる。

憲法は、条約の締結について国会の承認を要求している（憲73条3号）。のみならず、内閣は行政権の行使について国会に対して連帯責任を負うので、外交関係の処理全体が、国会の統制の対象となり得る。その実効化のためには、国会が適時に情報を入手し、また外国との合意がなされた後ではなく、外交交渉の前あるいは最中に適切な統制を行うことが、重要になろう。

とくに本条次号の規定は、国家間での法的拘束力ある合意としての条約の締結を、国会の承認を義務づけることによって、「内閣と国会の協働行為」（芦部・憲法325頁）となすものである。

Ⅴ　「条約を締結すること」

1　「条約」

「**条約**」とは、広義には国家間の文書による合意を指す。とはいえ、常に「条約」という名称が用いられるわけではなく、協定、取極、宣言、議定書、覚書、

---

[56] ロック（鵜飼信成訳）『市民政府論』（岩波書店、1968年）149頁。

交換公文などさまざまな形式があり、内容も一様ではない。本号は**「条約」の締結**について、例外なく国会の承認を要求しているが、上記の文書すべてについて、国会の承認が必要とされるわけではない。それゆえ本号の「条約」は、憲法上、国会の承認が必要とされる「条約」を意味する。「条約」という形式をとらなくとも、**国会の承認**が必要とされる場合はあり得る。

　政府は、国会の承認が必要とされる本号の条約として、(i)「法律事項を含む国際約束」、(ii)「財政事項を含む国際約束」、(iii)「法律事項または財政事項を含まなくとも、わが国と相手国との間あるいは国家間一般の基本的な関係を法的に規定するという意味において政治的に重要な国際約束であって、それゆえに、発効のために批准が要件とされているもの」、という3つの類型を挙げている（答弁集430）。

　憲法が国会を唯一の立法機関とし（憲41条）、また国費の支出・国の債務負担について国会の議決を求めている（憲85条）ことからすれば、(i)、(ii)について国会の承認が求められるのは当然である。(iii)について政府は、「批准は最も重い形式とされており、一般に、締結国相互間あるいは国家間一般の基本的な関係を法的に規定するという意味において、当事国により政治的重要性を有すると認められた国際約束は、批准を発効要件とすることが国際的な慣行になって」いる、と説明している（答弁集430）。しかしながら、批准を要件とする条約という基準は、批准を発効要件としないことにより国会の承認手続を回避することをも可能にするおそれがあるので不要であると指摘する学説もある（佐藤功・注釈下900頁）。

2　行政協定と国会承認の要否

　政府は、「すでに国会の承認を経た条約や国内法あるいは国会の議決を経た予算の範囲内で実施し得る国際約束」については、「行政取りきめ」として、「外交関係の処理の一環として行政府限りで締結し得る」と解している。ただし同時に、「条約自体について国会の承認が得られた後に結ばれた同種の行政取りきめについても、当該条約を承認した国会として、その条約がどのように実施あるいは運用されているかを把握しておく上で必要と思われる重要なものは、締結後できる限りすみやかに外務委員会に資料を提出することといたしたい」と付言している（答弁集430）。

　「すでに国会の承認を経た条約の範囲内で実施し得る国際約束」という部分については、「条約の範囲内」をさらに明確にする趣旨から、(i)条約の明示的な委任に基づく場合、(ii)条約の規定の実施に関する事項を定める場合、(iii)純然たる行政事項に関する場合、に限定すべきであると指摘する学説もある（佐藤功・注釈下900～901頁）。

　1952（昭和27）年の旧**日米安全保障条約**締結に際し、「アメリカ合衆国の軍隊の日本国内及びその附近における配備を規律する条件」（条約3条）の定めが

両国間の**行政協定**に委ねられた。政府は、行政協定については国会の承認を要しないとの立場をとり、国会提出を拒んだ。行政協定27条は、各当事者が「実施のため予算上及び立法上の措置を必要とするものについて、必要なその措置を立法機関に求めることを約束する」と定めており、これに基づき、刑事裁判をめぐる「治外法権」的措置や、米軍の土地使用、駐留軍の活動等による損害賠償の特例措置などが立法化された。最高裁は、「米軍の配備を規律する条件を規定した行政協定は、既に国会の承認を経た安全保障条約3条の委任の範囲内のものであると認められ、これにつき特に国会の承認を経なかつたからといつて、違憲無効であるとは認められない」と判示している（最大判1959（昭34）・12・16刑集13巻13号3225頁）。

1997（平成9）年のいわゆるガイドライン（**日米防衛協力のための指針**）改定に際しても、国会承認のあり方が問題となった。政府は、「立法、予算ないし行政上の措置をとることを義務づけるものではない」として、国会承認は不要との立場をとった（答弁集434）。ガイドライン改訂後、周辺事態に際して我が国の平和及び安全を確保するための措置に関する法律（周辺事態法）が制定されるなどしている（→憲9条）。

3 「事前に、時宜によつては事後に、国会の承認を経ることを必要とする」
(1) 「事前に、時宜によつては事後に」

条約締結にあたっては、「事前に、時宜によつては事後に、**国会の承認**を経ることを必要とする」。条約の締結は、一般に、交渉、条約成文の確定、署名（記名調印）、**批准**、批准書の交換といった手続を経る。批准を経ず署名により条約が確定される場合もある。「事前」「事後」は、一般には批准の時点を基準とし、判断される。批准手続を経ない場合には、署名の時点が基準となる。また、「時宜によつて」とあるのは、内閣が事前承認か事後承認かを自由に選べるとの趣旨ではない。あくまで事前承認が原則であって、「条約を成立せしめることが特に急を要する場合」（佐藤功・注釈下890頁）に限り、事後承認が許容されると解するべきである。

(2) 「国会の承認を経ることを必要とする」

「事前」に国会の承認が得られない場合、条約は成立しない。一方、事後に国会に図り承認が得られなかった条約については、その効力が問題となる。条約には、国際法としての側面のみならず、国内法としての側面もある。事後にせよ国会の承認を得られなかった条約は、国内法としては無効と解するべきであろう。一方、国際法としての効力をめぐっては、無効説、有効説、折衷説がある。

無効説は、憲法が条約締結に際して例外なく国会承認を求めていること、事前か事後かで不承認の効果に差異が生じるのは妥当でないこと、などを根拠とする。いったんなされた署名または批准が効果を失えば、相手国との関係で問

題が生じ得るが、条約締結手続に関する憲法規定は相手国も当然に承知しておくべき事柄であり、国会承認が必要なことは相手国も当然予想していなければならないとする（宮沢・全訂566〜567頁）。

有効説は、相手国は日本の条約締結手続を知るべき義務はないこと、条約の成立は当事国間の合意によるものである以上、国内の事情（国会による不承認）で条約の効力を失わせることはできない（相手国が合意するまでは、条約の国際法的効力は失われない）こと、などを根拠とする。また、事前と事後で国会による不承認の効果が異なるのは、事前・事後が区別されていることの当然の帰結であり、しかも差異は、相手国との関係が問題となる国際法的効力について生じるに過ぎないと反論する（佐藤功・注釈下892〜893頁）。

たしかに、国会の承認を得られなかった条約を失効させるには、相手国の合意が必要であることは有効説が説く通りである。国内手続が必ずしも明確でない場合もあろう。しかし、手続が憲法に違背する条約は、かえって国家間の関係に混乱をもたらすおそれもある。そこで、国際関係の安定性にも配慮しつつ、手続違背が明白かつ重大で、その点を相手国も当然承知しているべきような場合には、条約の無効を主張し得るとする、**条件付き無効説**が有力に主張されるようになった（樋口ほか・注解3・253〜254頁〔中村睦男〕、芦部・憲法325頁）※57。日本も加盟する条約法に関するウィーン条約は、「いずれの国も、条約に拘束されることについての同意が条約を締結する権能に関する国内法の規定に違反して表明されたという事実を、当該同意を無効にする根拠として援用することができない。ただし、違反が明白でありかつ基本的な重要性を有する国内法の規則に係るものである場合は、この限りでない。」（46条1項）、「違反は、条約の締結に関し通常の慣行に従いかつ誠実に行動するいずれの国にとっても客観的に明らかであるような場合には、明白であるとされる。」（46条2項）と定めていることをも、踏まえての見解である。

政府は、事後承認が得られなかった条約も国際法上は有効であると解している（答弁集431）。実務の立場からは、「国会の承認が得られない限り政府が条約の批准をすることはないから、こうした問題が実際に生じることはない」※58との指摘もある。

4 国会による条約の修正

国会が条約の承認に際し、修正を行い得るかも問題となる。学説上は、否定説が有力である。条約締結に際し相手国と交渉することは内閣の職務であり、国会に認められているのは条約全体についての承認・不承認の権能のみである

※57 深瀬忠一「国会の条約承認権」芦部信喜＝池田政章＝杉原泰雄編『演習憲法』（青林書院、1984年）463頁をも参照。

※58 阪田雅裕編『政府の憲法解釈』（有斐閣、2013年）198頁。

と解されること、相手国の同意がなければ条約の修正は不可能なこと、などがその根拠である（宮沢・全訂565頁）。

一方、肯定説は、国会は条約を不承認することもできる以上、不承認よりも効果の弱い修正は当然に認められるべきこと、条約の承認について憲法が両院協議会の開催を予定しているのは修正の可能性をも想定したものと解されること、などを根拠とする（佐藤功・注釈下896～897頁）。

事前の承認で国会による修正が加えられた場合には、内閣が国会の意向に沿うように相手国と交渉を行い、それが不調に終われば、条約は不成立となる。事後の承認の場合には、相手国が修正に応じなければ、不承認と同じ扱いになる（その場合の条約の国際法上の効力については、前述3(2)を参照）。両説の相違は、国会による修正の意思表示の結果生じる内閣の交渉義務を、「法的」なものとみるか、「政治的」なものに過ぎないとみるか、という点にある（樋口ほか・注解3・251頁〔中村睦男〕）。たしかに、修正の余地を認める場合でも、法律案の修正のように、国会の意思のみによって条約の内容を改変し得るわけではない。とはいえ、条約締結権は内閣の専権事項ではなく、国会の承認を通じた「内閣と国会の協働行為」（芦部・憲法325頁）であることからすれば、「国会が修正した内容のものを締結するよう内閣に対して交渉を義務づけるという法的効果」として修正権を肯定することにも十分な理由がある※59。

国会が修正を行ったとしても、相手国との交渉は必ずしも容易ではない。また多国間条約の場合には、修正についての合意を得ること自体、きわめて困難であろう。より現実的な対応としては、条約についての**解釈留保**や解釈宣言を付することも考えられよう（樋口ほか・注解3・251頁〔中村睦男〕）。

政府は、条約の修正には相手国の同意が必要となる以上、国会は一括して承認するか不承認かしかあり得ないとしている（答弁集427）。条約の承認をめぐる実務上の扱いも、およそ修正を想定したものとはなっていない。条約承認の議案は「○○条約の締結について承認を求めるの件」という形で内閣から提出される。議案として国会の承認の対象となるのは、条約それ自体ではなく、あくまで「条約の承認」であって、条約本文は議案の「付属文書」という位置づけになっている。形式の問題ではあるが、憲法が国会に条約締結の承認権を与えた趣旨からして、問題といえよう。条約締結を行政府の専権事項と捉える発想も垣間見える※60。

※59 上田章＝浅野一郎『憲法』（ぎょうせい、1993年）146頁。

※60 上田章＝浅野一郎『憲法』（ぎょうせい、1993年）144～145頁。

第 73 条（内閣の職務） *603*

VI 「法律の定める基準に従ひ、官吏に関する事務を掌理すること」

1 「法律の定める基準に従ひ」

「**官吏に関する事務**」の掌理は、「法律の定める基準」に従って行われる。国家公務員法は、これを受け、「もつぱら日本国憲法第73条にいう官吏に関する事務を掌理する基準を定める」（国公1条2項）と規定している。

「官吏に関する事務」は、さらに、**行政組織**に関する事項をも含むと解する余地がある。行政組織に関する定めが憲法上の立法事項であることの根拠として本号を援用する見解は、かかる解釈を採る（実質的意味の立法の概念→憲41条）。

2 「官吏に関する事務」

戦前の大日本帝国憲法では、「天皇ハ行政各部ノ官制及文武官ノ俸給ヲ定メ及文武官ヲ任免ス」（明憲10条）と定められており、官吏に関する事項は天皇の大権に属していた。天皇は、憲法が法律によることを求めている場合を除いては、行政各部の組織・権限を勅令で定め（官制大権）、また行政各部の官吏のみならず司法官・陸海軍武官についても任免権を有し、俸給・服務規律等について勅令で定めることができた（任官大権）。本条は、「官吏に関する事務」を内閣の職務とし、「法律の定める基準」に従い、内閣がこれを掌理するとしている。

本号の「**官吏**」をめぐっては、これを地方公務員（「吏員」→憲93条）を除く一切の国家公務員と解する立場（佐藤功・注釈下901〜902頁）もあるが、国家公務員であっても「憲法によってその事務が内閣の権能の外に置かれている者」は含まれないとみるべきであろう（宮沢・全訂568頁、樋口ほか・注解3・255頁〔中村睦男〕、佐藤幸・憲法498〜499頁）。権力分立の観点から、国会職員、裁判所職員は、ここにいう官吏ではないということになる（いずれもが法律上は、特別職の国家公務員（国公2条3項）である）。憲法7条5号にいう「官吏」は、本号にいう官吏よりも広い概念である（→憲7条5号）。

国会職員については、「事務総長が、議長の同意及び議院運営委員会の承認を得てこれを任免」する（国会27条2項。国会の「役員」→憲58条1項）。また、裁判官以外の裁判所の職員の任免は、「最高裁判所の定めるところにより最高裁判所、各高等裁判所、各地方裁判所又は各家庭裁判所がこれを行う」（裁64条）。

3 「掌理」

「掌理」とは、「総括してつかさどること」（佐藤功・注釈下902頁）といった意味である。

604 第73条（内閣の職務）

Ⅶ 「予算を作成して国会に提出すること」

内閣は予算を作成し、国会に提出する。予算は、国会による審議を受け、その承認を経なければならない（憲86条）。予算の意義、法的性格、さらに予算に対する国会の修正権の範囲については、憲法86条で検討する（→憲86条）。

Ⅷ 政令の制定

1 「政令を制定すること」

本条は、「この憲法及び法律の規定を実施するために、**政令**を制定すること」を、内閣の職務としている。一般に行政機関が定める法令を命令という。戦前の大日本帝国憲法では、天皇には、**執行命令**（法律の執行のための命令）、**独立命令**（法律に基づかず発せられる命令）、**委任命令**（法律の委任により法律事項を定める命令）など、国務大権としてさまざまな命令（勅令）の制定権が認められていた。これに対して本号は、一定の条件の下、「政令」の制定を内閣の職務として認めている。

現行法上、命令にはさまざまな法形式があるが、このうち内閣が定める最高の法形式が政令である。政令は閣議によって決定される。「各省大臣は、主任の行政事務について、法律又は政令の制定、改正又は廃止を必要と認めるときは、案をそなえて、内閣総理大臣に提出して、閣議を求めなければならない」（内閣11条）。政令には、主任の大臣が署名し、内閣総理大臣が連署する（憲74条）。

行政機関が定める法形式には、政令以外にも、省令や規則がある。各省大臣は、「主任の行政事務について、法律若しくは政令を施行するため、又は法律若しくは政令の特別の委任に基づいて」、省令を発することができる（国組12条）。また、「各委員会及び各庁の長官」は、「政令及び省令以外の規則その他の特別の命令」を発することができる（国組13条）。

2 「この憲法及び法律の規定を実施するために」

(1) 「法律の規定を実施するため」

政令は、「この憲法及び法律の規定を実施するために」制定される。憲法は国会を唯一の立法機関として位置づけているので、憲法上法律に留保されるべき事項——実質的意味の立法——は、法律という法形式によってのみ定めることができる（立法権独占の原則、→憲41条Ⅴ）。それゆえ、法律事項とかかわる命令の制定は、法律の執行の範囲内で、「法律の規定を実施するために」、認められるのが原則である。こうした命令は、**執行命令**と呼ばれてきた。執行命令の制定は、法律の執行という行政作用に内在するものとみることもできる。執行命令の制定には、法律の一般的授権があれば足りるとされる。

一方、憲法上法律に留保されるべき事項——実質的意味の立法——についての定めを新たに命令（政令、省令等）で行う場合には、国会による立法権独占の原則を侵害しないよう、一定の条件を満たした法律による委任が必要であると解される。新たな権利義務の創設を行うような場合には、法律の個別具体的な委任を要する（→3）。こうした命令は、**委任命令**と呼ばれる。

実質的意味の立法を内容とする命令は、伝統的に実質的意味の立法が「法規」（→憲41条）と呼ばれてきたことから、**法規命令**と呼ばれてきた。これに対して、国民と直接かかわらない行政組織内部の定め（たとえば通達など）は、行政規則と呼ばれてきた。**行政規則**は「法規」を内容としないので、法律の根拠を要せず行政機関が制定し得るとされてきた。

しかしながら、命令が実質的意味の立法（とくに新たな権利義務の創設）を内容とするかどうかは、命令の法形式のみから決することはできず、実質に立ち入って判断する必要がある。執行命令と委任命令の区別は相対的なものであるし、また行政規則であっても、国民の権利義務にかかわる定めを含むことはあり得る（通達課税、→憲84条）。

(2)　「この憲法及び法律の規定を実施するために」

本号の規定は、一見したところ、法律を介することなく、直接「憲法を実施するために」、政令を制定することをも許容しているようにみえる。しかしながら、そのような政令の制定は許されないと解される。「国権の最高機関である国会の意思を無視した行政活動はなしえない」（渋谷・憲法611頁）からである。行政権の行使は、法律に根拠をもたねばならない（→憲65条）。「この憲法及び法律の規定を実施するために」は一体として読まれるべきであり、法律は憲法を実施するためのものであることが前提となっている（佐藤功・注釈下904頁）。

憲法は、栄典の授与を天皇の国事行為（内閣の助言と承認に基づく）の1つとして規定しているが（憲7条7号）、この点に関する法律の制定がなされない中、1955（昭和30）年、政府は、戦前の**褒賞条例**（太政官布告・勅令）を政令によって改正するという対応を行った。本号の解釈として、大きな問題があるといえよう。

3　「特にその法律の委任がある場合を除いては、罰則を設けることができない」

本号ただし書は、「政令には、特にその法律の委任がある場合を除いては、罰則を設けることができない」と定めている。刑罰は、法律によらなければ設けることはできない（憲31条）。本号は政令によっても罰則を設けることを認める一方で、刑罰に関する定めが法律事項であることを踏まえ、「法律の委任」を条件として課している（条例による罰則の設定、→憲94条）。

最も厳格な規律が必要とされる刑罰について委任が認められていることから、本条ただし書はさらに、罰則にとどまらず、その他の法律事項についても、法

606 第73条（内閣の職務）

律の委任を条件に、命令で定め得ること——**委任命令**の制定——を許容していると解される（佐藤功・注釈下907頁）。内閣法・国家行政組織法は、政令・省令・規則等について、「法律の委任がなければ、罰則を設け、又は義務を課し、もしくは国民の権利を制限する規定を設けることができない」と定めている（内閣11条・国組12条3項・13条2項）。

　もっとも立法事項の委任は、国会による立法権独占の原則をおかすものであってはならないから、包括的な委任、白紙委任であることは許されない。あらかじめ規律内容が相当程度予想できるよう、委任は個別的具体的なものでなければならない。罰則制定の委任については、とりわけ、委任の範囲の明確性が強く求められる。

　刑罰法規への委任のあり方がとくに問題となってきたのが、国家公務員法102条1項の規定である。同項は、「職員は、政党又は政治的目的のために、寄附金その他の利益を求め、もしくは受領し、又は何らの方法を以てするを問わず、これらの行為に関与し、あるいは選挙権の行使を除く外、人事院規則で定める政治的行為をしてはならない」と定め、さらに同法110条19号が、違反行為の処罰について規定している。人事院規則14-7が規制対象として定める政治的行為の範囲はきわめて広汎である（公務員の政治活動・表現の自由の制約→憲21条1項）。

　猿払事件最高裁判決は、「政治的行為の定めを人事院規則に委任する国公法102条1項が、公務員の政治的中立性を損うおそれのある行動類型に属する政治的行為を具体的に定めることを委任するものであることは、同条項の合理的な解釈により理解し得るところである」として、委任の限度を超えないと判示している（最大判1974（昭49）・11・6刑集28巻9号393頁）。

　一方、この判決に付された反対意見は、「人事院が内閣から相当程度の独立性を有し、政治的中立性を保障された国家機関で、このような立場において公務員関係全般にわたり法律の公正な実施運用にあたる職責を有するものであることに照らすときは、右の程度の抽象的基準の下で広範かつ概括的な立法の委任をしても、その濫用の危険は少なく、むしろ現実に即した適正妥当な規則の制定とその弾力的運用を期待することができると考えられる」として、委任自体が違憲であるとはいえないとしつつも、刑罰の対象となる禁止行為の規定の委任に限れば、「その具体的内容の特定を委任するにあたつては、おのずから別個の、より厳格な基準ないしは考慮要素に従つて、これを定めるべきことを指示すべき」であると述べ、国公法102条1項の規定は、憲法41条等に違反すると判断している。国公法102条1項の規定が個別具体的委任という憲法の求める要件を欠いていることは否定し得ないと思われる。

　同じく国家公務員法102条1項の合憲性が問題となった**堀越事件**・最高裁判決（最二小判2012（平24）・12・7刑集66巻12号1337頁）は、「文言、趣旨、目的や規制される政治活動の自由の重要性に加え、同項の規定が刑罰法規の構成要

件となることを考慮すると、同項にいう『政治的行為』とは、公務員の職務の遂行の政治的中立性を損なうおそれが、観念的なものにとどまらず、現実的に起こり得るものとして実質的に認められるものを指し、同項はそのような行為の類型の具体的な定めを人事院規則に委任したものと解するのが相当である」と解している。そして、かかる委任に基づいて定められた人事院規則は、「このような同項の委任の範囲内において、公務員の職務の遂行の政治的中立性を損なうおそれが実質的に認められる行為の類型を規定したものと解すべきである」と判示した。国家公務員法による委任の趣旨を、猿払事件最高裁判決よりも、実質的にはより限定的に解しているようにみえる。

4　委任を受けた命令の適法性

　命令への委任をめぐっては、法律による委任が憲法の求める要件を満たしているかどうかだけでなく、委任に基づいて制定された命令の定めが、法律による委任の要件に合致しているかどうかも問題となる。最高裁は、農地法施行令（最大判1971（昭46）・1・20民集25巻1号1頁）、監獄法施行規則（最三小判1991（平3）・7・9民集45巻6号1049頁）、児童扶養手当法施行令（最一小判2002（平14）・1・31民集56巻1号246頁）、貸金業の規制等に関する法律施行規則（最二小判2006（平18）・1・13民集60巻1号1頁）、薬事法施行規則（最二小判2013（平25）・1・11民集67巻1号1頁）などについて、命令が授権法律の規定に適合しないとの判断を行っている。

　これらのうち、2013（平成25）年の判決は、「命令等を定めるに当たっては、当該命令等がこれを定める根拠となる法令の趣旨に適合するものとなるようにしなければならない」との行政手続法38条1項の規定を引き、薬事法施行規則の規定がその根拠となる薬事法の規定に適合し、委任の範囲を逸脱していないというためには、立法過程の議論をもしんしゃくし、また薬事法の諸規定を踏まえ、委任を行っている授権規定の趣旨が「規制の範囲や程度等に応じて明確に読み取れることを要するものというべきである」との判断基準を提示している。

IX　「大赦、特赦、減刑、刑の執行の免除及び復権の決定」

　内閣は、「大赦、特赦、減刑、刑の執行の免除及び復権の決定」を行う。これらの「認証」は天皇の国事行為（憲7条6号）とされており、本条の決定に基づき、内閣が助言と承認を行う。「大赦、特赦、減刑、刑の執行の免除及び復権」の意味については、天皇の国事行為を参照（→憲7条6号）。

（只野雅人）

608 第74条（法律・政令への署名、連署）

> **（法律・政令への署名、連署）**
> **第74条** 法律及び政令には、すべて主任の国務大臣が署名し、内閣総理大臣が連署することを必要とする。

I 本条の意義

　行為の認証のため、元首の署名に添えて大臣により行われるのが**副署**（countersign）である。制限君主制の下では、君主の責任を直接問うことは難しく、副署を介して、行為の責任を大臣に転嫁するという意味をもった。今日でも、たとえばフランス第五共和国憲法では、一定の大統領の行為に対し、首相あるいは責任を負う大臣が副署を行うことを定めている。

　戦前の大日本帝国憲法は、「国務各大臣ハ天皇ヲ輔弼シ其ノ責ニ任ス」（明憲55条1項）と定め、天皇の権限行使が大臣の輔弼によってなされるべきことを明らかにするとともに、「凡テ法律勅令其ノ他国務ニ関ル詔勅ハ国務大臣ノ副署ヲ要ス」として、国務大臣の副署について規定していた（明憲55条2項）。ここでの副署は、大臣の**輔弼責任**を明らかにする意味があった。

　一方、本条は、すべての法律・政令について、主任の国務大臣の署名と内閣総理大臣の連署（日本国憲法・英文ではcountersign）を求めている。戦前の副署とは異なり、本条の署名・連署は、法律の執行（行政権）を担う内閣が、一体として執行責任を負うことを示す意味があると解される。

II 「法律及び政令」

　本条は、法律・政令についてのみ、署名・連署を要求しているが、ほかにも、憲法改正、条約、予算などについて同様の扱いとすることは、当然に考えられる。この点を規定した法律は存在しないが、条約については主任の大臣の署名・内閣総理大臣の連署が行われる例である。

III 「主任の国務大臣」

　主任の国務大臣とは、署名の対象となる法律・政令が、分担管理する行政事務に属する大臣をいう。署名を行う主任の国務大臣が複数となる場合もあり得る。また、内閣官房・内閣府にかかる事項については、内閣総理大臣が主任の大臣となる（内閣26条、内閣府6条2項）。

第75条（国務大臣の訴追への同意）　609

Ⅳ　「署名」「連署」

　対外的に内閣を代表するのは総理大臣である（憲72条）から、内閣総理大臣
が**署名**し主任の国務大臣が**連署**するほうが自然であるようにも見えるが、国務
大臣による「署名」は、「内閣の指揮監督のもとにおいて、その法律の執行を
分担管理する責任者としての署名」という意味をもつものともいい得る（宮沢・
全訂582頁）。本条は、「主任の国務大臣」ということばが示すように、行政事
務の分担管理の原則と、国会に対して連帯責任を負う内閣の一体性の調和を
図ったものと説明できよう。
　憲法7条1号は、憲法改正・法律・政令・条約の公布を天皇の国事行為とし
て定めている。公布にあたっては、助言と承認を行う内閣を代表して、総理大
臣が署名を行う。この署名は、助言・承認を行う内閣の責任を明示するための
ものである（佐藤功・注釈下913頁）。
　署名と連署は、上述のように内閣の執行責任を示すものであるから、署名・
連署を欠いたとしても、法律・政令の効力に影響はないと解される。

（只野雅人）

（国務大臣の訴追への同意）
第75条　国務大臣は、その在任中、内閣総理大臣の同意がなければ、訴
追されない。但し、これがため、訴追の権利は、害されない。

Ⅰ　本条の意義

　憲法50条は、国会議員について不逮捕特権を認めるが、本条は国務大臣につ
いて、内閣総理大臣の同意なく訴追されないことを定めている。その趣旨は、
政治的な動機による訴追を防止しようとしたものであると解される（佐藤功・
注釈下919頁）。訴追を行う検察は行政権に属し、しかも法務大臣は「個々の事
件の取調又は処分」について検事総長に対する指揮権を有している（検察14条）。
国会議員の逮捕の場合と比べると、国務大臣の起訴が政治的動機から行われる
可能性は、たしかに低いであろう。しかしそうした可能性は、なお皆無とはい
えない。

Ⅱ　「国務大臣」

　憲法は、「内閣総理大臣〔及び〕その他の国務大臣」（憲63条・66条1項・2
項）、「**国務大臣**」（憲99条）という用語法からもうかがえるように、憲法68条
のように事柄の性質上内閣総理大臣と国務大臣が明確に区別される場合を除き、

総理大臣を含んだ概念として「国務大臣」の語を用いているようにみえる。本条の「国務大臣」が、内閣総理大臣を含むかどうか——内閣総理大臣の訴追には内閣総理大臣自身の同意が必要であると解するかどうか——をめぐっては、含まないとする説（宮沢・全訂586頁）と含むとする説（佐藤功・注釈918頁）がある。

「国務大臣」は内閣総理大臣を含まないと解すると、総理大臣だけが、他の国務大臣が享受する政治的訴追に対する保障を受けられないということになってしまう。そこで、含まないとする説は、「本条の精神」から、総理大臣については在任中刑事訴追を受けない（さらには逮捕されない）という保障が同然に含意されている、と解している。摂政については、皇室典範により、在任中の不訴追が規定されている（典21条）。

実際には、総理大臣が起訴に同意する場合にはその職を辞するであろうから、起訴に同意しつつ在職し続けるという事態は想定しにくい。総理大臣が含まれるとの立場をとっても、結局は在任中の不訴追を認めるのと同じことになるとの指摘もある。とはいえ、あえて起訴に同意して身の潔白を裁判で主張する、という選択の余地も皆無とはいえない（野中ほか・憲法2・190頁〔高橋和之〕）。また、正当な理由なく同意を拒めば、政治責任が問われる可能性は十分にある（新基本コンメ396頁〔高田篤〕）。自分自身に対する起訴に自ら同意を与えるというのはいささか不自然にもみえるが、そのように解することに意味がないわけではない。さらに、「本条の精神」から在職中の不起訴の保障を導くことは、憲法に明文のない特権を認めることにもつながる。内閣総理大臣も「国務大臣」に含まれると解するべきであろう。

Ⅲ　「内閣総理大臣の同意」

内閣総理大臣の同意がなければ、国務大臣を訴追することはできない。同意のない訴追は無効である（刑訴338条4号）。内閣総理大臣は、政治的な動機による訴追の防止という本条の趣旨に照らし、起訴に正当な理由がある限り同意を与えなければならないと解される。

Ⅳ　「これがため、訴追の権利は、害されない」

1　「訴追」

「**訴追**」とは、刑事訴訟法上の公訴の提起を意味する。ここに、逮捕・勾引・勾留が含まれるかどうかをめぐっては争いがある。

公訴の提起よりも、身体の拘束を伴う逮捕等の方が影響が大きいことから、逮捕等についても総理大臣の同意が必要であると解する説も有力である（宮沢・全訂588頁、清宮・憲法2・313頁、佐藤幸・憲法490頁）。本条の趣旨は、

政治的起訴の防止に主眼があると一般には説明される。しかし本条はむしろ、検察行政は職務の性質上一定の独立性を不可欠とし政治から中立に行われるため、「結果的に内閣の職務遂行を阻害することがありうる」点に着目し設けられた規定である、と理解する立場もある。こうした理解に基づき、「訴追」は広く「公訴の提起にいたる捜査の過程において、大臣の職務遂行を阻害するような処分」を含むと説明するのである（野中ほか・憲法2・189〜190頁〔高橋和之〕）。

しかしながら、憲法50条とは異なり、本条が「訴追」ということばを用いていることからしても、また「訴追」本来の語義からしても、明文の根拠なく国務大臣の特権を拡張するような解釈はとれないとする見解もある（佐藤功・注釈下920頁、辻村・憲法414頁）。

1948（昭和23）年、芦田内閣の下で、昭和電工事件に関連して、国務大臣が総理大臣の同意なく逮捕勾留された。裁判所は、「訴追」には「逮捕、勾引、勾留のような身体の拘束の意味を含むものとは、解し得ない」と判示している（東京高判1959（昭34）・12・26判時213号46頁）。また国会でも、同趣旨の答弁がなされている[61]。

2 「これがため、訴追の権利は、害されない」

本条ただし書は、「これがため、訴追の権利は、害されない」と定めている。その趣旨は必ずしも明瞭ではないが、具体的効果としては、総理大臣の不同意によって起訴をなし得なくなった時点から、公訴時効が停止するものと解されている。

（只野雅人）

---

[61] 1976（昭和51）・7・21〔第77回（閉会中審査）参議院ロッキード問題に関する調査特別委員会会議録〕第16号18頁〔三木武夫〕。

第6章　司法

〔前注〕

I　本章の位置づけ

　本章は司法に関する章である。国会に関する章（第4章）・内閣に関する章（第5章）とならび「三権」の1つである司法について定める。司法権の担い手である裁判所・裁判官に関する規定（憲76条〜憲80条）、司法権およびその一作用としての違憲審査権に関する規定（憲76条・憲81条）ならびに裁判手続に関する規定（憲77条1項・憲82条）が含まれている。

II　日本国憲法の下での司法の特色

　大日本帝国憲法下での司法のあり方と比して、日本国憲法の下での司法は次のような特色をもつ。

　第1に、司法権が強化されたことである。大日本帝国憲法の下では行政権・立法権に比して司法権は弱く、これらに対する監視・抑制の機能を果たしてこなかった。このバランスが見直され、より厳格な三権分立へとシフトしている。

　その最大の契機が、大日本帝国憲法にはなかった**違憲審査制**の導入であり、憲法に違反する法令および行政の処分を違憲とする権限が裁判所に付与された（憲81条）。これにより立法権・行政権に対する司法のチェック機能が確保された。また、行政権に対するチェック機能としてはさらに、大日本帝国憲法下では管轄外とされていた行政事件に対する裁判権が認められている（憲76条2項）。

　また、**司法の独立**のための仕組みも強化されている。司法の独立には、行政権・立法権に対する**司法権の独立**と**裁判官の独立**という2つの面が含まれる。前者については、大日本帝国憲法の下では行政権の強い影響下にあった人事制度等を改革しその実現を図った。すなわち、旧裁判所構成法により設置された終審裁判所である大審院に代えて、最高裁判所を憲法上の機関として位置づけ、規則制定権（憲77条1項）や下級裁判所裁判官の人事権（憲80条）・懲戒権（憲78条）を付与した。これにより、大日本帝国憲法下では司法省が有していた司法行政権の多くは裁判所に移管され、最高裁判所は司法行政の長としての性格も有することになった。後者は大日本帝国憲法下でもある程度保障されていたが、日本国憲法は裁判官の身分保障（憲78条）に加え職権行使の独立（憲76条3項）を明記して、この原理をあらためて確認している。

　もう1つの特徴は、このように強化された司法権に対する国民による監視の制度を設けたことである。弾劾裁判を通じて国会において裁判官を罷免する途

が開かれる（憲78条）とともに、最高裁判所裁判官に対する国民審査の制度（憲79条2項）が設けられた。また、裁判の公開が徹底されたのも、国民の監視を確保するためといえる（憲82条）。

Ⅲ 司法の今日的課題

日本国憲法の制定から60年以上が経過したが、この間、司法とりわけ最高裁判所の果たしてきた役割については、不十分とする意見も少なくない。司法権が抱える今日的課題としては、以下のようなものが指摘できる。

第1に、違憲審査権の行使のあり方についてである。日本の違憲審査、とりわけ最高裁判所による違憲審査はきわめて消極的で、機能不全に陥っているとの声も聞こえる。たしかに、日本の最高裁判所がこれまでに下した法令違憲判決・決定は9種10件、適用違憲等をあわせても約20件ときわめて少ない。そのため、しばしばネガティヴな意味を込めて日本の最高裁判所は司法消極主義的であるといわれる。しかし、これに関しては留意すべき点が2つある。1つは「司法消極主義」は常にマイナスに評価されるべきものなのかということ、もう1つは日本の最高裁判所が本当に「消極主義」なのかということである。

司法消極主義とは一般に裁判所が違憲審査権の行使にあたり、政治部門の判断への介入をできるだけ抑制する姿勢を、司法積極主義はその逆を意味する。しかし、民主主義と違憲審査の緊張関係（→憲81条）や裁判官が行う法解釈の主観性（→憲76条）を考えると、どちらがあるべき司法像かは一概にはいえず、また、いずれかに偏るべきものでもない。社会状況や他の部門との関係を考慮しつつ、適切なバランスを模索していく必要がある。

また、日本の最高裁判所は「消極主義」だといわれるが、それは違憲判決が少ないというだけの意味であり、実態はより複雑である。最高裁判所が政治部門の判断に対し「敬譲」するだけでなく、判決傍論などにおいて「積極的」に政治部門の政策を支持する見解を述べていることを指して、日本の最高裁判所は違憲判断消極主義であっても司法消極主義ではない、あるいは、合憲判断積極主義だと評する者もいる。また、解雇権濫用法理の形成やグレー・ゾーン金利規制での積極的な姿勢など、最高裁判所は社会生活における個人の権利救済に関しては優れて政策形成的な判決を下してきてもいる。

第2に、**司法の独立**、とりわけ司法権の内部における裁判官の独立の問題である。行政権からの司法の独立を確保するために、日本国憲法の下では司法行政権を最高裁判所以下の裁判所に移管させた。この司法行政上の監督権が個々の裁判官の職権行使の独立を害することがあってはならない（裁81条）が、実際には、司法行政権を通じて個々の裁判官の職権行使に対する圧力が存在するといわれる。司法行政事務は各裁判所の裁判官によって構成される裁判官会議による（裁12条・裁20条）とされているが、実際にはこれは形骸化し、最高裁

判所事務総局の幹部、いわゆる「司法官僚」が実権を握っているとまでいわれている。人事制度の透明化やキャリア・システムの見直しなど、個々の裁判官の独立が実質的に保障されるような改革が望まれている。

　最後に、国民と司法のかかわりである。日本国憲法の下で新たに導入された最高裁判所裁判官の国民審査制度であるが、今日までに不信任とされた裁判官はおらず、不信任投票の率も低く、その実効性が疑われている。また、司法と国民意識との乖離も指摘されてきた。そうした中、2009（平成21）年、司法制度改革の一環として国民の司法参加をうたった裁判員制度が導入された。裁判員制度は「司法に対する国民の理解の増進とその信頼の向上」に資することを目的としているが、その導入にあたっては異論も多く、制度上の問題も指摘されている。国民主権の観点からすれば司法に対する国民の監視は重要であるが、司法の独立が脅かされるようなことがあってはならない。

（大河内美紀）

> **（司法権、特別裁判所の禁止、裁判官の独立）**
> **第76条**　①　すべて司法権は、最高裁判所及び法律の定めるところにより設置する下級裁判所に属する。
> ②　特別裁判所は、これを設置することができない。行政機関は、終審として裁判を行ふことができない。
> ③　すべて裁判官は、その良心に従ひ独立してその職権を行ひ、この憲法及び法律にのみ拘束される。

I　本条の趣旨

1　司法権の概念

　本条は、日本国憲法の下での司法権行使の原則を定める。立法権が国会に（憲41条）、行政権が内閣に（憲65条）それぞれ帰属するのに対し、司法権を裁判所に帰属させ、権力の分立を確保している。

　ところで、「司法権」の定義は歴史的・経験的なものであり、理論的・抽象的に概念構成できるものではないといわれる。実際に「司法権」の内容は、大枠の共通性はあるものの、国によってさまざまに異なる。とくに大きな違いがみられるのは行政訴訟の位置づけである。フランスなど大陸法系の国では、主に、「司法権」は私人相互間における私法上の権利義務に関する具体的な争いを裁断する作用および犯罪人に刑罰を科する作用を指す（宮沢・全訂592頁）。民事および刑事の裁判作用がこれにあたり、行政裁判は除外される。他方、英米法系の国では、民事および刑事の裁判に加えて、公法上の権利義務に関する争い、すなわち行政事件の裁判も「司法権」に含むと解されている。

第76条（司法権、特別裁判所の禁止、裁判官の独立） *615*

　大日本帝国憲法の下では、大陸法型の司法権概念が採用されていた。大日本帝国憲法は司法権を裁判所に帰属せしめるとともに（明憲57条）、行政裁判所が管轄する行政裁判を司法裁判所は受理することができない旨を規定しており（明憲61条）、行政裁判を行政権の作用と位置づけていたからである。

　これに対し、日本国憲法はそれとは異なる司法権概念を採っている。本条は1項で司法権を裁判所に帰属させつつ、2項で特別裁判所の設置および行政機関が終審として裁判を行うことを禁止しており、行政裁判を司法権の作用と位置づける英米法型にコミットしたものと考えられるからである。したがって、本条の定める「司法権」については、英米法型のそれにならって解釈するのが通説的見解である（宮沢・全訂594頁）。

　しかしながら、今日、この「司法権」概念理解については有力な異論も提示されている。後述するように、これは行政訴訟や違憲審査制度の見直しの問題と密接にかかわっている。

2　大日本帝国憲法の下での司法権との異同

　大日本帝国憲法の下では、司法権は「天皇ノ名ニ於テ」裁判所が行うとされており、その最終的な帰属先は天皇であった（明憲57条1項）。また、大審院を含むすべての裁判所の構成は法律に委任されていた（明憲57条2項）。これに対し、本条1項は司法権を、直接に、最高裁判所および法律の定めにより設置される下級裁判所に帰属させる。下級裁判所の構成は法律に委ねられているが、最高裁判所の構成については憲法で直接に定めている（憲79条）。

　また、大日本帝国憲法は法律により特別裁判所を設置することを認めていた（明憲60条）。実際に、行政裁判法に基づく行政裁判所、陸軍軍法会議法および海軍軍法会議法に基づく陸・海軍の軍法会議ならびに皇室裁判令に基づく皇室裁判所が設けられていた。これに対し、本条2項は特別裁判所の設置および行政機関が終審として裁判を行うことを禁止している。ただし、これは前審として行政機関が裁判を行うことまでも禁止したものとは解されない（宮沢・全訂604頁）。裁判所法は行政機関が前審として審判することを妨げない旨を明記する（裁3条2項）。

　大日本帝国憲法は裁判官の身分保障に関する規定を有しており（明憲58条2項）、**裁判官の独立**というコンセプトを一定受容していたと考えられるが、これに関する明文の規定は置いていなかった。しかし、本条は3項で裁判官の職権の独立を明記しており、司法権の独立をより強化している。

Ⅱ　「司法権」

1　司法権の概念
(1)　司法権

本条 1 項は「司法権」の帰属について定める。ここでいう「司法権」とは、一般に、具体的な争訟について、法を適用し、宣言することによって、これを裁定する国家の作用をいう（清宮・憲法 1・335 頁）。裁判所法が、裁判所は「一切の**法律上の争訟**」を裁判すると定めるのは、この趣旨による（裁 3 条）。なお、前述のように、通説によれば本条の「司法権」は英米法型の理解に立って解釈されるため、ここでいう「具体的な争訟」には民事および刑事の事件のみならず、行政事件も含まれる。よって、裁判所法 3 条の規定は本条の趣旨を明確化したにとどまり、裁判所に新しい権限を付与したものではない（宮沢・全訂 593 頁）。なお、最高裁判所は憲法制定後早い時期に、**法律上の争訟**とは「当事者間の具体的な権利義務ないしは法律関係の存否に関する紛争であって、かつそれが法律の適用に寄って終局的に解決し得べきもの」（最三小判 1953（昭 28）・11・17 行集 4 巻 11 号 2760 頁）、「法令を適用することによって解決し得べき権利義務に関する当事者間の紛争をいう」もの（最一小判 1954（昭 29）・2・11 民集 8 巻 2 号 419 頁）だとした。

(2) 司法権＝法律上の争訟？

このように「司法権」の概念と裁判所法にいう「法律上の争訟」概念とを同義と捉え、司法権の定義やその限界づけを裁判所法 3 条の解釈問題として行う傾向が学界では長く支配的だった。しかし、現代的要請として客観訴訟や仮の救済といった諸制度が登場してくると、その制度と司法権概念との整合性が問題となり始める。

客観訴訟とは、個人の権利利益の保護を目的とする主観訴訟に対置されるもので、主に公益実現を目的とする訴訟などを指す。現行法の下では、行政事件訴訟法上の民衆訴訟（行訴 5 条）および機関訴訟（行訴 6 条）がこれにあたる。個人の権利利益の保護を目的としない客観訴訟は、通説的見解によれば、裁判所法のいう「法律上の争訟」にはあたらない（裁判所法 3 条 1 項の定める「法律の定めるその他の権限」に属すると解される）。そのため、これを司法権の作用に含まれるとみるか、あるいは、もともと司法権の作用に含まれるものではないが裁判所に委ねることは許されると解するか、見解が分かれた。

また、行政事件における仮の救済は通説的見解によれば司法権ではなく行政権と位置づけられてきた（→Ｖ 4）。しかし、差止め等の仮の救済は権利実現にとって大きな意味をもつため、その重要性が高まるにつれ、その位置づけを見直すべきという主張も強まってきた。

そうした中で、近年、司法権概念を再構成しようという動きが現れてきている。たとえば、司法権を「適法な提訴を待って、法律の解釈・適用に関する争いを、適切な手続の下に、終局的に裁定する作用」（高橋・立憲主義 389 頁）と定義したり、「憲法上の司法権は、『法律上の争訟』を中核としながらも、それを超えた射程をもつことになると同時に、『具体的な争いの法的解決』の作用であることを要するという意味では、なお『事件性』によってその範囲を画さ

第76条（司法権、特別裁判所の禁止、裁判官の独立）　*617*

れる」※1としたりする動きがそれである。これらは従来の司法権概念を拡大し、客観訴訟等に道を開こうとする点で一致している。

2　司法権の限界

本項は「すべて司法権」は裁判所に帰属すると定めるが、これには一定の限界がある。

(1)　憲法に明文で定められた例外

第1に、「具体的な争訟について、法を適用し、宣言することによって、これを裁定する国家の作用」であっても、憲法上、裁判所以外の機関にその権限が付与されているものが存在する。国会両院が行う議員の資格争訟の裁判（憲55条）および国会議員によって行われる裁判官の弾劾（憲64条）はこれにあたる。

犯罪人に刑罰を科す作用は「司法権」の一部に含まれるが、この点にかかわって、恩赦の位置づけが問題となり得る。恩赦は、裁判所によって科された刑罰の効果の全部または一部を失わせる行為であり、消極的意味で刑罰を科する行為の性質を有するともいえるからである（宮沢・全訂594頁）。しかし、日本国憲法は恩赦を内閣の権能の1つとしている（憲73条）。よって、恩赦を司法権の作用と捉えるならば、憲法73条は憲法上の例外を定めたものとなる。

(2)　国際法上の例外

外国の元首、外交官、および日本に駐在する外交使節には、国際慣習法上いわゆる外交特権が及ぶため、憲法上明文の規定はないものの、日本の司法権には服さないと解される（新基本コンメ399頁〔笹田栄司〕）。また、外国国家の主権的行為についても、いわゆる「主権免除の原則」により、裁判権が免除されると捉えられている。最高裁判所は、横田基地におけるアメリカ軍の航空機の夜間離発着の差止めおよび損害賠償を求めた訴訟の判決において、同離発着は「主権的行為であることは明らかであって、国際慣習法上、民事裁判権が免除される」として原告の訴えを斥けた（最二小判2002（平14）・4・12民集56巻4号729頁）。ただし、主権免除の原則については、国家活動の多様化により、かつての絶対免除主義は退潮し、国家の私法的・商業的行為については主権免除を認めないという制限免除主義を採る国が増えている。日本は、かつては絶対免除主義を採用していたが（大決1928（昭3）・12・28民集7巻12号1128頁）、先の最高裁判所判決では傍論において制限免除主義に言及、2005年には私人の外国に対する貸金返還請求事件において制限免除主義に転換することが明言された（最二小判2005（平18）・7・21民集60巻6号2542頁）。

また、個別の条約によって裁判管轄を排除することも、憲法は許容しているものと解される。たとえば、日米地位協定17条3(a)は、日本に駐留するアメリ

※1　野坂泰司「憲法と司法権——憲法上の司法権の捉え方をめぐって」法教246号（2001年）46頁。

カ軍隊の構成員等が犯した犯罪行為のうち特定のものについては、アメリカ軍当局が第一次管轄権を有することを定めている。

(3) 司法権の性質上導かれる限界

このほか、司法権の性質または憲法上の他の諸原理との関係から導かれる限界があると解されている。

(i) 政治部門の自律権

憲法は国会の各議院に議院規則制定権を認めており（憲58条2項）、会議の定足数や議事手続等は**国会両院の自律権（議院自律権）**に委ねられている。通説は、これら事項について裁判所の審査権は及ばないとする（宮沢・全訂596頁）。最高裁判所も、法案採決手続の正当性が問題となった事案において、「裁判所は両院の自主性を尊重すべく同法制定の議事手続に関する所論のような事実を審理してその有効無効を判断すべきでない」（最大判1962（昭37）・3・7民集16巻3号445頁）としている。ただし、議事手続に明白な憲法違反がある場合（憲法上定められた定足数に違反する場合など）については、司法審査の対象となるとする説（佐藤幸・憲法593頁）と政治的影響等を考慮してなお司法審査は及ばないとする説[2]とに分かれる。

閣議のあり方についても同様に司法審査は及ばないと解される（佐藤幸・憲法496頁）。

(ii) 立法裁量

国会が行う立法については、考慮すべき要素が多く、専門性・技術性が高いため、憲法による規律から自由な領域が大きい。そのため、国会はいついかなる立法を行うのかにつき一定の**立法裁量**を有すると考えられ、この立法裁量の範囲内の行為については裁判所の審査は及ばないと解される。ただし、裁量権を逸脱・濫用した場合にはその限りでない。立法裁量の広狭は、立法の分野や関連する権利の性質によって異なる。

(iii) 行政裁量

行政の活動についても、一定の裁量（**行政裁量**）が認められる。ただし、民主的正当性の高い国会のもつ立法裁量と比べて、法律による行政が求められる行政府の活動において裁量に委ねられる範囲は狭い。また、行政裁量の範囲内の行為であっても、平等原則や比例原則違反など、その判断が客観的にみて著しく不公正にわたる場合には司法審査の対象となると考えられてきている[3]。さらに、近年では、行政府の判断の帰結については裁量に委ねるとしても、その判断過程が公正な手続に基づいていたか否かの審査はできるとする判断過程統制の考え方も広まってきている。

---

[2] 赤坂正浩「国会：議院自律権」笹田栄司編『law practice憲法（第2版）』（商事法務、2014年）112頁。

[3] 田中二郎『司法権の限界』（弘文堂、1976年）41頁。

(iv) 部分社会論

自律的な法規範をもつ社会ないし団体の内部の紛争については、それが一般市民法秩序とかかわらない内部規律の問題にとどまる限りにおいて、司法審査が及ばないとする考え方がある。この考え方は**部分社会論**と呼ばれる。

最高裁判所はこれまでに、地方議会、政党、学校、宗教団体等の内部の紛争について、部分社会論を採用してきた（板まんだら事件・最三小判1981（昭56）・4・7民集35巻3号443頁、村議会出席停止事件・最大判1960（昭35）・10・19民集14巻12号2633頁、政党除名処分事件・最三小判1988（昭63）・12・20判時1307号113頁、富山大学単位不認定事件・最三小判1977（昭52）・3・15民集31巻2号234頁、蓮華寺事件・最二小判1989（平1）・9・8民集43巻8号889頁など）。ただし、富山大学単位不認定事件では、「一般市民法秩序と直接の関係を有する」ことを認めるに足る特段の事情がある場合には司法審査が及ぶとし、単なる単位の不認定ではなく、専攻科修了にかかる認定については司法審査の対象としている。

通説的見解も部分社会論を肯定するが、その根拠および範囲が不明確との批判は存在する。部分社会論を肯定する根拠はやはり憲法上保障された権利利益に求めるべきであり、結社の自由等が考えられる。しかし、その場合であってもどこまでが司法審査が及ばない部分社会の内部紛争とみなされるかは一義的には決まらない。とくに、これまで最高裁判所が部分社会としたものには多様な性格のものが含まれており、司法審査が排除される範囲は結局当該社会ないし団体の目的、性質、活動内容等に照らして個別具体的に判断する必要がある（佐藤幸・憲法595頁）。

(v) 統治行為

国家統治の基本に直接かかわり、高度に政治性を有する国家行為を「統治行為」と呼ぶ。この統治行為について、形式的には司法権の管轄に入るが、その性質ゆえにこれを司法審査の対象から外し、政治部門の判断に委ねるべきという考え方がある。アメリカの判例法理である政治問題の法理に影響を受けた考え方で、**統治行為論**と呼ばれる。

最高裁判所は、これまでに2件、統治行為論に類似した考え方を判決で示している。1つは日米安全保障条約の違憲性が問われた砂川事件であり、この事件で最高裁判所は、同条約は「高度の政治性を有するもの」であり、その内容が「違憲なりや否やの判断は、純司法的機能をその使命とする司法裁判所の審査には原則としてなじま」ず、「一見極めて明白に違憲無効であると認められない限りは、裁判所の司法審査権の範囲外」であるとした（最大判1959（昭34）・12・16刑集13巻13号3225頁）。ただし、これは「一見極めて明白に違憲無効」である場合には違憲審査権が及ぶことを前提としており、司法審査を完全に排除はしていない。もう1件は衆議院のいわゆる「7条解散」が問題となった苫米地事件である。最高裁判所は「直接国家統治の基本に関する高度に政治性のある

国家行為」については「たとえそれが法律上の争訟となり、これに対する有効無効の判断が法律上可能である場合であつても、かかる国家行為は裁判所の審査権の外」にあるとした（最大判1960（昭35）・6・8民集14巻7号1206頁）。

　これに対し学説は、苫米地事件最高裁判決と同様に司法権の内在的制約として統治行為論を認める説、政治的混乱を回避するための司法の自己抑制として認める説※4、統治行為の範囲を限定するため「高度の政治性」以外の具体的根拠（たとえば、苫米地事件については内閣の自律権を根拠と捉えることができる）を明らかにしようとする折衷説※5、そして、統治行為論を否定する説（辻村・憲法436頁）とに大別できる。ただし、否定説に立った場合であっても、自律権または裁量を理由として司法審査が排除されることは認める。本条が「すべて司法権」を裁判所の管轄としており憲法81条がすべての法令・処分を例外なく違憲審査の対象としている（→憲81条）ことからして、例外的に審査権を限定する場合には何らかの憲法上の根拠が必要と解すべきであろう。

Ⅲ　「最高裁判所及び法律の定めるところにより設置する下級裁判所に属する」

1　司法権の帰属主体

　本条は、司法権を「最高裁判所及び法律の定めるところにより設置する下級裁判所」に属するとする。審級関係において最上級にある裁判所として「最高裁判所」という名称の裁判所を設置し、その下位に下級裁判所を置くことを予定するものである。

2　「最高裁判所」

(1)　最高裁判所

　「最高裁判所」は憲法に基づいて設置される単一の機関である。憲法は、最高裁判所に長たる裁判官とその他の裁判官を置くことを定めるが、その他の裁判官の員数については法律に委ねられている（憲79条1項）。審査に関する事項も法律で定めるとされており（憲79条4項）、最高裁判所の内部に部または小法廷を設けることを排除してはいないと解される。裁判所法は最高裁判所の「その他の裁判官」である最高裁判所判事の員数を14人とし（裁5条3項）、最高裁判所に全員の裁判官からなる大法廷と、3人以上の裁判官の合議体である小法廷とを設けることを規定している（裁9条）。

(2)　小法廷の位置づけ

　裁判所法は最高裁判所に小法廷を設けることを定めるが、この小法廷の位置

※4　山田準次郎「統治行為について」公法13号161頁以下。
※5　芦部信喜『憲法訴訟の現代的展開』（有斐閣、1981年）134頁以下。

第76条（司法権、特別裁判所の禁止、裁判官の独立）　*621*

づけが論点となり得る。すなわち、憲法79条が「最高裁判所」を「長たる裁判官及び法律の定める員数のその他の裁判官」によって構成すると定めていることから、「長たる裁判官」を含まない小法廷は最高裁判所と位置づけられるのか否かという問題である（→憲79条）。

　これに関しては、憲法79条の文言を重視して「長たる裁判官及び法律の定める員数のその他の裁判官」によって構成される大法廷のみを最高裁判所とし小法廷は最高裁判所裁判官によって構成される下級裁判所と捉える見方と、小法廷を設けることを憲法上禁止する規定が存在しないことを理由に小法廷も最高裁判所と捉える見方とが存在する[6]。通説的見解は後者であり、裁判所法もこの考え方に基づく（裁10条）。

2　下級裁判所

　下級裁判所の「下級」とは、審級上の下位を示すものであって、行政組織上の上下関係を示すものではない。よって、下級裁判所であっても、職務上は完全に独立して活動し、上級裁判所の指揮監督は受けない（後述の審級制は別の問題である）（樋口ほか・注解4・20頁〔浦部法穂〕）。

　本条1項は「下級裁判所」を法律によって定めるとする。裁判所法は、本条1項のいう「下級裁判所」として、高等裁判所、地方裁判所、家庭裁判所および簡易裁判所を定めている（裁2条）。各裁判所の構成および権限は裁判所法に、管轄区域等は下級裁判所の設立及び管轄区域に関する法律により、それぞれ定められている。現在は、高等裁判所が全国に8か所（東京高等裁判所の特別の支部として知的財産高等裁判所が別に設けられている）、地方裁判所および家庭裁判所が各50か所（支部を加えると各203か所）、簡易裁判所が438か所に設けられている。

3　審級制

　本条1項は**審級制**を予定しているものと解される。裁判所法は、上級審の裁判所の裁判における判断は、その事件について下級審の裁判所を拘束すると定める（裁4条）が、これは審級制の必然的帰結であって、下級裁判所の独立を害するものとは解されない（宮沢・全訂595頁）。

　憲法は審級制の具体的内容については詳細な定めを置いていない。この点、最高裁判所は、憲法81条の規定するところを除き、審級制度の形成はもっぱら立法政策の問題であるとする（最大判1948（昭23）・3・10刑集2巻3号175頁）。通説的見解もこれによる。なお、近時の三審制の見直しを受け、憲法81条だけでなく憲法32条および本条に基づく限界も考慮すべきとの指摘もあるが（新基本コンメ403頁〔笹田栄司〕）、この見解も以下に述べる上告制限は憲法上許さ

---

[6]　兼子一＝竹下守夫『裁判法（第4版）』（有斐閣、1999年）156頁。

第6章

622 第76条（司法権、特別裁判所の禁止、裁判官の独立）

れると捉えている。

審級制について、現行法はこれまで三審制を原則としてきた。これに対し、1998年に施行された新民事訴訟法は、最高裁判所の負担軽減等を目的として、従前よりも上告理由を限定し、裁量上告（許可上告）制度を一部導入した。すなわち、憲法解釈の誤りその他の憲法違反を理由とするとき（民訴312条）は権利上訴とするが、最高裁判例違反その他の法令の解釈に関する重要な事項を含む事件については裁量上訴とし、最高裁判所が上告審として受理・不受理の決定を行うことができるものとした（民訴318条）。また、控訴を原則禁止とする少額訴訟手続も導入された（民訴368条・377条）。これにより、三審制は変容してきている※7。

なお、刑事訴訟規則は地方裁判所または簡易裁判所がした第一審判決に対して、当該判決における法令等の憲法違反の判断が不当であることを理由として、最高裁判所に上告をすることを認める跳躍上告の制度を定める（刑訴406条、刑訴規254条）。砂川事件（最大判1959（昭34）・12・16刑集13巻13号3225頁）で検察がこれを用いたことで知られる。控訴の申立てがあったときにはこの跳躍上告は効力を失う（刑訴規255条）ため、この制度は実質的には三審制を害するものではないと考えられる。また、刑事訴訟法は、検事総長に、判決等が確定した後に当該事件の審判が法令に違反したことを発見した場合に最高裁判所に非常上告をすることができる旨を定める（刑訴454条）。これは三審制の枠内で行われる上訴ではなく、確定判決に対して行われる再審と同様の非常救済手段である。

Ⅳ　「特別裁判所は、これを設置することができない」

1　趣旨

本条2項は「**特別裁判所**」の設置を禁止する。本条1項が「すべて司法権」が最高裁判所および下級裁判所に帰属すると定めていることを、裏側から定めることによって、より明確化している。これは、最高裁判所を頂点とする司法権により法解釈の統一性を確保すること、特別の身分をもつ者に対してのみ管轄権を有する裁判所を設けることが法の下の平等に反すること、および、すべての国民に裁判の公正および平等を確保することを目的とする。憲法制定時の政府の説明では法解釈の統一性が強調されていたが、近年の学説では国民の権利に力点が置かれる傾向にある。

2　特別裁判所

ここでいう「特別裁判所」とは、本条1項の定める最高裁判所および下級裁

※7　笹田栄司『裁判制度——やわらかな司法の試み』（信山社、1997年）99頁以下。

判所によって構成される裁判所体系の外に設けられる、特別の身分をもつ者または特定の種類の事件について裁判を行う裁判所を指す（宮沢・全訂601頁）。常設か臨時かは問わない。

　特定の種類の事件について管轄権を有する裁判所であっても、一般の裁判所体系に組み込まれている場合には、本条2項の禁止する特別裁判所とは解されない。したがって、一般の裁判所体系に属する下級裁判所としての性格をもち、最高裁判所または下級裁判所への上訴が開かれており、当該裁判所の裁判官が憲法80条の定めに従って最高裁判所の指名に基づいて任命されていれば、特定の種類の事件をとくに取り扱う裁判所を設けることも可能である。家事審判・家事調停、人事訴訟の第一審および少年審判をもっぱら取り扱う家庭裁判所（裁31条の3）は、この意味において特別裁判所にはあたらない。判例も、家庭裁判所が「一般的に司法権を行う通常裁判所の系列に属する下級裁判所として裁判所法により設置された」ことを理由に、これを特別裁判所ではないとしている（最大判1956（昭31）5・30刑集10巻5号756頁）。

　2005年に東京高等裁判所の特別の支部として設立された知財高等裁判所も、知的財産に関する事件を専門的に取り扱う裁判所であるが、前述の要件は形式的には満たされており、本条2項に反するものとはいえない。しかし、最高裁判所への上告理由の制限が厳しくなっていることから、実質的な意味で「最高裁判所への上訴が開かれている」といえるかどうか疑問だとする声もある[8]。

　仮に新たに行政事件や労働事件等の専門的事件に対応する裁判所を設置したとしても前述の要件を満たしていれば本条2項に抵触するものとはいえないが（佐藤功・注釈下963頁）、特別裁判所の設置を禁ずる本質的な理由は公正な裁判の確保にあることからして、上訴可能性や裁判所へのアクセスなどさまざまな観点からみて公正な裁判を受ける権利を実質的に保障するものでなければならないとの指摘[9]は重要である。

3　憲法上の例外としての弾劾裁判所

　罷免の訴追を受けた裁判官を裁判する弾劾裁判所は、両議院の議員で組織される、一般の裁判所体系に組み込まれない裁判所であり、本条2項のいう特別裁判所に該当する。しかし、これは憲法が認めた例外である（憲64条）。

V　「行政機関は、終審として裁判を行ふことができない」

1　行政機関

　「行政機関」とは、国会およびその附属機関ならびに裁判所およびその附属

---

[8]　久保田穣・憲法百選2（第5版）401頁。
[9]　久保田穣・憲法百選2（第5版）401頁。

機関を除く国家機関の総称である（宮沢・全訂603頁）。

2 終審

本条2項は、行政機関が「終審」として裁判を行うことを禁止する。「終審として」行うとは、それに対してさらに裁判所に訴えて争うことができない処分として行う、という意味である。したがって、その反対解釈から、前審、すなわちそれに対して不服があるときにはさらに裁判所に訴えて争うことのできる処分としてであれば、行政機関が裁判を行うことも許される。その限りにおいて、本条2項は、行政機関が一定の範囲内で司法作用を行うことを許容するものである（宮沢・全訂604頁）。

なお、裁判所法3条2項は「行政機関が前審として審判することを妨げない」としており、実際に、選挙管理委員会の行う裁決（公選202条2項など）や人事院（国公92条の2）の行う裁決などが制度として定められている。独占禁止法にも、公正取引委員会の行う審決（（旧）独禁52条など）の定めが置かれていたが、2013（平成25）年の法改正によって廃止された（2015（平成27）年4月より施行）。

3 裁判

ごく一般的にいえば、裁判とは、社会関係における利害の衝突、紛争を解決し調整する規律を定める、法的な権威を有する第三者の判定を指す[10]。これは実質的な意味での裁判である。「裁判」をこのように捉えた場合、ここでいう「法的な権威を有する第三者」は必ずしも裁判機関に限られず、行政機関なども含まれ得る。

これに対し、形式的な意味での裁判、すなわち法令上の用語としての裁判は、裁判所または裁判官がその権限行使としてなす法律行為全般を指すことが多い[11]。実際に、民事・刑事訴訟法上でいう「裁判」は、裁判機関が行う訴訟事件の判決のほか、訴訟指揮上の処分、命令、強制執行や非訟事件を処理する上での処分なども包含するものとして用いられている[12]。

本条2項の「裁判」は行政機関が行う司法作用を指すものとして用いられている。前述の審決および裁決は「裁判」という名称ではないが、行政機関が行う司法作用であり、本条2項にいう「裁判」にあたる。

なお、本条2項がとくに「裁判」という言葉を使っているのは、司法作用を行う以上は、行政機関が行う場合であっても、裁判所の訴訟手続に類する手続によって行うことを要請する趣旨を含むものと解される（宮沢・全訂604頁）。

---

[10] 兼子一＝竹下守夫『裁判法（第4版）』（有斐閣、1999年）1頁。

[11] 兼子一＝竹下守夫『裁判法（第4版）』（有斐閣、1999年）7頁。

[12] 兼子一＝竹下守夫『裁判法（第4版）』（有斐閣、1999年）313頁。

実際に、公正取引委員会の行う審決には、審判の公開（独禁61条）などの手続的保障がなされていた。

4 執行停止に対する内閣総理大臣の異議

行政事件訴訟法は、裁判所が必要な場合には行政処分の執行停止を行うことを認める（行訴25条2項）一方で、内閣総理大臣がこれに関する裁判所の決定に異議を唱えることができる旨を規定する（行訴27条1項）。この内閣総理大臣の異議は、裁判所を拘束する（行訴27条4項）。そのためこの制度は司法権に対する行政権の干渉を許すものであり違憲ではないかとの議論が存在する。

この制度の合憲性について、最高裁判所は判断を下していない。しかし、下級裁判所レベルでは、執行停止権限を本来的には行政作用であるものが司法権に委譲されたものとみて、委譲にどのような条件を付すかは立法政策の問題だとした判決がある（東京地判1969（昭44）・9・26判時568号14頁）。古くは学説もこの立場をとるものが多かった。

しかし、今日では同制度を違憲とする主張も強く唱えられている。すなわち、取消訴訟による行政処分の取消しが司法権の作用である以上、その取消訴訟手続に付随する執行停止権限を行政作用とするのは無理がある。また、執行停止権は裁判所が実効的な救済を与えるための重要な権限であり、これを本来的に行政権者に帰属するものとしてしまうことは権力分立の趣旨にもとる。あるいは、仮に執行停止権限を行政作用と捉え、裁判所に当該権限を付与することは立法裁量であるとしても、その裁量には限界があり、同制度のような仕組みは法原理機関としての裁判所の地位を脅かすものであり許されない、といった批判である（佐藤幸・憲法599頁）。

5 立法機関への類推

本条2項が直接規定するのは行政機関が行う司法作用についてであるが、だからといって、立法機関が終審として司法作用を行うことを禁止しないとの趣旨を有するものではない（宮沢・全訂604頁）。

なお、国会議員の資格争訟は両議院の議員によって裁判されるが（憲55条）、これは終審であり、さらに裁判所に訴えることはできないと解されている。しかし、これは憲法が認めた例外である。弾劾裁判（憲64条）も同様である。

Ⅵ 「すべて裁判官は、その良心に従ひ独立してその職務を行ひ」

1 裁判官の独立

本条3項は、裁判官の職権行使の独立について定める。これは司法の独立の原則の一要素である「**裁判官の独立**」の中核を構成する。

裁判官の独立は、裁判官の職権行使の独立と裁判官の身分保障とによって確

保される。本条3項は、裁判官が担当する事件の裁判においてそれを規律する法規範以外の何ものにも拘束されない、すなわち、他からの具体的な命令や干渉・圧迫を受けずに職権を行使することを意味する。この裁判官の職権行使の独立は、歴史的に公正な裁判のために絶対不可欠だと解されている、近代司法の基本原則の1つである。

これに加えて、裁判官の独立を外的に支えるものとして、裁判官の身分保障がある。日本国憲法は78条にその規範を置いている（憲78条）。

2 「良心に従ひ」

本条3項は、裁判官が「良心に従ひ」職権を行うことを定める。ここでいう「良心」については、裁判官の主観的な良心、すなわち憲法19条の「良心」と同じく宗教上・倫理上の信念または政治的意見を指すと解する説と、客観的な「裁判官としての良心」を指すとする説とに分かれる。前者には、たとえば当該裁判官が死刑廃止等の特定の信念を有する場合にそれに従うべきことを意味するのか、といった批判があり（佐藤功・注釈下968頁）、通説は後者である。

ただし、前者に立ったとしても、裁判官が職権行使にあたって法に従うべきことは大前提である。「良心に従い職権を行う」という文言は、本条3項後段で裁判官を拘束するとされている「この憲法及び法律」よりも裁判官の良心を優越させる趣旨ではないと解されるからである。したがって、両者の区別にはあまり意味がないとの指摘もある（樋口ほか・注解4・29頁〔浦部法穂〕）。この点、最高裁判所は「裁判官が有形無形の外部の圧迫乃至誘惑に屈しないで自己内の良識と道徳観に従うの意味である」（最大判1948（昭23）・11・17刑集2巻12号1565頁）、あるいは「裁判官は法（有効な）の範囲内において、自ら是なりと信ずる処に従って裁判をすれば、それで憲法のいう良心に従った裁判と言える」（最大判1948（昭23）・12・15刑集2巻13号1783頁）と述べており、主観説に立つのか客観説に立つのかは判然としない。

この問題の核心は、法解釈の主観性にある。法解釈論争を経た今日では、法解釈が裁判官の主観という側面をもつことはおおむね受け入れられている。ことに一義的な解を導くことの困難なハードケースにおいては、客観的な法秩序の「発見」ではなく「創造」あるいは実践的価値判断という面が強く打ち出される。そのため、「良心に従う」ことと「法に拘束される」ことは容易に切り分けられない。

なお、裁判官が「良心に従う」ことについて、従来の学説がこれを当為として論じる傾向にあったために、論争が激化したが、これはむしろ裁判官の特権として他者の命令に従わないことが許されている（その意味において「良心の自由」を保障するもの）と解すべきという指摘もあり、傾聴に値する[13]。

---

[13] 南野森・憲法百選2・391頁。

第 76 条（司法権、特別裁判所の禁止、裁判官の独立）　627

3　「独立して」

⑴　職権行使の独立の意味

　裁判官が「独立して」職権を行うとは、他者からの指示・命令に拘束されないことに加えて、事実上、他者から裁判について重大な影響を受けないという要請も含むものと解される。後者について、国会および内閣等の他の機関を指すとする見方もあるが（佐藤功・注釈下973〜974頁）、より広く、司法権の外部からの独立と司法権内部における裁判官の独立の双方を指すものと解すべきであろう（佐藤幸・憲法616頁）。なお、メディアおよび国民からの裁判批判は表現の自由の行使であり、直接に裁判に圧力を加えたり、裁判官を脅迫したりするような形のものでない限り、本条に抵触するものではない（野中ほか・憲法2・244頁〔野中俊彦〕）。

⑵　司法権の外部からの影響

(i)　国政調査権

　司法権の外部からの影響としては、次のようなものが考えられる。第1に、国会による裁判に対する**国政調査権**である。国会は「国政に関する調査」を行う権限、すなわち国政調査権を有するが（憲62条）、これに基づいて個別の裁判の判決の当否を調査することができるかという問題である。この点、1949（昭和24）年に参議院法務委員会が特定の刑事事件の確定判決を国政調査の対象として取り上げ、当該判決の量刑が不当なものであったとの決議をなしたことが問題となった（「**浦和事件**」と呼ばれる）[14]。最高裁判所は参議院に対する申入れの形で、当該法務委員会の活動は司法権の独立を侵害するものであると抗議した[15]。学説は、係争中の裁判の当否を判断するための調査は許されないとする点ではほぼ一致しているが、判決確定後の調査については見解が分かれる。すでに確定した判決である以上、国会が調査を行ったとしても当該裁判の独立を侵害するものではないが、裁判所に対して以後類似の裁判を行う上で実質的な影響を与えることは否めないため、慎重な考慮が必要である（→憲62条）。

(ii)　裁判官訴追委員会による調査

　また、国会による**弾劾裁判**の前提となる裁判官訴追委員会の調査も問題となり得る。日本国憲法は裁判官の罷免を両議院の議員によって組織される弾劾裁判所にかからしめる（憲64条）が、その訴追は、議員からなる裁判官訴追委員会が行う（国会126条）。裁判官訴追委員会は訴追の請求があったときまたは弾劾による罷免の事由があると思料する場合にはその事由を調査する（裁弾11条）。この調査を現に係属中の具体的な裁判の訴訟指揮に関して行うことが許される

---

[14]　参議院法務委員会委員長談話（毎日新聞1948（昭和23）年11月26日）曹時1巻5号150頁。

[15]　最高裁判所長官代理から参議院議長あて申入書（1949（昭和24）年4月20日）曹時1巻5号175〜176頁。

かどうかで議論となったのが、1953（昭和28）年のいわゆる「吹田黙祷事件」である。法廷内で被告人が政治的意思表示として拍手・黙祷を行った際にそれを制止しなかった裁判長の訴訟指揮に対して、裁判官訴追委員会が調査を開始したという事件である。最高裁判所はこれに対し、当該調査は司法権の独立を侵害するおそれがあるとの申入れを行った。なお、訴追委員会は最終的には訴追猶予の判断を下している。この点、現に係属中の事件における担当裁判官の職権の独立に事実上圧力を及ぼすような調査は許されないと解するのが通説である（樋口ほか・注解4・32頁〔浦部法穂〕）（→憲64条）。

(3) 裁判所内部における独立

(i) 上級裁判所の監督権

　他方、裁判所内部の独立については、とくに、上級裁判所の監督権の及ぶ範囲が問題となる。大日本帝国憲法下では司法省が司法行政権を担っていたのに対し、日本国憲法は司法権の独立を強化するため、最高裁判所に下級裁判所裁判官の人事権その他の司法行政権を付与している（憲77条・憲80条1項）。これを受けて裁判所法は最高裁判所以下の各裁判所の司法行政権について規定をし、上級裁判所から下級裁判所に対する司法行政の監督権を規定している（裁80条）。しかし、この監督権は、裁判官の裁判権に影響を及ぼしてはならない（裁81条）。これは本条3項の当然の帰結である。

(ii) 事実上の影響力

　しかし、実際にはこの監督権または事実上の影響力によって、司法権の内部で裁判官の独立が害されることがあり得る。前述の吹田黙祷事件では、最高裁判所は国会に対して司法権の独立を害さないよう申し入れる一方で、全国の裁判官に対して「法廷の威信について」[16]と題する通達を出し、名指しで当該裁判における裁判長の訴訟指揮を遺憾であるとした。この通達それ自体は当該裁判に直接影響するものではないが、以後、裁判官の訴訟指揮に影響を与えることは容易に想定でき、本条3項または裁判所法81条との関係が問われる。

　また、インフォーマルな形で個々の裁判官に所長等から圧力が加えられることもあり得る。1969（昭和44）年、自衛隊の合憲性が争点となった長沼ナイキ訴訟が札幌地裁で審理されている最中に、所長が担当裁判官に対して国側の主張を支持するような内容を含む書簡[17]を送るという事件が起こった。いわゆる平賀書簡事件であり、所長という立場の人間が特定の裁判について指示ととられ得ることをインフォーマルに行ったことが問題となった。最高裁判所の裁判官会議は、当該行為は裁判の独立と公正について国民の疑念を招くとして当

---

[16] 「法廷の威信について（通達）」1953（昭和28）年9月26日最高裁判所総総第210号（最高裁判所事務総局総務局編『裁判所沿革誌　第1巻』（法曹会、1967年）361頁）。

[17] 福島重雄ほか編著『長沼事件 平賀書簡——35年目の証言 自衛隊違憲判決と司法の危機』（日本評論社、2009年）160〜162頁。

第76条（司法権、特別裁判所の禁止、裁判官の独立）　629

該所長を注意処分とした。これに対して、担当裁判官は私信である所長の書簡を公表したという理由で裁判官訴追委員会にかけられており、そのアンバランスさが指摘されている。

4　「職権を行ひ」
本条3項にいう「職権を行ひ」とは、裁判に関する職権を指す。司法行政等の裁判以外に関する権限はここに含まれない。これは、本条の趣旨が、裁判を行うにあたって裁判官が独立していることを確保することにあるからである。

5　「憲法及び法律にのみ拘束される」
本条3項は、裁判官は「憲法及び法律にのみ」拘束される、とする。これは形式的な意味での憲法と法律のみを指すのではなく、命令や規則等の成文法や慣習法を含む、憲法を頂点とする客観的法体系全体を指すものと解される。
　「憲法及び法律にのみ拘束される」とは、すなわち、裁判官は法規範のみに拘束され、他からの具体的な命令には一切拘束されないことを意味する。とりわけ、政治的圧力を排除し、裁判官の職権行使の独立を保障することが含意されている。

Ⅶ　裁判員裁判

1　裁判員制度の合憲性
2009年から施行された**裁判員制度**は、導入前からその合憲性をめぐって盛んな議論が交わされた。違憲論の主要な根拠としては、(a)そもそも憲法上国民の司法参加を認める規定がないこと、(b)憲法32条および憲法37条は「裁判所」における裁判・「公平な裁判所」の裁判を保障しておりこれは資格を有する裁判官による裁判を保障すると解すべきこと、(c)裁判員が参加する裁判体は通常の裁判所の系列外に位置するものであり本条2項により設置を禁止されている特別裁判所にあたること、(d)本条3項が裁判官の職権の独立を保障しており裁判官が裁判員多数の判断に拘束されることが裁判官の独立に反することなどが挙げられる（このほかにも裁判員にとって「意に反する苦役」（憲18条）になるという指摘もある）。

2　「裁判所」の裁判の意味
(1)　憲法制定過程における理解
　大日本帝国憲法は「裁判官の裁判」を受ける権利を保障していた（明憲24条）。これに対し、日本国憲法は「裁判所」の裁判という文言を使っている。また、制憲議会では**陪審制**を憲法上導入しないことについて議論がなされたが、そこにおいて政府は法律によって制度を設けることは否定しないとの答弁を行って

いる※18。実際に、裁判所法には陪審制を妨げない旨が規定された（裁3条3項）。よって、日本国憲法に規定がないことをもって直ちに国民が司法参加を行う制度を設けることが違憲とはいえないだろう。

(2) 裁判官以外の人間が合議体に加わることの可否

本条との関係では、まずは、裁判官以外の者が裁判の合議体に加わることの可否が問われる。この点、憲法制定直後の学説は消極的な傾向が強かったが、今日では、「憲法に言う裁判所とは専門の裁判官のみをもって審判する機関と解すべき根拠はない」※19とする見方が主流となってきている。この見解からすれば、裁判官以外の者を裁判の構成員として裁判に加わらせ裁判官の職権行使を一定制約したとしても、直ちに本条3項に反して違憲となるわけではない。また、前述の「特別裁判所」の定義によれば、裁判官以外を構成員に加える裁判所であっても、それが一般の裁判所体系に組み込まれている場合には本条2項の禁止する「特別裁判所」にはあたらない。

(3) 現行の裁判員制度

その上で裁判員制度が本条3項に反するか否かは、具体的制度設計をみなくてはならない。現行の裁判員制度の下では、6名の裁判員が3名の裁判官（構成裁判官）と共に合議体を形成し（裁判員法2条2項）、事実の認定、法令の適用および刑の量定について、合議を行う（裁判員法6条1項）。よって個々の構成裁判官が自らの意見と異なる結論に従わざるを得ないことは、当然あり得る。しかし、これは憲法自体が予定する合議制裁判においては必然的制約であり、前述のように裁判所を専門の裁判官のみをもって審判する機関と限定しない場合には、裁判員裁判のみ例外的に不可とする理由はないといえよう。

最高裁判所は、現行の裁判員制度の仕組みは「公平な『裁判所』における法と証拠に基づく適正な裁判」という憲法の要請（憲31条・32条・37条1項）を十分に満たしており、本条3項との関係では、憲法が一般的に国民の司法参加を許容していることに加え、「裁判員の参加する刑事裁判に関する法律」が法令解釈、訴訟手続に関する判断等を構成裁判官のみの合議としており（裁判員法6条2項）、「裁判官を裁判の基本的な担い手として、法に基づく公正中立な裁判の実現が図られており」その趣旨に反するものではない、としている（最大判2011（平23）・11・16刑集65巻8号1285頁）。

（大河内美紀）

※18 1946（昭和21）年6月28日〔第90回帝国議会・衆議院本会議録〕第8号114頁〔金森徳次郎国務大臣〕。

※19 常本照樹「司法権——権力性と国民参加」公法57号75頁。

（最高裁判所の規則制定権）

第77条 ① 最高裁判所は、訴訟に関する手続、弁護士、裁判所の内部規律及び司法事務処理に関する事項について、規則を定める権限を有する。
② 検察官は、最高裁判所の定める規則に従はなければならない。
③ 最高裁判所は、下級裁判所に関する規則を定める権限を、下級裁判所に委任することができる。

I 本条の趣旨

本条1項は**最高裁判所の規則制定権**を定める。最高裁判所は、司法権の最高機関として終審裁判権（憲81条）のほかにも司法の独立を保障するために認められたさまざまな権限をもつが、規則制定権もその1つである。

大日本帝国憲法には規則制定権に関する規定はなく、逆に、旧裁判所構成法において規則制定は司法大臣の権限とされていた（（旧）裁判所構成法125条1項）。これは、裁判所は司法権に固有の権限として規則制定権を有する、というコンセプトが英米法に特有のものである（樋口ほか・注解4・34頁〔浦部法穂〕）ことに加え、大日本帝国憲法においては裁判所の自主性の観念が希薄で裁判所に対する司法大臣の介入が広範に認められていたことによるものと解される。

最高裁判所によって制定される「規則」には、実際には、訴訟当事者その他一国民に関係ある事項または重要な事項に関する規則（狭義の規則）と、それ以外の比較的軽微な事項に関する規程とが含まれる[20]。規則は国法の一形式である。よって、最高裁判所の規則制定権は実質的意味の立法作用であり、国会の唯一の立法機関性（憲41条）に対する憲法上定められた例外である、と説明することが一般的である。ただし、最高裁判所によって制定される「規則」のすべてが立法事項であるわけではない。なお、その効果に鑑み、最高裁判所の制定する規則のうち狭義の規則にあたるものは、官報によって公布されている（裁判所公文方式規則2条）。

本条1項が最高裁判所に規則制定権を認めた目的としては、第1に、司法に関する事項について立法や行政の干渉を排除すること（裁判所の自主性）、第2に、裁判の実務に精通している裁判所こそがその手続に関して最も適切な定めをなし得るという技術的考慮（裁判所の専門性）が挙げられる。いずれを強調するかによって本条の解釈に違いが生じるが、後者を主として考えるのが通説的理解である（樋口ほか・注解4・35頁〔浦部法穂〕）。

---

[20] 最高裁判所事務総局総務局編『裁判所法逐条解説上巻』（法曹会、1968年）63頁。

本条2項は裁判所が制定する規則が検察官に対しても効力を及ぼすことを定める。

また本条3項は規則制定権の下級裁判所への委任について規定している。

Ⅱ　「最高裁判所」

本条1項は「最高裁判所」が規則制定権を有すると定める。この「最高裁判所」は下級裁判所とともに司法権を行使する主体である最高裁判所（憲76条）のことであり、司法権の行使を本来的任務とする最高裁判所が、とくに規則制定権をも有することを規定するものである。

最高裁判所は規則制定の際の諮問機関として、最高裁判所規則制定諮問委員会を設けている。諮問委員会には民事規則、刑事規則、家庭規則および一般規則制定諮問委員会の4種類があり（最高裁判所規則制定委員会規則2条）、おのおのの委員会は最高裁判所によって任命された25人以内の法曹三者、関係機関職員および学識経験者によって組織される（最高裁判所規則制定委員会規則4条）。委員会は、最高裁判所の諮問に応じて、規則制定に関する必要な事項を調査・審議し、かつ、その事項につき最高裁判所に意見を具申する（同1条）。

Ⅲ　「訴訟に関する手続、弁護士、裁判所の内部規律及び司法事務処理」

1　訴訟に関する手続

憲法は、最高裁判所が規則を定めることのできる事項を4つ挙げているが、その第1が「訴訟に関する手続」である。

「訴訟」とは一般に、純然たる訴訟事件すなわち「当事者の意思いかんに拘らず終局的に、事実を確定し当事者の主張する権利義務の存否を確定するような裁判」を指す（最大決1960（昭35）・7・6民集14巻9号1657頁）。この意味での「訴訟」には民事訴訟・刑事訴訟・行政訴訟が含まれる。しかし本条1項にいう「訴訟に関する手続」はこれよりも広く、家事審判、民事調停、少年保護処分などの非訟事件の手続も含まれると解されている（樋口ほか・注解4・36頁〔浦部法穂〕）。そのため、家事事件手続法、民事調停法および少年法が必要な手続を最高裁判所が定めると規定するのは、確認的意味にとどまる（家事手3条、民調23条、少年36条）。

裁判官分限法および国家公務員法は、実定法上、裁判官の分限事件（裁判官分限法11条）および人事官の弾劾手続（国公9条6項）について最高裁判所の規則制定権を認めている。これについては「訴訟に関する手続」に含むとする説（宮沢・全訂615頁、佐藤功・注釈下985頁）と、分限事件については「裁判所の内部規律」に関する事項、人事官の弾劾手続は「法律により委任された事項」にそれぞれ位置づける説（法協・註解下1158～1159頁注37・40）とが存在する。

第 77 条（最高裁判所の規則制定権）　633

　逆に、訴訟にかかわるものであっても、裁判所の構成や組織の基本的部分は憲法上法律事項とされている（憲76条1項・79条1項・80条1項など）ため、規則によって定めることはできない。また、通説は、刑事手続の基本構造および国民の基本的権利に直接関係のある事項も法律で定めるべきとする。刑事における適正手続の保障（憲31条）のためである。この説に立った場合には規則で定め得るのは刑事手続のうち技術的・細目的事項に限られる（佐藤功・注釈下986頁）が、法律の定めのない場合には規則で定めることが許されるとする有力説もある（佐藤幸・憲法612頁）。

　また、「訴訟に関する手続」とは裁判の進行上の手続を指す。裁判前の手続について規則制定権が及ぶかどうかは学説が分かれるが、少なくとも、令状の請求・発布など裁判所が関与する限りにおいては規則事項に含まれる点に争いはない。

2　弁護士

　第2に、「弁護士」に関する事項である。これについては、弁護士に関する一切の事項を意味するとする説（宮沢・全訂615～616頁）と弁護士が裁判所に関係する限度で規則による規制が可能とする説（佐藤功・注釈下989頁）とがある。法曹一元の下での裁判官像を前提とすれば前者の説も説得力をもつが、日本の制度はそうではなく、職業選択の自由の保障（憲22条1項）との関係から弁護士の職務・資格・身分等については法律によるべきとの考え方もあって、後者の説が通説となっている。この場合、「弁護士に関する事項」は実際には「訴訟に関する手続」に吸収される。なお、現行法上は、弁護士の職務・資格・身分等は弁護士法により規定されている。

3　裁判所の内部規律

　「裁判所の内部規律」に関する事項とは、裁判所内部の管理・監督に関する事項を指す。裁判官会議の議事、職員の配置や任免、懲戒等に関する事項がこれにあたる。

　また、裁判に関する事務以外のもので、法律によりとくに裁判所の権限とされたものの処理に関する定めも、ここでいう内部規律に関する事項に含まれるとされる（宮沢・全訂616頁、佐藤功・注釈下990頁）。最高裁判所裁判官たる皇室会議議員および予備議員の互選の手続を定めた最高裁判所規則（裁判官たる皇室会議議員及び予備議員互選規則）がその例である。

4　司法事務処理

　「司法事務処理」に関する事項とは、裁判事務そのものではなく、それに付随またはその前提として定めておかなければならない事項を指す。裁判事務の

分配、開廷の日時などがこれにあたる[21]。ただし、これと裁判所の内部規律との区別は相対的なものである。

5　その他の事項に関する規則制定権は認められるか

　憲法に基づき最高裁判所が規則を制定できる事項は本条1項所定の4つに限られるが、その他の事項であっても、法律による委任のある場合には規則を制定することが許されると解される（新基本コンメ410頁〔宍戸常寿〕）。実務上も同様の理解がなされており、最高裁判所は刑事訴訟規則施行規則について、本条1項で裁判所に認められた権限の範囲内だとしつつも、直接には刑事訴訟法の委任によるとして、委任の法理でこれを説明している（最大判1950（昭25）・10・25刑集4巻10号2151頁）。

Ⅳ　「規則」

1　最高裁判所の規則制定権と国会の立法権の関係

　本条1項は、最高裁判所に前述の範囲において「規則」の制定権を付与する。ここでいう「規則」とは、最高裁判所規則という名称をもつ法令の一形式であり、実質的意味の立法である。その意味で、本条1項は国会の唯一の立法機関性（憲41条）に対する憲法上定められた例外である。

　そのため、最高裁判所の規則制定権をめぐっては、それが裁判所の専権事項なのか法律でも定め得る（競合事項）のか、競合事項と捉える場合にはその効力関係をどう解するのかが問題となる。

2　規則事項と法律事項

　専属（専管）事項説は、本条1項の定める事項について法律で定めることは許されず、必ず最高裁判所規則で定めなければならないとする[22]。英米法に由来する考え方であり、裁判所の自主性に重きを置くものであるが、今日では有力なものとはなっていない。

　現在の通説的見解は競合（共管）事項説であり、本条1項の定める事項について法律で定めることもできるとする。その理由としては、国会が「唯一の立法機関」（憲41条）であることのほか、憲法上多数の法律事項（憲76条1項・79条・80条1項など）が予定されていること、適正手続の保障（憲31条）など他の憲法原理からの要請、憲法が本条1項の定める事項に関する国会の立法権を明示的に排除していないこと、などが挙げられる（宮沢・全訂619～620頁、佐藤功・注釈下986～987頁）。

---

[21]　兼子一＝竹下守夫『裁判法（第4版）』（有斐閣、1999年）120頁。

[22]　高柳賢三「規則制定権と裁判所」法律タイムズ2巻10号2頁。

また、本条1項の定める事項のうち一部のものについては裁判所の専属的管轄事項であるとする一部専属事項説も有力である。これは、「訴訟に関する手続」および「弁護士に関する事項」と「裁判所の内部規律に関する事項」および「司法事務処理に関する事項」とを区別し、後二者については裁判所の自律に直接かかわるため裁判所の専属事項と解するものである（佐藤幸・憲法612頁）。

　なお最高裁判所は、裁判官の懲戒について定めた法律である裁判官分限法を、違憲説に立った反対意見を斥けて適用し、決定を下しており、競合事項説に立っているものと解される[23]。

3　効力関係

　専属事項説以外を採った場合には、規則と法律が競合した際の効力関係が問題となる。これについては、以下の諸説が対立している。

　第1の規則優位説は、規則と法律が矛盾する場合、矛盾する限度で法律の効力が否定されるとする。そう解さないと規則制定権が無意味になるから、がその理由であり、実際には専属事項説を前提としている。

　第2の同位説は両者の形式的効力を等しいものとする。したがって競合した場合には「後法は前法を廃する」との法の一般原則が適用される。

　第3の法律優位説は、規則と法律が矛盾する場合、矛盾する限度で規則の効力が否定されるとする。国会の最高機関性を前提に、法律は最も強い形式的効力をもつことを理由とする（宮沢・全訂621頁、佐藤功・注釈下987頁）。今日の通説的見解である。ただし「法律が必要以上に本条の定める事項を占領し規則制定権がはたらく余地を実際においてなくしてしまうようなことは、本条の精神に反する」（宮沢・全訂622頁）ことは留意しなくてはならない。

　また、一部専権事項説に立つ論者は、規則の内容によって効力に差を設け、規則専権事項に該当するものについては規則の効力が優越するとの見解を示している（佐藤幸・憲法612頁）。これに関しては、同一の法形式にありながら形式的効力に差異を設けることには無理があるとの指摘がある（樋口ほか・注解4・42頁〔浦部法穂〕）。

　実務上も、過去に規則と法律との競合が問題となった事例が複数存在する。裁判所法は1947（昭和22）年の制定当初、憲法判断はすべて大法廷で行うと定めていた（（旧）裁判所法10条1号）。これに対し最高裁判所は1948（昭和23）年4月に最高裁判所事務処理規則を改正し、憲法判断にかかる先例を覆さない場合には小法廷での審議を可とした（最高裁判所事務処理規則9条）。その後直ちに裁判所法は改正されている（裁10条）。

　また、人身保護法は「法律上正当な手続によらないで、身体を拘束されてい

---

[23] 最大決1950（昭25）・6・24<LEX/DB25470115>。

る者」は人身保護請求をすることができると定めているが（人保2条）、最高裁判所は人身保護規則を定め「手続に著しく違反していることが顕著である場合に限り」請求をなすことができるとし、違法の顕著性を請求要件としている（人保規4条）。少数意見の中には当該規則を無効とするものもあるが、判例は基本的に規則を適用（最大決1954（昭29）・4・26民集8巻4号848頁）している。このため、最高裁判所が単純に法律優位説に立っているとは思われないとの見方もある（佐藤幸・憲法613頁）。

V 「検察官は、最高裁判所の定める規則に従はなければならない」

本条2項は、「検察官は、最高裁判所の定める規則に従はなければならない」として、**最高裁判所の規則制定権**の及ぶ人的効力の範囲に検察官が含まれることを述べる。規則の事項に応じて、裁判官のみならず弁護人、訴訟当事者、証人などが裁判に関与する限りでこの規則に従うべきことは当然であり、検察官も例外ではない。そのため本条2項は確認的規定といえる。ただし、大日本帝国憲法の下では検察官が裁判を監督し、その意味で裁判所の上位にあったことを踏まえるなら、本条2項には裁判所の行政に対する独立性を確保する趣旨が含まれるとも解し得る[24]。なお、本条2項はあくまで訴訟に関する手続等に関するものであって、最高裁判所が検察官に対する全面的な規則制定権を有することを意味するわけではない[25]。

VI 下級裁判所に関する規則

「下級裁判所に関する規則」とは、下級裁判所に関する事項を内容とする規則をいう（宮沢・全訂625頁）。本条1項は規則制定権の主体を最高裁判所と定めるが、本条3項で最高裁判所が「下級裁判所に関する規則」を定める権限を下級裁判所に委任することを認めている。よって、この委任の範囲内において下級裁判所も規則制定権をもつ。これは下級裁判所の実情に資するようにするためと解される（佐藤功・注釈下992頁）。

下級裁判所への委任の範囲は、当該裁判所に関する事項のみに限られず、当該裁判所の管内にある下級裁判所に関する事項についても許される（宮沢・全訂626頁、佐藤功・注釈下992頁）。

前述のように規則制定は一般に実質的な立法作用であると考えられるが、裁判所法上は「司法行政事務」にあたると解され、最高裁判所の裁判官会議の議

---

[24] 小林孝輔＝芹沢斉編『基本法コンメンタール憲法（第5版）』（日本評論社、2006年）357頁〔藤井俊夫〕。

[25] 兼子一＝竹下守夫『裁判法（第4版）』（有斐閣、1999年）123頁。

によって定められる（裁12条1項）（樋口ほか・注解4・35頁〔浦部法穂〕）。下級裁判所に委任されたものについては、各裁判所の裁判官会議の議によって定められる（裁20条1項・29条2項・37条）。

（大河内美紀）

（裁判官の身分保障）
第78条　裁判官は、裁判により、心身の故障のために職務を執ることができないと決定された場合を除いては、公の弾劾によらなければ罷免されない。裁判官の懲戒処分は、行政機関がこれを行ふことはできない。

I　本条の趣旨

　憲法76条3項は裁判官の職権の独立を定める。しかし、裁判官の身分が不安定では職権の独立は望めない。したがって裁判官の職権の独立を確保するためには裁判官の身分保障が不可欠である。近代立憲主義型の憲法には通常この両者があわせて、あるいは一体として規定されている（野中ほか・憲法2・244頁〔野中俊彦〕）。

　裁判官の身分保障に関しては、大日本帝国憲法も刑罰による失官および懲戒免職以外では職を免じられることがないとして、ある程度尊重する姿勢をみせていた（明憲58条2項）。懲戒に関しても、天皇の大権事項とされた他の官吏とは異なり、大審院に設置される懲戒裁判所によって行うものとされた（旧判事懲戒法）。ただし、大日本帝国憲法の下での旧裁判所構成法は司法大臣による裁判所の監督権を認める（（旧）裁判所構成法135条）、など不完全なものにとどまった。また、司法権は天皇の名において行うものとされており、国民主権を基礎とする弾劾の制度は存在しなかった（明憲57条1項）。

　本条は執務不能と決定された場合を除き、公の弾劾によらなければ裁判官が罷免されないことを定める。また、裁判官の懲戒を行政機関が行ってはならないとするが、これは行政権が有する任命権に懲戒権が伴わないことを明らかにする趣旨であり、立法機関が行うことを認めるものではなく、裁判官の懲戒は裁判所が行うべきことを定めたものと解される（清宮・憲法1・364頁、佐藤功・注釈下1004頁）。なお、身分保障に関する他の規定としては、報酬の減額を禁ずる規定（憲79条6項・80条2項）が存在する。

　また、本条は裁判官の罷免を公の弾劾にかからしめることを規定する。憲法64条1項はこのために両議院の議員で組織する弾劾裁判所を設けることを定めている。公務員一般にではなく裁判官だけにこうした仕組みが設けられていること、弾劾権が国会にではなく議員で組織される弾劾裁判所に付与されている点で、比較法的にはやや珍しい規定である。これには、GHQ民政局の起草委

員会が当初すべての国家公務員を弾劾に付すとしていたところ、運営委員会との協議の過程で、弾劾手続は扱いづらく時間がかかることを理由に裁判官のみに修正されたという経緯がある※26。

大日本帝国憲法下では存在しなかった弾劾裁判の仕組みが日本国憲法で採用されたのは、国民主権に基づき、裁判官の身分保障が要請される一方で、司法権も国民の信託によるものであり究極的には裁判官の地位も国民の意思に根拠を有する、との考え方による（佐藤功・注釈下995頁）。最高裁判所裁判官の国民審査（憲79条2項）も同旨と解され、国民の公務員選定罷免権（憲15条1項）を具体化したものといえる（佐藤功・注釈下995頁）。

Ⅱ　「裁判官」

裁判官とは、裁判所の正式な構成員たる身分を有する公務員をいう。この意味の裁判官には、最高裁判所の裁判官（最高裁判所長官・最高裁判所判事）および下級裁判所裁判官（高等裁判所長官・判事・判事補・簡易裁判所判事）が含まれる。

Ⅲ　執務不能を理由とする罷免

1　「裁判により……決定された場合」

本条は、裁判官が「裁判により」執務不能と決定された場合には裁判官は罷免されることを定める。「裁判により……決定する」とは訴訟手続により、裁判所によって決定されるという意味である。大日本帝国憲法下の旧裁判所構成法では裁判官が執務不能の状態に至ったときは「控訴院または大審院の総会の決議」により司法大臣が退職を命じる（（旧）裁判所構成法74条）とされ、裁判によるものとはされていなかった。これに対し、現行法の下では、職務不能か否かは分限裁判によって決定される（裁判官分限法1条1項）（→2(2)）。公正さを担保し外部からの不当な圧力を排除するためである（樋口ほか・注解4・48頁〔浦部法穂〕）。

2　「心身の故障のために職務を執ることができない」

(1)　職務不能を理由とする罷免

※26　1946（昭和21）年2月6日〔運営委員会と天皇に関する起草委員会との会議議事録〕3～4頁（Ellerman Notes on Minutes of Government Section, Public Administration Division Meetings and Steering Committee Meetings between 5 February and 12 February inclusive）http://www.ndl.go.jp/constitution/shiryo/03/002_22/002_22_006l.html。

本条は、裁判官が「心身の故障のため職務を執ることができない」と決定された場合には裁判官は罷免されることを定める。大日本帝国憲法下の旧裁判所構成法では裁判官が執務不能の状態に至ったときは「控訴院または大審院の総会の決議」により司法大臣が退職を命じる（（旧）裁判所構成法74条）とされ、裁判によるものとはされていなかった。これに対し、現行法の下では、職務不能か否かは分限裁判によって決定される（裁判官分限法1条1項）。公正さを担保し外部からの不当な圧力を排除するためである（樋口ほか・注解4・48頁〔浦部法穂〕）。

(2) 分限裁判

職務不能を決定する分限裁判の手続を定めているのは裁判官分限法である。分限裁判は、当該裁判官を監督する裁判所の申立てによって開始される（裁判官分限法6条）。地方裁判所、家庭裁判所および簡易裁判所の裁判官についてはその管轄の高等裁判所が、高等裁判所および最高裁判所の裁判官については最高裁判所がそれぞれ第一審の管轄権を有する（裁判官分限法3条1項・2項1号）。裁判は、高等裁判所では5人の裁判官の合議体で、最高裁判所では大法廷において審理される（裁判官分限法4条）。高等裁判所の合議は通常3人で行われるため、裁判官の分限についてはことさらに慎重な審理を予定しているといえる。高等裁判所の行った裁判については最高裁判所に抗告することができる（裁判官分限法8条）。

分限裁判は当該裁判官が「心身の故障のため職務を執ることができない」ことを決定する裁判であり、裁判が確定しても当該裁判官は直ちに裁判官の身分を失うわけではない。最高裁判所は職務不能にかかる分限裁判が確定した場合はその旨を内閣に通知しなければならず（裁判官分限法12条）、それを受けてその裁判官の任命権者（内閣。最高裁判所の長たる裁判官を除く）がこれを罷免することが必要である（裁判官分限法1条1項）。なお、裁判官分限法はこの罷免について「免ずることができる」と定めているが、これは任命権者に罷免に関する裁量があると解すべきではなく、任命権者は直ちに当該裁判官を罷免しなければならない（宮沢・全訂627〜628頁、佐藤功・注釈下994頁）とするのが通説的見解である。

(3) 心身の故障

本条は「心身の故障のため職務を執ることができない」ことを罷免の要件とする。ここでいう「心身の故障」とは、裁判官の職務を遂行することができない程度の精神上の能力の喪失あるいは身体的故障で、かつ、一時的でなく相当長期にわたって継続することが確実に予想されるものを指す（樋口ほか・注解4・49頁〔浦部法穂〕）。裁判官分限法は職務不能にかかる分限裁判の要件を「回復の困難な心身の故障のために職務を執ることができない場合」（裁判官分限法1条1項）と定めるが、これは本条の要件を限定したものではなく、本条は当然にこのように解されるべき（宮沢・全訂628頁）とされている。なお、「心

640　第78条（裁判官の身分保障）

身の故障」の場合には、失踪・行方不明の場合で発見の見込みがないときも含まれる、とする説もある（佐藤功・注釈下995頁）。

Ⅳ　公の弾劾による罷免

1　公の弾劾による罷免

　本条は、罷免が認められるもう1つの場面として「**公の弾劾**」すなわち弾劾裁判による場合を定める。弾劾裁判は両議院の議員で組織される**弾劾裁判所**によって行われる（憲64条1項）。憲法はその他の弾劾に関する事項を法律事項としており（憲64条2項）、弾劾裁判の手続は裁判官弾劾法および国会法に規定されている。とはいえ、裁判官の地位を究極的には国民の意思にかからしめるという弾劾裁判の趣旨を踏まえた制度であることが求められる。

2　弾劾裁判

　弾劾裁判の訴追機関は裁判官訴追委員会である（裁弾10条2項）。裁判官訴追委員会は両議院の議員各10人によって組織される（裁弾5条1項、国会126条1項）。また、何人も裁判官を弾劾により罷免する事由があると思料するときは裁判官訴追委員会に罷免の訴追を請求することができ（裁弾15条1項）、最高裁判所は裁判官について弾劾により罷免する事由があると思料するときは裁判官訴追委員会に罷免の訴追をすべきことを求めなければならない（裁弾15条3項）とされている。

　弾劾裁判所は両議院の議員各7人からなる裁判員によって組織される（裁弾16条1項、国会125条1項）。罷免の裁判が宣告された場合には、裁判官は直ちに罷免される（裁弾37条）。

　憲法は裁判官の弾劾事由を定めておらず、法律にこれを委ねている。しかし、裁判官の身分保障および職権の独立の観点からすれば、弾劾事由は制度趣旨との関係で厳格に解されねばならない。とくに、裁判内容の評価にかかわるような事柄を罷免事由とすることは、裁判官の職権の独立を侵すものとして許されない（樋口ほか・注解4・50頁〔浦部法穂〕）。裁判官弾劾法は、罷免の事由として、⒜職務上の義務に著しく違反し、または職務を甚だしく怠ったとき（裁弾2条1号）、⒝その他職務の内外を問わず、裁判官としての威信を著しく失うべき非行があったとき（裁弾2条2号）を挙げている（裁弾2条）。これは、これらの行為が国民の信託に反するからと解される。

　なお、現在まで9件の罷免訴追事件が弾劾裁判所で審理され、うち7件が罷免と判断されている。罷免の事由は勤怠が1件、非行が6件である。

3　罷免の裁判の効果

　弾劾裁判所の罷免の裁判を受けた者は、以後裁判官に任命されることができ

第 78 条（裁判官の身分保障） *641*

なくなる（裁46条2号）ほか、検察官に任命されることもできず（検察20条2号）、弁護士となる資格も剥奪される（弁護士7条2号）。ほかにも、退職手当受給資格を喪失する（国家公務員退職手当法12条1項1号）など、さまざまな不利益が生じる。こうした不利益を回避するため、弾劾裁判所の終局裁判がある前に自ら免官を願出て（裁判官分限法1条1項）、免官されることが許されるかが問題となる。弾劾裁判法は、任免権者は終局裁判までは免官することができないと定める（免官留保）（裁弾41条）。免官を認めることは弾劾裁判の趣旨を失わせるからである。

　これに関して、最高裁判所によって訴追請求されていた裁判官が町長選挙に立候補するという事件が1980（昭和55）年に起こった。当時裁判官弾劾法はこうした事態を想定しておらず、当該裁判官は公職選挙法の規定により公務員の身分を失い（公選90条）、訴追委員会は審査を打ち切った。翌1981（昭和56）年に裁判官弾劾法が改正され、最高裁判所によって訴追請求されているまたは訴追委員会による訴追をされている裁判官については公職選挙法90条の規定を適用しないことが定められた（裁弾41条の2）。

⑷　資格回復の裁判

　弾劾裁判によって罷免を受けた者は、⒜罷免の裁判の宣告の日から5年を経過し相当とする事由があるとき（裁弾38条1項1号）、または、⒝罷免の事由がないことの明確な証拠を新たに発見し、その他資格回復の裁判をすることを相当とする事由があるとき（裁弾38条1項2号）には、弾劾裁判所に資格回復の裁判を請求することができる（裁弾38条1項）。資格回復の裁判がなされた場合には、請求者は弾劾裁判を受けたために失った資格を回復する（裁弾38条2項）。資格回復は将来に向かってのものであり、罷免の効果を遡って消滅させるものではない（樋口ほか・注解4・52頁〔浦部法穂〕）。なお、現在までに7件の資格回復裁判請求事件が審理され、うち4件で資格回復がなされている。

Ⅴ　「罷免」

　本条は裁判官の罷免事由として、執務不能の場合と**公の弾劾**による場合のみを定めている。したがって、定年年齢（憲79条5項・80条1項）および最高裁裁判官の員数（憲79条1項）が法律事項とされていることを利用して、在任中に法改正によって定年年齢を引き下げてそれに該当する裁判官を自動的に退官させることや、定員減少を理由として最高裁判官を自動的に退官させることはできないと解される（法協・註解下1169頁）。

　裁判所法は裁判官の欠格事由として、⒜他の法律の定めにより一般の官吏に任命されることができない者（裁46条柱書）、⒝禁固以上の刑に処せられた者（裁46条1項1号）、⒞弾劾裁判所の罷免の裁判を受けた者（裁46条1項2号）の3つを定める。国家公務員法は公務員が欠格事由に該当するに至った場合には

当然失職するとしている（国公76条）が、裁判所法にはこの規定はない。そのため、これらの欠格事由に該当した場合に、裁判官が当然に失職するか、改めて弾劾裁判を必要とするかで、学説は分かれる。

1つは、欠格事由に該当するに至った場合には当然に失職すると解する説である（宮沢・全訂629頁、佐藤功・注釈下1002頁）。これはとくに(b)の場合、裁判所が禁固以上の判決を下したのにさらに弾劾裁判を要するとするのは常識に反し（宮沢・全訂629頁）、身分保障を危うくするものではないとの理由に基づく。

しかし、この説に対しては(a)の場合を軽視しているとの批判がなされる。とりわけ国家公務員法38条5号は欠格事由として日本国憲法またはその下に設置された政府を暴力で破壊することを主張する政党等の結成および加入を挙げている。また、(a)は欠格事由を法律事項とするため、法改正によって欠格事由が拡大されるおそれもある（樋口ほか・注解4・47頁〔浦部法穂〕）。そのため、欠格事由に該当するに至っても当然には失職せず、改めて弾劾の手続によることを要するとする説が唱えられた（野中ほか・憲法2・246頁〔野中俊彦〕、渋谷・憲法667頁）。なお、折衷説として、現行法上の欠格事由のうち、国家公務員法38条5号とそれ以外とを区別して、後者の場合には当然に失職するが前者の場合には別途弾劾手続を要するとする説もある※27。

実務においては、2001（平成13）年に弾劾裁判所が「在任中に禁固以上の刑が確定しても当然には失職しない」とした上で罷免の裁判を行っており※28、別途弾劾手続を要するとする立場に立つことが示された。

Ⅵ 「懲戒」

1 「懲戒処分」

本条を受けて、裁判所法は、裁判官は、職務上の義務違反、職務懈怠または品位を辱める行状があったときには裁判によって懲戒されると定める（裁49条）。弾劾事由（裁弾2条）と類似しているが、懲戒処分は内部秩序の問題として、公務員の身分関係の秩序を維持するために科される制裁であり、趣旨は異なる。

懲戒の決定は分限裁判によって行われる。裁判官の身分保障の観点から、本条は裁判所による懲戒を規定するだけでなく、その公正を担保するために裁判によることまでを要求していると解されるからである（樋口ほか・注解4・52頁〔浦部法穂〕、野中ほか・憲法2・219頁〔野中俊彦〕）。懲戒にかかる分限裁判の手続・管轄等は職務不能の分限裁判の場合と同様である（→Ⅲ2）。

懲戒処分にかかる分限裁判としては、裁判所法の定める「積極的に政治活動

※27 兼子一＝竹下守夫『裁判法（第4版）』（有斐閣、1999年）262頁。

※28 国会弾劾裁判所判決2001（平13）・11・28 http://www.dangai.go.jp/lib/lib1.html。

をすること」（裁52条1号）の禁止を職務遂行中と否とを問わず裁判官の職にある限り遵守すべき義務であり「職務上の義務」（裁49条）にあたるとして、懲戒処分事由と認めた寺西判事補事件（最大決1998（平10）・12・1民集52巻9号1761頁）がある。また、近時、裁判官が担当外の訴訟に関してSNSに投稿をし、当事者の感情を傷つけたことが「品位を辱める行状」（裁49条）にあたるとして戒告処分が下され（最大決2018（平30）・10・17裁時1710号1頁）、論議をよんだ。

　憲法は、懲戒処分としての罷免および減俸を禁止している（本条・憲79条6項・憲80条2項）。また、裁判所法は意に反する転官、転所および職務の停止を禁じており（裁48条）、懲戒処分としてこれらを行うことも禁じたものと解される。そのため、裁判官分限法は、懲戒処分として戒告と1万円以下の過料のみを定めている（裁判官分限法2条）。

2　「行政機関がこれを行ふことはできない」

　本条は「行政機関」が懲戒処分を行うことができないと規定するが、これは行政権による司法の独立の侵害の危険がとくに大きいことに鑑みて特記したものであり、立法権であれば懲戒処分を行ってもよいという積極的な意味をもつものとは解されない（宮沢・全訂630頁）。

（大河内美紀）

（最高裁判所の構成、最高裁判所の裁判官の身分）
第79条　①　最高裁判所は、その長たる裁判官及び法律の定める員数のその他の裁判官でこれを構成し、その長たる裁判官以外の裁判官は、内閣でこれを任命する。
②　最高裁判所の裁判官の任命は、その任命後初めて行はれる衆議院議員総選挙の際国民の審査に付し、その後10年を経過した後初めて行はれる衆議院議員総選挙の際更に審査に付し、その後も同様とする。
③　前項の場合において、投票者の多数が裁判官の罷免を可とするときは、その裁判官は、罷免される。
④　審査に関する事項は、法律でこれを定める。
⑤　最高裁判所の裁判官は、法律の定める年齢に達した時に退官する。
⑥　最高裁判所の裁判官は、すべて定期に相当額の報酬を受ける。この報酬は、在任中、これを減額することができない。

Ⅰ　本条の趣旨

　大日本帝国憲法では大審院を含むすべての裁判所を一律に法律事項とし（明憲57条2項）、任命手続にも差異を設けていなかった（明憲10条）が、日本国憲

法は裁判所の構成および裁判官の身分に関する規定を、最高裁判所と下級裁判所とに分けて規定している。本条は最高裁判所の構成および最高裁判所裁判官の身分に関する規定である。最高裁判所と下級裁判所とを区別したのは、最高裁判所が憲法に具体的な設置規定をもつ唯一の裁判所であり（憲76条）、司法制度の頂点に位置する裁判所であるからと解される（樋口ほか・注解4・54～55頁〔浦部法穂〕）。

　最高裁判所長官の任命は内閣の指名に基づき天皇がこれを行う（憲6条2項）が、本条1項は長官以外の最高裁判所判事の任命権を内閣が有することを定める。天皇の最高裁判所長官任命権の形式性・儀礼性を考えれば、日本国憲法は最高裁判所裁判官の任命をもっぱら内閣に委ねた形になっており、比較法的にはやや特殊といえる。

　裁判官の独立のためには裁判官の身分保障が大きな意味をもつ。憲法78条と並び、本条5項（定年制）、6項（報酬に関する保障）はその具体化である。なお、大日本帝国憲法には定年および報酬に関する規定はなく、旧裁判所構成法に委ねられており、当初は任期なしの終身官とされていたが1921（大正10）年以降任期なしの定年制（大審院長65歳、判事63歳（（旧）裁判所構成法74条の2）に変更された。報酬は懲戒による減俸を認めていた（（旧）裁判所構成法73条）。GHQ草案では定年年齢が70歳と憲法上明記され、1946（昭和21）年3月6日の憲法改正草案要綱でも同様となっていたが、4月5日付の口語化第一次草案段階で「法律に定める年齢」と改められている。

　他方で司法部門も公権力であり、主権者国民によるコントロールの途が開かれていなくてはならない。本条2項ないし4項の定める**国民審査**はそのための仕組みと解される。

　国民審査は衆議院議員総選挙の際にあわせて行われる（本条2項）。最高裁判所裁判官はおのおの任命後初めて行われる衆議院議員総選挙の際に国民審査に付され、その後は審査から10年を経過するごとに、経過後初めて行われる総選挙の際に国民審査に付される（本条2項）。投票者の多数が罷免を可としたときは、その裁判官は当然にその地位を失う（本条3項）。それ以外の具体的な仕組みは法律事項とされており（本条4項）、最高裁判所裁判官国民審査法がこれを定めている。

Ⅱ　最高裁判所の構成

1　「最高裁判所」

　本条1項は「最高裁判所」の構成について定める。「最高裁判所」とは裁判所の組織体系において頂点を占める、唯一の裁判所である（宮沢・全訂632頁）。裁判所法第2編（裁6条～裁14条の3）はこの最高裁判所の組織および権限について規定している。

2 「長たる裁判官」

(1) 最高裁判所長官の任命

本条1項は、最高裁判所には「長たる裁判官」を置くことを定める。「長たる裁判官」は内閣の指名に基づき、天皇が任命する（→憲6条）。裁判所法は、この「長たる裁判官」の官名を「最高裁判所長官」と定める（裁5条1項）。

(2) 最高裁判所長官の権限

最高裁判所は最高裁判所長官と最高裁判所判事の合議体である。法律上、最高裁判所長官には、外部に対して最高裁判所を代表し、皇室会議の議員となり（典28条）、大法廷の裁判長となり（最高裁判所裁判事務処理規則8条1項）、司法行政を行う裁判官会議の議長となる（裁12条1項）などの独自の権限が付与されている。しかし、合議体である最高裁判所の構成員としては、長官もその他の判事も等しい地位にあるものと考え、最高裁裁判官の間でその権能に差異を設けることは本条1項により禁止されると解するのが通説的見解である（宮沢・全訂634頁、佐藤功・注釈下1006頁）。憲法上長官とその他の判事の間には権限上の区別がなされていないことを、すべての裁判官の平等を要請するものと積極的に捉えるからである。なお、報酬については、長官の地位とそれに付随する任務に鑑み、長官とその他の裁判官との間に差異を設けることは禁止されていないという見解が主流であり（宮沢・全訂634頁、佐藤功・注釈下1007頁）、現在は二者の間に差異が設けられている（裁判官の報酬等に関する法律別表）。

3 「法律の定める員数のその他の裁判官」

本条1項は、長たる裁判官と「その他の裁判官」とが最高裁判所を構成すると定める。裁判所法は、「その他の裁判官」の官名を「最高裁判所判事」と定める（裁5条1項）。本条1項が「法律の定める員数の」としていることから、最高裁判所判事の員数は法律事項であると解される。その員数は裁判所法によって定められ、現在は14名である（裁5条3項）。

最高裁判所裁判官は憲法78条および本条による厳格な身分保障の下に置かれ、政治部門が恣意的に裁判官たる地位を剥奪することはできない。しかし、最高裁判所判事の員数が法律事項であることから、1930年代のアメリカ合衆国で浮上したコート・パッキング・プランのように、国会が法律によって最高裁判事の員数を増減させることで最高裁判所の構成に一定の影響を与えることが理論上は可能である。通説的見解はこれを憲法上承認されたものとする（宮沢・全訂633頁）が、日本国憲法が議院内閣制を採用しており、かつ、最高裁判所判事の任命権が内閣に帰属することから、政治部門が自らの政策に合致するように最高裁判所の構成を変更することへの制度上の障壁は低い。憲法第6章全体の趣旨に照らし、「司法権の独立」を害するような員数の増減は許されないものと解するべきである（樋口ほか・注解4・57頁〔浦部法穂〕）。

4 「長たる裁判官以外の裁判官は、内閣でこれを任命する」

(1) 内閣の任命権

本条1項は最高裁判所判事の任命権を内閣に帰属させている。

職務の性質上、裁判官には高度の専門的能力が求められる。憲法には定めはないが、法律上、最高裁判所裁判官には資格要件が定められている（裁41条）。これにより内閣の任命権は限界づけられることになるが、これは内閣に任命権を専属させた本条の趣旨に反するものではないと考えられている（樋口ほか・注解4・58頁〔浦部法穂〕）。

裁判所法は、最高裁裁判官の資格要件を「識見の高い、法律の素養のある年齢40歳以上の者」とし、15人のうち少なくとも10人は裁判官、検察官、弁護士または法律学の教授・准教授の職に一定年数以上在職した者でなくてはならないとする（裁41条）。下級裁判所の裁判官とは異なり、法律専門職以外の人間にも門戸を開いているのは、最高裁判所の職務に鑑み、広く人材を求め、豊富な識見に基づく判断を最高裁判所に期待したものと解される（樋口ほか・注解4・58頁〔浦部法穂〕）。なお、実際の出身は裁判官6名、検察官2名、弁護士4名、行政官・外交官2名、大学教授1名でほぼ固定している。

(2) 裁判官任命諮問委員会制度の挫折と最高裁判所の実質的関与

最高裁判所判事の任命権を内閣に帰属させたのは三権の均衡抑制のためと考えられるが、党派的選考の危険性を否定できない。そのため、日本国憲法制定当初は、GHQの指示により、内閣が最高裁裁判官の任命または指名を行うにあたっては両院議長や裁判官、弁護士、検察官、学識経験者等15名からなる裁判官任命諮問委員会に諮問をし、同委員会が最高裁裁判官候補者として適当と認める者30人の氏名を答申するものとされた（裁判所法（1948（昭和23）年改正前）39条4項）。最初の最高裁判所裁判官の選任はこの手続にのっとって行われたが、この方法は形式的で責任の所在をあいまいにするとの理由で、1948（昭和23）年の裁判所法改正によって廃止された。

実際には、慣例上、内閣は最高裁判所長官の意見を聞いた上で任命すべき裁判官を決定している。原則として裁判官、弁護士および検察官については最高裁判所長官が、行政官・外交官および大学教授については内閣官房が候補者を選考している[29]。しかし、具体的な選考過程は公表されておらず、透明性・客観性を高める必要が指摘されている。

5 大法廷と小法廷

憲法は最高裁判所の構成員については言及しているが、法廷については言及していない。裁判所法は当初より、全員の裁判官による大法廷または小法廷に

---

[29] 司法制度改革推進本部・法曹制度研究会（第12回）議事録（2002（平成14）年11月12日）http://www.kantei.go.jp/jp/singi/sihou/kentoukai/seido/dai12/12gijiroku.html。

よって審理および裁判をすることを定めており（裁9条1項・2項）、常に裁判官全員による合議を要するとはしていない。これに対し、1954（昭和29）年に裁判官会議が常に全員による合議とする立場からの最高裁判所改革案を示したことがあるが、通説的見解は、大法廷・小法廷の別は内部組織の問題に過ぎず、最高裁判所判事の員数が法律事項とされている以上常に大法廷を構成することが非能率的となる可能性もあることから、本条1項は小法廷を設けるか否かを立法裁量に委ねたものと解する（宮沢・全訂637頁、樋口ほか・注解4・59頁〔浦部法穂〕）。

　事件はまず小法廷で審理される（最高裁判所裁判事務処理規則9条1項）が、当事者の主張に基づいて法律等が憲法に適合するかしないかを判断するとき（ただし、意見が前に大法廷でしたその法律等が憲法に適合するとの裁判と同じであるときを除く）、法律等が憲法に適合しないと認めるとき、および、憲法その他の法令の解釈適用について意見が前に最高裁判所のした裁判に反するときは、小法廷で裁判することはできず（裁10条）、大法廷で裁判しなくてはならない。小法廷の判断が同数で分かれたときおよび大法廷で審理することが適当と小法廷が認めたとき（最高裁判所判事事務処理規則9条2項）も同様である。

Ⅲ　最高裁判所裁判官の国民審査

1　国民審査の目的

　本条2項は最高裁判所裁判官が**国民審査**に付されることを定める。国民審査の目的は最高裁判官の任命に対する国民のコントロールであるが、コントロールといってもその仕組みは多様なものが考えられる。そのため、国民審査の性格をめぐっては学説が分かれる。

　第1に解職説である。これは国民審査を最高裁判所裁判官に対するリコールの制度として捉えるものである。国民審査以前において、裁判官は任命によって完全に裁判官たる地位についていることから、本条3項が国民審査の効果を罷免と定めていることを、将来に向かってのみ効力を有すると解する（宮沢・全訂612頁、佐藤功・注釈下1017頁）もので、これが通説的見解である。実務もこの立場に立っており、最高裁判所は国民審査について「解職の制度と見ることができる」としている（最大判1952（昭27）・2・20民集6巻2号122頁）。

　しかし、国民審査をもっぱら解職の制度とみると、任命後間のない時期に国民審査に付されることになった裁判官については審査の合理性が乏しく、また、国民のコントロールのあり方としても消極的なものにとどまることとなる。そのため、国民審査を複合的な性格を有するものと捉える説が唱えられる。第1回目の審査は内閣の任命に対する事後審査としての性格をもち、2回目以降の

648　第79条（最高裁判所の構成、最高裁判所の裁判官の身分）

審査は解職とする説※30や、不適格者の罷免と同時に適任と認められる者については民意の背景の下にその地位を強化する意味をもつとする説（清宮・憲法1・349頁）である。なお、この性格づけいかんによって投票方式など制度設計の理念に差異は生じるものの、法的な効果としてはそれほどの違いはない。

2　国民審査の参加資格

国民審査に参加し投票する資格は、衆議院議員選挙の有権者がこれを有する（最裁審査4条）。国民審査が国民の公務員の選定罷免権（憲15条1項）の具体化である以上、その資格は国政選挙の選挙権と同じ性格のものと解される。

この点にかかわって、在外国民に国民審査権の行使を保障していない制度的不備の違法性が、近年、問題となった。在外邦人選挙権事件大法廷判決（最大判2005（平17）・9・14民集59巻7号2087頁）をきっかけに公職選挙法が改正され、衆参両院の選挙において全面的な在外投票が実現された。しかし、2012（平成24）年12月・2014（平成26）年12月の総選挙とあわせて行われた国民審査においても在外国民が投票するための仕組みは整えられていないからである。なお、この問題を争った訴訟において、東京地裁は2009（平成21）年に行われた国民審査までに国会が立法措置をとらず在外国民が審査権を行使することができない状態を生じさせていたことの憲法適合性には重大な疑義がある、と述べている（東京地判2012（平23）・4・26判時2136号13頁）。

3　「任命後初めて行はれる衆議院議員総選挙の際」
(1)　任命後初めて行はれる

それぞれの最高裁判所裁判官に対する最初の国民審査は、それぞれの「任命後初めて行はれる衆議院議員総選挙の際」に行われる。「任命後初めて行はれる」総選挙とは、投票が行われるという意味ではなく、公示されるという意味に解すべきとされる（宮沢・全訂640頁）。国民審査を衆議院議員総選挙の際にあわせて行うこととしたのは多分に便宜的な理由によるものであり、総選挙の公示後投票日までの間に任命がなされたような場合にもあわせて国民審査を行わなければならないとすると、実質的に準備が間に合わない等の不都合が生じるからである。総選挙の公示と同様に、最高裁判所裁判官国民審査法は、審査の期日12日前までに審査に付される裁判官の氏名を官報で告示しなければならないとしている（最裁審査5条）。

なお、任命後、「初めて行はれる衆議院議員総選挙」までの間に退官する裁判官には、国民審査の制度は適用されないこととなる。最高裁判所裁判官国民審査法は、審査に付される裁判官が、審査の期日前その官を失い、または死亡したときは、その裁判官についての審査は、これを行わないとしている（最裁

※30　杉原泰雄『憲法Ⅱ：統治の機構』（有斐閣、1989年）389頁。

第79条（最高裁判所の構成、最高裁判所の裁判官の身分）　649

審査11条1項）。とくに、定年に近い年齢の者を最高裁判所裁判官に任命する
場合には、衆議院議員総選挙の時期との関係で、審査が行われない可能性が高
まる。過去に国民審査に付されなかった最高裁判所裁判官は2名存在する。

(2)　衆議院議員総選挙の際

　国民審査は「衆議院議員総選挙」の際に行われる。総選挙であれば、解散に
よる場合と任期満了による場合とを問わない。逆に、衆議院議員選挙であって
も総選挙ではないため、再選挙や補欠選挙は含まれない。これは、総選挙以外
の選挙は必ずしも全国で行われるとは限らないためと考えられる（宮沢・全訂
641頁）。なお、参議院の通常選挙を除いたのは半数改選である参議院通常選挙
よりも衆議院議員総選挙のほうが適当であるという政策的な理由と考えられて
いる（宮沢・全訂641頁）。

　審査は衆議院議員総選挙の「際に」、すなわち総選挙と同時に行われる。これ
は投票・開票にかかる事務や国民の参加しやすさといった便宜的な理由による。

4　「その後10年を経過した後……更に審査に付し、その後も同様とする」

　本条2項は、「その後10年を経過した後」再び国民審査に付し、「その後も同
様」に国民審査に付すと規定する。すなわち、最初の国民審査の後に、衆議院
議員総選挙とあわせて10年ごとに国民審査を行うことを定めている。そのため
実際には、総選挙が行われるタイミングによって、それぞれの最高裁判所裁判
官により国民審査に付される間隔には長短が生じる。

　最高裁判所裁判官国民審査法によれば、審査無効の訴訟（最裁審査36条）お
よび罷免無効の訴訟（最裁審査38条）の結果、審査の全部または一部無効の判
決が下されたときには、再審査の投票を行わないで審査の結果を定めることが
できる場合を除き、再審査を行うことを定める（最裁審査43条）。この場合に次
の総選挙を待つのは合理的とはいえないため、再審査を総選挙とは別に単独で
行うこととしても、本条に反するものとはみるべきでない（樋口ほか・注解
4・61頁〔浦部法穂〕）。

　また、最高裁判所裁判官に任命されすでに国民審査に付された者が、その後、
最高裁判所長官に任命された場合に、改めて国民審査に付す必要があるかどう
かについては、見解が分かれる。憲法上の「最高裁判所裁判官」は長官とその
他の裁判官を包含する概念で国民審査について区別する必要はない、裁判官と
しての職責には長官とその他の裁判官との別はないことなどから改めて審査
に付す必要はないとする説が通説的見解であり、実務もそのように運用されて
いる。しかし、長官とその他の裁判官の任命手続は異なりおのおのの任命は別
個に審査に付すべきであること、長官には法律上他の裁判官とは異なる権限が
付与されていることなどを理由として、改めて審査に付す必要があるとする説

第6章

も根強く唱えられている[31]。

5 「投票者の多数が裁判官の罷免を可とするとき」

本条3項は、「投票者の多数」が「裁判官の罷免を可とするとき」に、当該裁判官が罷免されることを定める。

「投票者」とは投票をした者の意だが、これは一般に、裁判官を罷免すべきか否かについて有効な意思を表示した者と解される（宮沢・全訂645頁）。棄権や無効投票の数は「投票者」には含まれない。「多数」とは、過半数の意味である。よって、「投票者の多数が裁判官の罷免を可とするとき」とは有効投票の過半数が特定の裁判官の罷免を可とするものであったときを意味する（宮沢・全訂645～646頁）。最高裁判所裁判官国民審査法は、「罷免を可とする投票の数が罷免を可としない投票の数より多い裁判官は、罷免を可とされたものとする」としている（最裁審査32条）。

この場合、棄権や無効投票の数が多く、有効投票数がごく少なくなってしまった場合、仮に罷免を可とする投票が過半数を占めたとしてもそれは有権者の数と比べるときわめて少数である可能性がある。こうした事態が生じた場合でも、本条の定める憲法上の罷免要件は満たされる（佐藤功・注釈下1018～1019頁）。しかし、立法政策としては望ましくないため、最高裁判所裁判官国民審査法は、投票の総数が有権者の100分の1に達しないときは例外として罷免を可とする場合から除いている（最裁審査32条ただし書）。

6 「罷免される」

本条3項は、国民投票により**罷免**が可とされたときに、「その裁判官は、罷免される」と定める。これは、国民投票により罷免が可とされたときには、当然にその地位を失う意味と解される。

最高裁判所裁判官国民審査法は、審査無効（最裁審査36条）または罷免無効（同38条）の訴えを提起すべき期間が経過した日に、また、その訴えの提起があった場合にはその訴訟が裁判所に係属しなくなったまたは裁判が確定した日に、罷免を可とされた裁判官は罷免される、としている（同35条）。

7 「審査に関する事項は、法律でこれを定める」

本条4項は、**国民審査**に関する事項は「法律でこれを定める」としている。最高裁判所裁判官国民審査法がそれにあたる。

最高裁判所裁判官国民審査法は、投票用紙については、審査に付される裁判官の氏名をくじで決めた順序により印刷したものを用い、投票方式については、罷免を可とする裁判官についてはその氏名の上欄に×の記号を記載し、罷免を

---

[31] 佐藤幸治『憲法（第3版）』（青林書院、1995年）106頁。

可としない裁判官については何らの記載もしない方法を定めている（最裁審査
15条）。罷免の可否を決められず無記載にした場合にも「罷免を可としない」票
として計算されてしまうこと、投票用紙が分割し得ないため一部のみ棄権する
ことができないことから、この方式は棄権の自由を奪うものであり違憲だとす
る説も唱えられている。しかし、最高裁判所は、国民審査が解職の制度である
から「罷免を可とするもの」とそうでないものに分ける投票方式は国民審査の
趣旨に合致する、として違憲論を斥けている（最大判1952（昭27）・2・20民集6
巻2号122頁）。国民審査の性格として解職説に立つ以上、投票方式は現行の方
式が当然であるとする見方は、学説でも一般に認められている（宮沢・全訂646
頁、佐藤功・注釈下1020～1021頁）。国民審査の性格を複合的なものと捉えよ
うとする説の理由の1つはここにある。しかし、解職説に立ったからといって
必ずしも現行の方式をとる必要はなく、罷免の賛否を明示させる方法も可能だ
との指摘もある（樋口ほか・注解4・67頁〔浦部法穂〕）。

　また、最高裁判所は現行の方式を支持するその他の理由として「極少数の者
の偏見或は個人的憎悪等による罷免投票によって適当な裁判官が罷免されるに
至る虞」（最大判1952（昭27）・2・20民集6巻2号122頁）を挙げる。実際、前述
のように、最高裁判所裁判官国民審査法は投票総数が有権者総数の100分の1
に達しないときは、たとえ罷免を可とする投票が多数であっても罷免されない
とする（最裁審査32条ただし書）。これについては、仮に棄権しやすい投票方式
を採用したとしても、有効投票数をさらに高めることによっておそれを回避す
ることはできる。

　国民審査によって罷免された最高裁判所裁判官はこれまで存在しない。おお
よそ、5～15％の不信任率にとどまる。そのため、この制度は形骸化しており、
民主的コントロールの仕組みとしては無意味との見方もある。しかし国民審査
の目的それ自体は重要な意味をもつものであり、その目的に照らし、より実効
性のある制度へと改革していくことが求められる。

Ⅳ　最高裁判所裁判官の退官

1　「法律の定める年齢に達した時」

　本条5項は、最高裁判所裁判官は「法律の定める年齢に達した時」に退官す
るとしており、定年年齢を法律事項としている。裁判所法はこれを70歳と定め
ている（裁50条）。法律を改正することにより定年を引き下げることは可能であ
るが、それによって裁判官の身分保障を害することは憲法78条に抵触する。そ
のため、新定年をすべての裁判官に適用することとして新定年に達している裁
判官を退官させることはできない、と解される（樋口ほか・注解4・70頁〔浦
部法穂〕）。

　新定年の適用が許されない範囲については、定年に達している裁判官に限る

とする説（法協・註解下1188頁）と在職しているすべての裁判官とする説（宮沢・全訂650～651頁）とがあるが、公平性と身分保障の観点からして後者が妥当であろう。

2 「退官する」
「退官する」とは、当然に退官という効果が発生することであり、当該裁判官を免ずるための別途の手続は必要としない。

Ⅴ 最高裁判所裁判官の報酬

1 「定期に」
本条6項は最高裁判所裁判官が「定期に」相当額の報酬を受けることを保障する。「定期に」とは、あらかじめ定められた期間ごとに、という意味である。期間の単位について憲法には定めはないが、裁判官の報酬等に関する法律によれば、毎月支給されることとなっている（裁判官の報酬等に関する法律6条）。

2 「相当額」
本条は報酬の額を「相当額」としている。これは最高裁判所長官および最高裁判所判事の職責と地位にふさわしい額を意味する。裁判官の報酬等に関する法律では最高裁判所長官の報酬を内閣総理大臣と、最高裁判所判事の報酬をその他の国務大臣と同額に定めている（裁判官の報酬等に関する法律別表）。最高裁判所の憲法上の地位に鑑み、一般に妥当なものと評価されている（宮沢・全訂655頁）。

3 「報酬」
「報酬」は、一般には、特定の役務に対する反対給付を意味する。しかし、裁判官の役務は常勤を要するものであるため、本条6項にいう「報酬」は公務員の「俸給」と同じものと解される。安定した報酬は裁判官の生活を保障するものであり、裁判官の身分保障を財政面から補強するものである。

4 「在任中、これを減額することができない」
(1) 在任中
本条6項は、報酬は「在任中」減額することができないとする。「在任中」とは最高裁判所長官または最高裁判所判事の任にある間を意味する。よって、在任する限り、病気等で長期にわたり職務を遂行し得ない場合であっても、減額は許されない。
(2) 減額
「減額」とは報酬の金額を減らすことである。物価変動により報酬の有する

実質的購買力が下がることはこれに含まれない（宮沢・全訂656〜657頁）。

(i) 懲戒処分としての減給の禁止

　大日本帝国憲法下の旧裁判所構成法は懲戒処分としての減俸を認めていた（（旧）裁判所構成法73条）が、本条6項はこれも禁止しているものと解される。したがって、公務員には懲戒処分の1つとして減給が認められている（国公82条、地公29条）が、裁判官の懲戒処分は戒告と1万円以下の過料に限定されている（裁判官分限法2条）。なお、この過料も本項の精神に鑑み妥当でないとする説（法協・註解下1190頁）もあるが、通説は、過料は制裁としての処分で報酬そのものを減額するものではないとして本条6項の禁止する報酬の減額にはあたらないとする（宮沢・全訂657頁、樋口ほか・注解4・72頁〔浦部法穂〕）。

(ii) 裁判官または公務員全体に対する減俸

　特定の裁判官に対する報酬の減額が本条6項に違反することに争いはないが、裁判官全体もしくは公務員全体に対する報酬または俸給の減額の結果として個々の裁判官の報酬が減額されることまで禁止しているかどうかについては説が分かれる。裁判官に財政上の不利益を与える点では等しい以上許されないとする説（宮沢・全訂595頁）と司法権の独立・裁判官の身分保障を害しない以上許されるとする説（佐藤功・注釈下1030頁、樋口ほか・注解4・72頁〔浦部法穂〕）とがある。ただし、後者であっても立法・行政部門の職員との均衡を失するような場合は全体として司法部の活動に影響を及ぼすため許されないとする。なお、実務においては、民間の賃金水準にあわせるために2005（平成17）年に実施された一般政府職員の給与改定、2010（平成22）年の震災復興のための政府職員の給与改定に伴って、裁判官の報酬も引き下げられている。

（大河内美紀）

（下級裁判所の裁判官の任命及び身分）

第80条　①　下級裁判所の裁判官は、最高裁判所の指名した者の名簿によつて、内閣でこれを任命する。その裁判官は、任期を10年とし、再任されることができる。但し、法律の定める年齢に達した時には退官する。
②　下級裁判所の裁判官は、すべて定期に相当額の報酬を受ける。この報酬は、在任中、これを減額することができない。

I　本条の趣旨

　本条は下級裁判所裁判官の任命および身分について規定している。最高裁判所裁判官について規定した憲法79条と対をなす（→憲79条）。本条1項で任命手続、任期および定年について定め、本条2項で報酬について定める。なお、定年（本条1項）および報酬（本条2項）に関する定めは最高裁判所裁判官（憲79

条5項・6項）と同一である。

　大日本帝国憲法は大審院裁判官を含むすべての裁判官の任免権を天皇の大権事項としており（明憲10条）、実質的には司法大臣の専権事項となっていた。これに対し本条1項は、下級裁判所裁判官の任命権を内閣に帰属させつつ、その任命権を最高裁判所の指名の枠内にとどめることにより、司法の独立との均衡を図っている。

　なお、GHQ草案では、最高裁判所の指名は各欠員につき「少なくとも2名以上の候補者の氏名を包含する表」による（72条）として、内閣に実質的な選択の余地を残す方式をとることを明示していたが、本条1項では方式に関する記述は削除されている。

　また、明治憲法下の旧裁判所構成法はすべての裁判官について任期を設けず、当初は終身官（（旧）裁判所構成法67条）に、後に定年制（（旧）裁判所構成法74条の2）を採用していた。これに対し、本条1項は下級裁判所裁判官に10年の任期を定めている。これは最高裁判所裁判官の国民審査に対応するものとの見方が一般的であるが、裁判官の身分保障との関係では問題となり得る（樋口ほか・注解4・73〜74頁〔浦部法穂〕）。

II　「下級裁判所の裁判官」

1　下級裁判所

　「下級裁判所」とは、最高裁判所以外の司法権を行使する裁判所である。その種類等は法律によって定められる（憲76条1項）。裁判所法は、高等裁判所、地方裁判所、家庭裁判所および簡易裁判所の4種類の下級裁判所を定めている（裁2条）。これら下級裁判所の設置場所や名称、管轄区域は、「下級裁判所の設立及び管轄区域に関する法律」の第1表から第5表に定められている。なお、現在の下級裁判所の数は、高等裁判所が8（6都市に支部および東京高等裁判所に特別の支部として知的財産高等裁判所が設けられている）、地方裁判所が50（全国で203の支部が設けられている）、家庭裁判所が50、簡易裁判所が438である。

2　下級裁判所の裁判官

　「下級裁判所の裁判官」とは、下級裁判所の正式の構成員を指す。裁判所法は、下級裁判所裁判官として高等裁判所長官、判事、判事補および簡易裁判所判事の4種類を設けている（裁5条2項）。下級裁判所の裁判官の員数は裁判所職員定員法に定められている（裁判所職員定員法1条）。なお、現在の下級裁判所の裁判官の員数は、高等裁判所長官8人、判事が2,085人、判事補が952人、簡易裁判所判事が806人である。

第80条（下級裁判所の裁判官の任命及び身分）　655

Ⅲ　「最高裁判所の指名した者の名簿によつて」

1　最高裁判所の指名権

　下級裁判所裁判官の任命権は内閣が有するが、本条は、任命は「最高裁判所の指名した者の名簿」によらねばならないと規定する。「最高裁判所の指名した者の名簿」とは、下級裁判所の裁判官にふさわしいと最高裁判所が判断し指名した者の名簿であり、行政権による一方的な任命を排除する趣旨と解される。下級裁判所裁判官の指名は司法行政にあたるため、最高裁判所の裁判官会議によって行われる（裁12条）。

　本条は「名簿によつて」内閣が任命すると規定するが、これは「名簿に記載されている者のうちから」の意味と解される（宮沢・全訂661頁）。GHQ草案ではより厳密に「from a list」（GHQ草案72条）という文言が使われていた。よって、内閣はこの名簿に記載されていない者を任命することはできない。

　調製する名簿の形式について、本条は特段の定めを置かない。そのため、憲法上は裁判官1人の空席につき候補者を1名指名する単記指名方式と複数指名する複数指名方式のいずれをも採ることができると解する（宮沢・全訂661頁）のが通説的見解である。名簿の調製方法に関する規定は裁判所法にも存在しない。なお、実務上は、複数名の任命を行う場合にはその人数に形式的に1名を加えた人数の名簿が作成されている（佐藤功・注釈下1033頁、野中ほか・憲法2・258頁〔野中俊彦〕）。

　下級裁判官として指名できる者の要件についても、本条には特段の定めはない。裁判所法には、任命資格（裁42条1項・43条・44条1項・45条1項）および欠格事由（裁46条）の定めが置かれている。最高裁判所は、これらの資格要件を具備した者のうちから指名をする権限を有するものと解される。

　裁判所法によれば、判事補は司法修習生の修習を終えた者の中から（裁43条）、判事および高等裁判所長官は判事補、簡易裁判所判事、検察官、弁護士、裁判所調査官・司法研修所教官・裁判所職員総合研修所教官または一定の大学の法律学の教授・准教授の職に通算して10年以上になる者の中から任命される（裁42条1項）。簡易裁判所判事については要件が緩和されており、判事もしくは高等裁判所長官の職にあった者または判事補、検察官、弁護士、裁判所調査官・裁判所事務官・司法研修所教官・裁判所職員総合研修所教官・法務事務官・法務教官もしくは一定の大学の法律学の教授・准教授の職に通算して3年以上になる者の中から任命される（裁44条1項）ほか、この要件を満たさない場合でも職務に必要な学識経験のある者は簡易裁判所判事選考委員会の選考を経て任命されることができる旨が規定されている（裁45条1項）。

2　指名に関する最高裁判所の裁量とその限界

　前述のように裁判官候補者の指名については、憲法上は特段の定めはなく、

第6章

656 第80条（下級裁判所の裁判官の任命及び身分）

法律上も任命資格および欠格事由が定められているだけである。これは司法の自主性を尊重して、候補者の指名を広く最高裁判所の裁量に委ねたものと解される（野中ほか・憲法2・258頁〔野中俊彦〕）。しかし、最高裁判所の裁量権も無制約ではなく、性別や思想・信条による差別は裁量権の濫用にあたり、憲法上許されない。

　実務においては、1970年代に、司法の独立が疑われる事件が続発したいわゆる「司法の危機」を背景として、任官希望の司法修習生のうち青年法律家協会に所属する者を名簿に登載しないという事例が生じた。最高裁判所は特定の団体加入を理由に任官拒否はしないと国会で答弁している※32が、任官拒否の理由を明らかにせず、指名の客観的基準も公表していないため、批判を招くこととなった。1970（昭和45）年から1982（昭和57）年までの任官拒否者45名のうち青年法律家協会会員は25名に達するといわれている※33。その後も1994（平成6）年の神坂氏任官拒否事件など、最高裁判所の裁量権行使の合理性が疑われる事例が生じている。なお、神坂氏が同任官拒否を違法として提訴した神坂氏任官拒否国賠訴訟大阪高裁判決（大阪高判2003（平15）・10・10判タ1159号158頁）では、判事補指名は最高裁判所の広範な裁量に委ねられるとしたが、重要な事実誤認や思想・信条を理由とする憲法上許容できない理由に基づくなど明白に合理性を欠く場合には裁量権の逸脱ないし濫用になると判示している。

3　下級裁判所裁判官指名諮問委員会

　司法制度改革審議会での指摘を受け、指名過程の透明性を高めるために、2003（平成15）年に最高裁判所は**下級裁判所裁判官指名諮問委員会**を設置した。委員会は裁判官、検察官、弁護士および学識経験者から最高裁判所が任命する11名の委員で構成され、最高裁判所の諮問に応じ、下級裁判所裁判官として任命されるべき者の指名の適否等を審議し、答申をすることを任務とする。委員会の下には指名候補者に関する情報収集を行う8つの地域委員会が設置されている（下級裁判所裁判官指名諮問委員会設置規則12条）。

　最高裁判所は原則としてすべての任官希望者について指名の可否を諮問しなければならず（下級裁判所裁判官指名諮問委員会設置規則3条）、諮問と異なる指名をした場合には委員会に理由を通知しなくてはならない（下級裁判所裁判官指名諮問委員会設置規則4条）とされており、委員会の意見を事実上尊重する仕組みがとられている（樋口ほか・注解4・77頁〔浦部法穂〕）。

※32　1973（昭和48）・2・22〔第71回国会・参議院法務委員会議録〕第2号10頁〔矢口洪一最高裁判所事務総局人事局長〕。

※33　日本弁護士連合会会長声明「34期司法修習生任官拒否について」（1982（昭和57）年5月28日）http://www.nichibenren.or.jp/activity/document/statement/year/1982/1982_4.html。

第80条（下級裁判所の裁判官の任命及び身分）　657

2003（平成15）年10月には最初の答申が出されたが、そこでは8人の任官希望者が不適当と答申され、12月には6人の再任希望者と5人の任官希望者が不適当とされた。いずれも過去に例のない数字である。その後もコンスタントに不適当の答申がなされている。

下級裁判所裁判官指名諮問委員会は、委員の指名過程がブラックボックスであること、理由が明らかにされないこと等の問題も指摘されている。不適当の答申が増加していることからもその問題は看過すべきでない。

Ⅳ　「内閣で、これを任命する」

本条1項は、最高裁判所の指名した者の名簿によって、内閣が下級裁判所裁判官を任命することを定める。これは三権の均衡抑制と司法部の自主性の双方を考慮した結果と解される（樋口ほか・注解4・73頁〔浦部法穂〕）。ここでいう「任命」とは下級裁判所の裁判官、具体的には高等裁判所長官、判事、判事補または簡易裁判所判事への任命を意味し、具体的な職務の担当を命じる補職とは異なる。なお、下級裁判官の補職は最高裁判所の権限とされている（裁47条）。

内閣の任命権がどれほどの実質を有するかは、最高裁判所の作成する名簿の形式および任命拒否の可否とかかわる。とりわけ、単記指名方式の名簿が作成された場合に内閣がその者を不適当として任命しないことができないとすれば、内閣の任命権は形式的・名目的なものにとどまることになる。憲法がこの点につき何を定めているかについて、学説は見解が分かれる。

本条1項の定める下級裁判所裁判官任命の仕組みを三権の均衡抑制の観点を重視して理解するならば、内閣の任命権は実質的なものである必要があり、内閣は名簿に掲載された者を必ず任命しなければならないものではなく任命を拒否することができる、と解される（法協・註解下1202頁）。他方、政治的干渉からの司法の独立を意図したものと解すれば、本条1項の目的は最高裁判所に実質的任命権を与えることにあり、最高裁判所による指名が恣意的になされていると認めるに十分な理由がある場合を除いては内閣が任命を拒否することは許されず、内閣の任命権が名目的なものとなることを憲法は期待していることとなる（佐藤功・注釈下1034頁）。この場合には、明らかに資格要件を欠いているなど明白な形式上の瑕疵がある場合を除き内閣が任命を拒否することはできない（樋口ほか・注解4・76頁〔浦部法穂〕）。なお、実際には、内閣が任命を拒否した事例はないといわれており（佐藤功・注釈下1033～1034頁）、名簿の形式とも相まって、最高裁判所が下級裁判所裁判官の任命権を実質的に握っているといえる。ただし、2003（平成15）年以降は、新たに設置された下級裁判所裁判官指名諮問委員会の意見が事実上決定的な役割を果たすようになっている。

V 「任期」

　本条1項は下級裁判所裁判官の任期を10年とし、再任を可としている。任期が10年とされたのは、それより短い任期は裁判官の身分保障の趣旨に反し、それより長い任期は任期制を定めた趣旨を失わせるおそれがあること、および、最高裁判所の裁判官について10年ごとの国民審査が定められていることとの対応からとされている（宮沢・全訂664頁、佐藤功・注釈下1036頁）。

　下級裁判所裁判官の兼官を禁止する規定は存在しない。実際に、判事または判事補に簡易裁判所判事の兼官が発令されることは少なくない。この場合、任期はそれぞれの官について計算される。

VI 「再任」

　本条1項は下級裁判所裁判官に任期を付した上で、「再任されることができる」と規定する。任期の定めのある公務員は、通常、任期を満了したときには当然にその地位を失う。この場合、再任が認められるとしても、任命権者には新任の場合と同様の裁量が与えられる。これに対し本条のいう「再任されることができる」をどのように解するかについては、議論が分かれる。なぜなら、裁判官には他の公務員にはない強度の身分保障が認められているからである。

　第1に、本条1項の文理解釈から、下級裁判所裁判官は任期満了とともに当然に退官し、再任は新任と同様に扱われるとする説（自由裁量説）[34]がある。最高裁判所は、運用は別段としても法律論としては「身分の保障というものは、その在任中の保障」であり「任期から任期にまたがる、その途中の保障をも含むものではない」としており、この立場に立っている（答弁集454）。しかし、法曹一元制ではなくキャリア・システムを採用している日本において任期をこのように解することは、本来強い身分保障が与えられなければならない裁判官を、逆に、一般の公務員や場合によっては民間企業従業員よりも不安定な身分上の地位に置く結果となる（樋口ほか・注解4・80頁〔浦部法穂〕）。

　そのため、学説では、裁判官の再任を通常の公務員の再任とは異なるものとして捉えることが一般的である。この立場はさらに覊束裁量説と身分継続説に分かれる。覊束裁量説は、裁判官も任期満了とともに当然に退官するが、この任期は不適格者を排除するために設けられたもので、こうした特段の事由がない限り当然に再任されると解する（佐藤功・注釈下1037頁）。身分継続説は、裁判官は「身分継続の原則」を前提とするとの見地から、本条の定める任期は10年ごとに憲法78条所定の例外事由に該当しないことを確認するものに過ぎず、

---

[34] 田中英夫「アメリカの裁判官と日本の裁判官——選任方法と政治との関係」ジュリ480号（1971年）72頁、柳瀬良幹「裁判官の任期と再任」ジュリ480号（1971年）81頁。

任期の経過により当然に退官するものとは解さない[35]。

通説的見解は羈束裁量説とされるが、この説に立った場合、「特段の事由」の範囲の広狭によって結論に違いが生じる。憲法78条所定の免官罷免事由と同じ（樋口ほか・注解4・81〜82頁〔浦部法穂〕）と解すれば身分保障説と結論はほぼ等しくなり、いちじるしい成績不良など弾劾に至らない不適格事由を含む（宮沢・全訂665頁）とすれば客観的基準を見出しがたく結局は自由裁量説に近づくことになる。この中間として、免官罷免事由に準ずるとする説（佐藤功・注釈下1036頁）やそれにさらに任命欠格事由を加える説[36]がある。

前述のように最高裁判所は自由裁量説に立つが、実際に再任が拒否されそれが大きな問題として注目されたのは1971（昭和46）年の宮本判事補再任拒否事件である。最高裁判所はこの事件において、再任拒否は自由裁量行為であるとした上で、再任拒否の理由は人事上の秘密に属するとして公表を拒否し、宮本氏の不服申立てを却下した。最高裁判所は国会質疑でも同様の回答を行っている[37]。

それ以降再任拒否が実務上大きな問題となることはなかったが、2003（平成15）年の下級裁判所裁判官指名諮問委員会の設置によって、状況は変化している。

Ⅶ 「退官」

本条1項ただし書は、下級裁判所裁判官が「法律の定める年齢」に達したときに「退官」すると定める。「法律の定める年齢」とは、定年を意味する。したがって、本条1項は下級裁判所裁判官に定年制を設けるものである。なお、具体的な定年年齢について、GHQ草案では70歳とすることが憲法に明記されていたが（GHQ草案71条）、1946（昭和21）年4月17日の憲法改正草案以降は法律委任事項とされている（「憲法改正草案」（4月17日））。

裁判所法は下級裁判所裁判官の定年を、簡易裁判所裁判官は70歳、その他の裁判所の裁判官を65歳と定めている（裁50条）。簡易裁判所裁判官の定年が高く設定されているのは「簡易裁判所は多数設置され、その中には比較的閑散なものもあるし、又却って老練な裁判官が望ましい場合もある」[38]ため広く人材を

---

[35] 杉原泰雄『憲法Ⅱ：統治の機構』（有斐閣、1989年）400頁。

[36] 高田敏「司法修習生罷免および裁判官再任拒否の法解釈」法時43巻8号（1971頁）85頁。

[37] 1971（昭和46）・4・13〔第65回国会・衆議院法務委員会議録〕第16号2頁〔矢口洪一最高裁判所事務総局人事局長〕http://kokkai.ndl.go.jp/SENTAKU/syugiin/065/0080/06504130080016.pdf。

[38] 兼子一＝竹下守夫『裁判法（第4版）』（有斐閣、1999年）255頁。

求められるようにしたため、とされている。

定年に関するその他の法的論点は最高裁判所裁判官の場合と同様である（→憲79条5項）。

Ⅷ　「報酬」

本条2項は下級裁判所裁判官の報酬について規定する。文言は最高裁判所裁判官の報酬について定める憲法79条6項と全く同一である。その意味するところも、最高裁判所裁判官の場合と同様と解される（→憲79条6項）。

（大河内美紀）

（違憲審査権）
第81条　最高裁判所は、一切の法律、命令、規則又は処分が憲法に適合するかしないかを決定する権限を有する終審裁判所である。

Ⅰ　本条の趣旨

1　歴史

本条は、日本国憲法の下で新たに導入された**違憲審査制**に関する規定である。大日本帝国憲法は違憲審査に関する規定をもっておらず、大審院は司法権が法令等の実質が憲法違反かどうかを審査することはできないと述べていた（大判1913（大2）・7・11刑録19輯790頁）。しかし、学説は違憲審査肯定説と否定説が対立し、その理由づけもさまざまに分かれた（樋口ほか・注解4・86頁〔佐藤幸治〕）。神権的国体観念に立つ論者では、議会を警戒する上杉慎吉らが違憲審査を肯定的に紹介した[39]のに対し、穂積八束は天皇の裁可を理由に否定説に立った[40]。自由主義的な立場からは、市村光恵など個人の権利保障の観点から肯定説に立つ者もいた[41]反面、立憲主義の観点から議会を重視する美濃部達吉らが否定説に立った[42]。最終的には、美濃部達吉、佐々木惣一[43]らの影響もあり、否定説が大勢を占めるにいたった（法協・註解下1210頁）。

アメリカは違憲審査制の母国であり、GHQは早い段階から日本に違憲審査制を導入することを想定していた。しかし同時に、ニューディーラーを多く抱

---

[39] 上杉慎吉『新稿憲法述義』（有斐閣、1924年）602〜606頁。
[40] 上杉慎吉編『穂積八束博士論文集』（有斐閣書房、1913年）187頁。
[41] 市村光恵『帝国憲法論』（有斐閣書房、1915年）676〜681頁。
[42] 美濃部達吉『逐条憲法精義』（有斐閣、1927年）589〜591頁。
[43] 佐々木惣一『日本憲法要論（訂正第5版）』（金刺芳流堂、1933年）529頁。

えたGHQ内部には、1930年代にアメリカでリベラルな政治部門と保守的な連邦最高裁判所とが対立した経験から、司法部門に違憲審査という大きな権限を与えることを警戒する声もあった。そのため、GHQ草案73条は最高裁判所に違憲審査の権限を認めると同時に、GHQ草案第3章の規定、すなわち人権条項にかかわるものでない限り最高裁判所の判断について国会が3分の2以上の特別多数により破棄することができると定めていた。しかし、1946（昭和21）年3月4日から5日にかけての日本政府とGHQとの交渉の結果、違憲審査権の所在は三権分立の見地からいえば国会よりも裁判所とすべきとの日本政府側の意見が受け入れられ、憲法改正草案要綱（1946（昭和21）年3月6日）では「最高裁判所ハ最終裁判所トシ一切ノ法律、命令、規則又ハ処分ノ憲法ニ適合スルヤ否ヤヲ決定スルノ権限ヲ有スルコト」（憲法改正草案要綱77条）とされた。その後、口語化された憲法改正草案（1946（昭和21）年4月17日）77条では1項で最高裁判所を終審裁判所とし、2項で最高裁判所に違憲審査権を認めるという構成に変わったが、これでは下級裁判所の違憲審査権を否定することにならないかとの議論があり、第90回帝国議会での審議を経て現在の形に改められた。

2 違憲審査制

⑴ 違憲審査制の展開・発展

　19世紀欧州においては議会主義が顕著であったが、ドイツに代表されるように民主主義の失敗を経験した第二次世界大戦後においては、憲法の規範力を議会以外の機関、とりわけ司法権によって維持しようという傾向が現れる。その核心をなすものが**違憲審査制**であり、第二次世界大戦後に制定された多くの国の憲法でこの制度が採用された。フランス第五共和国憲法の下での憲法院のように政治部門の中に置かれるものもあれば、ドイツ基本法によって設置された憲法裁判所のように裁判所と位置づけられるものもある。主流は裁判所型であり、これはさらに、特別に設置された裁判所が違憲審査を専権的に行う憲法裁判所型と、通常の司法裁判所が事案の解決の過程で付随的に行う司法裁判所型（付随的違憲審査制）とに分けられる。憲法裁判所型の違憲審査制（抽象的違憲審査制）の主たる目的は憲法体制そのものの保障にあるのに対し、司法裁判所型（付随的違憲審査制）のそれは私権の救済であるというように、両者は出発点においてはその基本理念を異にする。しかし、憲法裁判所型の代表であるドイツにおいては憲法異議の申立制度が導入されることにより私権の保障という側面が強化され、司法裁判所型の母国であるアメリカでは私権の救済とは直接かかわりのない公共訴訟が広がりをみせるなど、この両者は次第に接近しており、合一化傾向にあるともいわれている。

　また、近年、違憲審査制への注目は一層高まっている。というのも、冷戦終結後に旧ソ連・東欧諸国が新憲法を制定するに際しこぞって違憲審査制を導入するという違憲審査制の「第三の波」が到来した結果、違憲審査制のグローバ

662　第81条（違憲審査権）

ル化とも呼ばれる状況が生じつつあるからである。

(2)　違憲審査制の抱える問題

　しかし、こうした違憲審査制への傾斜は、民主主義との関係では微妙な問題をはらむ。民主的に制定された法律を民主的正統性をもたない裁判所が無効とするという違憲審査制の反民主主義的性格は、違憲審査制の母国たるアメリカでは古くから意識されており、それはさまざまな場面に影響を与えてきた。違憲審査の対象物の限界に関する議論や違憲審査の行使にあたり「司法の謙抑」が説かれることなどに、それを看取することができる。形を変えてくり返し登場する司法積極主義と司法消極主義の対立もその一環としての性格をもつ。

Ⅱ　「最高裁判所は……権限を有する」

　本条は、法令等が憲法に適合するかしないかを決定する権限、すなわち違憲審査権を「最高裁判所」が有する、と規定する。文言上は下級裁判所には違憲審査権がないと読むこともできるが、最高裁判所のみならず下級裁判所もまた違憲審査権を有すると解するのが通説的見解である（宮沢・全訂666～667頁）。ただし、日本国憲法の下でも、下級裁判所が法令の合憲性に疑問をもった場合には手続を中止し当該問題を最高裁判所に移送する仕組みを作ることは可能であり、そうすべきであると説く学説もある※44。

　この点については憲法制定過程で議論がなされている。第90回帝国議会の審議では、当初、違憲審査権を最高裁判所に集中させるとの見解も示されたが、最終的には下級裁判所も審査権を有するとの解釈が有力となった。なお、日本国憲法制定後の1948（昭和23）年に制定された刑事訴訟法および1954（昭和29）年に改正された民事訴訟法等は、上告理由に下級裁判所の憲法解釈の誤りを挙げており、下級裁判所の違憲審査権を前提にしている。

　最高裁判所は一貫して下級裁判所も違憲審査権を有するとの見解をとっている。1948（昭和23）年に最高裁判所が制定した刑事訴訟規則（昭23最高裁規32）は下級裁判所の違憲審査権を前提とした規定（刑訴規254条・256条）となっている。また、1950（昭和25）年には下級裁判所の違憲審査権の有無が争点の1つとなった事件において、「裁判官が、具体的訴訟事件に法令を適用して裁判するに当り、その法令が憲法に適合するか否かを判断することは、憲法によつて裁判官に課せられた職務と職権であつて、このことは最高裁判所の裁判官であると下級裁判所の裁判官であることを問はない」と述べている（最大判1950（昭25）・2・1刑集4巻2号73頁）。

※44　畑尻剛「具体的規範統制再論──最近の憲法裁判所論との関連で」法学新報103巻2＝3号518～521頁。

第81条（違憲審査権）　663

Ⅲ　違憲審査の対象

1　「一切の法律、命令、規則又は処分」

　違憲審査権の及ぶ対象として、本条は「一切の法律、命令、規則又は処分」を挙げている。法律、命令、規則および規則におのおの何が含まれるかについては議論が分かれるものの、これらを一切の立法、行政および司法作用を包括するものとみることに異論はほぼない。

⑴　法律

　「法律」とは、国会の手続を経て「法律」という形式で制定される法規範、すなわち形式的意味の法律を意味する。地方公共団体の議会が制定する条例についても、その性質上法律に準ずるものと解されるため、「法律」に含むと解するのが通説的見解である。ただし、本条は法形式に着目して分類を行っているとして、条例を「法律」には含まれないとする説もある（佐藤功・注釈下1046～1047頁）。ただし同説は、本条に列挙されたものを例示と解することで、条例を違憲審査の対象に含ましめる。

⑵　命令

　「命令」とは、行政権が定立する抽象的な法規範を指す。国の行政機関が制定する抽象的な法規範には、⒜内閣によって制定される政令（憲73条6号）、⒝法律または制令を実施するため、またはそれらの委任に基づいて各大臣が発する命令（国組12条。「省令」という名称の法規命令である）、⒞法律の定めにより省庁の外局たる委員会および各庁の長官が発する特別の命令（国組13条。名称は「規則」などさまざまに分かれる）、および⒟委員会・庁以外の行政機関によって制定される「規則」という名称をもつ法規範（会計監査院法38条に基づく会計監査院規則や国公16条に基づく人事院規則など）が存在する。

　このうち⒜から⒞が本条にいう命令に含まれることに異論はないが、⒟については、かつては⑶の「規則」に含むとする説（法協・註解下1217頁）も存在した。しかし、今日ではその性格上本条のいう「命令」に含むとする説（宮沢・全訂670頁）が有力である。

　地方の行政機関が定めるものについては、さらに議論が分かれる。通説的見解は、地方公共団体の長を行政機関とみて、地方公共団体の長が制定する規則（自治15条）も本条のいう命令に含まれると解する（宮沢・全訂670頁）。しかし、これは命令ではなく⑶の「規則」に含まれるとする説もある[45]。

⑶　規則

　「規則」とは、憲法上「規則」という名称を付されている法形式を指し、憲法が定める議院規則（憲58条2項）および裁判所規則（憲77条）がこれにあたる。

---

[45] 法協・註解下1217頁、佐藤功・注釈下1043頁。ただし、後者はこの規則を広義の条例とみた上で、これを違憲審査の対象とすることを妨げない。

その他の「規則」という名称をもつ行政立法の位置づけについては、前述のように議論は分かれる。

(4) 処分

　法律、命令および規則が一般的抽象的な法規範であるのに対し、「処分」は、具体的個別的な内容を有する行為の総称である（宮沢・全訂671頁）。行政事件訴訟法3条にいう「処分」がその典型であり、「行政事件訴訟法に言う『処分』と同じ意味」（宮沢・全訂671頁）とする見方もあるが、必ずしもそれに限る必要はない。行政機関の行う事実行為が違憲審査の対象となるか否かを明言する論者は多くはないが、本条の「処分」を定義するにあたり「行為」というより一般的な用語を用いることで含みをもたせていた[46]。また、近年では政府機関の行う事実行為が審査対象に含まれることを明示する論者も登場している（渋谷・憲法688頁）。実際に、政教分離訴訟等では事実行為が違憲審査の対象となっており、いわゆる「処分違憲」をいうときの「処分」は広義の概念であって、行政処分を典型とする法令適用行為一般と事実行為を含むものと観念されている（新基本コンメ436頁〔駒村圭吾〕）。少なくとも、行政事件訴訟法上の処分性を欠くからといって当該行為を違憲審査の対象から外すべき理由はない。

　また、ここでいう「処分」は行政機関だけでなくあらゆる国家機関による処分を含むものと一般に解されている。したがって、裁判所による令状の発付（憲33条）や内閣による天皇の国事行為への助言と承認（憲50条）、議院による議員逮捕の許諾（憲79条、国会33条）のような個別的な法規範の定立を広く含むものとされる。ただし、議院の自律など司法権の限界にかかる事項に関しては、違憲審査権は及ばない（→憲76条）。

　裁判所の判決が「処分」に含まれるか否かについては、学説は分かれる。裁判の効力は審級制度によって上級裁判所が審査すべきであるとする立場からは、裁判所の判決は処分に含まれず、したがって、判決が憲法に違反するかどうかの判断は必ずしも最高裁判所に留保される必要はない[47]。これに対し、すべての国家行為を違憲審査に服せしめるという本条の趣旨に照らせば判決のみを「処分」から除くべき理由はないとする立場からは、判決もまた「処分」に含まれると解すべきとされる。通説的見解は後者であり（樋口ほか・注解4・105〜106頁〔佐藤幸治〕）、最高裁判所も後者の立場を示している（最大判1948（昭23）・7・7刑集2巻8号801頁）。

　なお、この判決は、裁判が個々の事件について具体的処置をつけるものである以上その本質が一種の処分であることは論をまたないとする一方で、「よしやかかる規定がなくとも、第98条の最高法規の規定又は第76条若しくは第99条

---

[46]　大石和彦「『憲法判断の対象』としての《規範》と《行為》──『義務賦課規範』・『権能付与規範』」筑波ロー・ジャーナル11号37頁。

[47]　兼子一＝竹下守夫『裁判所法（第3版）』（有斐閣、1994年）90頁。

の裁判官の憲法遵守義務の規定から、違憲審査権は十分に抽出され得る」(最大判1948(昭23)・7・7刑集2巻8号801頁)としている。これは、日本国憲法の下での違憲審査権を本条によって創出されたものではなく、歴史的発展の成果として継受したものを本条によって明文化したものと捉えるものである。また、この判決では、本条と憲法98条は「密接な表裏の関係」にあるとする。この立場に立てば、本条のいう「法律、命令、規則又は処分」は憲法98条の「法律、命令、詔勅及び国務に関するその他の行為」は同じ範囲を指すと解するのが相当であろう。したがって、本条の「法律、命令、規則又は処分」に文言上含まれないものであっても違憲審査の対象外とすべき理由はなく、「法律、命令、規則又は処分」を例示列挙と捉えることも考えられよう(佐藤功・注釈下1046～1047頁)。

2 条約

本条に列記された違憲審査の対象物には、**条約**は含まれていない。これをいかに解釈すべきかについては、学説は分かれる。

文言を重視する立場は、条約は違憲審査の対象からは除かれると説く。実質的理由として、条約は主権国家間の合意によって成立する国際法であって通常の国内法令とは性質を異にすること、条約は政治的な内容を含むことが多く司法審査になじまないこと、日本国憲法が条約の誠実遵守義務(憲98条2項)を定めていることも挙げられる。これに対し、憲法98条1項の定める「憲法の最高法規性」の解釈において条約は形式抵抗力において憲法に劣ると捉える憲法優位説の立場(→憲98条)によれば、これを実質化するためにも、条約への違憲審査を認めるべきとなる。初期の通説は前者であったが、現在では後者の立場が通説的見解といえる(芦部・憲法385頁)。ただし、後者の立場に立って条約に対する違憲審査を認め、当該条約に違憲の判断を下したとしても、それは条約の国内法的効力のみについてであって、国際法的効力に及ぶものではない。

最高裁判所は、日米安全保障条約の合憲性が争点の1つとなった砂川事件において、高度の政治性を有する該条約の違憲性の判断は「一見極めて明白に違憲無効であると認められない限りは、裁判所の司法審査権の範囲外のもの」であると述べている(最大判1959(昭34)・12・16刑集13巻13号3225頁)。これは、高度の政治性を有する条約であっても一見明白に違憲無効である場合には裁判所の司法審査に服することを示しており、条約に対しても違憲審査権が及ぶことを前提としたものと解される。

3 立法不作為

(1) 立法不作為とは

立法不作為とは、国会が立法義務を負っているにもかかわらずそれをしないために、立法の不備が放置されている状態を指す。本条はもともと「法律、命

666　第81条（違憲審査権）

令、規則又は処分」といった国家の積極的行為を違憲審査の対象としており、初期の学説も主にそれを論じてきた。しかし、生存権や選挙権を実現するための諸制度の不十分さが訴訟等で指摘される中で、立法不作為の違憲審査の可能性が追求されるようになった。

(2)　立法不作為の違憲性を争うことの困難

　とはいえ、立法不作為の違憲性を争うことには、実体・手続両面において固有の困難が存在する。実体面については、そもそも立法行為には広範な立法裁量が認められるという問題がある。いつ、どのような内容の立法を行うのかについては立法府の専門的・技術的裁量に委ねられており、「国会が立法義務を負っているにもかかわらず、それが放置されている」ことの認定は難しい。また、その立法裁量の広狭も法令の分野や関連する権利の種類によって異なる。そのため、司法権が国会の立法義務違反を認定できるケースは限られてくる。さらに、「立法不作為」という概念の不明確さも問題となる。今日では法の一切及ばない領域というのは想定しがたく、「立法不作為」は既存の法令の欠缺または瑕疵と構成することができる場合もあるからである（このように構成できる場合には当該法令の合憲性を審査すれば足りるのであって、あえて立法不作為の違憲審査を行う必要はない）。

　手続面の主たる問題は訴訟形式の選択である。現存する法令等の違憲性を争う場合には、取消訴訟が比較的よく用いられる。しかし、立法不作為の場合には取消訴訟を用いることが困難であるため、それに代わる訴訟形式を模索しなくてはならない。そこで、立法不作為の違憲確認を求める違憲確認訴訟または国家賠償請求訴訟を用いることが、それぞれ試みられてきた。しかし、いずれの方法も実務上はあまり積極的に受け入れられてきたとはいいがたい（なお、この他に刑事事件において立法不作為を理由に救済を否定することができるかを争点としたケース（最大判1972（昭47）・12・20刑集26巻10号631頁）等もある）。

　こうした状況に一石を投じたのが、在外邦人選挙権訴訟（最大判2005（平17）・9・14民集59巻7号2087頁）である。最高裁判所はこの事件において、国会が在外選挙制度を設ける等の立法措置をとることを正当な理由なく懈怠していた立法不作為につき国家賠償法上の違法性を認め損害賠償を認めるとともに、公法上の当事者訴訟のうちの公法上の法律関係に関する確認の訴えとして在外邦人たる上告人らが「次回の衆議院議員の総選挙における小選挙区選出議員の選挙及び参議院議員の通常選挙における選挙区選出議員の選挙において、在外選挙人名簿に登録されていることに基づいて投票をすることができる地位にあること」を確認する判決を下した。

　立法不作為の国家賠償訴訟は、リーディング・ケースである在宅投票制度廃止事件（最一小判1985（昭60）・11・21民集39巻7号1512頁）以来、実務上では消極的な対応が続いていた。というのも、同事件で最高裁判所が、国会議員の

立法行為（不作為を含む）は「立法の内容が憲法の一義的な文言に違反しているにもかかわらず国会があえて当該立法を行うというごとき、容易に想定し難いような例外的な場合ではない限り」国家賠償法上違法の評価を受けない、と判示したからである。2005（平成17）年の在外邦人選挙権訴訟で最高裁判所が立法不作為による国家賠償請求を認容したことは、こうした実務の大きな転換とみることもできる。

　しかし、最高裁判所は在外邦人選挙権訴訟においても在宅投票制度廃止事件で確立した基準を基本的に踏襲していることには留意が必要である。最高裁判所は、立法不作為の国家賠償について、立法内容の違憲性と国家賠償法上の違法性は区別されるとした上で、「立法の内容又は立法不作為が国民に憲法上保障されている権利を違法に侵害するものであることが明白な場合や、国民に憲法上保障されている権利行使の機会を確保するために所要の立法措置を執ることが必要不可欠であり、それが明白であるにもかかわらず、国会が正当な理由なく長期にわたってこれを怠る場合などには、例外的に、国会議員の立法行為又は立法不作為は、国家賠償法1条1項の規定の適用上、違法の評価を受ける」として、これは在宅投票制度廃止事件と異なる趣旨をいうものではないと付言している。ハンセン病国家賠償請求訴訟において熊本地方裁判所が、在外投票制度廃止事件と当該事件を区別し、異なる基準で国家賠償法上の違法性を認めた（熊本地判2001（平13）・5・11判時1748号30頁）のとは様相を異にする。在外邦人選挙権訴訟で国家賠償が認められたのは、当該事案が選挙権という「制限することは原則として許されず」「そのような制限をすることがやむを得ないと認められる事由がなければならないというべき」であり「そのような制限をすることなしには選挙の公正を確保しつつ選挙権の行使を認めることが事実上不能ないし著しく困難であると認められる場合でない限り、上記のやむを得ない事由があるとはいえ」ないという最大限の憲法上の保障を受ける権利にかかる事案であったからとの見方も可能である。

　在外邦人選挙権訴訟で最高裁判所が認めた「公法上の当事者訴訟としての公法上の法律関係に関する確認の訴え」は、2004（平成16）年の行政事件訴訟法改正によって明文化されたものである（行訴4条後段）。この改正以前においては、東京高裁が、立法不作為の違憲をいう前提には当然当該立法をなすべき作為義務があるとして立法不作為の違憲確認訴訟を無名抗告訴訟の1つである義務確認訴訟と構成した（台湾人元日本兵戦死傷補償請求事件・東京高判1985（昭60）・8・26行集36巻7＝8号1211頁）ことがあるが、同時に東京高裁はこの種の義務確認が認容されるためには「行政庁ないし立法府において一定の内容の作為をなすべきことが法律上二義を許さないほどに特定していて、行政庁ないし立法府の第一次的判断権を重視する必要がない程度に明白であること」などの厳格な要件を満たさなければならないとし、訴えを斥けていた。公法上の法律関係に関する確認の訴えは、確認訴訟の積極的活用を掲げた2004（平成16）年

の行政事件訴訟法改正の目玉の1つであり、今後立法不作為の違憲確認訴訟にこれを用いることが考えられるが、この確認訴訟はあくまで公法上の法律関係の確認の訴えであり、不作為の違憲確認にどこまで利用できるかはなお定かではない。

Ⅳ　「憲法に適合するかしないかを決定する権限」

1　憲法に適合するかしないかを決定する権限

　本条は、裁判所に法令等が「憲法に適合するかしないかを決定する権限」、すなわち**違憲審査権**を付与する。この審査権は形式と内容の双方に及ぶと解される。前者は制定手続における瑕疵等、法令の形式的瑕疵の有無を審査する権限であり、後者は法令の実質的・内容的瑕疵の有無の審査する権限である（宮沢・全訂674頁）。

　形式的瑕疵の審査は、議会制や民主主義原理とのバランスを考慮する必要が相対的に小さいため、歴史的・比較法的に広く承認されている。大日本帝国憲法の下でも大審院はこれを認めていた（大判1913（大2）・7・11刑録19輯790頁）。本条の違憲審査権も、当然、この形式的瑕疵の審査権を含むものと解される。ただし、形式的瑕疵の審査権にも限界はあり、立法手続のうち議院の自律権に委ねられている部分に関しては司法権は及ばないと解される（→憲76条）。

　日本国憲法が裁判所の違憲審査権を認めた趣旨は、実質的瑕疵の審査を認めることにこそある。法令等の実質的瑕疵の審査権は、第二次世界大戦以前にはアメリカを除くほとんどの国で認められていなかった。しかし、民主主義の失敗の経験と多数決によっても奪うことのできない人権という観念の普及により、今日ではいずれかの機関に法令等の実質的瑕疵の審査を行わせる制度を採用する国が主流になっている。ただし、形式的瑕疵の審査と同様に、司法権の性質から導かれる限界は存在する（→憲76条）。

2　違憲審査の型

　裁判所が違憲審査権を行使する仕組みは、一般に、**抽象的違憲審査制**と**付随的違憲審査制**という2つの型に分類される。前者は「特別に設けられた憲法裁判所が、具体的な争訟と関係なく、抽象的に違憲審査を行う方式」であり、後者は「通常の裁判所が、具体的な訴訟事件を裁判する際に、その前提として事件の解決に必要な限度で、適用法条の違憲審査を行う方式」である（芦部・憲法379頁）。

　本条が裁判所に付与した違憲審査権がこのいずれにあたるかについては、初期には、第二次世界大戦後にドイツで違憲審査権の重要性の認識の下に憲法裁判所が設置されたことを踏まえて抽象的違憲審査権と捉える説と、日本の制度がアメリカの影響を受けたものであることおよび本条が司法権の章に置かれて

いることを重視して付随的違憲審査権と捉える説、そして、いずれの型を採る
かは法律に委ねられているとする法律事項説とが対立していた。最高裁判所は、
警察予備隊を設置したことの違憲確認を求めてなされた訴えについて、「現行
の制度の下においては、特定の者の具体的な法律関係につき紛争の存する場合
においてのみ裁判所にその判断を求めることができるのであり、裁判所がかよ
うな具体的事件を離れて抽象的に法律命令等の合憲性を判断する権限を有する
との見解には、憲法上及び法令上何等の根拠も存しない」として、これを不適
法却下した（最大判1952（昭27）・10・8民集6巻9号783頁）。これにより、少な
くとも本条を抽象的違憲審査権の創設規定と捉える見方は否定された。

　しかし、近年では抽象的違憲審査制と付随的違憲審査制という2つの型の接
近傾向が指摘されている。また、この類型論は各国の違憲審査制度の多様な実
態を過度に捨象してもいる。本条の解釈およびそれに基づく日本における違憲
審査制の理解あるいは設計は、その点を踏まえてなされねばならない。仮に本
条の解釈においては付随的違憲審査制説に立ったとしても、そこでいう「付随
的違憲審査制」にどの程度例外的要素をもたせるか、たとえば、住民訴訟（自
治242条の2）や公職選挙法上の選挙無効訴訟などの客観訴訟をどこまで認める
か、違憲判決の対世的効力をどう定めるか（→4）といった具体的な制度設計
上の問題は、類型論から直ちに答えを導くのではなく、社会の要請や他の制度
との関係を含めて総合的に判断する必要がある。

3　違憲審査権の行使のあり方

⑴　違憲審査の入口

　日本の違憲審査制が付随的違憲審査制をとっていることから、その違憲審査
は、通常提起された民事・刑事・行政訴訟等の中で、事案の解決に必要な限り
において行われる。これら訴訟の提起にあたっては、当該事件が司法権の範囲
に含まれる（→憲76条）ことのほか、各訴訟法が定める訴訟要件を具備するこ
とが必要である。

　しかし、訴訟の中で違憲の争点を提起するためには、さらに「違憲の争点を
提起しうる当事者適格」が必要と考えられる。これが端的に現れるのが刑事事
件である。刑事事件の起訴は検察官の専権とされているため、被告人の当事者
適格というものは通常想定しないが、刑事事件の被告人はどういった場合に法
令等の違憲を主張することができるのか。すなわち「違憲の争点を提起しうる
当事者適格」はどのような場合に認められるのかが問われる。

　この点、自己の憲法上の権利を援用し得る場合に違憲の争点を提起し得るこ
とには異論はなく、不特定の第三者に適用される法令が不明確ないし過度に広
汎であって文面上違憲であるから自己にとっても違憲無効であると主張できる
ことにも了解が得られよう。しかし、違憲の理由として特定の第三者の憲法上
の権利を援用し得るかになると、見解は分かれる。「およそ国民は違憲の法令

670　第81条（違憲審査権）

によって不利益を課されることはないのであり、第三者の憲法上の権利を侵害する法令もその一例であって、第三者の権利の問題だから主張してはいけないという道理はない」とする立場と、「あくまでも訴訟当事者自身の権利を中心に考えるべきであり、当事者は第三者の権利を持ち出して違憲性を論じることは許されない」とする立場である（樋口ほか・注解4・131頁〔佐藤幸治〕）。

　第三者所有物没収事件（最大判1962（昭37）・11・28刑集16巻11号1593頁）において、最高裁判所は、「訴訟において他人の権利に容喙干渉し、これが救済を求めるが如きは、本来許されない」とした先例を明示的に覆し、「関税法によって第三者の所有物を没収することは、憲法31条、29条に違反する」とした上で「かかる没収の言渡を受けた被告人は、たとえ第三者の所有物に関する場合であっても、被告人に対する附加刑である以上、没収の裁判の違憲を理由として上告をなしうる」とした。しかし、これは第三者の憲法上の権利の援用を当然に認めたようにも、「被告人に対する附加刑である」ことを強調して訴訟当事者自身の権利に構成し直しているようにも読める。

(2)　違憲審査権行使の姿勢

　付随的違憲審査制の下では違憲審査はあくまで「事案の解決に必要な限りにおいて」行使されるべきとされる。付随的違憲審査制の長い歴史をもつアメリカでは、この考え方が裁判官の従うべきルールとして確立している。ブランダイス・ルールと呼ばれるもので、その中に憲法判断回避、すなわち「憲法問題が適切に提起されていても、その事件を処理することができる他の理由がある場合は憲法問題に判断を加えるべきではない」（第4準則）というルールと、合憲限定解釈、すなわち「法律の合憲性について重大な疑いが提起されたとしても、その問題を回避できるような法律解釈が可能であるか否かをまず確認すべきである」（第7準則）というルールが含まれている。アメリカでこれがルールとして確立した背景には、司法は政治の領域に過度に踏み込むべきでないという司法権のあり方に関するアメリカ社会の固有の認識がある。

　日本の実務においてもこのような手法がとられたことがある。恵庭訴訟（札幌地判1967（昭42）・3・29下刑9巻3号359頁）において、札幌地裁が被告人の主張した自衛隊そのものの違憲の主張については判断せず、問題となった行為の地方公務員法37条および自衛隊法121条の構成要件該当性のみで無罪を言い渡したのは憲法判断回避の一例であり、地方公務員法37条および61条4号によって禁止されている争議行為の「あおり」行為の合憲性が争われた東京都教組事件（最大判1969（昭44）・4・2刑集23巻5号305頁）で、最高裁判所が地方公務員法61条4号の「あおり」行為とは「争議行為自体が違法性の強いものであることを前提とし」さらに「争議行為に通常随伴して行われる行為のごときは、処罰の対象とされない」という「二重のしぼり」をかけた上で地方公務員法37条および61条4号を合憲とした上で被告人を無罪としたのは、合憲限定解釈の例といえる。ただし、こうした手法をとることには賛否がある。前者について

は、類似の事件が多発するおそれがあり、憲法上の争点が明確であるような場合には裁判所はむしろ憲法判断をすることが望ましい（樋口ほか・注解4・136頁〔佐藤幸治〕）との指摘があり、後者については後に最高裁判所自身が態度を変更し、「このような限定解釈は、かえって犯罪構成要件の保障的機能を失わせ、その明確を要請する憲法31条に違反する疑いすらある」（最大判1973（昭48）・4・25刑集27巻4号547頁）と述べている。

(3) 違憲判断の手法

　裁判所が法令等を違憲と判断するにあたっては、以下のような形がある。

　法令違憲とは、問題となっている法令の条項それ自体を違憲とするものである。これはさらに、法規定の文面だけを参照して違憲判断をする文面上違憲と法令の内容を審査して違憲判断をする内容上の法令違憲とに区別できる。前者は法令の文面が過度に広汎やあいまい不明確であるような法令に一般に要請される形式性を満たしていない場合に用いられるもので、後者は法令の内容に問題がある場合に用いられる。例としては、尊属殺重罰規定違憲判決（最大判1973（昭48）・4・4刑集27巻3号265頁）ほか9種10件がある。

　適用違憲とは、法令自体は合憲であることを前提としつつ、それが当該事件の当事者に適用される限度において違憲とするものである。法令そのものは合憲であり適切な解釈（合憲限定解釈を含む）さえなされれば当事者に不利益には適用されないはずのもので、しかし、(a)限定解釈が法令の不可分性のために不可能である場合、(b)限定解釈は可能であるが法令の執行者がそれを行わなかった場合、(c)限定解釈をしなくても合憲であるのに執行者が人権を侵害するような形で解釈適用した場合、がそこに含まれる。猿払事件第一審判決（旭川地判1968（昭43）・3・25下刑10巻3号293頁）などがこれにあたる。

　処分違憲とは、法令自体は合憲であることを前提としつつ、その適用の過程で憲法上の権利侵害や固有の違憲の瑕疵が発生している場合に用いられる（新基本コンメ436頁〔駒村圭吾〕）。なおここでいう処分は広義の概念で、事実行為も含む。例としては、愛媛玉串料事件（最大判1997（平9）・4・2民集51巻4号1673頁）などがある。

　運用違憲とは、該法令の全般的運用状況を憲法判断の対象とし、違憲と判断されるべきかかる運用の一環として本処分がとられている場合に、その処分を違憲とするものである。法令自体の違憲には及ぶことなく違憲とするもので、適用違憲と類似の発想に立つものであるが、他面、具体的事件での適用関係に限定せず判断するため、法令違憲に接近する（佐藤幸・憲法659〜660頁）。日韓条約反対デモ事件一審判決（東京地判1967（昭42）・5・10下刑9巻5号638頁）が例とされるが、こうした判断形式を認めることには有力な異論もある[48]。

---

[48]　君塚正臣「法令違憲」横浜国際経済法学20巻3号33〜35頁。

672 第81条（違憲審査権）

4 違憲判決の効力

(1) 違憲判決の効力

違憲判決の効力をどのように捉えるかについては、違憲とされた法令は議会による改廃の手続を経ることなく判決によって対世的に効力を失うと解する一般的効力説と、当該事件に関してのみ効力を失うとする個別的効力説との対立が存在する。また、違憲判決の効力のいかんは法律に委ねられているとする法律委任説もある。通説は、憲法が付随的審査制に立っていることを前提とし、一般的効力を認めることは裁判所に消極的立法権を認めることにつながるとして、個別的効力説の立場に立つ。

しかし、個別的効力説に立ったとしても、立法や行政が以後も当該違憲判決を一切考慮せず活動を続けることを想定しているわけではない。本条は、政治部門による憲法解釈に対し最高裁判所による憲法解釈を優位させていると解されるため、両者の対立は最高裁判所に譲る形で解消されるべきであり、最高裁判所裁判事務処理規則が最高裁判所が違憲判断を下した場合にその裁判所の正本を内閣または国会に送付することを定めている（最高裁判所裁判事務処理規則14条）のも内閣または国会に必要な措置を求める趣旨と捉えられる。

なお、過去の法令違憲判決に関しては、判決の確定後比較的早い時期に国会が自主的に法改正を行っている。例外的に、1973（昭和48）年に違憲判決（最大判1973（昭48）・4・4刑集27巻3号265頁）が下された後も刑法の尊属殺重罰規定（（旧）刑200条）は1995（平成7）年まで存置され続けたが、検察実務上は法務省通達によって刑法旧200条に基づく起訴は停止され、普通殺人罪が適用されていた。

(2) 特殊な効力の判決

日本国憲法は憲法の条規に反する国家行為は効力を有しないと定める（憲98条）。そのため、法令等に違憲の判決が下された場合、該法令は当初より無効であったものと解される。したがって、その効力は原則的に当事者に対して遡及する（当事者遡及効）。これに対して、政策的考慮から特別に当事者に対して無効の効果が及ばない判決を下すことができるか（**将来効・事情判決**）、また、当事者以外に対する遡及効（一般的遡及効）を認めるか否かが問題とされてきた。

(i) 将来効判決

前者については、比較法的には、違憲判決に必ずしも遡及効を認めているわけではないことが指摘される。抽象的違憲審査を行うオーストリアの憲法裁判所が将来効を採用している（オーストリア連邦憲法140条3項・5項）のは別段としても、付随的違憲審査を行うアメリカの連邦最高裁判所においても公立学校における人種別学や宗教系学校への財政支援、議員定数不均衡などが争われた訴訟で将来効的判決を下したケースがある。

学説は、違憲判決の効果を遡及させず、将来に向かって発生させる将来効判決を日本において認めることを全く不可能と考えているわけではない。違憲判

決の効力につき法律委任説に立つ場合はもちろんのこと、個別的効力説に立つ論者であっても議員定数不均衡訴訟等については例外的に許容される可能性を残していた（芦部・憲法390〜391頁）。実務においては、最高裁判所・補足意見で議員定数不均衡訴訟において区割り規定の改正等に必要な一定期間の経過後に初めて無効の効果が発生するという将来効判決の可能性に触れられたことがあるものの（最大判1985（昭60）・7・17民集39巻5号1100頁）、実際に用いられることはなかった。しかし、2012（平成24）年に行われた衆議院議員選挙をめぐる議員定数不均衡訴訟において、下級裁判所においてではあるが初めて将来効を認めた無効判決が下された（広島高判2013（平25）・3・25判時2185号36頁）。

(ⅱ)　事情判決

　当事者に対して無効の効果を及ぼさない判決として、日本でより広く採用されてきたのは事情判決である。事情判決とは、行政事件訴訟法31条で認められた判決の手法であり、取消訴訟において処分・裁決の取消しが公の利益に著しい障害を生ずる場合に例外的に主文で当該処分・裁決の違法を宣言した上で請求を棄却できるとするものである。最高裁判所は1976（昭和51）年の議員定数不均衡訴訟判決において、この規定に含まれる法理（**事情判決の法理**）を援用し、当該議員定数表を違憲であると宣言しつつ、選挙自体は無効とせず請求を棄却した（最大判1976（昭51）・4・14民集30巻3号223頁）。最高裁判所がこのような手法をとったのは、公職選挙法が明文で行政事件訴訟法31条の準用を排除しているからである（公選219条）。議員定数不均衡訴訟において原告は必ずしも当該事件において侵害された権利の救済を求めているわけではないことに鑑みれば、最高裁判所のとった手法は救済の1つのあり方としては首肯できるものの、法解釈上の困難を抱えていることは否めない。

(ⅲ)　一般的遡及効

　個別効力説に立てば、判決の効力は当事者以外には及ばないため、当然、一般的に遡及はしない。しかし、憲法が国政の場において国民の権利・自由の保護の徹底を図ることを要請している点を考慮する必要があり、国民の権利・自由の保護にプラスする場合には一般的に遡及し、しからざる場合には遡及しないと解すべき（樋口ほか・注解4・157頁〔佐藤幸治〕）との指摘がある。刑法の尊属殺重罰規定（（旧）刑200条）に違憲判決が下された（最大判1973（昭48）・4・4刑集27巻3号265頁）後、実務上、非常上告制度（刑訴454条）の援用が検討されたのは、この趣旨であろう。しかし実際には同制度の援用は見送られた。これは確定判決の規範力を覆すことにかかわる困難な問題が考慮されたためとされる[49]。

　2013（平成25）年、民法・婚外子法定相続分規定（（旧）民900条4号ただし

---

[49]　鈴木義男「尊属殺違憲判決の周辺——違憲判決の効果をめぐって」警察研究44巻6号17頁。

書）を違憲とした決定（最大決2013（平25）・9・4民集67巻6号1320頁）におい
て、最高裁判所は「本決定の違憲判断が、**先例としての事実上の拘束性**という
形で既に行われた遺産の分割等の効力にも影響し、いわば解決済みの事案にも
効果が及ぶとすることは、著しく法的安定性を害することになる」とした上で、
「既に関係者間において裁判、合意等により確定的なものとなったといえる法
律関係までをも現時点で覆すことは相当ではないが、関係者間の法律関係がそ
のような段階に至っていない事案であれば、本決定により違憲無効とされた本
件規定の適用を排除した上で法律関係を確定的なものとするのが相当である」
とした。すなわち、事実上の拘束性という形で当事者以外にも遡及効を認めつ
つ、法的安定性との関係でその遡及効に限定を加えたものであり、注目に値す
る。

　最高裁判所の憲法判断が先例としての拘束性をもつか否かについて、学説に
は、日本国憲法がアメリカの司法権概念を継受していることや同種の事件は同
じように取り扱うべきという公平性の要請があることを理由に、コモン・ロー
の下で認められている先例拘束性を日本でも認めようとするものもある（佐藤
幸・憲法31〜32頁）。しかし、通説的見解は、公平性の要請は認めつつも、日
本が判例法主義ではなく制定法主義を採用していることを理由に、先例は事実
上の拘束力をもつにとどまるとする[50]。最高裁判所の前述の見解もこの立場
に立つ。しかし、これには事実上の拘束性という概念が明確性を欠き、逆に最
高裁判所の抽象的法理論が下級裁判所に強い影響を与える温床となったとの指
摘もある（佐藤幸・憲法32頁）。

V　「終審裁判所」

1　終審裁判所

　本条は、最高裁判所が「終審裁判所」であると定める。これは、最高裁判所
の裁判については上訴が許されないことを意味する。

2　法令の憲法適合性審査の最終的決定権の所在

　審級制の下で、必ずしもすべての事件の終審が最高裁判所でなくてはならな
いとは解されない。実際に、最高裁判所への上告理由は限定されている。
　しかし、本条が最高裁判所を「一切の法律、命令、規則又は処分が憲法に適
合するかしないかを決定する権限」を有する「終審裁判所」としていることから、
法令の憲法適合性が争われている場合の終審は常に最高裁判所でなければなら
ないと解するのが通説である（宮沢・全訂676〜677頁）。裁量上告制を一部導入
した現行民事訴訟法（1998（平成10）年施行）でも、憲法解釈の誤りその他の

---

[50]　芦部信喜『憲法学Ⅰ：憲法総論』（有斐閣、1992年）137〜138頁。

憲法違反を理由とするとき（民訴312条）は権利上訴とされている（→憲76条）。

（大河内美紀）

（裁判の公開）
第82条 ① 裁判の対審及び判決は、公開法廷でこれを行ふ。
② 裁判所が、裁判官の全員一致で、公の秩序又は善良の風俗を害する虞があると決した場合には、対審は、公開しないでこれを行ふことができる。但し、政治犯罪、出版に関する犯罪又はこの憲法第3章で保障する国民の権利が問題となつてゐる事件の対審は、常にこれを公開しなければならない。

Ⅰ 本条の趣旨

本条は裁判を公開法廷で行うことを規定する。**裁判の公開**の原則は、公正な裁判を実現するための近代司法の基本的な原則の1つである。また、現代国家においては、国民の知る権利、表現の自由、さらには主権者の司法参加の実現にとっても重要な意味をもつ（辻村・憲法452頁）。憲法には別に、裁判を受ける権利（憲32条）や刑事被告人の公開の裁判を受ける権利（憲37条1項）が保障されているが、本条は刑事手続に限らず裁判手続の一般的な原則として「裁判の公開」を定めたものである。本条は1項で「裁判の公開」の原則を定めるが、「裁判の公開」が不適切な場合があるとして、2項でその例外を定める。しかし、その例外が無限定に広がらないように、さらにただし書で絶対的公開が要請される事件を列挙している。

大日本帝国憲法にも裁判の公開の原則は規定されていたが、例外事由として、安寧秩序または風俗を害するおそれのあるときには法律または裁判所の決議により公開を停止することが定められていた（明憲59条）。

しかし、比較法的にみると、裁判の公開は必ずしも絶対的に保障されるべきものとは解されていない。むしろ歴史的にはこの原則は次第に緩和されてきた傾向にあるとの指摘もある（法協・註解下1239頁）。それは、メディアの発達とも相まって、裁判の公開が逆に訴訟当事者の人権を侵害する危険が大きくなっているからであり、裁判の公開原則の実現と訴訟当事者および関係人の人権保障との難しい調整を迫られている。

Ⅱ 「裁判」

1 通常裁判所の行う裁判

本条1項は「裁判」の対審および判決を公開の対象としている。「裁判」とは

676　第82条（裁判の公開）

「性質上純然たる訴訟事件」、すなわち「当事者の意思いかんに拘らず終局的に、事実を確定し当事者の主張する権利義務の存否を確定するような裁判」を指す（最大決1960（昭35）・7・6民集14巻9号1657頁）。民事訴訟手続および刑事訴訟手続がこれにあたる。なお、昭和恐慌後の1932（昭和7）年に制定された旧金銭債務臨時調停法は債務関係の変更に関し、職権により調停に代わる裁判を行うことができる旨を規定していた（（旧）金銭債務臨時調停法7条1項）が、その手続は旧非訟事件手続法（1898（明治31）年制定）を準用しており、公開・対審ではなかった。最高裁判所は、家屋明渡しおよび占有回収に関する訴えは純然たる訴訟事件であり金銭債務臨時調停法7条1項の定める裁判の手続でこれを行うことは本条に反するとした（最大決1960（昭35）・7・6民集14巻9号1657頁）。

　逆に、「性質上純然たる訴訟事件」でないものに対しては、本条1項の定めは及ばない。非訟事件手続法および家事事件手続法（（旧）家事審判法）は職権探知を原則とし（非訟49条、家事手56条（家審7条））、非公開で行われ（非訟30条、家事手33条（家審7条））、裁判所の判断は決定の形式でなされる（非訟54条、家事手81条（ただし、審判の場合を除く。）（家審7条））としており、「裁判の公開」による手続をとっていない。この点、最高裁判所は、旧非訟事件手続法に基づく非公開で行われる過料の裁判（（旧）非訟事件手続法207条（当時））について、後見的民事監督の作用であって一種の行政処分としての性質を有するものであるから、本条の定めは及ばないとした（最大決1966（昭41）・12・27民集20巻10号2279頁）。また、夫婦の協力扶助に関する事件の審判（家審9条1項乙類1号（現・家事手39条別表第二1項））、婚姻費用の分担に関する事件の審判（家審9条1項乙類2号（現・家事手39条別表第二2項））、遺産分割に関する審判（家審9条1項乙類10号（現・家事手39条別表第二12項））についても、家庭裁判所が後見的立場から行う「本質的に非訟事件」の裁判であるため、公開の法廷における対審および判決によってなす必要はない、としている（最大決1965（昭40）・6・30民集19巻4号1114頁）。

　ただし、最高裁判所のこのスタンスは形式的に過ぎるとの批判は強い。本条の適用範囲を結局のところ訴訟法上の訴訟事件か**非訟事件**かによって決しているからである。しかし、実際には訴訟事件と非訟事件の「性質上」の区分はそれほど明確ではない。また、事件の性質や被告人の人権への配慮等の理由から公開になじまない紛争もある。そのため、訴訟事件・非訟事件の二分法にとらわれず事件の類型や性質・内容に即した適正な審理方式を採用すべきとの主張も学説の中では有力に唱えられている（佐藤幸・憲法608頁）。

　刑事訴訟法は、再審の請求に関する判断（再審開始または請求棄却）を決定によってなすとしており、対審の手続をとらない（刑訴446条〜刑訴449条）。これについて最高裁判所は、刑事事件につき本条が及ぶのは「刑罰権の存否ならびに範囲を定める手続」に対してであって、再審開始のための手続はこれにあ

第 82 条（裁判の公開） 677

たらないとして、当該手続を合憲としている（最大決1967（昭42）・7・5刑集21
巻6号764頁）。

　また、同じく刑事訴訟法は、書類から上告理由のないことが明らかであると
きは、弁論を経ないで上告棄却の判決ができるとするが（刑訴408条）、これも
本条には反しないと解される※51。

2　通常裁判所以外で行われる裁判

　通説は、本条は通常裁判所の裁判手続に関する規定であり、国会に設けられ
る弾劾裁判所の裁判（憲64条）や裁判官分限法に基づく免官または懲戒の裁判
（懲戒権限は憲78条）には本条の適用は及ばないと解する。しかし、これには
「裁判官弾劾の裁判にも推し及ぼされるべき」とする有力な異論もある（法協・
註解下1240頁）。

　なお、現行の裁判官弾劾法は、法律上、弾劾裁判所の裁判の対審および宣告
は公開で行うものとしている（裁弾26条）。他方、裁判官分限法には公開の規定
はなく、分限裁判は非公開で行われている。これについて最高裁判所は、「懲
戒の裁判は、純然たる訴訟事件についての裁判には当たらないことが明らか」
だとし、本条の適用はないとしている（最大決1998（平10）・12・1民集52巻9号
1761頁）。

Ⅲ　「対審」

　「対審」とは、訴訟当事者が、裁判官の前で、口頭によりそれぞれの主張を
対立的に述べることをいう。訴訟手続の本質は「当事者による自由な論争的・
弁証法的な弁論にもとづいて、裁判官がその判断をなす」（宮沢・全訂695頁）
ことにあるため、対審は訴訟手続の核心をなすものであり、本条はその核心部
分の公開を定めたものといえる。民事訴訟においては口頭弁論が、刑事訴訟に
おいては公判手続がこの「対審」にあたり、公開で行われる（民訴87条、刑訴
282条）。

　本条の反対解釈により、訴訟手続中「対審」および「判決」以外のものにつ
いて公開原則は及ばないと解される。刑事訴訟において、公開の準備手続は
「対審」にあたらないため公開を要しない、と最高裁判所は判示している（最大
決1948（昭23）・11・8刑集2巻12号1498頁）。

　しかし、この点については、2005（平成17）年に裁判員制度の導入に伴う刑
事訴訟法改正によって公判前整理手続が設けられたこともあり、再検討をして
おく必要があるだろう。公判前整理手続は、裁判の迅速化と公判の充実を目的

第6章

※51　小林孝輔＝芹沢斉編『基本法コンメンタール憲法（第5版）』（日本評論社、2006年）
　　383頁〔柏﨑敏義〕。

とした、あらかじめ事件の争点および証拠を整理する公判準備手続であり（刑訴316条の2以下）、非公開で行われている。しかし、同手続が裁判員裁判では必要的手続とされていること（裁判員法49条）や、訴訟手続上大きな比重を占めることに鑑みれば、「対審」にあたるか否かは実質的に判断する必要がある。

なお、民事訴訟の場合、口頭弁論に先立って争点および証拠を整理するため弁論準備手続を行うことができるが、同手続には本条の公開原則は及ばないと解されるものの、法律上、傍聴を許すことができ、また、当事者が申し出た者については特段の理由がある場合を除き、傍聴を許さねばならないとされている（民訴169条）。

Ⅳ 「判決」

「判決」とは、民事においては原告の、刑事においては検察官の申立てに対して、裁判所が理由を付して行う判断をいう。本条2項において例外的に対審が非公開とされる場合であっても、判決は必ず公開の対象となる。これは、裁判所の公明性・責任を保障するためである（佐藤功・注釈下1075頁）。

公開の対象となるのは「判決」であり、その反対解釈から、判決にいたるまでの評議は非公開であるべきとされる（佐藤功・注釈下1075頁）。裁判所法75条が評議の秘密を定めるのはこの趣旨による。

また、ここでいう「判決」は当事者の申立てに実質的な影響を与える本質的な判断をいうものを解される（宮沢・全訂696頁）。そのため、訴訟法にいう決定や命令は、必ずしも本条の「判決」には含まれない。

Ⅴ 「公開法廷でこれを行ふ」

1 裁判の「公開」の意味

本条は裁判の対審・判決を「公開法廷で行う」とするが、これは、「法廷」で行うことに意味があるのではなく、「公開」することをその趣旨とする。裁判の公開には、訴訟当事者に対して審理に立ち会う権利を付与する当事者公開主義と、国民に対して広く公開をする一般公開主義とが存在するが、本条は一般公開を保障したものと解される（佐藤幸・憲法606頁）。具体的には、傍聴の自由と報道の自由とがここから導かれる。

2 傍聴の自由

裁判の傍聴について、最高裁判所は裁判所傍聴規則を定め、法廷の秩序維持のために、傍聴席に相応する数に傍聴人を制限したり、所持品の検査・制限を行ったり、裁判官の職務執行を妨げた者等の入廷を禁じることを認めている（裁判所傍聴規則1条）。これは本条の公開原則に違反するものではないが、そ

第 82 条（裁判の公開）　679

の恣意的な運用は許されない。

　少年法は、原則として、少年審判を非公開としている（少年22条2項）。これ
は少年保護を目的とするものであり、本条には違反しないものと解されてきた
（高松高決1954（昭29）・8・5高刑7巻8号1255頁）。しかし、2008（平成20）年、
社会的関心を呼んだ少年事件や犯罪被害者保護の機運の高まりを背景に少年法
が改正され、特定の少年審判については被害者等に傍聴を許すことができるよ
うになった（少年22条の4）。ただし、これは一般公開主義の要請からのもので
はなく、あくまで当事者公開であって、少年法の理念との関係で慎重な評価が
なされねばならない。

3　取材報道の自由

　大日本帝国憲法の下での判例では「裁判の公開」は報道の自由を含むもので
はないとされてきたが（宮沢・全訂697頁）、本条の「裁判の公開」は一般に取
材報道の自由も含むものと解される（佐藤幸・憲法606頁、野中ほか・憲法2・
265頁〔野中俊彦〕）。しかし、裁判の公正等を害するような取材報道の自由ま
でも無制限に認められるわけではない。刑事訴訟規則215条は公判廷における
写真撮影、録音および放送を、民事訴訟規則77条はこれに加えて速記および録
画を、裁判所の許可がなければすることができないとしている（刑訴規215条、
民訴規77条）。

　法廷における写真撮影については、裁判長の制止に従わなかったとして過料
に処せられた新聞記者が同措置の違法性を争った事件がある。最高裁判所は、
取材活動であっても「公判廷における審判の秩序を乱し被告人その他訴訟関係
人の正当な利益を不当に害するがごときものは、もとより許されない」とした
上で「公判廷における写真の撮影等は、……好ましくない結果を生ずる恐れが
あ」り、刑事訴訟規則がその許可を裁判所の裁量に委ねたことは憲法に違反し
ないとした（最大決1958（昭33）・2・17刑集12巻2号253頁）。近年では、公判廷
で裁判所の許可を得ることなく撮影された隠し撮り写真が写真週刊誌に掲載さ
れたことについて、この行為が私法上違法と判断されるかどうかが争われた。
最高裁判所は、裁判所の許可がないことをもって直ちに手段の相当性を欠くと
はしなかったものの、受忍限度を超えるか否かを判断するための一要素として
「撮影の態様」を挙げ、不法行為の成立を認めている（最一小判2005（平17）・
11・10民集59巻9号2428頁）（→憲21条）。

　法廷における写真撮影を裁判所の許可事項とすること自体は、裁判の公正お
よび訴訟関係人の人権保護の観点から、合理性があるといえる。しかし実務上
は、写真撮影は開廷前の限られた時間に限定されることが通例であり、開廷中
は一律禁止となっているのが現状である。こうした運用については違憲の疑い
があるとの指摘もある（樋口ほか・注解4・162頁〔佐藤幸治〕）。

　また、傍聴人がメモをとることについては、刑事事件の傍聴にあたりメモ採

取の許可申請を行ったものの認められなかったため、この措置が憲法に違反するとして損害賠償を請求した事件がある。この事件において最高裁判所は、本条は「各人が裁判所に対して傍聴することを権利として要求できることまでを認めたものでないことはもとより、傍聴人に対して法廷においてメモを取ることを権利として保障しているものでないことも、いうまでもない」とした（しかし、**傍聴人のメモ**採取行為が訴訟の運営を妨げることは通常はあり得ないため、表現の自由（憲21条1項）の精神に照らし「特段の事情のない限り、これを傍聴人の自由に任せるべき」としている）（最大判1989（平1）・3・8民集43巻2号89頁）。

　なお、取材報道の自由が認められていれば報道を通じて公開の目的を達することができるため国民一般に傍聴の自由を認める必要はないとの見解もかつては存在した[52]が、これは国民による裁判の監視機能を軽視したものであり、今日では力を失っている。

4　裁判記録へのアクセス

　本条が判決の「公開」を定めることから、判決書の公開は当然に要求される。しかし、それはすべての訴訟記録の公開を含むものではない。訴訟記録の公開は本条の要請するところではなく、公開するか否かは法律に委ねられていると解するのが通説とされてきた（宮沢・全訂699頁）。最高裁判所も、本条の規定は刑事確定訴訟記録の閲覧を権利として要求できることまでを認めたものではない、としている（最三小決1990（平2）・2・16集刑254号113頁）。だが、これは裁判公開の意義を半減させるとの批判があり[53]、今日では本条は訴訟記録の公開をも要請するとの説が有力になってきている。知る権利の具体化とみる説ともあわせて、裁判記録へのアクセスを憲法上の保障を受けるものと捉える見方が支持を広げている（野中ほか・憲法2・265頁〔野中俊彦〕）。

　刑事訴訟法53条は、事件終了後の訴訟記録について、原則公開を定めている。本条2項により絶対的公開事件とされるものについては閲覧の禁止もできない（刑訴53条3項）。刑事訴訟法53条の具体化として制定された刑事確定訴訟記録法は、保管記録を閲覧させない事由として、弁論の公開が禁止された事件のもの、事件終結後3年以上経過したもの、閲覧させることが公序良俗を害するおそれのあるとき、犯人の改善更正を妨げるおそれのあるとき、関係人の名誉を毀損するおそれのあるとき、裁判員等の個人を特定させるおそれのあるときを定めている（刑訴記録4条2項1号～6号）。ただし、正当な理由がある場合にはその限りではない（刑訴記録4条2項ただし書）。

　刑事確定訴訟記録法に基づく閲覧拒否処分の違憲性については、これまでい

---

[52] 田中耕太郎「法廷秩序維持の諸問題」曹時5巻1号23頁。

[53] 杉原泰雄『憲法Ⅱ：統治の機構』（有斐閣、1989年）393頁。

くつかの事例で争われたことがあるが、いずれも訴えは棄却されている（最三小決1990（平2）・2・16集刑254号113頁ほか）。

民事事件についても、民事訴訟法が原則公開を定めている（民訴91条）。ただし、公開が禁止された口頭弁論にかかる訴訟記録については、当事者および利害関係を疎明した第三者に限って閲覧を請求することができる（民訴91条2項）。訴訟記録に私生活上の重大な秘密または営業秘密が含まれる場合には、当該当事者の申出に基づき、裁判所は閲覧の請求を当事者に限ることができる（民訴92条）。

VI 例外的非公開事由

1 「全員一致」

本条2項は、裁判の公開原則の例外として、裁判官の全員一致で公序良俗を害するおそれがあると決した場合には対審を非公開とすることができる旨を定める。

対審の非公開は「裁判官の全員一致」で決することを要する。裁判所法は裁判の評決を原則として過半数の意見で決することを定めるが（裁77条）、本条は、裁判の公開に重大な意味を認めてその例外をできるだけ制限する趣旨で、とくに全員一致を要するとしたものである（宮沢・全訂699頁）。大日本帝国憲法の下では公開の停止は裁判所の決議（明憲59条ただし書。ここでいう決議とは過半数を指す（宮沢・全訂699頁））で足りるとされていた。

なお、ここでいう全員一致とは合議制の場合であり、一人制の場合にはその裁判官の意見によって決することができると解すべきである（宮沢・全訂699頁）。

2 「公の秩序又は善良の風俗を害する」

(1) 社会的影響

公開を制限することができるのは、「公の秩序又は善良の風俗を害する」おそれがあるときとされる。ここでいう「公の秩序又は善良の風俗」は民法90条のいう公序良俗と同義と解され、その外縁は定かではないが、伝統的には、公共の治安に影響を与える場合やわいせつ等公衆に不快の念を与える場合が想定されてきており（宮沢・全訂700頁、佐藤功・注釈下1080頁）、訴訟当事者ではなく社会に与える影響を理由とするものと捉えられてきた。

(2) 当事者・訴訟関係人への配慮

しかし今日では、濫用の危険がある社会に与える影響よりも、プライバシーや営業秘密等の当事者や訴訟関係人への配慮という観点から非公開審理を認めるべきとの主張が強くなってきている。この点について学説は、本条の「公序」概念を拡大してそこに当事者の利益保護を理由とする非公開審理を含ませよう

とする説（公序説）と、本条の「公序良俗」は非公開事由の例示に過ぎず、他の場合にも公開停止は可能とする説（例示説）とに分かれる。また、本条ではなく憲法32条の実効的保護のために非公開審理が要請されるとする説（32条説）もある（新基本コンメ440頁〔柏﨑敏義〕）。いずれにせよ、裁判の公開原則を当事者保護の観点から相対化することを認めようとするものである。

この点、2003（平成15）年に制定された人事訴訟法は、人事訴訟において私生活上の重大な秘密にかかるものについて尋問をする場合には、一定の要件の下に、裁判所がこれを非公開とすることができる旨を定める（人訴22条）。この場合も、裁判官の全員一致の決定によることが求められている（人訴22条）。

(3)　被害者保護

また、刑事訴訟法は、犯罪被害者の保護等の観点から、証人尋問にあたって、遮蔽措置（刑訴157条の3）やビデオリンク方式（刑訴157条の4）によることを認める。これについて最高裁判所は、これらの措置がとられたとしても審理が公開されていることには変わりなく、本条1項に抵触するものではないと判断している（最一小判2005（平17）・4・14刑集59巻3号259頁）。

(4)　情報公開請求とインカメラ審理

今日、情報公開請求にかかる司法審査について、インカメラ審理の必要性が論議されている。情報公開法等に基づく情報公開請求が不開示とされた場合、請求者は最終的には不開示決定の取消訴訟等の形で司法判断をあおぐことができる。その際、裁判所は当該不開示決定の妥当性を判断することになるが、そこにおける裁判所の実質的判断を保障するためにはインカメラ審理、すなわち、非開示とされた文書を裁判官だけが非公開で直接見た上で不開示決定の妥当性を判断する必要があるとの声は大きい。実際に、情報公開・個人情報保護審査会（情報公開請求に対する不服申立てを調査審議するために内閣府に設置された審議会。情報公開法等に基づく開示請求が不開示となった場合、請求者は行政上の不服申立てをすることができる。その際、申立てを受けた行政庁等は法律により情報公開・個人情報保護審査会に諮問しなければならない）は、インカメラ審理を行うことができる（情報公開・個人情報保護審査会設置法9条1項）。しかし、現行法上、裁判所にはこの種の訴えにおいてインカメラ審理を行う特別の権限は与えられていない。

この点、情報公開法に基づく開示請求が不開示とされた事案において、福岡高等裁判所は、情報公開法がインカメラ審理の採用を見送ったと解されるとしても同審理を全く許容しないという趣旨ではなく、個々の訴訟事件において必要に応じて採用することはあり得るとした上で、インカメラ審理のための検証物提示命令を下した（福岡高決2004（平20）・5・12判時2017号28頁）。だが、最高裁判所は原決定を覆し、訴訟で用いられる証拠を当事者が直接吟味することのできないインカメラ審理を情報公開訴訟において証拠調べとして行うことは「民事訴訟の基本原則に反する」ため、「明文の規定がない限り、許されない」

としている（最一小決2009（平21）・1・15民集63巻1号46頁）。

なお、裁判所におけるインカメラ審理は、公務員の職務上の秘密に関する文書でその提出により公共利益を害するおそれのあるものや医師等特別の職業にある者が職務上知り得た秘密のうち黙秘すべきもの等について民事訴訟法に定めがある（民訴223条6項）ほか、特許にかかる事件（特許105条2項）や著作権に関する事件（著作114条の3第2項）で明文の規定により認められている。

3 「虞」

本条は公序良俗を害する「虞」がある場合に対審の非公開を認めるが、この「虞」は単なる可能性では足りず、高度の蓋然性ないし必然性を要すると解される（宮沢・全訂700頁）。「虞」の無限定な拡大により裁判の公開原則の趣旨が損なわれることを防ぐためである。

4 「対審は、公開しないでこれを行ふことができる」

本条は、対審を非公開とすることができる旨を定めるが、判決については除外されている。これは対審とは異なり判決の場合には例外的に非公開で行うことを正当化する事由を想定し得ないからであり、そのため、判決は常に公開しなくてはならないものと解される。裁判所法70条は、対審を公開しないで行うには公衆を退廷させる前にその旨を理由とともに言い渡さねばならないとしているが、判決を言い渡すときは再び公衆を入廷させなければならない、と明記している（裁70条）。

Ⅶ 絶対的公開事件

1 「政治犯罪」

本条2項は、ただし書において、常に公開しなければならない3つの事件の類型を定める。これは裁判公開の原則に対する例外を最小限にしようとした趣旨と解される。その1つが政治犯罪である。

「政治犯罪」については、内乱罪（刑77条）や外患誘致罪（刑81条）など、国家の基本秩序を構成要件上の保護法益とする犯罪を指すとする客観説と、行為者の主観的意図が国家の基本秩序にある犯罪を指すとする主観説の対立がある（宮沢・全訂701頁）。後者には、国家秩序を乱すことを意図として政府要人を殺害した場合なども含まれる。現政治体制の秩序を破壊する犯罪については不公正な裁判が行われる危険がとくに大きく、国民が監視する必要が高いために、本条ただし書は政治犯罪について絶対的公開を定めたものと解される。その趣旨に徴して、通説は主観説に立ち、本条の「政治犯罪」は国家の基本秩序の変革という意図を伴う犯罪を指すとする（宮沢・全訂701頁、佐藤功・注釈下1081頁、樋口ほか・注解4・167〜168頁〔佐藤幸治〕）。

2 「出版に関する犯罪」

　常に公開しなければならない事件の2つ目の類型は、「出版に関する犯罪」である。

　「出版に関する犯罪」については、出版そのものに関する犯罪および出版の方法によることを構成要件とする犯罪に限るとする説（宮沢・全訂702頁、佐藤功・注釈下1082頁）と、出版という方法によって行われた犯罪を広く指すとする説に分かれる（法協・註解下1243頁、樋口ほか・注解4・168頁〔佐藤幸治〕）。前者は、選挙運動において新聞等を不当に利用することに関する罪（公選223条の2）や新聞・雑誌が選挙の公正を害する罪（公選235条の2）などにその対象を限定する。これに対し後者は、出版の形態で行われる犯罪の煽動やわいせつ物の頒布販売を広く含むとする。後者には、同一の犯罪、たとえば名誉毀損が集会等において口頭で行われるか出版という形態で行われるかによって扱いが異なるという難点があるものの、本条の趣旨が民主主義社会における表現の自由の重要性に鑑みて出版の自由を不当に侵害されないようにすることにあることを思えば、前者の解釈は狭きに失する。

　また、今日では表現形態が多様化し、テレビなど出版以外表現形態の重要性が高まっている。この点を踏まえて、出版のみならず他の表現形態にも本条ただし書の保障を及ぼすべきとの主張もある[54]。しかし、表現の自由にかかる事件のうち名誉毀損罪等については、仮に「出版に関する犯罪」に含まれないとしても、同じくただし書の定める「憲法第3章で保障する国民の権利が問題となっている事件」には含まれると解されるため、これらの事件については前述の学説のいずれをとっても結論に大きな違いはない。

3 「憲法第3章で保障する国民の権利が問題となっている事件」

　「憲法第3章で保障する国民の権利が問題となっている事件」とは、広く解せば、民事・刑事ほぼすべての訴訟を含み得る。訴訟となっている以上何からの国民の権利が実体的に問題となっているとみることができるし、また、手続的権利に着目をすれば、すべての刑事事件において憲法31条以下の刑事手続上の諸権利が、民事事件や行政事件においても憲法32条の裁判を受ける権利が問題となっているといい得るからである。そのため、この「憲法第3章で保障する国民の権利が問題となっている事件」について、民事・刑事・行政事件を問わず、国民の基本的人権の侵害が実体上および手続上問題となっている事件を意味する、と解する説もある[55]。

　しかし、通説は、前述のように解すると本条ただし書が他に政治犯罪および

---

[54] 杉原泰雄『憲法Ⅱ：統治の機構』（有斐閣、1989年）394頁。

[55] 杉原泰雄『憲法Ⅱ：統治の機構』（有斐閣、1989年）394頁、小林孝輔＝芹沢斉編『基本法コンメンタール憲法（第5版）』（日本評論社、2006年）385頁〔柏﨑敏義〕。

出版に関する犯罪を絶対的公開事件と定めている意味がなくなるとして、「憲法第3章で保障する国民の権利が問題となっている事件」をより限定的に解する。すなわち、国民の基本的権利に対して、法律で制限が課され、その制限に違反したことが犯罪の構成要件とされている刑事事件に限る（宮沢・全訂703頁）。刑事事件に限定するのは、政治犯罪および出版に関する犯罪と並記されていることからの類推である。この場合、表現の自由に対する制限である名誉毀損罪（刑230条）や所有権への制限となる土地収用のための立入りを拒む罪（土地収用13条・143条2号）、職業選択の自由への制約となる非弁護士による法律業務取扱い禁止規定に違反する罪（弁護士72条・77条3号）などがこれに含まれる（宮沢・全訂703頁）。

4 「常にこれを公開しなければならない」

　本条ただし書に該当する場合の対審は、「常に」公開しなくてはならないため、公序良俗を害するおそれがある場合も無条件に公開が要求される。裁判の公開の原則は、裁判の公正確保と訴訟当事者の人権保障のために重要な原則であるが、しかし同時に、裁判の公開によって訴訟当事者や関係人の人権が害されることも考えられる。そのため、本条ただし書が絶対的公開を定めていることには立法技術的に批判の余地があるともいわれている（宮沢・全訂705頁）。なお、国際人権においては、裁判の公開の原則は相対的なものと位置づけられている（人権B規約14条1項）。

（大河内美紀）

第7章　財政

〔前注〕

I　本章の意義

　恣意的な課税に対する抵抗、課税に対する同意の要求は、議会制の歴史と密接に結びついている。イギリスにおいて1215年に発布されたマグナ・カルタが、国王による楯金・援助金の賦課について王国の一般評議会の同意を必要とするとの条項を含んでいたことは、よく知られている。マグナ・カルタは貴族階級が国王に対し自らの権利を認めさせた文書であったが、課税にはそれを課される者の同意を要するとの考え方は、その後の権利請願（1628年）や権利章典（1689年）にも引き継がれ、確立してゆく。アメリカの独立に際しても、イギリス本国議会の課税に抵抗して、「**代表なくして課税なし**（no taxation without representation）」がスローガンとして掲げられた。また、1789年のフランス人権宣言14条も、「すべての市民は、みずから、またはその代表者によって、公の租税の必要性を確認し、それを自由に承認し、その使途を追跡し、かつその数額、基礎、取り立て、および期間を決定する権利をもつ」と定めている。「代表なくして課税なし」の理念は、租税にとどまらず、議会による財政全般の統制へと拡大してゆく。

　日本国憲法もまた、本章において、国会中心の財政処理（国会中心財政主義）を具体化する諸規定を置いている。

II　日本の議会制と財政

1　大日本帝国憲法と議会の財政統制権の限定

　戦前の大日本帝国憲法は、第6章として「会計」の章を置き、租税の賦課・変更や国の財政支出、予算について、帝国議会の関与（「協賛」）を定めていた。しかし、財政に関する議会の権限についての一般規定を欠いていた上に、議会の関与にもさまざまな例外が設けられていた。

　大日本帝国憲法は租税法律主義の原則を定めるが、「報償ニ属スル行政上ノ手数料及其ノ他ノ収納金」については例外とされていた（明憲62条）。また、「国家ノ歳出歳入ハ毎年予算ヲ以テ帝国議会ノ協賛ヲ経ヘシ」（明憲64条1項）との原則が定められていたものの、「予算ノ款項ニ超過シ又ハ予算ノ外ニ生シタル支出」を行うことができ、その場合は議会の事後承諾があれば足りるとされていた（明憲64条）。既定費・法律費・義務費（「憲法上ノ大権ニ基ツケル既定ノ歳出及法律ノ結果ニ由リ又ハ法律上政府ノ義務ニ属スル歳出」）については、

帝国議会は政府の同意なくこれらを廃除・削減することができなかった（明憲67条）。さらに政府は、「特別ノ須要」がある場合には「予メ年限ヲ定メ継続費トシテ帝国議会ノ協賛ヲ求ムルコト」（**継続費**、明憲68条）、「公共ノ安全ヲ保持スル為緊急ノ需要アル場合」で帝国議会を召集できない場合に次期会期で議会の承認を得ることを条件に勅令により財政上必要な処分を行うこと（**緊急財政処分**、明憲70条）や、予算が成立しなかった場合に前年度の予算を施行すること（明憲71条）ができるとされていた。

　加えて、皇室財政の自律性という観点から、皇室経費については、「現在ノ定額ニ依リ毎年国庫ヨリ之ヲ支出シ将来増額ヲ要スル場合ヲ除ク外帝国議会ノ協賛ヲ要セス」と定められていた（明憲66条）。

2　日本国憲法と国会中心財政主義

　これに対して日本国憲法は、まず83条に「国の財政を処理する権限は、国会の議決に基いて、これを行使しなければならない」との原則を置き、**国会中心財政主義**あるいは財政民主主義の立場を明確にしている。さらに、租税の賦課・変更は法律によるべきこと（憲84条）、国費の支出・国の債務負担は国会の議決に基づくべきこと（憲85条）、内閣は毎会計年度の予算を作成し国会に提出してその審議を受け議決を経なければならないこと（憲86条）、予備費は国会の議決に基づき、またその支出については事後に国会の承諾を要すること（憲87条）、などを定めている。また内閣は、会計検査院の検査報告とともに決算を国会に提出せねばならず（憲90条）、さらに、国の財政状況について国民・国会に毎年報告することが義務づけられている。加えて、皇室財産が国に属すること、すべての皇室の費用は予算計上し国会の議決を経るべきことも定められている。このように、財政全般について、例外なく国会の同意が求められ、また、予算の執行や財政運営についての国会の統制も強化されている。

　このほか、89条が、「公金その他の公の財産」の支出・提供に制限を設けている。前段は、政教分離原則（憲20条1項・3項）を財政面から具体化すべく、「宗教上の組織若しくは団体の使用、便益若しくは維持」のための支出・提供を、また後段は、「公の支配に属しない慈善、教育若しくは博愛の事業」への支出・提供を、それぞれ禁じている。

　日本国憲法は、このように、財政全般が全国民の代表たる国会の意思に基づいて運営され、またその処理の権限行使全般について国権の最高機関たる国会により実効的統制が行われるべきことを、求めているといえよう。

（只野雅人）

688 第83条（財政処理についての国会の議決）

> **（財政処理についての国会の議決）**
> **第83条** 国の財政を処理する権限は、国会の議決に基いて、これを行使
> しなければならない。

I 本条の意義

「**財政**」とは広義には、「国家が、その任務を行うために必要な財力を調達し、
管理し、および使用する作用」である。そのうち、「形式的経理の手続」に関
するものが「**会計**」と呼ばれ、「国家および国民の経済の実体にふれる部分」
が狭義の財政と呼ばれる（清宮・憲法 1・259頁）。本条は、国の会計と狭義の
財政双方にわたる権限の行使全般が、国会の議決に服すべきことを定める。**国
会中心財政主義**の総則的な条文である。このような規定をもたなかった戦前の
大日本帝国憲法と対比すると、「この憲法が議会の財政統制を重視し、強化し
たことを象徴的に示す」（新基本コンメ445頁〔小沢隆一〕）条文といえよう。

国会による財政統制の実現のためには、財政の特性をも踏まえる必要がある。
財政は国民生活全般に大きな影響をもつものであるだけに、「国の財政処理に
関する権限」の射程はきわめて広い。財政の処理は、また、高度の専門性・技
術性が必要となる領域でもある。こうした財政の特性を考慮し、国会による実
効的な統制の実現を図るべく、憲法では財政に1章が割かれ、租税の賦課・変
更、国の支出・債務負担、予算、予備費の支出、決算など、財政処理の各側面
について、財政統制の手続についての規定が配置されている。さらに、決算に
ついては、財政処理の専門性・技術性を考慮し、独立性のある専門機関・会計
検査院を置き、国会による統制が実効的に行われるよう配慮している。

以上のように、本条は、「国の財政について国民代表機関たる議会が関与し、
これに統制を加えなければならないとの原則」（佐藤功・注釈下1088頁）——**財
政立憲主義**——をも表明したものといえよう。

しかし、本条の趣旨は、国会による財政の「統制」の原則を規定するだけに
はとどまらない。「国会の議決に基いて」との文言は、財政処理の権限の行使が、
国権の最高機関である国会の意思に基づいて行われるべきことをも要請してい
る。この点からすれば、財政は、すべてが当然に行政作用といい得るわけでは
ない。国会中心財政主義は、国会が、行政による財政処理の権限に対する統制
（財政立憲主義）だけでなく、財政事項に関する決定の権限を有していることを
も含意している[※1]。以下で「統制」という場合は、とくに断らない限り、こう
した意味での「決定」をも含む、広義の「統制」を指している。

さらに、憲法91条が、国会のみならず国民に対しても、内閣による財政状況

[※1] 小嶋和司＝大石眞『憲法概説（第7版）』（有斐閣、2011年）258〜259頁。

の報告を求めていることからもうかがわれるように、憲法は、財政処理の権限が、「国民の意思に基づき、国民の利益のために」、行使されるべきことを求めていると解される。国会中心財政主義は、こうした意味での**財政民主主義**をも含意している。財政民主主義を重視する立場からは、「基本的な財政政策の変更は、総選挙において予め国民に提示しておくことを要し、議会のみで行うことはできない」ことが強調される[※2]。

Ⅱ 「国の財政を処理する権限」

1 「財政を処理する権限」

「財政を処理する権限」とは、財力を取得するために強制力を行使する作用（財政権力作用）と財力を管理し会計を経理する作用（財政管理作用）とを含む（佐藤功・注釈下1000頁）。**財政を処理する権限**は、内閣を頂点とする行政機関によって行使されるが、その行使全般が、国会の意思に基づき行われ、また国会の統制に服することが求められる。

「財政を処理する権限」は財政全般に及ぶが、**通貨発行権**の位置づけをめぐっては議論がある。各国では、独立性のある**中央銀行**を設け、通貨発行権を認めるとともに、金融政策に関する権限を付与している。日本でも、「中央銀行として、銀行券を発行するとともに、通貨及び金融の調節を行うことを目的」（日銀1条）として、日本銀行が置かれている。通貨発行権を行政作用に含めた上で、独立行政委員会（→憲65条）と同様の枠組で、独立性が保障された日本銀行の地位・権限を説明することも可能である。しかし、通貨発行権を当然のように行政作用に含めることは疑問であるとし、通貨発行権を本条の「財政」に含めた上で、それが「国会の議決」に基づき行使されることを憲法は想定していると解する学説もある。この立場からすると、国会が法律によって通貨発行権を有する独立した中央銀行を設置することをも本条は含意している、ということになる（佐藤幸・憲法542～544頁）。

2 「国の財政」と地方の財政

本条は「国」の財政についてのみ規定するが、国会中心財政主義の趣旨は、地方公共団体の財政についても妥当するものと解されている。「地方自治の本旨」（憲92条）や「その財産を管理し、事務を処理し、および行政を執行する権能」、条例制定権（憲94条）などは、地方公共団体による自主的な財政処理の権限を含意しており、それらは議会の議決に基づき行使されることが原則となる。地方自治法も、予算、決算、地方税の賦課徴収または分担金、使用料、加入金もしくは手数料の徴収などを、普通地方公共団体の議会の議決事項としている

[※2] 杉原泰雄『憲法Ⅱ：統治の機構』（有斐閣、1989年）425～428頁。

690 第83条（財政処理についての国会の議決）

（自治96条）。

　国と地方の財政は相互に関連性を有するから、国の財政の処理に関する「国会の議決」（後述のように法律をも含む）は、地方の財政に関する事項に及ぶことがあり得る。地方公共団体が「法律の範囲内」で条例を制定し得る（憲94条）との規定も、そうした可能性を前提としている。とはいえ、上述のように、憲法は地方公共団体に対し自主的な財政処理の権限を付与していると解されるので、国による地方公共団体の財政への関与には、「地方自治の本旨」に照らし、一定の限界があると考えるべきである。そうした限界を憲法解釈上画定することは容易ではないが、たとえば、具体的・個別的な基準を定めて地方公共団体の財政処理権限を一義的に拘束するようなことは許されないといえよう（樋口ほか・注解4・174頁〔浦部法穂〕。地方公共団体の課税権→憲84条）。

Ⅲ　「国会の議決に基いて、これを行使しなければならない」

1　「国会の議決」

　「国会の議決」とは、必ずしも憲法56条2項の「議決」と同義ではなく、「国会の意思に基づいて」といった意味であると解される。個々の「財政を処理する権限」の行使について、それぞれ議決が行われる場合だけでなく、租税に関する法律のように、一般的・抽象的な基準が定められる場合も、本条の「国会の議決」に含まれる（佐藤・注釈下1001〜1002頁）。いずれの形式によるかは、事項に応じ、憲法が定めるところによる。

　「財政を処理する権限」をめぐる具体的事項は、憲法84条以下で定められている。その意味で、本条は国会中心財政主義の総則的規定であるが、しかしそれだけにとどまらず、84条以下の「財政の定型的統制が及ばない場合も、可能な限り国会の統制の対象とすべきであるとする趣旨を含む」（新基本コンメ445頁〔小沢隆一〕）と解される（→憲84条）。

　これに対して近時、決定に重点をおいた議決の範囲を拡張することよりも、「国会に対する情報提供の実質を確保することの方が重要」であるとして、本条は「情報による統制」を含意しており、また、会計検査院の設置（憲90条）や財政情報の報告に関する規定（憲91条）からもうかがわれるように、そう解することが7章全体の趣旨にかなうと説く見解もある。この見解は、「議決」を限定する結果、たとえば租税以外の料金については国会の議決が広汎に求められる必然性はないとする一方で、決算審議や会計検査院を通じた情報収集等を重視する[3]。議決を限定することには問題があると思われるが、形式的な議決を通じた統制にとどまらない、「情報による統制」という契機は、国会中心財

---

　[3]　木村琢磨「財政の現代的課題と憲法」土井真一他編『岩波講座・憲法4』（岩波書店、2007年）168〜169頁。

政主義の実効化という観点からも重要であろう（→憲90条）。

2　国会の議決と財政投融資

　「国会の議決」との関係では、**財政投融資**に対する国会の関与のあり方が問題となってきた。財政投融資とは、郵便貯金・厚生年金・国民年金等からなる資金運用部資金、簡保資金、産業投資特別会計、政府保証債・政府借入金を原資として、財政投融資計画に従い、政府が、特別会計、地方公共団体、公社・公団等の事業団体、政府系金融機関などに対し投融資活動を行うものであった。毎年の一般会計予算の2分の1以上の額になることから、「第2の予算」などと呼ばれてきた※4。2001（平成13）年、資金運用部資金の廃止、郵便貯金・厚生年金・国民年金積立金の強制預託の廃止、自主運用への移行などの大幅な制度改革が行われ、その後の制度改正も経て、規模も縮小している。とはいえ、計画残高はなお巨額である。

　財政投融資計画は、1953（昭和28）年以降、予算審議の参考資料として内閣から国会に提出されてきた。しかし、法的根拠をもたない単なる行政措置による事実上の計画であること、財政的資金配分というよりは金融資金の運用の計画であること、その一部が予算の一部分として国会の議決を経ていることなどを根拠に、計画自体は国会の議決対象とはされてこなかった（佐藤功・注釈1118〜1119頁）。1973（昭和48）年に特別措置法が制定され、運用期間5年以上のものについては、運用予定額について、運用対象区分ごとに、予算をもって国会の議決を経なければならないとされ、さらにその後の改正で、財政投融資計画の国会提出が求められるようになった（財政融資資金の長期運用に対する特別措置に関する法律）。本条の趣旨からして、計画の提出だけでなく、計画自体についての国会の議決が必要であるとの指摘もある（新基本コンメ446頁〔小沢隆一〕）。

（只野雅人）

（租税法律主義）
第84条　あらたに租税を課し、又は現行の租税を変更するには、法律又は法律の定める条件によることを必要とする。

I　本条の趣旨

　本条は、「**代表なくして課税なし**」の理念（→本章〔前注〕）を直接に具体化し、租税法律主義の原則を定めている。戦前の大日本帝国憲法は、「新ニ租

※4　新藤宗幸『財政投融資』（東京大学出版会、2006年）。

税ヲ課シ及税率ヲ変更スルハ法律ヲ以テ之ヲ定ムヘシ」として、やはり租税法律主義を原則とする一方で、「報償ニ属スル行政上ノ手数料及其ノ他ノ収納金ハ前項ノ限ニ在ラス」と定め、同時に明文でその例外を認めていた（明憲62条）。本条はとくにこのような例外を設けていない。もっとも、法定されるべき「租税」の範囲をめぐっては、争いがある（→Ⅱ）。

本条がいう「法律又は法律の定める条件」は、課税要件の法定だけでなく、課税要件の明確性、課税手続の適正（→憲31条）、課税の不遡及の原則などをも含意している（→Ⅲ）。また課税法規には、法の下の平等を始めとする、憲法の人権条項との適合性も求められる。なお、大日本帝国憲法は、「現行ノ租税ハ更ニ法律ヲ以テ之ヲ改メサル限ハ旧ニ依リ之ヲ徴収ス」（明憲63条）と定めていたことから、1年税主義を排除し、永久税主義を採用したものと解されていた。日本国憲法にはこのような規定がないことから、現行の永久税主義を改め1年税主義を採用することも許されると解されている。

憲法30条は、「国民は、法律の定めるところにより、納税の義務を負ふ」と規定する。この**納税の義務**は、本条の租税法律主義と表裏の関係にある。国民の納税の義務は、あくまで適切な「法律または法律の定める条件」の範囲内でのみ課すことができる。法律によらない課税を賦課されない権利が認められている、とみることもできよう。国民がどのような範囲で、またどの程度の納税の義務を負うかは、「法律又は法律の定める条件」が含意する諸要請を踏まえ、法律で定められることになる。

Ⅱ 「租税」

租税とは、狭義には、国または地方公共団体が「特別の役務に対する反対給付としてではなく、その経費にあてるための財力取得の目的で、その課税権に基づいて、一般国民に対して一方的・強制的に徴収する金銭給付」（佐藤功・注釈下1093頁）を指す。

本条は、大日本帝国憲法のような例外をとくに設けていない。その趣旨は、国民に対して一方的・強制的に金銭給付義務を課す場合は法律によることを求める点にあると考えられるので、形式上、租税とされていなくとも、「国民に対して一方的・強制的に徴収する金銭給付」には本条の適用があると解される（佐藤功・注釈下1003〜1004頁、宮沢・全訂710頁）。一方、固有の意味の租税には84条により国会の厳格なコントロールが及ぶが、その他の金銭負担については、憲83条による国会の基本的なコントロールで足りると解する学説もある（野中ほか・憲法2・338頁〔中村睦男〕）。

国または地方公共団体が特定の公益事業を行う場合に、事業の経費にあてるため、事業に特別の関係のある者（受益者）に賦課する負担金は、本条の対象となる。国や地方公共団体が公の役務に対する報償として、あるいは公共施設

利用の反対給付として徴収する手数料は、本条の「租税」には含まれない。しかし手数料であっても、司法上の手数料や各種免許や許可の手数料のように、公の役務・公の施設の利用が法律上あるいは事実上強制される場合には、本条の適用がある。ただし、これら手数料については、狭義の租税とは異なり、賦課・徴収の根拠を法律で定め、具体的な額については命令に委任することも許されると解される（樋口ほか・注解4・181〜182頁〔浦部法穂〕）。

　市町村が実施する国民健康保険事業の経費をめぐっては、保険税または保険料、いずれの形式で徴収することもできるとされている。保険料方式をとった条例のあり方が問題となった事案（**旭川市国民健康保険条例事件**）において、最高裁は、「国又は地方公共団体が、課税権に基づき、その経費に充てるための資金を調達する目的をもって、特別の給付に対する反対給付としてでなく、一定の要件に該当するすべての者に対して課する金銭給付は、その形式のいかんにかかわらず、憲法84条に規定する租税に当たる」と解している。また、「租税以外の公課であっても、賦課徴収の強制の度合い等の点において租税に類似する性質を有するものについては、憲法84条の趣旨が及ぶと解すべきである」とする。ただし後者の場合は、「租税とその性質が共通する点や異なる点があり、また、賦課徴収の目的に応じて多種多様であるから、賦課要件が法律又は条例にどの程度明確に定められるべきかなどその規律の在り方については、当該公課の性質、賦課徴収の目的、その強制の度合い等を総合考慮して判断すべきものである」と判示している（最大判2006（平18）・3・1民集60巻2号587頁）。

Ⅲ　「法律又は法律の定める条件によることを必要とする」

1　課税要件の法定

　本条は、租税を法律によって定めるべきことを要請している（**課税要件法定主義**）。最高裁は、「日本国憲法の下では、租税を創設し、改廃するのはもとより、納税義務者、課税標準、徴税の手続はすべて」法律に基づいて定められなければならないとしている（最大判1955（昭30）・3・23民集9巻3号336頁）。租税要件の法定を通じ、法的安定性や予測可能性が担保されることになる（芦部・憲法373頁）。

　とはいえ、租税に関する細目に至るすべてを法定することまでは要請されておらず、命令への委任は許容されると解される。ただし、本条が租税の法定を原則としている以上、明示的・個別的・具体的であることを要し、法律自体から委任の目的・内容・程度などが明らかにされている必要がある（樋口ほか・注解4・179頁〔浦部法穂〕）。

　この点と関連して、税法の解釈基準を示す通達によって、課税要件を実質的に変更するようなことは許されないというべきであろう。従来非課税とされていた物品を通達によって課税対象としたこと（いわゆる**通達課税**）が問題となっ

694 第84条（租税法律主義）

た事案において、最高裁は、課税がたまたま「通達を機縁として」行われたとしても、「通達の内容が法の正しい解釈に合致するものである以上」、問題の課税処分は「法の根拠に基く処分と解するに妨げがなく」、違憲の問題は生じないと判示している（最二小判1958（昭33）・3・28民集12巻4号624頁）。問題となった処分は、通達による課税要件の実質的変更にあたり、租税法律主義に反するとの見方が、学説上は有力である。

　租税のうち関税をめぐっては、条約によって特別の定めがなされる場合があり得る。このような取扱いは、関税の特性、そして条約の形式的効力が法律に優ることからして、許容されると解される（樋口ほか・注解4・179頁〔浦部法穂〕）。

　租税に関する定めを、地方公共団体の条例に委ねることも許容される。条例が法律と同様に、選挙された議会により制定されるという点で強い民主的正統性を備えていることに加えて、「地方団体の課税権は、地方自治の不可欠の要素であり、地方団体の自治権の一環として憲法によって直接に地方団体に与えられている」※5と解されるからである。このように、憲法が地方団体に課税権を認めているとすれば、地方税に関する法律の定めはそうした課税権を実質的に侵害するものであってはならない、ということになろう。

　地方税法は、「地方団体は、この法律の定めるところによつて、地方税を賦課徴収することができる」と定めている。一方で、法定外目的税、法定外普通税を認め、それらの新設変更についての総務大臣との協議の制度を設けている（地税4条、5条、259条、669条、731条）。

　本条は、「法律又は法律の定める条件」という文言を用いているが、「法律の定める条件」が何を意味するかは、必ずしも明確ではない。命令など、法律以外の法形式に租税に関する定めを委ねる場合を想定した規定であると解する見解もある（宮沢・全訂715頁）。ただしその場合には、無限定な命令への委任などがなされないよう、「租税が国会の議決・法律によるという原則を破らない限度において、やむをえない特別の事情があるときに認められる」といった限定が付されることになる（清宮・憲法1・263頁）。

2　課税要件の明確性

　課税要件の法定の要請は、課税要件の明確性をも当然に含意している（**課税要件明確主義**）。課税に関する不明確な定めは、行政庁に広汎な裁量権を付与するに等しく、法的安定性や予測可能性を損なうことにもなりかねない。法の執行に際しては具体的事情を考慮する必要もあることから、ある程度の幅をもった不確定概念が用いられることは避けられない。しかし、「その内容があまりに一般的ないし不明確であるために、解釈によってその意義を明確にする

※5　金子宏『租税法（第23版）』（弘文堂、2019年）98頁。

ことが困難であり、公権力の恣意や濫用をまねくおそれのある」※6ような不確定概念の使用は回避されなければならない。

　課税要件の明確性をめぐっては、国民健康保険税の課税総額の上限のみを定め、上限の金額の範囲内で、各年度の具体的税率算定の基礎とする具体的課税総額の決定を市長の裁量に委ねる条例の合憲性が問題となった裁判例がある（**秋田市国民健康保険税条例事件**）。控訴審は、「課税要件に関して不確定概念を用いることが許容される余地がある」としても、租税法律主義が租税要件法定（条例）主義と課税要件明確主義を内包している以上、「その具体的意義を明確にできない不確定、不明確な概念を課税要件に関する定めに用いることは、結局、その租税の賦課徴収に課税権者の恣意が介入する余地を否定できないものであるから、租税法律（条例）主義の基本精神を没却するものとして許容できない」との判断を示す。そして、問題となった課税総額規定は、「上限内での課税総額の確定を課税権者に委ねた点において、課税要件条例主義にも課税要件明確主義にも違反する」と判示している（仙台高秋田支判1982（昭57）・7・23行集33巻7号1616頁）。

3　課税の不遡及

　公布日以前に遡って、課税の内容を納税者の不利益に変更するような立法は、やはり法的安定性や予測可能性を損なうものであるから、原則として許されない（ただし、利益遡及は許される）。

　2004（平成16）年2月の租税特別措置法の改正（同年4月1日施行）により、従来認められていた、長期譲渡所得について生じた損失額を他の所得から控除する損益通算が廃止され、改正規定が課税年度当初（1月1日）に遡り適用されることとなった。この措置の合憲性をめぐっては、下級審で違憲判断も示された（福岡地判2008（平20）・1・29判タ1262号172頁）。

　最高裁は、「憲法84条は、課税要件及び租税の賦課徴収の手続が法律で明確に定められるべきことを規定するものであるが、これにより課税関係における法的安定が保たれるべき趣旨を含むものと解するのが相当である」と述べる。そして、事後法による財産権内容の変更に関する先例を引き（最大判1978（昭53）・7・12民集32巻5号946頁）、「暦年途中の租税法規の変更及びその暦年当初からの適用によって納税者の租税法規上の地位が変更され、課税関係における法的安定に影響が及び得る場合」も、「最終的には国民の財産上の利害に帰着する」ものである以上、同様に解し得るとする。その上で、「上記の諸事情〔当該財産権の性質、その内容を変更する程度及びこれを変更することによって保護される公益の性質など〕を総合的に勘案した上で、このような暦年途中の租税法規の変更及びその暦年当初からの適用による課税関係における法的安定へ

※6　金子宏『租税法（第23版）』（弘文堂、2019年）85～86頁。

の影響が納税者の租税法規上の地位に対する合理的な制約として容認されるべきものであるかどうかという観点から判断するのが相当と解すべきである」との判断基準を提示する。最高裁はかかる判断基準に基づき、本件措置は、「課税関係における法的安定に影響を及ぼし得るものではあるが、上記のような納税者の租税法規上の地位に対する合理的な制約として容認されるべきものと解するのが相当である」と結論づけている（最一小判2011（平23）・9・22民集65巻6号2756頁、最二小判2011（平23）・9・30裁時1540号5頁）。

（只野雅人）

（国費の支出・国の債務負担についての国会の議決）
第85条　国費を支出し、又は国が債務を負担するには、国会の議決に基くことを必要とする。

I　本条の意義

　憲法は、83条において、国の財政を処理する権限の行使一般について国会の議決を求めている。84条は、そのうち収入面の中心となる租税について、法律によるべきことを定める。本条は、支出の面について、国会の議決によるべきことを定めている。

　本条は、国の債務負担についても、国会の議決を求めている。国の債務負担もまた、将来的には、国費の支出と同様に国民の負担となることから、その統制を図るべく、国会の同意を要件としたものである。国費の支出は、予算の形式により議決される。国の債務負担については、法律（条約）、予算のほか、特別な形式による場合もある。

II　「国費を支出し」

　国費の支出とは、「国の各般の需要を充たすための現金の支払」（財2条）を意味する。法律が内閣に対し、一定の権限行使や義務の履行を認めている場合であっても、それが支出を伴う場合には、国会の議決を要する。国費の支出はすべて予算（→憲86条）に編入される（財14条）ので、国の支出についての国会の議決は、予算の形式でなされることになる。

　議決に際しては、国会の議決が要請される趣旨からして、使途が予め確定されている必要がある。憲法はその例外として、「予見し難い予算の不足に充てるため」、国会の事後の承認を条件に内閣の責任で支出することができる予備費の制度を認めている（→憲87条）。

Ⅲ 「国が債務を負担する」

「国が債務を負担する」とは、国が財政上の必要から各種の経費を調達するために債務を負うことを意味する。本条の議決は、債務負担の承認の議決であるから、将来、債務の履行のために国費の支出が必要になる場合には、改めて予算の形式での国会の議決を要する。支出段階で国会の議決がなされることにはなるが、本条は、「債務負担が国会の意思とかかわりなくなされることを防止する」(佐藤功・注釈下1115頁)ことで、国会による財政支出の統制の強化を図っている。

国の債務負担には、金銭債務のほか、債務の支払の保証、損失補償の承認なども含まれる。代表的なものとしては、公債、国庫債務負担行為がある。

公債の発効は、法律による。財政法は、「公共事業費、出資金及び貸付金の財源については、国会の議決を経た金額の範囲内で、公債を発行し又は借入金をなすことができる」(財4条ただし書)と定めており、この条件の範囲内であれば、改めて国会の議決を要しない。財政法のこの規定は、いわゆる健全財政主義を原則としており、「公共事業費、出資金及び貸付金の財源」となる場合に限り、公債発行または借入金をなすことを認めている。また、日本銀行による公債の引受け、日本銀行からの借り入れも原則として禁止されており、「特別の事由がある場合において、国会の議決を経た金額の範囲内」でなければ認められない(財5条)。戦前、戦費調達のために巨額の国債発行を許したことがその背景にある。将来の世代にも負担を負わせることになる公債の発行が一定の場合例外的に許されているのは、いずれもが「消費的支出ではなく、国の資産を形成するものであり、通常、その資産からの受益も長期にわたる」[7]と考えられているからである。「公債を発行し又は借入金をなす場合においては、その償還の計画を国会に提出しなければなら」ず、また「公共事業費の範囲については、毎会計年度、国会の議決を経なければならない」(財4条2項・3項)。

以上の原則にもかかわらず、特例法を制定することで、財政収支の不均衡を補填するためのいわゆる赤字国債(特例公債)が発行されてきた。1965(昭和40)年度に始めて特例公債が発行され、1975(昭和50)年度以降は、ほとんど毎年のように発行が続けられている。現在は、公債残高(2019(平成31)年度)は900兆円近くにのぼり[8]、財政状況はきわめて深刻である。

国庫債務負担行為(財15条5項)とは、国の債務負担のうち、「予算の形式で、次年度以降にも効力が継続する債務を負担するもの」をいう[9]。財政法によれ

---

[7] 小村武『予算と財政法(5訂版)』(新日本法規、2016年)98頁。
[8] 財務省主計局『我が国の財政事情(平成31年度予算政府案)』(平成30年12月) https://www.mof.go.jp/budget/budger_workflow/budget/fy2019/seifuan31/04.pdf。
[9] 杉村章三郎『財政法(新版)』(有斐閣、1982年)48頁。

ば、「国が債務を負担する行為をなすには、予め予算を以て、国会の議決を経なければならない」（財15条1項）とされる。このように予め予算によって内容が特定されているものを、特定議決による国庫債務負担行為という。

一方、「災害復旧その他緊急の必要がある場合においては、国は毎会計年度、国会の議決を経た金額の範囲内において、債務を負担する行為をなすことができる」（財15条2項）。このように事項が特定されていないものを、非特定議決による国庫債務負担行為という。この場合は、次の常会で国会に報告することが必要とされる（財15条4項）。

国庫債務負担行為による支出年限は、とくに認められた例外[10]を除き、原則5年である（財15条3項）。国会の議決を求めるにあたっては、「事項ごとに、その必要の理由を明らかにし、且つ、行為をなす年度及び債務負担の限度額を明らかにし、又、必要に応じて行為に基いて支出をなすべき年度、年限又は年割額を示さなければならない」（財26条）。予算の単年度主義がとられているため（→憲86条）、「行為をなす年度」に、計上した金額の債務負担行為を行う必要がある。また、債務負担行為は負担権限を付与するものであるから、それに伴い支出が必要なときは、改めて歳出予算への計上が必要になる[11]。

Ⅳ　「国会の議決に基くことを必要とする」

国費の支出に関する国会の議決についてはⅡを、また国の債務負担に関する国会の議決についてはⅢを参照。

（只野雅人）

（予算）
第86条　内閣は、毎会計年度の予算を作成し、国会に提出して、その審議を受け議決を経なければならない。

Ⅰ　本条の意義

国の活動には、国の各般の需要を満たすための支払の財源となるべき現金の収納である収入と、国の各般の需要を満たすための現金の支払である支出とが、

---

[10] 「国会の議決により更にその年限を延長するもの並びに外国人に支給する給料及び恩給、地方公共団体の債務の保証又は債務の元利もしくは利子の補給、土地、建物の借料及び国際条約に基く分担金に関するもの、その他法律で定めるものは、この限りでない」（財15条3項ただし書）。

[11] 小村武『予算と財政法（5訂版）』（新日本法規、2016年）199頁。

必要である（財2条）。それぞれが各年度ごとに、歳入・歳出として、すべて予算に編入される（財14条）。本条は、国の活動と国民生活全般の基盤となる予算について、その作成の権限を内閣に与える一方、国会に対し、審議・議決の権限を付与している。予算が「各般の行政施策の財政的裏付けないし表現」（佐藤功・注釈下1120頁）であることから、予算の作成は行政権を担当する内閣の権限とされているものと考えられる。

　予算の審議・議決は、法律の審議・議決とならぶ、議会の最も重要な権限である。戦前の大日本帝国憲法も、「国家ノ歳出歳入ハ毎年予算ヲ以テ帝国議会ノ協賛ヲ経ヘシ」（明憲64条1項）と定めていた。しかし、政府による責任支出（明憲64条2項）、議会の予算修正権（減額修正）の制限（明憲67条）、緊急財政処分（明憲70条）、予算不成立の場合の前年度予算の施行（明憲71条）などが定められており、予算に対する議会の同意の原則には、数多くの例外があった。日本国憲法では、国会中心財政主義の立場から、こうした例外を認めていない。

　アメリカ、イギリス、ドイツ、フランスでは、形式や内容の異同はあるものの、予算はいずれも法律として議決される。一方日本国憲法は、予算法や財政法ではなく、大日本帝国憲法と同様に予算の語を用いている。予算の法的性格をどのように捉えるべきかをめぐっては、争いがある（→Ⅲ）。また、国会は予算の審議・議決権を有するが、内閣の作成した予算をどこまで修正できるかについても、議論がある（→Ⅳ）。

　予算の執行には関連法律の議決が必要であり、また法律の執行は予算の議決を前提とするが、憲法上、予算と法律とでは、議決手続に相違がある。予算と法律の不一致が生じる場合があり、こうした場合の対応も問題となり得る（→Ⅳ）。

Ⅱ　「毎会計年度」

1　「会計年度」

　予算は、毎**会計年度**、内閣が作成し、国会に提出する。会計年度の期間は、憲法にはとくに言及がないが、国会の常会が「毎年」1回開催され（憲52条）、また会計検査院が「毎年」決算の検査を行う（憲90条）とされていることなどからしても、1年であると解される。財政法は、会計年度を4月1日から翌年の3月31日までと定めている（財11条）。

　予算の期間を1年ごとに区切り、各年度ごとに国会の審議・議決を義務づけることは、国会による財政統制という点からきわめて重要な意味をもっている。財政法も、「毎会計年度の歳出予算の経費の金額は、これを翌年度において使用することができない」（財42条）ことを、原則として定めている。

2 継続費・繰越明許費

(1) 継続費

一方で、事業の性格上、複数の年度にわたって経費を支出すべき場合があることも否定できない。大日本帝国憲法は、「特別ノ須要ニ因リ政府ハ予メ年限ヲ定メ継続費トシテ帝国議会ノ協賛ヲ求ムルコトヲ得」（明憲68条）として、**継続費**を認めていた。しかし、日本国憲法にはこのような規定は置かれていない。当初の財政法にも、継続費に関する定めはなかったが、1952（昭和27）年、継続費（財14条の2第3項）の制度が置かれ、「国は、工事、製造その他の事業で、その完成に数年度を要するものについて、特に必要がある場合においては、経費の総額及び年割額を定め、予め国会の議決を経て、その議決するところに従い、数年度にわたつて支出することができる」と定められた。

継続費は本条の例外となるが、合憲と解されている[12]。憲法85条は、合理的理由があれば国会の議決により、数カ年にわたる支出や債務負担を必ずしも禁じていないとみられること、本条の「毎会計年度」はあくまで原則規定で、実際上の必要がある場合には合理的例外を許容し得るとも解し得ること、などがその根拠である。継続費以外にも、国庫債務負担行為（→憲85条）、繰越明許費が、本条の例外として認められている。

とはいえ、継続費は本条の例外である以上、国会の審議・議決が実質的に損なわれないような条件を付する必要がある。現行法上、継続費は、原則5年度以内とされ、また「国会が、継続費成立後の会計年度の予算の審議において、当該継続費につき重ねて審議することを妨げるものではない」（財14条の2第4項）。継続費は、別に支出のための議決を要する国庫債務負担行為とは異なり、後年度の支出権限の付与をも含むものであり、後年度への支出の繰越なども柔軟に認められている。そのため、「工事、製造その他の事業で、その完成に数年度を要するものについて、特に必要がある場合」に限り、認められている（財14条の2第1項）。

(2) 繰越明許費

財政法はまた、歳出予算の経費のうち、性質上あるいは予算成立後の事情によって、年度内に支出が終わらない見込みのあるものについては、予め国会の議決を経ることを条件に、翌年度に繰り越すことを認めている。**繰越明許費**である（財14条の3）。繰越明許費については、予算執行上やむを得ない事由がある場合には、財務大臣が承認した金額の範囲内での債務負担も認められている（財43条の3）。「翌年度を年限とする継続費」[13]ともいい得る。

財政法はこのほか、事故繰越（財42条ただし書）も認めている。

---

[12] 小村武『予算と財政法（5訂版）』（新日本法規、2016年）188～189頁。

[13] 杉村章三郎『財政法（新版）』（有斐閣、1982年）81頁。

Ⅲ　「予算」

1　予算の法的性格
(1)　予算の意義

予算とは、通例、一会計年度における国の財政行為の準則であるなどと定義される。予算は性質上計数を内容としており、国家と国民の関係を直接規律するものではないともいわれる。しかし予算は、国の歳入歳出に関する単なる見積表ではない。予算のうち歳入予算については、たしかに歳入見積りとしての性格が強い。「歳入機関に予算に定められた歳入金を原則として徴収・収納しあるいは年度中にその手続を完了しなければならない義務を課する」[※14]という意味を見出すこともできるが、政府の徴収権限は租税法規などに基づくものであり、ここでの「義務」は他の法律執行義務とも重複する。歳出予算については、法令が支出の目的（財32条・33条）や支出の時期（財12条・42条）を限定し、支出の最高限度額を示すなど、政府の支出行為を規律する法的効果を有する。

　欧米の主要国では、上述のように、予算を法律として扱っているが、日本国憲法では、「予算」の語が用いられている。そこで、国会が議決する予算自体の法的拘束力の問題とも関連して、その法的性格をどう捉えるべきかが、議論の対象となってきた（各学説をめぐっては、佐藤功・注解下1124頁以下、樋口ほか・注解4・195頁以下〔浦部法穂〕などを参照）。

(2)　予算行政説

　議会を天皇の協賛機関と位置づけ、予算についても「国家ノ歳出歳入ハ毎年予算ヲ以テ帝国議会ノ協賛ヲ経ヘシ」（明憲64条1項）と規定する大日本帝国憲法の下では、議会の予算議決に十分な意味を認めず、予算をもっぱら行政作用であると捉える理解が支配的であった（**予算行政説**）。当初は、予算を、天皇が議会の協賛を得て、国の収入・支出の処理について行政庁に与える訓令であるとする説も有力に唱えられた（訓令説）。その後、有力になったのは、議会の協賛を、政府の支出行為への承認と捉える立場である（承認説）。承認説は、国会が議決した予算が政府を拘束することを認めるものの、その効力は議会と政府の間に限られ、国家と国民との関係を規律する法規範とは性格が異なることを強調する。いずれにせよ、予算を行政行為と捉える場合には、その法的拘束力の根拠を財政・租税関係の諸法に求めることとなり、議会が予算を議決することの独自の意義は減殺される。

(3)　予算法規範説あるいは法形式説

　日本国憲法の下で有力となったのが、予算を法規範と捉える説である（**予算法規範説**あるいは**予算法形式説**）。法規範説は、予算それ自体に政府の行為を規律する法規範としての性格（拘束力）を認めつつも、その特殊性を理由に、

[※14]　杉村章三郎『財政法（新版）』（有斐閣、1982年）85頁。

予算を法律とは別個の法形式として把握する。法律とは異なる予算の特殊性として指摘されるのは、提出権が内閣のみにあること（憲73条5号・86条）、衆議院の先議が定められていること（憲60条1項）、衆議院の再議決が認められないこと（憲60条2項）、予算には公布規定がないこと、などである。

法規範説は、予算を法律とは別個の法形式として把握するため、その法的拘束力の根拠をどこに求めるかが問題となる。有力説は、「国の財政を処理する権限は国会の議決に基づいて、これを行使しなければならない」（憲83条）という規定から、法的拘束力を説明する（佐藤功・注釈下1127頁）。

予算を法律と異なる法形式と捉える立場では、また、予算と法律の間に何らかの不一致が生じた場合、どのように対応すべきかも問題となる。両者の不一致には、予算は成立したが支出の根拠となる法律が制定されていない場合、法律は制定されたが支出の裏づけとなる予算が議決されない場合、の2つが考えられる。後者の場合には、予算が法律の執行を妨げる形となる。いずれにせよ、予算と法律のいずれか、あるいは双方を修正することで、対応を図ることになろう。

(4) 予算法律説

一方、少数ながら有力に唱えられてきたのが、欧米諸国に倣って、予算を「法律」と捉える説である（**予算法律説**）。この説では、予算の法的拘束力の根拠は、予算が「法律」であるという点に直接求められる。法規範説が指摘する予算の憲法上の「特殊性」は、いずれも「この憲法に特別の定のある場合」（憲59条1項）として、説明される。憲法が予算については原則的議決手続規定を置かず衆議院の先議・優越のみを定めていることや、予算の公布規定がないことも、憲法が「予算」を法律とは異質のものと捉えていない根拠とされる※15。

予算法律説は、そのメリットの1つとして、予算と法律の不一致の問題に対処し得るという点をも挙げる。たとえば支出の根拠となる法律が成立していないような場合、法律説によると、予算の中に関連法案を組み込むことで齟齬は回避可能であるようにも見える。また、予算法律説の中には、頻繁に改正される所得税法なども本来は「予算法」の中で議決するのが適当であると説くものもある。しかしながら、本来法律で定めるべき事項を予算に「抱き合わせる」という手法は問題である。予算が「法律」だとしても、憲法上一般の法律よりも簡易な議決手続（憲60条）が規定されている以上、法律事項の「抱き合わせ」は認められないと解するべきであろう※16。予算法律説をとっても、齟齬あるいは不一致の問題が当然に解消されるわけではない。

後述の国会による予算の修正権の範囲をめぐり、従来は法規範説と法律説の間に相違がみられたが、近時では実質的な違いは小さくなっている。予算の法

※15 小嶋和司『憲法と財政制度』（有斐閣、1988年）255頁。
※16 杉原泰雄『憲法II：統治の機構』（有斐閣、1989年）447頁。

第86条（予算）　703

的拘束力をめぐっても、同様である。「内閣に対する『拘束力』が憲法に由来するものであることさえ承認されるならば、それを国会の意思表示の効果として説明しようと、ある種の規範として説明しようと、つまるところ表現上の問題にすぎ」ず、「拘束力」の内在的考究こそ重要であるとの指摘[17]もある。

2　予算の種類

(1)　一般会計予算と特別会計予算

　予算はさまざまな内容を含むが、会計年度ごとの国の財政活動全体が見通せるよう、単一の会計として処理することが望ましい。そこで、**予算単一の原則**がとられ、国の歳入・歳出は一体として、**一般会計**で経理される。「国が特定の事業を行う場合、特定の資金を保有してその運用を行う場合その他特定の歳入を以て特定の歳出に充て一般の歳入歳出と区分して経理する必要がある場合に限り」（財13条）、法律によって**特別会計**を設けることができる。「国の活動が広範化かつ複雑化」すると、単一会計ではかえって内容が不明確となり適切な処理が難しくなることが、その理由とされる[18]。とはいえ、特別会計の存在が、国の財政処理の構造をかえって把握しにくくしていると指摘されることもある。

(2)　補正予算・暫定予算

　財政法は、予算（いわゆる本予算）の成立後、内閣が**補正予算**を国会に提出することを認めている。補正予算の提出が認められるのは、法律上または契約上国の義務に属する経費の不足を補うほか、予算作成後に生じた事由に基づきとくに緊要となった経費の支出または債務の負担を行うため必要な予算の追加を行う場合（追加予算）、予算作成後に生じた事由に基づき予算に追加以外の変更を加える場合（修正予算）、である（財29条）。災害の発生への対応、景気対策などのために、頻繁に補正予算が提出されている[19]。補正予算は、本予算と一体のものとして執行される。

　年度初めまでに、本予算が成立しないことがあり得る。戦前の大日本帝国憲法は、**前年度予算の施行**（明憲71条）を認めていたが、日本国憲法ではこのような措置をとることはできない。そこで財政法は、**暫定予算**の制度を定めている。内閣は、必要に応じて、一会計年度のうちの一定期間にかかる暫定予算を作成し、国会に提出することができる（財30条1項）。暫定予算は、本予算成立までの間の「つなぎ」であるから、義務的な経費のみが計上される例である。暫定予算は、本予算が成立したときは失効する（財30条2項）。

　本予算が年度当初に成立せず、しかも暫定予算の成立も間に合わない場合に

※17　櫻井敬子『財政の法学的研究』（有斐閣、2001年）39頁。
※18　小村武『予算と財政法（5訂版）』（新日本法規、2016年）85頁。
※19　浅野一郎＝河野久『新・国会事典（第3版）』（有斐閣、2014年）110頁。

704 第86条（予算）

は、いわゆる**予算の空白**が生じることになる。予算の空白はこれまでに17回も生じており、とくに1978（昭和53）年度から1982（昭和57）年度にかけては5年連続で空白が生じる事態となった。予算の執行ができないため、立替払い、前年度予算の残額の使用、支払延期等の対処が行われた。1991（平成3）年に予算の空白を作るべきでないとの与野党合意がなされ、以降、空白は生じていない[20]。

Ⅳ 「予算を作成し、国会に提出して、その審議を受け議決を経なければならない」

1 予算の作成・審議・議決

(1) 「予算を作成し」

予算は、内閣が作成する。憲法（憲73条5号・86条）は「予算」の語を用いるが、予算を法規範あるいは法律的なものと捉える立場からすれば、ここでの「予算」は当然に、国会の審議・議決に付される「**予算案**」を意味する。

予算は、予算総則、歳入歳出予算、継続費（→Ⅱ）、繰越明許費（→Ⅱ）、国庫債務負担行為（→憲85条）から構成される（財16条）。

予算総則は、「毎年度の財政運営に必要な基礎的事項等について、国会の議決を求めておく形式」[21]である。歳入歳出予算・継続費・繰越明許費・国庫債務負担行為に関する総括的規定のほか、国債発行限度額、国庫債務負担行為の限度額など、政府を規律する重要事項を含む（財22条）。

歳入歳出予算は、予算の大部分を占める。このうち**歳入予算**は「見積もり」としての性格も強く、直接内閣に対して徴収権限を付与したり収納義務を課したりするものではない。一方、**歳出予算**は、「定められた目的に従い、その金額の範囲内で、当該年度における債務の負担と支出を行う権限を内閣に授権する」[22]という法的効力を有する。

歳入歳出予算は、予算執行者の責任が明確になるように、まずはその収入または支出に関係のある部局等の組織の別に区分される。さらに部局等内においては、歳入予算についてはその性質に従って部に大別され、かつ、各部中においては款項に区分される。歳出予算については、その目的に従って項に区分される（財23条）。

(2) 「国会に提出して、その審議を受け議決を経なければならない」

内閣が作成した予算（本予算）は、前年度の1月中に国会に提出するのを常例とする（財27条）。国会法は、「総予算」（および重要な歳入法案）について、

---

[20] 石原淳「暫定予算」立法と調査393号（2013年）68号。
[21] 小村武『予算と財政法〔5訂版〕』（新日本法規、2016年）172頁。
[22] 小村武『予算と財政法〔5訂版〕』（新日本法規、2016年）177頁。

公聴会の開催を義務づけている（国会51条2項）。「総予算」とは、一般会計予算、特別会計予算、政府関係機関予算にかかる本予算の総称である。予算は衆議院で先議される。また、予算の議決については、衆議院の優越が認められる（憲60条）。

2　予算の修正

(1)　大日本帝国憲法における予算修正の制約

国会が、どこまで予算を修正し得るかについては、争いがある。戦前の大日本帝国憲法は減額修正に制限を課し、既定費・法律費・義務費については、政府の同意がない限り議会による廃除・削減が認められていなかった（明憲64条）。また、増額修正については、憲法の明文はないものの、新たな予算の発案にあたり、政府に専属する予算発案権をおかすものとして許されない（「発案権なきところに修正権なし」）、と解されていた（佐藤功・注釈下1135頁）。議会の権限は「協賛」に過ぎず、また予算を行政作用と捉える立場が支配的であったことからすれば、当然の帰結ともいえよう。

(2)　予算修正の限界

一方、日本国憲法は国会中心財政主義をとり、国会は予算の議決権を有している。また戦前のように、**減額修正**（款項の削除や金額の削減）を制限する憲法規定もない。さらに、現行法上は、**増額修正**を予想したかのように読める規定も置かれている。国会法は、「各議院又は各議院の委員会は、予算総額の増額修正、委員会の提出もしくは議員の発議にかかる予算を伴う法律案又は法律案に対する修正で、予算の増額を伴うものもしくは予算を伴うこととなるものについては、内閣に対して、意見を述べる機会を与えなければならない」と規定している（国会57条の3）。

予算を法律と捉える立場では、当然ながら、減額修正・増額修正ともに制限はない、と解されることになる。

一方、予算を特別な形式の法規範と捉える立場では、修正の限界をめぐり見解が分かれる。減額修正をめぐり問題となるのは、法律上政府が支出義務を負っているような歳出予定額を削除・減額することが許されるのか、という点である。次にみる予算と法律の不一致の問題ともかかわる論点である。法律と予算は法形式を異にするものの、一致させられるべきものであり、国会は両者を一致させる義務を負っていると解し、法律が廃止されない以上はその執行に必要な予算を認めるべきであると説く見解もある（清宮・憲法1・247頁）。一方、憲法がとくに制限を設けておらず、また財政処理の権限は国会の議決に基づくとしていることから、このような場合にも減額修正について法的な制限はないと解する見解も有力である（佐藤功・注釈下1135頁）。

増額修正については、法規範説を採る論者もこれを肯定するが、内閣に提出権が専属することから、予算の同一性を損なわない範囲で認められる、と説か

れることが多い。しかしながら、法規範説にあっても、増額修正に法的限界は
ないと説く有力な見解がある。この立場は、「発案権なきところに修正権なし」
との考えは日本国憲法下では妥当しないこと、国会は予算全体を否決すること
もできる以上修正を否定すべき理由はないこと、「予算の同一性を損なわない」
といった基準は修正権の限界を法的に画するものとしては抽象的で不明確に過
ぎること、などを根拠とする（佐藤功・注釈下1135頁）。

　政府は、国会の予算修正は、「内閣の予算提出権と国会の審議権の調整の問
題であり、憲法の規定からみて、国会の予算修正は内閣の予算提案権を損なわ
ない範囲内において可能と考えられる」と解している（答弁集485）。

(3) 予算の修正

　議院の会議で予算の修正動議を議題とするには、衆議院では議員50人以上、
参議院では議員20人以上の賛成を要する（国会57条の2）。委員会での修正動議
は、議員1人でも提出することができる。予算の増額修正については、内閣に
対して意見を述べる機会を与えなければならない（国会57条の3）。国会による
予算の修正はこれまで、第16回国会、第19回国会、第22回国会、第136回国会
の4例があるが、款項の新設を伴う増額修正の例はない[23]。

　修正のほか、内閣に対し予算の組み替えを求める動議を可決することも可能
である。内閣が動議に従わなければ予算の審議が進まないことになるので、内
閣は事実上組み替えを余儀なくされることになる。ただし、内閣が提出した議
案は一院で議決した後は撤回できないとされているので（国会59条ただし書）、
現行法上は、参議院で組み替え動議を提出することはできないと解されている。
組み替え動議が可決されたのは、第2回国会の一例にとどまる[24]。

3　予算と法律の不一致

　予算と法律が別個に議決されることから、両者の不一致が生じることがあり
得る。不一致は、両者の議決手続が同じでないこと、両者の議決の時期が異な
り得ること、内閣だけでなく議員も法案の提出権を有していること、国会によ
る予算修正もあり得ることなど、さまざまな要因で生じる。不一致には、予算
は成立したが支出の根拠となる法律が制定されていない場合、法律は制定され
たが支出の裏づけとなる予算が議決されない場合、の2つが考えられる。

　予算を法律とは異なる法規範とみる場合に両者の不一致をどのように説明す
るかは、実際上のみならず理論上も、容易ではない問題である。しかし、予算
を法律とみる場合にあっても、上述のように、不一致の問題は当然には解消し
ない。実際には、政治的な対応に委ねるほかないであろう。内閣が必要な法案
を国会に提出し議決を求める、国会が法律を修正する、内閣が補正予算を提出

---

[23] 浅野一郎＝河野久『新・国会事典（第3版）』（有斐閣、2014年）111頁。
[24] 浅野一郎＝河野久『新・国会事典（第3版）』（有斐閣、2014年）112頁。

し国会の議決を求める、などの対応が考えられる。**予算と法律の不一致**をめぐっては、本来当然に生じる事態であって、むしろ「憲法が導入している財政における慎重審議のための、貴重な第2のチャンスと考えるべきである」との指摘もある※25。

2012（平成24）年、いわゆるねじれ国会の下で、歳入を確保する上で不可欠な国債の発行を可能にする特例公債法の成立が11月下旬にまでずれ込み、大きな問題となった（→憲60条）。

（只野雅人）

（予備費）
第87条　①　予見し難い予算の不足に充てるため、国会の議決に基いて予備費を設け、内閣の責任でこれを支出することができる。
②　すべて予備費の支出については、内閣は、事後に国会の承諾を得なければならない。

I　本条の意義

予算は、次年度の歳入歳出の見積もりであるから、予算の成立後、会計年度の途中で、予算が不足することもあり得る。このような場合には、補正予算で対応するのが本来のあり方である。しかし、国会閉会中の場合のように、補正予算の成立が直ちに見込めないような事態も想定し得る。そこで本条は、「予見し難い予算の不足に充てるため」、予備費の制度を設け、内閣の責任で支出することを認めている。

戦前の大日本帝国憲法にも、「避クヘカラサル予算ノ不足ヲ補フ為」または「予算ノ外ニ生シタル必要ノ費用ニ充ツル為」、予備費に関する規定が置かれていた（明憲69条）。

II　「予備費」

大日本帝国憲法は、「予備費ヲ設クヘシ」と規定し、**予備費**を設けることを義務づけていた。これに対して本条は、「予備費を設け……支出することができる」と定めているので、予備費を設けないことも可能である。財政法によれば、内閣は、「相当と認める金額」を、予備費として歳入歳出予算に計上することができる（財24条）。予備費は、歳入歳出予算の一部として、議決される。

※25　甲斐素直『予算・財政監督の法構造』（信山社、2001年）15頁。

708　第87条（予備費）

Ⅲ　「予見し難い予算の不足に充てるため」

　本条は、「予見し難い予算の不足に充てるため」、予備費を認めている。金額についてとくに制限はないが、国会による予算の事前議決の例外であるから、その性質上、無制限というわけにはゆかないであろう。財政法も、「相当と認める金額」と定めている。

　「予見し難い予算の不足」には、支出すべき金額が予算に計上された額を上回る場合、予算の費目に含まれていない支出が必要になった場合、があり得る。

Ⅳ　「内閣の責任でこれを支出することができる」

　予備費は財務大臣が管理する。各省庁の長から予備費の使用を求める調書が送付された場合には、財務大臣は、調査・調整の上、予備費使用書を作成し、閣議決定を求める。

　予備費は、「内閣の責任で」支出することができる。憲法上明文の制限はないが、内閣は制約なく予備費を支出し得るとみるべきではない。支出は、「予見し難い予算の不足に充てるため」という予備費の趣旨に沿ったものでなければならない。国会によって削除・減額された費目について予備費を支出することなどは認められないし、また国会開会中の予備費の支出は、補正予算の議決を求めることが可能である以上、原則として認められないと解される（佐藤功・注釈下1152〜1153頁）。

Ⅴ　「事後に国会の承諾を得なければならない」

　本条1項の国会の議決は、予備費の設置についての議決であるから、予備費の支出については事後の**国会の承諾**が不可欠となる。財政法は、「内閣は、予備費を以て支弁した総調書及び各省各庁の調書を次の常会において国会に提出して、その承諾を求めなければならない」と定めている（財36条3項）。「次の常会」とされているのは、会計年度内の承諾を期すためであろう。

　事後に国会の承諾が得られなかった場合、当然政治責任の問題が生じるが、不承諾は支出の効力には影響を及ぼさない。

　1999（平成11）年の第116回国会では、衆議院が予備費の使用を承諾し参議院に送付したが、参議院はこれを承諾せず衆議院に返付した。衆議院は国会の承諾がなかった旨を参議院および内閣に通知した。2008（平成20）年の第169回国会、2009（平成21）年の第171回国会でも同様の事例が生じた[26]。予備費の使

---

[26] 平成29年度版・衆議院先例集354。

第 88 条（皇室財産の国有、皇室費用の予算計上と国会の議決）　709

用のうち一部分について承諾が与えられる場合もある※27。

（只野雅人）

（皇室財産の国有、皇室費用の予算計上と国会の議決）
第88条　すべて皇室財産は、国に属する。すべて皇室の費用は、予算に
計上して国会の議決を経なければならない。

Ⅰ　本条の趣旨

　戦前の大日本帝国憲法の下では皇室は特別な位置づけをもち、皇室自律主義
により、皇室財政に対する議会の関与は制限されていた。皇室経費については、
「現在ノ定額ニ依リ毎年国庫ヨリ之ヲ支出シ将来増額ヲ要スル場合ヲ除ク外帝
国議会ノ協賛ヲ要セス」と定められ、議会の関与は将来増額される場合に限ら
れていた（明憲66条）。しかも皇室は、帝室林、不動産、有価証券など莫大な財
産を有し、日本最大の資産家であったから、皇室経費のうち国庫からの支出は
ごく一部分に過ぎなかった※28。
　神権天皇制から国民主権・象徴天皇制への原理的転換に伴い、日本国憲法の
下では、皇室財政に対しても、国会による民主的な統制の徹底が図られている。
皇室財産の国有と皇室費用の予算計上・国会による議決について定める本条は、
皇室財産の授受について国会の議決を求める憲法8条とともに、国会中心財政
主義を皇室財産に対しても及ぼすものである。

Ⅱ　「すべて皇室財産は、国に属する」

1　「皇室財産」
　「**皇室財産**」とは、天皇および皇族が所有する財産の総称である。
　戦前の皇室は莫大な財産を所有していた。戦前の**御料**（天皇の財産）や皇室
財産は、一般の私有財産とは異なる公的な性格をも有していた。御料について
は、宮内大臣が財産法上の行為の当事者となった（宮沢・全訂735頁）。

2　「国に属する」
　本条は、戦前皇室が所有していた財産を国有化するとともに、今後もかつて
のような皇室財産を認めないことを明らかにしている（佐藤功・注釈下1157頁）。
　一方、「皇位とともに伝わるべき由緒ある物」（皇室経済法7条）など、天皇・

※27　平成29年度版・衆議院先例集355。
※28　杉村章三郎『財政法（新版）』（有斐閣、1982年）19〜20頁。

皇族の私有財産には、本条は適用されなかった。本条は、皇室財産については「公私の別」を明確にし、公的なものをすべて国有とする（新基本コンメ461頁〔芹沢斉〕）趣旨であるから、日常生活に用いる物品など、純然たる私的財産を天皇・皇族が所有することまで否定するものではない。とはいえ、皇族の「私的」財産が無制限に拡大すると本条の趣旨に反するので、別途、皇室が財産をゆずり受ける場合には国会の議決を要するものとされている（→憲8条）。

　国有とされた財産のうち、行政財産として皇室の公用に供されるものもある（皇室用財産、国財3条2項3号、皇室経済法附則2条）。皇居、赤坂御用地、京都御所等である。

　必ずしも性格が明確でない財産もある。政府は、**宮中三殿**（賢所・皇霊殿・神殿）について、宗教的性格を有することから、現段階では私有財産と考えるべきではないかと答弁している（答弁集490）。

　陵墓の性格も問題となる。天皇、皇后、太皇太后および皇太后を葬るところを陵といい、その他の皇族を葬るところを墓という（典27条）。陵墓の土地、建物、工作物は皇室用財産であるが、副葬品等は皇室の私有財産とされている。土地、建物、工作物が皇室用財産と位置づけられるのは、「象徴」の地位は憲法が定める国家的地位であり、そしてその地位が世襲とされていることによる、と説明されている[29]。

Ⅲ　皇室費用の予算計上と国会の議決

1　「皇室の費用」

　予算に計上されることになる「**皇室の費用**」とは、天皇・皇族の生活費と宮廷事務に要する費用である（宮沢・全訂737頁）。皇室経済法は、**内廷費、宮廷費、皇族費**を区分している。

　内廷費とは、内廷にある天皇・皇族の「日常の費用その他内廷諸費に充てる」ためのいわば日常的経費である。内廷費として支出されたものは、御手元金とされ、宮内庁の経理に属する公金とされない（皇室経済法4条）。

　宮廷費とは、「内廷諸費以外の宮廷諸費に充てるもの」で、天皇の公的活動の経費であり、宮内庁で経理される（同5条）。

　皇族費には、「皇族としての品位保持の資に充てるため」のもの、「皇族が初めて独立の生計を営む際に一時金額により支出するもの」、「皇族であつた者としての品位保持の資に充てるために、皇族が皇室典範の定めるところによりその身分を離れる際に一時金額により支出するものとするもの」、の3種類があり、宮内庁の経理には属しない（同6条）。

　皇室経済法施行法により、内廷費は3億2400万円とされ、また、皇族費につ

---

[29] 園部逸夫『皇室法概論』（第一法規、2002年）622頁以下。

いては定額をもとに、所定の基準から算出される（金額は2019（平成31）年4月現在)。

2 「予算に計上して国会の議決を経なければならない」

皇室の費用は、すべて予算に計上され、**国会の議決**を経なければ支出することはできない。皇室経済法施行法9条は、定額が定められている内廷費・皇族費についても、「国会の議決による歳出予算の定めによらないで、又は定めのない間に、これを支出し、又は支出の手続をすることはできない」と定めている。皇室の費用は予算に計上されるので、国会はこれらの修正・削除を行い得る。

なお、天皇・皇族の私的な財産から生じる収入や皇族が就いた職業から得た収入などを生活費にあてる場合は、予算に計上する必要はない（宮沢・全訂737頁、佐藤功・注釈下1159頁)。

（只野雅人）

（公の財産の支出・利用の制限）
第89条　公金その他の公の財産は、宗教上の組織若しくは団体の使用、便益若しくは維持のため、又は公の支配に属しない慈善、教育若しくは博愛の事業に対し、これを支出し、又はその利用に供してはならない。

I　本条の趣旨

本条は、特定の目的で、また特定の対象へ、公金を支出すること、公の財産をその利用に供することを禁じ、**国及び地方公共団体による財政支出**に一定の制約を課している。

前段は、「宗教上の組織若しくは団体の使用、便益若しくは維持」のための公金の支出・公の財産の提供の禁止を定める。憲法20条は、国による宗教団体に対する特権付与と国の宗教活動を禁じているが（→憲20条1項・3項）、本条前段は、この政教分離原則を財政面から裏づける規定である。もっとも、本条の禁止の射程とかかわる「宗教上の組織若しくは団体」の解釈をめぐっては、争いがある。また、公金支出あるいは公の財産の提供行為の合憲性が、訴訟においてしばしば争われている。

一方、本条後段が、「公の支配に属しない慈善、教育若しくは博愛の事業に対し」て、公金の支出・公の財産の提供を禁止した趣旨は、必ずしも明瞭ではない。後段の趣旨、そして「公の支配」の意味をめぐり、学説上も争いがある。また、私立学校や無認可の保育施設に対する公費助成のように、実際上の必要性は高いが本条後段との抵触を生じる可能性のある措置が存在する。これらを

712　第89条（公の財産の支出・利用の制限）

合憲とみる見解が大勢であるが、その理由づけは、本条後段の趣旨の理解に応じ、必ずしも一様ではない。

II　「公金その他の公の財産」

「公金」とは、国・地方公共団体の所有に属する金銭を意味し、また「その他の公の財産」とは、国・地方公共団体の所有に属するその他の財産——土地や施設など——を意味する（宮沢・全訂740頁）。

III　「宗教上の組織若しくは団体の使用、便益若しくは維持」

1　「宗教上の組織若しくは団体」

本条前段は「宗教上の組織若しくは団体」という文言を用いている。「組織」とは寺社のような物的施設を中心とした財団的なものを指し、「団体」は宗派・教団のような人的結合を中心とした社団的なものを指すといった区別も可能ではあるが、両者の区別は必ずしも重要ではない。組織にせよ団体にせよ、それが「宗教上」のものであることの意味が、重要となる。

「宗教上の組織若しくは団体」が何を意味するかをめぐっては、これを狭義に解する立場と広義に解する立場とがある。広義説は、この文言を、「宗教の信仰・礼拝ないし普及を目的とする事業ないし活動を広く意味する」と解する（宮沢・全訂740頁）。一方、狭義説は、世俗目的をもって設立され活動している団体までここに含めることはできないとし、「宗教的活動を目的として組織された団体」といった定義をとる[30]。本条が、政教分離を財政面から徹底する趣旨をもつ点からすると、本条前段の「宗教上の組織若しくは団体」は、組織・団体の性格よりもむしろその事業や活動に着目したものとして、緩やかに捉えるのが妥当であると思われる（佐藤功・注釈下1164頁、樋口ほか・注解4・215頁〔浦部法穂〕）。それ自体が宗教団体とはいえないような組織が宗教的活動を行った場合、それに対して公金を支出したり公の財産を提供したりすれば、本条違反となることもあり得る。

箕面忠魂碑訴訟の最高裁判決（最三小判1993（平5）・2・16民集47巻3号1687頁）は、本条の解釈にいわゆる**目的効果基準**（→憲20条）を援用し、本条の「宗教上の組織若しくは団体」（及び憲法20条1項の「宗教団体」）とは、宗教と何らかのかかわり合いがある行為を行う組織・団体すべてを意味するわけではなく、「国家が当該組織ないし団体に対し特権を付与したり、また、当該組織ないし団体の使用、便益若しくは維持のため、公金その他の公の財産を支出し又はその利用に供したりすることが、特定の宗教に対する援助、助長、促進又は

---

[30]　大石眞『憲法講義II（第2版）』（有斐閣、2012年）167頁。

圧迫、干渉等になり、憲法上の政教分離原則に反すると解されるものをいう」とし、換言すると、「特定の宗教の信仰、礼拝又は普及等の宗教的活動を行うことを本来の目的とする組織ないし団体を指す」と解した。上記の分類でいえば、狭義説の立場をとっていると思われる。

　なお、国・地方公共団体から公金の支出や公の財産の提供を受けた組織・団体が本条の「宗教上の組織若しくは団体」に該当しないと判断される場合でも、当該支援行為の合憲性が憲法20条3項（国の「宗教的活動」の禁止）との関係で問題となることもあり得る（渡辺ほか・憲法1・184頁〔渡辺康行〕）。

2　「使用、便益若しくは維持のため」

　「使用」とは、たとえば宗教上の団体がその事業・活動を行うために国等が施設を提供するなど、公金・公の財産を宗教上の組織・団体が用いることをいう。「便益」とは、通信施設を利用させたり低利の融資を行ったりするなど、宗教上の組織・団体の利益になるような取扱いをすることをいう。「維持」とは、宗教上の組織・団体の存立を維持するため、補助金を支出する場合などを指す（宮沢・全訂741頁、佐藤功・注釈下1165頁）。

　現実には、外形上、「宗教上の組織若しくは団体の使用、便益若しくは維持のため」、公金が支出され、あるいは公の財産がその利用に供されているようにみえる事例がある。しかし、そのすべてが当然に違憲と解されているわけではない。

　津地鎮祭事件の最高裁判決（最大判1977（昭52）・7・13民集31巻4号533頁）は、特定宗教と関係のある私立学校に対し一般の私立学校と同様な助成を行うこと、文化財である神社、寺院の建築物や仏像等の維持保存のため国が宗教団体に補助金を支出すること、刑務所等における教誨活動を例に挙げ、これらがすべて認められないとするとかえって不合理であるとして、「政教分離規定の保障の対象となる国家と宗教との分離にもおのずから一定の限界があることを免れず、政教分離原則が現実の国家制度として具現される場合には、それぞれの国の社会的・文化的諸条件に照らし、国家は実際上宗教とある程度のかかわり合いをもたざるをえないことを前提とした上で、そのかかわり合いが、信教の自由の保障の確保という制度の根本目的との関係で、いかなる場合にいかなる限度で許されないこととなるかが、問題とならざるをえない」と述べている。

　とはいえ、上記のような扱いが合憲といえるかどうかは、なお立ち入った検討を要する。また、このほかにも、問題となる事例は少なくない。そこで次に、公金支出・公の財産の提供行為の合憲性について、具体的事例に則し検討する。

3　公金支出・公の財産の提供行為の合憲性

(1)　提供行為の合憲性

　学説上は、「一定の要件を満たす国民一般に対する補助金等の交付であって

も、その要件を満たすものの中にたまたま宗教団体が含まれるというような場合」には、「原則として」本条違反とはならないとみる見解も有力である（樋口ほか・注解4・217～218頁〔浦部法穂〕）。もちろん、その条件や態様は、個々に問題となり得る。また、宗教的事業・活動それ自体への直接的な公金支出は違憲と解される。

愛媛玉串料事件・最高裁判決に付された高橋久子裁判官の意見は、津地鎮祭事件・最高裁判決が挙げる事例について、「平等の原則からいって、当該団体を他団体と同様に取り扱うことが当然要請されるものであり、特定宗教と関係があることを理由に他団体に交付される助成金や補助金などが支給されないならば、むしろ、そのことが信教の自由に反する行為であるといわなければならない」と述べている（なお、私立学校への助成措置は、本条後段との関係でも問題となる）。

刑事収容施設に収容されている者（受刑者）に対する教誨活動（民間の篤志家によるものに限る）や、被収容者が1人で行う宗教上の行為は、一定の条件の下で、現行法も認めるところである（刑事収容施設・被収容者法67条・68条）。社会から強制的に隔離された者の信仰の自由に配慮した措置といえよう[31]。

宗教法人に対する税の減免措置の合憲性も、本条前段との関係で問題となり得る。税の減免は、憲20条1項の特権付与あるいは本条前段の公金支出にあたるとみる余地もあるが、公益法人や社会福祉法人などと同様に、一定の公益性を備えた法人に対する優遇措置とみることもできよう。しかし、これに対しては、宗教法人は公益活動を義務づけられているわけではないとの批判もある[32]。

前出の**津地鎮祭事件**・最高裁判決は、「国家は実際上宗教とある程度のかかわり合いをもたざるをえない」との認識を前提に、憲法20条3項が国に禁じている「宗教的活動」とは、かかわり合いが相当とされる限度を超えるものに限られ、「当該行為の目的が宗教的意義をもち、その効果が宗教に対する援助、助長、促進又は圧迫、干渉等になるような行為をいうもの」と解した（**目的効果基準**→憲20条）。本条前段をめぐるその後の判例も、次にみるようにこの基準を援用しつつ、「宗教上の組織及び団体」への公金支出・公の財産の提供行為の合憲性を判断してきた。

(2)　判例

箕面忠魂碑訴訟では、遺族会が管理する忠魂碑の移設再建費用を市が負担し、また建立のために市有地を提供した行為の合憲性が問題となった。前出の最高

---

[31] ただし、施設内の教誨師の常駐、施設内の教誨堂設置や居室内の仏壇・祭壇の設置、教誨師への交通費の支払い等の合憲性が問題となり得るとの指摘もある（渡辺ほか・憲法1・196頁〔渡辺康行〕）。

[32] 各種の議論につき、大石眞『憲法講義II（第2版）』（有斐閣、2012年）172～173頁。

裁判決は、上述のように目的効果基準を援用しつつ、「宗教団体」・「宗教上の組織若しくは団体」の範囲を限定し、「特定の宗教の信仰、礼拝又は普及等の宗教的活動を行うことを本来の目的とする組織ないし団体を指す」と狭く解して、遺族会はこれに該当しないと結論づけている。忠魂碑の前では、仏式・神式交互に遺族会主催の慰霊祭が営まれていた。団体が行う事業や活動の宗教性に着目する広義説の立場からは、最高裁の判断に対し批判も多い。

　愛媛県が靖国神社・県護国神社の行事に玉串料・献灯料・供物料などの名目で公費を支出したことが問題となった**愛媛玉串料事件**では、最高裁（最大判1997（平9）・4・2民集51巻4号1673頁）は、本条前段について、政教分離原則の意義に照らして、公金支出行為等における国家と宗教とのかかわり合いが相当とされる限度を超えるものをいうものと解すべきであり、これに該当するかどうかを検討するにあたっては、前出の目的効果基準によって判断しなければならないとする。その上で、靖国神社・護国神社は本条の「宗教上の組織又は団体に当たることが明らか」であると指摘する。そして、本件における県と靖國神社等とのかかわり合いは「我が国の社会的・文化的諸条件に照らし相当とされる限度を超える」と判示している。

　一方、神社の敷地として市有地を無償提供したことの合憲性が問題となった**空知太神社事件**では、最高裁（最大判2010（平22）・1・20民集64巻1号1頁）は、目的効果基準とは異なる判断基準を用いて、違憲判断を行った。判決は、89条について、20条3項ではなく20条1項を援用し、その趣旨は政教分離の原則を「公の財産の利用提供等の財政的な側面において徹底させる」ところにあり、これによって憲法20条1項後段の**宗教団体への特権の付与の禁止**を「政的側面からも確保し、信教の自由の保障を一層確実なものにしようとしたものである」と述べる。判決は本条について、「公の財産の利用提供等における宗教とのかかわり合いが、我が国の社会的、文化的諸条件に照らし、信教の自由の保障の確保という制度の根本目的との関係で相当とされる限度を超えるものと認められる場合に、これを許さない」趣旨であるとし、「当該宗教的施設の性格、当該土地が無償で当該施設の敷地としての用に供されるに至った経緯、当該無償提供の態様、これらに対する一般人の評価等、諸般の事情」を考慮して、社会通念に照らし総合的に判断すべきであると解している。従来とられてきた目的効果基準ではなく、「総合的な判断」から合憲性が判定されるべきだとしている。その上で、神社を管理していた「氏子集団」について、寄附を集めて本件神社の祭事を行うなど「宗教的行事等を行うことを主たる目的としている宗教団体」であって、本条の「**宗教上の組織若しくは団体**」にあたると解する。そして、諸事情を考慮し社会通念に照らして総合的に判断すると、「市と本件神社ないし神道とのかかわり合い」は、「我が国の社会的、文化的諸条件」に照らし、「信教の自由の保障の確保という制度の根本目的との関係で相当とされる限度」を超えており、本条が禁じる公の財産の利用提供、さらには憲法20条1項後段

が禁止する宗教団体に対する特権の付与にも該当すると判示している。

判決は一方で、違憲性を解消するために直ちに神社施設の撤去や土地の明け渡しを求めると、「地域住民らによって守り伝えられてきた宗教的活動を著しく困難なものにし、氏子集団の構成員の信教の自由に重大な不利益を及ぼす」とも指摘している。大法廷は、「戦前に国公有に帰した多くの社寺境内地について戦後に行われた処分等と同様に」、本件土地の全部又は一部の譲与、有償での譲渡、適正な時価での貸し付け等によっても違憲性の解消は可能であるとして、本件を原審に差し戻した。

最高裁判決が言及する上記の「戦後の処分」に関わるのが、社寺等に無償で貸し付けてある国有財産の処分に関する法律（昭22法律53）である。同法は、国有地である寺院等の境内地その他の附属地を無償貸付中の寺院等に譲与しまたは時価の半額で売り払うこととしている。最高裁は、「新憲法施行に先立つて、明治初年に寺院等から無償で取上げて国有とした財産を、その寺院等に返還する処置を講じたものであ」るという沿革上の理由を重視し、「かかる沿革上の理由に基く国有財産関係の整理は、憲法89条の趣旨に反するものとはいえない」と判示している（最大判1958（昭33）・12・24民集12巻16号3352頁）。この点については、社寺等の存立と宗教活動への不当な圧迫とならないよう「政教分離原則と信教の自由との合理的調整を図った立法措置」として合憲と解すべきであるとの指摘もある[33]。

IV　「公の支配に属しない慈善、教育若しくは博愛の事業」

1　「慈善、教育若しくは博愛の事業」

「**慈善事業**」とは、老幼、病弱、貧困などによる社会的困窮者に対し慈愛の精神に基づき援助を行う事業、「**博愛の事業**」とは、疾病、天災、戦火などに苦しむ者に博く人道的立場から救済援護を行う事業、というように一応区別して定義されることが多い。しかし実際上明確な区別は困難であり、また区別の必要性も乏しい（佐藤功・注釈下1167～1168頁）。各種の社会保障事業や社会福祉事業も、ここに含まれ得る。

「**教育事業**」には、学校教育だけでなく、社会教育の事業も含まれる（佐藤功・注釈下1172頁）。社会教育法は、「社会教育」について、「〔学校教育法に基づく〕学校の教育課程として行われる教育活動を除き、主として青少年及び成人に対して行われる組織的な教育活動（体育及びレクリエーションの活動を含む。）をいう」としている。

---

[33] 大石眞『憲法講義II（第2版）』（有斐閣、2012年）168頁。

2 後段の趣旨

　政教分離原則との関連が明瞭な前段とは異なり、本条後段が、「公の支配に属しない慈善、教育若しくは博愛の事業」に対する公金支出・公の財産の提供を禁じている趣旨の理解をめぐっては、争いがある。

　学説上は、宗教活動と同様に、本来私的に行われるべき慈善事業や私学教育などに対し、適切な監督権の行使を要する公金支出等を介して公権力が介入することを排除し、事業の自主性を確保することに根拠を求める説（宮沢・全訂746〜747頁）、「慈善、教育、博愛」の美名の下に公費が濫用されることを防止すること、または安易で包括的な公金支出や便宜供与を抑制することに主眼があるとみる説[34]、特定の思想信条に基づく事業に対する政府の中立性の確保が目的であるとみる説（渋谷・憲法622頁）、などがある。

　上記3つの理由づけは必ずしも相互に排他的なものではないと思われる。複数の理由づけを並列して挙げる見解もある（**自主性確保**と**濫費防止**を挙げるものとして佐藤功・注釈下1161〜1162頁、濫費防止と**中立性確保**を挙げるものとして野中ほか・憲法2・344頁〔中村睦男〕）。

　さらに近時、後段も前段と同様に政教分離原則を補強するものと捉え、「援助を受ける慈善・教育・博愛事業が宗教活動の隠れ蓑になっていないことをきちんとコントロールする」ことにその趣旨があると解する見解も主張されている（高橋・立憲主義203頁）。

3 「公の支配」

　「慈善、教育若しくは博愛の事業」に対する公費の支出や公の財産の提供は、これらの事業が「公の支配に属しない」場合に禁じられる。「公の支配」の意味をめぐっては、これを厳格に捉える立場と緩やかに捉える立場とがある。

　「公の支配」を厳格に捉える立場は、この文言について、「その事業の予算を定め、その執行を監督し、さらにその人事に関与するなど、その事業の根本的な方向に重大な影響を及ぼすことのできる権力を有すること」（宮沢・全訂742頁）、あるいは、「私的・私立事業の自主性を侵すような特別の統制・支配を及ぼすこと」（佐藤功・注釈下1166頁）、をいうと解する。「支配」の字義に忠実な解釈ともいえるが、私立学校や無認可の保育事業への助成措置の合憲性を説明することは、容易ではなくなる。

　一方、そこまで厳格な支配は必要ないと考える立場にはさまざまなものがあるが、いずれにせよ、私立学校や無認可の保育事業も一定の監督に服しており、「公の支配」が及ぼされていると解することになる。しかし、「公の支配」をあまりに緩やかに解すると、本条後段の意味が希薄化しかねない。

　本条後段の趣旨が政教分離原則の補強にあると解する立場をとる場合には、

---

[34] 大石眞『憲法講義Ⅰ（第3版）』（有斐閣、2014年）275頁。

公金の支出等の対象となる事業が世俗的なものであることが厳格に規制・監督されていればよい、と解することになる。

政府は、「公の機関がその事業に対しまして、事業の内容とか、団体でありますとか構成だとか、人事というようなものにつきまして、具体的に発言干渉ができるような…、公けの機関と特別な関係にある場合」、「公の支配」に属するといえると解している（答弁集491）。

4 慈善・教育・博愛の事業への公金支出等の合憲性

(1) 「公の支配」と助成等の措置の合憲性

本条との関係でとくに問題となったのが、私立学校への助成措置であった。私立学校法は、学校法人に対し、私立学校教育に必要な助成措置を認めている（私学59条）。同法は、所轄庁による学校法人に対する違反の停止・運営の改善等の措置命令（私学60条）、解散命令（私学62条）、報告を提出させ立入調査を行う権限（私学63条）、などを認めている。また、私立学校振興助成法は、助成を受ける学校法人に対して、業務・会計状況の報告を徴し質問・検査を行う、いちじるしい定員超過の場合に是正を命じる、予算について必要な変更をすべき勧告をする、法令違反等がある場合に役員の解職勧告をするなどの権限を、所轄庁に認めている（私立学校振興助成法12条）。社会福祉法（社福58条2項）、児童福祉法（児福56条の2第2項）にも、助成について同種の権限の定めがある。

「公の支配」を緩やかに解すれば、これらの権限をもって「公の支配」があると解することも可能になろう。政府は、私立学校法、さらには学校教育法の規制等を根拠に、私立学校は「公の支配」に属していると解している（答弁集493）。

裁判所の判断も同様である。市による私立大学誘致のための公金支出（土地の造成費用の支出と無償譲渡）の合憲性が問題となった事案をめぐり、「公の支配」に属する事業とは、「国又は公共団体が人事、組織、予算等について根本的に支配していることまでをも必要とする趣旨ではなく、それよりも軽度の法的規制を受けていることをもつて足り」、現行の法規制の下で私立学校は公の支配に属していると解し得るとした裁判例がある（千葉地判1986（昭61）・5・28行集37巻4＝5号690頁）。

また、無許可の幼児教室に対する町による不動産の無償提供・補助金交付の合憲性が争われた事案をめぐり、「町の関与が、予算、人事等に直接及ばないものの」、「町の公立施設に準じた施設として、町の関与を受けているものということができ」、こうした関与により「本件教室の事業が公の利益に沿わない場合にはこれを是正しうる途が確保され、公の財産の濫費を避けることができる」から、かかる関与をもって「公の支配」に服するものといい得るとした裁判例がある（東京高判1990（平2）・1・29高民43巻1号1頁）。

(2) 生存権・教育を受ける権利からの基礎づけ

第90条（会計検査院の決算検査、国会の決算審査）　719

　一方、「公の支配」の意味を厳格に解する場合には、これら公金の支出等を合憲と説明することは難しくなる。合憲とするためには、別途の根拠が必要となろう。この点で援用されるのが、**生存権**（憲25条）や「**ひとしく教育を受ける権利**」（憲26条）である。国はこれらの権利を具体化すべく、社会福祉や教育を受ける権利を実現する責務を負っている。しかし現実には、すべてを国等が担うことはできない。私立学校による教育事業や公的な機関以外の主体によって運営される社会福祉事業がこれらの権利の充足には不可欠であるが、事業の財政基盤は必ずしも十分ではなく、広く国民が利用し得るためには、国等による財政支援が欠かせない。かくして問題となっている助成措置は、憲法25条や26条の権利の保障のための「国の責務の現われ」（佐藤功・注釈下1177頁）として根拠づけられることになる。憲法25条・26条に基づく国の責務から助成措置の合憲性を説明する立場は、「公の支配」を緩やかに解釈する説のバリエーションとして位置づけることもできるが、「公の支配」を厳格に解する立場からも、主張されている（佐藤功・注釈下1177頁、樋口ほか・注解4・221頁〔浦部法穂〕）。

　もっとも、憲25条や憲26条を援用する場合でも、団体や施設に対する助成はなお問題であるとし、受益者に対する助成措置として合憲と解する方が適切であると指摘する学説もある[35]。このように解した方が、合憲性を説明しやすくなると思われる。

　政府は、無認可の保育所に対する助成措置について、本条との関係で、建物の整備等への支出には問題があるが、委託費的な経費――「1人の子どもを保育するのに必要な実費弁償的な経費」――の支出であれば可能ではないか、と解している（答弁集492）。

（只野雅人）

第7章

（会計検査院の決算検査、国会の決算審査）
第90条　①　国の収入支出の決算は、すべて毎年会計検査院がこれを検査し、内閣は、次の年度に、その検査報告とともに、これを国会に提出しなければならない。
②　会計検査院の組織及び権限は、法律でこれを定める。

I　本条の意義

　憲法は、国の財政処理の権限一般について国会の議決を求め、さらに国の収

---

[35] 宗教系私学への助成措置の合憲性をこのように説明するものとして、大石眞『憲法講義II（第2版）』（有斐閣、2012年）169頁。

入および支出について国会の議決を要請している。本条は、決算について定め、国の支出の事後統制の手続を規定している。憲法86条は予算について国会の議決を求めているが、歳入歳出予算は予測を前提にしており、国会が授権した収納・支出の権限が適正に行使されたかどうかについての事後統制もまた、予算の議決に劣らず、重要な意味を有している。

決算をめぐっては、それが個々の予算執行の集積には解消されない「統治プログラム」評価という側面を有しており、さらにその「事後的評価としての意味をもつだけでなく、次年度以降の統治プログラムの作成に対する影響力の行使としての意義も有する」という点に留意する必要がある[36]。国会による事後統制のあり方が、将来の財政政策全体に大きなインパクトを及ぼし得る点が、看過されてはならない。事前の議決による統制にとどまらない事後的な財政政策の評価の必要性は、今日広く認識されているところである。

本条の特徴は、決算については、独立性を備えた専門機関である会計検査院の設置を予定し、その検査報告に基づき、内閣が決算を国会に提出すべきことを定めている点にある。ドイツやフランスの憲法にも、同種の機関についての定めが置かれている。またアメリカでも、同様の機関（General Accounting Office）が設置されている。戦前の大日本帝国憲法もまた、「国家ノ歳出歳入ノ決算ハ会計検査院之ヲ検査確定シ政府ハ其ノ検査報告ト倶ニ之ヲ帝国議会ニ提出スヘシ」と規定し、本条と類似した定めを置いていた（明憲72条）。

本条は文面上、大日本帝国憲法と同様に、決算の国会への「提出」を定めるにとどまっている。しかし本条は、上述のような予算執行についての事後統制の意義、そして憲法が国会中心財政主義を採用した趣旨を十分に踏まえ、解釈される必要がある。また、適切な統制が機能するような制度設計がなされる必要がある。会計検査院は、行政活動の一環としての「会計検査」のための機関にとどまらず、憲法が予定する「財政コントロール」の重要な構成要素であるとみるべきであろう[37]（→憲83条）。

Ⅱ　決算

1　「国の収入支出の決算」

「国の収入支出の決算」とは、「一会計年度における国の収入支出の実績を示す確定的計算書」（佐藤功・注釈下1183頁）である。「予算の執行の結果の表示」（宮沢・全訂751頁）ということもできようが、のみならず、国会の授権に基づき内閣が執行した「統治プログラム」の財政的表明ともいうべき意味をも有する。

---

[36] 櫻井敬子『財政の法学的研究』（有斐閣、2001年）198〜200頁。
[37] 石森久広『会計検査院の研究』（有信堂、1996年）246〜247頁。

2 「毎年」

決算は「毎年」、作られなければならない。また本条の「すべて」という表現は、当該会計年度の歳入歳出全部を意味する。戦前の会計検査院法は、機密費を検査の対象外としていたが、このような扱いは許されない。

Ⅲ 会計検査院の検査

1 「会計検査院」

本条は、**会計検査院**を設け、この会計検査院が毎年、すべての決算を検査すると定めている。検査報告は、内閣を通じ、国会に提出される。会計検査院の組織および権限は、法律で定められる。本条が会計検査院に直接言及していることからして、独立し権限を行使する専門機関が想定されていると解される。

会計検査院法は、会計検査院が内閣に対し独立の地位を有する、と定めている（同1条）。会計検査院は、3人の検査官から構成される検査官会議と事務総局から組織される（同2条）。検査官は、任期7年（同5条）で、両議院の同意を経て、内閣が任命する（同4条）。検査官には、手厚い身分保障がなされている。検査官は、「他の検査官の合議により、心身の故障のため職務の執行ができないと決定され、又は職務上の義務に違反する事実があると決定された場合において、両議院の議決があつたとき」は退官となり（同6条）、また「刑事裁判により禁錮以上の刑に処せられたとき」は官を失う（同7条）。

会計検査院法は、上述のように、会計検査院の内閣からの独立を規定するが、会計検査院を単に、憲法上明示的地位を与えられた独立の行政機関と捉えることは、適切ではない。有力学説は、国会と内閣の職務遂行と深く関係した、しかし同時に両者から独立して職権を行使する「憲法上の独自の重要な機関」（佐藤幸・憲法540頁）であるとする。「国会のもつ財政コントロール権行使の契機を与えるという点では国会の援助機関」、「行政の自己コントロールに寄与するという点では政府の援助機関」でもあり、さらにその判断が裁判との関連性を有する場合には裁判所の援助機関にもなり得るとし、三権いずれにも属さない独立性を認められた「国民の『受託機関』」であると位置づける見解もある[38]。

2 「すべて」「これを検査し」

会計検査院は、国の収入支出の決算の検査を行う外、法律に定める会計の検査を行う（会計検査院法20条1項）。検査は、「正確性、合規性、経済性、効率性および有効性の観点その他会計検査上必要な観点」（同20条3項）から行われる。

特定秘密の保護に関する法律の制定に際し、特定秘密が提供されない場合が

---

[38] 石森久広『会計検査院の研究』（有信堂、1996年）234～235頁。

ありうることから、「すべて毎年会計検査院がこれを検査し」と定める本条との関係が問題となった。同法は、秘密保護の措置が講じられ、かつ安全保障に著しい支障を及ぼすおそれがないと認められることを条件に、公益上の必要による特定秘密の提供について定めている。政府による逐条解説は、会計検査院の検査は、提供が行われるものとされる「公益上とくに必要があるこれら〔議院・議院の委員会等による審査・調査、刑事裁判・民事裁判、情報公開・個人情報保護審査会による審査等〕に準ずる業務」(特定秘密の保護に関する法律10条1項1号) に該当するとしている[39]。

IV　内閣による会計検査の国会への提出

1　「次の年度に」

内閣は、国の収入支出の決算を、「次の年度」に、会計検査院の検査報告とともに、国会に提出しなければならない。決算は財務大臣が作成し、閣議決定を経て、会計検査院に送付する (財37〜39条)。財政法は、「内閣は、会計検査院の検査を経た歳入歳出決算を、翌年度開会の常会において国会に提出するのを常例とする」と定めている (財40条1項)。決算の早期審査のために、最近では秋の臨時国会への提出が定着している[40]。

2　「国会に提出しなければならない」

憲法は、決算を「国会に提出しなければならない」と定めている。しかし、戦前からの慣例で、両議院同時に別々に提出される。先例により、議決が行われても他院には送付されないので、両院の議決が食い違うことも生じ得る。通常の議案とは異なり、会期中議決されなかった場合には、引き続き次の国会で審議され、再提出を要しない[41]。決算は、衆議院では決算行政監視委員会で、参議院では決算委員会で、審査される。衆議院では、委員会の報告通りに決するか否かを議決する[42]。参議院では、委員長報告通りに是認することおよび内閣に対し警告することの可否について採決が行われる[43]。決算が否決され

---

[39]　内閣官房特定秘密保護法施行準備室『特定秘密の保護に関する法律【逐条解説】(平成26年12月9日)』63頁 (https://www.cas.go.jp/jp/tokuteihimitsu/pdf/bessi_kaisetsu.pdf)。また、会計検査院から要求があった場合には応じるという従来の取扱いに「何らの変更を加えるものではない」とする通達も発せられている (「会計検査院に対する特定秘密の提供について」、https://www.cas.go.jp/jp/seisaku/naikakuhozenkansi/dai3/siryou3.pdf)。

[40]　浅野一郎＝河野久編『新・国会事典 (第3版)』(有斐閣、2014年) 128頁。

[41]　平成29年度版・衆議院先例集349、平成25年度版・参議院先例録158。

[42]　平成29年度版・衆議院先例集350。

[43]　平成25年度版・参議院先例録342。

第91条（内閣の財政状況報告） 723

た場合でも、すでになされた支出の効力に影響はないと解されている。しかしながら、財政政策の執行をめぐり、内閣の政治責任が生じることが軽視されてはならない。

　憲法上は、戦前と同様に、国会への提出のみが定められている。しかし学説上は、決算に対する国会の審査・議決権は、財政処理の権限行使に対する**国会の議決**（憲83条）の当然の結果であること、内閣は行政権の行使の一環として決算についても国会に対して責任を負うこと、などを根拠に、議院の議決のみならず、国会として議決を行う方が憲法の趣旨にかなうと説く見解も有力である（佐藤功・注釈下1188頁、清宮・憲法1・283頁）。

　近時では、決算の早期審査に加え、会計検査院の機能強化と国会による決算審査の充実を図るべく、法改正が行われている。1997（平成9）年の改正より、「各議院又は各議院の委員会は、審査又は調査のため必要があるときは、会計検査院に対し、特定の事項について会計検査を行い、その結果を報告するよう求めることができる」（国会105条）ものとされた。会計検査院は、「要請に係る特定の事項について検査を実施してその検査の結果を報告することができる」（会計検査院法30条の3）。また、2005（平成17）年の会計検査院法改正により、決算報告以外にも、会計検査院が所定の事項について、随時、国会および内閣に報告することができるようになった（会計検査院法30条の2）。

（只野雅人）

（内閣の財政状況報告）
第91条　内閣は、国会及び国民に対し、定期に、少くとも毎年1回、国の財政状況について報告しなければならない。

第7章

Ⅰ　本条の意義

　内閣は、国会に対し行政権の行使について連帯責任を負っている以上、財政政策や財政の処理について、当然に国会に対して説明責任を有している。さらに財政民主主義の観点からは、国民に対しても同様に説明責任を負う。本条はそれらを具体化するものである。

Ⅱ　「国会及び国民に対し」

　「一般国務」についての国会への報告（憲72条）の中には財政に関する政策やその執行が含まれる。また国会は、必要があれば、内閣総理大臣その他の国務大臣に、国会に出席して答弁・説明を行うよう要求することもできる（憲63条）。それゆえ本条の意義は、内閣が、国会に対してのみならず、国民に対し

ても、少なくとも毎年1回、国の財政状況について報告しなければならないと
定めている点にある。「国民主権への配慮」（佐藤幸・憲法541頁）、あるいは**財
政民主主義**（→憲83条）の具体化ということもできよう。

Ⅱ　「定期に、少くとも毎年1回、国の財政状況について報告しなければな らない」

　内閣は、「国会及び国民」に対して、「定期に、少くとも毎年1回」、「国の財
政状況」について、報告しなければならない。財政法は、国民に対する報告に
ついては、「予算が成立したときは、直ちに予算、前前年度の歳入歳出決算並
びに公債、借入金及び国有財産の現在高その他財政に関する一般の事項につい
て、印刷物、講演その他適当な方法で」、報告しなければならないと定めてい
る（財46条1項）。国民に対する報告には、予算や決算も含まれている。
　さらに内閣は、「国会及び国民」に対して、それ以外に、「少くとも毎四半期
ごとに、予算使用の状況、国庫の状況その他財政の状況について」、報告しな
ければならない（財46条2項）。

（只野雅人）

第8章　地方自治

〔前注〕

I　本章の位置づけ

　本章は地方自治に関する章である。地方自治に関する章は大日本帝国憲法には存在せず、日本国憲法の下で新たに設けられた。本章は総則規定を定めた92条、地方自治の組織の構成およびその選出方法を定めた93条、地方自治の組織の権能を定めた94条そして地方特別法に関する住民投票について定める95条の4か条からなっている。

　なお、GHQ草案には憲法92条に相当する規定はなかった（憲92条）。しかし、憲法制定作業の過程において、GHQがチャーター制（→憲95条）を念頭に置いて挿入していた「憲章」の文言（GHQ草案87条）が「条例」へと修正されたこともあって（→憲94条）、地方自治の総則規定の必要性が認識されるようになり、地方自治の基本精神を的確に表す方法が模索された結果、**「地方自治の本旨」**を中核とする92条が規定されることとなった、といわれる（樋口ほか・注解4・238〜239頁〔中村睦男〕）。

II　地方自治の形成

1　地方自治の意義
　近代立憲主義の形成過程は、巨大な中央政府の形成過程でもある。主権原理に基づく統一的な中央政府による統治は、同時に、地方自治の重要性を喚起した。その位置づけは国によりさまざまであったが、一方では巨大な中央政府を抑制する装置としての地方自治体の重要性が説かれ、他方ではジェームズ・ブライスが言うように市民として中央政府の政治に参加する素養を醸成する「民主主義の学校」として地方自治制度が必要だとの認識が高まり、先進欧米諸国を中心に地方自治制度が確立されていった。第二次世界大戦期における全体主義の経験も、中央政府の巨大化への警戒と地方自治の重要性の認識を高めることにつながった。1985年に採択、88年に発効したヨーロッパ地方自治憲章は、その前文で「地方公共団体はいかなる民主主義体制にあってもその主要な土台の一つ」と述べている。

2　大日本帝国憲法の下での地方自治
　日本においても、近代化の初期から地方自治制度の導入が図られていた。大日本帝国憲法には地方自治に関する規定は盛り込まれなかったが、憲法制定と

同時期に地方自治制度として市制・町村制（1888（明治21）年）および府県制・郡制（1890（明治23）年）が定められた。しかし、府県の首長は国の官吏であり議員も住民による直接選挙ではなく複選制により選出されるなど住民自治の要素に欠けており、市町村は地方自治団体の位置を与えられてはいたが内務大臣等の強力な監督の下に置かれた[1]。そのため、この時期における地方自治制度は「全体としてきわめて官治的色彩の強いもので、国の広範な後見的監督を受け、団体自治という側面でも住民自治という側面でも真の自治の名に値しなかった」といわれる[2]。20世紀に入った頃から自治を強化する形でこれら制度の改革が試みられたが、第二次世界大戦期に反動化し、終戦を迎える。

3　日本国憲法制定と地方自治

　第二次世界大戦後、憲法制定と平行して進められた第一次地方制度改革およびその後の地方自治法施行（1947（昭和22）年）を通じ、日本国憲法の下での地方自治制度の原型が作られる。不完全自治体であった都道府県は完全な自治体となり団体自治が強化され、地方議会議員および地方公共団体の長が公選制となることで住民自治が強化された。また、地方行政事務執行の公正を確保するために、選挙管理委員会および監査委員が独立した執行機関と位置づけられた。この時期には、新たに制定された警察法（1947（昭和22）年）の下で、警察組織の民主化を目途として市町村レベルに自治体警察が設置され（ただし、財政問題等のため1955（昭和30）年までにすべて廃止された）、教育行政を公選の教育委員会に委ねる教育委員会法が制定される（1948（昭和23）年。ただし、1956（昭和31）年に廃止された）など、地方自治を強化する方向での制度設計が行われた。

　しかし、それ以降地方自治が順調に実質化されていったわけではなく、むしろそれに逆行するかのような状況が続いた。その原因として、地方公共団体の処理する事務のうち多くの部分を国（または市町村にあっては都道府県知事）から指揮監督を受ける機関委任事務が占めていたこと、および、財政面における地方の独立性の基礎が脆弱であったことがとくに指摘されている。

　高度成長期には、さらに、国策としての地域開発の促進、広域行政化、地方行財政の効率化・合理化のための新中央集権主義の3つを特徴とする改革が進められた[3]。しかしその一方で、公害等の高度成長のひずみに反対する住民運動の機運も高まり、1960年代半ばから各地で革新自治体が誕生し始めるようになる。革新自治体においては公害・環境問題や教育、福祉において独自の施

---

[1]　小林武＝渡名喜庸安『憲法と地方自治』（法律文化社、2007年）15〜16頁。
[2]　成田頼明「地方自治総論」雄川一郎ほか『現代行政法大系第8巻』（有斐閣、1984年）18頁。
[3]　小林武＝渡名喜庸安『憲法と地方自治』（法律文化社、2007年）55頁。

策が試みられ、一定の成果をもたらすが、財源問題等抱える課題も大きかった。こうした動きは1970年代末まで続いていく。

　経済成長が失速する中で迎えた1979（昭和54）年の第二次石油ショックを機に、国は財政危機への対応を政治の中心課題とし始める。この時期、保守・革新の両サイドから「地方の時代」というスローガンが掲げられ、1980年代を通じて地方分権、地方行政改革が大きな流れを形作っていく※4。

4　地方自治制度の見直し

　こうした中で、地方自治制度の見直しの必要性が叫ばれ、1990（平成2）年には地方分権が政治日程に上るにいたった。その結果1999（平成11）年に成立したいわゆる「地方分権一括法」（地方分権の推進を図るための関係法律の整備等に関する法律）は、地方自治法など450本以上の法律の改正を行う一括法であった。そこでは地方公共団体の自立性が強調され、国と地方との権限配分が大きく見直された。

(1)　1999（平成11）年地方自治法改正以前の事務区分

　1999（平成11）年の改正以前には、地方自治法は、国の専管事項として司法、刑罰等の8事務を明記し（（旧）自治2条10項）、地方公共団体の事務として公共事務、団体委任事務、および行政事務（（旧）自治2条2項）の3種類を定めていた。これに含まれる事務として、地方公共秩序の維持、公園・道路・河川の管理等22の事務が例示されていた（（旧）自治2条3項）。このうち公共事務は地方公共団体の存立目的たる固有の事務、団体委任事務は法令等によって地方公共団体に属すると定められた事務を指すと解するのが通説であったが、両者の区別は相対的であり、この区分を用いることには批判も多かった。また、1999（平成11）年改正前の地方自治法はこのほかに、「国、他の地方公共団体その他の公共団体の事務であって、法律またはこれに基づく政令により地方公共団体の長その他の執行機関に委任された事務」として機関委任事務（（旧）自治148条）に関する規定を置いていた。機関委任事務には国の包括的な指揮監督権が及ぶ（（旧）自治150条・151条）ものとされていたため、地方自治の観点からしばしば問題にされてきた。こうした批判を受けて、1999（平成11）年、第一次地方分権改革の一環として地方自治法が改正され、地方公共団体の担う事務が再編成されることとなった。

(2)　1999（平成11）年地方自治法改正以後の事務区分

　1999（平成11）年に改正された地方自治法は、地方公共団体の全権限性を強調し、その上で、国は国の本来果たすべき役割を重点的に担い、住民に身近な行政はできる限り地方公共団体に委ねるという権限配分の基本的方向性を定めた。機関委任事務は廃止され、国と地方公共団体との間の事務配分は、新たに

※4　小林武＝渡名喜庸安『憲法と地方自治』（法律文化社、2007年）65〜66頁。

自治事務と法定受託事務という形に構築し直された（→憲94条Ⅱ3）。

Ⅲ　地方自治の今日的課題

　今日、地方分権の機運はかつてなく高まっている。ヨーロッパで20世紀後半から注目を浴びるようになった補完性原理、すなわち統治は住民の最も身近な自治体を基礎として行われるべきであり、上位の自治体または国はそれを補完する立場にあるとする地方自治の捉え方が、日本においても共有されるようになってきている。他方で、地方分権には影の側面も存在する。財源等の問題は残存しており、地域格差が拡大する等、分権の名を借りた地方切り捨てにつながるとの指摘もある。地方自治の本旨に立ち返り、国と地方の適切な関係を模索してゆくことが必要である。

　国と地方の関係見直しの機運は、各種改憲論にも示されている。そこでは**二層制**の維持や**道州制**導入の可否が主な論点となっている。しかし、問題の本質は地方公共団体の「名称」ではない。二層制を論じるならば、どういった実態を備えた自治体を基礎的自治体および広域自治体として描くか、そしてその基礎的自治体と広域自治体、国の権限配分をどのようにするのか、といった実質面が議論されるべきであろう。

（大河内美紀）

（地方自治の基本原則）
第92条　地方公共団体の組織及び運営に関する事項は、地方自治の本旨に基いて、法律でこれを定める。

Ⅰ　本条の趣旨

　大日本帝国憲法は地方自治に関して独自の章を有してはいなかった。もっとも、このことが直ちに大日本帝国憲法下で地方自治が一切認められていなかったことを意味するわけではない。大日本帝国憲法下においても、1888（明治21）年には市制・町村制、1890（明治23）年には府県制・郡制が地方自治の制度として定められ、いずれにおいても制限付きではあれ住民の選挙による議事機関が設けられていた。

　こうした状況下で、GHQ草案は地方自治に関する章を設けた（GHQ草案第8章「地方政治」）が、GHQ草案には本条に相当する規定はなかった。しかし、制定過程において地方自治の総則規定の必要性が認識されるようになり、地方自治の基本原則を示すものとして本条が定められるに至った。

　本条は地方自治制度を憲法上のものとして保障し、法律によってこれを失わ

第 92 条（地方自治の基本原則）　729

せることを不可能とするものである。本条は地方自治制度の具体化を法律に委ねているが、それには「地方自治の本旨に基づき」という留保が付されている。

Ⅱ　「地方公共団体」

1　地方公共団体とは

　本条は地方自治の担い手を「**地方公共団体**」と定める。「地方公共団体」という文言は憲法93条ないし95条でも用いられている。

　講学上、地方公共団体とは、「国の領土の一部をその基礎たる区域とし、その区域内において、その区域に関する公共事務を行うことを存立の目的とし、その目的を実行するために、国法の範囲内で、財産を管理する能力を有し、また、住民に対し、課税権その他の統治権的な支配権を有する団体」（宮沢・全訂758頁）を意味する。しかし、この文言は日本国憲法の下で初めて用いられるようになったものであり、その定義が憲法上明確に定められているとはいえない。そのため、憲法上の「地方公共団体」の意味内容および本条ないし憲95条で用いられる「地方公共団体」がすべて同じ意味か否かが論点となり得る。なぜならこれは、後述のように、いかなる地方自治制度が憲法の要請にかなうのかという問題にかかわってくるからである（→2・3）。

　この点、学説は、2つに分かれる。1つは、本条の定める「地方公共団体」と憲法93条ないし95条の定める「地方公共団体」とを区別し、憲法93条ないし95条の定める「地方公共団体」は地方自治の本旨を実現するために不可欠な標準的な地方公共団体を指し、本条の「地方公共団体」はこれよりも広く、すべての地方公共団体を指すものと解す（宮沢・全訂764頁）。これは、GHQ草案が都道府県・市町・下級自治体の間に権限の差を設けており（GHQ草案86条・87条）、完全自治体と不完全自治体との区別を想定していたことから、憲法93条ないし95条を地方公共団体制度の核心的地位を占めるべき標準的地方公共団体（現行制度では都道府県および市町村がこれにあたる）に関する規律とし、本条の「地方公共団体」は非標準的地方公共団体（現行制度における特別区、組合および財産区）をも包括する広義のものと捉えるものである。この説によれば、非標準的地方公共団体を含むすべての「地方公共団体」は憲法上「地方自治の本旨」に基づいて法定されねばならないが、憲法93条ないし95条の要請を満たさねばならないのは標準的地方自治体のみとなる。もう1つの学説は、本条ないし憲法95条の定める「地方公共団体」はすべて同一の意味と解する（佐藤功・注釈下1198頁）。その理由として、本条ないし憲法95条が同じ文言を用いていること、本条が地方自治に関する総則規定であり憲法93条以下はその具体化と考えられること等が挙げられている（樋口ほか・注解4・252～253頁〔中村睦男〕）。この説によれば、憲法上の「地方自治体」とは憲法93条ないし95条の規律を受ける標準的地方公共団体のみを指すこととなる。通説的見解は後者であ

る。したがって、最高裁判所が憲法93条2項の「地方公共団体」について定義した「単に法律で地方公共団体として取り扱われているということだけでは足らず、事実上住民が経済的文化的に密接な共同生活を営み、共同体意識をもっているという社会的基盤が存在し、沿革的にみても、また現実の行政の上においても、相当程度の自主立法権、自主行政権、自主財政権等地方自治の基本的権能を附与された地域団体であることを必要とする」（最大判1963（昭38）・3・27刑集17巻2号121頁）との基準は本条にもあてはまることとなる。

　本条はこの意味での地方公共団体の設置を憲法上不可欠のものとしており、すべての地方公共団体を廃止する、または、特定の地域に一切地方公共団体を設置しないことは本条に違反するものと解される。

2　地方公共団体の種類

　地方自治法は、地方公共団体を普通地方公共団体と特別地方公共団体とに大別し（自治1条の3第1項）、普通地方公共団体として都道府県および市町村を、特別地方公共団体として特別区、地方公共団体の組合および財産区を、それぞれ規定する（自治1条の3第2項・第3項）。このうち普通地方公共団体が憲法上の「地方公共団体」たることに異論はない。また、特別地方公共団体のうち組合および財産区は、その事務範囲が特定の事務の処理または財産の管理等に限られており、基礎的な地方公共団体をまたぐあるいはその内部に設置されるものであるため、憲法上の「地方公共団体」たる性質を有さないと一般に理解されている。しかし、特別区および現在は廃止されている特別市については、議論が分かれる（→3）。

　地方自治法上の地方公共団体であっても組合等のように憲法上の「地方公共団体」には相当しない場合、その組織や運営については憲法の規律は及ばない。こうした地方公共団体の廃止も憲法の規律の及ぶところではない。しかし、憲法上の「地方公共団体」の場合は別の議論が必要である。すなわち、今日地方自治法上普通地方公共団体と位置づけられているものから憲法上の「地方公共団体」の性質を除去することが可能か、また、地方自治法上特別地方公共団体と定義されているものが憲法上の地方公共団体としての性格を備えている場合それを廃止することが憲法に合致するか否か、が問題となる。この問題は、1つの地域に二段階の憲法上の「地方公共団体」を用意するいわゆる二層制を日本国憲法が要請しているか否かの理解ともかかわって、これまでたびたび議論されてきた。

3　二層制

(1)　二層制

　比較法的には、国家の内部に何層の地方公共団体を設けるかはさまざまであり、アメリカ合衆国など三層制を採っている国も多い。日本は、大日本帝国憲

法の下では、府県と市町村という二層からなる地方自治の仕組みを採用していたが、当時の府県は官吏たる知事の下にある不完全自治体であって（佐藤功・注釈下1203頁）、1つの地域に二段階の完全自治体を設置するという意味での二層制ではなかったとの見方も成り立つ。

日本国憲法自体はこの点について一切言及しておらず、日本国憲法がこの意味での二層制を要請しているか否かについて学説は分かれる。1つは、二層制を採用するか否かは立法政策の問題であり憲法の要請ではないとする説である。これは、(2)で述べるように東京都の特別区を憲法上の「地方公共団体」でないと解すると（→(2)）、そもそも地方自治法は制定当初から全国にあまねく二層制を敷いていないことから、制憲者は必ずしも二層制以外を憲法が禁じているとは考えていなかったであろうことを論拠とする（新基本コンメ480頁〔渋谷秀樹〕）。この立場からは「府県から地方公共団体たる性格を奪い、市町村だけを地方公共団体とすることにしても……ただちに『地方自治の本旨』に反するとして、憲法違反になるとは言え」ず、「地方公共団体としての道州が新たに設けられるとかいう改正も、もちろん可能」とされる（宮沢・全訂762～763頁）。

これに対し、二層制の採用を憲法が保障するものとみる二段階保障説も存在する。二段階保障説は、さらに、現行の都道府県および市町村という構造を憲法上保障しているとみる説と、基礎的自治体である市町村を包括する地方公共団体として都道府県を維持するか都道府県を統合した道州を設けるかは立法政策であるとする説とに区別される。前者は、本条を含む日本国憲法第8章の規定が大日本帝国憲法下での府県制を改革しこれを完全自治体にすることをめざしたものであるという歴史的背景を重視する解釈である（佐藤功・注釈下1204頁）。後者は、時代の変化に伴う広域行政の必要性拡大等の事情に鑑み、府県を廃し広域の地方公共団体として道州のようなものを設置することは、地方自治の本旨に反しない限り、立法政策の問題と解するものである（芦部・憲法368～369頁、佐藤幸・憲法552頁）。とはいえ、両者は、広域の地方公共団体に「**地方自治の本旨**」を実現する地方公共団体性、すなわち憲法上の「地方公共団体」たることを要請している点で共通しており、その区別は相対的である（樋口ほか・注解4・248頁〔中村睦男〕）。なお、現在では後者が通説的見解となっている。

(2)　特別市・特別区制度、道州制導入の合憲性

(i)　特別市制度

これまでに二層制の憲法上の位置づけの問題が顕現してきたのは、主として、以下の3つの場面においてである。第1に、現在は廃止されている特別市制度である。1956（昭和31）年に廃止されるまで地方自治法は特別地方公共団体の1つとして特別市を規定していた。これは大阪・名古屋・京都・横浜・神戸の五大都市に一層制を採ることを前提しており、二層制を憲法の要請とする立場からは憲法違反であったといえる。

732 第92条（地方自治の基本原則）

(ii) 特別区制度

第2に、現行の特別区制度の合憲性である。現行の地方自治法は、特別地方公共団体として特別区を設けている。この特別区は政令市の行政区とは異なり市町村には属さない「都の区」（自治281条1項）であり、1998（平成10）年の地方自治法改正以降は市町村と並ぶ基礎的な地方公共団体（自治281条の2第2項）と位置づけられている。この特別区について、最高裁判所は、現行よりもさらに制限された権限しか認められていなかったとはいえ、憲法上の地方公共団体ではないと判断しており（最大判1963（昭38）・3・27刑集17巻2号121頁）、政府は区長公選制が復活しその権限が拡充された後も特別区は憲法上の地方公共団体にはあたらないとする立場を維持している（答弁集506）。特別区を憲法上の地方公共団体にはあたらないとするこれらの立場からすれば、現行地方自治法は、特別区の領域には都という一層の憲法上の地方公共団体のみしか設けていないことになり、二層制を全国にあまねく用意してはいないことになる。二層制を絶対的な憲法上の要請だとするならば、現行の特別区制度は憲法に違反することになる（逆に、この点を現在の特別区を憲法上の地方公共団体と解すべきとする論拠の1つに挙げる説もある（樋口ほか・注解4・250頁〔中村睦男〕））。

(iii) 道州制

第3に、**道州制**の導入である。これまでに議論の俎上に載ったものの中には、府県を廃止し全国を国と地方公共団体の中間的団体である7つから9つの「地方」に再編しようとするもの（第4次地方制度調査会「地方制度の改革に関する答申」（1957（昭和32）年10月18日）。なお、この答申に示された地方制の合憲性にかかわって政府は憲法が必ずしも二層制を要求するものではないとの考え方を示している（答弁集504））から、地方公共団体として都道府県に代えて道州を置いた上で、基礎的自治体と広域自治体という二層制を維持するという提言※5まで多様な性格のものが含まれる。二層制を立法政策の問題と捉える立場であれば別段、二層制に憲法の保障が及ぶとするならばその合憲性が問題となり得る。これについて、現行の都道府県制と市町村制という形での二層制を憲法の保障するものと捉えるならば道州制の採用は違憲となる可能性が高いが、新たに設置される道州が地方自治の本旨に合致する憲法上の「地方公共団体」としての性質を備えたものであれば、二層制を憲法上の要請と解しても必ずしも違憲となるわけではない。新たに設置される道州が形式的にも実質的にも地方自治の本旨にかなう制度設計となっているかが焦点となる。

(iv) その他

※5 第28次地方制度調査会「道州制のあり方に関する答申」（2006（平成18）年2月28日）http://www.soumu.go.jp/main_sosiki/singi/chihou_seido/singi/pdf/No28_tousin_060228.pdf。

第92条（地方自治の基本原則）　733

　これに加えて、近年、新しい大都市制度として「大阪都構想」が提唱され論議を呼んだ。これは、大阪市・堺市をはじめ大阪府内の複数の市を解体し特別区へと再編しようという構想である。二重行政の無駄を省くというメリットをもつ反面、特別区の設計いかんによっては、地方事務の多様性に柔軟に対応できるといった二層制のメリットを失うことにもなる。

　2012（平成24）年に「大都市地域における特別区の設置に関する法律」が制定され、東京都の特別区以外に特別区を設置する法律上の手続が定められた。大阪では、同法に基づいて特別区設置協議会が設けられ（大都市特別区設置法4条）、特別区設置協定書が作成され（同5条）、関係地方公共団体の議会による承認（同6条）を経て、2015（平成27）年5月に住民投票（同7条）が行われた。投票の結果は反対多数であり、特別区設置の申請を行う要件は満たされず、「大阪都構想」はこの時点では実現に至らなかった。ただし、その後も政治的な動きは続いている。

　また、2013（平成25）年の第30次地方制度調査会「大都市制度の改革及び基礎自治体の行政サービス提供体制に関する答申」[※6]では大都市における二重行政の解消の必要性が強調されており、これを受けて2014（平成26）年には指定都市制度や中核市・特例市の統合など大都市制度の見直しを含む地方自治法改正が行われた。

　自治体制度は時代に即したものであるべきことはいうまでもないが、その再編にあたっては、それが「地方自治の本旨」にかなうものであるか、慎重な検討が必要である。

Ⅲ　「組織及び運営」

　本条は「地方公共団体の組織及び運営に関する事項」を、地方自治の本旨に基づき、法律によって定めるとする。ここでいう「組織及び運営」とは、単に地方公共団体の内部組織やその狭義の運営にかかわるものに限定する趣旨ではなく、「ひろく地方公共団体に関するすべての事項」（宮沢・全訂758頁）を指すものと解される。よって、「地方自治の本旨」は地方公共団体の種類・体系・組織・権能等地方公共団体に関するあらゆる事項に及ぶべき憲法原理となる。

第8章

※6　第30次地方制度調査会「大都市制度の改革及び基礎自治体の行政サービス提供体制に関する答申」（2013（平成25）年6月25日）http://www.soumu.go.jp/main_content/000233789.pdf.

Ⅳ 「地方自治の本旨」

1 地方自治の本旨

本条は地方自治制度が「**地方自治の本旨**」に基づくべきことを規定する。ここでいう「地方自治」は**住民自治**と**団体自治**の2つの要素からなると解される。団体自治とは「国の領土内の一定の地域を基礎とする団体が、多かれ少なかれ国から独立の人格を有し、その公共事務をもっぱら自己の意思に基づいて行うこと」（宮沢・全訂758頁）をいう。国に対する地域共同体の自治という意味で、自由主義によって基礎づけられる。これに対し、住民自治とは「国の領域内の一定の地域における公共事務が、主としてその地域の住民の意思にもとづいて行われること」（宮沢・全訂758頁）を意味する。これは被治者の意思に基づいて統治を行うという民主主義によって基礎づけられる。この点、「地方自治」をあくまで住民自治として捉え、団体自治はその実現のための手段として捉える見方（宮沢・全訂759頁）も存在するが、今日では、地方自治にこの2つの側面があることについてはほぼ共通の理解となっている。しかし、「地方自治の本旨」の意味内容や地方自治保障の法的性格について憲法は明確な規定を置いておらず、議論は分かれる。

なお、本条は日本国憲法第8章の総則規定である。「地方自治」のうち団体自治については憲法94条が、住民自治については93条がそれぞれ具体化していると解される（新基本コンメ477頁〔渋谷秀樹〕）。

2 地方自治保障の法的性格

(1) 承認説

本条は「地方自治の本旨」に基づく地方自治を憲法上保障するものであるが、なぜ地方自治が憲法上保障されるのか、その理由づけについて学説はするどく対立してきた。

承認説（伝来説）は、主権国家内に成立した地方公共団体の自治権は常に国家の統治権から伝来し、法律によって承認されたものと捉える。この説に立てば「地方自治の本旨」の観念もまた一定不動の内容をもった固定的なものではなく、「地方自治を認める余地が全くない如き事態を生じた場合には、……すべての行政を官治行政とすることも、決して憲法の禁ずるところでもな」いこととなる[7]。これは地方自治制の全否定をも可能とする解釈で、日本国憲法が大日本帝国憲法にはない「地方自治」の章を設けた趣旨を没却するものとして同調する者はほぼいない。

(2) 固有権説

これに対し、固有権説は、地方公共団体の自治権は地方公共団体に固有のも

---

[7] 柳瀬良幹『憲法と地方自治』（有信堂、1954年）13〜14頁。

のであるとする説である（法協・註解下1362頁）。この説は地方公共団体に国家によっても奪うことのできない人格権を認めようとするもので、欧州における地方自治の歴史に基礎を置くものであるが、日本国憲法の解釈論としては、主権の不可分性原理との矛盾や統治主体たる地方公共団体の自治権を自然権によって説明しようとする点に難があると指摘されてきた。ただし、1960年代の政府の答弁の中には固有権としての地方自治権を認めるような発言もみられる（答弁集505）。

(3) 制度的保障説

制度的保障説は、固有権説の難を踏まえ自治権は国家に由来することを前提としつつも、承認説のように地方自治制の全否定を可能としないようにするため、本条の規定を地方自治という歴史的・伝統的・理念的な公法上の制度を保障したものと解する（佐藤功・注釈下1196頁）。これはドイツ国法学の考え方に基づき、国に先行して存在する地方統治団体に対し憲法が国によって侵害されない一定の統治権を保障すると捉えるもので、長く通説的地位を占めていた。

(4) 新固有権説ほか

しかし、1970年代に入る頃から公害対策など地方公共団体に期待される役割が急速に拡大、それに伴って固有権説が再び見直されるようになった。その結果、地方自治体の前国家性等を根拠に固有権説を再評価しつつ住民の直接請求権等の具体的内容を明らかにしようとする新固有権説[8]や、地方自治権を人権保障との関係で捉え直し住民の人権実現のために人民主権原理に適合的な市町村最優先の原理に即して憲法を解釈しようとする学説[9]等が登場した。また、近年では、憲法が社会契約説を基礎としていることを理由に、地方公共団体の統治権もまた憲法制定という契約締結によって直接地域住民から信託されると解する社会契約説（渋谷・憲法738頁）も説かれる。

この論争の実践的な意義は、国が法律によって従来地方公共団体の権限とされてきた権限を剥奪することがどこまで許されるか、許されない場面があるとすればそれはいかなる場面か、に帰着する。国と地方の権限配分は「地方自治の本旨」から一義的に導くことはできず、その憲法上の限界を画することも困難であるが、具体的な制度に照らして検討していくことが求められる。

なお、警察法の改正によって市町村警察（自治体警察）を廃止したことの合憲性が争点の１つとなった事件において、最高裁判所は「同法が市町村警察を廃し、その事務を都道府県警察に移したからといって、そのことが地方自治の本旨に反するものと解されない」としている（最大判1962（昭37）・3・7民集16巻3号445頁）。

---

[8] 手島孝『憲法学の開拓線——政党＝行政国家の法理を求めて』（三省堂、1985年）256～263頁。
[9] 杉原泰雄『憲法Ⅱ：統治の機構』（有斐閣、1989年）460頁以下。

736　第93条（地方公共団体の組織・構成原理）

V　「法律でこれを定める」

　本条は地方公共団体の組織および運用に関する事項を「法律で」定めること
を規定する。通説的には、これは、地方公共団体の自治権が国家に由来するこ
とから、その存立の根拠は国法である法律に求められるべきことを意味すると
同時に、大日本帝国憲法の下ではこれらの事項が内務省その他監督庁の訓令・
通牒によって定められていたことの反省から、命令の形式によらず法律の形式
によって定めるべきことを示したものと解される（宮沢・全訂761頁、佐藤功・
注釈下1207頁）。
　この法律のうち中核をなすのは地方自治法であるが、そのほかにも、地方税
法、地方公務員法、警察法、消防法等が存在する。

（大河内美紀）

> **（地方公共団体の組織・構成原理）**
> **第93条**　①　地方公共団体には、法律の定めるところにより、その議事
> 機関として議会を設置する。
> ②　地方公共団体の長、その議会の議員及び法律の定めるその他の吏員
> は、その地方公共団体の住民が、直接これを選挙する。

I　本条の趣旨

　本条は、住民自治を具体化するために、地方自治を担う地方公共団体の組織
およびその構成原理を規定している。すなわち、本条1項で議会の設置を求め
つつ、本条2項で議員のみならず首長の公選をも定めることで、地方の統治が
住民意思に基づいて行われることを保障している。
　地方自治に関する規定をもたなかった大日本帝国憲法の下でも、地方公共団
体に議事機関を設置することおよびその議員を住民が直接選挙することは、初
期に府県議会議員選挙において複選制選挙が採用されていた等の例を除き、認
められていた。しかし、地方公共団体の長を住民が直接選挙により選出するこ
とは認められていなかった。
　そのため、本条の制定にあたっては、とくに知事の官選制および市町村長の
間接選挙制からの転換に力点が置かれた（新基本コンメ482頁〔渋谷秀樹〕）。
GHQ草案でも、府県知事および市町その他の下級自治体の長は直接選挙に
よって選挙する旨が明示されていた（GHQ草案86条）。
　また、本条2項は立法権を担当する議会の議員と行政権の長のいずれも住民
の直接選挙によるとしており、通説的にはいわゆる二元代表制を規定したもの
と解する。議院内閣制を採用し国会議員の中から内閣総理大臣を任命する仕組

みをとっている国政とは異なり、首長制を採用したことになるが、その理由としては、前述の大日本帝国憲法下での体制からの転換のほか、首長が住民の意思を背景として地方議会に対して独立・対等の関係に立ち勢力の均衡を保ちつつ地方政治の運営にあたることが望ましい（清宮・憲法1・84～85頁）等が挙げられている。

しかしながら、憲法は議会と首長の関係については具体的な定めを一切置いていない。そのため本条2項を「長」を設置するときには直接選挙する旨を定めたものと解し、長を置かず、代わりに議会が政策執行の責任者として行政遂行のための専門的能力をもった人間をシティ・マネージャーとして任命する、いわゆるシティ・マネージャー制を導入することも不可能ではない、とする学説も存在する[10]。

なお、現行の地方自治法は、首長制を基本としつつも、首長と議会の相互罷免制度（自治178条）を認めるなど、議院内閣制的な要素を加味した独自のものとなっている[11]。ただし、制定過程に照らすと地方自治法上の相互罷免制度の淵源は戦前の大臣による議会解散権であり、長の民主的正統性を直接の根拠とするものではなかった点は留保する必要がある（新基本コンメ483頁〔渋谷秀樹〕）。

Ⅱ　本条の適用対象

1　「地方公共団体」

本条は「**地方公共団体**」の機関について定めている。ここでいう「地方公共団体」（憲法上の地方公共団体）は地方自治の本旨を実現するために不可欠な標準的な地方公共団体を指すと解される（宮沢・全訂764頁）。最高裁判所は、憲法上の地方公共団体たり得るためには「住民が経済的文化的に密接な共同生活を営み、共同体意識をもっているという社会的基盤が存在し、沿革的にみても、また現実の行政の上においても、相当程度の自主立法権、自主行政権、自主財政権等地方自治の基本的権能を附与された地域団体であることを必要とする」と述べている（最大判1963（昭38）・3・27刑集17巻2号121頁）。地方自治法が普通地方公共団体として定める都道府県および市町村を普通地方公共団体は、これに該当するものと考えられる。

---

[10] 今村都南雄「地方公共団体の組織編成」雄川一郎ほか編『現代行政法大系第8巻』（有斐閣、1984年）72～73頁。

[11] 今村都南雄「地方公共団体の組織編成」雄川一郎ほか編『現代行政法大系第8巻』（有斐閣、1984年）73頁。

738　第93条（地方公共団体の組織・構成原理）

2　不完全な地方自治体

　本条はこのような地方公共団体の設置を憲法上不可欠とするものであるが、他方、こうした標準的な地方公共団体以外の不完全な地方公共団体を設けることを許さないとする趣旨でもない（宮沢・全訂767頁）。実際に地方自治法は、特別区、組合および財産区（自治1条の3第3項）という3種類の特別地方公共団体を定めており（これに加え、現在では、青森県新産業都市建設事業団が地方開発事業団として特別地方公共団体たる地位を認められている。地方開発事業団に関する規定は2011（平成23）年に廃止され新設はできないものの、経過規定により存続が認められているためである（自治附則（平23法35）3条））、これらには普通地方公共団体よりも限られた権限のみが与えられている。

　そのため、憲法上の地方自治体ではない不完全な地方自治体には、本条の定める議会の設置や議員および首長等の直接選挙の規定は及ばない。この点に関して、東京都の特別区の区長選任方法の合憲性が争われた事例が存在する。東京都の特別区の区長は当初は公選制であったものの1952（昭和27）年の地方自治法改正によりこれが廃止された（1974（昭和49）年には再改正により公選制が復活している）。最高裁判所はこの改正について、当該特別区の実体に照らして特別区が憲法93条2項の「地方公共団体」と認められない以上、違憲ではないと判断している（最大判1963（昭38）・3・27刑集17巻2号121頁）。通説もこれと同様に解していた（宮沢・全訂768頁）。

　ただし、1999（平成11）年の地方自治法改正により、特別区は地方自治法上「基礎的な地方公共団体」（自治281条の2第2項）と位置づけられ、市町村とほぼ同等の権限を与えられている。また、1974（昭和49）年の区長公選制復活は特別区住民の運動に支えられており、住民の共同体意識の存在が推認できることから、現在の特別区については憲法上の地方公共団体とみる説が有力である（樋口ほか・注解4・251頁〔中村睦男〕）。

Ⅲ　「議会」

1　「法律の定めるところにより」

(1)　地方自治法上の地方議会

　本条1項は「法律の定めるところにより」地方公共団体に議会を設置すると定めており、現行法制度上は、地方自治法がこれを具体化している（自治89条以下）。

(2)　町村総会

　なお、地方自治法は、町村について、条例で、議会を置かず選挙権を有する者の総会いわゆる町村総会を設けることができる旨を定める（自治94条）。これは、文言上は本条1項に抵触する規定であるが、町村総会は選挙権を有する者全部によって組織されるものであり、議会よりもより高い程度において地方自

治の本旨に適合すると考えられるため、本条には違反しないと解されている（宮沢・全訂764頁）。現行法上、町村総会が置かれたのは1件のみで、1955年以降は存在しない。しかし、近年、過疎化・住民の高齢化を理由に町村総会の設置を検討する自治体があらわれた。それにかかわって、政府は町村総会を本条のいう「議事機関」としての「議会」にあたるとの政府解釈を示している[12]。

2 「議事機関として議会を設置する」

(1) 議事機関としての議会

本条1項は地方公共団体に「議事機関として議会を設置する」と定める。字義的には議事機関は議決機関と区別し得るが、本条にいう「議事機関」とは地方公共団体の意思決定機関を指し、議決機関と同義と解される（新基本コンメ484頁〔渋谷秀樹〕）。その点においては、地方議会は憲法第4章の定める国会と同様の性質を有する。

しかし、地方議会は憲法および法律上必ずしも国政における国会に相当する権能を与えられているわけではない。国会を唯一の立法機関と定めた憲法41条とは異なり、憲法94条は条例制定権の主体を「地方公共団体」と定めており首長その他の機関による条例制定の可能性を排除しておらず、地方自治法15条は首長に罰則を伴う規則の制定権を認めている。また、地方議会には国会の最高機関性に相当する自治権の最高機関たる地位のようなものは認められず、執行権と独立対等の地位にあると解されている。

(2) 議会の自律と議員の懲罰権

国会には議院自律の原則およびその1つの現れとして議員の懲罰権が認められている（憲58条2項）。これに対し地方議会は明文上自治権の規定をもたず、逆に、憲法92条は地方公共団体の組織および運営に関して法律で定めることを規定しており、その限りにおいて地方議会の自律の及ぶ範囲を限定しているとも読める。しかし、地方議会も住民代表機関であり、国会両院と同様の自律権を認めることには合理性がある。実際に地方自治法は、国会議員に対して議院が懲罰権をもつのと同様に、地方議会議員に対する懲罰権を議会に認めている（自治134条〜137条）。

最高裁判所は、法律により懲罰権を認めることの合憲性を直接は論じていないが、補足意見においていわゆる部分社会論を用いて当該懲罰権の行使に対する司法判断適合性を否定しており（最大判1960（昭35）・3・9民集14巻3号355頁）、懲罰権を認めること自体は憲法上許されると解しているものといえよう。ただし、懲罰権を認めることは肯定しつつも、法の支配および地方議会議員が

---

[12] 2018（平成30）・2・20〔第196国会・衆議院議員早稲田夕季君提出「町村総会」にかかる地方自治法の合憲性に関する質問に対する答弁書〕第57号〔安倍晋三〕。

住民代表であることを重くみて、懲戒処分についても司法審査の対象とすべきとの意見もある（新基本コンメ485頁〔渋谷秀樹〕）。

(3) 議員の特権

　国会議員に認められる不逮捕特権および免責特権（→憲15条）が法令上の規定なく地方議員にも認められるか否かについては、免責特権の保障なしに議員の職責をまっとうすることは不可能であるから少なくとも免責特権は憲法上議員たる地位に含まれているとする説[13]もあるが、明文の規定のない限りは地方議会議員には認めらないとする説（新基本コンメ485頁〔渋谷秀樹〕）が通説である。最高裁判所は、地方議会議員の発言について免責特権を憲法上保障したと解すべき根拠はなく、こうした特別な取扱いを認める合理的な理由はないとして、後者の立場を採用している（最大判1967（昭42）・5・24刑集21巻4号505頁）。

(4) 議会の構成

　国会は憲法上二院制が採られているが、地方議会の組織に関しては憲法の規定はない。これに関しては、首長制と能率性の点から地方議会は一院制であることが当然に予定されているとする説がある[14]。この見解は歴史・比較法的実態に基づく経験的合理性をもつ。しかし通説的には、法解釈上、本条は二院制を設けることを禁ずるものではないと解されている（宮沢・全訂765頁、樋口ほか・注解4・256頁〔中村睦男〕）。

Ⅳ　「長、その議会の議員及び法律の定めるその他の吏員」

1　「長」

(1)　「長」とは

　本条2項は、地方公共団体の長を住民が直接選挙すると定める。本条1項で議事機関としての議会の設置を定めていることから、この「長」とは独任制の執行機関を指すものと解するのが一般的であり（新基本コンメ485頁〔渋谷秀樹〕）、現行の地方自治法もこの理解に基づいて都道府県に知事を、市町村に市町村長をそれぞれ置くことを規定している（自治139条）。

　しかし、知事（governor）と市長（mayor）いう言葉を用いたGHQ草案（GHQ草案86条）とは異なり、この「長」が執行機関であることを示す文言も独任制であることを示す言葉も憲法上は存在しない（ただし、英語ではthe chief executive officerが用いられている）。そのため、独任制ではなく委員会のような合議制の「長」を設けることも本条2項の禁ずるものではないとの主張が古くからなされてきた（佐藤功・注釈下1209頁、宮沢・全訂765頁）。今日でも、

---

[13]　杉原泰雄『憲法Ⅱ：統治の機構』（有斐閣、1989年）469頁。

[14]　南博方ほか編『行政法3（第3版）』（有斐閣、1996年）153頁〔田中館照橘〕。

第 93 条（地方公共団体の組織・構成原理）　741

内閣類似の合議制執行機関として参事会を設け、その首長たる「長」を住民が直接選挙することは可能であり、また、前述のようにシティ・マネージャー制を設けることも不可能でないとする説が強く唱えられている（新基本コンメ486頁〔渋谷秀樹〕）。

(2)　長の権限

　長の権限については、憲法には一切規定がなされていない。具体的な定めは法律に委ねられるが、その規定が地方自治の本旨を実現するものでなければならないことは当然である。地方自治法は、長に、統括代表権（自治147条）、事務管理執行権（自治148条）、規則制定権（自治15条）などを付与している。

　また、議会との関係においては、議決等に対する付再議権（自治176条・177条）、議会解散権（自治178条）、専決処分権（自治179条）が定められている。

(3)　長の多選制限

　憲法は直接選挙で選出される「長」の資格につき何の定めも置いていない。この点、知事の多選を法律で制限することができるか否かが、政治の場面でたびたび議論に上っている。1954（昭和29）年に知事の三選を、1967（昭和42）年に知事の四選を、1993（平成5）年には政令市市長の四選を禁止する公職選挙法改正がそれぞれ提案されたが、いずれも廃案となっている。しかし、1967（昭和42）年の提案の際に、政府は、制度的必然的に長期在職に伴う弊害が生じるのであれば、多選制限は地方自治の本旨にかなうものである、と述べてその合憲性を主張している（答弁集510）。2007（平成19）年の首長の多選問題に関する調査研究会「報告書」※15も、多選制限は立憲主義および民主主義の観点から正当化できるものであって、「法律に根拠を有する地方公共団体の長の多選制限については、必ずしも憲法に反するものとは言えない」としている。

2　「議員」

　議員とは地方公共団体の議会の議員を指す（権限等についてはⅢ2を参照）。

3　「その他の吏員」

　「吏員」という言葉は明治憲法の下では雇傭人と区別される地方職員の身分の1つを示すものであったが、本条2項の「吏員」はそれとは異なり、すべての地方公務員を指すものと解される（宮沢・全訂766頁）。本条2項は住民自治の拡充のために議員と長以外の職員についても直接選挙する途を開くものであり、必ずしも公選による吏員を置かなくてはならないことを定めるものではないと解される（宮沢・全訂766頁）。

　過去には、地方公共団体に設置する教育委員会の委員につき住民が直接選挙

※15　首長の多選問題に関する調査研究会「報告書」（2007（平成19）年5月）http://www.soumu.go.jp/main_sosiki/kenkyu/shuchou/pdf/070530_3.pdf。

742 第93条（地方公共団体の組織・構成原理）

する制度が設けられていた（（旧）教育委員会法7条2項）。しかし、1956（昭和31）年に教育委員会法は廃止され、新法の下、教育委員は地方公共団体の長が議会の同意を得て任命することとされた（地方教育行政の組織及び運営に関する法律4条））。なお、これにより直接選挙による「その他の吏員」が不在となることの憲法適合性について国会で審議された際に、政府は、「その他の吏員」については法律に委ねられており教育委員公選制の廃止は93条に違反しない旨の答弁を行っている（答弁集509）。以後、直接選挙による職員は存在しない。

V 住民による選挙

1 「住民」

　「住民」とは地方公共団体の区域内に生活の本拠を有する者と解される。地方自治法10条は「市町村の区域内に住所を有する者は、当該市町村及びこれを包括する都道府県の住民とする」と定める（自治10条）。

　ただし、地方自治法上の住民すべてに本条の選挙権を認めなければならないとは解されない。地方公共団体の意思決定に参加するという権利の性質上、選挙権の付与に一定期間の居住要件や年齢制限を設けることは禁止されない（宮沢・全訂766頁）と捉えることに異論はない。実際に、地方自治法は選挙権の要件として3か月以上の居住要件と満年齢20歳以上の年齢制限を課している（自治18条）。

　これに加えて、地方自治法は日本国民であることを選挙権の要件としている（自治11条・18条）。しかし、国籍を要件とすることの可否については、学説上は議論が分かれる。学説は、本条のいう「住民」は憲法15条1項にいう「国民」を前提にしており、憲法15条1項は国民主権から導かれるとの理解の上で、外国人に地方参政権を認めることを憲法は禁止しているとする説（宮沢・全訂187頁）と地方参政権については立法政策に委ねられているとする許容説（芦部・憲法92頁）とに分かれる。また、国民主権といった場合の「国民」とは必ずしも国籍保有者に限られないとした上で、定住外国人については参政権を付与することが憲法上の要請であるとする要請説（浦部・教室515〜516頁、546頁）も有力に唱えられている（→第3章　国民の権利及び義務〔前注〕）。なお、最高裁判所は、本条のいう住民とは「地方公共団体の区域内に住所を有する日本国民を意味する」（最三小判1995（平7）・2・28民集49巻2号639頁）とし、要請説を否定した。それと同時に「永住者等であってその居住する区域の地方公共団体と特段に緊密な関係を持つに至ったと認められるものについて……法律をもって、地方公共団体の長、その議会の議員等に対する選挙権を付与する措置を講ずることは、憲法上禁止されているものではない」と述べ、許容説の立場を示している。

2 「直接これを選挙する」

本条は住民による「直接」選挙を規定する。したがって、間接選挙は憲法上認められない。ここでいう間接選挙には、特定の選挙の投票のみを行う選挙人を選挙によって選出し、選挙人が被選挙人を選出するという狭義の間接選挙に加え、公選の公務員が被選挙人を選出するという複選制も含まれると解される（新基本コンメ489頁〔渋谷秀樹〕）。なお、大日本帝国憲法の下では、府県会議員について複選制が採られたことがあったが、日本国憲法の下ではこれは許されない。

3 その他の選挙の基本原理

本条の「選挙」は憲法15条のいう「公務員の選挙」の1つである（憲15条）。よって、憲法14条、15条および44条の定める普通選挙・平等選挙・自由投票・秘密投票という選挙の基本原則は、本条の選挙の場合にも当然該当する（憲14条・15条・44条）。

また、投票価値の平等についても、基本的には同様に解される。この点、地方議会選挙における1票の較差が問題となった一連の訴訟において、最高裁判所は「地方公共団体の議会は、定数配分規定を定めるに当たり、同項（公職選挙法17条7項（著者注：現8項））ただし書の規定を適用し、人口比例により算出される数に地域間の均衡を考慮した修正を加えて選挙区別の定数を決定する裁量を有することが明らかである」としつつも、「公職選挙法17条7項（著者注：現8項）は、……人口比例を最も重要かつ基本的な基準」とすることを強く要求していると述べ、最大較差1対7.45となっていた東京都議会議員選挙における定数不均衡を公職選挙法15条7項（現8項）違反と判じている（最一小判1984（昭59）・5・17民集38巻7号721頁）。

4 選挙以外の住民参加の制度

(1) 地方自治法上の直接請求制度

憲法は住民が地方公共団体の意思形成に参加する仕組みとして、地方自治特別法の住民投票（憲95条）を除いては、本条2項に定める長、議員等の選挙のみを定めている。これは間接民主制の仕組みである。しかし、地方自治法はそのほかに条例の制定改廃の請求（自治74条）、監査請求（自治75条）、議会・議員・長・役員の**解職請求**（自治76条・80条・81条・86条）という直接民主制の要素を組み込んだ諸制度を定めている。

日本国憲法は前文で代表民主制の選択を掲げていることから、地方自治法によってこうした直接民主制的な諸制度を導入することの合憲性が問題となり得るが、これについては、「代表的民主主義に伴う欠陥を補い且つ代表的民主主義そのものの健全な発展を図るため、**リコール制**その他種々の直接的民主主義の制度を取り入れているのは、本条と抵触するものでないことはもちろん、前

744 第93条（地方公共団体の組織・構成原理）

条（著者注：憲法92条）にいう『地方自治の本旨』を実現するゆえんである」（法協・註解下1387頁）と解される。

　他方、地方自治法を改正してこれらの直接請求制度を廃止することの合憲性については、学説は分かれる。直接請求制度は憲法上の要請ではなく廃止可能であるとする説[16]が有力であるが、すでに定着しているこれらの制度を廃止することは違憲とまではいえなくとも「憲法の精神には反する」とする説も存在する[17]。また、どの程度直接請求制度を導入するかは原則として立法裁量だとしつつも「直接請求制度を実質的に骨抜きにするような立法措置は、立法権の裁量の限界を越えるものとして違憲」とする説も根強く唱えられている（樋口ほか・注解4・261頁〔中村睦男〕）。

(2)　法律・条例上の住民投票制度

　近時、特定のイッシューについて直接、投票によって住民の意思を問う法律上または条例上の住民投票の制度を積極的に活用する動きがみられる（憲法上の住民投票については憲95条を参照）。地方自治法によって認められた住民投票は、議会の解散請求に基づく解散投票（自治76条3項）、議員の解職請求に基づく解職投票（自治80条3項）および長の解職請求に基づく解職投票（自治81条2項）の3つである。地方自治法に基づく住民投票は市町村レベルにおいてしか適用事例がなく、その件数はそれぞれ累計で40～50件である。このほか、「市町村の合併の特例に関する法律」（市町村合併特例法4条14項・5条21項）にも住民投票の定めがある。市町村合併特例法に基づく住民投票はこれまでに約50件行われている。

　これに対し、条例による住民投票は約400件に上る。その大半は市町村合併にかかるものであるが、原子力発電所建設の賛否や産業廃棄物処理施設の設置、日米地位協定の見直しおよび米軍基地の整理縮小などそれ以外の論点に関するものも、これまでに20件以上行われている。またこのほかに条例の根拠をもたない事実上の住民投票も実施されている。

　こうした住民投票については、一方で住民の政治的意思決定への参加を促進し住民自治を拡充する面があるものの、他方で、間接民主制原理との抵触、プレビシット化する危険、世論誘導の可能性といったデメリットも指摘されている。

　さらに、条例に基づく住民投票の場合には、地方自治法との適合性も問題となり得る。すなわち、裁可型により法的拘束力をもつ住民投票を実施した場合、地方自治法によって認められた議会または長の権限を条例によって制約することになり得るからである。この点、現在制定されている住民投票条例はほとんどが裁可型ではなく尊重義務を伴う諮問型であり、形式的にはこの問題を回避

---

[16]　佐藤功『ポケット註釈全書第4・憲法』（有斐閣、1955年）551頁。

[17]　室井力『行政改革の法理』（学陽書房、1982年）85～86頁。

している。尊重義務は諮問型住民投票の結果に事実上の拘束力を期待するものであるが、この法的拘束力について裁判所は「住民投票の結果に法的拘束力を肯定すると、間接民主制によって市政を執行しようとする現行法の制度原理と整合しない結果を招来することにもなりかね」ず「尊重義務規定に依拠して、市長に市民投票における有効投票の賛否いずれか過半数の意思に従うべき法的義務があるとまで解することはでき」ないとして、尊重義務は市長に住民投票の結果を参考とするよう要請しているに過ぎない、と判断した（那覇地判2000（平12）・5・9判タ1058号124頁）。

（大河内美紀）

（地方公共団体の権能）
第94条　地方公共団体は、その財産を管理し、事務を処理し、及び行政を執行する権能を有し、法律の範囲内で条例を制定することができる。

I　本条の趣旨

　本条は、地方公共団体の行政的権能として財産管理、事務処理および行政執行を、立法的権能として条例制定をそれぞれ示している。いわゆる団体自治の保障に関する規定である。

　ただし、GHQ草案では「地方公共団体」ではなく「住民」が主語となっており、地方公共団体の事務が住民の意思に基づいて行われるという民主主義的側面もより明確に示されていた（87条）。また、GHQ草案では「条例」ではなく「憲章（charter）」の文言が使われていた。制定過程においてこれが「条例」に変更された（日本国憲法「3月2日案」（1946（昭和21）年）からこの表現が用いられている）のは、市の基本組織等を決めるいわば市の憲法にあたる「憲章」の制定権ではなく普通の条例を予定したからだとされている[18]。

　なお、本条は地方公共団体の立法権および行政権に言及するが、司法権には言及していない。憲法が司法権を行使する裁判所は最高裁判所の下に統一的体系をなしていることを要求していること（憲78条・憲79条）等を理由に、憲法は地方公共団体が司法権を有することを否定していると解する（宮沢・全訂774頁）のが通説的見解である。

---

[18] 憲法調査会編『憲法制定の経過に関する小委員会第29回議事録』（1959年）4～5頁〔佐藤達夫参考人〕。

746 第94条（地方公共団体の権能）

II 「財産を管理し、事務を処理し、及び行政を執行する権能」

1 財産管理・事務処理・行政執行の意味

本条は、地方公共団体は「財産を管理し、事務を処理し、及び行政を執行する権能」を有すると定める。

「財産を管理し」とは、地方公共団体が財産権の主体となり財産を管理および処分することを意味する。財産の管理および処分に関しては、地方自治法237条～241条に定めが置かれている（自治237条～241条）。なお、憲法89条の制限は地方自治体の財産管理にも及ぶ（宮沢・全訂770頁）。

「事務を処理し」とは、地方公共団体の行政的機能のうち非権力的なものを指すと解される。これに対し「行政を執行し」とは権力的・統治的なものを指すと解される。しかし、両者の区別は相対的であり、区別する実益は乏しい。

2 国と地方の権限配分に関する憲法上の規律

本条は地方公共団体の行政的権能として「財産管理」・「事務処理」・「行政執行」の3つを列挙しているが、これが地方公共団体の行政的権能の範囲をどの程度規律するものであるかについては学説が分かれる。

本条が包括的な行政的権能を指し（佐藤功・注釈下1216頁）、地方公共団体の全権限性の原則を表すものと解する点ではおおよそ異論はない。本条は憲法92条と並んで補完性原理を示すものであり、憲法92条の「地方自治の本旨」を実現するために団体自治を要請するものといえる。その上で通説は、本条を地方公共団体の担う事務を一般的・抽象的に掲げたものであり、具体的にいかなる事務を地方公共団体の事務とするかを明示するものではないとする（樋口ほか・注解4・264頁〔中村睦男〕）。そして、その具体化は法律に委ねられるとして、国会の広範な裁量を認める。これに対し、本条は国と地方の権限配分における国会の立法裁量に制約を加えるものと解されるべきとする説が近時有力に唱えられている[19]。ただし、この有力説も、国と地方の権限配分につき司法審査の場面で厳格な審査を要求するものではない。国と地方との権限配分につき紛争が起こった場合に国側に立証責任を負わせるにとどまる（新基本コンメ491頁〔大津浩〕）。

本条によって地方公共団体の有する権限を具体的に規定したものとみることは難しく、その具体化は第一義的には立法によってなされるものと解さざるを得ない。ただし、立法裁量の逸脱濫用があった場合の司法審査の可能性を排除するものでないことは当然である。

---

[19] 杉原泰雄『地方自治の憲法論』（勁草書房、2002年）171～177頁。

3 地方分権改革後における法律上の事務区分
(1) 原則
　国と地方公共団体の権限分配は地方自治法に規定されている。地方自治法上の権限配分の原則は、地方分権改革に伴う1999（平成11）年の改正によって大きく見直された。
　改正された地方自治法は、国と地方公共団体の権限分配について次のような原則を置いている。すなわち、地方公共団体は「住民の福祉の増進を図ることを基本として、地域における行政を自主的かつ総合的に実施する役割を広く担う」（自治1条の2第1項）としてその全権限性を強調する。その上で、国は「国際社会における国家としての存立にかかわる事務、全国的に統一して定めることが望ましい国民の諸活動若しくは地方自治に関する基本的な準則に関する事務又は全国的な規模で若しくは全国的な視点に立つて行わなければならない施策及び事業の実施その他の国が本来果たすべき役割」（自治1条の2第2項）を重点的に担い、「住民に身近な行政はできる限り地方公共団体にゆだねる」（自治1条の2第2項）という権限配分の基本的方向性を定めた。
(2) 自治事務
　地方公共団体は「地域における事務及びその他の事務で法律又はこれに基づく政令により処理することとされるもの」（自治2条2項）を処理する。この事務は自治事務と法定受託事務に区別される。地方自治法2条9項は「国が本来果たすべき役割に係るもの」を第一号法定受託事務、「都道府県が本来果たすべき役割に係るもの」を第二号法定受託事務とし、地方自治法2条8項でこれら法定受託事務以外のものを「自治事務」とする。したがって、地方自治体の処理する事務のうち法定受託事務を除くすべての事務が自治事務である。この控除的アプローチには、より積極的な定義を置くべきだったとの批判もあるが、地方公共団体が処理している多様な事務を包括して積極的に定義することは困難であり、また、自治事務の範囲を広げるものとして積極的に評価する向きもある[20]。
　実際には、1999（平成11）年改正以前に「地方公共団体の事務」とされていた公共事務・団体委任事務・行政事務に加え、1999（平成11）年改正以前に機関委任事務とされていたもののうち公益法人の設立認可や飲食店営業の許可等の事務が、自治事務とされた。
(3) 法定受託事務
　1999（平成11）年改正によって機関委任事務は廃止された。従来機関委任事務とされていた事務のうち、一部は廃止され、一部は国の直接執行事務とされ、残りの事務が法定受託事務と自治事務とに振り分けられた。
　前述のように、法定受託事務には第一号法定受託事務（法律またはこれに基

---

[20] 村上順ほか編『新基本法コンメンタール地方自治法』25頁〔渡名喜庸安〕。

づく政令により都道府県、市町村または特別区が処理することとされる事務の
うち、国が本来果たすべき役割にかかるものであって、国においてその適正な
処理をとくに確保する必要があるものとして法律またはこれに基づく政令にと
くに定めるもの（自治2条9項1号））と、第二号法定受託事務（法律またはこ
れに基づく政令により市町村または特別区が処理することとされる事務のうち、
都道府県が本来果たすべき役割にかかるものであって、都道府県においてその
適正な処理をとくに確保する必要があるものとして法律またはこれに基づく政
令にとくに定めるもの（自治2条9項2号））とが存在する。

　具体的には地方自治法別表第1および第2に列挙されているが、戸籍事務や
旅券の交付等が第一号法定受託事務、地方選挙にかかる事務等が第二号法定受
託事務となっている。

⑷　自治事務と法定受託事務に対する国の関与の差異

　1999（平成11）年改正によって、国による地方公共団体への関与のあり方は
大きく見直された。関与の基本原則として法定主義（自治245条の2）および最
小限の原則（自治245条の3第1項）が明示されたほか、関与は類型化され列挙
されることとなった（自治245条）。

　自治事務に対する関与としては、助言・監督、資料の提出要求、是正の要求
（以上自治245条1項1号イ～ハ）および協議（自治245条2項）が原則とされる。
ただし、一定の場合には、同意、許可・認可・承認、指示（以上自治245条1項
1号ニ～ヘ）を要するものとすることができる（自治245条の3第4項～6項）。
これに対し、法定受託事務に対する関与としては、前述のすべてが認められる
ほか、代執行（自治245条1項1号ト）も可能とされる。なお、地方自治法は自
治事務について国が代執行することを「できるかぎり」要することのないよう
にしなくてはらないと定めており（自治245条の3第2項）、文言上は自治事務に
対する代執行も不可能ではないように読める。しかし、制定時の行政解釈とし
ては、自治事務に対する代執行は想定されていない※21。

　なお、代執行に関しては自治権の侵害の程度がはなはだしく限定的に用いら
れねばならないことが指摘され、地方自治法もその適用を限定している。近時
では、沖縄県・辺野古基地建設にかかる公有水面埋立法に基づく埋立承認を知
事が取り消したことを受け、国が代執行の手続を開始し、話題となった。ただ
し、地方自治法245条の8第3項に基づいて提起されたこの辺野古代執行訴
訟※22は、和解によって取り下げられた。

⑸　国地方係争処理委員会

　1999（平成11）年法改正によって新たに、総務省に、国地方係争処理委員会

※21　松本英昭『新地方自治制度詳解』（ぎょうせい、2000年）172～173頁。
※22　2015（平成27）年11月17日、国が、沖縄県知事を被告として、福岡高等裁判所那覇
　　　支部に対し、承認取消処分の取消しを命じることを求めて提起した。

が設置されることになった（自治250条の7第1項）。国地方係争処理委員会は、国の関与のうち是正の要求、許可の拒否その他の処分その他公権力の行使にあたるものについて、不服のある地方公共団体の長等からの審査の申出を受けて審査を行う機関である（自治250条の13）。5人の委員からなる合議制の機関であり（自治250条の8）、委員は、国会の同意を得て、総務大臣が任命する（自治250条の9）。国の関与が違法または地方公共団体の自主性および自律性を尊重する観点から不当であると認める場合には、国地方係争処理委員会は、当該国の行政庁に対し必要な措置を講ずべき旨の勧告等を行う（自治250条の14）。地方公共団体の長等は、国地方係争処理委員会の審査や勧告の結果に不服があるときは、高等裁判所に、当該国の行政庁を被告として、違法な国の関与の取消しまたは当該審査の申出にかかる国の不作為の違法の確認を求めることができる（自治251条の5）。これは、国と地方公共団体とが対等な協力関係にあることを前提に、その間で生じた紛争については、まずは独立性の高い行政機関である国地方係争処理委員会によって解決を図り、最終的には司法判断に服せしめる制度である。

　1999（平成11）年の設置以来今日まで、審査が実施された例は2件のみである。横浜市が法定外普通税として勝馬投票権販売税を導入しようとしたところ、総務大臣が不同意をしたため、横浜市が審査を申し立てた。これに対し国地方係争処理委員会は、総務大臣に対して横浜市との協議を再開するよう勧告した※23。また、2016（平成28）年には沖縄県・辺野古埋立てにかかわって、国土交通大臣がした是正の指示の取消しの勧告を求めて沖縄県から審査が申立てられたが、国地方係争処理委員会は、国と沖縄県とが真摯に協議をし双方が納得できる結果を導き出す努力をすることが問題解決の最善の道だとして、是正の指示の合法性については判断を避けた※24。

　なお、2009（平成21）年には新潟県知事が、国土交通大臣の、独立行政法人鉄道建設・運輸施設整備支援機構に対する北陸新幹線工事実施計画の認可に係る審査を申し出たが、これは却下されている※25。沖縄県・辺野古埋立てに関しては、上記以外にも複数回審査が申し出られているが、いずれも却下または申出が取り下げられている。

※23 横浜市「勝馬投票券発売税」に対する総務大臣の不同意に係る審査の概要　http://www.soumu.go.jp/main_content/000025092.pdf。
※24 国地方係争処理委員会に対する審査の申出に係る決定と通知について　http://www.soumu.go.jp/menu_news/s-news/02gyosei01_03000274.html。
※25 国地方係争処理委員会に対する審査の申出に係る決定と通知について　http://www.soumu.go.jp/menu_news/s-news/02gyosei01_000013.html、http://www.soumu.go.jp/main_content/000048968.pdf。

Ⅲ　「法律の範囲内で条例を制定することができる」

1　条例

(1)　条例とは

　本条は地方公共団体が「**条例**」を制定することができると定める。この「条例」の意味については、学説上見解が分かれる。狭義説は、この「条例」を地方自治法96条1項1号の「条例」と同様に解し、地方議会が制定する法形式のみ（狭義の条例）を指すとする（宮沢・全訂772頁）。これに対し最広義説は、自治立法権に基づいて地方公共団体がその事務に関して制定する自主法全般を指すとする（佐藤功・注釈下1223頁）。したがって、地方公共団体の長の定める規則（自治15条）や議会が設ける会議規則（自治120条）、委員会の定める規則（自治138条の4第2項）等も本条の「条例」に含まれることとなる。また、狭義の条例と長の制定する規則のみを「条例」と解する説も存在する（広義説）[26]。通説的見解は最広義説である。

　なお、地方自治法は狭義の条例の制定改廃について住民による直接請求の制度を置いている（自治74条）。これは直接民主制的な仕組みの1つである。

(2)　条例制定権の性格

　本条は、「条例を制定することができる」と述べ、地方公共団体に**条例制定権**を認めている。この規定を確認規定と捉えるか創設規定と捉えるかは見解が分かれており、条例制定権の根拠の理解にも影響を与える。

　地方公共団体が地方公共団体として存立を認められている以上その事務に関して法規を定めることは自治権の内容として当然に認められるとする立場からすれば、本条は条例制定権の確認規定であり、その法形式を明瞭にし、その規定事項の範囲を他の法形式との関係で画定する意味のみをもつ[27]。条例制定権の根拠それ自体は地方公共団体の自治権を定めた92条に求められる。

　これに対し、憲法41条が国会を唯一の立法機関と定めており地方公共団体の条例制定権はその例外にあたるため特別の規定を必要とするという立場からは、本条はその創設規定と捉えられ、条例制定権の根拠と位置づけられる（宮沢・全訂772頁）。

　また、条例制定権の根拠として憲法92条と本条とを並列的に挙げる説もある。憲法92条の「地方自治の本旨」によって国の立法権を制約し、本条が国会の唯一の立法機関性（憲法41条）の例外を具体的に規定するとみる[28]。

　以上の3説はいずれも条例を自治立法と捉えているが、これを委任立法と解する説もある。これは伝来説の立場から条例制定権も国家権力に由来し国法に

---

[26]　室井力『現代行政法の展開』（有斐閣、1978年）172〜173頁。

[27]　田中二郎『法律による行政の原理』（酒井書店、1954年）335頁、辻村・憲法502頁。

[28]　室井力『現代行政法の展開』（有斐閣、1978年）174頁。

第94条（地方公共団体の権能）　751

よる授権が必要とするもので、地方自治法14条1項を条例制定権の一般的授権
規定と位置づける[29]。ただし、行政府への委任とは異なり、地方自治の本旨
に基づいて認められる地方公共団体への委任であるため、その授権の範囲はよ
り広く認められるべきとされる[30]。

　なお、最高裁判所は条例を「地方自治の本旨に基づき、直接憲法94条により
法律の範囲において制定する権能を認められた自治立法」（最大判1962（昭37）・
5・30刑集16巻5号577頁）としており、本条を根拠とする立場または本条と憲法
92条を並列的に根拠とする立場のいずれかに立っていると解される。

2　「法律の範囲内」

　地方公共団体は「法律の範囲内」において条例を定めることができると本条
は定める。これは条例の所管事項および効力が法律によって規定されることを
意味する（宮沢・全訂771頁）。地方自治法14条は地方自治法2条2項の定める事
務すなわち「地域における事務及びその他の事務で法律又はこれに基づく政令
により処理することとされるもの」につき「法令に違反しない限りにおいて」
条例を制定できるとする。「地域における事務及びその他の事務で法律又はこ
れに基づく政令により処理することとされるもの」には自治事務と法定受託事
務とが含まれており、地方公共団体の条例制定権はすべての所管事務に及ぶ。
換言すれば、地方公共団体は、所管事務について適宜自主的に条例を制定でき
る。

　しかし他方で、地方自治法は「法令に違反しない限りにおいて」条例を制定
できるとして、条例制定権を限界づけている。この条例制定権の限界としては、
以下のものが指摘されている。

(1)　憲法上の法律留保事項

　日本国憲法は、財産権（憲29条2項）、課税（憲30条・84条）、刑罰（憲31条）
等について法律主義をとっている。そのため条例でこれらを定めることの可否
がこれまで問題となった。

(i)　財産権

　財産権の制約については、法律の具体的委任を要するとする説や財産権の内
容については法律によってのみ制約可能だが行使については条例でも可能とす
る説もかつては説かれたが、今日では、条例による規制を可能と解するのが通
説的見解である。最高裁判所も「ため池の破損、決かいの原因となるため池の
堤とうの使用行為は、憲法でも、民法でも適法な財産権の行使として保障され

---

[29]　綿貫芳源「条例」田中二郎編集代表『宮沢俊義先生還暦記念・日本国憲法体系補巻』
　　（有斐閣、1971年）108〜114頁。

[30]　綿貫芳源「条例」田中二郎編集代表『宮沢俊義先生還暦記念・日本国憲法体系補巻』
　　（有斐閣、1971年）112頁。

第8章

ていないものであつて、憲法、民法の保障する財産権の行使の埒外にあるものというべく、従つて、これらの行為を条例をもつて禁止、処罰しても憲法および法律に牴触またはこれを逸脱するものとはいえない」（最大判1963（昭38）・6・26刑集17巻5号521頁）として条例による財産権制限が可能であることを認めており、今日では財産権を規制する条約は数多く存在する。

(ii) 課税

課税に関しては、地方自治法が「法律の定めるところにより」地方税の賦課を認め（自治223条）、地方税法が法定税のみならず法定外税も賦課し得ることを明文で定めている（地税4条・地税5条）。この課税権が法律によるものなのか、憲法上に根拠をもつものなのかが問題となる。これについては、かつては形式的な租税法律主義理解に立ち、地方公共団体の自主課税権を否定する見解が根強かったが、今日では「地方自治の本旨」等を根拠として自主課税権を認める立場が主流となってきている。

この点、税収の安定と法人課税における負担の公平性を図るため外形標準課税が導入されるまでの臨時的措置として繰越欠損金の額に相当する所得を課税標準として課税するとした神奈川県臨時特例企業税条例の違法性が争われた事件では、最高裁判所は、同条例は法人事業税に関する地方税法の強行規定と矛盾抵触するとして、これを違法と判断した（最一小判2013（平25）・3・21民集67巻3号438頁）。ただし、この事件の主たる争点は、憲法上の租税法律主義との抵触ではなく、地方税法という法律との抵触であった点は留意が必要である（→(2)）。

(iii) 条例罰

条例罰については、地方自治法14条3項が「2年以下の懲役若しくは禁錮、100万円以下の罰金、拘留、科料若しくは没収の刑又は5万円以下の過料」を科すことを認めている。そのため、このような一般的委任に基づく罰則を許されるとする説や個別法律による委任を必要とする説も唱えられた。大阪市売春取締条例事件（最大判1962（昭37）・5・30刑集16巻5号577頁）において最高裁判所が「憲法31条はかならずしも刑罰がすべて法律そのもので定められなければならないとするものでなく、法律の授権によつてそれ以下の法令によつて定めることもできると解すべき」とした上で「法律の授権が不特定な一般的の白紙委任的なものであつてはならない」とし「条例によつて刑罰を定める場合には、法律の授権が相当な程度に具体的であり、限定されておればたりると解するのが正当である」としたのはこれら学説に沿うものであった。しかし、今日では、条例は自主立法であって当然に罰則を設け得ると解するのが一般的となってきている。この立場からは、地方自治法14条3項は、地方公共団体の権限を確認し、刑罰の最高限を明らかにしたものと解される（佐藤幸・憲法566頁）。

なお、2012（平成24）年に大阪市で市職員の政治活動に罰則を設ける条例の制定が検討されていたところ、政府が、条例に罰則を設けることは地方公務員

第 94 条（地方公共団体の権能）　753

法の趣旨に反するとして同法に違反し許容されないとの閣議決定をして話題と
なった※31。これは後述の法令上の限界の問題である。

⑵　法令上の限界

　「法令に違反しない限りにおいて」が問題となるのは、次の２つの場面である。
すなわち、当該事項を規律する法令が存在する場合の法令と条例の抵触の可否
と、当該事項を規律してはならないことが国会の黙示的立法意思として推認で
きる場合にこれと抵触する条例の可否との場面である。

⒤　法令と条例の抵触

　前者については、かつては法律先占論が支配的であり、法令に抵触する条例
は制定し得ないと解されていた。しかし、1970（昭和45）年前後から、地方自
治の本旨に基づく自治立法権としての性格を再評価する動きが強まり、こうし
た考え方に疑義が呈されるようになった。実務上も、公害防止条例の分野にお
いて、地域の実情に応じて法律の基準を上回る規制を定める「上乗せ条例」や
法律が規制対象としていないものを規制の対象に含める「横出し条例」、または
法令が一定基準未満のものを規制の対象外としているにもかかわらずそれらを
規制対象に含める「裾切り条例」が現れるようになった。

　こうした中で、最高裁判所は、徳島市公安条例事件（最大判1975（昭50）・9・
10刑集29巻8号489頁）において条例と法令の抵触について以下のような見解を
示した。すなわち「条例が国の法令に違反するかどうかは、両者の対象事項と
規定文言を対比するのみでなく、それぞれの趣旨、目的、内容及び効果を比較
し、両者の間に矛盾牴触があるかどうかによつてこれを決しなければなら」な
い。そして、「法令と条例とが併存する場合でも、後者が前者とは別の目的に
基づく規律を意図するもの」であるときや「国の法令が……それぞれの普通地
方公共団体において、その地方の実情に応じて、別段の規制を施すことを容認
する趣旨であると解されるときは、国の法令と条例との間にはなんらの矛盾牴
触はな」い。つまり、単純な法律先占論ではなく、目的が異なる場合には条例
制定が許されること（公衆衛生を目的とする狂犬病予防法と人畜被害および生
活安全を目的とする飼犬取締条例の関係などがこれにあたる）、および、法律
が全国を通じて確保すべき最小限を定めている場合には地方公共団体が必要に
応じて条例を制定することを排除していないことを認めた。前述の「上乗せ条
例」や「横出し条例」、「裾切り条例」は後者の例にあたるとして正当化される
ことになった。

⒤　国会の黙示的立法意思と条例の抵触

　また、同じ事件において最高裁判所は「ある事項について国の法令中にこれ
を規律する明文の規定がない場合」について「法令全体からみて、右規定の欠

※31　2012（平成24）年7月24日〔第180回国会・衆議院総務委員会議録〕第13号5頁〔川
端達夫総務大臣〕。

754 第95条（地方特別法の住民投票）

如が特に当該事項についていかなる規制をも施すことなく放置すべきものとする趣旨であると解されるとき」はこれを規律する条例の規定は法令違反となるとの考えを示し、当該事項を規律してはならないことが国会の黙示的立法意思として推認できる場合にはそれに反する条例が違法となると判じている（最大判1975（昭50）・9・10刑集29巻8号489頁）。

(ⅲ) 近時の動向

しかし、こうした最高裁判所の考え方は、法令の趣旨のみから条例と法令の抵触を判断している点でなお国と地方との立法権分有を認めるものではない。そのため、近時では、憲法92条および本条を地方公共団体により積極的に「対話型立法権分有」を認めるものと捉える説が唱えられてきている。これは条例制定権の内容に法令と抵触する可能性を含む条例を制定し執行する実質的機会を保障することまでを認めるもので、条例と法令の抵触を審査する裁判の場では、地方における当該条例の必要性と地方議会の立法意思尊重という視点から法令の趣旨・目的・内容・効果を可能な限り限定的に再解釈することを認めるべきとする（新基本コンメ497～498頁〔大津浩〕）。この立場によれば、条例と法令の線引きは両者の「対話」によって事例ごとに具体的に決められることとなる。

（大河内美紀）

（地方特別法の住民投票）
第95条　一の地方公共団体のみに適用される特別法は、法律の定めるところにより、その地方公共団体の住民の投票においてその過半数の同意を得なければ、国会は、これを制定することができない。

I　本条の趣旨

日本国憲法は代表民主制を基本とし（→前文）、国会単独立法の原則を採用している（憲41条・59条）。本条はその憲法上の例外であり、「一の地方公共団体のみに適用される特別法」（地方特別法または地方自治特別法と呼ぶ）の制定に際して、国会の議決に加えて、住民投票による当該地方公共団体の住民の同意を要件とする。

本条はアメリカ合衆国の州憲法にみられるいわゆるホームルール条項を淵源としている（ただし、憲法案審議の際の政府答弁はそれとは異なり「個性の尊重」をキーワードとしていた（樋口・憲法364頁））。ホームルール条項とは、州憲法等に規定された、州議会の権限を制限し（特別法の禁止はその1つである）、州内の地方自治体に一定の地方自治を認める条項をいう。アメリカ合衆国ではイギリスからの独立後に自治体は州の創造物という考え方が強まり、また、19

第95条（地方特別法の住民投票）　755

世紀半ばにディロンズ・ルールと呼ばれる州優位の法理論が説かれるなど、地方自治体が行使し得る自治権の範囲は限られていた。こうした状況下で州議会による特定の自治体のコントロールを排除しようという運動が巻き起こり、1860年代以降、州憲法に特別法制定を制限する条項を設ける州が登場したのである。アメリカ合衆国では、これは後に、自治体に統治組織を自主的に定める憲章制定権を認める自治憲章制度（ホームルール・チャーター制）につながってゆく※32。

　しかし、日本においては、本条項の適用範囲はきわめて制限的であり、本条の適用例は今日までわずか15件に限られる。最後に本条が適用されたのは1952（昭和27）年であり、現在では死文化しているともいわれる。しかし、この状況を招く一因となっている通説的解釈の狭さを批判する声（佐藤幸・憲法560頁）は根強く、また、本条の政治的効用を重視する声もある。

II　地方特別法

1　「一の」

　本条は「一の」地方公共団体のみに適用される法律を地方特別法とするが、これは、1つの地方公共団体のみに適用される法律を指すのではなく、特定の地方公共団体のみに適用される法律を指すものと解される（佐藤功・注釈下1240頁、宮沢・全訂775頁）。したがって、複数の地方公共団体に適用される法律であってもその適用対象が特定されている場合には本条のいう地方特別法に該当し得る。横須賀・呉・佐世保・舞鶴の4市に適用される旧軍港市転換法がその例である。複数の地方公共団体に適用される場合、住民投票はそれぞれの地方公共団体によって独立に行われる。旧軍港市転換法の住民投票は、旧軍港市のそれぞれの住民の投票に付され（（旧）軍港市転換法附則2項）、過半数の同意を得られなかった市は旧軍港市から除かれるとされた（（旧）軍港市転換法附則3項）。

2　地方公共団体に適用される

　地方特別法は「地方公共団体に適用される」法律である。これは現に存在する地方公共団体に適用される法律を指し、未だ地方公共団体の存在しない地域に対して特別な定めを置く法律は含まれない、と解される（佐藤功・注釈下1240～1241頁）。そのため、八郎潟干拓地に新しく地方公共団体（大潟村）を設立するにあたって制定された「大規模な公有水面の埋立てに伴う村の設置に係る地方自治法等の特例に関する法律」（昭39法106）や「小笠原諸島の復帰に伴

※32　岡村周一「第6章アメリカの地方制度　第2節ホーム・ルール・シティ」阿部照哉ほか編『地方自治大系第1巻』（嵯峨野書院、1989年）296～301頁。

第8章

う法令の適用の暫定措置等に関する法律」（昭43法83）は、本条の地方特別法とはみなされず、住民投票は行われなかった。

同じく、「沖縄の復帰に伴う特別措置に関する法律」（昭46法129）も復帰前に制定されたため住民投票は行われなかった。しかし、復帰時に住民投票をすべきであったとの批判もある（新基本コンメ499頁〔大津浩〕）。

3 「特別法」

(1) 特別法とは

「特別法」は、「地方公共団体」そのものにかかわる法律、すなわち地方公共団体の組織、運営、権能に関係する法律を指し、国の事務や組織について規定する法律や私経済活動のみにかかわる法律は含まれないと解される（宮沢・全訂775頁）。首都建設法（昭25法219）と北海道開発法（昭25法126）はほぼ同時期に制定され似た内容をもつが、前者は地方特別法として住民投票に付されたのに対し後者は本条の対象外とされた。その理由として、政府は、前者は東京都の特別扱いを目的とするのに対して、後者は国の事務として北海道開発を定めるものであるから、と説明している（新基本コンメ499頁〔大津浩〕）。ただし、これに対しては学説から疑義も呈されている[33]。

(2) 特別法を廃止する法律

特別法を廃止する法律については、原状を回復するものであるから、地方特別法としては扱われないと解される（宮沢・全訂781頁）。首都建設法は首都圏整備法（昭31法83）の制定に伴って廃止されたが、同法は住民投票には付されなかった。ただし、政府はその理由として、同法が首都建設法の趣旨を継承しているから、としている。

(3) 一般法の特定地域への適用

一般法が一の類型の地方公共団体のみに適用されるルールを定めている場合について、実際にはその類型に該当する地方公共団体が1つしかないときであっても、それが一般的基準による合理的な区分である限りにおいて、それは地方特別法ではないと解するのが通説的見解である（宮沢・全訂775頁）。地方自治法上の都区制度は、東京都以外にも適用が開かれているとの理由で本条の適用対象外とされた（東京地判1964（昭39）・5・2判タ162号149頁）。

また、1972（昭和47）年以降沖縄のみに適用されるに至った「日本国とアメリカ合衆国との間の相互協力及び安全保障条約第六条に基づく施設及び区域並びに日本国における合衆国軍隊の地位に関する協定の実施に伴う土地等の使用等に関する特別措置法」（駐留軍用地特別措置法、昭27法140）についても、最高裁は一般法の個別地域への適用に過ぎないとして本条の適用を否定している（最大判1996（平8）・8・28民集50巻7号1952頁）。

---

[33] 杉原泰雄『憲法Ⅱ：統治の機構』（有斐閣、1989年）483頁。

第 95 条（地方特別法の住民投票）　757

(4)　実質的該当性

　形式的に「一の地方公共団体のみに適用される特別法」であればすべて本条の地方特別法に該当するかについては議論が分かれる。受益的な法律や軽微な不利益にとどまる法律にその例外がきわめて軽い程度のものについては、本条の適用外とする説が通説的見解（宮沢・全訂776〜777頁）である。

　これに対し、受益か不利益か、また、その程度の軽重の判断は相対的なもので客観的基準たり得ないとする批判がある。この立場によれば、地方特別法に該当するか否かは議決した国会の判断に委ねられる（佐藤功・注釈下1245頁）。ただし、前者の立場に立つ論者には、本条の規定が明確性を欠くことを理由に、地方特別法の実質的該当性についてはもっぱらそれを制定する国会が判断すべきとする者もあり（宮沢・全訂778頁）、このように捉えた場合には両説の間に、本条の効力に関する実質的相違はなくなる。

　しかし、これらの見解に対しては、団体自治権を侵害する立法を防止するという本条の趣旨を損なうものであるという強い批判がある。この立場によれば、一般法・地方特別法の分類の恣意性が重大明白な場合には司法審査が可能であり、そこに本条の意義が見出される（新基本コンメ500頁〔大津浩〕）。

4　住民の投票

　本条は「住民の投票」において「過半数の同意」を得なければ国会は地方特別法を制定できないと定めているが、具体的な手続は法律に委任されている。

　住民投票と国会の議決のいずれが先行すべきかについても本条はとくに規定していないと解するのが通説である（宮沢・全訂760頁）。国会法67条は国会の可決があった場合に住民投票に付すとしており、国会の議決を先行させている。この議決は住民投票の賛成の意思によって初めて有効に成立するため、停止条件付きの議決であると解される[34]。

　地方特別法に対する住民投票の手続は地方自治法によって定められている。地方特別法が議決された場合、最後に議決した議院の議長が内閣総理大臣に通知をし（自治261条1項）、内閣総理大臣が直ちにその旨を総務大臣に、総務大臣が5日以内にその旨を地方公共団体の長に通知し（自治261条2項）、地方公共団体の長は31日以後60日以内に選挙管理委員会を通じて当該法律について賛否の投票を実施し（自治261条3項）、地方公共団体の長はその結果を5日以内に総務大臣に報告し、総務大臣は直ちにその旨を内閣総理大臣に報告し（自治261条4項）、報告を受けた内閣総理大臣は直ちに公布の手続をとるとともに両院議長にこれを通知する（自治261条5項）ものとされている。住民投票には、公職選挙法の普通地方公共団体の選挙に関する規定が準用される（自治262条）。

　なお、地方自治法261条は住民投票の対象を「関係普通地方公共団体」と定め

---

[34]　加藤一彦「地方自治特別法の憲法問題」現代法学18号33頁。

ており、特別地方公共団体を除外しているようにも読めるが、これは地方自治特別法が「普通地方公共団体」のみを対象とするものであることを前提としているものではない、と解されている。特別区のような特別地方公共団体の1つにのみ適用される地方特別法を制定する場合には、同法は、その特別区を包括する普通地方公共団体において住民投票に付される（佐藤功・注釈下1249頁、樋口ほか・注解4・287頁〔中村睦男〕）。

（大河内美紀）

第9章　改正〔前注〕　759

第9章　改正

〔前注〕

本章は、憲法96条の1か条だけからなり、憲法改正の手続を定める。

I　憲法改正とは

「**憲法改正**」とは、憲法典自体においてあらかじめ定められた要件に基づいて、当該憲法典の規定を意識的に変更する行為のことである。したがって、憲法の改正手続を経ることなく、法律、判決、議院・内閣の行為、慣習、その他客観的事情の変更によって、無意識のうちに憲法典上の規定のもつ規範的意味が変化し、従来のそれとは異なるものと一般に認識される「**憲法の変遷**」と区別される。この憲法の変遷については、規範に真正面から反するような現実が生起し、それが、一定の段階に達したとき規範を改正したのと同じような法的効果を生ずるという意味での憲法の変遷が認められるか議論がある。これについては一定の要件（継続・反復および国民の同意等）が満たされた場合には、違憲の憲法現実が法的性格を帯び、憲法規範を改廃する効力をもつとする説と違憲の憲法現実は、あくまでも事実にしか過ぎず法的性格をもち得ないとする説が厳しく対立する（芦部・憲法412頁）。前者は、実効性が失われた憲法規範はもはや法とはいえないという立場をとるが、いかなる段階で実効性が消滅したかを適切に捉えることは容易ではないと批判され、実効性が大きく傷つけられていても法としての拘束性は消滅しないと解することが可能であるとして（芦部・憲法412頁）、後者の立場が多数説である（辻村・憲法521頁）。

また、憲法の改正は、革命やクーデターによって、既存の成文憲法を排除する「憲法の廃棄」や「憲法の排除」（辻村・憲法521頁参照）とも異なる。

II　憲法改正手続の類型

外国の憲法の中には、改正手続に関する規定がないものもあるが（たとえば、1814年のフランス憲法、1848年のイタリア憲法など）、多くは改正手続規定を有している。さらに、その改正手続は、通常の法律制定手続に比べて、多かれ少なかれ要件を加重している。それらについては、次のようないくつかの型がみられる[※1]。

(a)特別の憲法会議招集もしくは議会の特別の議決による発議と、その批准要

※1　辻村みよ子『比較のなかの改憲論──日本国憲法の位置』（岩波書店、2014年）35頁。

件を定める（アメリカ）、(b)特別の憲法会議の議決または国民投票による承認を要求（フランス）、(c)議会の特別の議決および国民投票の承認を要求（韓国）、(d)議会の特別の議決または国民投票の承認を要求（スペイン）、(e)議会の特別の議決を要求（ドイツ）。

日本国憲法は(c)に分類することができる。連邦制の国もあり、制度・手続が異なることから、硬性の度合いの比較は難しい。日本は他国に比べて硬性の度合いが強いという評価もみられるが（芦部・憲法405頁）、日本だけがとくに厳しいわけではなく、また「厳しすぎる」と即断することはできないという見解もある[2]。

大日本帝国憲法も、改正手続について規定しており、両議院は総員の3分の2以上の出席がなければ議事を開くことができず、出席議員の3分の2以上の多数でなければ改正の議決をすることができないとしていた（明憲73条）。

Ⅲ 戦後日本の改憲論

これまで、政権を長く担当してきた政党が自主憲法制定を目指す政党であったこともあり、戦後日本の政治では、憲法改正を求める動きがくり返し出現した。その態様は、憲法96条の改正手続による**「明文改憲」**論であったり、憲法改正と同様の効果を解釈の名で行おうとする**「解釈改憲」**の手法であったりした。戦後の改憲論の経過は、(i)1952（昭和27）年から1960（昭和35）年、(ii)1960（昭和35）年から1980（昭和55）年、(iii)1980（昭和55）年から1990（平成2）年、(iv)1990（平成2）年以降に区分される[3]。

(i)は、サンフランシスコ平和条約（日本国との平和条約）・安保条約（日米安全保障条約）が発効した後の改憲論である。占領権力がいなくなったことにより復古的な改憲が目指された時期であり、天皇の元首化、再軍備のための9条改正、個人主義的人権原理の見直しと家族制度の強化などが主要な内容を占めた。たとえば、当時の政権党であった自由党の憲法調査会の「日本国憲法改正案要綱案並びに説明書」（1954（昭和29）年11月5日）は、天皇を元首とし、軍隊保持、軍事特別裁判所、非常事態の宣言を含むものであった。しかし、こうした改憲と復古主義に反対する運動が高揚し、それらが安保条約改定反対運動につながった。なお、1956（昭和31）年には憲法調査会法が制定され、内閣に憲法調査会が設置された。

(ii)は、1960（昭和35）年6月の安保条約改定反対運動の高揚によりアイゼンハワー米大統領の訪日中止、岸内閣が退陣したことが画期となる。この安保条

※2 辻村みよ子『比較のなかの改憲論——日本国憲法の位置』（岩波書店、2014年）43頁。
※3 渡辺治「日本国憲法史の時期区分」山内敏弘ほか編『日本国憲法史年表』（勁草書房、1998年）774頁以下、辻村・憲法524頁以下参照。

約改定反対運動の高揚をみて政府は、改憲を始めとして戦前への復古を目指す政策を断念した。内閣の憲法調査会は1964（昭和39）年7月3日に最終報告書を出したが、改憲の意見が多数を占めたとはいえ、賛否両論併記となり、護憲勢力が議会内の3分の1を超えたことで、「明文改憲」は実現せず、政府は「**解釈改憲**」へと方向を転換した（辻村・憲法525頁）。その後、憲法改正論は下火になった中で、自民党憲法調査会の報告書「憲法改正大綱草案」（1972（昭和47）年6月16日）では、天皇を国の代表とすること、自衛力の保持と集団的安全保障機構による安全保障、公共の福祉の強化等の明文化が提案された。

(iii)は、1980（昭和55）年6月の衆参同日選挙において自民党が勝利し、その直後から改憲の動きが活発化し、日本の大国化のための憲法の改正が目指された時期である。この1980年代には、日本の軍事体制の整備が本格化し、保守の復権傾向を背景として、草の根市民運動の形態が利用され、また、大日本帝国憲法体制への復古的性格を濃厚にしていた1950年代・1960年代の改憲案と異なり、「平和主義・民主主義・基本的人権尊重」といった日本国憲法の基本原理を「受容」しつつ、「時代の要請にこたえる」ための憲法構想として打ち出された。自民党憲法調査会が中間報告を1982（昭和57）年8月11日に発表したが、現状肯定を基調とする「部分改正案」となっており、基本的には、解釈改憲路線が継続されたといえるが、明文改憲の動きがそれを部分的に補って存在した。

(iv)は、冷戦の「終焉」、ソ連・東欧の崩壊、1990年8月におけるイラクのクウェート侵略とそれに続く湾岸戦争などが画期となる。1991年の湾岸戦争を契機とする国際貢献論の高まりとPKO等協力法（国際連合平和維持活動等に対する協力に関する法律）の成立を背景に改憲論が展開され、新聞社が改憲案を発表するようにもなった。読売新聞は1994（平成6）年11月3日に「憲法改正試案」を発表したが、それは環境権などの「新しい人権」の明文化、憲法裁判所の導入や国民投票の導入を主張し、さらに、憲法9条2項を廃止して「自衛のための組織」の存在を明文化し、国際協力の章を新設して自衛隊の海外派遣の合憲化を図るものであった。また、憲法改正の手続については、各議院の3分の2以上の賛成があるときは、国民投票手続を省略できるとしている。

2000年代に入ると、国会の衆・参両院の**憲法調査会**が、2000（平成12）年1月から活動を開始し、衆議院憲法調査会が2005（平成17）年4月15日に、参議院憲法調査会が4月20日に報告書を提出した。これらの報告書では統一的な結論は提示されていないが、早期の「明文改憲」を求める与党議員や与党推薦の証言者が、憲法9条の改正、憲法前文における日本の文化・伝統の明示、人権規定における義務規定の強化、公共の福祉による人権制約の強化、家族規定の見直し、統治機構における行政権の強化、国民の憲法尊重擁護義務の明示などを明確に求めていたことが特徴的である（辻村・憲法527頁）。これと前後して、いくつかの改憲案が出され、たとえば、読売新聞「憲法改正2004年試案」（2004（平成16）年5月3日）、世界平和研究所「憲法改正試案」（2005（平成17）年1

762　第9章　改正〔前注〕

月20日)、鳩山由紀夫「新憲法試案」(2005 (平成17) 年2月4日)、自民党新憲法草案 (2005 (平成17) 年10月28日)、創憲会議「新憲法草案」(2005 (平成17) 年10月28日)、民主党憲法調査会「憲法提言」(2005 (平成17) 年10月31日) などがある。また、それまでは、日本国憲法の改正に必要な国民投票の手続を定める法律は存在しなかったが (1953 (昭和28) 年に当時の自治庁が日本国憲法改正国民投票法案を作成したが、国会提出は見送られ、それ以降は、政府は柔軟な憲法解釈 (解釈改憲) で対処する方針を採り、憲法改正 (明文改憲) を必要としなかったといえる)、2007 (平成19) 年5月14日に**「日本国憲法の改正手続に関する法律」**が成立した。ただ、「3つの宿題」(選挙権年齢等の18歳への引き下げ、公務員の政治的行為の制限に関する法整備、国民投票の対象拡大) といわれる検討課題を附則に定め、さらに、この法律には、5月11日の参議院日本国憲法に関する調査特別委員会での採決の際に、たとえば、国民投票の対象・範囲については、憲法審査会において、その意義および必要性の有無等について十分な検討を加え、適切な措置を講じるように努めること、最低得票率制度の意義・是非の検討、テレビ・ラジオの有料広告規制の検討などの18項目の附帯決議が付され、多くの問題点が指摘された。

　さらに、2010年代に入ると、自民党の「日本国憲法改正草案」(2012 (平成24) 年4月27日)、日本青年会議所「日本国憲法草案」(2012 (平成24) 年10月12日)、産経新聞「国民の憲法」(2013 (平成25) 年4月26日) などが出されている。とくに、自民党の日本国憲法改正草案は、象徴としての天皇を元首とし、国旗・国歌規定の新設、自衛権の発動の明文化、国防軍規定の追加、緊急事態の章の新設、憲法改正の発議要件を過半数に緩和、基本的人権の本質をうたった憲法97条の削除、国民の憲法尊重擁護義務など、復古的な性格のものであり、日本国憲法の根幹に重大な変更を加えるものとなっている。なお、2014 (平成26) 年6月に「日本国憲法の改正手続に関する法律の一部を改正する法律」が制定され、満18歳とされている国民投票の投票権年齢につき、法律施行後4年を経過するまでの間は満20歳とし、法律施行後速やかに年齢満18歳以上の者が国政選挙に参加することができること等となるよう必要な法制上の措置を講じること、公務員が行う国民投票運動について必要な法制上の措置を講じること、憲法改正を要する問題および憲法改正の対象となり得る問題についての国民投票制度について更に検討を加え必要措置を講じることが定められた。その後、2015 (平成27) 年6月に選挙権年齢を18歳以上とするように公職選挙法等が改正され、2015 (平成27) 年6月19日に施行されたが、公務員の政治的行為の制限のあり方や国民投票法制度についての本格的な検討はすすんでいない。また、2007 (平成19) 年5月11日の参議院での採決時に付された18項目の附帯決議、2014 (平成26) 年の法改正にあたっての2014 (平成26) 年5月8日衆議院憲法審査会附帯決議、2014 (平成26) 年6月11日参議院憲法審査会の附帯決議でのその他の指摘事項の検討もすすんでいるとはいえない。2018 (平成30) 年3月26

第96条（憲法改正の手続）　763

日には、自民党憲法改正推進本部は、(1)9条1項・2項は維持した上で9条に自衛隊の明記、(2)大地震その他の異常かつ大規模な災害（緊急事態）に対する対応、(3)選挙区の合区の解消、(4)教育の充実の4つを内容とする「条文イメージ（たたき台素案）」をもとに衆参の憲法審査会で自民党の考え方を示し、憲法審査会で議論が行われるよう努めるという方針を示した。

（倉田原志）

（憲法改正の手続）
第96条　①　この憲法の改正は、各議院の総議員の3分の2以上の賛成で、国会が、これを発議し、国民に提案してその承認を経なければならない。この承認には、特別の国民投票又は国会の定める選挙の際行はれる投票において、その過半数の賛成を必要とする。
②　憲法改正について前項の承認を経たときは、天皇は、国民の名で、この憲法と一体を成すものとして、直ちにこれを公布する。

Ⅰ　本条の趣旨

　本条の特色は、憲法改正につき、国民の投票に付することにしたことである。前文では、「日本国民は、正当に選挙された国会における代表者を通じて行動し」として、代表民主制の原理を宣言しているが、憲法改正の場合だけは、直接に国民投票に付し、国民主権の原理を徹底させる趣旨であり、日本国憲法が国民主権に基づくものであるという基本的性格を端的に表している。

　本条は、GHQ草案89条が基になっており、そこでは国会議員総議員の3分の2の賛成による発議と国民の過半数の承認が必要であるとされていた。経緯をさらに遡ると、GHQ草案の第一次試案は、「10年間の改正禁止とその後10年ごとの改憲のための特別国会の召集」、「改正案は国会議員の3分の2で発議し、国会の4分の3の賛成で成立する」という案であった。しかし、運営委員会で「10年ごとの再検討」の規定が削除され、第二次試案では、「国会の4分の3の議決」（この場合には原則として国民投票不要）、もしくは「人権条項に関する場合には国民投票により3分の2以上で賛成」という要件が課せられていた。その後、前述のGHQ草案89条のように要件が緩和された[※4]。なお、この要件は、

[※4]　辻村みよ子『比較のなかの改憲論──日本国憲法の位置』（岩波書店、2014年）32頁以下。第二次試案については、高柳賢三ほか編著『日本国憲法制定の過程Ⅰ：原文と翻訳』（有斐閣、1972年）143頁以下、高柳賢三ほか編著『日本国憲法制定の過程Ⅱ：解説』（有斐閣、1972年）274頁以下参照。

ワイマール憲法76条の要件に非常に近いものである[5]。

II 「改正」

1 改正の方式

改正の方式には、全面改正、一部改正および増補という形式がある。

全面改正は、現在の法典を初めから全部書き直すという体裁をとるものである。ただ、以前と同じ規定が引き続き存在することは妨げられない。本条の下で全面改正が許されるかについては議論がある。本条2項の「この憲法と一体を成すものとして」とは、一部改正だけを認める趣旨であるから、憲法を全面的に書き換える全部改正は許されないという見解（佐藤幸・憲法38頁、40頁）がある。しかし、「この憲法と一体を成すものとして」は憲法改正の体裁のいかんとは関係がないという見解もあり（宮沢・全訂796頁）、部分的な改正を積み重ねることによって、結果的に全部改正になることもあり、形式ではなく、改正の限界を超えているかどうかを問題とすべきという指摘がみられる（新基本コンメ505頁〔工藤達朗〕）。また、全面改正、一部改正、増補という区別は、いずれも改正に関する体裁の区別であるにとどまり、実質の区別ではないので、これらの区別はそう重要ではなく、これらのどの方式によることも自由であるとする見解がある（宮沢・全訂785頁）。

一部改正は、法典の一部または数個の条項を変える体裁をとるものである。

増補は、現在の法典の体裁そのものには手をふれずに、それとは別に新たな条項を加えるものである。

2 憲法改正の限界

本条による改正は、日本国憲法のすべての条項に及ぶことができるか、それとも、何らかの限界があるかについて争いがある。これは、**憲法改正の限界**の問題とされるものである。

限界がないとする**無限界説**としては、憲法の可変性と社会的事情による非拘束性は憲法の本質に属し、憲法規範の価値序列または段階制を否認し、改正の限界はないとする説[6]、改正不能な上位規範と改正可能な下位規範の区別はなく、憲法を制定した国民は憲法の上に立ち、憲法を自由に変更できるとする

---

[5] 辻村みよ子『比較のなかの改憲論──日本国憲法の位置』（岩波書店、2014年）33頁以下。

[6] 佐々木惣一「憲法を改正する国家作用の法理」法学論叢60巻1＝2号（1954年）3頁以下。

説[7]、実在の主権者国民が権力を行使するのは憲法改正の場面であり、改正規定はこの実在の国民の実体的権力を付与するルールであるから改正には限界はないとする説[8]などがある。

限界説は、改正不能な上位規範が存在する、憲法がよって立つ基盤でありその憲法のそのものの存立を支える根拠である基本原理があるとする、あるいは、憲法を制定する国民と憲法を改正する国民を区別するなどにより、限界があるとするものである。たとえば、憲法の基礎をなし、その窮極にある原理を定める根本規範に触れることは許されないとする説（清宮・憲法1・410頁）、憲法改正権は憲法により与えられている憲法上の権限であるから、憲法の基礎となっている憲法制定権力を排除することができず、また憲法制定権力がそのままとどまっているときでも成文憲法の基礎となっている基礎的政治的決定を動かすことはできないとする説[9]、同様に憲法制定権力と憲法改正権を区別し、憲法改正権は、憲法によって創られた権力であり、憲法に拘束され、憲法改正権によって憲法制定権力の所在や、憲法の中の根本規範ともいうべき人権宣言の基本原則などを変更することはできないとする説（芦部・憲法409頁以下）などがある。

限界説のこれらの根拠づけについては、根本規範をいかなる方法で認識し得るか、認識し得るとしてもそれ以外の憲法規範が、これらよりも価値的に低いことをいかにして立証し得るかといった疑問[10]が出され、また、憲法制定権力と憲法改正権の区別についても、憲法改正国民投票が必要とされている日本で区別する意義があるのかという疑問（新基本コンメ505頁〔工藤達朗〕）も出されているが、憲法改正権を制度化された憲法制定権力とみて、少なくとも、改正手続を根拠に憲法制定権力の担い手の変更はあり得ないということを認めるのが多数であり、限界説が通説である（野中ほか・憲法2・411頁〔野中俊彦〕）。

3　憲法改正の具体的限界

限界説に立った場合に、具体的な憲法改正の限界はどこかが問題となり、以下について議論がある。

(1)　**主権の所在──国民主権**

主権がどこにあるかは、最も根元的な問題であり、日本国憲法についていえば、国民主権の原理は、日本国憲法の全体制を基礎づけている最も根元的な原

---

[7]　結城光太郎「憲法改正無限界の理論」山形大学紀要（人文科学）3巻3号（1956年）281頁。

[8]　阪本昌成『憲法理論Ⅰ（補訂第3版）』（成文堂、2000年）126頁以下。

[9]　橋本公亘『憲法』（青林書院新社、1972年）600頁。

[10]　初宿正典『憲法1』（成文堂、2002年）38頁。

理であるから、憲法改正の限界をなすとするものである（宮沢・全訂787頁）。前文に「これに反する一切の憲法、法令及び詔勅を排除する」という言葉が含まれているが、「これ」は国民主権の原理にほかならないので、この前文の言葉にも、国民主権が憲法改正の限界をなすことの根拠を求められるとする（宮沢・全訂788頁）。憲法制定権力と憲法改正権とを区別する立場からも、主権の所在は憲法改正の限界をなすことが主張される。

(2) その他の基本原理

　国民主権以外の日本国憲法の基本原理としては、基本的人権の尊重の原理と平和主義の原理が一般に挙げられるが、これらも、憲法改正の限界として挙げられ得る。

　まず、基本的人権の尊重の原理は、国民主権から論理必然的に出てくるものであり、憲法改正権の限界をなし、さらに、この見解によれば、国民主権の原理は、もともと個人主義に由来するものであり、個人主義の原理は基本的人権の尊重の原理を要請し、基本的人権の尊重を欠いては、国民主権は成立することができないとする説がある（宮沢・全訂788頁）。また、基本的人権の原理は、この憲法の内容を規律する原理であるから、この原理そのものを定めた部分（憲11条・97条など）が改正の限界をなし、これらの条項が基本的人権を「侵すことのできない永久の権利」だとすることも改正を認めない趣旨とする説がある（佐藤功・注釈下1254頁）。ただ、どの規定を削除すれば改正の限界を超えたことになるのか等、これまでは十分に議論されてきたとはいえない。

　平和主義の原理も基本原理として、平和主義そのものは削除や否認は許されないとされるが[11]、憲法9条2項の戦力不保持の部分については、憲法9条1項とは別であるとして改正し得るとする見解（芦部・憲法411頁）と、この部分も1項と不可分であり、かつ、この憲法の平和主義の特色はむしろ2項にあるとみるべきであるとして、改正の限界をなすという見解（佐藤功・注釈下1254頁）が対立する。後者の見解は、1項にとどまることなく、とくに2項を設けたことに特別の積極的意義があるとすることによるが、近年では、2項は改正可能であるとする見解が多数になっている。

(3) 改正手続規定──本条

　改正手続規定が改正の限界をなすという代表的な見解は、改正手続規定は、いわば根本規範に直接に基づくものと考えられるから、改正手続によって改正することは、論理的に不可能であるとするものである。憲法改正規定たる本条の改正を、本条そのものによって根拠づけることは、改正権の根本に関する限り、法論理的に不可能であり、硬性憲法の軟性憲法への変更、軟性憲法の硬性憲法への変更を、憲法改正規定そのものによって根拠づけることはできないという見解である（清宮・憲法1・411頁）。

---

[11] 小林直樹『新版　憲法講義（下巻）』（東京大学出版会、1981年）561頁。

第 96 条（憲法改正の手続）　767

　　ただ、この見解も、改正手続による改正規定の改正を絶対に不可能とするの
が憲法制定者の意志とは思われないとし、制定権と改正権の混同にならず、し
かも、改正権の根本にふれない範囲の改正、たとえば、発議について特別の憲
法会議を設けたり、あるいは国会の議決における「硬性」の度合いをいくぶん
変更したりする程度の改正は、改正権者の意志に任せられているものと解せら
れるとする（清宮・憲法1・411頁以下）。憲法改正規定の改正は許されないと
する説（松井・憲法78頁）もあるが、改正手続の実質を変更することができな
いとする学説の方が有力であり、そこから憲法改正国民投票を廃止することは
許されないことが導かれる（芦部・憲法411頁、佐藤幸・憲法40頁）。
　　しかし、この見解に対しては、改正権が本条で与えられたのであれば、本条
は一切変更できないはずであるから、改正権自体は本条以前に存在し、本条は
改正権の行使を手続的に規律するに過ぎないことになり、改正手続規定自体は
改正可能で、後は、改正の限界の問題に解消される、つまり、国民投票は国民
主権と不可分であるからその廃止は改正の限界を超えるのであって、改正規定
だから改正できないとなるわけではないことになるという指摘がある（新基本
コンメ506頁〔工藤達朗〕）。
　　なお、憲法改正限界説に立ちつつも、憲法改正権の主体も憲法制定権と同じ
国民であり、改正手続規定は一段上位の法規範とはいえないことから、憲法改
正規定の改正は限界とならないとする見解もある[12]。ただ、この見解も国民
投票の手続は、国民主権の直接かつ根本的な発動手続であるから、否定するこ
とは許されないとする。

(4)　憲法改正禁止規定

　　憲法改正禁止規定とは、一定の事項の改正を明文で禁止する規定である。外
国の憲法では、たとえば、共和政体は憲法改正の対象とはなし得ないとする例
（1958年のフランス第五共和国憲法、1948年のイタリア共和国憲法など）があり、
また、ドイツ基本法79条3項では、この基本法の変更によって、連邦の諸ラン
トへの編成、立法に際しての諸ラントの原則的協力、または、1条（人間の尊
厳・人権・基本権の拘束力）および20条（民主的かつ社会的連邦国家など）に
うたわれている基本原則に触れることは、許されないとするなどの例がある。
日本国憲法にはこのような改正禁止規定は存在しないという見解が一般的であ
り、学説の多くは、改正禁止規定の意義に消極的である（新基本コンメ505頁
〔工藤達朗〕）。しかし、憲法11条がこれにあたると解する余地があるとし、
改正禁止規定は改正の実体面に関する制限規範であって、改正対象となり得な
いとする見解がある（佐藤幸・憲法40頁）。

(5)　憲法改正できない範囲

　　憲法改正の具体的な限界として以上のものが挙げられ得るが、どこまでとす

---

　　[12] 杉原泰雄『憲法Ⅱ：統治の機構』（有斐閣、1989年）518頁以下。

768　第96条（憲法改正の手続）

るか、つまり前述の(1)から(4)のうちのどれが憲法改正の限界と考えるかについてはいくつかの見解がある。法はそもそも時とともに変わるべきものであるから、憲法改正権の限界は、その憲法の最も根元的な原理に限られなくてはならないとして、憲法改正権のよって立つ基礎たる原理である国民主権の原理だけであるとみるのが正当であるとする見解がある（宮沢・全訂789頁）（なお、ここには、基本的人権の尊重も含められている）。この国民主権の原理が憲法改正の限界をなすことはほぼ一致がみられるといえる。これに加えて、人権宣言の基本原則、国際平和の原理（ただし、憲法9条2項は改正可能とする）、本条の憲法改正国民投票を挙げる見解（芦部・憲法409頁以下）、元の憲法との同一性を失わせるようなもの、憲法の改正手続規定（ただし、改正手続の実質にふれる改正）および改正禁止規定を挙げる見解（佐藤幸・憲法40頁）などがある。

Ⅲ　「各議院」

　国会の各議院、すなわち衆議院と参議院のことである。

　各議院は、本条の場合には、対等な地位を有し、衆議院の優越は認められていない。なぜ衆議院の優越が認められていないかは、必ずしも明白ではないが、それによって憲法改正の成立を少しでも難しくしようとしたのであろうといわれたり（宮沢・全訂789頁）、憲法改正は事柄の性質上、できる限り両議院の意思の一致を得て行うべきであり、両議院の意思が一致しないままで衆議院が参議院の意思を排除して、国会の意思とするという方法は採るべきではないとしたといわれる（佐藤功・注釈下1256頁）。

Ⅳ　「総議員」

　「総議員」の意味については、各議院の議員の法定数とする説と現に在職する議員の総数とする説の2つの説がある。

　後者の見解によれば、辞職・死亡その他の事由により欠員があり、それが補充されていない場合その数は、総議員には算入されない。

　両説それぞれには理由があるが、法定議員数説とすると、欠員数だけの議員が常に反対の投票をしたのと同じに取り扱われることになって、妥当ではないことが指摘される（宮沢・全訂790頁）。なお、後者の見解によっても、欠席議員は反対の意思を表明したのと同じに扱われるが、本条が「出席議員」とはしていないことや、出席し意思を表示することができることを考えれば、不合理があるとしてもはるかに少ないといわれる（宮沢・全訂790頁）。

　一方、前者の法定議員数説からは、欠員がある分だけ改正が容易になるのも不合理であり、出席議員の3分の2の賛成で反対派を除名することによる改正を容易にする道を防ぐためには、法定議員数の方が妥当だという反論がある

（長谷部・憲法34頁）。なお、実務の上では、衆参両院ともそれを法定議員数と捉えているので、異なる取扱いがなされるとは考えられないという見解もある（新基本コンメ503頁〔工藤達朗〕）。

V 「発議」

国民投票に附すべき憲法改正案を国会が決定することである。

1 発案

国会の発議が成立するためには、**憲法改正原案**がいずれかの議院に**発案**されることが必要であるが、その発案権を各議院の議員がもつことについては異論はない。なお、国会法68条の2は、国会議員が、憲法改正原案を発案するには「衆議院においては議員100人以上、参議院においては議員50人以上の賛成を要する」と定め、法律案を発議する場合よりも賛成議員数を加重している。

さらに、**憲法審査会**も憲法改正原案を提出することができる（国会102条の7）。この憲法審査会は、日本国憲法および日本国憲法に密接に関連する基本法制について広範かつ総合的に調査を行い、憲法改正原案、日本国憲法にかかる改正の発議または国民投票に関する法律案等を審査するため、各議院に設置されるものである（国会102条の6）。

内閣がこの発案権をもつのかについては争いがある。肯定説は、憲法はそれを禁ずる趣旨とは解されず、内閣は法律案の発案権を有すると解せるのと同様に、内閣も憲法改正原案の発案権を有すると解するのが妥当であるとする（宮沢・全訂793頁）。

否定説は、憲法が内閣の憲法改正原案発案権についてとくに定めるところがないのは、それを否定する趣旨と考えるべきであるとし[13]、あるいは、憲法改正は国民の憲法制定権力の作用であり、国民に最終決定権を認める憲法の趣旨からして、国民代表としての議員に発案権があることが当然の理であり、それを厳格に解することが妥当とする（辻村・憲法516頁以下）。

立法技術的に執行にあたる内閣からの発案が実際的に望ましい場合が多いこと、内閣の憲法改正原案の発案権を認めても、各議院がこれに対して完全な修正権をもつことを理由として、肯定説が有力に主張されている。なお、否定説を採ったとしても、内閣総理大臣は国会議員でなければならず（憲67条）、国務大臣の過半数も国会議員でなければならない（憲68条）のであるから、国会議員の資格で憲法改正原案を発案することができるので、実際には内閣が発案するのと同じ効果をもたらすことが十分可能であることが指摘され、この見解の対立は、あまり重要な問題ではないという指摘もある（宮沢・全訂793頁）。

---

[13] 杉原泰雄『憲法Ⅱ：統治の機構』（有斐閣、1989年）229頁。

2 審議

憲法改正原案は、各議院の憲法審査会の審査に付される（国会102条の6）。他の議院の憲法審査会との合同審査会を開くこともできる（国会102条の8）。

憲法審査会の審査後、憲法改正原案は本会議で審議される。憲法改正の場合、議決の定足数は本条により「総議員の3分の2」であるが、議事の定足数については特別の規定は存在しないので、一般の議事の場合と同様に総議員の3分の1で足りるとする説（新基本コンメ503頁〔工藤達朗〕）と、憲法改正の発議の議事については一般の議事よりも慎重・厳格に扱うべきであるし、その議事の定足数も総議員の3分の2以上とすることを要するとする説（佐藤功・注釈下1257頁）とが対立する。

Ⅵ 「国民に提案」

国会が憲法改正案を発議する行為のほかに、「国民に提案」する行為が必要なわけではない。国会の各議院が憲法改正案を可決すれば、それが「発議」であり、国民に対する「提案」はそれに含まれているとみることもできるし、あるいは、国会の各議院が憲法改正案を可決することが、「発議」と「提案」の意思表示であると解することもできる（宮沢・全訂793頁）。

Ⅶ 「承認」

同意を意味する。国会によって発議された憲法改正案に対する賛成の意思表示である。全体が不可分一体のものとして発議されれば、その全体について賛成または反対の投票をすることになり、いくつかの部分に分けられて発議されれば、その各部分について、それぞれ別々に賛成または反対の投票をする。いずれの場合でも、原案を修正することはできない（宮沢・全訂793頁以下）。

Ⅷ 「特別の国民投票又は国会の定める選挙の際行はれる投票」

「特別の国民投票」とは、特別に憲法改正の承認を得るために行われる国民投票のことである。「国会の定める選挙の際行はれる投票」とは、国会が指定する選挙と同時に行われる国民投票のことである。どういう場合に前者の手続により、どういう場合に後者の手続によるかは、法律で一般的に定めることが妥当であるが、発議の際、国会がそのつど、いずれの手続によるかを定めることも許される（宮沢・全訂794頁）。

この「国民投票」は、憲法15条にいう「公務員の選挙」ではないが、国民が国の基本法体制について発言する手続であるから、それに準じて考えるべきであり、少なくとも、成年者はすべて投票に参加する資格をもつべきで、そこで

の投票の秘密は侵されてはならない（宮沢・全訂794頁）。

「国会の定める選挙」とは、国会が指定する選挙のことであるが、全国的規模で行われる選挙であるから、具体的には、衆議院議員総選挙および参議院議員通常選挙に限られる。

日本国憲法の改正手続に関する法律（憲法改正手続法）によれば、この国民投票は、国会における憲法改正の発議から60日以後180日以内において、国会の議決した期日に行われる（改正手続2条1項）。なお、憲法改正手続法は、もっぱら前者の「特別の国民投票」を前提としている。

この国民投票の投票権を有するのは、満18歳以上の日本国民である（改正手続3条）。ただし、日本国憲法の改正手続に関する法律の一部を改正する法律（2014（平成26）年6月13日成立・平26法75）附則2項は、経過措置として、同法の施行後4年間は投票権者を満20歳以上とし、附則3項は、国は、この法律の施行後速やかに、年齢満18年以上満20年未満の者が国政選挙に参加することができること等となるよう、国民投票の投票権を有する者の年齢と選挙権を有する者の年齢との均衡等を勘案し、公職選挙法、民法その他の法令の規定について検討を加え、必要な法制上の措置を講ずるものとするとしている（その後の公職選挙法、民法の改正については憲15条Ⅴ2参照）。投票の秘密は、憲法改正手続法66条に定められている。

なお、この国民投票では、在外投票人名簿に基づく在外投票も可能とされている（改正手続33条以下など）。

Ⅸ　「その過半数の賛成」

有権者総数の過半数の賛成、投票者総数の過半数の賛成、有効投票数の過半数の賛成という説がある。

第1説では、棄権者はすべて原案に反対したものとみなされる結果になり、棄権者のすべてを反対者として取り扱うのは妥当ではなく、第2説では、無効投票はすべて反対投票とみなされる結果になり、この点が妥当ではないので、第3説が妥当だとする見解（宮沢・全訂795頁、佐藤功・注釈下1261頁）が有力である。なお、投票者総数の過半数か有効投票数の過半数かは国会に委ねられているとする説もある（佐藤幸・憲法37頁）。

憲法改正手続法は、「投票総数」を「憲法改正案に対する賛成の投票の数及び反対の投票の数を合計した数」としており（改正手続98条2項）、第3説を採用したといえる（新基本法コンメ504頁〔工藤達朗〕）。

なお、憲法改正手続法では、一定の得票率に達しない場合は、たとえその投票の過半数の賛成を得た憲法改正案であっても、国民の承認を得られなかったものとする最低投票率の制度は採用されていない。しかし、参議院憲法特別委員会が行った憲法改正手続法案に対する附帯決議（2007（平成19）年5月11日）

6項においては、「低投票率により憲法改正の正当性に疑義が生じないよう、憲法審査会において本法施行までに最低投票率制度の意義・是非について検討を加えること」とされ、政府は最低投票率制度の意義・是非に関して、各議院の憲法審査会において検討されるとしている※14。

また、憲法改正手続法では、投票人が、中央選挙管理委員会を被告として、国民投票の結果の告示の日から30日以内に、東京高等裁判所に国民投票無効の訴訟を提起できることとしている（改正手続127条）。訴訟の提起があっても国民投票の効力は停止しないが（改正手続130条）、憲法改正が無効とされることにより生ずる重大な支障を避けるため緊急の必要があるときは、裁判所は申立てにより、憲法改正の効果の発生の全部または一部の停止をすることができる（改正手続133条1項）。その場合は、判決確定まで効果の発生は停止する（改正手続133条2項）。

X 「国民の名で」

憲法改正が主権の存する国民の意思によって成立したとする趣旨を示す。憲法7条からすると、天皇は「国民のために」憲法改正を公布するが（憲7条1号）、本条の「国民の名で」公布すると同じ意味である（宮沢・全訂796頁）。

XI 「この憲法と一体をなすものとして」

形式的にこの憲法の一部としての意味で、憲法改正が日本国憲法と同じ形式的効力をもつ国法形式であるという意味である（宮沢・全訂796頁）。本条にこの文言があることから全面改正が認められないかどうかについてはⅡ1参照。

XII 「公布」

天皇は、「内閣の助言と承認により」、公布する（憲7条1号）。国民の承認があったとき、内閣総理大臣は直ちに公布のための手続をとらなければならない（改正手続126条2項）。

(倉田原志)

※14 2008（平20）・10・10〔第170回国会・参議院議員藤末健三君提出日本国憲法の改正手続に関する法律に関する質問に対する答弁書〕第32号〔麻生太郎〕http://www.sangiin.go.jp/japanese/joho1/kousei/syuisyo/170/touh/t170032.htm。

第 10 章　最高法規〔前注〕　773

第10章　最高法規

〔前注〕

I　本章の趣旨

　本章は、基本的人権の本質に関する97条、**最高法規性**に関する98条、公務員の**憲法尊重擁護義務**を定める99条という３か条からなるが、本章のタイトルである最高法規に直接関係するのは、98条だけであり、必ずしもまとまった内容をもつものとはいいにくいという見解もみられる（宮沢・全訂799頁）。しかし、最高法規であることから憲法はあくまで尊重・擁護されなければならないことが導かれるとすると、その点に関するのが99条であり、なぜ守られなければならないか、すなわち、憲法が最高法規とされる理由は何かという問題と結びつき、その点に関する規定が憲法97条だと捉えると、本章はまとまりをもったものともいえる（佐藤功・注釈下1265頁）。

II　憲法保障

　憲法の最高法規性は、ときとして、法律等の下位の法規範や違憲的な権力行使によって脅かされ、ゆがめられるという事態が生じるので、このような憲法の崩壊を招く政治の動きを事前に防止し、または事後に是正するための装置を、あらかじめ憲法秩序の中に設けておく必要があり、その装置は憲法保障制度と呼ばれる（芦部・憲法386頁）。この**憲法保障制度**には、憲法自身に定められているものと憲法には定められていないが超憲法的な根拠によって認められると考えられるものがあるとされ、前者の例としては、本章の憲法の最高法規性の宣言（憲98条）・公務員に対する憲法尊重擁護の義務づけ（憲99条）のほかに、権力分立制の採用（憲41条・65条・76条）、硬性憲法の技術（憲96条）、違憲審査制（憲81条）、後者の例としては、抵抗権と国家緊急権が挙げられる（芦部・憲法386頁）。ここでは抵抗権と国家緊急権について触れる。前者のそれぞれについては、当該の条文解説を参照。

1　抵抗権

　「**抵抗権**」とは、国家権力が人間の尊厳を侵す重大な不法を行った場合に、国民が自らの権利・自由を守り人間の尊厳を確保するため、他に合法的な救済手段が不可能となったとき、実定法上の義務を拒否する抵抗行為をする権利のことである（芦部・憲法387頁）。抵抗権の考えは古くからあり、若干の人権宣言の中にもうたわれた（1789年・1793年のフランス人権宣言）が、憲法保障制

度が整備されるとともに、規定は少なくなってきた。日本国憲法は、抵抗権を明示的には保障していない。ドイツ基本法は、「この秩序を除去しようと企てるいかなる者に対しても、すべてのドイツ人は、他の救済手段が不可能なときには、抵抗する権利を有する」と定める（20条4項）が、ただ、この規定は、公権力に対してのみならず、国民自身に対しても抵抗権が行使され得ることを認めており、伝統的な抵抗権の観念とは異なることが指摘されている（野中ほか・憲法2・403頁〔野中俊彦〕）。

　これまで、抵抗権の根拠については、自然法に求める立場と実定法に求める立場に大きく分かれ、さらにそれぞれの立場の内部でも種々の見解が出されてきた。抵抗権は、自然法に根拠を求めつつ実定法上の義務をそれ以外の何らかの義務を根拠にして否認することが正当とされる権利であって、抵抗権を実定法上の権利であるとすることは論理矛盾であるとする説（宮沢・憲法2・137頁）から、憲法の保障する基本的人権は本質的に抵抗権を内包し、とくに自由権は全部抵抗権であるとする説※1に至るまで、いろいろな主張がみられる。

　最近でも、実定法上の抵抗権を認めることに否定的な見解（野中ほか・憲法2・402頁〔野中俊彦〕）もあり、また、憲法12条が基本的人権を国民は「不断の努力によつて」保持すべきとすることから、直ちに実定法上の権利としての抵抗権を導き出すことは困難であるが、人権保障規定の根底にあって人権の発展を支えてきた圧政に対する抵抗の権利の理念を読みとることは十分に可能であるという見解がある（芦部・憲法387頁以下）。一方で、憲法12条が国民の権利・自由は「国民の不断の努力によつて」保持すべきことを定め、憲法97条において「人類の多年にわたる自由獲得の努力の成果」である「基本的人権」の保全に努めるべき国民の責務を規定しているのは、立憲主義憲法に内在するところの実定法上の権利である趣旨を明らかにしており、この「抵抗権の行使は、政府権力の濫用などによって立憲主義憲法秩序が重大な危機にさらされ、人権の行使が一般的に妨げられるようになった状況においてはじめて問題となる」ものという見解（佐藤幸・憲法53頁）が出されている。なお、抵抗権の行使の要件について、許可を得ず集会・デモ行進をしたことが札幌市公安条例に違反するとして起訴されたが、これらの行為は抵抗権の発動として違法性がないという主張に対し、抵抗権の行使が実力による抵抗であることから「厳格なる制限」が求められるとして、憲法の各条規の単なる違反ではなく民主主義の基本秩序に対する重大な侵害が行われ憲法の存在自体が否認されようとする場合であり、不法であることが客観的に明白でなければならず、憲法法律等に定められた一切の法的救済手段がもはや有効に目的を達成する見込みがなく、法秩序の再建のための最終の手段として抵抗のみが残されていることが必要であると

※1　田畑忍「抵抗権と抵抗義務について――日本国憲法に於ける抵抗権と抵抗義務」法哲学年報1959（1960年）83頁。

する下級審の判決がある（札幌地判1962（昭37）・1・18下刑4巻1＝2号69頁）。

2　国家緊急権

「国家緊急権」とは、戦争・内乱・恐慌・大規模な自然災害など、平時の統治機構をもっては対処できない非常事態において、国家の存立を維持するために、国家権力が、立憲的な憲法秩序を一時停止して非常措置をとる権限のことである（芦部・憲法388頁）。この国家緊急権の内容はより具体的には、人権保障の停止（人権の広範な制限）と権力分立の停止（執行権への権力の集中）である（野中ほか・憲法2・404頁〔野中俊彦〕）。この国家緊急権は、一方では、国家存亡の際に憲法の保持を図るものであるから憲法保障の一形態といえるが、他方では立憲的な憲法秩序を一時的にせよ停止し、執行権への権力の集中と強化を図って危機を乗り切ろうとするものであるから、立憲主義を破壊する大きな危険性をもっている（芦部・憲法388頁）。「国家緊急権のパラドックス」として立憲主義を守るために立憲主義を破るということが指摘されている（佐藤幸・憲法49頁）。

日本国憲法は、大日本帝国憲法が緊急命令権（明憲8条）、戒厳大権（明憲14条）や非常大権（明憲31条）などを定めるのと異なり、国家緊急権についての規定を有していない。このことから、不文の国家緊急権を排するものではないとする説と排するとする説とがある。排するものではないとする説として、たとえば、事態を放置すれば憲法典の実効性ないしはその生命そのものが失われる緊急事態に陥った場合、憲法の存続を図るため非常措置を講ずることは不文の法理として肯定しなければならず、その非常措置は、単に「国家の存立」のためということではなく、個人の自由と権利の保障を核とする憲法秩序の維持ないし回復を図るためのものでなければならず、かつ、非常措置の一時的かつ必要最小限度性の原則、濫用阻止のための責任性の原則が貫徹されなければならないという説がある（佐藤幸・憲法50頁）。

他方、実定法上の規定がなくても国家緊急権を国家の自然権として是認することは、緊急権の発動を事実上国家権力の恣意に委ねることを容認するもので、過去における緊急権の濫用の経験に徴してもとることはできず、また、危険を最小限度に抑えるような法制化はきわめて困難であることを指摘する見解がある（芦部・憲法389頁）。ただ、緊急の事態に対処すべき方法を法律で定めることが一切許されないと解すべきではなく、憲法自体が緊急権を定めていないことからいって、人権保障や権力分立を停止するような意味をもつ内容であってはならないとする見解もある（野中ほか・憲法2・405頁〔野中俊彦〕）。

法律では、警察法71条の緊急事態の布告に関する規定、自衛隊法の防衛出動・治安出動命令の規定（自衛76条・78条など）が、国家緊急権に関連するものとして挙げられてきた（佐藤幸・憲法50頁）が、2003（平成15）年以降に成立したいわゆる**有事立法**、とくに2004（平成16）年成立の国民保護法（武力攻

776　第97条（基本的人権の本質）

撃事態等における国民の保護のための措置に関する法律）が包括的かつ徹底したものであるという評価がみられる（佐藤幸・憲法51頁）。これらの有事立法については、第2章　戦争の放棄〔前注〕Ⅲ8参照。

（倉田原志）

（基本的人権の本質）
第97条　この憲法が日本国民に保障する基本的人権は、人類の多年にわたる自由獲得の努力の成果であつて、これらの権利は、過去幾多の試錬に堪へ、現在及び将来の国民に対し、侵すことのできない永久の権利として信託されたものである。

Ⅰ　本条の趣旨

本条に相当する規定はGHQ草案では、第3章「人民ノ権利及義務」の10条にあったのであるが、憲法改正草案要綱以来、本章にある。それは、折衝の中で、第3章は基本的人権の賦与について定める条文だけにされることになったが、総司令部からこの条文をほぼ全文そのままで憲法のどこかに掲げたいという要望が出されたため、文言を修正して、本章の冒頭に置かれ[※2]、同じような意味の規定が、憲法11条にも残った。本章に移された理由は理解しがたく、置く位置を誤ったものと評すべきとする見解もある（宮沢・全訂799頁、801頁）。しかし、本条は、憲法が何ゆえに最高法規とされねばならないのかの実質的根拠を示すものとみられる（樋口ほか注解4・319頁〔佐藤幸治〕）。

Ⅱ　「基本的人権」

憲法11条にいう「基本的人権」と同じ意味であり（宮沢・全訂800頁）、「憲法上の権利」という意味ではなく、「自然権的人権」のことである（→憲11条）。

Ⅲ　「人類の多年にわたる自由獲得の努力の成果」

基本的人権は、棚からぼた餅のように、無為にして獲得されたものではなく、それを得るための人類の長い間の努力がつもりつもった結果として、戦いとられたものであることを意味する（宮沢・全訂800頁）。具体的には、イギリスにおけるマグナ・カルタ（1215年）、権利請願（1627年）、権利章典（1689年）、アメリカの独立革命・独立宣言（1776年）およびフランス革命・人権宣言（1789

※2　高柳賢三ほか編著『日本国憲法制定の過程Ⅱ：解説』（有斐閣、1972年）283頁以下。

年）などによって（佐藤功・注釈下1269頁）典型的に代表されている西洋諸国民の自由主義的ないしは民主主義的政治体制獲得のための努力と、多かれ少なかれその影響の下に立つ他の諸国民の同じような努力に基づくものである（宮沢・全訂800頁）。

Ⅳ　「過去幾多の試錬に堪へ」

Ⅲで述べたような努力によって世界的に打ち立てられた自由主義的ないし民主主義的政治原理は、その後、諸国によって、何らの抵抗を受けなかったわけではなく、反対に、しばしば独裁主義・軍国主義・ファシズム等によって脅かされてきたが、それらによく抵抗して、今日に至り、今日の人類の財産となってきたことをいう（宮沢・全訂800頁）。

Ⅴ　「現在及び将来の国民に対し、侵すことのできない永久の権利として信託された」

憲法11条の「侵すことのできない永久の権利として、現在及び将来の国民に与へられる」というのと、同じ意味である（宮沢・全訂801頁）。なお、憲法11条では「与へられる」となっており、本条では「信託された」となっているが、特別の区別を認める必要はない（宮沢・全訂801頁）。ただ、本条の「信託された」という言葉は、英米法における信託（trust）の観念が採用されたものであり、権利を付託された者（受託者）が、これを付託した者（委託者）との間に明らかにされている一定の目的の制約を受けつつ行使すること、すなわちその権利はその目的を逸脱して行使されてはならないということであり（佐藤功・注釈下1270頁）、後々の世代の利益のために永く守っていくべきだとの意味がとくに強調されているといえる（宮沢・全訂801頁）。

（倉田原志）

（憲法の最高法規性、条約及び国際法規の遵守）
第98条　①　この憲法は、国の最高法規であつて、その条規に反する法律、命令、詔勅及び国務に関するその他の行為の全部又は一部は、その効力を有しない。
②　日本国が締結した条約及び確立された国際法規は、これを誠実に遵守することを必要とする。

I 本条の趣旨

本条1項は、アメリカ合衆国憲法6条2項の「この憲法およびこれに基づいて制定される合衆国の法律ならびに合衆国の権能によってすでに締結され、または将来締結されるべきすべての条約は、国の最高法規であり、各州の裁判官は、各州憲法または各州法中に反対の規定がある場合でも、これらによって拘束される」が念頭に置かれ（宮沢・全訂807頁）、それを連邦制ではない日本にあわせて修正したものである。

本条は、日本国憲法が日本における**最高法規**であることを自ら宣言するものであり、そのことによって、法の段階構造からすれば、憲法に違反する法律などは無効であることを確認するものであるが、成文憲法を認める国では当然の原則である（宮沢・全訂807頁）といえる。

さらに、憲法を最高法規とすることから、国際法に対する態度について、「これを誠実に遵守することを必要とする」と規定している。

II 「国の最高法規」

国内法形式の体系のうちで最も高い地位にあり、最も強い形式的効力を有する法形式であることである（宮沢・全訂801頁）。

III 「条規」

規定、条項のことである。前文もこの条規に含まれる（宮沢・全訂802頁）。

IV 「法律、命令」

これについては憲法81条III 1を参照。

V 「詔勅」

天皇の行為としてなされたもののうち、「命令」に属するものを除くものの総称である。詔書・勅書・勅諭・勅語などがこれに属する（宮沢・全訂802頁）。

VI 「国務に関するその他の行為」

法律・命令および詔勅以外のあらゆる国法形式および処分をいう（宮沢・全訂802頁）。行政機関の内部ないしその相互間の関係における訓令・通牒、国の行政処分、議院の行為（たとえば、議院の議決や国政調査の活動など）、裁判所

第98条（憲法の最高法規性、条約及び国際法規の遵守）　779

の判決などが含まれる。

　地方公共団体の具体的処分も、「国務に関するその他の行為」に含まれるが、本条１項の「法律、命令」を国の法律・命令のみを指すと解すれば、地方公共団体の条例・規則も「国務に関するその他の行為」に含まれるということになるが、「法律、命令」に含まれると理解することもできる（佐藤功・注釈下1278頁参照）。

　最高裁は、「国務に関するその他の行為」とは、本条項に列挙された法律、命令、詔勅と同一の性質を有する国の行為、言い換えれば、公権力を行使して法規範を定立する行為を意味し、したがって、行政処分、裁判などの国の行為は、個別的・具体的ながらも公権力を行使して法規範を定立する国の行為であるから、かかる法規範を定立する限りにおいて国務に関する行為に該当すると判示し、「私人と対等な立場で行う国の行為は、右のような法規範の定立を伴わないから」本条１項にいう「国務に関するその他の行為」に該当しないとした（**百里基地訴訟・最三小判1989（平１）・６・20民集43巻６号385頁**）。しかし、学説では、私法関係か公法関係かという区別は、憲法の適用の有無を考える基準とすべきではなく、国家の行為は、私法的形態で行われようと、公法の形態で行われようと憲法の適用を受けるとする見解が一般的である（樋口ほか・注解４・123頁以下〔佐藤幸治〕など）。

　なお、条約は本条１項には列挙されていないが、本条２項で定めがある。条約と司法審査の関係については憲法81条Ⅲ２を参照。

Ⅶ　「全部又は一部は、その効力を有しない」

1　効力を有しない

　すでに述べたように（→Ⅱ）、憲法がもっとも強い形式的効力をもつことの効果として、憲法に違反するときには、効力がないこと、当然無効であることを意味する。したがって、それは何人に対しても法的拘束力をもたず、何人もそれを無視することができる。もっとも、具体的にある法令等が日本国憲法に違反するかどうかの判断は、最終的には、裁判所の判断によることになる（宮沢・全訂806頁）。これについては憲法81条Ⅳを参照。

2　全部又は一部は

　「全部又は一部は」とは、法律等が憲法の条規に反するからといって、その法律全部が効力を有しないとは限らず、憲法の条規に反する限度において、その一部が効力を有しないことになる場合があることを示す（宮沢・全訂802頁）。

3　大日本帝国憲法下の法令の効力

　日本国憲法の条規に反する場合、効力が否定されるのは、日本国憲法の下で

制定される法律等だけではなく、日本国憲法施行の際に存在する法律等（大日本帝国憲法に基づいて制定された法形式）も含まれる。したがって、日本国憲法施行の際に、適法に施行されていた法律等は、日本国憲法に反しない限りは、その後も引き続き効力を有する（宮沢・全訂803頁）。この立場からすると、本条項は、経過規定としての意味をもつことになる。

実際には、「日本国憲法の施行の際現に効力を有する命令の規定の効力等に関する法律」（昭22法72）が制定され、それらの命令の規定は1947年12月31日まで法律と同一の効力を有するものとされ、また、「日本国憲法施行の際現に効力を有する勅令の規定の効力等に関する政令」（昭22政令14）が制定され、一定の勅令は政令と同一の効力を有するものとされた。最高裁も、同様に解しており、たとえば「旧憲法上の法律は、その内容が新憲法の条規に反しない限り、新憲法の施行と同時にその効力を失うものではなく、なお法律としての効力を有するものである。このことは、新憲法第98条の規定によって窺われるところである」（最大判1948（昭23）・6・23刑集2巻7号722頁）とし、また、本条の「反面解釈として、憲法施行前に適式に制定された法令は、その内容が憲法の条規に反しないかぎり効力を有することを認めているものと解さなければならない」と判示している（最大判1949（昭24）・4・6刑集3巻4号456頁）。

4 占領下の法令の効力

さらに、連合国によって占領されていた時代に制定された法令・連合国最高司令官の指令についても、その効力が問題となる。いわゆるポツダム緊急勅令（「ポツダム宣言ノ受諾ニ伴ヒ発スル命令ニ関スル件」（昭20勅令542））について、最高裁は、「連合国最高司令官の為す要求に係る事項を実施する必要上制定されたものであるから、日本国憲法にかかわりなく憲法外において法的効力を有するものと認めなければならない」とし（最大判1953（昭28）・4・8刑集7巻4号775頁、最大判1953（昭28）・7・22刑集7巻7号1562頁）、いわば超憲法的効力説ともいうべき立場をとっている。また、ポツダム緊急勅令に基づくいわゆるポツダム命令については、3で述べたのと同様に考えられ、一般に命令内容が憲法に抵触しない限り当然には失効しないとされている（樋口ほか・注解4・341頁〔佐藤幸治〕）。

Ⅷ 「条約」

外国と日本との間のあらゆる種類の合意のことである。「**条約**」という名称を有することが必要ではないことは、憲法73条3号にいう「条約」と同じであるが、本条の条約は、さらに広く、その締結に国会の承認を得たかどうかにはかかわらない。外国と日本との合意であっても、両当事者が純然たる私人の立場に立って結んだものは、ここにいう「条約」には含まれない（宮沢・全訂807

第98条（憲法の最高法規性、条約及び国際法規の遵守）　*781*

頁以下）。

Ⅸ　「確立された国際法規」

　現在の国際社会において一般に承認された国際法規のことであり、**国際慣習法**のことを指す（佐藤功・注釈下1287頁）。

Ⅹ　「誠実に遵守することを必要とする」

1　誠実に遵守
　日本が締結した条約や確立された国際法規は、法的に日本を拘束するものであるから、それらを遵守しなければならないことは当然のことであるが、本条2項は、わが国が過去において条約および国際法規を誠実に遵守する態度に欠けていたという世界の批判に対して将来再びそのようなことをくり返さないということを明らかにしたという政治的・道徳的な意味をもち、さらに、法的な意味として、国の機関および国民が条約および国際法規を国内法上、遵守すべき法的な義務を負うことを定めたという意味をもつ（佐藤功・注釈下1287頁以下）。
　したがって、日本が締結した条約および確立された国際法規は、同時に、国内法上の効力を有すること（条約が国内法に組み入れられ、国内法の構成部分をなすということ）を定めたものである（佐藤功・注釈下1288頁以下）。実際、**自動執行条約**（self-executing treaty）は、特別の立法措置を講ずることなしにそのまま国内法的効力をもつものとして扱われてきている。もっとも、自動執行条約でない条約については、それを実施するために必要な国内法的措置は講じられなければならないが、自動執行性といっても必ずしも一義的ではないことも指摘される（佐藤幸・憲法88頁）。

2　条約と法律および憲法の効力関係
　日本が締結した条約および確立された国際法規と国内法の効力の関係が問題となる。国際法と国内法とを互いに次元の異なるものとみる二元論も存在するが、現代における国際社会の組織化の発展、その結果としての、国際社会と国家との不可分の一体化の進展の下では、国際法と国内法を同じ法秩序に属するものとみる一元論が通説となっている（宮沢・全訂810頁）。この一元論をとった場合、国際法と国内法とのいずれが優位するかが問題となるが、どちらかが常に優位することとする原則はなく、それは関係する国内法秩序に任されていると考えられ（宮沢・全訂810頁以下）、日本国憲法の下ではどうかが議論されてきた。
　まず、条約と法律の関係については、条約は国際的な取決めであり、憲法が、

782 第98条（憲法の最高法規性、条約及び国際法規の遵守）

条約の締結に国会の承認を必要とすること、および本条が条約の誠実な遵守を求めていることから、条約は法律に優位すると解する点では学説はほぼ一致している（野中ほか・憲法2・429頁〔野中俊彦〕）。なお、**条約法に関するウィーン条約**27条（1981年日本加入）は、「当事国は、条約の不履行を正当化する根拠として自国の国内法を援用することができない。この規則は、第46条の規定の適用を妨げるものではない」と定める。条約法に関するウィーン条約46条1項は、「いずれの国も、条約に拘束されることについての同意が条約を締結する権能に関する国内法の規定に違反して表明されたという事実を、当該同意を無効にする根拠として援用することができない。ただし、違反が明白でありかつ基本的な重要性を有する国内法の規則に係るものである場合は、この限りでない」、46条2項は「違反は、条約の締結に関し通常の慣行に従いかつ誠実に行動するいずれの国にとつても客観的に明らかであるような場合には、明白であるとされる」とする。

条約と憲法の効力関係については、条約優位説と憲法優位説が対立してきた。**条約優位説**の根拠は、本条2項の条約の遵守を実効あらしめるためには、条約の執行を妨げる国内法の成立は否定されるべきであり、その趣旨を徹底させるために必要であること、本条1項に条約が列挙されていないこと、憲法の承認している徹底した国際主義からして妥当であることなどである。

これに対しては、**憲法優位説**からは、本条2項は有効に成立した条約の国内的効力を認め、その遵守を強調したものであって、条約と憲法の効力関係を規定したものではないこと、条約締結権は憲法によって認められた国家機関の権能であり、自らの権能の根拠となる憲法を変更できるものではなく、憲法の国際主義は条約の優位を論理的に導くものではないこと、憲法の改正には両議院の議決および国民投票を必要とするのに対して、内閣の締結および国会の承認で足りる条約が憲法に優位するとは考えられないことを根拠として反論し、現在では、憲法優位説が通説的地位を占める（野中ほか・憲法2・430頁〔野中俊彦〕）。

しかし、ポツダム宣言やサンフランシスコ平和条約のような国家形成的な基本条約には憲法に優位する効力が認められるべきだという考え方も有力に主張されている[3]。

なお、条約締結手続が憲法に違反する場合に、その条約が有効か無効かについては、前述の条約法に関するウィーン条約46条にも関連して議論がある。それについては憲法73条Ⅴ3を参照。

（倉田原志）

---

[3] 芦部信喜『憲法学Ⅰ：憲法総論』（有斐閣、1992年）96頁。

（公務員の憲法尊重擁護義務）

第99条 天皇又は摂政及び国務大臣、国会議員、裁判官その他の公務員は、この憲法を尊重し擁護する義務を負ふ。

I　本条の趣旨

　憲法は国家権力を拘束するが、国家権力は実際には公務員によって行使されることから、本条は、公務員が憲法を尊重し擁護する義務を負うことを定める。

　外国の憲法では、国王・大統領・国会議員・一般公務員などがその就任にあたって憲法の忠実な遵守を国会の前に誓うという規定をもつものが多い（たとえば、アメリカ合衆国憲法6条3項など。宮沢・全訂820頁、佐藤功・注釈下1295頁）。

II　「天皇又は摂政」

　天皇については憲法1条IIを参照。摂政については憲法5条IIIを参照。

III　「国務大臣」

　広く内閣の構成員を指し、内閣総理大臣も含む（→憲66条）。

IV　「国会議員」

　衆議院議員と参議院議員のことである。

V　「裁判官」

　裁判官については憲法78条IIを参照。なお、憲法76条3項で、裁判官については、別に、「すべて裁判官は、その良心に従ひ独立してその職権を行ひ、この憲法及び法律にのみ拘束される」と定められている。

VI　「その他の公務員」

　以上に列挙されたもの以外のすべての公務員のことである。国の公務員だけではなく、地方公共団体の公務員も含む。

　独立行政法人や国営企業の職員のように、国家公務員や地方公務員ではないが、多かれ少なかれ公的性格を有する職務に従事する者は、本条にいう公務員

784 第99条（公務員の憲法尊重擁護義務）

に含まれると解される。

なお、本条の列挙の仕方が、「天皇又は摂政」と「国務大臣、国会議員、裁判官その他の公務員」とを「及び」で結んでいるので、「天皇又は摂政」は公務員ではないとも理解できるが、天皇の地位は、一種の公務を担当する地位、すなわち公職であるから、公務員ということができる（宮沢・全訂819頁）。

Ⅶ 「この憲法を尊重し擁護する義務」

「尊重」とは、憲法を遵守することをいい、「擁護」とは、憲法違反に対して抵抗し、憲法の実施を確保するために努力することをいうが、両者の間に根本的な違いがあるわけではなく、要するに、憲法の規定およびその精神を忠実に守る義務のことである（宮沢・全訂820頁）。

この義務を負う者の中に国民が列挙されていないことは、憲法は公務員に対して、その守るべき規律を定めるという基本的性格をもつものであることから説明が可能である。ただ、国民が本条の義務を負わないという趣旨を含むものではなく、当然の義務として前提されているとみるべきであるという見解もあり（宮沢・全訂820頁）、むしろ、憲法制定者たる国民が天皇または摂政および公務員が尊重・擁護することを監視する立場に立つものとしていると指摘する見解もある（佐藤功・注釈下1295頁）。

この義務は、倫理的・道徳的性質のものであり、本条から直ちに具体的な法的効果が生ずるものではない。ただ、本条の義務が法律上の義務として具体化されている次のような場合は別である。たとえば、特定の種類の公務員について、憲法を尊重し、擁護する旨の宣誓を要求する法律が制定されている。人事官について国家公務員法6条1項・人事院規則2-0、一般職に属する国家公務員について国家公務員法97条、地方公務員について地方公務員法31条、警察法に従うすべての職員については警察法3条がある。また、日本国憲法施行の日以後において、日本国憲法またはその下に成立した政府を暴力で破壊することを主張する政党その他の団体を結成し、または、これに加入した者は、各種の公務員となる能力を有しないとされている（国公38条5号、地公16条5号）。これらの法律がある場合には、職務が行うことができなかったり、弾劾事由、懲戒事由、欠格事由として法律上の効果を生じる（佐藤功・注釈下1296頁）。

憲法96条で改正手続を定めている以上、憲法をその手続に従って改正すること自体が本条に違反するものではなく、したがって、国会議員が憲法改正案を提出し、議決すること、内閣にも憲法改正案の提出権が認められるとする立場からすれば、内閣が憲法改正案を国会に提出することも本条違反ではないといえ、また、そうである以上、国会議員および国務大臣（内閣総理大臣を含む）が憲法改正について調査・検討し、準備し、主張することも本条違反とはいえないが、ただ、国務大臣が憲法の規定や精神に反対する立場を明らかにし、そ

第99条（公務員の憲法尊重擁護義務）　785

の改正論を主張・唱道し、その言動が、憲法およびその下における法令に従って行われるべき職務の公正性に対する信頼を疑わしめる結果となるような場合には、本条の義務違反の問題となり得る（佐藤功・注釈下1297頁以下）。また、改正とは憲法96条の定める手続によるものであって、外見的には合法的な方法による場合であっても、それが改正以外の方法による変更を意図してなされている場合は、本条の義務違反の問題となり得る（佐藤功・注釈下1297頁以下）。

　さらに、「尊重」には、憲法の価値・尊厳の尊重という意味が含まれていると解され、憲法に対する軽視・侮辱・侮蔑・不信の念は、憲法の尊厳の尊重と相容れないので、公務員の言動が憲法に対する侮辱などの念を表明していると認められる場合は、その言動は、本条の義務違反の問題となり得る（佐藤功・注釈下1297頁）。裁判官の場合には、国務大臣・国会議員とは異なり、憲法改正案の提出権を有するものではなく、「憲法および法律にのみ拘束される」（憲76条3項）存在で、もっぱら現行の憲法に従って司法権を行使すべき義務を負うのであるから、憲法の改正を是とする意見を有している場合であっても、その思想を表現することは、国務大臣・国会議員の場合よりも、義務違反となる可能性が高いといえる（佐藤功・注釈下1299頁参照）。

（倉田原志）

786　第11章　補則〔前注〕

第11章　補則

〔前注〕

　本章は、日本国憲法が施行されるに際しての**経過措置**等を定める。しかし、経過措置を定める規定は、施行後の今日ではもはや適用されることはなく（宮沢・全訂823頁）、実質的な意味をもたないものとなっている（新基本コンメ518頁〔今野健一〕）。

（倉田原志）

（憲法施行期日、準備手続）
第100条　①　この憲法は、公布の日から起算して6箇月を経過した日から、これを施行する。
②　この憲法を施行するために必要な法律の制定、参議院議員の選挙及び国会召集の手続並びにこの憲法を施行するために必要な準備手続は、前項の期日よりも前に、これを行ふことができる。

I　本条の趣旨

　大日本帝国憲法は、施行の日を条文の中ではなく、上諭の中で定めていたが、日本国憲法は条文の中で定めた。

II　「公布の日」

　1946（昭和21）年11月3日に公布されたので、6か月を経過した日である翌年の1947（昭和22）年5月3日から、日本国憲法は施行された。

III　「前項の期日よりも前に、これを行ふことができる」

　憲法が完全に施行されるためには、必要な諸制度が設けられていなくてはならないので、憲法の規定が、準備手続のために必要な限りにおいて、施行期日よりも先に施行されることを認めたものである（宮沢・全訂824頁）。
　本条の「法律の制定」の手続は明らかではなく、実際には、施行に必要な法律の制定は、帝国議会の協賛と天皇の裁可によって制定された。
　大日本帝国憲法下では存在しなかった参議院のための参議院議員選挙法は、1947（昭和22）年2月24日に施行され、4月20日に参議院議員選挙が行われた。

第 101 条（経過規定 1　参議院未成立の間の国会）　787

　国会召集の手続は、憲法施行期日より前ではなく、憲法施行の後に行われ、第 1 回国会召集の詔書が発せられ（5 月 6 日）、5 月20日に召集されたので、国会召集の手続に関するこの規定は適用されなかった（宮沢・全訂823頁以下）。

（倉田原志）

（経過規定 1　参議院未成立の間の国会）
第101条　この憲法施行の際、参議院がまだ成立してゐないときは、その成立するまでの間、衆議院は、国会としての権限を行ふ。

I　本条の趣旨

　憲法施行の際、参議院が成立していない場合を想定した規定である。

II　「参議院がまだ成立してゐないとき」

　前述の通り（→憲100条III）、参議院議員の選挙は、憲法施行の前に行われ、参議院は、憲法施行の日に成立したので、本条の想定する事態は発生せず、本条は適用されなかった（宮沢・全訂824頁以下）。

（倉田原志）

（経過規定 2　第 1 期参議院議員の任期）
第102条　この憲法による第 1 期の参議院議員のうち、その半数の者の任期は、これを 3 年とする。その議員は、法律の定めるところにより、これを定める。

I　本条の趣旨

　参議院議員は、半数入替制が採用されているので（憲46条）、最初の議員の選挙の際には、任期を 3 年とする議員が存在していなければならず、それについて定めたものである。

II　「法律の定めるところにより」

　参議院議員選挙法（昭22法11）が定められたが、それによれば、第 1 回の選挙では、議員の定数全部を選挙し、当選者のうちで、当時の地方区選出議員と全国区選出議員とのそれぞれにつき、得票数の多い半数の者の任期を 6 年とし、

788 第103条（経過規定3 憲法施行時の公務員の地位）

残りの半数の議員の任期を3年とした（参議院議員選挙法56条2項・69条）。

実際においては、1947（昭和22）年4月20日に第1回の選挙が行われ、その際に任期3年の議員とされた者については、1950（昭和25）年6月4日に改選が行われた。以後は、憲法46条に基づいて改選が行われた（佐藤功・注釈下1304頁）。

（倉田原志）

> **（経過規定3 憲法施行時の公務員の地位）**
> **第103条** この憲法施行の際現に在職する国務大臣、衆議院議員及び裁判官並びにその他の公務員で、その地位に相応する地位がこの憲法で認められてゐる者は、法律で特別の定をした場合を除いては、この憲法施行のため、当然にはその地位を失ふことはない。但し、この憲法によつて、後任者が選挙又は任命されたときは、当然その地位を失ふ。

I 本条の趣旨

すべての公務員の地位は、憲法に根拠づけられなければならないが、新しい憲法が施行された場合に、古い憲法の下で就任した公務員の扱いを定めたものである。新憲法の施行によって、国家組織の全面的な変更が必要であるとも考えられるが、一般には、公務員であったものが、当然に退任すべきものとすることは、必ずしも必要ではなく、また、退任と新任を一挙に行うことは不便でもあることから（宮沢・全訂826頁）、「その地位に相応する地位がこの憲法で認められてゐる者」は、原則として新憲法施行後も、その地位を保有するものとした。それにより、国政の急激な変化を避け、漸次的に人員の交替を行うこととしたものである（佐藤功・注釈下1306頁）。

大日本帝国憲法の下で任命または選挙された新憲法施行の際の国務大臣（第一次吉田内閣）や衆議院議員が、日本国憲法施行後も、国務大臣および衆議院議員として、地位を保持したのは、本条に基づくものである（宮沢・全訂826頁）。

II 「その地位に相応する地位がこの憲法で認められてゐる者」

これに該当するかどうかは、具体的な場合に明確でないことが多いが、そうした場合には、法律で、「……の地位にある者は、新たに……の地位に任命されたものみなす」と明確に規定した（宮沢・全訂826頁）。たとえば、裁判所法施行法3条1項は、裁判所法施行の際、現に大審院の裁判官の職にある者で、最高裁判所の裁判官に任命されないものは、東京高等裁判所判事に補せられたものとみなす旨の規定を設けた。

第 103 条（経過規定 3　憲法施行時の公務員の地位）　789

　本条は、天皇については、言及していない。日本国憲法の天皇は、大日本帝
国憲法の天皇に「相応する地位」ではないが、大日本帝国憲法時代の天皇が引
き続き日本国憲法の下での天皇となることが当然のことと考えられたので、と
くに本条で定める必要がないと考えられたとされる（宮沢・全訂826頁）。

（倉田原志）

第
11
章

重要用語索引

アルファベット・数字

1項・2項分離論 ………………… 321
55年体制 ……………………… 557
65条説 ………………………… 584
69条説 ………………………… 585
7条説 …………………… 584, 585
GHQ ……………………………… 7
GHQ草案 ……………………… 10
LRAの基準 …………………… 343
PKO等協力法 ………………… 80

あ

愛知大学事件 ………………… 300
秋田市国民健康保険税条例事件 …… 695
アクセス権 …………………… 229
『悪徳の栄え』事件 …………… 239
旭川学力テスト事件 …… 296, 326, 329
旭川市国民健康保険条例事件 …… 693
朝日訴訟 ………………… 311, 315
芦田修正 ……………………… 104
アファーマティブ・アクション …… 164
安全保障法制整備 ……………… 92
安保再定義 …………………… 81

い

家永教科書訴訟 ……………… 329
医業類似行為禁止 …………… 290
違憲状態 ………………… 474, 587
違憲審査権 …………………… 668
違憲審査制 ………… 612, 660, 661
萎縮効果 ……………………… 269
泉佐野市民会館事件 …………… 265

一事不再議 …………………… 510
一事不再理の原則 …………… 426
一般会計 ……………………… 703
一般行政事務 ………………… 596
一般国務 ……………………… 593
一般性 ………………………… 443
一般的抽象的法規範 ………… 444
一票移譲方式 ………………… 493
意に反する苦役 ……………… 196
委任命令 ……………… 604, 605, 606
イラク特別措置法 …………… 86
岩手教組学力テスト事件 …… 352
インターネットにおける名誉毀損 …… 244
院の許諾 ……………………… 502

う

『宴のあと』事件 …………… 152, 245
浦和事件 ………………… 541, 545, 627

え

営業の自由 …………………… 282
栄典 ……………………… 59, 174
栄誉 …………………………… 174
営利的表現 …………………… 248
恵庭事件 ……………………… 76
愛媛玉串料事件 ……… 222, 714, 715
「エホバの証人」剣道履修拒否事件 …… 213
演説、討論又は表決 ………… 505

お

押収 …………………………… 399
大阪市売春取締条例事件 ……… 372
公の財産 ……………………… 712

——の提供 ……………………… 713
公の施設 ……………………… 262
公の支配 ……………………… 717
公の弾劾 …………… 550, 640, 641
屋外広告物条例 ………………… 250
「押しつけ憲法」論 ……………… 11
恩赦 ……………………………… 58
穏和な平和主義 ………………… 95

か

海外旅行の自由 ………………… 278
会期 …………………… 501, 508
会期不継続の原則 ……………… 508
会議政 …………………………… 556
会議の公開 ……………………… 523
会議録 …………………………… 524
会計 ……………………………… 688
会計検査院 ……………………… 721
会計年度 ………………………… 699
外交関係 ………………… 593, 598
外国移住の自由 ………………… 293
外国人 …………………………… 117
外在的制約 ……………………… 158
解散 …………… 486, 514, 555, 581
解散権の限界 …………………… 587
解散請求 ………………………… 463
解釈改憲 ………………… 760, 761
解釈留保 ………………………… 602
解職請求 ………………………… 743
改正手続規定 …………………… 766
海賊対処法 ……………………… 87
街頭演説等 ……………………… 252
回付 ……………………………… 531
外務省公電漏洩事件 …………… 255
下級裁判所裁判官指名諮問委員会 … 656
閣議 …………………… 571, 595
学習権 …………………………… 326
核兵器 …………………………… 74

学問の自由 ……………………… 296
加持祈祷事件 …………………… 212
課税の不遡及 …………………… 695
課税要件法定主義 ……………… 693
課税要件明確主義 ……………… 694
河川附近地制限令事件 ………… 366
華族 ……………………………… 173
ガソリンタンク移設事件 ……… 365
過度の広汎性 …………………… 232
加入強制団体における政治献金の
　強制 …………………………… 207
可否同数 ………………………… 521
川崎民商事件 ……… 389, 403, 421, 422
環境権 …………………………… 157
間接選挙 ………………………… 464
間接的・付随的制約 …………… 235
官吏 ……………………… 57, 603
——に関する事務 ……………… 603

き

議案 ……………………………… 593
生糸の輸入制限 ………………… 292
議院規則 ………………………… 527
議院自律権 ……………………… 525
議員定数 ………………………… 468
議院で行った …………………… 504
議院内閣制 ……………… 553, 555, 581
議院の告発 ……………………… 506
議員の資格 ……………… 469, 516
議員の釈放 ……………………… 503
議員の懲罰 ……………………… 528
議院法 …………………………… 527
議員立法 ………………………… 449
議会 ……………………………… 432
機会の平等 ……………………… 163
機関承認 ………………… 450, 528
棄権 ……………………………… 520
議事 ……………………………… 522

儀式……………………………62
議事妨害…………………………505
規制緩和…………………………339
規制目的二分論…………………284
貴族………………………………173
貴族院…………………433, 452, 453
議長………………………………526
機能的権力分立論………………440
岐阜県青少年保護育成条例………374
基本権保護義務…………………127
基本的人権………………………111
　　――の限界……………136, 157
　　――の現代的展開……………112
　　――の国際的保障……………113
　　――の類型……………………114
基本的人権保障の地理的拡大……112
基本法……………………………447
義務………………………………115
『逆転』事件………………153, 245
宮中三殿…………………………710
宮廷費……………………………710
教育………………………………471
　　――の自由……………………296
教育基本法………………………324
教育事業…………………………716
教員人事…………………………301
教科書検定………………………272
教師の教育の自由………………330
強制採尿…………………………399
行政委員会………………………565
行政規則…………………………605
行政協定…………………………600
行政区画……………………475, 489
行政権…………552, 559, 565, 571
行政国家…………………………553
行政裁量…………………………618
行政上の即時強制………………389
行政組織……………………445, 603

行政手続法………………………378
強制入院・隔離…………………279
京都府学連事件…………………152
供託金………………………472, 496
居住・移転の自由………………278
居住地制限………………………280
御名御璽……………………………15
記録の提出………………………543
緊急財政処分……………………687
緊急対処事態………………………84
緊急逮捕……………………387, 400
均衡…………………………555, 581
禁止的規範的要請………………461
近代的意味の憲法…………………3
勤務評定…………………………202
勤労権……………………………335
勤労者……………………………341
勤労の義務………………………338

く

具体的権利説……………………314
国及び地方公共団体による財政支出
　…………………………………711
国その他の機関による宗教団体への
　公金支出・財産提供……………224
国その他の機関による宗教的行事の
　挙行……………………………220
国の債務負担……………………697
繰上補充…………………………467
繰越明許費………………………700
勲章………………………………174
軍部大臣武官制…………………570
群馬司法書士会事件……………125
群馬中央バス免許事件…………378

け

経過措置…………………………786
警察予備隊…………………………67

794 重要用語索引

警察予備隊訴訟·····················68
形式的意味の憲法·····················1
形式的意味の立法·····················443
形式的平等·····················163
刑事施設被収容者の信書の検査・
　発受の禁止·····················274
刑事施設への拘禁·····················279
刑事収容施設被収容関係(在監関係)··130
刑事補償法·····················429, 431
刑事免責·····················343
継続費·····················687, 700
軽犯罪法·····················251
結果の平等·····················163
「月刊ペン」事件·····················242
結婚退職制·····················305
決算·····················720
結社·····················267
　──の自由·····················266, 465
検閲·····················269
見解（観点）規制·····················235
減額修正·····················705
元号·····················37
健康で文化的な最低限度の生活······310
現行犯·····················385
現行犯罪·····················502
現実の悪意（現実的悪意）·············243
元首·····················31
建設的不信任·····················581
限定的なパターナリスチックな制約 117
限定的な労働権·····················335
憲法·····················1
　──の変遷·····················759
憲法改正·····················759
　──の限界·····················12, 104, 145, 764
　──の発議·····················456
憲法改正禁止規定·····················767
憲法改正原案·····················769
憲法改正限界説·····················20, 765

憲法改正無限界説·····················20
憲法上の権利·····················114
　──の享有主体(人権享有主体性)··116
憲法審査会·····················769
憲法尊重擁護義務·····················773
憲法調査会·····················761
憲法変遷論·····················94
憲法法·····················1
憲法保障制度·····················773
憲法優位説·····················782
憲法律·····················1
権利説·····················177
権力性の契機·····················436
権力分立·····················439
言論·····················227

こ

公安条例·····················262
皇位·····················35
皇位継承の儀式·····················37
皇位継承の原因·····················36
皇位継承の資格・順序·····················35
公共のために用ひる·····················363
公共の福祉·····················134, 147
拘禁·····················394, 429
公金·····················712
公金支出·····················713
合区·····················483
公債·····················697
皇室財産·····················64, 709
　──の国有·····················709
皇室典範·····················35
皇室の財産授受·····················64
皇室の費用·····················710
公衆衛生·····················320
公衆浴場·····················286
控除説·····················560
公正原則·····················259

硬性憲法 …………………………… 2	国籍留保手続 ……………………… 141
公正な論評の法理 ………………… 243	国選弁護人 …………………… 393, 413
交戦権の否認 ……………………… 109	国体 ………………………………… 6
皇族 ………………………………… 37	告知と聴聞 ………………………… 373
皇族費 ……………………………… 710	国費の支出 ………………………… 696
拘束名簿式 …………… 491, 496, 498	国民 ………………………… 117, 437
拘束名簿式比例代表制 …………… 466	国民主権 …………………………… 437
公的行為 ……………………… 41, 43	国民審査 ………………… 644, 647, 650
公判廷における自白 ……………… 419	国民投票 …………………………… 450
公布 …………………………… 15, 52	国民内閣制 ………………………… 558
幸福追求権 ………………………… 149	国民の教育権説 …………………… 328
——の内容 ……………………… 151	国務 ………………………………… 597
——の法的性格 ………………… 150	国務大臣 ………… 57, 552, 568, 569, 609
公平な裁判所 ……………………… 408	——の任命 ……………………… 579
候補者届出政党 …………… 466, 496	——の罷免 ……………………… 580
公務員 ……………………………… 175	国務を総理する ……………… 562, 597
——関係 ………………………… 131	国連平和維持活動（PKO）………… 80
——による宗教行事参加 ……… 223	国労広島地本事件 ………… 124, 347
——の「政治的行為」の禁止 … 132	後国家的権利 ……………………… 115
——の労働基本権制限 ………… 134	個人タクシー免許事件 …………… 378
公務就任権 …………………… 119, 182	個人の政治的等価性 ……………… 462
公務就任資格 ……………………… 121	個人の尊厳 ………………………… 307
拷問 ………………………………… 405	個人の尊重 ………………………… 149
小売市場事件 ……………………… 283	誇大広告 …………………………… 248
合理的較差要因 …………………… 475	国家安全保障会議 ………………… 573
合理的是正期間 …………………… 474	国会議員の総選挙 ………………… 55
勾留理由開示 ……………………… 395	国会議員の中から ………………… 576
国際慣習法 ………………………… 781	国会単独立法の原則 ……………… 448
国際協調主義 ……………………… 25	国会中心財政主義 …………… 687, 688
国際紛争を解決する手段として …… 101	国会中心立法の原則 ……………… 448
国事行為 …………………………… 40	国会の議決 ………… 64, 577, 690, 711, 723
——の委任 ………………… 41, 45	国会の召集 ………………………… 53
国政に関する権能 ………………… 43	国会の承諾 ………………………… 708
国政調査権 …………………… 540, 627	国会の承認 …………………… 599, 600
国税犯則取締法 …………………… 421	国会への権限推定 ………………… 442
国籍 ………………………………… 137	国会法 ……………………………… 527
国籍法 ……………………………… 138	国会乱闘事件 ……………………… 506
国籍離脱の自由 …………………… 294	国会両院の自律権（議院自律権）…… 618

796　重要用語索引

国歌起立斉唱命令事件 …………………… 204
国家緊急権 ……………………………………… 775
国家神道 ………………………………………… 209
国家の教育権説 ……………………………… 328
国家の宗教的中立性 ……………………… 214
国家の非宗教性 ……………………………… 214
国家賠償 ………………………………………… 507
国家賠償法 ……………………………… 191, 193
国家法人説 ……………………………… 435, 441
国家補償の谷間 ……………………………… 366
国旗・国歌の教育現場における強制 ‥ 206
国権 ……………………………………………… 441
　――の最高機関 …………………………… 441
　――の発動たる戦争 …………………… 100
国庫債務負担行為 …………………………… 697
古典的代表 ……………………………………… 460
ことばどおりの意味における具体的
　権利説 ………………………………………… 315
古都保存協力税事件 ……………………… 212
個別法 …………………………………………… 446
固有の意味の憲法 …………………………… 2
御料 ……………………………………………… 709
婚姻及び家族に関するその他の事項‥ 309
婚姻における男女平等 …………………… 303
婚姻の自由 ……………………………………… 303
コンセンサス型デモクラシー ………… 494

さ

裁可 ……………………………………………… 15
在外邦人選挙権訴訟 ……… 179, 180, 470
在学関係 ………………………………………… 135
再議決 …………………………………… 456, 532
再軍備 …………………………………………… 67
罪刑法定主義 ………………………………… 371
最高裁判所長官の任命 ………………… 48, 645
最高裁判所の規則制定権 ……… 631, 636
最高責任地位説 ……………………………… 442
最高法規 …………………………………… 2, 778

最高法規性 ……………………………………… 773
再婚禁止期間 …………………………… 167, 304
財産権 …………………………………… 308, 355
財産又は収入 ………………………………… 472
歳出予算 ………………………………………… 704
財政 ……………………………………………… 688
　――を処理する権限 …………………… 689
財政投融資 ……………………………………… 691
財政民主主義 …………………………… 689, 724
財政立憲主義 ………………………………… 688
在宅投票制度 ………………………………… 179
歳入予算 ………………………………………… 704
裁判員制度 ………………………… 197, 381, 629
裁判官の市民的自由の制約 …………… 133
裁判官の独立 …………………… 612, 615, 625
裁判の公開 ……………………………………… 675
裁判の迅速化に関する法律 …………… 410
裁判を受ける権利 …………………… 379, 382
歳費 ……………………………………………… 500
在留する権利 ………………………………… 122
札幌税関訴訟 ………………………………… 269
差別的表現 ……………………………………… 246
サラリーマン税金訴訟 ………………… 369
猿払事件 …………………………………… 183, 606
参議院 …………………………………… 455, 463
　――の緊急集会 …………………………… 514
参議院議員の任期 ………………………… 487
残虐な刑罰 ……………………………………… 405
参政権 …………………………………………… 115
暫定予算 ………………………………………… 703
サンフランシスコ平和条約 …………… 68

し

シーレーン防衛 ……………………………… 78
自衛官合祀訴訟 ……………………………… 221
自衛権 ……………………………………… 71, 104
自衛隊 …………………………………………… 71
自衛力 ……………………………………… 71, 104

歯科技工士の業務制限 …………………… 290	氏名の供述 ………………………………… 416
資格争訟 …………………………………… 516	指紋押なつ事件 …………………………… 153
死刑 ………………………………………… 405	諮問的国民投票 ……………………… 450, 578
始原的規律 ………………………………… 444	社会学的代表 ……………………………… 462
自己決定権 ………………………………… 156	社会契約説 ………………………………… 111
自己責任説 ………………………………… 193	社会権 …………………………… 113, 115, 309
自己に不利益な供述 ……………………… 416	社会権の側面 ………………………… 313, 327
事後法の禁止 ……………………………… 424	社会的身分 ………………………………… 168
自主性確保 ………………………………… 717	社会福祉 …………………………………… 320
事情判決 …………………………………… 672	社会保障 …………………………………… 320
——の「法理」………………… 475, 673	謝罪広告の強制 …………………………… 205
事前協議 …………………………………… 74	謝罪広告事件 ……………………………… 205
自然権論 …………………………………… 111	自由委任 ………………………… 460, 463, 466
慈善事業 …………………………………… 716	集会 ………………………………………… 261
事前抑制 …………………………………… 269	——の自由 ……………………………… 261
思想 ………………………………………… 199	——のための公共施設の利用 …… 265
思想告白の強制・思想調査 …………… 201	衆議院議員の任期 ………………………… 486
思想と不可分の行為の強制や禁止… 204	衆議院の解散 ……………………………… 54
思想に基づく差別 ……………………… 203	衆議院の優越 …………456, 482, 486, 487,
思想の禁止もしくは思想の強制 …… 201	511, 532, 537, 538, 578
思想・良心の自由 ……………………… 200	「住基ネット」事件 …………………… 154
執行権 …………………………… 553, 559, 568	住居 ………………………………………… 397
執行命令 …………………………………… 604	宗教 ………………………………………… 209
実質的意味の憲法 ………………………… 2	宗教教育 …………………………………… 217
実質的意味の立法 ………………………… 443	宗教上の行為、祝典、儀式又は行事
実質的平等 ………………………………… 163	……………………………………………… 211
執政権説 …………………………………… 562	「宗教上の行為」等への参加強制
質問 ………………………………………… 549	禁止 ………………………………………… 211
自動執行条約 ……………………………… 781	宗教上の組織若しくは団体 …… 712, 715
児童の酷使の禁止 ……………………… 340	宗教団体による「政治的権力」行使の
児童ポルノ ………………………………… 241	禁止 ………………………………………… 216
自白排除法則 ……………………………… 418	宗教団体への「特権」付与禁止… 215, 715
自白補強法則 ……………………………… 419	宗教的活動 ……………………………… 211, 217
司法官憲 ………………………………… 386, 402	住居侵入罪 ………………………………… 253
司法権の独立 …………………………… 545, 612	住居の選択 ………………………………… 309
司法書士業務資格制 ……………………… 291	自由権 ……………………………………… 115
司法消極主義 ……………………………… 613	自由権的側面 ………………………… 312, 326
司法の独立 ……………………………… 612, 613	私有財産 …………………………………… 363

私有財産制	356	小選挙区制	492, 495
衆参同日選挙	587	小選挙区比例代表併用制	493
住所変更届出義務	280	小選挙区比例代表並立制	494
自由選挙	185	象徴	30
集団行進	261	象徴的表現	237
集団的自衛権	72, 564	証人喚問権	411
自由の基礎法	2	証人審問権	410
周辺事態法	82	証人の出頭・証言	543
住民自治	734	情報監視審査会	524, 545
住民訴訟	215	情報公開請求権	229
習律	3, 587	条約	598, 665, 780
受益的規範	444	——の自然成立	539
授業料無償説	333	——の修正	539, 601
受刑者	180, 470	——の承認	456, 538
主権	33, 435	——の締結	599
授権規範	3	条約法に関するウィーン条約	782
取材源の秘匿	258	条約優位説	782
取材の自由	228, 254	上諭	14
首相準公選制	577	将来効	672
主題規制	235	将来効判決	476, 478
首長	568, 592	条例	173, 750
出席議員	520	条例制定権	750
出版	227	昭和女子大事件	128
——の事前差止め	271	職業選択の自由	281
主任の国務大臣	608	職能代表	455
守秘義務違反	254	職務執行内閣	591
酒類販売免許制	289	職務上の秘密	544
準正による国籍取得	140	食糧管理法違反事件	311, 315
賜与	64	助言と承認	39
常会	511	所持品検査	403
消極的団結権	345	処分違憲	671
消極目的規制（警察目的規制）	283	処分的法律	445
証言拒否	258	署名	609
条件付き無効説	601	除名	529
召集	511, 512, 514, 590	書類及び所持品	398
少数派権	556	自律解散	583
少数派調査権	543	知る権利	541
小選挙区	491	知る自由	228

重要用語索引　799

人格権……………………………155	政治責任……………506, 542, 545, 573
審級制……………………………621	政治的規範論……………………94
信教の自由………………………209	政治的、経済的又は社会的関係に
親権者による子の居所指定………279	おいて、差別されない…………170
人権の固有性……………………142	政治的権力………………………216
人権の私人間効力………………126	政治的美称説……………………442
人口比例原則……………………473	政治的マニフェスト論……………93
真実性の確保……………………260	生前退位……………………………36
人種………………………………165	製造たばこ小売販売業……………289
信条………………………………166	生存権………………………309, 719
人身の自由………………………370	制定過程………………………………5
「迅速な」裁判……………………409	成典憲法………………………………1
新独立権能………………………542	政党………………………………464
侵入………………………………398	政党間移動禁止…………………467
人民………………………………437	政党システム……………………493
人民主権…………………………437	政党助成…………………………466
森林法分割制限事件……………359	正当性の契機……………………436
	政党内閣………………………433, 557
す	正当な補償………………………363
	政党本位………………466, 494, 496
枢密顧問……………………………15	制度後退禁止原則………………312
ステイト・アクション理論…………127	制度説…………………………584, 586
砂川事件……………………………70	制度的保障………………………214
	成年被後見人…………………181, 470
せ	性表現……………………………238
	政府言論………………………201, 229
請願権……………………………188	政府参考人………………………548
税関検査…………………………270	政府統制…………………………554
請願法……………………………188	政府に対する統制………………547
正義と秩序を基調とする国際平和を	政府の憲法解釈…………………564
誠実に希求……………………100	政府の統制………………………542
請求権……………………………115	成文憲法………………………………1
政教分離…………………………214	性別………………………………167
制限規範………………………………3	生命・健康………………………155
制限選挙………………………460, 469	生命若しくは自由を奪はれ………375
政権選択…………………………558	政令………………………………604
政見放送…………………………497	責任………………………………555
政治改革………………465, 494, 558	惜敗率…………………………495, 496
政治主導…………………………558	
政治スト…………………………349	

世襲‥‥‥‥‥‥‥‥‥‥‥‥‥‥‥ 35
積極説‥‥‥‥‥‥‥‥‥‥‥‥‥‥ 561
積極的規範的要請‥‥‥‥‥‥‥‥ 461
積極目的規制（政策的規制）‥‥‥ 283
接見交通権‥‥‥‥‥‥‥‥‥‥‥ 393
摂政‥‥‥‥‥‥‥‥‥‥‥‥‥‥‥ 46
絶対的（機械的）平等‥‥‥‥‥ 163
説明責任‥‥‥‥‥‥‥‥‥‥‥‥ 549
全員一致説‥‥‥‥‥‥‥‥‥‥‥ 572
前科照会事件‥‥‥‥‥‥‥‥‥‥ 153
前科についてみだりに公開されない
　　利益‥‥‥‥‥‥‥‥‥‥‥‥ 153
選挙運動‥‥‥‥‥‥‥‥‥‥‥‥ 496
選挙運動規制‥‥‥‥‥‥‥‥‥‥ 249
選挙区‥‥‥‥‥‥‥‥ 473, 489, 491
選挙区画定審議会‥‥‥‥‥‥‥‥ 476
選挙区選挙‥‥‥‥‥‥‥‥ 480, 497
選挙権‥‥‥‥‥‥‥‥‥‥‥‥‥ 469
選挙人の資格‥‥‥‥‥‥‥‥‥‥ 469
選挙人名簿‥‥‥‥‥‥‥‥‥‥‥ 470
選挙無効‥‥‥‥‥‥‥‥‥‥‥‥ 476
選挙無効訴訟‥‥‥‥‥‥‥‥‥‥ 473
全権委任状‥‥‥‥‥‥‥‥‥ 56, 57
前項の目的を達するため‥‥‥‥‥ 104
全国区‥‥‥‥‥‥‥‥‥‥ 455, 497
全国民を代表する議員‥‥‥‥‥‥ 460
前国家的権利‥‥‥‥‥‥‥‥‥‥ 115
全司法仙台事件‥‥‥‥‥‥ 135, 351
戦争損害‥‥‥‥‥‥‥‥‥‥‥‥ 367
戦争の放棄‥‥‥‥‥‥‥‥‥‥‥ 99
全体の奉仕者‥‥‥‥‥‥‥ 134, 183
選定‥‥‥‥‥‥‥‥‥‥‥‥‥‥ 176
全逓東京中郵事件‥‥‥ 134, 342, 351
全逓名古屋中郵事件‥‥‥‥‥‥‥ 352
せん動‥‥‥‥‥‥‥‥‥‥‥‥‥ 237
前年度予算の施行‥‥‥‥‥‥‥‥ 703
全農林警職法事件‥‥‥‥ 135, 183, 352
戦力の不保持‥‥‥‥‥‥‥‥‥‥ 104

先例‥‥‥‥‥‥‥‥‥‥‥‥‥‥ 528
　　——としての事実上の拘束性‥‥‥ 674

そ

増額修正‥‥‥‥‥‥‥‥‥‥‥‥ 705
総議員‥‥‥‥‥‥‥‥‥‥ 519, 768
争議権‥‥‥‥‥‥‥‥‥‥ 134, 351
争議行為‥‥‥‥‥‥‥‥‥‥‥‥ 348
総合調整機能説‥‥‥‥‥‥‥‥‥ 442
相互保障主義‥‥‥‥‥‥‥‥‥‥ 192
捜索‥‥‥‥‥‥‥‥‥‥‥‥‥‥ 399
造船疑獄事件‥‥‥‥‥‥‥‥‥‥ 545
相続‥‥‥‥‥‥‥‥‥‥‥‥‥‥ 308
相対的平等‥‥‥‥‥‥‥‥‥‥‥ 163
総評サラリーマン税金訴訟‥‥‥‥ 312
送付‥‥‥‥‥‥‥‥‥‥‥‥‥‥ 531
組織強制‥‥‥‥‥‥‥‥‥‥‥‥ 345
租税‥‥‥‥‥‥‥‥‥‥‥‥‥‥ 692
租税法律主義‥‥‥‥‥‥‥‥‥‥ 369
措置法‥‥‥‥‥‥‥‥‥‥‥‥‥ 445
訴追‥‥‥‥‥‥‥‥‥‥‥‥‥‥ 610
その他の外交文書‥‥‥‥‥‥‥‥ 60
空知太神社事件‥‥‥‥‥‥ 224, 715
損失補償‥‥‥‥‥‥‥‥‥‥ 362, 507
尊属殺重罰規定‥‥‥‥‥‥‥‥‥ 171

た

代位責任説‥‥‥‥‥‥‥‥‥‥‥ 193
第一次改憲ブーム‥‥‥‥‥‥‥‥ 73
大学構内への警察官の立入り‥‥‥ 300
大学の自治‥‥‥‥‥‥‥‥‥‥‥ 298
第三者所有物没収事件‥‥‥‥‥‥ 373
大使及び公使の信任状‥‥‥‥‥ 56, 57
大使・公使の「接受」‥‥‥‥‥‥ 61
大嘗祭‥‥‥‥‥‥‥‥‥‥‥ 63, 223
大臣助言制‥‥‥‥‥‥‥‥‥‥‥ 39
大臣政務官‥‥‥‥‥‥‥‥‥‥‥ 569
大選挙区‥‥‥‥‥‥‥‥‥‥‥‥ 491

重要用語索引　801

対等型の両院制……………………… 453
大統領制……………………… 553, 556
大日本帝国憲法…………………………… 5
代表委任……………………………… 460
代表なくして課税なし………… 686, 691
代表方法……………………………… 491
代表民主制…………………………… 437
逮捕…………………………………… 502
高田事件……………………………… 409
タクシー事業免許制………………… 291
多数代表法…………………………… 491
多数派デモクラシー………………… 494
戦う民主政…………………………… 465
立入調査……………………………… 543
多党制………………………………… 493
弾劾裁判……………………… 551, 627
弾劾裁判所…………………………… 640
単記制………………………………… 491
短期売買利益返還請求事件………… 362
団結権………………………………… 344
団体…………………………………… 123
団体規制法…………………………… 268
団体交渉権…………………………… 347
団体行動……………………………… 348
団体自治……………………………… 734
単独責任……………………………… 575

ち

地域代表……………………… 455, 463
知事による大嘗祭参列……………… 223
地方区………………………………… 455
地方公共団体………………… 729, 737
地方自治の本旨……………… 725, 731, 734
地方税法……………………………… 694
地方の財政…………………………… 689
『チャタレイ夫人の恋人』事件…… 238
中央銀行……………………………… 689
抽象的違憲審査制…………………… 668

抽象的権利説………………………… 313
中選挙区制…………………… 474, 491, 492
中立性確保…………………………… 717
超然内閣……………………… 433, 557
重複立候補…………………………… 496
徴兵制………………………………… 198
直接請求……………………………… 463
直接選挙…………… 185, 464, 468, 498
直接民主制…………………………… 437
沈黙の自由…………………………… 201

つ

通貨発行権…………………………… 689
通信の秘密…………………………… 273
通信傍受……………………… 275, 401
通達課税……………………………… 693
津地鎮祭事件………………… 220, 713, 714

て

低価値表現…………………………… 234
定義づけ衡量………………………… 234
抵抗権………………………………… 773
帝国議会……………………………… 433
定住外国人…………………………… 118
提出…………………………………… 531
定足数………………………………… 518
適正手続を受ける権利……………… 156
「適正」な手続……………………… 372
敵対的聴衆（敵意ある聴衆）の法理
　…………………………………… 266
適用違憲……………………………… 671
テロ対策特別措置法…………………… 85
伝習館事件…………………………… 331
天皇…………………………………… 27, 30
天皇機関説事件………………………… 6
天皇代替わり…………………………… 62
天皇の大権…………………………… 596
伝聞証拠排除法則…………………… 410

と

統括機関	541
統括機関説	441
東京都教組事件	135, 351
東京都公安条例事件	263
当日起算主義	514
道州制	728, 732
統帥権の独立	6
統制権	346
同性婚	307
東大ポポロ事件	297
統治権ヲ総攬	5
統治行為論	71, 619
同輩中の主席	567, 592
投票価値の平等	463, 473
投票の秘密	185
投票の方法	490
答弁又は説明	549
道路交通法	263
都会地転入抑制法	280
徳島市公安条例事件	263, 374
特定秘密保護法	255, 524, 545
特別会	513
特別会計	703
特別権力関係	129
特別裁判所	622
特別多数	517, 523, 529, 532
特別の公法上の関係	129
特別の国民投票	770
独立権能説	541
独立命令	604
特例選挙区	485
特権	174, 216
都道府県	463, 480, 482
都道府県議会	484
苫米地事件	41
奴隷的拘束	195

な

内閣	552
——が、その責任を負う	42
——の指揮監督	594
——の声明	544
——の総辞職	583, 590
——の法律案提出権	448
——を代表して	593
内閣官房	569
内閣機能の強化	558
内閣総理大臣	552, 568
——の指名	456, 576
——の同意	610
——の任命	48
——の靖国神社参拝	223
内閣府	569
内閣不信任	574, 582
内閣法制局	564
内在的制約	157
内廷費	710
長沼ナイキ基地訴訟	76
奈良県ため池条例事件	358
成田新法	264
成田新法事件	377, 378, 403
なれ合い解散	586
軟性憲法	2

に

新潟県公安条例事件	263
二院制	439
二元説	177
西山記者事件	255
二重処罰の禁止	426
二重の危険の禁止	426, 427
「二重の基準」論	116
二重のしぼり	351
二層制	728, 730

二大政党制 …………………… 492

日米安全保障条約 ………… 68, 599

日米防衛協力のための指針

　（ガイドライン） ………… 77, 600

日曜参観事件 …………………… 213

日産自動車女子若年定年制事件 …… 129

日商岩井事件 …………………… 546

日本国憲法の改正手続に関する法律

　…………………………… 762, 771

日本国民 ………………………… 33

　──たる要件 ………………… 137

日本新党事件 …………………… 467

入国の自由 ……………………… 122

人間の尊厳 ……………………… 149

認証 ……………………………… 56

ぬ

抜き打ち解散 …………………… 586

ね

ねじれ国会……… 458, 495, 559, 563, 574

の

納税の義務 ……………… 368, 369, 692

農地売払い価格の事後的変更 ……… 360

は

配偶者の選択 …………………… 308

賠償請求権 ……………………… 191

配信サービスの抗弁 …………… 243

陪審制 ………………………… 381, 629

破壊活動防止法 ………………… 267

博多駅テレビ・フィルム事件 …… 257

博愛の事業 ……………………… 716

漠然性ゆえに無効の法理 ……… 231

八月革命説 ……………………… 13

発案 ……………………………… 769

パブリック・フォーラム論 …… 236

ハラスメント …………………… 337

犯罪実名報道 …………………… 245

犯罪に因る処罰の場合を除いて …… 196

半数改選 ………………… 480, 487

半代表 …………………………… 461

半直接制 ………………………… 438

反論権 …………………………… 229

ひ

被疑者国選弁護制度 …………… 393

非軍国思想者説 ………………… 570

非軍人説 ………………………… 570

ピケッティング ………………… 350

非現業公務員 …………………… 350

非拘束名簿式 …………… 491, 498

批准 …………………………… 600

批准書 …………………………… 60

非訟事件 ………………… 383, 676

非常大権 ………………………… 5

非職業軍人説 …………………… 570

被選挙権 ………………… 181, 470

非嫡出子 ………………………… 172

必要かつ相当と認められる範囲 …… 329

必要的弁護制度 ………………… 414

ひとしく教育を受ける権利 …… 719

一人一票 ………………………… 473

一人別枠方式 …………………… 476

秘密会 …………………………… 523

罷免（罷免権） ………… 176, 650

　──の訴追 …………………… 550

百里基地訴訟 …………… 77, 779

表決 …………………………… 520

　──の記載 …………………… 524

表現内容中立規制 ……………… 250

表現内容の規制 ………………… 234

表現の自由 ……………………… 227

平等 …………………………… 163

平等権 …………………………… 164

平等原則‥‥‥‥‥‥‥‥‥‥‥‥ *164*
平等選挙‥‥‥‥‥‥‥‥‥‥ *185, 469*
ビラ配布‥‥‥‥‥‥‥‥‥‥‥‥ *253*
比例原則‥‥‥‥‥‥‥‥‥‥‥‥ *160*
比例代表制‥‥‥‥‥‥‥‥ *492, 498*
比例代表法‥‥‥‥‥‥‥‥‥‥ *491*
広島市暴走族追放条例‥‥‥‥‥‥ *264*

ふ

風俗‥‥‥‥‥‥‥‥‥‥‥‥‥‥ *374*
夫婦同氏‥‥‥‥‥‥‥‥‥‥‥‥ *305*
夫婦同氏制‥‥‥‥‥‥‥‥‥‥ *167*
夫婦の同居義務‥‥‥‥‥‥‥‥ *279*
不可侵性‥‥‥‥‥‥‥‥‥‥‥‥ *142*
福岡県青少年保護育成条例‥‥‥‥ *374*
副署‥‥‥‥‥‥‥‥‥‥‥‥‥‥ *608*
複選制‥‥‥‥‥‥‥‥‥‥‥‥‥ *464*
副大臣‥‥‥‥‥‥‥‥‥‥‥‥‥ *569*
父系優先血統主義‥‥‥‥‥‥‥ *139*
不合理な差別‥‥‥‥‥‥‥‥‥ *470*
付随的違憲審査制‥‥‥‥‥‥‥ *668*
不対等型の両院制‥‥‥‥‥‥‥ *453*
不逮捕特権‥‥‥‥‥‥‥‥‥‥ *501*
不断の努力‥‥‥‥‥‥‥‥‥‥ *146*
普通選挙‥‥‥‥‥‥‥ *184, 461, 469*
不当に長く抑留若しくは拘禁された
　　後の自白‥‥‥‥‥‥‥‥‥ *418*
不当労働行為‥‥‥‥‥‥‥‥‥ *343*
不文憲法‥‥‥‥‥‥‥‥‥‥‥‥‥ *1*
部分社会論‥‥‥‥‥‥‥‥ *136, 619*
普遍性‥‥‥‥‥‥‥‥‥‥‥‥‥ *142*
プライバシー侵害‥‥‥‥‥‥‥ *244*
　　——を理由とする出版差止め‥‥ *272*
プライバシーの権利‥‥‥‥‥‥ *152*
ブランデンバーグ基準‥‥‥‥‥ *238*
武力攻撃事態‥‥‥‥‥‥‥‥‥‥ *83*
武力攻撃事態法‥‥‥‥‥‥‥‥‥ *83*
武力攻撃予測事態‥‥‥‥‥‥‥‥ *83*

武力による威嚇‥‥‥‥‥‥‥‥ *101*
武力の行使‥‥‥‥‥‥‥‥‥‥ *100*
プログラム規定説‥‥‥‥‥‥‥ *313*
文民‥‥‥‥‥‥‥‥‥‥‥‥‥‥ *569*
文民統制‥‥‥‥‥‥‥‥‥‥‥ *569*

へ

閉会‥‥‥‥‥‥‥‥‥‥‥‥‥‥ *514*
並行調査‥‥‥‥‥‥‥‥‥ *541, 546*
ヘイト・スピーチ‥‥‥‥‥‥‥ *246*
平和主義‥‥‥‥‥‥‥‥‥‥‥‥ *66*
平和的生存権‥‥‥‥‥‥‥‥‥‥ *22*
平和のうちに生存する権利‥‥‥‥ *17*
別件逮捕・勾留‥‥‥‥‥‥‥‥ *388*
弁護人依頼権‥‥‥‥‥‥‥ *392, 413*
返付‥‥‥‥‥‥‥‥‥‥‥‥‥‥ *531*

ほ

保安隊‥‥‥‥‥‥‥‥‥‥‥‥‥ *68*
法規‥‥‥‥‥‥‥‥‥‥‥‥‥‥ *443*
法規範性‥‥‥‥‥‥‥‥‥‥‥ *447*
法規命令‥‥‥‥‥‥‥‥‥‥‥ *605*
褒賞条例‥‥‥‥‥‥‥‥‥‥‥ *605*
法人‥‥‥‥‥‥‥‥‥‥‥‥‥‥ *123*
法廷内の写真撮影禁止（法廷における
　　写真撮影）‥‥‥‥‥‥‥ *256, 679*
法廷内のメモ（傍聴人のメモ）‥ *256, 680*
法的責任‥‥‥‥‥‥‥‥‥‥‥ *506*
法適用の平等‥‥‥‥‥‥‥‥‥ *163*
報道材料の押収・差押え‥‥‥‥ *257*
報道の自由‥‥‥‥‥‥‥‥ *228, 254*
法内容の平等‥‥‥‥‥‥‥‥‥ *163*
法の下の平等‥‥‥‥‥‥‥‥‥ *161*
法律案‥‥‥‥‥‥‥‥‥‥‥‥ *530*
法律案提出権‥‥‥‥‥‥‥‥‥ *593*
法律執行説‥‥‥‥‥‥‥‥‥‥ *562*
法律上の争訟‥‥‥‥‥‥‥‥‥ *616*
法律でこれを定める‥‥‥‥‥‥ *358*

重要用語索引　805

法律の一般性 …………………………… 446
法律の執行 ……………………………… 597
法律の定める手続 ……………………… 371
法令違憲 ………………………………… 671
補助的権能説 …………………………… 541
ポスト・ノーティス …………………… 206
補正予算 ………………………………… 703
牧会活動事件 …………………………… 212
ポツダム宣言 …………………………… 6
「北方ジャーナル」事件 ……………… 270
輔弼 ………………………………… 557, 575
輔弼責任 ………………………………… 608
堀木訴訟 …………………………… 315, 317
堀越事件 …………………………… 133, 606
本会議 ……………………………… 518, 523

ま

マイナンバー制度 ……………………… 154
マクリーン事件 ………………………… 122
マッカーサー草案 ……………………… 10
マッカーサー・ノート ………………… 9
松本委員会 ……………………………… 8
マニフェスト …………………………… 558

み

未成年者 ………………………………… 117
三井倉庫港運事件 ……………………… 346
三井美唄労組事件 ……………………… 347
三菱樹脂事件 …………………………… 128
みなし否決 ……………………………… 534
南九州税理士会事件 …………………… 125
箕面慰霊祭訴訟 ………………………… 223
箕面忠魂碑訴訟 ………………… 224, 712, 714
民事免責 ………………………………… 343
民主的正統性 …………………………… 452

む

無期懲役刑 ……………………………… 406
無限界説 ………………………………… 764

め

明確性 …………………………… 231, 374
明白かつ現在の危険 …………………… 238
明文改憲 ………………………………… 760
名誉毀損 ………………………………… 241
名誉権 …………………………………… 155
命令委任 ………………………… 460, 463
命令の適法性 …………………………… 607
免責特権 ………………………………… 504

も

目的効果基準 …………………… 218, 712, 714
黙秘権 …………………………………… 417
問責決議 ………………………………… 582
門地 ……………………………………… 169

や

役員 ……………………………………… 525
薬局距離制限事件 ……………………… 285
八幡製鉄政治献金事件 ………… 123, 465

ゆ

唯一の立法機関 ………………… 447, 450
有害図書 ………………………… 240, 374
「夕刊和歌山時事」事件 ……………… 242
有事法制 ………………………………… 78
有事立法 ………………………………… 775
郵政解散 ………………………………… 588
郵便物の開披・差押え ………………… 274
郵便法違憲判決 ………………………… 194
ユニオン・ショップ …………………… 346

よ

抑留‥‥‥‥‥‥‥‥‥‥‥‥‥ *394, 429*
予算‥‥‥‥‥‥‥‥‥‥‥‥‥‥‥ *701*
　　──と法律の不一致‥‥ *538, 707*
　　──の議決‥‥‥‥‥‥‥‥ *456*
　　──の空白‥‥‥‥‥‥‥‥ *704*
　　──の自然成立‥‥‥‥‥ *537*
　　──の衆議院先議‥‥‥‥ *536*
予算案‥‥‥‥‥‥‥‥‥‥‥‥‥ *704*
予算行政説‥‥‥‥‥‥‥‥‥‥ *701*
予算総則‥‥‥‥‥‥‥‥‥‥‥ *704*
予算単一の原則‥‥‥‥‥‥‥ *703*
予算法規範説‥‥‥‥‥‥‥‥ *701*
予算法形式説‥‥‥‥‥‥‥‥ *701*
予算法律説‥‥‥‥‥‥‥‥‥ *702*
『四畳半襖の下張』事件‥‥‥ *239*
予備費‥‥‥‥‥‥‥‥‥‥‥‥ *707*
予防接種禍‥‥‥‥‥‥‥‥‥‥ *366*

ら

濫費防止‥‥‥‥‥‥‥‥‥‥‥ *717*
濫用‥‥‥‥‥‥‥‥‥‥‥‥‥‥ *146*

り

利益‥‥‥‥‥‥‥‥‥‥‥‥‥‥ *462*
利益政治‥‥‥‥‥‥‥‥‥‥‥ *461*
陸海空軍その他の戦力‥‥‥‥ *106*
リコール制‥‥‥‥‥‥‥‥ *463, 743*
離婚‥‥‥‥‥‥‥‥‥‥‥‥‥‥ *309*
理性の府‥‥‥‥‥‥‥‥‥‥‥ *458*
立憲主義‥‥‥‥‥‥‥‥‥‥ *3, 5*
立憲的意味の憲法‥‥‥‥‥‥‥ *3*
立法‥‥‥‥‥‥‥‥‥‥‥‥‥ *443*
立法期‥‥‥‥‥‥‥‥‥‥ *508, 509*
立法裁量‥‥‥‥‥‥‥‥ *470, 618*
両院議員の兼職禁止‥‥‥‥‥ *499*
両院協議‥‥‥‥‥‥‥‥‥‥‥ *456*

両院協議会‥‥‥‥‥‥ *533, 537, 539, 578*
両院制‥‥‥‥‥‥‥‥‥‥‥ *439, 451*
両議院‥‥‥‥‥‥‥‥ *439, 455, 574*
良心‥‥‥‥‥‥‥‥‥‥‥‥‥ *199*
両性の合意‥‥‥‥‥‥‥‥‥‥ *303*
両性の本質的平等‥‥‥‥‥‥ *307*
陵墓‥‥‥‥‥‥‥‥‥‥‥‥‥ *710*
旅券発給‥‥‥‥‥‥‥‥‥‥‥ *293*
旅行の自由‥‥‥‥‥‥‥‥‥‥ *278*
臨時会‥‥‥‥‥‥‥‥‥‥‥‥ *512*
臨時代理‥‥‥‥‥‥‥‥‥‥‥ *589*

れ

令状（令状主義）‥‥‥‥‥‥‥ *387*
レッドパージ‥‥‥‥‥‥‥‥‥ *203*
レペタ事件‥‥‥‥‥‥‥‥‥‥ *256*
レモン・テスト‥‥‥‥‥‥‥‥ *219*
連記制‥‥‥‥‥‥‥‥‥‥‥‥ *491*
連座制‥‥‥‥‥‥‥‥‥‥‥‥ *182*
連署‥‥‥‥‥‥‥‥‥‥‥‥‥ *609*
連帯責任‥‥‥‥‥‥‥‥ *572, 575, 594*
連邦国家‥‥‥‥‥‥‥‥‥ *452, 453*
連立政権‥‥‥‥‥‥‥‥‥‥‥ *492*

ろ

労働基準法‥‥‥‥‥‥‥‥‥‥ *338*
労働基本権‥‥‥‥‥‥‥‥‥‥ *340*
労働協約‥‥‥‥‥‥‥‥‥‥‥ *348*
労働組合法‥‥‥‥‥‥‥‥‥‥ *349*
労働契約法‥‥‥‥‥‥‥‥‥‥ *339*
労働権‥‥‥‥‥‥‥‥‥‥‥‥ *335*
老齢加算廃止訴訟‥‥‥‥‥‥ *317*
ロッキード事件‥‥‥ *411, 541, 546, 595*

わ

わいせつ‥‥‥‥‥‥‥‥‥‥‥ *238*
ワイマール憲法‥‥‥‥‥‥‥ *310*
早稲田大学江沢民講演会事件‥ *153*

判例索引

大審院

大判大2・7・11刑録19輯790頁…… *660, 668*

大判大5・11・15刑録22輯27巻1774頁 ·· *276*

大決昭3・12・28民集7巻12号1128頁…· *617*

最高裁判所

最大判昭23・3・10刑集2巻3号175頁…· *621*

最大判昭23・3・12刑集2巻3号191頁

················· *160, 376, 405, 406*

最大判昭23・5・5刑集2巻5号447頁…… *408*

最大判昭23・5・26刑集2巻5号511頁…· *408*

最大判昭23・5・26刑集2巻6号529頁…· *32*

最三小判昭23・6・1民集2巻7号125頁·· *186*

最大判昭23・6・23刑集2巻7号715頁…· *419*

最大判昭23・6・23刑集2巻7号722頁…· *780*

最大判昭23・6・30刑集2巻7号777頁

················· *405, 406*

最大判昭23・7・7刑集2巻8号801頁

················· *664, 665*

最大判昭23・7・14刑集2巻8号846頁…· *417*

最大判昭23・7・19刑集2巻8号944頁…· *418*

最大判昭23・7・19刑集2巻8号952頁…· *411*

最大判昭23・7・29刑集2巻9号1012頁…· *419*

最大判昭23・7・29刑集2巻9号1045頁…· *412*

最大決昭23・7・29刑集2巻9号1115頁

················· *382, 410*

最大判昭23・9・29刑集2巻10号1235頁

················· *311*

最二小判昭23・10・30刑集2巻11号1427頁

················· *419*

最大決昭23・11・8刑集2巻12号1498頁

················· *677*

最大判昭23・11・17刑集2巻12号1565頁

················· *626*

最大判昭23・12・15刑集2巻13号1783頁

················· *626*

最大判昭23・12・27刑集2巻14号1934頁

················· *412*

最大判昭24・1・12刑集3巻1号20頁…· *412*

最大判昭24・2・9刑集3巻2号146頁…… *417*

最大判昭24・3・23刑集3巻3号352頁…· *380*

最大判昭24・4・6刑集3巻4号456頁…… *780*

最大判昭24・4・20刑集3巻5号581頁…· *419*

最大判昭24・4・20民集3巻5号135頁…· *176*

最大判昭24・5・18刑集3巻6号734頁…· *420*

最大判昭24・5・18刑集3巻6号839頁

················· *160, 238*

最大判昭24・5・18民集3巻6号199頁…· *382*

最大判昭24・6・29刑集3巻7号1150頁·· *420*

最大判昭24・7・13刑集3巻8号1290頁·· *410*

最大判昭24・11・2刑集3巻11号1732頁

················· *418*

最大判昭24・11・2刑集3巻11号1737頁

················· *414*

最大判昭24・11・30刑集3巻11号1857頁

················· *392, 413*

最大判昭24・12・21刑集3巻12号2048頁

················· *406*

最大判昭24・12・21刑集3巻12号2062頁

················· *427*

最大判昭25・2・1刑集4巻2号73頁…… *662*

最大判昭25・2・1刑集4巻2号100頁…… *414*

最大判昭25・3・6刑集4巻3号308頁…… *411*

最大判昭25・3・15刑集4巻3号371頁…· *411*

最大判昭25・4・26刑集4巻4号700頁…· *425*

最大判昭25・6・7刑集4巻6号966頁…… *415*

最大決昭25・6・24<LEX/DB25470115>
……………………………………… *635*

最大決昭25・9・18民集4巻9号423頁… *382*

最大判昭25・9・27刑集4巻9号1799頁‥ *249*

最大判昭25・9・27刑集4巻9号1805頁‥ *427*

最大決昭25・10・4刑集4巻10号1866頁
…………………………………………… *411*

最大判昭25・10・11刑集4巻10号2037頁
……………………………………… *169, 171*

最大判昭25・10・25刑集4巻10号2151頁
………………………………………… *634*

最一小判昭25・11・9民集4巻11号523頁
…………………………………………… *186*

最大判昭25・11・15刑集4巻11号2257頁
…………………………………………… *350*

最三小判昭25・11・21刑集4巻11号2359頁
…………………………………………… *417*

最大判昭25・11・22刑集4巻11号2380頁
…………………………………………… *151*

最二小判昭25・12・8刑集4巻12号2529頁
…………………………………………… *406*

最二小判昭25・12・28民集4巻12号683頁
…………………………………………… *117*

最三小判昭26・2・27刑集5巻4号475頁
…………………………………………… *406*

最二小判昭26・3・16刑集5巻4号606頁
…………………………………………… *427*

最大判昭26・4・18刑集5巻5号923頁… *406*

最大判昭26・8・1民集5巻9号489頁…… *382*

最大判昭27・2・20民集6巻2号122頁
…………………………………… *206, 647, 651*

最一小判昭27・2・21民集6巻2号266頁
…………………………………………… *401*

最二小判昭27・2・22民集6巻2号258頁
…………………………………………… *128*

最大判昭27・3・19刑集6巻3号502頁… *402*

最大決昭27・4・2民集6巻4号387頁…… *203*

最大判昭27・8・6刑集6巻8号974頁
…………………………………… *254, 258*

最大判昭27・10・8民集6巻9号783頁
…………………………………… *68, 669*

最大判昭27・12・24民集6巻11号1214頁
…………………………………………… *382*

最大決昭28・1・16民集7巻1号12頁…… *529*

最大判昭28・4・8刑集7巻4号775頁
………………… *134, 183, 342, 351, 780*

最大判昭28・7・22刑集7巻7号1562頁‥ *780*

最三小判昭28・11・17行集4巻11号2760頁
…………………………………………… *616*

最大判昭28・12・23民集7巻13号1523頁
…………………………………………… *363*

最大判昭28・12・23民集7巻13号1561頁
…………………………………… *262, 265, 382*

最二小判昭29・1・22民集8巻1号225頁
…………………………………………… *363*

最一小判昭29・2・11民集8巻2号419頁
…………………………………………… *616*

最大決昭29・4・26民集8巻4号848頁… *636*

最二小判昭29・7・16刑集8巻7号1151頁
…………………………………………… *421*

最大判昭29・11・24刑集8巻11号1866頁
…………………………………………… *263*

最大判昭30・1・26刑集9巻1号89頁
…………………………………………… *287*

最大判昭30・2・9刑集9巻2号217頁
…………………………………… *178, 180*

最大判昭30・3・23民集9巻3号336頁… *693*

最大判昭30・3・30刑集9巻3号635頁… *249*

最大判昭30・4・6刑集9巻4号663頁…… *406*

最大判昭30・4・6刑集9巻4号819頁…… *249*

最大判昭30・4・27刑集9巻5号924頁… *400*

最三小判昭30・11・22民集9巻12号1793頁
…………………………………………… *203*

最三小判昭30・11・29刑集9巻12号2524頁
…………………………………………… *411*

最大判昭30・12・14刑集9巻13号2760頁
……………………………… *388*

最大判昭31・7・4民集10巻7号785頁
……………………………… *199, 200, 205*

最二小判昭31・7・6民集10巻7号819頁
……………………………… *378*

最大決昭31・12・24刑集10巻12号1692頁
……………………………… *430*

最大判昭31・12・26刑集10巻12号1769頁
……………………………… *421*

最大判昭32・2・20刑集11巻2号802頁 ‥ *416*

最大判昭32・3・13刑集11巻3号997頁 ‥ *147*

最大判昭32・6・19刑集11巻6号1663頁
……………………………… *121*

最大判昭32・12・25刑集11巻14号3377頁
……………………………… *121*

最大判昭33・2・17刑集12巻2号253頁
……………………………… *256, 679*

最二小判昭33・3・28民集12巻4号624頁
……………………………… *694*

最大判昭33・4・16刑集12巻6号942頁 ‥ *183*

最大判昭33・4・30民集12巻6号938頁 ‥ *428*

最大判昭33・5・28刑集12巻8号1718頁
……………………………… *420*

最大決昭33・7・29刑集12巻12号2776頁
……………………………… *401*

最大判昭33・9・10民集12巻13号1969頁
……………………………… *279, 294*

最大判昭33・10・15刑集12巻14号3305号
……………………………… *173*

最大判昭33・10・15刑集12巻14号3313頁
……………………………… *52, 53*

最大決昭33・10・15刑集12巻14号3291頁
……………………………… *375, 391*

最大判昭33・12・24民集12巻16号3352頁
……………………………… *716*

最大判昭34・7・8刑集13巻7号1132頁 ‥ *291*

最大判昭34・12・16刑集13巻13号3225頁
……………………… *17, 70, 600, 619, 622, 665*

最大判昭35・1・27刑集14巻1号33頁 …… *290*

最一小判昭35・3・3刑集14巻3号253頁
……………………………… *252*

最大判昭35・3・9民集14巻3号355頁 …… *739*

最二小判昭35・3・25集刑132号739頁 ‥ *196*

最大判昭35・6・8民集14巻7号1206頁
……………………………… *41, 620*

最大決昭35・7・6民集14巻9号1657頁
……………………… *381, 384, 632, 676*

最大判昭35・7・20刑集14巻9号1243頁
……………………………… *263*

最大判昭35・10・19民集14巻12号2633頁
……………………………… *529, 619*

最大判昭35・12・7民集14巻13号2964頁
……………………………… *382*

最大判昭36・2・15刑集15巻2号347頁
……………………………… *248, 249*

最大判昭36・4・5民集15巻4号657頁 …… *138*

最大判昭36・6・7刑集15巻6号915頁 …… *400*

最大判昭36・7・19刑集15巻7号1106頁
……………………………… *376*

最大判昭36・9・6民集15巻8号2047頁 ‥ *304*

最大判昭37・2・28刑集16巻2号212頁
……………………………… *197, 369*

最大判昭37・3・7民集16巻3号445頁
……………………………… *618, 735*

最大判昭37・3・14民集16巻3号537頁 ‥ *376*

最大判昭37・5・2刑集16巻5号495頁
……………………………… *421, 423*

最大判昭37・5・30刑集16巻5号577頁
……………………… *372, 376, 751, 752*

最大判昭37・11・28刑集16巻11号1593頁
……………………… *373, 376, 670*

最大判昭38・3・27刑集17巻2号121頁
……………………… *730, 732, 737, 738*

最大判昭38・5・15刑集17巻4号302頁 ‥ *212*

最大判昭38・5・22刑集17巻4号370頁
　　　……………… *296, 297, 299, 300*
最大判昭38・6・26刑集17巻5号521頁
　　　……………… *358, 360, 364, 365, 752*
最大判昭38・12・4刑集17巻12号2434頁
　　　………………………………… *291*
最大判昭39・2・26民集18巻2号343頁 ·· *333*
最大判昭39・5・27民集18巻4号676頁
　　　……………………… *163, 165, 168*
最大判昭39・11・18刑集18巻9号579頁
　　　………………………………… *162*
最大判昭40・4・28刑集19巻3号240頁 ·· *427*
最大決昭40・6・30民集19巻4号1089頁
　　　………………………………… *384*
最大決昭40・6・30民集19巻4号1114頁
　　　………………………………… *676*
最三小判昭40・7・20刑集19巻5号591頁
　　　………………………………… *413*
最一小判昭41・6・23民集20巻5号1118頁
　　　………………………………… *243*
最二小判昭41・7・1刑集20巻6号537頁
　　　………………………………… *419*
最大判昭41・7・13刑集20巻6号609頁 ·· *376*
最大判昭41・10・26刑集20巻8号901頁
　　　…………………………… *134, 342*
最大決昭41・12・27民集20巻10号2279頁
　　　…………………… *373, 375, 676*
最大判昭42・5・24刑集21巻4号505頁 ·· *740*
最大判昭42・5・24民集21巻5号1043頁
　　　………………………………… *311*
最一小判昭42・5・25民集21巻4号937頁
　　　………………………………… *128*
最大決昭42・7・5刑集21巻6号764頁 ···· *677*
最三小判昭43・4・9民集22巻4号845頁
　　　………………………………… *343*
最大判昭43・6・12刑集22巻6号462頁 ·· *375*
最大判昭43・11・27刑集22巻12号1402頁
　　　…………………………… *364, 366*

最大判昭43・11・27民集22巻12号2808頁
　　　………………………………… *367*
最大判昭43・12・4刑集22巻13号1425頁
　　　…………………………… *182, 347*
最大判昭43・12・18刑集22巻13号1549頁
　　　…………………………… *251, 321*
最大判昭44・4・2刑集23巻5号305頁
　　　…………………… *135, 351, 670*
最大判昭44・4・2刑集23巻5号685頁
　　　…………………… *135, 349, 351*
最大判昭44・4・23刑集23巻4号235頁 ·· *249*
最一小判昭44・6・11刑集23巻7号941頁
　　　………………………………… *413*
最大判昭44・6・25刑集23巻7号975頁 ·· *242*
最二小判昭44・7・4民集23巻8号1321頁
　　　………………………………… *367*
最大判昭44・10・15刑集23巻10号1239頁
　　　………………………………… *239*
最大決昭44・11・26刑集23巻11号1490頁
　　　…………………… *228, 229, 254, 257*
最大決昭44・12・3刑集23巻12号1525頁
　　　…………………………… *383, 404*
最大判昭44・12・24刑集23巻12号1625頁
　　　…………………………… *151, 152*
最大判昭45・6・17刑集24巻6号280頁 ·· *252*
最大判昭45・6・24民集24巻6号625頁
　　　…………………… *121, 124, 465*
最大判昭45・9・16民集24巻10号1410頁
　　　………………………………… *131*
最大判昭45・11・25刑集24巻12号1670頁
　　　………………………………… *418*
最大判昭46・1・20民集25巻1号1頁…… *607*
最一小判昭46・10・28民集25巻7号1037頁
　　　………………………………… *378*
最大判昭47・11・22刑集26巻9号554頁
　　　…………………… *389, 403, 421*
最大判昭47・11・22刑集26巻9号586頁
　　　………… *283, 284, 287, 288, 289, 292*

最一小判昭47・11・30民集26巻9号1746頁
……………………………………… *202*

最大判昭47・12・20刑集26巻10号631頁
………………………………… *409, 666*

最大判昭48・4・4刑集27巻3号265頁
…………… *170, 171, 671, 672, 673*

最大判昭48・4・25刑集27巻3号418頁‥ *350*

最大判昭48・4・25刑集27巻4号547頁
……………… *135, 183, 349, 352, 671*

最二小判昭48・7・20刑集27巻7号1322頁
……………………………………… *409*

最一小判昭48・10・18民集27巻9号1210頁
……………………………………… *364*

最大判昭48・12・12民集27巻11号1536頁
………………………………… *128, 170*

最三小決昭49・4・30集刑192号407頁‥ *390*

最三小判昭49・7・19民集28巻5号790頁
……………………………………… *129*

最一小判昭49・9・26刑集28巻6号329頁
……………………………………… *172*

最大判昭49・11・6刑集28巻9号393頁
……………… *133, 183, 235, 375, 606*

最二小判昭50・4・25民集29巻4号456頁
……………………………………… *337*

最大判昭50・4・30民集29巻4号572頁
……… *281, 282, 285, 287, 288, 290, 291*

最一小判昭50・5・29民集29巻5号662頁
……………………………………… *378*

最一小判昭50・8・6刑集29巻7号393頁
……………………………………… *410*

最大判昭50・9・10刑集29巻8号489頁
……… *231, 232, 233, 263, 374, 753, 754*

最三小判昭50・11・28民集29巻10号1698頁
………………………………… *124, 347*

最大判昭51・4・14民集30巻3号223頁
……………… *178, 469, 473, 474, 673*

最大判昭51・5・21刑集30巻5号615頁
………………… *296, 326, 327, 329*

最大判昭51・5・21刑集30巻5号1178頁
………………………………… *135, 352*

最三小決昭52・3・10集民120号217頁‥ *383*

最三小判昭52・3・15民集31巻2号234頁
………………………………… *136, 619*

最三小判昭52・3・15民集31巻2号280頁
……………………………………… *136*

最大判昭52・5・4刑集31巻3号182頁
………………………………… *135, 352*

最大判昭52・7・13民集31巻4号533頁
……… *211, 214, 218, 219, 221, 713*

最二小決昭52・8・9刑集31巻5号821頁
……………………………………… *389*

最一小決昭53・5・31刑集32巻3号457頁
……………………………………… *255*

最三小判昭53・6・20刑集32巻4号670頁
……………………………………… *403*

最大判昭53・7・12民集32巻5号946頁
………………………………… *360, 695*

最一小判昭53・9・7刑集32巻6号1672頁
………………………………… *400, 401*

最大判昭53・10・4民集32巻7号1223頁
………………………………… *117, 177*

最一小判昭54・5・10刑集33巻4号275頁
……………………………………… *422*

最三小判昭54・7・24刑集33巻5号416頁
……………………………………… *414*

最一小決昭55・10・23刑集34巻5号300頁
……………………………………… *399*

最二小判昭55・11・28刑集34巻6号433頁
……………………………………… *239*

最三小判昭56・3・24民集35巻2号300頁
………………………………… *129, 168*

最三小判昭56・4・7民集35巻3号443頁
……………………………………… *619*

最三小判昭56・4・14民集35巻3号620頁
……………………………………… *153*

最一小判昭56・4・16刑集35巻3号84頁
.... *242*

最二小判昭56・6・15刑集35巻4号205頁
.... *250*

最三小判昭56・7・21刑集35巻5号568頁
.... *250*

最一小判昭56・11・26刑集35巻8号896頁
.... *422*

最大判昭57・7・7民集36巻7号1235頁 ‥ *315*

最一小判昭57・9・9民集36巻9号1679頁
.... *77*

最三小判昭57・11・16民集36巻11号908頁
.... *264*

最二小判昭58・2・18民集37巻1号59頁
.... *366*

最大判昭58・4・27民集37巻3号345頁
.... *463, 480, 497*

最大判昭58・6・22民集37巻5号793頁
.... *131, 228*

最三小判昭58・7・12刑集37巻6号791頁
.... *389*

最大判昭58・11・7民集37巻9号1243頁
.... *475, 476, 588*

最三小判昭59・3・27刑集38巻5号2037頁
.... *404, 422*

最一小判昭59・5・17民集38巻7号721頁
.... *484, 743*

最大判昭59・12・12民集38巻12号1308頁
.... *232, 233, 269, 270, 374*

最三小判昭59・12・18刑集38巻12号3026頁
.... *236*

最三小判昭60・1・22民集39巻1号1頁
.... *279, 294*

最大判昭60・3・27民集39巻2号247頁
.... *170, 369*

最大判昭60・7・17民集39巻5号1100頁
.... *476, 588, 673*

最一小決昭60・7・19判タ560号91頁‥‥ *406*

最大判昭60・10・23刑集39巻6号413頁
.... *374*

最一小判昭60・10・31集民146号13頁 ‥ *484*

最三小決昭60・11・12判時1202号142頁
.... *391*

最一小判昭60・11・21民集39巻7号1512頁
.... *179, 666*

最二小判昭61・4・25刑集40巻3号215頁
.... *401*

最大判昭61・6・11民集40巻4号872頁
.... *155, 227, 270, 271*

最三小判昭62・2・17判時1243号10頁
.... *484, 485*

最三小判昭62・3・3刑集41巻2号15頁 ‥ *251*

最大判昭62・4・22民集41巻3号408頁
.... *285, 356, 357, 358, 361*

最二小判昭62・4・24民集41巻3号490頁
.... *229*

最二小判昭63・2・5労判512号12頁
.... *129, 202*

最大判昭63・6・1民集42巻5号277頁‥‥ *221*

最二小判昭63・7・15判時1287号65頁 ‥ *202*

最三小判昭63・12・20判時1307号113頁
.... *619*

最二小判平1・1・20刑集43巻1号1頁‥‥ *287*

最二小決平1・1・30刑集43巻1号19頁 ‥ *257*

最三小判平1・2・7判時1312号69頁‥‥‥ *312*

最一小判平1・3・2訟月35巻9号1754頁
.... *121*

最三小判平1・3・7判時1308号111頁‥‥ *287*

最大判平1・3・8民集43巻2号89頁
.... *257, 680*

最三小判平1・6・20民集43巻6号385頁
.... *24, 77, 779*

最二小判平1・9・8民集43巻8号889頁 ‥ *619*

最三小判平1・9・19刑集43巻8号785頁
.... *240, 374*

最二小判平1・11・20民集43巻10号1160頁
·· 33

最一小判平1・12・14民集43巻12号2051頁
·· 346

最一小判平1・12・18民集43巻12号2139頁
·· 485

最一小判平1・12・21民集43巻12号2252頁
·· 243

最一小判平2・1・18民集44巻1号1頁 · 331

最三小判平2・2・6訟月36巻12号2242頁
·· 292

最三小決平2・2・16集刑254号113頁
······································ 680, 681

最三小判平2・3・6判時1357号144頁 ···· 206

最二小決平2・7・9刑集44巻5号421頁 ·· 257

最二小判平2・9・28刑集44巻6号463頁
·· 238

最三小決平3・3・29刑集45巻3号158頁
·· 430

最二小判平3・4・19民集45巻4号367頁
·· 367

最三小判平3・4・23民集45巻4号554頁
·· 484

最三小判平3・5・10民集45巻5号 ······· 393

最三小判平3・7・9民集45巻6号1049頁
································· 131, 607

最大判平4・7・1民集46巻5号437頁
························· 160, 264, 377, 378, 403

最一小判平4・11・16民集民166号575頁
································· 121, 294

最大判平5・1・20訟月39巻12号2418頁
·· 475

最三小判平5・2・16民集47巻3号1687頁
··············· 215, 219, 223, 224, 712

最三小判平5・3・16民集47巻5号3483頁
································· 273, 329

最二小判平5・6・25訟月40巻5号1089頁
·· 289

最二小判平5・10・22民集47巻8号5147頁
·· 485

最三小判平6・2・8民集48巻2号149頁
································· 153, 245

最三小決平6・9・16刑集48巻6号420頁
·· 401

最大判平7・2・22刑集49巻2号1頁
································· 411, 595

最三小判平7・2・28民集49巻2号639頁
··························· 119, 177, 742

最三小判平7・3・7民集49巻3号687頁
··························· 235, 262, 265

最一小判平7・5・25民集49巻5号1279頁
·· 467

最大決平7・7・5民集49巻7号1789頁
································· 172, 308

最三小判平7・12・5判時1563号81頁
································· 167, 304

最三小判平7・12・15刑集49巻10号842頁
·· 153

最二小判平8・3・8民集50巻3号469頁 ·· 213

最二小判平8・3・15民集50巻3号549頁
·· 266

最三小判平8・3・19民集50巻3号615頁
·· 125

最一小判平8・7・18判時1580号92頁 ···· 182

最大判平8・8・28民集50巻7号1952頁
··························· 363, 378, 756

最大判平8・9・11民集50巻8号2283頁 ·· 481

最一小判平9・1・30刑集51巻1号335頁
·· 416

最二小判平9・3・28判時1602号71頁 ···· 186

最大判平9・4・2民集51巻4号1673頁
··························· 219, 222, 671, 715

最三小判平9・8・29民集51巻7号2921頁
·· 329

最三小判平9・9・9民集51巻8号3804頁
·· 243

最三小判平9・9・9民集51巻8号3850頁
………………………………… *507*
最二小判平9・10・17民集51巻9号3925頁
………………………………… *140*
最一小判平10・7・16訟月45巻4号807頁
………………………………… *290*
最大決平10・12・1民集52巻9号1761頁
………………………… *133, 643, 677*
最二小判平11・2・26判時1682号12頁 ‥ *275*
最大判平11・3・24民集53巻3号514頁 ‥ *393*
最大判平11・11・10民集53巻8号1441頁
………………………………… *477*
最大判平11・11・10民集53巻8号1577頁
……………………………… *488, 496*
最大判平11・11・10民集53巻8号1704頁
……………………………… *466, 497*
最三小判平11・12・16刑集53巻9号1327頁
………………………………… *275*
最三小判平12・2・8刑集54巻2号1頁… *291*
最三小判平12・2・22集民192号397頁 ‥ *393*
最三小判平12・2・29民集54巻2号582頁
………………………………… *156*
最二小判平12・3・17判時1710号168頁
………………………………… *353*
最二小判平12・3・17集民197号697頁 ‥ *383*
最三小判平12・6・13民集54巻5号1635頁
………………………………… *394*
最三小判平13・9・25判時1768号47頁
……………………………… *121, 320*
最一小判平13・11・22判時1771号83頁
………………………………… *367*
最二小決平13・12・7刑集55巻7号823頁
………………………………… *383*
最三小判平14・1・29民集56巻1号185頁
………………………………… *244*
最一小判平14・1・31民集56巻1号246頁
………………………………… *607*

最大判平14・2・13民集56巻2号331頁
……………………………… *359, 362*
最二小判平14・4・5刑集56巻4号95頁 ‥ *359*
最二小判平14・4・12民集56巻4号729頁
………………………………… *617*
最一小判平14・4・25集民206号233頁 ‥ *125*
最三小判平14・6・11民集56巻5号958頁
………………………………… *364*
最二小判平14・6・17集刑281号577頁 ‥ *241*
最一小判平14・7・11民集56巻6号1204頁
………………………………… *223*
最大判平14・9・11民集56巻7号1439頁
………………………………… *194*
最二小判平14・11・22判時1808号55頁
………………………………… *140*
最二小判平15・2・14刑集57巻2号121頁
………………………………… *401*
最二小判平15・3・14民集57巻3号229頁
………………………………… *246*
最一小決平15・5・26刑集57巻5号620頁
………………………………… *404*
最二小判平15・9・5判時1850号61頁
……………………………… *131, 394*
最二小判平15・9・12民集57巻8号973頁
………………………………… *153*
最一小判平15・11・27民集57巻10号1665頁
………………………………… *378*
最一小判平15・12・4判時1848号66頁 ‥ *378*
最大判平16・1・14民集58巻1号1頁…… *498*
最大判平16・1・14民集58巻1号56頁… *481*
最三小判平16・3・16民集58巻3号647頁
………………………………… *317*
最三小判平16・4・13刑集58巻4号247頁
………………………………… *422*
最一小判平16・11・25民集58巻8号2326頁
………………………………… *261*
最大判平17・1・26民集59巻1号128頁 ‥ *121*

最一小判平17・4・14刑集59巻3号259頁
………………………… 410, 411, 682
最三小判平17・4・26判時1898号54頁‥ 292
最一小判平17・7・14民集59巻6号1569頁
…………………………………… 230
最一小判平17・9・8判時1920号29頁‥ 293
最大判平17・9・14民集59巻7号2087頁
……… 178, 179, 180, 336, 470, 648, 666
最一小判平17・11・10民集59巻9号2428頁
…………………………………… 679
最二小判平18・1・13民集60巻1号1頁‥ 607
最大判平18・3・1民集60巻2号587頁…… 693
最三小判平18・3・17民集60巻3号773頁
…………………………………… 168
最一小判平18・3・23判時1929号37頁‥ 131
最三小判平18・3・28集民219号989頁‥ 318
最一小判平18・6・23判時1940号122頁
…………………………………… 215
最一小判平18・7・13判時1946号41頁‥ 180
最二小判平18・7・21民集60巻6号2542頁
…………………………………… 617
最三小決平18・10・3民集60巻8号2647頁
…………………………………… 258
最二小判平18・11・27判時1958号
………………………………… 359, 360
最三小判平19・2・27民集61巻1号291頁
………………………………… 204, 207
最大判平19・6・13民集61巻4号1617頁
…………………………………… 477
最三小判平19・9・18刑集61巻6号601頁
………………………………… 233, 265
最二小判平19・9・28民集61巻6号2345頁
…………………………………… 319
最一小判平20・3・6民集62巻3号665頁
…………………………………… 154
最二小判平20・4・11刑集62巻5号1217頁
…………………………………… 253

最大判平20・6・4民集62巻6号1367頁
………………………… 138, 140, 169, 170
最一小決平21・1・15民集63巻1号46頁
…………………………………… 683
最一小判平21・4・23判時2045号116頁
…………………………………… 360
最三小判平21・7・14刑集63巻6号623頁
…………………………………… 383
最三小決平21・9・28刑集63巻7号868頁
…………………………………… 398
最大判平21・9・30民集63巻7号1520頁
…………………………………… 481
最二小判平21・11・30刑集63巻9号1765頁
…………………………………… 253
最大判平22・1・20民集64巻1号1頁…… 715
最大判平22・1・20民集64巻1号128頁‥ 225
最一小決平22・3・15刑集64巻2号1頁‥ 244
最大判平23・3・23民集65巻2号755頁
………………………… 477, 486, 588
最一小判平23・4・28民集65巻3号1499頁
…………………………………… 244
最二小判平23・5・30民集65巻4号1780頁
………………………………… 204, 207
最一小判平23・6・6民集65巻4号1855頁
………………………………… 204, 205
最三小判平23・6・14民集65巻4号2148頁
…………………………………… 204
最一小判平23・9・22民集65巻6号2756頁
…………………………………… 696
最二小判平23・9・30裁時1540号5頁… 696
最大判平23・11・16刑集65巻8号1285頁
………………………… 198, 381, 630
最一小判平24・1・16判時2147号127頁
…………………………………… 207
最一小判平24・2・16民集66巻2号673頁
…………………………………… 225
最三小判平24・2・28民集66巻3号1240頁
…………………………………… 317

最二小判平24・4・2民集66巻6号2367頁
………………………………… 317
最三小判平24・10・9<LEX/DB25482875>
………………………………… 189
最大判平24・10・17民集66巻10号3357頁
……………… 457, 463, 482, 563
最二小判平24・12・7刑集66巻12号1337頁
………………………………… 133, 606
最二小判平25・1・11民集67巻1号1頁
………………………………… 293, 607
最一小判平25・3・21民集67巻3号438頁
………………………………… 752
最大決平25・9・4民集67巻6号1320頁
……………… 172, 308, 674
最大判平25・11・20民集67巻8号1503頁
………………………………… 478, 588
最二小判平26・7・18訟月61巻2号356頁
……………… 121, 320
最二小判平26・8・19判時2237号28頁‥ 379
最一小判平26・10・6<LEX/DB25504782>
………………………………… 317
最一小判平26・10・6賃金と社会保障1622
号40頁………………………… 317
最大判平26・11・26民集68巻9号1363頁
………………………………… 483, 488
最三小決平26・12・9<LEX/DB25505638>
………………………………… 247
最三小判平27・3・10裁時1623号8頁…… 141
最大判平27・11・25民集69巻7号2035頁
………………………………… 479
最一小判平27・12・3刑集69巻8号815頁
………………………………… 371, 425
最大判平27・12・16民集69巻8号2427頁
……………… 167, 303, 304
最大判平27・12・16民集69巻8号2586頁
……………… 155, 167, 305, 307
最一小決平28・11・24<LEX/DB
25544704>………………………… 383

最三小判平28・12・9刑集70巻8号806頁
………………………………… 404
最三小決平29・1・31民集71巻1号63頁
………………………………… 155
最二小決平29・2・1<LEX/DB25545386>
………………………………… 345
最大判平29・3・15刑集71巻3号13頁…… 398
最大判平29・9・27民集71巻7号1139頁
………………………………… 483
最大判平29・12・6民集71巻10号1817頁
………………………………… 259
最一小判平30・7・19裁時1704号4頁…… 207
最大決平30・10・17裁時1710号1頁
………………………………… 134, 643
最大判平30・12・19裁判所ウェブサイト
………………………………… 480

高等裁判所

高松高決昭29・8・5高刑7巻8号1255頁
………………………………… 679
東京高判昭29・9・22行集5巻9号2181頁
………………………………… 41
札幌高判昭30・8・23高刑8巻6号845頁
………………………………… 544
東京高判昭34・12・26判時213号46頁‥ 611
東京高判昭44・12・17高刑22巻6号924頁
………………………………… 506
名古屋高判昭45・8・25判時609号7頁‥ 300
名古屋高判昭46・5・14行集22巻5号680頁
……………… 209, 219, 221
大阪高判昭50・11・10行集26巻10＝11号
1268頁………………………… 322
大阪高判昭50・11・27判時797号36頁‥ 156
札幌高判昭51・8・5行集27巻8号1175頁
………………………………… 77
東京高判昭56・7・7訟月27巻10号1862頁
………………………………… 77
広島高判昭57・6・1判時1046号3頁…… 221

東京高判昭57・6・23行集33巻6号1367頁
　……………………………………… *139*

仙台高秋田支判昭57・7・23行集33巻7号
　1616頁………………………………… *695*

東京高判昭60・8・26行集36巻7＝8号1211
　頁……………………………………… *667*

東京高判昭62・3・16判時1232号43頁‥ *238*

名古屋高判昭62・3・25行集38巻2＝3号275
　頁……………………………………… *588*

大阪高判昭62・7・16判時1237号3頁…… *224*

東京高判平1・7・19民集43巻10号1167頁
　………………………………………… *33*

東京高判平2・1・29高民43巻1号1頁…… *718*

仙台高判平3・1・10判時1370号3頁…… *224*

高松高判平4・5・12行集43巻5号717頁
　………………………………… *219, 222*

大阪高判平4・7・30判時1434号38頁…… *223*

東京高判平4・12・18高民45巻3号212頁
　……………………………………… *367*

東京高判平6・11・29判時1513号60頁‥ *468*

福岡高那覇支判平7・10・26判時1555号140
　頁……………………………………… *237*

大阪高判平9・3・18訟月44巻6号910頁
　……………………………………… *472*

東京高判平9・6・18判時1618号69頁
　…………………………… *450, 528*

名古屋高判平12・6・29判時1736号35頁
　……………………………………… *246*

大阪高判平13・6・21判自228号72頁…… *317*

東京高判平13・9・5判時1786号80頁…… *244*

大阪高判平15・10・10判タ1159号158頁
　……………………………………… *656*

東京高決平16・3・31判時1865号12頁‥ *272*

大阪高判平17・9・30訟月52巻9号2979頁
　……………………………………… *224*

札幌高判平19・6・26民集64巻1号119頁
　……………………………………… *224*

名古屋高判平20・4・17判時2056号74頁
　…………………………………… *17, 24*

福岡高決平20・5・12判時2017号28頁‥ *682*

東京高判平22・12・24東刑時報61号1〜
　12号344頁…………………………… *242*

名古屋高判平24・4・27判時2178号23頁
　……………………………………… *189*

東京高判平25・2・19判時2192号30頁‥ *471*

広島高判平25・3・25判時2185号36頁
　………………………………… *478, 673*

広島高岡山支判平25・3・26＜LEX/DB
　25500398＞…………………………… *478*

大阪高判平25・9・27判時2234号29頁
　………………………………… *180, 470*

大阪高判平26・7・8判時2232号34頁…… *247*

東京高判平27・4・14＜LEX/DB25506287＞
　……………………………………… *154*

大阪高判平27・6・18判時2321号10頁‥ *383*

大阪高判平27・6・26判時2278号32頁‥ *345*

大阪高判平27・10・13判時2296号30頁
　……………………………………… *345*

東京高判平27・12・4裁判所ウェブサイト
　……………………………………… *207*

大阪高判平27・12・16判時2299号54頁
　……………………………………… *345*

仙台高判平28・2・2判時2293号18頁…… *154*

大阪高判平28・3・25裁判所ウェブサイト
　……………………………………… *345*

広島高判平29・12・20裁判所ウェブサイ
　ト……………………………………… *181*

地方裁判所

東京地判昭27・7・24行集3巻6号1328頁
　……………………………………… *336*

東京地判昭28・10・19行集4巻10号2540頁
　……………………………………… *41*

東京地決昭29・3・6裁時154号1頁……… *503*

東京地判昭29・5・11判時26号3頁……… *300*

東京地判昭34・3・30下刑1巻3号776頁
.... 70, 108
東京地判昭35・10・19行集11巻10号2921頁
.... 311
札幌地判昭37・1・18下刑4巻1 = 2号69頁
.... 775
東京地判昭37・1・22判時297号7頁...... 506
東京地判昭38・11・12行集14巻11号2024号
.... 446
東京地判昭39・5・2判タ162号149頁.... 756
東京地判昭39・9・28下民15巻9号2317頁
.... 152, 245
東京地判昭41・1・21下刑8巻1号44頁.. 506
東京地判昭41・12・20労民17巻6号1407頁
.... 128, 168, 305
京都地判昭42・2・23判時480号3頁...... 263
津地判昭42・3・16行集18巻3号246頁.. 221
札幌地判昭42・3・29下刑9巻3号359頁
.... 76, 670
東京地判昭42・5・10下刑9巻5号638頁
.... 671
旭川地判昭43・3・25下刑10巻3号293頁
.... 132, 671
東京地判昭44・9・26判時568号14頁.... 625
東京地判昭45・2・26判時591号30頁.... 388
富山地判昭45・6・6行集21巻6号871頁
.... 136
東京地判昭45・7・17行集21巻7号別冊1頁
.... 273, 328
大阪地判昭46・12・10労民22巻6号1163頁
.... 128
東京地判昭48・5・1訟月19巻8号32頁.. 301
札幌地判昭48・9・7行集27巻8号1385頁
.... 17, 24, 77, 106
和歌山地判昭48・9・12判時715号9頁.. 353
東京地判昭49・1・31判時732号12頁.... 255
東京地判昭49・7・16判時751号47頁.... 328

東京地判昭50・10・21労民26巻5号870頁
.... 349
水戸地判昭52・2・17訟月23巻2号255頁
.... 77, 107
高松地判昭54・2・27行集30巻2号294頁
.... 366
山口地判昭54・3・22判時921号44頁.... 221
東京地判昭55・7・24判時982号3頁..... 546
東京地判昭56・3・30行集32巻3号469頁
.... 139
大阪地判昭57・3・24判時1036号20頁.. 224
京都地判昭59・3・30行集35巻3号353頁
.... 212
東京地判昭59・5・18判時1118号28頁.. 366
東京地判昭61・3・20行集37巻3号347頁
.... 213
千葉地判昭61・5・28行集37巻4 = 5号690
頁... 718
盛岡地判昭62・3・5判時1223号30頁.... 224
松山地判平1・3・17行集40巻3号188頁
.... 222
神戸地判平4・3・13行集43巻3号309頁
.... 325
名古屋地判平8・3・13判時1579号3頁.. 203
神戸地判平8・8・7判時1600号82頁...... 182
大阪地判平11・6・9判時1679号54頁.... 245
那覇地判平12・5・9判タ1058号124頁.. 745
熊本地判平13・5・11判時1748号30頁
.... 277, 667
東京地判平13・6・13判時1755号3頁.... 268
名古屋地判平13・12・12判時1776号10頁
.... 280
東京地決平16・3・19判時1865号18頁.. 272
福岡地判平16・4・7判時1859号125頁.. 224
札幌地判平18・3・3民集64巻1号89頁.. 224
東京地判平18・8・28刑集63巻9号1846頁
.... 253

福岡地判平20・1・29判タ1262号172頁
………………………………… *695*
岡山地判平21・2・24判時2046号124頁
………………………………… *17, 25*
岐阜地判平22・11・10判時2100号119頁
………………………………… *189*
東京地判平23・4・26判時2136号13頁‥ *648*
東京地判平25・3・14判時2178号3頁
………………………………… *181, 470*
京都地判平25・10・7判時2208号74頁‥ *247*
大阪地判平26・9・10判時2261号128頁
………………………………… *344*

大阪地判平26・11・26判時2259号114頁
………………………………… *345*
大阪地判平27・1・21判時2299号71頁‥ *345*
大阪地判平27・3・30裁判所ウェブサイト
………………………………… *202, 345*

その他

枚方簡判昭43・10・9下刑10巻10号981頁
………………………………… *251*
神戸簡判昭50・2・20判時768号3頁…… *212*
堺簡判昭62・5・20刑集46巻4号334頁‥ *251*

執筆者一覧

木下　智史＊（きのした・さとし）　関西大学教授
　　…制定過程・上諭、第1章、第2章、第3章10〜14条、18〜24条、29条
只野　雅人＊（ただの・まさひと）　一橋大学教授
　　…憲法とは、第4章、第5章、第7章
倉田　原志（くらた・もとゆき）　立命館大学教授
　　…第3章15〜17条、25〜28条、30〜40条、第9章、第10章、第11章
大河内美紀（おおこうち・みのり）　名古屋大学教授
　　…前文、第6章、第8章

＊印は編者

新・コンメンタール　憲法（第2版）

2015年9月25日　第1版第1刷発行
2019年6月25日　第2版第1刷発行

編　者──木下智史・只野雅人
発行所──株式会社日本評論社
　　　　　〒170-8474　東京都豊島区南大塚3-12-4
　　　　　電話　03-3987-8621（販売）　-8592（編集）
　　　　　FAX　03-3987-8590（販売）　-8596（編集）
　　　　　振替　00100-3-16
印　刷──倉敷印刷
製　本──難波製本

Printed in Japan　ⓒ Satoshi KINOSHITA, Masahito TADANO 2019
装幀／林　健造
ISBN 978-4-535-52433-0

JCOPY ＜（社）出版者著作権管理機構　委託出版物＞
本書の無断複写は著作権法上での例外を除き禁じられています。複写される場合は、そのつど事前に、（社）出版者著作権管理機構（電話 03-5244-5088、FAX 03-5244-5089、e-mail: info@jcopy.or.jp）の許諾を得てください。また、本書を代行業者等の第三者に依頼してスキャニング等の行為によりデジタル化することは、個人の家庭内の利用であっても、一切認められておりません。

新・コンメンタール
民法（財産法）

松岡久和・中田邦博【編】

関連法令や最新判例の情報も盛り込み、民法・財産法の条文趣旨をコンパクトに解説。法学部・法科大学院生はもちろん実務にも最適。

◆本体 6,500円+税　A5判　◆ISBN 978-4-535-51757-8

新・コンメンタール
刑法

伊東研祐・松宮孝明【編】

判例通説に従い簡潔で、自習用、司法試験短答式対策等に最適。『学習コンメンタール刑法』の改訂版。

◆本体 3,200円+税　A5判　◆ISBN 978-4-535-51945-9

新・コンメンタール
民事訴訟法［第2版］

笠井正俊・越山和広【編】

1冊完結の民訴法コンメンタール。初版以降の法改正、2013年1月施行の家事事件手続法、非訟事件手続法等の法改正に対応。

◆本体 6,500円+税　A5判　◆ISBN 978-4-535-51948-0

新・コンメンタール
刑事訴訟法［第3版］

後藤 昭・白取祐司【編】

2016年の法改正で盛り込まれた取調べの録音・録画制度や協議・合意制度等、改正法を踏まえたコンメンタール待望の第3版。

◆本体 6,700円+税　A5判　◆ISBN 978-4-535-52334-0

日本評論社　http://www.nippyo.co.jp/